D1828060

Hans Dürr (Hrsg.) **Die Ausbildung im Dachdeckerhandwerk**

Drei starke Apps, um smart zu punkten!

So einfach war die Prüfungsvorbereitung noch nie!

Die theoretische Prüfung steht vor der Tür und du hast noch keine Idee, wann und wie du dafür lernen sollst?

Sich unterwegs ein bisschen Wissen anzueignen, kann da nicht schaden. Wann immer du ein bisschen „Leerlauf" hast, kannst du jetzt ganz leicht für deine Prüfungen trainieren.

Lade dir einfach diese Apps auf dein Smartphone und teste dich selbst! Nach dem Download sind die Apps auch offline und damit überall nutzbar.

Dach Dich fit!

Mit dem Dach Training von DDH

Exklusiv-Sponsor: alwitra

KlempnerFit

Das Training für Azubis im Klempner- & Spenglerhandwerk

HolzTraining

Spielerisch Lernen und Wissen vertiefen. Jetzt in den Stores mit den ersten 150 Fragen gratis erhältlich

Weitere Ausbildungshilfen unter www.baufachmedien.de/dachhandwerk-technik/ausbildung.html

Rudolf Müller

Die Ausbildung im Dachdeckerhandwerk

Lernfelder – Projektaufgaben – Praxisbeispiele

3. Auflage

Mit 738 Abbildungen und 173 Tabellen

Autoren

Martin Amann
Christoph Aufderbeck
Hans Dürr
Hans Peter Eiserloh
Christian Geschke
Volker Hollwedel
Joachim Hupe
Jochen Karsch
Josef Kreutzer
Annett Pelikan
Raimund Reuther
Berthold Schauerte
Ralf Schütte
Michael Strauß

Rudolf Müller

Bibliografische Information der Deutschen Nationalbibliothek
Die Deutsche Nationalbibliothek verzeichnet diese Publikation in der Deutschen Nationalbibliografie; detaillierte bibliografische Daten sind im Internet über http://dnb.d-nb.de abrufbar.

© Verlagsgesellschaft Rudolf Müller GmbH & Co. KG, Köln 2017
Alle Rechte vorbehalten

Das Werk einschließlich seiner Bestandteile ist urheberrechtlich geschützt. Jede Verwertung außerhalb der engen Grenzen des Urheberrechtsgesetzes ist ohne die Zustimmung des Verlages unzulässig und strafbar. Dies gilt insbesondere für Vervielfältigungen, Bearbeitungen, Übersetzungen, Mikroverfilmungen und die Einspeicherung und Verarbeitung in elektronische Systeme.

Maßgebend für das Anwenden von Regelwerken, Richtlinien, Merkblättern, Hinweisen, Verordnungen usw. ist deren Fassung mit dem neuesten Ausgabedatum, die bei der jeweiligen herausgebenden Institution erhältlich ist. Zitate aus Normen, Merkblättern usw. wurden, unabhängig von ihrem Ausgabedatum, in neuer deutscher Rechtschreibung abgedruckt.

Das vorliegende Werk wurde mit größter Sorgfalt erstellt. Verlag und Autoren können dennoch für die inhaltliche und technische Fehlerfreiheit, Aktualität und Vollständigkeit des Werkes und seiner elektronischen Bestandteile (Internetseiten) keine Haftung übernehmen.

Wir freuen uns, Ihre Meinung über dieses Fachbuch zu erfahren. Bitte teilen Sie uns Ihre Anregungen, Hinweise oder Fragen per E-Mail: fachmedien.dach@rudolf-mueller.de oder Telefax: 0221 5497-6207 mit.

Lektorat: Christine Peter, Overath
Umschlaggestaltung: Satz- und Layout-Werkstatt Kluth GmbH, Erftstadt
Titelfoto: Tom Gladisch, Vizeweltmeister in der Kategorie „Steildach" bei der IFD-Weltmeisterschaft 2016 in Warschau.
Satz: WMTP Wendt-Media Text-Processing GmbH, Birkenau
Druck und Bindearbeiten: Westermann Druck, Zwickau
Printed in Germany

ISBN 978-3-481-03510-5

FSC
www.fsc.org
MIX
Papier aus verantwortungsvollen Quellen
FSC® C110508

Vorwort

Die Dach-, Wand- und Abdichtungstechnik hat vor allem die Aufgabe, Gebäude vor Witterungseinflüssen und Energieverlusten zu schützen. Das Regelwerk des Deutschen Dachdeckerhandwerks, bestehend aus der Grundregel, den einzelnen Fachregeln sowie weiteren Regelwerksteilen, garantiert hier eine technisch einwandfreie Ausführung. Somit ist es selbstverständlich, dass das vorliegende Lehrbuch für die Berufsausbildung zur Dachdeckerin/zum Dachdecker dieses umfangreiche Regelwerk berücksichtigt. Darüber hinaus sind Hinweise zur Eignung der Werkstoffe, zu Vorleistungen der anderen am Bau Beteiligten sowie in Ergänzung auch Herstellervorschriften eingeflossen.

Inhaltlich orientiert sich „Die Ausbildung im Dachdeckerhandwerk" an den Lernfeldern des bundesweiten Rahmenlehrplans für die Dachdeckerausbildung und eignet sich aufgrund der didaktisch sorgfältig aufbereiteten Lehrinhalte hervorragend für den Einsatz im Unterricht.

Mit der 3. Auflage wurde das „Ausbildungsbuch" an den aktuellen Rahmenlehrplan 2016 angepasst. Sämtlichen 17 Lernfeldern gehen konkrete Projektaufgaben auf der Grundlage von Kundenaufträgen voran, denen anschaulich dargestellte Detailinformationen zum jeweiligen Lernfeld folgen. Wichtige Lerninhalte, die zur Lösung der Projektaufgaben beitragen, sind mit einer kleinen „Glühbirne" versehen.

Das Buch kann sowohl direkt im schulischen Lernprozess als auch zur anschließenden Nachbereitung des Unterrichts sowie zum Selbststudium eingesetzt werden. Am Seitenrand befindet sich jeweils eine Spalte mit themenbezogenen Zusatzinformationen wie z. B. Internetadressen, Regelwerks- oder auch Normenverweisen. Außerdem sind hier auch Querverweise und Erläuterungen von Begrifflichkeiten zu finden.

Hinweise zum „Arbeits- und Gesundheitsschutz" sind in den einzelnen Lernfeldern aufgenommen worden. Übergreifende Lerninhalte zur Bauphysik und zum Brandschutz sind in einem gesonderten Kapitel im Anhang I zusammengefasst.

Alle Autorinnen und Autoren sind mit der Berufsausbildung im Dachdeckerhandwerk eng verbunden, sei es im Unterrichtsprozess an den Schulen, in der praktischen Unterweisung an den überbetrieblichen Ausbildungsstätten oder aber in den Prüfungsausschüssen für die Meisterausbildung. Sie alle arbeiten in unterschiedlichen Bundesländern mit dem gemeinsamen Ziel, den Nachwuchs im Dachdeckerhandwerk bestmöglich auszubilden und für den Beruf der Dachdeckerin/des Dachdeckers zu begeistern.

Eslohe, im April 2017

Für die Autoren:
Dr. Hans Dürr

Beteiligte Bildungseinrichtungen

Berufskolleg Berliner Platz des Hochsauerlandkreises, Arnsberg:
Christoph Aufderbeck, Studienrat, Diplom-Ingenieur (FH)
Raimund Reuther, stellvertretender Schulleiter

Berufskolleg des Innungsverbandes Westfalen, Eslohe:
Dr. Hans Dürr, Studiendirektor i. E., pädagogisch-didaktischer Fachleiter
Joachim Hupe, M.A., Studiendirektor i. E., stellvertretender Schulleiter
Berthold Schauerte, Dachdecker-, Zimmer- und Klempnermeister
Ralf Schütte, Studienrat i. E., Diplom-Bauingenieur

Berufliches Schulzentrum für Gesundheit, Technik und Wirtschaft „Erdmann Kircheis", Oelsnitz/E.:
Annett Pelikan, Dachdeckermeisterin

Bildungszentrum BGZ Simmerath der Handwerkskammer Aachen, Simmerath:
Jochen Karsch, Dachdeckermeister, Gebäudeenergieberater (HWK)
Michael Strauß, Dachdeckermeister, Blitzschutzfachkraft
Josef Kreutzer, Dachdeckermeister, Gebäudeenergieberater (HWK)

Bundesbildungszentrum des Deutschen Dachdeckerhandwerks e.V., Mayen:
Hans Peter Eiserloh, Dachdeckermeister

Dachdecker Bildungszentrum, Karlsruhe:
Christian Geschke, Dachdeckermeister, Gebäudeenergieberater (HWK)

Heinrich-Hübsch-Schule, Eggenstein-Leopoldshafen:
Martin Amann, Studiendirektor, stellvertretender Schulleiter

Emil-Possehl-Schule, Lübeck
Landesberufsschule des Dachdeckerhandwerks Lübeck-Blankensee:
Volker Hollwedel, Studienrat, Dachdeckergeselle

Inhaltsübersicht

Inhaltsverzeichnis

Anhang II

Lernfeld 1: Einrichten einer Baustelle

Hans Dürr

Projektaufgabe:

Baustelleneinrichtung der St.-Hubertus-Kapelle an der B 55

Direkt an der Bundesstraße B 55 steht die St.-Hubertus-Kapelle, deren Dach dringend erneuert werden muss. Nach der Ausschreibung des Projektes „Dachsanierung der St.-Hubertus-Kapelle“ haben sich mehrere Dachdeckerfirmen um diesen Auftrag beworben. Ihr im Ort bekannter Ausbildungsbetrieb hatte ein günstiges Angebot abgegeben, sodass er letztlich den Zuschlag erhalten hat.

Bevor mit der Dachsanierung begonnen werden kann, müssen die Einrichtung und Sicherung der Baustelle geplant werden. Ihr Ausbilder beauftragt Sie, ihm Vorschläge für die Baustelleneinrichtung zu unterbreiten. Hierzu erklärt er Ihnen, welche Dacharbeiten direkt an der B 55 auszuführen sind:

- Dacheindeckung mit Holzschalung entfernen,
- Dachstuhl prüfen und bei Bedarf ausbessern,
- Eindecken des Daches mit Schiefer.

Ein offensichtliches Problem bei der Einrichtung dieser Baustelle stellt die stark befahrene Bundesstraße dar. Hierauf ist besonders Rücksicht zu nehmen (Abb. 1.1).

Abb. 1.1: Lage der Kapelle an einer stark befahrenen Bundesstraße

Arbeitsaufträge:

1. Beschreiben Sie die Gegebenheiten auf dem Baustellenfoto (Abb. 1.1). Welche Besonderheiten sind bei der Einrichtung der Baustelle zu beachten?
2. Erläutern Sie die Planungsgrundlagen für die Ausführung eines Bauvorhabens.
3. Führen Sie verschiedene Vorschriften an, die bei der Umsetzung der Sanierung zu berücksichtigen sind.
4. Erstellen Sie eine Planung für die voraussichtliche gesamte Bauzeit (Bauzeitenplan).
5. Wie kann die Baustelle sinnvoll eingerichtet werden?
6. Sammeln Sie Vorschläge für eine ausreichende Sicherung der Verkehrswege.
7. Stellen Sie für die anfallenden Arbeiten eine persönliche Schutzausrüstung zusammen.
8. Planen Sie Ihr Vorgehen bei einem Arbeitsunfall, den Sie als Erster beobachtet haben.
9. Führen Sie Aspekte an, die beim umweltgerechten Bauen und bei der umweltgerechten Abfallentsorgung zu beachten sind.
10. Was ist beim Umgang mit Leitern zu beachten?

→ Mehr zur Baustellenvorbereitung und -einrichtung in Kapitel 1.4

→ Weitere Informationen siehe www.dachdecker.de und www.dach.de

■ Begriffe

Ein **Bauzeitenplan** beinhaltet die Planung für die voraussichtliche Bauzeit.

1.1 Bauberufe

Der Mensch ist als soziales Wesen in den meisten Lebenslagen auf seine Mitmenschen angewiesen. Wenn ein Haus gebaut wird, sind sehr viele spezielle Fertigkeiten und Kenntnisse notwendig. Ein Handwerker muss sich auf den anderen verlassen können, oft sind Abstimmungen erforderlich.

Dachdeckungsarbeiten bauen u. a. auf verlässlichen Vorarbeiten von Zimmerern und Maurern auf.

In den Ausbildungsordnungen wird daher neben der **Fachkompetenz** besonderer Wert auf die **Sozialkompetenz** gelegt. Auf der Baustelle arbeiten viele Fachkräfte an einer gemeinsamen Aufgabe. Ihr Ziel, z. B. die Fertigstellung eines Hauses, können alle Beteiligten nur erreichen, wenn sie Verständnis für die Arbeit des anderen entwickeln, aufeinander Rücksicht nehmen und stets das ganze Projekt sehen. Deshalb ist neben fachgerechtem Arbeiten auch Sorgfalt und Gewissenhaftigkeit notwendig. Die Qualität der eigenen Arbeit kann über Erfolg oder Misserfolg des ganzen Bauprojektes entscheiden.

Jeder Facharbeiter auf dem Bau ist ein **Spezialist** auf seinem Gebiet. Die **Berufsbilder** wandeln sich nicht nur mit dem technischen Fortschritt, sondern auch mit den Anforderungen aufgrund der modernen Lebensweise. Eine grundlegende Ausbildung und der Erwerb von **Fachkompetenzen** sind wichtig, wenn man auf dem **europäischen Arbeitsmarkt** bestehen will.

Fachkompetenzen und Sozialkompetenzen machen uns auf dem Arbeitsmarkt wettbewerbsfähig.

1.1.1 Berufsfeld Bautechnik

In Deutschland wird im Berufsfeld Bautechnik in den meisten Berufen nach der **Verordnung über die Berufsausbildung in der Bauwirtschaft (Stufenausbildung Bau)** ausgebildet. Die Ausbildung dauert i. d. R. **3 Jahre** und ist in **2 Stufen** unterteilt:

- Die **erste Stufe** beinhaltet das 1. Ausbildungsjahr mit der beruflichen Grundausbildung im Berufsfeld Bautechnik und ist für alle Auszubildenden der Bautechnikberufe gleich. Daran schließen sich weitere 12 Monate beruflicher Fachbildung mit Schwerpunktausbildung an. Der Auszubildende kann die erste Stufe bereits nach 2 Lehrjahren mit der Prüfung zum **Facharbeiter** abschließen. Er ist dann **Tiefbau-, Hochbaufacharbeiter/-in oder Ausbaufacharbeiter/-in** mit Schwerpunktausbildung.
- Die **zweite Stufe** der Ausbildung dauert ein weiteres Jahr. Hier erfolgt die Spezialisierung auf die einzelnen Bauberufe, z. B. Maurer, Straßenbauer oder Zimmerer. Die Ausbildung kann dann nach dem 3. Lehrjahr mit dem Ablegen der Gesellenprüfung beendet werden. Im Bauhauptgewerbe wird der Geselle **Spezialbaufacharbeiter** genannt.

Nach abgeschlossener Ausbildung ist eine Fortbildung an einer Fachschule zum Meister oder Techniker möglich. Wer Diplomingenieur, Bachelor of Engineering, werden möchte, kann zusätzlich an einer Fachhochschule oder technischen Universität studieren.

In der Berufsausbildung in der Bauwirtschaft kann bereits nach der ersten Stufe die Prüfung zum Facharbeiter erfolgen. Die zweite Stufe endet mit der Gesellenprüfung (Spezialbaufacharbeiter). Die Fortbildung an einer Fachschule zum Meister bzw. ein Studium an einer technischen Universität oder Fachhochschule zum Bachelor of Engineering ist möglich.

1.1.2 Ausbildung im Dachdeckerhandwerk

Die Ausbildung zum Dachdecker verläuft nicht ganz nach dieser Stufenausbildung Bau. Sie ist in der vom Bundesministerium für Wirtschaft erlassenen **Verordnung über die Ausbildung zum Dachdecker** geregelt und gilt in der gesamten Bundesrepublik Deutschland.

Vor Beginn der Ausbildung ist ein schriftlicher Ausbildungsvertrag abzuschließen, der vom Ausbildenden, dem Auszubildenden und – falls dieser noch minderjährig ist – von einem gesetzlichen Vertreter zu unterschreiben ist. Dieser ist anschließend von der Handwerkskammer zu genehmigen.

- **Ausbildender** ist im Kleinbetrieb oft gleichzeitig der Betriebsinhaber. Er ist für die Ausbildung und Erfüllung der Pflichten, die sich aus dem Ausbildungsvertrag oder Arbeitsrecht ergeben, verantwortlich. In großen Betrieben wird eigens ein Ausbilder mit diesen Aufgaben betraut bzw. eingestellt. Betriebsinhabern wird allgemein zuerkannt, als Ausbildender persönlich geeignet zu sein, um Lehrlinge einstellen zu dürfen. Diese persönliche Eignung kann jedoch von der zuständigen Stelle, z. B. der Handwerkskammer, aberkannt werden, wenn jemand gegen Gesetze oder Vorschriften verstoßen hat.
- **Ausbilder** sind in den Ausbildungsbetrieben zuständig für alle Ausbildungsangelegenheiten. Der Ausbilder muss seine Fachkompetenz z. B. durch den Meisterbrief nachgewiesen haben, oft ist er angestellter Meister. Wenn der Ausbilder selbst nicht ausbildet, kann er einen Ausbildungshelfer mit Ausbildungsaufgaben beauftragen. Ein Ausbildungshelfer muss nicht notwendigerweise Dachdeckermeister sein. Er muss natürlich mit den im Berufsbild Dachdecker/Dachdeckerin geforderten Tätigkeiten in diesem Beruf vertraut sein und diese vermitteln.
- **Auszubildende,** umgangssprachlich Azubis, sind diejenigen, die sich in einem Ausbildungsberuf ausbilden lassen. Während der Ausbildung übernehmen Auszubildende **besondere Pflichten.** Sie müssen u. a.:
  - sich ausbilden lassen und die gestellten Aufgaben sorgfältig ausführen,
  - den Anweisungen der Personen, die für die Ausbildung zuständig sind, folgen,
  - am Berufsschulunterricht und den überbetrieblichen Ausbildungsmaßnahmen teilnehmen,
  - die Betriebsordnung beachten und Stillschweigen über Betriebs- und Geschäftsgeheimnisse wahren,
  - eine Bescheinigung über Ausbildungsunfähigkeit vorlegen, wenn sie an der Ausbildung z. B. wegen Krankheit nicht teilnehmen können,
  - sich ärztlich untersuchen lassen und dem Ausbildenden darüber eine Bescheinigung vorlegen, wenn sie dem Jugendarbeitsschutzgesetz (JArbSchG) unterliegen.

Die Berufsausbildung wird mit dem erfolgreichen Bestehen der **Gesellenprüfung** abgeschlossen. In dieser soll der Prüfling zeigen, dass er zur Ausübung einer qualifizierten beruflichen Tätigkeit als Dachdecker fähig ist. Das schließt insbesondere **selbstständiges Planen, Durchführen und Kontrollieren** ein. Wird die Prüfung nicht bestanden, kann sie zweimal wiederholt werden. Der Auszubildende kann dann vom Ausbildenden verlangen, dass das Ausbildungsverhältnis aufrechterhalten bleibt, maximal jedoch 1 Jahr lang. Wie in anderen Bauberufen auch, so ist nach bestandener Berufsabschlussprüfung eine Fortbildung zum Meister, Techniker oder Ingenieur möglich, wenn die dafür erforderlichen Bedingungen erfüllt werden.

Die Dachdeckerausbildung ist auf 3 Jahre ausgelegt. Gesellen können sich zum Dachdeckermeister fortbilden. Danach, vereinzelt auch bereits im Verbund mit dem Meisterlehrgang, ist ein Studium zum Bauingenieur (Bachelor of Engineering) möglich.

Darum geht es

- Ausbildungsverordnung und Rahmenlehrplan Dachdecker.
- die 3-jährige Ausbildung in **dualer Form:**
  1. im Betrieb = praktischer Arbeitsalltag,
  2. am Berufskolleg = Schule, Theorie.
- Pflichten der Ausbilder und der Auszubildenden laut Ausbildungsvertrag.

Begriffe

- **Fachkompetenz:** berufstypische Aufgaben und Sachverhalte bewältigen.
- **Sozialkompetenz:** persönliche Einstellungen und Fähigkeiten, die das soziale Miteinander fördern.
- **Stufenausbildung Bau:** 1. Stufe (2 Jahre): Abschluss Facharbeiter, 2. Stufe (3 Jahre): Spezialfacharbeiter.
- **Berufsbild:** Bild von einem Beruf, das sich jemand im Hinblick auf Ausbildung, Tätigkeitsbereiche und Aufstiegsmöglichkeiten macht.
- **Ausbildender:** i. d. R. der Betriebsinhaber, zuständig für Ausbildungsvertrag bzw. Arbeitsrecht.
- **Ausbilder:** zuständig für alle Ausbildungsangelegenheiten im Betrieb, oft angestellter Meister.
- **Auszubildende:** umgangssprachlich Azubis, sind diejenigen, die einen Ausbildungsberuf erlernen. Der Begriff Lehrling ist veraltet.

Zum **Berufsbild des Dachdeckers** gehören folgende Tätigkeits- und Aufgabenbereiche (Aufzählung ohne Rangordnung):

1.	**Steildachdeckung:** Als steil geneigt gelten Dächer mit einer Neigung von 20° oder mehr. Eindeckungen erfolgen mit unterschiedlichen Werkstoffen wie z. B. Dachsteinen, Dachziegeln, Schiefer. Hinzu kommen jeweils unterschiedliche Deckungsarten.
2.	Dachgauben und Dachhäuschen errichten und eindecken.
3.	Wärme-, Schall- und Feuchteschutz im Dachbereich verbessern.
4.	**Flachdachabdichtung:** Ein Flachdach wird nicht mit überdeckten Fugen gedeckt, sondern nahtdicht abgedichtet, z. B. mit Bitumen-Schweißbahnen.
5.	**Dachbegrünung:** Aus Umweltgesichtspunkten werden Dachbegrünungen immer beliebter. Hierbei ist ein besonderer Aufbau des Daches erforderlich.
6.	**Bauklempnerarbeiten:** Zu den Dachdeckerarbeiten gehören auch Klempnerarbeiten, so z. B. das Anbringen von Dachrinnen.
7.	**Arbeiten mit Holz- und Holzwerkstoffen** sind oft erforderlich als tragende Unterkonstruktion für Dach- oder Wanddeckung.
8.	**Reetbedachung:** Dächer werden mit Reet (Stroh) eingedeckt. Diese traditionelle Dacheindeckung findet man hauptsächlich in Nord- und Ostseeregionen.
9.	**An- und Abschlüsse bei Dach- und Wandflächen herstellen.**
10.	**Feucht- und Nassraumabdichtungen:** Der Dachdecker ist für die Abdichtung des Gebäudes und einzelner Räume zuständig. Dazu gehören z. B. Mauerwerksabdichtungen bei einer Bauwerksgründung, Bade- und Waschraumraumabdichtungen usw.
11.	**Einbauteile in Dach- oder Wandflächen montieren:** Der Einbau von z.B. industriell gefertigten Dachflächenfenstern, Lichtkuppeln usw. muss regensicher in die entsprechenden Dachflächen regelgerecht vorgenommen werden können. Dazu zählen z. B. auch Energiesammler, Energieumsetzer, Bauteile des äußeren Blitzschutzes usw.
12.	**Außenwandbekleidungen:** Gebäudefassaden können verputzt und verklinkert werden. Andere Möglichkeiten der Außenwandbekleidungen bieten Dachdecker mit Werkstoffen für Dach und Außenwand an, wie z. B. Schiefer-, Faserzementplatten-, Ziegel-, Metallbekleidungen usw.
13.	**Schornsteinkopfarbeiten:** Vor allem bei Sanierungsarbeiten übernehmen Dachdecker bei Bedarf Arbeiten an Schornsteinen. Dazu zählen neben der Bekleidung der Schornsteine z. B. mit Schiefer auch das Anbringen des Schornsteinkranzes (Beton) oder auch kleinere Maurerarbeiten.
14.	**Baustelleneinrichtung:** Zur eigenen Sicherheit muss ein Dachdecker verschiedene Gerüstarten kennen und diese fachgerecht einsetzen und aufbauen können. Weiterhin ist eine Gefährdung bei Bau- und auch Abrissarbeiten bestmöglich durch geeignete Sicherungsmaßnahmen auszuschließen.

Die Ausbildung in den 3 Jahren umfasst Grund- und Schwerpunktbildungen:

- Im 1. Ausbildungsjahr wird eine **berufsfeldbreite Grundbildung** vermittelt. Der Auszubildende erhält einen allgemeinen Überblick über das Geschehen auf der Baustelle. Deckungen von Dächern sind hier bereits ein Schwerpunktthema. Er lernt auch Arbeiten kennen, die nicht zum Alltag im Dachdeckerberuf gehören, wie z. B. Mauern, Putzen oder Betonarbeiten.
- Im 2. Ausbildungsjahr wird diese Grundbildung vertieft und erweitert. So erfährt er z. B., wie Dach- und Wandflächen mit unterschiedlichen Werkstoffen bzw. Materialien bekleidet werden.
- Im 3. Ausbildungsjahr erfolgt überwiegend die Spezialisierung zum **Dach-, Wand- und Abdichtungstechniker.** Alles, was für diesen Beruf wichtig ist, wird erlernt: Dächer mit verschiedenen Werkstoffen eindecken, Wandflächen bekleiden, Abdichtungen erstellen usw. Im 3. Ausbildungsjahr erfolgt eine **profilgebende**

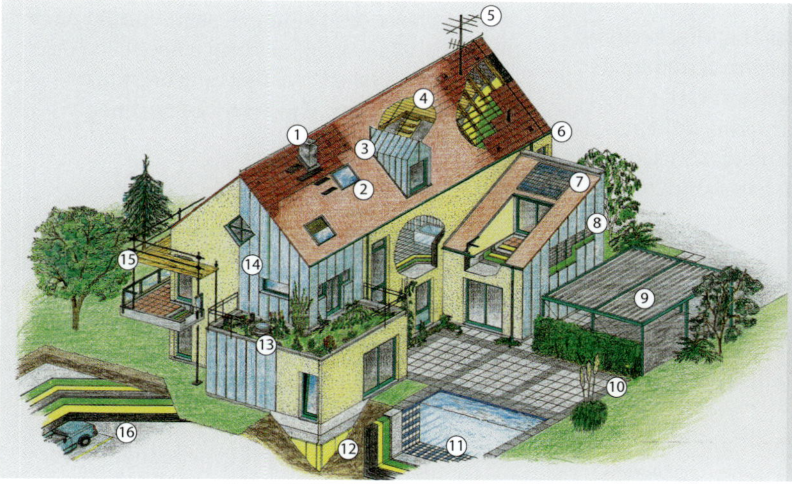

1 Rauchabzugsanlagen
2 Dachflächenfenster
3 Gaubenbau
4 Innenausbau
5 Blitzschutz
6 Dachentwässerung
7 Solaranlagen
8 Schall- und Wärmeschutz
9 Überdachungen
10 Nutzbeläge (Terrasse/Balkon)
11 Schwimmbadabdichtung
12 Bauwerksabdichtung
13 Dachbegrünung
14 Außenwandbekleidung
15 Sicherheitsvorrichtungen
16 Tiefgaragenabdichtung

Abb. 1.2: Beispiele für Tätigkeits- und Aufgabenbereiche des Dachdeckerberufes

Schwerpunktbildung. Auszubildende wählen zwischen:
- Dachdeckungstechnik,
- Abdichtungstechnik,
- Außenwandbekleidungstechnik,
- Energietechnik an Dach- und Wand,
- Reetdachdachtechnik.

1.1.3 Arbeitnehmer- und Arbeitgebervertretungen

In den Betrieben haben die Arbeitnehmer das Recht, ihre Interessen wahrzunehmen und diese zu organisieren. **Betriebsräte** können in Betrieben mit mindestens 5 volljährigen Arbeitnehmern gewählt werden (Tab. 1.1). Bei kleinen Betrieben besteht der Betriebsrat aus nur einer Person, dem **Betriebsobmann**.

Die **Jugend- und Auszubildendenvertretung** achtet darauf, dass die Gesetze und Verordnungen zum Schutze der Jugendlichen und Auszubildenden in der Arbeitswelt, wie z. B. das Jugendarbeitsschutzgesetz, eingehalten werden. Sie gilt für jugendliche Arbeitnehmer (bis zur Vollendung des 18. Lebensjahres)

Tabelle 1.1: Größe des Betriebsrats

Arbeitnehmer	Mitglieder des Betriebsrats
0–4	kein Betriebsrat
5–20	1 Betriebsobmann
21–50	3 Betriebsräte
51–150	5 Betriebsräte
…	…

und für Auszubildende bis zur Vollendung des 25. Lebensjahres.

Die Jugend- und Auszubildendenvertretung soll darauf achten, dass Gesetze und Verordnungen zum Schutz der Jugendlichen und Auszubildenden in Betrieben eingehalten werden.

Der **Deutsche Gewerkschaftsbund (DGB)** ist der Dachverband für 8 nach Wirtschaftsbereichen zusammengefasste Einzelgewerkschaften. Er versteht sich als Sprachrohr der Arbeitnehmer und vertritt deren Interessen.

Zu den Hauptaufgaben der Gewerkschaften gehört das **Aushandeln**

Darum geht es
- Der Betriebsrat hat ein **Mitspracherecht**, z. B. bei Einstellungen, Entlassungen, Festlegung von Betriebsferien.
- Die Jugend- und Auszubildendenvertretung (JAV) wird geregelt durch das **Betriebsverfassungsgesetz** (BetrVG).
- **Unternehmensformen** für Handwerksbetriebe: Einzelunternehmer, GmbH, KG.

von Tarifverträgen mit dem Tarifpartner **Zentralverband des Deutschen Dachdeckerhandwerks (ZVDH),** der Interessenvertretung der Arbeitgeber im Dachdeckerhandwerk (Tab. 1.2). Selbstständige Dachdeckermeister auf Kreis- bzw. Stadtebene können sich Innungen anschließen und diese zu Landesinnungsverbänden. Der ZVDH ist die Dachdeckermeisterorganisation auf Bundesebene.

Tabelle 1.2: Tarifpartner

Arbeitnehmer	Arbeitgeber
IG BAU	ZVDH

Bei der Aushandlung der Tarifverträge gilt der Grundsatz der **Tarifautonomie**, d. h., der Staat mischt sich in die Tarifverhandlungen nicht ein, sondern die Tarifpartner handeln Tarifverträge selbstständig aus. Neben der Entlohnung werden in den Tarifverträgen auch die Arbeitsbedingungen festgelegt, so z. B. die Dauer des Urlaubs, die Mehrarbeitsvergütung oder die Gefahrenzulage.

Die Industriegewerkschaft Bauen, Agrar und Umwelt (IG BAU) handelt mit dem Zentralverband des Deutschen Dachdeckerhandwerks die Tarifverträge aus. Der Staat wirkt dabei im Rahmen der Tarifautonomie nicht mit.

1.2 Bauwirtschaft

Die Bauwirtschaft wird unterteilt in **Baugewerbe** mit Handwerksbetrieben und die **Bauindustrie**.

Ein industrielles Unternehmen produziert meist Güter in großen Mengen. Der Handwerksbetrieb stellt hingegen meist individuelle Güter und Einzelstücke her, verarbeitet industrielle Güter oder baut diese zusammen. Handwerk und Industrie sind nicht immer zu trennen, einige Baubetriebe sind als Handwerksbetrieb bei der Handwerkskammer und gleichzeitig als Industriebetrieb bei der Industrie- und Handelskammer registriert.

Gewerbliche Tätigkeiten, die ein Produkt nach individuellem Kundenwunsch herstellen oder eine individuelle Dienstleistung erbringen, werden allgemein als Handwerk bezeichnet.

1.2.1 Bauhandwerk

Im **Bauhandwerk** werden Häuser hergestellt bzw. Dienstleistungen zum Erhalt bereits bestehender Häuser erbracht. Bauhandwerksbetriebe werden oft als spezialisierte Kleinbetriebe mit wenigen Mitarbeitern geführt. Sie werden üblicherweise in folgenden **Unternehmensformen** geführt:

- **Einzelunternehmer:** Ein selbstständiger Meister ist alleiniger Eigentümer des Handwerksbetriebes, den er auch alleine leitet. Er haftet bei Verlust mit dem Firmen- und Privatvermögen.
- **GmbH (Gesellschaft mit beschränkter Haftung):** Wenn der Handwerksmeister die Haftung seines Unternehmens auf das Firmenkapital beschränken möchte, bietet sich die Gründung einer GmbH mit mindestens 25.000 € Kapital an.
- **KG (Kommanditgesellschaft):** Diese Rechtsform bietet sich an, wenn das betriebsnotwendige eigene Kapital der Firma unterschiedlich von Gesellschaftern aufgebracht wird, z. B. durch Erbschaft. Komplementär nennt man denjenigen Gesellschafter, der mit seinem Firmen- und Privatvermögen haftet. Daneben gibt es die Kommanditisten, die nur mit ihrem Firmenanteil haften.

Die Mehrzahl der Dachdeckerbetriebe sind **Kleinbetriebe**, die in den obigen Rechtsformen geführt werden. Sie arbeiten meist in der näheren Umgebung des Firmensitzes, mit vereinzelten Montagearbeiten in entfernten Orten. Mittelständische Unternehmen, die mehr als 50 Mitarbeiter beschäftigen, sind im Dachdeckerhandwerk eher selten anzutreffen. Mittelständische Bauunternehmen beschäftigen oft Vertreter unterschiedlicher Bauberufe. Diese können mehrere oder sogar alle Arbeiten auf der Baustelle erledigen: Neben Dachdeckern werden auch Maurer, Klempner, Stuckateure, Heizungsinstallateure u. a. beschäftigt. Einzelne solcher Unternehmen werden in der Rechtsform der **AG (Aktiengesell-**

schaft) geführt, wenn der Kapitalbedarf sehr hoch ist.

1.2.2 Bauindustrie

Viele Handwerksbetriebe stehen in Konkurrenz zur industriellen Fertigung, z. B. im Bereich des Fertighausbaus. Als **Industrie** wird der Teil der Wirtschaft bezeichnet, der meist in Fabriken oder großen Anlagen Güter herstellt oder verarbeitet. Ein besonderes Kennzeichen ist der hohe Grad der Mechanisierung und Automatisierung, d. h., Arbeitnehmer stellen mithilfe von Maschinen in computergesteuerten Produktionsprozessen große Mengen von Gütern her. Dafür ist ein hoher Kapitaleinsatz erforderlich, mehr, als einzelne Personen aufbringen können.

In der Industrie werden in automatisierten Produktionsprozessen von verhältnismäßig wenigen Beschäftigten große Mengen an Gütern mit hohem Kapitaleinsatz hergestellt.

Für das Dachdeckerhandwerk werden die zu verarbeitenden Werkstoffe meist **industriell** gefertigt, aber handwerklich eingebaut. Oft werden industrielle Werkstoffe aus weltweiter Herstellung durch handwerklich gefertigte Materialien ergänzt.

1.3 Bauvorhaben

Viele Menschen haben den Wunsch, sich ihr Traumhaus bauen zu können. Bevor mit dem Bau begonnen werden kann, sind jedoch viele Bauvorschriften zu berücksichtigen. Diese sollen sicherstellen, dass sich Art, Nutzung und Größe des Bauwerks ortsüblich einfügen. Auch die Sicherheit und die Gebrauchstauglichkeit müssen gewährleistet sein und genehmigt werden.

1.3.1 Baurechtliche Vorschriften und Regeln

Neu-, Modernisierungs- und Erweiterungsbaumaßnahmen sind in vielen Gesetzen, Verordnungen und Vorschriften geregelt. Solche Regelungen gibt es auf europäischer, Bundes- und Länderebene sowie auf der Ebene der Städte und Gemeinden. Wer diese Regelungen missachtet, muss mit teilweise erheblichen Strafen rechnen, bis hin zum Abriss des Bauwerks. Beispiele für deutsche Vorschriften sind:

- das deutsche **Baugesetzbuch (BauGB)**
  In diesem wichtigsten Gesetz des Bauplanungsrechts sind z. B. die Möglichkeiten geregelt, welche die Städte und Gemeinden zur eigenen Gestaltung ihres Ortsbildes haben.
- die **Landesbauordnung (LBO)**
  Jedes Bundesland kann eine eigene Landesbauordnung erlassen, die Bestandteil des öffentlichen Baurechts ist. Sie legt fest, welche Anforderungen bei einem Bauvorhaben zu berücksichtigen sind. So kann z. B. landesweit geregelt werden, wie groß der Lichteinfall bei Dachwohnungen sein muss, wie der Wärmeschutz ausgeführt wird oder welche Art der Heizung vorgeschrieben ist.
- **örtliche Bauvorschriften**
  Ein **Flächennutzungsplan** der Stadt- bzw. Gemeindeflächen gibt vor, wie die Grundstücke genutzt werden dürfen. Er legt fest, wo z. B. Wohngebiete, landwirtschaftlich genutzte Flächen oder Waldgebiete sowie Industriegebiete entstehen sollen. Ein **Bebauungsplan** schreibt für einzelne Wohngebiete vor, wie Bauten auszuführen sind, z. B. Farbe, Form und Neigung des Daches, Geschosszahl.

Begriffe

- **Industriegewerkschaft Bauen Agrar und Umwelt (IG BAU):** zuständig für Arbeitnehmer im Bauhandwerk.
- **Deutscher Gewerkschaftsbund (DGB):** Dachverband für Einzelgewerkschaften.
- **Zentralverband des Deutschen Dachdeckerhandwerkes (ZVDH):** Interessenvertretung der Arbeitgeber im Dachdeckerhandwerk. zvdh@dachdecker.de
- **Tarifautonomie:** Tarifpartner (AN und AG) verhandeln selbstständig Tarifverträge, ohne staatliche Beteiligung.
- **Bauwirtschaft:** Bauhandwerk + Bauindustrie.
- **Bauherr**: rechtlich und wirtschaftlich verantwortlicher Auftraggeber bei der Durchführung von Bauvorhaben.
- **Bauindustrie:** industrielle, d. h. maschinelle, Fertigung von Baustoffen und Bauteilen.
- **Baugesetzbuch (BauBG):** enthält die Gesetze des Bauplanungsrechts.

@ Links und Literatur

www.gesetze-im-internet.de/BetrVG

www.igbau.de

www.dgb.de

www.dachdecker.de

Zentralverband des Deutschen Baugewerbes: www.baugewerbeverband.de

Tabelle 1.3: Beteiligte am Bauvorhaben

Baufirmen	Bauherren	Bauplaner
• Hersteller nur eines Gewerkes, z. B. Dachdecker • Hersteller mehrerer Gewerke, z. B. Dachdecker und Zimmerer • Hersteller schlüsselfertiger Bauwerke	• Privatpersonen • Vereine und Verbände • gewerbliche Unternehmen • Behörden z. B. des Bundes, der Länder, Gemeinden und Städte	• Architekten • Bauingenieure • Fachingenieure

- **Umweltschutzvorschriften**
  Bestimmungen des Immissionsschutz-, Wasserhaushalts-, Abfallbeseitigungs- und Naturschutzgesetzes sind für nachhaltigen Umweltschutz zu berücksichtigen.

Wer die verschiedenen Gesetze und Vorschriften auf Bundes-, Landes- und Stadt- bzw. Gemeindeebene nicht einhält, muss mitunter mit hohen Strafen rechnen.

1.3.2 Bautechnische Vorschriften und Regeln

Bei der Bauausführung sind zusätzlich **bautechnische Bestimmungen** zu beachten. Sie sind in verschiedenen Normen, Vereinbarungen und Verordnungen enthalten, wie etwa:

- **DIN (Deutsches Institut für Normung):** Das DIN ist die deutsche Normungsorganisation. Es hat die Aufgabe, die Normung effizient zu organisieren und einheitlich festzuschreiben.
- **EN (Europäisches Komitee für Normung in Brüssel):** Europäische Normen sind Regeln, die von einem der 3 europäischen Komitees für Standardisierung festgelegt worden sind. Europäische Normen werden in Deutschland häufig als DIN-EN-Norm übernommen.
- **ISO (Internationale Organisation für Normung in Genf):** Dabei handelt es sich um die internationale Vereinigung von Normungsorganisationen. Sie erarbeitet internationale Normen.
- **VOB (Vergabe- und Vertragsordnung für Bauleistungen):** Dies ist ein in Deutschland gültiges, dreiteiliges Werk, das Regelungen für die Vergabe von Bauaufträgen durch öffentliche Auftraggeber und über den Inhalt von Bauverträgen enthält.
- **UVV (Unfallverhütungsvorschriften):** Die UVV werden von den Berufsgenossenschaften aufgestellt. Sie haben die vorrangige Aufgabe, Schäden und Unfälle vor allem am Arbeitsplatz zu vermeiden. Aktuelle Merkblätter, Verarbeitungshinweise oder Prüfzeugnisse und Produktdatenblätter der Industrie, die Bedachungswerkstoffe herstellt, sind ebenfalls zu beachten.

Wichtige bautechnische Bestimmungen sind DIN, EN, UVV, ISO und die VOB.

Neben Gesetzen, Verordnungen und Normen sind die **allgemein anerkannten Regeln der Technik** zu beachten. Diese werden als **Stand der Technik** angesehen. Sie sind nach **neuestem Erkenntnisstand** erstellt worden und haben sich in der Praxis bereits bewährt, jedoch sind sie noch nicht in den Normen berücksichtigt. Dennoch müssen diese im Bauvertrag beachtet werden. Handwerker müssen Bauherren auf Abweichungen von allgemein anerkannten Regeln der Technik aufmerksam machen und auf mögliche Folgen hinweisen.

1.3.3 Planung eines Bauvorhabens

Kunden haben stets eigene Vorstellungen von ihrem Traumhaus. In der Praxis wird ein **Bauherr** jedoch kaum dieses Haus komplett planen, bauen und dabei alle Bestimmungen und Vorschriften beachten können. Er ist auf die Hilfe von **Bauplanern** und **Baufirmen** angewiesen (Tab. 1.3). Diese setzen Kundenwünsche um und berücksichtigen bei der Planung die gesetzlichen **Bestimmungen,** die örtlichen **Bauvorschriften** und die allgemein anerkannten **Regeln der Technik.**

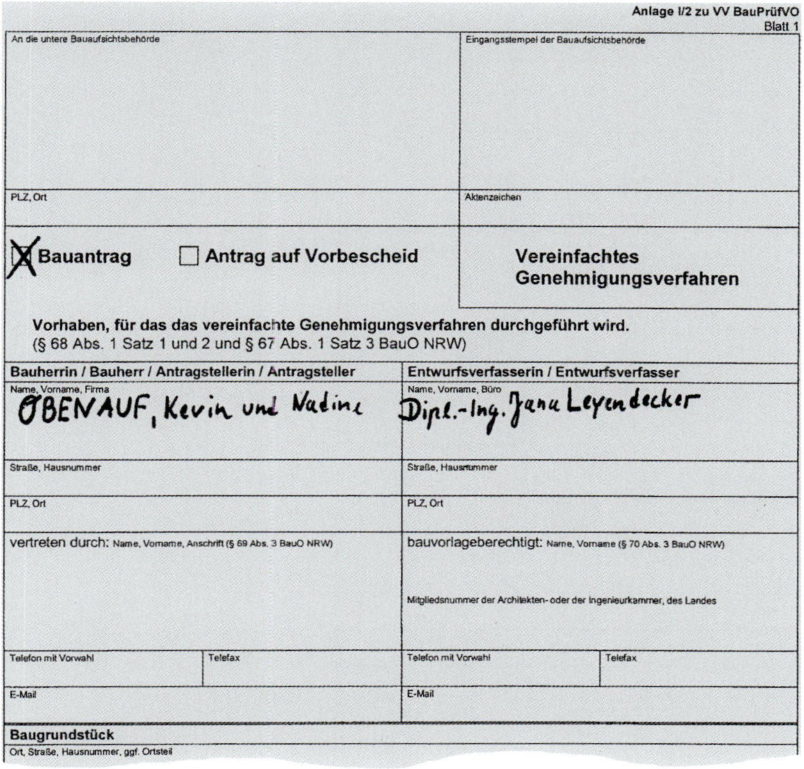
Anlage I/2 zu VV BauPrüfVO
Blatt 1

An die untere Bauaufsichtsbehörde | Eingangsstempel der Bauaufsichtsbehörde

PLZ, Ort | Aktenzeichen

☒ Bauantrag ☐ Antrag auf Vorbescheid | Vereinfachtes Genehmigungsverfahren

Vorhaben, für das das vereinfachte Genehmigungsverfahren durchgeführt wird.
(§ 68 Abs. 1 Satz 1 und 2 und § 67 Abs. 1 Satz 3 BauO NRW)

Bauherrin / Bauherr / Antragstellerin / Antragsteller	Entwurfsverfasserin / Entwurfsverfasser
Name, Vorname, Firma: OBENAUF, Kevin und Nadine	Name, Vorname, Büro: Dipl.-Ing. Jana Leyendecker
Straße, Hausnummer	Straße, Hausnummer
PLZ, Ort	PLZ, Ort
vertreten durch: Name, Vorname, Anschrift (§ 69 Abs. 3 BauO NRW)	bauvorlageberechtigt: Name, Vorname (§ 70 Abs. 3 BauO NRW) Mitgliedsnummer der Architekten- oder der Ingenieurkammer, des Landes
Telefon mit Vorwahl / Telefax	Telefon mit Vorwahl / Telefax
E-Mail	E-Mail

Baugrundstück
Ort, Straße, Hausnummer, ggf. Ortsteil

Abb. 1.3: Bauantrag

Am Bauvorhaben sind Bauherren, Bauvorlageberechtigte, Baufirmen und Genehmigungsbehörden beteiligt.

Baukunden beauftragen einen Architekten mit der Entwurfsplanung. Diese wird von Fachingenieuren durch einen Standsicherheitsnachweis, meist Statik genannt, und ggf. durch weitere Fachleistungen ergänzt. Im Anschluss an eine fach- und regelgerechte Planung erfolgt mit Zustimmung des Bauherrn das Einreichen des Bauantrags zur **Genehmigung des Bauvorhabens** durch die zuständigen Behörden. Erst dann kann mit den Baumaßnahmen begonnen werden.

1.3.4 Bauantrag

Ein **Bauantrag** ist der Antrag des Bauherrn auf eine Genehmigung für ein Bauvorhaben. Einzelheiten werden durch die Bauordnung und die Bauvorlagenverordnung des jeweiligen Bundeslandes geregelt. Im Normalfall ist für das Erstellen eines Bauantrags ein bauvorlageberechtigter Entwurfsverfasser erforderlich, z. B. ein Architekt. Dieser stellt bei der zuständigen Baugenehmigungsbehörde einen Bauantrag (siehe Abb. 1.3). Die zuständige Baubehörde erteilt erst dann die **Baugenehmigung**, nachdem sie geprüft und verschiedene Stellen angehört hat, so z. B. das Baurechtsamt, die Feuerwehr, das Tiefbauamt, das Umweltamt usw. Der Bauantrag umfasst neben Be-

■ **Begriffe**

- **Landesbauordnung (LBO):** länderspezifische Anforderungen für Bauvorhaben.
- **Technische Baubestimmungen** sind Normen, Richtlinien, Verordnungen für die Bauausführung.
- **Allgemein anerkannte Regeln der Technik:** in der Praxis bewährte technische Regeln, die von Fachleuten als der derzeitige Stand der Technik angesehen werden.
- **Bebauungsplan:** örtliche Bauvorschrift, die verbindliche Vorgaben wie z. B. Form und Farbe der Dacheindeckung usw. beinhaltet.
- **Bauantrag:** Antrag des Bauherrn auf eine Genehmigung für ein Bauvorhaben.
- **Baugenehmigung:** erteilt die Baubehörde nach Prüfung durch z. B. Baurechtsamt, Feuerwehr, Tiefbauamt oder Umweltamt.
- **Bauvorlageberechtigte Entwurfsverfasser** sind insbesondere die registrierten Berufsbezeichnungen Architekt oder Bauingenieur.

@ Links und Literatur

www.bauindustrie.de
www.gesetze-im-internet.de
www.din.de
www.vob-online.de
www.dgnv.de
www.bgbau.de

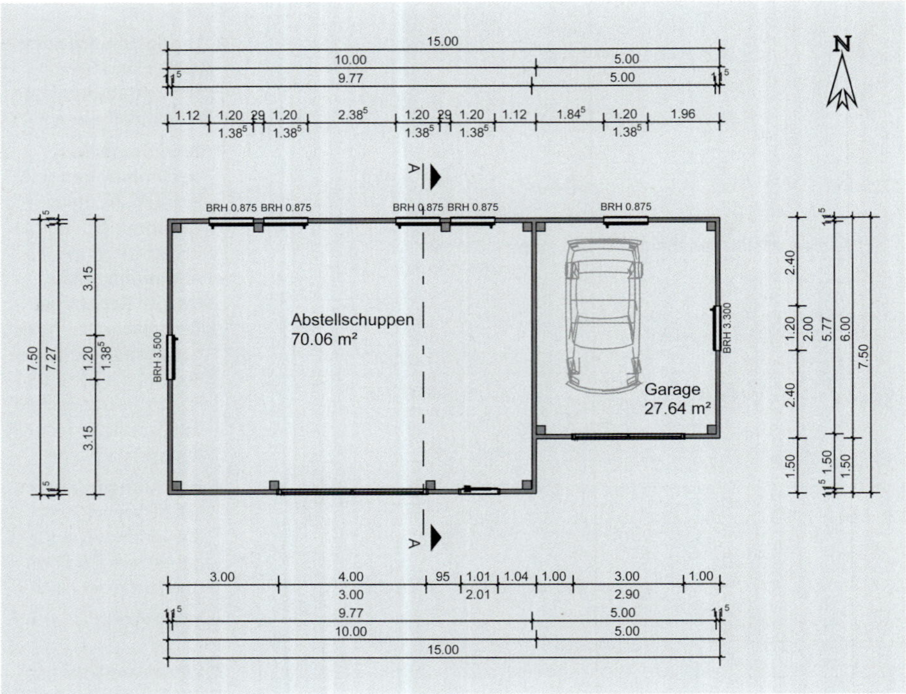

Abb. 1.4: Bauzeichnungen

rechnungen wie z. B. der Geschossflächenzahl und technischen Nachweisen weitere Bauvorlagen.

Für Dachdeckerarbeiten sind von besonderer Bedeutung: Baubeschreibung, Lageplan und Entwurfszeichnung sowie ein Standsicherheitsnachweis.

Für Dachdeckerarbeiten sind dabei von besonderer Bedeutung: die **Baubeschreibung**, ein **Lageplan** und eine **Entwurfszeichnung** sowie ein **Standsicherheitsnachweis**. In der Baubeschreibung wird das Bauvorhaben anhand von Texten näher erläutert. Auf dem Lageplan, zumeist von einem Vermessungsbüro erstellt, ist das Grundstück mit dem geplanten Gebäude und den Nachbargrundstücken eingezeichnet und bemaßt. In einem Maßstab (z. B. 1 : 1.000) wird das Verhältnis einer Länge auf der Zeichnung (1 cm) mit ihrer Entsprechung in der Wirklichkeit (1.000 cm) ausgedrückt. Die Entwurfszeichnung besteht aus mehreren maßstäblichen Teilen: der **Grundrisszeichnung**, den **Schnittdarstellungen** des Gebäudes und dessen unterschiedlichen **Ansichten** (siehe Abb. 1.4).

Einem Bauantrag sind u. a. Baubeschreibung, Lageplan und Entwurfszeichnung beizufügen.

1.3.5 Bauausführungszeichnung

Erst wenn die Baugenehmigung erteilt ist, darf mit der **Bauausführung** begonnen werden. Der Architekt fertigt jetzt die **Bauausführungszeichnung** an. Sie wird meist im Maßstab 1 : 50 erstellt und durch Detailzeichnungen sowie eine Projektbeschreibung ergänzt. **Detailzeichnungen** werden im Maßstab 1 : 5 bis 1 : 20 angefertigt. In einer **Projektbeschreibung** wird das Bauvorhaben näher erläutert.

Eine Bauausführungszeichnung wird durch Detailzeichnungen und eine Projektbeschreibung ergänzt.

Gemeinde Eslohe (Sauerland)
-Fachbereich Technische Dienstleistungen-

Leistungsverzeichnis Kurz- und Langtext

Projekt: 2007-HB-009 **Schiefersanierung Westseite Kapelle Eslohe**
LV: 2007-HB-009 **Schiefersanierung Westseite Kapelle Eslohe**

OZ	Leistungsbeschreibung	Menge ME	Einheitspreis in EUR	Gesamtbetrag in EUR
	Rücksicht zu nehmen. Für die Ausfallzeiten und die Anstrengungen zur besonderen Rücksichtnahme werden keine besonderen Vergütungen geleistet.			
1.1.	**Baustelleneinrichtung**			
1.1.10.	**Baustelleneinrichtung** Baustelle einrichten nach den Vorschriften der Bau BG und weiterer behördlicher Vorschriften. Ebenfalls sind die technischen Einrichtungen in dieser Position mit zu kalkulieren.	1,000 psch		....
1.1.20.	**Gerüst bis 29 m** Arbeits- und Schutzgerüst nach den Vorschriften der Bau-Berufsgenossenschaft für die Dauer der Dachdeckerarbeiten aufbauen und vorhalten. Gerüsthöhe bis max. 29 m. Sämtliche Maßnahmen für sonstige notwendige Sicherheitsmaßnahmen sind in diese Position mit einzurechnen.	30,000 qm	....	....
1.1.30.	**Aufstellen eines Schrägaufzugs** Das Aufstellen und Bereithalten eines Schrägaufzugs über die gesamte Zeit der Dachdeckerarbeiten ist hier zu kalkulieren.	1,000 psch		....
1.1.40.	**Abdeckplanen vorhalten** Das ausreichende Vorhalten von schweren Planen für das event. notwendig werdende provisorische Abdecken der Dachflächen während der Abrissphase, um Regenwasserschäden zu vermeiden. Die Position wird nur bei tatsächlicher Ausführung vergütet.	50,000 qm	....	....

Abb. 1.5: Leistungsverzeichnis

Nach erfolgter Baugenehmigung werden die **Ausschreibung** und das **Leistungsverzeichnis** erstellt (siehe Abb. 1.5). In der Ausschreibung fordert der Bauherr oder sein Bauplaner die Handwerker auf, ihre **Angebote** abzugeben. Grundlage dafür ist ein Leistungsverzeichnis.

Ausschreibung und Leistungsverzeichnis bilden die Grundlage für Angebote der Baufirmen.

1.3.6 Bauzeitenplan

Auf der Baustelle werden die Arbeiten nicht nur nacheinander, sondern z. T. auch gleichzeitig verrichtet. Deshalb ist es notwendig, für eine reibungslose Arbeitsabfolge einen **Bauzeitenplan** zu erstellen (siehe Tab. 1.4). Er legt fest, welche Gewerke welche Arbeiten zu welchem Zeitpunkt und innerhalb welchen Zeitrahmens ausführen sollen. Anhand des Planes ist ein **Soll-Ist-Abgleich** möglich: Die geplante Ar-

Begriffe

- **Standsicherheitsnachweis:** umgangssprachlich Statik genannte Berechnungen zur Sicherheit und Tragfähigkeit von Bauwerken.
- **Leistungsverzeichnis:** Aufstellung aller zu erbringenden Leistungen (Auftragsumfang) sowie die geforderte Qualität der auszuführenden Leistungen.
- **AVA-Programme** (**A**usschreibung, **V**ergabe, **A**brechnung): Ausfüllen der in der Ausschreibung enthaltenen Leistungsverzeichnisse, **Preise** kalkulieren und damit **Angebot** abgeben.
- **Ausschreibung:** Verfahren, in dem Bieter aufgefordert werden, schriftliche Angebote für bestimmte Leistungen einzureichen.
- **Einheitspreis:** festgelegter Preis, der kennzeichnet, wie viel eine Einheit (z. B. 1 Stück) einer bestimmten zu erbringenden Leistung kostet.
- **Bauzeitenplan:** Beginn und Dauer der zu verrichtenden Arbeiten aller Gewerke mit einem Soll-Ist-Abgleich der Arbeiten.
- **Baustellenvorbereitung:**
  - Schutz- u. Absperrmaßnahmen
  - Sozialeinrichtungen
  - Strom- u. Wasserversorgung
  - Lagerplanung

Tabelle 1.4: Bauzeitenplan für das Sanierungsobjekt St.-Hubertus-Kapelle

Ausführungen	Kalenderwoche 17					Kalenderwoche 18					Kalenderwoche 19				
Baustelleneinrichtung				■	■										
Asbestentsorgung							■	■	■						
Schalung, Dachrinnen											■	■			
Eindecken													■	■	■

beitszeit wird Soll-Zeit genannt. Diese kann mit der tatsächlichen Arbeitszeit, Ist-Zeit genannt, abgeglichen werden. Der Baufortschritt wird so sichtbar und die Ablaufplanung auf der Baustelle kann evtl. bei Abweichungen der Planwerte korrigiert werden.

1.4 Baustelleneinrichtung

Eine Baustelle gehört zur Visitenkarte des Betriebes, denn aufgeräumte Baustellen verhelfen der Firma zu einem guten Image bei Bauherren, Architekten oder Behörden. Zudem ersparen gut geplante Baustellen Arbeitswege und tragen erheblich zur Sicherheit bei. Dachdecker sind meist nicht die ersten Bauhandwerker auf der Baustelle, sie finden oft bereits eingerichtete Baustellen vor.

1.4.1 Baustellenvorbereitungen

Wenn eine Firma einen Bauauftrag übernimmt, so ist vor Baubeginn die Baustelle vorzubereiten. Die Ausgangslage ist dabei jedes Mal anders. Neben den handwerklichen Arbeiten sind vorab auch organisatorische Abläufe zu planen:

- **Absperrmaßnahmen** dienen der Sicherung der Öffentlichkeit, z. B. Schutz der Passanten und des fließenden Verkehrs.
- **Sozialeinrichtungen** für die Bauarbeiter sind aufzustellen, z. B. Bau- und Toilettenwagen.
- Die **Strom**- und **Wasserversorgung** muss sichergestellt werden.
- Ein ausreichend großer **Lagerplatz** für die zu verarbeitenden Werkstoffe ist einzurichten.
- **Schutzmaßnahmen** können erforderlich sein zum Schutz der Umwelt, z. B. Lärmschutz, Fangnetze zum Schutz vor herabfallenden Gegenständen usw.
- Einige Baustellen werden gegen das **Betreten durch Unbefugte** gesichert, z. B. durch Bauzäune. Auch das Begehen der Gerüste durch Unbefugte muss sicherheitshalber verhindert werden.

Baustellenvorbereitungen sind: Absperrmaßnahmen, das Aufstellen von Sozialeinrichtungen, Strom- und Wasserversorgung, Einhaltung von Schutzmaßnahmen, Absichern gegen das Betreten durch Unbefugte.

Während bei kleineren Baustellen meist eine Handskizze ausreicht, wird bei größeren ein **Baustelleneinrichtungsplan** angefertigt. Dieser muss u. a. folgende Fragen klären:

Wo werden welche Materialien gelagert? Wo werden welche Geräte, Maschinen und Krananlagen aufgestellt? Wo stehen die Abfallcontainer, die Strom- und Wasseranschlüsse, die sanitären Einrichtungen? Wo können Unterkünfte, Bauwagen usw. aufgestellt werden? Wie kann die Baustelle gegen das Betreten von Unbefugten abgesichert werden? Wie können Verkehrswege gesichert und öffentliche Straßen erreicht werden?

Bei vielen Bauvorhaben wird das Material **just in time** abgerufen: Dabei werden die erforderlichen Werkstoffe erst dann angeliefert, wenn diese auf der Baustelle benötigt werden.

1.4.2 Dachbaustellen

In der Regel beginnen Dachdecker mit ihrer Arbeit dann, wenn andere Gewerke ihre Vorleistungen bereits erbracht haben, und z. B. wenn der Dachstuhl gerichtet ist. Die Baustelle ist zu dem Zeitpunkt bereits weitgehend eingerichtet.

Abb. 1.6: Tagesbaustelle

Abb. 1.7: Autokran

Bei Abbruch-, Sanierungs- und Instandsetzungsarbeiten (ASI) ist das anders (siehe Abb. 1.6).

Dachsanierungen sind häufiger auszuführen. Dabei wird auf bestehenden Gebäuden lediglich das Dach neu gedämmt und eingedeckt. In solchen Fällen muss der Dachdeckerbetrieb die Baustelle selbst einrichten, die **Verkehrswege** absperren oder **Absturzsicherungen** einbauen. Allerdings wird häufig seitens der Dachdecker ein fahrbarer und meist firmeneigener Autokran aufgebaut (Abb. 1.7). Dachdeckeraufzuganlagen werden bei längerfristigen Baustellen eingesetzt, sofern kein Baukran zur Verfügung steht.

Damit Bedachungswerkstoffe wie Dachziegel und Dachsteine fachgerecht auf das Dach angehoben werden können, werden spezielle Greifer angeboten. Im Gegensatz zu Baukränen mit einem ständigen Kranführer sind die fahrbaren **Autokräne** der Dachdecker oft mit einem tragbaren Sendersystem gekoppelt. Damit kann ein Dachdecker bei Bedarf den Hebevorgang selbst steuern, ist dabei jedoch auf Sicht- und/oder Hörkontakt mit

Abb. 1.8: Schuttrutsche

den anderen Arbeitern auf der Baustelle angewiesen.

Bei Dachsanierungen wird der Bauschutt vom Dach anstelle über innen liegende Etagentreppen außenseitig durch **Schuttrutschen** nach unten befördert (Abb. 1.8). Meist wird zur staubarmen Befüllung von Müllcontainern der Bauschutt vom Dach an der Außenwand des Gebäudes sicher über ineinander verschachtelte Röhren zum Abtransport in Erdgeschosshöhe abgeleitet.

Begriffe

- **Baustelleneinrichtungsplan:** ermöglicht, dass sich Werkstoffe, Geräte und Maschinen sowie Arbeitskräfte zur **richtigen Zeit** am **richtigen Ort** befinden.
- **Dachsanierung:** bauliche, technische Wiederherstellung oder Modernisierung. Dazu zählt auch die energetische Sanierung.
- **ASI-Arbeiten:** Abbruch-, Sanierungs- oder Instandhaltungsarbeiten.
- **Absturzsicherung:** vgl. Kapitel 1.5.2
- **TRGS:** Technische Regeln für Gefahrstoffe

@ Links und Literatur

Bundesanstalt für Arbeitsschutz und Arbeitsmedizin, www.baua.de

Bauschuttrutschen befördern Abfälle staubarm und sicher vom Dach zu einem Müllcontainer.

Entsorgungskosten für Müll sind unterschiedlich. Verwertbare Teile des Bauschuttes, wie z. B. Metalle und Holz, werden vom Restmüll getrennt und in gesonderten Müllcontainern gesammelt. Dagegen fällt bei Dachsanierungen kostenintensiver Sondermüll an, z. B. Dämmstoffe, Bitumenprodukte usw.

Besonders sorgfältig muss die Baustelleneinrichtung und -sicherung bei den behördlich anzumeldenden **Asbestsanierungen** geplant werden. Neben Hinweisschildern ist z. B. die ordnungsgemäße Entsorgung sicherzustellen. Asbestarbeiten sind in den vom Arbeitgeber bereitgestellten Schutzanzügen, die den ganzen Körper schützen, auszuführen.

Bei Asbestentsorgungen sind u. a. geeignete Schutzanzüge und Atemschutzmasken zu tragen.

1.5 Baustellensicherung

Zur Einrichtung der Baustelle gehört auch die **Sicherung der Verkehrswege**, wobei allerdings nicht in die Regelung des öffentlichen Verkehrs eingegriffen werden darf. Falls der öffentliche Verkehr beeinträchtigt wird, ist vor Baubeginn ein **Verkehrszeichenplan** zu erstellen, **Verkehrszeichen**, **Absperrgeräte** oder andere **Sicherheitszeichen** sind von der Straßenbaubehörde zu genehmigen. Diese kann den Verkehrszeichenplan ergänzen, z. B. durch die Einrichtung einer Ampelanlage. Das Bedachungsunternehmen muss die genehmigten Verkehrsschilder, Absperrvorrichtungen, Lichtanlagen oder Warnleuchten in **eigener Verantwortung** aufstellen und einrichten. Verstöße gegen die Verkehrssicherungspflicht können schwerwiegende Folgen nach sich ziehen, z. B. Bußgeld, Geld- oder Freiheitsstrafe.

Wird eine Beeinträchtigung des öffentlichen Straßenverkehrs erwartet, erstellt die Baufirma einen Verkehrszeichenplan und führt nach der Genehmigung eigenverantwortlich die Baustellensicherung durch.

Abb. 1.9: Baustellensicherung

! Praxistipp

Bei Dachbaustellen Verkehrssicherungsmaßnahmen beachten!

- Verkehrszeichen dürfen die **Sicht** der Verkehrsteilnehmer nicht behindern.
- Verkehrszeichen sind in Fahrtrichtung rechts aufzustellen, ggf. auf beiden Straßenseiten.
- Verkehrszeichen **rechtzeitig** vor dem Hindernis **standsicher** und gut erkennbar aufstellen.
- **Geschwindigkeitsbegrenzungen** müssen **schrittweise**, in Schritten von jeweils 20 km/h, erfolgen.

1.5.1 Verkehrs-, Sicherheits- und Hinweiszeichen

Die zur Sicherung der Baustelle verwendeten **Verkehrszeichen** müssen rückstrahlen und beleuchtet werden, wenn sie bei Dunkelheit nicht deutlich zu erkennen sind. Bei der Aufstellung der Verkehrszeichen sind Vorsicht und Rücksicht als wichtige Voraussetzungen zu beachten.

Auch **Absperrgeräte** werden oft zur Sicherung der Baustelle verwendet. z. B. **Absperrschranken** oder **Leitbaken** (Abb. 1.9). Auch fahrbare **Absperrtafeln, rot-weiße Warnbänder** oder **Warnfahnen** können zusätzlich auf die Gefahrenstelle hinweisen. Damit die Baustelle nachts rechtzeitig erkannt wird, werden **Warnleuchten**

Tabelle 1.5: Sicherheits- und Hinweiszeichen

Verbots-zeichen			
	Rauchen verboten	Feuer, offenes Licht und Rauchen verboten	Für Fußgänger verboten
Gebots-zeichen			
	Augenschutz tragen	Kopfschutz tragen	Gehörschutz tragen
Warn-zeichen			
	Warnung vor Gefahr	Warnung vor schwebender Last	Warnung vor Flurförderfahrzeugen
Hinweis-zeichen	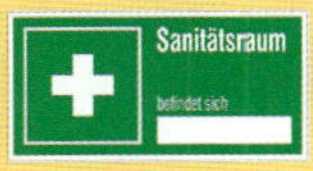		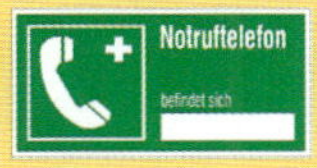
	Erste Hilfe	Arzt	Notruftelefon

aufgestellt, die die ganze Nacht leuchten. Es kann auch notwendig werden, den Verkehrsfluss durch eine **Lichtsignalanlage** zu regeln. Diese Ampeln sind gut sichtbar in beiden Fahrtrichtungen aufzustellen.

Absperrschranken, Leitbaken, Lichtsignalanlagen ergänzen die Baustellensicherung.

Auf Baustellen werden zusätzlich **Sicherheitszeichen** eingesetzt, um Gesundheit und Leben der Menschen zu schützen. Dabei werden die Sicherheitszeichen vergleichbar zu den Straßenverkehrszeichen gestaltet und gefärbt (Tab. 1.5).

1.5.2 Technische Maßnahmen zur Sicherung der Mitarbeiter

Für die **Überwachung der Sicherheit** auf Baustellen ist die **Berufsgenossenschaft der Bauwirtschaft (BG BAU)** zuständig. Besondere Vorsicht gilt beim Umgang mit Maschinen.

- Maschinen dürfen nur von geschulten Personen benutzt werden.
- Auszubildende erhalten nach dem JArbSchG vor Beginn der Ausbildung eine allgemeine Gefahrenunterweisung sowie bei jeder neuen Maschine eine spezielle Maschineneinweisung. Diese sind halbjährlich zu wiederholen.

Darum geht es

- **Bauschutt** wird getrennt erfasst, um die Entsorgungskosten zu reduzieren.
- **Asbestsanierung:** Vorbereitung, Durchführung und Entsorgung von asbesthaltigen Werkstoffen auf der Grundlage der TRGS 519.
- Die verwendeten **Verkehrszeichen** müssen in der Straßenverkehrsordnung genehmigt sein.
- **Absperrgeräte:**
  - Absperrschranke
  - Leitbake
  - Absperrtafel
  - Warnfahne
  - Warnband
- **Baustellensicherung** ist eine gesetzliche Verpflichtung!

Begriffe

- **Sicherheitszeichen** sind Verbotszeichen, Warnzeichen und Hinweisschilder.
- **Berufsgenossenschaft der Bauwirtschaft (BG BAU):** zuständig für Überwachung und Sicherheit auf Baustellen.

Abb. 1.10: PSA gebrauchen!

Abb. 1.11: Angurten!

- Vor Arbeitsbeginn ist der Zustand der Maschine und des elektrischen Anschlusses zu überprüfen. Die Anschlussleitung darf nicht geknickt und Schutzvorrichtungen dürfen nicht entfernt worden sein.
- Maschinen müssen ein Prüfzeichen besitzen, z. B. GS, TÜV.

Zum Schutz von eigenem Leben und eigener Gesundheit sind Maßnahmen zur persönlichen Sicherheit zu beachten. Die Sicherheit auf der Baustelle wird von der BG BAU überwacht.

1.5.3 Persönliche Schutzausrüstung

Auf der Baustelle ist grundsätzlich Sicherheitskleidung zu tragen. Dazu gehören z. B. Sicherheitsschuhe und Bau- bzw. Schutzhelm. Sind gefährliche Arbeiten zu verrichten, gilt grundsätzlich das Vermeidungsprinzip, d. h., dass durch das Tragen einer zusätzlichen **persönlichen Schutzausrüstung (PSA)** Unfälle vermieden werden sollen.

Der Unternehmer beurteilt die mögliche **Gefährdung** und ist verpflichtet, seinen Mitarbeitern die erforderliche **Schutzausrüstung kostenlos** zur Verfügung zu stellen. Er selbst oder eine von ihm beauftragte sachkundige Person erläutert den Arbeitnehmern die bestimmungsgemäße Benutzung. Die Beschäftigten sind verpflichtet, die PSA nach Vorschrift zu gebrauchen (siehe Abb. 1.10).

Da PSA vor tödlichen Gefahren schützen oder gesundheitlichen Schäden vorbeugen sollen, reicht eine theoretische Unterweisung nicht aus. Die **richtige Anwendung** muss **praktisch** geübt und öfter wiederholt werden, so z. B. das richtige Anlegen und Einstellen eines **Auffanggurtes** (siehe Abb. 1.11).

Eine PSA ist immer dann notwendig, wenn Unfall- oder Gesundheitsgefahren weder durch technische noch durch organisatorische Maßnahmen wirksam ausgeschlossen werden können.

1.5.4 Sicherer Umgang mit Leitern

Im Dachdeckerberuf haben Leitern größte Bedeutung. Sie erfüllen folgende Funktionen:

- Verkehrsweg zum Erreichen höher gelegener Arbeitsplätze,
- Arbeitsebene, auf der Arbeiten von nur **geringem Umfang** ausgeübt werden können.

Für die Erfüllung beider Funktionen stehen verschiedene Leitertypen (Tab. 1.6) zur Verfügung:

- Anlegeleiter, die standsicher im Winkel von ca. 70° gegen das Gebäude gelegt wird (Abb. 1.12, Abb. 1.17),
- Stehleiter (Spreizleiter), welche mittels Gelenken selbstständig stehen kann (Abb. 1.13), oder
- Dachleiter zur vollflächigen Auflage auf einer Unterlage, z. B. einem Schieferdach (Abb. 1.14).

Leitern können als Verkehrsweg genutzt werden, um von einer Ebene zur nächsten zu gelangen, oder sie dienen als Arbeitsplatz für Arbeiten kleineren Umfangs an der Fassade.

Leitern müssen vor ihrer Benutzung durch eine augenscheinliche, optische Begutachtung auf folgende Punkte überprüft werden:

- GS-Zeichen muss vorhanden sein (Abb. 1.15),
- kein übermäßiges Biegen oder Schwanken,
- kein deckender Anstrich (bei Holzleitern), da Risse nicht erkennbar sind,
- behelfsmäßig reparierte Leitern aussondern,
- beschädigte Leitern vom Fachmann reparieren lassen und nicht mehr benutzen.

Aufgrund der hohen Unfallzahlen durch Leiterunfälle ist ein vorsichtiger Einsatz und Umgang mit Leitern mehr als nur Vorschrift.

Abb. 1.12: Anlegeleiter

Abb. 1.13: Spreizleiter

Abb. 1.14: Dachleiter

Abb. 1.15: GS-Zeichen

Tabelle 1.6: Leitertypen

Leitern sind ortsveränderliche Aufstiege, meist mit Stufen oder Sprossen, Wangen oder Holmen		
 Anlegeleiter	 Aluminium-Stehleiter	 Holzdachdecker-auflegeleiter
 Mechanische Schiebeleiter	 Holzstehleiter mit Ablage	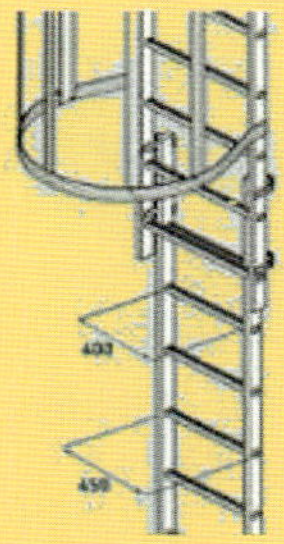 Steigleiter mit Rückenschutz

■ Darum geht es

Gängige Leitertypen sind Anlegeleitern, Spreizleitern und Dachleitern.

→ Informationen zur Arbeitsstättenverordnung: www.baua.de

→ Informationen zur BG-Bau: www.bgbau.de

@ Links und Literatur

www.bgbau.de

www.verkehrszeichen-kfz-auskunft.de

www.gesetze-im-internet.de/jarbschg

www.arbeitsschutzgesetz.com

Abb. 1.16: Unterlage gegen Einsinken

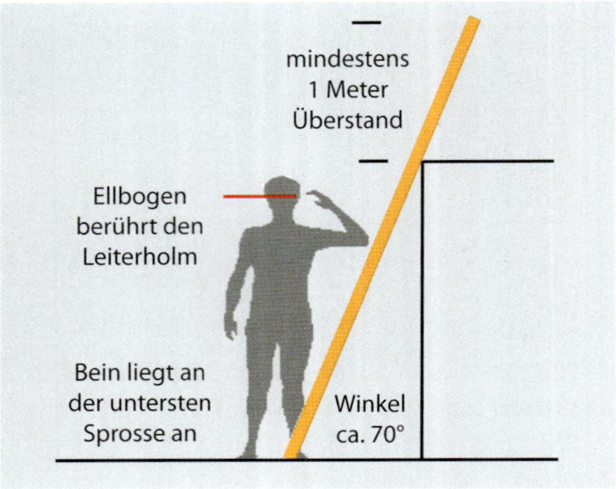

Abb. 1.17: Anlegewinkel von Leitern: 65°–70°

Auf Leitern dürfen nur folgende Arbeiten ausgeführt werden:

- Arbeiten in geringer Höhe (maximal 7 m),
- Arbeiten geringen Umfangs (weniger als 2 Stunden bei einer Höhe über 2 m),
- Arbeiten, bei denen das mitgeführte Werkzeug oder Material die Masse von 10 kg nicht überschreitet,
- Arbeiten mit Arbeitsstoffen oder Geräten, die keine weitere Gefahr darstellen,
- Arbeiten mit Materialien, die eine Windfläche kleiner 1 m^2 aufweisen,
- Arbeiten, die nicht zum Kippen der Leiter führen können.

! Praxistipp

Viele Unfälle im Zusammenhang mit Leitern sind auf Leichtsinn bzw. unüberlegtes Handeln zurückzuführen. Das sichere Benutzen von Leitern erfordert die Einhaltung folgender Punkte:

- Leitern nur auf tragfähigem oder ebenem Untergrund aufstellen,
- Leiter gegen Einsinken sichern (Abb. 1.16),
- mit geeignetem Schuhwerk und beiden Beinen auf einer Sprosse stehen,
- oberste Sprossen nicht besteigen,
- Anlegeleitern nur an sichere Stützpunkte anlegen (Abb. 1.17),
- Leitern auf Verkehrswegen gegen Umstoßen sichern.

Arbeitssicherheit

Beim Transportieren, Lagern, Verlegen und Begehen von Faserzement-Wellplatten ist zu beachten:

- Beim Transport mit Aufzügen oder Hebezeugen geeignete Lastaufnahmemittel, z. B. Spezialschlitten oder Plattenzangen, benutzen.
- Bei Lagerung der Platten auf dem Dach Tragfähigkeit der Unterkonstruktion beachten.
- Platten bzw. Stapel gegen Windangriff sichern, z. B. durch Spannbänder.
- Gefahrenbereich unter den Verlegestellen absperren und kennzeichnen.
- Dachüberstände (auskragende Platten) nicht belasten.
- Wellplattendächer nur auf besonderen Lauf- und Arbeitsstegen betreten.
- Bei Dachneigungen über 20° Lauf- und Arbeitsstege, die mindestens 3,00 m lang sind und eine Mindestbreite von 50 cm haben, gegen Verschieben und Abrutschen sichern.
- Bei Dachneigungen bis 20° und einer Verlegerichtung parallel zur Traufe genügen einzelne Laufbretter (Mindestbreite 25 cm, Mindestlänge 3,00 m).
- Bei Dachneigungen über 11° (1 : 5) muss man Stege mit Trittleisten, bei Neigungen über 30° (1 : 1,75) mit Stufen versehen.
- Zu Anlagen und Einrichtungen auf dem Dach, die ständiger Wartung bedürfen, muss man mindestens 50 cm breite Laufstege mit einseitigem Seitenschutz vorsehen.

- Bei Dachneigungen über 20° beträgt der maximale Pfettenabstand 1,45 m.
- Bei Dachneigungen bis 20° ist der maximale Pfettenabstand 1,15 m.
- Absturzsicherungen unabhängig von den Lauf- und Arbeitsstegen vorsehen, wenn die Absturzhöhe mehr als 2,00 m beträgt, z. B. Seitenschutz, Sicherheitsdrahtgitter.
- Auf Absturzsicherungen kann nur verzichtet werden, wenn sie aus arbeitstechnischen Gründen nicht möglich und stattdessen Auffangeinrichtungen (Fanggerüste/Dachfanggerüste/Auffangnetze) vorhanden sind.
- Nur wenn auch Auffangeinrichtungen unzweckmäßig sind, darf Anseilschutz verwendet werden.
- Sicherheitsgeschirre nur an tragfähigen Bauteilen bzw. Anschlageinrichtungen befestigen. Sie müssen – bei einem Benutzer – eine Stoßkraft (Auffangkraft) von 7,5 kN aufnehmen können.
- Der Vorgesetzte hat die Anschlageinrichtungen festzulegen und dafür zu sorgen, dass die Sicherheitsgeschirre benutzt werden.

Der Arbeitsschutz in Deutschland wird von staatlicher Seite durch das Arbeitsschutzgesetz geregelt. Als Kontrollorgan überprüft die Arbeitsschutzbehörde (Amt für Arbeitsschutz) die Einhaltung der gesetzlichen Vorschriften. Durch die Änderung der Arbeitsstättenverordnung gelten strengere Regeln für den Arbeitsplatz (Technische Regeln für Arbeitsstätten (ASR)). Die ASR A 2.1 regelt den Bereich der Absturzsicherung und Gerüste.

Die Berufsgenossenschaft (BG) gibt als Unfallversicherungsträger mit BG-Vorschriften, BG-Regeln, BG-Informationsschriften und BG-Grundsätzen den Versicherten Unfallverhütungsvorschriften (UVV) vor, um einen sicheren Arbeitsablauf zu gewährleisten.

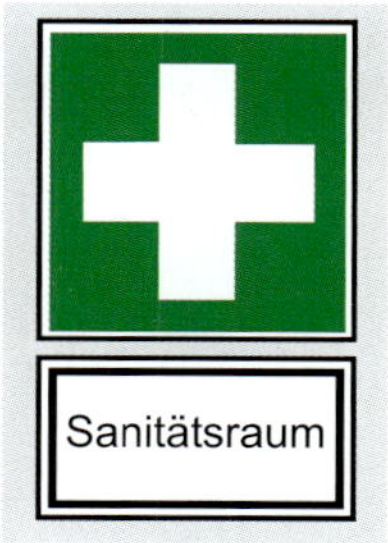

Abb. 1.18: Ausschilderung Erste-Hilfe-Raum

1.5.5 Maßnahmen zur Ersten Hilfe

Passiert trotz aller Sicherheitsvorkehrungen doch ein **Unfall**, so muss fachgerechte **Erste Hilfe** geleistet werden. Notrufnummer ist die 110 oder 112. Damit im Ernstfall schnell gehandelt werden kann, sind Hinweistafeln und Adressschilder zu Verbandkästen und zur Lage des Sanitätsraumes notwendig. Flucht- und Rettungswege müssen bekannt und ausgeschildert sein. Ein Aushang „Anleitung zur Ersten Hilfe" muss ebenso wie Rufnummern und Adressen des Rettungsdienstes, des Krankenhauses und des Notarztes vorhanden sein. In den meist kleinen Dachdeckerbetrieben sind **Ersthelfer** mit einer Grundausbildung von mindestens 8 Doppelstunden oder andere Rettungssanitäter erforderlich. Zu einer gut sichtbaren und erfolgreichen Organisation der **Ersten Hilfe** im Betrieb gehören (siehe Abb. 1.18):

- **Meldeeinrichtungen**, über die Hilfe herbeigerufen werden kann, z. B. Handy oder Telefon,
- **Verbandkästen,** die gut sortiert, aufgeräumt und deren Haltbarkeitsdatum nicht abgelaufen ist,
- **Sanitätsräume**, in denen Erste Hilfe durchgeführt werden kann,

Darum geht es

- **Erste-Hilfe-Ausstattung:** Meldeeinrichtungen, Verbandkästen, Sanitätsräume, Rettungsgeräte.
- **persönliche Schutzausrüstung (PSA):** zur Vorbeugung von Unfall- und Gesundheitsgefahren.
- **Notrufnummer ist die 110 oder 112!**

Tabelle 1.7: Abfallgruppen

wiederverwertbarer Bauschutt	nicht verwertbarer Bauschutt	hausmüllähnliche Gewerbeabfälle	verwertbare Bauabfälle
Mauersteine	Gips	Bodenbeläge	unbehandeltes Abbruchholz
Beton/Betondachsteine	Bimssteine	Fensterglas	saubere Folien
Mörtel- und Putzreste	Gasbetonsteine	Holzstäube	Dachfensterrahmen
Ziegel/Dachziegel		Glaswolle	Dachrinnen, Fallrohre

- **Rettungsgeräte**, wie z. B. Löschdecken, Atemgeräte oder Tragen.

Eine Erste Hilfe ist in jedem Betrieb mit entsprechend ausgebildeten Helfern zu organisieren. Im Falle eines Unfalls ist Hilfe über den Notruf (110 oder 112) herbeizuholen.

! Praxistipp

Maßnahmen bei Betriebsunfällen

Vor Ihren Augen hat sich gerade ein Betriebsunfall ereignet. Wie gehen Sie nun fachgerecht vor?

1. Keine übereilten Aktionen, möglichst Ruhe bewahren.
2. Erst denken, dann handeln.
3. Die Unfallstelle nach Möglichkeit absichern.
4. Hilfe herbeiholen, z. B. Notruf 110 oder 112.
5. Erste Hilfe leisten, den Verletzten auf keinen Fall alleine lassen.

Im Falle eines Notrufs, ☎ 110 oder 112, kurz und konkret fassen: Wo ist der Unfallort? Was ist geschehen? Wie viele Verletzte mit welchen Verletzungen gibt es? Und in jedem Fall Ruhe und Übersicht bewahren.

1.6 Abfallentsorgung und Umweltschutz

Mehr als die Hälfte des gesamten Müllaufkommens in Deutschland wird durch die Bauindustrie verursacht. Vorrang hat dabei, z. B. durch Abfallsortierung auf Baustellen Abfälle zu vermeiden.

5. Beseitigung
4. Sonstige Verwertung, z. B. Verfüllung
3. Recycling (Stoffe verwerten)
2. Vorbereitung zur Wiederverwendung
1. Abfallvermeidung

Betondachsteine oder **Tondachziegel** können zumindest teilweise recycelt und dem Produktionsprozess neu zugeführt werden. Bei Baustoffen, bei denen dies nicht möglich ist, bleibt nur noch die Entsorgung auf **Deponien**. Die anfallenden Abfälle sind nach Gruppen **getrennt** in entsprechenden Behältern zu entsorgen (siehe Tab. 1.7).

Emissionen wie Lärm, Erschütterungen usw. sind zu vermeiden, indem z. B. Baumaschinen schallgedämmt werden oder ein Schutzzaun eingesetzt wird.

Abfälle sind nach Möglichkeit zu vermeiden. Recycling ist einer Entsorgung auf der Deponie im Regelfall vorzuziehen.

1.7 Vermessungsarbeiten

Am Anfang der Bauarbeiten steht die genaue **Einmessung** des Grundstücks. Der auf der Bauzeichnung angegebene Grundriss muss mit all seinen Längen und Maßen auf das Gelände übertragen werden.

1.7.1 Längen- und Entfernungsmessungen

In Europa wird die Längeneinheit in fast allen Staaten das **Meter** (m) genannt, unterteilt in 100 cm bzw. 1.000 mm.

Auf der Baustelle werden kurze Strecken meist mit dem **Gliedermaßstab** (veraltete Bezeichnung Zollstock) gemessen. Er ist i. d. R. 2 m lang und in Zentimeter (cm) sowie Millimeter (mm) unterteilt.

Längere geradlinige Strecken werden mit **Messbändern** gemessen. Meist sind diese 20 m (30, 50) lang. Sie bestehen aus beschichtetem Stahl und sind mit einem Aufrollmechanismus versehen. Die Bänder sind sauber, trocken und leicht eingefettet zu halten, damit der Mechanismus einwandfrei funktioniert.

Messungen werden auch mit elektronischen Entfernungsmessgeräten, z. B. dem **elektronischen Tachymeter,** durchgeführt (siehe Abb. 1.19). Mit diesem kann man Horizontalrichtungen, Schrägstrecken oder auch Vertikalwinkel ermitteln. Auf Baustellen können Entfernungen schnell und exakt gemessen werden.

Gliedermaßstab, Messband und elektronischer Tachymeter sind auf Baustellen Werkzeuge zum Messen kurzer, längerer oder langer Strecken.

Kurze Strecken werden mit dem Gliedermaßstab, längere mit Messbändern gemessen. Elektronische Entfernungsmessgeräte werden vor allem bei größeren Strecken verwendet.

1.7.2 Höhenmessungen

Oft wird zur Einmessung von gleichen Höhenpunkten die **Schlauchwaage** benutzt, so z. B. beim sog. Meterriss. Ein Meterriss ist eine Markierung an gut sichtbaren Stellen im Rohbau (oft neben Türöffnungen oder auch umlaufend im ganzen Raum). Er zeigt die Höhe

Abb. 1.19: Tachymeter

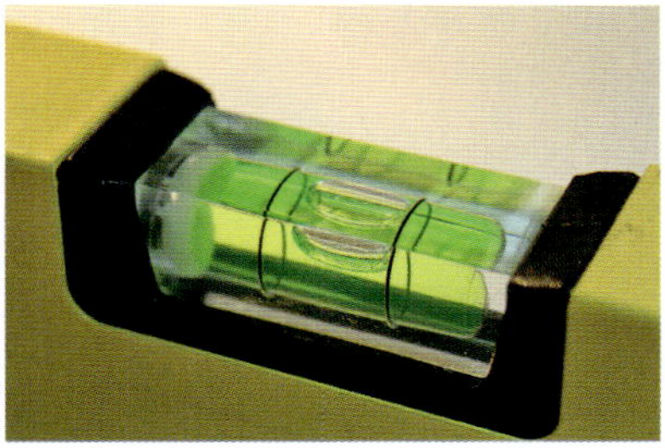

Abb. 1.20: Wasserwaage mit Libelle

von genau 1 m über der späteren Oberkante des Fertigfußbodens. Diese Höhe lässt sich mit einer Schlauchwaage auf weitere Punkte übertragen. Dies ist wichtig z. B. als Richtmaß für Dachfenstereinbauten.

Mit modernen **Baulasern** lassen sich waagerechte Höhenverläufe oder Referenzlinien ermitteln oder überprüfen. Mit Baulasern können z. B. Schnittlinien für Dachausbauten ermittelt werden.

Mit einer **Wasserwaage** kann die horizontale oder vertikale Ausrichtung eines Bauteils gemessen werden (siehe Abb. 1.20). Auf Dächern

Darum geht es

- **Abfallentsorgung:** Müllsortierung, Recycling (Verwertung der Stoffe), Entsorgung auf Deponien.

Begriffe

- **Das Meter** ist die Länge der Strecke, die das Licht in einem Vakuum während der Zeit von einer dreihundertmillionstel Sekunde zurücklegt.
- Unter **Emissionen** versteht man die Aussendung von Störfaktoren in die Umwelt, z. B. Lärm, Staub usw.
- **Schlauchwaage:** Damit können Punkte gleicher Höhe über Entfernungen und in verschiedenen Räumen eingemessen werden.
- **Libelle:** durchsichtige, mit Flüssigkeit gefüllte Röhre in der Mitte einer Wasserwaage, mit deren Hilfe man die genaue horizontale bzw. vertikale Position von Gegenständen bestimmt.

wird die Wasserwaage für waagerechte Linien, bei Dachfenstereinbauten, Kaminarbeiten usw. benötigt.

Mit der Wasserwaage kann die waagerechte oder die senkrechte Ausrichtung eines Objekts schnell und genau eingemessen werden.

1.7.3 Einmessen von rechten Winkeln

90°-Winkel nennt man auch **rechte Winkel**. Diese werden heute oft mit dem **Tachymeter** eingemessen. Es gibt jedoch auf der Baustelle eine einfache und häufig angewandte Methode, einen rechten Winkel zu erstellen oder zu überprüfen, den **Bauwinkel** (siehe Abb. 1.21).

Um einen Bauwinkel zu erhalten, werden 3 Latten im Verhältnis 3 : 4 : 5 zu einem Dreieck zusammengenagelt. Dabei stehen die beiden kurzen Seiten, z. B. 30 und 40 cm, dann senkrecht zueinander und bilden einen rechten Winkel, wenn die lange Seite dann 50 cm beträgt.

! Praxisbeispiel

Rechter Winkel auf einem Dach

Aufgabe

Für eine Eindeckung soll geprüft werden, ob die Orte einer Dachfläche tatsächlich rechtwinklig zu deren Traufe stehen.

Lösung

Man markiert dazu Messpunkte jeweils vom Eckpunkt aus an der waagerechten Dachkante und an den Dachschrägen:

1. Man trägt an der unteren Dachkante entlang der Traufe ein Maß von 3 m an.
2. Auf der seitlichen Dachkante, dem Ortgang, trägt man 4 m an.
3. Die Verbindungslinie der markierten Punkte beträgt nur dann 5 m, wenn ein rechter Winkel vorliegt.

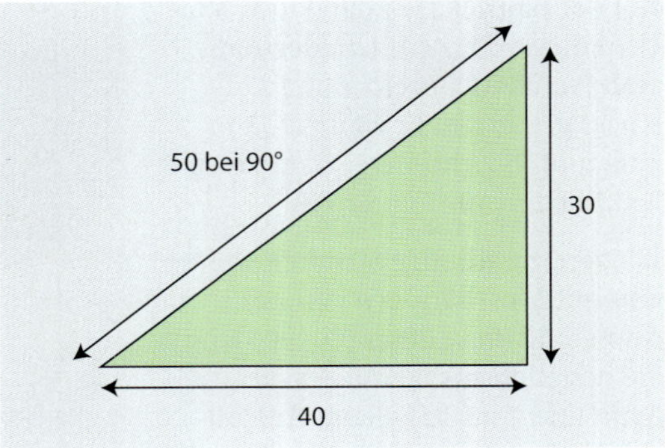

Abb. 1.21: Bauwinkel

1.8 Geometrie

Wer **Bauzeichnungen** lesen und verstehen will, muss einige **Grundregeln** des Zeichnens und Rechnens beherrschen und Kenntnisse in Geometrie haben.

In der Geometrie geht es um Punkte, Geraden, Ebenen, Abstände, Winkel usw.

Geometrische Sachverhalte, mit denen Dachdecker täglich zu tun haben, sind insbesondere:

- Berechnungen der Fläche (Flächen → A_1, A_2, ...),
- Aufteilung von Flächen und Längen (Längen → a, b, c, ...),
- Ermittlung von Dachneigungswinkeln (Winkel → α, β, ...),
- vereinfachte Darstellung von Sachverhalten mittels geometrischer Grundkonstruktionen.

1.8.1 Vierecke

Die meisten **Dachflächen sind viereckig**, dennoch können auch Vierecke höchst unterschiedlich sein. Folgende Arten werden unterschieden:

Quadrat

Ein regelmäßiges Viereck wird als **Quadrat** bezeichnet. Es hat folgende Eigenschaften:

- Die 4 Seiten, meist mit a bezeichnet, sind gleich lang. Es ist gleichseitig.
- Die 4 (Innen-)Winkel sind alle gleichwinklig, alle Winkel betragen 90°.

- Die beiden Diagonalen sind gleich lang, halbieren einander und stehen aufeinander senkrecht.
- Flächenberechnung: $A = a^2$

Ein auf seiner Spitze stehendes Quadrat wird auch als **Raute** bezeichnet. Mit quadratischen Deckwerkstoffen lassen sich durch Drehen interessante Deckbilder herstellen.

Rechteck

Als **Rechteck** wird ein Viereck bezeichnet, dessen Innenwinkel alle rechtwinklig sind. Die meisten Deckwerkstoffe haben rechteckige Formate. Für jedes Rechteck gilt:

- Je 2 gegenüberliegende Seiten sind gleich lang und parallel. Die Seitenlängen werden meist mit *a, b* gekennzeichnet.
- Die beiden Diagonalen sind gleich lang und halbieren einander.
- Flächenberechnung: $A = a \cdot b$

Trapez

Als **Trapez** wird ein Viereck bezeichnet, bei dem 2 Seiten parallel zueinander liegen. Eine der beiden parallelen Seiten (meistens die längere) wird oft als Basislänge l_1 des Trapezes bezeichnet, die parallele Seite (meist die kürzere) als Länge l_2. Die beiden angrenzenden Seiten nennt man Schenkel, diese verlaufen nicht parallel zueinander. Die Höhe *h* des Trapezes ist der senkrechte Abstand zwischen den beiden parallelen Seiten l_1 und l_2. Die weit verbreitete Dachform **Walmdach** hat längsseitig 2 trapezförmige Dachflächen. Für Trapeze gilt:

- Flächenberechnung: $A = ½ \cdot (l_1 + l_2) \cdot h$
- Die Schenkellängen müssen nicht gleich lang sein.
- Die Schenkel sind länger als die senkrechte Höhe.

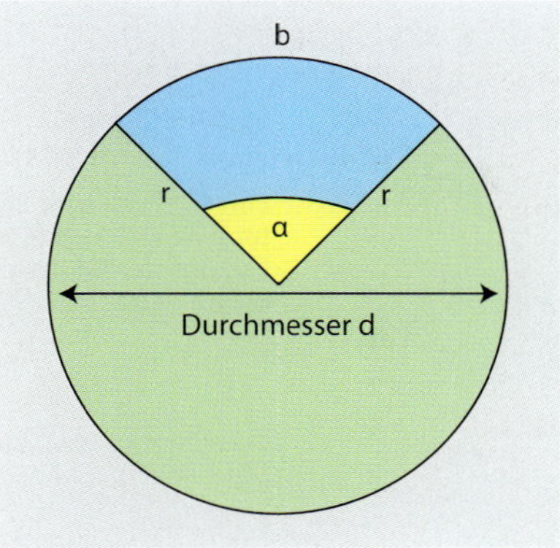

Abb. 1.22: Kreis

Parallelogramm

Beim **Parallelogramm** verlaufen die gegenüberliegenden Seiten *a* und *b* jeweils parallel zueinander. Die Höhe, meist mit *h* bezeichnet, steht dazu senkrecht. Für Parallelogramme gilt:

- Jede Diagonale des Parallelogramms teilt es in 2 gleiche Dreiecke.
- Gegenüberliegende Seiten sind gleich lang.
- Gegenüberliegende Winkel sind gleich groß.
- Flächenberechnung: $A = a \cdot h$

1.8.2 Kreise

Viele Türme haben einen **kreisrunden Grundriss.** Auch Vordächer, z. B. Überdachungen von Eingangsbereichen von Gebäuden, bilden oft einen Halbkreis. Der **Kreis** wird definiert als die Menge aller Punkte auf einer Linie, die den gleichen Abstand zum Mittelpunkt haben (Abb. 1.22). Die Strecke zwischen Kreismittelpunkt und Kreislinie wird als Radius *r* bezeichnet; die Strecke von Kreislinie zu Kreislinie ist der Durchmesser *d*. Die äußere Begrenzungslinie ist der Umfang *U*. Teilt man in beliebigen

Begriffe

- **Bauwinkel:** mit einfachen Hilfsmitteln einen rechten Winkel konstruieren.
- **Baulaser:** Lasergerät zur Ermittlung waagerechter Höhenverläufe.
- **Tachymeter:** Gerät, mit dem man Horizontalrichtungen, Vertikalwinkel und Schrägstrecken ermitteln kann.
- **Geometrie:** griechisch: Erdmaß, Landmessung.

Fläche Kreis: $r^2 \cdot \Pi$

Umfang Kreis: $U = d \cdot \Pi$

Darum geht es:

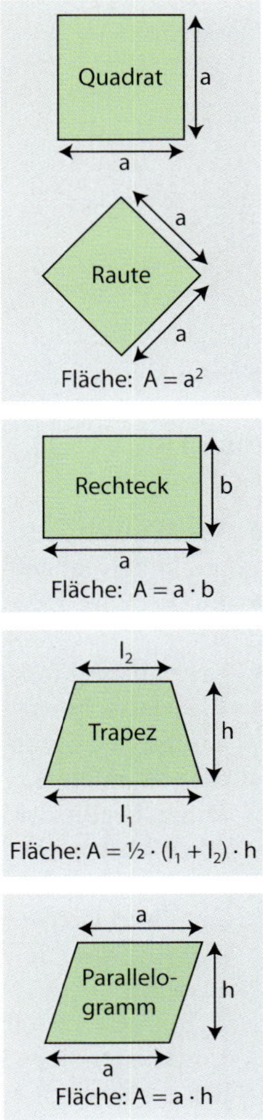

Tabelle: 1.8: Dreiecke

Form des Dreiecks	Darstellung	Beschreibung
rechtwinkliges Dreieck	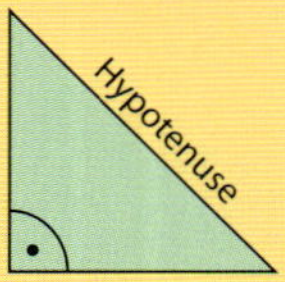	Ein rechtwinkliges Dreieck besitzt einen Winkel von 90°, der rechter Winkel genannt wird. Dem rechten Winkel (90°) gegenüber liegt immer die längste Seite, die Hypotenuse. Die beiden anderen Seiten nennt man Katheten.
spitzwinkliges Dreieck	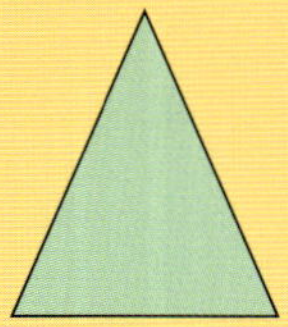	Bei einem spitzwinkligen Dreieck sind alle Winkel kleiner als 90°. Die 3 Seiten können gleich lang sein.
stumpfwinkliges Dreieck	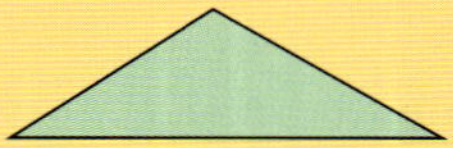	Ein stumpfwinkliges Dreieck besitzt einen stumpfen Winkel, d. h., der Winkel ist zwischen 90° und 180° groß. Gegenüber dem stumpfen Winkel liegt immer die längste Seite.
gleichseitiges Dreieck	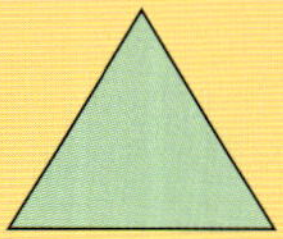	Bei einem gleichseitigen Dreieck sind alle Seiten gleich lang, alle 3 Winkel sind gleich groß, nämlich 60°.
gleichschenkliges Dreieck	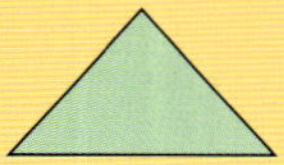	Bei einem gleichschenkligen Dreieck sind 2 Seiten gleich lang, sodass auch die beiden Winkel gleich groß sind.

Kreisen den Umfang durch den Durchmesser, dann ergibt sich immer die Kreiszahl Π, gerundet ist $\Pi = 3{,}14$. Für Berechnungen an den Kreisen gilt:

- Die Winkelsumme im Kreis um den Mittelpunkt beträgt 360°.
- Kreisinhalts- bzw. Kreisflächenberechnung: $A = r^2 \cdot \Pi$
- Kreisumfang $U = d \cdot \Pi$
- **Kreisausschnitte** sehen wie Tortenstücke aus. Es sind Teilflächen einer Kreisfläche, die von einem Kreisbogen und 2 Kreisradien begrenzt wird. Diese Radien bilden einen Mittelpunktswinkel α (Abb. 1.22). Ein Kreisausschnitt hat demnach einen anteiligen Kreisinhalt bzw. Fläche von $A_{\text{Ausschnitt}} = \alpha / 360 \cdot r^2 \cdot \Pi$o. In einem Kreisausschnitt beträgt der anteilige Kreisumfang $U_{\text{Ausschnitt}} = \alpha / 360 \cdot d \cdot \Pi$, der Umfang des Kreisausschnittes wird auch mit b bezeichnet.

1.8.3 Dreiecke

Ein Dreieck wird durch 3 Eckpunkte (Großbuchstaben A, B, C) bestimmt, die nicht auf einer Geraden liegen. Die Verbindungslinien zwischen den Punkten sind die Seitenlängen (Kleinbuchstaben a, b, c). Eine Dreieckshöhe h steht dabei senkrecht zur Grundlänge g. 2 Seiten schneiden sich an einem Eckpunkt und bilden dort einen Winkel. Dieser Winkel ist wichtig zur Charakterisierung des Dreiecks, z. B. ein stumpfwinkliges, rechtwinkliges, gleichseitiges oder spitzwinkliges Dreieck bzw. Dach (siehe Tab. 1.8). Viele Dächer und Dach- und Wandflächengauben lassen sich teilweise einfacher zeichnen oder berechnen, wenn sie in Dreiecke zerlegt werden.

1.8.4 Geometrische Grundkonstruktionen

Für die Konstruktion, die Herstellung von Bauteilen bzw. deren Dachdeckung oder Außenwandbekleidung sind Kenntnisse geometrischer Grundkonstruktionen erforderlich.

Tabelle 1.9: Winkel

Bezeichnung	Skizzierung
spitzer Winkel	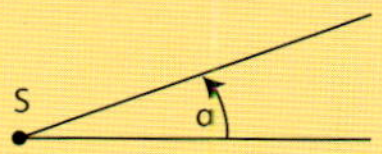
rechter Winkel	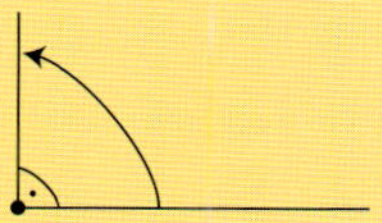
stumpfer Winkel	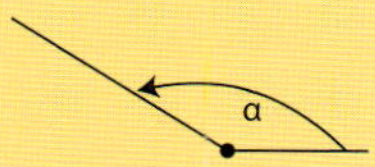
Winkel halbieren	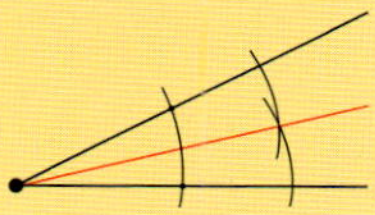

Winkel

Ein Winkel beschreibt den Verlauf von 2 geradlinigen Schenkellängen, die in einem Scheitelpunkt ihren gemeinsamen Anfangspunkt haben. Winkel werden mit griechischen Kleinbuchstaben bezeichnet: Alpha (α), Beta (β), Gamma (γ), Delta (δ) usw. Beträgt der Winkel weniger als 90°, spricht man von spitzen Winkeln, bei exakt 90° von einem rechten Winkel und darüber hinaus von stumpfen Winkeln (Tab. 1.9).

Winkelhalbierung

Das Halbieren von Winkeln ist z. B. bei der Planung von Schieferdecksteinen bzw. Schieferdeckungen erforderlich. Ist ein Winkel durch 2 Schenkel beschrieben, dann schlägt man mit dem Zirkel einen beliebigen Kreis um den Scheitelpunkt. Dadurch entstehen 2 Schnittpunkte auf beiden Schenkeln. Um beide Schnittpunkte wird mit unverändertem Zirkelradius ebenfalls je 1 Kreisbogen gezeichnet, woraus sich ein gemeinsamer Schnittpunkt ergibt. Eine Gerade, die diesen Schnittpunkt mit dem Scheitelpunkt verbindet, ist die **Winkelhalbierende**.

Das Halbieren von Winkeln ist im Dachdecker-Alltag z. B. bei der Planung von Schieferdecksteinen bzw. Schieferdeckungen erforderlich.

Streckenteilung

Auf Baustellen muss gelegentlich die Länge eines Bauteils in mehrere Teile bzw. Felder gleichmäßig aufgeteilt werden, so z. B. bei der Planung und Herstellung von Stützen, Dachlattungen usw. Dabei ist bei der Aufteilung neben der Anzahl der Teilabschnitte jeweils die Bauteildicke zu berücksichtigen.

! Praxisbeispiel

Streckenaufteilung

Aufgabe

Für eine Eingangsüberdachung ist eine Holzkonstruktion mit einer Länge von 6,20 m auf 5 Holzpfosten 12 cm / 12 cm zu stützen. Wie teilt man die Felder zwischen den Stützen gleichmäßig auf?

Lösung

Durch 5 Holzpfosten entstehen 4 Felder. Diese 4 Felder ergeben mit zusätzlichem Endpfosten **insgesamt 5 Pfosten**.

Abstände berechnen:

1. 620 cm −12 cm = 608 cm aufzuteilende Länge
2. 608 cm / 4 Felder = 152 cm Feldbreite

Darum geht es:

Kenntnisse geometrischer Grundkonstruktionen sind in der täglichen Praxis des Dachdeckers/der Dachdeckerin z. B. für die Herstellung von Bauteilen erforderlich.

Begriffe

- **Konstruktionen**: in der Geometrie Darstellungen mit Zirkel, Lineal, ggf. Winkelmesser.
- **Rechtwinkliges Dreieck:** 2 der Dreiecksseiten stehen senkrecht bzw. in einem 90°-Winkel zueinander.
- Winkelbezeichnungen:
  α : Alpha
  β : Beta
  γ : Gamma
  δ : Delta

Lernfeld 2: Dachflächen mit Dachziegeln und Dachsteinen decken

Hans Dürr

Projektaufgabe:

Eindeckung eines Carports

Für eine Carportbedachung bringt der Chef auf dem Tandem-Anhänger 5 Paletten roter Dachsteine (Abb. 2.1). Sofort stellt sich Klaus Müller aus dem Nachbarhaus hinzu. Er kennt uns, da wir im letzten Jahr sein Wohnhaus mit Dachziegeln gedeckt hatten. Er wendet sich an uns alle, weil auch er ein Carport plant, und bittet uns um Vorschläge und Ideen, sein Carportdach zu gestalten und einzudecken.

Carportlänge	$l = 5{,}95$ m
Carportbreite	$b = 4{,}10$ m
Geringste Höhe	$h_1 = 1{,}98$ m
Pultdachhöhe	$h_2 = 1{,}54$ m

Abb. 2.1: Eindeckung einer Garage mit Dachsteinen

Arbeitsaufträge:

1. Beschreiben Sie mehrere Möglichkeiten, ein geneigtes Dach für ein Carport zu bauen.
2. Erkundigen Sie sich z. B. beim örtlichen Bauamt nach wesentlichen Bestimmungen für den Bau eines Carports.
3. Zeichnen und bemaßen Sie entsprechend den Außenmaßen der Kundenskizze (Abb. 2.2) ein Carport mit Pultdach im Maßstab M. 1 : 100 in 3 Ansichten:
   a) von vorne, giebelseitig,
   b) von der Seite, längsseitig,
   c) von oben (Vogelperspektive).
4. Der Bauherr erinnert sich, dass i. d. R. beim Bau seines Wohnhauses eine bestimmte Dachneigung für diese Dachziegel erforderlich ist. Führen Sie einige Regeldachneigungen an.
5. Beschreiben und skizzieren Sie mögliche Dachformen, z. B. Sattel- und Walmdach.
6. Herr Müller möchte mehr über Formen, Farben und Eindeckungen von Dachsteinen erfahren.
7. Unterbreiten Sie Vorschläge für die Eindeckung des Carports mit unterschiedlichen Dachziegeln.
8. Für die Gestaltung des Daches in der Fläche, an den Ortgängen, an der Traufe erwartet der Kunde unterschiedliche Lösungsvorschläge.

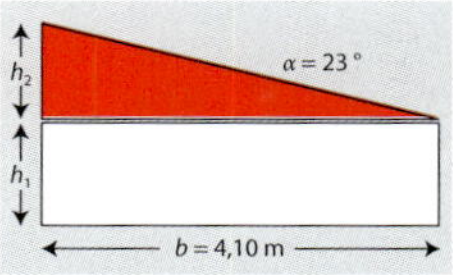

Abb. 2.2: Kundenskizze des Carports, Seitenansicht

■ Begriffe

Ein **Dach** ist der obere Abschluss eines Gebäudes. Man unterscheidet Flachdächer und geneigte Dächer.

9. Der Bauherr sucht für sein Carport ohne Heizung eine einfache Unterkonstruktion, die nur die Eindeckung trägt. Skizzieren und bezeichnen Sie einen Schnitt durch den Aufbau ohne Wärmedämmung.
10. Für Dachbaustellen sind Maßnahmen zur Arbeitssicherheit erforderlich.
    a) Führen Sie 4 Einrichtungen gegen den Absturz von Personen an.
    b) Unterscheiden Sie Schutz- und Arbeitsgerüste.
    c) Beschreiben Sie wichtige Gerüstbauteile.

2.1 Dächer

Unter einem Dach versteht man den **oberen Abschluss des Gebäudes.** Es ist ein wesentlicher Bestandteil des Hauses. Mit der Entwicklung des Hauses ging im Laufe der Geschichte auch die Veränderung des Daches einher.

In Mitteleuropa wurden vor mehr als 12.000 Jahren Menschen sesshaft. Sie wohnten in einfachen Hütten mit senkrechten Wänden aus Flechtwerken von Ästen, Stroh und Lehm. Als Dach dienten geneigte Holzkonstruktionen, die mit Schilf oder Stroh, Grassoden oder auch Holzbrettern gedeckt waren. In manchen Regionen setzte man Dächer auf einfaches Bruchsteinmauerwerk. Andernorts wurden Pfahlbauten an Seeufern gebaut (Abb. 2.3). Schilf und Reet bewährten sich dabei als **wasserabweisende Werkstoffe** auf geneigten Dächern. Bereits früh berücksichtigte man, dass sich anstelle eines senkrechten Giebels der Winddruck dagegen verringert, wenn dort eine geneigte Fläche, ein sog. **Walm,** eingebaut wird. Im Mittelmeerraum wurden bereits vor 5.000 Jahren ansehnliche steinerne Bauwerke mit Dächern aus Tondachziegeln errichtet.

Ein **Dach** mit Dachneigung auszubilden, hat sich über Jahrtausende bewährt. Gestaltungs- und Nutzungsmöglichkeiten geneigter Dächer sowie die jeweilige Ausführung mit Werkstoffen wurden und werden dabei ständig weiterentwickelt. Heute wird eine Vielfalt von meist industriell hergestellten Werkstoffen für die Dachunterkonstruktion und -eindeckung verwendet.

2.1.1 Funktionen des Daches

Das Dach erfüllt unterschiedliche Funktionen. Es schützt das Innere des Hauses vor witterungsbedingten **Einflüssen der Umwelt** wie Regen oder Wind, aber auch vor Sonneneinstrahlung, Schnee usw. Eine fachgerechte, moderne Wärmedämmung des Daches vermindert den **Temperaturaustausch** zwischen dem Inneren des Hauses und der Umwelt und minimiert somit auch die Heizkosten. Aufgrund seiner Größe ist das Dach ein wichtiges **Gestaltungselement** des Hauses. Die Form des Daches sowie die

Abb. 2.3: Pfahlbauten am Bodensee (im Museumsdorf)

verwendeten Werkstoffe, wie z. B. Dachziegel, Schiefer oder Reet, verleihen dem Haus seinen besonderen Charakter. Die Bedeutung des Daches unter den Aspekten des Umweltschutzes hat in den letzten Jahrzehnten zugenommen. **Energieeinsparung und -gewinnung** auf Dächern sind bedeutende Arbeitsfelder im Dachdeckerhandwerk geworden:

- **Regenwassernutzung.** Bei zahlreichen Gebäuden wird das auf das Dach fallende Regenwasser aufgefangen, gesammelt und genutzt, z. B. für die Bewässerung der Grünanlagen oder für die Toilettenspülung.
- **Energiegewinnung.** Auf vielen Millionen Quadratmetern Dachflächen werden Photovoltaikanlagen zur Stromgewinnung und Solarthermieanlagen zur Warmwasseraufbereitung installiert (Abb. 2.4).
- **Verbesserung der Luftqualität.** Durch Dachbegrünungen und durch spezielle Dachsteinbeschichtungen, die zur Reduzierung von Stickoxiden (NO_x) aus der Luft in Ballungsgebieten beitragen, kann ein wichtiger Beitrag zur Verbesserung der Luftqualität geleistet werden.

Abb. 2.4: Vielfältige Nutzung des Daches

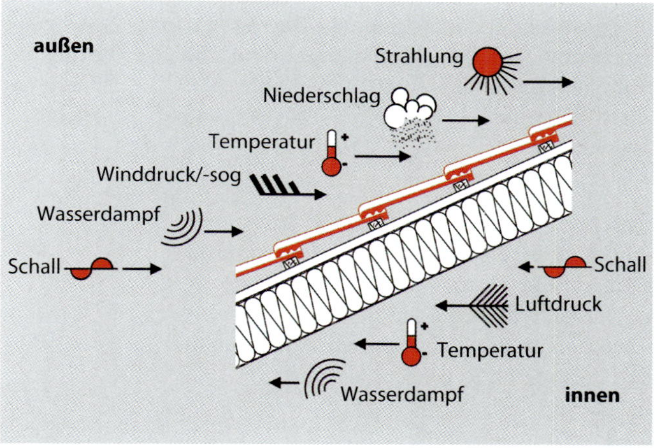

Abb. 2.5: Anforderungen an ein Dach

2.1.2 Anforderungen an geneigte Dächer

Mit den Aufgaben und Funktionen sind bestimmte Anforderungen an Dächer von außen und von innen verbunden (Abb. 2.5). Eine wesentliche Anforderung ist die **Regensicherheit**, d. h., Dächer müssen Regen, Wind und Wetter abwehren bzw. ab- oder umleiten können. Feuchtigkeit infolge von Wind, Treibregen, Flugschnee usw. darf nicht in das Gebäude eindringen können. Abdichtungen, z. B. auf Flachdächern, verhindern das Eindringen jeglicher Feuchte dadurch, dass die Nähte der Abdichtungsbahnen wasserundurchlässig ausgebildet werden, z. B. durch Nahtverschweißen. Auch der Schutz vor Winddruck und Windsog sowie der Schall- und Blitzschutz haben einen hohen Stellenwert.

Darum geht es

- Das **Dach** schützt das Innere des Hauses vor Witterungseinflüssen wie Regen, Wind, Sonneneinstrahlung, Schnee.
- **Dächer** sind gestaltendes Element des Hauses und können zur Regenwasserspeicherung und zur Energiegewinnung genutzt werden.

Anforderungen an Dächer von außen sind vor allem Feuchte-, Wind-, Schall- und Wärmeschutz und eine für alle Belastungen ausreichende Standsicherheit der Dachkonstruktion.

Der Raum unter dem geneigten Dach wurde früher in erster Linie als Abstellraum genutzt. Heute ist das Dachgeschoss der meisten Häuser ausgebaut und wird als Wohnraum genutzt. Daher muss das Dach auch von innen hohen Anforderungen genügen. Diese betreffen den Wärme- und Brandschutz, aber auch den Schutz der Dachkonstruktion vor Nutzungsfeuchte von innen. Die Standsicherheit der Dachkonstruktion hat bei einem ausgebauten Dach eine größere Bedeutung als bei nicht genutztem Dachraum.

Anforderungen an ausgebaute Dächer von innen sind neben dem Wärme- und Brandschutz vor allem auch der Schutz der gedämmten Dachkonstruktion vor der Bau- und Nutzungsfeuchte.

Untergeordnete Gebäude sind kleine, eingeschossige, oft freistehende Gebäude ohne Feuerstätten. Dazu zählen z. B. Carports oder Gartenlauben. Sie haben meist geringere Anforderungen an das Dach, keinen Wärmeschutz und geringeren Regenschutzbedarf.

2.1.3 Dachneigungen

Je nach Blickwinkel verwendet man die Begriffe **Steigung** oder **Neigung**: Aus Dachdeckersicht, von oben herab, spricht man meist von **Neigung**. Schaut man von unten nach oben und sieht eine ansteigende Fläche, spricht man von **Steigung**.

Fließendes Wasser sucht sich Wege von oben nach unten, es folgt dem Gefälle. Je mehr **Neigung** der Untergrund hat, desto schneller fließt das Wasser ab. Bei Deckelementen, wie z. B. Dachsteinen, Dachziegel oder Schiefer, erhöht eine ausreichend große **Dachneigung** die Regensicherheit.

Ein Dach gilt als regensicher, wenn es Regen, Schnee, Wind und Wetter abwehren bzw. ableiten kann.

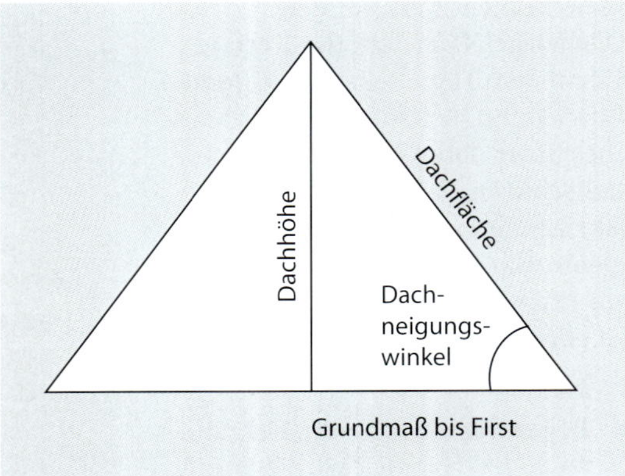

Abb. 2.6: Dachneigungen

Der Neigung des Daches sind jedoch auch Grenzen gesetzt. Je steiler ein Dach ist, desto mehr Widerstand bietet es dem Wind. Winddruck belastet die Dachkonstruktion und kann Niederschläge unter die Überdeckungen eintreiben. Kalter Wind kühlt das Gebäude ab. Aus diesem Grund sind Dächer in windreichen Regionen, z. B. am Meer oder auf Bergen, eher flach. Hinzu kommt, dass steile Dächer eine größere einzudeckende Dachfläche aufweisen.

Dächer werden aufgrund ihrer Neigung unterschieden:

- Als **Flachdach** gilt ein Dach mit einem Neigungswinkel von mindestens 2° bis unter 10°.
- Das **geneigte Dach** hat im Regelfall eine Dachneigung von 10° oder mehr.
- Bei einer Dachneigung von 10° bis unter 20° spricht man von einem **flach geneigten Dach**.
- Ein **Steildach** hat eine Dachneigung von 20° oder mehr. Weit verbreitet sind in der Praxis Dachneigungen zwischen 30° und 45°.

Die **Dachneigung** ist der Winkel zwischen dem waagerechten Grundmaß und der geneigten Dachfläche bzw. der Sparrenlänge eines Daches (Abb. 2.6). Das Maß der Dachneigung kann in unterschiedlichen Einheiten angegeben werden.

Am häufigsten wird die Dachneigung in der Einheit **Winkelgrad**, z. B. 35°, ausgewiesen. Ein Vollkreis wird in 360° unterteilt; ein Viertelkreis, also 360° : 4, hat 90°. Steigung bzw. Neigung eines Daches lassen sich auch in **Prozent** (%) berechnen. Die Prozentangabe drückt das prozentuale Zahlenverhältnis der Dachhöhe h zur dazu senkrechten Grundmaßlänge l aus:

$$St\ (\%) = \frac{\text{Höhe} \cdot 100}{\text{Länge}} = \frac{h \cdot 100}{l}$$

Eher selten wird die Neigung als **Zahlenverhältnis der Dachhöhe *h* zur Grundlänge *l*,** also 1 : x, beschrieben. Das Verhältnis 1 : 10 bedeutet dann z. B., dass auf eine Grundlänge von 10 m die darüber geneigt verlaufende Dachschräge in der Höhe um 1 m zunimmt.

! Praxisbeispiel

Aufgabe

Berechnen Sie die Neigung des Satteldaches eines Carports, das bei einer Carportbreite $b = 2{,}66$ m eine dazu senkrechte Firsthöhe von $h = 0{,}75$ m aufweist.

Lösung

Grundmaß ist hier die Gebäudebreite von Traufe zu Traufe:
b = 2,66 m : 2 = 1,33 m

$$St\ (\%) = \frac{\text{Höhe} \cdot 100}{\text{Breite}} = \frac{h \cdot 100}{b}$$

$$St\ (\%) = \frac{0{,}75\ \text{m} \cdot 100}{1{,}33\ \text{m}} = 56{,}39\ \%$$

2.1.4 Fachbegriffe zu geneigten Dächern

Zur schnellen und exakten Verständigung unter Dachdeckern und mit anderen Bauhandwerkern werden Fachbegriffe der wichtigsten Dachpunkte, Dachlinien und Begrenzungslinien genutzt.

Abb. 2.7: Überlappende Schuppen beim Tannenzapfen

Schuppenförmige Überdeckung

Eine schuppenförmige Überdeckung ist ein natürliches Anordnungsprinzip zum Schutz des Inneren vor äußeren Witterungseinflüssen. Auch das Innere von Tannenzapfen wird geschützt durch Schuppen. Abtropfendes Wasser kann wegen der Überlappungen der Schuppen nicht eindringen (Abb. 2.7). Schuppenförmig werden z. B. Schiefer, Faserzementdachplatten, aber auch Dachsteine, Dachziegel usw. gedeckt.

Schuppenförmige Überdeckungen in der Höhe bzw. Seite der Deckelemente sollen das Eindringen von Wasser durch die Deckfugen möglichst verhindern.

In schuppenförmig angeordneten Dachdeckungen werden die Deckfugen in der Höhe und seitlich überdeckt, damit dort kein Niederschlagswasser eindringen kann. Man nennt dies im oberen Bereich des Deckelements die **Höhenüberdeckung** und an der seitlichen Begrenzung der Deckelemente die **Seitenüberdeckung.**

Begriffe

- Ein **Steildach** hat eine Dachneigung von > 20°.
- **Dachneigung** ist die Neigung der Dachkonstruktion gegen die Waagerechte.
- Die **Neigung eines Daches** wird angegeben in Winkelgrad (°) und in Prozent (%), vereinzelt auch als Verhältnis von Höhe zu Länge (1 : x).

→ Mehr Informationen zur Dachentwässerung siehe Kapitel 7

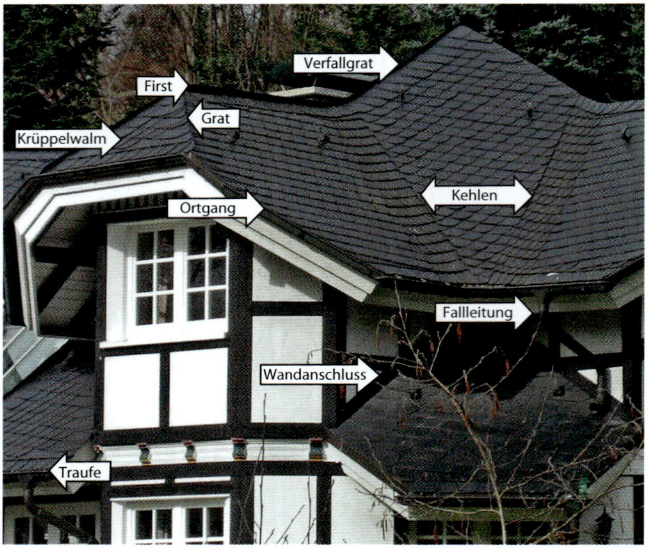

Abb. 2.8: Fachbegriffe am geneigten Dach

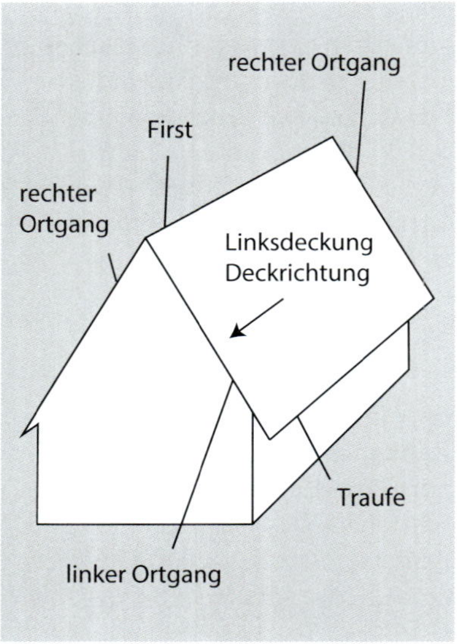

Abb. 2.9: Dachpunkte und Dachlinien

Dachpunkte, Dach- und Begrenzungslinien

Zu den wichtigen Bezeichnungen auf Dächern gehören die Begrenzungen der Dachflächen (Abb. 2.8), ebenso auch Dachpunkte und Dachlinien (Abb. 2.9):

- **First** nennt man die Schnittkante von 2 Dachflächen. Ein First verläuft meist waagerecht.
- Das **Ort** ist die seitliche Begrenzung einer Dachfläche. **Ortgänge** sind die seitlichen Begrenzungslinien zwischen First und Traufe.
- Die **Traufe** ist eine Tropfkante an den tiefliegenden Teilen eines Daches. Wenn es regnet, fließt das gesammelte Wasser aus der Dachfläche über die Traufe ab.
- Der **Grat** ist eine außen liegende, geneigte Verschneidungslinie von 2 Dachflächen. Die beiden zusammentreffenden Dachflächen bilden in der Gratlinie eine Kante.
- Die **Kehle** ist eine innen liegende Verschneidungslinie von 2 Dachflächen. Sie nimmt das von 2 Dachseiten abfließende Wasser auf und leitet es nach unten ab.
- Der **Verfallgrat** ist ein verkürzter geneigter Grat, der bei unterschiedlichen Dachhöhen 2 Firste miteinander verbindet.
- Wird ein senkrechter Giebel an der Schmalseite des Gebäudes ersetzt durch eine geneigte Dachfläche, ist dies ein vollständiger **Walm.** Ein **Schopfwalm** oder **Krüppelwalm** liegt vor, wenn der senkrechte Giebel noch teilweise vorhanden ist, dabei aber noch im oberen Bereich ein kleiner Walm vorliegt.
- Ein **Wandanschluss** ist im Dachdeckerhandwerk der Übergang einer Dachfläche in ein senkrechtes Bauteil (Wand).

Weitere Fachbegriffe:

Regeldachneigung

Unter einer **Regeldachneigung** versteht man die untere Dachneigungsgrenze, bei der sich in der Praxis eine Dachdeckung als regensicher erwiesen hat. Die Regeldachneigungen der einzelnen Deckwerkstoffe beruhen dabei auf Erfahrungswerten, die im Regelfall eine regensichere Eindeckung gewährleisten (Tab. 2.1). Sie sollen in der Praxis nicht unterschritten werden, außer wenn besondere Maßnahmen ergriffen werden.

Die Regensicherheit einer Dachdeckung ist im Allgemeinen dann gewährleistet, wenn die jeweilige Regeldachneigung nicht unterschritten wird.

Tabelle 2.1: Regeldachneigungen (RDN)

Werkstoff/Deckung	RDN
Dachsteine (Standardausführung)	25°
Falzziegel (Standardausführung)	25°
Biberschwanzziegel (Doppeldeckung)	30°
Mönch- und Nonnenziegeldeckung	40°
Altdeutsche Schieferdoppeldeckung	22°
Wellplattendeckung (Kurzwellplatten)	25°
Deutsche Schablonendeckung mit Faserzementdachplatten 30/30	25°
Bitumendachschindeln (Rechteckformat)	15°

Kapillarität

Kapillare sind feine Spalten oder Röhren, in denen Wasser senkrecht nach oben steigen kann. Da Deckwerkstoffe mit Höhen- und Seitenüberdeckung verlegt werden, entstehen zwischen ihnen feine Spalten oder Röhren, also Kapillare. Feuchtigkeit zieht zwischen die Deckelemente und könnte dadurch nach innen eindringen. Aufgrund der Kapillarwirkung bei schuppenförmigen Deckwerkstoffen ist immer auf eine ausreichend große Höhenüberdeckung zu achten, daher sind z. B. Dachsteine mit mindestens 7,5 cm Höhenüberdeckung auf Dächern zu verlegen.

2.1.5 Grundlagen für die Ausführung von Dachdeckerarbeiten

Bei der Planung und Ausführung von Dachdeckerarbeiten ist zunächst einmal das **Regelwerk** des Zentralverbandes des deutschen Dachdeckerhandwerks (ZVDH) zu berücksichtigen. Das Regelwerk hat mehrere Bestandteile:

- Die **Grundregeln** sind die Basis für alle Teile des Regelwerks. Sie bilden die Grundlage für die Planung und Ausführung von Dachdeckerarbeiten.
- **Fachregeln** enthalten praktisch durchführbare Vorgehensweisen für die Planung und Ausführung von Dachdeckerarbeiten. Sie sichern eine ausreichende Qualität und dienen somit auch dem Verbraucherschutz. Es gibt Fachregeln für Dachdeckungen mit Schiefer, Dachsteinen und Dachziegeln, Bitumenschindeln usw.
- Darüber hinaus gibt der ZVDH regelaktuelle **Merkblätter, Hinweise und Produktdatenblätter** mit werkstoffspezifischen Informationen heraus.

Das Regelwerk beruht sowohl auf dem Erfahrungswissen des Dachdeckerhandwerks als auch auf **Normen**. Normen sind eine wichtige Grundlage für ein Zusammenarbeiten unterschiedlicher Betriebe.

Vorrangiges **Ziel von Normen** ist es, den Austausch von Waren und Dienstleistungen national wie international zu fördern, indem Normen die Anforderungen an Güter vereinheitlichen. Hinweise auf Normen befinden sich z. B. auf der Rückseite von Ziegeln und Dachsteinen. Deutsche Normen werden vom **Deutschen Institut für Normung** e. V. (DIN) entwickelt. **EN** steht für die europäische Norm. Das Ziel der europäischen Normung ist die Harmonisierung der nationalen Normen in den Mitgliedsländern durch eine einheitliche Einführung von europäischen Normen, z. B. Dachziegelnorm DIN/EN 1304. **ISO steht** für **internationale Norm**. Die **CE-Kennzeichnung** belegt die Übereinstimmung mit EU-Richtlinien.

Begriffe

- Ein **Gebinde** ist eine einzelne Deckreihe von Deckelementen.
- Die **Regeldachneigung** ist die unterste Dachneigungsgrenze, bei der sich eine Dachdeckung als regensicher erwiesen hat.
- Das Aufsteigen von Wasser in feinen Spalten oder Röhren wird als **Kapillarität** bezeichnet.

Darum geht es

Das **Regelwerk** des Deutschen Dachdeckerhandwerks besteht aus

- Grundregeln,
- Fachregeln,
- Merkblättern und
- Hinweisen sowie
- Produktdatenblättern.

@ Links und Literatur

www.dachdecker-regelwerk.de

Zusätzlich zum Regelwerk des ZVDH und zu den bauplanerischen Vorgaben sind beim Decken eines Daches weitere Vorschriften und Richtlinien zu berücksichtigen:

- Vorschriften der Bauberufsgenossenschaft zum Arbeits-, Gesundheits- und Unfallschutz,
- Produktdaten der Hersteller,
- baurechtliche Vorgaben und Gesetze. Dazu gehören z. B. das Bundesbaugesetz, die Landesbauordnung, der Flächennutzungsplan, der Bebauungsplan, die Vergabe- und Vertragsordnung für Bauleistungen (VOB), die Energieeinsparverordnung (EnEV), der Denkmalschutz, Ausschreibungstexte usw.,
- gesetzliche Vorschriften, z. B. Bürgerliches Gesetzbuch (BGB), Immissionsschutzgesetz.

! Praxistipp

Abkürzungen

DIN	Deutsches Institut für Normung e. V., Berlin
EN	Europäische Norm
ENEV	Energieeinsparverordnung
CE	Produktsicherheit in Übereinstimmung mit geltenden EU-Richtlinien
ISO	Internationale Norm
VOB	Vergabe- und Vertragsordnung für Bauleistungen

2.2 Dachformen

Als **Dachform** bezeichnet man die geometrische Gestalt bzw. die äußere Form eines Daches. Dachformen werden anhand unterschiedlicher Grundrisse, Dachneigungen, Firstrichtungen usw. unterschieden. Jede für ein Haus gewählte Dachform hat ästhetische und preisliche Vor- und Nachteile. Weiterhin ergeben sich Auswirkungen auf die praktische Eindeckung mit geeigneten Deckwerkstoffen. Dachformen lassen sich auch unterscheiden hinsichtlich der sichtbaren Konturen des Daches, der Ansichten des Daches, der Anordnung von Traufe, First, Ortgang usw.

2.2.1 Dachgrundrisse

Der äußere Gebäudegrundriss entspricht oft dem **Dachgrundriss** und prägt die Dachform. Für **rechteckige und quadratische Dachgrundrisse** eignen sich z. B. Pult-, Sattel- und Walmdächer. Über **sechs-, acht- und vieleckigen Grundrissen** findet man oft Dächer, die in einem oberen Firstpunkt bzw. einer Turmspitze zusammentreffen. **Runde Grundrisse** eignen sich vor allem für kegelförmige Dächer. Gebäudegrundrisse können sich aus mehreren geometrischen Grundformen zusammensetzen.

Tabelle 2.2: Pult- und Satteldächer

Bezeichnung	Darstellung
einfaches Pultdach	
doppeltes Pultdach	
symmetrisches Satteldach	
asymmetrisches Satteldach	

Der jeweilige Dachgrundriss prägt auch die Form eines Daches.

2.2.2 Pult- und Satteldächer

Diese Dachformen gibt es in vielen Variationen (Tab. 2.2). Zu den einfachen Dachformen gehört das **Pultdach.** Es hat einen quadratischen oder rechteckigen Dachgrundriss und besteht

! Praxisbeispiel

Aufgabe

Berechnen Sie die Fläche des Satteldaches eines Wohnhauses mit Sparrenlänge (Abstand Traufe–First) $s = 5{,}75$ m sowie einer First- und Traufenlänge $f = 12{,}66$ m.

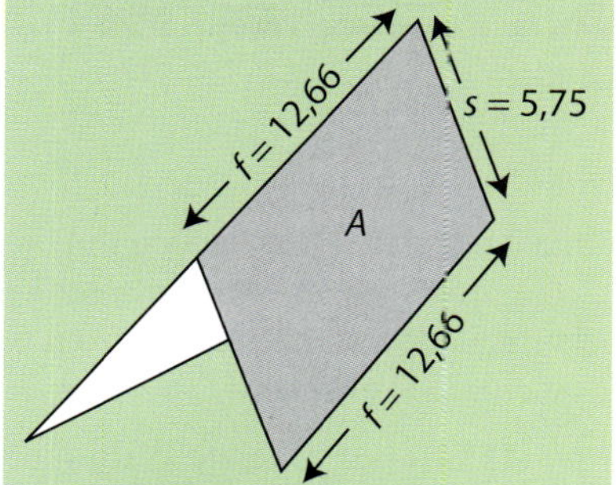

Abb. 2.10: Skizze des Satteldaches

Lösung

Dachfläche = $A = 2 \cdot s \cdot f$

Dachfläche = $2 \cdot 5{,}75$ m $\cdot$ $12{,}66$ m

= **145,59 m²**

Tabelle 2.3: Zeltdächer

Bezeichnung	Darstellung
Zeltdach, z. B. auf achteckigem Grundriss	
Glockendach	
Kuppeldach	

aus nur einer geneigten Dachfläche. Die untere Kante ist die Dachtraufe, die obere Kante ist der Pultfirst. Zu beiden Seiten befinden sich die Ortgänge. Pultdächer findet man über Carports, Garagen sowie über gewerblich genutzten Gebäuden. In der modernen Architektur finden sich immer wieder Pultdachformen, auch z. B. das **doppelte Pultdach**.

Ein **Satteldach** weist vom gemeinsamen First nach 2 Seiten geneigte Dachflächen auf. Sind beide Dachseiten gleich geneigt, handelt es sich um ein **symmetrisches Satteldach**. Dagegen hat ein **asymmetrisches Satteldach** unterschiedlich geneigte Dachflächen, wodurch sich auch unterschiedliche Maße für die Sparrenlängen ergeben können. Häufig überragen Satteldächer zwecks Witterungsschutz geringfügig die Außenwände des Gebäudegrundrisses. Man spricht dann von **ort- und traufseitigem Dachüberstand.**

Die obere Begrenzungs- bzw. Verbindungslinie der Dachflächen ist bei Satteldächern eine **Firstlinie,** die unteren werden als **Traufen** bezeichnet. Die entlang der Dachneigung verlaufende Verbindungslinie vom First senkrecht zur Traufe ist die **Sparrenlänge.**

2.2.3 Zeltdächer

Bei einem Zeltdach laufen geneigte Dachflächen gegeneinander in einem Firstpunkt zusammen (Tab. 2.3). Zeltdächer haben zwar Traufen, i. d. R. aber keine Firstlinie, sondern nur einen oberen gemeinsamen **Firstpunkt,** z. B. Turmspit-

■ Darum geht es

Dachüberstände ragen über die Außenmaße des Gebäudegrundrisses hinaus, um ort- bzw. traufseitig die Außenwände zu schützen.

■ Begriffe

- Die **Dachform** ist die äußere Form eines Daches.
- Ein **Pultdach** ist ein Dach mit nur einer geneigten Dachfläche.
- **Deckwerkstoffe** sind Materialien bzw. Werkstoffe, die für eine Eindeckung des Daches geeignet sind, wie z. B. Dachsteine, Dachziegel, Schiefer.
- Die **Sparrenlänge** ist die Verbindungslinie vom First zur Traufe.
- Ein **Satteldach** besteht aus 2 entgegengesetzt geneigten Dachflächen, die an der Dachfirstlinie aufeinandertreffen.
- Die Dachflächen eines **Zeltdaches** haben einen gemeinsamen oberen Firstpunkt.

zen. Die Grundrisse der **Zeltdächer** können dabei völlig unterschiedliche geometrische Formen aufweisen, wie z. B. quadratische, rechteckige, kreisrunde oder auch abgerundete Grundrisse.

Bei der Eindeckung von Zelt- und Kegeldächern werden die Dachflächen zum Firstpunkt hin immer kleiner. Dachdecker müssen hier den jeweiligen Deckwerkstoff den spitz zulaufenden Dachflächen anpassen.

Zeltdächer gibt es in vielfältigen Formen, u. a. glockenförmige, zwiebelförmige, gebogene, gedrehte, gefaltete oder Ringpultdachformen.

2.2.4 Kegeldächer

Ein Zeltdach mit nur einem Firstpunkt über einem kreisrunden Grundriss heißt **Kegeldach** (Abb. 2.11). Dessen Dachfläche entspricht der Mantelfläche eines Kreiskegels. Kegeldächer finden sich u. a. als Turmhelme von Kirchen, Burgen und Schlössern. Auf modernen Gebäuden sind Kegeldächer oft der architektonische Blickfang, wie z. B. die Kegeldächer der Bundeskunsthalle in Bonn.

! Praxisbeispiel

Aufgabe
Die Kegeldachfläche (*A*) eines kreisrunden Turmes (Abb. 2.12) mit folgenden Maßen ist zu berechnen:

s = 4,75 m (Sparrenlänge ist der Abstand von Traufe zu First)
d = 5,32 m (Kegeldachdurchmesser)
r = 2,66 m (Radius r = 5,32 m : 2 = 2,66 m)

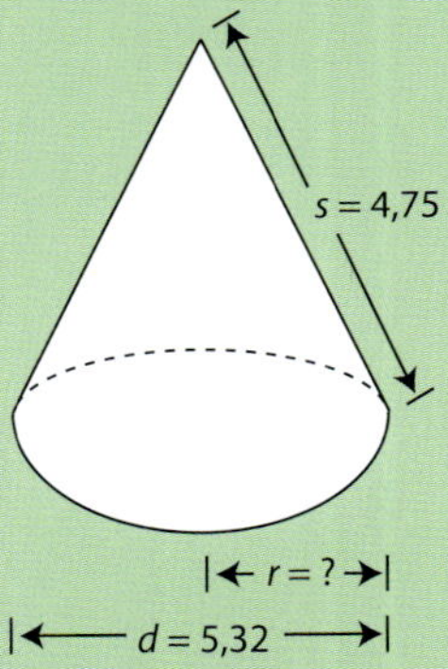

Abb. 2.12: Kegeldachfläche

Lösung
$A = r \cdot \pi \cdot s$
$A = 2{,}66\ \text{m} \cdot 3{,}14 \cdot 4{,}75\ \text{m} = \mathbf{39{,}67\ m^2}$

Abb. 2.11: Kegeldach

2.2.5 Walmdächer

Hat ein Gebäude 2 geneigte Dachflächen mit First und an der Schmalseite anstelle eines senkrechten Giebels ebenfalls geneigte Flächen, dann spricht man von einem **Walmdach** (Tab. 2.4).

Wenn starke Windkräfte auf geneigte Walmflächen treffen, wird der Winddruck besser abgeleitet, als wenn er gegen senkrechte Giebel trifft. Wenn alle Schmalseiten des Gebäudes abgewalmt sind, bezeichnet man dies als **Walmdach mit Wiederkehr**. Die geneigten außen liegenden Begrenzungslinien zwischen der Walm- und der Dachfläche sind die **Grate**. Die Gesamtdachfläche kann man zur vereinfachenden Berechnung in trapezförmige und in dreieckige Dachflächen unterteilen.

Ist lediglich der obere Teil der Schmalseite eines Gebäudes als Walmfläche ausgebildet, spricht man von einem **Schopf- oder Krüppelwalm**. Die Traufe des Krüppelwalms liegt oberhalb der Traufe des Hauptdaches. Das an der Krüppelwalmtraufe aufgefangene Regenwasser wird meist seitlich auf die Hauptdachflächen abgeleitet.

Das Schopf- bzw. Krüppelwalmdach hat nur im oberen Teil eines Giebels und oberhalb der Hauptdachtraufen einen Walm.

Auch unterhalb von senkrechten Bauteilen kann sich noch ein Walm an eine Wand bzw. an einen Giebel anschließen. Schließt sich dem unteren Bereich eines senkrechten Giebels noch eine Walmfläche an, spricht man von einem **Fußwalm.**

Tabelle 2.4: Walmdächer

Bezeichnung	Darstellung
Walmdach	
Walmdach	
Krüppel-walmdach	
Fußwalmdach	

Tabelle 2.5: Mansarddächer

Bezeichnung	Darstellung
Mansarddach	
Mansard-walmdach	
Mansard-krüppel-walmdach	

Eine trapezförmige Walmdachfläche, die sich unterhalb eines senkrechten Giebel- oder Wandteils anschließt, nennt man Fußwalmdach.

2.2.6 Mansarddächer

Bei einem **Mansarddach** weisen die Dachflächen im unteren Bereich eine Knicklinie auf (Tab. 2.5). Die Dachneigung unterhalb einer solchen Dachknicklinie ist im Mansarddach erheblich steiler geneigt als die Neigung oberhalb der Mansardknicklinie.

In Mansarden entsteht zusätzlicher bzw. besser nutzbarer Wohnraum durch mehr Stehhöhe im Dachraum. Walmdächer mit umlaufender Dachknicklinie, bei der die Dachneigung wechselt, werden **Mansardwalmdach** genannt. Endet diese **Mansardknicklinie** an senkrechten Giebelseiten, dann spricht man von einem **Mansardgiebeldach**.

Begriffe

- Ein **Kegeldach** schließt mit einem oberen **Firstpunkt** eine kegelförmige Dachfläche über einem kreisrunden Grundriss.
- Ein **Walmdach** hat 2 geneigte Dachflächen mit First und ebenfalls geneigte Dachflächen an den Schmalseiten des Gebäudes.

Bei einem **Mansardkrüppelwalmdach** befindet sich an den Giebelseiten jeweils ein Krüppelwalm mit einer darunter sich anschließenden senkrechten Giebelwand.

Mansarddächer sind durch eine Dachknicklinie gekennzeichnet. Bei einer umlaufenden Dachknicklinie handelt es sich um ein Mansardwalmdach. Bei einem Mansardgiebeldach endet die Dachknicklinie an senkrechten Giebelseiten.

Starre Deckwerkstoffe wie Ziegel oder Dachsteine lassen sich nicht über den Mansardknickwinkel hinweg decken, es gibt dazu jedoch Sonderanfertigungen. Häufig wird heute anstelle einer Mansarde ein senkrechter **Drempel** (Kniestock) bevorzugt. Dabei werden oberhalb der Dachgeschossdecke zusätzliche senkrechte Außenwandteile, z. B. waagerechte Kanthölzer, aufgebracht. Durch höhere senkrechte Außenwände erhält dieses Dachgeschoss eine vergrößerte Stehhöhe, d. h., dort entsteht mehr Fläche, auf der man aufrecht stehen kann, ohne dabei an die Dachschräge zu stoßen.

2.2.7 Geschwungene Dachformen

Einige Dächer haben runde, abgerundete oder geschwungene Formen (Tab. 2.6). Die Ausbildung der Rundung kann sich nach oben wie auch nach unten wölben. Ein **Tonnendach** ist vereinfacht der obere Teil einer halbierten, liegenden Tonne.

Für ein **Bogendach** wird im Querschnitt ein Kreissegment gewählt. Dadurch entsteht eine leicht gewölbte, also bogenförmige Dachform.

Im Gegensatz zum Tonnendach bildet ein **Hängedach** eine Wölbung nach unten. Hängedach nennt man eine an einem Tragwerk aufgehängte und verspannte Dachkonstruktion. Bekannt sind Hängedächer als Überdachungen großer Fußballstadien.

Tabelle 2.6: Dächer mit Rundungen

Bezeichnung	Darstellung
Tonnendach	
Bogendach	
Hängedach	

! Praxisbeispiel

Aufgabe

Berechnen Sie die halbkreisrunde Tonnendachfläche einer Turnhalle mit den Außenmaßen Gebäudebreite $b = 18{,}78$ m (b ist hier Kreisdurchmesser), Gebäude- bzw. Traufenlänge $l = 43{,}89$ m.

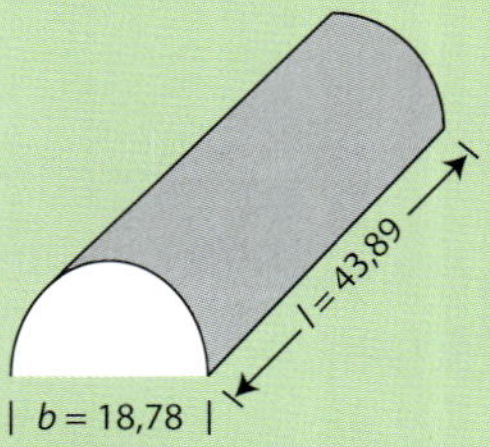

Abb. 2.13: Tonnendach

Lösung

Dachfläche $A = ½ \cdot$ Kreisumfang $\cdot$ Traufenlänge

$A = ½ \cdot (2 \cdot r \cdot \pi) \cdot l$

$A = ½ \cdot (2 \cdot 9{,}39\ \text{m} \cdot 3{,}14) \cdot 43{,}89\ \text{m}$

$A = \mathbf{1.294{,}74\ m^2}$

Abb. 2.14: Sheddach

Abb. 2.15: Dachreiter

Tabelle 2.7: Rechte Winkel

Dachform	Darstellung
Pultdach Dachhöhe *h* steht senkrecht zur Gebäudebreite *b*	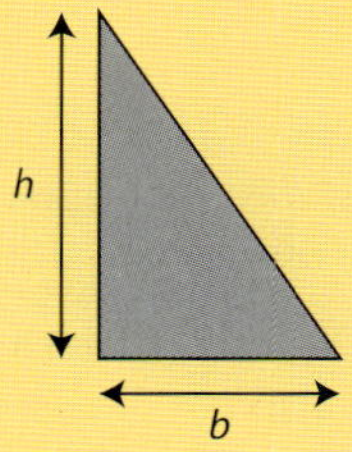
Satteldach Dachhöhe *h* steht senkrecht zur halben Gebäudebreite, ½ *b*	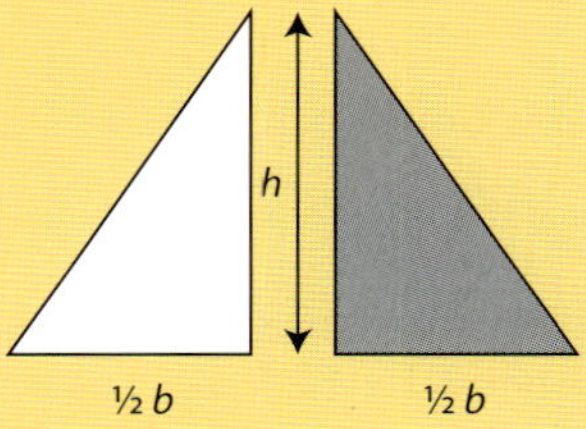

2.2.8 Zusammengesetzte Dachformen

Gebäudegrundrisse lassen sich aus mehreren Grundformen kombinieren, wie z. B. bei **Winkelhäusern** oder **Gebäuden mit Anbauten**. Ein **Sheddach** entsteht durch mehrfaches Hintereinandersetzen von pult- oder satteldachförmigen Aufbauten (Abb. 2.14).

Dachreiter sind kleine überdachte Bauteile, die sich noch oberhalb des Firstes erheben (Abb. 2.15).

2.2.9 Dachflächenberechnungen

Zur Planung einer Dachdeckung benötigen Dachdecker konkrete Angaben über die Dachfläche. Bei Neubauten werden diese aus den Maßen der Bauzeichnung errechnet. Bei geneigten Dachflächen ist eine parallel zum geneigten Sparren verlaufende **Sparrenlänge** *s* von besonderer Bedeutung. Diese ist zu unterscheiden von der senkrechten Dachhöhe (Tab. 2.7). Die Sparrenlänge *s* wird vom Dachdecker errechnet. Dazu müssen die Giebelbreite *b* und die Firsthöhe *h* einen **rechten Winkel** (90°) zueinander bilden. Dies ist im Regelfall bereits bei einem Pultdach gegeben, sodass diese Maße bereits aus der Bauzeichnung entnommen werden können.

Bei anderen Dachformen, wie z. B. Satteldächern und Walmdächern, ist nur der Teil der Gebäudebreite für die Berechnung der Sparrenlänge dort anzunehmen, wo eine Senkrechte *h* zur Gebäudebreite *b* First und Gebäudebreite verbindet. Im symmetrischen Satteldach ist dies die halbe Gebäudebreite ($½ \cdot b$).

Für die Flächenberechnung und die Flächenaufteilung benötigen Dachdecker das Maß der Sparrenlänge *s*. Die Baubreite *b* sowie die zu ihr senkrecht gemessene Dachhöhe *h* sind 2 wichtige Maße, die man aus der Bauzeichnung ablesen kann.

Begriffe

- **Mansarddach:** die Dachflächen sind im traufseitigen Bereich geknickt. Die unteren Teile der Dachfläche sind stärker geneigt als die oberen.
- **Dachknicklinie:** markiert innerhalb einer Dachfläche einen Dachneigungswechsel.
- **Krüppelwalmdach:** der obere Teil des Giebels ist abgewalmt.
- **Tonnen- und Bogendach:** nach oben gewölbt, ein **Hängedach** wölbt sich nach unten.
- **Drempel** oder **Kniestock:** im Dachgeschoss über den Fußboden hinausragender aufsteigender Teil der Außenwand.
- Mehrfach hintereinandergesetzte Pult- oder Satteldächer bilden ein **Sheddach**.
- **Dachreiter:** kleine überdachte Bauteile, die sich noch oberhalb des Firstes erheben.

Die Sparrenlänge *s* wird errechnet aus der Dachhöhe *h* und der Gebäudebreite *b*, indem man den Satz von Pythagoras anwendet:

$a^2 + b^2 = c^2$, durch Umformen der Gleichung gilt:

$c = \sqrt{a^2 + b^2}$

(Man sagt: c ist die Quadratwurzel aus der Summe von a^2 plus b^2.)

Ersetzt man die Platzhalterbuchstaben durch Zahlenwerte, also $a = 3$ und $b = 4$, dann ergibt sich folgende Berechnung:

$3^2 + 4^2 = c^2$,

durch Umformen der Gleichung gilt:

$c = \sqrt{3^2 + 4^2} = \sqrt{9 + 16} = \sqrt{25} = \mathbf{5}$

In der Geometrie werden Dreiecksseiten mit *a*, *b*, *c* bezeichnet. Diesen entsprechen die bauüblichen Bezeichnungen Höhe *h*, Gebäudebreite *b* und Sparrenlänge *s* (Abb. 2.16). Die **Sparrenlänge *s* eines Pultdaches** wird dann berechnet:

$h^2 + b^2 = s^2$ *bzw.* $s = \sqrt{h^2 + b^2}$

In einem Pultdach bildet die Baubreite (*b*) mit der senkrechten Firsthöhe (*h*) einen rechten Winkel. Die Sparrenlänge *s* errechnet sich hier:

$s = \sqrt{h^2 + b^2}$

! Praxisbeispiel

Aufgabe

Berechnen Sie die Sparrenlänge *s* eines Pultdaches mit folgenden Außenmaßen:

- Giebel- bzw. Gebäudebreite $b = 9{,}61$ m
- senkrechte First- bzw. Dachhöhe $h = 3{,}48$ m

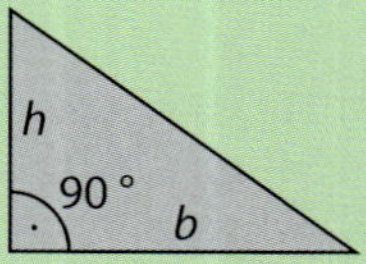

Abb. 2.17

Lösung

$$s = \sqrt{h^2 + b^2} = \sqrt{9{,}61^2\ \text{m}^2 + 3{,}48^2\ \text{m}^2}$$
$$= \sqrt{92{,}35\ \text{m}^2 + 12{,}11\ \text{m}^2}$$
$$= \sqrt{104{,}46\ \text{m}^2}$$
$$\mathbf{= 10{,}22\ m}$$

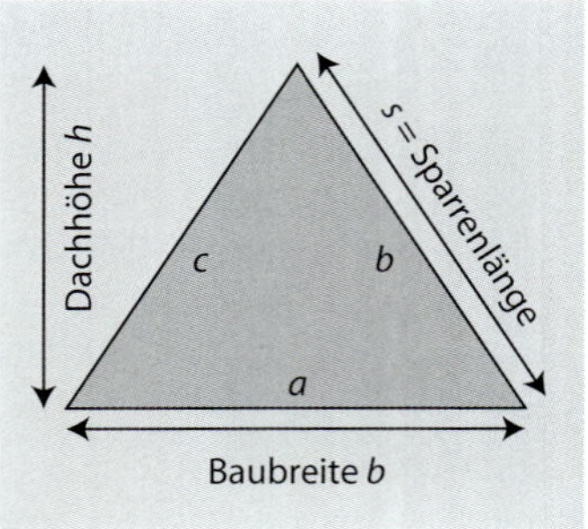

Abb. 2.16: Sparrenlänge

Im symmetrischen Satteldach bildet die halbe Baubreite (*b*/2) mit der senkrechten Firsthöhe *h* einen rechten Winkel (90°). Die Sparrenlänge *s* errechnet sich hier

$s = \sqrt{h^2 + (b/2)^2}$

Mit der jeweils errechneten Sparrenlänge *s* werden die Dachflächen entsprechend ihrer geometrischen Form berechnet (siehe Tab. 2.8).

2.2.10 Volumenberechnungen von Dächern

Volumen bzw. Rauminhaltsberechnungen verwendet man auch für Gebäude. **Umbauter Raum** ist eine gängige, wenn auch veraltete Bezeichnung für den Brutto-Rauminhalt eines Gebäudes in seinen Rohbaumaßen. Der umbaute Raum beschreibt den Rauminhalt eines Gebäudes in der Einheit m^3. Mit dieser Rechengröße können u. a. Herstellungskosten und Wirtschaftlichkeit des Gebäudes berechnet werden. Allgemein berechnet man den Rauminhalt (*V*) eines Baukörpers mit gegebener waagerechter Grundfläche (*G*) und einer senkrechten Höhe (*h*):

Rauminhalt eines Vollkörpers: $V = G \cdot h$

! Praxistipp

Würde ein Satteldach um 90° so gedreht, dass es auf der dreieckigen Giebelseite stände, dann wäre so die waagerechte Giebelseite neu die Grundfläche *G* und die Trauf- bzw. Firstlänge neu dann die senkrechte Höhe *h*. Mithilfe dieser Vorstellung lässt sich der Rauminhalt eines Satteldaches so berechnen wie ein Baukörper auf dreieckigem Grundriss.

Tabelle 2.8: Dachflächenberechnungen

Dachform	Darstellung
Pultdach Die gesamte Pultdachfläche besteht nur aus einer Rechteckfläche. Trauflänge: l $A_{gesamt} = l \cdot s$	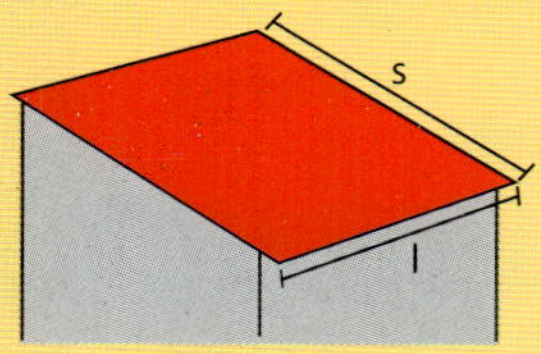
Satteldach Die Gesamtfläche eines Satteldaches besteht aus 2 Rechteckflächen. Trauflänge: l Bei beidseitig gleich großen Sparrenlängen s ist die Gesamtdachfläche wie folgt zu berechnen: $A_{gesamt} = 2 \cdot l \cdot s$	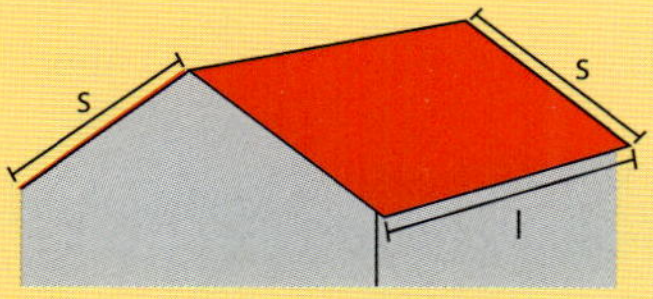
Kegeldach Die Dachfläche des Kegeldaches wird in der Geometrie als Mantelfläche eines Kegels bezeichnet. Radius der Grundfläche: r $A_{gesamt} = r \cdot \pi \cdot s$	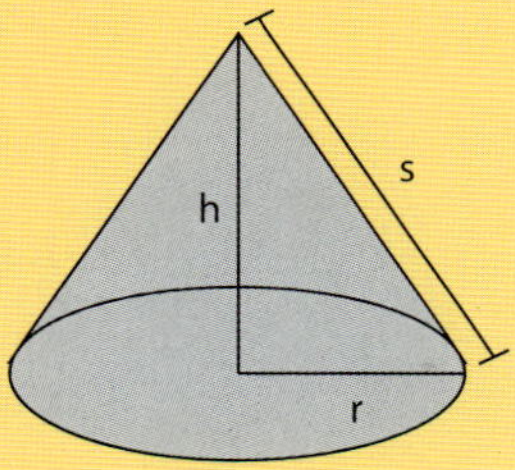
Walmdach Die Gesamtdachfläche eines Walmdaches besteht aus 2 Walmen als Dreiecksflächen und 2 Hauptdachflächen als Trapezflächen. Dachbreite der Walmflächen: b, Trauflänge der Hauptdachflächen: l_1, Firstlänge: l_2 Bei gleich großen Sparrenlängen s von Walm- und Hauptdach ist die Gesamtdachfläche wie folgt zu berechnen: $A_{gesamt} = (b \cdot s) + (s \cdot (l_1 + l_2))$	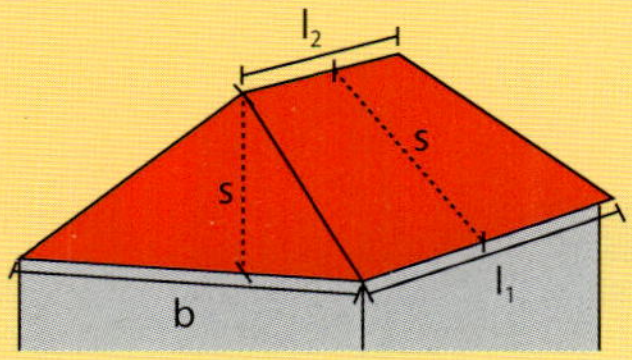
Zeltdach Die Gesamtdachfläche eines Zeltdaches auf quadratischem Grundriss ist aus 4 Dreiecksflächen zu berechnen mit der Grundlänge: g $A_{gesamt} = \frac{4 \cdot (g \cdot s)}{2}$	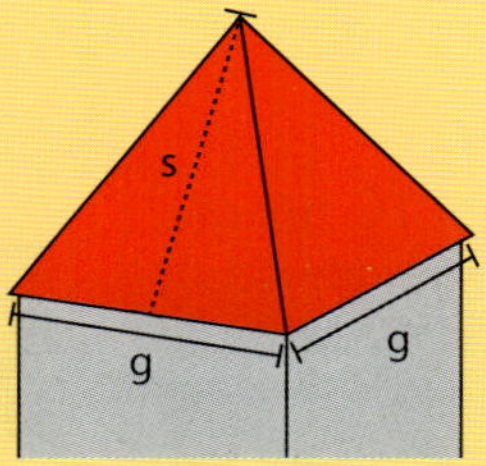

■ **Darum geht es**

- Die Berechnung von geneigten Flächen erfordert das Maß der **Sparrenlänge *s***.
- Die Sparrenlänge s lässt sich mithilfe des Satzes von Pythagoras berechnen. Dazu sind immer rechtwinklige Dreieckskonstruktionen erforderlich.
- Der **Satz des Pythagoras** lautet: $a^2 + b^2 = c^2$.
- Nur wenn die einzudeckende Fläche richtig berechnet worden ist, kann die dafür erforderliche exakte Werkstoffmenge ermittelt werden.

In einer Spitze zusammenlaufende Dachflächen weisen einen geringeren Rauminhalt auf als ein entsprechender Vollkörper. Spitze Körper haben nur ⅓ des Rauminhaltes von Vollkörpern mit einem entsprechend großen Grundriss *G*.

Rauminhalt eines spitz zulaufenden Körpers:
$V = \frac{1}{3} \cdot G \cdot h$

Praxisbeispiel

Berechnung der Dachfläche und des Rauminhaltes eines Zeltdaches mit Trauflänge $l = 5{,}60$ m und senkrechter Dachhöhe $h = 4{,}25$ m

1. Aufgabe
Berechnen Sie die gesamte **Dachfläche** eines Zeltdaches auf quadratischem Grundriss mit o. g. Außenmaßen. **Hinweis:** Erstellen Sie selbst zunächst eine bemaßte Skizze mit rechtwinkligem Dreieck zur Berechnung der Sparrenlänge (s).

Lösung

$$s = \sqrt{(\tfrac{1}{2} \cdot l)^2 + h^2}$$
$$= \sqrt{2{,}80^2\ \text{m}^2 + 4{,}25^2\ \text{m}^2}$$
$$= \sqrt{7{,}84\ \text{m}^2 + 18{,}06\ \text{m}^2}$$
$$= \sqrt{25{,}90}$$
$$\mathbf{= 5{,}09\ m}$$

$$A = l \cdot s \cdot \tfrac{1}{2} \cdot 4$$
$$= 5{,}60 \cdot 5{,}09 \cdot \tfrac{1}{2} \cdot 4$$
$$\mathbf{= 57{,}01\ m^2}$$

2. Aufgabe
Berechnen Sie den Brutto-Rauminhalt *V* des gesamten Zeltdaches.

Lösung
$$V = l \cdot l \cdot h \cdot \tfrac{1}{3}$$
$$= 5{,}60\ \text{m} \cdot 5{,}60\ \text{m} \cdot 4{,}25\ \text{m} \cdot \tfrac{1}{3}$$
$$\mathbf{= 44{,}42\ m^3}$$

2.3 Dachaufbauten

Dachaufbauten durchbrechen die Dachfläche nach außen hin, z. B. Dachgauben, aufragende Erker oder auch Dachbalkone (Abb. 2.18). Dachaufbauten sind i. d. R. mit eigenen kleinen Bedachungen bzw. Dächern versehen. Sie stellen damit selbst einen Teil der Dachhaut dar.

Abb. 2.18: Dachbalkon

Gleichzeitig tragen sie u. a. durch ihre eigene Dachform und Größe erheblich zum Gesamtbild des Daches und des Gebäudes bei.

Wohnlich nutzbare Dachaufbauten erweitern den nutzbaren Innenraum im Dachbereich. Sie dienen dessen Belüftung und Belichtung. Dabei erweitern, gliedern und gestalten sie das Dach.

2.3.1 Dachgauben

Unter einer Dachgaube versteht man kleinere Dachkörper, die aus der Dachfläche herausragen. Eine Gaube erweitert den nutzbaren Dachraum nach außen. Zur Dachgaube gehört im Allgemeinen ein Gaubendach und an der Stirnseite senkrechte Fenster. Die Stirnseite zeigt meist parallel zur Außenwand. Dachgauben ermöglichen eine verbesserte Stehhöhe. Weiterhin erhalten Dachräume durch Gauben senkrechte Innenwandteile. Gauben werden nach ihren Dachformen unterteilt (Tab. 2.9).

Bauherren nutzen Gauben durch Größe, Grundriss- und Dachform, Farbgebung usw., um ihr Gebäude von anderen abzuheben und es zu einem **Blickfang** für Betrachter zu machen. Gauben können jedoch durch ihre große Außenhülle als **Kühlrippen** wirken, da sie dem kühlenden Wind Widerstand bieten.

Dachgauben erweitern die Nutzung der Dachräume von innen, gleichzeitig beeinflussen sie das äußere Erscheinungsbild des Gebäudedaches.

Tabelle 2.9: Dachgauben

Bezeichnung	Beschreibung	Darstellung
Spitzgaube	Bei **Spitzgauben** bildet die Stirnseite ein mehr oder weniger spitzwinkliges Dreieck. Die seitlichen Dachflächen beschreiben ein geneigtes Satteldach, dessen dreieckige Flächen in Richtung Hauptdachfirst zusammenlaufen. Die beiden Gaubenflächen sind mittels einer Kehle in die Hauptdachfläche eingebunden, Spitzgauben haben keine Gaubenwangen.	
Schleppgaube	Eine **Schleppgaube** hat senkrechte Wangen und ein Schleppdach. Darunter versteht man ein Pultdach, das sich mit einer geringeren Neigung als das Hauptdach daraus hervorhebt. Ist die Gaubendachform tonnenförmig gewölbt, spricht man von einer Tonnendachgaube.	
Trapezgaube	Eine **Trapezgaube** wirkt durch die sichtbare Stirnseite in Trapezform interessant. Dabei ist sie vom Innenraum her benutzerfreundlich und bietet hier einen zusätzlichen großen Nutzraum an. Die Herstellung einer Trapezgaube mit ihrer geraden Linienführung ist nicht mit besonderen Erschwernissen verbunden. Gaubendächer können auch mit einem **Walm- oder Krüppelwalmdach** ausgestattet sein.	
Fledermausgaube	Bei einer **Fledermausgaube** fallen die lang auslaufenden Seitenflächen ins Auge, die sich sanft an die Dachfläche anschmiegen. Mit Fantasie fühlt man sich an gestreckte Flügel einer Fledermaus erinnert. Die Eindeckungen erfolgen oft mit hochwertigen Werkstoffen wie z. B. Schiefer oder Biberschwanzziegeln. Man spricht von **eingebundener Kehle,** wenn mit dem Werkstoff der Dachdeckung die Kehle und das Gaubendach ohne Unterbrechung durchgedeckt werden.	

2.3.2 Dachhäuschen

Einige Fachleute unterscheiden zwischen Dachgauben und **Dachhäuschen.** Dachhäuschen weisen auffallend große senkrechte Seitenteile (Wangen) auf. Dachgauben haben keine oder eher kleinere Wangen.

Dachreiter sind scheinbar eigenständige Häuschen, die oberhalb des Firstes herausragen.

2.3.3 Erker

Ein **Erker** ist ein geschlossener, überdachter, über ein oder mehrere Geschosse reichender Vorbau an

Begriffe

- Rauminhalt eines Vollkörpers: $V = \text{Grundfläche} \cdot \text{Höhe}$
- Rauminhalt eines spitz zulaufenden Körpers: $V = 1/3 \cdot \text{Grundfläche} \cdot \text{Höhe}$
- Unter **Kopf-** bzw. **Stehhöhe** versteht man die Grundfläche, auf der ein Mensch noch aufrecht unter den Dachschrägen stehen kann, ohne dort mit dem Kopf anzustoßen.
- **Dachhäuschen** verfügen seitlich über auffallend große senkrechte Wangenflächen.
- Ein **Erker** ist ein überdachter Vorbau an der Außenwand eines Gebäudes, der sich in der Höhe über die Traufenlinie des Daches fortsetzen kann.

Abb. 2.19: Erker

der Fassade eines Hauses. Erker im engeren Sinne werden von einer auskragenden Balkenlage oder Konsolen getragen, dagegen steigt ein sog. **Auslucht** vom Boden auf. Als Blickfang ragen Erker oft über die Traufe des Daches hinaus (Abb. 2.19).

2.3.4 Dachflächenfenster

Im Gegensatz zu Gauben erfordern **Dach- oder Dachflächenfenster** keine großen baulichen Veränderungen, sind meist genehmigungsfrei und verursachen vergleichsweise geringe Gesamtkosten. Sie dienen der Belichtung und der Belüftung. Wohnraumdachfenster sind speziell für bewohnte Dachräume ausgelegt.

Schwingfenster lassen sich nur nach außen hin öffnen, aber nicht nach innen einklappen. **Klapp-Schwingfenster** können zusätzlich noch nach innen geklappt werden. Dachfenster nur mit einer Dachausstiegsfunktion verlieren immer mehr an Bedeutung. Dachbalkonfenster kann man bei Bedarf zum Fußboden nach innen kippen und/oder zusätzlich in Kopfhöhe öffnen.

Tabelle 2.10: Dachfenster

Art	Darstellung
Wohnraumdachfenster	
Rundbogen mit Wohnraumfenster	
Dachfenster im Verband	

Wohnraumdachfenster gibt es als Schwing- und Klapp-Schwingfenster sowie als Dachbalkonfenster.

Wohnraumdachfenster gibt es in diversen Ausführungen, z. B. mit Rundbögen oder Sprossen. Sie können sowohl einzeln als auch in einem Verband eingebaut werden.

Einbauelemente für Photovoltaik- und Solarthermie fügen sich in das Gesamtbild des Daches gut ein. Dachfenster können in **Rauch-Wärme-Abzugsanlagen (RWA)** eingebunden werden. RW-Anlagen öffnen im Brandfall automatisch Luken (z. B. Dachfenster oder Lichtkuppeln) und leiten über sie die gefährlichen Rauchgase und erhitzte Luft aus dem Gebäudeinneren nach draußen.

2.3.5 Belichtungselemente im Dach

Lichtbänder sind Belichtungselemente in Dachflächen. Standardausführungen erfüllen nur eine Belichtungsfunktion für die Innenräume, sind dabei vergleichsweise preiswert und mit geringem Aufwand einzubauen (Tab. 2.11).

Lichtbänder in der Standardausführung sind einfache und flache Belichtungselemente für Dachräume, im Regelfall ohne Lüftungsfunktion.

Lichtkuppeln sind aus der Dachfläche herausragende Belichtungs- und Belüftungselemente, die grundsätzlich auch für geneigte Dächer geeignet sind. Im geneigten Dach ist die Lichtkuppel vor allem im Firstbereich zu finden.

Lichtkuppeln ragen auffallend hoch aus der Dachfläche hervor. Sie dienen im Regelfall sowohl der Belichtung der Innenräume als auch der Belüftung.

Als **Kuppel** wurde bereits in der Antike der halbkugel- oder glockenförmige obere Abschluss eines gewölbten Gebäudes bezeichnet. Lichtkuppeln dienen der Belichtung großer Innenräume. **Lichtkuppeln** sind im Regelfall vorgefertigte Einbauteile. Für hoch eingebaute Lichtkuppeln werden elektrische Schließmechanismen angeboten. Lichtkuppeln mit **Dachschiebesystemen** lassen sich seitlich verschieben oder aufklappen. Dadurch entstehen Dachbalkone unter freiem Himmel.

Dachschiebesysteme ermöglichen ein Verschieben der Überkopfverglasung.

Tabelle 2.11: Belichtungselemente

Art	Darstellung
Lichtband	
Lichtkuppel Pyramidenform	
Lichtkuppel	
Lichtkuppel	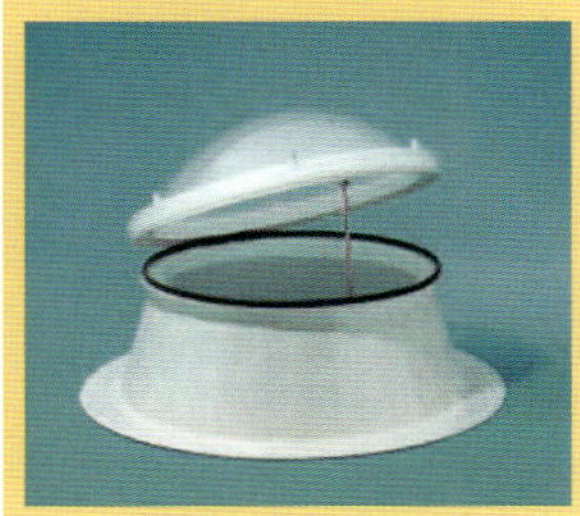

■ Darum geht es

Wohnraumdachfenster dienen der Belichtung und Belüftung von Dachräumen.

■ Begriffe

RWA = Rauch-Wärme-Abzugsanlagen.

@ Links und Literatur

Eine bekannte Kuppel ist die des Deutschen Reichstagsgebäudes, des heutigen Bundestagsgebäudes in Berlin. Siehe www.bundestag.de

2.3.6 Dachbalkone

Dachbalkone sind Balkone, die in geneigten Dächern fest eingebaut und vom Gebäudeinneren heraus begehbar sind (Tab. 2.12).

2.3.7 Dachraumbelichtung

Tageslicht und angenehmes Raumklima beeinflussen das Wohlbefinden der Menschen. Die meisten Landesbauordnungen der Bundesrepublik schreiben als **Mindestbelichtungsflächen** von Dachräumen 12,5 % der Raumgrundfläche vor (Abb. 2.20).

! Praxisbeispiel

Aufgabe
Die Wohnfläche eines Dachraumes beträgt 34 m^2. Welche Gesamtbelichtungsfläche ist nach der Landesbauordnung einzuplanen?

Lösung
Es sind (z. B. in NRW nach LBO) mindestens 12,5 % der Raumgrundfläche als Mindestbelichtungsfläche einzuplanen.

Berechnung

$$\frac{34\ m^2 \cdot 12{,}5}{100}$$

= **4,25 m^2 Dachfensterfläche**

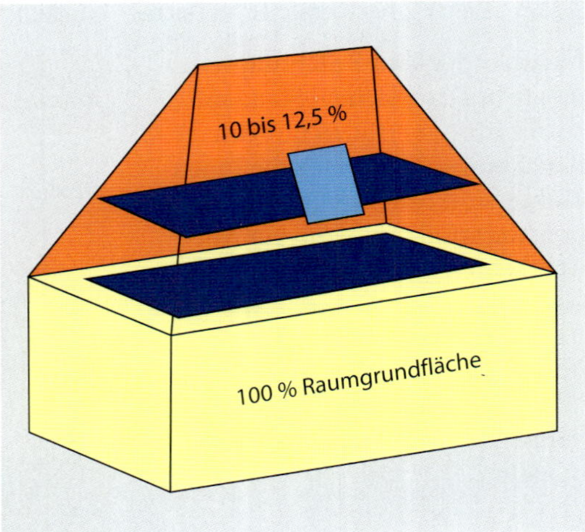

Abb. 2.20: Mindestlichtflächen

Tabelle 2.12: Dachbalkone

Ausführung	Darstellung
überdachter Dachbalkon	
Dachbalkon mit Photovoltaik-Brüstung	

2.4 Dachkonstruktion

Dachkonstruktionen bestehen aus mehreren Einzelschichten, die in ihrer Funktion zusammenwirken. Das tragende Gerüst eines Daches und die für seine Standsicherheit notwendige Konstruktion wird als **Tragwerk eines Daches** bezeichnet. Dabei können Dachdecker meist auf Vorleistungen der Zimmerer zurückgreifen. Die Dacheindeckung bzw. die äußere Hülle des Daches wird von der darunterliegenden Dachkonstruktion getragen. Die unter der Deckung liegenden konstruktiven Teile des Daches werden auch als **Unterkonstruktion** bezeichnet.

2.4.1 Dachhaut und Unterkonstruktion

Der Kunde sieht von den Dachdeckungsarbeiten meist nur den außen liegenden Teil: die **Dachhaut**. Darunter sind Dachdeckungen z. B. mit Dachziegel oder Dachsteinen auf geneigten Dachkonstruktionen zu verstehen, aber auch Flachdachabdichtungen. Viel Arbeit, oft mehr als für die oberflächige Eindeckung, muss auf die Herstellung der jeweils darunterliegenden **Unterkonstruktion** verwendet werden. Bei der

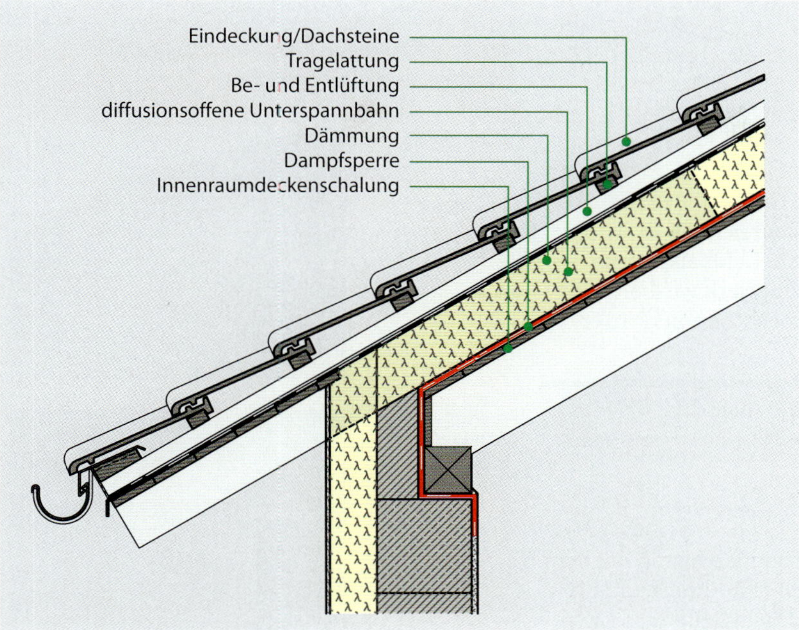

Abb. 2.21: Konstruktiver Dachaufbau für ein Wohnhaus, mit Wärmedämmung und Dampfsperre

Herstellung der äußeren Dachhaut verarbeiten Dachdecker ebenso wie bei der Unterkonstruktion sowohl eine Vielzahl von natürlichen Werkstoffen als auch hochmoderne technische Werkstoffe.

Dachhaut nennt man die äußere Hülle der Dachkonstruktion, z. B. die Eindeckung. Sie ist zu unterscheiden von der Unterkonstruktion.

Da die Dachhaut von außen sichtbar ist, wird sie meist vom Kunden ausgewählt. Von der Dachhaut hängen u. a. Art und Herstellung einer geeigneten, tragfähigen Konstruktion des Dachaufbaus unter der Dachhaut ab. Ein Ziegeldach belastet die Dachkonstruktion stärker als leichte Dachbahnen. Die für die jeweilige Dachhaut geeignete Unterkonstruktion hängt sowohl von Dach-, Schnee- und Windlasten als auch von der Nutzung des Dachraumes ab. Bei einer Wohnnutzung ist eindringende Feuchtigkeit abzuleiten, Wärmeverluste sind zu begrenzen. Auch ist eine ausreichende Be- und Entlüftung zu gewährleisten.

Der konstruktive Aufbau eines Daches umfasst alle tragenden und Funktionsschichten sowie die Bauelemente eines Daches. Er wird verkürzt auch als Unterkonstruktion bezeichnet.

Wenn man mit einer Kettensäge ein Wohnhaus-Dach aufschneiden würde, hätte man dort den Schnitt durch die Dachfläche. In diesem „Schnitt“ sind die einzelnen konstruktiven Teile des gesamten Dachaufbaus erkennbar (Abb. 2.21). Bei einer untergeordneten Nutzung, z. B. als Carport oder Scheune, trägt die Unterkonstruktion nur alle Lasten des Daches: sowohl die Eigenlasten der Dachkonstruktion, als

Darum geht es

Dachräume sind ausreichend zu belichten. Die Mindestbelichtungsfläche von Dachräumen sollte 12,5 % der Raumgrundfläche betragen.

Begriffe

- **LBO** = **L**andes**b**au**o**rdnung.
- **Dachkonstruktion = Dachhaut + Unterkonstruktion.**
- **Dachhaut** ist die äußere Hülle der Dachkonstruktion, z. B. eine Eindeckung.
- **Unterkonstruktionen** bestehen aus dem Tragwerk, mit oder ohne Deckunterlage.

→ Mehr zu Unterkonstruktionen siehe Kapitel 5

@ Links und Literatur

Weitere Informationen zu Mindestlichtflächen siehe DIN 5034: Tageslicht in Innenräumen www.beuth.de

auch mögliche Verkehrslasten, wie z. B. Schneelast. Wärmedämmung, Be- und Entlüftung, Unterspannbahnen sind hier nicht zwingend erforderlich.

Tragwerke

Der alle Lasten tragende Dachstuhl wird auch als Tragwerk des Daches bezeichnet. Er wird ausgeführt als Pfettendach, Kehlbalkendach oder Sparrendach. Das Tragwerk wird oft von anderen Handwerkern, meist Zimmerern, erstellt.

Sattel-, Pfetten- und Kehlbalkendach sind Tragwerke, die alle Lasten des Daches aufnehmen.

Deckunterlagen

Dachdeckungsarbeiten beginnen häufig mit dem Aufbau der erforderlichen Unterkonstruktion auf einem vorhandenen Dachstuhl (Tab. 2.13). Für einige Deckwerkstoffe wird auf dem Tragwerk flächig eine nagel- bzw. schraubbare **Deckunterlage,** Schalung, eingebaut, z. B. für Dachplatten oder für Schieferdeckungen.

Deckunterlagen dienen der Aufnahme von Deck- oder Abdichtungswerkstoffen. Es handelt sich dabei abhängig von der Dachhaut um Schalbretter, Dachlatten oder andere tragfähige Untergründe.

Vordeckung

Sofort nach der Verlegung der Holz- oder Holzwerkstoffschalung wird diese durch eine **Vordeckung** vor Feuchte oder gar Durchnässung gesichert. Holz verändert sein Volumen bei Feuchtigkeitsänderungen. Dadurch kann es quellen bzw. schwinden. Vordeckungen können auch so ausgebildet werden, dass sie anschließend zur Unterdeckung beitragen können. Es kommen dafür Werkstoffe sowohl aus Bitumen, z. B. V 13-Bitumenbahnen, oder hochreißfeste und UV-beständige Kunststoffbahnen zum Einsatz.

Zum Schutz vor einer Wasseraufnahme vor der Eindeckung erhält die Schalung eine Vordeckung.

Tabelle 2.13: Unterkonstruktionen

Bauteil	Darstellung
Grüne Vordeckungsbahn auf einer Vollschalung	
Behelfsdeckung vor Wintereinbruch	
Lattung, senkrecht und waagerecht, für ein Dachsteindach	
Zur Vorbereitung für eine Ziegeldeckung auf Tragelattung gestapelte Ziegel	

Behelfsdeckung

Eine **Behelfs- bzw. Notabdeckung** kann einem Gebäude vorübergehenden Schutz gewähren. Bei Sturmschäden am Dach wird übergangsweise eine Behelfsdeckung mit preiswerten und witterungsschutzgebenden Werkstoffen aufgebracht.

Abb. 2.22: Lichtes Maß, hier Lattung

Abb. 2.23: Lattung auf Carport, am Ortgang eine Reihe Schiefer

Eine Behelfsdeckung bietet nur einen zeitlich begrenzten Witterungsschutz für Gebäude.

Waagerechte und senkrechte Lattung

Für **Dachziegel und Dachsteine** wird im Regelfall eine Lattenkonstruktion errichtet. Auf eine senkrechte Lattung wird eine waagerechte Lattung aufgebracht. Dazu benutzt man meist geeignete Nägel, Schrauben oder Schraubnägel. Waagerechte Lattungen nennt man auch **Tragelattung**, die senkrechte Lattung parallel zu den Sparren wird als **Konterlattung** bezeichnet (Abb. 2.23).

Ziegel oder Dachsteine werden auf die Tragelatten eingehängt bzw. dort verschraubt. Die Lattenquerschnitte sind auf die Last des Deckwerkstoffes abzustimmen. Für eine Tragelattung müssen die Abstände der einzelnen Tragelatten für den jeweiligen Deckwerkstoff und die jeweilige Sparrenlänge passend berechnet werden. Anschließend werden diese errechneten Tragelattenabstände von Oberkante zu Oberkante eingemessen und befestigt. Verkürzt werden Tragelattenabstände als **Lattmaß oder Lattweite** bezeichnet.

Als **lichtes Maß** bezeichnet man im Allgemeinen die Lichtöffnung, d. h. die freie Öffnungsbreite und Öffnungshöhe. Im Bauwesen beschreibt das lichte Maß die tatsächliche Breite oder Höhe einer Öffnung, z. B. den freien Raum zwischen 2 Latten. Es wird gemessen von der Oberkante der unteren Latte bis zur Unterkante der oberen Latte (Abb. 2.22).

! Praxistipp

Das **Lattmaß** wird von Oberkante zu Oberkante zweier Dachlatten gemessen. Das **lichte Maß** wird von der Oberkante der unteren bis zur Unterkante der oberen Latte gemessen.

2.4.2 Unterspannbahnen

Unter den Dachziegel- und Dachsteindeckungen wird im Regelfall als zusätzliche Maßnahme zur Regensicherheit eine Unterspannbahn eingebaut. Im Gegensatz zu Wohngebäuden mit wärmegedämmten Dächern gibt es jedoch auch eingeschossige, meist freistehende untergeordnete Gebäude, wie z. B. Carports, Scheunen, Lagerschuppen. Diese haben einen geringeren Schutzbedarf bezogen auf die Regensicherheit. Dennoch können im Einzelfall auch z. B. für Carports Zusatzmaßnahmen wie Unterspannbahnen vereinbart werden.

Unterspannungen sollen das Gebäudeinnere besser vor Flugschnee

Darum geht es

- Für untergeordnete Gebäude wie z. B. Carports können Zusatzmaßnahmen zur Regensicherheit entfallen (Fachregel Dachziegel/Dachsteine Kapitel 1.3.2).
- Eine senkrechte Lattung **(Konterlattung)** leitet in einem dadurch geschaffenen Lüftungsraum Feuchte nach außen ab.
- Bei untergeordneten Gebäuden ohne Wärmedämmung wie z. B. Carports kann ggf. auf eine Unterspannbahn und Konterlattung verzichtet werden.

Begriffe

- **Deckunterlagen** nehmen die Deckung oder Abdichtung auf.
- Eine **Behelfsdeckung** bietet keinen dauerhaften Schutz, sondern kann nur vorübergehend Schäden vorbeugen.
- Das **lichte Maß** beschreibt die tatsächliche Breite oder Höhe einer Öffnung.

→ Weitere Informationen zum Tragwerk siehe Kapitel 5.7

→ Mehr zu Latten und Brettern in Kapitel 5.4

→ Mehr zu Nägeln und Schraubverbindungen in Kapitel 5.6

oder Staub schützen, vor allem jedoch die von außen durch die Deckfugen eindringende Feuchte ableiten. Bei **Unterspannbahnen** handelt es sich um unterschiedliche flexible Werkstoffe auf Rollen, vereinfacht oft „Folien" genannt. Für Ziegel- und Dachsteindeckungen werden Unterspannbahnen mit einer Höhenüberdeckung von 10 bis 15 cm oder mehr verlegt, man sagt: „untergespannt".

2.4.3 Einbauteile

Dachsystem- und Einbauteile erfüllen bestimmte Aufgaben im Dach, z. B. die Dachbegehung über Trittroste oder durch Dachausstiegsfenster. (Tab. 2.14). Einbauteile durchdringen die Dachhaut, werden aber angeschlossen oder dort eingebunden.

Einbauteile sind immer regensicher in die Dachhaut einzubinden und dürfen die Funktionen der Dachhaut nicht beeinträchtigen.

Energiesammler, wie z. B. Photovoltaikelemente, werden auf speziellen Ständern in geneigte Dächer z. B. mit Dachziegeln oder Dachsteinen eingebaut. Man nennt dies eine **aufgeständerte Einbauweise**. Werden diese wie das Deckmaterial und in vergleichbaren Formaten direkt als Teil der Dachhaut eingebaut, spricht man von **integrierter Einbauweise.**

Tabelle 2.14: Einbauteile

Funktion	Beispiele
Belichtungsfunktion	Dachflächenfenster, Lichtpfannen, Dachausstieg
Sicherungsfunktion	Sicherheitsdachhaken, Tritt- und Laufroste, Be- und Entlüftungselemente, Notausstiege
Verbindungsfunktion	Lüfterelemente, Schneefanggitter, Solardurchgangselemente, Sanitärlüfter
Aufständerungen	Ständer für Energiewandler, z. B. für PV-Elemente
Zierde, Dekor	Dachschmuck

Abb. 2.24: Dachdeckeremblem, mit Schiefer gedeckt

2.5 Schnitte und Projektionen des Daches

Bei einer geometrischen Projektion werden Gebäude in den 3 Dimensionen Länge, Breite und Höhe auf Punkte in einer Ebene, im Regelfall auf einem Zeichenblatt, abgebildet. Zu den Dachdeckerarbeiten gehört auch, ein noch fertigzustellendes Dach aus Zeichnungen bzw. Skizzen darstellen und berechnen zu können. Wegen dieser Bedeutung für den Dachdeckerberuf gilt das Zeichengerät Zirkel neben dem Schieferhammer als Symbol des Dachdeckerhandwerks (Abb. 2.24).

Zur Planung von Dachdeckungsarbeiten werden oft **Aufmaßskizzen** erstellt. Unter Aufmaß versteht man das Vermessen und Aufzeichnen eines Gebäudes. Eine Aufmaßskizze sollte grob maßstäblich das Gebäude mit möglichst genauen Maßangaben zum Dach enthalten. Skizzen sind oft die Grundlage für Kundenberatungsgespräche, für die Werkstoffbedarfsermittlung und auch für Arbeitsanweisungen. Der Begriff **Skizze** kommt aus dem Italienischen und man versteht darunter einen ersten Entwurf, ein erstes Konzept für ein Projekt. Hilfreich ist ein Skizzierblock mit Millimeterpapier zur vereinfachten Ausführung von Geraden, Senkrechten und dem 45°-Winkel für die Schrägbildtechnik.

Für exaktes, maßstabgetreues Zeichnen sind eine geeignete Zeichenplatte, Zeichengeräte und Zeichenhilfen wie Zeichenstifte, Lineal, Geodreieck, Rechner, Schablonen usw. erforderlich. Gezeichnet wird auf Zeichenpapier. Mit Bau-Handskizzen, meist auf Millimeterpapier, können Gebäude oder Teile davon dem Betrachter plausibel gemacht werden. Dabei dienen diese oft auch als Berechnungsgrundlage. Die Abbildung dreidimensionaler Körper auf ebenen Flächen wie z. B. Zeichenblättern nennt man **Projektionen.** Als „Trick“ dazu dienen z. B. zeichnerische Darstellungen, entweder als **Schrägbilddarstellung,** als **Dreitafelprojektion** oder als **Schnittzeichnung.**

2.5.1 Schrägbilddarstellungen

Bei **Schrägbilddarstellungen** werden Tiefe bzw. Breite des Baukörpers in einem bestimmten Winkel zur Vorderansicht gezeichnet. Dadurch werden in Verbindung mit der Höhe des Bauwerks die 3 Dimensionen dargestellt. Je nach gewählter Darstellungsart tritt dann entweder die Vorderansicht oder die Seitenansicht stärker in den Vordergrund.

Für Schrägbilddarstellungen kann man bestimmte Darstellungsformen wählen. Vereinfacht werden diese oft als Perspektiven bezeichnet. Dabei unterscheiden sich Schrägbilddarstellungen jeweils in den Verkürzungen von Länge, Höhe, Breite (Tiefe) und den dargestellten Winkeln zur Waagerechten. Gebräuchlich sind die Darstellungsweisen Dimetrie, Isometrie und die (nicht genormte) Kavalierperspektive.

Bei einer Garage mit Flachdach handelt es sich geometrisch um einen Quader, z. B. Länge: 4,00 m; Breite: 3,00 m; Höhe: 2,00 m. Ein solcher Quader kann in seinen 3 Dimensionen mithilfe von unterschiedlichen Schrägbildern dargestellt werden.

2.5.2 Isometrie

Isometrie ist eine gleichmäßige Parallelprojektion. Ein Körper wird mithilfe der Isometrie als ein gleichmäßiges Parallelschaubild mit gleichen Maßen und mit unverkürzten Kanten dargestellt. In der isometrischen Projektion werden alle 3 Dimensionen (Höhe, Breite, Länge) jeweils im Verhältnis 1 : 1 : 1 dargestellt.

In der Isometrie werden alle 3 Dimensionen gleichberechtigt dargestellt.

Länge : Breite : Höhe = 1 : 1 : 1

In isometrischer Darstellung werden die Maßlinien von Länge und Breite in einem Winkel von 30° zur Waagerechten eingezeichnet (Abb. 2.26). Alle Kanten können dadurch unverkürzt dargestellt werden.

2.5.3 Dimetrie

Dimetrie ist eine Parallelprojektion der Länge und der Höhe, bei der das dritte Maß Breite bzw. Tiefe verkürzt unter 42° dargestellt wird. Länge und Höhe des Körpers bleiben unverkürzt, die Länge wird mit 7° zur Waagerechten gezeichnet (Abb. 2.25).

In der Dimetrie wird nur die Breite (Tiefe) auf die Hälfte verkürzt unter einem Winkel von 42° dargestellt, die unverkürzte Körperlänge unter einem Winkel von 7°.

Länge : Breite : Höhe = 1 : 0,5 : 1

Der Baukörper wirkt dimetrisch dargestellt optisch größer. Die Längen stehen zur Waagerechten in einem Winkel von 7°, die Breite bzw. Tiefe des Baukörpers in einem Winkel von 42°. Die Höhen werden senkrecht zur Waagerechten, also in

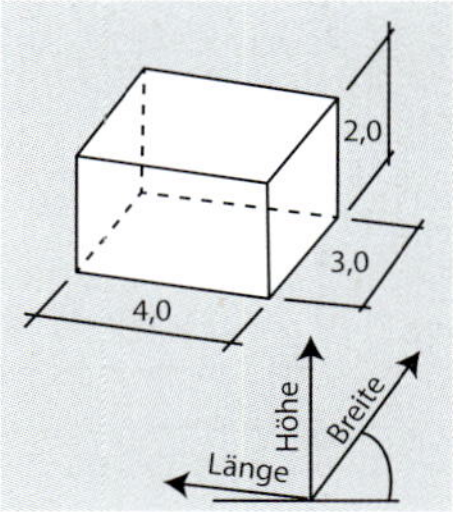

Abb. 2.25: Dimetrie

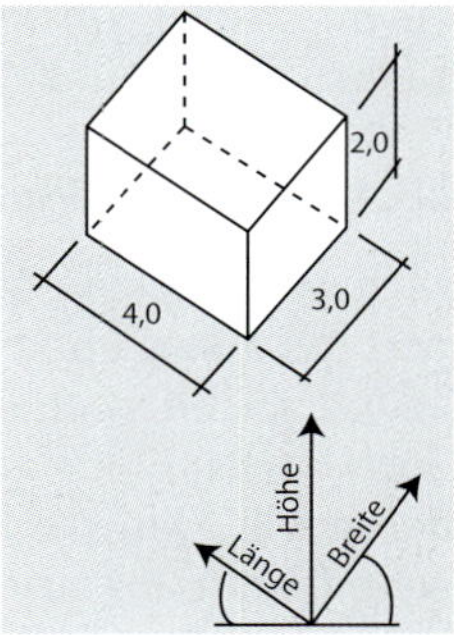

Abb. 2.26: Isometrie

Darum geht es

- Je nach Werkstoff sind weitere Zusatzmaßnahmen möglich, um die Regensicherheit zu erhöhen.
- Mithilfe von **Schrägbildzeichnungen** kann ein Baukörper in seinen Außenmaßen anschaulich zeichnerisch dargestellt werden. Verdeckte Linien werden dabei oft vernachlässigt.

Begriffe

- Unter **Aufmaß** versteht man das Vermessen und Aufzeichnen eines Gebäudes.

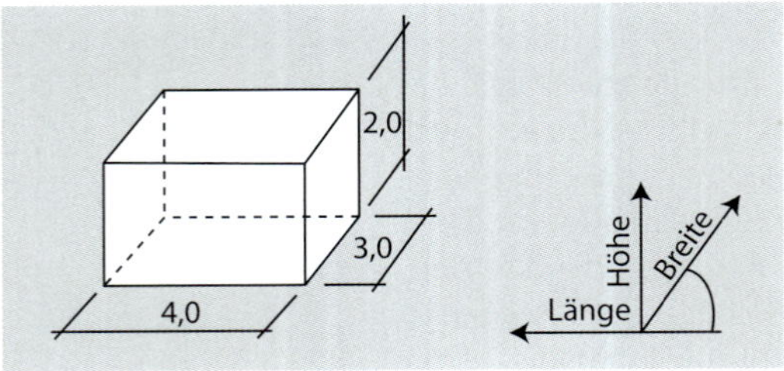

Abb. 2.27: Kavalierperspektive

einem Winkel von 90°, dazugezeichnet. Alle Kanten werden dadurch unverkürzt dargestellt.

2.5.4 Kavalierperspektive

Man kann auch die Vorderansicht des Baukörpers mit Länge und Höhe in den Maßen unverändert zeichnerisch darstellen. Dabei wird jedoch die Baubreite unter einem Winkel von 45° dargestellt. Den Winkel von 45° erzielt man auf quadratisch-kariertem Papier mit der Bildung einer Diagonalen im Quadrat. Bei dieser Art der Darstellung, Kavalierperspektive bzw. Kavalierprojektion genannt, werden somit Länge : Höhe : Breite im Verhältnis 1 : 1 : 0,5 zur Originalabmessung dargestellt bzw. gekürzt (Abb. 2.27).

In der Kavalierperspektive wird die Vorderansicht unverkürzt dargestellt. Die Bautiefe wird dabei vereinfacht mit 45° und meist nach rechts ansteigend angefügt.

Länge : Höhe : Breite = 1 : 1 : 0,5

Für Freihandskizzen auf kariertem Papier, vielfach auf sog. Millimeterpapier, wird die Darstellung in Kavalierperspektive gerne verwendet. Dadurch ist eine annähernd genaue Strichführung auch ohne Lineal möglich. Die 45°-Winkel sind dabei leicht über die Diagonale in den Quadraten der karierten Papiervorlagen zu erreichen.

2.5.5 Parallelprojektion

Mithilfe einer Dreitafelprojektion (Abb. 2.28) werden die Abbildungen unverkürzt und unverzerrt dargestellt. Zu diesem Zweck wird das Zeichenblatt in 4 gleich große Quadrante aufgeteilt. In 3 der 4 Quadranten werden die 3 unterschiedlichen Ansichten des Baukörpers gezeichnet, ein Quadrant dient als Spiegelachse. Unter Berücksichtigung der Dachneigung lassen sich so die 3 Ansichten maßstäblich, aber wirklichkeitsgetreu abbilden. Über ein Achsenkreuz und eine 45°-Spiegelachse lassen sich so die Senkrechten und Waagerechten sowie alle 3 Ansichten konstruieren:

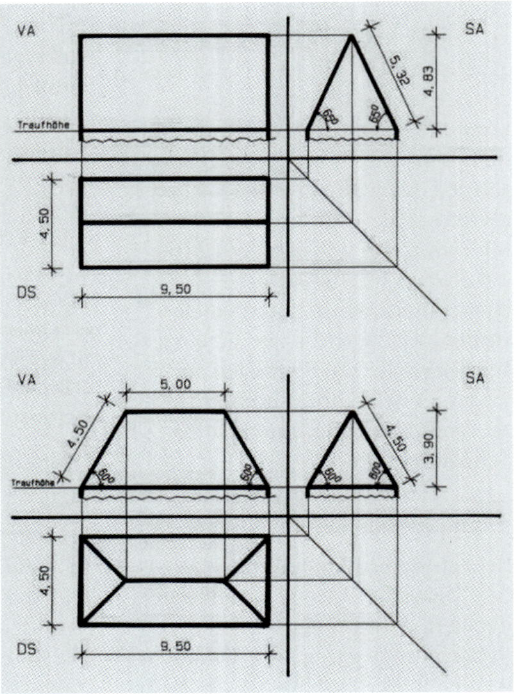

Abb. 2.28: Dreitafelprojektion

Dreitafelprojektion	
Vorderansicht Ansicht von vorne	**Seitenansicht** Ansicht von der linken Seite
Draufsicht Ansicht von oben	

Mithilfe der Dreitafelprojektion werden die Draufsicht, die Vorderansicht und die Seitenansicht maßstäblich in ihren Außenmaßen kompakt dargestellt.

! Praxisbeispiel

Längen- und Flächenberechnungen an einem Satteldach

Länge *l* (des Firstes und der Traufe): 9,50 m
Breite *b*: 4,50 m (½ Breite = 2,25 m)
Höhe *h*: 4,53 m

Berechnungen

a) Sparrenlänge *s*:
$s = \sqrt{(4{,}53^2 + 2{,}25^2)} = \mathbf{5{,}06\ m}$

b) Ortganglänge *O*:
$O = 4 \cdot s = 4 \cdot 5{,}06\ \text{m} = \mathbf{20{,}24\ m}$

c) Dachfläche A_{Dach}:
$A_{Dach} = 2 \cdot l \cdot s = 2 \cdot 9{,}50\ \text{m} \cdot 5{,}06\ \text{m} = \mathbf{96{,}14\ m^2}$

d) Dachneigung *St (%)*:
$$St\,(\%) = \frac{h \cdot 100}{b} = \frac{4{,}53\ \text{m} \cdot 100}{2{,}25\ \text{m}} = \mathbf{201{,}33\ \%}$$

e) Dachneigung in Winkelgrad: lassen sich aus der Zeichnung entnehmen (abmessen) oder berechnen mithilfe von Winkelfunktionen, z. B. Tangensfunktion:
$$\frac{4{,}53\ \text{m}}{2{,}25\ \text{m}} = \rightarrow (\tan^{-1}) = \mathbf{63{,}6°}$$

Hinweis: Zur Lösung von d) und e) ist die halbe Gebäudebreite (2,25 m) zu berücksichtigen.

Anhand von Zeichnungen ist die Baustellenplanung zu entwickeln und die für Dachdeckungsarbeiten erforderlichen Werkstoffe sind zu bestimmen. Die Dreitafelprojektion veranschaulicht Dachflächen und Dachlinien. Zur Flächenermittlung kann man die Maße aus der Dreitafelprojektion möglichst genau abmessen, um diese dann maßstäblich wieder auf die wirklichen Größen umzurechnen. Ebenso lassen sich die Dachneigungen aus der maßstäblichen Bauzeichnung leicht abmessen. Längen- und Flächenermittlungen kann man grundsätzlich auch rechnerisch exakt ermitteln.

Tabelle 2.15: Schnittdarstellungen

Schnitt	Darstellung
Längsschnitt Senkrechter Schnitt in Pfeilrichtung	
Querschnitt, hier: Dachgeschoss	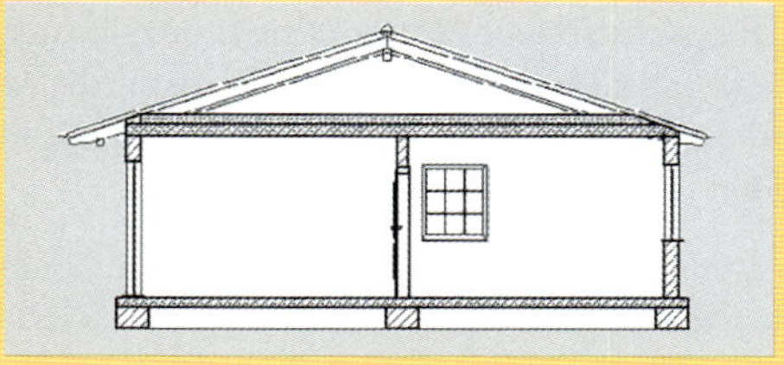
Grundriss mit Aufteilung der Räume	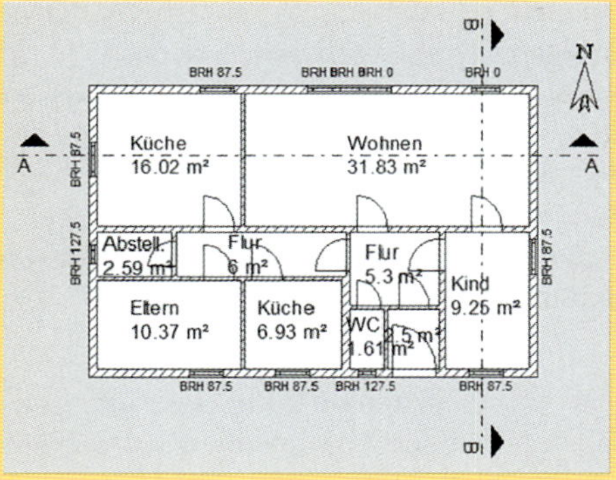

2.5.6 Schnitte

Eine weitere zeichnerische Darstellungsform sind **Schnitte**. Dazu stelle man sich in Gedanken vereinfachend Folgendes vor: Mit einer übergroßen Kettensäge wird das gesamte Gebäude vom Dach bis zum Kellerwerk aufgeschnitten, sodass es offen liegt. Sichtbar wäre so ein **Vollschnitt** (Tab. 2.15).

■ Begriffe

- Gebräuchliche Schrägbilddarstellungen sind **Dimetrie**, **Isometrie** und **Kavalierperspektive**.
- Die **Dreitafelprojektion** zeigt Draufsicht, Vorderansicht und Seitenansicht.
- **Vollschnitt**: Schnitt durch das gesamte Gebäude. **Teilschnitt**: Schnitt durch Gebäudeteile.

■ Darum geht es

Die Kavalierperspektive eignet sich besonders für Freihandskizzen.

Handwerker benötigen häufig lediglich **Teilschnitte**, z. B. nur einen Schnitt durch den Dachaufbau. Diese so offen gelegten, bauseitig vorhandenen Gegebenheiten sind oft wichtige Informationen zur Fortführung weiterer handwerklicher Arbeit.

Ein Vollschnitt könnte das Dach parallel zum First, also längs, aufschneiden oder auch senkrecht zum First, also von Traufe zu Traufe. Je nach Schnittebene werden die so dargestellten Zeichnungen und Skizzen unterschiedlich als **Längsschnitt** oder **Querschnitt** bezeichnet. Eine Schnittzeichnung dient dazu, verdeckte innen liegende Linien, Materialien, Schichten oder Strukturen aufzuzeigen.

Verdeckte und sichtbare Linien und Flächen werden dabei unterschiedlich gekennzeichnet bzw. markiert. Das wird z. B. mit vollen oder gestrichelten Linien, durch schraffierte Flächen, farbige Darstellungen usw. erreicht.

Eine senkrechte Schnittzeichnung längs des Firstes nennt man Längsschnitt. Werden zum First bzw. zum Längsschnitt rechtwinklige Schnitte durchgeführt, nennt man diese Querschnitte.

Man könnte gedanklich mit einer übergroßen Säge auch in der Waagerechten am Gebäude ansetzen, üblicherweise in ca. 1 m Höhe. Dadurch können z. B. Tür- und Fensteröffnungen noch angedeutet werden. Grundrisse werden wegen der Raumaufteilungen einzeln für jedes Gebäudegeschoss erstellt, z. B. in Höhe der Traufen eines symmetrischen Satteldaches. Durch einen solchen Schnitt werden die Außenmaße bzw. der Umriss des Gebäudes dargelegt und auch Lage und Flächen der Räume innerhalb eines Gebäudes. In diesem Zusammenhang spricht man auch von **freiem bzw. offenem Grundriss**.

Eine Grundrisszeichnung ist ein waagerechter Gebäudeschnitt auf der jeweiligen Geschosshöhe. Sie gibt Auskunft über Außenmaße und Raumverteilungen innerhalb eines Gebäudes.

Damit die Übersichtlichkeit in Bauzeichnungen nicht durch lange Texte verloren geht, werden oft Abkürzungen für Begriffe verwendet (Tab. 2.16). Weiterhin werden in den Zeichnungen Symbole oder Sinnbilder für Baustoffe, Funktionsschichten und Bauteile eingesetzt, damit Fachleute auch ohne Baubeschreibung diese sofort aus der Zeichnung erkennen können. Auch die Schichten und Werkstoffe in Dachaufbauten sowie die Detailansichten von einzelnen Bauteilen können im Regelfall mit Symbolen dargestellt werden.

Tabelle 2.16: Abkürzungen in Bauzeichnungen

Abkürzung	Bedeutung
DN	Dachneigung
DV	Dachvorsprung
Stg	Steigung
Br	Brüstung
UK	Untergeschoss
EG	Erdgeschoss
OK	Obergeschoss
DG	Dachgeschoss
OK	Oberkante
UK	Unterkante
OKD	Oberkante Decke
UKD	Unterkante Decke
BA	Bodenablauf
mNN oder NHN Normalhöhennull	Höhe über Normalnull

2.5.7 CAD

CAD (englisch: computer aided design) ist ein Sammelbegriff für computergestütztes Zeichnen und schließt das Berechnen der Bauteile ein.

In den speziell auf den Dachdeckerberuf zugeschnittenen Varianten lassen sich bei gegebenen Daten, wie z. B. Grundriss und Dachneigung, zunächst alle Dachflächen und Dachpunkte darstellen. Diese können dann in verschiedenen Ausführungen, Farben und Werkstoffen gezeigt werden. Die Datenvorgabe kann dabei z. B. als Skizze, in Form von Ansichten oder auch vorhandenen Fotos erfolgen. Diese Vorlagen werden dann mit den kundenspezifischen Angaben zu vollständigen Dachansichten ergänzt. In vielen Dach-CAD-Programmen können Ergänzungen und Änderungen, wie z. B. zusätzliche Dachgauben, vorgenommen und dargestellt werden.

2.6 Werkstoffe

In die Planungen für eine Eindeckung ist einzubeziehen:

- Eignung der Werkstoffe, z. B. Brandschutz, ökologische Bewertung, Schallschutz,
- Werkstoffe für die Konstruktion unterhalb der Dachhaut,
- Vor- und Behelfsdeckungen,
- Einbauteile, Werkzeuge.

2.6.1 Anforderungen an Deckwerkstoffe

Neben dem Witterungsschutz hat der Brandschutz von jeher eine besondere Bedeutung bei den Werkstoffen für geneigte Dächer.

Noch bis vor gut 100 Jahren gab es häufig verheerende Stadtbrände. Dabei begünstigten brennbare Deckwerkstoffe in dichter Bebauung, vor allem Stroh- und Schilfdächer, eine Ausbreitung des Feuers.

Man kennt im Zusammenhang mit dem Brandschutz noch die deutschen Baustoffklassen „A: nicht brennbar" und „B: brennbar" (Tab. 2.17). Zunehmend greifen jedoch die europäischen Brandschutzregelungen (Tab. 2.18). Die Einordnung von Werkstoffen in europäische Brandschutzklassen beschreibt jeweils das Brandverhalten bzw. den Beitrag eines Werkstoffes zum Brand.

Tabelle 2.17: Deutsche Baustoffklassen

Baustoffklasse	Benennungen in der deutschen Klassifizierung
A	**nicht brennbare Baustoffe**
A1	Baustoffe ohne brennbare Bestandteile
A2	Baustoffe mit brennbaren Bestandteilen, sie benötigen ein Prüfzeichen
B	**brennbare Baustoffe**
B1	schwer entflammbare Baustoffe, z .B. Mineralfaser-Dämmstoffe
B2	normal entflammbare Baustoffe, dazu gehört vor allem Holz
B3	leicht entflammbare Baustoffe, z. B. Voranstriche

Tabelle 2.18: Europäische Brandklassen

Brandklasse	Kurzbeschreibung
A	kein Beitrag zum Brand
B	sehr begrenzter Beitrag zum Brand
C	begrenzter Beitrag zum Brand
D	hinnehmbarer Beitrag zum Brand
E	hinnehmbares Brandverhalten
F	keine Leistung festgestellt

Werkstoffe werden in europäische Brandklassen klassifiziert und darin nach ihrem möglichen Beitrag zu einem Brand unterteilt.

Eine Unterteilung der Deckwerkstoffe in natürliche Werkstoffe und im Gegensatz dazu in künstlich/industriell hergestellte Werkstoffe ist nicht immer eindeutig möglich. Die Herstellung bzw. Bereitstellung von Werkstoffen belastet immer die Umwelt, jedoch in unterschiedlichem Ausmaß.

Darum geht es

- Bei der Werkstoffauswahl Brandschutzaspekt beachten!
- Weiche Bedachungen sind brennbar, harte Bedachungen sind nicht brennbar.
- Werkstoffe werden nach ihrer Brandgefährdung in Brandklassen nach EN klassifiziert.

Begriffe

- **Grundrisse** werden einzeln für jedes Gebäudegeschoss erstellt und zeigen u. a. die Raumaufteilung.
- **CAD** (computer aided design) = computergestütztes Zeichnen.

2.6.2 Deckwerkstoffe in Deutschland

Für Bedachungen gibt es eine sehr große Auswahl an Werkstoffen, die unterschiedlich verarbeitet werden (Abb. 2.29). Für bestimmte Deckwerkstoffe gibt es auch heute noch **regionale Schwerpunkte** in Deutschland: Biberschwanzziegel in süddeutschen Regionen, Reetdeckungen in Regionen der Nordsee/Ostsee, Schieferdeckungen in Mittelgebirgsregionen usw.

Die unpräzise Bezeichnung Dachpfanne gilt als Obergriff für Dachziegel und Dachsteine. Dachziegel werden aus gebranntem Ton hergestellt. Der Dachstein dagegen hat zwar den Dachziegeln vergleichbare Formen und Funktionen, ist aber aus Beton gefertigt und wird nicht gebrannt, sondern nur getrocknet.

Um diese Produktvielfalt der Werkstoffe beherrschen zu können, sind im Regelwerk des Dachdeckerhandwerks weiter gehende gezielte Informationen hinterlegt (Tab. 2.19).

2.6.3 Dachziegel

Zu den ältesten Deckwerkstoffen zählen die aus Ton gebrannten **Dachziegel**. Tonvorkommen gibt es fast überall in der Welt. Ton ist gut formbar und härtet bei Hitzezufuhr aus. Bereits in der Antike gab es ebene Dachziegel, damals mit der Hand geformt. Der gesamte Mittelmeerraum ist bis heute durch Mönch- und Nonnenziegeldeckungen fast aller Dächer gekennzeichnet (Abb. 2.30).

Dachziegel sind grobkeramische Deckwerkstoffe. Hauptbestandteile sind je nach Lagerstätte natürliche Tone und Lehme, ggf. ergänzt durch beispielsweise Sand. Die Herstellung moderner Dachziegel erfolgt in ringförmigen, dadurch energiesparenden Produktionsanlagen (Abb. 2.31).

Moderne Dachziegel zeichnen sich durch folgende Eigenschaften aus:

- Wasserundurchlässigkeit,
- Frostwiderstandsfähigkeit,
- Biege- und Tragfestigkeit,
- geringe Flügeligkeit und
- geringe Maßtoleranz in der Ziegellänge und -breite.

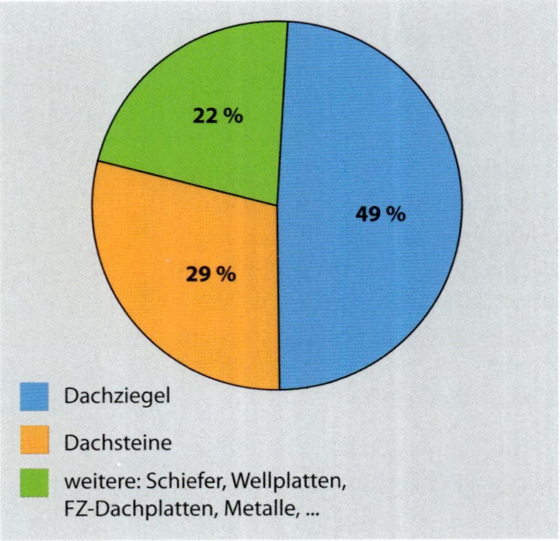

Abb. 2.29: Deckwerkstoffe

Abb. 2.30: Mönch- und Nonnenziegeldeckung

Tabelle 2.19: Produktdatenblätter im Regelwerk (Stand: 2016)

Deckwerkstoffe	Abdichtungen, Dämmstoffe	Konstruktionswerkstoffe	Außenwandbekleidung
Faserzement-Dachplatten	Flüssigabdichtungen	Unterdeckbahnen	Bitumenschindeln
Reet	Wärmedämmstoffe	Unterspannbahnen	Fassadenplatten
Dachziegel	Bitumenbahnen	Unterdeckplatten	Fassadentafeln
Dachsteine	Elastomerbahnen		
Schiefer	Kunststoffbahnen		

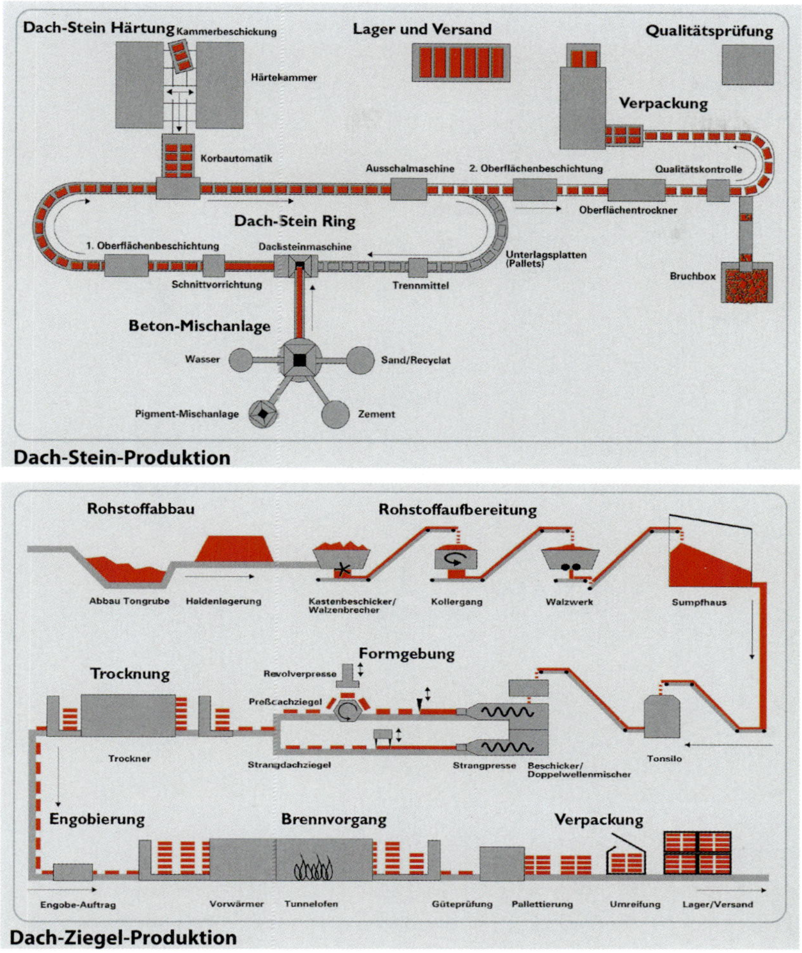

Abb. 2.31: Dachsteinproduktion und Dachziegelproduktion

Weiterhin sind Ziegel nicht brennbar, witterungs-, säure- und UV-beständig.

Dachziegel lassen sich nach Art der Herstellung in **Strangdachziegel** (Ziegel ohne Kopf- bzw. Fußverfalzungen) und **Pressdachziegel** (Ziegel mit eingepressten Falzungen) unterscheiden. **Strangdachziegel** werden im Strangpressverfahren hergestellt. Zur Formgebung wird ungebrannter Ton durch eine Strang- oder Schneckenpresse gedrückt. Am Fließband entsteht ein endloser Tonstrang, der dann auf Ziegellänge abgeschnitten wird. Oft sind **Strangdachziegel ohne Falzausbildung**, einige haben jedoch seitliche Falzungen. Dachziegel, die über einen Falz am oberen Rand (Kopffalz), an der Seite (Seitenfalz) oder am unteren Rand (Fußfalz) verfügen, liegen fester übereinander. Sie verschließen so das Dach zuverlässiger vor eindringendem Regen und Schnee, als es eine Dachpfanne ohne Falz leisten kann (Abb. 2.31).

Pressdachziegel sind profilierte bzw. gewölbte Dachziegel. Sie wurden hergestellt mit eingepressten Falzungen an Kopf, Seite oder Fuß der Ziegel.

Begriffe

- Die **Mönch- und Nonnenziegeldeckung** ist eine bewährte Ton-Dachziegeldeckung in Form einer der Länge nach halbierten Röhre.
- **Strangdachziegel** haben keine Kopf- bzw. Fußverfalzungen, **Pressdachziegel** haben eingepresste Falzungen.

@ Links und Literatur

DIN EN 538: Tondachziegel für überlappende Verlegung

DIN EN 539: Tondachziegel für überlappende Verlegung; Bestimmung der physikalischen Eigenschaften

DIN EN 1024: Tondachziegel für überlappende Verlegung; Bestimmung der geometrischen Kennwerte

DIN EN 1304: Dachziegel und Formziegel; Begriffe und Produktanforderungen

Alle Normen unter www.baunormenlexikon.de

Tabelle 2.20: Dachziegel nach Art und und Technik ihrer Herstellung

Strangdachziegel		Pressdachziegel	
Art	**Darstellung**	**Art**	**Darstellung**
Hohlziegel (→ hier ohne FALZ)	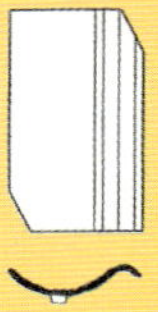	**Mönch- und Nonnenziegel**	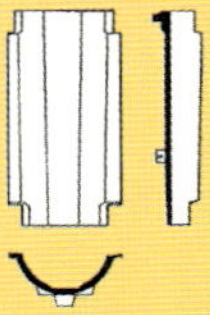 Falzziegel
Biberschwanzziegel (→ ohne FALZ)	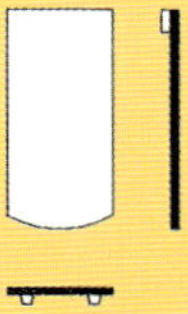	**Flachdachziegel** (Kopf- und Seitenfalz)	 Flachdachziegel
Strang-Falzziegel (→ nur Seitenfalz)	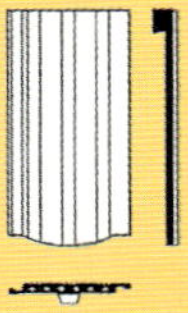	**Krempziegel**	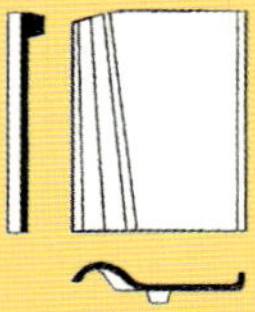 Verschiebeziegel

Tabelle 2.21: Dachziegeleigenschaften

Zusammensetzung	Struktur	Trocknung	Brennvorgang	Fertiger Dachziegel
Tone, Lehme (Illit, Kaolinit,...) je nach Lagerstätte und Quarz	Feste Bestandteile: ca. 60 Vol.%, Wasseranteile (frisch gepresst) ca. 40 Vol.%.	Wasser wird ausgetrieben und es entstehen dadurch Poren.	Umwandlung der Tonmineralien zu Silikaten, Brenndauer: mehrere Tage bei Brenntemperaturen bis zu ca. 1.000 °C	Wasserunlösliche Verbindung der Bestandteile zu einem keramischen Scherben

Bei Falzziegeln entstehen herstellungsbedingt Maßtoleranzen in der Länge, der Breite und bei den Falzen. Auf Baustellen werden daher die **mittlere Decklänge und Deckbreite** durch Auslegen gemessen und dann rechnerisch ermittelt. Strangdachziegel haben keine Kopfverfalzung, sind also in der Decklänge variabel. Dazu geben die Fachregeln regensichere Höhenüberdeckungen an.

Ziegelfarben beschreiben die Ziegeloberflächen. Diese kann nicht nur natur- bzw. ziegelrot sein. Kunden verlangen gerne

- eine vor dem Brennen aufgebrachte farbige Engobe,
- eine mit besonderen Mineralien erstellte Edelengobe,
- eine wasserundurchlässige Glasur.

Weiterhin lassen sich Dachziegel an den Ausbildungen von Kopf-, Seiten- und Fußfalz sowie der Größe der Dachziegel unterscheiden.

Dachziegel unterscheiden sich nach Herstellungsart, Ziegelfarbe, Größe und Art ihrer Falzungen.

Abb. 2.32: Biberschwanzziegeldeckung, hier am Grat

Naturrote Ziegeldächer prägen ganze Stadtbilder und Landstriche. Weit verbreitet sind die ziegelroten Biberschwanzziegel, die im Allgemeinen als Doppeldeckung oder Kronendeckung verlegt werden (Abb. 2.32). Doppeldeckung bedeutet, dass ein Biberschwanzziegel von der nachfolgenden 2. Reihe und sogar noch von der 3. Reihe überdeckt wird. Biberschwanzziegel haben keine Kopfverfalzung und sind üblicherweise 38 cm lang und 18 cm breit.

Biberschwanzziegel haben die Standardmaße Länge = 38 cm und Breite = 18 cm.

! Praxisbeispiel

Werkstoffbedarf für Biberschwanzziegel in Doppeldeckung mit 8 cm Überdeckung

(38 cm – 8 cm) : 2 =
15 cm sichtbare Höhe

15 cm · 18 cm =
270 cm² sichtbare Fläche

Flächenbedarf auf 1 m²

10 000 cm³ : 270 cm² = 37,03 St/m²

Das standardmäßige Dachziegelangebot vieler Hersteller wird ergänzt durch Dachzubehörteile, ebenso durch individuell nach Kundenwunsch gestaltete Dachziegel, durch historische Dachziegelformen und durch Dachschmuckteile.

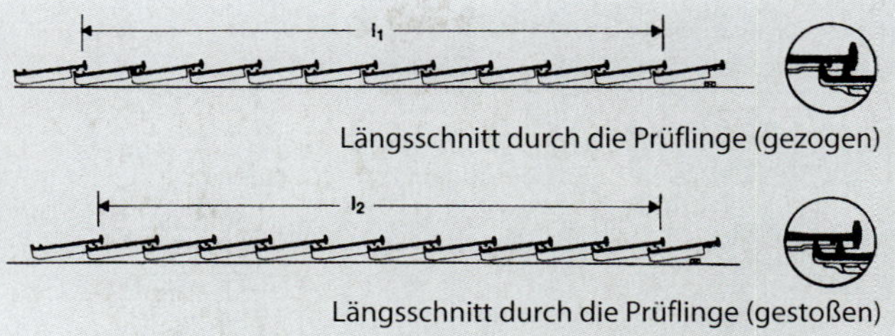

Bei der Ermittlung der Decklänge werden 12 Ziegel verfalzt in 2 Reihen mit der Oberseite auf eine ebene Fläche gelegt. Die Messung erfolgt an 10 Ziegeln, und zwar an den Ziegelaufhängenasen.

$$\text{Mittlere Decklänge} = \frac{l_1 + l_2}{20}$$

Abb. 2.33: Lattweitenermittlung

Dachziegel werden im Allgemeinen mit der rückseitigen Aufhängenase in eine Traglattung eingehängt. Sie können dort auch verschraubt werden. Dachziegel zählt man zu den wasserabweisenden Deckwerkstoffen. Daher ist eine Höhen- und Seitenüberdeckung erforderlich. Die Regeldachneigung (RDN) einer Ziegeldeckung ist u. a. vom Ziegelmodell und der jeweiligen Deckungsart abhängig.

Ziegel lassen sich auf der Baustelle per Hand bearbeiten, z. B. mit (Ziegel-)Hammer, Zange usw. Auf Baustellen werden jedoch auch Bearbeitungsmaschinen eingesetzt: **Handmaschinen** sind vor allem Trennschleifer und Bohrmaschinen. Als **stationäre Maschinen** für die Ziegel- und Dachsteinbearbeitung sind vor allem staubarme Nassschneideanlagen gebräuchlich.

Der Brennprozess in der Dachziegelherstellung führt zu geringen **Maßtoleranzen** in den Ziegelfalzungen. Die tatsächlichen Deckmaße sollten deshalb immer auf der Baustelle, jeweils mit aus allen Paletten gemischten Ziegeln, ermittelt werden (Abb. 2.33).

Bei Dachziegeln sind Maßtoleranzen in der Länge und in der Breite zu berücksichtigen.

! Praxistipp

Um auf der Baustelle für eine Falzziegeldeckung die Decklängen zu ermitteln, sind immer Ziegel aus unterschiedlichen Paletten zu mischen. Dies stellt sicher, dass die Maßtoleranzen der Ziegel, die aus verschiedenen Produktionszeiträumen stammen, ausgeglichen werden. Das gleiche Prinzip findet bei der **Ermittlung der mittleren Deckbreite** Anwendung.

2.6.4 Dachsteine

Nichtfachleute können Deckungen mit Dachziegeln kaum von Deckungen mit Dachsteinen unterscheiden. Einige große Anbieter sind sowohl Hersteller von Dachziegeln als auch von Dachsteinen. Damit können diese die Kundennachfrage nach beiden Deckwerkstoffen aus einer Hand bedienen. **Dachsteine** werden wegen ihres Hauptbestandteiles Beton auch als Betonpfanne bzw. Betondachstein bezeichnet.

Auch nach einem ihrer Produktionsstandorte (Frankfurt, Finkenberg, Heidelberg usw.) benennen Hersteller ihre Dachsteine. An Dachsteine werden heute hohe Mindestqualitätsanforderungen gestellt (Tab. 2.22): Dachsteine sind maßgenau. Die Einteilung von Dachflächen für Dachsteine basiert auf festen Werten für die Höhen- und Seitenüberdeckung.

Tabelle 2.22: Dachsteinanforderungen

Eigenschaften	Mindestanforderungen
Wasserundurchlässigkeit	20 Stunden
Tragfähigkeit	z. B. profilierte Dachsteine 2,0 kN
Maßhaltigkeit	Hängelänge: +/– 4 mm

Moderne Dachsteinoberflächen werden mit Zuschlagstoffen und Farbpigmenten, meist auf Eisenoxidbasis, versehen. Dachsteine sind durchgefärbt. Die **Oberflächen** können glatt sein oder granuliert mit kleinen farbigen Sandkörnern. Äußerst glatte Beschichtungen gelten als moos- und schmutzabweisend. Dachsteine mit speziellen Oberflächen können sogar zu einer Reduzierung der schädlichen NO_x-Gase in der Luft von Ballungsgebieten beitragen.

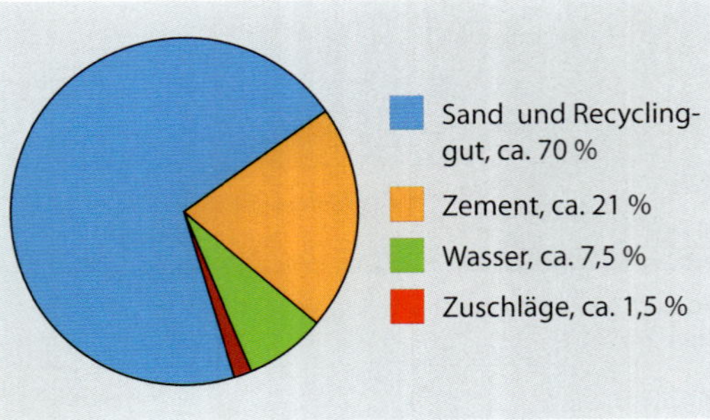

Abb. 2.34: Zusammensetzung der Dachsteine

Da der Beton lediglich bis zur Aushärtung getrocknet wird, ist der energetische Herstellungsaufwand in der Dachsteinherstellung geringer als in der Dachziegelherstellung (Abb. 2.34).

Dachsteine werden mit hoher Maßgenauigkeit hergestellt aus Sand, Zement und Zuschlagstoffen.

Standarddachsteine sind 330 mm breit und 420 mm lang. Die seitliche Überdeckung der Dachsteine beträgt dabei im Regelfall 30 mm, die Höhenüberdeckung ist variabel wählbar von ca. 75 bis ca. 108 mm.

Standarddachsteine haben die Außenmaße 420 mm × 330 mm.

Dachsteine können eine symmetrische oder asymmetrische Mittelwulst sowie raue oder glatt beschichtete Oberflächen aufweisen. Sie werden in einer Vielfalt von Farben angeboten. Zunehmend befinden sich größere, schwerere Dachsteinformate auf dem Markt. Sie heißen **großflächige Dachsteine** und erfordern eine geringere Stückzahl in der Fläche: Während Standarddachsteine mit ca. 10 St./m² veranschlagt werden, haben großformatige Dachsteine dagegen einen Flächenbedarf von z. B. nur 7,5 St./m² (Abb. 2.35). Dadurch ist für die Verlegung von Großflächendachsteinen auch weniger Arbeitszeit erforderlich und es ergibt sich oft ein günstigerer Gesamtpreis für Material und Arbeitszeit.

Passend zu Dachsteinen gibt es ebenso wie für Dachziegel ein umfangreiches Formstein- und Zubehörprogramm. **Formsteine** passen sich den verschiedenen Dachpunkten und Dachteilen an, z. B. Firststeine, Ortgangsteine mit einem 90°-Schenkel usw (Abb. 2.36).

Dachsteine und Dachziegel werden von Dachdeckern bei Bedarf auf der Baustelle angepasst, z. B. durch Kürzen für Kehlen oder für Grate. Neben den Standardwerkzeugen, wie Ziegel- oder Schieferhammer, werden dabei regelmäßig Handmaschinen, wie z. B. Bohrer und Schrauber, eingesetzt. Mobile Trocken- bzw. Nassschneideanlagen befinden sich ebenfalls auf größeren Baustellen.

2.6.5 Weitere Werkstoffe

Es gibt Deckwerkstoffe, die überwiegend regional oder historisch von Bedeutung sind, z. B. Reetbedachungen an Nord- und Ostseeküste. Moderne Architektur ist vielfältig und kennt sowohl traditionelle als auch moderne Werkstoffe. Carports, Garagen, Wohn- und Geschäftshäuser können vielfältig mit Werkstoffen und Deckungsarten bedacht werden, z. B. mit:

- Faserzementwell- und Dachplattendeckungen (Abb. 2.37)
- Schieferdeckungen (Abb. 2.38)
- Bitumenschindeldeckungen (Abb. 2.39)
- Metalldeckungen (Abb. 2.40)
- Reetdeckungen (Abb. 2.41)
- Steildachbegrünung (Abb.2.42)

Abb. 2.35: Dachsteindach

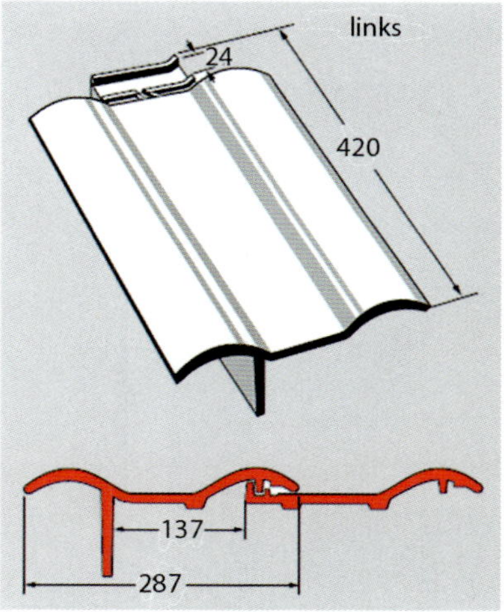

Abb. 2.36: Ortgang-Formziegel

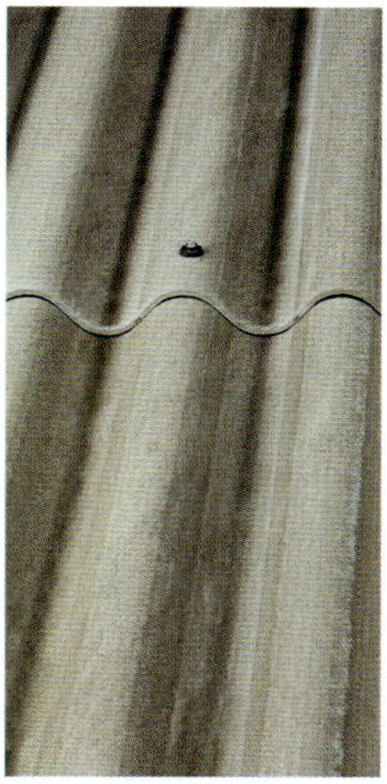

Abb. 2.37: Wellplatten

Abb. 2.38: Schieferdach

Dachbegrünungen finden sich häufig auf flachen oder flach geneigten Dachformen. Dennoch gibt es auch geneigte Dächer, die begrünt wurden (Abb. 2.42). Werden Dachbegrünungen intensiv gärtnerisch gepflegt, spricht man von einer **intensiven Dachbegrünung**.

Begriffe

- **Dachsteine** werden auch als **Betonpfanne** bzw. **Betondachstein** bezeichnet.
- **Recycling** bezeichnet Vorgänge, bei denen gebrauchte, beschädigte oder nicht mehr benötigte Produkte wiederverwertet werden.

Abb. 2.39: Carport mit Bitumenschindeln

Abb. 2.40: Carport mit Metallscharendach

Abb. 2.41: Reetdach

Abb. 2.42: Steildachbegrünung

Auf geneigten Dächern bringt man eher pflegearme und kleinwüchsige Bepflanzungen an, man spricht dann von einer **extensiven Dachbegrünung**.

Geneigte Dächer können grundsätzlich mit einer Dachbegrünung hergestellt werden.

2.6.6 Werkzeuge und Maschinen für Dachdeckungsarbeiten

Einige Standardwerkzeuge und Maschinen zählen zur Grundausstattung für die Deckung eines geneigten Daches.

Ein **Dachdecker- oder Schieferhammer** ist nicht nur für die Schieferbearbeitung einsetzbar, sondern auch zur Bearbeitung von Faserzementplatten und von Tonziegeln. Eine Vielzahl von Hämmern erfüllt spezielle Aufgaben, so der Latthammer für Holzarbeiten, der Ziegelhammer für Ziegelarbeiten usw. Ebenso ist eine Fülle von Zangen für die verschiedenen Zwecke und Werkstoffe im Einsatz. Ein Standardwerkzeug der Dachdecker ist das Messer (cutter) mit versenkbarer und auswechselbarer Klinge, einsetzbar z. B. zum Zuschneiden von Unterspannbahnen. Zur Bearbeitung der einzelnen Werkstoffe gibt es jeweils Spezialwerkzeuge.

Zur Be- und Verarbeitung der Deckwerkstoffe werden unterschiedliche Maschinen eingesetzt (Tab. 2.23). Man unterscheidet einfache **Handmaschinen,** wie z. B. Bohrmaschinen, und **mobile Maschinen,** wie z. B. Stein- und Kreissägen, bis hin zum fahrbaren Autokran. Darü-

Tabelle 2.23: Maschinen für Dacharbeiten (Auswahl)

Handmaschinen	mobile Maschinen	stationäre Maschinen
Handkreissägen	Steinschneideanlage	Abkantbank
Bohrmaschinen	Kreissäge	Blechbiegebank
Akkuschrauber	Bitumenschmelzofen	Schweißanlage
Motorsägen	Autokran	
Trennschleifmaschine	Aufzuganlage	

ber hinaus stehen je nach betrieblicher Ausrichtung der Dachdeckerei auf dem Lager bzw. dem Betriebshof fest montierte **stationäre Maschinen**, wie z. B. eine Abkantbank für Bleche, zur Verfügung. Sicherer Umgang mit Werkzeugen und Maschinen sind wichtig für Dachdeckerarbeiten.

Unbekannte Maschinen NIE eigenmächtig in Betrieb nehmen. Bedienungsanleitungen und Anweisungen der Vorgesetzten beachten.

2.7 Sicheres Arbeiten auf geneigten Dächern

2.7.1 Arbeitsschutzausrüstung

Unternehmer haben eine **persönliche Schutzausrüstung** (PSA) bereitzustellen. Diese ist immer dann von Dachdeckern zu verwenden, wenn Unfall- oder Gesundheitsgefahren durch technische bzw. andere Maßnahmen nicht auszuschließen sind. Eine persönliche Schutzausrüstung ist jede Ausrüstung, die dazu bestimmt ist, von den Beschäftigten getragen oder benutzt zu werden, um sich gegen eine Gefährdung ihrer Sicherheit und Gesundheit zu schützen.

Abb. 2.43: GHS

Eine **vorsorgliche Schutzausrüstung** soll später Schutz gewähren. Dazu gehören z. B. der fachgerechte Einbau von Sicherheitstrittrosten und Dachhaken und Dachschutzwänden in geneigte Dachflächen. Diese müssen auch nach Jahren noch sicher von Dachdeckern begehbar bzw. benutzbar sein. Auch **Spätfolgen,** z. B. von einem in der Jugend nicht getragenen Gehör- oder Augenschutz, werden sich erst bei älteren Dachdeckern zeigen. Hör- und Sehtests sind jedoch im gesamten Arbeitsleben Grundlage für Berechtigungen, wie z. B. zum Führen eines Gabelstaplers.

Auch lange Jahre an Berufserfahrungen sind kein Ersatz für Arbeitsschutzmaßnahmen.

Zur Abwehr von Gefahren werden seit 2010 die Symbole, Formen und Farben der Schilder weltweit nach dem sog. System GHS vereinheitlicht (Abb. 2.43). Die bisherigen Beschilderungen werden schrittweise ersetzt.

Darum geht es

Flachdächer werden häufiger begrünt als geneigte Dächer

Begriffe

GHS bedeutet: **G**lobal **H**armonisiertes **S**ystem.

2.7.2 Absturzsicherungen und Gerüste

Absturzsicherungen sind in Abhängigkeit von der jeweiligen Absturzhöhe und der Dachneigung anzubringen. Sie sind z. B. bei Arbeitsplätzen und Verkehrswegen auf Dächern bei mehr als 3 m Absturzhöhe erforderlich.

Absturzsicherungen auf geneigten Dächern sind ab 3 m Absturzhöhe erforderlich.

Zu den Absturzsicherungen zählt man den **Seitenschutz** und **Absperrungen** (Abb. 2.44). Seitenschutz ist eine vorübergehend erstellte Einrichtung zur Sicherung gegen ein Abstürzen von Personen. Außer durch einen Seitenschutz kann der Absturz von Personen verhindert werden durch **Absperrungen an den Gefährdungspunkten**. Dazu zählt man Umwehrungen, Abdeckungen und Auffangeinrichtungen. Absperrungen schützen gegen Absturz. Sie können z. B. bestehen aus Geländer, Ketten oder Seilen. Dagegen genügt ein flatterndes Absperrband alleine nicht den Anforderungen. Ist aus arbeitstechnischen Gründen kein Seitenschutz zu verwenden, sind **Auffangeinrichtungen** zu benutzen. Dazu zählen z. B. Schutzwände, Fanggerüste und Auffangnetze.

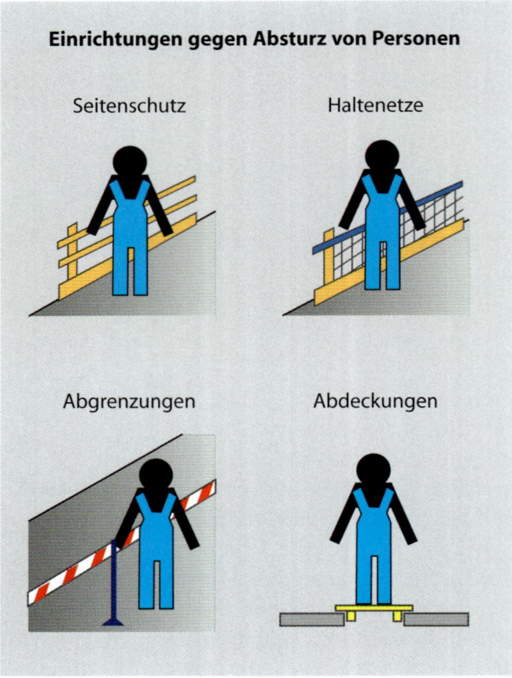

Abb. 2.44: Absturzsicherungen

Abb. 2.45: Untergespanntes Schutznetz

Schutznetze kann man sowohl für Absturzbereiche nach außen als auch für Absturzbereiche nach innen einsetzen (Abb. 2.45). Sie müssen an tragfähigen Bauteilen nach Gebrauchsanleitung befestigt sein und dürfen als Schutznetz eine Maschenweite von 10 cm nicht überschreiten. Soll ein Schutz vor herabfallenden Gegenständen erreicht werden, darf die Maschenweite nicht größer als 2 cm sein. **Anseilschutz** ist in jedem Fall dann vorgeschrieben, wenn Auffangeinrichtungen nicht vorhanden sind.

Dacharbeiten werden meist mit **Schutzgerüsten** und auf **Arbeitsgerüsten** ausgeführt. In jedem Fall ist bei Gerüsten darauf zu achten, dass diese sicher auf festem Grund stehen und gegen Abheben von der Wand verankert sind. **Schutzgerüste** sind z. B. Fang- oder Dachfanggerüste. Diese können abstürzende Personen auffangen oder als Schutzdächer Personen vor herabfallenden Gegenständen schützen. Schutzgerüste können sein: Bock-, Ausleger-, Konsol-, Sys-

Abb. 2.46: Gerüste/Dachziegeldach

tem-, Stahlrohr-, Kupplungs-, Leiter- oder Fahrgerüste. **Arbeitsgerüste** sichern z. B. den Zugang und den Aufenthalt auf Arbeitsplätzen.

Die Belagbreite des Fanggerüstes richtet sich nach der Absturzhöhe, sie sollte jedoch zur Sicherheit immer mindestens 90 cm betragen. Ein zusätzliches Netz schützt nicht nur Dachdecker am Arbeitsplatz, sondern auch die darunterstehenden Personen vor herabfallenden Gegenständen. Die Durchgangs- und Verkehrswege auf Gerüsten müssen stets frei gehalten werden.

Auf Gerüsten sind die Verkehrswege immer frei zu halten. Sie dürfen nicht mit Material versperrt werden.

Gerüste bestehen aus **Gerüstbauteilen** eines Systems, heute meist aus korrosionsgeschütztem Stahl oder Aluminium (Abb. 2.46). Gerüstbauteile sind die tragenden Teile des Gerüsts, der Gerüstbelag, der Seitenschutz, Verbindungs- und Verankerungsmittel und Leitern. Senkrechte Teile nennt man Ständer oder Stiele, die auf höhenverstellbare Fußplatten aufgesetzt werden. Zur besseren Lastverteilung sollte dort noch eine Bohle untergelegt werden. Zwischen den Ständern nehmen waagerechte Längs- bzw. Querriegel die Lasten auf. Diagonale Längsstreben dienen der Aussteifung des Gerüstes. Der Gerüstbelag aus Metall oder Holzbohlen ist die Stand- und Arbeitsfläche.

Bei Gerüsten ist immer auf eine standsichere Fußplattenauflage zu achten.

Verbindungsmittel sind Kupplungen, die einzelne Gerüstteile miteinander verbinden. **Verankerungen** dagegen sind Befestigungen des Gerüstes am Bauwerk selbst, um ein Abheben des Gerüstes vom Bauwerk auch bei Wind- und Verkehrslasten zu verhindern. Beträgt die Aufstiegshöhe nicht mehr als 5 m, kann eine **Außenleiter** parallel oder rechtwinklig zum Gerüst angelegt werden. **Innenleitern** sind sicherer zu begehen. Sie dürfen jeweils nur bis zum nächsthöheren Geschoss reichen. Ab 2 m Höhe des Gerüstbelages ist ein Seitenschutz erforderlich, mit einer Mindesthöhe von

Darum geht es

- **Auffangeinrichtungen** können sein: Schutzwände, Auffangnetze, Fang- und Dachfanggerüste.
- In Ausnahmefällen, die weder einen Seitenschutz noch Absperrung ermöglichen, ist Anseilschutz erforderlich.

@ Links und Literatur

DIN EN 12811: Temporäre Konstruktionen für Bauwerke; Arbeitsgerüste unterscheidet Gerüste in 6 Last- und 7 Breitenklassen.

www.baunormenlexikon.de

1 m über dem Gerüstbelag, bestehend aus Geländerholm, Zwischenholm und Bordbrett (Abb. 2.47). Anstelle einzelner Holme kann auch ein Gitter verwendet werden.

Besengerüst

Auf steilen Schieferdächern ist das Absturzrisiko hoch. Daher ist eine zusätzliche Absturzsicherung anzubringen: ein **Besengerüst,** auch **Dachdeckerstuhl** genannt. Dabei handelt es sich um ein Sitzbrett, das in Dachhaken gesichert wird und mit Füßen auf der eingedeckten Fläche steht, die durch Besen das neu Gedeckte schützen. Besengerüste werden gelegentlich auch zur kurzzeitigen Lagerung von Einbauteilen im Dach genutzt. Dabei ist auf wichtige Sicherheitsdetails zu achten (Tab. 2.24).

Ein Dachdeckerstuhl bzw. ein Besengerüst ist ab 45° Dachneigung erforderlich.

Dachdeckerauflegeleitern werden z. B. bei edlen Oberflächen wie Schiefer- oder Faserzement-Deckungen eingesetzt und in dort vorhandene oder anzubringende Dachleiterhaken eingehängt. Dabei ist bereits bei Eindeckung zu berücksichtigen, dass die Tragfähigkeit der Dachhaken möglicherweise noch Jahrzehnte für die geforderten 1,5 kN Last ausreicht. Eine Belastungsprobe vor der Nutzung auf der Baustelle ist immer ratsam. Weiterhin dürfen diese Leitern nicht mit der obersten, letzten Sprosse eingehängt werden, sondern zur Sicherheit mit der zweiten Sprosse.

! Praxistipp

Zur eigenen Sicherheit ist eine Dachdeckerauflegeleiter immer mit der zweiten Sprosse einzuhängen.

Hinweise zur Absturzsicherung finden sich in den Betrieben auch in den **Betriebsanweisungen.** Darin enthalten sind auch Notadressen, Hinweis-, Verbots- und Gebotsschilder. Der Arbeitgeber weist so auf die verschiedenen Gefährdungen hin, oft mit entsprechenden Symbolen.

Abb. 2.47: Einrüstung mit Seitenschutz

Tabelle 2.24: Besengerüst

Bestandteile	Darstellung
(1) Absteckdorne: der Dachneigung anpassen (2) Belagträger: 60 mm höher als Sitzbohle (3) Dachhaken: vorab auf Belastung prüfen (4) Mindeststärke der Sitzbohlen: 45 mm	

2.7.3 Sicheres Arbeiten mit Maschinen

Auf Baustellen werden feststehende, stationäre Maschinen benutzt. Vor allem an Kreissägen besteht eine hohe Unfallgefahr. Zu deren Sicherheitseinrichtungen gehören z. B. Staubabsaugeeinrichtung, Schiebestock, intakte elektrische Schalter und Leitungen.

Vergleichbar vorsichtig – und stets unter Aufsicht – ist der Umgang mit Handkreis- und Kettensägen zu erlernen. Bei Maschinennutzungen ist dazu eine persönliche Schutzausrüstung zu tragen. Insbesondere ist beim Maschineneinsatz auf den **Gehör-, Augen-, Mund-, Hand- und Hautschutz** zu achten.

Bei Arbeiten mit Maschinen ist auf Gehör-, Augen-, Mund-, Hand- und Hautschutz zu achten.

In der Grundausstattung vieler Baustellenfahrzeuge, mit denen Dachdecker die Baustellen aufsuchen, gibt es neben den verschiedenen Bohrmaschinen (akku- bzw. netzgebundene Schrauber, Bohrer, Bohrhammer) viele weitere **Handmaschinen** (Tab. 2.25).

Bolzensetzgeräte können z. B. für die Befestigung von Tragelatten oder Schalung auf einer Unterkonstruktion arbeitserleichternd sein. Sie werden je nach Ausführung mit Druckluft, Akku- oder Netzstrom bedient. Bei unsachgemäßer Handhabung kann man jedoch damit nicht nur sich selbst, sondern auch andere erheblich verletzen. Diese vereinfacht oft „Schussgeräte" genannten Handmaschinen können durch abprallende Bolzen gefährliche Verletzungen auslösen.

Mit Bolzensetzgeräten und anderen Handmaschinen kann man sich und andere erheblich gefährden.

Freihändig werden in der Praxis mit **Trennschleifern** häufig die Ziegel- oder Dachsteinkehlen zu- bzw. beigeschnitten. Dies sollte auf keinen Fall durch Berufsanfänger ausgeführt werden. Auch bereits erfahrenere Auszubildende müssen sich den Umgang erst mit viel Konzentration aneignen.

Tabelle 2.25: Handmaschinen

Maschine	Darstellung
Trennschleifer als Ziegel- bzw. Steinschneider	
Bolzensetzgerät	
elektrische Handkreissäge	
Motor-Kettensäge	

Lernfeld 3: Einschalige Baukörper mauern

Christoph Aufderbeck

Projektaufgabe:

Herstellung eines Außenkamins

Marc und Sarah Meier beabsichtigen, die Terrasse vor dem Wohnzimmer durch einen Außenkamin aufzuwerten (Abb. 3.1 und 3.2). Die Position des Kamins ergibt sich durch das bereits vorhandene Fundament. Dadurch ist die gleichmäßige und sichere Ableitung der durch den Kamin auftretenden Lasten gewährleistet. Marc und Sarah Meier bitten Ihre Firma um Abgabe eines aussagefähigen Angebotes, das seriös kalkuliert ist und die anfallenden Kaminmaurerarbeiten auflistet. Die geplante Außenfeuerstelle ist als gemauerter einschaliger Kamin geplant. Die anstehenden Zimmerer- und Dachdeckerarbeiten etc. sind nicht Bestandteil der Aufgabe.

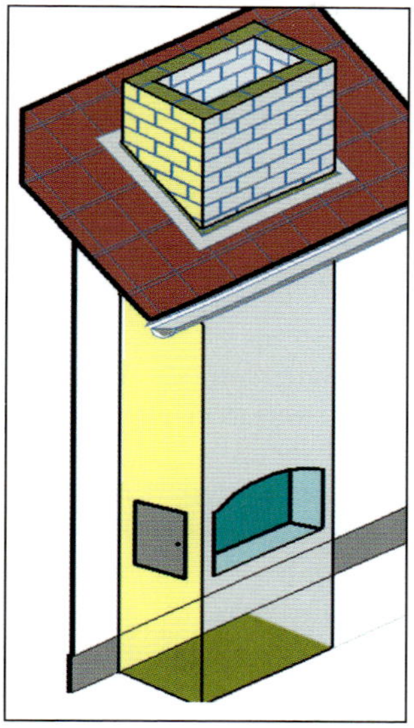

Abb. 3.1: Geplanter Außenkamin, perspektifische Darstellung (Isometrie)

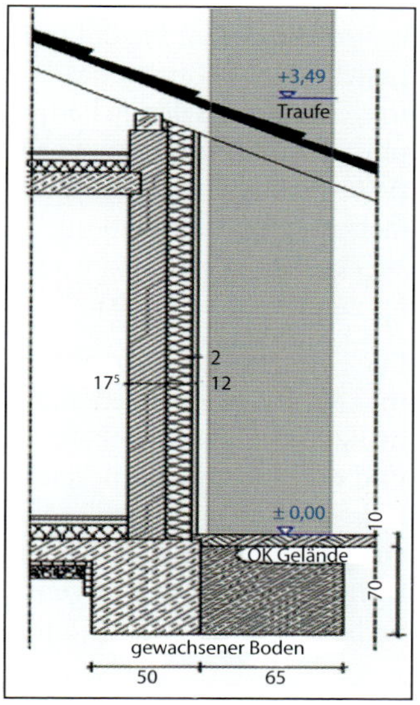

Abb. 3.2: Geplanter Außenkamin als Wandschnitt und Ansicht.

Arbeitsaufträge:

1. Planen Sie die Abmessungen des Kamins.
2. Zeichnen Sie den Horizontalschnitt des Kamins im Maßstab M = 1 : 10, Bemaßung [cm, m].
3. Zeichnen Sie den Vertikalschnitt im Maßstab M = 1 : 50, Bemaßung [cm, m].
4. Zeichnen Sie 4 aufeinanderfolgende Schichten des Mauerwerksverbandes und stellen Sie dabei eine ausreichende Verzahnung des Mauerwerks sicher.
5. Treffen Sie mithilfe der nachfolgenden Kapitel eine geeignete Materialauswahl und berechnen Sie den Materialbedarf (Mauerwerk und Mörtel).
6. Erläutern Sie natürliche und künstliche Mauersteine.
7. Beschreiben Sie Zusammensetzung und Herstellung von Mauermörtel.
8. Beschreiben Sie Maßnahmen zum Brand-, Schall- und Wärmeschutz.

3.1 Anforderungen an Mauerwerk und Wände

Das Mauern von Wänden gehört in erster Linie zum Berufsbild der Maurer. Doch gerade bei kleineren Aufträgen werden Maurerarbeiten aus Kostengründen immer häufiger auch von den vor Ort anwesenden

Dach Training
Deine App für die Prüfung
Android IOS

Handwerksbetrieben übernommen. Dabei ist der moderne Mauerwerksbau ohne die Verwendung künstlicher Mauersteine nicht denkbar. Um den hohen Anforderungen (Abb. 3.3) in Bezug auf Tragfähigkeit, Frostsicherheit, Wärme-, Feuchte-, Schall- und Brandschutz zu genügen, werden die künstlichen Mauersteine deshalb aus unterschiedlichen Rohstoffen und in verschiedenen Produktionsverfahren hergestellt. Hierbei muss das Mauerwerk den Anforderungen an den Schall- und Wärmeschutz und an den Brandschutz bzw. an die statischen Anforderungen genügen, was nur durch eine fachgerechte Handhabung der Materialien, der Werkzeuge und des zu verarbeitenden Baustoffes zu gewährleisten ist.

Die Bedeutung der Ausführung des Mauerwerks und der Zusammensetzung der Mauerwerkssteine hat unter den Aspekten des Umweltschutzes und der steigenden Energiekosten in den letzten Jahren erheblich zugenommen. **Energieeinsparung und Energiegewinnung** haben daher sowohl die Wand- und Fugenstärke als auch das zu verbauende Material verändert:

- **Normsteine** ermöglichen eine einfache und schnellere Verarbeitung auf der Baustelle und eine damit einhergehende Maßgenauigkeit.
- **Leichtere Steine** (z. B. Gasbeton) oder mit Dämmmaterial gefüllte Lochziegel erhöhen den Wärmeschutz.
- **Neue Verfahren zur Herstellung** ermöglichen veränderte Verlegetechniken. Somit ist aus dem ursprünglichen Mauern das Kleben entstanden, indem man die Steine passgenau herstellt und dicke Fugen vermeidet.
- **Höhere Steinfestigkeiten** werden nötig. Durch Dachbegrünungen und durch spezielle Dachsteinbeschichtungen, die zur Reduzierung von Stickoxiden (NO_x) aus der Luft in Ballungsgebieten beitragen, kann ein wichtiger Beitrag zur Verbesserung der Luftqualität geleistet werden.

Moderne Wände schützen wie die weitere Außenhülle vor Regen, Wind, Sonne und Temperaturaustausch. Sie sind sowohl für die Standfestigkeit als auch für die Abtrennung und Gestaltung unabdingbar.

Abb. 3.3: Belastungsanforderungen von Dach- und Maurerarbeiten

Wände, ob aus Steinen gemauert oder durch Ständerwerk und Beplankung hergestellt, sind flächige, scheibenartige Bauteile, die je nach ihrer geplanten Positionierung im Gebäude den Kriterien Lastaufnahme und/oder -ableitung, Wärme- und Schalldämmung, Brand- und Regenschutz genügen müssen. Der Fachmann spricht deshalb von **tragenden, nicht tragenden** und **aussteifenden Wänden**, von **Brandschutz-** und **Schallschutzwänden** und einfachen **Trennwänden** und **Raumteilern**. Sie müssen gegen verschiedene Witterungen schützen und den Lastansprüchen und sonstigen gestellten Aufgaben genügen.

3.1.1 Tragende Wände

Tragende Wände (Abb. 3.4) sind z. B. Außenwände. Sie müssen die Standsicherheit eines Gebäudes gewährleisten, indem sie alle senkrecht wirkenden Druckkräfte sicher und gleichmäßig über die Fundamente in den Baugrund ableiten.

Ebenso müssen tragende Wände auftretende Verkehrslasten durch Mobiliar und Personen in Wohnhäusern sowie Lasten aus Publikumsverkehr und z. B. Materialien in Gewerbegebäuden weiter- und ableiten. Tragende Wände (Abb. 3.5) sind dabei mindestens 24 cm stark. Im modernen Mauerwerksbau werden Außenwände häufig einschalig (d = 36,5 cm) aus Hochlochziegeln hergestellt, mit und ohne Wärmedämmputz. Alternativ können Außenwände aber auch mehr-

Abb. 3.4: Tragende und nicht tragende Wände

Abb. 3.5: Ablage einer Filigrandecke auf tragenden Wänden

schalig, z. B. aus Kalksandstein mit einer gedämmten und hinterlüfteten Vorsatzschale aus Klinkern oder Vollziegel, gemauert werden. Wärme- und Schallschutz sind jedoch bei der Ausführung in den letzten Jahren das maßgebende Kriterium geworden. So kann in naher Zukunft durch einen 36,5 cm starken Hochlochziegel der Wärmeschutz nur durch eine Erhöhung des Wärmedämmwertes des Steines an sich oder durch die Erhöhung des Wärmeschutzes anderer Bauteile eingehalten werden.

Bei der Ausführung muss auf die Steinfestigkeit der verwendeten Steine geachtet werden. Somit werden Risse im Mauerwerk vermieden und die Standsicherheit des Gebäudes gewährleistet.

3.1.2 Nicht tragende Wände

Bei nicht tragenden Wänden steht unter Beachtung von Wärmedämm- und Schallschutzanforderungen die raumabschließende Aufgabe im Vordergrund. Dabei sind die Schallschutzeigenschaften, z. B. bei der

Darum geht es

- **Künstliche Mauersteine** erfüllen hohe Anforderungen in Bezug auf Tragfähigkeit, Frostsicherheit, Wärme-, Feuchte-, Schall- und Brandschutz.
- **Senkrecht wirkende Druckkräfte:** z. B. Lasten aus dem Dachstuhl und aus den Bedachungsmaterialien, aber auch Lasten aus Decken und Eigenlasten.

Begriffe

- **Tragende Wände** gewährleisten die Standsicherheit eines Gebäudes.
- **Nicht tragende Wände** haben in erster Linie eine raumabschließende Funktion.

Tipp Tragende Wände

leiten sowohl ständig wirkende Eigenlasten aus dem Dach, den Decken und dem Mauerwerk selbst, aber auch aus nicht ständig auftretenden Verkehrslasten, z. B. aus Wind, Schnee, Publikum oder Fahrzeugen, in die Fundamente und damit in den Baugrund ein.

Abtrennung von Schlafräumen zu Wohnräumen, durch die Wahl des Baumaterials bzw. der Stein- oder Ausführungsart und durch die Trennung von Bauteilen zur Schallentkopplung beeinflussbar.

Die Schallentkopplung bei nicht tragenden Wänden kann durch Dämmmaterialien oder eine Trennung der Bauteile untereinander sichergestellt werden.

Klassenräume sind durch eine Wand und eine Türe getrennt. Wird nun gegenüber in der Wand gebohrt, dann kann sich das über die Zarge in der Wand auf die Türe übertragen, die anfängt zu klappern.

3.1.3 Aussteifende Wände

Um ein Ausknicken der tragenden Wände zu verhindern, werden diese Wände ausgesteift. Sie werden deshalb rechtwinklig in einem stabilen Verband, d.h. verzahnt mit der tragenden angrenzenden Wand, errichtet. So verhindern die aussteifenden Wände, dass die zu ihnen senkrecht stehenden tragenden Wände seitlich unter der auf ihnen wirkenden Last ausknicken und ausweichen. Somit wird durch die aussteifenden Wände ein Versagen der tragenden Wände verhindert.

Die Aufgabe von aussteifenden Wänden ist die Aufnahme von horizontalen Lasten, z.B. aus Wind. Je nach Dicke und vor allem nach Länge kann die Lastaufnahme der Wand gesteigert werden.

3.1.4 Brandwände

Brandwände erhöhen die Standfestigkeit eines Gebäudes im Brandfall. Sie unterteilen ein Gebäude quer zur Längsachse in einzelne Brandabschnitte, um ein schnelles Ausbreiten der Flammen zu verhindern und die temporäre Nutzbarkeit von Fluchtwegen zu verlängern. Ihre Mindestdicke beträgt 24,0 cm. Einzige Ausnahme: Bei mehrschaligen Wänden muss jede Mauerwerksschale wenigstens 17,5 cm stark sein.

Brandwände verhindern durch ihre Ausführung das Ausbreiten eines Brandes auf angrenzende Bauteile und Bauwerke. Sie unterteilen Bauwerke in Brandabschnitte. Zusätzlich schützen sie die Fluchtwege vor Feuer und Rauch, um eine Räumung des Gebäudes zu gewährleisten.

3.1.5 Wärmeschutz, Regenschutz und Schallschutz

Außenwände müssen den hohen Ansprüchen des **energiesparenden Wärmeschutzes** genügen (siehe Kapitel 6.4.1). Sie werden deshalb aus Steinen mit geringer Rohdichte errichtet. Eine weitere Aufgabe der Außenwände ist der **Schutz gegen Niederschläge**. Niederschläge dürfen eine Außenwand nicht durchnässen. Die Außenwände müssen deshalb mit Materialien beschichtet werden, z.B. Putz, die selbst einer Beanspruchung durch Schlagregen standhalten. Der **Schallschutz** ist eine andere wichtige Aufgabe von Außenwänden. Eine Wand muss Lärmwellen so weit dämmen, dass die Gesundheit der Gebäudenutzer nicht gefährdet ist. Dies wird im Normalfall durch Materialien mit einer hohen Rohdichte, z.B. Kalksandsteine, oder durch einen mehrschichtigen Wandaufbau erreicht.

Die jeweiligen Schichten (Abb. 3.6) übernehmen hierbei verschiedene Funktionen wie z.B. Lastableitung, Wärmedämmung und Gestaltung.

Wie in dem Beispiel zu sehen, erfolgt die Dämmung des Gebäudes hauptsächlich über die gewichtsmäßig leichteren äußeren Schichten der Wand. Dabei ist zu beachten, dass sich keine Feuchtigkeit durch Taupunktbildung zwischen den einzelnen Schichten niederschlägt.

Die Taupunktbildung kann durch verschiedene Berechnungsverfahren nachgewiesen werden und ist erforderlich, um Schimmelbildung durch Tauwasser zu vermeiden. Die weiteren Schichten bestehen aus schwereren Materialien und gewährleisten ein ausreichendes Trag- und Schalldämmverhalten der Wand. Bei der Erstellung von Wänden sind die geforderten Eigenschaften der Wand bei der Ausführung und Materialwahl zu beachten.

Leichte Baustoffe sollten bei Außenwänden auf der Außenseite angebracht werden, da ansonsten besondere Nachweisverfahren zur Taupunktberechnung und Tauwasserbildung erforderlich werden, um Schäden zu vermeiden. Taupunkt ist der Grad der Temperatur, an dem die Luft keinen Wasserdampf mehr aufnehmen kann.

3.2 Natürliche Mauersteine

Seit Jahrhunderten hat das Bauen mit Natursteinen Tradition. Heutzutage erfordert die Arbeit mit Natursteinen den Einsatz überlieferter handwerklicher Bearbeitungskunst und andererseits die Nutzung modernster Verfahrenstechniken.

Der Einsatz von Natursteinmauerwerk bedeutet immer hohe Lohnkosten und aufwendige Verarbeitungsverfahren. Um den Unterschied zu Beton oder anderen künstlichen Bauprodukten hervorzuheben, werden die natürlichen **Festgesteine** je nach Art als **Naturwerksteine** oder z. B. als **Sedimentgesteine** bezeichnet.

Natursteine werden daher heute zumeist nur noch bei Restaurierungsobjekten oder in der Altbausanierung eingesetzt. Ihre Verarbeitung ist weitaus kostspieliger, da keine standardisierten Formate existieren (Abb. 3.7 und 3.8) und der Wärmeschutz nicht dem aktuellen Stand der Technik entspricht.

3.2.1 Eigenschaften natürlicher Mauersteine

Wichtige Basiseigenschaften von Natursteinen sind Struktur und die Textur. Vor allem die Textur gibt Aufschluss über die Spaltbarkeit und Spaltfestigkeit des Materials. Darüber hinaus unterliegen sie keiner Maßordnung.

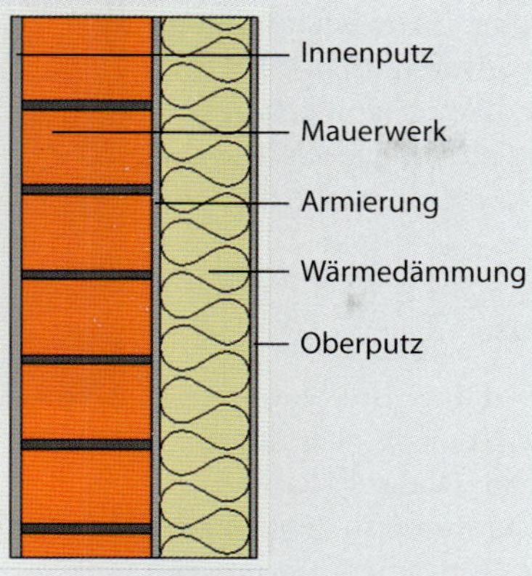

Wärmedämm-Innenputz

Massives Mauerwerk

Putzlage (z. B. Armierung zum Ausgleich von Unebenheiten)

Wärmedämmschicht

Außenputzsystem (z. B. Armierung mit Gewebe zur Vermeidung von Rissen und anschließender Oberputz)

Abb. 3.6: Außenwandaufbau

Abb. 3.7: Unregelmäßiges Naturstein-Schichtenmauerwerk

Abb. 3.8: Wandansicht mit sichtbaren Farbschattierungen der einzelnen Steine

Begriffe

- **Aussteifende Wand:** im stabilen Verband mit tragender, angrenzender Wand.
- **Brandwände:** verhindern Ausbreiten des Brandes; unterteilen Bauwerke in Brandabschnitte.
- **Taupunkt:** Punkt mit dem größten Temperaturunterschied, wo die Luft keine Feuchtigkeit mehr aufnehmen kann.

Tipp Schallschutz

Klopfen Sie von außen gegen die Zimmerwand und dann gegen die geschlossene Tür!

Merke: Schwere Bauteile haben einen wesentlich geringeren Durchlass an Schalldruck.

→ Weitere Informationen zum Thema Wärmedämmung siehe Kapitel 6.4

Gefüge und Farbe, die mineralische Beschaffenheit, **Rohdichte** und Reinheit, **Frostbeständigkeit**, **mechanische Festigkeit** und nicht zuletzt die Schneid-, Schiefer- und Polierfähigkeit des Natursteins sind entscheidende Eigenschaften, die je nach Natursteinvorkommen und Art wechseln.

3.2.2 Vorbeugender Schutz

Durch ihre besondere Form und ihre Materialbeschaffenheit sind Naturmauersteine besonderen Bedingungen ausgesetzt. Dadurch kann es z. B. geschehen, dass Wasser durch Regen, Taubildung oder aufsteigendes Grundwasser in den Stein eindringt und im Winter gefriert. Hierdurch kommt es dann zu Abplatzungen und der Stein verliert Jahr für Jahr an Form und Material, bis das Mauerwerk bei nicht ausreichendem Schutz grundsaniert werden muss.

Damit Natursteine ihre natürliche Schönheit behalten, ist zu beachten:

- **Verwendung „gesunder" Steine, d. h. ohne Risse und organische Einschlüsse,**
- **fachgerechtes Aussuchen und Verarbeiten der Natursteine,**
- **Orientierung der Mörtelauswahl am Naturstein,**
- **Einsatz eines imprägnierenden Oberflächenschutzes.**

Beim Aufbau bzw. der Sanierung von Natursteinmauerwerk ist die Beschaffenheit der Steine zu beachten, um eine geeignete Materialauswahl oder Oberflächenschutzart festzulegen.

3.2.3 Mauerwerksarten aus Natursteinen

Grundsätzlich unterscheiden sich Natursteinmauerwerksarten durch die Form, die Farbe und die konstruktive Anordnung der einzelnen Natursteine. Sind mehrere Oberflächen des Natursteins sichtbar, bezeichnet der Fachmann das Natursteinmauerwerk als **mehrhäuptig** (Abb. 3.9), so z. B. bei Pfeilern, Mauerecken und Vorsprüngen. Wichtige Ausführungsarten sind: Trocken- und Feldsteinmauerwerk, Zyklopen-, Schichten-, Quader- und Bruchsteinmauerwerk.

Abb. 3.9: Mehrhäuptiges Natursteinmauerwerk

3.2.4 Baustoffbedarf bei Natursteinwänden

Allgemein ist festzustellen, dass ein exaktes Ermitteln des Baustoffbedarfes nicht möglich ist. Tabellen, die sich an den Steinrohdichten orientieren (Tab. 3.1), ermöglichen lediglich Mengenanhaltspunkte. Die Masse je Kubikmeter muss dann auf die jeweilige Wand- bzw. Mauerdicke umgerechnet werden. Maßgebend für das Gewicht ist dabei die Zusammensetzung der Natursteine.

Tabelle 3.1: Rohdichte von Natursteinen zur Massen- und Baustoffbedarfsermittlung

Beispielhafte Steinrohdichten von Bruchsteinmauerwerk in kg/dm³ bzw. in t/m³	
3,1–2,9	Granit
2,8–2,7	Schieferstein
2,5	Sintersteine
2,3–2,2	Basalt
2,3–2,2	Sandstein

Aber noch ein anderer Aspekt der heutigen Material- und Steinauswahl und Verarbeitung von Mauersteinen zu den ehemals genutzten Natursteinen ist dabei nicht zu vernachlässigen: Die Eigenschaften von Baukörpern haben sich im Laufe der Zeit den Anforderungen an die Senkung des Energieverbrauchs und des Klimaschutzes angepasst. Dies ist mit Natursteinen aufgrund ihrer Beschaffenheit nicht ohne Weiteres möglich.

Abb. 3.10: Ziegelsteine

Abb. 3.11: Kalksandsteine

Abb. 3.12: Porenbetonstein mit Grifflöchern

Abb. 3.13: Kalksandstein mit Lochung

Aus diesen gegebenen, nicht unproblematischen Eigenschaften ist man zu der preisgünstigeren und homogenen Verarbeitung mithilfe der künstlichen Mauersteine übergegangen. Hiermit ist zudem eine genauere Kalkulation und Verarbeitung in einem homogenen Gefüge gesichert.

3.3 Künstliche Mauersteine

Künstliche Mauersteine (Tab. 3.3) bestehen aus natürlichen Rohstoffen wie Ton, Sand, Bindemitteln etc. Künstliche Steine sind in Form, Abmessungen, Gefüge, Festigkeit und Farbe durch industrielle, automatisierte Herstellung und Produktionskontrolle stets gleichmäßig.

Die Druckfestigkeit eines Steines kann aus seiner Zusammensetzung berechnet bzw. durch eine Drucküberprüfung nachgewiesen und bestimmt werden. Daraufhin kann ein Stein dann in eine Steinfestigkeitsklasse eingeordnet werden.

Die Steinfestigkeitsklasse gibt die zulässige Druckbeanspruchung eines Steines an. Sie definiert sich als Druckfestigkeit, bevor der Stein unter der vorhandenen Beanspruchung versagt und die zulässige Spannung überschreitet.

Es wird in gebrannte Steine, z. B. Ziegelsteine (Abb. 3.10), und ungebrannte Mauersteine unterschieden. Ihr Einsatz und die Auswahl des Steinmaterials hängen dabei von der Beschaffenheit und den Anforderungen des Bauteils ab. Je nach Grundmaterial verfügen die Mauersteine über verschiedene Vor- und Nachteile in Dämm- und Tragverhalten.

Tipp

Durch die Klangprobe mit dem Hammer erfährt der Bauhandwerker etwas über die Beschaffenheit des Steines.

Darum geht es

- Materialauswahl.
- sachgerechte Lagerung.
- fachgerechte Verarbeitung.

Begriffe

- Künstliche Mauersteine werden in **gebrannte** und **ungebrannte Mauersteine** unterschieden.
- **Steindruckfestigkeitsklasse:** abhängig von der Zusammensetzung des Steines.
- **Ungebrannte künstliche Mauersteine:** z. B. Kalksand- oder Porenbeton. Gebrannte Mauersteine, z. B. Ziegelsteine.

→ Weitere Informationen zu Natursteinen (Schiefer) siehe auch Kapitel 9.1

Nicht gebrannte Mauersteine, u. a. Kalksand- oder Porenbeton und Schwerbetonsteine, unterscheiden sich vor allem in der Herstellung und der Zusammensetzung von gebrannten Mauersteinen.

Beurteilungsmaßstab für künstliche Mauersteine sind bautechnische Eigenschaften wie Druckfestigkeit, Frostbeständigkeit, Maß, Formhaltigkeit und Handverarbeitbarkeit. Ein wichtiger Faktor zur Einschätzung der genannten bautechnischen Eigenschaften ist die Rohdichte. Das Wissen um die folgenden Zusammenhänge ist daher wichtig:

$$\varsigma = \frac{m}{V}$$

ς Rohdichte in $\frac{\text{kg}}{\text{dm}^3}$
m Masse in kg
V Volumen in dm^3

Die Rohdichte eines Steines wird bestimmt aus der Masse eines Steines, geteilt durch das Volumen desselben Steines. Hieraus ergibt sich ein einheitlicher Vergleichswert.

Wichtige Mauerziegel sind der

- **Vormauerziegel** (frostbeständig und daher im Außenbereich sichtmauerwerktauglich),
- **Hintermauerziegel** (nicht frostbeständig, nur als Innenmauerwerk geeignet),
- **Leichtziegel** und **Klinker, beide** frostbeständig.

Ein weiteres wichtiges Kriterium bei der Materialauswahl ist die **Druckfestigkeit**, welche sich indirekt aus der Rohdichte eines Steines ableiten lässt. Nach ihrer Druckfestigkeit werden die Steine dann in **Steinfestigkeitsklassen**, abgekürzt **„Sfk"**, unterteilt. Dabei ist festzustellen, dass Steine von höherer Dichte zumeist bessere Trageigenschaften, d. h. eine höher zulässige Beanspruchung in N/mm^2 haben als leichtere Steine. Dieses lässt sich auch leicht dadurch erklären, dass durch die große vertikale Lochung in den Steinen die Oberfläche, sprich der Querschnitt eines Steines, auf einem Steinformat reduziert wird.

Ausnahme hierbei sind jedoch u. a. die **Porenbetonsteine**, welche durch eine Volumenvergrößerung und Erhärtung des Ausgangsmaterials hergestellt werden. Sie erscheinen auf den ersten Blick als massive Steine, bestehen jedoch aus unzähligen kleinen Bläschen mit Lufteinschlüssen.

! Praxistipp

Wiegen Sie die Steine und tauchen Sie sie unter Wasser. Vergleichen Sie dann das verdrängte Volumen mit dem Gewicht der verschiedenen Steine. Daraus bestimmt sich die Rohdichte, welche auch maßgeblich für die Steinfestigkeit des Steines und seine damit verbundene Druckfestigkeit ist.

1. **Je höher die Rohdichte, desto größer die Druckfestigkeit eines Steines.**
2. **Je höher die Rohdichte, desto größer die Schalldämmfähigkeit eines Steines.**
3. **Je geringer die Rohdichte, desto größer die Wärmedämmfähigkeit eines Steines.**

3.3.1 Gebrannte künstliche Mauersteine

Mauerziegel sind die älteste bekannte künstliche Steinart. Durch ihre verhältnismäßig guten statischen und wärme- bzw. schallschutztechnischen Eigenschaften haben sie sich bis in die heutige Zeit erhalten. Sie wurden im Laufe der Zeit jedoch immer weiter verbessert und z. B. in den letzten 50 Jahren vor allem an neue Anforderungen im Wärmeschutz angepasst. So versah man im Laufe der Jahre die Steine mit einer vertikalen Lochung, die mittlerweile auch mit leichten Materialien zum noch besseren Wärmeschutz verfüllt werden. Teilweise werden die Mauersteine in ihrer Form und Maßhaltigkeit nachbearbeitet, um Ausdehnung etc. auszuschließen und vom herkömmlichen Mauern Abstand zu nehmen. So werden die Steine heute teilweise nicht mehr gemauert, sondern nur noch verklebt, was die Fugenfläche in der Horizontalen verringert. Zusätzlich erhalten die Steine Nut und Feder, um die vertikale Vermörtelung entfallen zu lassen. Dies spart Arbeitszeit und verringert wärmedämmtechnische Schwachstellen im Mauerwerk (Tab. 3.2).

Tabelle 3.2: Wichtigste gebrannte Mauersteine

Vollziegel 	Vollziegel werden heute nur noch selten benutzt, da sie einen verhältnismäßig schlechten Wärmedämmwert besitzen. Sie werden meist auf kleinen Flächen mit hohen Druckbeanspruchungen eingesetzt. Hier kommt zugute, dass sie einen geringen Lochanteil besitzen und sehr tragfähig sind. Ihr Einsatzort kann z. B. das Auflager eines Stahlbetonbalkens oder Stahlträgers sein.
Hochlochziegel 	Hochlochziegel sind heute eine der am häufigsten eingesetzten Steinarten, da sie über ein ausreichendes Tragverhalten und eine ausreichende Wärmedämmung sowie gute Eigenschaften im Schallschutz verfügen.
Leichtziegel 	Leichtziegel sind mit Hochlochziegeln vergleichbar, haben jedoch durch Beimischung leichterer Materialien wie Styropor ein verbessertes Dämmverhalten und werden daher bei der Erstellung von Außenwänden eingesetzt.

Tabelle 3.3: Ungebrannte künstliche Mauersteine

Schwerbetonstein 	**Schwerbetonsteine** sind aufgrund ihrer Ausgangsmaterialien sehr schwer und besitzen eher weniger gute Wärmedämmeigenschaften. Sie sind durch den Bestandteil Beton jedoch hochfest und tragfähig und daher meist bei der Erstellung von Garagen und sich im Erdreich befindlichen Kellerräumen oder tragenden Kellerinnenwänden gebräuchlich. Hier kann man ihre guten Trageigenschaften ausnutzen. Die Dämmeigenschaften können nahezu vernachlässigt werden.
Kalksandstein 	Kalksandsteine verhalten sich ähnlich wie Schwerbetonsteine, sind jedoch aus Kalk und Sand hergestellt. Sie gewinnen durch Wärmedämmverbundsysteme immer stärker an Bedeutung, sodass ihre schlechten Dämmwerte vernachlässigt werden können.
Porenbetonstein 	Porenbetonsteine verfügen über hervorragende Wärmedämmeigenschaften. Sie entstehen durch die Zusammenführung von Quarzsand, Branntkalk, Wasser und Beimischung einer Aluminiumpaste. Der Quarzsand ist durch Flugasche aus Steinkohlekraftwerken ersetzbar. Durch die Reaktion mit der Aluminiumpaste entsteht ein Wasserstoffgas, welches feine Gasblasen im Stein aufschäumen lässt und ihn hinsichtlich seiner Wärmedämmeigenschaften beeinflusst.

Darum geht es

- Rohdichte Mauerziegel: 0,6 bis 2,0 kg/dm^3.
- Vormauerziegel.
- Untermauerziegel.
- Leichtziegel (Klinker).
- Brennverfahren, Stangenpressung, Rohlinge.
- Kalksandstein: gute Schall- und Trageigenschaften.
- **DIN 4172** regelt die Abmessungen von Bauteilen und Bauwerken in der Längeneinheit m.

Gebrannte Mauersteine sind Ziegel (Vollziegel, Hochlochziegel, Klinker, ...). Sie werden hergestellt aus Lehm und Ton und in einem **Brennverfahren** verfestigt.

Brennverfahren von Ziegeln:
- **Ton und Lehm werden zermahlen.**
- **Fremdkörper (Steine etc.) werden herausgesiebt.**
- **Material wird in geeignetem Mischungsverhältnis mit Wasser angereichert.**
- **Material wird, vergleichbar mit einem Fleischwolf, in Stangen gepresst durch eine Passform getrieben.**
- **In einem weiteren Pressverfahren entsteht die Lochung.**

Die neu entstandenen Stücke bzw. Rohlinge werden dann in das gewünschte Längsformat geschnitten und zur Vermeidung von Rissen in einer Trocknungskammer langsam auf ca. 100 °C erhitzt. Als Letztes erfolgt der Brennvorgang mit Temperaturen von 900 bis 1.200 °C. Die Temperaturen nehmen dabei Einfluss auf die Beschaffenheit des Steines, indem durch sie und die Dauer des Brennvorgangs der Wassergehalt reguliert wird.

Gebrannte Mauersteine sind leicht an ihrer rot-orangefarbenen Färbung auszumachen. Dabei ist festzuhalten, dass es sich bei Steinen mit Lochung um Hochlochziegel und bei massiven Steinen um Ziegel oder Vollklinker handelt.

3.3.2 Ungebrannte künstliche Mauersteine

Kalksandsteine, Poren-, Leicht- und Schwerbetonsteine und **Hüttensteine** sind weitere künstliche Mauersteine, die heute im Innen- und Außenmauerwerk eingesetzt werden. Weit verbreitet sind aufgrund ihrer guten Schall- und Trageigenschaften die **Kalksandsteine**. Kalksandstein wird durch einen chemischen Vorgang, hervorgerufen durch die Zugabe von Wasser und Branntkalk, zu den weiteren Stoffen angemischt und mit Pressen zu Rohlingen geformt. Im weiteren Verfahren werden sie dann bei Temperaturen bis zu 230 °C gehärtet. Sie werden angeglichen an die Mauerziegel als **Voll- und Lochsteine**, aber auch als **Vormauersteine** und großformatige **Planelemente** hergestellt.

3.4 Die Maßordnung im Hochbau

Im Mauerwerksbau bildet das **Achtelmeter (am)** die Basis der Maßordnung. Die Länge eines Achtelmeters beträgt 12,5 cm. Diese Länge wird vom Fachmann auch als Kopfmaß bezeichnet. Das Achtelmeter oder Kopfmaß setzt sich aus einer Steinbreite von 11,5 cm und der Fugendicke von 1,0 cm zusammen (Abb. 3.14).

Mittels der Baurichtmaße plant der Architekt das zu errichtende Bauteil (z. B. den Kamin) als ein Vielfaches von 12,5 cm. Die wirklich zu mauernden Maße, die Ausführungsmaße, werden Baunennmaße genannt und sind den Ausführungsplänen (Werkplänen) zu entnehmen. Das Baunennmaß ist aus den Baurichtmaßen abgeleitet. Entscheidend ist dabei die Anzahl der Fugen.

<u>Außenmaß:</u>
Es ergibt sich immer eine Stoßfuge weniger als die Anzahl der Köpfe.

Berechnung Außenmaß: Beispiel 8 Köpfe:

Köpfe × 12,5 cm – 1,0 cm Stoßfuge

8 × 12,5 cm – 1,0 cm = 99,0

Das Außenmaß tritt auf bei Außenmaßen eines Hauses, Pfeilern, Wanddicken, frei endende Mauern.

<u>Vorlagenmaß:</u>
Es ergibt sich immer eine gleiche Fugenanzahl und Kopfanzahl.

Berechnung Vorlagenmaß: Beispiel 5 Köpfe:

Köpfe × 12,5 cm

5 × 12,5 cm = 62,5 cm

Das Vorlagenmaß tritt auf bei Mauervorsprüngen und einseitig angebauten Mauervorsprüngen.

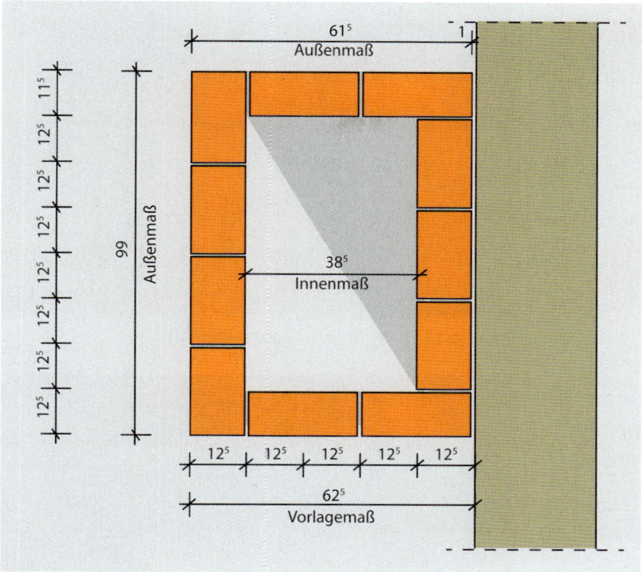

Abb. 3.14: Maße von Bauteilen und Bauwerken

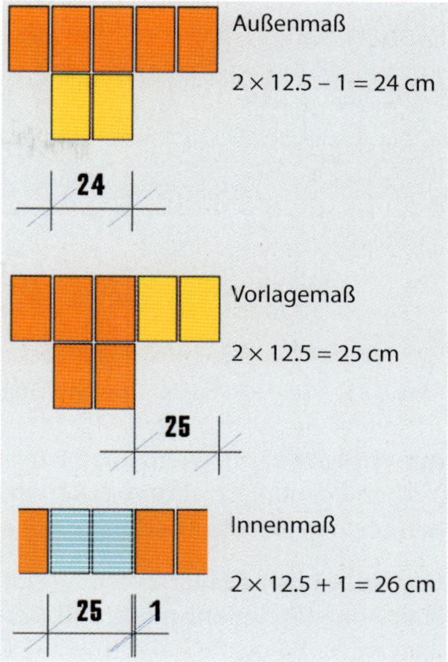

Abb. 3.15: Außenmaß, Vorlagenmaß, Innenmaß

Öffnungsmaß:
Es ergibt sich immer eine gleiche Fugenanzahl und Kopfanzahl.

Berechnung Öffnungsmaß: Beispiel 6 Köpfe:

Köpfe × 12,5 cm + 1,0 cm Stoßfuge

6 × 12,5 cm + 1,0 cm = 76,0 cm

Das Öffnungsmaß tritt bei Rauminnenmaßen und Maueröffnungen, z. B. Fenstern und Türen, auf.

3.4.1 Überbindemaß und Mauerhöhen

Das Überbindemaß ist im Mauerwerksbau unerlässlich, um einen kraftschlüssigen Verbund im Mauerwerk zu gewährleisten und das Mauerwerk ausreichend zu verzahnen. Das Überbindemaß regelt den notwendigen Versatz von Steinen von der einen zur darunter- oder darüberliegenden Schicht (Abb. 3.16). Es ist durch die damit verbundene versetzte Anordnung der Steine möglich, die aufliegende Last gleichmäßig von Schicht zu Schicht nach unten auf eine größere Fläche zu verteilen und das Mauerwerk daran zu hindern, lediglich pfeilerartig gemauert zu werden.

Das **Überbindemaß** ist von der Höhe der verwendeten Steine abhängig und beträgt mindestens das 0,4-Fache der Steinhöhe und darf nicht kleiner als 4,5 cm sein.

Abbildung 3.16 zeigt, inwieweit der Versatz in Abhängigkeit der Mauersteinhöhe zu berechnen und auszuführen ist. Dabei ist die Höhe *h* von Steinunterkante bis Steinoberkante und das Überbindemaß *ü* von Steinkante zu Steinkante der nächsten Schicht zu betrachten.

Das erforderliche Überbindemaß kann entsprechend dem nachfolgenden Praxisbeispiel festgelegt werden. Dabei ist rechnerisch zu berücksichtigen, dass eine gleichmäßige Lastverteilung nach unten

Begriffe

- 3 Arten von **Baunennmaßen**: Außenmaß, Vorlagenmaß und Öffnungsmaß.
- Das **Überbindemaß** regelt den notwendigen Versatz von Steinen von der einen zur darunter- oder darüberliegenden Schicht. Es ist von der Höhe der verwendeten Steine abhängig.

@ Links und Literatur

DIN 4172: Maßordnung im Hochbau

www.baunormenlexikon.de

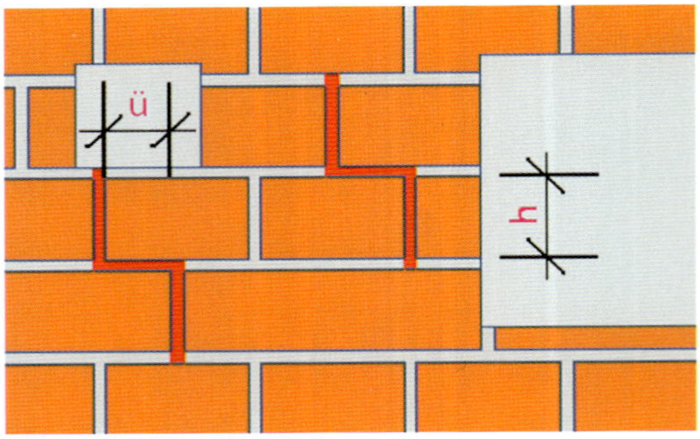

Abb. 3.16: Darstellung des Überbindemaßes

Abb. 3.17: Versetztes Überbindemaß

nur erfolgen kann, wenn das Mauerwerk im Verband gemauert ist und das Überbindemaß den oben genannten Bedingungen entspricht.

Die Höhe einer Mauerschicht ergibt sich aus der Steinhöhe (Steinnennmaß) und der Dicke einer Lagerfuge. So ist die Lagerfuge i. d. R. mit einer Stärke von 1,2 cm anzusehen. Das Mauerwerk wird entsprechend dieser Höhe hergestellt und gebrannt, um ein Sprungmaß im Abstand von 12,5 cm, sprich einem Achtelmeter auch in der Höhe zu erhalten. Dabei ist ein Sprungmaß dasjenige Maß, welches den Versatz des Verbandes zur darunterliegenden Mauerwerksschicht angibt.

! Praxisbeispiel

Aufgabe
Berechnen Sie das Überbindemaß beim Mauerwerk, ausgeführt mit einem 2-DF-Stein.

Berechnung:
Höhe eines 2-DF-Steines → 11,3 cm
Höhe einer Lagerfuge → 1,2 cm
→ 12,5 cm

Daraus errechnet sich das Überbindemaß, Kurzzeichen *ü*: $ü = 0{,}4 \times h = 0{,}4 \times 12{,}5 = 5$

Lösung
Es ergibt sich ein Überbindemaß von 5,0 cm. Dieses Maß ist größer als 4,5 cm und hält somit die erforderlichen Bedingungen ein. Für einen NF- oder 1-DF-Stein würde sich ein Wert kleiner als 4,5 cm ergeben. Hier muss das Überbindemaß dann auf den Mindestwert von 4,5 cm heraufgesetzt werden.

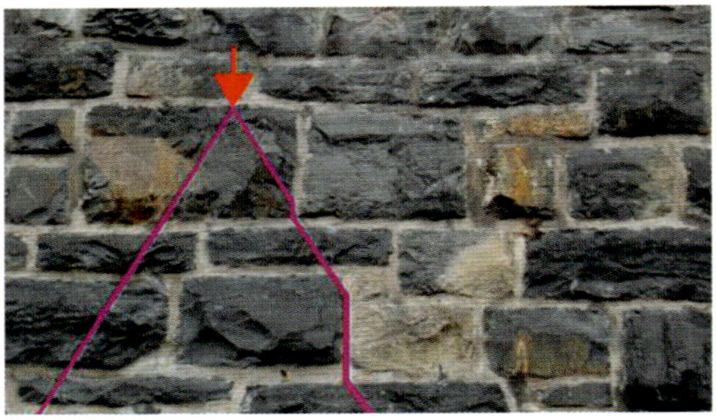

Abb. 3.18: Kraftverteilung im Mauerwerk ideal (links) und Bauart bedingt (rechts)

Abb. 3.19: Naturmauerwerk ohne regelmäßig eingehaltenes Überbindemaß

Die Berechnung des Überbindemaßes entstammt der Kraftverteilung innerhalb des Steines. Je höher der Stein, desto weiter breitet sich die Kraft durch den Stein unter einem Winkel von ca. 60° nach unten hin aus (Abb. 3.18). Wird das Überbindemaß nicht eingehalten (Abb. 3.19), ergibt sich eine teilweise springende und manchmal senkrecht verlaufende Lastverteilung.

Tabelle 3.4: Mögliche Verbände

Beschreibung	**Darstellung und Steinanordnung**
Blockverband mit dargestelltem Fugenverlauf: Abwechselnd von oben nach unten sind eine Binder- und eine Läuferschicht zu sehen. Die Verzahnung der Steine von Schicht zu Schicht beträgt dabei von oben nach unten 3 × ½ Achtelmeter, dann einmal einen ¾-Stein. Dabei sind die Mauerschichten abwechselnd gleich. Bedingung für die Herstellung eines Blockverbandes ist dabei eine Wandstärke von mindestens 24,0 cm, sprich z. B. einem 2-DF-Stein in Länge: Meist ist der Versatz ein halber Stein, somit wird übermäßiger Ausschuss vermieden und der Rest kann häufig wiederverwendet werden. In der Regel reicht ein halber Stein als Überbindemaß aus.	
Kreuzverband: Der Kreuzverband ist dem Blockverband sehr ähnlich, jedoch verspringt sein Fugenbild jeweils regelmäßig und sich immer wiederholend nur um ½ Achtelmeter. Daher schließt am Mauerende jede zweite Schicht jeweils mit einem ¾-Stein ab, um das schwierige Schlagen von Viertelsteinen und ein seltsames Aussehen des Verbandes zu vermeiden. Auch der Kreuzverband muss eine Mauerstärke von mindestens 24,0 cm aufweisen.	

Abb. 3.20: Binderverband

Abb. 3.21: Läuferverband

Aus diesen einzelnen Maßen und Anordnungsregeln ergeben sich somit die erforderlichen Maße für genormte Mauersteine. Es ist möglich, durch eine Kombination von verschiedenen Steingrößen einen Mauerwerkskörper inkl. verschiedener Öffnungs-, Außen- und Vorlagemaße herzustellen und dabei lästiges Bearbeiten der Steingröße zu vermeiden. Dadurch wird ein flüssiges, handwerklich korrektes Arbeiten gewährleistet.

3.4.2 Mauerverbände

Die Art des Zusammenfügens von Mauersteinen zum Zweck der Aufnahme von auftretenden Lasten und Kräften im Mauerwerk wird als **Mauerwerksverband** bezeichnet. Nur durch ein verbandsgerechtes Vermauern der Steine sind der Zusammenhalt und die Tragfähigkeit des Mauerwerks gewährleistet.

Der Mauerwerksverband ordnet übereinandergesetzte Steine so an, dass die Stoßfugen der Steine nicht übereinander zur Deckung kommen und das Mauerwerk ausreichend miteinander verzahnt ist (siehe folgende Beispiele).

Ein Verband besteht immer aus verschiedenen Steinschichten, die nach ihrer Lage bezeichnet werden.

Läuferschicht: In der Ansicht ist die Längsseite des Mauersteines zu sehen. In der Regel wird der Mauerstein dabei nur an den Mauerenden gekürzt oder behauen. Dieses geschieht dank des Verbandes dann in einen Viertel-, Halb- oder Dreiviertelstein.

Binderschicht: In der Ansicht ist der Kopf des Steines zu sehen. Dabei wird das Format des Steines in seiner ursprünglichen Form und Ausmaß belassen.

Beim Binderverband ist nur die Binderseite eines Steines zu sehen.

Begriffe

Binderschicht: In der Ansicht ist der Kopf des Steines zu sehen.

Läuferschicht: In der Ansicht ist die Längsseite des Mauersteines zu sehen.

Darum geht es

- umgeworfener Verband.
- Blockverband.
- Kreuzverband.

Tabelle 3.5: Steinformate im Achtelmetersystem

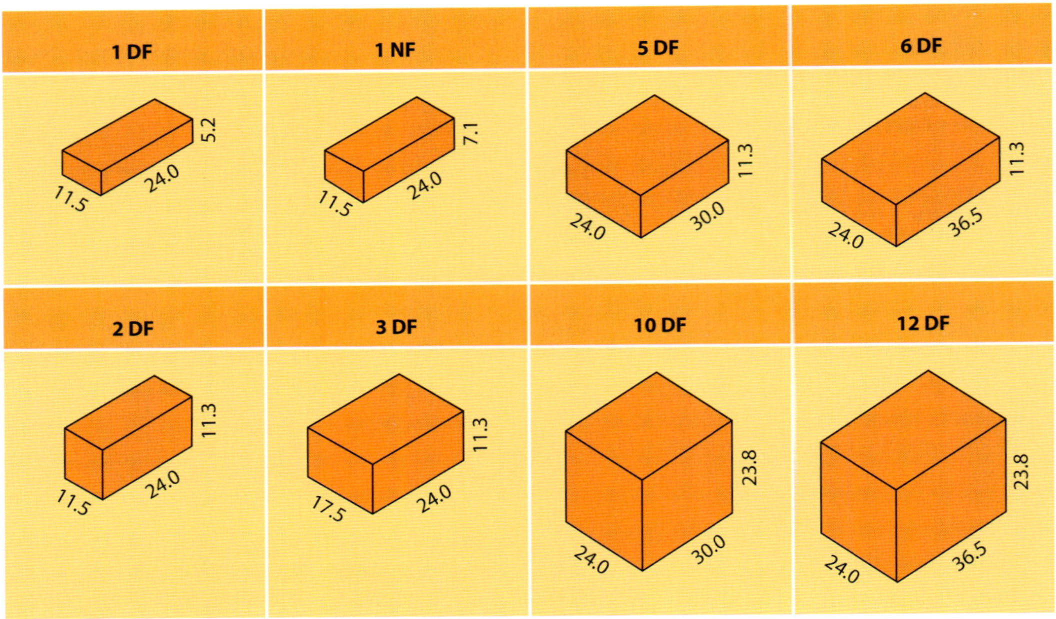

Lediglich an den Rändern des Mauerwerks und den Ecken wird von der Ansicht der kurzen Seite abgewichen, um längs geteilte Steine zu vermeiden. Hierdurch ergibt sich zudem das Versatzmaß des Steines.

Der Läuferverband zeigt hingegen nur die Längsseite des Steines. Hier ist in den Mauerwerksecken und Enden lediglich die Kopf- bzw. Binderseite des Steines zu sehen. Somit kommt es zur Kopfseite als Versatzmaß des Steines.

Besonderheiten bei Verbänden sind zum einen die **Rollschicht**, bei der der Kopf in der Ansicht hochkant steht, und zum anderen die **Grenadierschicht**, bei der die Längsseite des Steines hochkant steht. Durch Verbände werden gestalterische Züge bei Sichtmauerwerk wirkungsvoll umgesetzt und durch die Regelmäßigkeit das Verputzen einer nicht zu dämmenden Wand gespart.

Häufig werden heute Wände in mehreren Steingrößen je nach Bedarf von Aussparungen angelegt. So ist mittlerweile 16 DF ein gängiges Mauersteinmaß für Hochlochziegelwände. Aussparungen für Fallleitungen etc. werden dabei durch den Einsatz kleinformatiger Steine berücksichtigt. Diese Hohlräume werden dann ausgedämmt und mit Streckmetall oder Geweben verputzt. Für die Herstellung von Verbänden werden zumeist Teilsteine benötigt, die mit dem Ziegelhammer oder heute meist mit Steinsägen bearbeitet werden.

3.5 Steinformate

Zur Einhaltung der Achtelmetermaße sowie zur einfachen Herstellung von Mauerwerkswänden sind die Steine dem Achtelmetersystem (siehe Tab. 3.5) angepasst worden, um aufwendige Behau- und Schneidarbeiten zu vermeiden. Für diese werden dann genormte Kurzbezeichnungen verwendet. Die nachfolgenden Steinmaße werden als sog. Vorzugsmaße besonders oft verarbeitet:

Beim Mauerwerk aus künstlichen Steinen unterscheidet der Fachmann mit Blick auf die unterschiedlichen Steinformate/Steingrößen zwischen klein-, mittel- und großformatigen Steinen. Grundformat für die Bausteine sind das Dünnformat (DF) und das Normalformat (NF). Alle weiteren Steingrößen werden als Vielfaches von 1 DF angegeben. Dabei hat 1 DF die Abmessungen (B/H/T) 24,0 cm/11,5 cm/5,05 cm.

Kleinformat: DF (Dünnformat)
NF (Normalformat)
2 DF (2 × Dünnformat)
Mittelformat: 3 DF bis 6 DF
Großformat: 8 DF bis 20 DF

Je nach Handlichkeit wird auch in Einhandsteine oder Zweihandsteine unterschieden:
1-DF-, 2-DF- und 3-DF-Steine werden als Einhandsteine bezeichnet und besitzen meist eine Greiftasche zum einfacheren Einbau. 5-DF- und größere Steine werden als Zweihandsteine bezeichnet und mit beiden Händen außen oder unterhalb gefasst. Mittlerweile werden derartig große Steine auch mit einem Verlegkran gesetzt.

Um die Steine auf der Baustelle auch für Nichtfachleute kenntlich zu machen, findet man Aufkleber mit den entsprechenden Kurzbezeichnungen an den ausgelieferten Steinpaletten (Abb. 3.22).

Bei diesem Beispiel handelt es sich um:

- **H**och**l**ochmauer**z**iegel, Lochung Typ **A**
- mit Druckfestigkeit $\delta = \mathbf{20}$ N/mm^2
- $\rho = \mathbf{1{,}4}$ kg/dm^3
- Format **3 DF**
- gemäß **DIN 105**

3.6 Mörtel

Der Markt hält verschiedene Mörtel-Zusammensetzungen bereit, da die Ansprüche an das Bindeglied zwischen den einzelnen Steinen vielfältiger geworden sind. So gibt es heute zum einen besonders tragfähige Mörtel, welche erhöhte Belastungen und Spannungen, z. B. unter Auflagerpunkten von Stahlbetonbalken, zulassen. Zum anderen existieren besonders leichte Mörtelarten, welche einen verbesserten Dämmwert haben, die sog. Leichtmörtel.

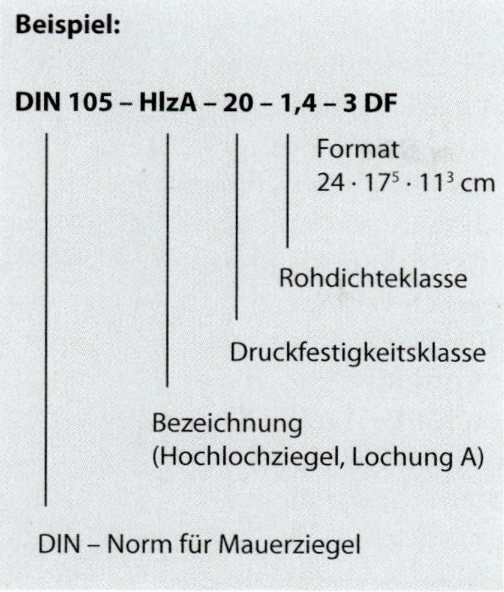

Abb. 3.22: Kurzbezeichnungen Beispiel

Durch die veränderten Verlegeweisen von Steinen ist mittlerweile das Kleben von Steinen entstanden. Hier entfällt die Fuge fast völlig, was die Dämmeigenschaften verbessert, jedoch ein enorm präzises Arbeiten erfordert.

3.6.1 Mörtelherstellung und Verwendung

Mörtel wird überwiegend als **Mauermörtel**, **Putzmörtel** oder **Estrichmörtel** verwendet. Bestandteile des Mörtelgemisches sind:

- Zuschlag (bis 4 mm),
- Bindemittel (Kalk und Zement),
- Anmachwasser (Wasser).

Mauermörtel sollen Unebenheiten ausgleichen, die Steine dauerhaft fest miteinander verbinden und eine gleichmäßige Kräfteübertragung gewährleisten. Gleichzeitig wird eine Elastizität der Mörtel gefordert, die die Verbundwirkung auch im Falle von Setzungen und Erschütterungen sichert. Als Bindemittel dienen Kalk und Zement.

Darum geht es

Die Steinformatgruppen sind Klein-, Mittel- und Großformat.

Begriffe

- **Einhandsteine** können mit einer Hand verarbeitet werden.
- **Zweihandsteine** sind für die beidhändige Verarbeitung vorgesehen.
- **Mörtel** ist das Bindeglied zwischen den Steinen.

@ Links und Literatur

DIN 105-100: Mauerziegel; Mauerziegel mit besonderen Eigenschaften

www.baunormenlexikon.de

→ Mehr Informationen zum Zuschlag siehe Kapitel 3.6.3

3.6.2 Baukalke

Baukalk ist ein Bindemittel, das im Bauwesen oft als Baustoff verwendet wird. Es dient zur Herstellung von **Kalkmörtel**, der als **Putz-** und **Mauermörtel** eingesetzt wird. Die Herstellungsweise von Baukalk aus Kalkstein und Vulkanerde ist schon seit der Antike bekannt und hat sich bis heute nur unwesentlich verändert (Abb. 3.23). Das Bindemittel Baukalk wird unterteilt in die Gruppe der **Luftkalke** und in die Gruppe der **hydraulischen Kalke**. **Weißkalkhydrat, Dolomitkalkhydrat** und **hochhydraulischer Kalk** sind im Baugewerbe für die verschiedenen Gewerke gebräuchlich.

Die Herstellungsweise von Baukalk aus Kalkstein und Vulkanerde ist schon seit der Antike bekannt und hat sich bis heute nur unwesentlich verändert.

3.6.3 Der Zuschlag

Der Zuschlag bildet das tragende Gerüst des Mörtels. Es handelt sich hierbei um die notwendigen Zusätze, welche außer Kalk und Wasser den wesentlichen Bestandteil von Mörtel bilden und ihm seine Festigkeit geben. Außerdem reduzieren Zuschläge die Reaktion von Kalk und Wasser und sind kostengünstiger als Kalk. Die Kornzusammensetzung soll gemischtkörnig sein, d. h., die Mischung ist so abzustimmen, dass kleinere Körner die Hohlräume der größeren Körner füllen. Dieses führt einerseits zu einem geringeren und damit kostengünstigeren Verbrauch an Bindemitteln. Andererseits benötigen alle zement- und kalkhaltigen Mörtel den Zuschlag (Sand) als „Magerungsmittel", um das sog. **Schwinden des Mörtels** zu verhindern.

Wird dem Mörtel zu viel Bindemittel hinzugegeben, schwindet der erhärtende Mörtel und es bilden sich Risse im Mörtelgefüge.

Ist der Anteil an Bindemitteln hingegen zu gering, nimmt die Festigkeit des Mörtels ab. Die in den Normen angegebenen Mischungsverhältnisse sind bei der Mörtelherstellung einzuhalten.

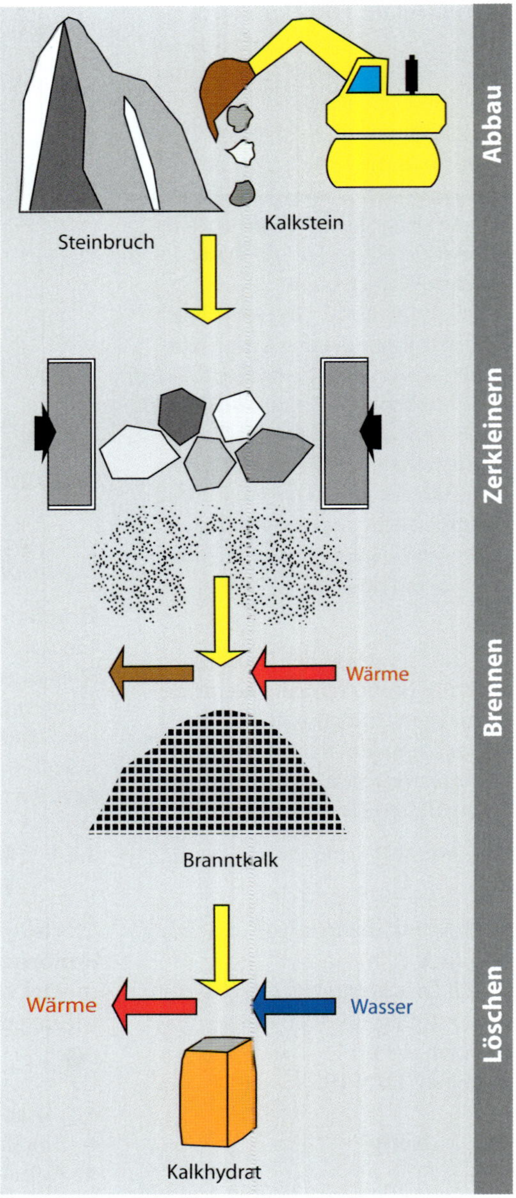

Abb. 3.23: Abbau von Kalk

3.6.4 Mörtelgruppen und Mischungsverhältnisse

Insgesamt werden 5 Mörtelgruppen unterschieden (Tab. 3.7).

Damit der Mörtel den geforderten Ansprüchen genügt, müssen die benötigten Anteile an Bindemittel und Zuschlag sehr sorgfältig berechnet werden.

Tabelle 3.6: Mörtelzusammensetzung

Mörtelgruppe MG	Luft- und Wasserkalk		Hydraulischer Kalk HL2	Hochhydraulischer Kalk	Zement	Sand aus Gestein
	Kalkteig	Kalkhydrat				
I	1	–	–	–	–	4
	–	1	–	–	–	3
	–	–	1	–	–	3
	–	–	–	1	–	4,5
II	1,5	–	–	–	1	8
	–	2	–	–	1	8
	–	–	2	–	1	8
	–	–	–	1	–	3
II a	–	1	–	–	1	6
	–	–	–	2	1	8
III / III a	–	–	–	–	1	4

Tabelle 3.7: Mörtelgruppen

Mörtelgruppe	Zusammensetzung und Eigenschaften
I	**reine Kalkmörtel** → ohne besondere Festigkeitsanforderungen
II	**Kalkzementmörtel** → Mindestdruckfestigkeit: 2,5 MN/m²
II a	**Kalkzementmörtel** → Mindestdruckfestigkeit: 5,0 MN/m²
III	**Zementmörtel** → Mindestdruckfestigkeit: 10,0 MN/m² (wenig elastisch)
III a	**Zementmörtel** → Mindestdruckfestigkeit: 20,0 MN/m²

Abb. 3.24: Frischmachen von Mörtel mit der Kelle

Beim Anmachen der Mörtelmischung (Abb. 3.24) tritt eine Volumenminderung ein. Diese resultiert aus dem Einschlemmen der Bindemittel und der feinen Zuschlagstoffe in die Hohlräume der größeren Zuschlagkörnungen. Der Hohlraumgehalt des Sandes ist bei feuchtem Zuschlag größer als bei trockenem.

Bei Mörtelmischungen wird das Volumen der Bestandteile ermittelt. Die Mischungsverhältnisse werden in **Raumteilen** (RT) angegeben (Tab. 3.6).

Deshalb ist der **Mörtelfaktor** zu berücksichtigen. Bei baufeuchtem Sand ist er mit Faktor 1,6 anzusetzen. Dies bedeutet, dass für eine bestimmte Mörtelmenge das 1,6-Fache an Sand und Zuschlag zu berücksichtigen ist. Bei trockenem Sand verringert sich der Faktor auf 1,4. Dabei wird der **prozentuale Volumenanteil** am hergestellten Mörtel als **Mörtelausbeute** bezeichnet.

■ Begriffe

Baukalk: Bindemittel zur Herstellung von Kalkmörtel.

■ Tipp

In der Fachsprache sagt man bei zu viel Bindemittel: „Der Mörtel ist zu fett und schwindet zu sehr."

Oder aber bei zu wenig Bindemittel: „Der Mörtel ist zu mager und sandet ab."

Sand mit dem Zement und/oder dem Kalk vermischen. ❶

Wasser nach und nach zufügen bis zur gewünschten Konsistenz ❷ und mischen. ❸

Auf einer ebenen und sauberen Fläche (Kasten oder Blech):

Zement und Kalk ❹ auf den vorzugsweise trockenen Sand geben.

Immer neue Häufchen bilden bis zum Erhalt einer gleich-- mäßigen Mischung. ❺

Mit der Schaufel in der Mitte des Häufchens eine Vertiefung bilden. ❻

Ein wenig Wasser in das Loch gießen.

Nach und nach die Mischung mit dem Rücken der Schaufel zur Mitte der Vertiefung bringen. ❼

Mischen, indem man nach und nach Wasser zufügt. ❽

Die Mischung muss gleichmäßig und leicht glänzend sein. ❾

Bei laufendem Betonmischer $^2/_3$ des benötigten Wassers eingießen und Sand und Zement hinzufügen.

Rest des Wassers hinzufügen, dann wiederholt mischen.

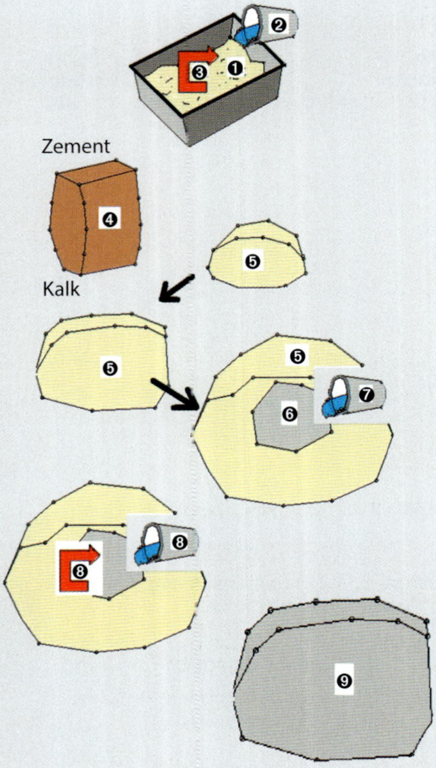

Abb. 3.25: Arbeitsschritte zur Mörtelherstellung

Die **Mörtelausbeute** berechnet sich wie folgt:

$$m = \frac{\textit{Mörtelmenge in } l \cdot 100}{\textit{lose Masse in } l}$$

Als weiteres Maß gilt der **Einmischfaktor:**

$$e = \frac{\textit{lose Masse in } l}{\textit{Mörtelmenge in } l}$$

Dabei gleicht der Einmischfaktor eine Volumenverringerung, die beim Mischen von Mörtel und Wasser auftritt, aus. Denn anders als bei anderen Stoffen verringert sich hier bei der Vermischung von 2 Massen das Volumen im Vergleich zur Summe der beiden Einzelvolumen.

Mörtel wird heute nur noch in kleineren Mengen von Firmen oder Privatleuten aus den einzelnen Bestandteilen hergestellt. Zumeist wird dann Fertigmörtel aus Sackware eingesetzt.

Oder es erfolgt eine Belieferung von Mörtel mit verzögernden Zusatzmitteln durch ortsansässige Betonfirmen in den Morgenstunden, bevor der Herstellungsbetrieb mit der Auslieferung von Betonen beginnt.

Es darf nur eine Mörtelgruppe, sprich entweder MG (Mörtelgruppe) I, II oder III, auf der Baustelle gelagert werden, da die Tragfähigkeiten und Einsatzbereiche unterschiedlich und die Mörtel nicht ohne Untersuchung der Zusammensetzung auf der Baustelle unterschieden werden können.

Mörtel ist je nach Mörtelgruppe und je nach Art der Lagerung und Witterung nur wenige Stunden bis Tage verarbeitbar. So zieht ein Mörtel bei trockenem und heißem Wetter schneller an, d. h., er erhärtet und ist nicht mehr verarbeitbar.

Über Nacht gelagerter Mörtel sollte mit einer dünnen Wasserschicht benetzt und einer Folie abgedeckt werden, um seine Verarbeitungszeit zu verlängern.

3.7 Baustelleneinrichtung für Maurerarbeiten

Die Baustelle ist, wie in Kapitel 1 beschrieben, gegen Betreten, vor allem aber vor spielenden Kindern abzusichern. Hier empfiehlt sich ein Bauzaun. Letztendlich verantwortlich für die Sicherung der Baustelle ist immer der Baustellenbetreiber. Zudem müssen Material und Werkzeuge schnell erreichbar sein und genügend Arbeitsfläche ermöglichen.

3.7.1 Werkzeuge

Zum Mauern werden verschiedene Werkzeuge benötigt. Dazu gehören u. a. der Maurerhammer, die Maurerkelle, die Dreieckskelle, die Fugenkelle, die Wasserwaage, die Schichtenmesslatte, der Gliedermaßstab, die Steinsäge, der Mörtelmischer (bzw. Freifallmischer), der Rührspaten zum Aufmischen des Mörtels, der Quast, die Fluchtschnur bzw. Lote, ein Bockgerüst oder hydraulische Bühnen sowie Schubkarren und Lagerfässer bzw. Frischwasserkanister.

3.7.2 Arbeits- und Schutzgerüste

Bei der Arbeit steht der Schutz der eigenen Gesundheit immer an erster Stelle. Die Einhaltung der Unfallverhütungsvorschriften, z. B. die ordnungsgemäße persönliche Schutzausrüstung, ist deshalb unerlässlich.

Gerade Gerüste müssen daher dem Anspruch nach unfallfreiem Arbeiten einerseits und nach Hilfe beim Erbringen der Arbeitsleistung andererseits genügen. Daher sind sie nach den anerkannten Regeln der Technik zu konstruieren. Tragfähigkeit und Standsicherheit sind oberstes Gebot, um die am Bau beteiligten Personen oder Passanten und Verkehrsteilnehmer nicht zu behindern oder zu gefährden.

Abb. 3.26: Bockgerüst, Höhe < 2,00 m

Die Herstellungs- und Ausführungsvorschriften finden sich in den Unfallverhütungsvorschriften der Bauberufsgenossenschaft und den Normen.

Dabei ist zu beachten, dass ab 1,50 m Höhe eine Arbeitsbühne oder ein Gerüst unbedingt erforderlich ist, um die Arbeit zu erleichtern und sich nicht über die Maßen zu gefährden oder zu überlasten. Bis 4,00 m Höhe ist ein Bockgerüst sinnvoll. Ein arbeitssicheres Bockgerüst besteht aus den Gerüstböcken, dem Gerüstbelag, meist Buchenbohlen, und ab 2,0 m Höhe dem Seitenschutz. Dieser besteht aus einem Geländerholm, einem Zwischenholm und einem Bordbrett. Diese sind aufgrund der geringen Arbeitshöhe auf dem in Abb. 3.26 abgebildeten Gerüst noch nicht installiert.

Darum geht es

- **Mörtelfaktor 1,6:** Bei baufeuchtem Sand ist für eine bestimmte Mörtelmenge das 1,6-Fache an Sand und Zuschlag zu berücksichtigen.

Baustelleneinrichtung

- Material und Maschinen in einwandfreiem Zustand.
- Arbeitsgerät in ausreichender Zahl auf der Baustelle vorhanden.
- Werkzeuge nach Verlassen der Baustelle sicher und unzugänglich verschlossen.

Begriffe

Der **Einmischfaktor** *e* gleicht die Volumenverringerung aus, die beim Zusammenmischen von Mörtel und Wasser auftritt.

@ Links und Literatur

DIN EN 1996: Mauerwerksbauten

www.baunormenlexikon.de

Bockgerüste werden auf größeren Baustellen immer häufiger durch elektrische Arbeitsbühnen ersetzt. Diese sind variabler einsetzbar und können schnell der Arbeitshöhe angepasst werden. Nachteil: hohes Gewicht, sperrige Abmessung.

3.8 Vorbereitung und Beginn einer Aufmauerung

Die angelieferten Steine sind auf Maßhaltigkeit und Rissfreiheit sowie durch eine Klangprobe (verdeckte Risse) zu überprüfen. Die zum Bau erforderlichen Hilfsmittel sind zu besorgen bzw. die erforderlichen Gerüste aufzustellen.

Die Ecken oder Mauerenden sind hochzumauern. Dabei ist es sinnvoll, eine Fluchtschnur zu spannen. Die Schnurhöhe befindet sich Oberkante Stein und eine Schnurbreite vom Stein entfernt. Die Schnur ist nach jeder gemauerten Schicht neu zu spannen.

Stark saugende Steine sind vor dem Vermauern anzunässen, damit dem Mörtel nicht das Wasser entzogen wird. Die Fugen sind grundsätzlich vollfugig zu mauern oder zu kleben. Ein besonderes Augenmerk ist auf flucht- und lotrechtes Mauern zu richten.

Mauersteine dürfen nach Ansteifen des Mauermörtels nicht mehr nachgerichtet werden, da ansonsten die Haftung zwischen Mörtel und Stein nicht mehr gewährleistet ist.

3.8.1 Horizontalsperre und Bauwerksabdichtung

Je nach Bauweise ist zu Beginn der Mauerarbeiten vor und nach der ersten Mauerwerksschicht eine Feuchtigkeitssperre auszulegen. Diese verhindert das Aufsteigen von Feuchtigkeit in die darüberliegenden Mauerwerksschichten (siehe auch Kapitel 14.2). Die horizontale Feuchtigkeitssperre wird mithilfe der Mörtelschichten oberhalb und unterhalb der Sperre mit dem Mauerwerk kraftschlüssig verbunden. Jedoch kommt es bei zu geringer Auflast aus dem darüberliegenden Bauwerk und aufgrund zu hoher horizontaler Lasten, z. B. aus Erddruck, häufig zur Rissbildung durch Verschiebungen in eben dieser Fuge. Dann ist es erforderlich, z. B. die Rohdichte des Mauerwerks zu erhöhen oder Stahlbetonringanker einzubauen.

Abb. 3.27: Sohlplatte mit Feuchtigkeitssperre bei der Herstellung von Mauerwerk

3.8.2 Abdichtung durch Dickbeschichtung oder Schweißbahn

In der Regel wird das im Erdreich liegende Mauerwerk gegen „drückende Feuchtigkeit" abgedichtet. Eine Möglichkeit ist das Aufbringen einer Sperrschicht aus bituminösem Anstrich, Sperrputz oder Schweißbahn. Die andere Möglichkeit ist das Erstellen einer Stahlbetonwanne aus wasserundurchlässigem Beton, der sog. **Weißen Wanne** (siehe Kapitel 14.2).

Die bituminöse Sperrschicht wird zumeist auf einem für das Erdreich geeigneten Unterputz aufgetragen. Bei der Verarbeitung ist auf ein gleichmäßiges Aufbringen der Masse zu achten und das Bilden von Hohlräumen zu vermeiden. Wichtig ist auch, dass beim Auftragen keine Temperaturen unterhalb der Frostgrenze bzw. der vom Hersteller angegebenen niedrigsten Temperatur auftreten. Dieses kann im weiteren Verlauf dazu führen, dass sich die bituminöse Schicht flächenartig vom Putz oder Mauerwerk ablöst. Alternativ ist ein Sperrputz aufzutragen. Dieser besteht aus Zementputz mit Zusätzen, die ein Eindringen des Wassers vermeiden sollen. Auf den Sperrputz wird mehrfach ein bituminöser Anstrich aufgetragen.

Abb. 3.28: Sperrschicht gegen aufsteigende Feuchtigkeit

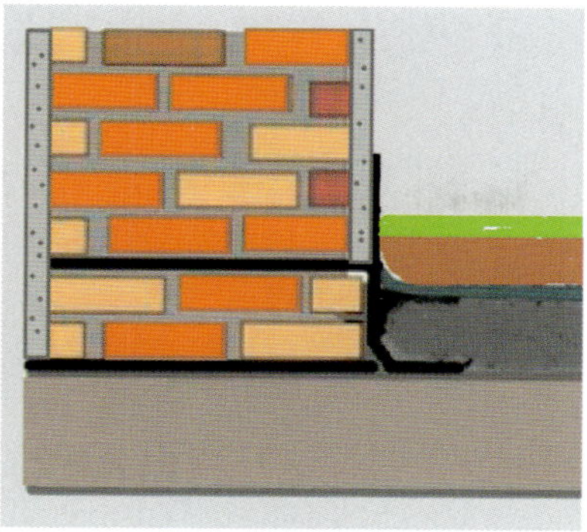

Abb. 3.29: Feuchtigkeitssperre gegen aufsteigende Feuchtigkeit und drückendes Wasser

Je nach Bauweise ist vor und nach der ersten Mauerwerksschicht eine horizontale Feuchtigkeitssperre einzubauen. Diese verhindert das Aufsteigen von Feuchtigkeit in die darüberliegenden Mauerwerksschichten. Dabei wird die horizontale Feuchtigkeitssperre mithilfe von Mörtel oberhalb und unterhalb der Sperre mit dem Mauerwerk kraftschlüssig verbunden.

Ursache für ein mögliches Aufsteigen von Feuchte im Mauerwerk ist das bauphysikalische Phänomen der **Kapillarität**, auch **Kapillareffekt** genannt (siehe Kapitel 2.1.4).

Hervorgerufen durch die Oberflächenspannung von Flüssigkeiten steigt die Flüssigkeit in einem engen Zwischenraum entgegen der Erdanziehung nach oben.

Häufig kommt es bei zu geringer Auflast aus dem darüberliegenden Bauwerk und aufgrund hoher horizontaler Lasten, z. B. aus Erddruck, zur Rissbildung durch Verschiebungen in dieser Fuge. Dann ist es erforderlich, z. B. die Rohdichte des Mauerwerks zu erhöhen.

3.8.3 Bestimmung des Baustoffbedarfs

Die Massenermittlung der verschiedenen Baustoffe ist für die Kostenermittlung und die Materialbestellungen notwendig. Dabei werden die Gesamtbaukosten nach Gewerken entsprechend der DIN 276 sortiert und erfasst. Hierzu gehören u. a. auch die Masse der erforderlichen Mauersteine und die erforderliche Menge an Mauermörtel. Es müssen zudem Bruch und Verhau bei den Steinen sowie Maßabweichungen und Materialverluste beim Arbeitsgang mit dem Mörtel berücksichtigt werden. Dazu kommt, dass das Vermauern von Lochsteinen (z. B. Hochlochziegel) einen größeren Materialaufwand als der Einbau von Vollsteinen bedeutet. Zur Betrachtung wird der Bedarf an Mauersteinen in Anzahl pro m^2 (Tab. 3.8) ermittelt.

Zum Ablesen der Masse bedarf es lediglich der Angabe des zu verwendenden Steines und der Wanddicke. Die erforderlichen Mengen können dann als Quadratmeterwert mit dem abgelesenen Tabellenwert multipliziert werden.

Darum geht es

- Werkzeuge: Kellen, Sägen, Messlatten etc.
- Arbeits- und Schutzgerüste: Bockgerüste, Arbeitsbühnen.

Begriffe

- **„Weiße Wanne“**: Stahlbetonwanne aus wasserundurchlässigem Beton.
- Das Aufsteigen von Flüssigkeiten in engen Röhren (Kapillaren) oder Hohlräumen wird als **Kapillarität** bezeichnet.

→ Weitere Informationen zur Dickbeschichtung siehe Kapitel 14.2

→ Weitere Informationen zur Bauwerksabdichtung siehe Kapitel 14.2

Tabelle 3.8: Baustoffbedarfsermittlung für künstliche Mauersteine in m^2

Format	Wanddicke	Bestimmung je m^2	
	in [cm]	Steine [Stück]	Mörtel [m^3]
DF	11,5 24,0	66 132	0,03 0,07
NF	11,5 24,0	50 99	0,03 0,07
2 DF	11,5 24,0	33 66	0,02 0,05
3 DF	17,5	33	0,03
4 DF	24,0	33	0,04
5 DF	24,0 30,0	26 32	0,04 0,05
6 DF	17,5 36,5	16 32	0,04 0,06

Tabelle 3.9: Baustoffbedarfsermittlung für künstliche Mauersteine in m^3

Format	Wanddicke	Bestimmung je m^2	
	in [cm]	Steine [Stück]	Mörtel [m^3]
DF	24,0	550	0,30
NF	24,0	416	0,28
2 DF	24,0	276	0,27
3 DF	17,5	190	0,16
4 DF	24,0	137	0,17
5 DF	24,0 30,0	108 108	0,16 0,17
6 DF	17,5 36,5	94 90	0,12 0,18

Alternativ wird die Berechnung des Baustoffbedarfs ab einer Wandstärke von 17,5 cm jedoch auch in Kubikmetern Mauerwerk erfasst (Tab. 3.9).

Die Berechnung der Kosten erfolgt dann nach Leistungspositionen in einem Leistungsverzeichnis, wobei die kalkulierten und ermittelten Massen normalerweise in Kubikmetern angegeben werden, da Liefereinheiten sich auf Kubikmeter beziehen.

Die verbauten Massen und Arbeitsleistungen können nach einzelnen Bauabschnitten (i. d. R. geschossweise) nach einer Kontrolle und Freigabe durch den bauleitenden Architekten oder den Bauherrn selbst abgerechnet werden.

Lernfeld 4: Stahlbetonbauteile herstellen

Raimund Reuther

Projektaufgabe:

Herstellen eines Schornsteinkopfes aus Stahlbeton

Der gemauerte Kamin auf der Terrasse der Kunden Marc und Sarah Meier gefällt den Gästen und Nachbarn. Nun möchten Herr und Frau Meier zunächst den brüchig gewordenen Schornsteinkopf ihres Wohnhauses sanieren, bevor eine energieeinsparende moderne Brennwerttechnik-Heizung eingebaut wird. Wegen der guten Erfahrungen mit Ihrem Dachdeckerbetrieb fragt Familie Meier an, ob Ihre Firma auch kleine Stahlbetonarbeiten auf dem vorhandenen Schornstein übernehmen würde. Familie Meier bittet um unterschiedliche Vorschläge, wie man den Schornsteinkopf sanieren und ansehnlicher gestalten könnte.

Ihr Chef bittet Sie, bei dieser interessanten und nicht alltäglichen Arbeit dem Altgesellen Willi, der sowohl Maurer als auch Dachdecker ist, zur Hand zu gehen.

Arbeitsaufträge:

1. Beschreiben Sie den dargestellten Schornsteinkopf (Abb. 4.1).
2. Erläutern Sie mögliche Gefährdungen, die von einem brüchigen Schornstein ausgehen können.
3. Wie kann ein brüchiger, alter und baufälliger Schornstein saniert werden?
4. Führen Sie unterschiedliche Werkstoffe zur Ausbildung eines Schornsteinkopfes an. Erläutern Sie jeweils Vor- und Nachteile.
5. Der Kunde bevorzugt eine Stahlbetonplatte für die Schornsteinabdeckung. Beschreiben Sie mögliche Ausführungen einer Schornsteinabdeckplatte in einem Standardmaß in Fertigbauweise und in Vor-Ort-Bauweise.
6. Erläutern Sie die Herstellung von Beton und führen Sie verschiedene Betonarten an.
7. Unterscheiden Sie bewehrten und unbewehrten Beton und nennen Sie jeweils die wichtigsten Eigenschaften.
8. Was verstehen Sie unter der Aussage „Beton ist ein Verbundbaustoff"?
9. Nennen Sie
   a) die konstruktiven Teile der Schalhaut und
   b) die Einzelteile der Tragkonstruktion.
10. Welche Angaben muss ein Biegeplan enthalten?
11. Welche Arten von Zuschlägen kennen Sie und welche Bedeutung haben Sieblinien für die Herstellung der Betone?
12. Erklären Sie die Begriffe „Zementarten" (Beispiele) und „Festigkeitsklasse".
13. Was ist der Wasserzementwert und worin liegt seine Bedeutung?
14. Warum sind Betone in Expositionsklassen unterteilt?
15. Welche Frischbetonmenge benötigt eine Betonplatte mit den Abmessungen 5,00 m × 4,00 m bei einer Dicke von 15 cm?
16. Erklären Sie die Begriffe „Einbau", „Verdichten" und „Nachbehandeln" des Betons.

Abb. 4.1: Sanierungsfall Schornsteinkopf

■ Darum geht es

Spannungsrisse entstehen z. B., wenn Beton und Stahl zu unterschiedliche Wärmeausdehnungskoeffizienten haben. Grund: Bei Wärme dehnen sich Baustoffe aus, bei Kälte ziehen sie sich zusammen.

Dach Training
Deine App für die Prüfung
Android IOS

4.1 Der Verbundbaustoff Stahlbeton

Stahlbeton ist ein Verbundbaustoff mit 3 sich ergänzenden Eigenschaften:

1. Stahl und Beton müssen sich **eng verbinden**. Dies wird durch die gerippte Stahloberfläche der Baustähle erreicht (keine Verschmutzung der Stahloberfläche z. B. durch Rost).
2. Beton **schützt** den Stahl vor Rost. Dafür ist eine ausreichende Betonüberdeckung erforderlich.
3. Beton und Stahl besitzen ungefähr **gleiche Wärmeausdehnungskoeffizienten.** Dadurch wird die Bildung von Spannungsrissen vermieden.

Der Verbund zwischen Stahl und Beton beruht auf der ausreichenden Haftung zwischen Beton und Stahloberfläche.

Abb. 4.2: Eingeschalter Schornsteinkopf

4.2 Schalung

Für die Herstellung eines Bauteils aus Beton ist die Anfertigung einer **Schalung** (Abb. 4.2) erforderlich. Die Schalung muss den Frischbeton aufnehmen, den auftretenden Kräften standhalten und schließlich den Frischbeton formen. Sie darf sich in ihrer Form nach dem Einbau nicht verändern und muss sich wieder entfernen lassen, ohne das betonierte Bauteil zu beschädigen.

4.2.1 Konstruktive Bestandteile von Schalungen

Die äußere Form einer Schalung wird als **Schalhaut** bezeichnet. Die Schalhaut kommt mit dem Beton in Berührung und gibt diesem die gewünschte Form. Die Schalhaut muss maßhaltig und dicht sein und die auftretenden Lasten gleichmäßig auf die Tragkonstruktion überleiten. **Schalbretter** (Stärke $d = 24$ mm) und **Schaltafeln** sind die normalen Schalungshilfsmittel, die auf einem entsprechenden Arbeitstisch oder direkt an der Einbaustelle des Betons zusammengebaut werden.

Die **Tragkonstruktion** nimmt die auftretenden Lasten aus Schalung, Frischbeton und ggf. Menschen, Maschinen bzw. Material sicher und gleichmäßig auf und leitet die Kräfte auf den tragfähigen Untergrund ab. Einzelteile der Tragkonstruktion sind Schalungsträger, Schalungsstützen, Aussteifung der Schalhaut und die Verankerung (Tab. 4.1).

Tabelle 4.1: Tragkonstruktion

Einzelteile	Bestandteile
Schalungsträger	Kanthölzer, Vollwand- oder Fachwerkträger
Schalungsstützen	Stützen aus Aluminium oder Stahl, Bockstützen mit Unterkeilung und aufgenagelten Dreieckslaschen
Aussteifung der Schalhaut	Verschwertung der Stützen mithilfe von Dreiecksverbänden
Verankerung	Anzahl und Abstände der Verankerungen (Verspannungen) richten sich nach dem zu erwartenden Betondruck und der jeweiligen Schalungskonstruktion.

Anordnung der Schalhaut

Die Schalhaut (Abb. 4.2) für den zu betonierenden Schornsteinkopf besteht aus den 4 Seitenschildern und dem Bodenschild mit dem entsprechenden Schornsteinkopfausschnitt. Für die Größe und Anordnung der Seitenschilder ist die Ausführung des Bodenschildes entscheidend. Ist das Bodenschild breiter, setzt man die Seitenschilder auf das Bodenschild. Die Höhe der Seitenschilder sollte der Höhe des Betonkranzes des Schornsteinkopfes entsprechen.

Für größere und schwierige Schalungsarbeiten sind vorab entsprechende Schalungspläne zu erstellen.

4.2.2 Ausschalen und Pflege der Schalung

Nach ausreichender Erhärtung des Betons in der Schalung erfolgt das Ausschalen des Bauteils. Grundsätzlich ist beim Ausschalen mit höchster Umsicht vorzugehen, um eine Wiederverwendung der Schalung zu gewährleisten. Entsprechendes Säubern der verwendeten Schalungsteile und Pflege der Teile durch den Einsatz von Schalöl erhöhen wirtschaftliches Arbeiten und die Wiederverwendbarkeit des Materials.

4.3 Bewehrung

Jedes frei gespannte Stahlbetonbauteil wird auf Biegung beansprucht. Dies führt zu einem Stauchen des Betons im oberen Bauteilbereich. Es treten **Druckkräfte** auf. An der Unterseite wird das Bauteil durch die Stauchung im oberen Teil gezogen. Dabei treten **Zugkräfte** auf.

Beton nimmt grundsätzlich nur Druckkräfte auf. Stahl nimmt grundsätzlich nur die Zugkräfte auf.

4.3.1 Betonstabstahl

Wichtige Kenngrößen zur Beurteilung der Festigkeitseigenschaften sind die **Zugfestigkeit R_m** und die

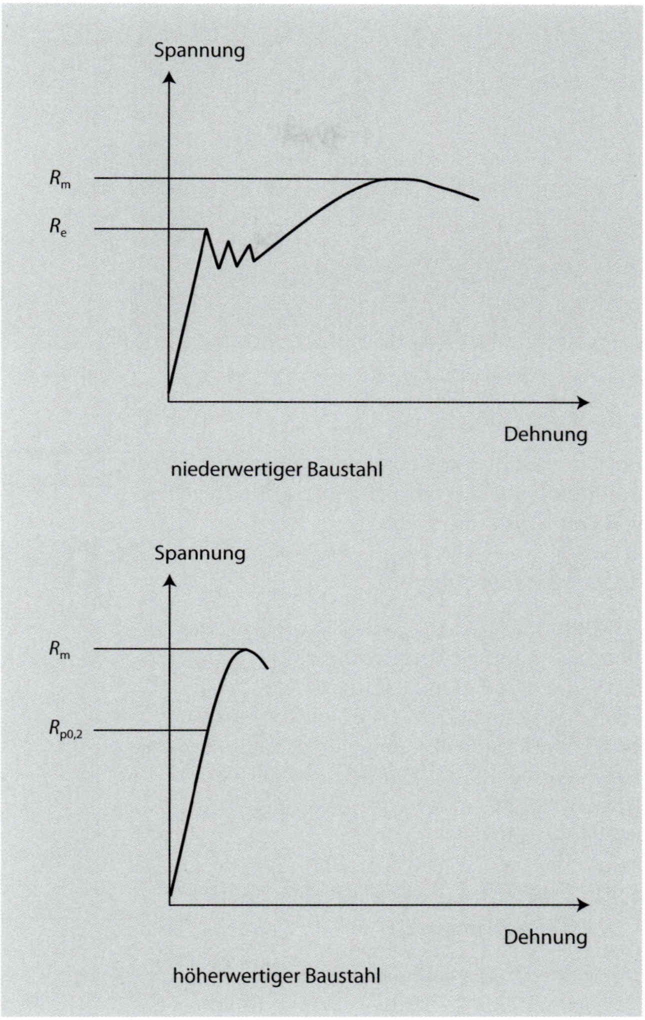

Abb. 4.3: Spannungs-Dehnungs-Diagramm von nieder- und höherwertigem Baustahl

Streckgrenze *S* (R_e). Im Zugversuch ermittelte Werte werden im **Spannungs-Dehnungs-Diagramm** (Abb. 4.3) dargestellt und ausgewertet.

Dies bedeutet: Die Streckgrenze liegt bei 500 N/mm². Die Zugfestigkeit beträgt 550 N/mm². Die Anordnung von schräg verlaufenden Rippen auf den runden Stabstählen verbessert die Haftung zwischen Beton und Stahl. Die im Stahlbeton verbauten

Darum geht es

- Die **Schalung** gibt dem Beton die gewünschte Form.
- Zur **Tragkonstruktion** gehören Schalungsträger, Schalungsstützen, Aussteifung der Schalhaut und Verankerung (Tab. 4.1).
- Die Schalung soll nach Möglichkeit wiederverwendet werden. Daher ist sie sorgsam zu behandeln.

Abb. 4.4: Die Bewehrung korrodiert infolge einer zu geringen Betondeckung.

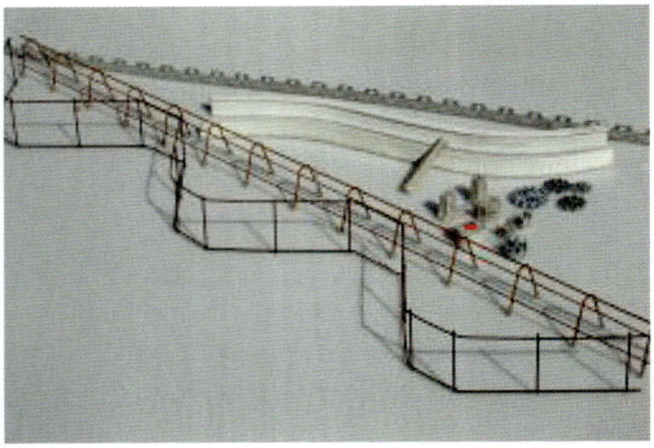

Abb. 4.5: Abstandhalter für Betonbewehrungen

Betonstabstähle werden handelsüblich mit Stabdurchmessern von 6 bis 40 mm und in Regellängen von 12 bis 15 m geliefert.

4.3.2 Betondeckung

Die Betondeckung c_{nom} eines Bauteils ist der Abstand der äußeren Bewehrungsstähle von der Schalung. Die Betondeckung schützt den Stahl vor Rostbildung (Abb. 4.4). Sie ist abhängig von den auf Basis der Umgebungsbedingungen zu wählenden Expositionsklassen des Betons. Abstandhalter sichern die notwendige Betondeckung (Abb. 4.5).

4.3.3 Herstellen der Bewehrung mit einem Bewehrungsplan

Der Bewehrungsplan enthält alle Angaben zur Herstellung der Bauteilbewehrung. Inhalt ist die Darstellung der Anordnung und Form der Bewehrung im Bauteil. Der Stahlauszug (**Biegeplan**) stellt Form und genaue Abmessungen der Stäbe und Bügel dar. Gleiche Formen mit gleichen Abmessungen werden zu Positionen zusammengestellt und mit gleicher **Positionsnummer** gekennzeichnet.

Weitere Angaben des Biegeplanes betreffen die **Betonsorte**, die **Betonstahlsorte** und die **Betonüberdeckung** c_{nom}. Die **Stahlliste** des verwendeten Stahls gibt Auskunft über das Gesamtgewicht der Bewehrung. Mit der **Schnittlänge** l wird die Länge des Stabstahls in nicht gebogenem Zustand bezeichnet. Als Faustformel für die Längenzugabe bei geraden Stäben mit Haken und Winkelhaken gilt:

Gesamte Hakenlänge = 10 d_s

! Praxisbeispiel

Ermittlung der Schnittlänge

Aufgabe

Wie groß ist die Schnittlänge des dargestellten Einzelstabes mit Winkelhaken?

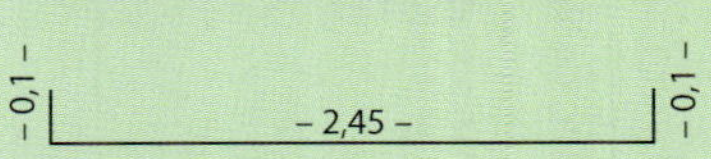

Lösung

$l = 0{,}10\ \text{m} + 2{,}45\ \text{m} + 0{,}10\ \text{m} = 2{,}65\ \text{m}$

Um Risse an den Biegestellen der Haken zu vermeiden, ist der Stab über sog. Biegerollen zu krümmen. Die für das Krümmen (Biegen) erforderlichen **Mindestbiegerollendurchmesser** d_{br} sind ebenfalls dem Biegeplan zu entnehmen. Der Biegerollendurchmesser ist abhängig vom Stabquerschnitt des Tragstahls und der geforderten Mindestbetonüberdeckung.

4.4 Beton

Beton ist ein hochmoderner und gleichzeitig sehr alter Baustoff. Bereits vor ca. 2.000 Jahren bauten die Römer mit Beton bemerkenswerte und dauerhafte Bauwerke, wie z. B. das Kolosseums in Rom (Abb. 4.6). Die Erfindung des **Portlandzements** in England leitete 1824 den modernen Betonbau ein. Wenige Jahre später ergänzte der Franzose Joseph Monier erstmals

Abb. 4.6: Römischer Beton am Beispiel des Kolosseums in Rom

Abb. 4.7 und 4.8: Flusskiese verschiedener Körnungen

das bis dahin übliche Gemisch von Zement, Sand und Ziegelbruch um eine Drahtgewebeeinlage und tat damit den ersten Schritt hin zum heutigen Verbundbaustoff Stahlbeton.

Beton ist ein künstlicher Stein, der aus einem Gemisch von Zement (als Bindemittel), Betonzuschlag (Steine und Kiese) und Wasser besteht.

Man unterscheidet zwischen unbewehrtem und bewehrtem Beton (Stahlbeton). Der **Verbundbaustoff** Stahlbeton beruht u. a. auf der nahezu identischen Wärmeausdehnung der beiden Materialien. Bei jedem Bauobjekt gibt es verschiedene Bauteile, die aus unbewehrtem und bewehrtem Beton hergestellt werden, z. B. Fundamente, Bodenplatten oder Schornsteinkopfplatten.

Zur Herstellung von Beton- und Stahlbetonelementen ist es notwendig, Kenntnisse über den **Schalungsbau** (Formgebung des Betons), über den Einbau der **Bewehrung** (Aufnahme der Zugkräfte), über den **Baustoff Beton** und über das Zusammenwirken von **Beton und Stahl** (Stahlbeton) zu erwerben.

4.4.1 Zuschläge für Beton

Als **Zuschlagstoffe** für Beton verwendet man natürliche und künstliche Gesteinskörnungen. Sie haben mengenmäßig den größten Anteil am Beton und bilden dessen tragendes Gerüst. **Natürliche Gesteinskörnungen** werden als runde und glatte Gesteine (Kiese und Sande) aus Gruben, Seen und Flüssen gewonnen (Abb. 4.7 und 4.8). Gebrochene, meinst scharfkantige und raue Gesteine werden in Steinbrüchen abgebaut und zerkleinert.

Zu **künstlichen Gesteinskörnungen** gehören Nebenprodukte aus der Roheisenproduktion oder zerkleinertes altes, sog. rezykliertes Baumaterial. Neben ausreichender Kornfestigkeit, Verunreinigungsfreiheit und einer für einen günstigen Bindemittelverbrauch wirtschaftlichen Kornform ist die **Zusammensetzung** der Gesteinskörnungen von großer Bedeutung für die Qualität des Betons.

Wirtschaftlich günstig sind immer Gemische von Gesteinskörnungen, die aus unterschiedlich großen Körnern zusammengesetzt sind. Dadurch erreicht man einerseits, dass Hohlräume größerer Körnungen mit kleineren Körnungen gefüllt

@ Links und Literatur

Betonstahl ist nach DIN 488-1-5: Betonstahl und DIN EN 10080: Stahl für die Bewehrung von Beton genormt.

www.baunormen lexikon.de

Darum geht es

Natürliche und künstliche Gesteinskörnungen haben mengenmäßig den größten Anteil am Beton und bilden dessen tragendes Gerüst.

Begriffe

- Der **Bewehrungsplan** enthält alle Angaben zur Herstellung der Bauteilbewehrung.
- Die Bezeichnung **Portlandzement** lehnt sich an den Portlandstein an, der auf der südenglischen Halbinsel Portland als Werkstein abgebaut wurde und dem Portlandzement ähnlich sah.

→ Mehr Informationen zu Expositionsklassen siehe Kapitel 4.5.4

Abb. 4.9: Rüttler mit Prüfsiebsatz zur Bestimmung einer Sieblinie

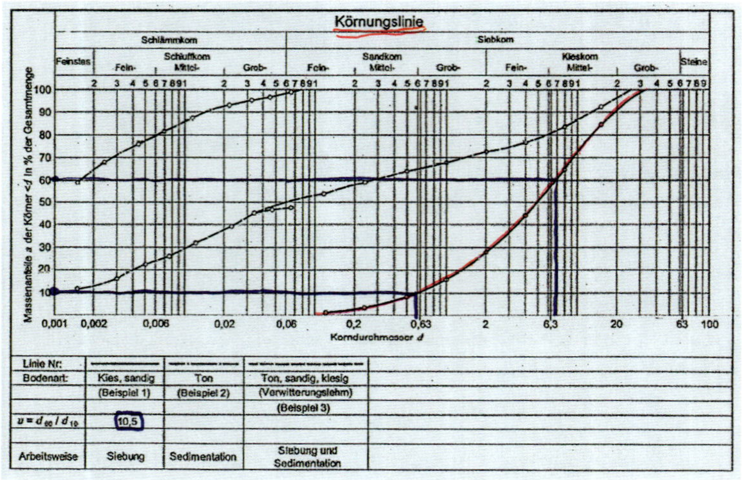

Abb. 4.10: Protokoll eines Siebversuches

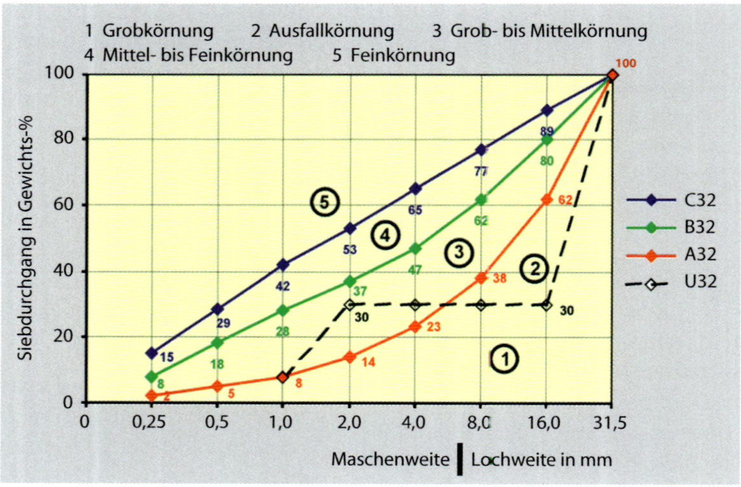

Abb. 4.11: Sieblinien nach DIN 1045 (Körnung 0/32)

werden, und anderseits, dass die Zementmenge, die zur Umschließung der großen Oberfläche bei vielen kleinen Körnungen notwendig wäre, deutlich minimiert wird.

Günstige Zusammensetzungen werden durch **Siebversuche** mittels eines genormten Siebsatzes ermittelt (Abb. 4.9). Das Ergebnis wird in **Sieblinien** (Abb. 4.10) dargestellt. Für Betone zugelassene Kornzusammensetzungen sind als **Grenzsieblinien** (Abb. 4.11) in der DIN 1045 festgelegt.

Heute wird die Kornzusammensetzung in den Herstellerwerken durchgeführt. Die Gesteinskörnungen werden in **Korngruppen** eingeteilt und sind durch 2 Begrenzungssiebe – das Kleinstkorn und das Größtkorn – festgelegt.

Korngruppe 0/4 bedeutet, der Sand bzw. Brechsand hat eine Körnung zwischen 0 und 4 mm.

Die Wahl der Korngröße ist von der Dicke der geplanten Bauteile abhängig (Tab. 4.2). Dabei ist zu beachten, dass sich die Körner beim Verdichten („Rütteln") zwischen den Bewehrungseinlagen im Beton bewegen können. Daher soll die Korngröße immer 5 mm kleiner sein als der lichte Abstand der Stahleinlagen.

Tabelle 4.2: Einsatzgebiete für Korngrößen

maximale Korngrößen vom Korngemisch	Dicke des Bauelements
8 mm	< 8 cm
16 mm	≥ 8 cm < 12 cm
22 mm	≥ 12 cm < 20 cm
32 mm	≥ 20 cm < 30 cm
63 mm	≥ 30 cm

4.4.2 Zement

Zement ist ein fein gemahlener, nicht metallischer anorganischer Stoff, der die Aufgabe hat, Gesteinskörner miteinander zu verbinden. Für Bauteile aus bewehrtem oder unbewehrtem Beton darf nur nach DIN EN 197-1 genormter Zement verwendet werden. Nicht genormte Zemente müssen eine amtliche Zulassung erhalten und werden nur für Spezialaufgaben eingesetzt, z. B. im Feuerschutz oder im Straßenbau.

Für die **Zementherstellung** (Abb. 4.12) werden die Rohstoffe, Kalkstein und tonhaltiges Gestein (z. B. Mergel), nach der Gewinnung durch Brechen und Mahlen zerkleinert. Das gewonnene Steinmehl wird einem schräg liegenden Drehrohrofen zugeführt. Darin wird es bei einer Temperatur bis 1.500 °C zu kugeligen Zementklinker gebrannt.

Rohstoffgewinnung

Rohmaterial im Mischbett

Mahlen des Kalksteins zu Rohmehl in der Vertikalmühle

Mahlen des Klinkers in der Kugelmühle

Zementversand in Silowagen

Abb. 4.12: Herstellung von Zement

Beispiel

Handelsübliche **Korngruppen** (Lieferkörnungen) sind: 0/2; 0/4; 2/8; 5,6/11,2; 8/16; 8/32; 16/32.

@ Links und Literatur

DIN 1045: Tragwerke aus Beton, Stahlbeton und Spannbeton unter www.beuth.de

DIN EN 197-1: Zement; Zusammensetzung, Anforderungen, enthält Angaben zur Normung von Zement. www.beuth.de

Tabelle 4.3: Zementarten und ihre Zusammensetzung nach DIN EN 197-1 (Auszug)

Zementart	Kurzbezeichnung	Anzahl der Untergruppen	Massenanteile in %		
			Portlandzement K	andere Bestandteile*	Nebenbestandteile
Portlandzement	CEM I	–	95–100	–	0–5
Portland-Kompositzemente	CEM II	7	65–90	• Hüttensand (S): 6–20, • Silicastaub (D), • natürliche (P) oder natürlich getemperte (Q) Puzzolane, • kieselsäurereiche (V) oder kalkreiche (W) Flugasche, • gebrannter Schiefer (T)	
Hochofenzement	CEM III	3	5–64	Hüttensand (S): 36–95	0–5
Puzzolanzement	CEM IV	2	45–89	Silicastaub (D), natürliche (P) oder natürlich getemperte (Q) Puzzolane, kieselsäurereiche (V) oder kalkreiche (W) Flugasche	0–5
Kompositzement	CEM V	2	20–64	• 18–50 %, • * Hüttensand (S), natürliche (P) oder natürlich getemperte (Q) Puzzolane, kieselsäurereiche Flugasche (V)	0–5

Zementarten

Die walnussgroßen graubraunen Zementklinkerstücke sind ein Grundstoff für verschiedene Zementarten und sehen wie kleine Koksstücke aus. Diese werden mit einem Zusatz von 3 bis 5 % Gips zu Portlandzement vermahlen. Durch die Zugabe unterschiedlicher Zusatzstoffe können Zemente mit verschiedenen chemischen und physikalischen Eigenschaften hergestellt werden. Zementarten unterteilt die DIN EN 197-1 nach Anteilen der Bestandsmassen (Hauptzementarten CEM I bis CEM V) in 5 Hauptgruppen (Tab. 4.3) – in Abhängigkeit der Masse Prozente der Hauptbestandteile.

Zemente werden in den **Festigkeitsklassen** 32,5; 42,5 und 52,5 hergestellt. Die angeführten Zementarten gehören zu den Normalzementen. Diese Zemente unterteilt man nach der Anfangsfestigkeit in Zemente mit normaler Anfangsfestigkeit (Kennbuchstaben N = Normal) und hoher Anfangsfestigkeit (Kennbuchstaben R = Rapid, engl. rapid = schnell).

In der täglichen Praxis werden die Zemente CEM I, CEM II und CEM III verwendet. Die Druckfestigkeit wird in Newton pro Quadratmillimeter (N/mm^2) angegeben.

Lagerung

Sackzement muss trocken gelagert werden, weil Zement die Feuchtigkeit auch aus der Luft aufnimmt und dann Klumpen bildet. Ein „klumpiger" Zement hat eine geringe Festigkeit. Sackzemente lagert man daher am besten in trockenen Schuppen. Vorübergehend können Zementsäcke im Freien gelagert werden, aber sie müssen dann eine belüftete Kantholzunterlage und Schutzfolien zum Abdecken erhalten. Die Schutzfolien dürfen die Zementsäcke nicht berühren, weil diese durch Bildung von Kondenswasser feucht werden können. Die Lagerungszeit von Zement der Festigkeitsklasse 32,4 und 42,5 darf nicht mehr als 2 Monate und die von Zement der Festigkeitsklasse 52,5 nicht mehr als 1 Monat betragen. Als Faustregel gilt, dass bei sachgemäß gelagertem Sack- und Silozement nach 3 Monaten eine Festigkeitsminderung von etwa 10 % oder mehr auftritt.

Kennzeichnungen auf Zementsäcken

Der Aufdruck auf Zementsäcken (Abb. 4.13) informiert über Zementart, Kurzbezeichnung und Festigkeitsklasse des Zements, Normzeichnung (DIN-Nummer), Sackgewicht, Markenbezeichnung und Herstellerwerk sowie Ort der Herstellung. Die Zementsackaufdrucke zeigen die Farbe der Säcke und des Aufdruckes in Abhängigkeit von der Zementklasse (Tab. 4.4). Das Gewicht eines Zementsacks beträgt brutto 25 kg. Des Weiteren sind dem Aufdruck auf der Zementsacklasche **Gefahrstoffhinweise** und **Sicherheitsratschläge** zum Arbeiten mit Zement zu entnehmen.

Gefahrstoffhinweise für Zemente:

- reizt die Augen und Haut,
- Sensibilisierung durch Hautkontakt möglich.

Sicherheitsratschläge für Zemente:

- darf nicht in die Hände von Kindern gelangen,
- Staub nicht einatmen,
- Berührung mit den Augen und der Haut vermeiden,
- bei Berührung mit den Augen gründlich mit Wasser abspülen und den Arzt konsultieren,
- bei Berührung mit der Haut sofort mit viel Wasser abwaschen,
- bei Verschlucken sofort ärztlichen Rat einholen und Verpackung oder Etikett vorzeigen,
- geeignete Schutzhandschuhe tragen.

Abb. 4.13: Zementsackaufdruck

Tabelle 4.4: Aufdrucke abhängig von Zementklasse

Festigkeitsklasse	Zementtüte	Aufdruckfarbe
32,5 N	hellbraun	schwarz
32,5 R		rot
42,5 N	grün	schwarz
42,5 R		rot
52,5 N	rot	schwarz
52,5 R		weiß

4.4.3 Anmachwasser

Das zur Betonherstellung erforderliche Wasser wird als **Zugabe**- oder **Anmachwasser** bezeichnet. Als Anmachwasser ist jedes Wasser geeignet, das frei von Stoffen ist, die die Qualität des Betons beeinträchtigen. Am besten ist dafür Trinkwasser aus Leitungen oder sauberen Brunnen geeignet. Regenwasser ist wegen evtl. Verunreinigungen nicht geeignet.

Die Wassermenge richtet sich nach den Umgebungsbedingungen und den Anforderungen, die an den Beton gestellt werden. Zu beachten ist die Oberflächenfeuchte, da diese bei der Berechnung des Wasseranteils abgezogen werden muss.

Darum geht es

- In jeder der 3 **Festigkeitsklassen** gibt es zudem eine langsam und eine schneller härtende Zementart.
- Die Lagerungszeit von Zement ist abhängig von der Festigkeitsklasse.
- Neben der Beschriftung des Zementsacks gibt auch seine Farbe Auskunft über die enthaltene Zementart.
- Der Umgang mit Zement erfordert Schutzmaßnahmen. Gefährdungs- und Sicherheitshinweise auf der Zementsacklasche sind zu beachten.
- Das Anmachwasser von Beton sollte Trinkwasserqualität haben.

Tabelle 4.5: Beton

Unterscheidungsmerkmale	Betonarten
Ort der Herstellung	• Baustellenbeton: auf der Baustelle zugemischt und angemacht • Transportbeton: im Betonwerk gemischt
Ort des Einbringens	• Fertigteil: im Werk in die Schalung eingebracht und erhärtet • Ortbeton: auf der Baustelle in die Schalung eingebracht
Rohdichte	• Leichtbeton (<2,0 kg/dm³) • Normalbeton (≥2,0 kg/dm³) • Schwerbeton (>2,6 kg/dm³)
Ausführung	• bewehrter Beton (Stahlbeton/Spannbeton)
Alter	• Frischbeton (nach dem Einbringen ca. 1 Stunde) • junger Beton (in der Zeit des Erstarrens bis ca. 3 Tage) • Festbeton (nach ca. 3 Tagen)

4.5 Herstellung des Frischbetons

Betone bestimmen die **Form des Bauteils**, nehmen nur die **Druckkräfte** auf, schützen die **Stahleinlagen vor Rost** und sind konstruktiver Teil des **Brandschutzes**. Ein kleiner Überblick über Unterscheidungsmerkmale und Betonarten ist Tabelle 4.5 zu entnehmen.

4.5.1 Erhärtungsphasen

Der Erhärtungsvorgang vom Mischen der Betonbestandteile bis zum Alter von 28 Tagen wird bei der Betonherstellung als **Hydratation** bezeichnet. Innerhalb dieses Erhärtungsprozesses wandelt sich der Beton vom **Zementleim** (Zement + Wasser) durch Ansteifen zunächst in **plastisches Zementgel** (innerhalb der ersten Stunde nach dem Einbringen), dann zum **erstarrten Zementgel** (nach ca. 12 Stunden) bis zum erhärteten **Zementstein** (nach ca. 3 Tagen).

Während der **Erhärtungsphasen** (Ansteifen – Erstarren – Erhärten) bildet sich ein immer fester werdendes kristallines Gefüge (Abb. 4.14). Dabei wird Wärme freigesetzt und die Gesteinskörner werden in ihren eingenommenen Positionen fixiert. Der Erhärtungsprozess ist nach 3 Tagen jedoch nicht beendet. Er erreicht nach 28 Tagen die sog. Mindestdruckfestigkeit. Die Erhärtung ist damit jedoch noch immer nicht abgeschlossen, sondert dauert u. U. Jahre.

Zur vollständigen Erhärtung ist neben ausreichendem Anmachwasser auch die Außentemperatur mit entscheidend. Bei Temperaturen unter + 5 °C kommt der Erhärtungsvorgang zum Erliegen bzw. verzögert sich die Festigkeitsentwicklung. Bei zu hohen Temperaturen „verdurstet" oder „verbrennt" der Beton – die geforderte Festigkeit wird dann nicht erreicht. Der Beton sandet ab und es bilden sich **Schwindrisse**.

4.5.2 Wasserzementwert

Das **Masseverhältnis** von Wasser zu Zement nennt man **Wasserzementwert (w/z)**. Der Wasserzementwert w/z = 0,4 bedeutet beispielsweise, dass auf ein 1 kg Zement 0,4 l Wasser oder auf 10 kg Zement 40 l Wasser entfallen.

Zement kann nur eine begrenzte Wassermenge (ca. 40 % seiner Masse) binden. Um Beton besser zu verarbeiten, ist ein höherer Wasserzementwert anzustreben. Mehr Wasser bedeutet größere w/z-Werte, bessere Bearbeitungseigenschaften, aber niedrige Betondruckfestigkeit. Die höchste Betondruckfestigkeit erreicht der Wasserzementwert w/z bei 0,4.

Darüber hinaus bildet sich Überschusswasser und es kommt zum Absetzen von Zementteilchen an der Betonoberfläche. Der Beton „blutet". Die Festigkeit nimmt rapide ab.

Der Wasserzementwert ist der Quotient aus Wasser und Zement.

Der Wasserzementwert berücksichtigt das Anmachwasser und die Oberflächenfeuchte der Gesteinskörnung. Um das zu erreichen, ist die Oberflächenfeuchte ständig zu kontrollieren.

! Praxisbeispiel

Wasserzementwertberechnung

Aufgabe

Für ein Bauelement aus Beton werden 300 kg Zement, 90,5 l Wasser und 1.857 kg Gesteinskörnung mit Eigenfeuchte 2,0 % benötigt. Berechnen Sie den Wasserzementwert.

Lösung

Wassergehalt mit Berücksichtigung der Oberflächenfeuchte der Gesteinskörnung

$$w = 90{,}5\ \text{kg} + \frac{1.857\ \text{kg} \cdot 2{,}0\ \%}{102{,}0\ \%}$$

$$= 90{,}5\ \text{kg} + 36{,}41\ \text{kg}$$

$$= 126{,}9\ \text{kg}$$

$$\text{Wasserzementwert } w/z = \frac{126{,}9\ \text{kg}}{300\ \text{kg}}$$

$$= 0{,}42$$

Abb. 4.14: Erhärtungsphasen des Zements

Begriffe

- Der Erhärtungsvorgang des Betons vom Mischen der Bestandteile bis zum Alter von 28 Tagen wird als **Hydratation** bezeichnet.
- Der **Wasserzementwert (w/z)** benennt das Masseverhältnis von Wasser zu Zement.

Abb. 4.15 und 4.16: Ausbreitversuch

4.5.3 Konsistenz

Die Steifigkeit des Betons, seine **Konsistenz,** ist das Maß für das Zusammenhaltevermögen und die Verarbeitbarkeit des Frischbetons. Zur Überprüfung dient neben der Augenprüfung beim laufenden Betoniervorgang auf der Baustelle die Entnahme von Probemengen des einzubringenden Betons, die u. a. mithilfe des **Ausbreitversuchs** (Abb. 4.15 und 4.16) bzw. des **Verdichtungsversuchs** auf ihre Zulässigkeit gemäß DIN geprüft werden.

4.5.4 Expositionsklassen und Dauerhaftigkeit

Betonbauteile sind Lasten und Umwelteinwirkungen ausgesetzt, die zu Schäden führen können. Die Dauerhaftigkeit eines Betonelements bzw. -bauwerks wird dann gewährleistet, wenn diese eine Nutzungsdauer von mindestens 50 Jahren nachweisen können. Deshalb werden die Anforderungen (Tab. 4.6), die jeweils in bis zu 4 weitere Klassen untergliedert sind, beschrieben:

Erläuterungen zu Tabelle 4.6:

Expositionsklasse ohne Angriffsrisiko:

XO: gilt nur für Beton ohne Bewehrung in Innenräumen oder im Boden, bei denen kein Korrosions- oder Angriffsrisiko vorliegt

Expositionsklassen bezogen auf Bewehrungskorrosion:

XC: Einwirkungen auf die Stahleinlagen durch **Karbonatisierung,** das ist die chemische Umwandlung durch Kohlendioxid (CO_2) und Feuchte

XD: Einwirkungen durch Chloride, beispielsweise aus Streusalz

XS: Einwirkungen durch Chloride aus Meerwasser bzw. salzhaltiger Seeluft

Expositionsklassen bezogen auf Betonangriff:

XF: Angriffe durch Frost mit und ohne Taumittel

XA: Angriffe durch aggressive chemische Umgebung

XM: Angriffe durch Verschleißbeanspruchung (mechanische Angriffe)

Um eine bestimmte Expositionsklasse zu erreichen, muss ein Beton den Mindestzementgehalt, den Wasserzementwert und die Mindestdruckfestigkeitsklasse erhalten. Bei der Zusammensetzung des Betons ist zu berücksichtigen, welche **Einflüsse** später auf den Beton einwirken werden:

XO: für unbewehrte Fundamente ohne Frost und unbewehrte Innenbauteile

XC1: für Bauteile in Innenräumen mit üblicher Luftfeuchte (Küche, Bad in Wohngebäuden)

XC2: für Teile von Wasserbehältern und Gründungsbauteile

Tabelle 4.6: Expositionsklassen (Auszug)

Expositionsklasse mit Untergliederung	Beschreibung der Umgebung	Mindestzementgehalt (kg/m³)	maximaler Wasserzementwert	Mindestdruckfestigkeitsklasse des Betons
XO	kein Angriffsrisiko	keine Anforderung	keine Anforderung	C 12/15
XC1	trocken oder ständig nass	240	0,75	C 16/20
XC2	nass, selten trocken	240	0,75	C 16/20
XC3	mäßige Feuchte	260	0,65	C 20/25
XC4	wechselnd nass und trocken	280	0,60	C 25/30
XD2	nass, selten trocken	300	0,50	C 35/45
XF1	mäßige Wassersättigung ohne Taumittel	280	0,60	C 25/30
XF3	hohe Wassersättigung ohne Taumittel	320	0,50	C 35/45

XC3: für Bauteile mit häufigem oder ständigem Kontakt zur Außenluft (offene Hallen) oder Innenräume mit hoher Luftfeuchtigkeit (gewerbliche Küchen, Bäder, Wäschereien)

XC4: für Außenbauteile mit direkter Beregnung und Bauteile in Wasserwechselzonen

XD2: für Schwimmbecken und Bauteile, die chlorhaltigen Industrieabwässern ausgesetzt sind

XF1: für Außenbauteile mit Frostwirkung

XF3: für offene Wasserbehälter und andere Bauteile in der Wasserwechselzone von Süßwasser mit Frostwirkung

Für ein Bauteil können gleichzeitig mehrere Expositionsklassen zutreffend sein.

4.5.5 Betonbestellung

Die Betonmengen werden vom Bauleiter bestellt. Sie sind von verschiedenen Faktoren wie Art und Umfang der Betonarbeiten, Anzahl der Arbeiter, Wettervorhersage usw. abhängig.

Da Beton verdichtet werden muss, hängt die zu bestellende Betonmenge nicht nur von der Volumenberechnung, sondern auch von der **Konsistenz des Betons** ab. Die Konsistenz (Steifigkeit) des Frischbetons ist so zu wählen, dass Einbau und Verdichten möglich ist. Sie ist vor dem Baubeginn festzulegen und darf während des Betoneinbaus nicht verändert werden, damit die geforderten Betoneigenschaften nicht negativ beeinflusst werden. Man berechnet deshalb eine Betonbestellmenge abhängig von Volumen und K:

Betonbestellmenge = Volumen · Verdichtungsmaß

Darum geht es

Bevor die Entscheidung für einen Beton fällt, wird mittels **Expositionsklassen** bestimmt, welche Anforderungen der Beton später erfüllen muss.

Begriffe

- Der **Ausbreitversuch** gibt Auskunft über die Konsistenz (Beschaffenheit) von Frischbeton.
- **Expositionsklassen** beschreiben die erforderliche Zusammensetzung des Betons unter Berücksichtigung der äußeren Gegebenheiten und Anforderungen des Bauwerks.

Tabelle 4.7: Verdichtungsmaß und Verdichtungsmaßnahmen für verschiedene Betonkonsistenzen

Konsistenz des Betons	Kurzzeichen	Verdichtungsmaß	geeignete Verdichtungsmaßnahmen
sehr steifer Beton	C 0	≥ 1,46	kräftiges Stampfen, sehr intensives Rütteln
steifer Beton	C 1	1,45 1,26	sehr intensives Rütteln
plastischer Beton	C 2	1,25 1,11	Rütteln
weicher Beton	C 3	1,10 1,04	Rütteln
sehr weicher Beton	–	490 550	
fließfähiger Beton	–	560 620	
sehr fließfähiger Beton	–	= 630	

Zur Beschreibung der Konsistenz werden 7 Begriffe verwendet. Sie lauten: sehr steif, steif, plastisch, weich, sehr weich, fließfähig und sehr fließfähig. Entsprechend muss der Beton verdichtet werden (Tab. 4.7).

! Praxisbeispiel

Berechnung der Frischbetonmenge

Aufgabe

Welche Betonmenge ist für eine unbewehrte Betonplatte mit Abmessung 3,00 m · 2,50 m und Dicke 12 cm anzusetzen für einen weichen Beton?

Lösung

Volumen der Betonplatte

$V = l \cdot b \cdot h$

$= 3{,}00\ \text{m} \cdot 2{,}50\ \text{m} \cdot 0{,}12\ \text{m}$

$= 0{,}90\ \text{m}^3$

Erforderliche Frischbetonmenge

$= 0{,}90\ \text{m}^3 \cdot 1{,}10$

$= 0{,}99\ \text{m}^3$

Bestellmenge: $\underline{1{,}00\ \text{m}^3}$

4.5.6 Standardbeton

Für Bauteile mit geringen Anforderungen an die Betondruckfestigkeit und Dauerhaftigkeit wird sog. **Standardbeton** bestellt oder für kleinere Betonmengen auf der Baustelle selbst hergestellt (z. B. Stahlbetonbalken in einer Wohnungstrennwand).

Standardbeton einer bestimmten Konsistenz und Druckfestigkeitsklasse wird bestimmt und danach hergestellt oder bestellt. Standardbeton darf in den Druckfestigkeitsklassen C 8/10, C 12/15 und C 16/20 unter der Voraussetzung verwendet werden, dass nur natürliche Gesteinskörnung und keine Zusatzmittel verwendet werden.

! Praxisbeispiel

Frischbeton herstellen

Aufgabe

Berechnen Sie die Mengen von Zement, Wasser und Gesteinskörnung 0/16, um 2,5 m³ weichen Frischbeton C 12/15 herzustellen. Auf der Baustelle haben Sie Zementsäcke mit der Festigkeitsklasse 32,5 N zur Verfügung. Die Gesteinskörnung ist trocken.

Lösung

An Bestandteilen werden bei 2,5 m^3 Frischbeton benötigt:

$2{,}5\ \text{m}^3 \cdot 360\ \text{kg/m}^3 = 900\ \text{kg}$ Zement CEM 32,5 N
$2{,}5\ \text{m}^3 \cdot 169\ \text{l/m}^3 = 422{,}5\ \text{l}$ Wasser
$2{,}5\ \text{m}^3 \cdot 1.784\ \text{kg/m}^3 = 4.460\ \text{kg}$ Gesteinskörnung

Neben Standardbeton ist es möglich, **Beton nach Zusammensetzung** oder **Beton nach Eigenschaften** zu bestellen. Werden dem Betonhersteller die Zusammensetzung und die Ausgangsstoffe des Betons vom Auftraggeber (Kunde, Architekt) vorgegeben, handelt es sich um die Bestellung von Beton nach Zusammensetzung. Der Auftraggeber ist dafür verantwortlich, dass der Beton die erwarteten Eigenschaften erreicht.

Beton nach Eigenschaften ist ein Beton, für den der Auftraggeber seinen Bedarf ermittelt hat. Nun muss er dafür die erforderlichen Eigenschaften korrekt beschreiben. Der Betonhersteller ist verantwortlich dafür, dass Beton mit den angegebenen Eigenschaften geliefert wird.

4.5.7 Beton mischen

Beton wird nur in kleinen Mengen per Hand gemischt. Betonwerke haben stationäre Mischer, Handwerksbetriebe besitzen bewegliche Mischmaschinen (Abb. 4.17). Auf dem Markt sind **Betonmischer** mit einem Inhalt bis 600 l erhältlich, d. h. Freifallmischer bis 400 l und Zwangsmischer bis 600 l. Die Dauer eines Mischganges beträgt 1 bis 3 Minuten bei Freifallmischern und ½ bis 1 Minute bei Zwangsmischern.

! Praxisbeispiel

Frischbeton mit Baustellenbetonmischer herstellen

Aufgabe

Ein Dachdecker soll mit einem Baustellenbetonmischer (zu 150 l) 1 m^3 plastischen C-16/20-Frischbeton herstellen. Wie soll er vorgehen?

Lösung

Dazu sind 8 Mischungen durchzuführen. Bei jeder Mischung entsteht $\frac{1}{8}$ = 0,125 m^3 Frischbeton. Bei jeder der 8 Mischungen benötigt der Dachdecker folgende Stoffmengen:

- Zement C 32,5 N:
  350 kg : 8 = 43,75 kg
- trockene Gesteinskörnung 0/16:
  1.816 kg : 8 = 227,00 kg
- Anmachwasser:
  125 l : 8 ≈ 15,63 l

Beim Mischen ist Folgendes zu beachten:

- Der Mischvorgang darf nicht unterbrochen werden.
- Nach dem Mischen ist der Betonmischer zu leeren.

Abb. 4.17: Betonmischmaschine

- Ist der Mischvorgang beendet oder unterbrochen, ist der Betonmischer auszuspülen und zu reinigen.
- Der technische Zustand des Betonmischers muss den Unfallverhütungsvorschriften entsprechen.

Arbeitsablauf beim Mischvorgang mit Betonmischer:

- bei laufendem Betonmischer ⅔ des benötigten Anmachwassers eingießen,
- Gesteinskörnung (Kies + Sand) und Zement zufügen,
- Rest des Wassers hinzufügen,
- ca. 3 Minuten laufen lassen.

4.5.8 Einbau, Verdichten und Nachbehandeln des Frischbetons

Beim Befördern auf der Baustelle darf sich der Frischbeton nicht entmischen, d. h., der Zement darf sich nicht vom Zuschlag lösen und der Zuschlag darf sich nicht in Fein- und Grobkorn trennen.

Um die Entmischung von Frischbeton zu verhindern, muss sofort nach dem Mischen bzw. nach der Anlieferung von Transportbeton mit dem Einbau des Betons begonnen werden. Dabei sollen passende Fördergeräte verfügbar sein.

■ Darum geht es

Ab einer Bestellmenge von 0,33 m^3 sind Bestellungen im Betonwerk möglich. Kleinere Mengen werden auf der Baustelle selbst hergestellt.

■ Begriffe

Zum Anmischen von Beton auf der Baustelle dienen **Betonmischer**. Sie haben je nach Modell ein Fassungsvermögen von 400 oder 600 l.

Praxisbeispiel

Arbeitsregeln für das Einbringen von Beton

1. Vor dem Betonieren die Schalung kontrollieren, d. h. die Standfestigkeit und die Dichtigkeit sowie die Sauberkeit überprüfen und dann mit Trennmittel (Schalwachs, Schalöl, notfalls Wasser) behandeln.
2. Wegen Entmischungsgefahr soll Frischbeton nicht tiefer als 1 m frei fallen.
3. Frischbeton immer schichtweise einbringen und gut verdichten.
4. Bei den Stahlbetonelementen die Lage der Stahleinlagen (Bewehrung) kontrollieren.
5. Vermeiden Sie den direkten Kontakt des Frischbetons mit der Haut.
6. Tragen Sie die in der Baupraxis übliche Arbeitskleidung, z. B. Gummistiefel und Arbeitshandschuhe, und beachten Sie die Sicherheitshinweise auf den Zementsäcken.

Damit ein dichtes Betongefüge mit wenigen Poren entsteht, sollen die Lufteinschlüsse ausgetrieben werden. Dies erfolgt durch das Verdichten. Zur Verdichtung eignen sich je nach Betonkonsistenz und Einbaumethode mehrere Verfahren, z. B.:

- Rütteln,
- Stampfen,
- Stochern,
- Spritzen,
- Walzen.

Die Handverdichtung wird mit Werkzeugen wie Handstampfer, Stab oder Hammer ausgeführt und ist eine übliche Methode vor allem für kleine Betonteile.

Beton wird üblicherweise maschinell mit verschiedenen Rüttlern, z. B. Rüttelflaschen oder Rüttelplatten, verdichtet. Beim Einbau sollte die Frischbetontemperatur zwischen +5 °C und +30 °C liegen, andernfalls sind besondere Maßnahmen erforderlich. Das Erstarren des Frischbetons ist witterungsabhängig. Bei kühlem und feuchtem Wetter tritt es erst nach ca. 1 Stunde ein, bei trockenem und warmem Wetter jedoch deutlich früher, etwa nach einer halben Stunde.

Abb. 4.18: Schutz des Frischbetons mittels Folienabdeckung

Frischbeton muss schnell verarbeitet werden, da die Verarbeitungsdauer witterungsabhängig ist.

Nach dem Einbringen und Verdichten des Betons ist die Arbeit noch nicht beendet. Der Beton muss nun **nachbehandelt** werden. Die Nachbehandlung des jungen Betons ist zum Schutz der Betonoberfläche gegen Austrocknung und somit zur Sicherstellung einer dichten Betonoberfläche erforderlich. Wir unterscheiden die Nachbehandlung nach Witterung bzw. Jahreszeit:

- durch regelmäßige Wasserzufuhr,
- durch das Auflegen einer wasserspeichernden Abdeckung (z. B. Nachbehandlungsfolien),
- durch das kontinuierliche Besprühen oder Fluten mit Wasser,
- durch das Belassen in der Schalung, als Schutz vor dem schnellen Austrocknen des Betons,
- durch das Abdichten mit Kunststofffolien,
- durch das Auftragen filmbildender Nachbehandlung.

Frischbeton muss auch bei frostigen Lufttemperaturen zum Erhärten während der ersten 3 Tage eine Mindesttemperatur von +10 °C haben. Dies kann z. B. durch das Abdecken mit einer Folie mit Wärmedämmung (Abb. 4.18) oder mit einem beheizten Bauzelt sichergestellt werden. Auch hier ist zu beachten, dass dem Beton genügend Wasser zur Verfügung steht.

4.6 Festbeton

Die Druckfestigkeit des Betons wird nach 28 Tagen durch Druckversuche geprüft, anhand von 30 cm langen Probezylindern mit einem 15 cm großen Durchmesser oder Probewürfeln mit 15 cm Kantenlänge (Abb. 4.19). Die Grundfläche und die Oberfläche des Probekörpers müssen parallel und eben sein. Die Form zur Herstellung der Probekörper ist deswegen aus Stahl oder Gusseisen. Bei der Betondruckfestigkeitsprüfung werden Probekörper (Zylinder oder Würfel) in einer Prüfpresse zerstört. Vor der Zerstörung muss der Probekörper die erwartete Druckfestigkeit erreichen.

Ein Beton C 12/15 soll nach 28 Tagen die charakteristische Zylinderdruckfestigkeit von 12 N/mm² oder die charakteristische Würfeldruckfestigkeit von 15 N/mm² aufweisen.

Abb. 4.19: Probewürfel und Druckversuch

Darum geht es

- Angemessene Fördergeräte für den Transport von Frischbeton: Krankübel, Förderband, Pumpe, Schubkarre usw.
- Arbeitsregeln für das Einbringen von Beton.
- Verdichten von Beton.

Darum geht es

Bei trockenem und warmem Wetter erstarrt Frischbeton etwa nach einer halben Stunde. Bei kühlem, feuchtem Wetter nach ca. 1 Stunde.

Lernfeld 5: Holzkonstruktionen herstellen

Berthold Schauerte

Projektaufgabe:

Planung und Erstellung eines Vordaches

Herr Ernst Müller möchte den Eingangsbereich seines Wohnhauses überdachen, um diesen vor Schlagregen zu schützen. Er hat seine Vorstellungen von einem Vordach skizziert.

Das Vordach soll auf die Dachkonstruktion seines Wohnhauses abgestimmt sein. Das Wohnhaus hat ein Krüppelwalmdach und ist mit Dachziegeln eingedeckt.

Herr Müller plant ein Vordach mit folgenden Maßen:

- Länge 2,50 m,
- Tiefe 1,00 m,
- Dachneigung 45°,
- allseitig abgewalmt, unterseitig verschalt mit Nut- und Federbrettern, mit Einbaustrahlern,
- Eindeckung soll mit Schiefer ausgeführt werden.

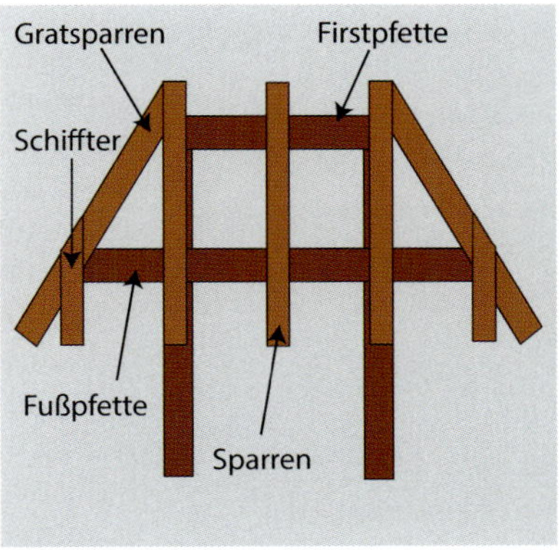

Abb. 5.1: Vordachskizze

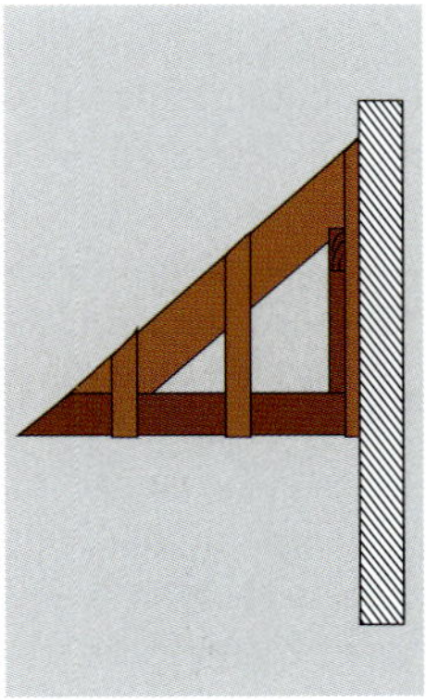

Abb. 5.2: Vordachskizze Seitenansicht

Arbeitsaufträge:

1. Planen Sie eine Vordachkonstruktion für den Eingangsbereich des Wohnhauses. Beachten Sie dabei, dass Einwirkungen wie Eigengewicht, Winddruck oder Windsog das vorgehängte bzw. schräg abgestützte Vordach unterschiedlich auf Zug oder Druck beanspruchen.
2. Erkundigen Sie sich beim örtlichen Bauamt, ob man für die Erstellung eines Vordaches eine Baugenehmigung benötigt.
3. Erstellen Sie zeichnerisch 3 Ansichten des Vordaches (3-Tafel-Projektion) im Maßstab M 1:50.
4. Fertigen Sie eine Ausführungsskizze mit allen notwendigen Angaben zur Herstellung der Vordachkonstruktion an, M 1:100.
5. Erstellen Sie eine Holzliste für das Vordach.
6. Errechnen Sie die Verschnittmenge, die bei der Erstellung des Vordaches abfällt.
7. Wählen Sie zwischen zimmermannsmäßigen und ingenieurmäßigen Holzverbindungen.
8. Erläutern und skizzieren Sie die Befestigung des Vordaches am Mauerwerk.
9. Planen Sie in Kleingruppen ein Kundengespräch mit Herrn Müller, in dem Vor- und Nachteile der geplanten Vordachkonstruktion aufgezeigt werden.

→ Siehe Praxisbeispiel auf Seite 172

Dach Training
Deine App für die Prüfung
Android IOS

5.1 Grundlagen des Holzbaus

Holz ist aufgrund seiner **besonderen Eigenschaften** einer der wichtigsten Werkstoffe im Baubereich. Der Werkstoff Holz kann leicht bearbeitet werden, zeichnet sich aber durch seine hohe Festigkeit aus. Aufgrund seines geringen Gewichtes kann Holz leicht transportiert werden. Manche Holzarten sind auch ohne Schutzanstrich sehr langlebig. Ein wesentlicher Vorteil gegenüber anderen Werkstoffen ist: Holz ist in vielen Regionen der Erde leicht verfügbar und ist ein nachwachsender Rohstoff.

Besondere Eigenschaften des Holzes:
- **leicht zu bearbeiten,**
- **hohe Festigkeit,**
- **geringes Gewicht (geringe Rohdichte),**
- **Langlebigkeit,**
- **geringe Wärmeleitfähigkeit,**
- **leichte Verfügbarkeit durch Nachwachsen.**

5.1.1 Bedeutung des Holzes als Baustoff

Holz ist der meistverwendete Baustoff für die Herstellung von Dächern und Außenwänden von Häusern.

Als **Holzbau** bezeichnet man sowohl den Bereich des Bauwesens, der den Baustoff Holz nutzt, als auch das in **Holzbauweise** errichtete Bauwerk. Produkte aus Holz finden beim Hausbau z. B. in Form von **Holzwerkstoffen** und **Halbfertigerzeugnissen** Verwendung. Zu den Holzwerkstoffen zählen z. B. **Spanplatten**, **Baufurnierholzplatten**, **Holzfaserplatten** und **Holzwolle-Leichtbauplatten**. Halbfertigerzeugnisse sind gespundete, genutete und gefaste **Bretter**.

5.1.2 Bedeutung des Holzes für die Umwelt

Etwa 30 % der unbebauten Fläche Deutschlands sind von Wald bedeckt. Er wird vorrangig als Holzlieferant genutzt. Deshalb werden überwiegend Bäume gepflanzt und nachgezogen, die technisch wertvolles Holz liefern. Der Wald ist von großer ökologischer Bedeutung. Er übernimmt folgende umweltschützende und klimabeeinflussende Aufgaben:

- **Erzeugung von Sauerstoff:**
  Grüne Pflanzen setzen bei der Fotosynthese Kohlendioxid und Wasser zu energiereichen organischen Verbindungen (Kohlenhydrate) und Sauerstoff um. Bäume sind der größte Sauerstofflieferant der Erde.
- **Aufnahme von Kohlenstoffdioxid:**
  Bäume brauchen für ihr Wachstum viel Kohlenstoff. Daher nehmen sie Kohlenstoffdioxid auf und „speichern“ den Kohlenstoff in ihrem Holz. Erst beim Verbrennen oder Verrotten des Holzes wird das Kohlenstoffdioxid wieder in die Atmosphäre abgegeben. Kohlenstoffdioxid ist ein Verursacher des Treibhauseffektes, d. h., es trägt zur Aufwärmung der Erde und damit zum Klimawandel bei. Bäume verringern somit den Treibhauseffekt.
- **Regulierung des Wasserhaushaltes:**
  Bäume speichern in ihrem Stamm und ihren Blättern Wasser und geben es an die Atmosphäre ab. Sie beschatten den Boden und verringern dadurch sein Austrocknen. Bäume sind somit ein Teil des natürlichen Wasserkreislaufs.

Umwelteinflüsse, wie Luftverschmutzung aus Industrie, Verkehr und Haushalt und daraus resultierender saurer Regen, können den Wald bzw. die Bäume schädigen. Das Waldsterben fordert die Menschheit zu einem bewussteren Umgang mit der Natur und deren Ressourcen auf.

Der Wald erfüllt wichtige wirtschaftliche Funktionen (z. B. Forstwirtschaft). Er bereichert und erhält die für unser Leben notwendige Umwelt.

5.2 Holzarten

Man unterscheidet zwischen Nadel- und Laubbäumen. Entsprechend gibt es **Nadelhölzer** (wie z. B. Fichte, Tanne) und **Laubhölzer** (wie z. B. Eiche oder Buche). Weitere wesentliche Kriterien für die Einteilung von Hölzern sind:

- Dichte bzw. Rohdichte,
- Härte (Weich- und Hartholz),
- Bearbeitbarkeit und Festigkeit,
- Elastizität und Tragfähigkeit,
- Verhalten gegenüber Feuchtigkeit,
- Entflammbarkeit,
- Verbreitung (europäische und außereuropäische Hölzer).

Abb. 5.3: Dachkonstruktion

Abb. 5.4: Gaubenkonstruktion

Abb. 5.5: Kehlbalkenlage

Tabelle 5.1: Europäische Nadelhölzer

Holzart	Rohdichte	Eigenschaften	Verwendung
Fichte	470 kg/m³	• weich–mittelhart • leicht zu bearbeiten • grobfaserig • hohe Elastizität und Tragfähigkeit • dauerhaft im Trockenen, nicht dauerhaft bei Wechsel nass – trocken • leicht entflammbar	• Bauholz im Betonbau • Bauteile im Gebäude • Gerüste und Dachstühle • Balken und Kanthölzer, Bretter, Bohlen und Latten
Tanne	450 kg/m³	• weicher und leichter als Fichtenholz • grobfaserig • hohe Elastizität, Tragfähigkeit und Biegsamkeit • dauerhaft im Trockenen, nicht dauerhaft bei Wechsel nass – trocken • leicht entflammbar	• Balken, Kanthölzer, Bretter, Bohlen und Latten als Bauteile im Gebäude, Möbel und Innenausbau
Kiefer	520 kg/m³	• gute Bearbeitbarkeit • härter und dichter als Fichtenholz • weich–mittelhart • geringe Elastizität • große Tragfähigkeit • sehr dauerhaft bei Wechsel nass – trocken • Bläuegefahr	• Balken, Kanthölzer, Bretter, Bohlen und Latten • Konstruktionen, die der Witterung ausgesetzt sind • Treppen, Außentüren, Fenster • Möbel und Innenausbau
Lärche	590 kg/m³	• gute Bearbeitbarkeit • härter, zäher und dichter als Kiefer • hohe Elastizität und Tragfähigkeit • grobfaserig • sehr dauerhaft bei Wechsel nass – trocken	• Balken, Kanthölzer, Bretter, Bohlen und Latten • Konstruktionen, die der Witterung ausgesetzt sind • Treppen, Fußböden, Außentüren, Fenster, Vertäfelungen • Möbel und Innenausbau

Nachteilige Kriterien für die Einteilung von Hölzern sind:

- die leichte Brennbarkeit (Brandschutzklasse B2),
- das Arbeiten des Werkstoffes (Trockenrisse, Verdrehen),
- Wertminderung durch Holzfehler,
- Anfälligkeit gegenüber Krankheiten, Pilzen und Schädlingen.

In den Tabellen 5.1 und 5.2 sind die wichtigsten Hölzer, ihre Eigen-

Begriffe

- Unter **Holzbau** versteht man die Be- und Verarbeitung des vielseitig einsetzbaren Werkstoffes Holz.
- Als **Holzwerkstoffe** gelten Spanplatten, Baufurnierholzplatten, Holzfaserplatten und Holzwolle-Leichtbauplatten.

Darum geht es

- Unterschiedliche Holzarten kommen wegen ihrer jeweiligen spezifischen Eigenschaften für verschiedene Nutzungen infrage. So sind **Laubhölzer** fester und härter als **Nadelhölzer**.
- **Kiefer** und **Lärche** sind Nadelhölzer und werden häufig für Dachschindeln und Fassadenbekleidungen eingesetzt.
- **Buche** und **Eiche** sind Laubhölzer und werden häufig für tragende Bauteile verwendet.
- Verwendungsmöglichkeiten von europäischen Laub- und Nadelhölzern.

Kiefer und Lärche sind aufgrund ihres hohen Harzgehaltes sehr widerstandsfähige Nadelhölzer.

Tabelle 5.2: Europäische Laubhölzer

Holzart	Rohdichte	Eigenschaften	Verwendung
Eiche	750 kg/m^3	• sehr hart und dicht • schwere Bearbeitbarkeit • langfaserig • außerordentlich hohe Tragfähigkeit • hohe Elastizität • fäulniswidrig durch Gerbsäuregehalt • witterungsbeständig • sehr dauerhaft bei Wechsel nass – trocken	• Bauholz für hoch belastete Konstruktionen • Konstruktionen, die der Witterung ausgesetzt sind • Treppen, Fußböden, Außentüren, Schwellen • Fachwerkbau • Möbel und Innenausbau
Rotbuche	720 kg/m^3	• mittelhart–hart • leicht spaltbar • kurzfaserig • geringe Elastizität • hohe Tragfähigkeit • dauerhaft im Trockenen	• Treppen, Fußböden, Holzpflaster • Möbelbau • Herstellung plattenförmiger Holzwerkstoffe

schaften und ihre Verwendung zusammengestellt.

Kiefer und Lärche sind Nadelhölzer, die aufgrund ihres hohen Harzgehaltes sehr widerstandsfähig sind. Sie eignen sich somit sehr gut für Konstruktionen, die der Witterung ausgesetzt sind (Dachschindeln, Fassadenbekleidung). Von den Laubhölzern werden vor allem Buche und Eiche als Bauholz verwendet. Sie haben eine höhere Festigkeit und Härte als Nadelhölzer. Eichenholz wird für tragende Bauteile mit hohen Beanspruchungen eingesetzt. Es zeichnet sich auch durch eine hohe Standfestigkeit gegenüber dem Nass-Trocken-Wechsel aus. Aus diesem Grund wird Eiche überwiegend für Fachwerk- und Turmkonstruktionen verwendet. Buchenholz kann nicht im Außenbereich verwendet werden, da es bei Feuchteänderung sehr stark schwindet und quillt. Im Innenbereich ist es hervorragend für Treppen und als Parkett geeignet.

5.3 Anforderungen und Eigenschaften des Werkstoffes Holz

Zum Leben benötigt der Baum Nährstoffe, Wasser, Luft, Licht und Wärme. Gelöste Nährsalze wie Eisen, Kalium, Phosphor, Magnesium, Schwefel, Stickstoff und weitere für die Ernährung wichtige Elemente werden von dem Baum über das Wasser aus der Erde aufgenommen. Aus der Luft entnimmt der Baum Kohlenstoffdioxid (CO_2). Mit der Energie des Sonnenlichts und dem Blattgrün werden das aufgenommene Kohlenstoffdioxid und Wasser in Traubenzucker, Stärke und Sauerstoff umgewandelt. Diesen Vorgang nennt man **Assimilation** oder, weil das Sonnenlicht die nötige Energie beisteuert, auch **Fotosynthese**.

Bei diesem Prozess wird Sauerstoff freigesetzt, der über die Blätter an die Luft abgegeben wird. Die umgewandelten Stoffe werden aus den Blättern bzw. Nadeln wieder an die Stellen transportiert, an denen sie benötigt werden. Dort werden sie auch in Farbstoffe, Harze, Öle und Gerbstoffe umgewandelt. Der Baumstamm wächst von innen nach außen und in die Höhe, und zwar vom Frühjahr über den Sommer bis zum Spätsommer. Aus diesem Grund spricht man von **Früh-** und **Spätholz.**

Das Wachstum des Baumes beeinflusst die Eigenschaften des Holzes, wie Festigkeit, Bearbeitbarkeit, Witterungsbeständigkeit usw. Es ist somit ausschlaggebend für den Aufbau des Holzes.

Die gesamte Dicke des als Früh- und Spätholz gewachsenen Holzes innerhalb eines Jahres bildet den **Jahresring**. Um das Wachstum des Holzes genau zu verstehen und Störungen im Wachstum nachvollziehen zu können, sind Kenntnisse vom Aufbau des Holzes notwendig.

Abb. 5.6: Wachstum des Holzes

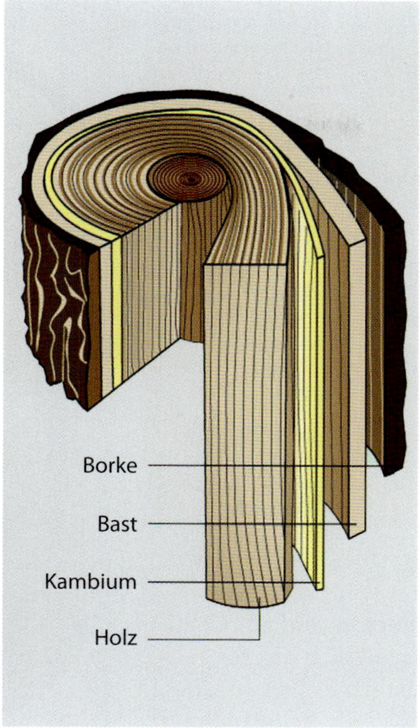

Abb. 5.7: Aufbau des Holzes

Diese werden im nächsten Kapitel vermittelt.

5.3.1 Aufbau des Holzes

Chemischer Aufbau des Holzes

Holz besteht aus den Verbindungen der Elemente Kohlenstoff, Sauerstoff und Wasserstoff. **Cellulose** ist der Grundstoff der Holzzellwände, die sich teilweise durch Aufnahme weiterer Stoffe in Lignin verwandeln. **Lignin** versteift (verholzt) das Cellulosegerüst der Holzzellwände. Die Hauptbestandteile des Holzes sind zu 50 % **Cellulose**, zu 25 % **Hemicellulose** und zu 25 % **Lignin.** Diese Verbindungen bestehen aus Wasserstoff (6 %), Kohlenstoff (50 %), Sauerstoff (43 %) und Stickstoff sowie Mineralien (1 %).

Die Zellwände bestehen vorwiegend aus **Cellulose**. Sie bildet das Holzgerüst, das die hohe Zugfestigkeit ermöglicht. Die **Hemicellulose** ist verantwortlich für die Verdichtung und Vernetzung der Zellwände. Für die Verholzung des Stammes und die hohe Druckfestigkeit des Holzes sorgt das Lignin. Dabei handelt es sich um eine feste, spröde Substanz, die sich an den Zellwänden ablagert. Es wird auch als Holzfarbstoff bezeichnet, da sich ligninhaltiges Holz unter Lichteinfluss bräunlich verfärbt.

Innerer Aufbau des Holzes

Betrachtet man Holz unter dem Mikroskop, erkennt man Zellen. Diese entstehen durch Teilung im Kambium. **Kambium** (auch **Kambiumring)** nennt man bei Bäumen die dünne Wachstumsschicht zwischen der Splintholzzone und der Rinde (Bastzone und Borke), siehe Abb. 5.7.

Buche und Eiche werden als Bauholz verwendet. Sie haben eine höhere Festigkeit und Härte als Nadelhölzer.

Begriffe

Fotosynthese (Assimilation) ist die Umwandlung von Kohlenstoffdioxid (CO_2) und Wasser mithilfe des Blattgrüns und des Sonnenlichts in Traubenzucker, Sauerstoff und Stärke.

Darum geht es

Beim **Holzaufbau** unterscheidet man:

- den chemischen Aufbau (stofflicher Aufbau des Holzes),
- den inneren Aufbau (mikroskopischer Aufbau des Holzes),
- den äußeren Aufbau (makroskopischer Aufbau des Holzes).

Tabelle 5.3: Holzzellen

Bezeichnung	Aufgabe	Form
Leitzellen	leiten Wasser und Aufbaustoffe	lang, röhrenförmig, teilweise als Poren im Querschnitt zu erkennen
Stützzellen	bewirken die Festigkeit des Holzes	lange, spitze, ineinander verzahnte, dickwandige Zellen, die die Holzmasse bilden
Speicherzellen	speichern Aufbaustoffe	dünnwandig, hell, vorwiegend vom Mark ausgehende Markstrahlen

Die Zellwände bestehen vorwiegend aus Cellulose und Lignin. Lignin lagert sich bei der Teilung in das Cellulosegerüst der Zellwand ein. Bei diesem Vorgang verholzt die Zellwand und es entstehen nach innen Holzzellen und nach außen Bastzellen. Im lebenden Holz haben die Zellen die Aufgabe, das Wasser und die Nährstoffe nach oben zu leiten, die Holzmasse zu bilden, dem Holz seine Festigkeit zu geben und die Nährstoffe zu speichern. Je nach Aufgabe wird in Leitzellen, Stützzellen und Speicherzellen unterschieden (siehe auch Tab. 5.3).

Äußerer Aufbau des Holzes

Der **Hirnschnitt** (Querschnitt) des Stammes zeigt die Jahresringe mit den Früh- und Spätholzanteilen. Bei diesem Schnitt sind darüber hinaus Mark, Bast und Rinde ringförmig zu sehen.

Im Frühjahr und Frühsommer bildet sich helleres, saftreicheres, weicheres Holz. Dieses Holz wird als Frühholz bezeichnet. Im Spätsommer und Herbst sind die Zellen fester und dunkler. Es bildet sich das Spätholz. Das Früh- und Spätholz zusammen bilden einen Jahrring, der auch Jahresring genannt wird. Im Winter setzt eine Wachstumspause ein, der Wachstumszyklus eines Jahres ist abgeschlossen. Somit kann man aus der Anzahl der Jahresringe auf das Alter des Baumes schließen.

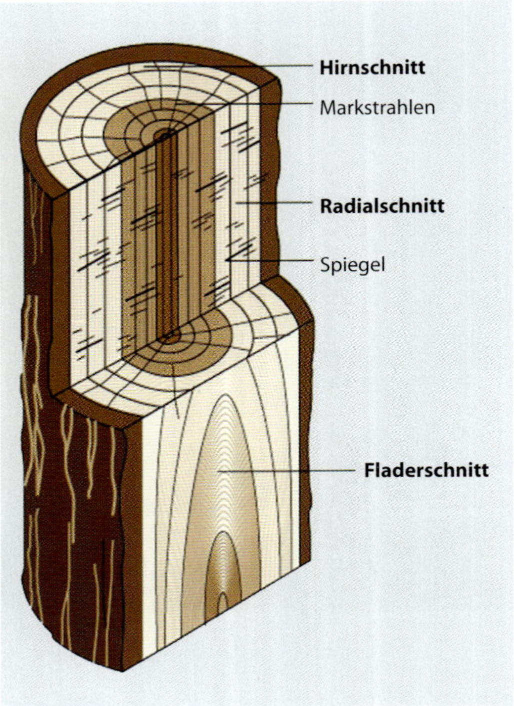

Abb. 5.8: Schnittebenen beim Vollholz

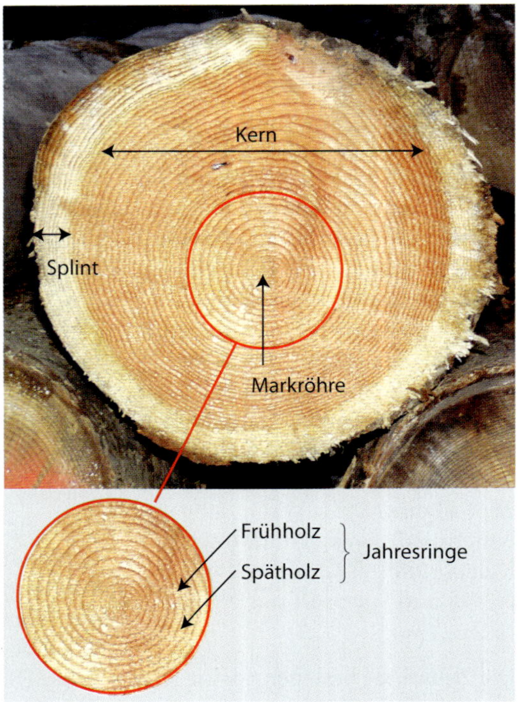

Abb. 5.9: Stammquerschnitt mit Jahresringen

Tabelle 5.4: Baumarten

Baumart	Beispiel	Abb.
Splintholzbaum	Weißbuche, Ahorn und Birke	
Kernholzbaum	Kiefer, Lärche und Eiche	
Reifholzbaum	Fichte, Tanne, Rotbuche	

Die äußeren, meist helleren Jahresringe sind wasser- und nährstoffführend. Diesen Bereich des Stammes nennt man **Splintholz**. Bei vielen Bäumen verkernen die innen liegenden Jahresringe, d. h., ihre Wasserleitbahnen werden unterbrochen und die Zellen sterben ab. Bei manchen Holzarten verfärben sich die Jahresringe dunkel (z. B. Kiefer und Eiche). Dieser Bereich des Stammes wird als **Kernholz** bezeichnet. Es bildet sich durch Ablagerungen von Ölen, Harzen, Gerb-, Farb- und weiteren Ablagerungsstoffen. Andere Holzarten bilden zwar einen Kern aus, die Jahresringe verfärben sich jedoch nicht. Im Gegensatz zum Splintholz wird das Kernholz durch die Verkernung dichter, härter und widerstandsfähiger. Es gibt auch Holzarten, deren gesamter Stammquerschnitt aus Splintholz besteht, dann spricht man von **Splintholzbäumen**.

Der **Radialschnitt** (Spiegelschnitt) ist ein Längsschnitt durch die Stammmitte entlang der Markröhre.

Begriffe

- **Zellen** im lebenden Holz unterscheidet man in Leitzellen, Stützzellen und Speicherzellen.
- **Kambium:** Wachstumsschicht zwischen Splintholzzone und Rinde.
- **Hirnschnitt:** Jahresringe mit Früh- und Spätholzanteilen.
- **Jahrring/Jahresring:** Der Jahresring umfasst mit dem Früh- und Spätholz die komplette Wachstumsphase eines Baumes.

Darum geht es

Man unterscheidet zwischen Splintholz-, Kernholz- und Reifholzbäumen.

Bei Laubhölzern sind hier besonders gut die Markstrahlen zu erkennen. Die Jahresringe sind auf der Schnittfläche als parallele, senkrechte Streifen zu sehen. Bei Eichen- und Buchenholz sind sie als helle, glänzende Streifen (Spiegel) sichtbar (siehe auch Abb. 5.8).

Der **Sehnenschnitt** (Tangential- oder Fladerschnitt) ist, genau wie der Radialschnitt, ein Längsschnitt, er verläuft aber nicht durch die Markröhre. Dieser Schnitt verläuft neben der Stammmitte und bedingt dadurch, dass sich der Stamm nach oben hin verjüngt; es ergibt sich aus den Jahresringen eine kegelförmige, gefladerte Maserung.

5.3.2 Holzfehler

Aufgrund der sehr unterschiedlichen Wuchsbedingungen und Einflüsse während des Wachstums kommt es häufig zu Abweichungen von der Regelstruktur des Holzes. Diese werden unter dem Begriff der **Holzfehler** zusammengefasst. Durch Holzfehler kann der Gebrauchswert des Holzes gemindert werden.

Es gibt 3 Arten von Holzfehlern:
- **Wuchsfehler,**
- **Holzfehler im inneren Aufbau des Holzes,**
- **Holzfehler durch klimatische Einflüsse.**

Abb. 5.10: Vollschaftigkeit

Wuchsfehler

Um die volle Ausnutzung der Stämme als Bauholz zu gewährleisten, sollten die Stämme geradschaftig und vollholzig sein. Vollholzige Stämme verjüngen sich bis zur Baumkrone nur geringfügig. Da Holz aber nicht immer in dieser Form wächst, ist die Schnittholzausbeute mitunter geringer.

Tabelle 5.5: Wuchsfehler

Art	Abbildung
Abholzigkeit Ein Stamm ist abholzig, wenn die Abnahme des Stammdurchmessers bis zur Baumkrone auf 1 m Stammlänge mehr als 1 cm beträgt. Abholzige Stämme bringen eine geringe Schnittholzausbeute, im Sägewerk fallen viele Schwarten (äußere Abschnitte) an. Das Holz hat eine verringerte Biegefestigkeit, da vermehrt Fasern durchgeschnitten werden. Stark abholzige Bäume findet man meist an Waldrändern.	

Tabelle 5.5: Wuchsfehler (Fortsetzung)

Art	Abbildung
Krummschäftigkeit Die Krummschäftigkeit ist eine extreme Form der Faserabweichung. Hierbei weicht der Stamm vom geraden Wuchs stark ab. Formen der Krummschäftigkeit sind z. B. Säbelwuchs, Schlangenwuchs, Bajonettwuchs oder Posthornwuchs. Ein Hauptgrund für die Krümmung ist der Wildverbiss, bei dem Tiere die obersten Knospen und Triebe fressen. Dadurch übernimmt ein Seitentrieb die Funktion des Längenwachstums. Die Stämme wachsen nach der Seitenbiegung wieder senkrecht. Weitere Ursachen können einseitiger Lichteinfall, einseitige Wind- oder Schneebelastung sowie Bodenbewegungen an Hängen sein. Eine einseitige Krümmung nennt man einschnürig, eine mehrseitige Krümmung unschnürig.	 
Gabel- und Zwieselwuchs Bei diesem Wuchsfehler übernehmen 2 oder mehr Seitenknospen das Längenwachstum des Baumes, nachdem die Spitzenknospe zerstört wurde. Dadurch entsteht eine Stammteilung (Gabelung). Dies geschieht häufig durch Vererbung. Als Zwieselwuchs bezeichnet man, wenn 3 oder mehr Seitenknospen das Längenwachstum übernehmen. So entstehen mehrere Stämme der gleichen Baumart. Gabel- und Zwieselwuchs werden auch als Stammformfehler bezeichnet.	 
Drehwuchs Hierbei verlaufen die Holzfasern in ihrer Längsrichtung nicht senkrecht, sondern spiralförmig. Schnittholz aus drehwüchsigen Stämmen wird durch Witterungseinflüsse schief, da die Fasern beim Trocknen immer bestrebt sind, in eine parallele Lage zu kommen. Drehwüchsiges Holz besitzt zudem eine geringere Festigkeit. Ursachen für Drehwuchs sind neben Vererbung auch Windeinwirkungen und Standorteinflüsse.	

Darum geht es

- Nicht alle Stämme wachsen geradschaftig und vollholzig. Mitunter treten **Wuchsfehler** auf, die die Schnittholzausbeute verringern.
- Bei natürlichen Wuchsfehlern des Baumes unterscheidet man Abholzigkeit, Krummschäftigkeit, Gabel-, Zwiesel- und Drehwuchs.

Tabelle 5.6: Holzfehler im inneren Aufbau des Holzes

Art	Abbildung
Exzentrischer Wuchs Beim exzentrischen Wuchs liegt die Markröhre außerhalb des Mittelpunktes eines Stammquerschnittes. Hierbei drängen sich die Jahresringe auf der einen Seite dicht zusammen und auf der anderen weit auseinander. Durch den Fehler im inneren Aufbau entstehen ungleichmäßige Festigkeiten, das Holz arbeitet ungleich. Oft wirft und verzieht es sich stark, sodass es nur eingeschränkt nutzbar ist. Exzentrisch gewachsene Nadelhölzer sind meist „rotholzig", d. h., das Holz ist teilweise stark verdichtet, rötlich gefärbt und so hart, dass es nur schwer bearbeitet werden kann (nagelhart). Einseitige Windbelastung, einseitige Belastung durch schrägen Standort oder Vererbung sind mögliche Ursachen. Im Querschnitt zeigt sich der Wuchsfehler oval oder eiförmig, wobei der Stamm trotzdem kreisrund sein kann.	
Spannrückigkeit Bei der Spannrückigkeit sind die Wuchsfehler im Stammquerschnitt besonders gut erkennbar. Die Stammquerschnittsform und die Jahresringe sind nicht rund, sondern wellig. Spannrückigkeit findet man oft bei Eibe oder Weißbuche. Bei diesem Wuchsfehler ist der Gewinn von nutzbarem Schnittholz gering.	
Maserwuchs Maserwuchs entsteht durch Seitenknospen, die sich mehrere Jahre lang nicht ausbilden konnten und so überwachsen wurden. Die überwachsenden Seitenknospen zeigen sich am Stamm als Maserknollen. Der Maserwuchs beeinträchtigt das Wachstum, dadurch wird der Faserverlauf des Holzes ungleichmäßig.	
Äste Im Rundholz sind Teile von Ästen, die im Holz eingeschlossen wurden. Man unterscheidet kranke und gesunde Äste. Gesunde Äste sind mit dem Holz verwachsen und mindern den Wert des Bauholzes nur geringfügig. Kranke Äste sitzen meist locker im Holz, sind schwarz oder haben einen schwarzen Rand. Sie werden als Durchfalläste bezeichnet. Je nach Häufigkeit, Größe und Form mindern Durchfalläste die Festigkeit (Güte) und somit auch den Wert des Bauholzes. Beim Sägen bezeichnet man quer durchgeschnittene Äste als Rundäste und längs durchgeschnittene Äste als Flügeläste.	
Harzgallen Harzgallen sind längliche, mit Harz gefüllte Blasen, die innerhalb eines Jahresringes liegen. Sie entstehen durch Verstopfungen in den Harzgängen. Harzgallen laufen in beheizten Räumen aus. Das Harz dringt selbst durch gut deckende Anstriche. Größere Harzgallen müssen aus dem Schnittholz ausgekratzt und verfüllt werden. Alternativ schneidet man Holz mit Harzgallen ab und verwendet nur den gallenfreien Abschnitt. Harzgallen gibt es vor allem in Nadelhölzern, bei Fichten, Kiefern und Lärchen.	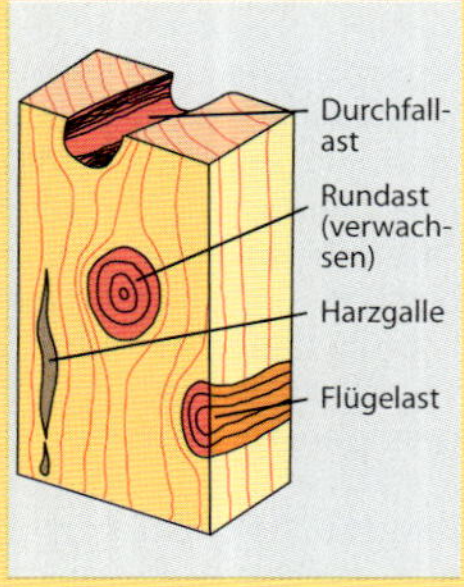

Die wichtigsten Wuchsfehler und Holzfehler im inneren Aufbau des Holzes sind:

Holzfehler durch klimatische Einflüsse

Durch klimatische Einflüsse, z. B. Frost, kann der lebende Baum Risse im Holz bekommen, die in Richtung der Markstrahlen (radial) und auch zwischen den Jahresringen auftreten. Auch beim gefällten Baum oder bei falsch gelagertem Holz können verschiedene Formen von Rissen auftreten.

Folgende Holzfehler durch klimatische Einflüsse werden unterschieden:

Darum geht es

- Holzfehler im inneren Aufbau des Holzes sind exzentrischer Wuchs und Maserwuchs, Spannrückigkeit, Äste und Harzgallen.
- Holzfehler durch klimatische Einflüsse sind Wundüberwallungen, Frost-, Ring-, Luft-, Trocken-, Kern- und Sternrisse.

Tabelle 5.7: Holzfehler durch klimatische Einflüsse

Art	Abbildung
Frostrisse Frostrisse entstehen durch hohe Temperaturschwankungen vom Stamminneren nach außen. Sie treten an den Stämmen als Radialrisse auf, die von der Rinde bis zum Mark verlaufen. Frostleisten entstehen durch Überwallung. Am Stamm sichtbar sind diese Risse als Frostleisten, die aber i. d. R. überwachsen sind.	
Wundüberwallungen Die Überwallung ist das selbsttätige Verschließen der Wunden eines Baumes. Die Spur des Vorgangs zeichnet sich in der Holzmaserung ab. Wundüberwallungen enthalten meist angefaultes Holz, wodurch die Qualität des Stammes gemindert wird. Durch die hier unterbrochenen Holzfasern ergibt sich ein Schwachpunkt, deshalb gilt eine Überwallung im Allgemeinen als Holzfehler.	
Ringrisse Auch Ringrisse (Ringschäle) können bei sehr niedrigen Temperaturen entstehen. Infolge der auftretenden Spannungen lösen sich die Jahresringe voneinander, es entsteht ein runder Riss. Besonders anfällig für Ringrisse sind Hölzer mit ungleichmäßigen Jahresringen. Holz mit Ringrissen ist als Bauholz ungeeignet, denn es fehlt ihm an Stabilität.	
Luft- und Trockenrisse Luft- und Trockenrisse entstehen durch auftretende Spannungen durch schnelles oder ungleichmäßiges Austrocknen eines frisch gefällten Stammes. Die Gefahr der Rissbildung kann man abschwächen, indem man die Stämme frühzeitig in Balken und Bretter zuschneidet (auftrennt). In Luft- und Trockenrissen können sich leicht Sporen Holz zerstörender Pilze ablagern und Insekten legen dort ihre Eier ab. Luft- und Trockenrisse mindern die Festigkeit des Holzes.	
Kern- und Sternrisse Kern- und Sternrisse sind senkrechte Risse, die die Markröhre durchlaufen und selten bis nach außen dringen. Sie entstehen durch ungleichmäßiges Schwinden (Holztrocknung) kurz nach dem Fällen oder werden durch Spannungen beim Verkernen (Kernholz) des Holzes hervorgerufen. Für Kernrisse besonders anfällig sind Stammquerschnitte, bei denen auf Bereiche mit engen Jahresringen solche mit weiten Jahresringen folgen.	

5.3.3 Holzfeuchte

Die Holzfeuchtigkeit hat Einfluss auf Gewicht, Festigkeit und Verformungsfähigkeit des Holzes. Frisch gefälltes Holz weist, je nach Jahreszeit, einen Wassergehalt von 60 bis 150 % bezogen auf das Darrgewicht (trockene Holzmasse) auf. Die Holzfeuchte wird über das Darrgewicht oder moderne elektronische Messgeräte bestimmt.

Tabelle 5.8: Holzfeuchte

Holzfeuchte (in Bezug auf das Darrgewicht)	Bezeichnung (nach DIN 68365)
≤ 20 %	trocken
≤ 30 % [1]	halbtrocken
> 30 % [2]	frisch

[1] 35 % bei Querschnitten über 200 cm²
[2] für tragende Konstruktionen nicht geeignet

Das **Darrgewicht** (Trockengewicht) ist das Gewicht einer Probescheibe Holz unmittelbar nach der Trocknung in einem speziellen Trockenschrank. Wenn keine Abnahme der Masse mehr festzustellen ist (DIN 52183), haben die Holzproben ihre **Darrmasse** (Holzmasse ohne Feuchtigkeit) erreicht. Der Feuchtigkeitsgehalt des Holzes wird in % des Darrgewichtes angegeben. Bei der prozentualen Berechnung der Holzfeuchte wird der Wassergehalt der Probestücke in **g** auf ihr Darrgewicht in **g** bezogen.

Bei **elektrischen Feuchtemessern** wird über 2 Elektroden Strom durch das Holz geleitet. Hierbei wird die Rammsonde des Messgerätes in das Holz geschlagen. Bei geringer Holzfeuchte ist die elektrische Leitfähigkeit des Holzes klein, bei hoher Holzfeuchte ist sie groß. Die Feuchtewerte kann man an einer Skala oder als Zahlenwerte ablesen (siehe auch Abb. 5.11).

Holzfeuchtigkeit in %

$$= \frac{\text{Feuchtemasse (g)} - \text{Darrmasse (g)}}{\text{Darrmasse (g)}} \cdot 100\,\%$$

Abb. 5.11: Holzfeuchtemessgerät mit Rammsonde

Holztrocknung

Frisches Holz schwindet stark und wird von Schädlingen befallen. Daher ist es nicht zum Bauen geeignet. Um Holz verarbeiten zu können, muss es auf einen niedrigen Feuchtigkeitsgehalt gebracht werden. Für die Holztrocknung gibt es 2 Verfahren. Man kann das Holz auf natürliche Art, durch luftiges Lagern, oder technisch in Holztrocknungsanlagen trocknen. Abhängig von den Feuchtigkeitsunterschieden im Holz ergeben sich beim Trocknen Volumen- und Formenänderungen infolge des Quellens und Schwindens. Holz, das für den Einbau verwendet wird, sollte durch das Trocknen einen Feuchtigkeitsgehalt aufweisen, der für das Holz im eingebauten Zustand zu erwarten ist.

Unter der **natürlichen Holztrocknung** versteht man die Trocknung des Holzes im Freien. Sie wird auch als **Freilufttrocknung** bezeichnet. Das Holz gibt dabei die Feuchtigkeit durch Verdunsten an die umgebende Luft ab. Das Holz kann bei der natürlichen Trocknung bestenfalls auf den durchschnittlichen Feuchtigkeitsgehalt der Luft gebracht werden. Dieser liegt bei ca. 15 bis 20 %, man spricht daher von „lufttrocken“.

Lufttrockenes Holz hat 15 bis 20 % Holzfeuchte.

Um **Schnittholz** gleichmäßig und rasch trocknen zu lassen, muss es luftig gestapelt werden.

Unbesäumte Bretter und Bohlen werden i. d. R. stammweise übereinandergestapelt. Bei diesem Blockstapeln werden die Hölzer als Blöcke

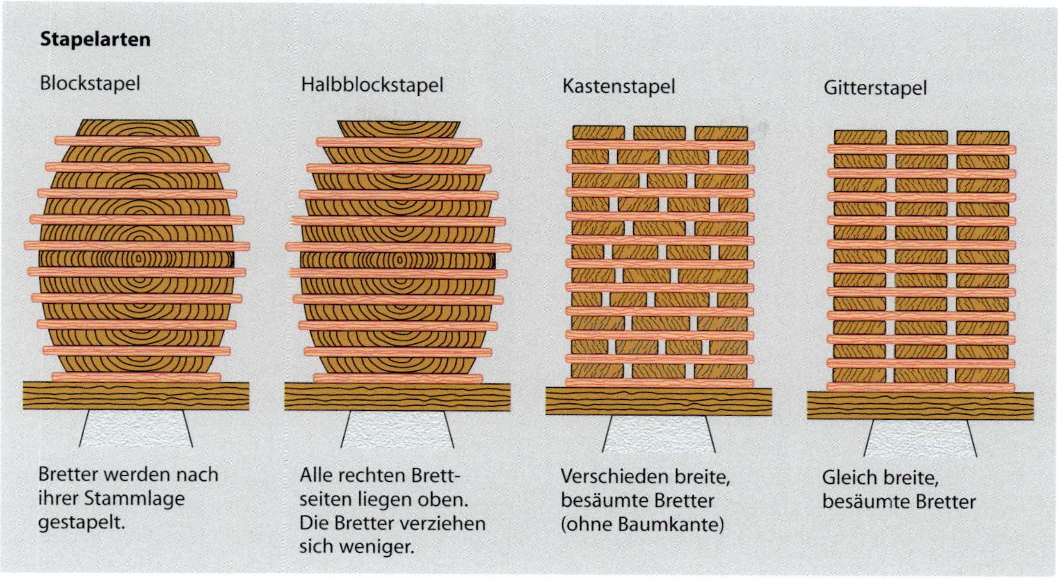

Abb. 5.12: Stapelarten

übereinander und nebeneinander angeordnet.

Besäumte Bretter, Bohlen, Kanthölzer, Latten und Balken werden zum Viereckstapel (Kastenstapel) aufgeschichtet.

Beim Stapeln ist besonders darauf zu achten, dass die Stapelleisten genau übereinander angeordnet und die Abstände nicht zu groß sind. Bei nicht genau übereinander angeordneten Stapelleisten können sich die Bretter durchbiegen, was zur Folge hat, dass die Bretter dauerhaft verformt bleiben und deshalb unbrauchbar werden. Die Dicke der Stapelleisten ist abhängig von der Schnittholzdicke:

- Bei Brettern und Bohlen sollten die Stapelleisten so dick wie die gestapelten Schnitthölzer sein.
- Bei Balken und Kanthölzern sollten die Stapelhölzer halb so dick wie die Schnitthölzer sein.

Damit das Holz nicht wieder feucht wird, werden die Stapel vor Regen geschützt. Dieses Dach schützt auch vor direkter Sonneneinstrahlung, damit das Holz gleichmäßig trocknet. Die Gefahr der Rissbildung wird eingeschränkt. Damit eine gute Durchlüftung gewährleistet ist, sollten die Holzstapel quer zur Hauptwindrichtung angeordnet werden.

Die Stapel müssen einen Abstand von ca. 50 cm vom Boden haben, damit keine Feuchtigkeit an die Hölzer gelangt. Der Lagerplatz muss trocken, eben, fest und frei von Pflanzenwuchs sein. Aufgrund der Einsturzgefahr sollten die Stapelhöhen nicht mehr als 4 m betragen. Bei höher angelegten Stapeln sind Maßnahmen zur Sicherung zu treffen.

Neben der natürlichen Holztrocknung gibt es auch die technische Holztrocknung.

Holz, das für geleimte Bauteile verwendet wird, muss so trocken werden, dass der Feuchtigkeitsgehalt

@ Links und Literatur

Mehr zur DIN 52183: Prüfung von Holz; Bestimmung des Feuchtigkeitsgehaltes findet sich auf der Seite des Beuth-Verlages unter: www.beuth.de.

■ Begriffe

- **Darrgewicht:** Holzgewicht unmittelbar nach der Trocknung.
- **Darrmasse:** Holzmasse ohne Feuchtigkeit.
- **Natürliche Holztrocknung** ist die Trocknung des Holzes im Freien.

der später am Bau zu erwartenden Holzfeuchte entspricht. Durch die natürliche Trocknung können diese geforderten Werte der Holzfeuchtigkeit nicht erreicht werden, daher wird das Holz künstlich in **Holztrockenanlagen bzw. Trockenkammern** getrocknet.

Um Holz in einer Trockenkammer zu trocknen, wird es, genau wie bei der natürlichen Trocknung, luftig gestapelt. Mithilfe eines Gebläses wird die Luft so in Bewegung gesetzt und gesteuert, dass die erwärmte, mit Wasserdampf noch nicht gesättigte Luft durch den Stapel streicht und die gesättigte Luft durch eine Abluftklappe die Trockenkammer verlässt. Gleichzeitig wird aber wieder trockene Luft zugeführt. Luftfeuchtigkeit, Temperatur und Luftbewegung können in der Kammer so gesteuert werden, dass den Hölzern der äußeren Schicht die Feuchtigkeit nicht zu schnell entzogen wird und somit das Holz ohne Rissbildungen trocknet.

5.3.4 Arbeiten des Holzes

Holz ist hygroskopisch, d. h., es kann Feuchtigkeit aufnehmen und abgeben. Die Abgabe oder Aufnahme des Wassers beginnt dann, wenn zwischen dem Feuchtegehalt der umgebenden Luft und dem Feuchtegehalt des Holzes ein Unterschied besteht. Frisch gefälltes Holz weist, je nach Jahreszeit und Standort des Baumes, einen Wasser- bzw. Feuchtegehalt von 60 bis 150 % bezogen auf das Darrgewicht (trockene Holzmasse) auf.

Bei der Holzfeuchtigkeit unterscheidet man freies und gebundenes Wasser. **Freies Wasser** befindet sich in den Zellhohlräumen und verdunstet relativ schnell. Es hat daher keinen Einfluss auf das Quellen und Schwinden des Holzes. **Gebundenes Wasser** befindet sich in den Zellwänden.

Ist im Holz kein freies Wasser mehr enthalten, beträgt die Holzfeuchte je nach Holzart ca. 23 bis 35 %. Dieser Feuchtebereich wird als **Fasersättigungsbereich** bezeichnet. Die Abgabe des gebundenen Wassers erfolgt sehr langsam, weil es nur durch Diffusion durch die Zellwände nach außen abgeführt wird. Am Fasersättigungspunkt beträgt die Holzfeuchte etwa 30 %. Bei weiterer Abgabe des Wassers schrumpfen

Abb. 5.13: Holztrockenanlage

die Zellen und das Holz verkleinert sein Volumen. Man spricht vom **Schwinden** (Abb. 5.13). Dabei kann sich das Holz werfen, sich verziehen, reißen oder windschief werden. Wird vom Holz wieder Feuchtigkeit aufgenommen, vergrößert sich das Volumen. Man spricht vom **Quellen**.

! Praxisbeispiel

Holzfeuchteberechnung

Aufgabe

An Bauholz mit 30 % Holzfeuchte wurde eine Masse von 28,5 kg festgestellt. Wie hoch war der Masseverlust bei später gemessenen 18 % Holzfeuchte?

Lösung

$$\frac{28{,}5\text{ kg}}{130\ \%} \cdot 118\ \% = 25{,}87\text{ kg}$$

28,5 – 25,87 kg = **2,63 kg Masseverlust**

Holzart, Dichte und Richtung sind ausschlaggebend für die unterschiedlichen Quell- und Schwindmaße. Das Schwinden erfolgt nicht in alle Richtungen gleichmäßig.

In Richtung der Holzfaser (längs bzw. axial) beträgt der größte Schwund etwa 0,1 bis 0,3 %, in Richtung der Markstrahlen (radial) rund 5 % und in Richtung der Jahresringe (tangential) ungefähr 10 %.

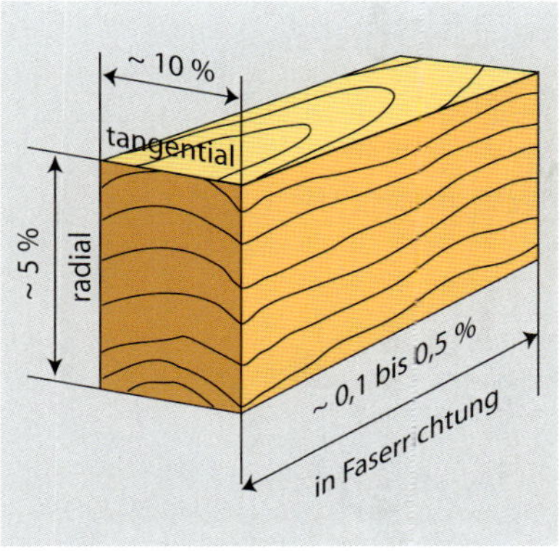

Abb. 5.14: Durchschnittliche Schwindmaße des Holzes

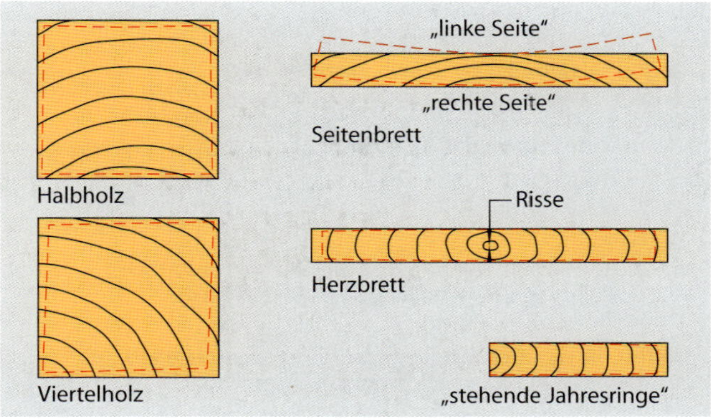

Abb. 5.15: Querschnittsverformung infolge von Schwindung

Holz schwindet und quillt vor allem in tangentialer Richtung, etwa doppelt so viel wie in radialer Richtung. Das Arbeiten des Holzes in Längsrichtung ist so gering, dass es konstruktiv meist nicht berücksichtigt wird.

Durch das unterschiedlich große Schwinden in tangentialer und radialer Richtung ergeben sich unterschiedliche Formänderungen:

- Rundhölzer reißen auf, es bilden sich Schwund- und Trockenrisse.
- Kanthölzer (Viertelhölzer) verformen sich, je nach Verlauf der Jahresringe, rautenförmig.
- Herzbretter und Herzbohlen werden durch das Schwinden dünner, zur Rinde hin mehr als zum Herz, wobei das Holz im Bereich der Markröhre aufreißt und ein geringer Breitenschwund eintritt.
- Mittelbretter und Mittelbohlen werden durch das Schwinden nach außen dünner und schmäler. Sie knicken im Bereich der einseitig geschlossenen Jahresringe ab.
- Seitenbretter und Seitenbohlen werden beim Schwinden in Richtung des Jahresringverlaufs rundgezogen (rechte Seite wird rund, linke Seite wird hohl).
- Splintholz schwindet stärker als Kernholz. Unterschiedlich starkes Quellen und Schwinden wird auch durch unterschiedliche Wuchsbedingungen bewirkt.

Maßnahmen gegen das Arbeiten des Holzes

Das Arbeiten ist eine natürliche Eigenschaft des Holzes. Es gibt keine Maßnahmen, um es zu verhindern. Man kann lediglich Maßnahmen ergreifen, die das Holz vor Rissbildung infolge des natürlichen Arbeitens schützen. Wird Holz verarbeitet, so müssen vorab das Quellen, Schwinden und die daraus resultierenden Formveränderungen berücksichtigt werden. Um dies zu erreichen, muss das Holz möglichst mit dem Feuchtegehalt verarbeitet werden, der dem Feuchtegleichgewicht am Verwendungsort entspricht. Holz, das für geleimte Konstruktionen verwendet werden soll, muss auf den zu erwartenden Feuchtigkeitsgehalt künstlich getrocknet werden. Mit geringem

Begriffe

- Bei der **technischen Holztrocknung** wird das Holz in Trockenkammern oder Holztrockenanlagen getrocknet.
- **Hygroskopie** bezeichnet in der Chemie und Physik die Eigenschaft bestimmter Stoffe, Feuchtigkeit anzuziehen und zu binden. Im Baubereich sind das u. a. Holz, Kalk und Lehm.
- **Fasersättigungsbereich** wird erreicht bei einer Holzfeuchte von ca. 23 bis 35 %.
- Volumenveränderungen werden beim Holz als **Schwinden** und **Quellen** bezeichnet. Diesen Vorgang nennt man „Arbeiten des Holzes".

Darum geht es

Unterschiedliche Formänderungen resultieren aus dem unterschiedlich großen Schwinden in tangentialer und radialer Richtung.

Tabelle 5.9: Umgang mit Holzfeuchte

Für geschlossene Bretter- oder Bohlenschalungen aus Kernbrettern oder Kernbohlen muss immer Kern an Kern und Splint an Splint verlegt werden. Bei Seitenbrettern oder Seitenbohlen ist die Seitengleichheit zu beachten.	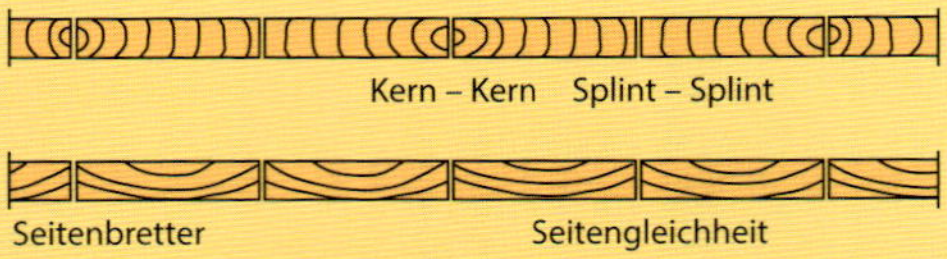
Nut-, Feder- oder Stülpschalungen bleiben trotz des Arbeitens geschlossen, weil genügend Spielraum durch die Überdeckung vorhanden ist. Bretter (z. B. Wandschalungen) so an der Unterseite befestigen, dass das Quellen und Schwinden der Bretter nicht behindert wird.	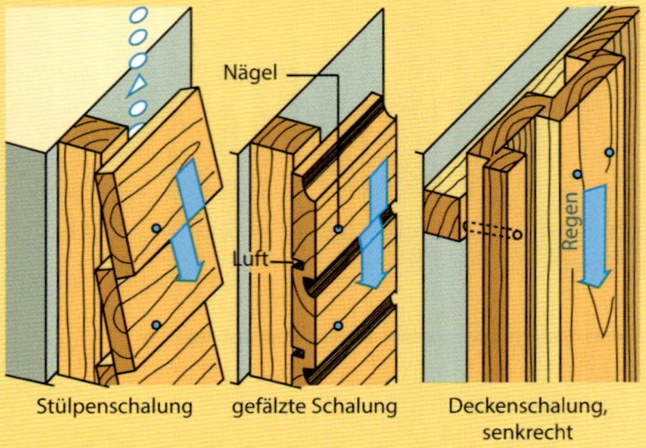
Bretter immer mit der linken Seite aufliegend befestigen, damit die Brettkanten sich nicht beim Werfen von der Unterkonstruktion abstellen.	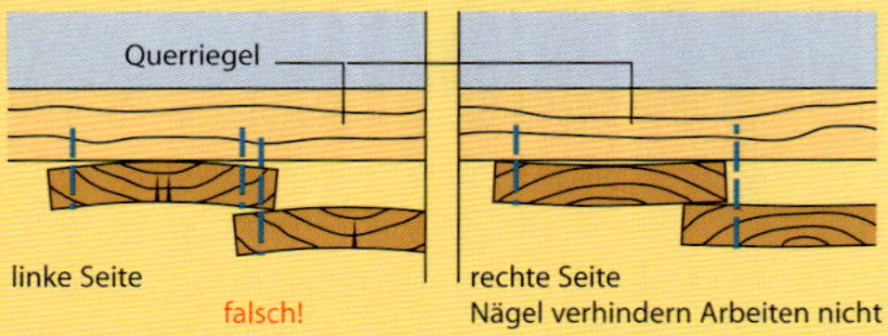
Damit ummauerte Holzteile (z. B. Balkenköpfe) sich bewegen können, müssen sie mit einer Bitumenbahn (V13) unterlegt werden. Des Weiteren schützt die Bitumenbahn das Holz vor Feuchtigkeit.	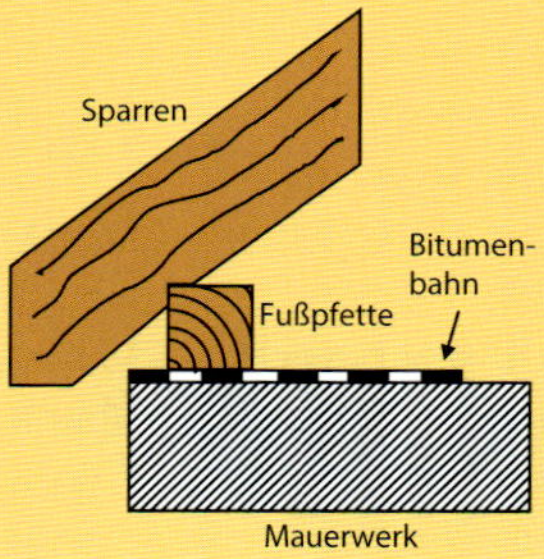

Arbeiten ist selbst bei ausreichender Trocknung zu rechnen, da sich die Holzfeuchtigkeit immer der Luftfeuchtigkeit anpasst.

Beim Einbau von Bauholz muss man Quellen und Schwinden berücksichtigen.

Der Holzfeuchtegrad des Bauholzes soll dem Feuchtegleichgewicht am Verwendungsort entsprechen.

Grundsätzlich gilt: Alle eingebauten Holzteile müssen vor Feuchtigkeit geschützt werden.

Tabelle 5.10: Rohdichte einheimischer Hölzer

Nadelhölzer	Laubhölzer	Rohdichte in kg/m³
Fichte, Kiefer, Tanne	Erle, Linde, Pappel	450–550
Lärche	Ahorn, Kirschbaum	550–650
	Birke, Nussbaum, Ulme, Eiche, Esche, Birnbaum, Rotbuche, Robinie	über 650

5.3.5 Weitere Eigenschaften des Holzes

Zur Unterscheidung der Holzarten dienen Maserung, Farbe und Geruch sowie eine Reihe von technischen Eigenschaften, wie **Dichte, Härte, Festigkeit** und **Dauerhaftigkeit**. Um Holz für die unterschiedlichen Verwendungszwecke beurteilen zu können, müssen dem Dachdecker die technischen Eigenschaften der unterschiedlichen Holzarten bekannt sein.

Dichte

Beim Holz wird zwischen **Dichte** und **Rohdichte** unterschieden:

Die Dichte bezieht sich auf die reine Holzsubstanz (Zellwandsubstanz) ohne Zellhohlräume. Da die Zellwandsubstanz bei allen Holzarten aus dem gleichen Grundstoff besteht, beträgt die Dichte etwa 1,56 kg/dm³. Unter Rohdichte versteht man die Dichte eines Holzes einschließlich der Zellhohlräume. Die Rohdichte des Holzes hängt von der Holzart und dem Feuchtegehalt ab. Die Werte der Rohdichte werden für lufttrockenes Holz angegeben. Die Rohdichte hat Einfluss auf die Festigkeit, Härte, Bearbeitbarkeit und Wärmeleitfähigkeit.

Härte

Unter **Härte** versteht man den Widerstand, den das Holz bei der Bearbeitung mit Werkzeugen entgegensetzt.

Harte Hölzer werden für Holzbauteile verwendet, die hohen mechanischen Beanspruchungen ausgesetzt sind. Mechanisch hoch beanspruchte Bauteile sind z. B. Fußböden, Treppen oder Brückenbeläge.

Je größer die Rohdichte des Holzes und je kleiner der Feuchtegehalt ist, desto größer ist die Härte des Holzes.

Holz, das sehr langsam gewachsen ist und daher dickwandige Zellen hat, ist i. d. R. härter als schnell gewachsenes Holz. Das bedeutet: Hölzer mit großer Dichte sind härter als Hölzer mit geringer Dichte. Unter den europäischen Holzarten sind vor allem Buche und Eiche sehr hart. Grundsätzlich ist Kernholz dichter und härter als Splintholz. In der Praxis wird zwischen Hart- und Weichhölzern unterschieden. Mit einem Versuch kann man die Druckfestigkeit des Holzes in Richtung der Holzfasern und senkrecht dazu ermitteln. Dabei zeigen sich als Ergebnis gerade sichtbare Eindrücke bzw. sichtbare Eindrücke, wie z. B. Risse im Holz.

Darum geht es

Das Arbeiten von Holz kann man nicht verhindern – aber die richtigen Maßnahmen anwenden, um das Holz vor Rissen zu schützen.

Begriffe

- Die **Rohdichte** des Holzes ist die Dichte des Holzes einschließlich der Zellhohlräume.
- Mit **Härte** bezeichnet man den Widerstand, den das Holz bei seiner Bearbeitung mit Werkzeugen entgegensetzt. Unter den europäischen Holzarten sind Eiche und Buche sehr hart.

Tabelle 5.11: Härte verschiedener europäischer Holzarten

Weichhölzer		Harthölzer	
sehr weich	**weich**	**hart**	**sehr hart**
Pappel Linde	Fichte Tanne Kiefer Lärche	Ahorn Eiche Esche Rotbuche	Weißbuche

Dies lässt sich folgendermaßen erklären:

- Das Röhrensystem der Holzfasern wird beim Ausüben eines Drucks in Längsrichtung beansprucht. Die einzelnen Röhren wirken wie Stützen. Daher kann das Holz eine hohe Druckbelastung in Längsrichtung aufnehmen.
- Erfährt das Röhrensystem der Holzfasern in Querrichtung einen hohen Druck, lassen sich die Röhren leicht zusammendrücken. Aus diesem Grund kann das Holz nur eine geringe Druckbelastung in Querrichtung aufnehmen.

Die Druckfestigkeit des Holzes ist vom Faserverlauf abhängig.

Festigkeit

Unter **Festigkeit** des Holzes versteht man seinen Widerstand gegen Verformung durch äußere Kräfte. Wie die Härte nimmt die Festigkeit des Holzes i. d. R. mit steigender Rohdichte zu und mit zunehmender Holzfeuchte ab. Ausschlaggebend für die Festigkeit ist der Winkel, den die Kraft zur Faserrichtung bildet. Vereinfacht kann die Holzstruktur als Röhrenbündel angesehen werden. Die größte Festigkeit haben die Röhren bei Beanspruchung in Faserrichtung (axiale Richtung). Bei Beanspruchung schräg oder rechtwinklig zur Faser sind die Festigkeiten wesentlich geringer. Holz wird in Abhängigkeit von der Art der Beanspruchung nach **Zugfestigkeit, Druckfestigkeit, Schubfestigkeit und Knickfestigkeit** unterschieden.

Die Druckfestigkeit ist geringer als die Zugfestigkeit, wenn Holz in Faserrichtung beansprucht wird, da bei Druckbeanspruchung die Röhren ausknicken. Die Knickfestigkeit hängt von der **Schlankheit** eines Konstruktionsteils ab. Das Verhältnis von Stablänge zur kleinsten Querschnittsabmessung wird als Schlankheit bezeichnet.

Je größer die Schlankheit, desto geringer ist die Knickfestigkeit. Die Festigkeit nimmt mit zunehmendem Feuchtigkeitsgehalt ab. Daher spielt der Feuchtigkeitsgehalt des Holzes eine wesentliche Rolle für die Festigkeit.

Wird das Holzgefüge durch das Ausüben von Druck zerstört, ist die **Festigkeitsgrenze** überschritten. Deshalb dürfen Bauteile aus Holz nur bis zu einer bestimmten Spannung, der **zulässigen Spannung,** beansprucht werden. Die zulässigen Spannungen (nach DIN 1052) richten sich nach der jeweiligen Qualität des Holzes, d. h. nach den Sortierklassen der DIN 4074.

In einer Versuchsreihe kann die Zugfestigkeit des Holzes in Längs- und Querrichtung ermittelt werden. Dabei zeigen sich als Ergebnis keine sichtbaren Formveränderungen bzw. das Holz reißt auseinander.

Dies lässt sich folgendermaßen erklären:

- Das Röhrensystem der Holzfasern wird in Längsrichtung beansprucht und kann somit eine hohe Zugbelastung aufnehmen.
- Das Röhrensystem der Holzfasern wird in Querrichtung beansprucht. Die Röhren lösen sich leicht voneinander, weil sie nur wenig miteinander verbunden sind. Daher reißt das Holz auseinander.

Bei sehr hoher Zugfestigkeit in Faserrichtung und quer zur Faserrichtung kann das Holz nicht auf Zug beansprucht werden.

Dauerhaftigkeit

Natürliche Dauerhaftigkeit ist die dem Holz eigene Widerstandsfähigkeit gegen einen Angriff durch Holz zerstörende Organismen.

Wesentliche Einflüsse auf die Dauerhaftigkeit haben häufige Wechsel zwischen Feuchtigkeit

Abb. 5.16: Baurundholz

Abb. 5.17: Bauschnittholz

und Trockenheit. Die Lebensdauer von Holz, das unter Wasser verbaut (Pfahlbauten) wurde, ist daher höher. Kernholz ist dauerhafter als Splintholz. Die Dauerhaftigkeit des Holzes wird hauptsächlich durch Holzschädlinge (Pilze und Insekten) eingeschränkt. Die Lebensdauer des Holzes kann durch zusätzliche Behandlung mit Holzschutzmitteln verlängert werden.

Tabelle 5.12: Dauerhaftigkeit verschiedener Holzarten

Dauerhaftigkeit	Holzarten
sehr dauerhaft	Robinie, Teak
dauerhaft	Eiche, Eibe
mäßig dauerhaft	Lärche, Kiefer
wenig dauerhaft	Tanne, Fichte
nicht dauerhaft	Birke, Pappel, Buche, Esche

5.4 Holz als Handelsware

Man unterscheidet beim Bauholz zunächst zwischen Rundholz und dem mit Kanten zugeschnittenen Schnittholz. Beides gibt es in unterschiedlichen Längen und Stärken im Handel, ebenso werden unterschiedliche Qualitätsstufen gehandelt. Bei hohen Anforderungen an Güte und Tragfähigkeit wird Konstruktionsvollholz eingesetzt. Holzwerkstoffe werden aus gespantem Holz industriell hergestellt, sie werden für großflächige Beplankungen eingesetzt.

5.4.1 Baurundholz

Baurundholz ist prinzipiell auf Länge gesägtes, entrindetes Holz. Allerdings werden auch Stämme zugeordnet, die einfach oder zweifach in Längsrichtung gesägt wurden. Man spricht von einseitig oder zweiseitig besäumtem Holz. Die verbleibenden Rundholzflächen müssen bei eingebauten Baurundhölzern frei von Bast und Rinde sein. Baurundhölzer werden auf Baustellen nur noch selten für vorübergehende Absprießungen (Stützen) oder als Pfosten verwendet. Baurundholz wird unterschieden in Rundhölzer, Halbrundhölzer, Rundhölzer einseitig besäumt und Rundhölzer zweiseitig besäumt.

Baurundhölzer können Rundhölzer oder Halbrundhölzer sein, die ein- oder auch beidseitig besäumt sind.

5.4.2 Bauschnittholz

Das Schnittholz hat eine weitaus größere Bedeutung als das Baurundholz. Nach DIN 4074 ist Nadelschnittholz ein Holzerzeugnis

■ Begriffe

Die **Festigkeit des Holzes** ist dessen Widerstand gegen Verformung durch äußere Kräfte.

Man unterscheidet: Zugfestigkeit, Druckfestigkeit, Schubfestigkeit und Knickfestigkeit.

→ Die Einteilung der Nutzungsklassen finden Sie in Tabelle 5.17.

@ Links und Literatur

DIN 1052: Entwurf, Berechnung und Bemessung von Holzbauwerken – Allgemeine Bemessungsregeln und Bemessungsregeln für den Hochbau siehe www.baunormen lexikon.de oder www.beuth.de

DIN 4074: Sortierung von Holz nach der Tragfähigkeit – Teil 1: Nadelschnittholz, siehe www.beuth.de

■ Darum geht es

Bauholz unterscheidet man in Baurundholz und Bauschnittholz. Von größerer Bedeutung ist **Bauschnittholz**.

mit einer Dicke von mindestens 6 mm, dessen Querschnitte nach der Tragfähigkeit bemessen werden. Nach den Abmessungen wird Schnittholz eingeteilt in:

- Bretter,
- Bohlen,
- Latten,
- Kanthölzer.

Um einen Stammquerschnitt voll ausnutzen zu können, werden diese in Ganz-, Halb- oder Viertelhölzer (Kreuzholz) eingeschnitten. Man erkennt diese an den (noch) sichtbaren Teilen der Jahresringe, so zeigt sich am Viertelholz nur ¼ der ursprünglich kreisförmigen Jahresringe.

Je nach dem Sägeschnitt aus dem Stamm unterscheidet man beim Bauholz Ganz-, Halb- und Viertelholz.

Im Folgenden werden in jeweils einer Übersicht zunächst die von Dachdeckern überwiegend verarbeiteten handelsüblichen Nadelhölzer dargestellt. Zur Unterscheidung unterschiedlicher Nadelholzschnitthölzer nach Maßen und auch deren Verwendungszweck gibt eine weitere Übersicht (Tab. 5.14) Auskunft.

Nadelschnittholz wird, je nach Abmessung, in Balken, Bohlen, Bretter und Latten unterschieden.

5.4.3 Sortierklassen für Nadelschnittholz

Da Bauschnittholz vielfach als tragendes Bauteil verwendet wird und hohen Anforderungen bezüglich der Tragfähigkeit ausgesetzt ist, muss bei der Auswahl des Bauholzes beachtet werden, in welchem Maße Baumkanten, Äste, Jahresringbreite und andere Merkmale die Tragfähigkeit beeinträchtigen. Die Tragfähigkeit des Schnittholzes wird nach der DIN 4074 nach Sortiermerkmalen festgestellt/eingeteilt. Bei der Sortierung wird von 11 Sortiermerkmalen ausgegangen.

Diese Merkmale sind:

- Baumkante,
- Druckholz,
- Äste,
- Insektenfraß,
- Jahresringbreite,
- Mistelbefall,
- Faserneigung,
- Krümmung,
- Risse,
- Markröhre,
- Verfärbungen.

Das Bauschnittholz kann nach 2 unterschiedlichen Methoden sortiert werden. Es gibt die **visuelle und die maschinelle** Sortierung.

Bei der **visuellen Sortierung (S)** wird das Schnittholz nach Augenschein in 3 Sortierklassen eingeteilt. Diese Sortierklassen S 7, S 10 und S13 entsprechen der zulässigen Biegefestigkeit des Schnittholzes nach DIN 1052. Bei der **maschinellen Sortierung (MS)** werden die Eigenschaften durch besonders zugelassene Sortiermaschinen festgestellt. Neben den Sortierklassen C 16 M, C 24 M, C 30 M werden die Sortierklassen C 35 M, C 40 M, für Schnittholz mit besonders hoher Tragfähigkeit, unterschieden. Für maschinell sortiertes Schnittholz gelten gemäß DIN 1052 teilweise erhöhte zulässige Spannungen.

Schnittholz wird nach Augenschein in 3 Schnittklassen visuell sortiert. Bei der maschinellen Sortierung stellen spezielle Sortiermaschinen die Sortierklassen fest.

Unter Berücksichtigung der Eigenschaften bezeichnen die Sortierklassen und Festigkeitsklassen die Tragfähigkeit der Nadelschnitthölzer. Die Zahlen, die in der Abkürzung angegeben werden, geben den Wert der zulässigen Biegespannung an.

! Praxisbeispiel

Aufgabe
Was bedeutet im Zusammenhang mit Bauholz S 10?

Lösung
S 10 ist Bauschnittholz, das mit einer zulässigen Biegespannung von 10 N/mm² über normale Festigkeit verfügt.

Tabelle 5.13: Handelsübliche Schnitthölzer

Maße	**Breite × Höhe**					
Kanthölzer in cm	6/6 6/8 6/12	8/8 8/10 8/12 8/16	10/10 10/12	12/12 12/14 12/16	14/14 14/16	16/16 16/18
Balken in cm	10/20 10/22	12/20 12/24	16/20	18/22	20/20 20/24	
Dachlatten in mm		24/48	30/50	40/60		
ungehobelte Bretter in mm	16	18	22	24	28	38
ungehobelte Bohlen in mm	44	48	50	63	70	75

Tabelle 5.14: Unterscheidung Nadelschnittholz

Holzart	**Verwendungszweck**	**Maße**	**Darstellung**
Kanthölzer und Balken **Kanthölzer** haben einen quadratischen oder rechteckigen Querschnitt. Die Querschnittsbreite beträgt mehr als 40 mm und die Querschnittshöhe höchstens das Dreifache der Breite. **Balken** Bei einem Balken beträgt die größte Querschnittsbreite mehr als 20 cm. Es gelten die gleichen Breiten- und Höhenverhältnisse wie bei Kanthölzern.	Verschalungen, Unterkonstruktionen usw. Dachkonstruktionen, Fachwerk usw.	Kantholz einschl. Balken $b \leq h \leq 3\,b$ $b > 40$ mm	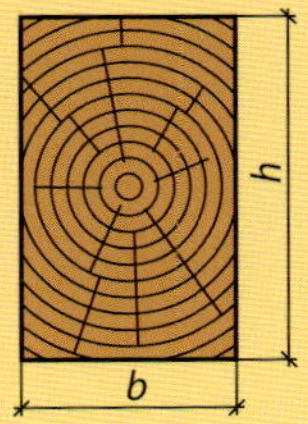
Bohlen Bohlen haben eine Mindestdicke von mehr als 40 mm und eine Breite von mehr als 120 mm.	Gerüstbau, Abdeckungen usw.	Bohle $d > 40$ mm $b > 3\,d$	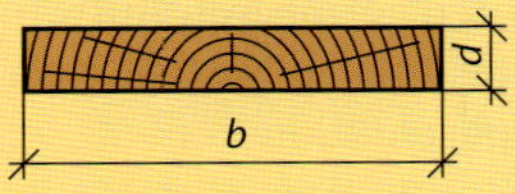
Bretter Bretter können eine Dicke von bis zu 40 mm aufweisen und sind mindestens 80 mm breit, Mindestdicke: 6 mm.	Verschalungen, Deckunterlage bei Dacheindeckungen usw.	Brett $d \leq 40$ mm $b \geq 80$ mm	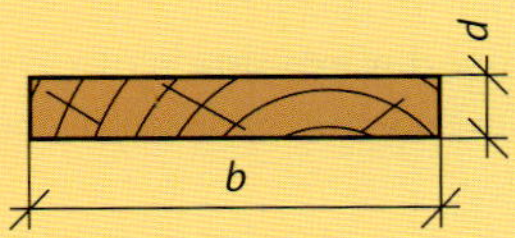
Latten Latten sind bis zu 40 mm dick und die Breite beträgt weniger als 80 mm. Lattenmaße: 24 mm × 48 mm, 30 mm × 50 mm, 40 mm × 60 mm	Konterlattung, Dachlattung, Unterkonstruktion usw.	Latte $d \leq 40$ mm $b < 80$ mm	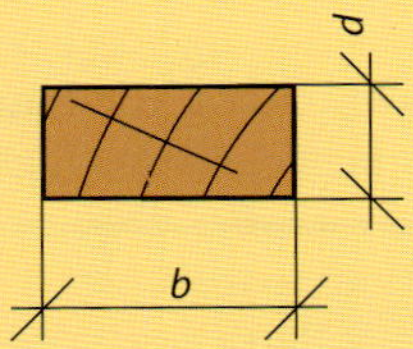

Tabelle 5.15: Sortierklassen nach DIN 4074 und Eigenschaften

visuelle Sortierung (S)	maschinelle Sortierung (M)	Festigkeitsklasse nach DIN EN 338/ DIN 1052 (C)	Eigenschaft
S 7*[1)]	C 16 M*	C 16	geringe Festigkeit
S 10	C 24 M	C 24	normale Festigkeit
S 13	C 30 M	C 30	erhöhte Festigkeit
	C 35 M	C 35	besonders hohe Festigkeit
	C 40 M	C 40	besonders hohe Festigkeit

* nicht für Latten

[1)] für Bauschnittholz mit gewöhnlicher Anwendung nicht von Bedeutung

Tabelle 5.16: Standardquerschnitte für Konstruktionsvollholz

Breite in mm	Höhe in mm					
60	120	140	160	180	200	240
80	120	140	160	180	200	240
100	120	140	160	180	200	240
120	120	140	160	180	200	240

Das Bauprodukt **Konstruktionsvollholz (KVH)** wurde geschaffen, um moderne Holzkonstruktionen, insbesondere sichtbare Holzbauteile, durch geringeren Aufwand und mangelfreier Ausführung herstellen zu können. Dieses Konstruktionsvollholz ist ein güteüberwachtes Schnittholz aus Nadelholz der Sortierklasse S 10, an das gegenüber der DIN 4074 zusätzliche oder erhöhte Anforderungen gestellt werden. Solche Anforderungen sind z. B.:

- Holzfeuchte von ca. 15 %,
- herzfreier oder herzgetrennter Einschnitt,
- Beschränkung von Rissbreiten,
- Beschränkung von Baumkanten,
- gehobelte, gefaste Oberfläche.

Konstruktionsvollholz ist eine Bezeichnung für veredelte Bauschnitthölzer, ein spezielles Bauholz mit definierten, über die Anforderungen der DIN hinausgehenden Qualitätseigenschaften.

Den Zusammenhang zwischen den Nutzungsklassen, den Umgebungsbedingungen und der Holzfeuchte zeigt Tab. 5.17.

Tabelle 5.17: Nutzungsklassen

NKL	Bedingungen	Holzfeuchte
1	im Schnitt 65 % relative Luftfeuchte (Holz in allseitig geschlossenen und beheizten Räumen)	5–15 %
2	im Schnitt 85 % relative Luftfeuchte (Holz im überdachten Außenbereich)	10–20 %
3	Die relative Luftfeuchte liegt im Schnitt wesentlich über 85 %. (Holz für Konstruktionen, die der Witterung ausgesetzt sind)	12–24 %

5.4.4 Holzwerkstoffe, Furniere und Hobelwaren

Holzwerkstoffe sind **plattenförmige** oder **stabförmige** Produkte mit gleichmäßigen, der Verwendung angepassten Eigenschaften. Sie werden aus dünnen Holzschichten gleicher oder unterschiedlicher Dicke, aus Holzspänen oder Holzfasern hergestellt. Diese werden, meist unter Zugabe von Klebstoffen oder anderen Bindemitteln, unter Druck zu Holzwerkstoffen zusammengefügt. Zu den Holzwerkstoffen gehören z. B.:

Furnierschichtholz, Tischlerplatten, Holzspanplatten, Holzfaserplatten.

Da Holzwerkstoffe i. d. R. so aufgebaut sind, dass das Arbeiten des Holzes stark eingeschränkt wird, können großflächige Holzkonstruktionen damit hergestellt werden. Je nach Anwendungsbereich der Holzwerkstoffe müssen sie unterschiedlich feuchtebeständig sein. Nach der maximalen Plattenfeuchte im Gebrauchszustand werden die Holzwerkstoffe in 3 Holzwerkstoffklassen eingeteilt. Die Feuchtebeständigkeit ist vom verwendeten Klebstoff abhängig. Bei der Holzwerkstoffklasse 100 G wird ein Holzschutzmittel gegen Holz zerstörende Pilze dem Klebstoff beigemischt.

Furniere

Furniere sind dünne Holzblätter, die durch Schälen, Messern oder Sägen von einem Stamm oder Stammteil abgetrennt werden. Nach Art der Verwendung unterscheidet man zwischen **Deckfurnieren** und **Absperrfurnieren**.

Deckfurniere werden beidseitig auf Platten aufgeleimt und dienen zum Verschönern und Veredeln von Holzflächen.

Absperrfurniere sollen das Arbeiten von Holzflächen verhindern oder einschränken.

Sperrholz (Furnierplatten, Tischlerplatten)

Als **Sperrholz** werden Platten bezeichnet, die aus mindestens 3 kreuzweise verleimten Holzlagen bestehen, die ein Werfen/Verziehen verhindern. Das Arbeiten des Holzes wird durch die kreuzweise Verleimung eingeschränkt, da die richtungsabhängigen Quell- und Schwundrichtungen der einzelnen Holzlagen entgegengesetzt verlaufen und sich dadurch gegenseitig absperren. Im Gegensatz zum Vollholz ist die Belastbarkeit in Längs- und Querrichtung nicht so unterschiedlich. Um ein Verziehen der Platten zu verhindern, müssen sie symmetrisch aufgebaut sein.

Furniersperrholz besteht aus mindestens 3 oder mehr Furnierlagen. Wetterbeständiges Baufurniersperrholz trägt die Bezeichnung BFU 100 und unterliegt der Norm EN 636.

Stabsperrholz oder **Stäbchen-Sperrholz** besteht aus einer Mittellage aus verleimten Holzstreifen und ist mit mindestens 2 Sperrfurnieren aufgebaut. Der Unterschied liegt darin, dass beim Stabsperrholz 24 bis 30 mm breite Stäbe die Mittellage bilden und beim Stäbchensperrholz Rundschälfurniere von einer Dicke bis 8 mm.

Sperrholz wird aufgrund der guten Festigkeit hauptsächlich als Schalmaterial oder für den Innenausbau verwendet. Die Einsatzmöglichkeit ist von den verwendeten Holzarten, der Verleimungsart und der Oberflächenbeschaffenheit abhängig.

Mehrschichtplatten bestehen aus 3 oder 5 kreuzweise miteinander

@ Links und Literatur

Weitere Informationen zur DIN 1052: Entwurf, Berechnung und Bemessung von Holzbauwerken – Allgemeine Bemessungsregeln und Bemessungsregeln für den Hochbau Ausgabe 2008-12 finden sich auf www.baunormenlexikon.de.

Darum geht es

- Die **Sortierung des Holzes** unterscheidet man in visuelle Sortierung (S) und in maschinelle Sortierung (MS).
- Bauholz für tragende Bauteile muss mit einer CE-Kennzeichnung versehen sein.
- **Holzwerkstoffe** sind platten- oder stabförmige Produkte mit gleichmäßigen, der Verwendung angepassten Eigenschaften. Zu den Holzwerkstoffen gehören u. a.:
  - Furnierschichtholz,
  - Tischlerplatten,
  - Holzspanplatten,
  - Holzfaserplatten.

Tabelle 5.18: Holzspanplatten

Flachpressplatten	werden einschichtig oder mehrschichtig hergestellt. Bei mehrschichtigen Platten bestehen die Außenschichten aus feineren Spänen. Je nach Oberfläche wird in geschliffene und ungeschliffene Platten unterschieden. Plattentypen werden nach der Qualität der Verleimung in Holzwerkstoffklassen eingeteilt, z. B. wetterfest verleimt und geschützt gegen Pilze und Insekten: V 100 G. Flachpressplatten werden für Dachschalungsplatten, Wand- und Deckenbekleidung usw. verwendet. Flachpressplatten mit Nut und Feder werden vorwiegend für Fußboden-Verlegeplatten verwendet.
Strangpressplatten	werden einschichtig hergestellt und besitzen durchgehend Späne gleicher Größe. Hergestellt werden Strangpressplatten als Vollplatten oder Röhrenplatten. Die Oberflächen können beplankt, furniert, beschichtet, geschliffen oder ungeschliffen sein. Die Platten werden im Innenausbau eingesetzt, z. B. für Zimmertüren.
Langspanplatten	auch OSB-Platten genannt (oriented strand boards), sind Flachpressplatten, die aus langen schlanken Längsspänen in Furnierdicke bestehen. Damit die Platte in Längsrichtung eine größere Biegefestigkeit aufweist, liegen durch eine besondere Streuung die langen Flachspäne in den Außenschichten vorwiegend in Längsrichtung und in der Mittelschicht in Querrichtung der Platte. OSB-Platten werden aufgrund der Struktur in der Sichtfläche meist für Wände, Decken und Fußböden verwendet.

Tabelle 5.19: Holzfaserplatten

Poröse Holzfaserplatten	werden bei der Herstellung nicht oder leicht gepresst und haben wegen ihres lockeren Gefüges nur eine geringe Rohdichte. Diese Holzfaserplatten werden hauptsächlich für Wärme- und Schalldämmung oder schallschluckende Werkstoffe verwendet.
Harte Holzfaserplatten	sind gepresste Faserplatten mit einer guten Rohdichte. Sie haben eine glatte Oberfläche und eine Siebseite auf der Rückseite. Verwendet werden harte Holzfaserplatten meist für Trennwände, Decken- oder Wandverkleidungen.
Mittelharte (mitteldichte) Holzfaserplatten	werden wegen ihrer glatten Oberfläche im Innenausbau für Verkleidungen oder im Möbelbau eingesetzt.
Bitumen-Holzfaserplatten	sind poröse Faserplatten, denen zur Verbesserung der Feuchtebeständigkeit Bitumen zugegeben wird. Sie werden genau wie die porösen Holzfaserplatten hauptsächlich für Wärme- und Schalldämmung bei Wänden und Böden verwendet.

verleimten Brettlagen aus Nadelholz. Sie werden aufgrund ihrer großformatigen Plattengröße vorzugsweise als aussteifende Lage im Holztafelbau verwendet.

Spanplatten sind Holzwerkstoffe, die aus Holzspänen mit Kunstharz als Bindemittel unter Wärme und Druckeinwirkung hergestellt werden. Werden Spanplatten nur aus Holzspänen hergestellt, bezeichnet man diese als Holzspanplatten. Je nach Art der Herstellung werden unterschieden:

Holzfaserplatten werden aus Holzfasern hergestellt. Sie erhalten ihren Zusammenhalt durch Verfilzung der Fasern und durch Bindekraft fasereigener oder zugesetzter Klebstoffe. Durch unterschiedlichen Druck, Temperaturen und Zugabe von z. B. Kunstharz, Wachs oder Bitumen erzielt man unterschiedliche Eigenschaften. Man unterscheidet:

Holzwerkstoffe für tragende Bauteile

Holzwerkstoffe wurden bisher für Decken, Wände und aussteifende Beplankungen von Tragwerken verwendet. Für tragende Bauteile wie Stützen, Scheiben, Pfetten, Balken oder Fachwerkstäbe werden die Holzwerkstoffe Furnierschichtholz, Spanstreifenholz und Furnierstreifenholz eingesetzt. **Holzwerkstoffe mit mineralischen Bindemitteln** wie Zement, Gips oder Magnesit kommen dort zum Einsatz, wo höhere Anforderungen an den Brandschutz gestellt werden. Der Vorteil zementgebundener

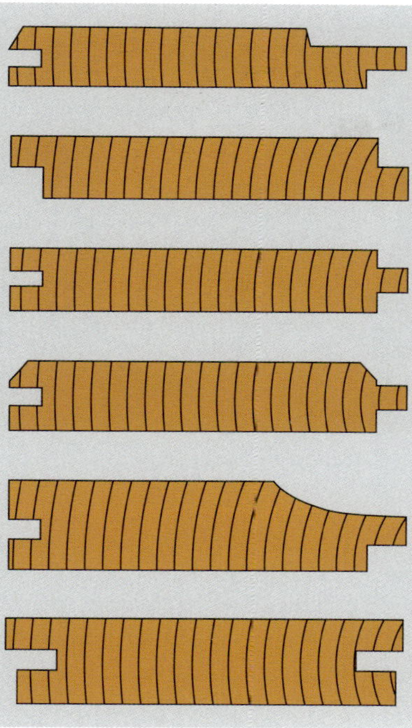

Abb. 5.18: Halbfertigerzeugnisse

Platten ist außerdem die Feuchteunempfindlichkeit. Es wird zwischen zementgebundenen Flachpress- und Holzwolleleichtbauplatten unterschieden.

! Praxisbeispiel

Aufgabe

In der DIN E 13986 sind Holzwerkstoffe nach ihrer technischen Klasse in Bezug auf Eignung und Nutzungsklasse geregelt.

Welche Voraussetzungen müssen Holzwerkstoffe erfüllen, wenn sie diese als Unterlage für Dachdeckungen oder Dachabdichtungen verwenden wollen?

Lösung

Holzwerkstoffe, die als Unterlage für Dachdeckungen oder Dachabdichtungen verwendet werden, müssen eine Mindestdicke von 22 mm aufweisen und für die Nutzungsklasse 2 geeignet sein.

Halbfertigerzeugnisse sind Hölzer, die bis auf die Oberflächenbehandlung einbaufertig und vorprofiliert sind. Vorprofilierte genormte Hölzer können in großen Mengen hergestellt werden und sind dadurch günstiger als Hölzer in der Selbstherstellung. Die bekanntesten Halbfabrikate sind z. B. Fasebretter, gehobelte Kanthölzer, Dielenbretter, Stülpschalungsbretter, gespundete Bretter, Fußleisten, Kehlleisten usw.

5.5 Holzschädlinge und Holzschutz

Wenn Pilze oder Insekten Holz befallen, ist das mehr als ein Schönheitsfehler: Holz verliert seine Festigkeit bis hin zur Zerstörung. **Vorbeugender Holzschutz** verhindert den tierischen oder pflanzlichen Befall. Bauliche Maßnahmen zum Schutz des eingebauten Holzes nennt man **konstruktiven Holz-**

Darum geht es

- **Holzspanplatten** werden aus Holzspänen mit Kunstharz als Bindemittel hergestellt. Man unterscheidet Flachpressplatten, Strangpressplatten und Langspanplatten.
- **Holzfaserplatten** stellt man aus Holzfasern her. Der Zusammenhalt entsteht durch Verfilzung der Fasern und durch die Bindekraft fasereigener oder zugesetzter Klebstoffe.
- Holzschutz dient dem Schutz vor Schädigung oder Zerstörung.
  - **Vorbeugender Holzschutz** verhindert den tierischen oder pflanzlichen Befall.
  - **Konstruktiver Holzschutz** bezeichnet die baulichen Maßnahmen zum Schutz des eingebauten Holzes.
  - **Chemischer Holzschutz** ist die zusätzliche Verwendung von Holzschutzmitteln.
- **Pflanzliche Holzschädlinge** (Pilze) oder tierische Holzschädlinge (Insekten) sind keine „Schönheitsfehler". Befallenes Holz verliert fast immer an Festigkeit oder wird bis zum völligen Zerfall zerstört. Die gefährlichsten Schädlinge sind der **Echte Hausschwamm** und der **Hausbockkäfer**.

Abb. 5.19: Tierische Holzschädlinge

Abb. 5.20: Pflanzliche Holzschädlinge

schutz. **Chemischer Holzschutz** ist die zusätzliche Verwendung von Holzschutzmitteln.

5.5.1 Holzschädlinge

Pflanzliche (Pilze) oder tierische Holzschädlinge (Insekten) können Holz befallen und zerstören. Befallenes Holz verliert fast immer an Festigkeit oder wird bis zum völligen Zerfall zerstört.

Pflanzliche Holzschädlinge sind z. B. **Holzfäulepilze**. Diese entwickeln sich aus Pilzsporen (Keimen), die auf dem Holz oder Rissen im Holz vorhanden sind. Bei ausreichend hoher Feuchtigkeit (Holzfeuchte > 18 %) und Wärme wachsen zunächst einzelne farblose oder dunkel gefärbte Zellfäden (Hyphen), die auf dem Holz ein Myzel (Geflecht von unzähligen dünnen Fäden) ausbilden. Durch Ausscheidung von Enzymen (Stoffen) werden die Zellwände des Holzes angegriffen und Fäulnis des Holzes verursacht. Der Entwicklungszyklus beginnt von Neuem bei der Bildung eines Fruchtkörpers, in dem sich neue unzählige winzige Sporen entwickeln. Myzelstränge können auch holzfreie Bauteile überwachsen und durch poröse Baustoffe hindurchwachsen.

Zu den **tierischen Holzschädlingen** gehören Holz zerstörende Insekten wie Käfer-, Falter- oder Wespenarten. Sie zerstören entweder den stehenden Baum oder gelagertes, verbautes Holz. Der befallene Baum wird durch ihren Fraß im Wachstum gestört, der technische Wert des Holzes gemindert oder das Holz ganz zerstört. In der Entwicklungsphase der Holz zerstörenden Insekten sind es bei Käfern und Wespen die Larven und bei den Faltern die Raupen, die das Holz schädigen. Baum- und Forstschädlinge nennt man Holzschädlinge, die nur stehendes Holz befallen. Zu diesen Holzschädlingen gehören z. B. der Kiefernspinner, der Borkenkäfer und die Holzwespe. Von den schädlichen Insekten sind hierzulande nur die Käfer von Bedeutung. Durch den **Holzfraß der Larven** werden Schäden am Holz verursacht, da ihre Bohrgänge die Tragfähigkeit des Holzes sehr stark verringern (Abb. 5.19). Zu den tierischen Holzschädlingen gehören insbesondere folgende zu den häufig vorkommenden Arten (Tab. 5.20):

Pflanzliche Holzschädlinge sind neben dem gefährlichen Hausschwamm u. a. der Braune Kellerschwamm, der Weiße Porenschwamm, die Rot- und die Blaustreifigkeit.

Der sehr schädigend-gefährliche Holzschädling Hausbockkäfer ist im Regelfall erst erkennbar durch die Ausfluglöcher bereits geschlüpfter Larven.

Tierische Holzschädlinge sind Holz zerstörende Insekten, Käfer, Falter- und Wespenarten.

Tabelle 5.20: Holzschädlinge

tierische Holzschädlinge (Insekten)		pflanzliche Holzschädlinge (häufig vorkommende Pilze)	
Beschreibung	**Abb.**	**Beschreibung**	**Abb.**
Hausbock Der **gefährlichste** Schädling ist der **Hausbockkäfer,** der nur verbautes Nadelholz befällt. Larven, die aus Eiern in Rissen und Spalten der Hölzer abgelegt wurden, fressen sich ausschließlich durch Splintholz und bleiben unter der Oberfläche des Holzes. Daher wird die Holzzerstörung erst durch die Ausfluglöcher der ausgeschlüpften Käfer entdeckt. Das Holz kann durch Larvenfraß während der Entwicklung zum vollständigen Insekt (3 bis 8 Jahre) völlig zerstört werden. Erkennungsmerkmal für Hausbockkäferbefall sind die ovalen Ausfluglöcher und das lockere Bohrmehl, das bei der Öffnung der Gänge aus den genagten Löchern oder durch Aufplatzen der dünnen Oberfläche rieselt.		**Echter Hausschwamm** ist der gefährlichste Pilz, der verarbeitetes Holz zerstören kann. Er befällt vorwiegend Nadelholz, kann aber auch Laubholz angreifen (Ausnahme: die Eiche). Der Pilz verursacht Braunfäule durch den bevorzugten Celluloseabbau. Das Holz zerfällt erst in würfelförmige Stücke und lässt sich schließlich im Endzustand zu Pulver zerreiben. Braunfaules Holz verliert jegliche Tragfähigkeit. Der Echte Hausschwamm tritt bevorzugt in Altbauten auf, meist im Keller oder Erdgeschoss. Seine Gefährlichkeit liegt darin, dass er eine außerordentliche Zerstörungskraft besitzt und sehr schnellwüchsig ist. Die Myzelstränge sind weit verzweigt, sodass die Stränge das Mauerwerk durchwachsen und nur sehr schwer zu bekämpfen sind. Ihn erkennt man an dem watteartigen, weißen Luftmyzel – gelegentlich auch gelblich oder rötlich gefleckt –, den weißgrauen Strängen und den fleischigen fladenartigen Fruchtkörpern mit weißem Zuwachsrand. Der Echte Hausschwamm kann längere Zeit ohne Nahrung, Feuchtigkeit und Wärme überstehen, sogar die zum Wachstum benötigte Feuchtigkeit selbst erzeugen und dadurch auf trockenes Holz übergreifen. Wegen seiner Gefährlichkeit müssen nach einem Befall umfassende Maßnahmen zur Sanierung getroffen werden. Befallenes Holz muss ausgebaut und verbrannt werden, das Mauerwerk muss abgeflammt werden und Schutzimprägnierungen müssen aufgebracht werden.	
Der **gewöhnliche Nagekäfer** (kleiner Holzwurm) ist der **Gefährlichste** unter den vielen Arten der Nage-, Klopf- oder Pochkäfer. Man findet ihn in verarbeitetem oder verbautem Nadel- oder Laubholz, meist im Splintholz. Das befallene Holz wird als wurmstichig bezeichnet. Durch ihn entstehen große Schäden, da die Larven bis zu ihrer Entwicklung 2 bis 8 Jahre benötigen. Der gewöhnliche Nagekäfer (Klopfkäfer) zerstört vor allem Holz von Möbeln und Innenausbauten (z. B. Treppenstufen) mit hohem Feuchtegehalt und tritt im Massenbefall auf. Das Erkennungsmerkmal für den Befall sind die vielen siebartig angeordneten kleinen Bohrlöcher mit einem Durchmesser von ca. 2 mm sowie Bohrmehlhaufen auf dem Boden und klopfartige Geräusche.		Der **Braune Keller- oder Warzenschwamm** befindet sich meist in Neubauten, da er feuchtes Holz (ca. 50 bis 60 % Holzfeuchtigkeit) oder nasses Mauerwerk bevorzugt. Er wächst schnell und verfügt über eine außerordentliche Zerstörungskraft. Wird die Feuchtequelle rasch eingedämmt, kann er selbst keine Feuchtigkeit erzeugen und auch die Gefahr, Mauerwerk zu durchwachsen, ist geringer. Er stirbt bei Austrocknung ab. Der Kellerschwamm hat ein Strangmyzel mit schwarzbrauner Färbung und fächerartigen, flach anliegenden (spinnwebartigen) Strängen. Der Fruchtkörper ist durch die Sporen braun gefärbt, flach und krustenförmig. Der Kellerschwamm weist auf der Oberfläche kleine warzenartige Erhebungen auf und erzeugt Braunfäule.	

Tabelle 5.20: Holzschädlinge (Fortsetzung)

tierische Holzschädlinge (Insekten)		**pflanzliche Holzschädlinge (häufig vorkommende Pilze)**	
Beschreibung	**Abb.**	**Beschreibung**	**Abb.**
Zu den **Splintholzkäfern** zählt auch der Parkettkäfer. Er befällt nur den Splint von außereuropäischen Laubholzarten. Die Größe des Käfers ist in etwa vergleichbar zur Größe der Nagekäfer. Oft ist der Befall nur schwer erkennbar, da die Fraßgänge mit feinstem Fraßmehl verstopft werden. Aufgrund der kurzen Entwicklungszeit (4 bis 18 Monate) und weil der Käfer nur Holz mit geringer Holzfeuchte befällt, kann er sich schnell ausbreiten.		Ein weiterer Hauspilz ist der **Weiße Porenschwamm**, der wie der Kellerschwamm eine hohe Holzfeuchtigkeit benötigt und daher leichter als der Echte Hausschwamm zu bekämpfen ist. Befallen werden vornehmlich Nadelhölzer, bei denen eine Braunfäule erzeugt und das befallene Holz anschließend würfelbrüchig wird. Die Fruchtkörper sind weißlich, im Alter cremefarbig, kristallartig verzweigt und häufig in Gebäuden zu finden. Die Stränge des weißen Porenschwammes sind glatt, dünn und ebenfalls weiß. Auf der Oberfläche befinden sich eckige, unregelmäßig angeordnete Poren.	
Holzwespen sind weniger gefährlich, da sie nur stehendes Nadelholz oder frisch gefällte Stämme befallen. Erkennungszeichen: runde Ausfluglöcher (4 bis 7 mm) und die mit Bohrmehl verstopften Fraßgänge der Larven im Holz. Holzwespen können auch im verarbeiteten, gefällten oder geschnittenen Holz ausfliegen, da die Entwicklung der Larven bis zur Wespe 2 bis 4 Jahre dauern kann. Schäden entstehen dadurch, dass sie sich stets nach oben durchfressen und ebenfalls den Bodenbelag durchfressen.		**Rotstreifigkeit** kommt vor allem bei frisch gefällten Fichten vor. Besonders gefährdet sind unentrindete, feucht lagernde Stämme. Die Rotstreifigkeit wird durch Pilze verursacht, die sich von den Inhaltsstoffen der Zellen und von den Zellwänden ernähren. Rotstreifigkeit reicht von leichter rötlicher Verfärbung an einigen Stellen bis hin zur Rotfärbung des ganzen Stammes. Die Festigkeit des Holzes wird gemindert. Es darf daher nur für Bauteile verwendet werden, die keinen besonderen Belastungen ausgesetzt sind.	
		Die **Blaustreifigkeit** bzw. die **Verblauung des Holzes** wird vom Bläuepilz verursacht, der aber kein Holz zerstörender Pilz ist. Kiefernholz ist besonders gefährdet. Die Bläuepilze entstehen meist dann, wenn das Holz zu lange mit Rinde liegen bleibt oder frische Schnittware zu früh gestapelt wird. Die Pilze besiedeln das Splintholz und ernähren sich dort von den Inhaltstoffen der Holzzellen. Blaustreifigkeit führt zu keinem Festigkeitsverlust des Holzes, sondern beeinträchtigt nur das Aussehen. Verblautes Holz ist leichter anfällig gegen andere Pilze. Bei hoher Holzfeuchte können Anstrichschichten durch den Bläuepilz ihre Zweckmäßigkeit verlieren und Fäulnis entstehen.	

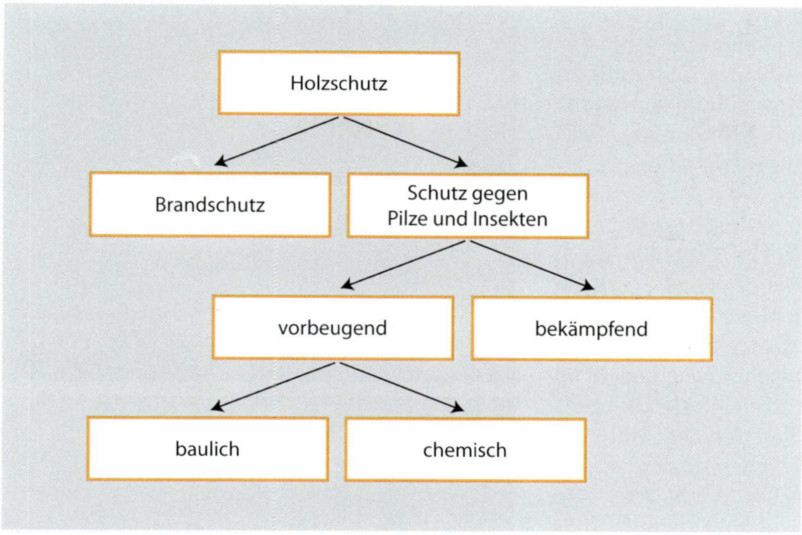

Abb. 5.21: Holzschutzarten

5.5.2 Maßnahmen zum Schutz des Holzes

Als Holzschutz werden Maßnahmen bezeichnet, die Holz- oder Holzwerkstoffe vor der Zerstörung durch Pilze oder Insekten schützen. Man unterscheidet verschiedene Möglichkeiten für den Holzschutz im Außenbereich.

Tabelle 5.21: Vorbeugender Holzschutz im Außenbau

Holzschutz	Beschreibung
physikalisch	Schutzanstrich zum Schutz vor Wasserzutritt (Fensteranstrich)
konstruktiv	Schutz der Konstruktion vor Wasserzutritt (Schutz des Hirnholzes vor Regen)
natürlich	Verwendung von widerstandsfähigem Holz (Kernholz von einer Eiche)
chemisch	chemische Holzschutzmittel einbringen (Insektizide, Fungizide)

Vorbeugender Holzschutz

Holzschutz, der den Befall des Holzes und der Holzwerkstoffe verhindert, wird als **vorbeugender Holzschutz** bezeichnet. Diese Maßnahmen sind vor allem darauf ausgerichtet, Holzfäulnis und Insektenbefall durch Feuchtigkeit zu verhindern. Zum vorbeugenden Holzschutz gehört auch, dass nur gesundes und trockenes Holz eingebaut wird, frei von Rinde und Bast.

Beim **Holzschutz durch bauliche Maßnahmen** wird durch **konstruktive Maßnahmen** zum Schutz gegen Schädlingsbefall eine Durchfeuchtung verhindert und eine rasche Ableitung des Wassers bzw. Trocknung der Konstruktion ermöglicht (siehe auch Abb. 5.22). Holz, das im Freien verwendet wird, sollte so verarbeitet werden, dass es gegen Niederschlagswasser geschützt ist. Dies wird erreicht durch große Dachüberstände, Sockelrücksprung und die Überdeckung des saugfähigen Hirnholzes bei Pfetten- und Sparrenköpfen. Zum Schutz vor Spritzwasser muss der Abstand vom Bo-

Begriffe

Holzschutz, der dafür sorgt, dass Holz und Holzwerkstoffe nicht von Schädlingen befallen werden, ist **vorbeugender Holzschutz**.

Darum geht es

Baulicher Holzschutz geht vor chemischem Holzschutz.

den zum Pfosten oder anderen Holzbauteilen mindestens 30 cm betragen. Bauweisen, bei denen das Regenwasser schnell und vollständig ablaufen kann, sollten zur Anwendung kommen, wenn die Holzkonstruktion nicht vor Regenwasser geschützt werden kann. Dieses wird z. B. durch schräge Unterkanten der Außenverschalung und Wassernasen bei vorspringenden Holzbauteilen erreicht. Bei Holzbauteilen, die der Witterung ausgesetzt sind, sollten Anstriche verwendet werden, die nicht die Poren verschließen. Diese offenporigen Anstriche ermöglichen das Verdunsten eingedrungener Feuchtigkeit aus dem Holz. Hölzer die im Mauerwerk aufliegen, müssen unterseitig eine Sperrschicht (Bitumenbahn) erhalten, um eine Aufnahme der Feuchtigkeit aus dem Mauerwerk zu verhindern. Die Hirn- und Seitenflächen von Balkenköpfen müssen einen Abstand von 2 cm haben, damit der Balkenkopf gut umlüftet wird. Hier ist darauf zu achten, dass kein Mörtel in die Zwischenräume gefüllt wird. Um Wärmebrücken zu vermeiden, sollte vor dem Balkenkopf eine Wärmedämmung angebracht werden.

Nach DIN 68800 müssen Holzbauteile, die zur Standsicherheit beitragen und besonders gefährdet sind, zusätzlich mit **chemischen Holzschutzmitteln** versehen werden. Diese Maßnahmen sind nur erforderlich, wenn das Holz der Gefahr von Bauschäden durch Insekten und/oder der Gefährdung von Pilzen ausgesetzt ist. Je nach Anwendungsbereich und dem Ausmaß der Gefährdung werden die Holzbauteile in Gefährdungsklassen eingeteilt. Durch diese Einteilung in Gebrauchsklassen wird auch gleichzeitig die Anforderung an das Holzschutzmittel festgelegt. Holzschutz mit chemischen Mitteln ist eine Ergänzung zum baulichen Holzschutz. Die Wahl der geeigneten Schutzbehandlung mit Holzschutzmitteln und der erforderlichen Eindringtiefe ist von der Gebrauchsklasse des Bauholzes abhängig.

Zur Wahl einer geeigneten Schutzbehandlung gibt Tabelle 5.22 Hilfestellung.

Für Holzschutz maßgebend sind die Gebrauchsklassen 0 bis 4. Wir unterscheiden dabei wasserlösliche Holzschutzmittel für feuchte und ölige Mittel für trockene Untergründe.

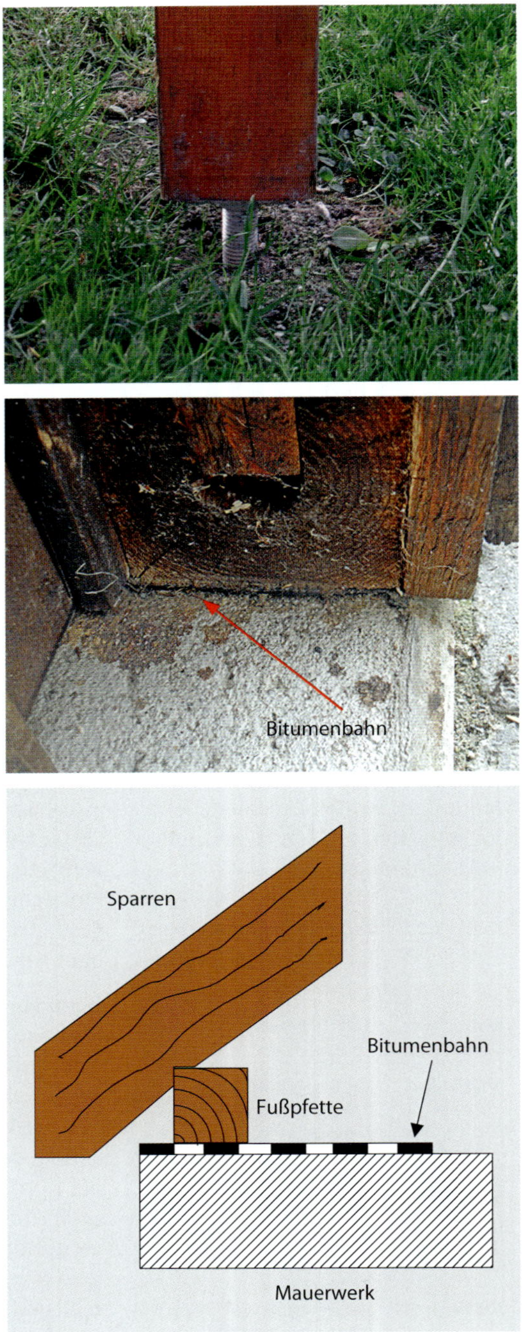

Abb. 5.22: Vorbeugende Holzschutzmaßnahmen

Tabelle 5.22: Anwendung und Wirksamkeit von Holzschutzmitteln

Gebrauchsklasse	Anwendungsbereiche	Anforderung an das Holzschutzmittel	erforderliche Prüfprädikate für tragende Bauteile
0	Räume mit üblichem Wohnklima Holzbauteile sind durch Bekleidung abgedeckt oder zum Raum hin kontrollierbar.	keine Holzschutzmittel erforderlich	
1	Innenbauteile (Dachkonstruktionen, Geschossdecken, Innenwände) und gleichartig beanspruchte Bauteile, mittlere relative Luftfeuchte bis 70 %	insektenvorbeugend	Iv
2	Innenbauteile, relative Luftfeuchte über 70 %, Innenbauteile in Nassbereichen, Holzteile wasserabweisend abgedeckt. Außenbauteile ohne unmittelbare Wetterbeanspruchung	insektenvorbeugend pilzwidrig	Iv, P
3	Außenbauteile mit Wetterbeanspruchung ohne Erd- und Wasserkontakt. Innenbauteile im Nassbereich	insektenvorbeugend pilzwidrig witterungsbeständig	Iv, P, W
4	Holzteile mit ständigem Erd- und Süßwasserkontakt, auch bei Ummantelung	insektenvorbeugend pilzwidrig witterungsbeständig moderfäulewidrig	Iv, P, W, E

In der Kurzform von Prüfprädikaten wird die Wirksamkeit der Holzschutzmittel gegen Holz zerstörende Insekten und Holz zerstörende Pilze beschrieben.

Es werden folgende Holzschutzmittel unterschieden: Die **öligen** Holzschutzmittel sind i. d. R. lösungsmittelhaltig und werden gebrauchsfertig geliefert. Das zu behandelnde Holz muss trocken oder halbtrocken sein. Mit öligen Mitteln werden ein Randschutz und ein Oberflächenschutz erreicht, die wasserunlöslich und wasserabweisend sind.

Wasserlösliche Holzschutzmittel (Salze) eignen sich besonders zur Behandlung von halbtrockenem und feuchtem Holz, bei Anwendung besonderer Einbringverfahren auch von saftfrischem Holz. Durch diese Mittel können Stahlteile angegriffen werden. Mit wasserlöslichen Mitteln wird ein Tiefenschutz erreicht.

@ Links und Literatur

Weitere Informationen zur DIN 68800-2: Holzschutz – Teil 2: Vorbeugende bauliche Maßnahmen im Hochbau findet man unter www.beuth.de.

Darum geht es

- **Ölige Holzschutzmittel** werden bei trockenem oder halbtrockenem Holz eingesetzt. Damit werden ein Randschutz und ein Oberflächenschutz erreicht, die wasserunlöslich und wasserabweisend sind.
- **Wasserlösliche Holzschutzmittel** (Salze) verwendet man bei halbtrockenem und feuchtem Holz oder sogar bei saftfrischem Holz. Mit wasserlöslichen Mitteln wird ein Tiefenschutz erreicht.

Begriffe

Konstruktiver Holzschutz ist der Schutz vor Feuchtigkeit durch bauliche Feuchteschutzmaßnahmen.

Tabelle 5.23: Bedeutung der Prüfprädikate

Kurzzeichen	Bedeutung
Iv	gegen Insekten vorbeugend wirksam
P	gegen Pilze vorbeugend wirksam
W	auch für Holz, das der Witterung ausgesetzt ist, jedoch nicht im ständigen Erdkontakt und nicht im ständigen Kontakt mit Wasser
E	auch für Holz, das extremer Beanspruchung ausgesetzt ist (im ständigen Erdkontakt und/oder im ständigen Kontakt mit Wasser sowie bei Schutzablagerungen in Rissen und Fugen)
(Iv)	nur beim Tiefschutz gegen Insekten vorbeugend wirksam
Ib	gegen Insekten bekämpfend wirksam
S	auch zum Streichen, Spritzen oder Tauchen geeignet

Tabelle 5.24: Holzschutzmittel

Arten	wasserlösliche Salze	ölige Mittel
Anwendungsbereiche	saftfrisches, feuchtes und halbtrockenes Holz	trockenes oder halbtrockenes Holz
Wirkung auf andere Baustoffe	können Metalle oder Glas angreifen	können Kunststoffe anlösen
Einbringverfahren	Spritzen, Sprühen oder Fluten (nur in stationären Anlagen zulässig) Streichen, Tauchen, Trogtränkung, Kesseldruck-, Wechseldruck- und Vakuumtränkung	

Von der **Eindringtiefe** des Schutzmittels ist der Schutz des Holzes abhängig. Es werden unterschieden:

- **Oberflächenschutz**:
  keine Eindringtiefe, nur wirksam an der Oberfläche
- **Randschutz**:
  Eindringtiefe weniger als 10 mm
- **Tiefenschutz**:
  Eindringtiefe mindestens 10 mm
- **Vollschutz**:
  Durchdringung aller zugänglichen Holzteile

Vom **Einbringverfahren** ist die Eindringtiefe des Holzschutzmittels abhängig:

- **Oberflächenschutz:**
  durch Streichen, Spritzen oder Sprühen
- **Randschutz:**
  durch Tauchen oder Trogtränkung (mindestens 10 Minuten, meist mehrere Stunden)
- **Tief- und Vollschutz:**
  durch Kesseldrucktränkung

Tabelle 5.25: Einbringverfahren nach Gebrauchsklassen

Gebrauchsklasse	Einbringverfahren	
	statisch nicht beanspruchte Bauteile	statisch beanspruchte oder aussteifende Bauteile
1 und 2	Oberflächenverfahren	
3	Oberflächenverfahren Einlagerungsverfahren Niederdruckverfahren	Einlagerungsverfahren Druckverfahren
4	Kesseldruckverfahren	

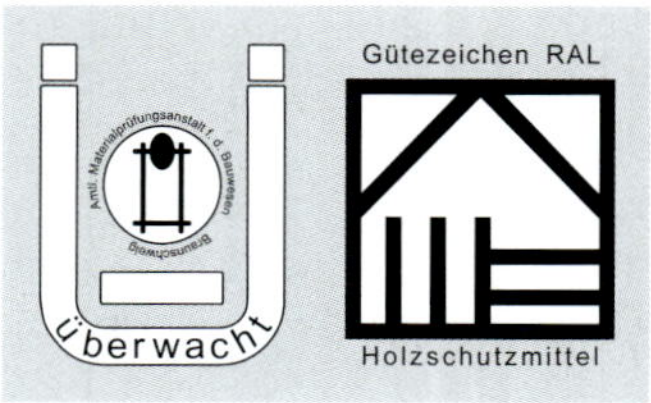

Abb. 5.23: Kennzeichnung amtlich geprüfter Holzschutzmittel

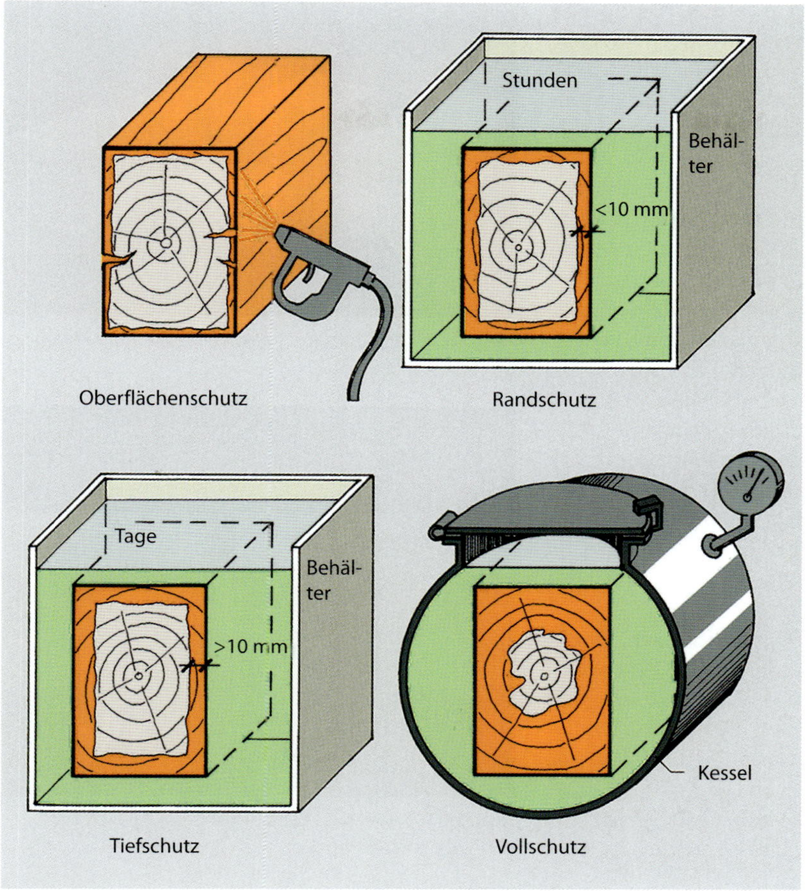

Abb. 5.24: Verfahren und Einbringen von Holzschutzmitteln

@ Links und Literatur

Weitere Informationen zum Thema Arbeitssicherheit und Gesundheitsschutz im Umgang mit Holzschutzmitteln sind bei der Berufsgenossenschaft erhältlich. Auch die Landesämter bzw. Landesinstitute für Arbeitssicherheit bieten hierzu Informationen.

Siehe auch www.bgbau.de

■ Darum geht es

Bei den **Holzverbindungen** unterscheidet man zwischen zimmermannsmäßigen und ingenieurmäßigen Holzverbindungen.

Arbeitssicherheit und Gesundheitsschutz im Umgang mit Holzschutzmitteln

Holzschutzmittel enthalten giftige Stoffe, daher müssen auf dem Gebinde und in einem Sicherheitsdatenblatt Gefahrenhinweise und Sicherheitsratschläge gemäß der Gefahrstoffverordnung vorhanden sein, die für die Verwendung und Verarbeitung Vorgaben beinhalten. Diese Angaben über Einsatzbereiche, Verarbeitung, notwendige Schutzkleidung sowie die Entsorgung der Reste und Gebinde sind unbedingt einzuhalten. Um Gesundheitsschäden und Gefahren für die Umwelt beim Umgang mit chemischen Holzschutzmitteln zu vermeiden, sind folgende **Vorsichtsmaßnahmen/Betriebsanweisungen** zu berücksichtigen:

- Holzschutzmittel müssen so gelagert werden, dass sie Unbefugten unzugänglich sind. Sie müssen stets in Originalbehältern fest verschlossen aufbewahrt werden.
- Holzschutzmittel dürfen weder in den Boden noch in das Grund- oder Oberflächenwasser gelangen. Um dies zu verhindern, sind entsprechende Abdeckungen anzubringen.

- Unverbrauchte Holzschutzmittelreste müssen bei autorisierten Entsorgungsunternehmen abgegeben werden.
- Abfälle von behandelten Hölzern sind grundsätzlich von den konzessionierten Entsorgungsunternehmen zu entsorgen.
- Das Berühren chemischer Holzschutzmittel mit ungeschützten Händen ist zu vermeiden. Beim Vorhandensein offener Wunden an den Händen ist besondere Vorsicht geboten.
- Beim Arbeiten mit Holzschutzmitteln sind undurchlässige Schutzhandschuhe und entsprechende Schutzkleidung zu tragen.
- Schutzbrille und Atemschutzmaske sind beim Sprühen und Spritzen zu tragen.
- Beim Kontakt von Holzschutzmitteln mit der Haut oder den Augen ist sofort gründlich mit Wasser zu spülen und der Arzt aufzusuchen.
- Beim Umgang mit Holzschutzmitteln darf weder gegessen, getrunken noch geraucht werden.
- Treten beim Arbeiten Kopfschmerzen, Übelkeit, Schwindelgefühl oder andere Beschwerden auf, so ist sofort für Frischluft zu sorgen und ein Arzt aufzusuchen. Dem Arzt sind das Technische Merkblatt und das Sicherheitsdatenblatt vorzulegen.
- Nach der Arbeit sind Hände und Gesicht gründlich zu reinigen.

5.6 Verarbeitung von Holz

5.6.1 Holzverbindungen

Das Zusammenfügen von Holzkonstruktionen mittels unterschiedlicher Holzverbindungen führt zu komplexen Konstruktionen, bei denen in jedem Punkt eine sichere Übertragung und Ableitung der Lasten und Kräfte gegeben sein muss. Maßgebend für die Standsicherheit der Konstruktion ist die Verbindung der Hölzer, Sparren, Pfosten, Pfetten und die Lattung oder Schalung. Es werden 2 Gruppen von Holzverbindungen unterschieden.

Die **zimmermannsmäßigen** Holzverbindungen sind die handwerklichen Holzverbindungen. Darüber hinaus gibt es auch die **ingenieurmäßigen** Holzverbindungen.

Die **zimmermannsmäßigen Holzverbindungen** sind seit den Anfängen des Holzbaus bekannt, die ingenieurmäßigen Holzverbindungen haben sich erst in den letzten Jahrzehnten entwickelt. Heute werden in den meisten Fällen technische Verbindungsmittel zur Herstellung ingenieurmäßiger Holzverbindungen eingesetzt. Die Grundformen der meisten zimmermannsmäßigen Holzverbindungen sind der Zapfen, das Blatt und der Versatz.

Abb. 5.25: Grundformen der zimmermannsmäßigen Verbindungen

Abb. 5.26: Einfaches Blatt – druckfeste, seitlich verschiebbare Verbindung

- **Überblattungen** werden angewendet, wenn Bauhölzer in einer Ebene liegend in der Länge oder übereck verbunden werden sollen. Bei der Ausarbeitung der Überblattung werden die Hölzer so ausgeschnitten, dass sie bei gleicher Stärke oben und unten bündig sind. Sie kommen z. B. bei Stößen von Schwellen, bei unterstützten Balken und bei Eckausbildung von Mauerschwellen und Pfetten vor. Zur Sicherung der Verbindung können Nägel oder Schrauben verwendet werden.

- **Abbundrisse**
  Der Zimmerer muss Kanthölzer sachgemäß verbinden, besonders beim **Abbinden** von Fachwerkwänden, Balkenlagen und Dachverbänden. Risse am Kantholz werden umlaufend mit dem Zimmermannswinkel gemacht. Die wichtigsten Risse des Zimmerers sind in Abbildung 5.27 dargestellt.
- Auch **Zapfenverbindungen (Querverbindungen)** gehören zu den zimmermannsmäßigen Verbindungen, die bei rechtwinklig zueinander stehenden vertikalen und horizontalen Holzbauteilen angewendet werden, wie z. B. Wechselhölzer, Schwellen und Pfosten.
- Dabei ist darauf zu achten, dass das Zapfenloch etwas tiefer (ca. 1 cm) ausgeführt wird, als die Zapfenlänge (meist 4 bis 5 cm) beträgt. Somit wird über den Zapfen keine Druckkraft übertragen. Die Sicherung der Verbindung kann durch einen Bauwinkel, Nägel oder einen Holznagel erfolgen. Man unterscheidet den normalen Zapfen, der über die ganze Holzbreite geht, und den geachselten Zapfen, der bei Verzapfungen am Holzende angewendet wird. Ein **abgestirnter Zapfen** kommt zum Einsatz, wenn die Zapfenverbindungen der Hölzer nicht rechtwinklig aufeinandertreffen, wie dies z. B. bei Kopfbändern vorkommt.
- Beim **Versatz** wird ein spitzwinklig auftreffender Druckstab durch eine oder mehrere Passflächen an seiner Stirnseite mit dem anderen Holz verbunden. Nach der Zahl und Lage der Passfläche unterscheidet man beim Versatz:
  - den **Stirnversatz**,
  - den **doppelten Versatz**,
  - den **Rück- oder Fersenversatz**.

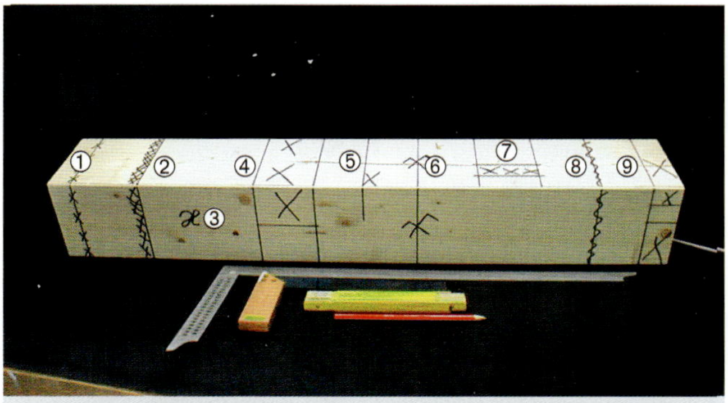

1. Abschnittriss
2. Mauerzeichen
3. Bundseite
4. Riss einer Einblattung
5. Sprungriss
6. Mittelriss
7. Lochriss
8. ungültiger Riss
9. Zapfenriss

Abb. 5.27: Abbundrisse

Abb. 5.28: Einfacher Zapfen

Abb. 5.29: Abgestirnter Zapfen

Abb. 5.30: Stirnversatz

Abb. 5.31: Einfache Blatt

Abb. 5.32: Gerberstoß

Abb. 5.33: Schräges Hakenblatt

Meistens wird der einfache Stirnversatz angewendet. Durch Druckkraft wird das vor der Versatzfläche liegende Vorholz auf Abscheren beansprucht. Zu kurzes Vorholz wird durch die Schubkraft abgeschert. Um ein Abscheren zu verhindern, sollte die Vorholzlänge 20 cm nicht unterschreiten. Am günstigsten wird die Druckkraft übertragen, wenn die Stirnfläche des Versatzes in der Winkelhalbierenden des stumpfen Außenwinkels verläuft.

- Man unterscheidet **Längsverbindungen** über Auflagern und neben Auflagern. Zur Sicherung der Verbindung über Auflagern werden meistens Flachstahl oder Dübelanker verwendet. Für die Ausführung von Längsverbindungen, bei denen an der Verbindungsstelle große Zugkräfte auftreten, wie z. B. bei hohen Pfetten im Dachstuhl, stößt man die beiden Hölzer über dem Auflager stumpf zusammen und verbindet sie durch seitlich angenagelte Brettstücke oder durch Lochplattenstreifen aus Stahl. Eine weitere Möglichkeit besteht darin, dass die Pfetten als Gerber- oder Gelenkpfette ausgebildet werden. Hierbei wird die Lage des Längsstoßes genau berechnet und liegt neben dem Auflager, wo keine Biegekräfte auftreten. Die Verbindung der Pfette erfolgt meistens mit 2 Gelenkbolzen durch ein gerades oder schräges Blatt, meist mit 2 Gelenkbolzen verbunden. Werden Gerberpfetten stumpf gestoßen, verwendet man meistens Stahlblechformteile, die über die Stoßverbindung genagelt werden.

Ingenieurmäßige Holzverbindungen

Gegenüber den zimmermannsmäßigen Verbindungen ergibt sich eine Reihe von Vorteilen: Zum einen wird der Querschnitt der zu verbindenden Holzteile nicht oder nur minimal geschwächt. Zum anderen kann die Tragfähigkeit der einzelnen Verbindungen genau berechnet werden. Die Ausführung ist weniger zeitaufwendig und viele Verbindungen sind gleichzeitig auf Druck, Zug und Abscheren beanspruchbar.

- Bei der **Nagelverbindung** können Hölzer mit kleinen Querschnittabmessungen zu großen Konstruktionen verarbeitet werden. Eine Nagelverbindung soll möglichst mit vielen dünnen Nägeln ausgeführt werden, um die Spaltgefahr des Holzes zu verringern. Mit Nägeln kleineren Durchmessers können ebenfalls große Kräfte übertragen werden. Im Allgemeinen sind für Nagelverbindungen mindestens 2 Nägel erforderlich. Die Befestigung von Schalung, Latten, Windrispen, Sparren, Pfetten und dergleichen ist mit einem Nagel zulässig, wenn die Bauteile mit mindestens 2 Nägeln angeschlossen sind. Bei Bauteilen, die der Witterung ausgesetzt sind, dürfen nur korrosionsgeschützte Nägel verwendet werden (verzinkt oder aus Edelstahl). Für Nagelverbindungen finden Nägel nach DIN 1052 Verwendung. Es werden hauptsächlich runde Drahtnägel, Schraubnägel oder Rillennägel verwendet. Bei Nagelverbindungen sind Anschlüsse am Hirnholz nicht tragend. Die Tragfähigkeit einer Nagelverbindung ist von der Anzahl der Nägel, dem Nageldurchmes-

Abb. 5.34: Blechformteile

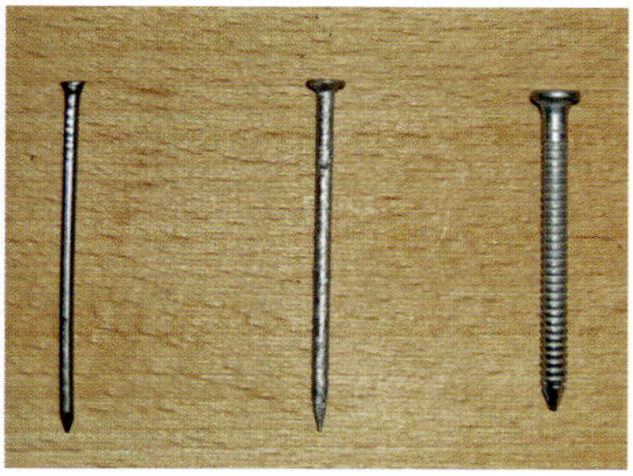

Abb. 5.35: Nageltypen

Abb. 5.36: Schraubentypen

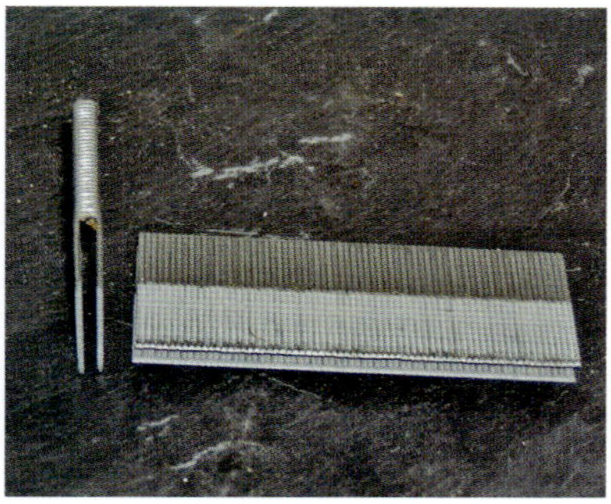

Abb. 5.37: Klammertypen

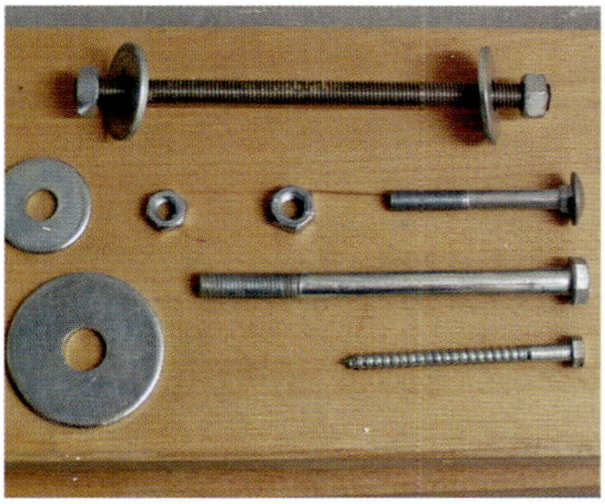

Abb. 5.38: Schraubenbolzen

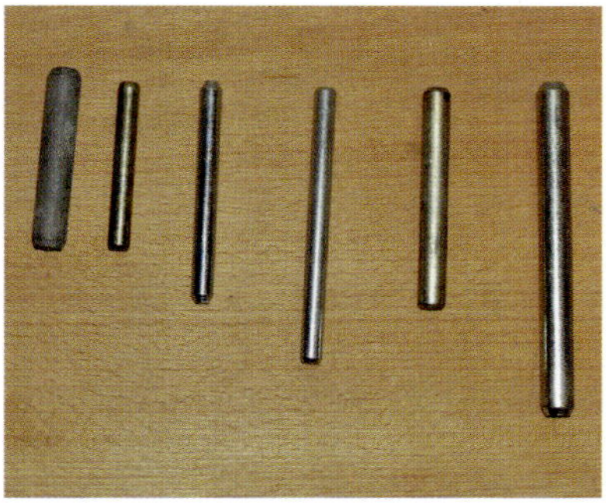

Abb. 5.39: Stabdübel

Abb. 5.40: Dübel besonderer Bauart

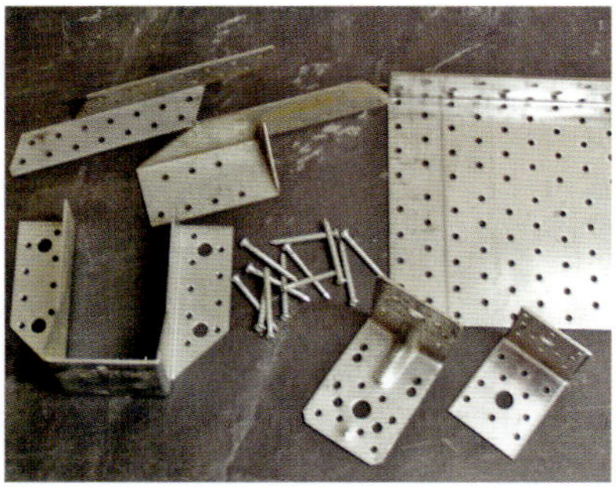

Abb. 5.41: Blechformteile

Darum geht es

- Nägel und Schrauben für die Befestigung von Trag- und Konterlatten sowie Schalungen müssen mindestens feuerverzinkt sein.
- Mindestrandabstände bei nicht vorgebohrtem Nadelholz S10:
  - unbeanspruchter Rand 5 · d
  - beanspruchter Rand, vereinfacht 7 · d

  Mindestabstände untereinander:
  - in Faserrichtung, vereinfacht 10 · d
  - rechtwinklig zur Faserrichtung 5 · d
- Mindestrandabstände bei Klammerverbindungen:
  - zum unbeanspruchten Rand 10 · d
  - zum beanspruchten Rand, vereinfacht 20 · d

  Mindestabstände untereinander:
  - in Faserrichtung vereinfacht 20 · d
  - rechtwinklig zur Faserrichtung 15 · d
- Befestigung von Schalung:
  - bei Brettbreite bis 16 cm / 2 Befestigungen
  - bei Brettbreite über 16 cm / 3 Befestigungen

Begriffe

Mindesteindringtiefe:
(d = Schaftdurchmesser)

- glattschaftige Nägel und Klammern 12 · d
- profilierte Nägel (Rillennägel) 8 · d
- Schrauben 6 · d

ser, der Nagellänge und der Art der Ausführung (vorgebohrt oder nicht vorgebohrt) abhängig.

- **Schraubverbindungen** sind haltbarer als Verbindungen mit Drahtstiften und Klammern und sind wieder lösbar. Im Wesentlichen werden Schrauben nach verwendetem Werkstoff, der Art des Gewindes und der Kopfform unterschieden. Für die Verbindung von Holz, Holzwerkstoffen und Stahlblechen dürfen nur genormte Schrauben verwendet werden. Eingesetzt werden auch spezielle selbstbohrende Holzschrauben, die bauaufsichtlich zugelassen sind. Wie bei der Nagelverbindung müssen für eine tragende Schraubenverbindung mindestens auch 2 Holzschrauben verwendet werden, um eine ausreichende Klemmwirkung zu erreichen. Eine Holzschraube pro Auflagerung darf bei Sparren, Konterlatten, Tragelattung oder Konstruktionshölzern, die überwiegend durch Windsogkräfte auf Herausziehen beansprucht werden, verwendet werden. Eingesetzt werden z. B. Halbrundschrauben, Sechskant-Holzschrauben oder Senkholzschrauben. Die Tragfähigkeit der Schrauben ist abhängig von dem Schraubendurchmesser und der Einschraubtiefe. Bei Schraubenverbindungen sind Anschlüsse am Hirnholz wie bei Nagelverbindungen nicht tragend.
- **Klammern** sind Verbindungsmittel, die mithilfe eines Druckluftmagazinnaglers eingetrieben werden können. Die Klammern werden unterschieden in: Schmal-, Normal- und Breitrückenklammern. Klammern finden meist Anwendung bei der Befestigung von Platten aus Holzwerkstoffen und Vertäfelungen. Nach DIN 1052 dürfen Klammern auch für tragende Verbindungen eingesetzt werden. Die Klammern bestehen aus 1,5 bis 2,0 mm dickem Stahldraht.
- **Bolzen** und **Stabdübel** sind zylindrische Verbindungsmittel aus Stahl. Sie sind mit Kopf und Mutter versehen und haben Durchmesser von M 12, M 16, M 20, M 22, M 24 mm. Unter Kopf und Mutter sind Unterlagsscheiben anzuordnen. Die vorgebohrten Löcher dürfen ein Spiel von maximal 1 mm haben. **Tragende Bolzenverbindungen** sind nur bei untergeordneten Bauten zugelassen, weil die Bolzen an Klemmwirkung verlieren und dann nachgezogen werden müssen, wenn das Holz beim Austrocknen schwindet. Stabdübel dagegen können bei allen Bauwerken verwendet werden. Stabdübel sind zylindrische Stahlstifte mit glatter oder gerillter Oberfläche. Sie werden in vorgebohrte, kleinere Löcher eingetrieben. Stabdübel haben Durchmesser zwischen 8 und 24 mm. Die Löcher sind 0,2 bis 0,5 mm kleiner als der Dübeldurchmesser zu bohren. Die Beanspruchung von Stabdübeln und Bolzen erfolgt vorwiegend auf Biegung.
- **Dübel besonderer Bauart** werden überwiegend auf Druck und Abscheren beansprucht. Bei diesen Dübeln unterscheidet man Ring- und Scheibendübel. Scheibendübel gibt es mit Zähnen oder Dornen. Nach Art des Einbaus unterscheidet man zwischen Einlassdübeln, Ringdübeln, Einpressdübeln und einer Form von Einlass- und Einpressdübeln. Durch eine nachspannbare Bolzenverbindung werden die Dübel mit den Holzbauteilen verbunden.
- Immer häufiger werden **Blechformteile** für Holzverbindungen verwendet, die geprüft und genormt sind. Diese werden aus mindestens 2 mm dicken feuerverzinkten Stahlblechen hergestellt und besitzen Bohrungen zur Befestigung mit Ankernägeln, Schrauben und Bolzen, je nach statischer Berechnung. Die Verbindungen mit Blechformteilen sind zug- und druckfest. Blechformteile sind rasch einzubauen, sie eignen sich aufgrund ihrer Formgebung für viele Holzverbindungen.

5.6.2 Knotenpunkte am Sparrenanschluss

In **Knotenpunkten** sind Sparren mit anderen Hölzern verbunden. Die Sparren sind mit vielen anderen Hölzern verbunden, dementsprechend sind viele Knotenpunkte vorhanden.

Traufpunkt beim Pfettendachstuhl

Die Sparren werden mit der **Kerve,** das ist ein dreieckiger Ausschnitt an der Sparrenunterseite, an die Fußpfette angeschlossen. Die Kerve ist dabei so auszuführen, dass immer genügend Obholz stehen bleibt. Als **Obholz** wird der Teil eines Dachsparrens bezeichnet, der nach dem

Abb. 5.42: Anschluss des Sparrens an die Mittelpfette

Abb. 5.43: Anschluss des Sparrens an die Fußpfette mit Metallband

Ausschnitt oder der Ausfräsung der Klaue stehen bleibt (ca. ¾ der Sparrenhöhe). Die Verbindung des Sparrens mit der Fußpfette erfolgt meist mit einem Sparrennagel.

Die Winddruckkräfte werden über die Kerve in die Fußpfette abgeleitet, wodurch die Stabilität der Dachkonstruktion gewährt wird. Die Fußpfetten müssen mit der Decke bzw. dem Ringanker fest verbunden sein.

Verbindung von Sparren zur Mittelpfette

Die Sparren werden wie bei der Fußpfette mit einer Kerve an die Mittelpfette angeschlossen und mit einem Sparrennagel gesichert. Bei kurzen Längen liegen die Sparren nur auf der First- und Fußpfette auf (Pfettendach mit einfach stehendem Stuhl). Längere Sparren müssen durch eine Mittelpfette unterstützt werden, dadurch entsteht ein Pfettendach mit zweifach stehendem Stuhl.

Firstpunkt bei Pfettendachstühlen

Die Sparren werden auch hier mit der Kerve an die Firstpfette angeschlossen und mit einem Sparrennagel gesichert. Die Sparren werden am First stumpf gestoßen und so abgelenkt, dass im Firstscheitelpunkt eine offene Fuge von ca. 0,5 cm entsteht. Die Sparren können im Firstbereich zusätzlich durch Laschen oder Zangen verbunden werden. Ist im Firstbereich keine Firstpfette vorhanden, so werden die Sparren mit einem einfachen Blatt oder einem Scherzapfen verbunden und mit mindestens 2 Nägeln gesichert.

Abb. 5.44: Pfostenanschluss oben mit Streben und Anschluss an eine Fußpfette

Darum geht es

- Traglatten und Schalung

  Die Art und Anzahl der Verbindungsmittel pro Kreuzpunkt ergibt sich aus dem statischen Nachweis und nach den Technischen Baubestimmungen.

  Geeignete Verbindungsmittel sind:
  - profilierte Nägel (Rillennägel) nach DIN EN 14592,
  - Holzschrauben mit allgemeiner bauaufsichtlicher Zulassung.
- **Zimmermannsmäßige Holzverbindungen** sind speziell ausgeformte Holzeinzelteile, die ohne besondere Verbindungsmittel zusammengefügt werden. **Ingenieurmäßige Holzverbindungen** werden mithilfe spezieller Verbindungsmittel wie z. B. Nägel, Schraubenbolzen, Blechformteile usw. zusammengefügt.

@ Links und Literatur

Zum Thema „Holzverbindungen" siehe „Hinweise Holz und Holzwerkstoffe" im Regelwerk des Deutschen Dachdeckerhandwerks, erhältlich unter www.baufachmedien.de

Abb. 5.45: Firstanschluss am Pfettendach

Abb. 5.46: Pfostenanschluss unten unter Berücksichtigung der Holzschutzmaßnahmen

Pfostenanschluss

Die Verbindung von Streben an Pfosten und Pfetten kann mit einem abgestirnten Zapfen erfolgen. Die Abstirnung erfolgt rechtwinklig zur Anschlusskante. Meistens wird auf die Zapfenverbindung verzichtet, da die Pfetten und Pfosten durch die Zapfenlöcher geschwächt werden. Die Verbindung erfolgt dann mit Laschen und Nagelblechen. Die Pfosten werden am Boden mit Stützenschuhen gesichert, die fest im Fundament verankert sind. Zwischen Oberkante Erdboden und Unterkante Pfosten sollte genügend Luft bleiben (mindestens 30 cm), damit das Holz vor Spritzwasser geschützt und der konstruktive Holzschutz gewährleistet ist.

5.6.3 Holzliste

Der Holzbedarf ist die Holzmenge, die der Zimmermann zur Herstellung von Dachstühlen, Fachwerk, Verschalungen usw. benötigt und in einer entsprechenden Stückzahl mit Sortier- und ggf. Schnittklasse und den Querschnittsmaßen beim Sägewerk oder Holzhändler bestellt. Die Rohholzmenge (benötigte Holzmenge) ist immer höher als die Fertigholzmenge (tatsächlich benötigte Menge). Schnittverluste entstehen bei Zapfungen und Überblattungen und sind bei der Bestellung zu berücksichtigen. Weiter zu beachten sind die benötigten Holzlängen und die handelsüblichen Holzlängen. Wichtig ist es, immer den genauen Holzbedarf zu ermitteln, auch als Dokumentation für eine spätere Endabrechnung gegenüber dem Kunden.

In einer Holzliste werden alle benötigten Bauhölzer mit Stückzahl, Sortier- und Schnittklasse, Querschnittmaßen und Länge angegeben.

Aufstellen einer Holzliste unter Berücksichtigung des Verschnitts

Der Holzbedarf für Zimmerer- und Holzbauarbeiten wird nach dem Querschnitt der benötigten Hölzer ermittelt.

Dabei werden folgende Maßeinheiten im Regelfall angegeben:

- Balken und Kanthölzer in m^3,
- Schalung und Bohlen in m^2,
- Dachlatten in m.

Durch das Aufstellen einer Holzliste wird die Ermittlung des Holzbedarfes vereinfacht. Angaben über Anzahl, Querschnitt und Länge der benötigten Hölzer müssen in einer Holzliste vorhanden sein. Beim Aufstellen der Holzliste geht man systematisch vor, damit keine Hölzer vergessen werden. Beim Entnehmen der Maße für die Hölzer aus einer Zeichnung sind Zapfungen und Verbindungen zu berücksichtigen, da in den Zeichnungen Fertigmaße angegeben sind. Für die Rohholzmenge, die Verschnittmenge und den Verschnittsatz sind für die einzelnen Positionen jeweils entsprechende Berechnungen durchzuführen:

$$\text{Rohholzmenge} = \text{Fertigholzmenge} + \text{Verschnittmenge}$$

$$\text{Verschnittmenge} = \text{Rohholzmenge} - \text{Fertigholzmenge}$$

$$\text{Verschnittsatz} = \frac{\text{Verschnittmenge} \cdot 100\,\%}{\text{Fertigholzmenge}}$$

$$\text{Fertigholzmenge} = 0{,}201\ \text{m}^3$$

Darum geht es

Der genaue **Holzbedarf** wird über eine Holzliste ermittelt. Für die Rohholzmenge, die Verschnittmenge und den Verschnittsatz sind für die einzelnen Positionen entsprechende Berechnungen durchzuführen.

Beispiel Holzliste

Holzliste Nr.: 0001	Firma:
Bauteil: Vordach	Dachdeckermeister Schnell & Gut
Bauvorhaben: Müller	Bearbeiter: Herr ....
Projekt-Nr.: 001	Aufgestellt am: 00.00.2012
Liefertermin: 00.00.2012	Spätester Liefertermin: 00.00.2012

lfd. Nr.:	Bezeichnung	Sortierklasse	Stück	Querschnitt cm		Länge	Gesamtmenge in		
				h	*b*		m	m^2	m^3
1	Fußpfette	S 10	2	8	10	2,50	5,00		0,040
2	Fußpfette	S 10	4	8	10	1,00	4,00		0,032
3	Pfosten	S 10	2	8	10	0,78	1,56		0,012
4	Sparren	S 10	3	6	12	1,41	4,23		0,030
5	Gratsparren	S 10	2	8	16	1,73	3,46		0,044
6	Firstpfette	S 10	1	8	10	0,50	0,50		0,004
7	Schifter – lang	S 10	2	6	12	1,33	2,66		0,019
8	Schifter – kurz	S 10	4	6	12	0,68	2,72		0,020
9	Schalung	S 10	1	2	20	2,50	2,50	0,50	
10	Schalung	S 10	2	2	20	1,00	2,00	0,40	
Gesamtmenge:							**28,63**	**0,90**	**0,201**

Praxisbeispiel

Planung des Holzbedarfes für das Vordach unseres Kunden Ernst Müller **(siehe Projektaufgabe, Seite 131)**

Lösung
Es muss eine Holzliste erstellt und der Verschnitt bei Verwendung handelsüblicher Längen ermittelt werden. Sollten Hölzer gezapft werden, so sind jeweils 4 cm für die Zapfenverbindung aufzuschlagen. Alle benötigten Holzteile sind entsprechend zu berechnen:

Fußpfettenlänge 2 St. à 2,50 m = 5,00 m; 4 St. à 1,00 m = 4,00 m
Sollten die Fußpfetten bei einer anderen Länge gestoßen werden, so müssten 30 cm für eine Stoßausbildung gerechnet werden.

Pfosten
2 St. à 0,70 m + 0,08 m = 1,56 m
Schifter (Walm Außenwand/links-rechts)
2 St. à 1,33 m = 2,66 m
Firstpfette
1 St. à 0,50 m = 0,50 m
Schifter (Walm rechts = 2 S)
2 St. à 0,68 m = 1,36 m

Sparren
3 St. à 1,41 m = 4,23 m
Gratsparren
2 St. à 1,73 m = 3,46 m
Schifter (Walm links = 2 St.)
2 St. à 0,68 m = 1,36 m
Schalung
4,50 à × 0,20 m = 0,90 m²

Für die Ermittlung des Verschnitts sollte eine zweite Holzliste erstellt werden, die die handelsüblichen Holzlängen beinhaltet.

Holzliste Nr.:	Firma:
Bauteil:	
Bauvorhaben:	Bearbeiter:
Projekt-Nr.:	Aufgestellt am:
Liefertermin:	Spätester Liefertermin:

lfd. Nr.:	Bezeichnung	Schnitt-klasse	Stück	Querschnitt cm		Länge	Gesamtmenge in		
				h	*b*		m	m²	m³
1	Fußpfette	S 10	2	8	10	2,50	5,00		0,040
2	Fußpfette	S 10	4	8	10	1,00	4,00		0,032
3	Pfosten	S 10	2	8	10	0,78	2,50		0,020
4	Sparren	S 10	3	6	12	1,41	4,50		0,032
5	Gratsparren	S 10	2	8	16	1,73	3,50		0,045
6	Firstpfette	S 10	1	8	10	0,50	(in Pos. 3)		0,000
7	Schifter – lang	S 10	2	6	12	1,33	5,50		0,040
8	Schifter – kurz	S 10	4	6	12	0,68	(in Pos. 7)		0,000
9	Schalung	S 10	1	2	20	2,50	4,50	0,90	
10	Schalung	S 10	2	2	20	1,00	(in Pos. 9)		
Gesamtmenge:							**29,50**	**0,90**	**0,209**

Rohholzmenge = 0,209 m³
Berechnung des Verschnitts in (m²) und in (%)

Verschnittmenge = Rohholzmenge – Fertigholzmenge

$$= 0{,}209\ \text{m}^3 - 0{,}201\ \text{m}^3 = \mathbf{0{,}008\ m^3}$$

$$\frac{\text{Verschnittmenge} - 100\ \%}{\text{Fertigholzmenge}} = \frac{0{,}008\ \text{m}^3 \cdot 100\ \%}{0{,}201\ \text{m}^3} = \mathbf{3{,}98\ \%}$$

5.7 Dachtragwerke

Holz ist als Tragwerk für alle Dachformen geeignet. Die Balken bilden dabei das Traggerüst. Die eigentliche Hülle zwischen innen und außen erfolgt durch verschiedene Schichten von Platten, Dämmstoffen, Folien und der Dachdeckung.

Es werden **Dachtragwerke aus Holz** nach Abbildung 5.47 unterschieden.

5.7.1 Die Balkenlage für Flachdächer

Die Tragkonstruktion für Flachdächer kann aus verschiedenen Baustoffen hergestellt werden, so z. B. aus Stahl, Stahlbeton oder Holz. Die **Balkenlage** aus Holz soll als eine Art der möglichen Tragkonstruktionen beschrieben werden. Sie kann allerdings auch im Gebäudeinneren als Tragwerk für Geschossdecken dienen.

Die Balkenlage besteht aus Holzbalken, die auf tragenden Wänden aufgelegt sind (Abb. 5.48). Unterschieden werden Streichbalken, Zwischenbalken, Wechsel, Wechselbalken, Stichbalken und Füllhölzer. In der Gebäudemitte verlaufende Balken werden auch als **Zwischenbalken** oder **Leerbalken** bezeichnet. **Streichbalken** verlaufen im Abstand von mindestens 2 cm an einer bis zur Schalung durchgehenden Wand. Dies sind meistens die Außenwände.

Falls ein Zwischenbalken nicht durchgehen kann, weil ein Schornstein, Dachdurchbrüche oder Öffnungen im Weg sind, wird er ausgewechselt. Dazu wird ein **Wechsel** von den benachbarten Balken in Querrichtung eingebaut. Der ausgewechselte Balken, der sog. **Stichbalken**, wird an den Wechsel angeschlossen. Seine Last gibt er nun über den Wechsel an die Nachbarbalken ab. Diese nennt man **Wechselbalken**, da sie stärker belastet sind als die anderen Zwischenbalken. **Füllhölzer** füllen zu große Zwischenräume bei Auswechslungen aus. Sie werden benötigt, um die Schalung im Bereich der Dachöffnung zu befestigen.

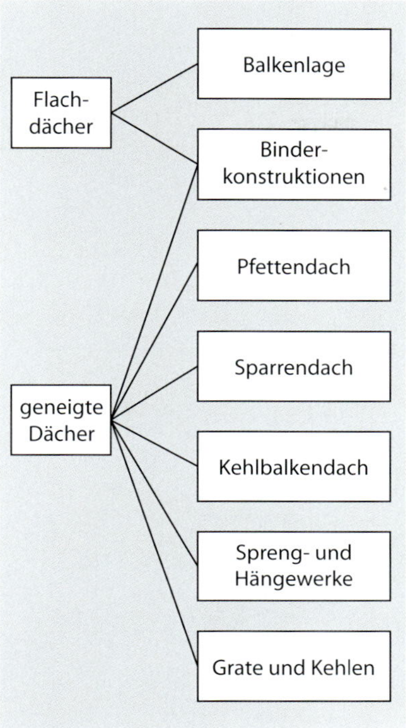

Abb. 5.47: Dachtragwerke aus Holz

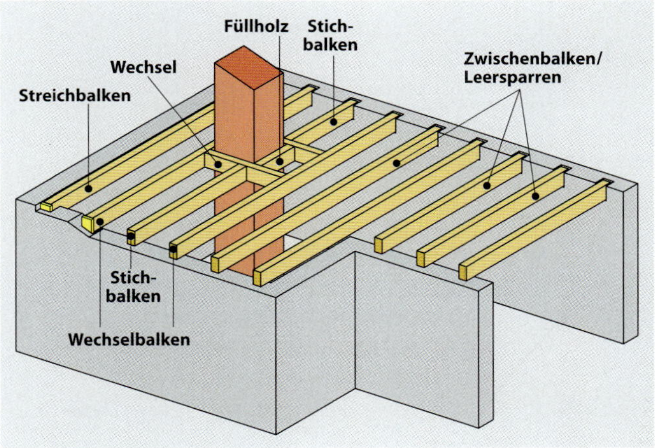

Abb. 5.48: Balkenlage von oben

■ **Begriffe**

Eine **Balkenlage** ist eine Tragkonstruktion, bestehend aus Holzbalken, die auf tragenden Wänden aufliegen.

■ **Darum geht es**

Die Dimensionen der Balken sind abhängig von der Spannweite und der zu tragenden Lasten.

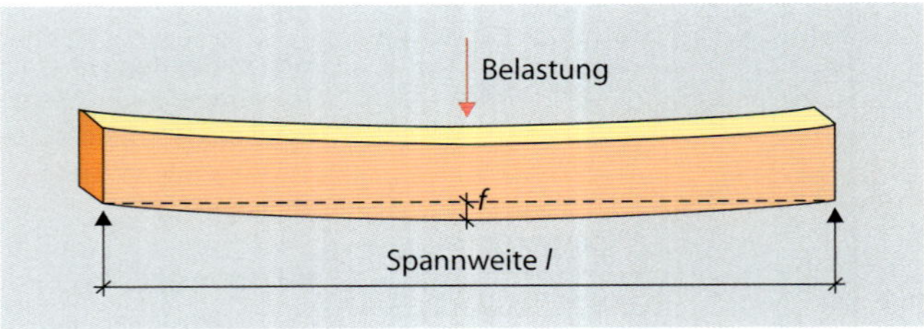

Abb. 5.49: Biegeträger

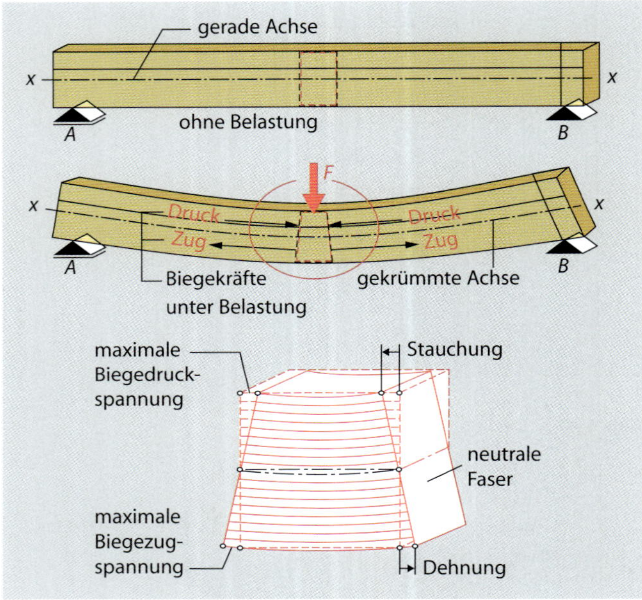

Abb. 5.50: Zug- und Druckzone beim Biegebalken

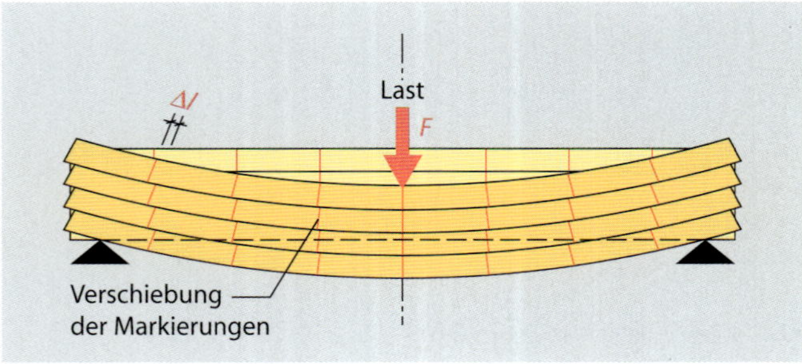

Abb. 5.51: Schubkräfte

Die Abmessungen und der Abstand der Balken untereinander sind von folgenden Faktoren abhängig:

- Eigenlast der Dachkonstruktion, z. B. Kiesschüttung, Dachbegrünung,
- Auflast (Verkehrslast), z. B. schneereiche Gebiete, Dachterrasse,
- Spannweite *l* (d. h. Abstand der Wände, auf die die Balken aufgelegt sind).

Der Bauingenieur gibt die Abmessungen und den maximalen Abstand der Balken an. Aus der größten Spannweite des Gebäudes ergibt sich die Abmessung der Balken in der Balkenlage. Je größer die auftretenden Lasten, umso enger sind die Balkenabstände. Die Balkenhöhe sollte in einer Balkenlage immer gleich sein, damit die Schalung und der weitere Aufbau montiert werden können.

Die Balken werden auf Biegung beansprucht. In Feldmitte biegt sich der Balken durch die Last nach unten (siehe Abb. 5.49). Diese Durchbiegung wird auf *l*/300 beschränkt. Das bedeutet:

! Praxisbeispiel

Bei Spannweite $l = 4{,}50$ m:

maximale Durchbiegung (cm)

$$f = \frac{\text{Spannweite (cm)}}{300} = \frac{450\text{ (cm)}}{300}$$

$= 1{,}5$ cm

Aufgrund der Durchbiegung ergeben sich in Feldmitte im oberen Bereich des Trägerquerschnittes Druckkräfte, unten Zugkräfte bzw. Druckspannung und Zugspannung (Abb. 5.50).

Im Bereich der Auflager sind die Schubkräfte am größten (Abb. 5.51).

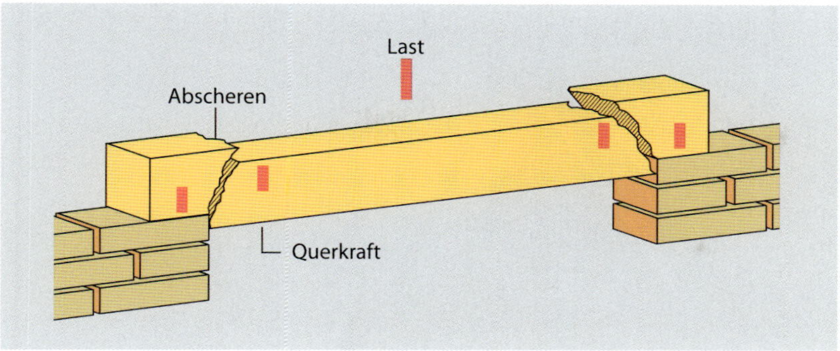

Abb. 5.52: Querkraft

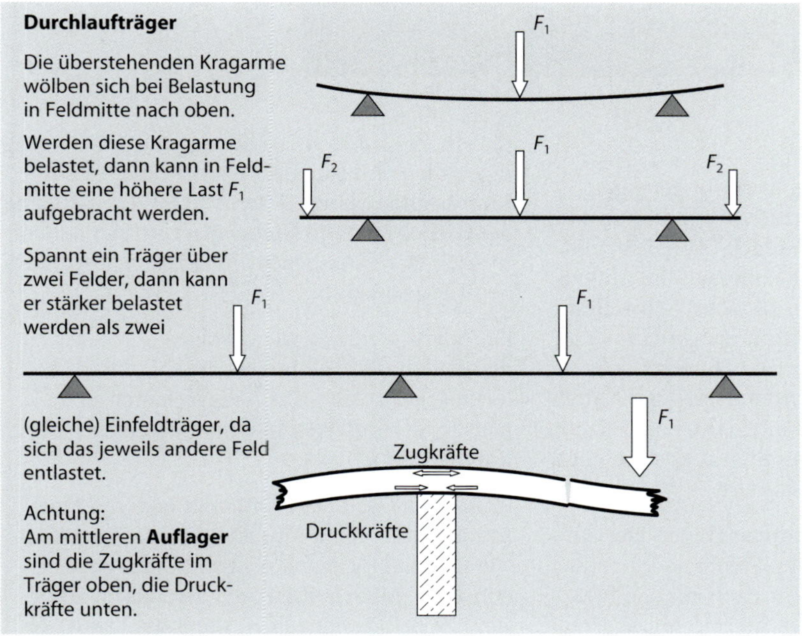

Abb. 5.53: Balken als Durchlaufträger

Sie verlaufen schräg im Träger, deshalb darf der Balkenquerschnitt in diesem Bereich nicht durch Bohrungen oder Durchbrüche vermindert werden.

Liegt ein Balken auf 3 oder mehr Wänden auf, wirkt er als Durchlaufträger. Beim Durchlaufträger entlasten sich die nebeneinanderliegenden Felder gegenseitig. Allerdings wird der Balken auf dem mittleren Auflager auf Biegung beansprucht. Im oberen Bereich des Trägerquerschnittes entsteht eine Zugkraft, unten Druck (Abb. 5.52).

Das Tragwerk eines Flachdaches kann aus einer Balkenlage bestehen. Eine Balkenlage ist ein System aus Holzbalken mit gleichen Abmessungen, die parallel und möglichst in einem gleichmäßigen Abstand verlegt sind. Sie werden je nach Lage in der Balkenlage unterschiedlich bezeichnet. Der einzelne Balken wird u. a. auf Biegung beansprucht.

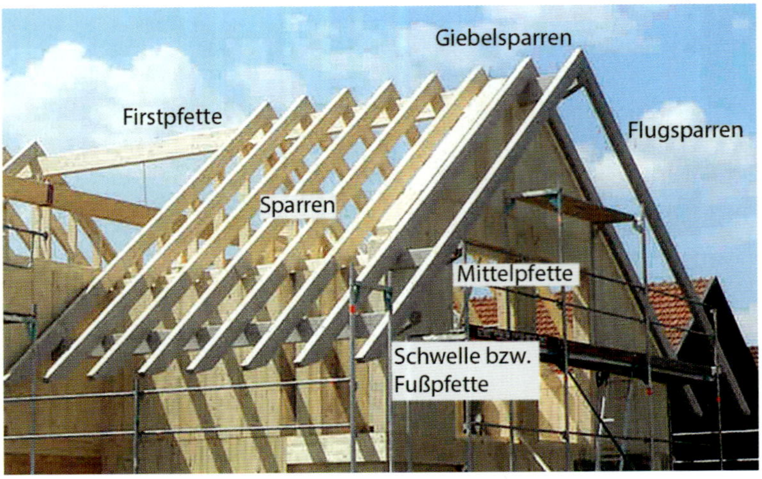

Abb. 5.54: Baustellenfoto Pfettendach

5.7.2 Das Pfettendach

Die häufigste Konstruktionsart für geneigte Dächer, wie z. B. Satteldächer, Walmdächer und Pultdächer, ist das **Pfettendach** (Abb. 5.54 und 5.55). Auf die Längswände oder auf die Außenkanten der Decke werden zunächst **Schwellen** bzw. **Fußpfetten** montiert. In Längsrichtung folgt dann die **Firstpfette** und je nach Größe des Daches die **Mittelpfetten**. First- und Mittelpfetten liegen auf Querwänden oder auf Pfosten auf. Die Abmessungen der Pfetten werden nach ihrer Spannweite dimensioniert.

Die **Sparren** liegen als schräge Träger quer auf den Pfetten. **Kerven** in den Sparren sorgen für ihren Halt gegen das Abrutschen auf den Pfetten. Zusätzlich werden die Sparren mit Sparrennägeln oder Sparrenpfettenankern gesichert. Es gibt auch Dächer mit Mittelpfetten ohne Firstpfette. In diesem Fall müssen sich die Sparren am First treffen, um sich gegenseitig abzustützen.

Liegen die Pfetten auf Pfosten auf, wird direkt über ihnen ein Sparrenpaar angeordnet und dadurch ein **Bund** gebildet. Zusammengehalten wird der Bund mit **Firstzangen**, die seitlich unter der Firstpfette auf die Sparren und den Pfosten genagelt werden. In Längsrichtung baut man zwischen der Pfette und dem Pfosten oft **Büge** bzw. **Kopfbänder** mit einer Neigung 45° ein.

Bei einem größeren Dachüberstand am Ortgang ragen die Pfetten aus der Giebelwand heraus. Im Abstand von mindestens 2 cm liegen entlang der Giebelwand die **Giebelsparren**. Der äußerste Sparren, der das Dach am Ortgang abschließt, heißt **Flugsparren**.

Die Sparren wirken wie schräge Balken, die an den Enden und ggf. in der Mitte durch die Pfetten abgestützt sind. Das Tragverhalten ist genauso wie bei Balken in einer Balkenlage (siehe Kapitel 5.7.1).

Damit das Dach bei Wind oder anderen Horizontalkräften nicht umfällt, muss es ausgesteift werden. Stabförmige Konstruktionen werden entweder mit **Scheiben** oder **Dreiecken** ausgesteift. Scheiben entstehen, wenn die Konstruktion mit dafür zugelassenen Verschalungen beplankt wird. Auch **Wände** im Gebäude können zur Aussteifung herangezogen werden. Für das Pfettendach gibt es folgende Möglichkeiten:

Längsrichtung:
- Wandscheiben,
- Büge an Pfosten,
- Streben,
- Windrispen/Windrispenbänder,
- Schalungen aus Holzwerkstoffplatten oder diagonale Brettschalungen.

Querrichtung:
- Wandscheiben, z. B. Giebelwand,
- Bund aus Pfosten und Sparren.

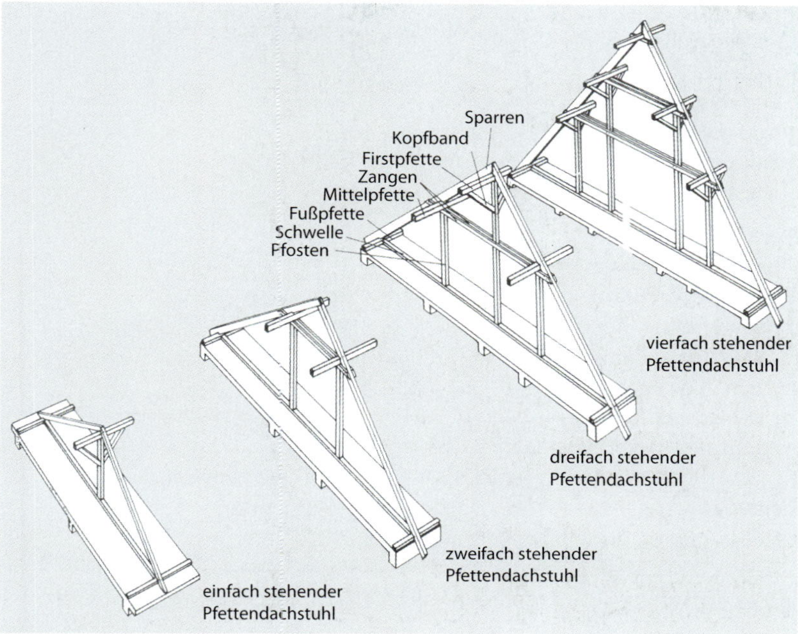

Abb. 5.55: Stehende Pfettendachstühle

Darum geht es

- Das **Pfettendach** ist die häufigste Konstruktionsart für geneigte Dächer, wie z. B. Satteldächer, Walmdächer und Pultdächer.
- Pfettendächer sind meistens über die Pfetten in Längsrichtung und über den Bund oder Querwände ausgesteift.
- Einfach, zweifach, dreifach und vierfach stehende Pfettendachstühle unterscheiden sich in der Anzahl der Pfosten und aufgelegten Pfetten pro Bund.

Das Pfettendach besteht aus Sparren, Pfetten und Schwellen. Am Ortgang gibt es Flugsparren und Giebelsparren. First- und Mittelpfetten können auf Pfosten liegen, dann wird ein Bund ausgebildet. Der Bund besteht aus einem Bundsparrenpaar, Pfosten und Zangen. Beim Pfettendach liegen die Sparren auf Firstpfetten und ggf. auf Mittelpfetten auf. Deshalb werden die Sparren nur auf Biegung belastet.

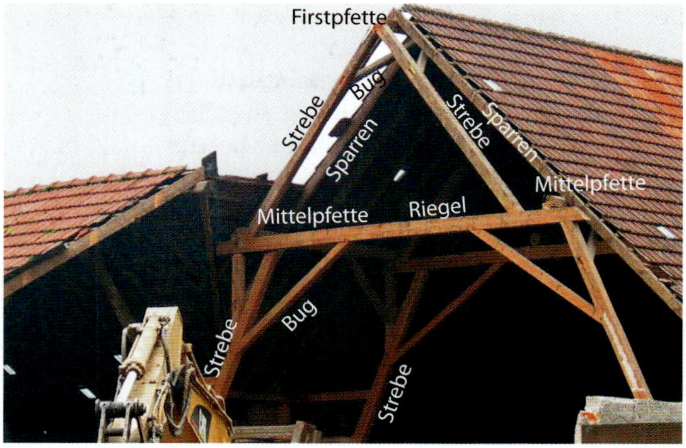

Abb. 5.56: Liegender Pfettendachstuhl

Je nach Anzahl der Pfosten und der aufgelegten Pfetten pro Bund werden die Pfettendächer unterschiedlich bezeichnet. Man unterscheidet zwischen **einfach, zweifach, dreifach** und **vierfach stehendem Pfettendachstuhl** oder **Bund**. Für große Dächer könnte auch ein fünffach oder x-fach stehender Bund zur Anwendung kommen, jedoch wird die Konstruktion dann durch den hohen Arbeitszeitanteil unwirtschaftlich.

Sind in den unteren Geschossen des Gebäudes keine tragenden Wände unter den Pfosten möglich, werden die Pfosten schräg in Richtung der Außenwand gestellt. Es entsteht der **liegende Pfettendachstuhl** (Abb. 5.56). Aus den Bundpfosten werden die **Bundstreben**. Die Lasten aus dem Dach werden schräg in die Außenwand geleitet. Idealerweise stehen die Streben auf beiden Seiten eines Bundes im gleichen Winkel nach außen, sonst könnte der Dachstuhl sich mit den Jahren einseitig verformen oder die Sparren auf der Dachseite mit dem Pfosten werden zusätzlich auf Druck belastet.

Die Verbindung des Sparrens erfolgt durch die **Kerve**. Sie wird von der Oberkante des Sparrens aus angerissen. Das Anreißmaß wird **Obholz** genannt. Es beträgt ¾ der Sparrenhöhe. Bei einem Sparren 8/12 beträgt das Obholz 9 cm, die Kerventiefe 3 cm. In modernen Wohnhäusern werden die Sparren immer höher, da die Dämmung zwischen den Sparren immer dicker werden muss. In diesen Fällen wird die Kerventiefe meist auf maximal 4 cm begrenzt.

! Praxistipp

Reißen Sie das Obholz an und nicht die Kerventiefe, damit die Oberkanten aller Sparren im eingebauten Zustand auf einer Höhe liegen. Dadurch können Schalung, Konterlattung und Dachlattung auf einer ebenen Fläche montiert werden.

Die Sparren können mit **Sparrennägeln** oder mit **Sparrenschrauben** auf den Pfetten fixiert werden. Bei hohen Kräften, besonders bei starkem Windsog, befestigt man die Sparren mit **Sparrenpfettenankern**. Sie werden wie alle Blechverbinder mit Rillennägeln durch alle vorgesehenen Löcher genagelt. Es gibt rechte und linke Sparrenpfettenanker, je nachdem auf welcher Seite sie am Sparren befestigt werden.

Traditionell wird zwischen Pfette und Pfosten der **einfache Zapfen** ausgeführt. Ingenieursmäßige Holzverbindungen wie **Blechwinkel**, **Lochplatten** oder **Brettlaschen** schwächen den Holzquerschnitt nicht und sind deswegen stärker belastbar. Die Firstzangen werden aufgenagelt oder aufgeschraubt. Eine **Verkämmung** der Firstzange in die Firstpfette mit 2 cm bringt der Pfette besseren Halt.

Steht der Posten auf Holzbalken einer Holzbalkendecke, sind die Verbindungen dem Anschluss an Pfetten gleich. Oft stehen Pfosten auf Decken aus Beton. In diesem Fall können kurze, ca. 30 cm lange Balken als Pfostenauflager auf

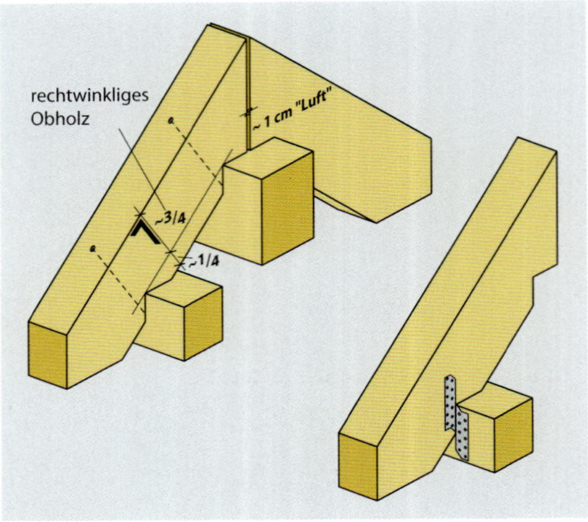

Abb. 5.57: Anschluss des Sparrens an die Pfette

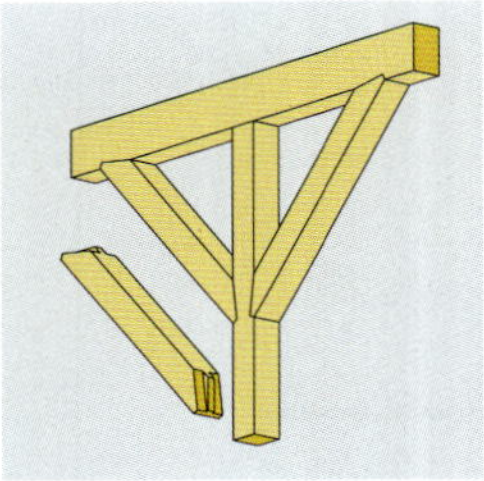

Abb. 5.58: Bug mit Zapfen und Versatz

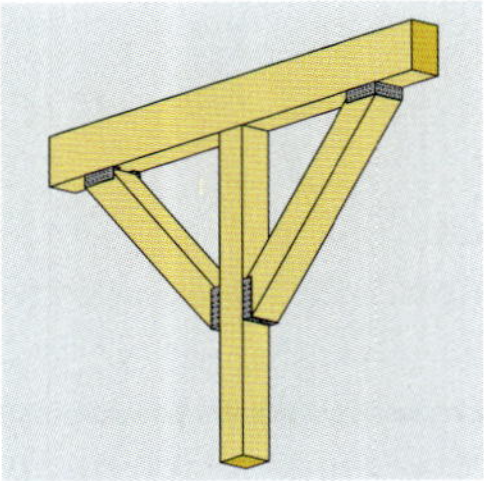

Abb. 5.59: Anschluss des Bugs mit Balkenschuhen

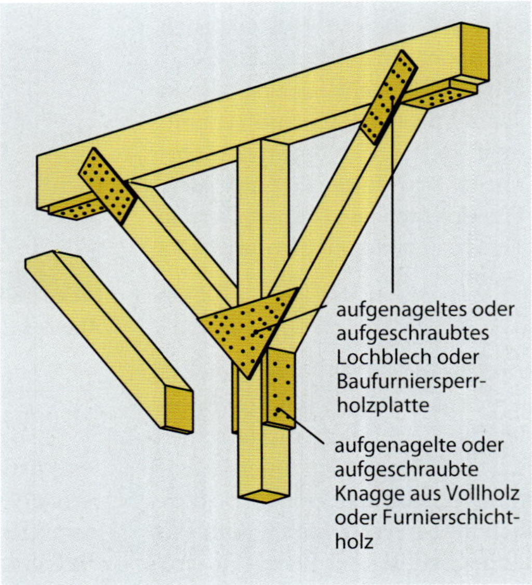

Abb. 5.60: Anschluss des Bugs mit Knaggen und Lochplatten

die Decke gelegt und verdübelt werden. Die Verbindung zwischen Lagerholz und Pfosten erfolgt wie oben beschrieben. Für den Ausbau des Daches weniger störend sind Balkenschuhe oder Flacheisen, die zuvor in die Decke einbetoniert wurden. Sie werden mit dem Pfosten verschraubt.

Die einfachste Art, Büge oder Kopfbänder an Pfosten und Pfetten zu befestigen, ist der **abgesteckte Zapfen**. **Stirnversätze** an diesem Knoten müssen seitlich durch Laschen gehalten werden. Eine Kombination aus **Zapfen und Stirnversatz** kann höhere Horizontallasten übertragen als der abgesteckte Zapfen. In historischen Dachstühlen sind Büge kunstvoll angeblattet und mit **Holznägeln** fixiert. Lochplatten und Brettlaschen als einfache und kostengünstige Verbindungen eignen sich für nicht sichtbare Konstruktionen.

Firstpunkte bei Pfettendächern ohne Firstpfette (z. B. zweifach stehender Bund) werden wie Firstknoten von Sparren- und Kehlbalkendächern ausgebildet.

Der Bund eines Pfettendachstuhls wird nach der Anzahl seiner Pfetten ohne die Schwellen bezeichnet. In stehenden Pfettendachstühlen tragen Bundpfosten, in liegenden Bundstreben die Dachlasten in das darunterliegende Gebäude ab. Liegende Bünde werden in großen Gebäuden ohne tragende Zwischenwände verwendet. Sie leiten die Dachlasten nach außen ab. Die Verbindungen werden als zimmermannsmäßige oder ingenieurmäßige Verbindungen ausgeführt.

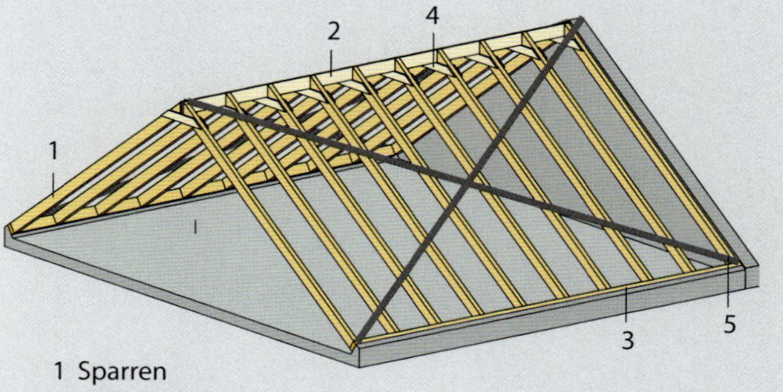

Abb. 5.61: Sparrendachteile

5.7.3 Das Sparrendach

Für kleine Bauwerke bis zu einer Sparrenspannweite von 5 m bietet sich das **Sparrendach** an (Abb. 5.61). Es braucht im Inneren des Gebäudes nicht abgestützt zu werden, sondern trägt direkt über die Sparren die Dachlasten in die Außenwände ab. Da das Dach keine Pfosten und Pfetten benötigt, ist es sehr wirtschaftlich. Das Herstellen eines Sparrendaches erfordert geringere Material- und Lohnkosten. Außerdem kann der Dachraum voll genutzt werden. Es stören keine Pfosten oder Streben.

Das Sparrendach besteht aus einem Sparrenpaar, dem sog. **Gespärre**. Sie stehen, je nach Gewicht der Dachdeckung und der zu erwartenden Last, alle 70 bis 100 cm. Die Sparren eines Gespärres stützen sich gegenseitig. Der einzelne Sparren wird also nicht nur auf Biegung belastet, sondern erhält über den Firstanschluss eine **Druckkraft** aus der Last der gegenüberliegenden Dachseite. Bei einem einseitig belasteten Sparrendach, z. B. durch noch nicht getauten Schnee auf

■ Darum geht es

Vorteile **Sparrendach**: relativ geringe Kosten, voll nutzbarer Dachraum.

■ Begriffe

Ein **Gespärre** ist ein zusammengehöriges Sparrenpaar.

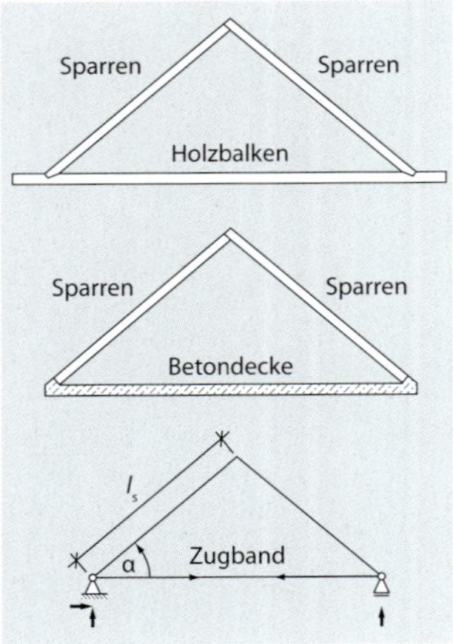

Abb. 5.62: Prinzip des Sparrendaches

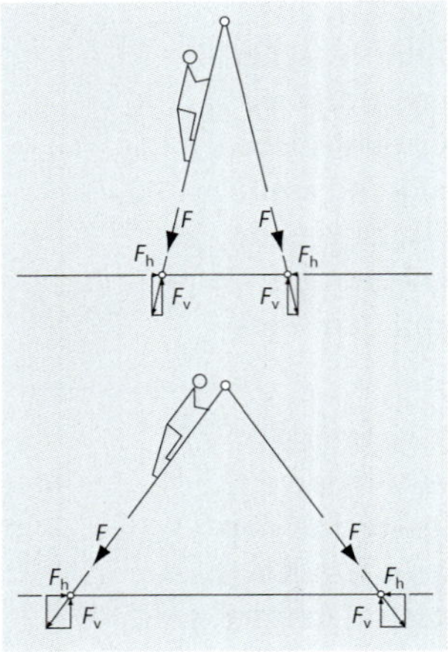

Abb. 5.63: Statisches System

der Nordseite, wird diese Dachlast eine im Sparren der Südseite verlaufende Druckkraft erzeugen.

Zu einem tragfähigen Gespärre gehört die Decke. Besteht die Dachgeschossdecke aus Holzbalken, bilden jeweils ein Gespärre und ein Deckenbalken ein **unverschiebliches Dreieck**. Bei einer Betondecke gehört der betreffende Deckenabschnitt zum System (Abb. 5.62).

Abbildung 5.63 zeigt, wie sich am Fußpunkt die schräg ankommende Kraft in 2 Komponenten aufteilt. Sie wirkt als eine horizontale Kraft (F_h) und eine vertikale Kraft (F_v). Deshalb muss die Decke bzw. der Deckenbalken eine senkrechte, quer wirkende Kraft und eine horizontale Zugkraft aus der Dachlast aufnehmen. Ein Gespärre ohne Betondecke oder Deckenbalken würde sich wie eine Bockleiter ohne Kette oder Verstrebung verhalten: Die 2 Sparren würden unter Last auseinandergleiten. Sie müssen an den Fußpunkten zusammengehalten („zusammengezogen") werden. Auch der Aufstellwinkel der unvollständigen Bockleiter ist entscheidend dafür, wie stark sie zusammengezogen werden muss. Stehen die beiden Leiterteile steil, ergibt sich eine geringe horizontal wirkende Kraft (F_h) am Fußpunkt. Je flacher die Leiter steht, desto größer wird die Horizontalkraft F_h. Ab einem bestimmten Punkt gleitet sie ab, d. h., die Horizontalkraft wird zu groß. Genauso verhält sich das Gespärre (Abb. 5.63).

Durch diese Betrachtungen ergeben sich folgende Nachteile:

- Die maximal mögliche Sparrenspannweite ist gering bzw. es werden dann große Sparrenquerschnitte notwendig.
- Nur ein Sparren sollte ausgewechselt werden.
- Bei größeren Öffnungen in Decken müssen die Zugkräfte konstruktiv berücksichtigt werden.
- Sparrendächer sind i. d. R. nur ohne Kniestock möglich.

! Praxistipp

Bestehendes Dachtragwerk genau erkunden, bevor ein Sparren ausgewechselt wird. Es soll nur ein Sparren im Sparrendach ausgewechselt werden. Die Wechselsparren, die die Last übernehmen, sind zu verstärken. Ein statischer Nachweis eines Bauingenieurs bringt die notwendige Sicherheit vor späteren Schäden.

Sparrendächer sind in Querrichtung ausgesteift, da die Gespärre unverschiebliche Dreiecke bilden. In Längsrichtung können die Gespärre jedoch beim Aufrichten umfallen, deshalb muss die Konstruktion noch ausgesteift werden. Die Aussteifung erfolgt in den Dachebenen. **Windrispen** bilden unverschiebliche Dreiecksverbände mit den Sparren. Früher wurden dazu einfach Bretter diagonal an die Unterseite der Sparren genagelt. Da diese jedoch beim späteren Ausbau des Daches stören können, wurden stählerne Bänder, sog. **Rispenbänder,** entwickelt.

Die Unterspannbahn, die Konter- und Dachlattung können immer noch aufgebracht werden.

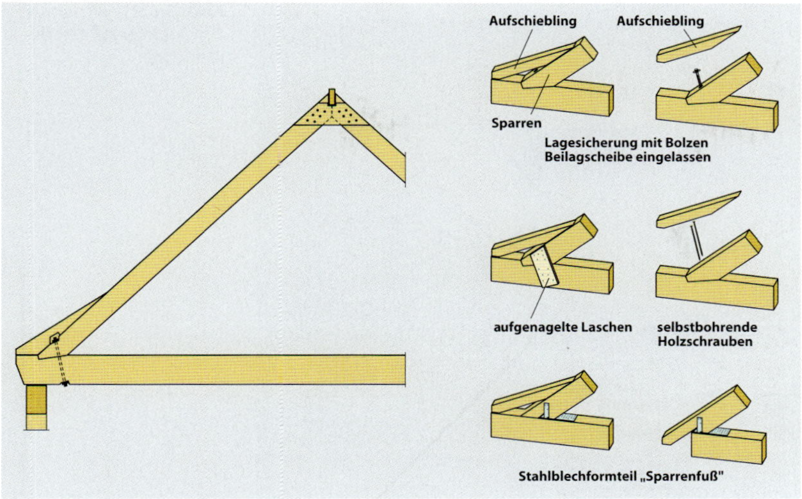

Abb. 5.64: Anschluss der Sparren auf Holzbalken

■ Begriffe

Rispenbänder sind Stahlbänder (2 × 40 mm) mit Löchern von 5 mm Durchmesser im gleichmäßigen Abstand, die auf die Oberseite der Sparren genagelt werden.

■ Darum geht es

Die **Längsaussteifung** bei Sparrendächern erfolgt in den Dachebenen durch Windrispen, Windrispenbänder oder zugelassene Schalungen.

Wird das Sparrendach von einer computergesteuerten Abbundanlage hergestellt, kann die Maschine Nute in die Sparren einfräsen, die später Windrispen aus Brettern oder Windrispenbänder aufnehmen. Da Windrispenbänder nur Zugkräfte übernehmen, müssen sie auf jeder Dachseite über Kreuz aufgenagelt werden. Die Dachlattung trägt dazu bei, dass alle Gespärre des Daches stehen bleiben, d. h., sie bringt den Längsverbund.

In der Dachebene kann auch eine **Scheibenwirkung** erzeugt werden, indem man die Dachfläche verschalt. Alle Gespärre des Daches sind sofort in Längsrichtung verbunden, auch ohne Dachlattung.

Für aussteifende Verschalungen sind folgende Baustoffe zugelassen:

- Brettschalungen diagonal über die Dachfläche,
- im Verband verlegte Holzwerkstoffplatten,
- bauaufsichtlich zur Aussteifung zugelassene Dämmstoffplatten (z. B. Holzweichfaserplatten).

Das Sparrendach ist eine einfache Konstruktion für Dächer mit geringer Spannweite. Der Dachraum bleibt stützenfrei, denn die Dachlasten werden auf die Außenwände abgetragen. Auswechslungen von Sparren und Deckenbalken sind konstruktiv aufwendig. Nicht fachgerecht ausgeführt, können sie Bauschäden hervorrufen oder das Dach zum Einsturz bringen.

Der **Fußpunkt** an der Schwelle eines Sparrendaches ist konstruktiv aufwendiger als beim Pfettendach. Wie oben beschrieben, gibt es nicht nur höhere Lasten, sondern auch Kräfte, die nach außen schieben. Das Gespärre auf Holzdeckenbalken (Abb. 5.64) ist die ältere Konstruktion. Die Sparren werden mit **Stirn**, **Fersen**- oder doppeltem **Versatz** angeschlossen. Gegen das seitliche Ausweichen werden **Laschen** angenagelt oder bei höheren Kräften **Bolzen** durchgeschraubt. In Druckrichtung des Versatzes muss noch eine Holzlänge von 20 cm stehen bleiben, damit die Sparren das beanspruchte Holz des Balkens

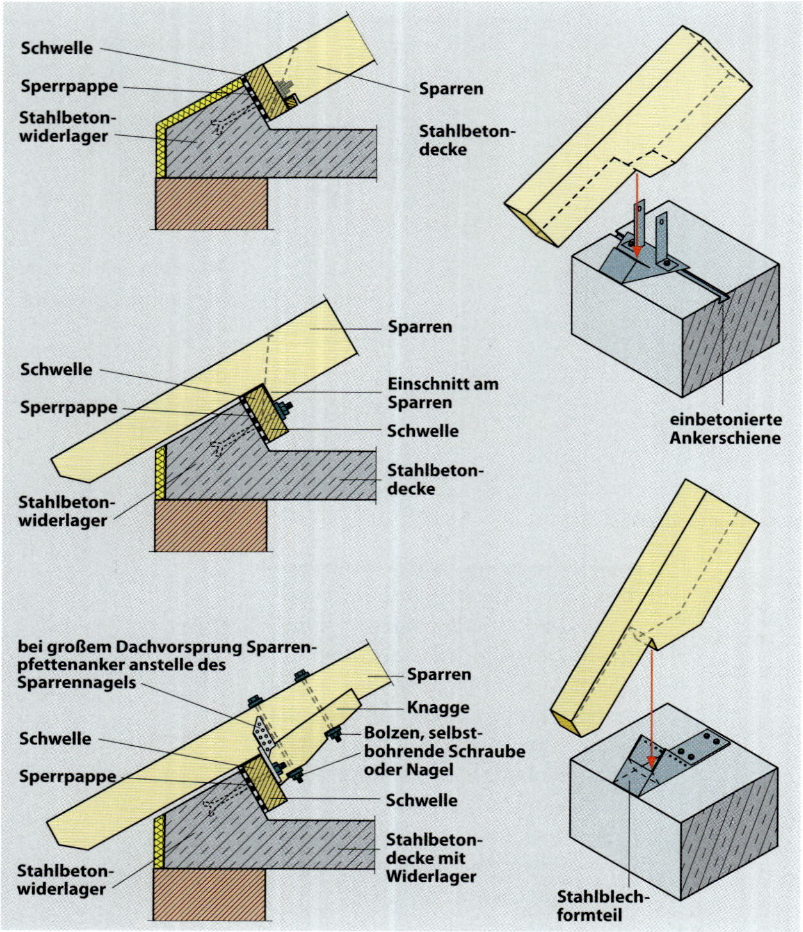

Abb. 5.65: Anschluss der Sparren auf der Betondecke

nicht „wegschieben". Dieser Abschnitt vor dem Versatz nennt sich **Vorholz**. Abbildung 5.64 zeigt, wie der Übergang von der Dachfläche in die Traufe konstruiert wird. Im Bereich des Vorholzes werden **Aufschieblinge** an den Sparren angeschlossen. Der Aufschiebling hat eine flachere Neigung als die Dachfläche. Er kann auch über den Deckenbalken auskragen, sodass ein Dachüberstand entsteht.

! Praxistipp

Bei der Auswahl der Dachdeckung muss die flachere Dachneigung im Bereich des Aufschieblings zugrunde gelegt werden, damit die Regel- oder je nach Fall die Mindestdachneigung eingehalten wird.

Die letzte Geschossdecke von modernen Gebäuden besteht meistens aus Stahlbeton. Aus Stahlbeton lässt sich ein der Dachneigung angepasstes **Widerlager** (Abb. 5.65) formen. Auf das Widerlager wird eine Schwelle montiert, auf die sich die Sparren stützen. Auf dieser werden die Sparren mit Sparrennägeln, Sparrenpfettenankern oder Winkeln befestigt. Kragen die Sparren aus, um ein Vordach auszubilden, werden sie ausgeklinkt. Die Sparrenhöhe ist am Vordach geringer. Sie muss noch ausreichen, um die Lasten des Vordaches zu tragen. Andererseits muss die Auflagerfläche des Sparrens auf der Schwelle groß genug sein, um die Druckkraft des Daches auf die Schwelle zu übertragen. Die Bauindustrie entwickelte auch Formteile aus Blech für Sparrenbefestigungen auf Holz-

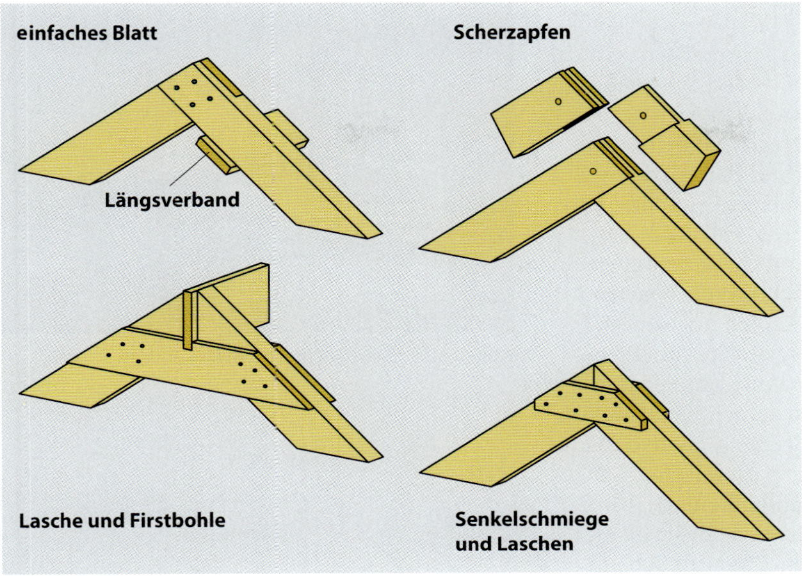

Abb. 5.66: Firstanschluss

■ **Darum geht es**

Abbildung 5.65 zeigt den Anschluss mit einer Knagge, mit der große Vordächer ausgebildet und auch große Dachlasten übertragen werden können.

balken oder Betondecken. Sie sind gemäß Herstellerangaben einzubauen.

Die **Firstknoten** bei Sparrendächern können mit **Senkelschmiegen** und Laschen ausgeführt werden. Im Gegensatz zum Pfettendach müssen sich die Schmiegen berühren. Nur dann können sich die Sparren gegenseitig abstützen. Die Laschen halten die Sparren in der richtigen Lage, damit sie bei wechselnden Lasten, z. B. bei einer auftretenden Sturmbö, nicht voneinander abgleiten. Zusätzlich eingebaute **Firstbohlen** halten die Gespärre im vorgegebenen Abstand und stellen den Längsverbund für die Aussteifung des Daches her.

Bei geringer beanspruchten Firstknoten kann das **einfache Blatt** angefertigt werden. Es wird mit Schrauben oder Nägeln gesichert. Zusätzliche Laschen auf einer Seite aus Bohlenstücken verstärken das einfache Blatt. Der **Scherzapfen** schwächt den Sparren am meisten, d. h., nur ein Drittel des Sparrenquerschnitts trägt die anfallende Last ab. Er ist deshalb nur für breite Sparren anzuwenden. Ein **Holznagel** sichert die Verbindung bei Windsog. Der Scherzapfen ist die gefälligste Holzverbindung für innen sichtbare Sparrenuntersichten.

Der Fußknoten eines Sparrendaches muss höhere Lasten übertragen als beim Pfettendach, deshalb muss er besonders ausgebildet werden. Sind die Gespärre auf Holzbalken aufgelagert, kommen Versätze zur Anwendung. Widerlager aus Beton nehmen bei Betondecken die senk- und waagerechten Kräfte der Sparren auf. Über die Firstverbindung muss die Last des jeweils gegenüberliegenden Sparres übertragen werden. Mit Laschen gesicherte Senkelschmiegen (ggf. mit Firstbohle), das einfache Blatt oder der Scherzapfen sind die gängigsten Verbindungen am Firstknoten.

5.7.4 Das Kehlbalkendach

Ein naher Verwandter des Sparrendaches ist das **Kehlbalkendach**. Während beim Sparrendach die Sparren auf ihrer ganzen Länge zwischen First und Fußpunkt frei tragen, ist beim Kehlbalkendach ein waagerechter Balken, der sog. **Kehlbalken,** zusätzlich in jedem Gespärre eingebaut. Er liegt im optimalen Fall auf ¾ der Dachhöhe. Kehlbalken und Gespärre bilden ein **unverschiebliches Dreieck**, das die Sparren zwischen First- und Fußknoten noch einmal stützt, d. h. die Spannweite des Sparrens verkürzt. Durch diese Maßnahme kann das Gespärre höhere Dachlasten aufnehmen. Das bedeutet, dass Kehlbalkendächer größere Gebäude überspannen können als Sparrendächer. Die Kehlbalken bilden die **Kehlbalkenlage**. Wird das Dachgeschoss ausgebaut, dient sie oft als Raumabschluss und muss dementsprechend verkleidet und gedämmt werden. In großen Dächern wird die Kehlbalkenlage als Geschossdecke benutzt. Die Gespärre tragen dann nicht nur die Dachlasten, sondern auch die Nutzlasten aus dem Spitzboden.

Die Statik des Kehlbalkendaches ist prinzipiell dem Sparrendach ähnlich. Auch hier stützen sich die Sparren eines Gespärres gegenseitig. Sie werden nicht nur auf Biegung belastet, sondern erhalten auch eine längs verlaufende Druckkraft aus dem Gegensparren. Der Kehlsparren wirkt dem Ausknicken der Sparren entgegen, d. h., die Knicklängen der Sparren werden verkürzt und sie können deshalb höhere Druckkräfte übertragen. Wird das Kehlbalkendach gleichmäßig belastet, wirken im Kehlbalken Zugkräfte. Wird eine Dachseite stärker belastet, treten auch Druckkräfte auf.

Die Queraussteifung erfolgt im Gespärre über das Sparrenpaar und den Kehlbalken bzw. Dachbodendecke. Die Längsaussteifung wird meist, wie im Sparrendach, in der Dachebene erreicht. Wird die Kehlbalkenlage mit Holzwerkstoffplatten verkleidet, wirkt sie als längs aussteifende Scheibe mit. Sie wird in Altbauten oft verwendet, um die Giebelwand gegen Umkippen zu verankern.

Abb. 5.67: Baustellenfoto Kehlbalkendach

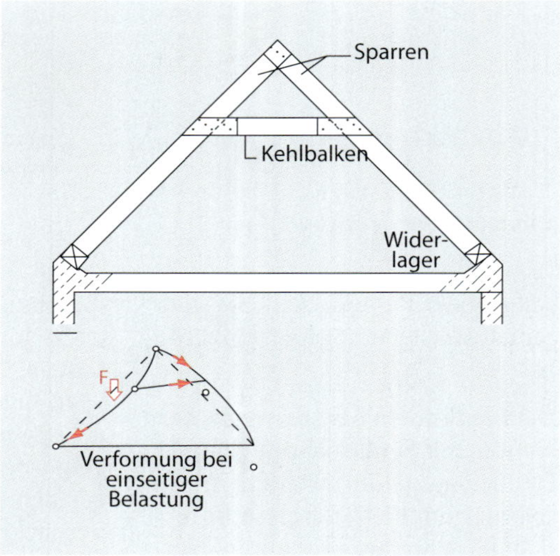

Abb. 5.68: Kehlbalkendach mit statischem System

! Praxistipp

Prüfen Sie, ob in den Giebelwänden von Altbauten Ringbalken aus Beton vorhanden sind. Falls nicht, sind die Giebelwände i. d. R. über Eisen- oder Stahlanker (Schlaudern) mit der Dachkonstruktion verbunden. Beim Auswechseln von Sparren in Sparren- und Kehlbalkendächern oder in morschen, nicht mehr tragfähigen Dächern besteht die Gefahr, dass die Giebelwand instabil wird und umfällt.

An den Fußpunkten treten (wie im Sparrendach) neben den Vertikalkräften auch Horizontalkräfte auf. Deshalb werden die Fuß- und Firstknoten genauso wie bei Sparrendächern (Abb. 5.64 bis 5.66) ausgebildet.

Der Anschluss des Kehlbalkens an die Sparren erfolgt meist über **Laschen**. Diese werden beidseitig auf den Knoten geschraubt oder genagelt. Zusätzliche Stirnversätze erhöhen die Tragfähigkeit des Knotens, da der Kehlbalken nicht nach unten ausweichen kann. Eine weitere Möglichkeit der Verbindung des Kehlbalkens an die Sparren ist das **einfache Blatt** (in Abb. 5.66 als Firstanschluss verwendet). Das einfache Blatt kann auch kunstvoll geschwungen ausgeführt werden und wird dadurch zur Zierde der Konstruktion. Es schwächt jedoch den Holzquerschnitt und deshalb ist diese Verbindung weniger tragfähig als Laschen.

Als zeitgemäße Konstruktion in Kehlbalkendächern gilt die **Zangenkonstruktion**. Der Kehlbalken wird durch 2 mindestens 40 mm dicke Bohlen oder Kanthölzer ersetzt. Diese Hölzer werden wie durchgehende Laschen beidseitig an die Sparren befestigt. Je nach Größe des Kehlbalkendaches und den abzuleitenden Dachlasten werden die Zangenhölzer auf die Sparren genagelt oder geschraubt. Bestehen die Zangen in großen Dächern aus Kanthölzern, werden sie mit Stab- oder Ringdübeln angeschlossen. Lange Kehlzangen können ausknicken, wenn sie auf Druck belastet werden. Deshalb werden kurze Kantholzstücke, die so breit wie die Sparren sind, zwischen die Zangen eingebaut.

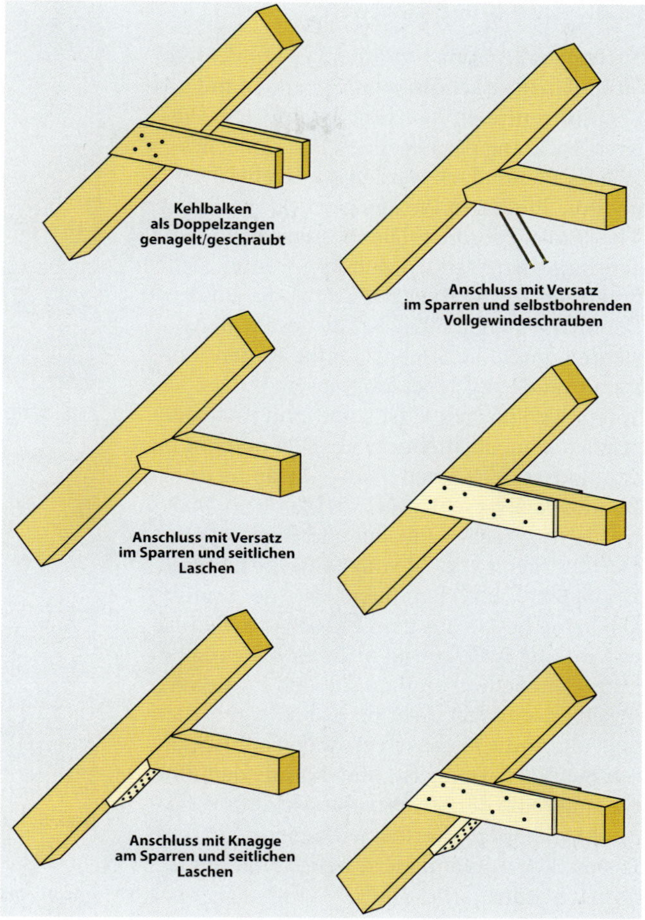

Abb. 5.69: Kehlbalkenanschluss

Das Kehlbalkendach trägt die Dachlasten über die Sparren ab. Kehlbalken verkürzen die Spannweite der Sparren, deshalb können Kehlbalkendächer größere Gebäude überspannen als Sparrendächer. Fuß- und Firstknoten sind wie bei Sparrendächern auszubilden. Kehlbalken werden mit Laschen an die Sparren angeschlossen. In modernen Kehlbalkendächern ersetzen Zangenkonstruktionen den Kehlbalken. Die Kehlzangen werden genagelt, geschraubt oder – je nach anfallender Last – per Stab- oder Ringdübel mit dem Gespärre verbunden.

Darum geht es

- Das Kehlbalkendach unterscheidet sich vom Sparrendach u. a. durch den waagerecht eingezogenen Kehlbalken.
- Kehlbalkendächer können größere Gebäude überspannen als Sparrendächer.

5.7.5 Spreng- und Hängewerke

Sprengwerke (Abb. 5.70 und 5.71) findet man oft in Kirchendächern oder Gebäuden mit großen, stützenfreien Räumen. Sie sind eine Weiterentwicklung des liegenden Pfettendaches. Wie im Pfettendach werden die Dachlasten über die Pfetten in Pfosten geleitet. Sie sind alle 4 bis 5 m angeordnet. Die Pfosten stehen nicht auf tragenden Wänden, sondern werden seitlich durch schräge Streben abgestützt, die auf dem Bundbalken enden. Die Kräfte des Pfostens werden durch die Streben auf die Außen- oder Innenwände abgeleitet (abgesprengt). Der Sprengwerkpfosten leitet somit unterhalb der Streben keine Kräfte mehr ab. Dies erkennt man daran, dass der Zapfen nicht vollständig im Bundbalken verschwindet. Es bleibt ein Spalt von 2 cm zwischen Pfosten und Bundbalken. Der Zimmerer spricht vom **Schwebezapfen**. Der Spalt („Luft") garantiert, dass der Bundbalken keine Lasten aus dem Pfosten erhält, d. h., es wird nur auf Zug und nicht auf Biegung belastet. Der Schwebezapfen soll den Pfosten nur in seiner seitlicher Position halten, wobei dies bei vollständig aufgerichtetem Dach mit Sparren nicht notwendig ist. Man könnte den Pfosten unterhalb der Streben absägen. Am Fußpunkt von Sprengwerken wirken nur vertikale Lasten. Die Außenmauern werden nur auf Druck belastet.

Abb. 5.70: Foto Sprengwerk

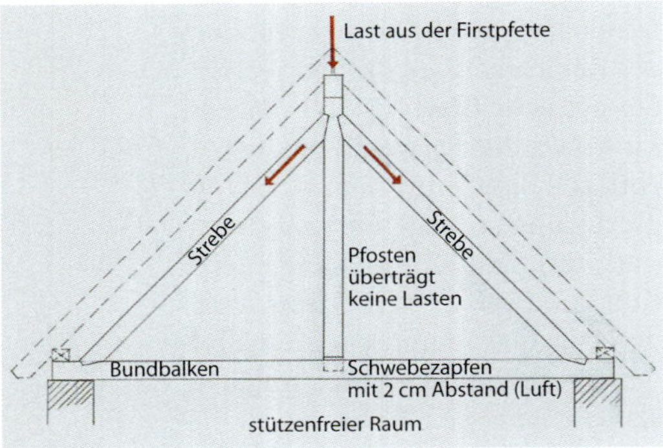

Abb. 5.71: Prinzipskizze Sprengwerk

> **! Praxistipp**
>
> Prüfen Sie in alten Sprengwerken, ob der Pfosten auf dem Bundbalken „aufsitzt". Ist dies der Fall, findet, wie oben beschrieben, eine Umverlagerung der Kräfte im Sprengwerk statt und es kommt ggf. zur Rissbildung im Bundbalken. Durch die Risse könnte der Bundbalken nicht mehr die vollständigen Zugkräfte aufnehmen, das Sprengwerk bricht zusammen.

Das **Hängewerk** (Abb. 5.72 und 5.73) unterscheidet sich vom Sprengwerk durch ein zunächst unscheinbares Detail. Der Pfosten ist ebenfalls mit einem Schwebezapfen an den Bundbalken angeschlossen. Im Gegensatz zum Sprengwerk befinden sich zusätzlich mehrfach verschraubte Flansche aus Flachstahl am Übergang vom Pfosten zum Bundbalken bis zu einem quer darunter angeordneten Unterzug. Die Verbindung kann nun Zugkräfte übertragen. Auf dem Unterzug ist meist eine Geschossbalkenlage aufgelegt. Die Lasten dieser Geschossdecke liegen auf dem Unterzug. Über die zugfeste Verbindung werden sie in den Pfosten geleitet. Man nennt ihn nun **Hängepfosten**. Die Dachlasten und die Lasten aus der darunterliegenden Decke werden auch wieder über die Streben in die Außenwände umgeleitet.

> **! Praxistipp**
>
> In Kirchen, besonders aus dem Barock, hängen die Stuckdecken mit historisch wertvollen Gemälden und Verzierungen am Hängewerk. Um Schäden daran zu vermeiden, sollte man bei Holzbauarbeiten besonders behutsam und umsichtig vorgehen.

Abb. 5.72: Foto Hängewerk

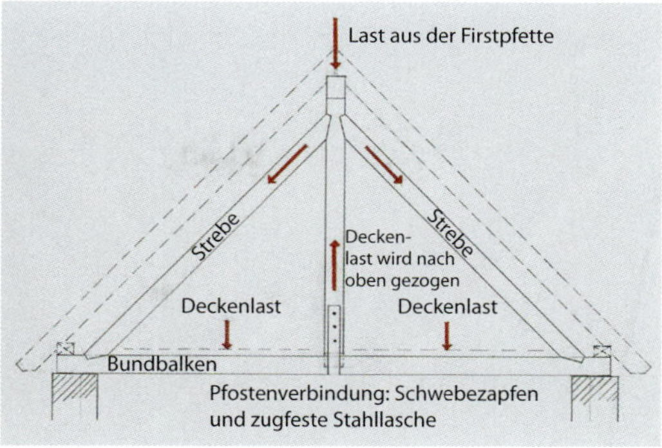

Abb. 5.73: Prinzipskizze Hängewerk

Spreng- und Hängewerke sind historische Tragwerke aus Holz für große Pfettendächer. Sie leiten („sprengen") die Lasten aus dem Dach und ggf. aus der Geschossdecke in die Außenwände ab.

5.7.6 Tragwerk an Kehlen und Graten

Stoßen 2 geneigte Dachflächen an Gebäudeaußenecken zusammen, entsteht eine gemeinsame Schnittlinie, die sog. **Gratlinie** oder **Grat**. Unter der Gratlinie wird ein **Gratsparren** angeordnet. Er ist flacher geneigt als die Dachflächen. Seine Oberseite erhält einen Grat, der in gleicher Fläche wie die angeschlossenen Dachflächen laufen. So ist es möglich, die Dachschalung oder Lattung im Bereich des Grates zu befestigen. An den Gratsparren werden die gekürzten Sparren stumpf angestoßen (Abb. 5.74). Die schräg gesägte Fläche nennt man **Schmiege**, den gekürzten Sparren **Schifter**. Wenn der Gratsparren eine geringere Höhe als die Schifter aufweist, erhalten die Schifter eine **Klaue**.

Der Gratsparren liegt auf First-, Mittelpfetten und der Schwelle auf. Gegen das Abrutschen werden Kerven ausgearbeitet. Sie haben meist eine rechtwinklige Ecke und müssen deshalb ausgestemmt werden. Die Lasten der abgewalmten Dachflächen werden über die angenagelten oder verschraubten Schifter auf den Gratsparren übertragen.

Abb. 5.74: Gratsparren mit Schifter

Die gemeinsame Innenkante zweier geneigter Dachflächen nennt man **Kehllinie** oder **Kehle**. Unter der Kehle läuft der **Kehlsparren**. Auch er weist eine geringere Neigung auf als die angeschlossenen Dachflächen. Die Oberseite des Kehlsparrens erhält eine Kehle. Die

Darum geht es

Sprengwerke sind vor allem in Kirchendächern oder Gebäuden mit großen, stützenfreien Räumen anzutreffen.

Begriffe

Die **Klaue** besteht aus einer senkrechten und einer im Gratsparren geneigten Fläche.

Abb. 5.75: Kehlsparren mit Schifter

Schifter laufen vom Kehlsparren aus bis zum First und liegen auf Mittel- und Firstpfette auf (Abb. 5.75).

Der Kehlsparren liegt, wie der Gratsparren, auf den Pfetten auf. Er überträgt die Dachlasten der angeschlossenen Dachflächen aus den Schiftern an das Gebäude weiter. Der Kehlsparren wird auf Biegung belastet, deshalb ist ein statischer Nachweis für die Dimensionierung dieses Holzes notwendig.

5.7.7 Binderkonstruktionen für Hallen

Hallen werden für handwerkliche und industrielle Produktionsprozesse ebenso wie für einige Freizeitbetätigungen benötigt. Das reicht von kleineren Schwimm- und Sporthallen bis zu sehr weit gespannten Messehallen. Für diese kommen neben Beton- und Stahlkonstruktionen auch Tragwerke aus Holz zum Einsatz. Denn obwohl Holz brennt, sind Holzkonstruktionen bei Brand länger tragfähig als Stahlkonstruktionen. Betonträger weisen zudem ein höheres Eigengewicht als Holzbinder auf.

Allerdings können Spreng- und Hängewerke nicht die geforderten Spannweiten erreichen. Deswegen haben sich für Hallen **Binderkonstruktionen** durchgesetzt. Binder sind weit gespannte Träger mit einer großen Höhe. Sie werden wie Balken in der Balkenlage auf Biegung belastet. Sie können über ein Feld oder mehrere Felder spannen.

Es werden 2 Arten von Holzbindern unterschieden:

- Brettschichtholzbinder als Vollwandbinder,
- Fachwerkbinder.

Brettschichtholzbinder sind industriell aus Brettern (Lamellen) zusammengeleimte Träger (Abb. 5.76). Ihre Spannweite kann 8 bis 30 m, maximal 40 m erreichen. Die Binderbreite liegt dabei zwischen 14 und 22 cm und die Höhe bei 2 m. Die Lamellen sind 8 mm bis maximal 45 mm dick und haben eine Querschnittsfläche von maximal 120 cm^2. Um besseres Schwind- und Quellverhalten zu erreichen, werden kleinere Lamellen im Versatz verleimt. Die unterschiedliche Tragfähigkeit der Holzstücke, z. B. verursacht durch Holzfehler, wird auf dem ganzen Querschnitt verteilt. So erreicht Brettschichtholz eine höhere Festigkeit als ein gleich großes Vollholz.

Brettschichtholzbinder werden in verschiedenen Formen hergestellt. Man unterscheidet den Parallel-, Pultdach- und Satteldachbinder. Auch gebogene Formen sind möglich.

Beim **Kantholzbinder** (Abb. 5.77) werden Kanthölzer mit Stab- oder Ringdübeln untereinander verbunden. Ihre Spannweite kann 40 m erreichen und sie sind in einem Abstand von 5 bis 7 m angeordnet. **Nagelbrettbinder** (Abb. 5.78) sind preiswertere Fachwerkträger aus Holz. Ihre Spannweite ist auf maximal 20 m begrenzt, sie

Abb. 5.76: Brettschichtholzbinder

Abb. 5.77: Kantholzbinder

Abb. 5.78: Nagelbrettbinder

Abb. 5.79: Nagelplattenbinder

werden aber im Abstand von 1 bis 2 m angeordnet. Beim **Nagelplattenbinder** (Abb. 5.79) werden gleich dicke Hölzer mit Nagelplatten zusammengepresst. Die Spannweite kann dabei 30 m bei einem Binderabstand von 1,25 m erreichen. Meist werden diese Binderarten mit abgehängten Decken verkleidet, da sie weniger anspruchsvoll wirken als Kantholzbinder.

Über den Bindern liegen Holzbalken als Nebenträger im Abstand von 1 bis 2 m. Darüber folgen die Schichten des Dachaufbaus. Statt der Nebenträger werden auch hohe Trapezbleche verwendet. Trapezbleche als Sandwich-Element mit innen liegender Kunstschaumstoffdämmung bilden bei Industriehallen die raumabschließende Schicht. Darauf folgt nur noch die Dachdeckung mit deren notwendiger Unterkonstruktion.

Weit gespannte Hallen erhalten ein Tragwerk aus Bindern mit darüberliegenden Nebenträgern. Als Holztragwerk kommen u. a. Brettschichtholzbinder, Kantholzbinder und Nagelbrettbinder zum Einsatz.

5.7.8 Auswechslungen

Sparren müssen gelegentlich ausgewechselt werden, z. B. wenn Dachdurchbrüche wie Schornsteine, Dachfenster oder andere Dachdurchbrüche veränderte Sparrenabstände erfordern. Auswechslungen in einem Pfettendach können i. d. R. ohne Verstärkungen durchgeführt werden. Statisch müssen Sparrenverstärkungen bei Auswechslungen nachgewiesen werden, wenn diese über mehrere Sparren erfolgen müssen. Sparren- und Kehlbalkendächer erfordern bei größeren Auswechslungen immer einen statischen Nachweis. Auswechslun-

Tipp

Unter Grate und Kehlen werden Kehl- und Gratsparen angeordnet. Aufgrund der Dachverschneidung ergeben sich für Grat- und Kehlsparren besondere Querschnittsformen. Schifter werden an Grat- und Kehlsparren meist mit Schmiegen angeschlossen.

Darum geht es

- Die maximale Durchbiegung von Bindern ist auf *l*/300 begrenzt.
- Brettschichtholzbinder gibt es in Form von Parallel-, Pultdach- und Satteldachbindern.

→ Mehr Informationen zu Balkenlagen siehe Kapitel 5.1.1

gen bei Wechsel- oder bei Füllhölzern erfolgen meistens mit Sparrenschuhen oder Winkeln. Sind die Wechselhölzer richtig angeschlossen, so werden die Belastungen auf die benachbarten Sparren übertragen.

Bei Schornsteinen ist darauf zu achten, dass bei Auswechslungen die Hölzer mindestens 5 cm Abstand zu den Schornsteinaußenflächen haben.

Die Landesbauordnungen der Länder sind hierbei zu beachten.

Dachflächenfenster, die in ein Sparrenfeld passen, können zwischen 2 Sparren eingebaut werden. Bei größeren Dachflächenfenstern müssen Auswechslungen vorgenommen werden. Diese sind so anzufertigen, dass die Lasten immer auf die benachbarten Sparren übertragen werden.

Bei einer Öffnung in einer Dachfläche, z. B. für einen Dachfenstereinbau, werden dort meist die Sparren abgeschnitten und an Wechselhölzer angeschlossen.

! Praxistipp

Das lichte Maß zwischen 2 Sparren und eine Sparrenbreite ergibt das Sprungmaß (Abb. 5.80). Das Sprungmaß entspricht dem Achsmaß. Die Sparrenlage lässt sich mit dem Sprungmaß einfacher einteilen, da immer die Vorder- oder Hinterkante des Sparrens auf der Schwelle angerissen wird. Die Breite des Sparrens spielt dann keine Rolle.

5.8 Einwirkungen auf ein Bauwerk

Auf ein Bauwerk wirken unterschiedliche Kräfte, wie z. B. Zug- und Druckkräfte, die den Baukörper belasten. Man bezeichnet sie daher auch als **Lasten,** die durch den Baukörper und durch äußere Einwirkungen entstehen und daher in den Normen als **Einwirkungen** bezeichnet werden. Nach der Dauer der Lasteinwirkungen wird zwischen ständigen Einwirkungen und veränderlichen Einwirkungen unterschieden.

Ständige Einwirkungen werden auch als Eigenlasten bezeichnet. Sie wirken ständig am Gebäude und sind unveränderlich. Dazu gehören die Eigenlasten der tragenden Bauteile wie Fundamente, Wände, Decken, Pfosten, Balken, Sparren.

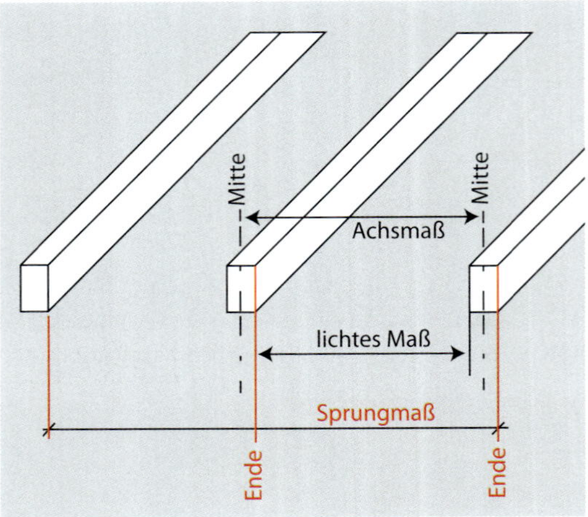

Abb. 5.80: Achs- und Sprungmaße

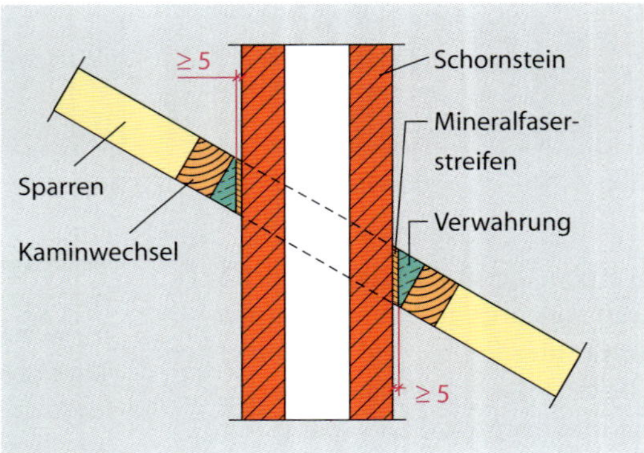

Abb. 5.81: Schornstein Schnitt

Veränderliche Einwirkungen sind nicht ständige Einwirkungen. Es handelt sich dabei um veränderliche oder bewegliche Einwirkungen des Bauwerks. Sie können lotrecht, waagerecht oder schräg gerichtet sein. Lotrecht wirken Eigenlasten von z. B. Personen, Einrichtungsgegenständen und Schnee. Waagerecht wirken Erddruck, seitlicher Druck von Geländern und der Wind auf senkrechten Flächen. Rechtwinklig zur Dachfläche wirken Winddruck und Windsog, ggf. auch mit anderen Angriffswinkeln als 90°.

Die Gesamteinwirkung q ergibt sich aus der ständigen Einwirkung g und der veränderlichen Einwirkung p. Sie ist die Summe der Eigenlast und Verkehrslast. Diese Einwirkungen werden als Flächeneinwirkung ermittelt, z. B. für den Deckenaufbau in den einzelnen Schichten im Wohnhaus.

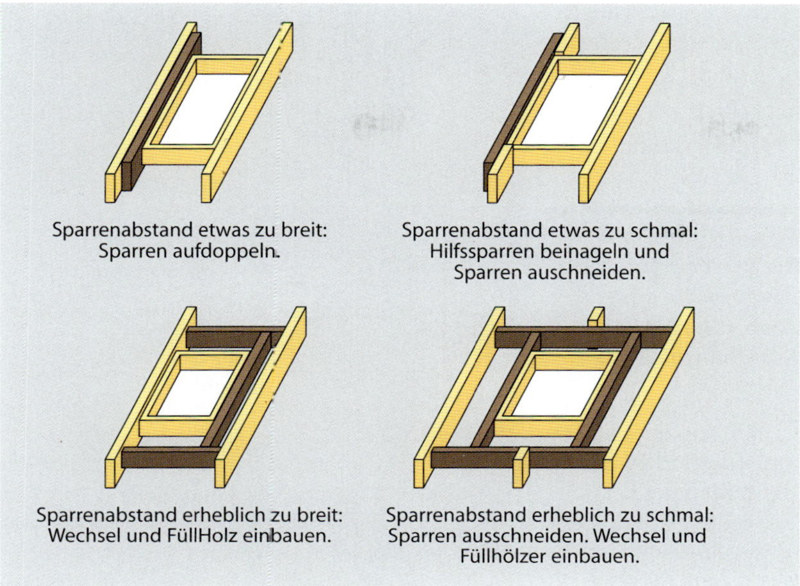

Abb. 5.82: Auswechslungen für Dachfenster

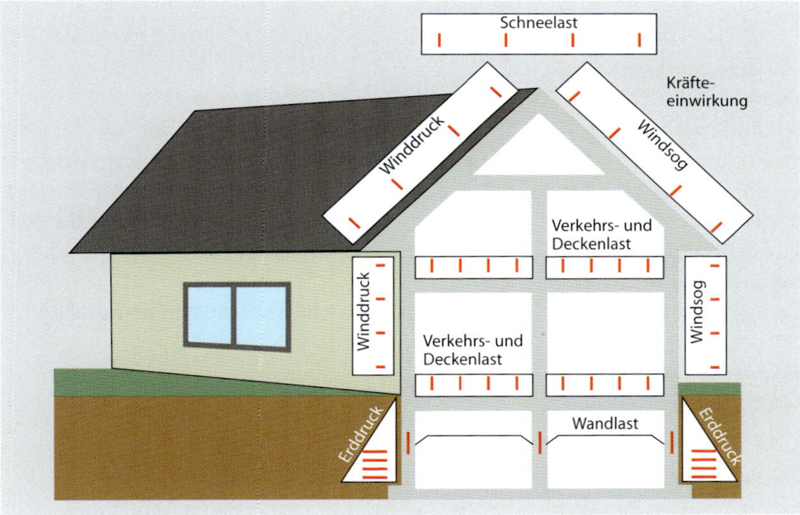

Abb. 5.83: Kräfteeinwirkurg

Gesamteinwirkung (q)
= ständige Einwirkung (g)
+ Nutzlast (p)

$$q = g + p$$

Flächenlasten (kN/m²) sind Eigenlasten von Decken und die darauf wirkenden Verkehrslasten sind Flächenlasten, ebenso sind Wind und Schnee Flächenlasten.

Linien- und Streckenlasten (kN/m): Die Flächenlasten werden auf eine Wand oder einen Balken weitergegeben (Träger, Unterzug, Sturz). Deckenbalken oder Schwellen übernehmen Streckenlasten.

Einzel- oder Punktlasten (kN): Linien- oder Streckenlasten werden auf eine Stütze weitergegeben (Pfei-

@ Links und Literatur

Die Landesbauordnungen der Bundesländer findet man unter: www.bauordnungen.de.

■ Begriffe

Einwirkungen sind die Lasten, die durch den Baukörper und durch äußere Einwirkungen entstehen. Nach der Dauer der Lasteinwirkungen unterscheidet man zwischen ständigen Einwirkungen und veränderlichen Einwirkungen.

ler, Stiel). Einzellasten werden von stabförmigen Bauteilen, z. B. Pfosten oder Streben, übertragen.

Jede auf einen Körper wirkende Kraft – **„Aktionskraft"** (äußere Kraft) – ruft eine Gegenkraft – **„Reaktionskraft"** (Auflagerkräfte, innere Kräfte = Spannung) – hervor.

Sind Kraft und Gegenkraft gleich groß, so herrscht Gleichgewicht. Die an einem Bauwerk auftretenden Kräfte und Gegenkräfte müssen sich das Gleichgewicht halten, d. h., das Bauwerk muss stehen, es muss in Ruhe bleiben.

Baustatik nennt man die Lehre von der Sicherheit und Zuverlässigkeit von Tragwerken im Bauwesen. In der Baustatik werden die Kräfte und deren gegenseitige Auswirkungen in einem Bauwerk sowie in jedem dazugehörigen Bauteil berechnet. Die Festigkeitslehre, ein Teilgebiet der Statik, ermittelt auf der Grundlage der ermittelten äußeren Kräfte die im Innern des Bauteils entstehenden Spannungen.

Spannung ist der innere Widerstand eines Baustoffes, der sich gegen äußere Einwirkungen aufbaut. Dabei müssen den äußeren Kräften gleich große innere Kräfte entgegenwirken. Die entstehenden Spannungen dürfen nicht größer als die zulässigen Spannungen sein, um eine Zerstörung des Bauteils zu verhindern. Dies wird rechnerisch nachgewiesen, um die Größe, die Form und die Abmessungen des Bauteils festlegen zu können.

Statik ist die Lehre vom Gleichgewicht der Kräfte an ruhenden Körpern.

In der Baustatik werden die Kräfte und deren wechselseitige Auswirkungen in einem Bauwerk sowie in jedem dazugehörigen Bauteil berechnet, z. B. an Gebäuden, Bauteilen und Tragwerken.

5.8.1 Kräftezusammensetzung und Kräftezerlegung

Kräfte können zeichnerisch als Strecken dargestellt werden. Hierzu muss ein geeigneter Kräftemaßstab KM gewählt werden, z. B. eine

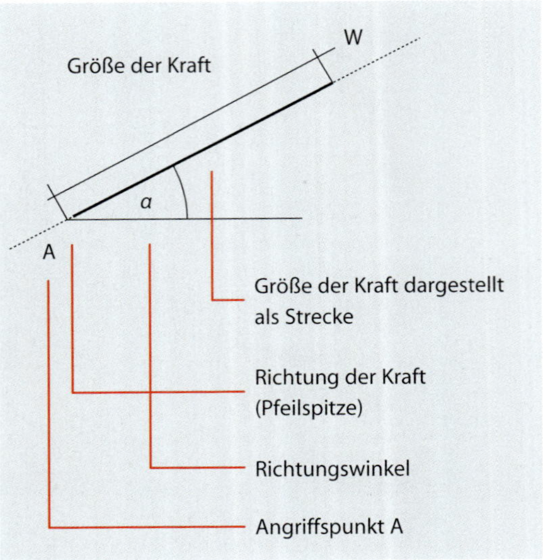

Abb. 5.84: Darstellung von Kräften

Strecke von 1 cm Länge soll eine Kraft von 1 kN darstellen.

Zur vereinfachten **Darstellungsweise** wird hierzu gewählt: 1 kN = 1 cm.

Die Lage einer Kraft wird durch die Wirkungslinie ***w*** bestimmt. Die Kraftrichtung wird durch einen Pfeil gekennzeichnet. Eine Kraft kann mit ihrem Angriffspunkt auf ihrer Wirkungslinie beliebig verschoben werden.

5.8.2 Zeichnerische Kräftezusammensetzung

Wirken mehrere Kräfte in verschiedenen Wirkungslinien auf ein Bauteil, so kann die Gesamtkraft in Größe und Richtung mithilfe eines Parallelogramms zeichnerisch ermittelt werden. Die Teilkräfte F_1 und F_2 stellen die Seiten, die Resultierende F_R dar, das ist die Diagonale des Parallelogramms. Die Pfeilrichtung der Resultierenden weist immer vom Angriffspunkt weg.

Die Resultierende kann auch mit der Hälfte des Parallelogramms, also mit einem Kräftedreieck, zeichnerisch ermittelt werden. Die Teilkräfte werden in Größe und Richtung aneinandergezeichnet. Die Verbindung zwischen Anfangs- und Endpunkt der Teilkräfte ergibt die Gesamtkraft.

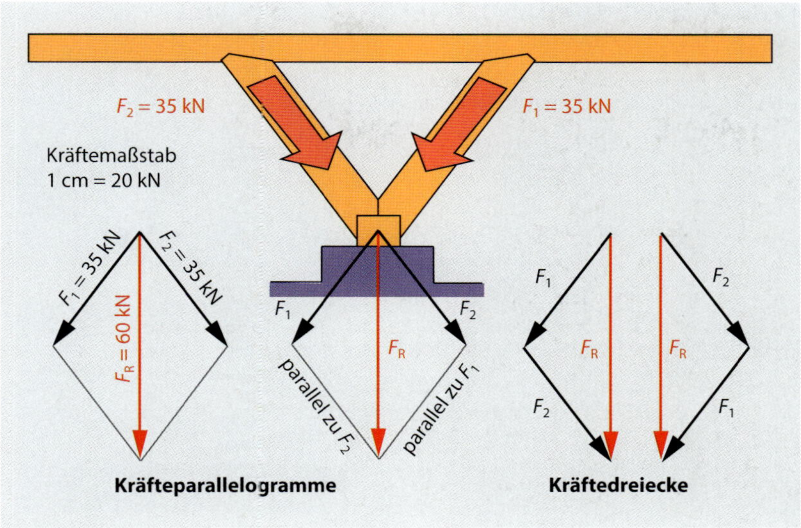

Abb. 5.85: Zusammensetzung von Kräften

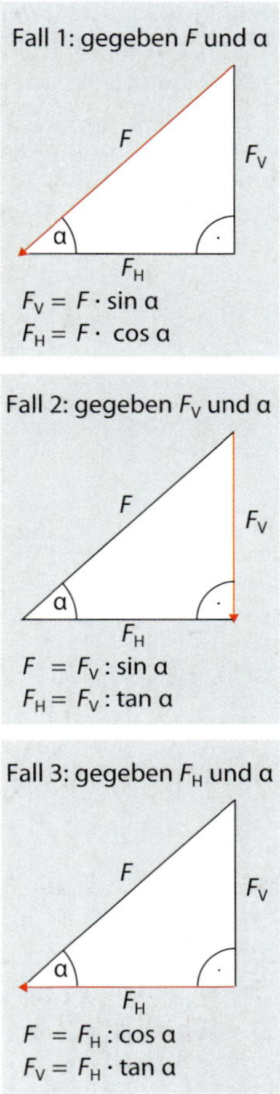

Abb. 5.86: Rechnerische Kräftezerlegung

Das Zusammenwirken von Kräften kann in einem Kräfteparallelogramm zeichnerisch dargestellt werden.

5.8.3 Zeichnerische Kräftezerlegung

Eine Kraft zerlegen heißt, Teilkräfte finden, die der gegebenen in ihrer Wirkung gleich sind, sie also ersetzen können. Diese Aufgabe kann zeichnerisch ebenfalls mit einem Kräfteparallelogramm gelöst werden.

Die Diagonale in diesem Parallelogramm stellt die gegebene Kraft dar. Die Seiten ergeben die Teilkräfte, die nach Größe und Lage bestimmt werden können, wenn ihre Wirkungslinien bekannt sind. Eine Kraft kann zeichnerisch auch mit dem Kräftedreieck in ihre Teilkräfte zerlegt werden. In der Praxis wirkt die Gesamtkraft eines Deckenbalkens auf dessen beide Auflagepunkte.

5.8.4 Rechnerische Kräftezerlegung

Kräfte können auch rechnerisch zusammengefasst bzw. zerlegt werden.

Rechnerische Lösungen führen zu exakten Ergebnissen, der Lösungsvorgang ist im Allgemeinen kürzer und wird somit der beruflichen Praxis gerechter.

5.9 Umgang mit Werkzeugen und Maschinen

Holzbearbeitung erfordert Werkzeuge, zunehmend aber auch Maschinen, die die Arbeiten erleichtern und diese exakter ausführen lassen. Maschineneinsatz erspart oft Zeit und somit Kosten für den Kunden.

5.9.1 Handwerkzeuge des Zimmerers

Trotz wachsender Mechanisierung bei den Arbeiten des Zimmerers kann auf die Handwerkzeuge nicht verzichtet werden. Unter den Werkzeugen sind folgende Arten zu unterscheiden (Tab. 5.26):

@ Links und Literatur

Zum Thema „Holzverbindungen" siehe „Hinweise Holz und Holzwerkstoffe" im Regelwerk des Deutschen Dachdeckerhandwerks, erhältlich unter www.baufachmedien.de

■ Darum geht es

Handwerkstypische Werkzeuge des Zimmerers sind

- Reib- und Schlagwerkzeuge,
- Anreiß- und Messwerkzeug,
- Klemmwerkzeuge und
- das Bundgeschirr.

Tabelle 5.26: Handwerkzeuge des Zimmerers

Stoß- und Schneidwerkzeuge Zum Stoßen und Schneiden des Holzes werden u. a. benutzt: Hobel, Stecheisen, Stemmeisen, Beil und Stichaxt.	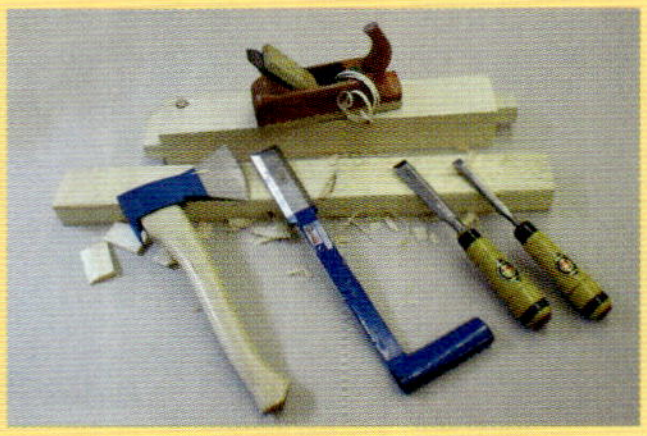
Reibwerkzeuge Zur abreibenden Holzbearbeitung werden u. a. benutzt: Säge, Raspel, Fräser und Bohrer.	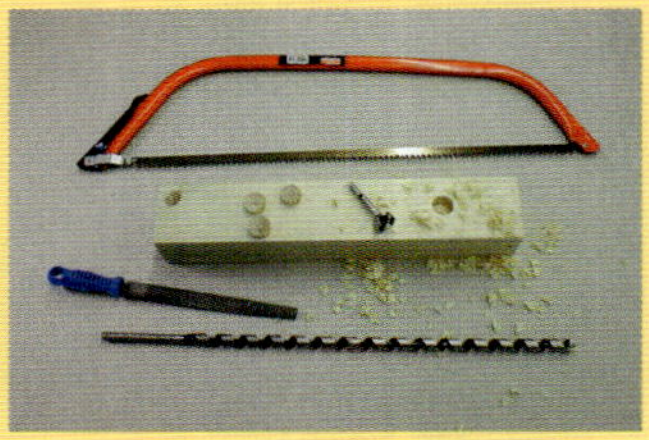
Schlagwerkzeuge Hölzer werden auch schlagend bewegt, z. B. mit Hammer, Schlegel und Klopfholz.	
Mess- und Anreißzeug Genaues Messen und Anreißen ist Voraussetzung für das genaue Passen der Holzkonstruktionen. Man benötigt hierfür u.a: Zollstock, Winkel, Schmiege, Bleistift, Alpha-Winkel und Wasserwaage.	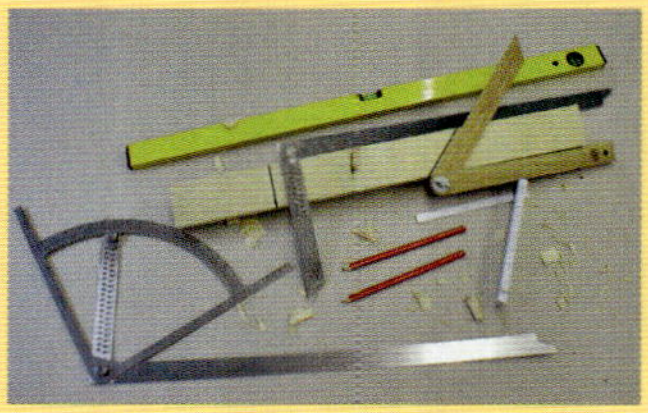
Klemmwerkzeuge Gelegentlich müssen Hölzer zusammengeklemmt werden. Man benötigt dafür u.a. Schraubzwingen und ggf. Hydraulikpressen.	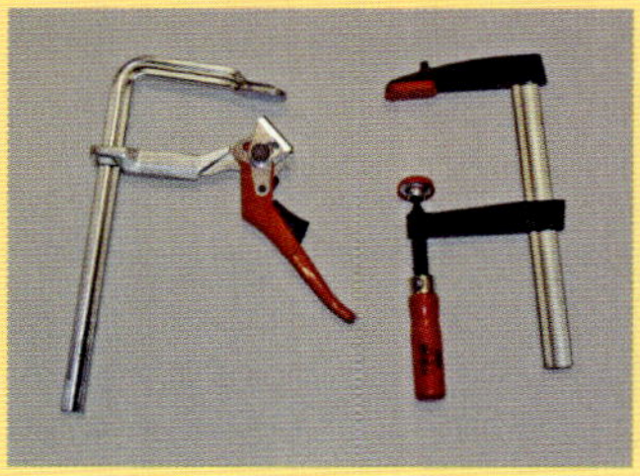
Bundgeschirr Die wichtigsten Werkzeuge des Zimmermanns befinden sich in seinem Bundgeschirr. Dies besteht im Allgemeinen aus: Stemmeisen, Zimmermannswinkel, Stichaxt, Klopfholz und Hammer. Fügt man noch eine Bügel- oder Stegsäge hinzu, können so nahezu alle üblichen Zimmererarbeiten ausgeführt werden.	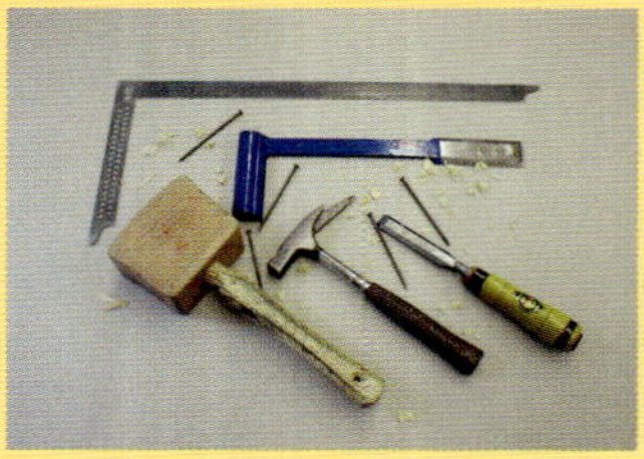

5.9.2 Typische Handmaschinen des Zimmerers

Neben den genannten Handwerkzeugen wird auf den Baustellen der Dachdecker noch eine Vielzahl von elektrischen Maschinen eingesetzt.

Im Gegensatz zu stationären Maschinen in der Zimmerei sind Handmaschinen transportabel und auf den Baustellen einsetzbar. Hier erfolgt ein kleiner Überblick über die häufigsten Handmaschinen des Zimmerers (Tab. 5.27):

■ Darum geht es

Im Zimmererhandwerk sind viele **Handmaschinen** in Gebrauch: Handkreissäge, Handbohrmaschine, Handhobel, Kervenfräse, Kettenstemmer, Handbandsäge, Motorsäge, Tischkettensäge, …

Tabelle 5.27: Handmaschinen des Zimmerers

kleine Handkreissäge mit Gehrungsanschlag Diese Säge eignet sich besonders gut beim Verschalen von Fassaden, Dachschalung und Giebeln, ebenso auch bei Untersichten.	
Hand- oder Ständerbohrmaschine Sie kann freihändig oder mit Führungsgestell verwendet werden. Das Bohren mit Führungsgestell ist vorzuziehen, denn dann wird jedes Bohrloch genau senkrecht gebohrt.	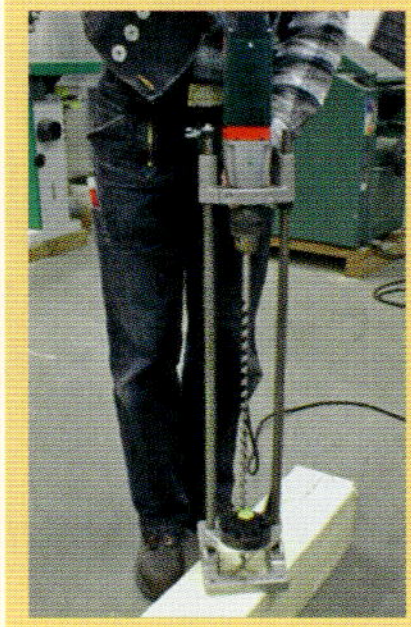
Hand- oder Balkenhobel Handhobelmaschinen dienen zum Hobeln von sichtbaren Holzbauteilen wie z. B. Sparren- und Pfettenköpfen oder Auslegern (Flugsparren), Hobelbreite bis 300 mm.	
Handkreissäge Handkreissägen gibt es in verschiedenen Größen, z. B. mit Blattdurchmesser von 45 bis 185 mm. Mit Handkreissägen wird gerade bzw. schräg (Schifterschnitte) geschnitten.	
Kettenstemmer Mit dieser Maschine können sämtliche Schlitze für Zapfverbindungen hergestellt werden.	
Kervenfräse Sie benötigt man für die maschinelle Anfertigung von Kerven (Sparren) und auch für Ausblattung. Die mit dem Fräskopf gelieferte Schutzvorrichtung sollte immer fachgerecht an der Maschine befestigt sein.	
Handbandsäge Sie ist die vielseitigste und damit wichtigste Zimmereihandmaschine. Sparren und Pfettenköpfe können damit in verschiedenen Formen gestaltet und profiliert werden. Des Weiteren ist die Säge auch geeignet, um Ausblattungen, Zapfen oder sogar Schifterschnitte auszuarbeiten.	
Motorsäge Für die grobe Zurichtung von Holzbauteilen wird häufig eine Motorsäge verwendet. Zu empfehlen sind Modelle mit einem rückschlagarmen Sicherheitsschwert. Dennoch können diese handlichen, aber äußerst durchzugskräftigen Maschinen schwerste Verletzungen herbeiführen.	
Tischkettensäge Diese ist die leichteste Kettensäge für den Zimmerer. Sie eignet sich besonders für exakte, extremwinklige und schräge Schnitte, wie z. B. Trauf- und Firstabschnitte. Zimmerei-Kettensägen verfügen über eine große Schnitttiefe. Sie sind auf einem schwenkbaren Auflagetisch montierbar, häufig kombiniert mit einem Spaltkeil für sehr dicke Hölzer.	

Tipps zum Umgang mit Holzbearbeitungsmaschinen

1. Das Einrichten, Bedienen und Instandhalten von Holzbearbeitungsmaschinen ist nur Personen gestattet, die mindestens 18 Jahre alt, zuverlässig sowie körperlich geeignet sind. Sie müssen vorher durch eine befähigte Person in der Handhabung und Bedienung der Maschinen unterwiesen sein.
2. Unter Anleitung und Aufsicht eines Fachkundigen dürfen Auszubildende ab dem 15. Lebensjahr zum Zweck ihrer Ausbildung Holzbearbeitungsmaschinen bedienen.
3. Jeder hat darauf zu achten, dass niemand gefährdet wird, wenn mit einer Maschine gearbeitet oder diese eingeschaltet wird.
4. Maschinen, die abgestellt werden, dürfen nicht mehr laufen und sind abzuschalten.
5. Werden Werkstücke von Hand den laufenden Maschinen zugeführt, so sind die ausführenden Personen nicht zu stören oder anzusprechen.
6. Maschinen und deren Zubehör sind vor Inbetriebnahme auf Mängel und Schäden zu kontrollieren. Dabei ist das Arbeiten ohne die vorgeschriebenen Schutzvorrichtungen verboten. Bei einer Feststellung von Mängeln sind diese sofort zu melden und abzustellen. Defekte Maschinen sind durch Anbringen eines Schildes zu kennzeichnen, um Verletzungen zu vermeiden.
7. Vor dem Beseitigen von Störungen ist die Maschine stillzulegen. Es dürfen keine losen Splitter, Späne oder Abfälle in der Nähe von laufenden Maschinen entfernt werden.

   Besondere Beachtung bei Handmaschinen!
8. Vor Feuchtigkeit müssen elektrisch betriebene Handmaschinen geschützt werden.
9. Stecker, Kabel sind vor Inbetriebnahme auf Schäden zu überprüfen. Beim Verlegen von Kabeln für Handmaschinen ist darauf zu achten, dass keine Stolperstellen entstehen und die verlegten Kabel nicht beschädigt werden können.
10. Nach dem Arbeiten mit Handkreissägen muss die Schutzvorrichtung des Sägeblattes selbstständig zurückfahren.
11. Maschinenschlüssel sind vor dem Anstellen der Maschinen zu entfernen.
12. Werden kleinere Werkstücke bearbeitet, so sind diese vorher festzuspannen.

Lernfeld 6: Bauteile beschichten und bekleiden

Ralf Schütte

Projektaufgabe: Bekleiden einer Fassade

Bauherr Alfons Meyer plant auf seinem Grundstück den Bau einer Garage für 2 Pkw mit Satteldach. Das Grundstück befindet sich in Grenzlage zu seinen Nachbarn. Der Raum oberhalb der Garage soll als Speicher genutzt werden. An der Westseite, die auch die Wetterseite ist, beabsichtigt der Bauherr, die Fassade einschließlich des Giebels witterungsbeständig zu bekleiden. Seine Vorstellungen zur räumlichen Ansicht der geplanten Garage (Abb. 6.1) sowie zur Längs- und Seitenansicht (Abb. 6.2) hat er zeichnerisch dargestellt.

Herr Meyer erkundigt sich in Ihrer Firma nach verschiedenen Werkstoffen und Wandaufbauten, mit denen eine witterungsbeständige Fassade hergestellt werden kann. Er möchte nun von Ihnen die gängigen Möglichkeiten zur Ausführung einer Fassade erfahren.

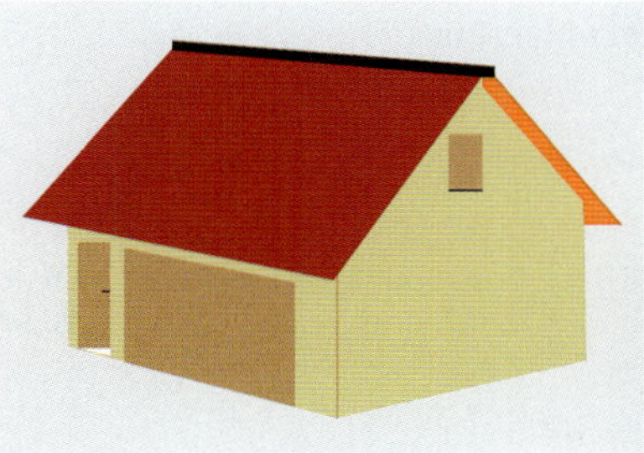

Abb. 6.1: Räumliche Ansicht der geplanten Garage

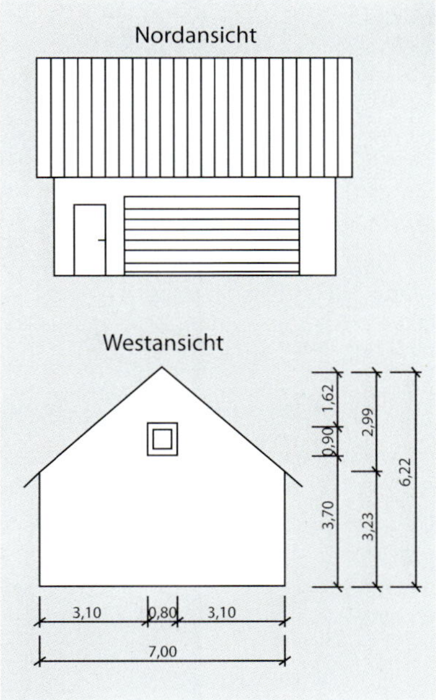

Abb. 6.2: Längs- und Seitenansicht

Dach Training
Deine App für die Prüfung
Android
IOS

Arbeitsaufträge:

1. Beraten Sie den Bauherrn und zählen Sie die verschiedenen Möglichkeiten für die Bekleidung der Garagen-Außenwand auf. Wägen Sie die Vor- und Nachteile der einzelnen Varianten ab.
2. Zeichnen Sie die Westfassade im Maßstab M 1 : 50 und bemaßen Sie die Zeichnung.
3. Wählen Sie eine Variante aus Aufgabe 1 und zeichnen Sie für diese einen Schnitt durch die Fassadenkonstruktion im Maßstab M 1 : 10. Bezeichnen Sie die einzelnen Schichten. (Hinweis: Die Unterkonstruktion der Wand besteht aus 24 cm Bims-Mauerwerk, siehe Tab. 6.1.)

6.1 Arten von Außenwänden

Einen gestalteten, oft repräsentativen Teil der sichtbaren Hülle bzw. der Außenwände eines Gebäudes bezeichnet man allgemein als **Fassade**. An Außenwände werden verschiedene Anforderungen gestellt. In der nachfolgenden Tabelle (Tab. 6.1) sind die heute üblichen Wandquerschnitte mit ihren unterschiedlichen Merkmalen und Anwendungen aufgeführt.

6.1.1 Anforderungen an eine Außenwand

Eine Außenwand ist unterschiedlichsten Beanspruchungen ausgesetzt (Abb. 6.3). Hierzu zählt insbesondere die **thermische Belastung** durch die Sonne. Die hohen Temperaturen auf der Materialoberfläche führen zu Materialausdehnungen und dadurch zu Spannungen an der Wandoberfläche.

Tabelle 6.1: Arten von Außenwänden

Schnittzeichnung durch die Außenwand	Art der Außenwand	Merkmale, Eigenschaften	Anwendung
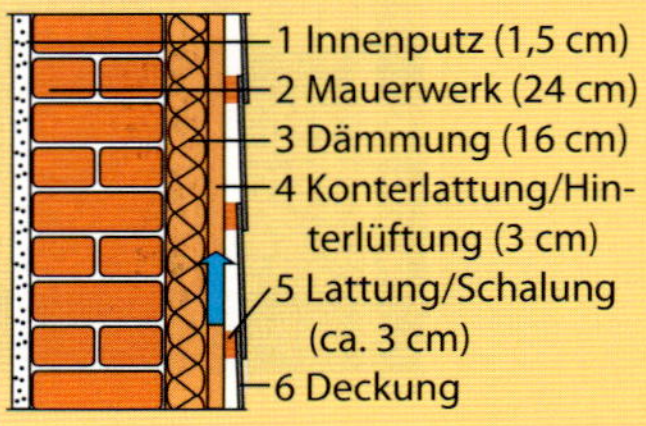	• hinterlüftete gedämmte Fassaden mit klein- und großformatigen Platten, Ziegeln, Metalldeckungen oder Holzverkleidungen	• schützt gut vor Witterungsbedingungen • guter Wärmeschutz • Lüftungsebene transportiert den Wasserdampf	• Wetterseite an Alt- und Neubau • optische Gestaltung durch Schiefer oder Faserzement möglich • Metalldeckungen
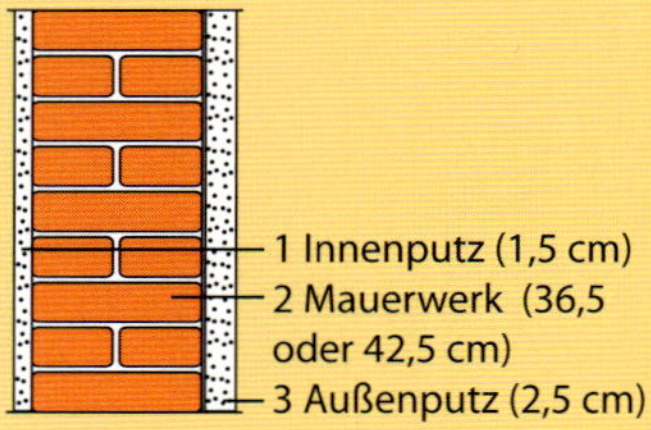	• monolithische Außenwand (einwandig, meist mit wärmedämmenden Steinen)	• Wärmeschutz durch geringe Rohdichte (viele Lufteinschlüsse) • Witterungsschutz durch Wandputz und Beschichtung	• Außenwand bei Neubauten • Gestaltung mit verschiedenen Putzstrukturen möglich
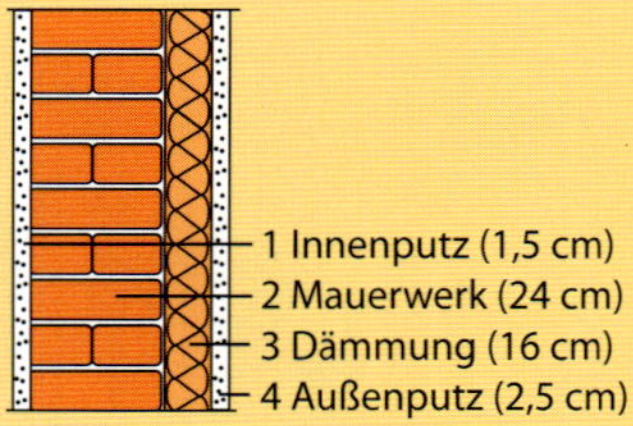	• Wärmedämmverbundsystem auf einschaliger Außenwand (WDVS)	• Wärmeschutz durch Dämmebene, Wand kann somit dünner und massiver (dichter) ausgeführt werden	• bei Neubauten und zur nachträglichen Dämmung bei Altbauten
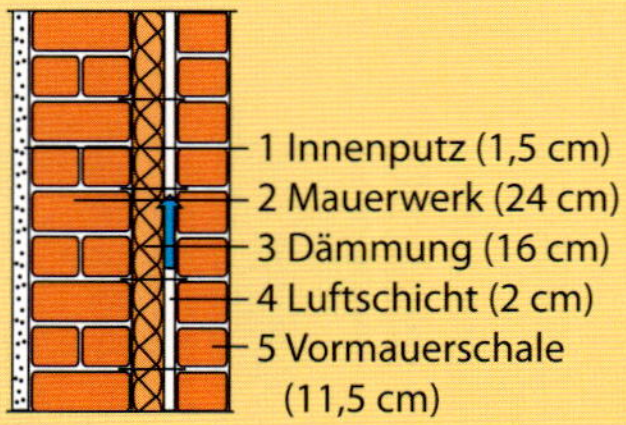	• zweischaliges Mauerwerk mit Dämmung und Hinterlüftung	• guter sommerlicher und winterlicher Wärmeschutz • sehr witterungsbeständig	• Fassade für Neubauten oder Altbausanierungen • hohe Anschaffungskosten

Die eingesetzten Materialien müssen der **Strahlung der Sonne** standhalten. Das aggressive UV-Licht zerstört einige Baustoffe, wie z. B. Holz- oder Farbanstriche.

Darüber hinaus muss der **Feuchtigkeitsschutz** einer Außenwand Schlagregen und Erdfeuchte standhalten. Durch eine gezielte Auswahl des Bekleidungsstoffes sind hier verschiedene Varianten des Wandaufbaus möglich, welche in den folgenden Abschnitten näher beschrieben werden.

Die Außenwand bildet bei einem Wohngebäude einen großen Teil der äußeren Hülle (Abb. 6.4). Somit spielt sie für den **Wärmeschutz** eine sehr große Rolle, gerade in Zeiten endlicher fossiler Energien. Aus diesem Grunde sind auch die gesetzlichen Anforderungen bei der Erstellung einer Außenwand durch die aktuelle Energieeinsparverordnung (EnEV) einzuhalten. Bei Neubauten sind die Anforderungen strenger als bei Renovierungen oder Altbauten.

Wenn die Außenwand so beschaffen ist, dass kaum warme Luft hindurchkommt, braucht der beheizte Raum weniger kalte Luft zu erwärmen. Somit wird Energie gespart.

Eine Außenwand darf aber auch nicht zu dampfdicht ausgeführt werden. Das heißt, hier ist auch eine gewisse **Offenporigkeit** bzw. Durchlässigkeit für anfallenden Wasserdampf gefordert. Anfallendes Tauwasser, auch Schwitzwasser genannt, kann je nach Wandaufbau zu folgenden typischen **Bauschäden** führen: Schimmel, Wasserausfall, Kellerschwamm, Echter Hausschwamm, abplatzender Putz oder Farbe. Diese Bauschäden können durch den richtigen Wandaufbau vermieden werden.

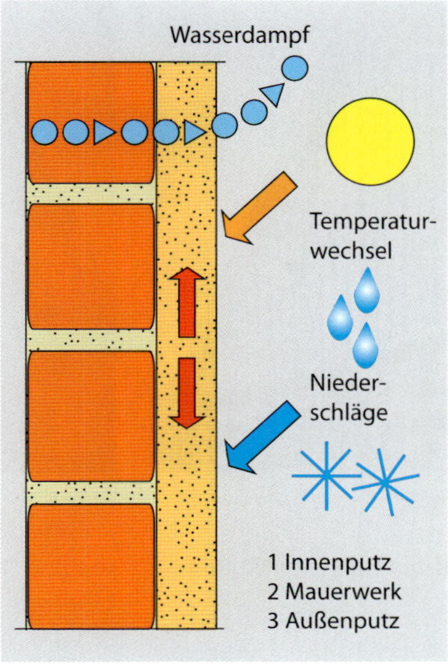

Abb. 6.3: Anforderungen an eine Außenwand

Abb. 6.4: Fachwerkfassade mit Kalksandstein, Bruchsteinmauerwerk im Kellerbereich

An eine Außenwand werden Anforderungen bezüglich der thermischen Belastung, der Strahlung der Sonne, des Wärmeschutzes, der Schlagregendichtigkeit, der Winddichtigkeit und der Offenporigkeit für Wasserdampf gestellt.

Begriffe

- **Fossile Energien** sind u. a. Braunkohle, Steinkohle, Erdgas und Erdöl.
- Die Dichtigkeit der Außenhülle gegen eindringenden Wind heißt **Winddichtigkeit**. Sie hilft, Heizenergie zu sparen.

Darum geht es

Außenwände müssen Sonneneinstrahlung, Feuchtigkeit und Wärmeverlusten standhalten.

Abb. 6.5: Bekleidung mit einer Holzverschalung

Abb. 6.6: Stark verschmutzte Wetterseite

6.1.2 Ausführungsmöglichkeiten einer Außenwandfassade

Eine Außenwand kann sehr vielseitig gestaltet werden. Ausschlaggebend für die richtige Wahl geeigneter Werkstoffe für Fassaden sind folgende Punkte:

- Art und Größe der Außenwand,
- Vorgaben zur äußerlichen Gestaltung (evtl. durch eine örtliche Gestaltungssatzung),
- geographische Ausrichtung (Wetterseite, Nordseite, Nähe zu einem Baumbestand usw.),
- Funktionalität (Wartungsaufwand),
- Wirtschaftlichkeit der Fassade (Erstellungskosten vs. Erhaltungsaufwand),
- persönlicher Geschmack des Bauherrn.

Anhand dieser Randbedingungen kann nun eine Wandvariante gewählt werden (Abb. 6.5).

Außenwandfassaden werden nach optischen, wirtschaftlichen oder funktionalen Gesichtspunkten ausgewählt.

Bei der Auswahl sollte aber nicht nur die Wirtschaftlichkeit im Vordergrund stehen, sondern es müssen auch die örtlichen Bedingungen berücksichtigt werden (Abb. 6.6).

In manchen Wohngebieten werden die Gestaltung und der Aufbau der Außenwandfassade durch eine **Ortssatzung** vorgeschrieben.

Eine Putzfassade auf der Westseite eines Hauses wird durch die Hauptwetterrichtung stark beansprucht und muss somit häufiger überarbeitet werden. Diese Überarbeitungskosten, z. B. für Überholungsanstriche, müssen in die Wirtschaftlichkeitsrechnung mit einfließen, um die einzelnen Wandvarianten vergleichen zu können. Gängige Möglichkeiten einer Außenwandbekleidung sind Holzbekleidungen und Außenwandputz.

Der Aufbau der Außenwandfassade bestimmt den späteren Wartungsaufwand und sollte deshalb richtig gewählt werden.

6.2 Außenwandbekleidungen mit Schiefer oder Faserzementplatten

6.2.1 Außenwandbekleidungen mit Schiefer

Aufgrund der hohen Witterungsbeanspruchung einer Außenwand wird gerade an den westlichen Wetterseiten ein witterungsbeständiges Material benötigt. Fassaden aus Schiefer haben sich hier seit Jahrhunderten bewährt und schützen das darunterliegende Mauerwerk meist wartungsfrei vor den Witterungseinflüssen.

Außenwandbekleidungen mit Schiefer oder Faserzementplatten haben sich als langlebige, wartungsfreie Bekleidungen bewährt.

Die äußere Gestaltung wirkt durch die Verwendung verschiedener Schieferformate optisch anspruchsvoll, so sind z. B. auch Ornamente oder farbliche Akzente in der Deckung möglich. Sie lockern das Gestaltungsbild auf.

Abb. 6.7: Vielseitige Gestaltungsmöglichkeiten an der Fassade

6.2.2 Außenwandbekleidungen mit Faserzementplatten

Eine kostengünstigere Variante zur Fassadeneindeckung bietet die Bekleidung mit Faserzementplatten. Auch Faserzement schützt die Fassade über lange Jahre nahezu wartungsfrei. Der optische Eindruck besticht aber nicht so wie der einer Schieferfassade (Abb. 6.7).

Die Schiefer- oder Faserzementplattenfassade wird meistens auf einer Holzverschalung oder auf Holzwerkstoffen angebracht. Um Energie einzusparen, wird die Außenwand heute mit Wärmedämmung und einer zusätzlichen Hinterlüftung versehen. Diese Konstruktion ragt an der Fassadenfläche hervor, um das nach unten abfließende Wasser nicht auf die darunterliegende Putzwand zu leiten, sondern als Abtropfschutz den unteren Teil zu schützen.

6.3 Putzarten

Als **Putz** bezeichnet man einen Belag aus Putzmörtel, der an Außen- und Innenwänden aufgebracht wird. Putzmörtel werden nach ihren Aufgaben in verschiedene Anwendungsbereiche eingeteilt.

Man unterscheidet zwischen Außenputz und Innenputz. Zur Auswahl geeigneter Putzmörtel in den Einsatzbereichen sind Putzmörtelgruppen mit jeweils typischen Anwendungsbereichen und Eigenschaften zu berücksichtigen (Tab. 6.2).

Der **Außenputz** ist starken Beanspruchungen durch die Witterung in Form von Regen, Frost und Tem-

Begriffe

- Eine **Ortssatzung** enthält u.a. Gestaltungsvorgaben für Gebäude in einer Stadt oder Gemeinde.
- **Putz** ist ein Belag aus Putzmörtel, der an Außen- und Innenwänden aufgebracht wird.

Darum geht es

- Schieferfassaden sind charakteristisch für verschiedene Gegenden, z. B. das Sauerland oder die Eifel.
- Die **Putzgruppen** PI bis PIV unterscheiden sich durch das Bindemittel.

→ Weitere Möglichkeiten für Außenwandbekleidungen werden in Kapitel 6.6 aufgeführt

→ Mehr Informationen zum Thema Holzwerkstoffe und -verschalungen siehe Kapitel 5

Tabelle 6.2: Putzmörtelgruppen nach DIN 18550

Putzmörtelgruppe	Bindemittelbasis	Anwendung	Eigenschaften	Anteile
P I	Luftkalk, Wasserkalk	Innenputz	atmungsaktiv, leichte Verarbeitung	1 Teil Kalkhydrat oder 1 Teil hydraulischer Kalk und 3–4 Teile Sand
P II	Kalkzement, hydraulischer Kalk	Außenputz für Fassaden, Feuchträume	mittelelastisch, witterungsbeständig	2 Teile Kalkhydrat, 1 Teil Zement und 9–11 Teile Sand
P III	Zement	Außenputz für Keller- und Sockelbereich	wenig elastisch, hohe Witterungsbeständigkeit	1 Teil Zement und 3 Teile Sand
P IV	Gips, Gips und Kalk	Innenputz	leichte Verarbeitung, kostengünstig, nicht wasserbeständig	1 Teil Gips oder 1 Teil Gips und 1–3 Teile Sand

peraturschwankungen ausgesetzt. Der Außenwandputz an der Fassade dient zum Schutz der Außenwand, der Kellerwandaußenputz wird zum Schutz der Kellerwand und zur Schaffung eines glatten Untergrunds für nachträgliche Abdichtungsarbeiten verwendet. An den Außensockelputz werden höhere Anforderungen gestellt, da im Bereich des Sockels häufig Spritzwasser vom Gehweg oder der Fassade mit dem Putz in Kontakt kommt. Hier ist auch die Belastung mit Tausalz im Winter in Höhe des Sockelbereichs zu berücksichtigen.

Im Außenbereich werden witterungsbeständige Außenputze verwendet.

An den **Innenputz** werden im Gegensatz zum Außenputz niedrigere Anforderungen gestellt, da hier die Witterungseinflüsse durch das Gebäude abgeschirmt werden und somit eine Durchfeuchtung des Putzes nicht vorkommt. Der Innenputz hat die Aufgabe, die Innenwände optisch ansprechend zu gestalten, die Luftfeuchtigkeit zu regulieren und die Luftdichtheit der Wand herzustellen. Weiterhin kann der Innenputz auch den Schall- und Brandschutz positiv beeinflussen, indem Bauteile mit Putz verkleidet werden und somit das Bauteil einen besseren Brandschutz erhält. Putzmörtel wird in 4 Putzmörtelgruppen unterteilt (Tab. 6.2).

Im Innenbereich werden leicht zu verarbeitende und kostengünstige Innenputze eingesetzt.

Die Zusammensetzung des Putzes besteht, je nach Putzmörtelgruppe, aus Bindemittel, Gesteinskörnung und Wasser. Diese einzelnen Bestandteile müssen anteilig aufeinander abgestimmt und ausreichend miteinander vermischt werden (Tab. 6.2).

Die **Putzgruppen** PI bis PIV unterscheiden sich durch das Bindemittel. Die Eigenschaften der Putze gibt das Bindemittel vor. Die wichtigsten Eigenschaften sind u. a. die Wasser- und Frostbeständigkeit, die Festigkeit und die Verarbeitbarkeit des Putzes. Die Eigenschaften können aber durch Zugabe von Zusatzstoffen beeinflusst werden. Hierzu zählt z. B. die Zugabe von Erstarrungsbeschleunigern bei Spritzputz, Verzögerern, um den Putz länger verarbeitungsfähig zu halten, oder Dichtmitteln, um einen Außenputz wasserabweisend auszuführen. Baugips und Luftkalk sind für den Außenbereich ungeeignet, da sie aufquellen würden und nicht wasserbeständig sind!

Putze unterscheiden sich hinsichtlich ihrer Bindemittel. Das Bindemittel gibt aufgrund seiner Eigenschaften den Anwendungsbereich vor.

6.3.1 Putzmörtel

Putzmörtel ist ein Gemisch aus Bindemittel(n), Gesteinskörnung bis 4 mm und Wasser. Weiterhin können Zusätze die Putzmörteleigenschaften beeinflussen.

Putz besteht aus Bindemittel, einer Gesteinskörnung und Wasser.

Bindemittel

Bindemittel bestimmen die Eigenschaften des Putzes wie Festigkeit oder Wasseraufnahme. Kalke, Zement, Baugipse und spezielle Putz- und Mauerbinder sind Bindemittel.

Bei **Kalk** unterscheidet man zwischen Luftkalk und hydraulischem Kalk. **Luftkalk** erhärtet unter Zufuhr von Luft, **hydraulischer Kalk** kann nach Luftzufuhr unter Wasser weiter erhärten. Luftkalk findet meist keine Anwendung mehr im Gegensatz zu hydraulischem Kalk. Kalk gibt dem Putz eine weiche Struktur und ist dabei auch noch sehr atmungsaktiv.

Zementarten werden nach dem jeweiligen Herstellungsverfahren unterschieden. Der klassische Portlandzement, der bei hohen Temperaturen von rund 1.450 °C gebrannt wird, wird inzwischen von den Kompositzementen und Hochofenzementen verdrängt. Diese werden weniger energieintensiv hergestellt. Die Rohstoffe des Zements sind i. d. R. Kalkstein, Ton, Sand und Eisenerz. Der gebrannte Zement hat hydraulische Eigenschaften, d. h., er kann auch unter Wasser erhärten. Zement gibt dem Putz eine harte und spröde Struktur. Zement hat die Eigenschaft zu schwinden. Das **Schwinden** bezeichnet eine Volumenverkleinerung, die bei zu hohem Bindemittelgehalt im Putz zu Schwindrissen im Putz führen kann. Zementputz eignet sich gerade im Sockelbereich und ist sehr witterungsbeständig.

Gips wird meistens aus Gipsgestein gewonnen. Heute fällt Gips außerdem bei verschiedenen chemischen Verfahren als Nebenprodukt ab. Im Baubereich hat sich Gips als Gipsputz, als Gipsspachtel oder als Gipskartonplatte etabliert. Aufgrund der Wasserlöslichkeit der Baugipse ist die Verwendung im Allgemeinen auf den Innenbereich beschränkt. Gipsputz zeichnet sich durch einfache Verarbeitung und Wirtschaftlichkeit aus.

Gesteinskörnung

Eine **Gesteinskörnung,** meist üblicher Sand, bildet das Korngerüst des Putzes. Um einen homogenen Putz zu erhalten, muss die Gesteinskörnung gemischt sein. In der Regel werden Körnungen bis maximal 4 mm Größe verwendet. Putzsand muss frei von den Putz schädigenden Bestandteilen sein. Aus diesem Grunde wird der Sand maschinell gewaschen und gereinigt.

Bei Dämmputzen werden **Dämmstoffe** in Form von kleinen Polystyrolkügelchen in den Putz eingemischt. Im Innenbereich kann ein Dämmputz in wenig beheizten Räumen zur Anwendung kommen. Er sorgt dafür, dass eine energiesparende Erwärmung der Räume möglich ist. Im Außenbereich findet Dämmputz derzeit seltener Anwendung, da seine Dämmstärke zur Einhaltung der Anforderungen der EnEV nicht mehr ausreicht. Vor der Einführung der EnEV wurde Dämmputz im Außenbereich häufig verwendet.

Perlite sind **Zusatzstoffe** auf mineralischer Basis, welche die Verarbeitungseigenschaften der Putze deutlich erhöhen. Sie bieten zusätzlich eine Verbesserung der Wärmedämmung. Perlite sind nicht brennbar.

Wasser

Mit dem Anmachwasser wird der Putzmörtel auf Konsistenz gemischt. Das Wasser verbindet sich mit dem Bindemittel und löst den Erhärtungsprozess im Bindemittel aus. Das verwendete Wasser darf keine schädlichen Bestandteile enthalten. Trink- bzw. Leitungswasser ist ausreichend, Regenwasser i. d. R. ebenso. Wird zu viel Wasser hinzugegeben, können Schwindrisse durch Austrocknung entstehen.

Mit dem Anmachwasser wird die notwendige Menge an Flüssigkeit zum Verarbeiten des Bindemittels hinzugegeben.

6.3.2 Aufbau des Putzes

Der Aufbau des Putzes hängt von der Art und Beanspruchung sowie der Beschaffenheit des Untergrunds ab und wird ein- oder mehrlagig ausgeführt (Abb. 6.8). Werden die einzelnen Putzschichten in einem Arbeitsgang zu dick aufgetragen, besteht die Gefahr, dass der frische Putzmörtel die Haftung an der Wand verliert und großflächig abfällt. Des Weiteren können beim Erhärten des Bindemittels Schwindrisse in der Putzschicht auftreten.

Der **Spritzbewurf** wird als erste Lage, meist wenige Millimeter dünn, aufgebracht und bildet die Haftbrücke zwischen Wandbildner (Mauerwerk) und dem Unterputz. Der Spritzbewurf kann bei einem porösen Mauerwerk entfallen, da hier ausreichend Haftung des Unterputzes auf dem Mauerwerk vorhanden ist. Die Putzhaftung hängt vom Untergrund ab.

@ Links und Literatur

Folgende Normen sind relevant:

- DIN EN 998-1: Putzmörtel,
- DIN V 18550: Putz- und Putzsysteme,
- DIN 18350 (ATV): Ausführung von Putz- und Stuckarbeiten.

www.baunormen lexikon.de

Begriffe

Bindemittel sind z. B. Kalke, Zement, Baugipse und spezielle Putz- und Mauerbinder.

Darum geht es

Das Bindemittel gibt die Eigenschaften des Putzes an, wie Wasseraufnahme oder Festigkeit.

Tipp

- Die Gesteinskörnung bildet das innere Gerüst. Der Gesteinskörnung können noch Zusätze wie Dämmkügelchen beigemengt werden.
- Putzmörtel sind immer vor Feuchtigkeit zu schützen und trocken zu lagern!

Die Untergrundvorbereitung bildet die Grundlage für einen guten, fest haftenden Putz.

Der **Unterputz** wird ein- oder zweilagig aufgebracht, um zum einen die Wandunebenheiten auszugleichen, welche bedingt durch Steintoleranzen im Mauerwerk vorhanden sind, und zum anderen, um den Putz durch Zugabe von Dichtmitteln gegen eindringende Feuchtigkeit abzudichten.

Der Unterputz gleicht die Unebenheiten des Mauerwerks aus und stellt die Mindestputzdicke sicher. Der Oberputz dient zur Gestaltung der Putzoberfläche.

Der **Oberputz**, auch Edelputz genannt, wird als optische Erscheinung des Putzes aufgebracht. Hier wird aufgrund der Oberflächenstruktur, bedingt durch das Auftragsverfahren, zwischen Reibeputz, Kratzputz, Spritzputz, Waschputz, Scheibenputz etc. unterschieden.

Die **Putzauftragsdicke** ist putzabhängig, sie beträgt im Allgemeinen:

- ca. 1,5 cm für Innenputz,
- ca. 2,0 bis 2,5 cm für Außenputz.

! Praxistipp

Mehrlagigen Putz immer zeitlich versetzt in dünneren Schichten auftragen. Den frisch aufgebrachten Putz vor starkem Wind, Frost und direkter Sonneneinstrahlung schützen.

6.3.3 Verarbeitung von Putzmörtel

Das Anmischen von Putzmörtel war lange Zeit Standard auf der Baustelle. Der Putzmörtel wurde je nach Putzgruppe mit einem Trommelmischer im richtigen Mischungsverhältnis angemischt und direkt vor Ort verarbeitet. Das Mischungsverhältnis diente hier als Vorgabe, welches nur bedingt eingehalten werden konnte, da der Arbeiter vor Ort den Mischer unterschiedlich bestückte. Dies führte dazu, dass die eine Mischung etwas mehr Bindemittel als die nächste Mischung bekam und somit die Qualität des Putzes unterschiedlich ausfiel.

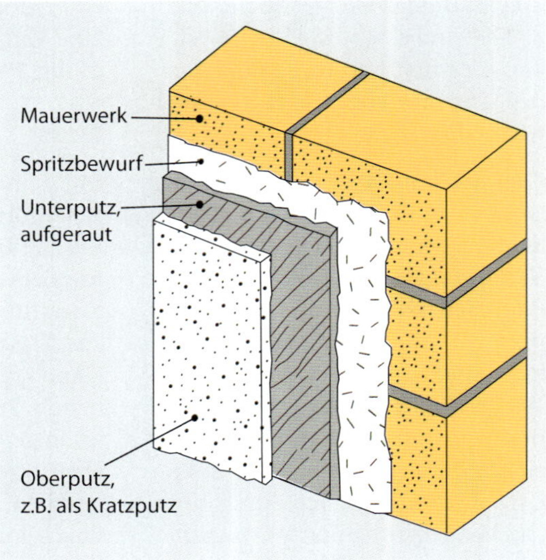

Abb. 6.8: Schichtweiser Aufbau von Putz

Abb. 6.9: Türleibung, teils unverputzt mit Eckschutzschiene

Abb. 6.10: Putzmörtelsilo auf der Baustelle

Abb. 6.11: Zwangsmischer für Sackware

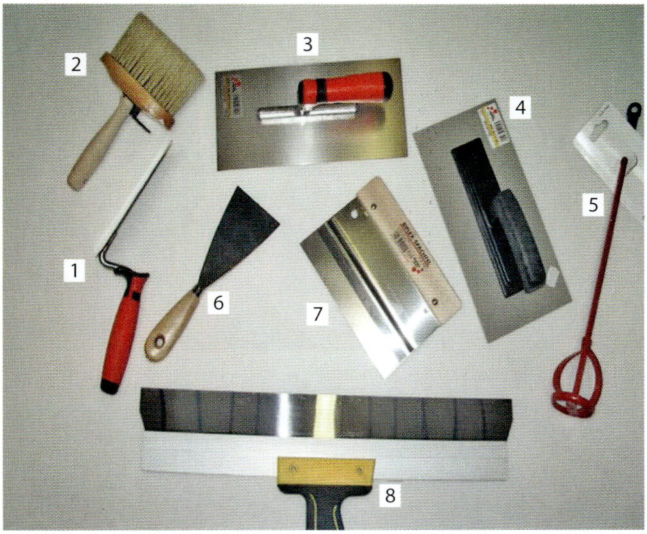

Abb. 6.12: Werkzeuge und Hilfsmittel zum Verputzen einer Wand

Aufgrund gestiegener Lohnkosten und Qualitätsanforderungen werden die Putz- und Mauermörtel heute überwiegend mithilfe von Silo- und Maschinentechnik auf der Baustelle verarbeitet (Abb. 6.10). Dies stellt die modernste, rationellste und kostengünstigste Art dar, um einen qualitativ hochwertigen und gleichbleibenden Putzmörtel herzustellen.

Im Silo erhält man ein werksseitig gemischtes Fertigprodukt, den sog. **Werktrockenmörtel**. Der Werktrockenmörtel wird durch einen am Silo befindlichen Durchlaufmischer mit Wasser vermischt und ergibt den fertigen Mörtel in der gewünschten Menge und gleichbleibender Qualität.

Kleinere Mengen an Werktrockenmörtel können auch über Sackware bezogen und mit einem Zwangsmischer für Sackware (Abb. 6.11) verarbeitet werden. Das gewährleistet gleichbleibende Qualität in kleinen Gebinden und der aufwendige An- und Abtransport eines Silos wird vermieden.

Vorteile maschineller Verarbeitungstechnik sind:

- gleichbleibendes Material durch werksseitige Mischung,
- schnelles, effektives Arbeiten ist möglich,
- Mischvorgang per Hand entfällt,
- körperliche Belastung nimmt ab, da der Transport des Mörtels durch die Maschine erfolgt,
- keine zusätzliche Maschinenausstattung, das Gerät wird durch Lieferanten gestellt.

6.3.4 Verputzen einer Wand (Unterputz)

Zum Verputzen einer Wand sind folgende Werkzeuge notwendig (Abb. 6.12):

1. Maurerkelle
2. Quast
3. Aufzieher
4. Reibebrett
5. Quirl
6. Spachtel
7. Doppelblatt-Flächenspachtel
8. Fassaden-Flächenspachtel
9. Wasserwaage (nicht abgebildet)
10. Maurerschnur (nicht abgebildet)

■ Darum geht es

- Die Konsistenz des Putzes zeigt den Wassergehalt im Putz auf.
- Ein Putz besteht i. d. R. aus mehreren dünnen Schichten.
- Putzmörtel muss eine gleichbleibende Qualität aufweisen. Dies wird durch den Einsatz von industriell gefertigtem Trockenmörtel erreicht.

■ Begriffe

Oberputz kann als Reibeputz, Kratzputz, Spritzputz, Waschputz oder Scheibenputz ausgeführt werden.

■ Tipp

Trockenmörtel wird sowohl als Sackware als auch in Mörtelsilos geliefert und auf der Baustelle bearbeitet.

Abb. 6.13: Putzeckleisten anbringen

Abb. 6.14: Putz auftragen

Abb. 6.15: Putz glätten

Abb. 6.16: Putz abreiben

Arbeitsschritte zum Verputzen einer Wand

1. Anbringen von Putzschienen bzw. Putzleisten

An den Ecken der Wand werden Putzleisten lotrecht angebracht, wobei der Abstand der Oberkante der Putzleiste zum Mauerwerk ca. 1,5 bis 2,0 cm betragen sollte. Sind die beiden Eckleisten angebracht, werden je nach Länge der Wand in einem Abstand von 1,00 bis 1,50 m Zwischenleisten montiert und anhand der Eckleisten eingefluchtet. Das Befestigen der Leisten erfolgt im Innenraum meist mit Ansetzgips, im Außenbereich mit frostbeständigem Kleber (Abb. 6.13). Grundlage für das Auftragen des Putzes ist eine sorgfältige Vorarbeit: Mit Putzleisten und Putzprofilen wird die Putzstärke eingestellt. Eine ebene Putzfläche kann durch Abziehen der Putzoberfläche auf den Putzleisten erzielt werden.

2. Putz auftragen

Nun kann der Putz aufgebracht werden. Dies geschieht feldweise entweder durch Anwerfen per Hand mit der Maurerkelle oder durch Anspritzen mittels Putzmaschine (Abb. 6.14). Wenn der Putz vollflächig in einem Feld aufgetragen wurde, wird er mittels einer Abziehlatte durch seitliche Zickzackbewegungen langsam abgezogen (Abb. 6.15). Nun kommt das nächste Feld an die Reihe, die abgezogene Putzfläche ruht erst einmal, um Rissbildungen zu vermeiden.

Eine ausreichende Trockenzeit (ca. 1 Woche) zwischen den einzelnen Putzlagen verhindert ein starkes Schwinden mit Putzrissen.

3. Oberfläche glätten

Wenn der Putz angezogen hat, wird er unter ständigem Annässen mit dem Reibebrett abgerieben. Die Bewegungen sollen dabei kreisförmig die Fläche von oben nach unten abreiben. Der Putz darf dabei nicht zu trocken werden, da er sonst sandet. Wird zu nass abgerieben, kommt der Bindemittelanteil an die Oberfläche (Abb. 6.16).

Abb. 6.17: Rillenputz

Abb. 6.18: Modellierputz

! Praxistipp

Arbeitsgeräte müssen sofort nach Gebrauch gereinigt werden, damit ihre Funktionalität erhalten bleibt. Achten Sie beim Verarbeiten auf den Hautschutz! Manche Putzmörtel beinhalten Gefahrstoffe wie Chromat und haben ätzende Eigenschaften. Das Tragen von Handschuhen wird empfohlen.

6.3.5 Gestaltung der Putzoberfläche (Oberputz)

Nach dem Aufbringen des Unterputzes (ein- oder zweischichtig) kommt nun als gestalterisches Element der **Oberputz**, auch **Edelputz** genannt. Der Edelputz wird in einer Stärke von 3 bis ca. 5 mm Dicke aufgebracht. Ausschlaggebend für die Putzstärke sind die Korngröße und das zu erzielende Oberflächenbild des Edelputzes.

Vor allem im Innenbereich können verschiedene Strukturen aufgebracht werden. Auch die Gestaltung von abgerundeten Ecken ist möglich.

Der auftragfähige Edelputz wird mit einer Kelle auf eine Edelstahlglätte gegeben und von unten nach oben gleichmäßig aufgetragen. Anschließend wird durch kreisförmiges Verreiben mit einer Glätte bis auf Kornstärke ein gleichförmiges Oberflächenbild erreicht.

Die Oberflächenstruktur ist jedoch sehr vom Auftragsverfahren (Anwerfen oder mit Glätte auftragen) und dem Handwerker abhängig. Wird der Putz nur durch Anwerfen mit der Kelle aufgetragen, entsteht ein inhomogenes Erscheinungsbild. Tragen mehrere Arbeiter gleichzeitig Putz auf, so entsteht ein unregelmäßiges Bild, da jeder Handwerker seine eigene Struktur aufträgt. Ein Problembereich für eine gleichmäßige Oberflächenstruktur ist weiterhin der Übergang einer Gerüstetage, da dort auf der oberen Etage kniend und auf der unteren Etage stehend gearbeitet wird. Hier entsteht oft ein sichtbarer Ansatz, teils auch bedingt durch schon angezogenen Putz oberhalb.

Ein Edelputz auf mineralischer Basis wird meist bei Neubauten auf den mineralischen Unterputz aufgebracht. Hierdurch gibt es keinen Materialwechsel, es bleiben die gleichen Materialeigenschaften und die Materialkosten sind geringer als mit einem organischen Außenputz.

Beim Außenputz sollte die Oberfläche so gestaltet werden, dass sich wenig Verschmutzung auf der Putzstruktur bildet.

Darum geht es

- Arbeitsschritte beim Verputzen einer Wand:
  1. Putzeckleisten anbringen,
  2. Putz auftragen,
  3. Putz glätten,
  4. Putz abreiben.
- Um eine gleichmäßige Oberflächenstruktur zu erhalten, sind verschiedene Faktoren zu berücksichtigen, u.a. Auftragsverfahren und Anzahl der beteiligten Handwerker.

Begriffe

Der Oberputz wird auch **Edelputz** genannt.

Tabelle 6.3: Gipsplattenarten nach DIN 18180

Bezeichnung	Anwendung	Eignung
Gipsplatte Typ A (GKB)	• Bekleidung von Wänden und Decken, • Beplankung von Leichtbauwänden	Trockenräume (innen)
Gipsplatte Typ H (GKBI)	• Bekleidung von Wänden und Decken, • Beplankung von Leichtbauwänden	Nassräume (Badezimmer etc.)
Gipsplatte Typ E	• Beplankung von Wänden innen und außen	Innenbereich und Außenbereich ohne Bewitterung
Gipsplatte Typ F (GKF)	• Bekleidung von Bauteilen zur Verbesserung des Brandschutzes	Innenbereich an Wänden, Dachschrägen und Bauteilen
Gipsplatte Typ P	• Putzträgerplatte auf einer Unterkonstruktion zum Verputzen	Trocken- und Nassräume
GK = Gipskarton B = Bauplatte I = imprägniert F = feuerbeständig P = Putzträgerplatte		

6.3.6 Trockenputz

Eine Innenwandbekleidung kann sowohl mit einem Innenputz als auch mit einem Trockenputz ausgeführt werden. Ein **Trockenputz** erfolgt mit Gipsplatten, welche auf der Vorder- und Rückseite mit Karton beschichtet sind. Solche mehrschichtigen Platten heißen **Gipskartonplatten**, sie werden in verschiedenen Größen und Dicken angeboten. Die Bezeichnung der Gipskartonplatte gibt Aufschluss über ihre Dicke, Länge und Breite.

Gipskartonplatten können als Innenwandbekleidung an nicht tragenden Wänden, zum Dachausbau an Dachschrägen und auch als Deckenbekleidung verwendet werden. Sie sind geeignet für einen schnellen und trockenen Ausbau. Gipskartonplatten werden aber auch zur Beplankung von brandgefährdeten Bauteilen benutzt, um den Brandschutz zu erhöhen.

Gipskartonplatten werden für einen schnellen und trockenen Innenausbau eines Gebäudes eingesetzt und leisten auch einen Beitrag zum Brandschutz.

Die Eigenschaften der Gipsplatten hängen von der Plattendicke, der Gipsfüllung und dem aufgebrachten Karton ab. Diese Eigenschaften

Abb. 6.19: Anbringung auf Plattenstreifen

kennzeichnen die Anwendungsbereiche und die damit verbundene Einteilung in Gipsplattenarten (Tab. 6.3). Die Befestigung der Platten kann auf 2 Arten erfolgen:

1. Anbringung der Gipsplatte mit Ansetzmörtel (Plaster) auf dem Mauerwerk,
2. Anbringung der Gipsplatte mit einer mechanischen Befestigung auf Plattenstreifen.

Verlegen von Gipskartonplatten

Die Gipsplatten werden im Versatz verlegt, damit keine Kreuzfuge entsteht, die zu Rissen führen kann. Aufgrund der rasterförmigen Plattenmaße ist die Anordnung der Unterkonstruktion auf dieses Plattenmaß abzustimmen (Abb. 6.19).

Abb. 6.20: Befestigung an Wand und Decke

Die Platten werden gestoßen verlegt, sodass ihre Ränder mit ca. 0,5 cm Abstand voneinander liegend befestigt werden. Diese Lücke wird mit einer geeigneten Spachtelmasse geschlossen und glatt bzw. plan verspachtelt, um eine ebene Oberfläche zu erzielen.

Eine wichtige Voraussetzung für eine glatte Trockenwandoberfläche ist die sorgfältige Vorarbeit beim Erstellen der Unterkonstruktion. Bei unebenem Mauerwerk oder auch im Dachausbaubereich (Abb. 6.20) wird eine Konterlatte für die Verankerung am Untergrund angebracht. Auf der Konterlattung wird eine Tragelattung im Rastermaß der Gipsplatte befestigt, diese gleicht auch kleinere Unebenheiten des Untergrunds aus. Nun ist die Voraussetzung für eine ebene, glatte Trockenwandoberfläche gegeben.

Gerade beim Dachausbau werden die Gipsplatten auf einer Unterkonstruktion befestigt.

Beim Ansetzen der Gipsplatte mit Ansetzmörtel kann die Gipsplatte durch Auftragen von Mörtelpunkten lotrecht an der Wand angebracht werden. Große Unebenheiten der Wand sollten durch Vorputzen ausgeglichen werden.

Die fertige Trockenwand mit verspachtelten Fugen kann jetzt vom Maler mit Farbe und Streichputz beschichtet oder mit Tapete bekleidet werden.

Eine weitere Möglichkeit ist das Aufbringen von Fliesen, welche als Wandoberfläche eingesetzt werden können.

Gipskartonplatten stellen den Untergrund für Maler- oder auch Fliesenarbeiten dar.

! Praxisbeispiel

Bezeichnung einer Gipsplatte vom Typ A

Gipsplatte DIN 18180-GKB 9,5 – 2000 AK

DIN 18180-GKB:	Gipskartonbauplatte nach DIN 18180
9,5:	Dicke von 9,5 mm
2000:	Plattenlänge von 2.000 mm und Standardbreite von 1.250 mm
AK:	abgeflachte Kante

6.3.7 Putzträgerplatten, Übergänge und Fugen

In Bereichen, in denen verschiedene Materialien aneinanderstoßen, treffen auch deren unterschiedliche Materialeigenschaften aufeinander. Die Materialien haben meist unterschiedliche Temperaturausdehnungen, d. h., durch die unterschiedlichen Temperaturen im Außenbereich können aufgebrachte Putze an diesen Stoß-

■ Begriffe

Ein **Standardmaß** für Gipskartonplatten ist z. B. Länge 2,00 m, Breite 1,25 m, Stärke 12,5 mm.

@ Links und Literatur

Arten und Anforderungen von Gipsplatten sind in DIN 18180 geregelt.

www.baunormen lexikon.de

■ Darum geht es

Eine wichtige Voraussetzung für eine glatte Trockenwandoberfläche ist eine sorgfältig erstellte Unterkonstruktion.

Abb. 6.21: Putzträgerplatte, beidseitig armiert

Abb. 6.22: Armierungsgewebe zur Rissüberbrückung

Abb. 6.23: Streckmetall für Übergänge unterschiedlicher Materialien

stellen reißen. Diese Rissbildung kann durch das Einfügen von **Armierungsgewebe** oder **Streckmetall** vermieden werden (Abb. 6.21 bis 6.23). Auch der Übergang kann mit **Putzträgerplatten** überbrückt werden. Diese dienen nun als Putzgrund und müssen so beschaffen sein, dass der aufgebrachte Putz ausreichenden Halt auf der Platte aufweist. Die Platte selbst muss den Putz ohne Eigenverformung tragen können und ausreichend am Untergrund verankert sein.

Stellen, die nicht mit Putzträgerplatten oder Armierungsgewebe überbrückt werden können, werden als Arbeitsfuge ausgebildet, welche dauerelastisch ausgeführt werden muss.

Dehnungsfugen sind mit elastischen Fugmassen auszuspritzen.

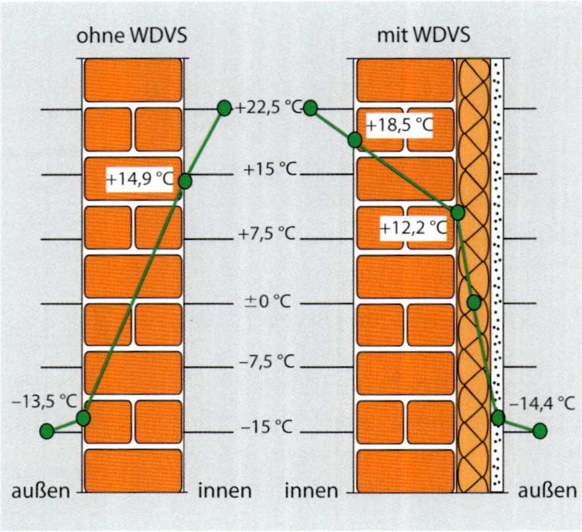

Abb. 6.24: Temperaturverlauf in Wänden mit und ohne WDVS

6.4 Wärmedämmverbundsysteme (WDVS)

6.4.1 Grundlagen zur Wärmedämmung

Die Schonung und Einsparung von Energien, gestiegene Heizkosten und die damit verbundene Reduzierung von Heizkosten fordern eine zusätzliche Dämmung im Bereich der Außenwand. Ein **Wärmedämmverbundsystem** ist ein System zum außenseitigen Dämmen von Gebäudeaußenwänden ohne Wärmebrücken.

Ein WDVS spart Heizenergie und ist wirtschaftlich.

Diese Dämmmaßnahme kann bei der Planung von Neubauten, aber auch bei der Sanierung und energetischen Verbesserung von Altbauten angewandt werden.

Zur Erklärung ist der Temperaturverlauf im Winter an 2 Außenwänden heranzuziehen (Abb. 6.24). Es wird ein Temperaturverlauf von außen −10 °C und innen +20 °C angenommen. Dies spiegelt den Heizbedarf an einem Wintertag wider. Durch das aufgebrachte WDVS wird die Temperatur in der Wand kaum abgesenkt. Dies bedeutet, dass wenig Wärme abfließt und die Wand wie ein Wärmespeicher funktioniert. Die Wärme in der Wand wird bei Bedarf, z. B. nach einer Lüftung, wieder gleichmäßig abgegeben.

Auch wenn ein WDVS aufgebracht wird, müssen die allgemeinen Anforderungen an eine Außenwand eingehalten werden. Hierzu zählen die Durchlässigkeit von Wasserdampf und der Schutz vor Witterung und Regenwasser (Abb. 6.25).

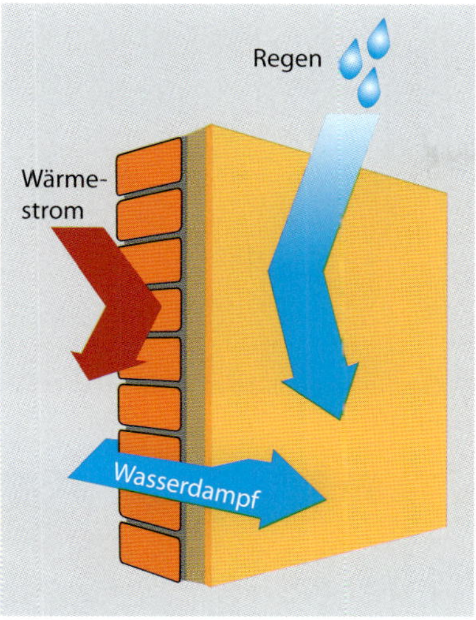

Abb. 6.25: Eigenschaften des WDVS

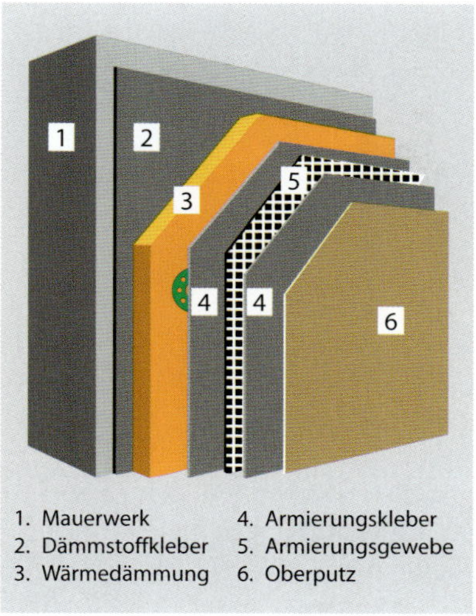

Abb. 6.26: Aufbau des WDVS

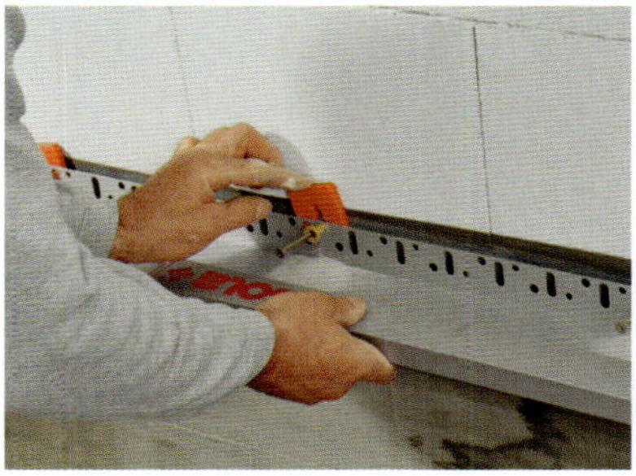

Abb. 6.27: Befestigen der Sockelschiene

Abb. 6.28: Anbringen der Dämmung

Ein Wärmedämmverbundsystem wird als äußere Dämmhülle um ein Gebäude herum gebaut. Somit wird das Gebäude ideal gedämmt und es entsteht keine Wärmebrücke aufgrund von unterschiedlichen Materialien.

6.4.2 Aufbau eines Wärmedämmverbundsystems

Ein Wärmedämmverbundsystem ist schichtweise aufgebaut (Abb. 6.26). Die Angaben der Hersteller sind dabei zu beachten.

Der schichtweise Aufbau eines WDVS spiegelt sich mit den **erforderlichen Arbeitsschritten**:

1. Anbringen der Sockelschiene am Untergrund (Mauerwerk oder alter Putz), um einen waagerechten Untergrund und Schutz der Dämmebene von unten zu erhalten (Abb. 6.27). Hierzu müssen im Regelfall auch die Fensterbankprofile verlängert werden.
2. Mit einem zugelassenen Plattenkleber werden Platten aus expandiertem Polystyrol (EPS) oder aus Mineralwolle (Steinwolle oder Glaswolle) mit Fugenversatz aufgeklebt (Abb. 6.28).
3. Die EPS-Platten werden zusätzlich mit Tellerdübeln nach einem vom Hersteller vorgegebenen Dübelmuster befestigt, um die Platten vor Windsog zu schützen.

■ **Begriffe**

Putzträgerplatten sind Platten, welche den Putz auf kritischem Untergrund überbrückend tragen. Dies verhindert Risse aufgrund unterschiedlicher Untergründe.

Abb. 6.29: Aufbringen des Armierungsgewebes

Abb. 6.30: Fertiges WDVS

Abb. 6.31: Detail Dämmung-Klinker

4. An den Ecken wird zusätzlich ein Kantenschutz aufgebracht, um Beschädigungen an den Ecken zu vermeiden.
5. Im Anschluss wird die Armierungsmasse auf die gedübelten Dämmplatten aufgetragen und
6. das Armierungsgewebe mit Überlappung eingelegt und mit ausreichend Armierungsmasse überspachtelt (Abb. 6.29).
7. Nach dem ausreichenden Aushärten der Armierungsmasse wird der Putzgrund aufgetragen. Er bildet die Haftbrücke zwischen Armierungsmasse und Oberputz.
8. Auf den Putzgrund kann jetzt ein Kunstharzputz aufgebracht werden, der als Edelputz die Schutzfunktion des WDVS vor Witterung bildet.
9. Alternativ kann hier auch ein mineralischer Putz aufgebracht werden. Die Putzstärke ist allerdings sehr gering (bis 5 mm), da die Dämmplatten die tragende Funktion des Putzuntergrunds übernehmen.
10. Durch die Strukturierung der Putzoberfläche kann das WDVS optisch ansprechend gestaltet werden (Abb. 6.30).
11. Die fertige Putzoberfläche kann farblich gestaltet werden, indem der Oberputz eingefärbt aufgetragen wird oder ein nachträglicher farblicher Anstrich aufgebracht wird.

Nur ein sorgfältiges Verarbeiten verhindert das Entstehen von Wärmebrücken.

6.5 Zweischaliges Mauerwerk

Ein Mauerwerk mit zusätzlichen Klinkern oder Verblendern wird als **zweischaliges Mauerwerk** bezeichnet. Es besteht aus 2 parallel nebeneinanderstehenden Mauerwerksschalen. Die innen liegende Wand dient zur Stützung und Ableitung der Gebäudelasten, die außen liegende Mauerschale dient als Witterungsschutz.

Die äußere, der Witterung zugewandte Mauerwerksschale wird als Sichtmauerwerk bezeichnet, da hier die einzelnen Mauerwerkssteine und die dazugehörigen Fugen sichtbar sind. Die Ansicht der Außenmauer kann durch unterschiedliche Steingrößen, Stein- und Mörtelfarben sowie diverse Mauerwerksverbände bestimmt werden. Diese Gestaltungsmöglichkeiten sowie die extreme Witterungsbeständigkeit der wartungsfreien Fassade zeichnet ein Klinkermauerwerk aus. Im norddeutschen Raum sowie im Münsterland ist das zweischalige Mauerwerk sehr verbreitet.

Die Außenmauerschale ist meist 11,5 cm breit und wird mit kleinen Mauerwerksankern an der feststehenden Innenwand befestigt (Abb. 6.31).

Ein weiterer Vorteil dieser Wandbekleidung ist die Möglichkeit, zwischen den Wandscheiben ausreichend viel Dämmung einzubauen, um auch energetischen Anforderungen gerecht zu werden. Nachteilig ist der höhere Anschaffungspreis, der sich erst nach Jahren amortisiert.

6.6 Sonstige Außenwandbekleidungen

Es gibt eine Vielzahl weiterer Möglichkeiten, die Außenwand zu bekleiden. Folgende Bekleidungen sind häufiger bei gewerblichen Gebäuden anzutreffen:

6.6.1 Industriebauten mit Stahlsandwichprofilen

Stahlsandwichprofile werden oftmals bei großen Hallen (Möbelhäusern, Lager- und Produktionshallen etc.) sowie Industriebauwerken eingesetzt. Vorteile dieser Bauweise sind der schnelle Aufbau der geplanten Anlage und die universellen Einsatzmöglichkeiten. Sandwichprofile bestehen aus 2 Stahlplatten, welche durch einen Kern aus Wärmedämmung miteinander verbunden sind.

6.6.2 Glasfassaden

Gerade bei Büro- und Geschäftsgebäuden kommt der Einsatz von Glasfassaden immer häufiger vor. Viele Hochhäuser sind mit großen Glasfassaden gebaut. Der Bau wird mit Wärmeschutzglas ausgeführt und die Gebäude werden über Klimaanlagen klimatisiert. Problematisch ist meist die Reinigung der Glasflächen.

6.6.3 Metallfassaden

Fassaden können auch mit Metallen verkleidet werden. Hier kommen meist Verkleidungen mit Titanzink

Abb. 6.32: Fassade mit Metall- und Schieferdeckung

Abb. 6.33: Großformatige Fassadenplatten

oder Kupfer in Betracht. Die Metallfassaden werden i. d. R. wärmegedämmt ausgeführt (Abb. 6.32).

Im Industriebau und beim Bau von Büro- und Verwaltungsgebäuden werden oft Glas- oder Metallfassaden bevorzugt. Hier muss neben der Wartung vor allem die Reinigung beachtet werden.

6.6.4 Großformatige Platten

Eine kostengünstige Variante ist die Fassadenbekleidung mit großformatigen Platten. Im Handel erhältlich sind Faserzementplatten, Natursteinbekleidung, Steinzeugbekleidung, Ziegelplatten, aber auch Metall- und Glasbekleidungen (Abb. 6.33).

■ Darum geht es

Das zweischalige Mauerwerk besteht aus 2 parallel verlaufenden Mauerwänden: tragendes Innenmauerwerk und witterungsbeständige Außenwandschale.

■ Begriffe

Sandwichprofile bestehen aus 2 Stahlplatten, welche durch einen Kern aus Wärmedämmung miteinander verbunden sind.

6.7 Estrichfußboden

Estrich ist ein Bauteil, das auf einer festen Schicht, einer Dämmschicht oder Trennschicht verbaut wird. Estrich dient dazu, eine planmäßig gerade horizontale Ebene zu schaffen. Er kann mit festen Belägen wie Steinzeug oder mit losen Belägen wie z. B. Teppich oder Laminat belegt werden.

Mit Estrich wird gezielt eine ebene horizontale Fläche erstellt.

Estriche werden unterschieden nach Bindemitteln, der Verlegeart und der Nutzungsart (Abb. 6.34).

6.7.1 Estrich nach Bindemitteln

Estriche unterscheiden sich nach ihrer Zusammensetzung. Der häufigste Estrich ist der Zementestrich, der aus Zement, einer 0 bis 8 mm dicken Gesteinskörnung und Wasser hergestellt wird. Weitere Estriche sind Gussasphaltestrich (mit sehr kurzer Abbindedauer), Calciumsulfatestrich (als Verbund- oder Heizestrich), Magnesiaestrich (bietet einen guten Wärmeschutz) oder Kunstharzestrich (sehr kurze Abbindedauer).

6.7.2 Estrich nach Verlegeart

In puncto Verlegeart wird Estrich unterschieden in:

- Verbundestrich (Abb. 6.35),
- Estrich auf Trennschicht (Abb. 6.36),
- schwimmender Estrich (Abb. 6.37).

Verbundestrich wird direkt auf der Rohdecke aufgebracht und bietet sich bei hoher Flächenbelastung z. B. durch Gabelstapler, Maschinen o. Ä. an. Er findet daher meist Anwendung im Industriebau.

Estrich aufbauend auf einer Trennschicht wird eingesetzt, wenn die Wärmeausdehnung der Estrichlage ungehindert stattfinden soll. Als Trennlage eignen sich hier Kunststofffolien, Öl- oder Bitumenpapier. Der Schallschutz wird hierbei aber nicht berücksichtigt.

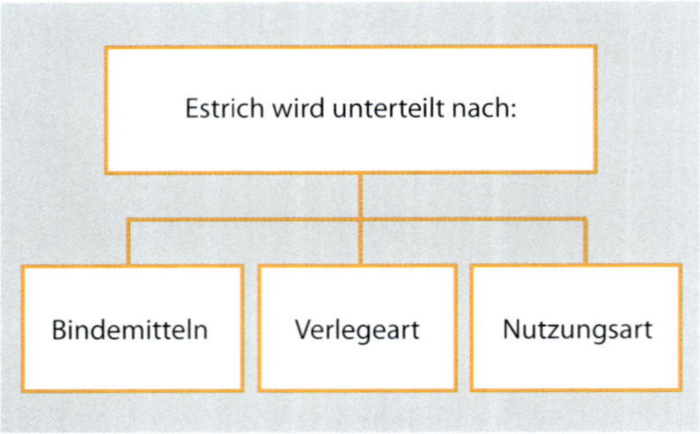

Abb. 6.34: Estrichunterteilung

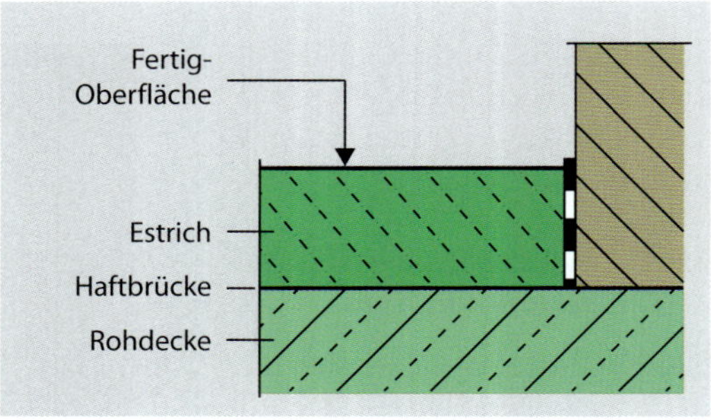

Abb. 6.35: Verbundestrich

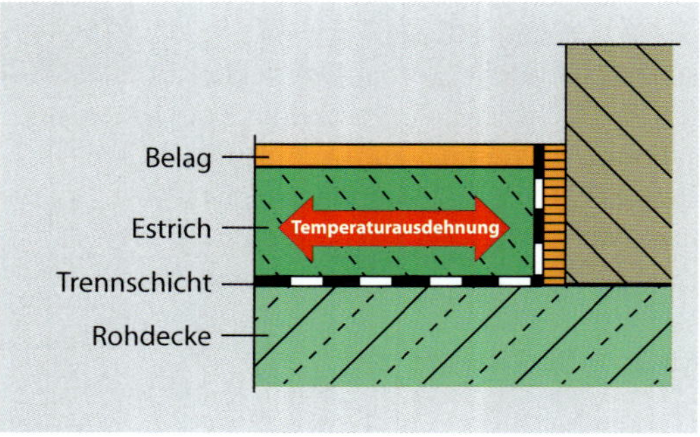

Abb. 6.36: Estrich auf Trennschicht

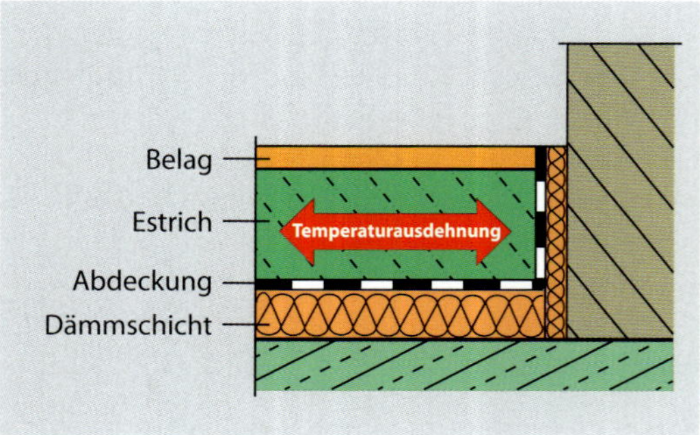

Abb. 6.37: Schwimmender Estrich

Im Wohn- und Bürogebäuden werden hohe Anforderungen an den Schallschutz gestellt. Der **schwimmende Estrich** hilft, diese Anforderungen zu erfüllen. Die Trennung zwischen Rohdecke und Estrich durch eine Dämmschicht führt dazu, dass der Trittschall, der durch Betreten der Platte ausgelöst wird, nicht in die Rohdecke übertragen wird.

6.7.3 Estrich nach Nutzungsart

Die Nutzungsart entscheidet oftmals über die richtige Wahl des Estrichs. Soll der Estrich hohen Beanspruchungen und Belastungen standhalten, empfiehlt sich Industrieestrich. Im Innenbereich, insbesondere beim Einbau von Fußbodenheizung, bietet sich Heizestrich an. Der als Sackware erhältliche Schnellestrich ist eine gute Wahl, um Ausbesserungsarbeiten an vorhandenem Estrich vorzunehmen. Er ist sehr schnell erhärtend und verhindert Bauverzögerungen. Im Außenbereich findet Estrich oft Anwendung als Gefälleestrich, z. B. im Bereich von Balkonen. Der Estricheinbau am Balkon wird auch vom Dachdecker übernommen.

6.7.4 Einbau von Zementestrich

Die Mischung des verbrauchsfertigen Zementestrichs erfolgt meist maschinell vor Ort mittels Zwangsmischer mit Pumpvorrichtung. Nachdem die Vorarbeiten, wie das Anbringen von Estrichrandstreifen, Verlegen von Dämmstoffen und das Abdecken mit Folie, erledigt sind, wird der angemischte Estrich über einen Förderschlauch in den jeweiligen Raum gepumpt. Dort wird der Estrich mittels Handschaufel gleichmäßig verteilt. Die genaue Einbauhöhe ergibt sich aus vorher festgelegten Höhenpunkten. Mittels einer Abziehbohle wird der Estrich dann gleichmäßig abgezogen und verdichtet. Nachdem der Estrich leicht angezogen ist, wird mittels Glätte die Oberfläche nochmals kreisförmig glatt gerieben.

In einem durchzugsfreien Raum kann der Estrich nun ca. 28 Tage erhärten und austrocknen und ist dann, je nach dem restlichen Feuchtegehalt, mit Bodenbelag (Fliesen, Teppich, Laminat) belegbar.

Tabelle 6.4: Fliesen- und Plattenarten

natürliche Platten	**künstliche Platten auf keramischer Basis**	
• **Sedimentationsgestein** durch Ablagerung in vorzeitlichen Meeren entstandene Steinplatten • **Umprägungsgestein,** z. B. Schieferplatten • **Erstarrungsgestein**	**Feinkeramik** • Steingut • Steinzeug • Feinsteinzeug	**Grobkeramik** • Spaltplatten • Klinker

6.8 Wand- und Bodenflächen mit Fliesen und Platten

Fliesen und Platten können an Wand- und Bodenflächen im Innen- und Außenbereich vielseitig eingesetzt werden. Man unterscheidet grob zwischen **natürlichen** Platten und industriell hergestellten, **künstlichen** Fliesen und Platten (Tab. 6.4).

Ergänzend zu erwähnen sind künstliche Platten auf nicht keramischer Basis. Solche ungebrannten Platten, die durch Bindemittel auf Zement- oder Bitumenbasis erhärten, wie z. B. Betonplatten, werden überwiegend im Außenbereich verlegt und werden hier nicht weiter behandelt.

Platten lassen sich in natürliche und künstliche Platten unterteilen.

Darum geht es

- Estrich unterscheidet sich nach dem Unterbau und dem verwendeten Bindemittel.
- Vor allem die Verwendung von schwimmendem Estrich ist eine gute Schallschutzmaßnahme.
- Vor der Wahl des Estrichs muss die genaue Nutzungsart feststehen. Erst dann kann die geeignete Estrichart ausgewählt werden.

Tabelle 6.5: Künstliche Platten auf keramischer Basis

Art	**Grobkeramik (Platten)**	**Feinkeramik (Fliesen)**		
Sorte	**Spaltplatte**	**Steingut**	**Steinzeug**	**Feinsteinzeug**
Brenntemperatur	ca. 1.200 °C	950–1.150 °C	1.150–1.300 °C	1.200–1.300 °C
Oberfläche	glasiert und unglasiert	glasiert	glasiert	glasiert und unglasiert
Fertigung	Strangpressverfahren	Trockenpressverfahren	Trockenpressverfahren	Trockenpressverfahren
Wasseraufnahme	< 3 % (beides < 6 % möglich)	> 10 %	< 3 %	< 0,5 %
Anwendung	Außen- und Innenbereich (starke Beanspruchungen)	Innenbereich	Innen- und teils Außenbereich	Außen- und Innenbereich (starke Beanspruchungen)
Eigenschaften	frostbeständig, höhere Festigkeit, für starke Beanspruchungen	nicht frostbeständig	frostbeständig, höhere Festigkeit, für starke Beanspruchungen	frostbeständig, höhere Festigkeit, für starke Beanspruchungen, rutschhemmend
Kennzeichen	sehr harte Platte	weichere Platte	harte Platte	sehr harte Platte
Norm	DIN EN 14411	DIN EN 159	DIN EN 176	DIN EN 176

6.8.1 Herstellung künstlicher Platten auf keramischer Basis

Als **Keramik** wird eine gebrannte Tonmasse beschrieben. Fliesen werden aus dem Hauptbestandteil Ton hergestellt. Zum Ton werden in der richtigen Rezeptur die mineralischen Rohstoffe Quarz, Kaolin und Feldspat beigemischt. Die Bestandteile werden nun ausgiebig vermischt und die Masse wird durch Zugabe von Wasser auf die benötigte Konsistenz aufbereitet.

Die **Formgebung** erfolgt entweder durch das **Strangpressverfahren** oder das **Trockenpressverfahren**. Für das Strangpressverfahren wird eine etwas wasserhaltigere Rohmasse benötigt. Es findet Anwendung bei der Grobkeramik oder gezogenen Platten. Beim Trockenpressverfahren, auch Pulverpressung genannt, wird die aufbereitete Masse mit deutlich weniger Wasser unter hohem Druck in Formen gepresst, das Produkt wird als Fliese bezeichnet.

Nach der Formgebung und einer Trocknungsphase folgt das Brennen. Fliesen können ohne Glasur gebrannt oder vor dem Brand glasiert werden.

Die **Farbgebung** der gebrannten Keramik wird durch färbende Oxide erreicht. Diese Oxide sind entweder Bestandteil der Rohstoffe oder werden zugemischt. Die Oberfläche der gebrannten Keramik kann aber auch durch eine **Glasur** gefärbt werden. Diese wird vor dem Brennen auf die geformte Fliese aufgetragen und dann eingebrannt (Einbrandverfahren). Die Glasur kann aber auch auf die gebrannte Fliese aufgetragen werden und mit einem zweiten Brand eingebrannt werden (Zweibrandverfahren). Auf die getrocknete Glasur kann auch ein Muster gedruckt werden, welches anschließend mit eingebrannt wird.

6.8.2 Künstliche Platten auf keramischer Basis

Tabelle 6.5 stellt die künstlichen Platten auf keramischer Basis mit diversen Kriterien dar. Die Tabelle dient als Übersicht, die Eigenschaften können je nach Hersteller und Produkt abweichend sein.

6.8.3 Kriterien für die Gebrauchseigenschaften künstlicher Platten auf keramischer Basis

Fliesen oder Platten werden je nach Anwendungsfall bestimmt, z. B. Bodenbelag in der Küche. Daraus werden die Anforderungen an die

Gebrauchseigenschaften festgelegt. Die Anwendungsbereiche von Platten und Fliesen werden nach deren Eigenschaften und dem Wasseraufnahmevermögen unterteilt.

Um die **Gebrauchstauglichkeit von** Fliesen oder Platten besser einstufen zu können, werden sie nach:

- Wasseraufnahmefähigkeit (Tab. 6.6),
- Frostbeständigkeit,
- Abriebbeständigkeit der Oberfläche (Tab. 6.7) und
- rutschhemmenden Eigenschaften (Tab. 6.8)

beurteilt.

Anforderungen können auch die Säurebeständigkeit und die Fleckempfindlichkeit darstellen.

Die **Frostbeständigkeit** von Fliesen oder Platten ist bei Gruppe Ia und Ib aus Tabelle 6.6 gegeben. Diese Fliesen oder Platten können im Außenbereich verlegt werden.

Die **Abriebbeständigkeit** von Fliesen oder Platten kennzeichnet den Widerstand der Produkte bei mechanischer Beanspruchung. Tabelle 6.7 zeigt die Klassifizierung nach DIN EN ISO 10545-7 für die Beanspruchung der eingebrannten Glasur auf dem Fliesenscherben. Die unglasierten keramischen Fliesen oder Platten werden auf Tiefenverschleiß getestet.

Die **Rutschsicherheit** auf Fliesen- und Plattenböden spielt immer dann eine wichtige Rolle, wenn der Boden mit Feuchtigkeit in Form von Wasser oder Öl in Berührung kommt (Tab. 6.8). Typische Beispiele hierfür sind geflieste Eingangsbereiche nach einem Spaziergang im Regen oder eine Hotelküche, in der Wasser, Öle und Fette den Bodenbelag äußerst rutschig werden lassen.

Tabelle 6.6: Wasseraufnahmefähigkeit

Gruppe	Wasseraufnahmevermögen in Masse-%
Ia	höchstens 0,5 %
Ib	höchstens 3 %
IIa	3–6 %
IIb	6–10 %
III	mehr als 10 %

Tabelle 6.7: Abriebbeständigkeit

Gruppe	Begehungs-frequenz	typische Anwendungen
1	niedrig	private Sanitär- und Schlafräume
2	niedrig	Wohnbereiche
3	mittel	Wohnbereiche
4	hoch	Eingänge, Flure
5	sehr hoch	Gastronomie, öffentliche Gebäude

Tabelle 6.8: Rutschsicherheit

Gruppe	Neigungswinkel
R 9	6°–10°
R 10	> 10°–19°
R 11	> 19°–27°
R 12	> 27°–35°
R 13	> 35°

Besondere Anforderungen können an die Gebrauchtauglichkeit der Fliesen gestellt werden, z. B. rutschsichere Fliesen in Eingangs- und Küchenbereichen.

Um nun eine rutschhemmende Fliese oder Platte zu gestalten, muss die Oberfläche eine gewisse Rauigkeit

Darum geht es

- Die Herstellung von Fliesen erfolgt meist im Trockenpressverfahren, Spaltplatten werden im Strangpressverfahren hergestellt.
- Künstliche Platten werden in Feinkeramik (Fliesen) und Grobkeramik (Spaltplatten) eingeteilt.

@ Links und Literatur

- DIN EN 14411: Keramische Fliesen und Platten
- DIN EN 159: Trockengepresste keramische Fliesen und Platten mit hoher Wasseraufnahme
- DIN EN 176: Trockengepresste keramische Fliesen und Platten mit niedriger Wasseraufnahme
- DIN EN ISO 10545-7 klassifiziert die Abriebbeständigkeit von Fliesen oder Platten.

www.beuth.de

Begriffe

- **Rutschhemmende Fliesen/Platten** weisen eine gerillte Struktur auf, die Flüssigkeit verdrängt. Je größer das Volumen zwischen den Rillen, desto größer der Verdrängungsraum.
- Unter **Mosaikfliesen** versteht man Kleinstformate von 1 × 1 cm bis zu 10 × 10 cm.

Darum geht es

Fliesen- und Plattengrößen werden in modularen und nicht modularen Größen angeboten. Nicht modulare Maße werden als **Nennmaß** angegeben.

aufweisen, welche über eine gerillte Struktur erreicht werden kann. Zwischen den Rillen kann dann die Flüssigkeit verdrängt werden (Verdrängungsraum). Die Größe dieses Verdrängungsraumes hängt von dem Volumen zwischen den Rillen ab (Tab. 6.9).

Tabelle 6.9: Verdrängungsraum

Gruppe	Mindestvolumen
V 4	4 cm^3/dm^2
V 6	6 cm^3/dm^2
V 8	8 cm^3/dm^2
V 10	10 cm^3/dm^2

6.8.4 Plattenformate künstlicher Platten auf keramischer Basis

Fliesen- und Plattengrößen werden in modularen und nicht modularen Größen angeboten. **Modulare Maße** gibt es in den Größen M 10 × 10 cm bis hin zu M 120 × 120 cm und darüber hinaus und kennzeichnen ein Rastermaß von 5 cm oder einem Vielfachen. Das Verlegen von modularen Größen gibt dem Verleger die Möglichkeit einer schnellen gleichmäßigen Einteilung der Fliesenfläche, da die Modulmaße die Steinbreite plus je eine halbe Fugenbreite umlaufend mit einbeziehen (Abb. 6.38). Modulare Maße gibt es für quadratische und rechteckige Fliesen- und Plattenquerschnitte.

Nicht modulare Maße kennzeichnen sich durch Maße, welche nicht so einfach aufzurechnen sind, und werden als **Nennmaß** angegeben. Das Nennmaß gibt nur die Platten- und Fliesenlänge an und berücksichtigt nicht die dazugehörige Fugenbreite. Beispiele für Nennmaße sind 15,2 × 7,6 cm oder 33 × 33 cm.

Die Größen der Platten und Fliesen sind im Rastermaß, aber auch ohne Raster erhältlich. Ein Raster stellt einen definierten sinnvollen Abstand dar, z. B. 5, 10 oder 15 cm. Der Trend geht derzeit zu immer größeren Fliesen.

Bei Fliesen- und Plattenmaßen ist aufgrund von Kundenwünschen ein Trend hin zu größeren

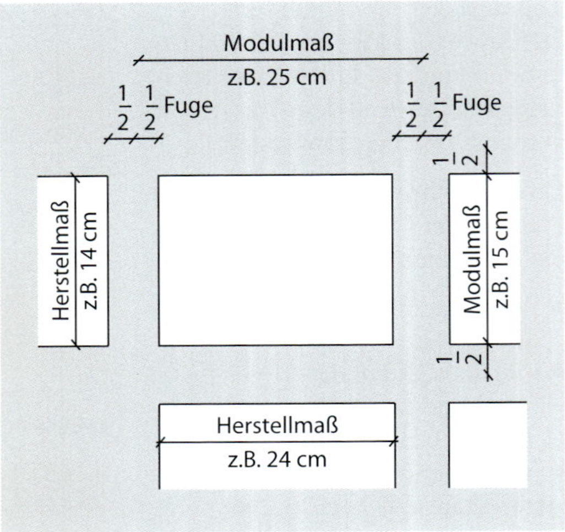

Abb. 6.38: Modulares Maßbild

Formaten zu beobachten. Dies stellt höhere Anforderungen an die Herstellung und den Brand der Fliesen oder Platten. Es muss die Verformung durch das Brennen der Fliesen oder Platten berücksichtigt werden, die Verformung muss im Bereich der zulässigen Toleranzen liegen.

Neben den bisher erwähnten Plattenformaten sind auch Kleinstformate verbreitet. Diese Kleinstformate, auch **Mosaik** genannt, haben Größen von 1 × 1 cm bis hin zu 10 × 10 cm. Um das Verlegen von diesen Mosaikfliesen zu vereinfachen, werden die Mosaikfliesen weitestgehend auf Gittergewebe angeklebt, vorgefertigt in verschiedenen Größen. Mosaikfliesen werden als Bordüre oder als Dekorationsfläche gern verwendet.

Zum Ausbilden von speziellen Formen wie Treppenstufen, Sockelausbildungen, Bordüren oder Ecken werden auch **Formstücke** gefertigt und angeboten. Diese Formstücke sind aufgrund der geringeren Fertigungsmenge, in Bezug auf die eigentliche Fliese oder Platte, viel teurer. Zusätzlich wird auch das Verarbeiten dieser Formstücke mit einer Zulage pro verlegtem Meter berechnet.

6.8.5 Handwerkzeuge

Zum fachgerechten Verlegen von Fliesen und Platten benötigt der Fliesenleger folgende Werkzeuge (Tab. 6.10):

Tabelle 6.10: Handwerkzeuge zum Verlegen von Fliesen und Platten

Abb.	Beschreibung
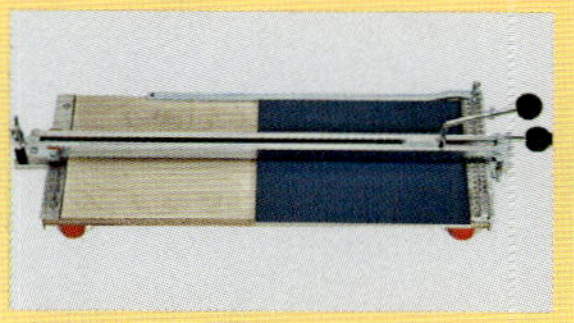 Fliesenschneidemaschine	elektronisches Nassschneidegerät oder mechanisches Schneidebrett, um die Fliesen und Platten passgenau zuzuschneiden
 Fliesenkelle	zum Anrühren und Aufbringen des Mörtels
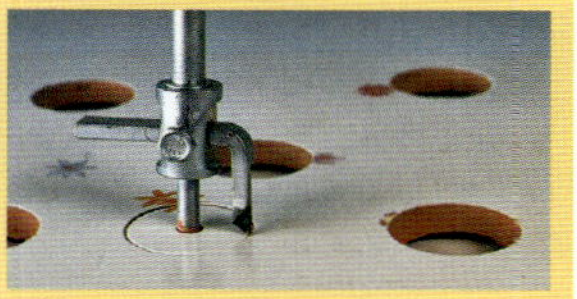 Fliesenlochapparat	Gerät zur Lochung von Fliesen und Platten auf elektrischer oder mechanischer Basis, für Bohrlöcher bis zu 80 mm
 Fliesenhexe mit Gummischnur	Metallecke zur Befestigung einer Gummischnur auf der Außenfliese. Die Gummischnur dient als Richtschnur für eine Fliesenreihe.
 Zahntraufel, Zahnglätte	zum Auftragen des Dünnbettmörtels auf den Untergrund. Die Zahnstärke gibt die Auftragshöhe an, kleine Fliesen benötigen eine geringe Zahnstärke.
 Fugengummi	zum gleichmäßigen Einbringen des Fugenmörtels in die Fugen und zum Reinigen der Fliesenoberfläche von Fugenmörtel
 Spitzhammer	zur Lochung von Fliesen und Platten, heute aber weniger in Verwendung
 Reißnadel	verwendet zum Anreißen der Glasur auf der Fliese. Anschließend kann die Fliese über diese Stelle gebrochen werden.
 Fliesenkeile	werden beim Ansetzen von Wandfliesen eingesetzt, wenn die Fliesen nicht ausreichend haften und herunterrutschen
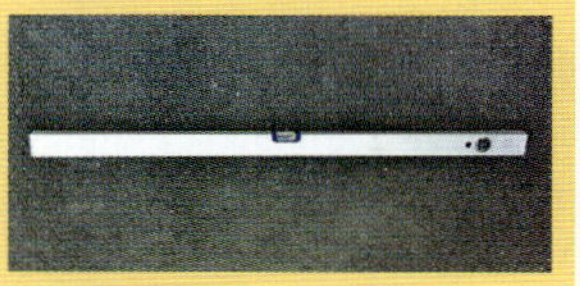 Wasserwaage	verwendet zur Schaffung von senkrechten Linien und waagerechten Höhenlinien
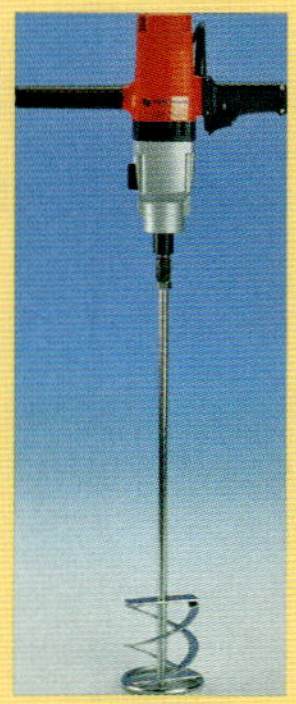 Rührgerät mit Quirl	zum Anrühren des Dünnbett- oder Dickbettmörtels

6.8.6 Verlegetechnik für künstliche Platten auf keramischer Basis

Fliesen und Platten werden an der Wandfläche angesetzt und im Bodenbereich verlegt. Das Ansetzen und Verlegen kann im Dünnbettverfahren oder im Dickbettverfahren erfolgen. Das **Dünnbettverfahren** (Abb. 6.39) eignet sich beim Ansetzen und Verlegen auf glattem, ebenem Untergrund wie einem schwimmenden Estrich, einer verputzten Wand oder auf Trockenbauplatten. Beim Dünnbettverfahren wird ein geeigneter Dünnbettmörtel oder Kleber mit einer Zahntraufel, je nach Platte oder Fliese, zwischen 2 und 15 mm aufgetragen, die Fliese oder Platte wird in den Dünnbettmörtel eingedrückt, bis eine vollflächige Verbindung erfolgt, und ausgerichtet.

Das **Dickbettverfahren** (Abb. 6.40) findet Anwendung bei unebenen Untergründen oder auf Böden mit höherer Beanspruchung (Industriefußboden). Beim Dickbettverfahren wird auf der Rückseite der Fliese oder Platte ein Dickbettmörtel (Mörtelgruppe III: Zementmörtel) aufgetragen. Dann wird die Fliese oder Platte im Wandbereich angesetzt, im Bodenbereich verlegt. Die Dicke des Dickbettmörtels beträgt im Wandbereich mindestens 15 mm, im Bodenbereich 20 bis 50 mm. Das Arbeiten mit Dickbettmörtel ist aufwendiger als mit Dünnbettmörtel.

Die Verlegerichtung von Bodenfliesen oder Bodenplatten richtet sich nach den geometrischen Gegebenheiten der Fläche. Die meisten Flächen sind rechteckig, evtl. mit einer Schrägseite. Bei einer **waagerechten Verlegung** sollte darauf geachtet werden, dass die beiden Randfliesen, falls notwendig, gleichmäßig gekürzt werden. Eine **diagonale Verlegung** kann das Raumbild aufwerten und auflockern. Hierbei ist aber ein erhöhter Arbeitsaufwand im Randbereich, bedingt durch Schneidearbeiten, erforderlich.

Eine Möglichkeit zur Ausnutzung der modularen Plattengrößen bietet der **Randfries**. Hierbei wird ein möglichst großer Innenbereich, mittig auf der Raumfläche, in waagerechter oder diagonaler Richtung verlegt und der restliche Randbereich wird durch einen Randfries ausgelegt. Hierbei können gestalterische Elemente wie unterschiedliche Fliesenfarben oder eine andere Verlegerichtung genutzt werden.

Abb. 6.39: Verlegung im Dünnbettverfahren

Abb. 6.40: Verlegung im Dickbettverfahren

6.8.7 Verfugen von künstlichen Platten auf keramischer Basis

Erst nach dem fachgerechten Ausfugen von Platten wird der Belag dauerhaft nutzbar. Der Arbeitsablauf beim Fugen erfolgt dabei in einer geordneten Abfolge (Tab. 6.11).

Für die verfügbare Zeit beim Verfugen muss die Aushärtezeit des Fugenmaterials berücksichtigt werden, da sonst kein sauberes Fugenbild erreicht werden kann.

6.9 Bauwerksabdichtungen

Ein Bauwerk ist ausreichend gegen Feuchtigkeit zu schützen, denn diese kann auf verschiedenen Wegen eindringen. Die Feuchtigkeit und das Wasser treten im Innenbereich und im Außenbereich auf. Im Außenbereich ist der Regen zu nennen, der auf das Bauwerk einwirkt. Weiter sickert der Regen in den Boden ein und tritt als Sickerwasser oder Bodenfeuchte an das ans Erdreich grenzende Bauteil heran.

Die Bodenfeuchte ist meist vorhanden, bedingt durch kapillares Steigen der Feuchtigkeit im Boden vom Grundwasser aus. Ein Ansteigen des Grundwasserspiegels kann auf das Gebäude einen enormen Wasserdruck ausüben, dementsprechend muss eine geeignete Abdichtung erfolgen (Tab. 6.12).

Tabelle 6.11: Fachgerechtes Verfugen von künstlichen Platten

Diese Abbildung zeigt das Ausgießen der Fugen mit geeignetem Fugenmörtel. Die Fugen müssen vor dem Ausgießen von Schmutz und Kleberresten befreit werden.	Hier wird das Einschlämmen der Fugenmasse mit einem Fugengummi dargestellt. Dieser Vorgang ist zeitlich durch das Aushärten der Fugenmasse beschränkt.	Die gesetzte Fugenmasse entwickelt Festigkeit und wird nun an der Oberfläche mit einem halbnassen Schwamm sauber abgerieben. Dieser Vorgang wird so oft wiederholt, bis die Fuge und die Fliesenoberfläche gesäubert sind.

Tabelle 6.12: Beispiele von Abdichtungen

innen	
Abdichtung einer Dusche mit Fliesen	Abdichtung der Bodenplatte unterhalb des Estrichs

Belastung durch Wasser beim Duschen	Belastung durch aufsteigende Feuchtigkeit unterhalb des Bauwerks
außen	
Abdichtung eines Balkons	Abdichtung einer Außentür

Abdichtung gegen Regenwasser	Abdichtung gegen Regenwasser und kapillares Wasser

■ **Darum geht es**

- Die Verlegerichtung von Bodenfliesen oder Bodenplatten richtet sich nach den geometrischen Gegebenheiten der Fläche.
- Erst nach dem fachgerechten Ausfugen von Platten wird der Belag dauerhaft nutzbar.

→ Mehr Informationen zur Abdichtung von Kellerwänden und Flachdächern siehe Kapitel 14

6.9.1 Abdichtungen im Außenbereich

Im Außenbereich wird die Belastung des Bauwerks durch Feuchtigkeit in die 2 Bereiche Belastung durch **nicht drückendes Wasser** und **drückendes Wasser** aufgegliedert (Tab. 6.13). Zum nicht drückenden Wasser zählen die Bodenfeuchte, Sickerwasser und Regenwasser. Drückendes Wasser beinhaltet aufgestautes Wasser, das nicht abfließen kann, oder Grundwasser, das je nach Höhe des Grundwasserspiegels eine Gebäudegründung erfassen kann. Beim drückenden Wasser sorgt der Wasserdruck des aufgestauten Wassers für eine höhere Belastung der Abdichtung.

Bauwerksabdichtungen können im Kellerbereich durch Bitumenabdichtungen von Mauerwerk oder durch wasserundurchlässigen Beton ausgeführt werden. Bitumenabdichtungen werden nach der Farbe des Materials (Bitumen ist schwarz) als **Schwarze Wanne** bezeichnet. Abdichtungen mit wasserundurchlässigem Beton werden als **Weiße Wanne** bezeichnet, da der ausgehärtete Beton eine hellgraue Farbe aufweist.

Abdichtungen im Außenbereich befinden sich an Kellerwänden, unter Mauerwerk, am Balkon und auf dem Flachdach.

Tabelle 6.13: Belastung an einem Gebäude

nicht drückendes Wasser	drückendes Wasser
• Regenwasser • Sickerwasser • Bodenfeuchtigkeit • Spritzwasser am Sockelbereich	• Grundwasser • aufstauendes Wasser • Schichtwasser durch unterschiedliche Bodenschichten

6.9.2 Abdichtungen im Innenbereich

Im Innenbereich erfolgt eine Belastung durch Feuchtigkeit meist durch nicht drückendes Wasser. Hier ist die Abdichtung der Dusche im Wandbereich zu nennen. Meist wird diese Abdichtung durch Fliesen auf einer aufgebrachten Dichtschlämme gegen durchschlagende Feuchtigkeit ausgeführt. Die Bodenplatte wird meist von innen gegen aufsteigende Bodenfeuchtigkeit abgedichtet, damit sich die Feuchtigkeit nicht im darüberliegenden Fußbodenaufbau ausbreitet und dort Schäden anrichtet.

6.9.3 Folgen von Undichtigkeiten bei der Abdichtung

Feuchtigkeit im Gebäude, aufgrund von Undichtigkeiten der Abdichtung, verursacht meist hohen Sachschaden, bis hin zu Gesundheitsschäden für die Bewohner. Die Feuchtigkeit in Kellerwänden oder in Holzkonstruktionen führt oft zur Durchnässung der Konstruktion mit anschließend möglichem Schimmelbefall.

Feuchtigkeit findet sich auch in Innenbereichen, z. B. in Duschzellen und Schwimmbadbereichen, aber auch in der Bodenplatte.

Der Schimmelbefall kann Konstruktionen zerstören, die Stabilität ist womöglich gefährdet. Der Schimmel belastet auch die Bewohner aufgrund des hohen Schimmelsporengehalts in der Luft. Mögliche Folgen für die Bewohner können Asthma, Allergien oder Erkrankungen der Atemorgane sein.

6.10 Gesundheits- und Arbeitsschutz bei Fassadenarbeiten

Um an einer Fassade sicher arbeiten zu können, ist es notwendig, eine sichere Arbeitsebene zu schaffen (Abb. 6.41). Diese Aufgabe können die Fassadengerüste (Abb. 6.42) übernehmen, welche als Systemgerüste mit vorgefertigten Bauteilen oder als Stahlrohrkupplungsgerüste existieren. Bei kleineren Arbeiten dienen auch Leitern als Arbeitsebene.

6.10.1 Gesundheits- und Arbeitsschutz bei Arbeiten auf einem Fassadengerüst

Fassadengerüste haben folgende Aufgaben:

- Arbeitsgerüst für Arbeiten an der Fassade,
- Schutzgerüst gegen Absturz,
- Verkehrsweg zum Erreichen eines hoch gelegenen Arbeitsplatzes.

Fassadengerüste werden in Lastklassen eingeteilt (Tab. 6.14).

Übersicht Standardbauteile

Das Gerüstsystem ALFIX Fassade besteht aus einer überschaubaren Anzahl an Einzelteilen. Der Grundaufbau des Fassadengerüstes erfolgt mit wenigen Standardbauteilen, welche in verschiedenen Rastermaßen verfügbar sind.

- 01 Gewindefußplatte
- 02 Stellrahmen
- 03 ALBLITZ LW Boden
- 04 Stirnbordbrett
- 05 Doppelstirngeländer
- 06 Bordbrett aus Holz
- 07 Doppelgeländer
- 08 Geländerstütze
- 09 Stirngeländerrahmen
- 10 Durchstieg mit Leiter (WBQ)
- 11 Holzboden
- 12 Rückengeländer
- 13 Anfangsquerriegel
- 14 Horizontalstrebe
- 15 Diagonale

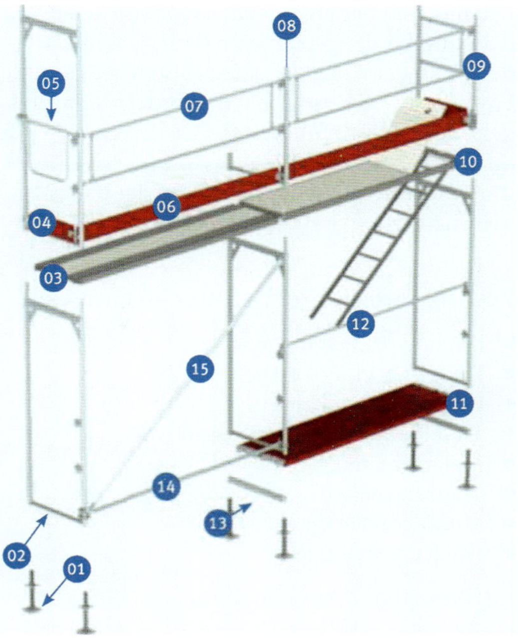

Abb. 6.41: Aufbau eines Fassadengerüsts

Tabelle 6.14: Einteilung der Lastklassen

Lastklassen der Arbeitsgerüste	
Lastklasse	**gleichmäßig verteilte Last in KN/m²**
1	0,75
2	1,50
3	2,00
4	3,00
5	4,50
6	6,00
Breitenklasse/Breite *w* der Gerüstlage in m	
W09	0,9 < *w* < 1,2
W1,2	1,2 < *w* < 1,5
W1,5	1,5 < *w* < 1,8
W1,8	1,8 < *w* < 2,1
W2,1	2,1 < *w* < 2,4
W2,4	2,4 < *w*

Abb. 6.42: Einrüstung eines Hochhauses

■ Begriffe

Nicht drückendes Wasser = Bodenfeuchte, Sickerwasser und Regenwasser. **Drückendes Wasser** = aufgestautes Wasser, das nicht abfließen kann, oder Grundwasser, das je nach Höhe des Grundwasserspiegels eine Gebäudegründung erfassen kann.

→ Mehr Informationen zum Thema Bauwerksabdichtungen siehe Kapitel 14.2

■ Darum geht es

- Bei größeren Arbeiten dienen Fassadengerüste als Arbeitsebene, bei kleineren Arbeiten auch Leitern.
- Eine Unterbauung des Gerüsts muss je nach Untergrund durch einen druckverteilenden Belag erfolgen.

■ Begriffe

Gerüstgruppen werden auch als **Lastklassen** bezeichnet.

Die Auswahl der geeigneten Lastklasse hängt von der Nutzlast der geplanten Arbeit ab. Ein Dachdecker an der Außenfassade benötigt mindestens Lastklasse 3. Maurerarbeiten erfordern aufgrund der hohen Masse mindestens Lastklasse 4.

Die Wahl der Lastklasse hängt von der beabsichtigten Nutzung und Belastung des Gerüsts ab.

Zulässige Arbeiten auf Gerüsten können sein:

- Dachdeckungsarbeiten,
- Bekleiden einer Fassade,
- Putz- und Stuckarbeiten,
- Metallarbeiten an der Fassade,
- Malerarbeiten,
- Maurerarbeiten,
- Montagearbeiten,
- Holzverschalungen.

Auf Arbeitsgerüsten der Lastklassen 4, 5 und 6 können auch größere Mengen an Material gelagert werden. Eine Überprüfung der Last durch vorhandenes Material sollte jedoch stets erfolgen. Entscheidend ist für die Tragfähigkeit der Gerüste, dass neben der richtigen Gerüstklasse die notwendige Verankerung des Gerüsts (Abb. 6.43) an der Fassade und die ordnungsgemäße Ausführung des Fußpunktes durchgeführt wurde (Abb. 6.44). Das Fassadengerüst muss auf tragfähigem Boden gegründet sein, um ein Versinken im Untergrund zu vermeiden.

Kann ein Untergrund die Gerüstlasten nicht aufnehmen, muss eine geeignete Unterbauung erfolgen. Bei einer Unterbauung neben einem Lichtschacht (Abb. 6.45) besteht die Gefahr, dass der Lichtschacht aus Kunststoff bei hohem Druck der Gerüstfüße nachgibt. Das Gerüst kann an der Stelle instabil werden.

Das Gerüst muss ausreichend verankert sein. Die Unterbauung des Gerüsts muss je nach Untergrund durch einen druckverteilenden Belag erfolgen.

Ein wichtiger Grundsatz beim Benutzen des Gerüsts sind Ordnung und Sauberkeit auf der Gerüstlage. Herumliegende Materialien können beim Begehen Mitarbeiter stolpern lassen, so-

Abb. 6.43: Verankerung des Gerüsts

Abb. 6.44: Ausreichende Gerüstunterbauung

Abb. 6.45: Unzureichende Gerüstunterbauung

dass diese evtl. sogar abstürzen. Die fehlgelagerten Materialien können vortreten und so vom Gerüst fallen und andere Personen verletzen.

Beim Lagern von Material auf dem Gerüst ist für ausreichend Bewegungsfreiheit auf der Gerüstlage zu sorgen, damit ein ungestörtes Gehen und Arbeiten möglich ist.

6.10.2 Grundsätze der Gerüstnutzung

Nur Gerüste, auf denen sicher gearbeitet werden kann, sind zulässig. Eine sichere Arbeit auf Gerüsten erfordert das Einhalten folgender **Regeln**:

- Vor Benutzung oder nach längeren Arbeitspausen Sichtkontrolle auf Veränderungen am Gerüst durchführen.
- Betreten oder Verlassen des Gerüsts nur über geeignete Leitern oder Zugänge.
- Nicht auf Gerüstbelägen auf- oder abspringen, Gefahr des Materialversagens.
- Keine konstruktiven Veränderungen am Gerüst vornehmen, Veränderungen nur durch den Gerüstaufsteller.
- Beim Absetzen und Lagern von Materialien die maximale Tragkraft beachten.
- Nur gekennzeichnetes Gerüst betreten.
- Klappen von Leiterdurchstiegen sofort nach Benutzung schließen.
- Keine Gegenstände vom Gerüst werfen.
- Ein Schutz- und Fanggerüst darf nicht zur Lagerung von Material verwendet werden.
- Nur mit vollständigem dreiteiligem Seitenschutz ist ein Gerüst sicher.

1 Bordbrett
2 Zwischenholm
3 Geländerholm
4 Stirnseitenschutz

Abb. 6.46: Dreiteiliger Seitenschutz

Offensichtlich unsichere Gerüste dürfen nicht betreten werden. Jedes Gerüst muss ausreichend verankert sein.

Der dreiteilige Seitenschutz ist in der Art und Lage der Ausführung genormt (Abb. 6.46). Ein Entfernen des Seitenschutzes ist nicht erlaubt. Zur Beschickung des Gerüsts ist es teilweise notwendig, einen Geländerholm kurzfristig zu entfernen. Dies darf jedoch nur unter Ausschluss der Absturzgefahr geschehen, z. B. durch Sicherung mit einem Gurtzeug. Danach ist sofort wieder der Seitenschutz in die ursprüngliche Lage zurückzuführen. Eigenmächtig dürfen Gerüste von Benutzern nicht verändert werden.

Veränderungen an Gerüsten dürfen nur durch den Gerüstaufsteller erfolgen.

@ Links und Literatur

Zur Aufstellung von Gerüsten siehe DIN 4420: Arbeits- und Schutzgerüste unter www.baunormenlexikon.de

6.10.3 Kennzeichnung des Arbeitsgerüsts

Die Benutzung eines Fassadengerüsts darf erst nach Freigabe durch den Gerüstbauer bzw. durch eine qualifizierte Person erfolgen. Die Freigabe des Gerüsts erfordert:

1. die vorschriftsgemäße Aufstellung nach DIN 4420 inkl. der ausreichenden Verankerung am Gebäude,
2. die dauerhafte Kennzeichnung des Gerüsts (Abb. 6.47) mit Angabe der Gerüstnutzung, der Lastklasse und dem Ersteller des Gerüsts (meist Gerüstbaubetrieb),
3. Erstellen eines Übergabeprotokolls, auf größeren Baustellen bei der Bauleitung einsehbar.

! Praxistipp

Mehr Arbeitssicherheit auf Gerüsten

Das Arbeiten auf Fassadengerüsten kann unter folgenden Voraussetzungen sicher gestaltet werden:

- Vor Arbeitsbeginn müssen die Mitarbeiter über die Gefahren unterwiesen werden.
- Sorgfältige optische Kontrolle des Gerüstes muss vor Arbeitsbeginn erfolgen.
- Eine Überprüfung des Gerüsts auf die geeignete Lastklasse ist erforderlich.
- Die Mitarbeiter müssen die Grundsätze der Gerüstbenutzung beachten.

6.11 Gesundheits- und Arbeitsschutz bei Arbeiten mit Leitern

Für den Dachdeckerberuf haben Leitern folgende Funktionen:

- Verkehrsweg zum Erreichen höher gelegener Arbeitsplätze,
- Arbeitsebene, auf der Arbeiten von nur **geringem Umfang** ausgeübt werden können.

Für die Erfüllung beider Funktionen stehen folgende Leitertypen zur Verfügung:

- Anlegeleiter, die standsicher gegen das Gebäude gelegt wird (Abb. 6.48),
- Spreizleiter, welche selbstständig stehen kann (Abb. 6.49), oder

Arbeitsgerüst nach EN 12611-1

Breitenklasse W06

Lastklasse 3

Gleichmäßig verteilte Last
max. 1,50 KN/m²

Datum der Prüfung

Gerüstbaubetrieb Sicherheit

54321 Burghausen – Tel. 0232/55555

Abb. 6.47: Gerüstkennzeichnung nach DIN

Abb. 6.48: Anlegeleiter

- Dachleiter zur vollflächigen Auflage auf einer Unterlage, z. B. einem Schieferdach (Abb. 6.50).

Leitern können als Verkehrsweg genutzt werden, um von einer Ebene zur nächsten zu gelangen, oder sie dienen als Arbeitsplatz für Arbeiten kleineren Umfangs an der Fassade.

Abb. 6.49: Spreizleiter

Abb. 6.50: Dachleiter

Abb. 6.51: GS-Zeichen

Leitern müssen vor ihrer Benutzung durch eine augenscheinliche, optische Begutachtung auf folgende Punkte überprüft werden:

- GS-Zeichen muss vorhanden sein (Abb. 6.51),
- kein übermäßiges Biegen oder Schwanken,
- kein deckender Anstrich (bei Holzleitern), da Risse nicht erkennbar sind,
- behelfsmäßig reparierte Leitern aussondern,
- beschädigte Leitern vom Fachmann reparieren lassen und nicht mehr benutzen.

Aufgrund der hohen Unfallzahlen durch Leiterunfälle ist ein vorsichtiger Einsatz und Umgang mit Leitern mehr als nur Vorschrift.

■ Darum geht es

Gängige Leitertypen sind: Anlegeleitern, Spreizleitern und Dachleitern.

Lernfeld 7: Anlagen zur Ableitung von Niederschlagswasser installieren

Joachim Hupe

Projektaufgabe:

Planung und Ausführung einer Außenentwässerungsanlage

Dachdeckermeister Obenauf ist mit der Planung und Ausführung einer Außenentwässerungsanlage für ein Einfamilienhaus beauftragt worden. Der Bauherr wünscht eine fachlich kompetente Beratung, damit er sich für die Form und das Material der Dachrinnen entscheiden kann. Als Planungsgrundlage stehen dem Dachdeckermeister folgende Informationen zur Verfügung:

- Dachneigung des Walmdaches: 38°
- Gebäudelänge: 12,50 m
- Gebäudebreite: 5,50 m
- Dachüberstand allseits: 0,40 m
- Traufhöhe: 7,50 m

Die Eindeckung soll mit Schiefer erfolgen. Zur Veranschaulichung dient Abbildung 7.1.

Arbeitsaufträge:

1. Entscheiden Sie sich für ein Material und die Form der Entwässerungsanlage. Begründen Sie Ihre Auswahl.
2. Berechnen Sie die Dimensionierung der Außenentwässerungsanlage.
3. Erläutern Sie die Fügetechniken für Außenentwässerungsanlagen.
4. Was versteht man unter Innenentwässerung?

Abb. 7.1: Walmdach mit Schiefer

7.1 Entwässerung von Dächern mit geneigten Flächen

Eine Dachentwässerung ist eine technische Anlage zur Ableitung von Regenwasser auf Dachkonstruktionen. Grundsätzlich unterscheidet man außen liegende und innen liegende Dachentwässerungen. Bei der Ableitung von Oberflächenwasser wird zwischen der Entwässerung bei Steildächern und bei Flachdächern unterschieden. Die Ableitung des Oberflächenwassers bei Dächern mit geneigten Flächen wird als **Außenentwässerung** (Abb. 7.2) bezeichnet. Der Anschluss der Dachrinne an das Dach sollte – soweit erforderlich – über ein Traufblech erfolgen. Die Dachrinnen sind so anzuordnen, dass bei Starkregenereignissen das Wasser notfalls über die Rinnenvorderkante ablaufen kann.

Darum geht es

- **außen liegende Dachentwässerung:** bei geneigten Dächern zur Ableitung des Oberflächenwassers.
- **innen liegende Dachentwässerung:** innerhalb der Dachkonstruktion bei flach geneigten Dächern.

@ Links und Literatur

Die Vorschriften zur Ableitung von Oberflächenwasser sind im Regelwerk des Deutschen Dachdeckerhandwerks, „Fachregel Metallarbeiten" und im Merkblatt „Bemessung von Entwässerungen" enthalten.

www.dachdecker-regelwerk.de

www.baufachmedien.de.

Geneigte Dächer erhalten eine Außenentwässerung, Flachdächer werden innen entwässert (siehe auch Kapitel 7.2).

7.1.1 Verwendung und Eigenschaften von Dachrinnen

Bei der Außenentwässerung unterscheidet man zum einen die häufig verwendeten **vorgehängten Dachrinnen** und zum anderen die **aufliegenden Dachrinnen**. Vorgehängte Dachrinnen werden selbsttragend in Rinnenhaltern verlegt. Die aufliegende Dachrinne verläuft, um das nötige Gefälle zu erreichen, auf der Dachfläche schräg oberhalb der Traufe. Sie ist in Abhängigkeit von der Dachneigung mit ausreichendem Gefälle zu verlegen. Das Gegenteil zur aufliegenden Dachrinne ist die vorgehängte Dachrinne. Diese werden unter der Traufe, bei geneigten Dächern mit Dachüberstand, mittels Rinneneisen an den Sparrenköpfen aufgehängt oder auf der Traufschalung angebracht. Die aufliegenden Dachrinnen werden nicht selbsttragend auf flächigen durchgehenden Unterlagen angebracht. Vorhängende Dachrinnen können als halbrunde Dachrinnen, als kastenförmige Dachrinnen oder als Gesimsrinnen, neben den Dachrinnen mit Sonderformen, ausgeführt werden (siehe Abb. 7.2 bis 7.4).

Die Außenentwässerung erfolgt mittels vorgehängter oder aufgelegter Dachrinnen, meist in halbrunder oder in Kastenform. Die Selbstreinigung einer halbrunden Dachrinne funktioniert gegenüber einer kastenförmigen Dachrinne deutlich besser, da die Fließgeschwindigkeit des Regenwassers in einer halbrunden Rinne größer ist.

7.1.2 Werkstoffe

Für die Ausführung von Dachrinnen eignen sich folgende Materialien: **verzinkter Stahl (VSt), Aluminium (Al), Titanzink (Zn), Kupfer (CU), Edelstahl (S.S) und Kunststoffe.** Die Auswahl richtet sich neben den optischen Ansprüchen auch nach den Kosten und der Haltbarkeit. Weiterhin ist bei der Auswahl zu beachten, dass bei der Verarbeitung von ver-

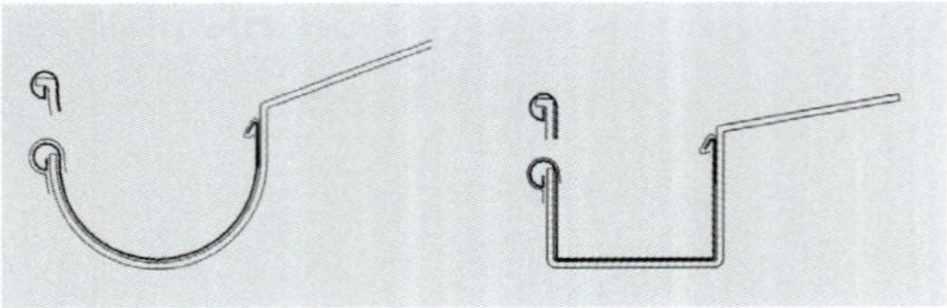

Abb. 7.2: Halbrunde Dachrinne/kastenförmige Dachrinne

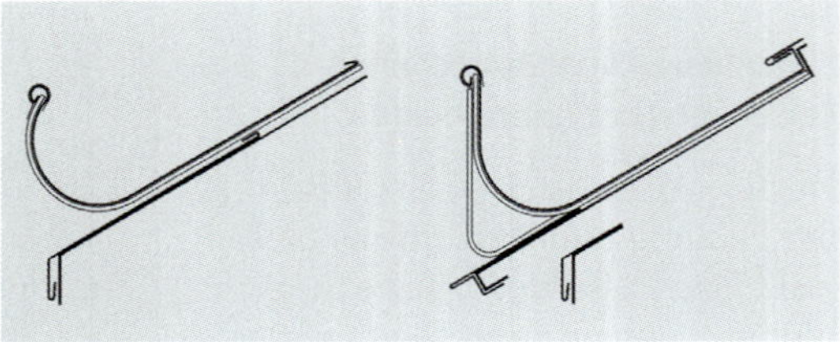

Abb. 7.3: Liegerinne/Aufdachrinne

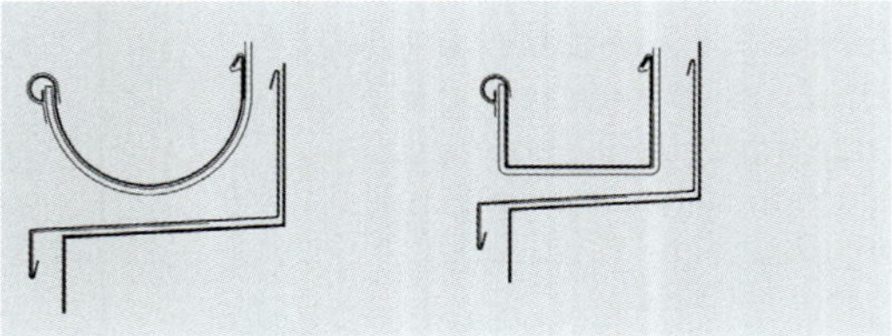

Abb. 7.4: Gesimsrinne

schiedenen Metallen auf dem Dach elektrochemische Reaktionen zu vermeiden sind.

7.1.3 Fügetechniken

Die geeignete Fügetechnik bei der Herstellung einer Außenentwässerungsanlage richtet sich natürlich in erster Linie nach dem verwendeten Material. Die Fachregeln verweisen bei den Anforderungen an die wasserdichten Verbindungen einer Entwässerungsanlage auf die allgemeinen Anforderungen an Verbindungsarten bei Metallarbeiten (siehe Kapitel 12). Neben dem **Weichlöten** bei Temperaturen bis zu 450 °C und dem **Hartlöten** (> 450 °C) sind weitere Verbindungsarten von Dachrinnen möglich (Tab. 7.1).

Unter **Löten** versteht man die Verbindung zweier gleicher oder unterschiedlicher Metalle mithilfe eines weiteren Metalls, des sog. Lots. Die Schmelztemperatur des Lots muss geringer sein als die Schmelztemperatur der zu verbindenden Metalle. Beim Weichlöten besteht das Lot meistens aus einer Legierung aus Zinn und Blei oder aus einer Legierung aus Zinn und Kupfer. Beim

Tabelle 7.1: Verbindungsarten von Dachrinnen

Werkstoff	Weichlöten	Weichlöten mit einreihiger Nietung	doppelreihige Nietung mit Dichteinlage	Hartlöten	Schweißen	Kleben
Kupfer	×	×	×	×	×	×
Titanzink	×					×
Aluminium			×		×	×
nicht rostender Stahl	×	×	×		×	×
verzinktes Stahlblech	×	×	×			×
Blei	×				×	×

Hartlöten besteht es meistens aus einer Legierung aus Kupfer und Silber. Für die Festigkeit und für die Haltbarkeit einer Naht ist es notwendig, dass das Lot mit den zu verbindenden Metallen an der Oberfläche eine Legierung bildet. Unter einer **Legierung** wird ein Gemisch aus geschmolzenen Metallen verstanden. Damit es zur Bildung einer Legierung kommt, ist es notwendig, dass die Metalle sauber sind und keine Oxidationsschicht haben. Diese Voraussetzungen werden mit dem Flussmittel, meistens Lötwasser, geschaffen. Eine weitere Aufgabe des Flussmittels ist es, das Eindringen des Lots in den Lötspalt zu verbessern. Der Lötspalt darf nicht größer als 0,5 mm sein, damit das Lot aufgrund der Kapillarität in den Spalt fließen kann. Bei einer guten Lötnaht bildet sich an den Oberflächen der zu verbindenden Metalle eine Legierung mit dem Lot.

Beim Schweißen ist es nicht notwendig, Schweißzusätze zu verwenden. Wenn Schweißzusätze in Form von Schweißdrähten verwendet werden, müssen diese aus demselben Metall bestehen.

Beim **Nieten** werden gleiche oder unterschiedliche Metalle kraftschlüssig miteinander verbunden. Die Verbindung gleicher Metalle ist für alle Metalle zulässig. Die Verbindung von Aluminium, Blei, Titanzink, nicht rostendem Stahl und verzinktem Stahl untereinander ist in jeder möglichen Kombination zulässig. Die Verbindung von Kupfer mit Blei und nicht rostendem Stahl ist zulässig. Die Verbindung von Kupfer mit Aluminium, Titanzink und verzinktem Stahl ist nicht zulässig. Es werden 2 Arten beim Nieten unterschieden: die einreihige Nietung mit zusätzlicher Lötung und die doppelreihige Nietung, bei der die Nietung versetzt auszuführen ist und mit einer Dichteinlage versehen wird. Beim Nieten sollte der Nietabstand maximal 30 mm betragen und einen Abstand von mindestens 10 mm zum Blechrand haben.

Beim **Kleben** ist darauf zu achten, dass werkstoff- und systemgerechter Kleber verwendet wird. Acryle und Silikone sind nicht zulässig. Wie aus Tabelle 7.1 zu entnehmen ist, sind alle Werkstoffe zum Kleben geeignet.

Begriffe

- **vorgehängte Dachrinne**: selbsttragend, in Rinnenhaltern, wird häufig verwendet.
- **aufliegende Dachrinne**: auf der Dachfläche, schräg oberhalb der Traufe.

→ Weitere Informationen zu Werkstoffeigenschaften siehe Kapitel 12

→ Weitere Informationen zu elektrochemischen Reaktionen und Korrosionsschutz siehe Kapitel 7.1.8

Darum geht es

Verbindungsarten von Dachrinnen sind: Weichlöten, Hartlöten, Schweißen, Nieten und Kleben.

Begriffe

- **Löten**: Verbindung von 2 gleichen oder unterschiedlichen Metallen mithilfe eines weiteren Metalls, des Lots.
- **Schweißen**: Verbindung von gleichen Metallen durch Wärme.
- **Autogenschweißung:** Das Metall wird unter Verwendung von einem Gas-Sauerstoff-Gemisch erwärmt.
- **Lichtbogenschweißung:** Das Metall wird durch einen Lichtbogen zwischen der Elektrode und dem Werkstück erwärmt.
- **Schutzgasschweißung:** ist eine Lichtbogenschweißung mit zusätzlicher Verwendung von Schutzgas.
- **Nieten:** kraftschlüssige Verbindung von gleichen oder unterschiedlichen Metallen.
- **Legierung:** Gemisch aus geschmolzenen Metallen.

Tabelle 7.2: Maße einer halbrunden Rinne in mm

Nenngröße	Zuschnittbreite	d_1	d_2	e_1	f_1	g	Werkstoffdicke nach DIN EN 612 s_1				
	+1–2	±1	+20	±1	min.	+1	Al	Cu	VSt	Zn	S.S
200	200	16	80	5	8	5	0,70	0,60	0,60	0,65	0,40
250	250	18	105	7	10	5	0,70	0,60	0,60	0,65	0,40
280	280	18	127	7	11	6	0,70	0,60	0,60	0,70	0,40
333	333	20	153	9	11	6	0,70	0,60	0,60	0,70	0,40
400	400	22	192	9	11	6	0,80	0,70	0,70	0,80	0,50
500	500	22	250	9	21	6	0,80	0,70	0,70	0,80	0,50

7.1.4 Bestandteile

Eine Außenentwässerung besteht im Wesentlichen aus **Dachrinnen, Einlaufstutzen, Regenfallrohren, Standrohren** und deren **Befestigungen**. Die Dachrinnen leiten mit einer Neigung von mindestens 0,1 % das von den Dachflächen kommende Regenwasser zu den Einlaufstutzen. Die Einlaufstutzen wiederum verbinden die Dachrinnen mit den Regenfallrohren und leiten somit das Wasser von den Dachrinnen in die Regenfallrohre. Die Fallrohre leiten das Wasser dann senkrecht nach unten bis zu den Standrohren. Diese verbinden die Außenentwässerung mit der Kanalisation. Zu den Befestigungen gehören die Rinnenhalter, die die Dachrinnen selbsttragend an der Traufe befestigen, und die Rohrschellen, die die Regenfallrohre an der Außenwand befestigen.

! Praxisbeispiel

Aufgabe

Wie groß ist die Neigung (p) einer Dachrinne, wenn diese auf 9 m (9.000 mm) eine Höhendifferenz von 9 mm hat?

Lösung

$$p = \frac{h \cdot 100\,\%}{l} = \frac{9\text{ mm} \cdot 100\,\%}{9.000\text{ mm}} = 0{,}1\,\%$$

Die Formen und Maße der Dachrinnen aus Metall sind in den Fachregeln des Deutschen Dachdeckerhandwerks festgelegt. Es gelten für halbrunde Dachrinnen die Maße in Tabelle 7.2.

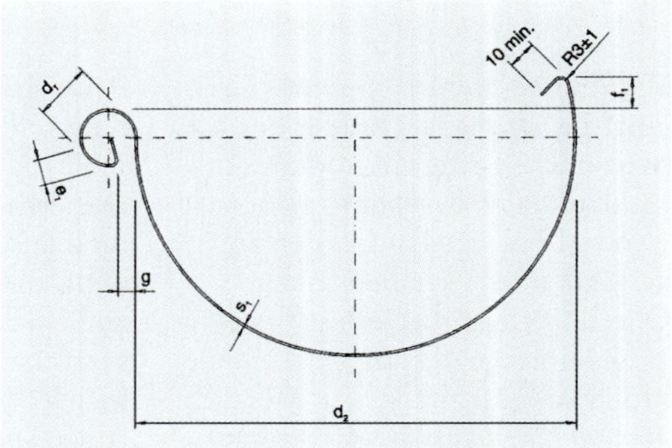

Abb. 7.5: Form einer halbrunden Dachrinne

Die Längen, d_1, d_2, e_1, f_1 und g sind der Abbildung 7.5 zu entnehmen. An der Vorderkante der Dachrinne befindet sich ein runder Wulst und an der Hinterkante eine Wasserfalz. Die Wasserfalz sollte mindestens 8 mm höher als die Wulst liegen, damit bei aufgestautem Wasser das Wasser über die Vorderkante ablaufen kann. An den Enden der Dachrinnen sind Rinnenendstücke anzubringen. Dieses können z. B. Kopfstücke oder Rinnenausläufe sein.

Bestandteile einer Außenentwässerung sind im Wesentlichen Dachrinnen, Einlaufstutzen, Regenfallrohre, Standrohre und deren Befestigungen.

Bei den **Einlaufstutzen** wird zwischen den **zylindrischen Einlaufstutzen** (Abb. 7.6) und den **trichterförmigen Einlaufstutzen** (Abb. 7.7) unterschieden. Bei dem zylindrischen Einlaufstut-

Abb. 7.6: Zylindrischer Einlaufstutzen

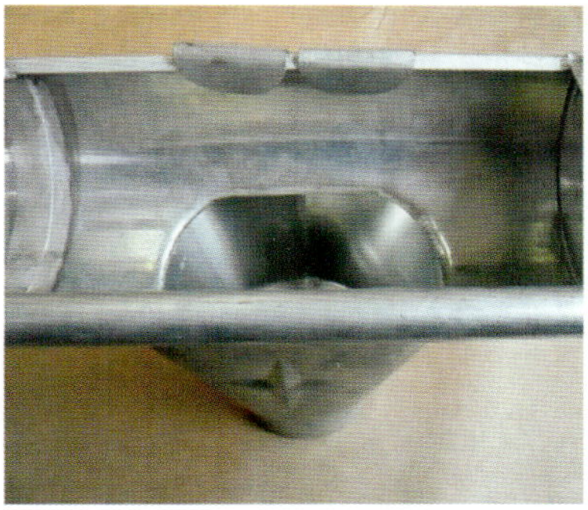

Abb. 7.7: Trichterförmiger Einlauf-/Einhangstutzen

zen hat die kreisförmige Öffnung in der Dachrinne den gleichen Durchmesser wie das Fallrohr. Bei den trichterförmigen Einlaufstutzen ist die Öffnung deutlich größer und der Ablauf hat die Form und die Wirkung eines Trichters.

Die Maße der **Regenfallrohre** aus Metall sind ebenfalls in den Fachregeln festgelegt. Weiterhin ist die Ausführung der Längsnaht in Abhängigkeit des Materials vorgeschrieben. Zum Beispiel darf die Längsnaht eines Regenfallrohres aus Aluminium nur gefalzt oder geschweißt werden. Zu beachten ist auch, dass die einzelnen Regenfallrohre mindestens 50 mm ineinandergesteckt sein müssen.

Nach den Fachregeln bestehen **Standrohre** aus schlagfesteren und materialverträglichen Werkstoffen, wie z. B. aus Kupfer, verzinktem Stahl, nicht rostendem Stahl, Stahlguss oder Kunststoffen. Sie sollten aus optischen Gründen bis auf Sockelhöhe reichen. Die Fallrohre werden an die Standrohre mit Standrohrkappen bzw. Übergangsstücken angebracht. Für eine Reinigungsmöglichkeit ist zu sorgen.

Die **Befestigung** einer Außenentwässerung erfolgt mit **Rinnenhaltern** und **Rohrschellen**.

Für die **Rinnenhalter** sind sowohl die Werkstoffzuordnung als auch die vorgeschriebenen Maße in den Fachregeln festgelegt. Zum Beispiel ist für eine Dachrinne aus Aluminium ein Rinnenhalter aus feuerverzinktem Stahl oder Aluminium zulässig und die Befestigungsmittel müssen aus Stahl oder Edelstahl sein. Weiterhin gilt für die Rinnenhalter, dass sie mit mindestens 2 geeigneten korrosionsgeschützten Nägeln/Schrauben befestigt und im Deckbereich bündig eingelassen werden.

Die vorgeschriebenen Maße für die **Rohrschellen** sind ebenfalls in den Fachregeln festgelegt. Bei der Anbringung ist darauf zu achten, dass die Regenfallrohre mindestens 20 mm von dem Bauwerk entfernt sind. Für den Abstand der Rohrschellen untereinander gilt, dass er für Metallfallrohre mit einem Innendurchmesser bis 100 mm höchstens 3 m betragen darf und für alle anderen Regenfallrohre höchstens 2 m betragen darf.

7.1.5 Dimensionierung

Die Grundlagen für die Dimensionierung einer Außenentwässerungsanlage sind in dem „Merkblatt zur Bemessung von Entwässerungen" enthalten. Die entscheidenden

@ Links und Literatur

- Fachregeln des Deutschen Dachdeckerhandwerks – Regelwerk, „Merkblatt zur Bemessung von Entwässerungen"
  www.dachdecker-regelwerk.de
  www.baufachmedien.de
- DIN EN 612: Hängedachrinnen mit Aussteifung der Rinnenvorderseite und Regenrohre aus Metallblech mit Nahtverbindungen auf www.beuth.de

Tipp

Bei der Dimensionierung der Regenfallrohre ist zu berücksichtigen, dass das Regenwasser bei zylindrischen Einlaufstutzen langsamer abläuft.

Tabelle 7.3: 5-Minuten-Regenspenden in Deutschland (Beispiel)

Ort	Berechnungsregen $r_{(5/5)}$				Jahrhundertregen $r_{(5/100)}$			
	250	300	350	400	500	600	700	800
Bad Kissingen				×				×
Berlin				×			×	
Frankfurt/Main			×				×	
Hamburg		×			×			
München				×			×	
Werte sind gegenüber der Norm gerundet.								

Größen sind der Durchmesser und die Anzahl der Fallrohre. Der Querschnitt der Dachrinne richtet sich dann nach dem Durchmesser der Fallrohre.

Die Anzahl und die Durchmesser der Fallrohre sind abhängig von der örtlichen Regenspende, der Dachgrundfläche und dem Abflussbeiwert.

Die **örtliche Regenspende** $r_{5/5}$ ist ein statistischer Wert für die Dauer der Regenspende von 5 Minuten und einer durchschnittlichen Wiederkehrperiode von 5 Jahren. Der Deutsche Wetterdienst kann für den einzelnen Ort hierüber Auskunft geben. Für einige größere Städte ist die örtliche Regenspende auch in der Tabelle „5-Minuten-Regenspenden in Deutschland" in den Fachregeln zu finden (Auszug siehe Tab. 7.3). Ist kein spezifischer Wert ermittelbar, so kann mit einer pauschalen Regenspende von $r_{5/5}$ = 300 l/sha gerechnet werden. Zur Vereinfachung wird die örtliche Regenspende $r_{5/5}$ auch mit *r* bezeichnet.

Die **Dachgrundfläche *A*** ist die Projektion der Dachfläche in die Grundrissebene. Sie kann im Allgemeinen dem Gebäudegrundriss entnommen werden. Ein vorhandener Dachüberstand ist hierbei zu berücksichtigen. Bei gegebener Dachfläche A_D und gegebener Dachneigung α kann die Dachgrundfläche auch wie folgt berechnet werden:

$$A = A_D \cdot \cos \alpha$$

Der Abflussbeiwert *C* (Tab. 7.4) gibt das Verhältnis zwischen dem Regenwasserabfluss und der Regenspende an. Der Abflussbeiwert *C* hat keine Einheit.

Tabelle 7.4: Abflussbeiwert *C*

Art der Fläche	Abflussbeiwert *C*
Dachflächen	1,0
Plattenbelag auf Splitt	0,7
Kiesdächer	0,5
Gründächer unter 10 cm Aufbaudicke	0,5
Gründächer ab 10 cm Aufbaudicke	0,3

Mit diesen Größen kann der **Regenwasserabfluss *Q*** mit folgender Gleichung berechnet werden:

$$Q = \frac{r \cdot A \cdot C}{10.000\ \frac{\text{m}^2}{\text{ha}}}$$

Der Nenner 10.000 m²/ha dient dazu, die Einheit ha in m² umzuwandeln. Dies ist notwendig, da die Regenspende in der Einheit l/sha in die Formel eingesetzt wird und die Dachgrundrissfläche in der Einheit m² eingesetzt wird. Ferner gilt: 1 ha = 10.000 m².

! Praxisbeispiel

Aufgabe

Berechnen Sie den Regenwasserabfluss Q für eine Dachfläche eines Satteldaches mit der Trauflänge $l_T = 12$ m und der Gebäudebreite $b = 6$ m. Verwenden Sie die pauschale Regenspende $r = 300$ l/sha.

Lösung

Die gesamte Dachgrundfläche A_{ges} beträgt:

$$A_{ges} = l_T \cdot b = 12\ \text{m} \cdot 6\ \text{m} = 72\ \text{m}^2$$

Die Dachgrundfläche A für eine Dachfläche beträgt:

$$A = \frac{A_{ges}}{2} = \frac{72\ \text{m}^2}{2} = 36\ \text{m}^2$$

Der Regenwasserabfluss Q für eine Dachfläche beträgt:

$$Q = \frac{r \cdot A \cdot C}{10.000 \frac{\text{m}^2}{\text{ha}}}$$

$$= \frac{300 \frac{\text{l}}{\text{sha}} \cdot 36\ \text{m}^2 \cdot 1}{10.000 \frac{\text{m}^2}{\text{ha}}}$$

$$= 1{,}08\ \text{l/s}$$

7.1.6 Temperaturbedingte Ausdehnung bei Dachrinnen

Mit Ausnahme von Wasser dehnen sich alle Stoffe bei Erwärmung aus. Diese Ausdehnung ist abhängig von der Art des Stoffes, von der Größe des Stoffes und von der Temperaturerhöhung.

Bei Dachrinnen ist in der Praxis nur die Längenausdehnung von Bedeutung. Dabei ist zu beachten, dass ein schadloses Ausdehnen und Zusammenziehen im Temperaturbereich von ca. –20 °C und +80 °C möglich ist. Dieses kann durch die Verwendung von Bewegungsausgleichern sichergestellt werden. Für

Abb. 7.8: Schiebenähte an den höchsten Stellen (Hochpunktschiebenaht)

Abb. 7.9: Synthesekautschukelemente an jeder Stelle

Dachrinnen eignen sich folgende Bewegungsausgleichsmöglichkeiten:

- **Einhangstutzen an der tiefsten Stelle** (Abb. 7.7): Der Einhangstutzen sollte selbstverständlich an der tiefsten Stelle angebracht werden, da er das Regenwasser in das Fallrohr leitet. Er ermöglicht eine thermische Längenausdehnung der Dachrinne, da er in die Dachrinne eingehängt wird und nicht fest verbunden ist.
- **Schiebenähte an den höchsten Stellen (Hochpunktschiebenaht)** (Abb. 7.8): Die Hochpunktschiebenaht sollte an den höchsten Stellen angebracht werden, damit kein Regenwasser durch die Naht abläuft. Diese ist nicht wasserdicht.
- **Synthesekautschukelemente an jeder Stelle** (Abb. 7.9): Im Gegensatz zu den Hochpunktschiebenähten sind die Synthesekautschukelemente wasserdicht und können somit an jeder Stelle bedenkenlos eingebaut werden.

Darum geht es

- Regenfallrohre und Standrohre.
- Befestigung: Rinnenhalter und Rohrschellen.
- Als **Bewegungsausgleicher** für Dachrinnen dienen Einhangstutzen, Schiebenähte, Synthesekautschukelemente oder Rinnenkessel.
- Bewegungsausgleicher ermöglichen ein schadloses Ausdehnen und Zusammenziehen der Dachrinnen in einem Temperaturbereich von ca. –20 °C bis +80 °C.

@ Links und Literatur

Mehr Informationen zur Dimensionierung einer Außenentwässerungsanlage in: „Merkblatt Bemessung von Entwässerungen" im Regelwerk des Deutschen Dachdeckerhandwerks.

www.dachdecker-regelwerk.de

Begriffe

- Die **örtliche Regenspende $r_{5/5}$** ist die Niederschlagsmenge in Liter, die in einer Sekunde auf einen Hektar fällt. Zur Vereinfachung wird die örtliche Regenspende $r_{5/5}$ auch mit r bezeichnet.
- Der **Regenwasserabfluss Q** ist die in einer Sekunde zu erwartende Wassermenge in Liter und wird somit in der Einheit l/s angegeben.

- **Rinnenkessel** (Abb. 7.10): Für den Rinnenkessel gilt das Gleiche wie für den Einhangstutzen. Er muss an der tiefsten Stelle angebracht werden und er ermöglicht die Längenausdehnung der Dachrinne.

Abb. 7.10: Rinnenkessel

Als Richtwerte für die maximalen Abstände von Bewegungsausgleichern gelten bei vorgehängten Dachrinnen 10 m Abstand für Zuschnitte größer 500 mm und 15 m Abstand für Zuschnitte kleiner gleich 500 mm.

7.1.7 Berechnung der temperaturbedingten Längenausdehnung

Die stoffabhängigen Wärmeausdehnungskoeffizienten α sind für die gängigen Dachrinnenmaterialien in Tabelle 7.5 angegeben. Dabei gibt der Ausdehnungskoeffizient die Ausdehnung des Baustoffes in mm an, wenn 1 m des Stoffes um 1 Kelvin erwärmt wird.

! Praxisbeispiel

Aufgabe

Wird 1 m Dachrinne aus Kupfer um 1 Kelvin erwärmt, so dehnt sich diese um 0,017 mm aus.

Lösung

$$\Delta l = l \cdot \Delta T \cdot \alpha_{Cu}$$
$$= 1\ \text{m} \cdot 1\ \text{K} \cdot 0{,}017\ \text{mm/mK}$$
$$= 0{,}017\ \text{mm}$$

Die Temperaturdifferenz ΔT wird mit der Einheit Kelvin in die Formel eingesetzt. Dabei ist die Temperaturdifferenz in Grad Celsius genauso groß wie die Temperaturdifferenz in Kelvin.

Tabelle 7.5: Wärmeausdehnungskoeffizienten

Baustoff	Wärmeausdehnungskoeffizient α in mm/mK
Aluminium (Al)	0,024
Kupfer (Cu)	0,017
Titanzink (Zn)	0,022
verzinkter Stahl (VSt)	0,012
Edelstahl (S.S)	0,016

! Praxisbeispiel

Aufgabe

Berechnen Sie die Ausdehnung Δl einer 11 m langen Dachrinne aus Aluminium, wenn diese von −15 °C auf +25 °C erwärmt wird.

Lösung

$$\Delta T = T_2 - T_1$$
$$= 25\ °\text{C} - (-15\ °\text{C})$$
$$= 40\ °\text{C} = 40\ \text{K}$$

$$\Delta l = l \cdot \Delta T \cdot \alpha_{Al}$$
$$= 11\ \text{m} \cdot 40\ \text{K} \cdot 0{,}024\ \text{mm/mK}$$
$$= 10{,}56\ \text{mm}$$

Die Ausdehnung einer Dachrinne wird berechnet, indem die Länge, die Temperaturdifferenz und der Ausdehnungskoeffizient miteinander multipliziert werden.

$$\Delta l = l \cdot \Delta T \cdot \alpha$$

7.1.8 Korrosionsschutz

Die Auswahl der Metalle als Baustoffe ist so zu treffen, dass elektrochemische Korrosion vermieden wird. Zum Beispiel wird das unedlere Zink durch das edlere Kupfer zerstört. Unter elektrochemischer Korrosion wird die Zerstörung von Metallen durch elektrochemische Prozesse verstanden. Stehen 2 verschiedene Metalle über eine säurehaltige Lösung (z. B. saurer Regen) in Kontakt, entsteht eine chemische Reaktion. Hierbei wandern die entstehenden Ionen von dem unedleren zum edleren Metall.

Beim Einbau unterschiedlicher Metalle mit Kontakt zerstört das edlere Metall das unedlere Metall.

7.1.9 Wartungsarbeiten

Das Regelwerk des Deutschen Dachdeckerhandwerks sieht Wartungs- und Instandhaltungsarbeiten an Oberflächenentwässerungsanlagen mindestens alle 6 Monate vor. Dabei wird darauf hingewiesen, dass diese insbesondere im Herbst durchzuführen sind. In der Praxis bietet sich an, nach der Fertigstellung einer Entwässerungsanlage einen Wartungsvertrag mit festen Intervallzeiten abzuschließen.

7.2 Entwässerung von Dächern mit flachen Flächen

Die Ableitung bei Dächern mit flachen Flächen wird als Innenentwässerung bezeichnet. Innen liegende Rinnen mit Entwässerung innerhalb der Dachkonstruktion erfordern eine besonders sorgfältige Detailplanung. Es muss sichergestellt werden, dass auch bei einer evtl. Verstopfung eines Fallrohres das Niederschlagswasser sicher abgeleitet werden kann.

! Praxisbeispiel

Grafische Anleitung für eine Rinnenmontage

Beispiel Arbeitsablauf:

1. Waagerechte Lage der Traufbohle oder Dachlatte überprüfen und darauf achten, dass die Traufbohle geradlinig montiert wurde.
2. Rinnenhalteraussparungen einsägen und ausstemmen, um eine genaue Auflage des Eindeckmaterials zu gewähren.
3. Das Gefälle planen (Position Regenfallrohre) und 2 Rinnenhalter für den Rinnenhochpunkt und Rinnentiefpunkt anzeichnen (Höhe der Rückfalz von der Dachrinne beachten) und abbiegen.

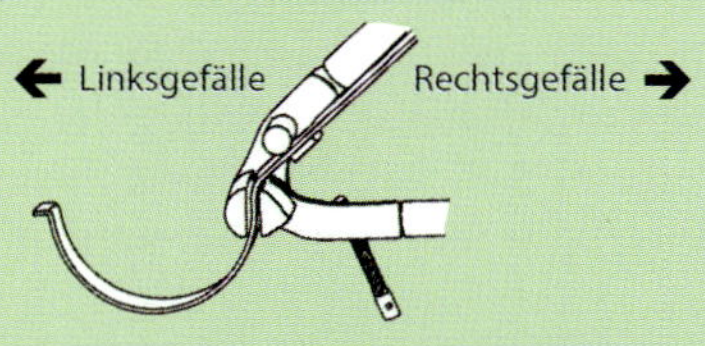

4. Den ersten Rinnenhalter am höchsten Punkt (Rinnenhochpunkt) und den zweiten Rinnenhalter am tiefsten Punkt (Rinnentiefpunkt) anbringen. Dabei ist darauf zu achten, dass die Rinnenhalter ein Gefälle von 4 bis 3 mm/lfd. m aufweisen. Die beiden Rinnenhalter (Rinnenhochpunkt und Rinnentiefpunkt) so montieren und ausrichten, dass die Rinnenwulst nach vorne ein Gefälle von mindestens 8 mm aufweist.

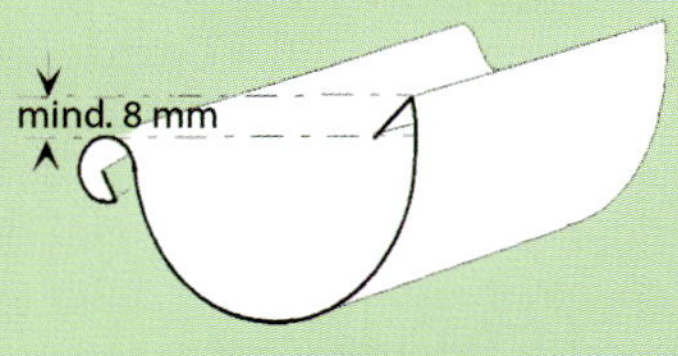

5. Die beiden Rinnenhalter werden mit 2 Schnüren einmal im Rinnengrund und einmal im Bereich der Wulst (Vorfeder) verbunden. Dabei ist darauf zu achten, dass die Richtschnur gespannt ist.

   Achtung: Gefälle noch einmal prüfen!

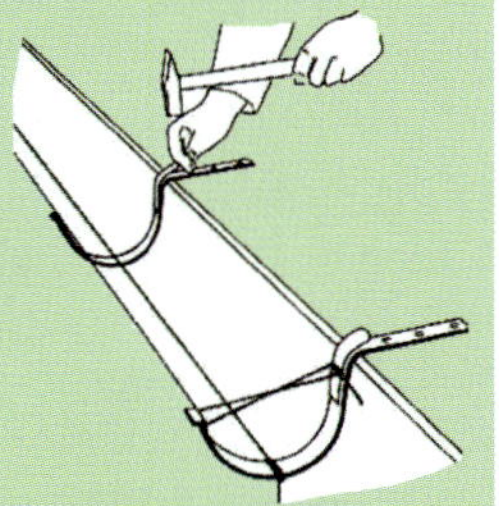

6. Die übrigen Rinnenhalter werden nach der Schnur angezeichnet, abgebogen, ausgerichtet und auf den Sparren befestigt (Abstand von maximal 70 cm einhalten).

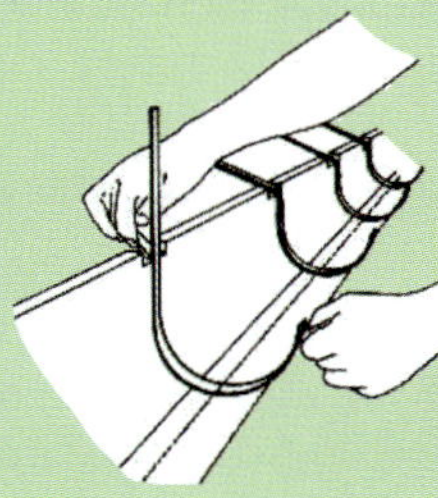

7.2.1 Innenentwässerung

Nach den Fachregeln sind für innen liegende Dachrinnen (Abb. 7.11) besondere Maßnahmen zu ergreifen, damit sichergestellt ist, dass auch bei erhöhtem Niederschlag oder verstopften Abläufen kein Wasser in das Gebäude eindringen kann. Es müssen unabhängige Abläufe, ausreichende Notabläufe (Abb. 7.12) und Sicherheitsrinnen mit eigener Entwässerung angebracht werden, die für sich alleine die gesamte Niederschlagsmenge ableiten können.

Unabhängig von ihrer Größe müssen Dachflächen mindestens 2 Abläufe oder einen Ablauf und einen Sicherheitsüberlauf enthalten. Um einen einwandfreien Wasserablauf sicherzustellen, sollen Flansche von Dachgullys **in die Unterlage eingelassen** werden. Es wird empfohlen, die Wärmedämmschicht im Ablaufbereich (ca. 1,0 m × 1,0 m) 2 cm dünner auszubilden.

Bei wärmegedämmten Dachkonstruktionen mit Dampfsperre sind **zweiteilige Dachgullys** zu verwenden. Die Dampfsperre ist i. d. R. an den Grundkörper des zweiteiligen Dachablaufes, Notablaufes und Notüberlaufes anzuschließen. Befinden sich unmittelbar unter der Decke beheizte oder genutzte Räume, so sind **wärmegedämmte Dachgullys (Abb. 7.13)** zu verwenden. Sie sind in der Unterkonstruktion zu befestigen.

Innenentwässerungen sind mit besonderer Sorgfalt auszuführen, z. B. mit einer thermostatgesteuerten Rinnenheizung.

Die Rinnen werden entweder in Haltekonstruktionen oder auf durchgehenden Unterlagen verlegt. In den Fachregeln wird darauf hingewiesen, dem Auftraggeber den Einbau einer Rinnenheizung zu empfehlen. Auch für innen liegende Entwässerungen gilt nach den Fachregeln, dass eine mindestens halbjährliche Reinigung und Wartung erforderlich ist.

7.2.2 Dimensionierung

Die Berechnung des Regenwasserabflusses Q für innen liegende Dachentwässerungsanlagen ist dieselbe wie für außen liegende Dachentwässerungsanlagen. Hinzu kommt jedoch noch die Berechnung des erforderlichen Mindestabflussvermögens Q_{Not} der Notabläufe. Dazu wird die Jahrhundertregenspende $r_{5/100}$ betrachtet, die ebenfalls für die großen Städte in der Tabelle „5-Minuten-Regenspenden in Deutschland“ angegeben ist. Hierbei beträgt die durchschnittliche Wiederkehrperiode 100 Jahre. Das heißt, statistisch gesehen muss alle 100 Jahre mit einem Regen in diesem Ausmaß gerechnet werden.

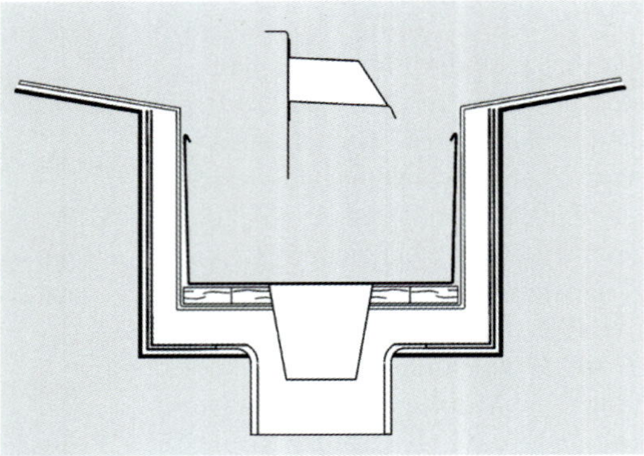

Abb. 7.11: Querschnitt einer innen liegenden Dachrinne

Abb. 7.12: Notüberlauf

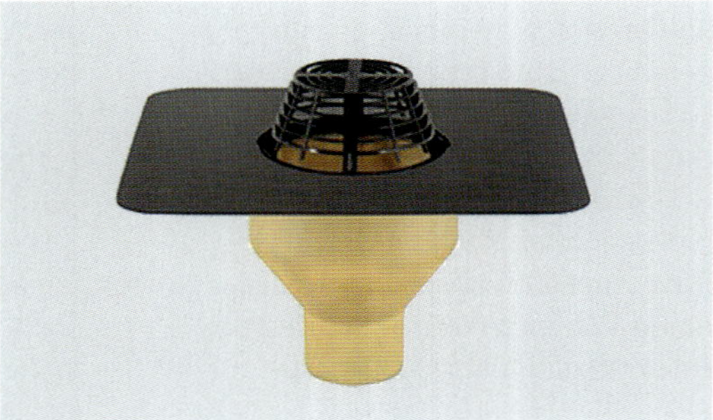

Abb. 7.13: Wärmegedämmter Dachgully

Praxisbeispiel

Aufgabe
Wie groß muss das Mindestabflussvermögen Q_{Not} eines 125 m^2 großen Flachdaches in Frankfurt am Main sein?

Lösung
Nach Tabelle 7.3 ist in Frankfurt am Main die örtliche Regenspende

$$r_{5/5} = 350 \frac{l}{sha}$$

und die Jahrhundertregenspende

$$r_{5/100} = 700 \frac{l}{sha}$$

$$Q_{Not} = (r_{5/100} - r_{5/100}) \cdot C \cdot \frac{A}{10.000 \frac{m^2}{ha}} = (700 \frac{l}{sha} - 350\ l/sha) \cdot 1 \cdot \frac{125\ m^2}{10.000 \frac{m^2}{ha}} = 4{,}375\ l/s$$

Somit ergibt sich für die Berechnung des Mindestabflussvermögens Q_{Not} der Notabläufe die Gleichung:

$$Q_{Not} = (r_{5/100} - r_{5/5}) \cdot C \cdot \frac{A}{10.000 \frac{m^2}{ha}}$$

7.2.3 Dachabläufe

Um Bauschäden zu vermeiden, ist bei der Innenentwässerung eine sorgfältige Planung und Ausführung der Dachabläufe bzw. Notabläufe notwendig. Nach den Fachregeln sind folgende Aspekte zu beachten:

- Die Abläufe müssen normgerecht hergestellt werden.
- Es muss mindestens 1 Dachablauf und mindestens 1 Notablauf bzw. Notüberlauf angebracht werden.
- Die Abläufe sollten an den Tiefpunkten der Dachfläche angebracht werden.
- Der Abstand zu Dachaufbauten und Durchdringungen der Dachabdichtung soll mindestens 0,30 m betragen.
- Ihre Grundkörper müssen an der Unterkonstruktion befestigt werden.
- In der Abdichtungsebene sollen die Flansche in der Unterlage eingelassen werden.
- Die Dampfsperre ist sorgfältig an den Grundkörper der Abläufe anzuschließen.
- Um Verstopfungen zu vermeiden, sollten Abläufe mit Kies-/Laubfangkörben geschützt werden.
- Über Abläufe in Terrassenflächen sind herausnehmbare Gitterroste anzubringen.
- Abläufe sind so anzuordnen, dass sie zu Wartungszwecken frei zugänglich sind.
- Der Anschluss der Abläufe an die Dachabdichtung muss darauf abgestimmt sein und kann wie folgt ausgeführt werden: Loseflansche, Festflansche, Klebeflansche, integrierte Anschlussbahnen oder Flüssigkeitsabdichtungen.

7.2.4 Berechnung des Gefälles bei Flachdächern

Um eine optimale Entwässerung bei Flachdächern zu erreichen, ist ein Gefälle zu den Dachabläufen von mindestens 2 % erforderlich.

Darum geht es

- **Innenentwässerung** bei flach geneigten Dächern.
- **Dimensionierung:** Mindestabflussvermögen der Notabläufe.
- Bei der **Innenentwässerung** sind Dach- bzw. Notabläufe sorgfältig zu planen und auszuführen.
- **Gefälledämmsysteme** müssen mindestens ein Gefälle von 2 % haben.

Begriffe

- **Q_{Not}** ist die Differenz zwischen dem Jahrhundertregenwasser und dem Abflussvermögen der Dachentwässerungsanlage.
- Üblicherweise wird die **Neigung** entweder in Grad oder Prozent angegeben.

@ Links und Literatur

Merkblatt „Bemessung von Entwässerungen" im Regelwerk des Deutschen Dachdeckerhandwerks

www.dachdecker-regelwerk.de

www.baufachmedien.de

Der **Prozentsatz *p*** gibt das Verhältnis der **Höhe *h*** zur **Länge *l*** in Prozent an. Dabei ist die Höhe *h* der **Grundwert** und die Länge *l* der **Prozentwert.**

Als **Gleichung** ergibt sich somit:

$$p = \frac{h \cdot 100\ \%}{l}$$

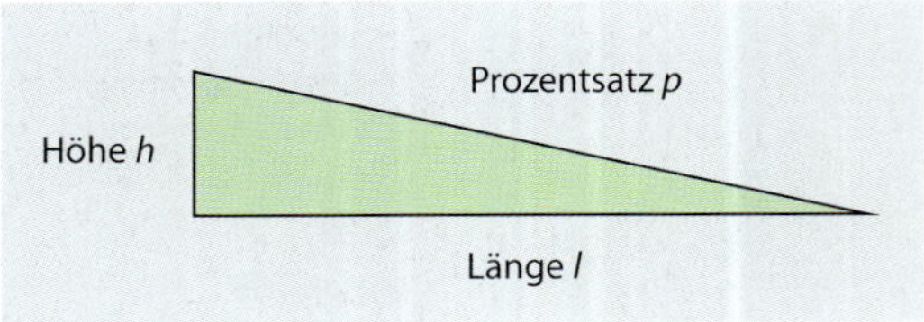

! Praxisbeispiel

Aufgabe

Wie groß ist die Neigung einer Fläche, wenn diese auf 1 m (100 cm) eine Höhendifferenz von 2 cm hat?

Lösung

$$p = \frac{h \cdot 100\ \%}{l} = \frac{2\ \text{cm} \cdot 100\ \%}{100\ \text{cm}} = 2\ \%$$

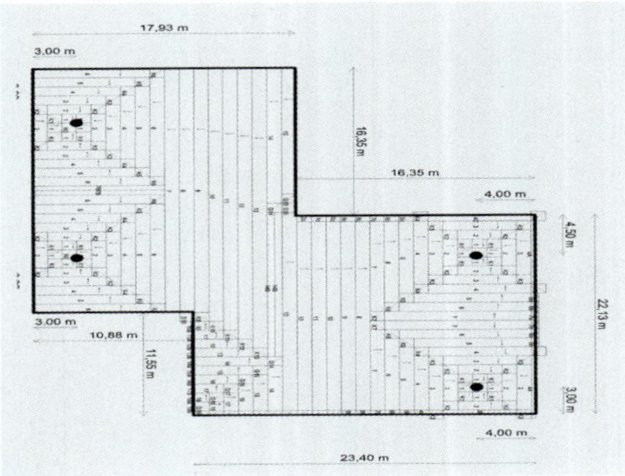

Abb. 7.14: Verlegeplan einer Gefälledämmung

7.2.5 Gefälledämmsysteme

Üblicherweise wird das notwendige Gefälle bei Flachdächern durch die sog. **Gefälledämmsysteme** erreicht. Die Dämmung wird in verschiedenen Bereichen unterschiedlich dick ausgeführt. Die Dämmstoffdicke wird in den Verlegeplänen (Abb. 7.14) festgelegt. Dabei ist darauf zu achten, dass das geforderte Gefälle von mindestens 2 % eingehalten wird. Die Kehllinien führen zu den tiefsten Punkten, wo die Abläufe angebracht werden. In Abbildung 7.14 sind 4 Abläufe zu sehen.

Lernfeld 8: Dächer mit Dachziegel- und Dachsteineindeckungen herstellen

Martin Amann

Projektaufgabe: Dachsanierung eines Einfamilienhauses

Ein Bauherr möchte das bislang noch nicht ausgebaute Dachgeschoss seines Hauses erneuern lassen. Die vorhandene Eindeckung mit Dachsteinen ist über 40 Jahre alt und muss ebenso wie die Unterkonstruktion erneuert werden.

Der Bauherr möchte von Ihrem Betrieb über die erforderlichen Maßnahmen beraten werden.

Bevor der Dachdecker ein Angebot unterbreiten kann, muss er die bestehende Dacheindeckung von außen und von innen begutachten.

Zu diesem Zweck hat er sich folgende Checkliste angefertigt:

- Standort des Hauses (Region, besondere Lage, umliegende Bebauung),
- Dachform (z. B. Satteldach, Walmdach, Pultdach),
- Nutzung des Dachgeschosses,
- Gebäude- bzw. Firsthöhe,
- Größe des Daches (Sparrenlängen, Dachbreite),
- vorhandene Dacheinbauten (Gauben, Dachflächenfenster, Schornsteine etc.),
- Dachneigung (Größe, gleich/ungleich geneigt),
- Zustand der Dachflächen (Ebenheit, durchhängende Sparren etc.),
- vorhandene Eindeckung,
- Verlauf der Dachkanten (z. B. schräge Ortgänge, steigende Firste, schräge Traufen),

Abb. 8.1: Sanierungshaus

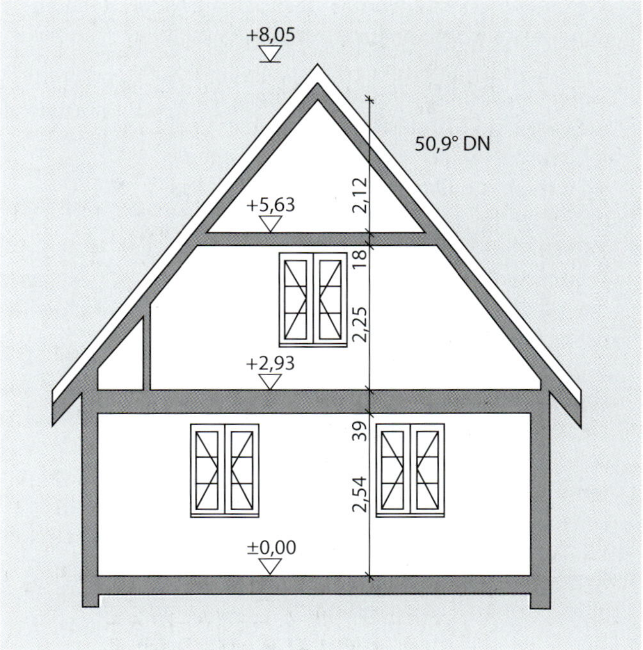

Abb. 8.2: Querschnitt mit Bemaßung

- Ausführung evtl. vorhandener Grate und Kehlen,
- Größe und Ausführung der Dachvorsprünge (Sparrenköpfe sichtbar?),
- Aufbau der Außenwände bzw. Fassaden (Wärmedämmung?),
- Art und Zustand der Dachentwässerung (Dachrinnen, Fallrohre),
- Art der Unterkonstruktion (Lattung, Vollschalung, Unterdach, Konterlattung),
- Art, Zustand und Querschnitte der Dachkonstruktion (Dachstuhl sichtbar?, Sparrenquerschnitte),
- Dachaufbau (Dampfbremse, Wärmedämmung, Belüftungsebenen, Unterspannung).

Nachdem der Dachdecker den Zustand des Daches kennt, gilt es, die Planung und Ausführung zu besprechen. Dabei darf der Dachdecker nicht nur das Dach und dessen Eindeckung vor Augen haben, sondern er muss auch Auswirkungen auf andere Bauteile des Hauses und deren Gewerke berücksichtigen.

Arbeitsaufträge:

1. Welche Möglichkeiten des Dachaufbaus werden bei Steildachkonstruktionen unterschieden?
2. Unterscheiden Sie die Begriffe Regeldachneigung und Mindestdachneigung.
3. Welche Maßnahmen erhöhen die Regensicherheit von Dachziegel- und Dachsteindeckungen?
4. Verschaffen Sie sich einen Überblick über die Dachziegel- und Dachsteindeckungen, die nach den Fachregeln des Deutschen Dachdeckerhandwerks unterschieden werden.
5. Wählen Sie eine geeignete Deckungsart aus sowie die zu den Anforderungen passende Deckunterlage bzw. Unterkonstruktion. Beachten Sie auch bauphysikalische Gesichtspunkte.
6. Entscheiden Sie sich für eine passende Trauf-, First- und Ortgangausbildung.
7. Erarbeiten Sie die Einteilung des Daches in Sparren- und Traufrichtung.
8. Berechnen Sie die erforderlichen Längen und Flächen des Daches und ermitteln Sie den Werkstoffmengenbedarf für die Eindeckung und die Unterkonstruktion.
9. Erstellen Sie einen Arbeitsablaufplan, auch im Hinblick auf den Arbeits- und Gesundheitsschutz und die Abfallentsorgung.

8.1 Der Dachaufbau – Grundlegendes

Das Dach eines Hauses besteht nicht nur aus den Bauteilen des Tragwerks, sondern aus weiteren Schichten, die jeweils eine oder mehrere der folgenden Aufgaben zu erfüllen haben:

- Entwässerung/Regenschutz,
- Schutz gegen Flugschnee, Staub und leichte Undichtigkeiten der äußeren Hülle,
- Herstellung der Winddichtheit,
- Wärmedämmung,
- Herstellung der Luftdichtheit,
- Steuerung der Dampfdiffusion.

Das Dach ist den Witterungseinflüssen von allen Bauteilen eines Gebäudes am stärksten ausgesetzt. Regen, Schnee, Wind und Sonne (Hitze und UV-Strahlung) wirken auf das Dach ein. Temperaturunterschiede (Sommer/Winter, Tag/Nacht, Sonne/Schatten) sind zu beherrschen.

Das Dach soll im Winter die Wärme im Haus halten (Wärmeschutz) und im Sommer die darunterliegenden Räume vor hohen Temperaturen schützen (sommerlicher Wärmeschutz).

Insbesondere in der kalten Jahreszeit muss das Dach noch mit der Nutzungsfeuchte zurechtkommen, die von innen in den Dachaufbau eindringen kann.

Zur Beherrschung dieser Anforderungen haben sich verschiedene Dachaufbauten mit unterschiedlichen Funktionsschichten bewährt.

Die wesentlichen Unterschiede im Dachaufbau einer Steildachkonstruktion liegen im Vorhandensein und der Lage einer Wärmedämmschicht. Hierbei werden neben ungedämmten Dachaufbauten (nicht oder nur eingeschränkt zu Wohnzwecken geeignet) solche mit Zwischen- (Abb. 8.8) oder Aufsparrendämmungen (Abb. 8.10) unterschieden. Auch Dämmschichten unterhalb der Sparren oder Kombinationen der genannten sind möglich.

Die verschiedenen Schichten können dabei je nach Anordnung und Material eine oder mehrere Aufgaben erfüllen.

In den nachfolgenden Kapiteln sollen aber lediglich die Themen/ Funktionsschichten behandelt werden, die mit einer Dachziegel-/ Dachsteineindeckung zu tun haben.

8.2 Regensicherheit

Die Hauptaufgabe der Dachdeckung ist es nach wie vor, Niederschläge und andere äußere Einflüsse am Eindringen in die Dachhaut zu hindern. Die Regensicherheit steht somit mit an erster Stelle, wenn es um die Planung oder die Reparatur eines Daches geht. In den folgenden Abschnitten werden die wichtigsten Einflussfaktoren auf die Regensicherheit eines Daches erläutert.

8.2.1 Regel- und Mindestdachneigung

Die **Dachneigung** ist die Neigung der Dachkonstruktion (Unterkonstruktion) gegen die Waagerechte. Das Maß der Dachneigung wird als Winkel zwischen der Waagerechten und der Dachfläche in Grad (°) oder manchmal auch als Steigung der Dachfläche über der Waagerechten in Prozent (%) angegeben.

Dachziegel- und Dachsteindeckungen sind überwiegend bei Steildächern (DN > 22°), aber auch immer mehr bei flach geneigten Dächern mit Dachneigungen deutlich unter 20° zu finden. Umso wichtiger ist deshalb die fachgerechte Ausführung der Deckung, um deren Regensicherheit zu gewährleisten. Die Hersteller von Dachziegeln und Dachsteinen entwickeln ständig neue Modelle mit immer aufwendigeren Verfalzungen, um den konstruktiven und witterungsbedingten Gegebenheiten eines modernen Daches zu genügen.

Die **Regeldachneigung** gibt die **unterste Dachneigungsgrenze** an, bei der sich **eine Dachdeckung in der Praxis als regensicher** erwiesen hat.

Die Regensicherheit wird hier auch ohne weitere regensichernde Zusatzmaßnahmen (siehe Kapitel 8.2.2) erreicht. Durch die schuppenartige Verlegung mit unterschiedlichen Höhen- und Seitenüberdeckungen und teilweise aufwendigen Kopf- und Seitenverfalzungen gelangt das Niederschlagswasser von den höher liegenden Dachziegel- bzw. Dachsteinreihen auf die darunterliegenden Reihen, ohne dass es unter die Deckung gelangen kann.

Die angegebenen Regeldachneigungen sind einerseits von den Deckungsarten abhängig (z. B. Einfach- oder Doppeldeckung, Deckung in Reihe oder im Verband), ob die Deckmaterialien eben (z. B. Biberschwanzziegel) oder gewölbt (z. B. Hohlpfannen) sind und andererseits auch vom Vorhandensein

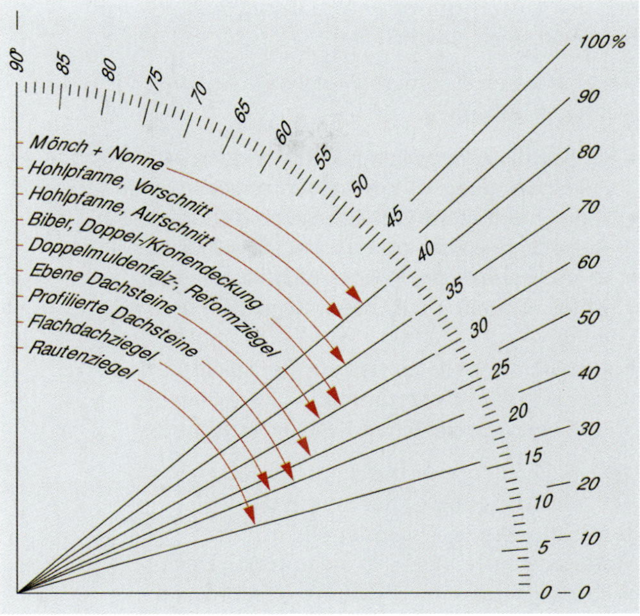

Abb. 8.3: Regeldachneigungen DZ/DS im 90°-Winkel dargestellt

Darum geht es

Die Hauptaufgabe der Dachdeckung ist es, Niederschläge und andere äußere Einflüsse daran zu hindern, in die Dachhaut einzudringen. Die **Regensicherheit** steht also an erster Stelle, wenn es um die Planung oder die Reparatur eines Daches geht. Hier werden die wichtigsten Einflussfaktoren auf die Regensicherheit eines Daches erläutert.

Begriffe

- **Regeldachneigung** ist die unterste Dachneigungsgrenze, bei der die Dacheindeckung regensicher ist. Eine Unterschreitung ist nur mit Zusatzmaßnahmen möglich.

und der Ausführung einer Verfalzung (z. B. Flachdachziegel, Dachsteine).

Generell lassen sich hierbei folgende Zusammenhänge erkennen:

- Doppeldeckungen haben eine geringere Regeldachneigung als Einfachdeckungen.
- Eine Deckung im Verband hat eine geringere Regeldachneigung als eine Deckung in Reihe.
- Je aufwendiger die Verfalzung bei Falzziegeln ist, desto niedriger ist deren Regeldachneigung.
- Je höher die Seitenverfalzung bei Dachsteinen über der wasserführenden Ebene liegt, desto geringer ist deren Regeldachneigung.

Nicht zu verwechseln mit der **Regeldachneigung** ist der Begriff der **Mindestdachneigung**. Unter dem Begriff der Mindestdachneigung wird die **unterste Dachneigungsgrenze** einer Deckung verstanden, die auch **mit Zusatzmaßnahmen** zur Regensicherheit **nicht unterschritten werden darf**. Bei Dachziegel- und Dachsteindeckungen liegt diese unterste Dachneigungsgrenze bei **10°**.

Zusätzlich verständlich ist diese Untergrenze, wenn man bedenkt, dass durch das schuppenförmige Übereinanderliegen der Dachziegel/Dachsteine die Neigung der wasserführenden Ebene nochmals flacher als die Dachneigung ist.

Die Mindestdachneigung beträgt bei Dachziegel- und Dachsteindeckungen 10°.

8.2.2 Zusatzmaßnahmen zur Regensicherheit im Überblick

Je höher die Beanspruchungen und Anforderungen sind, die an ein Dach mit einer Dachziegel- oder Dachsteindeckung gestellt werden, desto aufwendiger sind die Maßnahmen, um deren Regensicherheit auf Dauer zu sichern.

Zusatzmaßnahmen bei der Planung und der Ausführung einer Dacheindeckung sind nach den geltenden Fachregeln immer dann erforderlich, wenn z. B.:

- die Dachneigung unterhalb der Regeldachneigung liegt,

Abb. 8.4: Anforderungen an das Dach

- das Dachgeschoss zu Wohnzwecken genutzt wird,
- die Dachflächen stark gegliedert sind, d. h. Dachaufbauten, Dachflächenfenster, Gauben und unterschiedlich geneigte und aneinandergebaute Dachflächen vorhanden sind,
- besondere Dachformen einzudecken sind,
- große Sparrenlängen (≥ 10 m) vorliegen,
- besondere klimatische Verhältnisse durch exponierte Lagen oder extreme Standorte in besonders wind- und schneereichen Gebieten herrschen,
- technische Anlagen (z. B. In- oder Aufdachsysteme, Klimageräte, Antennenanlagen, Laufanlagen) auf dem Dach vorzufinden sind,
- örtliche Bestimmungen (z. B. die Landesbauordnung, bauaufsichtliche Vorschriften, Städte-, Kreis- oder Gemeindevorschriften, Auflagen der Denkmalpflege) dies vorschreiben.

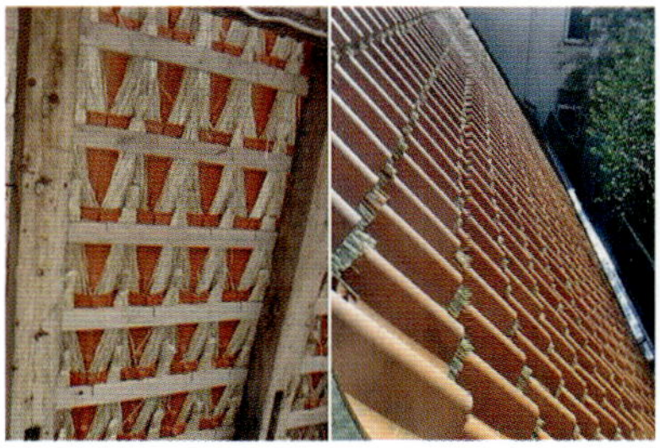

Abb. 8.5: Strohdocken bei einer Hohlpfannendeckung

Folgende Maßnahmen können die Regensicherheit einer Dacheindeckung erhöhen:

- Erhöhung der Höhen- und Seitenüberdeckung, sofern diese variabel sind,
- Einbau von Docken zum Verschließen von Fugen,
- Vermörtelung von Flächen-, First- und Gratziegeln,
- Innenverstrich von Quer- und Längsfugen zwischen den Dachziegeln/Dachsteinen mit Mörtel.

Dazu dient ebenso der Einbau von:

- Wärmedämmschichten mit aufgebrachter Kaschierung,
- Unterspannungen,
- Unterdeckungen,
- Unterdächern.

Die in den Fachregeln offiziell anerkannten Zusatzmaßnahmen zur Regensicherheit und die Bedingungen für deren Anwendung werden ab Kapitel 8.2.5 beschrieben.

8.2.3 Docken

Die Verwendung von sog. Docken gehört zu den Maßnahmen, die die Regensicherheit von bestimmten Dachziegeldeckungsarten erhöhen. Heutzutage werden diese allerdings überwiegend nur noch bei Reparaturen oder im Denkmalschutz verwendet. Der Vollständigkeit halber werden sie aber an dieser Stelle erwähnt.

Abb. 8.6: Verlegung von Pappdocken bei einer Hohlpfannendeckung

Bei den Docken werden Stroh- und Pappdocken unterschieden. Strohdocken, die früher hauptsächlich an der Nordseeküste üblich waren, werden heute – außer im Denkmalschutz – praktisch nicht mehr verwendet. Bei den Strohdocken handelt es sich um Büschel von gedroschenem Roggenstroh, welche bei der Deckung mit Hohlpfannen so zwischen den Ziegelreihen fixiert wurden, dass das Stroh etwa 5 cm über den unteren Rand der Ziegel hinausragte (siehe Abb. 8.5). Die Strohbüschel konnten so den Eintrieb von Treibregen, Staub und Flugschnee behindern.

Pappdocken als eine Weiterentwicklung der Strohdocken werden aus Bitumenbahnen zugeschnitten. Sie sind auf die Dachziegelmaße abgestimmt und i. d. R. etwa 10 cm länger und breiter als 2 nebeneinanderliegende Dachziegel. Die Verlegung erfolgt auf der jeweils vorhergehenden Dachziegelreihe mit Höhen- und Seitenüberdeckung. Anschließend werden 2 Dachziegel auf die Docke aufgelegt und das überstehende Ende der Docke um die Köpfe der Dachziegel geschlagen. Auf diese Weise wird ein sich überlappendes Unterdach unter der Dacheindeckung erreicht. Abbildung 8.6 zeigt die Verlegung der Pappdocken bei einer Hohlpfannendeckung.

Begriffe

- Die **Mindestdachneigung** ist die unterste Dachneigungsgrenze, die auch mit Zusatzmaßnahmen zur Regensicherheit nicht unterschritten werden darf.
- **Zusatzmaßnahmen** zur Regensicherheit stellen Unterspannungen, Unterdeckungen und Unterdächer dar.
- **Behelfsdeckungen** können auf wärmegedämmten Dächern und solchen, die zu Wohnzwecken genutzt werden, erforderlich sein. Behelfsdeckungen können durch Abplanen, Einhausen oder durch regensichernde Zusatzmaßnahmen geschaffen werden. Unterdächer gelten immer als Behelfsdeckung, Unterdeckungen und Unterspannungen nur dann, wenn sie vor Fertigstellung der Dachdeckung den regensichernden Schutz des Gebäudes oder der darunterliegenden Bauteilschichten übernehmen können.
- **Docken** sind Büschel aus Roggenstroh bzw. Einlagestreifen aus Bitumenbahnen mit der Aufgabe, Fugen bei Dachdeckungen zu verschließen. Sie mindern den Eintrieb von Regen, Schnee und Staub in den Dachraum, gelten aber nicht als regensichernde Zusatzmaßnahme. Sie sollen nicht unter 25° Dachneigung eingesetzt werden.

→ Siehe auch Kapitel 8.2.5 bis 8.2.8

Durch die Hitze der Sonneneinstrahlung kommt es zu einer innigen Verbindung zwischen den Ziegeln und dem Bitumen der Pappdocken. Wie bei den Strohdocken kann so die Regensicherheit der Deckung erhöht und der Dachraum von eindringender Feuchte und Staub geschützt werden.

Docken werden zwar im Denkmalschutz heute noch eingesetzt, entsprechen aber bei genutzten, wärmegedämmten Dächern nicht mehr dem anerkannten Stand der Technik. Durch den annähernden Verschluss der Fugen zwischen den Ziegeln können sie die ausreichende Durchlüftung des Dachaufbaus behindern.

Auch die Fachregel des Deutschen Dachdeckerhandwerks weist darauf hin, dass Docken nicht als regensichernde Zusatzmaßnahme gelten, wenn die Regeldachneigung unterschritten oder das Dachgeschoss zu Wohnzwecken genutzt wird. Docken sollen nicht unter 25° Dachneigung eingesetzt werden.

8.2.4 Vermörtelung und Innenverstrich von Fugen

Durch die Möglichkeit, heutzutage Dachziegel und Dachsteine mit geringeren Maßtoleranzen zu fertigen, kommt die früher gängige und erforderliche Vermörtelung heute nur noch bei Reparaturen an Firsten und Graten und im Denkmalschutz zur Anwendung.

Das Vermörteln von Dachziegeln und Dachsteinen dient hierbei zur Befestigung und zur Sicherung der Fugen vor dem Eintrieb von Regen, Schnee und Staub. Die Vermörtelung wird i. d. R. während der Deckung von außen ausgeführt.

Wenn kein Dachdeckerfertigmörtel verwendet wird, sollte Kalkzementmörtel im Mischungsverhältnis 2 : 1 : 8 = Kalk : Zement : Sand (Körnung 0/2) verwendet werden.

Vermörtelung und Innenverstrich der Fugen gelten aber nach den Fachregeln nicht als regensichernde Zusatzmaßnahmen, wenn die Regeldachneigung (RDN) unterschritten wird oder das Dach zu Wohnzwecken ausgebaut ist. Ebenso wenig kann beides ohne zusätzliche mechanische Befestigung zur Windsogsicherung erfolgen. Dies gilt ebenso für aufgemörtelte Firste und Grate.

Abb. 8.7: Vermörtelte Mönch- und Nonnenziegel

8.2.5 Unterspannung

Die Unterspannung als regensichernde Zusatzmaßnahme wird unterhalb von Dachdeckungen verlegt.

Sie gilt als Mindest-Zusatzmaßnahme unter Dachdeckungen – auch wenn keine erhöhten Anforderungen vorliegen und die Regeldachneigung nicht unterschritten wird. Ausnahmen hiervon bilden nur untergeordnete Gebäude wie Scheunen, Carports oder Lagerschuppen. Einsetzbar und zulässig sind Unterspannungen jedoch nur bis zu einer Unterschreitung der Regeldachneigung von **maximal 8°.**

Vergleichbar mit den Docken und der Vermörtelung der Fugen dienen Unterspannungen in erster Linie dazu, das Eindringen von Regen, Schnee und Staub in den Dachaufbau zu behindern und eingedrungene Feuchtigkeit gefahrlos abzuleiten.

Die Ausführung erfolgt mit ausreichend wasserundurchlässigen Bahnen, die ohne flächige Unterlage entweder frei gespannt oder mit leichtem Durchhang auf der Oberseite der Dachsparren verlegt werden.

Als Unterspannbahnen werden mit Spezialbitumen getränkte Vliese oder Folien und Vliese aus unterschiedlichen Kunststoffen verwendet. Sie werden i. d. R. parallel zur Traufe mit einer Höhen- und Seitenüberdeckung von mindestens

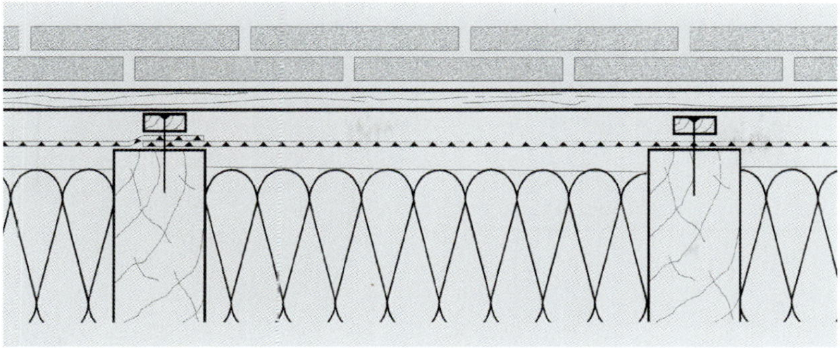

Abb. 8.8: Unterspannung, gespannte Ausführung bei einem Dachaufbau mit Zwischensparrendämmung

10 cm verlegt. Die Befestigung erfolgt mit korrosionsgeschützten Klammern oder Breitkopfstiften und/oder durch die Konterlattung auf den Sparren.

Reine Unterspannungen sind belüftete Konstruktionen ohne verklebte Stöße. Bei der Verlegung soll die letzte Bahn auch 5 cm unter dem Firstscheitelpunkt enden.

Ein besonderes Augenmerk ist bei der Verlegung auf den sorgfältigen und regensicheren Anschluss an Durchdringungen und die Ausführung bei An- und Abschlüssen zu richten. Hier dürfen die Bahnen nicht einfach ab- bzw. ausgeschnitten werden, sondern sind mindestens 5 cm über die Oberfläche der Dachdeckung hochzuführen und zu befestigen.

Durch die Befestigung der Konterlatten mit Nägeln oder Schrauben durch die Unterspannbahnen auf den Sparren kommt es jedoch immer wieder zum Eindringen von Feuchtigkeit in den Dachaufbau. Zusätzliche Regensicherheit liefert hier eine **naht- und perforationsgesicherte Unterspannung**. Diese stellt eine Unterspannung dar, deren Nähte und Stöße regensicher verklebt und in Abhängigkeit von den Werkstoffen unterhalb der

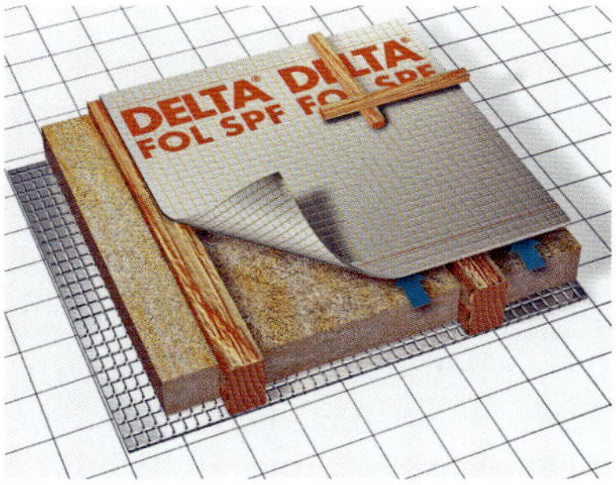

Abb. 8.9: Unterspannung auf Zwischensparrendämmung

Konterlattung mit Nageldichtbändern oder Dichtmassen gesichert sind.

Unterspannbahnen werden entweder frei gespannt oder durchhängend parallel zur Traufe verlegt. Nähte und Stöße können entweder nur um 10 cm überlappt oder auch regensicher verklebt werden.

Sie gelten als regensichernde Zusatzmaßnahme und sind als belüftete Konstruktion auszuführen.

Begriffe

- Der Begriff **Docke** darf nicht mit dem Begriff **Nocke** verwechselt werden.
- Eine **Nocke,** oder auch **Schichtstück** genannt, ist ein gekantetes Anschluss-Blechstück, welches z. B. bei Wandanschlüssen, Kehlen, Graten, Firsten oder beim Einbau von Dachflächenfenstern verwendet werden kann.
- Bei der **Vermörtelung** unterscheidet man Längsschlag, Querschlag und Innenverstrich der Fugen. Dachflächen werden heute nur noch selten vermörtelt, da dies den Bewegungsausgleich innerhalb der Deckung behindert. Vermörtelung und Innenverstrich sichern zwar vor dem Eintrieb von Regen, Schnee und Staub, gelten aber nicht als regensichernde Zusatzmaßnahmen bei erhöhten Anforderungen an eine Dachziegel- oder Dachsteindeckung.
- **Unterspannungen** gelten außer bei untergeordneten Gebäuden als regensichernde Mindest-Zusatzmaßnahme unterhalb von Dachdeckungen.
- Sie bilden in Form von Folien und Vliesen einen zusätzlichen Schutz gegen Treibregen, Flugschnee und Staub.
- Einsetzbar und zulässig sind sie nur bis zu einer Unterschreitung der Regeldachneigung um maximal 8°.

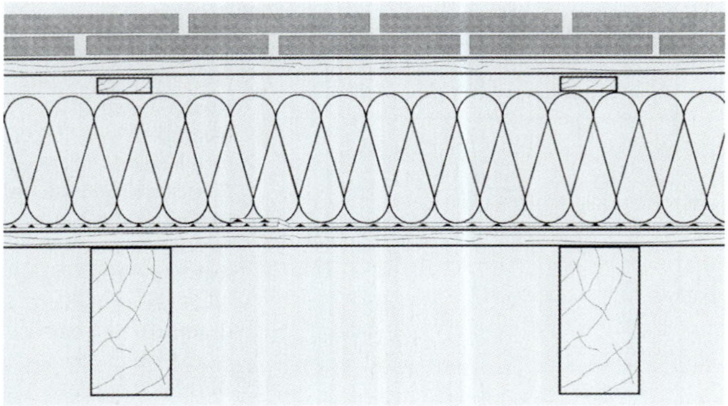

Abb. 8.10: Überlappte oder verfalzte Unterdeckung. Ausführung mit Unterdeckbahn auf Schalung, Nähte und Stöße überdeckt (Aufsparrendämmung)

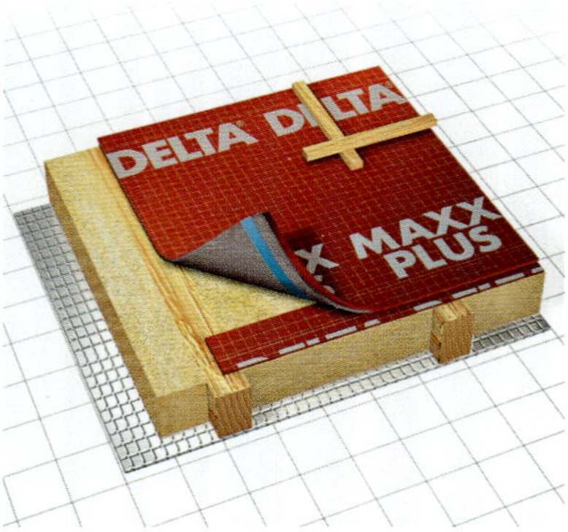

Abb. 8.11: Verklebte Unterdeckbahn auf Zwischensparrendämmung (Vollsparrendämmung)

8.2.6 Unterdeckung

Eine Unterdeckung als weitere Zusatzmaßnahme zur Regensicherheit einer Deckung besteht entweder aus ausreichend wasserundurchlässigen Bahnen, die auf einer ausreichend tragfähigen Unterlage verlegt und befestigt sind, oder direkt nur aus verfalzten Unterdeckplatten, die auch ohne aufgelegte Bahnen als regensicher gelten.

Die verwendeten Unterdeck- oder auch Schalungsbahnen sind Bitumen-, Kunststoff- oder Elastomerbahnen, die auf einer Holzschalung, auf Unterdeckplatten oder auch auf ausreichend formstabilen Wärmedämmungen verlegt werden. Im Vergleich zu den Unterspannbahnen müssen sie durch die direkte flächige Auflage höhere Anforderungen an die Wasserundurchlässigkeit und die Dampfdiffusion erfüllen.

Als Unterdeckplatten ohne erforderliche Bahnenauflage können z. B. Holz-Weichfaserplatten oder aber auch Faserzement-Unterdeckplatten Verwendung finden.

Für die Befestigung der Bahnen müssen Breitkopfstifte oder geeignete Klammern verwendet werden. Die Befestigungsmittel müssen korrosionsgeschützt, bei sichtbarer Befestigung mindestens feuerverzinkt sein.

Die direkte Befestigung der Unterdeckplatten erfolgt ebenfalls mit geeigneten korrosionsgeschützten Befestigungsmitteln auf den Sparren.

Bei Verwendung von Unterdeckplatten aus Holzfasern erfolgt deren Befestigung indirekt über die Befestigung der Konterlatte mit ausreichend langen Nägeln oder Schrauben in die Tragkonstruktion.

Als weiterer Dachaufbau und zur Befestigung wird über die Abdeckfläche eine Konterlattung geführt. Vergleichbar mit den Unterspannungen ist die höchste Regensicherheit gegeben, wenn auch die Nähte und Stöße regensicher verklebt und unterhalb der Konterlattung Nageldichtbänder oder Dichtmassen als Perforationsschutz verwendet werden.

Bei Unterdeckungen werden die unterschiedlichen Arten und Ausführungen laut Tabelle 8.1 unterschieden.

Die Regensicherheit der unterschiedlichen Ausführungsarten von Unterdeckungen nimmt innerhalb der Tabelle von oben nach unten zu.

Bei belüfteten Konstruktionen, z. B. einer unterlüfteten Tragschalung, soll die Unterdeckung in einem Abstand von 30 mm vom Firstscheitelpunkt enden, um für ausreichende Entlüftung zu sorgen.

Wie bei den Unterspannungen sind auch bei den Unterdeckungen An- und Abschlüsse mit größter Sorgfalt regensicher auszuführen. Die Anschlusshöhe bei Durchdringungen beträgt mindestens 5 cm über Oberfläche Dachdeckung.

Tabelle 8.1: Art und Ausführung von Unterdeckungen

Art	Ausführung
überlappte oder verfalzte Unterdeckung	Unterdeckbahnen, Unterdeckplatten
überdeckte Unterdeckung mit Bitumenbahnen	Unterdeckbahnen (Bitumenbahnen)
verschweißte oder verklebte Unterdeckung	Unterdeckbahnen, Unterdeckplatten mit Zubehör
naht- und perforationsgesicherte (Befestigungsmittel) Unterdeckung	Unterdeckbahnen mit Zubehör, Unterdeckplatten mit Zubehör

8.2.7 Unterdach

Die Fachregel des Deutschen Dachdeckerhandwerks beschreibt ein Unterdach als „eine Zusatzmaßnahme aus wasserdichten Werkstoffen auf einer ausreichend tragfähigen Unterlage".

Waren alle zuvor genannten Zusatzmaßnahmen lediglich regensicher, so wird bei der Ausführung von Unterdächern eine wasserdichte Ausführung der Fläche und der Naht- und Stoßverbindungen unterhalb der Dacheindeckung gefordert.

Unterdächer bestehen wie Unterdeckungen aus einlagig verlegten Bitumen- oder Kunststoffbahnen, die auf biegesteifen Unterkonstruktionen, wie z. B. Holzschalungen oder Massivdecken, wasserdicht verlegt werden. Die verwendeten Bahnen sind im oberen Drittel der Höhenüberdeckung zu befestigen.

Bei Bitumenbahnen ist eine Verklebung mit der Unterlage zu vermeiden und eine erforderliche Mindestfügebreite (Breite der Verklebung innerhalb der Höhenüberdeckung) von 8 cm einzuhalten. Bei Kunststoffbahnen müssen die Überdeckungen mindestens 4 cm betragen. Werden die Nähte durch Warmgasschweißen geschlossen, muss die Mindestfügebreite 2 cm, beim Quellschweißen 3 cm betragen. Bei Nahtverbindungen mit Dichtungsbändern ist auf einer Breite von 4 cm zu verkleben. Bei Kautschuk-Bahnen mit Kontaktkleber an den Nähten ist eine Klebebreite von 5 cm einzuhalten.

Bei den Unterdächern werden das **regensichere** und das **wasserdichte Unterdach** unterschieden. Beim regensicheren Unterdach läuft die Abdichtungsbahn unterhalb der Konterlattung, d. h., sie ist nicht in die Abdichtung eingebunden. Das Eindringen von Feuchtigkeit durch das Durchstoßen der Abdichtung bei der Befestigung der Konter- und Traglattung muss durch Nageldichtbänder oder geeignete Dichtmassen verhindert werden. Auch Durchdringungen, Einbauteile und Anschlüsse müssen beim regensicheren Unterdach wie bei Unterdeckungen regensicher ausgeführt werden.

Beim wasserdichten Unterdach muss die Konterlatte in die Abdichtung mit eingebunden werden. Die Abdichtung wird hier über die Konterlattung geführt, damit bei der Befestigung der Traglatten durch die Konterlattung hindurch die Bahnen oberhalb der wasserführen-

Begriffe

- **Unterdeckungen** bestehen entweder aus Bahnen, die auf einer tragfähigen Unterlage verlegt sind, oder aus regensicheren Platten ohne Bahnenauflage. Nähte und Stöße können entweder überlappt, überdeckt, verfalzt oder auch regensicher verklebt werden. Unterdeckungen müssen höhere Anforderungen an Wasserundurchlässigkeit und Dampfdiffusion erfüllen als Unterspannungen. Sie gelten als regensichernde Zusatzmaßnahme und können auch als belüftete Konstruktion ausgeführt werden.
- **Unterspannungen** und **Unterdeckungen** dürfen nicht mit den Begriffen **Vordeckung** und **Kaschierung** verwechselt werden. Eine Vordeckung gilt als Zusatzmaßnahme unter direkt befestigten Dachdeckungen, wie z. B. Schiefer- und Faserzementdeckungen. Ihre regensichernde Funktion endet aber mit dem Zeitpunkt der Dacheindeckung. Eine **Kaschierung** ist eine werkseitig aufgebrachte Schicht, z. B. aus Papier, Kunststoff- oder Metallfolien auf Dämmstoffen. Die Qualität der Kaschierung bestimmt die klassifizierende Einstufung.
- **Regensicher/wasserdicht:** Unterdächer können mit Bitumen- oder Kunststoffbahnen regensicher oder wasserdicht ausgeführt werden. Bei wasserdichten Unterdächern wird die Konterlattung von der Abdichtung überdeckt.

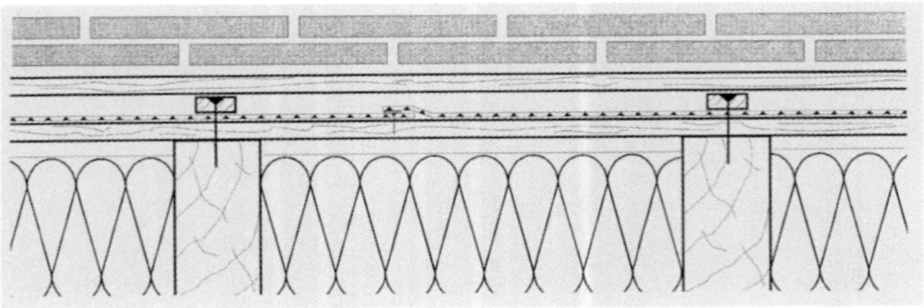

Abb. 8.12: Regensicheres Unterdach, Ausführung bei Zwischensparrendämmung mit Kunststoffbahn unter der Konterlatte, Nähte und Stöße verklebt

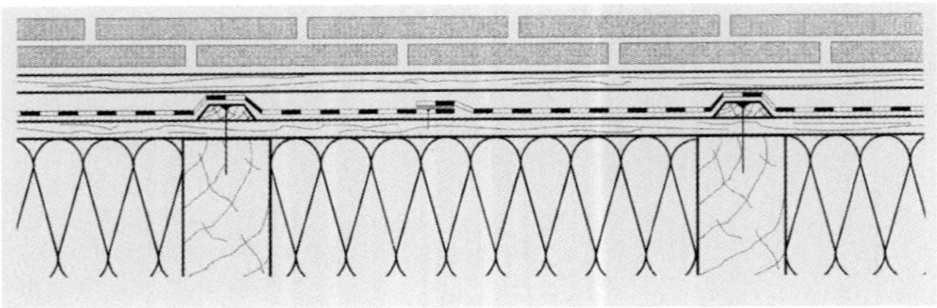

Abb. 8.13: Wasserdichtes Unterdach, Ausführung bei Zwischensparrendämmung mit Bitumenbahn über der Konterlatte, Nähte und Stöße verklebt

den Ebene durchdrungen werden. Zur Verbesserung des Übergangs werden abgeschrägte Konterlatten oder beidseitig angebrachte Dreikantleisten empfohlen.

Eine Konterlattung aus Holz sollte allerdings nicht rundum von Bahnen umschlossen sein, die dampfdiffusionsdicht sind. Eingeschlossene Feuchtigkeit könnte so nicht austrocknen und eine Zerstörung der Konterlattung wäre die Folge. Als Alternative könnten Konterlatten aus feuchtigkeitsbeständigen Materialien verwendet und eingebunden werden.

Die Anschlüsse der Abdichtung an Durchdringungen, Einbauteile und an Wänden müssen bei wasserdichten Unterdächern auch wasserdicht erfolgen.

Bei belüfteten Konstruktionen, z. B. einer unterlüfteten Tragschalung, soll ein regensicheres Unterdach in einem Abstand von 30 mm vom Firstscheitelpunkt enden, um für ausreichende Entlüftung zu sorgen. Obwohl die Öffnungen abzudecken sind, lässt sich der Eintrieb von Flugschnee und Regen durch Lüftungsöffnungen sicher nicht ganz vermeiden.

Wasserdichte Unterdächer dürfen allerdings keine Öffnungen haben. So können also Unterdächer mit Lüftungsöffnungen immer nur regensichere Unterdächer sein.

8.2.8 Einstufung und Zuordnung von Zusatzmaßnahmen

Die nachfolgende Tabelle 8.2 zeigt, je nach Art der Ausführung, die Einstufungen der Zusatzmaßnahmen Unterdach, Unterdeckung und Unterspannung in insgesamt 6 Klassen.

Tabelle 8.3 zeigt, bezugnehmend auf Tabelle 8.2, die Zuordnung der Zusatzmaßnahmen für Dachziegel- und Dachsteindeckungen in Abhängigkeit von den Anforderungen. Die Tabelle gilt jedoch nicht für untergeordnete Gebäude, die einen geringeren Schutzbedarf haben, wie z. B. Scheunen, Carports, Lagerschuppen.

Erläuterungen zu Tabelle 8.3:

- Die in der Tabelle genannten Zusatzmaßnahmen sind als Mindeststandard zu verstehen.
- Unterspannungen gelten dabei als Mindest-Zusatzmaßnahme.
- Unterdeckungen und Unterspannungen können nur bis zu einer Unterschreitung der Regeldachneigung um 8° ausgeführt werden.
- Regensichere Unterdächer als Mindestmaßnahme sind bei einer Unterschreitung der Regeldachneigung um mehr als 8° erforderlich.
- Wenn die Regeldachneigung um mehr als 8° unterschritten wird und weitere 2 erhöhte Anforderungen (siehe auch Kapitel 8.2.2) gegeben sind, sind wasserdichte Unterdächer anzuordnen.

Tabelle 8.2: Einstufung der Zusatzmaßnahmen: Unterdach, Unterdeckung und Unterspannung

Ziffer	Art	Ausführung	Konterlatten-einbindung	Naht- und Stoß-ausbildung	Klasse
1	**Unterdach**				
1.1	wasserdichtes Unterdach	Bitumenbahnen Kunststoff- und Elastomerbahnen	über Konterlatte	verschweißt oder verklebt	**1**
1.2	regensicheres Unterdach	wie 1.1	unter Konterlatte mit Zusatzmaßnahmen	verschweißt oder verklebt	**2**
2	**Unterdeckung**				
2.1	naht- und perforationsgesicherte (Befestigungsmittel) Unterdeckung	Unterdeckplatte mit Zubehör Unterdeckbahnen, Unterdeckbahnen mit Zubehör	unter Konterlatte mit Zusatzmaßnahmen	verschweißt, verklebt, mit Nahtband oder vorkonfektioniertem Dichtrand	**3**
2.2	verschweißte oder verklebte Unterdeckung	Unterdeckplatte mit Zubehör Unterdeckbahnen	unter Konterlatte	verschweißt oder verklebt	**4**
2.3	überdeckte Unterdeckung mit Bitumenbahnen	Bitumenbahnen	unter Konterlatte	überdeckt und genagelt	**4**
2.4	überlappte oder verfalzte Unterdeckung	Unterdeckplatten Unterdeckbahnen	unter Konterlatte	lose überlappend oder verfalzt	**5**
3	**Unterspannung**				
3.1	naht- und perforationsgesicherte Unterspannung	gespannte oder frei hängende Unterspannbahn	unter Konterlatte mit Zusatzmaßnahmen	verschweißt, verklebt, mit Nahtband oder vorkonfektioniertem Dichtrand	**3**
3.2	nahtgesicherte Unterspannung	gespannte oder frei hängende Unterspannbahn	unter Konterlatte	verschweißt, verklebt, mit Nahtband oder vorkonfektioniertem Dichtrand	**4**
3.3	Unterspannung	gespannte oder frei hängende Unterspannbahn	unter Konterlatte	lose überlappend	**6**

Tabelle 8.3: Zuordnung von Zusatzmaßnahmen bei Dachziegel- und Dachsteindeckungen – außer bei untergeordneten Gebäuden

Unterschreitung der Regeldachneigung	erhöhte Anforderungen nach Kapitel 8.2.2			
	Nutzung – Konstruktion – klimatische Verhältnisse			
	keine weitere erhöhte Anforderung	1 weitere erhöhte Anforderung	2 weitere erhöhte Anforderungen	3 weitere erhöhte Anforderungen
keine	Klasse 6	Klasse 6	Klasse 5	Klasse 4
um bis zu 4°	Klasse 4	Klasse 4	Klasse 3	Klasse 3
um bis zu 8°	Klasse 3	Klasse 3	Klasse 3	Klasse 3
um bis zu 12°	Klasse 2	Klasse 2	Klasse 1	Klasse 1

Abb. 8.14: Sturmschäden bei einer Dachziegeldeckung

Abb. 8.15: Windbeanspruchung von Dachziegel-/Dachsteindeckungen

- Wird die Regeldachneigung um mehr als 12° unterschritten, ist dies nur mit einem wasserdichten Unterdach und besonderen Maßnahmen zum Schutz und Erhalt der Lattung erlaubt.
- Die Mindestdachneigung von 10° bei Dachdeckungen mit Dachziegeln und Dachsteinen darf auch mit Zusatzmaßnahmen nicht unterschritten werden.

Je nach Art der Ausführung werden die Zusatzmaßnahmen Unterdach, Unterdeckung und Unterspannung in insgesamt 6 Klassen eingeteilt. Zusatzmaßnahmen nach Klasse 6 bieten die geringste, Maßnahmen nach Klasse 1 die höchste Regensicherheit. Die unterschiedlichen Anforderungen an eine Dachdeckung erfordern Maßnahmen in unterschiedlicher Qualität.

8.3 Windsogsicherung

Neben der Regensicherheit ist die Sturmsicherheit eine der wichtigsten Anforderungen, die an eine moderne Dachdeckung gestellt werden.

Planung und Ausführung von kleinformatigen, überlappend verlegten Dachdeckungen mit Dachziegeln und Dachsteinen sind im Regelwerk des Dachdeckerhandwerks geregelt. Dort sind Tabellen zu finden, in denen die Art und Anzahl der Befestigungsmittel von Dachziegel- und Dachsteindeckungen mit einer Dachneigung ≥ 10° auf Lattung abzulesen sind.

Als kleinformatige Dachziegel und Dachsteine gelten solche mit Flächen ≤ 0,4 m² und Eigenlasten ≤ 7 kg (Formziegel und -steine mit Flächen ≤ 0,4 m² und Eigenlasten ≤ 13 kg).

In den folgenden Unterkapiteln werden die wichtigsten Einflussfaktoren und Maßnahmen zum Thema Windsogsicherung von Dachziegel- und Dachsteindeckungen erläutert.

8.3.1 Windlasten

Windlasten, die auf Gebäude und deren Dächer wirken, ergeben sich durch Windanströmungen auf die entsprechenden Flächen. Sie wirken dort in unterschiedlicher Größe und führen auch gleichzeitig zu unterschiedlichen Belastungen. Während auf der angeströmten Seite Belastungen durch Winddruck entstehen, ist die windabgewandte Seite Windsogbelastungen ausgesetzt.

Da die Windsogkräfte dem Eigengewicht der Deckung entgegenwirken, müssen gegen diese abhebenden Kräfte Zusatzmaßnahmen zur Windsogsicherung getroffen werden.

Besonders stark gefährdet sind hierbei die Dachrandbereiche, wie z. B. Ortgangkanten, Firste, Grate und auch der Traufbereich eines Daches.

Die Größe der Windlasten hängen von folgenden Faktoren ab:

- Gebäudestandort,
- Gebäudehöhe über Geländeoberfläche,
- Gebäudeform bzw. Gebäudegeometrie,
- Teilbereichen des Daches,
- Unterkonstruktion (geschlossene oder offene Deckunterlage).

Abb. 8.16: Zuordnung der Windzonen

Begriffe

- **Windlasten** sind klimatisch bedingte, veränderliche Windeinwirkungen auf Bauwerke oder deren Bauteile. Sie ergeben sich aus der Druckverteilung um ein Bauwerk, welches einer Windströmung ausgesetzt ist.
- Sie wirkt als Flächenlast rechtwinklig zur Angriffsfläche und setzt sich vor allem aus Druck- und Sogwirkungen zusammen.

In der Fachinformation des Regelwerks zu Windlasten auf Dächern mit Dachziegel- und Dachsteindeckungen ist das Verfahren zur Ermittlung der Windsoglasten und der Nachweis zur Lagesicherheit der Dachdeckung erläutert. In Tabellen ist dann dort die erforderliche Verklammerung einer Deckung für Gebäude mit einer Höhe von maximal 25 m über Geländeoberfläche und einem Standort in der Bundesrepublik Deutschland (ohne die Inseln der Nordsee) zu finden.

Zu den o. g. Faktoren noch einige Erläuterungen:

a) **Gebäudestandort**
Die Höhe der Windlasten wird maßgeblich von der **geografischen Lage** (Standort in Deutschland) und von der **topografischen Lage** (Standort im Gelände) des Gebäudes beeinflusst. Die Bundesrepublik Deutschland wurde hierzu in einer Windzonenkarte in 4 unterschiedliche Windzonen eingeteilt (siehe Abb. 8.16). Die Windbelastung ist dabei von Windzone 1 nach Zone 4 zunehmend.

In der Windzonenkarte wird auch die Geländetopografie, d. h. die Höhe über dem Meeresspiegel

(NN), berücksichtigt. Liegt ein Gebäude mehr als 800 m über NN, gelten höhere Windlasten.

Ebenso beeinflusst die Beschaffenheit der Umgebung des Gebäudes die Windbelastung. Ein frei stehendes Haus auf freiem Feld ist sicherlich stärker belastet als ein Reihenhaus in einem dicht bebauten Wohngebiet und braucht deshalb auch umfangreichere Maßnahmen zur Windsogsicherung.

b) **Gebäudehöhe über Geländeoberfläche**
Die Gebäudehöhe ist ein weiterer wichtiger Faktor für die Ermittlung der Windlasten. Da in unterschiedlichen Höhen auch unterschiedliche Luftdrücke herrschen, ergeben sich somit auch unterschiedliche Windgeschwindigkeiten und -lasten. Als Gebäudehöhe bezeichnet man den größten Höhenunterschied zwischen der Geländeoberfläche und dem höchsten Punkt des Gebäudes. Generell lässt sich feststellen, dass mit Zunahme der Gebäudehöhe auch die Anzahl der zu verklammernden Dachziegel/Dachsteine zunimmt.

c) **Gebäudeform bzw. Gebäudegeometrie**
Die Gebäudeform, besonders die unterschiedlichen Dachformen eines Hauses, hat ebenso wie die Neigung der Dachflächen große Auswirkungen auf die Windbelastungen in den einzelnen Teilbereichen eines Daches. Die Tabellen des Regelwerks unterscheiden zwischen den 3 Dachformen **Satteldach**, **Walmdach** und **Pultdach**.

Eine Auswertung der Tabellen im Regelwerk ergibt, dass bei Pultdächern stärker verklammert werden muss als bei Sattel- und Walmdächern.

d) **Teilbereiche des Daches**
Bei den Dachbereichen in den Tabellen zur Verklammerung werden folgende Teilbereiche unterschieden:
- Bereich Ortgang/Grat/Walm/Kehle (1),
- Innenbereich (2),
- Traufbereich (3),
- Firstbereich (4).

Bei den einzelnen Bereichen sind die Ortgang- und Gratbereiche (1) am stärksten beansprucht, dicht gefolgt von den Traufbereichen (3) eines Daches. Eine aufwendigere Verklammerung als im Innenbereich (2) und im Firstbereich (4) ist deshalb dort gefordert.

Für Walmdächer werden die Tabellen der Satteldächer verwendet. Der Bereich (1) erstreckt sich dabei über die gesamten Walmdachflächen. Auf den Hauptdachflächen sind entlang der Grate Streifen ähnlich wie die Ortgangbereiche beim Satteldach anzuordnen.

Die Größe bzw. Breite der einzelnen Bereiche ist abhängig von der Gebäudehöhe und den Grundrissabmessungen des Gebäudes. Eine Mindestbreite von 1,50 m wird nur für den Ortgangbereich angegeben.

Das Verfahren zur Ermittlung der genauen Breiten der aufwendiger zu verklammernden Bereiche ist im Regelwerk beschrieben, soll aber hier nicht Gegenstand dieses Lehrbuches sein.

Auch im Bereich von Durchdringungen und bei Dachaufbauten wie z. B. Schornsteinen finden sich genaue Angaben über erforderliche Maßnahmen zur Windsogsicherung. Dort auftretende zusätzliche Verwirbelungen können sich negativ auf die Lagesicherheit der Dachdeckung auswirken. Deshalb muss im Bereich um die Durchdringung ein Streifen in einer Breite zwischen 1,00 und 2,00 m aufwendiger befestigt bzw. verklammert werden.

e) **Unterkonstruktion der Dachdeckung**
Bei der Unterkonstruktion einer Dachdeckung wird zwischen offenen und geschlossenen bzw. durchströmungshemmenden (Deck-)Unterlagen unterschieden.

Als geschlossene (Deck-)Unterlagen zählen:
- Ortbetondecken,
- Holzschalungen mit/ohne Unterdeckungen,
- Unterdächer,
- Unterspannungen, z. B. bei nicht ausgebauten Spitzböden.

Als eine offene (Deck-)Unterlage zählt dann lediglich eine Dachdeckung bei einem nicht ausgebauten, stark durchlüfteten Dachgeschoss ohne jegliche Zusatzmaßnahmen, bei der der Wind von der Unterseite der Deckung angreifen kann.

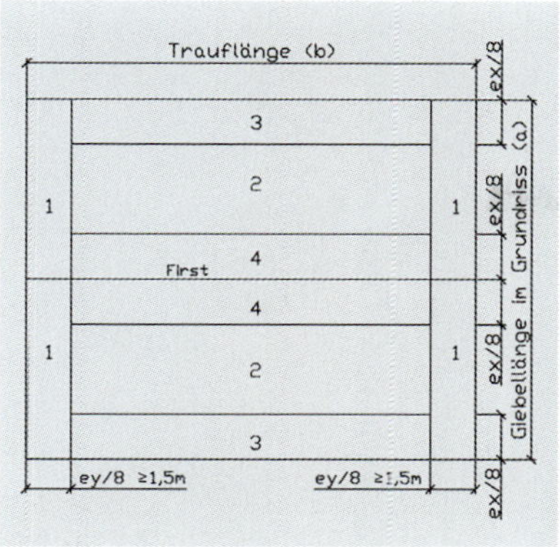

Abb. 8.17: Dachbereiche eines Satteldaches

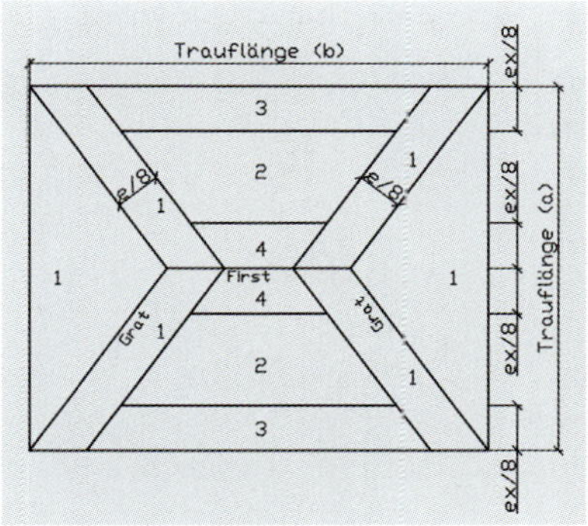

Abb. 8.18: Dachbereiche eines Walmdaches

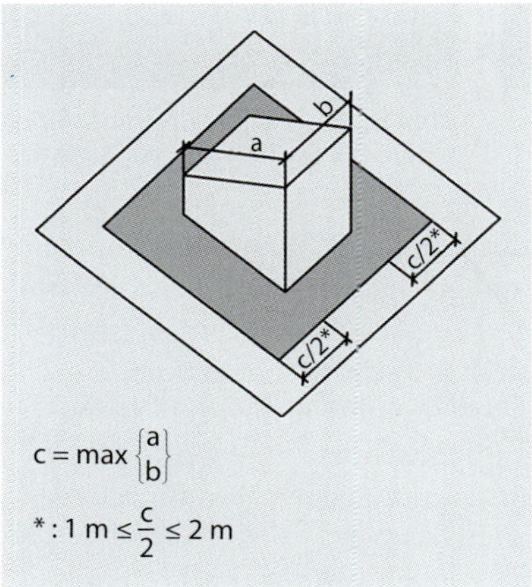

Abb. 8.19: Bereiche erhöhter Beanspruchung bei Durchdringungen

Die Lage von Dachziegel- und Dachsteindeckungen ist im Bereich von Dachkanten (Ortgang, Grat, First, Pult und Traufe) und Dachdurchdringungen durch Windbelastungen stärker gefährdet als innerhalb der Dachfläche. Eine zusätzliche Befestigung ist deshalb erforderlich. Art und Anzahl der Befestigungsmittel sowie die Größe der Flächen, in denen die Dachdeckung zusätzlich zu befestigen ist, hängen überwiegend vom Standort, der Höhe, der Dachneigung und der Dachform des Gebäudes ab.

8.3.2 Befestigung von Dachziegel-/Dachsteindeckungen

Die Lagesicherheit einer Dachziegel-/Dachsteindeckung ist gewährleistet, wenn der Widerstand der Deckung gegen Abheben größer ist als die einwirkende Windbelastung, z. B. bei Windsog.

Das angesetzte Eigengewicht einer Dachziegel-/Dachsteindeckung liegt bei 40 kg/m², für Biberschwanzdeckungen bei 55 kg/m² mit mindestens 33,5 Bibern pro Quadratmeter. Reicht das Eigengewicht der Dachdeckung nicht aus, muss sie zusätzlich mechanisch befestigt werden. Die Befestigung kann erfolgen durch:

- Klammern,
- Schrauben,
- Schraubnägel,
- Nägel,
- Draht,
- mechanische Befestigungssysteme.

Eine Verklebung oder das Vermörteln der Dachziegel bzw. Dachsteine untereinander bzw. direkt auf der Unterkonstruktion zählt nicht als mechanische Befestigung.

Begriffe

Sicherung gegen Windsog: Die Befestigung von Dachziegeln und Dachsteinen zur Sicherung gegen Windsog erfolgt mit zugelassenen Klammern, Schrauben, Nägeln oder Draht. Am Ortgang, First, Pult und Grat sowie bei Dachneigungen über 65° muss jeder Dachziegel/Dachstein befestigt werden.

Abb. 8.20: Kopfklammer

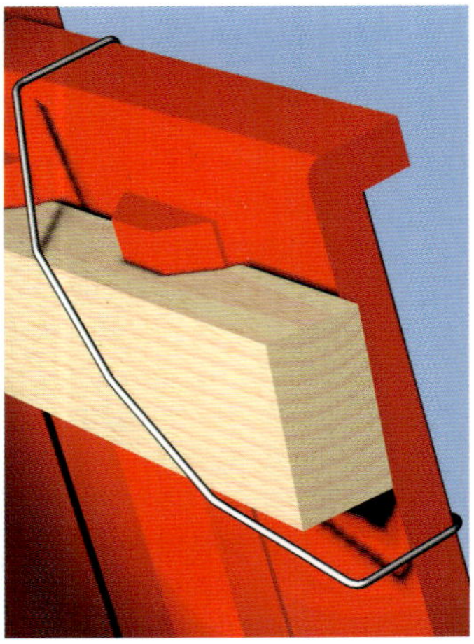

Abb. 8.21: Kopf-Seitenfalzklammer

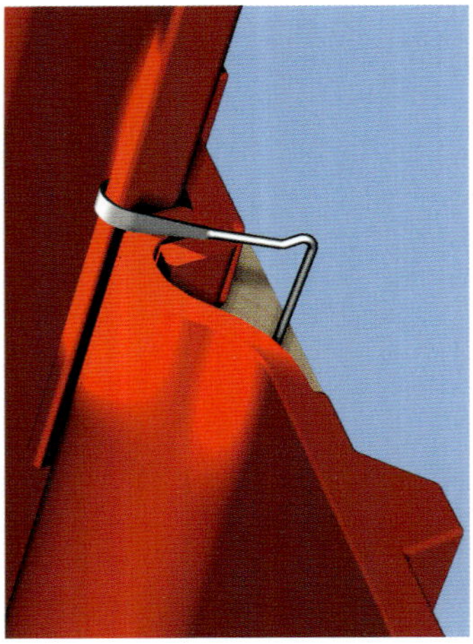

Abb. 8.22: Seitenfalzklammer

Abb. 8.23: Seitenfalzklammer Dachstein

Abb. 8.24: Biberschwanzklammer

Abb. 8.25: Montageklammer für geschnittene Dachziegel und Dachsteine

Generell gilt:

- Nägel, Schrauben, Schraubnägel und Klammern zur Befestigung von Dachziegeln/Dachsteinen müssen mindestens korrosionsgeschützt (z. B. verzinkt) sein. Sind Befestigungsmittel sichtbar bzw. direkt der Witterung ausgesetzt, müssen sie korrosionsbeständig (z. B. aus Edelstahl) sein. Bindedraht muss immer korrosionsbeständig sein.
- Holzschrauben zur Befestigung müssen einen Durchmesser von 4,5 mm haben und mindestens 24 mm in Nadelholz (z. B. die Lattung) eingeschraubt werden.
- Befestigungsmittel, z. B. Klammern, müssen für die jeweilige Dachziegel-/Dachsteinform geeignet und zugelassen sein und sie sind nach Herstellervorschrift einzubauen.
- Ortgangziegel/-steine, Formziegel/-steine von First-, Pultabschluss- und Gratdeckungen sind immer gegen Windkräfte mechanisch zu befestigen.
- Bei Dachneigungen von mehr als 65° muss jeder Dachziegel/Dachstein mechanisch befestigt werden.

Die oben stehenden Abbildungen zeigen einige Beispiele von Klammern zur Befestigung von Dachziegeln/Dachsteinen.

8.4 Hinterlüftung

Bei der Planung und Ausführung eines Daches sind neben der Regensicherheit und der Sturmsicherheit noch folgende Punkte zu berücksichtigen:

- die Dicke der Wärmedämmung und deren Formstabilität,
- die Luftdichtheit beheizter Innenräume zum Dachaufbau hin,
- die Winddichtheit der Schicht oberhalb der Wärmedämmung,
- erforderliche Lüftungsebenen mit Be- und Entlüftungsöffnungen.

In der DIN 4108-3 sind der Wärmeschutz und die Energie-Einsparung in Gebäuden geregelt. Dort sind u. a. Maßnahmen zu finden, wie der Dachaufbau und die Unterkonstruktion einer Dachdeckung dauerhaft durch entsprechende Lüftungsebenen trocken und in ihrer Funktion erhalten werden können. Die Lüftungsebenen sind hier nichts anderes als belüftete Luftschichten, die zum Zweck der Feuchteabfuhr mit der Umgebungsluft in Verbindung stehen. In der Praxis werden diese auch als **Hinterlüftung** oder **Belüftungsschicht** bezeichnet.

Durch Schlagregen oder kleine Undichtigkeiten eingedrungene Feuchtigkeit kann dabei ebenso gefahrlos abgelüftet werden wie Restfeuchte, die evtl. noch von der Bauphase geblieben ist.

Eine Luftbewegung in dieser Belüftungsschicht kann durch Windeinwirkung, Druckdifferenzen an Dachkanten (Staudruck und Windsog) und temperaturbedingte Luftströmungen entstehen. Dies ist allerdings nicht der Fall, wenn die Dachfläche weniger als 5° geneigt ist oder sich in enger Bebauung befindet.

Die nachfolgende Tabelle 8.4 zeigt die Mindestlüftungsquerschnitte zur Be- und Entlüftung an Traufen, First und Grat sowie die Höhe des Belüftungsraumes in der Dachebene für belüftete Luftschichten von Dächern und belüftete Dachdeckungen mit Dachneigungen ≥ 5°.

Die Belüftung in der Ebene der Dachfläche erfolgt über die Lüftungsebene, die sich durch die Dicke der Konterlattung ergibt. Obwohl der Luftspalt in der Dachfläche lediglich eine Mindesthöhe von 2 cm aufweisen muss, wird eine Mindestdicke der Konterlattung von 24 mm gefordert. Eine Dicke von 30 mm hat sich in der Praxis auch bereits bei kurzen Sparrenlängen bewährt, da die Zuluftöffnungen der Lüftungsgitter an der Traufe oftmals noch teilweise durch Sägespäne, Ziegelsplitt oder Dämmstoffreste verstopft sein können. Je größer der Lüftungsquerschnitt ist, desto besser funktioniert auch die Hinterlüftung der Deckung.

Die Hinterlüftung einer Dachfläche kann durch Dachaufbauten, Dachflächenfenster, stark strukturierte Dachflächen, ungünstige Dachformen etc. unterbrochen werden. In diesem Fall hat es sich in der Praxis bewährt, Lüfterziegel/-steine unterhalb und oberhalb der unterbrochenen Belüftungsebenen einzubauen.

Die Unterkonstruktion einer Dachdeckung mit Dachziegeln und -steinen muss ab einer Dachneigung von 5° hinterlüftet werden, um Rest- oder eingedrungene Niederschlagsfeuchte für den Dachaufbau gefahrlos abzulüften. Für die Ausführung gelten Mindestlüftungsöffnungen an Traufe, First, Pult und Grat, die von der Größe der Dachflächen abhängen. Innerhalb der Dachfläche ist ein freier Luftspalt von mindestens 2 cm Höhe sicherzustellen.

@ Links und Literatur

Die DIN 4108-3: Wärmeschutz und Energie-Einsparung in Gebäuden – Teil 3: Klimabedingter Feuchteschutz; Anforderungen, Berechnungsverfahren und Hinweise für Planung und Ausführung findet man im Internet unter: www.baunormen-lexikon.de.

Begriffe

- **Belüftete Dächer** verfügen direkt oberhalb der Wärmedämmung über eine Luftschicht, die mit der Außenluft in Verbindung steht.

  Belüftete Dachdeckungen sind Dachdeckungen auf linienförmiger Unterlage, z. B. Lattung und Konterlattung.
- Die **Luftdichtheit** ist die Eigenschaft eines Baustoffes, eines Bauteils oder der Hülle des Gebäudes, nicht oder nur in geringem Maße mit Luft durchströmt zu werden.

  Als **winddicht** bezeichnet man eine Dach- und Wandkonstruktion, die nicht oder nur in geringem Maße mit Außenluft durchströmt wird.

Tabelle 8.4: Mindestlüftungsquerschnitte bei Dächern mit Dachneigungen ≥ 5°

Traufe ≥ 2 ‰ der zugehörigen Dachfläche, jedoch mindestens 200 cm^2/m	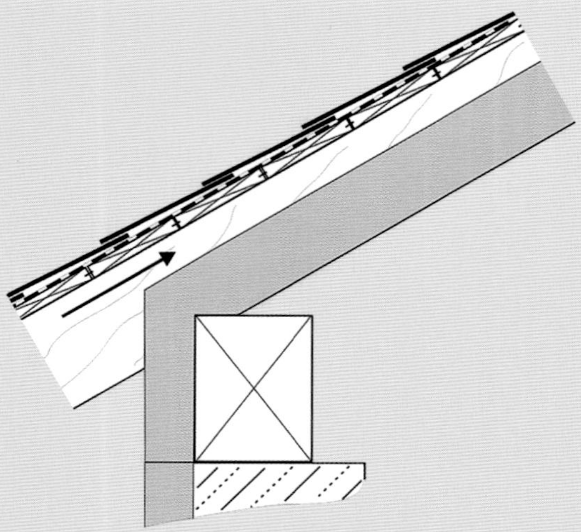	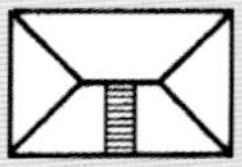
First, Grat ≥ 0,5 ‰ der zugehörigen Dachfläche, jedoch mindestens 50 cm^2/m	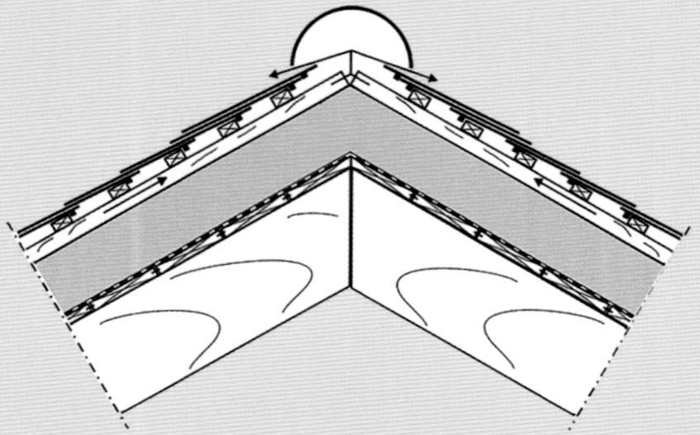	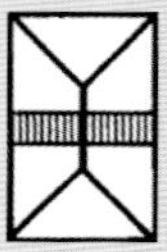 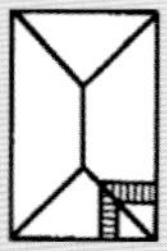
Dachfläche 200 cm^2/m bzw. 2 cm freie Höhe, punktuell nie weniger als 5 mm	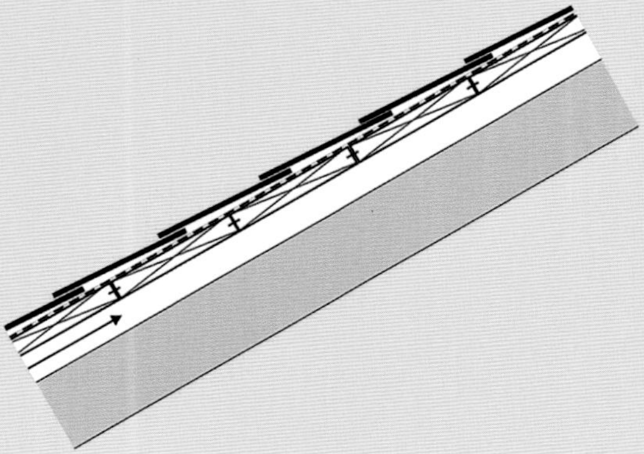	

Praxisbeispiel

Gegeben

Ein beidseitig gleich geneigtes Satteldach mit einer Trauflänge von $l_T = 12{,}00$ m und einer Breite $b = 8{,}00$ m besitzt Sparrenlängen von $s = 6{,}35$ m.

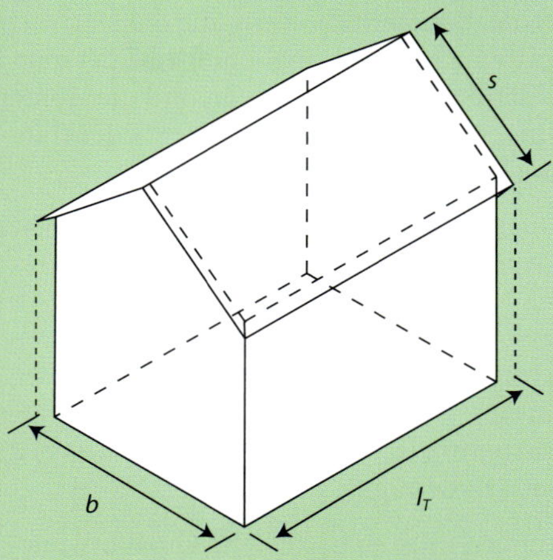

Abb. 8.26: Skizze zu Berechnungsbeispiel Belüftung

Gesucht

a) Welche Größe haben die erforderlichen Lüftungsquerschnitte an Traufe und First in cm² pro m?
b) Welche Größe haben die Gesamtlüftungsquerschnitte pro Traufe bzw. pro First?
c) Die Be- und Entlüftung an Traufe und First soll ausschließlich über Lüfterziegel erfolgen. Wie viele Lüfterziegel wären dann im Trauf- und Firstbereich erforderlich, wenn jeder Lüfterziegel einen Lüftungsquerschnitt von 25 cm²/Stück hätte?

Lösung

a) Zu 1,00 m Traufe gehört eine zu belüftende Dachfläche von 6,35 m² (1,00 m · *s*). 2 ‰ davon wären 127 cm² (6,35 m² = 63.500 cm²; 63.500 cm² · 2/1.000 = 127 cm²). Der Mindestlüftungsquerschnitt an der Traufe beträgt aber 200 cm²/m, also ist dieser maßgebend.

> *Merke:* **Bis zu einer Sparrenlänge von 10,00 m gilt der Mindestlüftungsquerschnitt von 200 cm²/m Traufe (2 ‰ von 10,00 m² = 200 cm²). Bei größeren Sparrenlängen ergibt sich der Mindestlüftungsquerschnitt in cm²/m an der Traufe, wenn man die Sparrenlänge mit der Zahl 20 (cm²/m) multipliziert (im Beispiel: 6,35 m · 20 cm²/m = 127 cm²).**

Zu 1,00 m First gehört eine zu entlüftende Dachfläche von 12,70 m² (2 · 1,00 m · *s*).

0,5 ‰ davon wären 63,5 cm² (12,70 m² = 127.000 cm²; 127.000 · 0,5/1.000 = 63,5 cm²). Der Mindestlüftungsquerschnitt am First beträgt nur 50 cm²/m First, also sind die 63,5 cm²/m hier für beide Dachseiten zusammen maßgebend.

> *Merke:* **Bis zu einer Sparrenlänge von 5,00 m gilt der Mindestlüftungsquerschnitt von 50 cm²/m First (0,5 ‰ von 10,00 m² = 50 cm²). Bei größeren Sparrenlängen ergibt sich der Mindestlüftungsquerschnitt in cm²/m am First, wenn man die Sparrenlänge mit der Zahl 10 (cm²/m) multipliziert. Dieses Ergebnis gilt dann für beide Dachseiten zusammen!**

b) Für eine Trauflänge von 12,00 m ergibt sich ein Gesamtlüftungsquerschnitt von 12,00 m · 200 cm²/m = 2.400 cm² pro Traufseite.

Für den First ergibt sich ein Gesamtlüftungsquerschnitt von 12,00 m · 63,5 cm²/m = 762 cm² für beide Dachseiten zusammen.

c) Erfolgt die Belüftung an der Traufe ausschließlich durch Lüfterziegel, so bräuchte man dort 2.400 cm² / 25 cm²/Stück = 96 Stück pro Traufseite. Für den Firstbereich ergäbe sich bei einer ausschließlichen Entlüftung über Lüfterziegel eine Anzahl von 762 cm² / 25 cm²/Stück = 30,5 ≈ 31 Stück. Damit müsste man also jeweils ca. 16 Lüfter im Firstbereich pro Dachseite einbauen.

8.5 Unterkonstruktion

Die Unterkonstruktion einer Dachdeckung besteht aus Bauschnitthölzern, die die Dachziegel/Dachsteine tragen. Dabei unterscheidet man die Dachlattung oder Traglattung und die Konterlattung. An der Traglattung wird die Dachdeckung befestigt oder eingehängt.

Bei den Unterkonstruktionen wird zwischen tragenden Bauteilen mit und ohne rechnerischen Nachweis und nichttragenden Bauteilen unterschieden. Traglattungen gehören immer zu den tragenden Bauteilen ohne rechnerischen Nachweis, solange der Achsabstand der Unterkonstruktion (Sparren bzw. Konterlattung) maximal 1 m beträgt.

Lattungen müssen bestimmte Qualitätskriterien erfüllen und werden deshalb nach der DIN 4074-1 sortiert. Wichtige Sortiermerkmale für Latten sind Baumkanten, Äste, Verfärbungen, Verformungen, Risse und Insektenfraß. Die Sortierung von Latten muss – wie bei jeder Art von Bauschnittholz – trocken erfolgen. Als Qualitätsnachweis müssen sie vom Hersteller mit einer entsprechenden CE-Kennzeichnung versehen worden sein.

Bei den Dachlatten sind folgende Querschnitte handelsüblich: 24/48 mm, 24/60 mm, 30/50 mm und 40/60 mm.

8.5.1 Konterlattung

Die Konterlattung hat u. a. die Aufgabe, die anfallenden Lasten aus der Traglattung mit der Eindeckung in die tragende Unterkonstruktion (Dachkonstruktion) weiterzuleiten. Für diese Aufgabe werden ein Mindestquerschnitt von 1.400 mm^2 (z. B. Lattenquerschnitt 24/60 mm ≈ 1.440 mm^2) und eine Mindestdicke von 24 mm empfohlen (siehe Tab. 8.5).

Tab. 8.5: Empfohlene Mindestdicken von Konterlatten in Abhängigkeit von der Sparrenlänge

Sparrenlänge in m	Konterlattendicke in mm
bis 8	24
bis 12	30
über 12	40

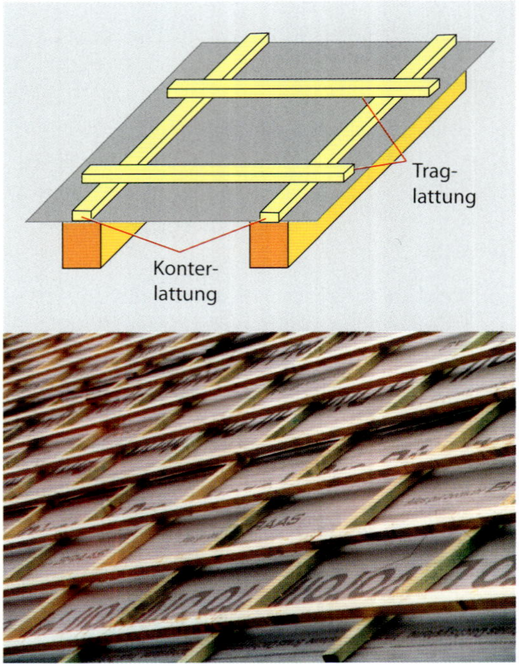

Abb. 8.27: Konterlattung mit Lattung

Die Konterlattung bildet zusätzlich bei breitkanter Verlegung durch ihre Dicke den Hinterlüftungsspalt (siehe Kapitel 8.4). Deshalb sind, je nach Sparrenlänge und Deckwerkstoff, Konterlattendicken ab 30 mm für eine bessere Hinterlüftung ratsam.

Konterlatten müssen ohne rechnerischen Nachweis der Sortierklasse S10 entsprechen. Eine Verlegung mit Unterbrechungen als sog. **Konterklötzchen** ist zulässig.

Die Befestigung der Konterlattung direkt auf Holz oder Holzwerkstoffen erfolgt mit mindestens 3 Nägeln pro Meter. Die Anzahl und die Art der benötigten Nägel (glattschaftig oder profiliert) hängt von der Windzone (Abb. 8.16), der Gebäudehöhe und der Dachform ab. Beispielsweise sind in Windzone 1 bei Sattel- bzw. Walmdächern und Gebäudehöhen bis 10 m mindestens 4 glattschaftige Nägel 3,1 × 80 oder 3 Rillennägel 2,8 × 75 pro Meter Konterlatte erforderlich. Bei Pultdächern ist die Zahl noch höher. Die Einschlagtiefe, z. B. in den Sparren, beträgt bei glattschaftigen Nägeln und Rillennägeln der Größe 3,1 × 80 mindestens

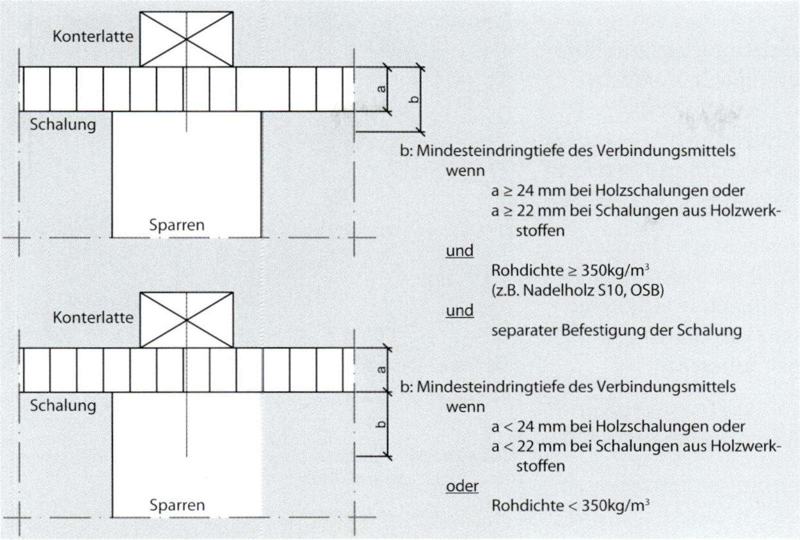

Abb. 8.28: Mindesteindringtiefen von Verbindungsmitteln bei Konterlatten.

40 mm, bei Rillennägeln 2,8 × 75 nur 35 mm. Wird die Konterlattung auf einer Schalung befestigt, zählt die Einschlagtiefe ab Oberkante der Schalung, wenn diese direkt auf den Sparren genagelt ist und eine Mindestdicke von 24 mm besitzt. Wird die Mindestdicke unterschritten, zählt die Mindesteinschlagtiefe ab Unterkante der Schalung und die Nagellänge ist entsprechend größer zu wählen (Abb. 8.28).

Bei Konterlatten von Aufsparren-Dämmsystemen müssen deren Abmessungen rechnerisch nachgewiesen werden. Zur Lagesicherung der Dämmung müssen breitere Konterlattenquerschnitte (z. B. 40/80 mm) verwendet werden, die auch mit speziellen langen Schrauben nach Herstellervorschrift zu befestigen sind (siehe Abb. 8.29).

Das schräge Eindrehen der Schrauben dient dazu, dass sie nicht nur auf Abscheren, sondern auch auf Herausziehen beansprucht werden. Ihre Tragfähigkeit wird so besser ausgenutzt.

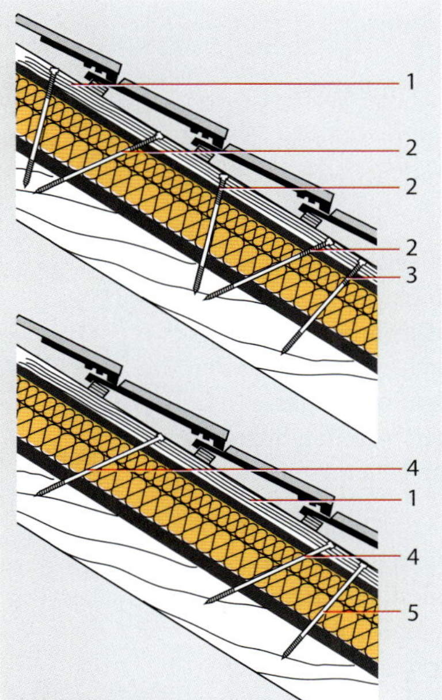

1 Konterlatte
2 Doppelgewindeschraube „V-Verschraubung"
3 Doppelgewindeschraube zur Sogsicherung
4 Einfachgewindeschraube „kontinuierliche Verschraubung"
5 Einfachgewindeschraube zur Sogsicherung

Abb. 8.29: Befestigung von Aufsparrendämmungen

@ Links und Literatur

Zur Neufassung der **DIN 4074-1:** Sortierung von Holz nach der Tragfähigkeit –Teil 1: Nadelschnittholz siehe www.beuth.de

Begriffe

- **Schalungen** sind im Gegensatz zu **Lattungen** flächige Bauteile als Unterlage für Unterdächer oder Unterdeckungen, auf denen dann Deckungen oder auch Abdichtungen befestigt werden. Die für Schalungen verwendeten Bretter müssen der Sortierklasse S10 entsprechen und eine Brettdicke von mindestens 24 mm aufweisen.
- Die **Konterlattung** gehört zur Unterkonstruktion von Dachziegel- und Dachsteindeckungen. Sie dient der Weiterleitung der Lasten von der Traglattung zu den Sparren und bildet mit ihrer Dicke die Hinterlüftung. Sie wird mit mindestens 3 Nägeln pro Meter am Sparren befestigt. Ihre Einschlagtiefe beträgt mindestens 35 mm.

8.5.2 Traglattung

Die Traglattung oder Dachlattung verläuft horizontal und i. d. R. rechtwinklig zur Konterlattung. Die Dachziegel und Dachsteine hängen mit ihren Nasen auf der Traglattung. So werden deren Lasten dann an den Kreuzungspunkten in die Konterlattung weitergeleitet.

Dachlatten müssen mindestens den Qualitätsanforderungen der Sortierklasse S10 nach DIN 4074-1 genügen. Sie müssen mindestens 3 scharfe Kanten aufweisen, von denen 2 auf der Konterlattung aufliegen müssen.

Eine evtl. vorhandene Baumkante muss oben liegen und in Richtung Traufe zeigen.

Die Wahl des Lattenquerschnittes kann u. a. abhängen:

- vom Sparrenabstand,
- vom erforderlichen Lattabstand,
- vom Gewicht der Deckung,
- von der Dachneigung,
- von den Schnee- und Windlasten.

Empfohlene Querschnitte für tragende Dachlatten ohne rechnerischen Nachweis sind in Tabelle 8.6 zu finden.

Dachlatten werden üblicherweise gebündelt geliefert mit maximal 10 Stück pro Bund. Eine davon muss die CE-Kennzeichnung des Herstellers tragen. Zum vereinfachten Nachweis der Übereinstimmung mit der Sortierklasse S10 können die Latten zusätzlich an den Stirnseiten vollflächig mit roter Farbe gekennzeichnet sein.

Jede Dachlatte muss am Kreuzungspunkt mit der Konterlattung mit einem geeigneten Befestigungsmittel befestigt werden. Für die Befestigung von Traglatten bei Sattel-, Walm- und Pultdächern wird die Verwendung von korrosionsgeschützten Rillennägeln vorgeschrieben.

Mit Zunahme der Windbelastung in den einzelnen Windzonen werden dickere und längere Rillennägel gefordert. Bei größeren Achsabständen der Konterlatten und einer Zunahme der Gebäudehöhe gilt dasselbe. Bei Pultdächern sind im Vergleich zu Sattel- und Walmdächern ebenso längere und dickere Rillennägel vorgeschrieben. Die möglichen Abmessungen mit ihren geforderten Eindringtiefen zeigt Tabelle 8.7.

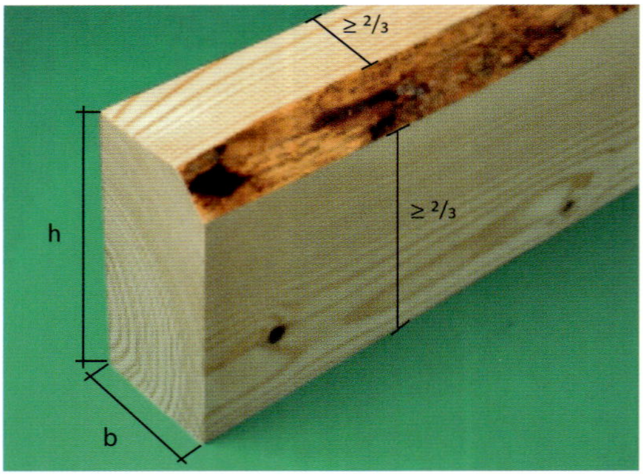

Abb. 8.30: Lattenquerschnitt mit Baumkante

Tabelle 8.6: Tragende Dachlatten ohne rechnerischen Nachweis aus Nadelholz

Lattenquerschnitte in mm/mm	Konterlattenabstand (Achsmaß) in m	Sortierklasse nach DIN 4074-1	farbliche Kennzeichnung
24/48[1)]	bis 0,70	S13	blau
24/60	bis 0,80	S13	blau
30/50	bis 0,80	S10	rot
40/60	bis 1,00	S10	rot

1) nur zulässig bei Dachdeckungen mit Lattenabstand ≤ 17 cm

Tabelle 8.7: Traglattenbefestigung mit Rillennägeln

Rillennagelgröße	Eindringtiefe in mm
28 × 75	> 24
31 × 80	> 30
34 × 90	> 40

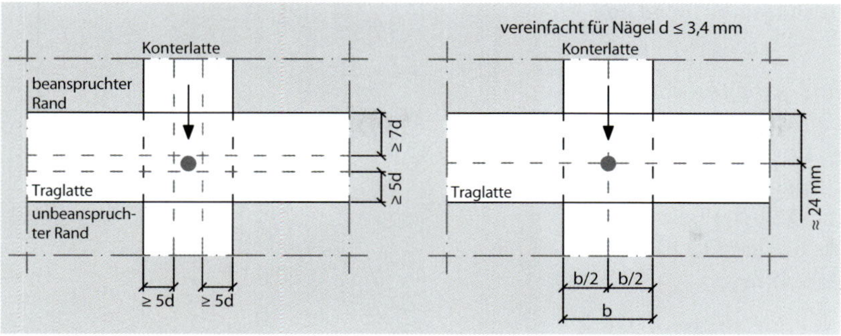

Abb. 8.31: Randabstände von Nägeln zur Befestigung von Traglatten mit 1 Nagel

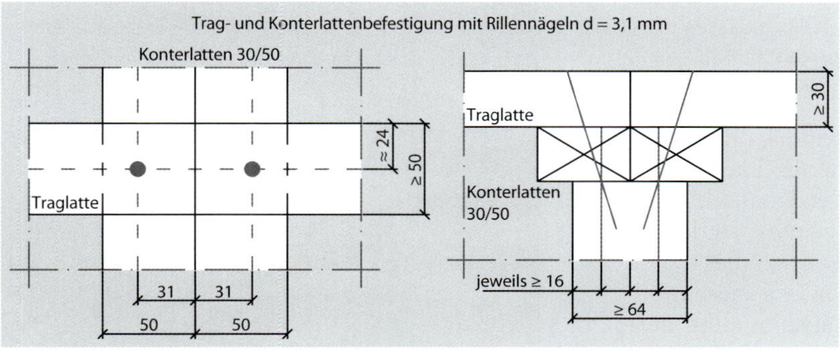

Abb. 8.32: Randabstände von Nägeln an Traglattenstößen, Rillennägel mit d = 3,1 mm

■ **Begriffe**

Die **Traglattung** (Dachlattung) verläuft horizontal und i. d. R. rechtwinklig zur Konterlattung. Die Dachziegel und Dachsteine hängen mit ihren Nasen auf der Traglattung. Diese leitet deren Lasten dann an den Kreuzungspunkten in die Konterlattung weiter.

Bei der Nagelung von Dachlatten wird zwischen einem belasteten und einem unbelasteten Rand unterschieden.

Zur optimalen Befestigung und um ein Spalten des Holzes zu verhindern, wird ein bestimmter Nagelbereich unter Einhaltung von ausreichend großen Randabständen empfohlen (siehe Abb. 8.31 und 8.32).

Bei Lattenstößen ist die Breite einer Konterlatte oft nicht ausreichend, wenn die erforderlichen Randabstände der Nagelung eingehalten werden sollen. In diesen Fällen ist die Verwendung eines breiteren Konterbrettes oder von 2 parallel angeordneten Konterlatten erforderlich.

Heute ist das Nageln von Hand durch den Einsatz von Magazin-Naglern, die mittels Druckluft oder über Akkus betrieben werden, auf dem Rückzug. Immer mehr extrem hochwertige Magazin-Nägel mit bauaufsichtlichen Zulassungen kommen zum Einsatz.

An der Traglattung werden die Dachziegel und Dachsteine mit ihren Nasen eingehängt. Sie muss mindestens der Sortierklasse S10 entsprechen und an jeder Kreuzungsstelle mit der Konterlattung befestigt werden. Die Befestigung erfolgt mit ausreichend langen und dicken Rillennägeln unter Berücksichtigung entsprechend großer Randabstände.

8.6 Werkzeuge, Bearbeitungsmaschinen und Hilfsmittel

Die sorgfältige Planung und Arbeitsvorbereitung vor dem Eindecken einer Dachfläche kann die Arbeitsabläufe für den Dachdecker vereinfachen und beschleunigen. Ein großer Aufwand ergibt sich oft durch das zusätzliche Bearbeiten der Dachziegel und -steine an den Dachkanten, bei Graten, Kehlen und Anschlüssen.

Die Industrie bietet bereits ein vielfältiges Angebot an Formziegeln und -steinen an, aber nicht für jedes Problem eine passende Lösung. So bleibt dem Dachdecker nichts anderes übrig, als die Dachziegel oder -steine so zu bearbeiten, dass sie regensicher eingedeckt werden können.

Dies kann entweder maschinell oder von Hand erfolgen. Üblicherweise werden netz- oder akkubetriebene Winkel- oder Trennschleifmaschinen verwendet, die aber zu einer starken Staubentwicklung führen. Besser geeignet wären Nass-Trennschneider oder Trockenschnitt-Trennmaschinen mit Staubabsaugung, die es auch mit Haltevorrichtungen zum Einhängen in die Lattung gibt.

Die eingesetzten Trennscheiben sind bevorzugt diamantbesetzt und segmentiert für präzise Schnitte und eine lange Lebensdauer.

Eine Bearbeitung von Hand mit Schieferhammer und gebogener Haubrücke, das sog. Schroten, oder der Einsatz von speziellen Ziegelzangen oder Ziegelschneidern bei Biberschwanzziegeln (siehe Abb. 8.34) ist ebenso üblich.

Die Traglattung bildet den Teil der Unterkonstruktion, auf dem die Dachdeckung aufliegt. Um ein gleichmäßiges Deckbild zu erzielen, ist eine sorgfältige Dacheinteilung auf der Ebene der Konterlatten herzustellen. Dafür benötigt der Dachdecker noch weitere Hilfsmittel. Neben einem langen Maßband oder Rollbandmaß sind Meterstab und Bleistift die Grundausstattung bei der Einteilung einer Dachfläche. Die einzuteilenden Decklängen werden abgemessen, entsprechende Lattabstände angezeichnet und anschließend mit einem Schnurschlaggerät (siehe Abb. 8.35) markiert.

Abb. 8.33: Dachziegelbearbeitung mit Trennschleifmaschine

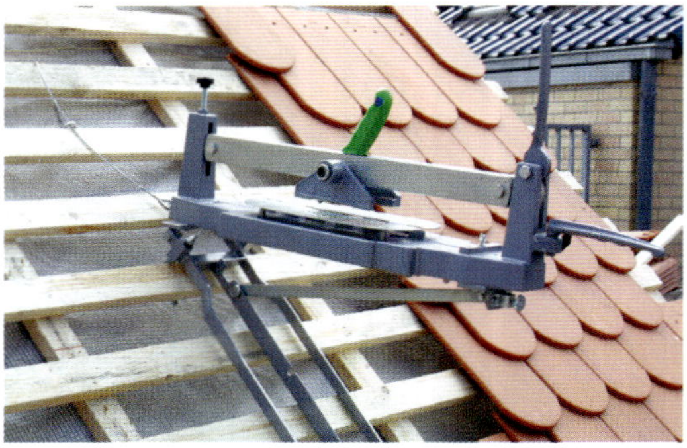

Abb. 8.34: Ziegelschneider

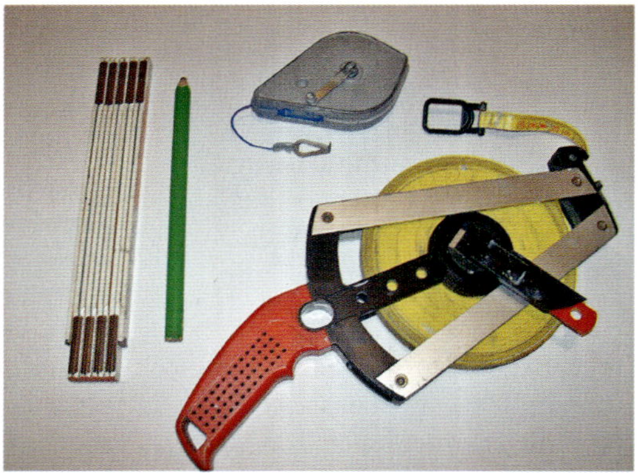

Abb. 8.35: Hilfsmittel zur Dacheinteilung

Das Schnurschlaggerät, auch Schlagschnur genannt, besteht aus einem Behältnis, in dem pulverförmige Farbpigmente und ein schnurartiger Faden enthalten sind. Außen ist eine kleine Kurbel zum Aufwickeln des Fadens angebracht. Zum Nachfüllen des Farbpulvers gibt es zusätzlich eine kleine aufschiebbare Öffnung.

Das Schnurschlaggerät wird so bedient, dass man zuerst die Markierungen, die man zuvor angezeichnet hat, mit der mit Farbpulver bestäubten Schnur verbindet. Dabei hält man die Schnur über die Markierungen und strafft diese. Nun wird durch das sog. Schnipsen eine farbliche Markierung, z. B. auf die Konterlatten, aufgebracht. Durch den Haken am Ende der Schnur lassen sich die Markierungen bei kurzen Distanzen auch von einer Person herstellen. Nach ein bis zweimal „Schnipsen" muss man die Schnur zum Nachfärben wieder einrollen.

Zum Transport der Dachziegel und -steine auf das Dach verwendet der Dachdecker entweder Schräg- bzw. Anlegeaufzüge oder das Deckmaterial wird direkt mit einem Kran in die entsprechende Höhe gebracht und von der Palette eingedeckt.

Bei der Verwendung von Aufzügen ist besonders auf deren Standsicherheit zu achten.

Bei Aufzügen mit Fahrwerk wird dieses zunächst entlastet und über Standspindeln arretiert. Ein vorhandener Grundrahmen muss damit horizontal ausgerichtet werden. Bei Anlegeaufzügen ohne Fahrwerk und Grundrahmen sind diese am Aufstellplatz entsprechend unverschiebbar aufzustellen.

Zum Transport des Deckmaterials dürfen nur geeignete Lastaufnahmemittel, z. B. Ziegelpritschen, verwendet werden. Eine Beförderung von Personen und die Verwendung des Aufzugs als Leiter sind nicht zulässig.

Zum Eindecken eines Daches bedient sich der Dachdecker zahlreicher Werkzeuge, Maschinen und Hilfsmittel. Bei deren Verwendung ist auf sorgfältiges Arbeiten und pfleglichen Umgang zu achten. Entsprechende Sicherheitsmaßnahmen bei der Verwendung von Maschinen und der Nutzung von Aufzügen sind zu beachten.

8.7 Deckung mit Dachziegeln

Das Aussehen eines Daches wird maßgeblich durch die Dachform und die Wahl der Deckwerkstoffe bestimmt.

Das Angebot der Dachziegel- und Dachsteinhersteller bietet hier für die unterschiedlichsten Deckungsarten mit zahlreichen Formen, Größen, Farben und Oberflächen vielfältige Gestaltungsmöglichkeiten.

In den Kapiteln 8.2 bis 8.6 wurden zunächst die Punkte Regensicherheit, Windsogsicherung, Hinterlüftung, die Unterkonstruktionen sowie die Werkzeuge, Maschinen und Hilfsmittel zum Eindecken eines Daches mit Dachziegeln und Dachsteinen erläutert. Bevor der Dachdecker mit dem Eindecken beginnen kann, sollte er sich einen Überblick verschaffen über die Dachziegel- und Dachsteinmodelle, die die Fachregel des Dachdeckerhandwerks enthält bzw. die von der Industrie angeboten werden. Längst nicht jeder Dachziegel oder Dachstein ist für jedes Dach oder jede Dachneigung geeignet, denn bei der Auswahl spielen neben gestalteri-

■ **Begriffe**

Dachziegel sind flächige, grobkeramische Bauelemente aus gebranntem Ton, die zur Eindeckung von geneigten Dächern dienen. Dachziegeldeckungen machen geneigte Dächer regensicher, indem sie auftreffende Niederschläge in die Entwässerungsanlage leiten.

Tabelle 8.8: Dachziegelarten mit Deckungsarten und Regeldachneigungen

Merkmale	Form	Deckungsart	Regeldachneigung
Dachziegel mit Verfalzung			
Dachziegel mit Ringfalz und besonderen Merkmalen	Flachdachziegel, Romanische Dachziegel	Einfachdeckung	22°
Dachziegel mit Kopffalz oder Fuß- und Kopfrippe und Seitenverfalzung	Doppelmuldenfalzziegel Reformziegel Glattziegel Verschiebeziegel		25° bei Verlegung im Verband oder mit besonderen Merkmalen
Dachziegel mit Kopffalz oder Fuß- und Kopfrippe und Seitenfalz	Doppelmuldenfalz-/Reformziegel Glattziegel Verschiebeziegel		30°
Dachziegel mit Seitenfalz bzw. seitlich eingreifender Überdeckung	Strangfalzziegel		35°
Dachziegel ohne Verfalzung			
Dachziegel mit seitlich übergreifender Überdeckung bzw. Seitenaufkantung	Krempziegel	Einfachdeckung	35°
gewölbt	Hohlpfanne (Kurzschnittpfanne)	Aufschnittdeckung	35°
	Hohlpfanne (Langschnittpfanne)	Vorschnittdeckung	40°
	Mönch und Nonne	Einfachdeckung	40°
eben	Biberschwanzziegel	Doppel- und Kronendeckung	30°
		Einfachdeckung mit Spließen	40°

schen Gesichtspunkten auch die technischen Anforderungen eine wesentliche Rolle.

Im aktuellen Kapitel werden, in Anlehnung an das aktuelle Regelwerk, die einzelnen Dachziegeldeckungen mit ihren Deckungsmerkmalen beschrieben.

Um die richtige Wahl einer Dachziegeldeckung für ein Dach zu treffen, ist eines der entscheidendsten Kriterien die Regeldachneigung der entsprechenden Deckungsart (siehe auch Kapitel 8.2). Tabelle 8.8 zeigt die möglichen Deckungsarten mit ihren jeweiligen Regeldachneigungen.

Bevor die Wahl auf eine Deckungsart fällt, sind noch folgende Detailfragen zu klären:

- Welche Deckungsmerkmale besitzt die Deckung: Einfachdeckung, Doppeldeckung?
- Wie kann die Verlegung der Deckwerkstoffe erfolgen – in Reihe oder im Verband?
- Welche Höhen- oder Seitenüberdeckungen sind einzuhalten? Abhängigkeit von Dachneigung oder Verfalzung?

- Besitzen die Dachziegel eine Verfalzung und in welchen Bereichen kann das Lattmaß variieren?
- Lässt sich die Deckung auf eine bestehende Unterkonstruktion anpassen?
- Ist ein Ausgleich von Unebenheiten in der Dachfläche mit den Dachziegeln möglich?
- Was ist bei der Einteilung der Dachfläche zu berücksichtigen?
- Wie können die Dachdetails Traufe, Ortgang und First ausgeführt werden?
- Welche Möglichkeiten bietet die Deckung zur Ausführung von Kehlen, Graten oder Anschlüssen an aufgehende Bauteile?
- Wie soll die Entwässerung der Dachflächen erfolgen?
- Mit welchen Lasten auf die Unterkonstruktion ist bei der gewählten Deckung zu rechnen?
- Wie lassen sich die Werkstoffmengen ermitteln?
- Sind die erforderlichen Formziegel und Zubehörteile für die Deckung lieferbar?

8.7.1 Deckung mit verfalzten Dachziegeln

8.7.1.1 Deckung mit Falzziegeln

Bei den Deckungen mit Falzziegeln werden Dachziegel mit einfacher oder mehrfacher Kopf-, Fuß- und Seitenverfalzung (sog. Ringverfalzung) unterschieden. Die Ringverfalzung kann durchgehend oder auch unterbrochen angeordnet sein (siehe Abb. 8.36). Die Ausbildung und Lage der Falze, ihre Form und weitere besondere Merkmale der Dachziegel bestimmen die Regensicherheit der Dachdeckung.

Die Wasserführung in den Falzen kann unterschiedlich ausgebildet sein. Je aufwendiger die Verfalzung ausgebildet ist, desto größer ist die Regensicherheit und desto niedriger ist auch die Regeldachneigung der einzelnen Ziegelmodelle.

Bei Dachziegeln mit durchgehender Ringverfalzung sind die Kopf- und die Seitenverfalzung miteinander verbunden und das Wasser wird in die Mulde des gleichen und/oder darunterliegenden Dachziegels geleitet. Bei der unterbrochenen Ringverfalzung sind die Kopf- und Seitenverfalzung voneinander getrennt und das Wasser aus beiden wird getrennt über die wasserführenden Flächen entwässert (Abb. 8.36).

Bei den Falzziegeln mit Ringverfalzung unterscheidet man Flachdachziegel, Doppelmuldenfalzziegel, Ziegel in romanischer Form, Reformziegel, Glattziegel, Hohlfalzziegel und weitere unterschiedlich profilierte Modelle. Durch die unterschiedliche Profilierung mit einem Wulst oder mehreren Wülsten, runden oder ebenen Wasserläufen ergeben sich unterschiedliche Deckbilder.

Die genannten Falzziegel werden in Einfachdeckung gedeckt, d. h., auf jeder Latte hängt eine Deckschicht. Die Höhen- und Seitenüberdeckung wird durch die Ringverfalzung vorgegeben, sodass nebeneinanderliegende Ziegel mit den Längsfalzen und übereinander angeordnete Ziegel mit den Querfalzen ineinanderliegen.

Eine mitunter mögliche Deckung im Verband, also der Versatz um eine halbe Ziegelbreite bei übereinander angeordneten Ziegeln, erhöht die Regensicherheit und lässt deshalb, je nach Ziegelmodell, eine um 5° niedrigere Regeldachneigung zu. Die nachfolgenden Abbildungen zeigen eine Auswahl von Dachziegeldeckungen.

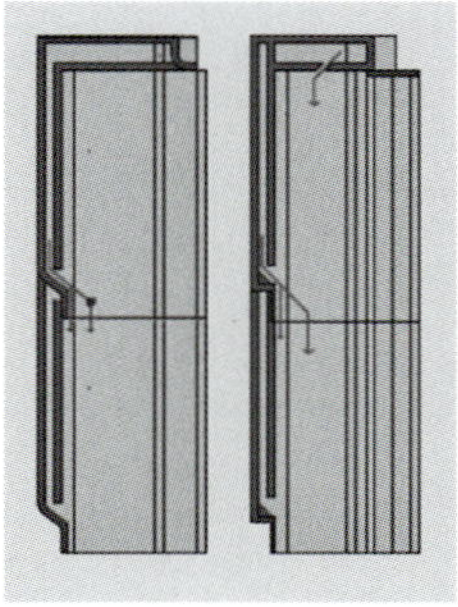

Abb. 8.36: Wasserführung bei durchgehender (li) und unterbrochener Ringverfalzung (re)

Abb. 8.37: 4-Ziegel-Eck bei der Flachdachziegeldeckung

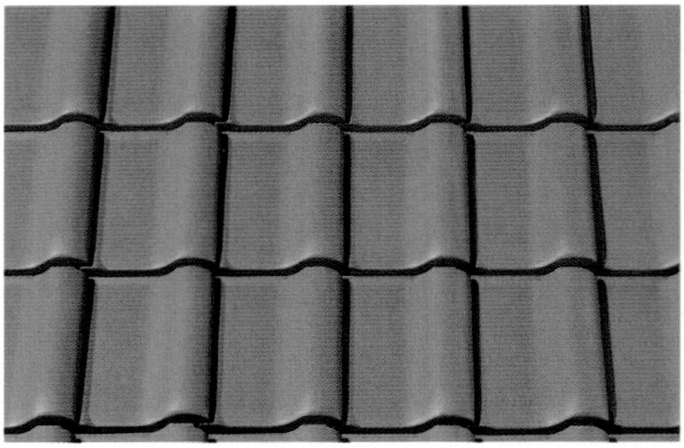

Abb. 8.38: Flachdachziegel

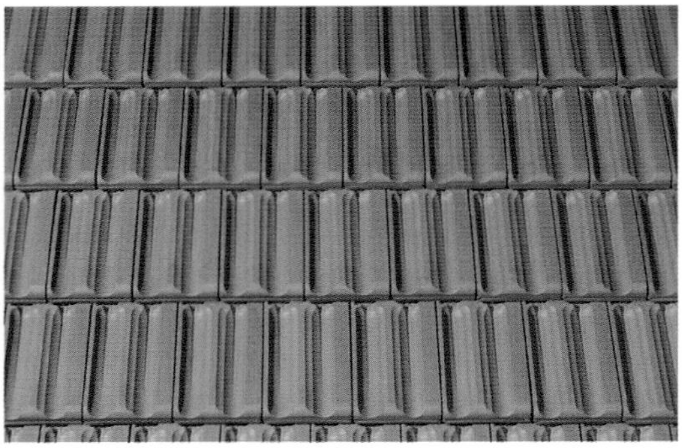

Abb. 8.39: Doppelmuldenfalzziegel

Abb. 8.40: Reformziegel

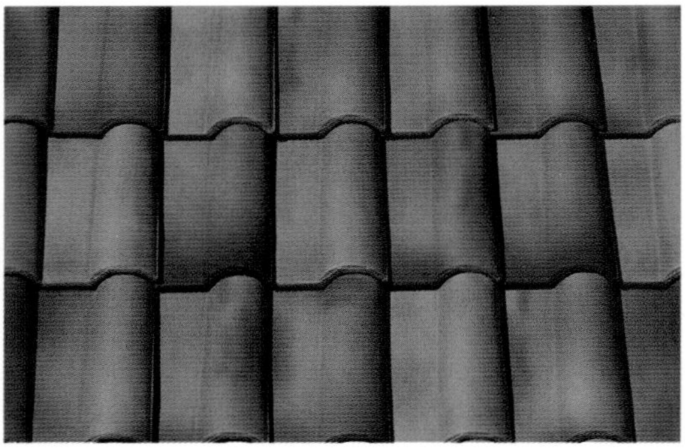

Abb. 8.41: Dachziegel in romanischer Form

Abb. 8.42: Glattziegel

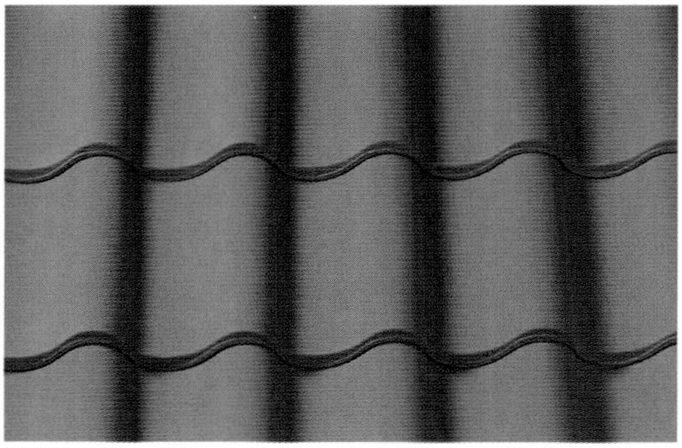

Abb. 8.43: Hohlfalzziegel

Abb. 8.44: Kombinierter Mönch-Nonne-Ziegel

Abb. 8.45: Herzziegel

Zur Einteilung der Dachfläche müssen vor dem Aufbringen der Traglattung, dem sog. Einlatten, die mittlere Decklänge und die mittlere Deckbreite bei Falzziegeldeckungen bekannt sein (siehe auch Kapitel 2.6.3).

Wenn die beiden Maße nicht vom Hersteller vorgegeben sind, müssen diese auf der Baustelle ermittelt werden. Die einzuteilenden Lattabstände und die Einteilung der Deckbreiten müssen dann zwischen den ermittelten höchsten bzw. kleinsten Werten liegen.

Bei der Eindeckung mit Falzziegeln ist – wenn es sich nicht um Verschiebeziegel handelt – das Mittelmaß der ermittelten Decklängen und Deckbreiten zu bevorzugen, um Toleranzen und Spannungen aus der Holzkonstruktion auszugleichen. Die Dachziegel sind am besten aus verschiedenen Paletten zu entnehmen.

Soll bei einer Dachsanierung lediglich die Dachziegel- oder Dachsteindeckung, nicht aber die Unterkonstruktion erneuert werden, bieten sich die sog. Verschiebeziegel an, die von der Ziegelindustrie oftmals auch als Sanierungsziegel angeboten werden. Bei diesen Dachziegeln handelt es sich auch um verfalzte Dachziegel, deren Quer- und Längsfalzausbildung in bestimmten Grenzen eine variable Höhenüberdeckung zulässt.

Die Größen- und Mengenangaben in Tabelle 8.9 sind als Beispiele zu sehen und firmenspezifisch unterschiedlich.

Tabelle 8.9: Werkstoffmengenbedarf Falzziegel

Dachziegelart	Form	Größe B/L in cm/cm	mittlere Lattweite in cm	Bedarf in St./m²
Flachdachziegel		25/40,5 (bis 35/48,5)	33,9 (bis 40,0)	15,2 (bis 8,5)
Doppelmulden-falzziegel		22,5/40 (bis 32,5/50,2)	33,8 (bis 42,5)	15,0 (bis 8,4)
Reformziegel		23/42 (bis 26,2/44,1)	34,1 (bis 35,5)	14,4 (bis 12,8)
Dachziegel, romanisch		25,5/43	34,5	14,5
Glattziegel		25,7/43,7	34,8	12,7
Hohlfalzziegel		30/48,5 (bis 32,5/40,3)	37,5 (bis 34,9)	11,5 (bis 10,2)
kombinierter Mönch-Nonnen-Ziegel		24/42	35,4	14,3

8.7.1.2 Deckung mit Strangfalzziegeln

Das Deckbild von Deckungen mit ebenen Strangfalzziegeln ist von dem einer Biberschwanzdeckung kaum zu unterscheiden. In seiner Form ähnelt der Strangfalzziegel (Strangdachziegel) einem Biberschwanzziegel mit Segmentschnitt. Er ist als Weiterentwicklung zur Biber-Einfachdeckung zu sehen.

Der Unterschied liegt in einer einfachen oder zweifachen Seitenverfalzung, die die Schindelunterlage bei der Biber-Einfachdeckung ersetzt. Einsatzgebiete dieser Deckungsart waren früher überwiegend landwirtschaftliche Gebäude.

Die Deckung erfolgt als Einfachdeckung im Halbverband, ist aber herstellerspezifisch auch in Reihe, also Fuge über Fuge zulässig. Die Regeldachneigung liegt bei 35°.

Eine Seitenüberdeckung von 2 bis 2,5 cm ist durch die Längsverfalzung vorgegeben. Die Höhenüberdeckung ist durch die fehlende Querverfalzung variabel, hat aber nach den Fachregeln für ebene Strangfalzziegel einen konstanten Wert von 12 cm. Die Mindesthöhenüberdeckung von gewölbten Strangfalzziegeln, die heute kaum noch zu finden sind, liegt bei 10 cm. Weitere Merkmale sind der Tabelle 8.10 zu entnehmen.

Die Größen- und Mengenangaben in Tabelle 8.10 sind als Beispiele zu sehen und firmenspezifisch unterschiedlich.

Abb. 8.46: Strangfalzziegeldeckung

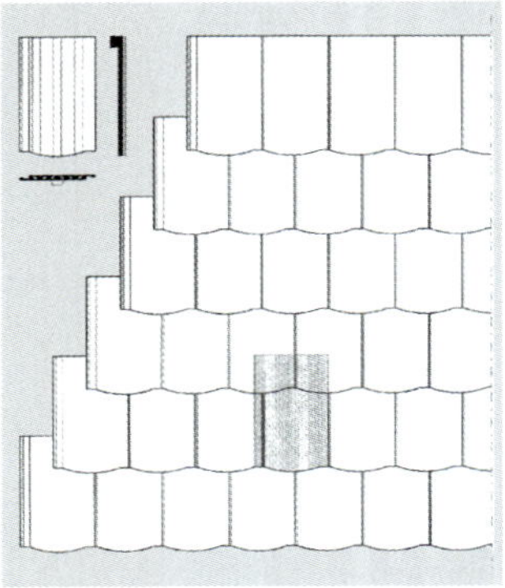

Abb. 8.47: Deckschema einer Strangfalzziegeldeckung

Bei der Eindeckung eines Daches mit quer- und längsverfalzten Dachziegeln müssen zur Einteilung der Dachfläche die mittleren Decklängen und Deckbreiten bekannt sein. Die Höhen- und Seitenüberdeckungen bei Dachziegeln mit Ringverfalzung sind durch die Verfalzung vorgegeben. Eine aufwendige Verfalzung oder die Verlegung im Verband führen zu einer niedrigeren Regeldachneigung.

Tabelle 8.10: Werkstoffkennwerte Strangfalzziegel

Größe B/L in cm/cm	Deckfläche DB/DL* in cm/cm	Höhenüberdeckung in cm	Seitenüberdeckung	Lattweite in cm	Bedarf in St./m²
20,5/40	18/28	≥ 12 (laut Fachregel) 9–13 (laut Hersteller)	durch Verfalzung vorgegeben	28 (laut Fachregel) 27–31 (laut Hersteller)	19,8 17,9–20,6

* DB = Deckbreite, DL = Decklänge

8.7.2 Deckung mit Dachziegeln ohne Verfalzung

8.7.2.1 Deckung mit Krempziegeln

Der Krempziegel ist ein Pressdachziegel ohne Verfalzung. Deckungen mit Krempziegeln gehören mit zu den ältesten Dachziegeldeckungen. Die Geschichte dieses Dachziegels reicht bis zum Beginn des 11. Jahrhunderts zurück. In Deutschland findet man die Deckung noch im südlichen Niedersachsen, in Sachsen-Anhalt und in Thüringen.

Das Deckbild der Krempziegeldeckung ist charakteristisch durch die nicht rechtwinklige Lage des einzelnen Dachziegels zur Traglattung. Je nach Anordnung der Krempe ist eine Links- oder Rechtsdeckung möglich. Statt einer Verfalzung besitzt dieser Dachziegel an einer Längsseite eine konische Krempe und gegenüber eine Seitenaufkantung. Durch die tütenförmige Krempe ist ein variables Übereinanderlegen der Ziegel möglich. Bei der Verlegung wird die Aufkantung vor bzw. gegen die Krempe des diagonal darunterliegenden Ziegels gedeckt. Der nächste Ziegel in derselben Reihe überdeckt dann mit seiner Krempe die Aufkantung des Nachbarziegels. Dadurch ergibt sich die scheinbar leichte Schräglage der Deckung, die aber durch die konische Krempe bei fachgerechter Verlegung trotzdem rechtwinklig zur Traufe verläuft.

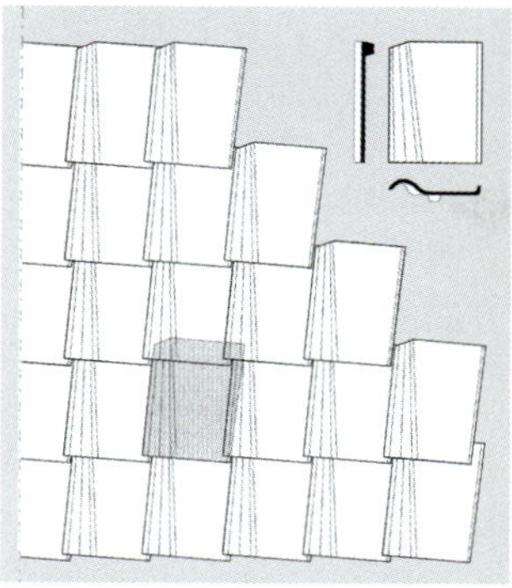

Abb. 8.48: Deckschema einer Krempziegeldeckung

Abb. 8.49: Deckung mit Krempziegeln (Linkskremper in Rechtsdeckung)

Durch die einfache Konstruktion des Ziegels ohne Verfalzung ist er in seiner Decklänge und Deckbreite relativ variabel. Die Verlegung als Einfachdeckung kann trocken, mit Innenverstrich der Fugen oder vermörtelt erfolgen.

Die Regeldachneigung liegt bei 35°. Die Krempe ergibt eine Seitenüberdeckung von 2 bis 3,5 cm über die Aufkantung. Weitere Merkmale sind der Tabelle 8.11 zu entnehmen.

Die Größen- und Mengenangaben in Tabelle 8.11 sind als Beispiele zu sehen und firmenspezifisch unterschiedlich.

Tabelle 8.11: Werkstoffkennwerte Krempziegel

Größe B/L in cm/cm	Deckfläche DB/DL* in cm/cm	Höhenüberdeckung in cm	Seitenüberdeckung	Lattweite in cm	Ziegelbedarf ≈ St./m²
≈ 26,5/35	≈ 23/27	≥ 8 (laut Fachregel) 8–9,5 (laut Hersteller)	durch Krempe und Seitenaufkantung vorgegeben, ca. 2–3,5 cm	25,5–27	15,8–16,1
* DB = Deckbreite, DL = Decklänge					

8.7.2.2 Deckung mit Hohlpfannen

Die Hohlpfanne, wegen der Ähnlichkeit mit einem liegenden „S“ auch S-Pfanne genannt, ist ein sehr altes Ziegelmodell, das traditionell im norddeutschen Raum seinen Ursprung hat.

Hohlpfannen ähneln auch einer flachen Schale, deren rechte Seite mit einer Krempe versehen ist, mit der sie die neben ihr liegende zweite Pfanne überdeckt. Die rechte obere und die linke untere Ecke haben einen schrägen Schnitt.

Je nach Schnittart werden die Hohlpfannen in Langschnitt- und Kurzschnittpfannen mit 2 unterschiedlichen Deckungsarten unterteilt. Sie werden als Einfachdeckung in Vorschnitt- oder Aufschnittdeckung mit Seiten- und Höhenüberdeckung verlegt. Die Seitenüberdeckung richtet sich nach Breite und Form der Krempe, die Höhenüberdeckung ergibt sich durch die Art des Eckenschnittes.

Problematisch können produktionsbedingte Verformungen sein. Deshalb werden Hohlpfannen auch mit Strohdocken unterlegt (siehe Kapitel 8.2.3). Die Pfannen können trocken, trocken mit Innenverstrich der Fugen oder in Mörtel mit Querschlag und Innenverstrich eingedeckt werden. First und Grate werden mit vermörtelten Gratziegeln gedeckt.

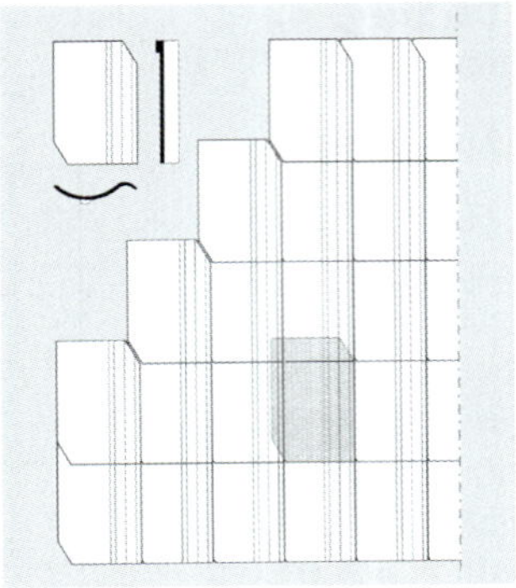

Abb. 8.50: Deckschema Hohlpfannen in der Vorschnittdeckung

Abb. 8.51: Deckung mit Hohlpfannen in der Vorschnittdeckung

Vorschnittdeckung

Die Vorschnittdeckung wird mit Langschnittpfannen gedeckt. Bei diesen sind die Schrägschnitte so gestaltet, dass die beiden Ecken der diagonal liegenden Pfannen in einer Ebene liegen und aneinanderstoßen. Dies hat den Vorteil, dass die Pfannen bei identischer Größe dicht aneinander, aber im 4-Ziegel-Eck, der Stelle, an der 4 Ziegelecken aufeinandertreffen, nur 3-fach aufeinanderliegen. Die Langschnittpfanne besitzt dadurch ein etwas ruhigeres Deckbild gegenüber der Kurzschnittpfanne. Die Höhenüberdeckung ergibt sich durch das Aneinanderstoßen des Eckenschnitts auf ein unveränderliches Maß von 7 cm. Die Regeldachneigung liegt bei 40°.

Die Größen- und Mengenangaben in Tabelle 8.12 sind als Beispiele zu sehen und firmenspezifisch unterschiedlich.

Tabelle 8.12: Werkstoffkennwerte Hohlpfannen in Vorschnittdeckung

Größe B/L in cm/cm	Deckfläche DB/DL* in cm/cm	Höhenüberdeckung (dachneigungsunabhängig)	Seitenüberdeckung	Lattweite in cm	Ziegelbedarf ≈ St./m²
≈ 24,7/40,5	≈ 22/33	≈ 7 cm	durch Krempe und Seitenaufwölbung vorgegeben, ca. 2–3 cm	≈ 33	≈ 13,8
* DB = Deckbreite, DL = Decklänge					

Aufschnittdeckung

Hohlpfannen mit kurzem Eckenschnitt werden in der Aufschnittdeckung verlegt. Bei diesen Kurzschnittpfannen sind die Schnitte so gestaltet, dass die beiden Ecken der diagonal liegenden Pfannen aufeinanderliegen. Dadurch ergibt sich ein unruhigeres Deckbild gegenüber der Vorschnittdeckung und durch das fehlende Aneinanderstoßen der Eckenschnitte ist die Höhenüberdeckung variabel. Im 4-Ziegel-Eck liegen die Ziegel 4-fach aufeinander, was der Regensicherheit der Deckung zuträglich ist. Die Regeldachneigung liegt mit 35° um 5° niedriger als bei der Vorschnittdeckung. Die Höhenüberdeckung ist variabel und liegt dachneigungsabhängig zwischen 8 und 10 cm. Der maximale Traglattenabstand ergibt sich aus der Hohlpfannenlänge abzüglich der Höhenüberdeckung für die vorhandene Dachneigung.

Bei großen Sparrenlängen in Verbindung mit geringerer Dachneigung ist die Aufschnittdeckung vorzuziehen.

Die Größen- und Mengenangaben in Tabelle 8.13 sind als Beispiele zu sehen und firmenspezifisch unterschiedlich.

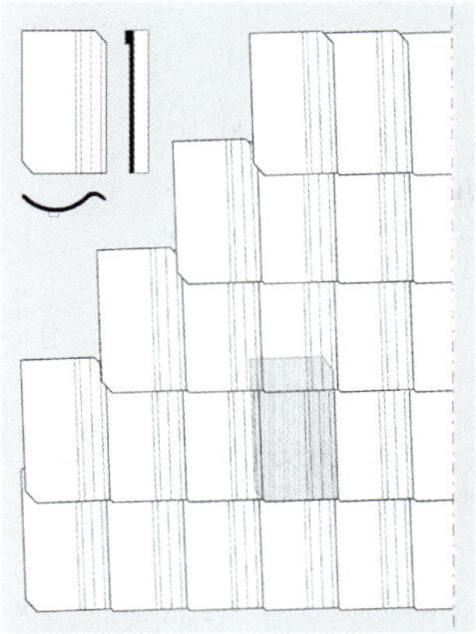

Abb. 8.52: Deckschema Hohlpfannen in der Aufschnittdeckung

Abb. 8.53: Deckung mit Hohlpfannen in Aufschnittdeckung

8.7.2.3 Deckung mit Mönch- und Nonnenziegeln

Mönch- und Nonnenziegel ähneln in ihren Formen einer der Länge nach halbierten Röhre oder einer Rinne. Beide Ziegel sind konisch geformt; der Mönchziegel ist dabei schmaler und an seinem oberen Ende geschlossen, der Nonnenziegel ist breiter und an der runden Unterseite mit einer Nase zur Befestigung an den Dachlatten versehen. Zunächst bilden die Nonnenziegel, die mit der Rundung nach unten dicht nebeneinander mit ihren Nasen in die Traglattung eingehängt werden, nebeneinanderliegende Rinnen, über die das Wasser in die

■ Begriffe

Bei der Eindeckung mit Hohlpfannen unterscheidet man zwischen **Vorschnitt- und Aufschnittdeckung**. Bei der **Vorschnittdeckung** mit Langschnittpfannen ist die Höhenüberdeckung durch das Aneinanderstoßen der Eckenschnitte konstant. Bei der **Aufschnittdeckung** mit Kurzschnittpfannen ist die Höhenüberdeckung durch das 4-fache Aufeinanderliegen im 4-Ziegel-Eck variabel. Dies führt zu einer größeren Regensicherheit.

Tabelle 8.13: Werkstoffkennwerte Hohlpfannen in Aufschnittdeckung

Größe B/L in cm/cm	Deckfläche DB/DL* in cm/cm	Höhenüberdeckung (dachneigungsabhängig)		Seitenüberdeckung	Lattweite in cm	Ziegelbedarf ≈ St./m²
≈ 24,7/41,4	≈ 22/31,5–22/33,5	DN ≤ 40° >40°–45° DN > 45°	≥10 cm ≥ 9 cm ≥ 8 cm	durch Krempe und Seitenaufwölbung vorgegeben, ca. 2–3 cm	31,5–33,5	13,6–14,5

* DB = Deckbreite, DL = Decklänge

Traufe geführt wird. Die Mönchziegel werden dann über den Zwischenraum zwischen 2 Nonnenziegeln mit der Rundung nach oben so verlegt, dass sie in den Einkerbungen der Nonnenziegel hängen bleiben und mit ihrer Unterkante deren Fußlinie überragen. Dadurch entsteht ein Verband.

Die jeweilige Seitenüberdeckung ergibt sich durch die Breite der Mönchziegel. Die Höhenüberdeckung wird durch die Lage der Mönchziegel erreicht und muss mindestens 8 cm betragen.

Deckungen mit Mönch- und Nonnenziegeln können trocken mit Verklammerung verlegt werden. Sie werden aber traditionell vermörtelt. Bei der vermörtelten Verlegung wird dicht am Kopf der Nonnenziegel ein Querschlag mit Mörtel aufgebracht, in den die Nonnen der darüberliegenden Ziegelreihen aufgedrückt werden.

Die Mönchziegel werden am Kopf mit Mörtel gefüllt und mit 2 Längsschlägen versehen aufgesetzt. Ein vollständiges Aufmörteln ist unzulässig.

Die Regeldachneigung für die Eindeckung mit „Mönch und Nonne" beträgt 40°. Wegen der Verlegung mit Mörtelfuge und des großen Material- und Zeiteinsatzes ist eine solche Dacheindeckung verhältnismäßig schwer, teuer und mit großem Wartungsaufwand verbunden.

Viele Dachziegelhersteller bieten deshalb heute Falzziegelmodelle an, die im verlegten Zustand vom klassischen Deckbild einer Mönch- und Nonnendeckung kaum zu unterscheiden sind und gleichzeitig mit ausgereifter Verfalzung eine hohe Regensicherheit bieten (siehe Abb. 8.44).

Die Größen- und Mengenangaben in Tabelle 8.14 sind als Beispiele zu sehen und firmenspezifisch unterschiedlich.

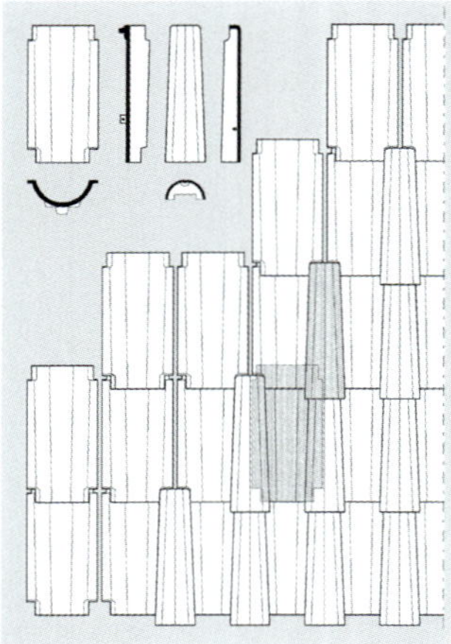

Abb. 8.54: Deckschema Mönch- und Nonnenziegel

Abb. 8.55: Deckung mit Mönch- und Nonnenziegel

8.7.2.4 Deckung mit Biberschwanzziegeln

Deckungen mit Biberschwanzziegeln gehören mit zu den ältesten Dachziegeldeckungen. Sie lösten etwa ab dem 14. Jahrhundert die von den Römern her bekannten Mönch- und Nonnenziegel-Deckungen ab.

Der Biberschwanz ist ein ebener Strangdachziegel ohne Profilierung und Verfalzung mit einer überwiegend halbrunden oder segmentbogenförmig geschnittenen Unterkante. Seine Form erinnert damit an den Schwanz des namengebenden Tieres.

Tabelle 8.14: Werkstoffkennwerte Mönch- und Nonnenziegel

Größe B/L in cm/cm	Deckfläche DB/DL* in cm/cm	Höhenüberdeckung (dachneigungsunabhängig)	Seitenüberdeckung	Lattweite in cm	Ziegelbedarf ≈ St./m²
Mönch ≈ 11/41 Nonne ≈ 21/41	≈ 21,5/34	≥ 8 cm (laut Fachregel) ≈ 7 cm (laut Hersteller)	durch Breite der Mönchziegel vorgegeben	ca. 34 cm	13,7
* DB = Deckbreite, DL = Decklänge					

Abb. 8.56: Ansichten unterschiedlicher Deckbilder

Neben diesen abgerundeten Formen sind ebenso Biberschwanzziegel mit Geradschnitt, geschweiften (gotischer Schnitt) oder spitz zulaufenden Formen (Rautenspitzbiber) üblich. Auch unterschiedlich strukturierte Oberflächen verleihen wie der Schnitt des Formats und die Farbgebung den unterschiedlichen Biberschwanzdeckungen ihr charakteristisches Deckbild. Die oben stehenden Abbildungen zeigen die Ansichten unterschiedlicher Deckbilder.

Die Ableitung des Niederschlagswassers erfolgt bei den Biberdeckungen über die Fläche zur Mitte der unteren Kante und bei der Verlegung im Halbverband weiter in die darunterliegende Längsfuge. Die Verlegung der Ziegel erfolgt heute überwiegend trocken, ist aber auch mit vermörtelten Fugen möglich.

Der Verstrich der Fugen mit Mörtel dient der größeren Regensicherheit. Es wird unterschieden zwischen:

- dem Innenverstrich der Querfugen,
- dem Längsfugenanstrich und einem Querschlag zwischen Lager- und Deckschicht,
- der Verlegung ganz in Mörtel mit Längsfuge und Querschlag auf Lager- und Deckschicht mit Innenverstrich der Scheinstellen.

Die Eindeckung von Biberschwanzziegeldeckungen soll möglichst mit geringem Seitenabstand erfolgen, um Schäden bei Bewegungen der Dachkonstruktion zu vermeiden.

Bei den Biberschwanzdeckungen unterscheidet man 3 traditionelle Deckungsarten, von denen aber heutzutage praktisch nur noch 2 zur Ausführung kommen.

Unterschieden werden die **Doppeldeckung**, die **Kronendeckung** und die **Einfachdeckung mit Spließen**.

Die gängigsten Biberformate sind 18/38 cm (Format B) und 15,5/38 cm (Format A).

■ Begriffe

Die **Mönch- und Nonnendeckung** besteht aus rinnenförmig verlegten Nonnenziegeln, deren Zwischenräume von den Mönchziegeln überdeckt werden. Die Verlegung erfolgt trocken mit Verklammerung oder traditionell vermörtelt. Die Verlegung in Mörtel erfordert einen hohen Verlegeaufwand und ist verbunden mit einem großen Flächengewicht. Heute wird die Mönch- und Nonnenziegeldeckung mit modernen Falzziegeln imitiert.

Doppeldeckung

Bei der Doppeldeckung wird jede Ziegellage (Gebinde) auf einer eigenen Dachlatte verlegt, und zwar so, dass die jeweils untere Lage um etwas mehr als die Hälfte von der nächsten überdeckt wird. Die Lattweite wird so eingeteilt, dass jede Reihe noch vom unteren Ende der dritten Lage um das Maß der erforderlichen Höhenüberdeckung überdeckt wird. So ergibt sich eine doppelte Überdeckung für den Bereich der Höhenüberdeckung. Das Maß der Höhenüberdeckung ist dabei variabel und von der Neigung des Daches abhängig.

An Traufe und First würden so die Fugen ungeschützt liegen, sodass bei der Doppeldeckung die First- und Traufreihe weiterhin in Kronendeckung ausgeführt werden müssen. Dies ist bei der Einteilung der Dachfläche zu berücksichtigen, wenn das Deckbild über die gesamte Dachfläche gleichmäßig aussehen soll.

Die einzelnen Reihen werden zueinander im Halbverband gedeckt, also um eine halbe Biberbreite versetzt. Beim Anarbeiten an Dachdetails und bei Sonderdachflächen kann auch vom Halbverband abgewichen werden, jedoch darf der Viertelverband (seitliche Überdeckung ≥ 5 cm) nie unterschritten werden. Ziegelstreifen mit einer Breite von weniger als 5 cm sind unzulässig.

Für die Unterkonstruktion können z. B. Dachlatten vom Querschnitt 30/50 mm in der Sortierklasse S10 nach DIN 4074-1 verwendet werden. Dachlatten vom Format 24/48 mm wären nur zulässig, wenn sie der Sortierklasse S13 entsprechen, der Konterlattenabstand höchstens 70 cm und die Lattweite maximal 17 cm beträgt.

Abb. 8.57: Biber-Doppeldeckung

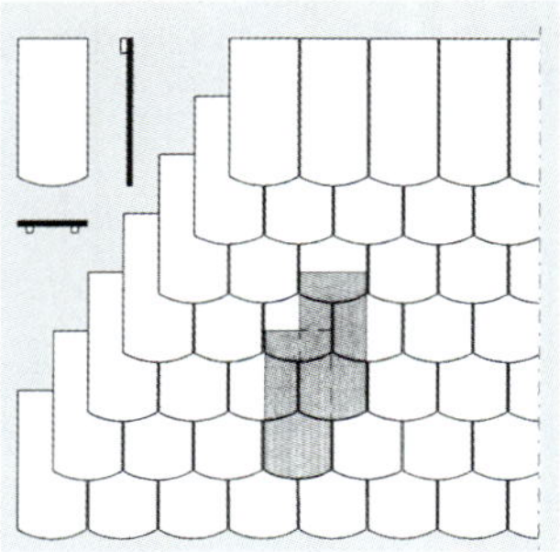

Abb. 8.58: Deckschema Biber-Doppeldeckung

Der maximale Traglattenabstand (Decklänge) bei der Doppeldeckung lässt sich nach folgender Formel berechnen:

$$DL = \frac{\text{Ziegellänge} - \text{Höhenüberdeckung}}{2}$$

Die Größen- und Mengenangaben in Tabelle 8.15 sind als Beispiele zu sehen und können firmenspezifisch abweichen.

Kronendeckung

Bei der Biberschwanz-Kronendeckung liegen auf jeder Traglatte 2 Biberreihen übereinander, sodass die untere Lage nahezu vollständig vom

Tabelle 8.15: Werkstoffkennwerte Biberschwanz-Doppeldeckung

Größe B/L in cm/cm	Deckfläche DB/DL* in cm/cm	Höhenüberdeckung (dachneigungsabhängig)		Seitenüberdeckung	Lattweite in cm	Ziegelbedarf ≈ St./m²
Format B 18/38 cm	≈ 18/14,5–18/16,5	≥ 30°–35°	≥ 9 cm	keine Seitenüberdeckung innerhalb einer Ziegelreihe; ansonsten zwischen 5 cm und halber Ziegelbreite von Reihe zu Reihe durch Deckung im Verband	14,5–16,5	ca. 33,6–38,3
		≥ 35°–40°	≥ 8 cm			
Format A 15,5/38 cm	≈ 15,5/14,5–15,5/16,5	≥ 40°–45°	≥ 7 cm			ca. 39,1–44,5
		≥ 45°–60°	≥ 6 cm			
		DN > 60°	≥ 5 cm			

* DB = Deckbreite, DL = Decklänge

aufliegenden Gebinde abgedeckt wird. Während die untere Schicht, die Lagerschicht, direkt auf der Traglatte liegt, ist die aufgelegte Reihe, die Deckschicht, mit den Nasen auf der Oberkante der Lagerschicht aufgehängt. Die Deckschicht ist zur Lagerschicht um eine halbe Biberbreite versetzt (Halbverband). Dies ist erforderlich, um die darunterliegende Längsfuge zwischen den Ziegeln der Lagerschicht abzudecken.

Die Höhenüberdeckung ergibt sich aus dem Abstand zweier Lagerschichten.

Die Lattweite wird so eingeteilt, dass jede Lagerschicht noch vom unteren Ende der nächsten Lagerschicht (dritte Reihe) um das Maß der erforderlichen Höhenüberdeckung überdeckt wird. So ergibt sich wieder eine doppelte Überdeckung für den Bereich der Höhenüberdeckung. Das variable Maß der Höhenüberdeckung entspricht dem der Doppeldeckung und ist von der Neigung des Daches abhängig.

Traufe und First müssen auch in Kronendeckung ausgeführt werden, um die offenen Längsfugen zu schließen. Dafür sind entweder Flächenbiber oder spezielle Traufbiber für das Traufgebinde zu verwenden.

Beim Anarbeiten an Dachdetails und bei Sonderdachflächen kann

Abb. 8.59: Biber-Kronendeckung

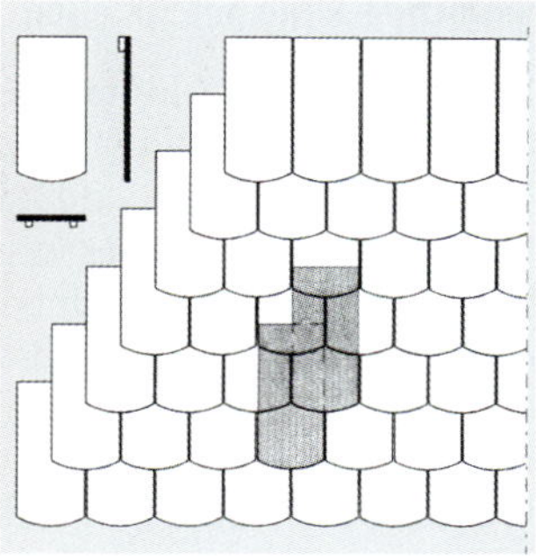

Abb. 8.60 Deckschema Biber-Kronendeckung

zwischen Deck- und Lagerschicht auch vom Halbverband abgewichen werden, jedoch darf der Viertelverband (seitliche Überdeckung ≥ 5 cm) nie unterschritten werden.

Für die Unterkonstruktion sind keine Dachlatten vom Format 24/48 mm zulässig. Üblich sind Dachlatten vom Querschnitt 30/50 mm in der Sortierklasse S10 nach DIN 4074-1 bei einem Konterlattenabstand von höchstens 80 cm.

Der maximale Traglattenabstand (Decklänge) bei der Kronendeckung lässt sich nach folgender Formel berechnen:

DL = Ziegellänge – Höhenüberdeckung

Die Größen- und Mengenangaben in Tabelle 8.16 sind als Beispiele zu sehen und können firmenspezifisch abweichen.

■ Begriffe

- Die **Biberschwanz-Doppeldeckung** ist die gängigste Deckungsart unter den Biberdeckungen.
- Die **Kronendeckung** mit Biberschwanzziegeln ist dadurch gekennzeichnet, dass auf jeder Traglatte 2 Biberreihen liegen.

@ Links und Literatur

DIN 4074-1: Sortierung von Holz nach der Tragfähigkeit; Nadelschnittholz unter www.beuth.de

Tab. 8.16: Werkstoffkennwerte Biberschwanz-Kronendeckung

Größe B/L in cm/cm	Deckfläche DB/DL* in cm/cm	Höhenüberdeckung (dachneigungsabhängig)		Seitenüberdeckung	Lattweite in cm	Ziegelbedarf ≈ St./m²
Format B 18/38 cm	≈ 18/29–18/33	≥ 30°–35°	≥ 9 cm	keine Seitenüberdeckung innerhalb einer Ziegelreihe; ansonsten zwischen 5 cm und halber Ziegelbreite von Reihe zu Reihe durch Deckung im Verband	29,0–33,0	ca. 33,6–38,3
		≥ 35°–40°	≥ 8 cm			
Format A 15,5/38 cm	≈ 15,5/29–15,5/33	≥ 40°–45°	≥ 7 cm			ca. 39,1–44,5
		≥ 45°–60°	≥ 6 cm			
		DN > 60°	≥ 5 cm			

* DB = Deckbreite, DL = Decklänge

Einfachdeckung mit Spließen

Die Biberschwanz-Einfachdeckung ist im Zuge der Denkmalpflege, aber auch bei historischen Wirtschaftsgebäuden und Bauernhäusern noch anzutreffen. Sie soll aber wegen ihrer geringeren Regensicherheit nur noch bei untergeordneten Gebäuden eingedeckt werden. Sie wird auch Spließdeckung genannt, weil jede Längsfuge mit einem mindestens 5 cm breiten und ca. 28 cm langen Spließ unterlegt werden muss (siehe Abb. 8.61). Ansonsten würde Regenwasser über die Längsfuge eindringen. Die Spließe oder Schindeln sind traditionell dünne Holzstreifen, können aber auch aus Kunststoff, Metall oder anderen geeigneten Werkstoffen hergestellt sein.

Abb. 8.61: Spließe aus Holz bzw. Kunststoff

Diese Deckung ist eine „halbe" Doppeldeckung, denn zur Doppeldeckung fehlt jede zweite Reihe. Die Einfachdeckung hat ein sehr geringes Flächengewicht, da im Vergleich zur Doppel- bzw. Kronendeckung nur die Hälfte an Biberschwanzziegeln benötigt wird.

Abb. 8.62: Biber-Einfachdeckung

Die Biber werden nicht im Verband, sondern in Reihe, Fuge über Fuge, gedeckt, damit das Wasser vom tiefsten Punkt der rund geschnittenen Ziegel jeweils auf die Mitte des darunterhängenden Ziegels abgeleitet wird. Dadurch gelangt möglichst wenig Wasser in die mit Spließen unterlegten Längsfugen. Die Fachregel lässt aber in Ausnahmen auch eine Verlegung im Drittelverband zu.

Die variable Höhenüberdeckung ergibt sich durch die einfache Überdeckung aus dem Abstand zweier Ziegelreihen und ist von der Neigung des Daches abhängig. Traufe und First werden auch nach Art der Kronendeckung mit Flächenbibern ausgeführt.

Für die Unterkonstruktion üblich sind Dachlatten vom Querschnitt 30/50 mm in der Sortierklasse S10 nach DIN 4074-1 bei einem Konterlattenabstand von höchstens 80 cm.

8.8 Deckung mit Dachsteinen

Zusammen mit den Dachziegeldeckungen sind Deckungen mit Betondachsteinen am weitesten verbreitet auf Deutschlands Steildächern.

Die Herstellung der Betondachsteine wurde in den letzten Jahren immer weiter optimiert, sodass Kalkausblühungen heutzutage kein Thema mehr sind. Auch die verbesserte Qualität der Oberflächenbeschichtungen führte zu einer weiteren Reduktion der Moosbildung. Die Regensicherheit und die Lebensdauer von Dachsteindeckungen konnten so deutlich erhöht werden.

Das äußere Erscheinungsbild der Dachsteindeckungen ist teilweise nur schwer von entsprechenden Dachziegeldeckungen zu unterscheiden. Wie die Dachziegel gehören auch die Dachsteine zu den kleinformatigen Deckwerkstoffen.

Dachsteine werden im **Strangpressverfahren** in unterschiedlichen Formen, profiliert oder eben, mit oder ohne Mittelwulst, mit oder ohne mehrfache Seitenverfalzung sowie mit oder ohne Fußverrippung hergestellt. Eine vorhandene Seitenverfalzung besteht immer aus einem Wasser- und einem Deckfalz.

Tabelle 8.17: Dachsteinarten mit Deckungsarten und Regeldachneigungen

Merkmale	Form	Deckungsart	Regeldachneigung
Dachsteine mit Seitenverfalzung			
hochliegender Seitenfalz	profiliert	Einfachdeckung	22°
tiefliegender Seitenfalz	eben		25°
Dachsteine ohne Verfalzung			
eben	Biber	Doppel- und Kronendeckung	30°
		Einfachdeckung mit Spließen	40°

Auch bei den Dachsteindeckungen ist eines der entscheidendsten Kriterien zur Auswahl die Regensicherheit der entsprechenden Deckungsart. Die Ausbildung der Seitenverfalzung, die Fußverrippung, die Höhenüberdeckung und die Form der Dachsteine bestimmen die Regensicherheit einer Dachsteindeckung. Je höher die Verfalzung über der wasserführenden Ebene liegt, desto größer ist die Regensicherheit der Deckung und desto niedriger ist deren Regeldachneigung.

Die oben stehende Tabelle 8.17 zeigt die möglichen Deckungsarten mit ihren jeweiligen Regeldachneigungen.

In den nachfolgenden Kapiteln werden die Eigenschaften und Deckungsmerkmale der genannten Dachsteindeckungen beschrieben.

8.8.1 Deckung mit seitenverfalzten Dachsteinen

Profilierte oder ebene Dachsteine mit hoch- oder tiefliegender Seitenverfalzung werden überwiegend im Standardformat 330 × 420 mm und im Format 245 × 420 mm hergestellt. Die Deckungen erfolgen in der Einfachdeckung, d. h., die obere Dachsteinreihe überdeckt die darunterliegende um das Maß der Höhenüberdeckung.

Die Seitenüberdeckung ist durch die Seitenverfalzung vorgegeben. Die Höhenüberdeckung ist durch eine fehlende Kopfverfalzung variabel und von der Dachneigung abhängig.

Durch die Lage der Seitenverfalzung werden profilierte Dachsteine von rechts nach links gedeckt. Einzelne Dachsteinformen lassen auch eine Deckung im Verband zu.

Durch geringere Toleranzen in der Seitenverfalzung sind bei Deckungen mit Dachsteinen Unebenheiten in der Unterkonstruktion schwieriger auszugleichen, als dies bei Dachziegeldeckungen der Fall ist. Auf die Ebenheit der Unterkonstruktion und eine geringere Durchbiegung der Traglatten ist zu achten.

8.8.1.1 Dachsteine mit hochliegendem Seitenfalz

Dachsteine mit hochliegendem Seitenfalz sind profilierte Dachsteine mit Fußverrippung. Sie werden entweder mit oder ohne Mittelwulst hergestellt. Die Lage des Mittelwulstes kann entweder mittig (symmetri-

Begriffe

Die **Spließdeckung** mit Biberschwanzziegeln erfolgt als Einfachdeckung. Jede Längsfuge wird mit einem mindestens 5 cm breiten Spließ unterlegt.

Begriffe

Bei **Biberschwanzziegeln** unterscheidet man die **Doppel-, die Kronen-** und die **Einfachdeckung mit Spließen**. Letztgenannte ist nur noch für untergeordnete Gebäude von Bedeutung. Die Dachfläche wird so eingeteilt, dass bei beiden Deckungsarten die dritte Reihe die erste noch um das Maß der Höhenüberdeckung überdeckt.

Die **Doppeldeckung** besitzt die halbe Lattweite und damit den doppelten Lattenbedarf im Vergleich zur Kronendeckung. Der Ziegelbedarf pro Quadratmeter ist bei beiden Deckungsarten gleich.

Bei der **Kronendeckung** liegen 2 Reihen Dachziegel auf einer Latte. Bei beiden Deckungsarten werden die einzelnen Reihen zueinander möglichst im Halbverband verlegt.

@ Links und Literatur

DIN 4074-1: Sortierung von Holz nach der Tragfähigkeit; Nadelschnittholz unter www.beuth.de

Tabelle 8.18: Werkstoffkennwerte Dachsteine mit hochliegendem Seitenfalz

Größe B/L in cm/cm	Deckfläche DB/DL* in cm/cm	Höhenüberdeckung (dachneigungsabhängig)		Seitenüberdeckung	Lattweite in cm	Dachsteinbedarf ≈ St./m²
33/42	30/32–30/34,5	DN < 22° ≥ 22°–30° DN > 30°	≥10 cm ≥ 8,5 cm ≥ 7,5 cm	durch Seitenfalz vorgegeben, ca. 3 cm	32,0–34,5	9,7–10,4
24,5/42	20/32–20/34,5			durch Seitenfalz vorgegeben, ca. 4,5 cm	32,0–34,5	14,5–15,6

* DB = Deckbreite, DL = Decklänge

Abb. 8.63: Profilierter Dachstein mit hochliegendem Seitenfalz und symmetrischem Mittelwulst – Frankfurter Pfanne

Abb. 8.64: Profilierter Dachstein mit hochliegendem Seitenfalz und symmetrischem Mittelwulst – BRAAS Altdeutsche Pfanne

Abb. 8.65: Profilierter Dachstein mit hochliegendem Seitenfalz und asymmetrischen Mittelwulst – BRAAS Doppel-S-Pfanne

scher Mittelwulst) oder außerhalb der Mitte des Dachsteins liegen (asymmetrischer Mittelwulst).

Dachsteine mit symmetrischem Mittelwulst haben entweder einen ebenen oder einen runden Wasserlauf. Die Form des Mittelwulstes ist entweder halbkreis- oder segmentförmig.

Bei Dachsteinen mit asymmetrischem Mittelwulst ist der Wasserlauf rund. Dachsteine ohne Mittelwulst besitzen ebenfalls einen muldenförmigen Wasserlauf. Letztere sind aber mittlerweile aus dem Lieferprogramm der führenden Dachsteinhersteller verschwunden und nur noch im verlegten Zustand anzutreffen.

Durch den hochliegenden Seitenfalz wird das Niederschlagswasser auf die wasserführende Ebene des darunterliegenden Dachsteins abgeleitet.

Die Abbildungen 8.63 bis 8.65 zeigen Deckbilder der oben beschriebenen Deckungen.

Die Dachsteinindustrie produziert immer wieder neue Dachsteinmodelle, die zwar in ihrem Aussehen bzw. der Profilierung abweichen, aber den o. g. Deckungsmerkmalen entsprechen.

Die oben stehende Tabelle 8.18 enthält die erforderlichen technischen Daten zu den Dachsteinmodellen, die in den Fachregeln des deutschen Dachdeckerhandwerks genannt sind.

Die Größen- und Mengenangaben in Tabelle 8.18 sind als Beispiele zu sehen und können firmenspezifisch abweichen.

Zur Steigerung der Wirtschaftlichkeit bei der Verlegung werden mittlerweile auch Dachsteine im Großformat z. B. in der Größe 36,5 × 48,0 cm angeboten. Bei einer Deckbreite von 33 cm und dachneigungsabhängigen Decklängen zwischen 37,2 und 40,5 cm reduziert sich dadurch der Dachsteinbedarf auf ca. 8 Stück pro Quadratmeter.

8.8.1.2 Dachsteine mit tiefliegendem Seitenfalz

Bei den Dachsteinen mit tiefliegendem Seitenfalz handelt es sich um ebene, also nicht profilierte Dachsteine mit Fußverrippung. Die Lage des Wasserfalzes liegt unterhalb der ebenen, wasserführenden Ebene. Durch eine Deckung im Verband wird das Niederschlagswasser von der Seitenverfalzung auf die wasserführende

Tabelle 8.19: Traglattenquerschnitte bei ebenen Dachsteinen mit tiefliegendem Seitenfalz

Traglattenquerschnitte bei ebenen Dachsteinen mit tiefliegendem Seitenfalz	
Sparrenabstand – Achsmaß	**Traglattenquerschnitt – Nennquerschnitt**
< 75 cm	30/50 mm
< 90 cm	40/60 mm

Tabelle 8.20: Werkstoffkennwerte Dachsteine mit tiefliegendem Seitenfalz

Größe B/L in cm/cm	Deckfläche DB/DL* in cm/cm	Höhenüberdeckung (dachneigungsabhängig)		Seitenüberdeckung	Lattweite in cm	Dachsteinbedarf ≈ St./m²
33/42	30/31,5–30/34	DN < 25° ≥ 25°–35° DN > 35°	≥10,5 cm ≥ 9,5 cm ≥ 8,0 cm	durch Seitenfalz vorgegeben, ca. 3 cm	31,5–34	9,8–10,6
* DB = Deckbreite, DL = Decklänge						

Ebene des darunterliegenden Dachsteins geleitet.

Wegen der Lage der Verfalzung auf der linken Seite des Dachsteins werden sie i. d. R. von rechts nach links gedeckt. Bei diesen ebenen Dachsteinen ist es besonders wichtig, auf die Planebenheit der Unterkonstruktion zu achten, um die klaren Linien durch einen parallelen Fugenverlauf dieser streng geometrischen Deckung zu erhalten.

Um ein Durchbiegen der Traglattung zu verhindern, sind die Traglattenquerschnitte nach Tabelle 8.19 einzuhalten.

Je nach Belastung, z. B. bei hohen Schneelasten, können auch größere Traglattenquerschnitte erforderlich sein.

Die Abbildungen 8.66 und 8.67 zeigen Deckbilder der oben beschriebenen Deckung mit ebenen Dachsteinen.

Die Größen- und Mengenangaben in Tabelle 8.20 sind als Beispiele zu sehen und können firmenspezifisch abweichen.

Abb. 8.66: Ebener Dachstein mit tiefliegendem Seitenfalz (Deckung im Verband)

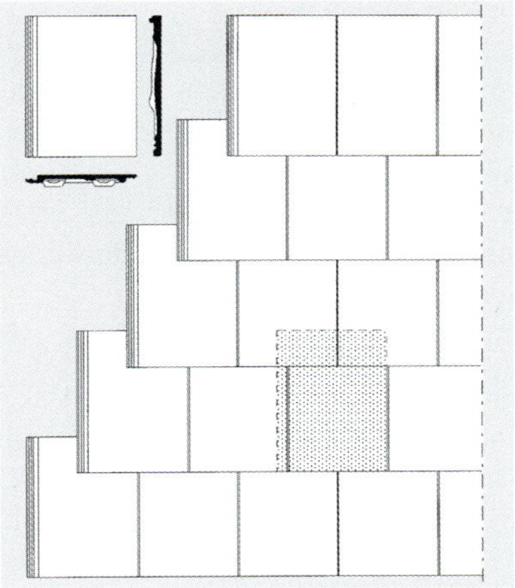

Abb. 8.67: Deckschema ebener Dachstein mit tiefliegendem Seitenfalz (Deckung im Verband)

■ **Begriffe**

Dachsteine gehören wie die Dachziegel zu den kleinformatigen Deckwerkstoffen. Im Gegensatz zu den Dachziegeln werden Dachsteine aus Beton hergestellt. Im Deckbild sind sie kaum von Dachziegeldeckungen zu unterscheiden.

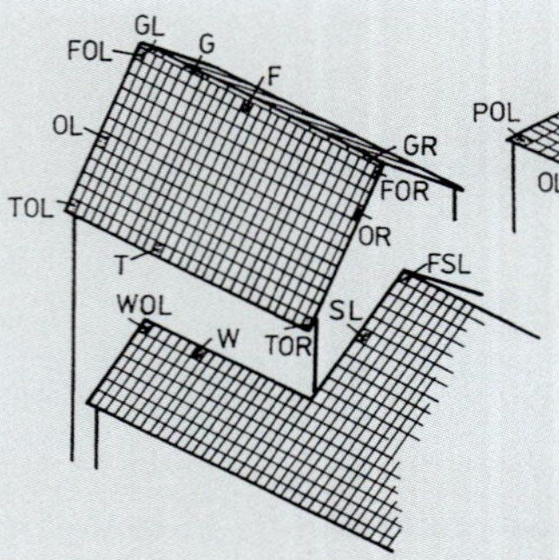

G	=	First- und Gratziegel/-stein
GL u. GR	=	First-/Gratanfänger links und rechts
F	=	Firstanschlussziegel/-stein
FOL u. FOR	=	Firstanschluss-Ortgangziegel/-stein links und rechts
OL	=	Ortgangziegel/-stein links
OR	=	Ortgangziegel/-stein rechts
T	=	Traufziegel/-stein
TOL u. TOR	=	Traufanschluss-Ortgangziegel/-stein links und rechts
P	=	Pultdachziegel/-stein
POL u. POR	=	Pult-Ortgangziegel/-stein links und rechts
SL u. SR	=	Seitenanschlussziegel/-stein links und rechts
FSL	=	Firstseitenanschlussziegel/-stein
W	=	Wandanschlussziegel/-stein
WOL u. WOR	=	Wandanschluss-Ortgangziegel/-stein links und rechts

Abb. 8.68: Formziegel und Formsteine bei Dachziegel-/Dachsteindeckungen

Bei den Dachsteinen mit Seitenfalz wird, je nach Lage, zwischen hoch- und tiefliegender Verfalzung unterschieden. Je höher die Verfalzung über der wasserführenden Ebene liegt, desto größer ist die Regensicherheit der Deckung und desto niedriger liegt die Regeldachneigung der Deckung.

Im Gegensatz zu den Dachziegeln mit umlaufender Verfalzung sind Dachsteine in ihrer Höhenüberdeckung variabel. Diese ist von der Dachneigung abhängig.

Dachsteine mit Seitenverfalzung werden überwiegend im Standardformat 33 × 42 cm hergestellt.

8.8.2 Dachsteine ohne Verfalzung

Bei den Dachsteinen ohne Verfalzung sind lediglich ebene Dachsteine im Biberformat mit unterschiedlichen Schnittarten auf Dächern zu finden. Dachsteine in Biberform haben Abmessungen von ca. 170 × 420 mm. Vergleichbar mit den Biberschwanzdeckungen bei den Dachziegeln sind folgende Deckungsarten anzutreffen:

- Doppeldeckung,
- Kronendeckung,
- Einfachdeckung mit Spließen.

Dachsteine ohne Verfalzung im Biberformat sind heute nur noch im verlegten Zustand anzutreffen. Die Industrie hat die Produktion solcher Dachsteine eingestellt. Die Deckung erfolgt wie bei den Biberschwanzziegeldeckungen (siehe auch Kapitel 8.7.2.4).

8.9 Dachdetails bei Deckungen mit Dachziegeln und Dachsteinen

Bei der Planung einer Dachziegel- oder Dachsteindeckung muss ein besonderes Augenmerk auf die Ausbildung der Dachdetails gelegt werden. Das Regelwerk des deutschen Dachdeckerhandwerks lässt unterschiedliche Varianten in der Detailausbildung zu. Während in diesem Kapitel die Ausführung der Trauf-, Ortgang-, First- und Pultdetails vorgestellt wird, wird in Kapitel 13a die Ausbildung von Graten, Kehlen und Anschlüssen gezeigt.

Zur fachgerechten Ausführung der Dachdetails bietet die Dachziegel- und Dachsteinindustrie eine Vielzahl von Formziegeln und -steinen. Abbildung 8.68 zeigt die wichtigsten Zuordnungen und Begriffe für Formziegel und -steine von Dachziegel- und Dachsteindeckungen.

8.9.1 Die Deckung der Traufe

Die Deckung der Traufe, also der untersten Dachkante, von der das Niederschlagswasser der Dachfläche abfließt, ist mit besonderer Sorgfalt auszuführen, da dort die Gesamtmenge an ablaufendem Wasser zusammenläuft. Bei Wohngebäuden und in niederschlagsreichen Gebieten befindet sich unterhalb der Traufe eine Dachrinne zur kontrollierten Entwässerung.

Die Ausführung der Deckung an der Traufe kann mit einem Überstand über die Traufkonstruktion, bündig oder zurückgesetzt erfolgen. Dies ist abhängig von der Einteilung der Dachfläche, den klimatischen Verhältnissen und der Dachrinnenkonstruktion. Die unterste Reihe an der Traufe kann mit den gleichen Dachziegeln oder Dachsteinen wie in der Dachfläche oder mit speziellen Formziegeln/-steinen, z. B. Traufanschlussziegeln oder -steinen, gedeckt werden. Auch Sonderkonstruktionen, z. B. mit Einlaufblechen oder mit Traufgebinden aus anderen Deckungsmaterialien, sind möglich.

Die Vorderkante der Traufreihe ist so festzulegen, dass die Entwässerung in die Dachrinne sichergestellt ist. Bei hochhängenden Dachrinnen soll die Deckung, waagerecht gemessen, nicht mehr als ⅓ der Rinnenbreite in die Dachrinne ragen. Für die gängigen Rinnengrößen liegt dieses Maß bei ca. 5 cm (z. B. halbrunde Dachrinne mit einer Zuschnittbreite von 333 mm). Bei tiefhängenden Rinnen muss die erste Reihe zurückgesetzt werden, damit bei starkem Niederschlag das Wasser nicht über die Rinne schießt. In diesem Fall ist immer ein Einlaufblech bzw. Traufstreifen oder ein Tropfwinkel erforderlich.

Je größer der Höhenunterschied zwischen der wasserführende Ebene der Traufreihe und der Dachrinne ist, desto eher wird ein Einlaufblech an der Traufe erforderlich. Dies ist immer bei tiefhängenden Dachrinnen, bündiger und zurückgesetzter Deckung der Traufreihe der Fall.

Bei der Einteilung der Dachfläche sollte darauf geachtet werden, dass an der Traufe keine geschnittenen

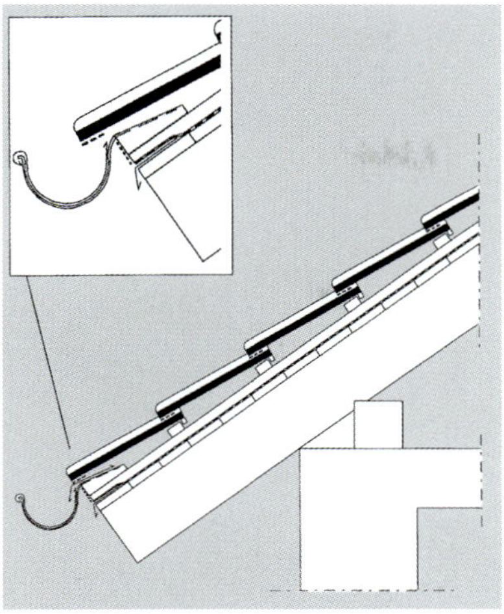

Abb. 8.69: Traufe mit hochhängender Rinne

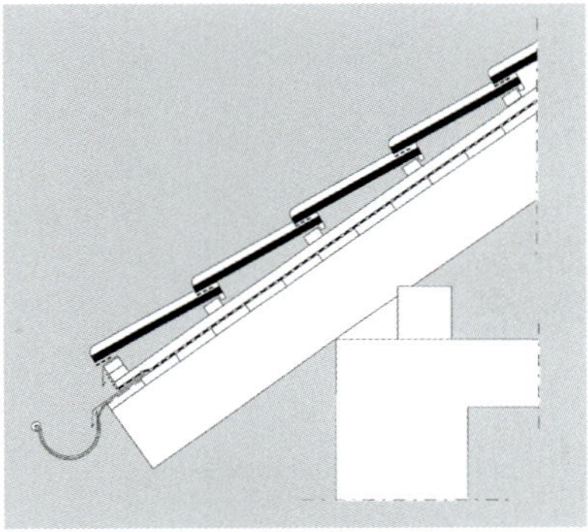

Abb. 8.70: Traufe mit tiefhängender Rinne und Einlaufblech

→ Zu Dachdetails siehe auch Kapitel 13a

Dachziegel/-steine gedeckt werden müssen. Eine Lösung z. B. bei kurzen Sparrenlängen, versetzten oder schrägen Traufen wäre der Längenausgleich durch ein breiteres Einlaufblech.

Die Verwendung von Trauf- oder Keilbohlen, Doppellatten, Traufelementen o. Ä. als untere Auflage sorgt dafür, dass die Traufreihe die gleiche Neigung hat wie die folgenden Reihen.

Die Lüftungsebene zwischen der Unterseite der Deckung und der Unterspannung bzw. Unterdeckung

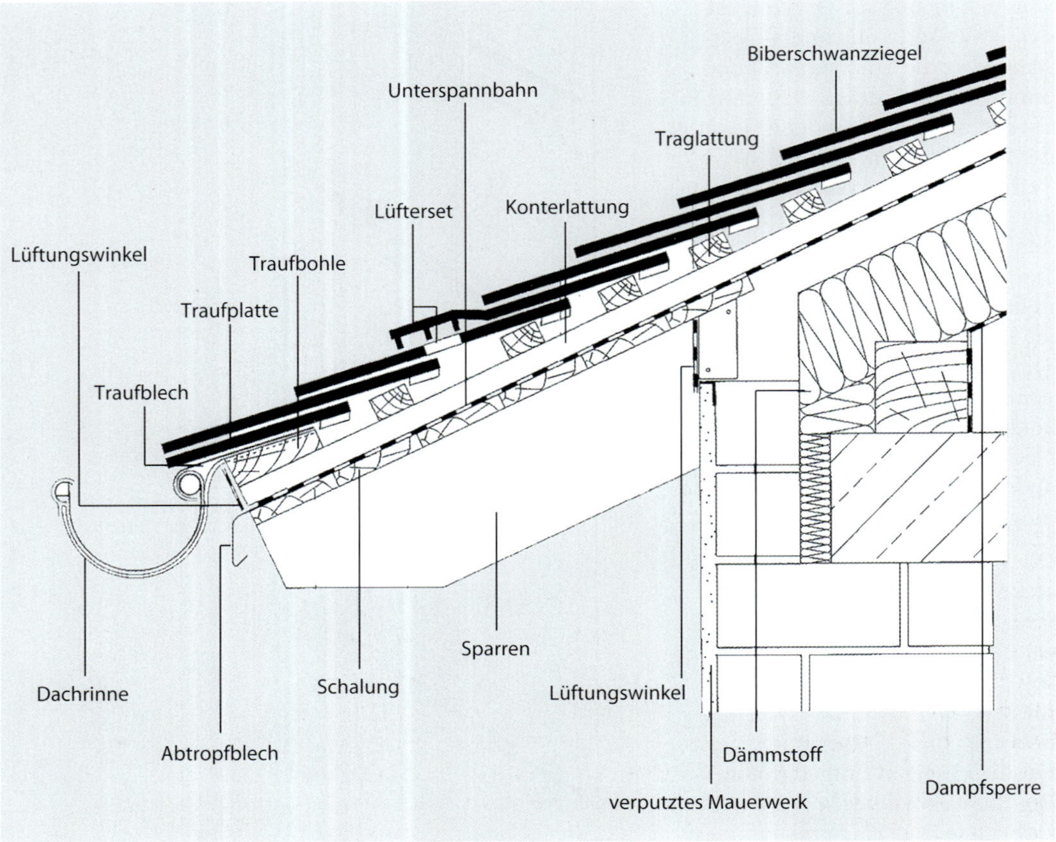

Abb. 8.71: Schnittbild Traufe Doppeldeckung Biberschwanz

(Zusatzmaßnahme zur Regensicherheit siehe Kapitel 8.2) muss im Bereich der Traufe an die Außenluft angeschlossen werden. Dies kann z. B. durch Traufllüftungselemente oder Lochblech-Winkelleisten erfolgen oder indem die Konterlattung bis zur Außenkante der Traufkonstruktion geführt wird und die Öffnungen zwischen den Konterlatten durch Lüftungsgitter verschlossen werden.

Bei geschlossener Traufkonstruktion müssen oberhalb der Traufeindeckung Lüfterziegel/-steine in ausreichender Anzahl eingebaut werden.

Abb. 8.72: Traufeindeckung Biberschwanz

Bei den unterschiedlichen Dachziegel- und Dachsteindeckungen können für die erste Traufreihe Sonderziegel verwendet werden. Bei einigen Falzziegeldeckungen und bei Deckungen mit profilierten Dachsteinen bietet die Industrie sog. Traufziegel bzw. -steine an, bei denen die Profilierung zur Unterseite hin geschlossen ist, um den Einflug von Vögeln oder Insekten zu verhindern. Die Decklänge entspricht der der Normalziegel.

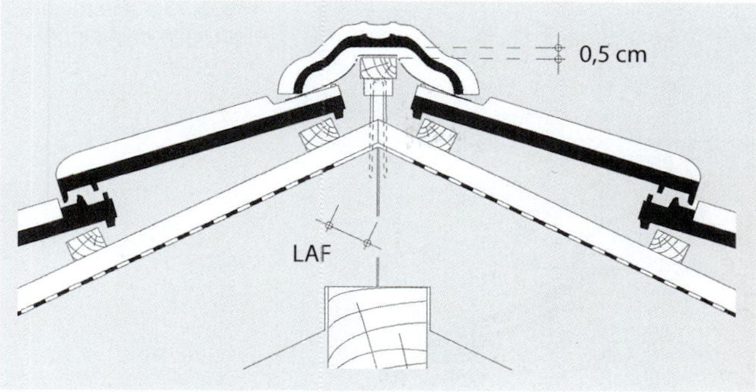

Abb. 8.73: Firstdetail Falzziegel

Abb. 8.74: Firstanschlussziegel, Flachdachpfanne mit Trockenfirst

Bei den Biberschwanzdeckungen wird die Traufe entweder mit Traufplatten oder mit Normalziegeln in Kronendeckung ausgeführt. Die Traufplatten, die mit einer Länge von 26 cm etwa 12 cm kürzer sind als die Normalbiber, liegen dabei auf einer eigenen Latte, die von der Traufunterkante so weit entfernt befestigt wird, dass die Unterkante der Traufplatte und die Unterkante der aufliegenden ersten Normalbiberreihe bündig enden. Die Abbildungen 8.71 und 8.72 verdeutlichen diese Form der Traufausbildung bei der Biberschwanz-Doppeldeckung.

Die Eindeckung der Traufe erfolgt bei Dachziegel- und Dachsteindeckungen entweder mit Flächenziegeln/-steinen oder speziellen Formziegeln/-steinen.

Die Ausführung kann mit einem Überstand über die Traufkonstruktion, bündig oder zurückgesetzt erfolgen. Dies ist abhängig von der Einteilung der Dachfläche, den klimatischen Verhältnissen und der Dachrinnenkonstruktion.

Die Traufeindeckung bei den Biberschwanzdeckungen erfolgt mit speziellen Traufplatten oder mit Normalbibern in Kronendeckung.

8.9.2 Die Deckung am First

Die Dachdeckung am First besteht bei Dachziegel- und Dachsteindächern aus Firstziegeln oder Firststeinen. Alternativ sind Sonderkonstruktionen mit anderen Materialien möglich.

Die Dachfläche sollte immer so eingeteilt werden, dass am First ganze Dachziegel/-steine gedeckt werden können. Bei versetzten oder schrägen Firstkanten und bei sehr kurzen Sparrenlängen kann es aber auch erforderlich werden, die Firstreihe zu schneiden und zusätzlich zu befestigen.

Die Deckung am First wird entweder als Trockenfirst oder als Mörtelfirst ausgeführt.

Bei trockener Verlegung werden unterhalb der Firstziegel/-steine Trockenfirstelemente oder flexible Firstbänder montiert, um das Eindringen von Niederschlag zu verhindern.

Werden keine Firstelemente verwendet, sind spezielle Firstanschlussziegel/-steine zu verwenden, deren ausgeformte Kopfteile eine regensichere Überdeckung durch die Firstziegel/-steine ermöglichen. Die Ebene unterhalb der Dachdeckung ist im Firstbereich durch

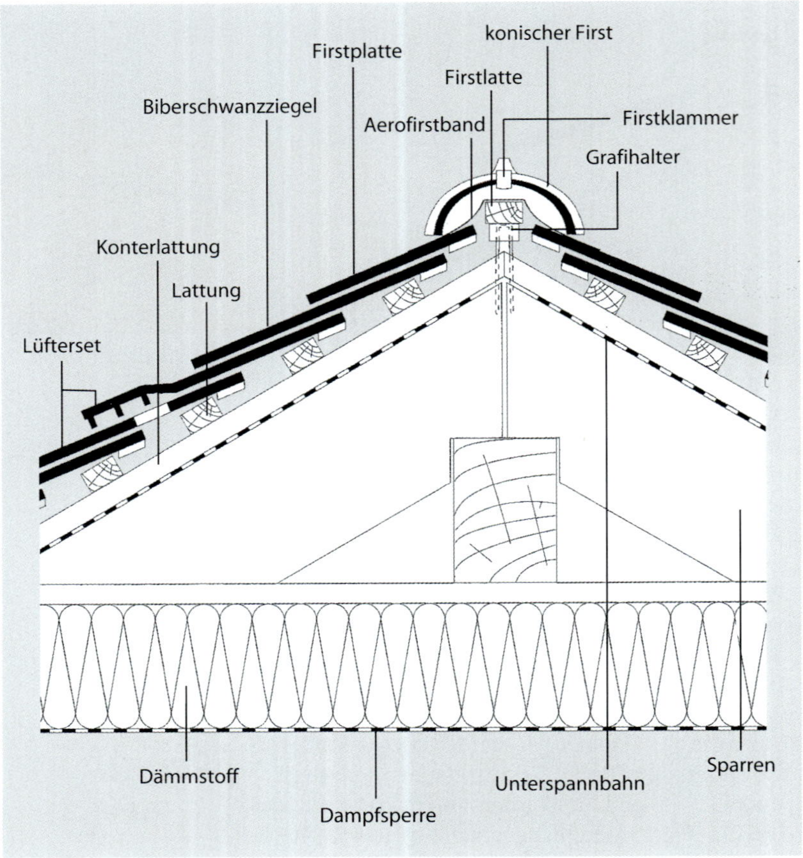

Abb. 8.75: Firstdetail Biberschwanz-Doppeldeckung

Öffnungen von 0,5 ‰ der zugehörigen Dachfläche bzw. mindestens 50 cm²/m First zu entlüften. Dies kann über die Trockenfirstelemente (Lüftungselemente), geeignete Lüftungsfirstziegel oder Lüfterziegel/-steine erfolgen.

Wird die Deckung der Firstziegel/-steine als Mörtelfirst ausgeführt, müssen diese zusätzlich zur Vermörtelung mit Längs- und Querschlag mechanisch, z. B. mit korrosionsbeständigem Bindedraht, befestigt werden. Dies ist erforderlich, weil die Vermörtelung nicht zur Windsogsicherung herangezogen werden kann.

Beim Mörtelfirst kann die Lüftung der Ebene unterhalb der Dachdeckung durch Lüfterziegel/-steine oder Sonderfirstziegel/-steine sichergestellt werden.

Bei den Firstziegeln/-steinen werden konische und solche mit Verfalzung unterschieden. So-

Abb. 8.76: Firstziegel Biber-Doppeldeckung

fern die Überdeckung nicht durch eine Verfalzung vorgegeben ist, sind die konischen Modelle mit einer Überdeckung von 4 cm untereinander zu decken. Am Firstanfang und am Ende des Firstes bietet die Industrie entsprechende Formziegel/-steine oder Endplatten an.

Als Unterkonstruktion zur Befestigung und Ausrichtung der Firstziegel/-steine werden ausreichend befestigte Firstlatten oder Firstbohlen verwendet. Oftmals werden 1 bis 2 Latten übereinander auf den Sparren befestigt, um die erforderliche Höhe für die Auflage der Firsteindeckung zu erreichen. Eleganter ist dies allerdings durch geeignete Firstlattenhalter zu lösen. Die Oberkante der Firstlatte ist so auszurichten, dass die Firstziegel/-steine die obersten Ziegelreihen noch ausreichend und regensicher überdecken. Unter Berücksichtigung der Lüftungsöffnungen sollen sie beidseitig auf der Deckung aufliegen.

Zur Windsogsicherung sind bei allen Firstausführungen die Firstziegel/-steine an der Unterkonstruktion mechanisch zu befestigen. Diese Forderung gilt als erfüllt, wenn die Befestigung mit einer Holzschraube (Mindestdurchmesser 4,5 mm, Einschraubtiefe > 24 mm in Nadelholz) und einer Klammer erfolgt. In der Regel gibt der Hersteller Montagehinweise zu den entsprechenden Modellen.

Bei den Biberschwanzdeckungen wird die letzte Reihe vor den Firstziegeln/-steinen als Kronengebinde gedeckt. Bei der Kronendeckung werden dafür immer Flächenbiber verwendet, während bei der Biberdoppeldeckung die oberste Reihe überwiegend mit Firstanschluss-Bibern gedeckt wird. Diese sind mit einer Länge von ca. 26 cm so kurz, dass in Kronendeckung verlegt, ein einheitliches Deckbild verbleibt.

8.9.3 Die Deckung am Ortgang

Die seitlichen Begrenzungen an Giebelwänden werden Ortgang genannt. Für die Eindeckung der Ortgangkanten können Ortgangziegel/-steine, Doppelwulstziegel, Schlusssteine oder Flächenziegel/-steine verwendet werden. Es sind aber auch andere dafür geeignete kleinformatige Deckwerkstoffe, z. B. Schiefer oder Faserzementplatten, zu finden. Sonderkonstruktionen mit Windbrettern aus Holz oder mit Metallblechen sind ebenfalls möglich.

Ortgänge sollen mit ungeschmälerten Dachziegeln/-steinen gedeckt werden. Bei schmalen Dachflächen, versetzten oder schrägen Orten kann es erforderlich sein, die Ortgangreihe zu schneiden und eine entsprechende Sonderkonstruktion herzustellen.

Zur Windsogsicherung sind an den Ortgangkanten alle Dachziegel/-steine, mit Ausnahme der Deckschicht bei der Biberschwanz-Kronendeckung, an der Unterkonstruktion im Überdeckungsbereich zu befestigen. Dies muss mindestens mit einer Holzschraube, Durchmesser 4,5 mm, bei einer Einschraubtiefe von 24 mm in Nadelholz erfolgen.

An den Außenkanten der Giebelwand bzw. einer Holzunterkonstruktion soll der Überstand von Doppelwulstziegeln, Schlusssteinen oder Flächenziegeln/-steinen mindestens 3 cm betragen.

Bei der Verwendung von Ortgangziegeln/-steinen ist zwischen der In-

Begriffe

Die Eindeckung am First kann bei Dachziegel- und Dachsteindeckungen entweder **trocken** oder **in Mörtel** ausgeführt werden. Bei **der trockenen Verlegung** unterscheidet man: Konstruktionen mit Trockenfirst- bzw. Lüfterelementen, flexiblen Firstbändern oder rein keramische Lösungen.

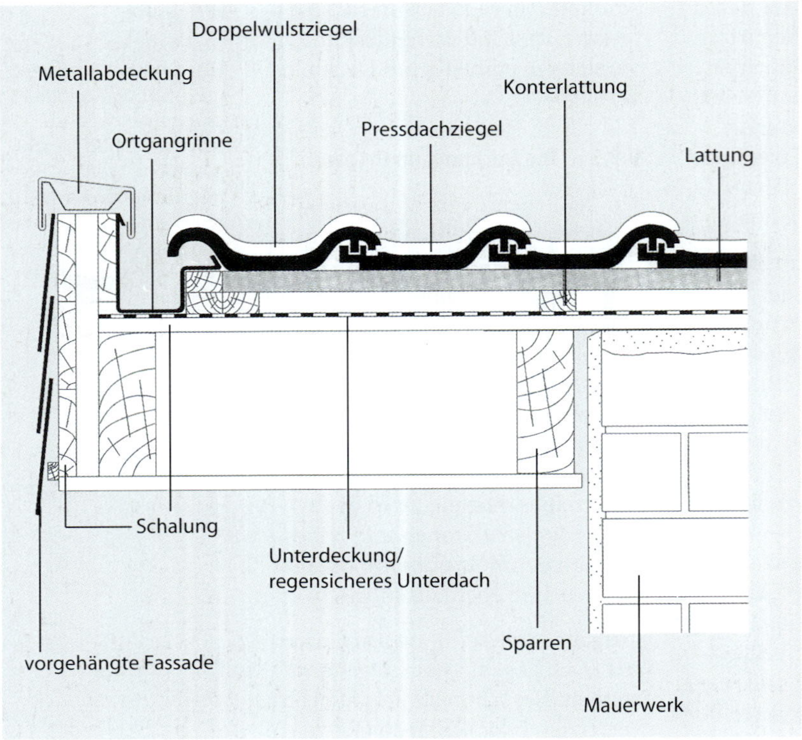

Abb. 8.77: Ortgang mit Doppelwulstziegel an Ortgangrinne

nenkante der Ortganglappen und der Außenkante der Giebelwand oder Bekleidung ein Abstand von mindestens 1 cm einzuhalten.

Einen besseren Schutz gegen Schlagregen bieten Ortgangkonstruktionen, die deutlich über die Giebelwand hinausragen. Der freie Überstand der Traglatten über die Außenkante darf aber nicht mehr als 30 cm betragen. Die Länge des Überstandes richtet sich nach den Anforderungen und der Dacheinteilung und hängt auch vom verwendeten Traglattenquerschnitt ab.

Wenn der Außenputz bis zur Unterkante der Dachdeckung geführt werden soll, muss die Trag- und Konterlattung mindestens 2 cm vor dem Putzträger enden.

Typische Ortgangausbildungen sind die Verwendung von Stirn- und Windbrettern oder von Zahnleisten. Diese sind Holzbretter, die entsprechend der Form der Dachmaterialien sägezahnförmig eingeschnitten sind (siehe Abb. 8.79).

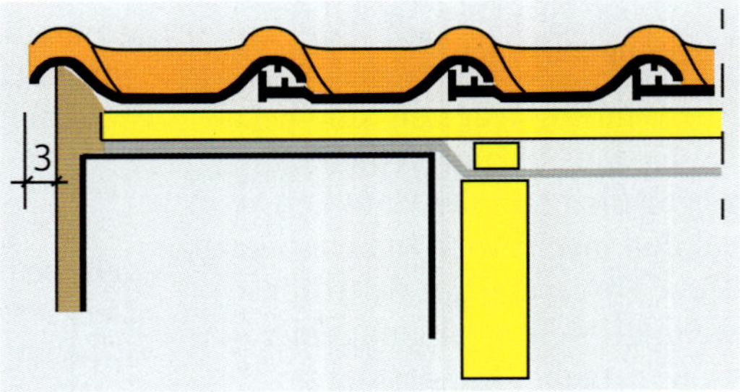

Abb. 8.78: Ortgang mit Überstand mit Doppelwulstziegel

Die eleganteste und zugleich dauerhafteste Konstruktion ist aber die Verwendung von Ortgangziegeln bzw. Giebel-/Ortgangsteinen, die mit dem sog. Ortganglappen die Unterkonstruktion vor der Witterung schützen (siehe Abb. 8.81).

Bei den Dachsteindeckungen werden wegen der variablen Höhenüberdeckung, je nach Lattweite, Giebel-/Ortgangsteine mit unterschiedlich langen Ausstichen am Ortganglappen verwendet.

Bei den Biberschwanzdeckungen sind ebenfalls Ortgangausführungen mit Ortgangbibern mög-

Abb. 8.79: Biberschwanzortgang mit Zahnleiste

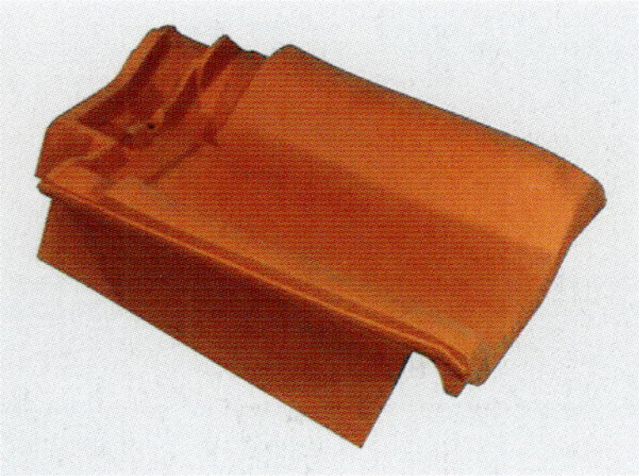

Abb. 8.80: Ortgangziegel Flachdachpfanne links

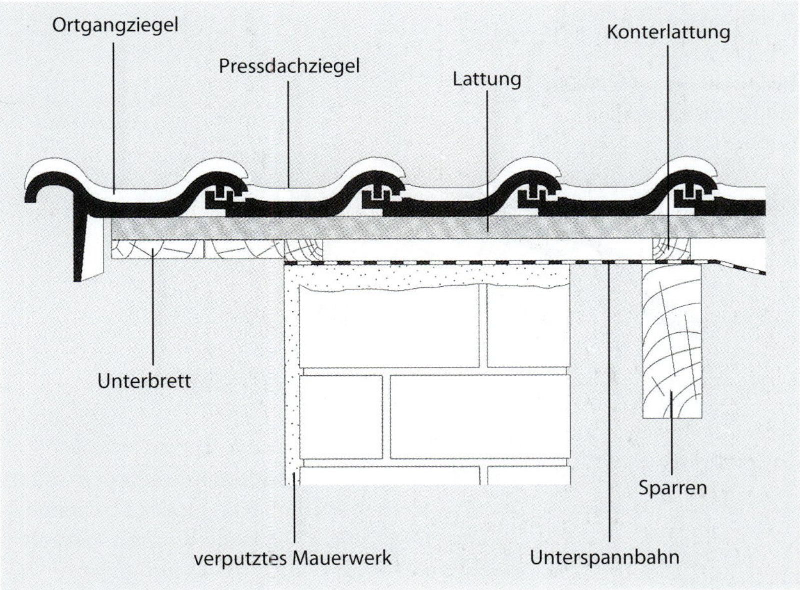

Abb. 8.81: Ortgangziegel mit Unterbrett

lich, die als 1/2- und 1/1- oder als 3/4- und 5/4-breite Ortgangziegel angeboten und von Reihe zu Reihe im Verband eingedeckt werden.

Die Verwendung von Flächenbibern mit mindestens 30 mm Überstand ist bei Konstruktionen mit Windbrettern und Zahnleisten ebenfalls möglich. Geschmälerte Flächenbiber, die am Ortgang gedeckt werden, sind immer mit einem wasserabweisenden Schnitt zu versehen.

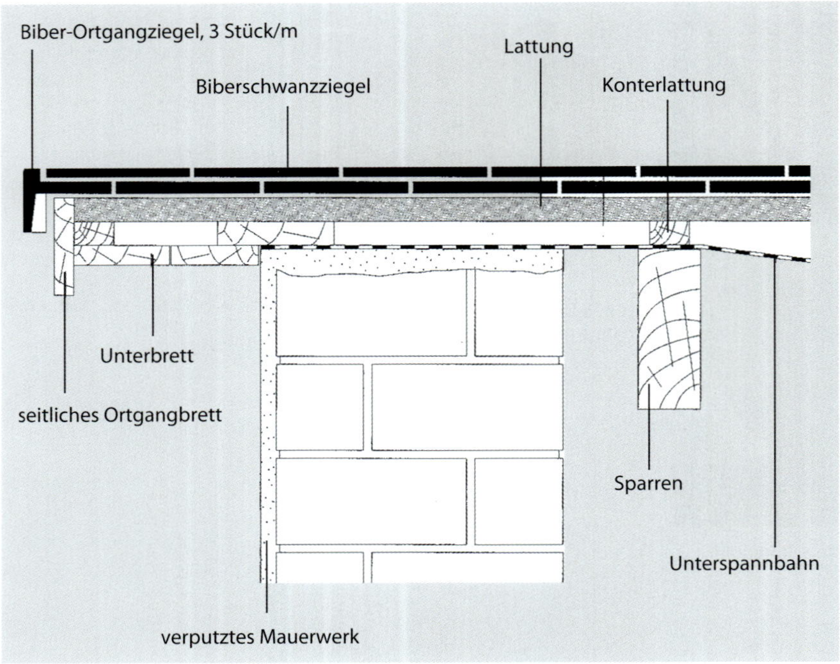

Abb. 8.82: Schnittbild Ortgang mit Ortgangziegeln, Biberschwanz-Doppeldeckung

Die Eindeckung der Ortgangkanten kann bei Dachziegel- und Dachsteindeckungen erfolgen mit:

- **speziellen Ortgangziegeln/-steinen,**
- **Doppelwulstziegeln,**
- **Schlusssteinen,**
- **Flächenziegeln/-steinen,**
- **Konstruktionen mit Windbrettern,**
- **Zahnleisten,**
- **Ortgangrinnen mit Metallblechkonstruktionen.**

Ortgangziegel/-steine sind auf der Unterkonstruktion ausreichend mechanisch zu befestigen.

Abb. 8.83: 1/1-Ortgang Biber links

8.9.4 Die Deckung am Pultabschluss

Die oberste Dachkante bei Pultdächern kann mit Formziegeln/-steinen oder als Sonderkonstruktion ausgeführt werden. Als passende Formziegel bietet die Industrie spezielle Pultziegel/-steine an, deren oberste Abschlusskante, vergleichbar mit einem Ortganglappen, die Unterkonstruktion abdeckt. Selbst bei den Biberschwanzziegel-Deckungen ist die Herstellung solcher Sonderziegel möglich.

Die Neigung der eingedeckten Pultziegel/-steine zum Sparren muss der Neigung der Flächendeckung entsprechen. Die Einteilung der Gesamtdecklänge soll so erfolgen, dass nur ganze Dachziegel/-steine verwendet werden können.

Am Pultabschluss haben sich in der Praxis ähnlich große Lüftungsöffnungen wie an der Traufe bewährt. Pultziegel/-steine sind zum Schutz gegen Windsog wie Ortgangziegel/-steine mit mindestens 1 Schraube mechanisch zu befestigen.

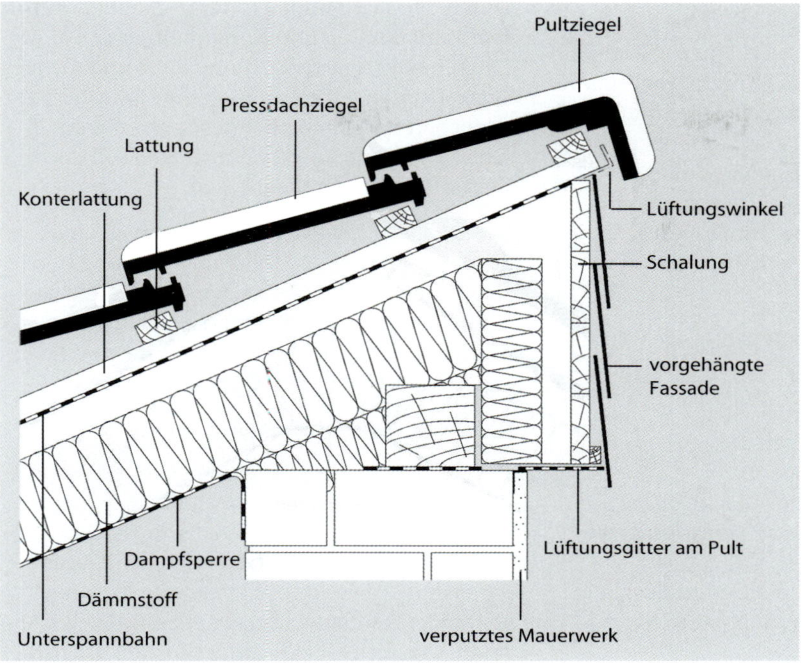

Abb. 8.84: Schnittbild Pultabschlussdetail

Begriffe

Die Eindeckung der oberen Pultabschlusskante bei Pultdächern kann bei Dachziegel- und Dachsteindeckungen mit speziellen **Pultziegeln/-steinen** erfolgen. Die Lüftungsöffnungen am Pultabschluss sind ebenso groß wie an der Traufe auszuführen. **Pultziegel/-steine** sind zur Sicherung gegen Windsog auf der Unterkonstruktion ausreichend mechanisch zu befestigen.

8.10 Dacheinteilung bei Deckungen mit Dachziegeln und Dachsteinen

Wenn bei der Um- oder Neueindeckung eines Daches die Unterkonstruktion bis zur Konterlattung bereits ausgeführt ist, muss vor dem Anbringen der Traglattung die Dachfläche sowohl in Sparren- als auch in Richtung der Traufe gemäß den möglichen Decklängen und Deckbreiten eingeteilt werden.

Die Einteilung richtet sich dabei nach:

- den Abmessungen der Dachfläche,
- den Decklängen und Deckbreiten der Deckwerkstoffe,
- der Dachform,
- der Gliederung des Daches, z. B. vorhandene Dachversprünge, Dacheinbauten oder -aufbauten.

Wenn die Dachüberstände an Traufe und Ortgangkanten noch variabel sind, empfiehlt sich bei Falzziegel- und Dachsteindeckungen, die Dachfläche mit den Überständen so zu planen, dass so wenig Dachziegel bzw. -steine wie möglich geschnitten werden müssen. Bei kurzen Sparrenlängen und/oder ungleichen Ortganglängen kann es allerdings erforderlich werden, die Deckung mit Formziegeln oder durch Kürzen an der Traufe bzw. am First auf die Konstruktionsmaße der Dachfläche anzupassen.

Biberschwanzdeckungen und solche mit variablen Überdeckungsmaßen lassen sich dabei einfacher und unauffälliger an bestehende Konstruktionsmaße anpassen.

8.10.1 Die Einteilung der Decklänge

Unter der Einteilung der Decklänge wird die Ermittlung der erforderlichen Traglattenabstände von First zu Traufe verstanden. Die Einteilung erfolgt heute üblicherweise auf der Oberseite der Konterlatte, deren Gesamtdecklänge (GDL) durch die Verwendung von Zusatzmaßnahmen wie Schalung oder Aufsparrendämmung und durch die Dicke der Konterlattung beeinflusst wird (siehe Abb. 8.86).

Die erforderlichen Traglattenabstände werden bestimmt durch:

- die Länge der Dachziegel/-steine,
- die Form der Dachziegel/-steine,
- die mögliche Decklänge,
- die Höhenüberdeckung – dachneigungsabhängig oder durch eine Verfalzung vorgegeben,
- die Sparrenlänge bzw. die Gesamtdecklänge (GDL) auf der Konterlattenoberseite,
- die Traufausbildung,
- den Abstand der obersten Traglatte zum Firstscheitelpunkt (LAF).

Der Abstand der obersten Traglatte auf der Konterlatten- oder Sparrenebene zum Firstscheitelpunkt ist abhängig von:

- der Dachneigung,
- der Traglattendicke,
- der Form der Dachziegel und Dachsteine,
- der Länge der Einhängenasen,
- der Art der Dachziegel/-steine in der letzten Reihe (Firstanschlussziegel/-steine, Flächenziegel/-steine),
- der Form der Firstziegel und Firststeine,
- der Art der Firstausführungen (Trocken- oder Mörtelfirst).

Bei Dachziegeln oder Dachsteinen, bei denen die Höhenüberdeckung dachneigungsunabhängig und durch die Verfalzung vorgegeben ist, wird die Decklänge, wenn sie nicht vom Hersteller verbindlich vorgegeben ist, auf der Baustelle unter Verwendung der Formziegel und der Art der Verlegung ermittelt. Die mögliche Decklänge liegt dann zwischen der kleinsten und der größten ermittelten Decklänge.

Die nachfolgende Abbildung 8.85 verdeutlicht den Ablauf bei der Dacheinteilung in Sparrenrichtung.

Durch den Dachaufbau mittels Schalung, Aufsparrendämmung und Konterlattung ist vor der Einteilung in Sparrenrichtung die vorhandene Sparrenverlängerung *a* durch die Höhe der zusätzlichen Schichten über der Sparrenoberseite zu bestimmen. Abbildung 8.86 soll den Zusammenhang verdeutlichen.

Soll ein Dach mit Dachziegeln/-steinen eingedeckt werden, deren Höhenüberdeckung variabel und von der Dachneigung abhängig ist, berechnet sich für jede Einfachdeckung der maximale Traglattenabstand bzw. die maximale Decklänge (DL) nach folgender Formel:

DL = Ziegellänge – Höhenüberdeckung

Bei der Berechnung der einzuteilenden Gesamtdecklänge **GDL** wird wie oben beschrieben vorgegangen. Auch bei dieser Art von Dachziegeln/-steinen sind die Maße **DLT**, also der Abstand der ersten Traglatte zur Unterkante der Traufkeilbohle/Trauflatte, und das Maß **LAF**, der Abstand zwischen Oberkante der letzten Traglatte und dem Firstscheitelpunkt, zu ermitteln.

Um die einzuteilende Restdecklänge RDL zu berechnen, werden wieder die Lattabstände an Traufe (DLT) und First (LAF) abgezogen. Wenn die Firstanschlussreihe ein anderes Lattmaß als die Normalziegelreihen hätte, müsste dieses ebenfalls abgezogen werden.

Bei den genannten Dachziegeln/-steinen ist der Traglattenabstand variabel und von der Dachneigung abhängig. In diesem Fall gilt es dann zunächst, die dachneigungsabhängige **Höhenüberdeckung (HÜ)** zu ermitteln (siehe Kapitel 8.7 und 8.8) und mit der o. g. Formel die maximale Decklänge **(DL)** bzw. den maximalen Traglattenabstand zu berechnen.

Die zuvor berechnete Restdecklänge RDL teilt man dann durch den zuvor bestimmten maximalen Traglattenabstand und man erhält so wieder einen Wert für die Anzahl der horizontalen Lattenreihen RH:

$$\mathbf{RH} = \frac{\mathbf{RDL}}{\mathbf{DL}}$$

Sofern das Ergebnis der Rechnung eine Dezimalzahl (z. B. 12,4) ergibt, ist dann, unabhängig vom Nachkommawert, die nächsthöhere, ganze

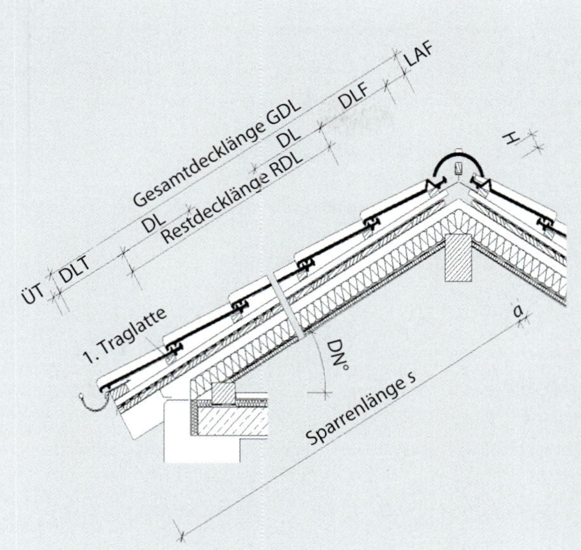

a	=	Sparrenverlängerung durch die Aufbauhöhe (siehe Abb. 8.86)
DL*	=	Decklänge bzw. Traglattenabstand
DLF*	=	Decklänge der obersten Reihe (Firstanschluss)
DLT	=	Decklänge Traufe – Abstand zwischen Unterkante der Trauflatte/Traufkeilbohle und der Oberkante der 1. Traglatte
DN°(α)	=	Dachneigung, gemessen am Sparren
GDL	=	Gesamtdecklänge
H	=	Aufbauhöhe
LAF	=	Traglattenabstand zum Firstscheitelpunkt, abhängig von der Firstausbildung
RDL	=	Restdecklänge
s	=	Sparrenlänge
ÜT	=	Traufüberstand, abhängig von der Trauflösung
RH	=	Anzahl der horizontalen Lattenreihen in der Restdecklänge (o. Abb.)

* Maße sind abhängig vom Dachziegel-/Dachsteinmodell

Abb. 8.85: Einteilung der Gesamtdecklänge in Sparrenrichtung

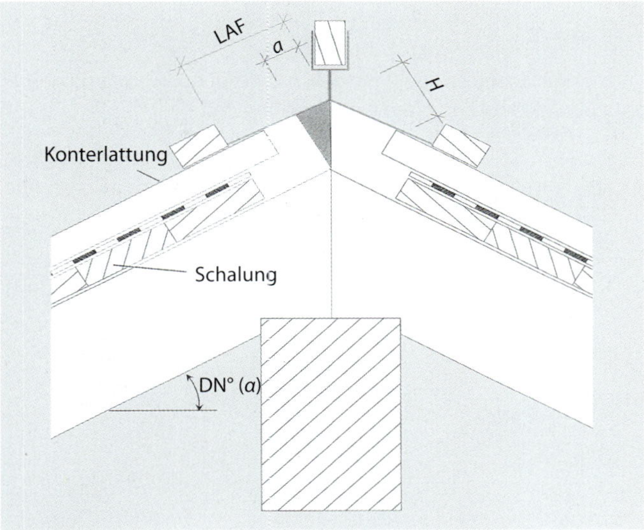

Abb. 8.86: Einfluss des Dachaufbaus auf die Gesamtdecklänge

■ Begriffe

Unter der **Einteilung der Decklänge** versteht man die Ermittlung der erforderlichen Traglattenabstände von First zu Traufe.

Zahl an Traglattenabständen bzw. Lattenreihen (hier z. B. 13) zu wählen. Nur so wird der maximale Traglattenabstand nicht überschritten und die Regensicherheit der Deckung bleibt erhalten.

Das Maß der Restdecklänge (RDL) wird dann nochmals durch die gewählte ganze Zahl (hier z. B. 13) an Traglattenreihen geteilt, sodass sich damit die gesuchte Decklänge DL bzw. der passende Traglattenabstand ergibt:

$$\mathbf{DL} = \frac{\mathbf{RDL}}{\mathbf{RH}}$$

mit **RH** auf volle Reihenanzahl gerundet.

! Praxisbeispiel

Im Zuge einer Dachsanierung soll ein Dach mit neuen Flachdachziegeln eingedeckt werden. Auf die vorhandenen Sparren soll eine Aufsparrendämmung mit einer neuen Konterlattung und neuen Traglatten montiert werden.

Aufgabe

Berechnen Sie die Anzahl der Ziegelreihen und die erforderlichen Traglattenabstände.

Verwenden Sie zur Dacheinteilung die folgenden Angaben:

Sparrenlänge:	$s = 8{,}56$ m
Dachneigung:	$\alpha = 35°$
Aufsparrendämmung:	$d = 160$ mm,
	Konterlattung 40/80 mm,
	Traglattung 30/50 mm
Falzziegel Flachdachpfanne:	Lattweite (Decklänge) (Herstellerangaben) zwischen 34,2 und 35,5 cm
	Decklänge Traufe (DLT): 34,0 cm
	Lattabstand zum Firstscheitelpunkt (LAF) bei 35° Dachneigung: 3,5 cm

Lösung

Sparrenverlängerung a durch den Dachaufbau mit Aufsparrendämmung und Konterlattung:

$\boldsymbol{a} = H \cdot \tan \alpha = (16\text{ cm} + 4\text{ cm}) \cdot \tan 35° = 14\text{ cm}$

Gesamtdecklänge **GDL** $= s + a = 856\text{ cm} + 14\text{ cm} = 870\text{ cm}$

Die letzte Ziegelreihe unter dem First soll mit Firstanschlussziegeln ausgeführt werden, die aber dasselbe Lattmaß wie die Normalziegel haben. Ein Abzug der Decklänge am First entfällt somit.

Einzuteilende Restdecklänge RDL:

$\text{RDL} = \text{GDL} - \text{DLT} - \text{LAF} = 870\text{ cm} - 34\text{ cm} - 3{,}5\text{ cm} = 832{,}5\text{ cm}$

Anzahl der Ziegelreihen in der Restdecklänge:

$$\text{RH} = \frac{\text{RDL}}{\text{max. DL}} = \frac{832{,}5\text{ cm}}{35{,}5\,\frac{\text{cm}}{\text{Reihe}}} \approx 23{,}5\text{ Reihen, gewählt: 24 Reihen}$$

Erforderlicher Traglattenabstand in der Restdecklänge:

$$\text{DL} = \frac{\text{RDL}}{\text{RH}} = \frac{832{,}5\text{ cm}}{24\text{ Reihen}} \approx 34{,}7\,\frac{\text{cm}}{\text{Reihe}}$$

Mit 34,7 cm liegt der berechnete Traglattenabstand zwischen den Herstellerangaben von mindestens 34,2 und maximal 35,5 cm für diese Deckung.

Die Anzahl der erforderlichen Ziegelreihen für diese Dachfläche ergibt sich somit zu:

24 + 1 (Traufreihe) = 25 Ziegelreihen

Zur Kontrolle: Der berechnete Traglattenabstand muss kleiner als die maximale Decklänge bzw. Lattweite sein!

Im nachfolgenden Beispiel soll die Berechnung für eine Dachsteindeckung mit variabler Höhenüberdeckung gezeigt werden.

Praxisbeispiel

Im Zuge einer Dachsanierung soll ein Dach mit einer neuen Dachsteindeckung mit profilierten Dachsteinen eingedeckt werden. Auf die vorhandenen Sparren wird eine Nut- und Federschalung mit einer neuen Konterlattung und neuen Traglatten aufgebracht.

Aufgabe
Berechnen Sie die Anzahl der Dachsteinreihen und die erforderlichen Traglattenabstände.

Verwenden Sie zur Dacheinteilung die folgenden Angaben:

Sparrenlänge:	$s = 6{,}57$ m
Dachneigung:	$\alpha = 26°$
Unterkonstruktion:	Schalung $d = 24$ mm, Konterlattung 30/50 mm, Traglattung 30/50 mm
Profilierter Dachstein: (Herstellerangaben)	Größe: ca. 33 × 42 cm, Lattweite (Decklänge) zwischen 31,2 und 34,5 cm, variable Höhenüberdeckung 7,5–10,8 cm Höhenüberdeckung bei DN 26°: ≥ 8,5 cm Decklänge Traufe (DLT): 34,0 cm Lattabstand zum Firstscheitelpunkt (LAF): 4 cm

Lösung
Sparrenverlängerung *a* durch den Dachaufbau mit Schalung und Konterlattung:

$\boldsymbol{a} = H \cdot \tan\alpha = (2{,}4\text{ cm} + 3\text{ cm}) \cdot \tan 26° = 2{,}6\text{ cm}$

Gesamtdecklänge **GDL** $= s + a = 657\text{ cm} + 2{,}6\text{ cm} = 659{,}6\text{ cm}$

Die letzte Dachsteinreihe unter dem First wird mit Normalsteinen eingedeckt, sodass kein Abzug der Decklänge am First erforderlich ist.

Einzuteilende Restdecklänge RDL:

$\text{RDL} = \text{GDL} - \text{DLT} - \text{LAF} = 659{,}6\text{ cm} - 34\text{ cm} - 4\text{ cm} = 621{,}6\text{ cm}$

Die maximale Decklänge ergibt sich für eine Dachsteinlänge von 42 cm bei 26° Dachneigung und einer Mindesthöhenüberdeckung von 8,5 cm zu:

$\text{max. DL} = \text{SL} - \text{HÜ} = 42\text{ cm} - 8{,}5\text{ cm} = 33{,}5\text{ cm}$

Anzahl der Dachsteinreihen in der Restdecklänge:

$$\text{RH} = \frac{\text{RDL}}{\text{max. DL}} = \frac{621{,}6\text{ cm}}{33{,}5\,\dfrac{\text{cm}}{\text{Reihe}}} \approx 18{,}6\text{ Reihen, gewählt: 19 Reihen}$$

Erforderlicher Traglattenabstand in der Restdecklänge:

$$\text{DL} = \frac{\text{RDL}}{\text{RH}} = \frac{621{,}6\text{ cm}}{19\text{ Reihen}} \approx 32{,}7\,\frac{\text{cm}}{\text{Reihe}}$$

Mit 32,7 cm liegt der berechnete Traglattenabstand zwischen den Herstellerangaben von mindestens 31,2 und maximal 33,5 cm für diese Deckung bei Dachneigungen zwischen 22° und 30°.

Die Anzahl der erforderlichen Ziegelreihen für diese Dachfläche ergibt sich somit zu:

19 + 1 (Traufreihe) = 20 Dachsteinreihen

Die Einteilung einer Dachfläche in Sparrenrichtung wird durch die Art der Trauf- und Firstausbildung und die Decklänge der Eindeckung beeinflusst. Wenn die Decklänge durch eine Verfalzung in engen Grenzen vorgegeben ist, kann ein Schneiden der Ziegel nur durch den Traufüberstand verhindert werden. Dachziegel/-steine, deren Decklängen variabel und von der Dachneigung abhängig sind, lassen sich leichter an eine vorgegebene Situation anpassen.

8.10.2 Die Einteilung der Deckbreite

Die Einteilung einer Dachfläche in der Breite, also in Richtung der Traufe, muss in Abhängigkeit von den Deckbreiten des Deckmaterials erfolgen. Die Deckbreite von einer Dachziegel-/Dachsteinreihe oder meist mehreren Dachziegel-/Dachsteinreihen muss in ausreichenden Abständen auf der Traglattenoberseite markiert werden, um eine geradlinige und fluchtgerechte Eindeckung von Traufe zu First zu sichern.

Bei der Einteilung der Dachfläche in der Breite sind folgende Punkte zu berücksichtigen:

a) **Größe des Dachüberstands am Ortgang**
Die Größe des Dachüberstands kann, sofern sie variabel ist, an die Deckbreiten der Eindeckung angepasst werden, sodass immer möglichst ganze Dachziegel/-steine verwendet werden können. Die Größe des Dachüberstands wird aber durch die Tragfähigkeit der Unterkonstruktion begrenzt.

b) **Art der Ortgangausbildung**
Die nachfolgend beschriebene Vorgehensweise bezieht sich auf die Verwendung von Ortgangziegeln/-steinen zur Ortgangausbildung. Sonderkonstruktionen sind individuell zu planen.

c) **Deckbreite der Dachziegel/-steine**
Wird die Deckbreite vom Hersteller nicht verbindlich angegeben, dann ist diese auf der Baustelle zu ermitteln. Die mögliche Deckbreite liegt dann zwischen der kleinsten und der größten ermittelten Deckbreite.

d) **Deckbreite der Ortgangziegel/-steine rechts und links**
Formziegel/-steine zur Ortgangausbildung haben eine von den Flächenziegeln/-steinen abweichende Deckbreite (OL, DW bzw. OR).

e) **Überstand der Formziegel**
Der Mindestüberstand der verwendeten Eindeckung über die äußeren Kanten der Unterkonstruktion hängt von den verwendeten Dachziegeln/-steinen (Ortgangziegel/-steine oder Flächenziegel/-steine) ab. Wenn vom Hersteller nicht anders angegeben, ist ein Mindestabstand von 1 cm zwischen den Ortganglappen und der Unterkonstruktion einzuhalten.

Abbildung 8.87 verdeutlicht den Ablauf bei der Dacheinteilung in Traufrichtung.

Ähnlich der Dacheinteilung in Sparrenrichtung ist bei der Dacheinteilung der Deckbreiten in Traufrichtung ein schematisches Vorgehen von Vorteil.

Zunächst sind folgende Maße zu ermitteln:

1. vorhandene Konstruktionsbreite (KB)
= Breite der Dachfläche mit Dachüberstand DÜ ohne Deckmaterial (siehe Abb. 8.87):
KB = DÜ links + Außenmaß Mauerwerk + DÜ rechts
2. Gesamtdeckbreite (GDB) mit:
GDB = ÜL + KB + ÜR
3. Restdeckbreite (RDB) mit:
RDB = GDB – OL – OR

Teilt man nun das berechnete Maß der Restdeckbreite (**RDB**) durch die mittlere Deckbreite (**DB**) eines Flächenziegels, so erhält man daraus die Anzahl RV der vertikalen Reihen in der Restdeckbreite.

$$RV = \frac{RDB}{DB}$$

Diese ist hier aber i. d. R. eine Dezimalzahl (z. B. 14,6). Lässt sich diese Restdeckbreite nicht durch Sonderformate (z. B. längshalbe Flächenziegel) oder eine Veränderung der Deckbreite (Ausnutzung des Längsfalzspiels) eindecken,

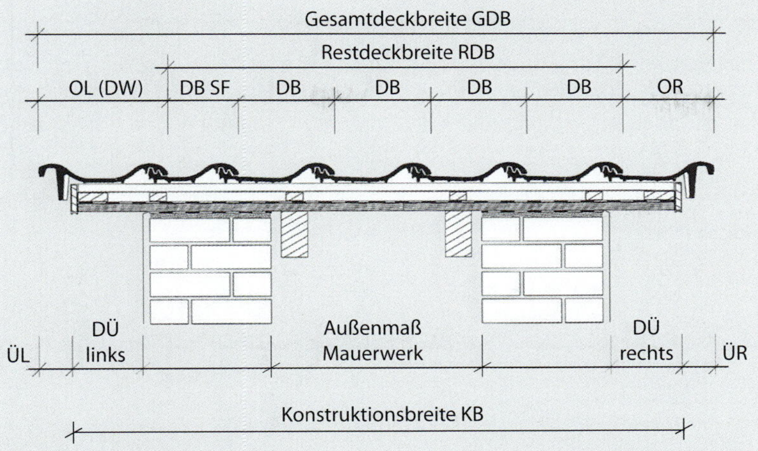

Abb. 8.87: Einteilung der Deckbreite in Traufrichtung

DB* = mittlere Deckbreite des Flächenziegels/-steins
DB SF* = mittlere Deckbreite Sonderformat (z. B. längshalber Flächenziegel/-stein)
OL* = Deckbreite Ortgangziegel/-stein links
DW* = Deckbreite Doppelwulstziegel/-stein (entspricht OL ohne Ortgangsteg)
OR* = Deckbreite Ortgangziegel/-stein rechts
DÜ = Dachüberstand der Unterkonstruktion
ÜL = Überstand des Deckmaterials links über die Unterkonstruktion
ÜR = Überstand des Deckmaterials rechts über die Unterkonstruktion
RV = Anzahl der vertikalen Reihen in der Restdeckbreite (o. Abb.) [auf volle (oder 1/2) Reihen gerundet]

* Maße sind abhängig vom Dachziegel-/-steinmodell, werden vom Hersteller angegeben oder sind zu messen

muss die Konstruktionsbreite (z. B. giebelseitiger Dachüberstand) verändert werden, sodass die Anzahl der vertikalen Reihen eine ganze Zahl (z. B. 15) wird.

Das nachfolgende Praxisbeispiel soll die Berechnung der Deckbreite verdeutlichen.

Die Einteilung einer Dachfläche in Traufrichtung wird durch die Art der Ortgangausbildung (ob mit Ortgangziegeln/-steinen oder als Sonderkonstruktion) beeinflusst. Bei der Verwendung von Ortgangziegeln/-steinen unterscheidet sich deren Deckbreite oft von der der Flächenziegel/-steine. Bei der Planung des giebelseitigen Dachüberstandes kann die Konstruktionsbreite durch den Dachüberstand so verändert werden, dass nur mit ganzen oder verfügbaren Sonderformaten eingedeckt werden kann.

Praxisbeispiel

Das Satteldach eines Einfamilienhauses soll im Zuge einer Dachsanierung eine Neueindeckung mit Doppelmuldenfalzziegeln erhalten. Die neue Traglattung wurde bereits montiert, aber die Dachüberstände an den Ortgangkanten sind noch variabel. Die Deckbreiten der Dachziegel sind Abbildung 8.88 zu entnehmen.

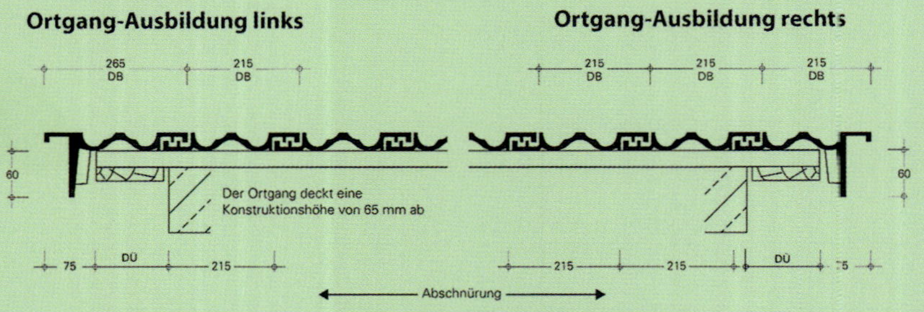

Abb. 8.88: Ortgangausbildung Doppelmuldenfalzziegel

Aufgabe

Berechnen Sie die Anzahl der vertikalen Dachsteinreihen und die Konstruktionsbreite (KB) so, dass der Dachüberstand (DÜ) der Unterkonstruktion mindestens 15 cm beträgt.

Verwenden Sie zur Dacheinteilung die folgenden Angaben:

Außenmaß Mauerwerk:	l = 12,88 m
Dachüberstand (DÜ):	beiderseits ca. 15 cm bis zur Außenkante der Unterkonstruktion
Dacheindeckung:	Doppelmuldenfalzziegel, mittlere Deckbreite DB = 215 mm, OL = 265 mm, OR = 215 mm, ÜL = ÜR = 75 mm (Herstellerangaben)

Lösung

Geplante Konstruktionsbreite **KB** = 1.288 cm + 2 · 15 cm = 1.318 cm
Gesamtdeckbreite **GDB** = ÜL + KB + ÜR = 7,5 cm + 1.318 cm + 7,5 cm = 1.333 cm
Restdeckbreite **RDB** = GDB - OL – OR = 1.333 cm – 26,5 cm – 21,5 cm = 1.285 cm

Anzahl der vertikalen Ziegelreihen **RV**:

$$RV = \frac{RDB}{DB} = \frac{1.285 \text{ cm}}{21{,}5 \frac{\text{cm}}{\text{Reihe}}} \approx 59{,}8 \text{ Ziegelreihen}$$

gewählt: **60 Ziegelreihen** ⇨ tatsächliche Gesamtdeckbreite $\mathbf{GDB_{neu}}$:
$\mathbf{GDB_{neu}}$ = OL + 60 · DB + OR = 26,5 cm + 60 · 21,5 cm + 21,5 cm = 1.338 cm

Neue Konstruktionsbreite KB_{neu} der Unterkonstruktion :
$\mathbf{KB_{neu}}$ = GDB_{neu} – 2 · 7,5 cm = 1.338 cm – 15 cm = 1.323 cm

Wenn man das Dach ohne Sonderformate eindecken möchte, muss der Dachüberstand jeweils um 2,5 cm vergrößert werden auf eine Länge von:

$$DÜ = 15 \text{ cm} + \frac{1.323 - 1.318}{2} \text{ cm} = 17{,}5 \text{ cm}$$

8.10.3 Die Einteilung bei Biberschwanzdeckungen

Bei den Biberschwanzdeckungen werden die Doppeldeckung, die Kronendeckung und die Einfachdeckung mit Spließen unterschieden. Letztgenannte besitzt heute nur noch untergeordnete Bedeutung, deshalb wird sie in diesem Kapitel nicht weiter erwähnt.

Alle Biberschwanzdeckungen haben als Dachziegel/-steine ohne Verfalzung eine variable Höhenüberdeckung. Je flacher die Dachneigung, desto größer muss die Höhenüberdeckung und desto kleiner muss der Traglattenabstand gewählt werden.

Bei der Biberschwanz-Kronendeckung und bei der Einfachdeckung mit Spließen wird der maximale Traglattenabstand bzw. die maximale Decklänge wie bei den Einfachdeckungen in Kapitel 8.10.1 nach folgender Formel bestimmt:

$$DL = \text{Ziegellänge} - \text{Höhenüberdeckung}$$

Bei Biberschwanzziegeln in Doppeldeckung berechnet sich der maximale Traglattenabstand (max. DL) wie folgt:

$$DL = \frac{\text{Ziegellänge} - \text{Höhenüberdeckung}}{2}$$

In Abbildung 8.89 lassen sich Details zur Sparreneinteilung bei der Biberschwanz-Doppel- und der Biberschwanz-Kronendeckung erkennen.

Das nachfolgende Schema beschreibt die Vorgehensweise bei der Sparreneinteilung am Beispiel der Biberschwanz-Doppeldeckung:

a) Wahl des Biberformats
Bei den Biberschwanzziegeln werden die Formate A und B unterschieden. Das Format A, auch Berliner Biber genannt, hat eine Größe von 15,5 × 38 cm. Das

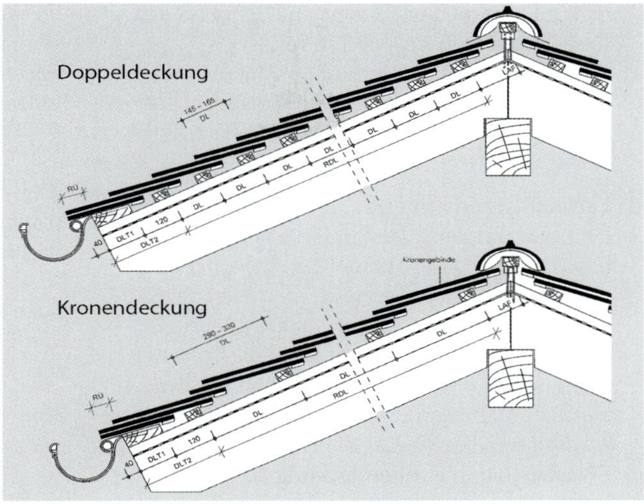

Abb. 8.89: Dacheinteilung Doppel- und Kronendeckung Biberschwanz

Format B ist mit einer Größe von 18 × 38 cm das Standardformat unter den Biberschwanzziegeln. Dachsteinbiber wurden im Format 17 × 42 cm produziert, sind aber mittlerweile gänzlich vom Markt verschwunden.

b) Trauf- und Firstanschluss
In Kapitel 8.9 wurden die unterschiedlichen Möglichkeiten der Trauf- und Firstausbildung genannt.
Werden Trauf- und Firstanschluss mit Traufziegeln bzw. Firstanschlussbibern ausgeführt, sind deren Längen für die Dacheinteilung zu ermitteln. Üblicherweise haben beide eine Länge von ca. 26 cm. Die Länge der Einhängenasen beträgt im Schnitt ca. 4 cm.

c) Traufausbildung – Unterkonstruktion und Rinnenüberstand (RÜ)
Für die Auflage der Traufziegelreihen können entweder Doppellatten oder Traufkeilbohlen verwendet werden. Zur besseren Befestigung der Rinneneisen haben sich Traufkeilbohlen bewährt. Sie können in unterschied-

→ Siehe auch Kapitel 8.9.1 und Kapitel 2.6.3

■ Begriffe
Das **Standard-Format** unter den **Biberschwanzziegeln** ist das **Format B** mit einer Größe von 18 × 38 cm. Daneben gibt es das Format A (15,5 × 38 cm), auch Berliner Biber genannt.

lichen Breiten geliefert werden. Gebräuchlich sind Breiten von 120 bis 170 mm.
Der Überstand der Biber in die Dachrinne soll bei hochhängenden Rinnen waagerecht gemessen nicht mehr als ⅓ der Rinnenbreite betragen.

d) Lattenabstand am First (LAF)
Der Abstand der obersten Latte vom Firstscheitelpunkt (LAF) ist bei den Biberdeckungen von der Art der verwendeten Firstziegel und von der Dachneigung abhängig. Je steiler die Dachneigung, desto geringer kann der Abstand der obersten Latte gewählt werden. Der Lattenabstand muss am First groß genug gewählt werden, sodass die obersten beiden Ziegelreihen in Kronendeckung ausgeführt werden können.

e) Decklängen an der Traufe (DLT1 und DLT2)
Bei den Biberschwanzdeckungen unterscheiden sich die ersten beiden Lattmaße an der Traufe von den Lattmaßen der weiter oben in der Dachfläche liegenden Biberreihen. Die beiden ersten Latten mit den Lattabständen DLT1 und DLT2 müssen so angebracht werden, dass die Traufziegelreihe und die erste Biberreihe mit ihren Unterkanten bündig liegen und einen entsprechenden Rinnenüberstand (RÜ) haben.
Der Abstand der ersten Latte (DLT1) von der Traufunterkante gemessen ergibt sich nach der Formel:

$$\mathbf{DLT1 = L_{Traufplatte} - RÜ - Nasenlänge}$$

Die erste Latte kann entfallen, wenn eine Traufkeilbohle mit entsprechender Breite montiert ist.
Der Abstand der zweiten Latte (DLT2) von der Traufunterkante gemessen ergibt sich nach der Formel:

$$\mathbf{DLT2 = L_{Normalziegel} - RÜ - Nasenlänge}$$

Alternativ dazu muss die zweite Latte um das Maß des Längenunterschiedes zwischen Traufziegel und Normalziegel weiter oberhalb montiert werden.

f) Einzuteilende Restdecklänge
Wie bei der Einteilung der Decklänge bei den Einfachdeckungen (siehe Kapitel 8.10.1) muss auch bei den Biberschwanzdeckungen zunächst die Gesamtdecklänge GDL (i. d. R. die Konterlattenlänge) bekannt sein. Mit den zuvor bestimmten Maßen lässt sich dann die einzuteilende Restdecklänge (RDL) wie folgt bestimmen:

$$\mathbf{RDL = GDL - DLT2 - LAF}$$

g) Maximale Decklänge DL (maximaler Traglattenabstand)
Im nächsten Schritt muss die maximale Decklänge mithilfe der dachneigungsabhängigen Höhenüberdeckung (HÜ) bestimmt werden. Hierbei gelten die bereits genannten Formeln:

Biberschwanzdoppeldeckung

$$\mathbf{DL = \frac{L_{Normalziegel} - HÜ}{2}}$$

Biberschwanzkronen- und -einfachdeckung

$$\mathbf{DL = L_{Normalziegel} - HÜ}$$

h) Berechnung der Anzahl von horizontalen Lattenreihen
Mit der bestimmten Restdecklänge und der maximalen Decklänge wird die Anzahl der Lattenreihen innerhalb der Restdecklänge berechnet:

$$\mathbf{RH = \frac{RDL}{DL}}$$

Diese ist aber i. d. R. eine Dezimalzahl (z. B. 25,4). Gewählt wird dann die nächsthöhere, ganze Zahl an Traglattenabständen bzw. Lattenreihen (hier z. B. 26). Würde die nächstkleinere Zahl an Reihen gewählt werden, läge der berechnete Traglattenabstand höher als der zulässige Wert für die entsprechende Dachneigung.

i) Berechnung der Decklänge bzw. des tatsächlichen Traglattenabstandes
Teilt man jetzt das Maß RDL nochmals durch die soeben ermittelte ganze Zahl (hier z. B. 26) an gewählten Lattabständen, so ergibt sich damit die gesuchte passende Decklänge DL. (Sie muss zur Kontrolle niedriger als die maximale Decklänge bzw. Lattweite sein!):

$$\mathbf{DL = \frac{RDL}{RH}}$$

mit **RH** auf volle Reihenanzahl gerundet.

Das Praxisbeispiel auf der folgenden Seite soll die Dacheinteilung zusätzlich verdeutlichen.

Praxisbeispiel

Für ein Pultdach mit gegebener Konterlattenlänge soll die Dacheinteilung für eine Biberschwanzdoppeldeckung durchgeführt werden.

Aufgabe

Berechnen Sie die erforderlichen Traglattenabstände und die Anzahl der Ziegelreihen.

Verwenden Sie zur Dacheinteilung die folgenden Angaben:

Konterlattenlänge (GDL): GDL = 7,82 m
Dachneigung: $\alpha = 41°$
Dachziegel: Doppeldeckung Biber Format B, Größe ca. 18 × 38 cm,
Höhenüberdeckung bei DN > 40°: ≥ 7,0 cm
Verwendung von Trauf- und Firstanschlussziegeln mit 26 cm Länge,
Länge der Einhängenasen ca. 4 cm
Rinnenüberstand 5 cm
Lattabstand zum Firstscheitelpunkt (LAF): 7,5 cm

Lösung

Abstand 1. Latte: (Traufziegelreihe)

$$DLT1 = L_{Traufziegel} - RÜ - Nasenlänge = 26\ cm - 5\ cm - 4\ cm = 17\ cm$$

Abstand 2. Latte: (Traufreihe Normalbiber)

$$DLT2 = L_{Normalziegel} - RÜ - Nasenlänge = 38\ cm - 5\ cm - 4\ cm = 29\ cm$$

bzw. DLT2

$$= DLT1 + (L_{Normalziegel} - L_{Traufziegel}) = 17\ cm + (38\ cm - 26\ cm) = 29\ cm$$

Gesamtdecklänge **GDL** = 782 cm

Einzuteilende Restdecklänge **RDL**:
RDL = GDL − DLT2 − LAF = 782 cm − 29 cm − 7,5 cm = 745,5 cm

Die maximale Decklänge ergibt sich für eine Biberschwanzlänge von 38 cm bei 41° Dachneigung und einer Mindesthöhenüberdeckung von 7,0 cm zu:

$$\text{max. DL} = \frac{38\ cm - 7\ cm}{2} = 15{,}5\ cm$$

Anzahl der Biberschwanzziegelreihen in der Restdecklänge:

$$RH = \frac{RDL}{\text{max. DL}} = \frac{745{,}5\ cm}{15{,}5\ \frac{cm}{Reihe}} \approx 48{,}1 \text{ Reihen, gewählt 49 Reihen}$$

Erforderlicher Traglattenabstand in der Restdecklänge:

$$DL = \frac{RDL}{RH} = \frac{745{,}5\ cm}{49\ Reihen} \approx 15{,}2\ \frac{cm}{Reihe}$$

Mit 15,2 cm liegt der berechnete Traglattenabstand unter den Herstellerangaben von mindestens 15,5 cm für diese Deckung bei einer Dachneigung von 41°.

Die Anzahl der erforderlichen Ziegelreihen für diese Dachfläche ergibt sich somit zu:
49 + 1 (Traufreihe) = 50 Ziegelreihen mit Normalbiber
+ 1 Traufziegelreihe
+ 1 Firstanschlussziegelreihe

Die Einteilung der Deckbreite bei den Biberschwanzdeckungen muss nicht gesondert geplant werden, da die einzelnen Ziegel sowohl mit geringem Seitenabstand verlegt als auch in der Breite bis zu einem Mindestmaß von 5 cm geschmälert werden können. Müssen Biberschwanzziegel geschmälert werden, empfiehlt es sich aus optischen Gründen, 2 nebeneinanderliegende Ziegel um jeweils das halbe Maß zu schmälern und die Schnittkanten aneinanderzulegen.

Bei der Einteilung einer Dachfläche für Biberschwanzdeckungen muss bei der Verwendung der kürzeren Traufziegel ein verändertes Lattmaß an der Traufe eingehalten werden. Die Traufziegel und die erste Normalbiberreihe enden bündig mit einem gemeinsamen Überstand in die Dachrinne. Die Eindeckung der Firstanschlussziegel am First erfordert einen ausreichend großen Abstand der obersten Latte vom Firstscheitelpunkt. Der Traglattenabstand ist bei allen Biberdeckungsarten variabel und von der Dachneigung abhängig.

Zur besseren Einteilung der Deckbreite können die Biberschwanzziegel mit geringem Seitenabstand verlegt oder geschmälert werden.

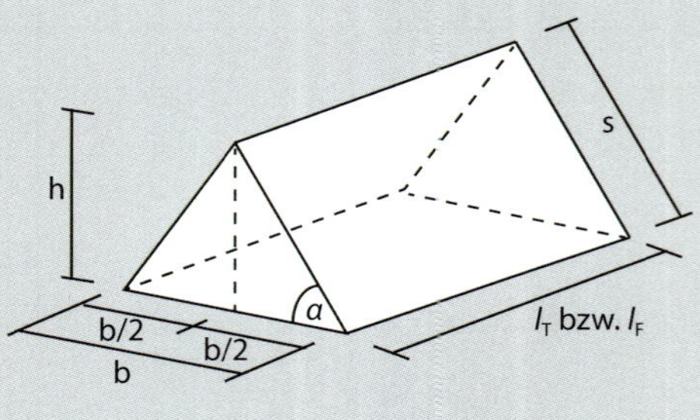

Dachhöhe: $h_{First} = \frac{b}{2} \cdot \tan \alpha$

Sparrenlänge: $s = \frac{b/2}{\cos \alpha}$ bzw. $s = \frac{h_{First}}{\sin \alpha}$

Dachfläche: $A_D = 2 \cdot s \cdot l_T$ bzw. $A_D = 2 \cdot s \cdot l_F$

Abb. 8.90: Satteldach mit gleichen Dachneigungen, Formeln zur Berechnung

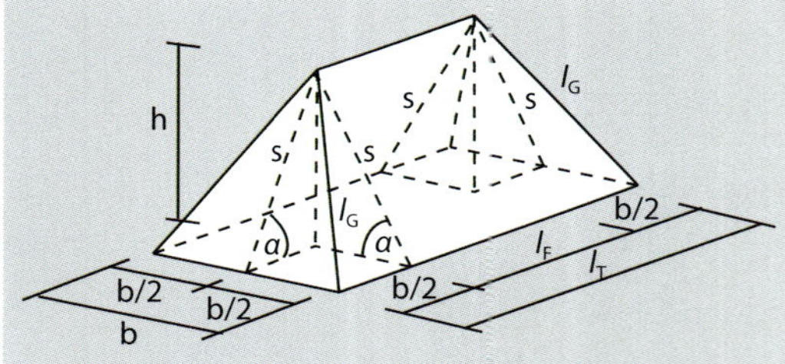

Dachhöhe: $h_{First} = \frac{b}{2} \cdot \tan \alpha$

Sparrenlänge: $s = \frac{b/2}{\cos \alpha}$ bzw. $s = \frac{h_{First}}{\sin \alpha}$

Gratlänge: $l_{Grat} = \sqrt{\left(\frac{b}{2}\right)^2 + s^2}$

Firstlänge: $l_{First} = l_T - b$

Walmfläche: $A_{Walm} = \frac{b \cdot s}{2}$

Sattelfläche: $A_{Sattel} = \frac{l_T + l_F}{2} \cdot s$

Dachfläche: $A_D = 2 \cdot s \cdot l_T$

Generell gilt: $A_D = \frac{A_{Grundfläche}}{\cos \alpha}$

Abb. 8.91: Walmdach mit gleichen Dachneigungen, Formeln zur Berechnung

8.11 Berechnung von gleich geneigten einfachen und zusammengesetzten Dächern

Im Lernfeld 2 wurden bereits die gängigen Dachformen vorgestellt. Im Idealfall besitzen diese allseits gleiche Dachneigungen und damit verbunden bezogen auf die Traufen mittig liegende Firste.

Dies ist beispielsweise bei gleich geneigten Sattel-, bei einseitig oder beidseitig abgewalmten Dächern (Walmdach) oder bei Mansarddächern der Fall. Die nachfolgenden Abbildungen 8.90 und 8.91 zeigen beispielhaft das gleich geneigte Sattel- und das Walmdach mit den Formeln zur Berechnung der Längen und Flächen.

Praxisbeispiel

Die erforderlichen Längen und Flächen unseres Sanierungshauses vom Anfang des Kapitels (siehe Seite 241) sollen ebenso wie die erforderlichen Werkstoffmengen für eine Biberschwanzdoppeldeckung inkl. Traglattung berechnet werden.

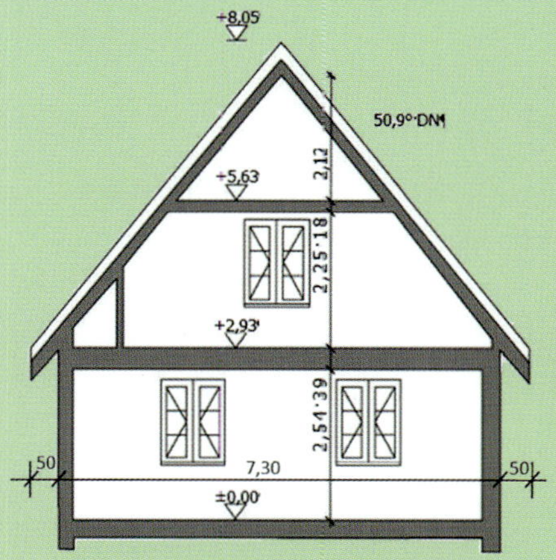

Abb. 8.92: Querschnitt Sanierungshaus mit Bemaßung

Die zur Berechnung erforderlichen Maße sind:

Dachbreite $b = 7{,}30 + 2 \cdot 0{,}50 = 8{,}30$ m

Dachneigung $\alpha = 50{,}9°$

Der First soll eine Länge von $l_F = 14{,}50$ m haben.

Das Dach soll mit einer Biberschwanzdoppeldeckung im Format B eingedeckt werden.

Der Bedarf an Firstziegeln beträgt 2,5 St/m.

Der Zuschlag für Bruch und Verschnitt soll bei 5 % liegen.

Lösung

Sparrenlänge $$s = \frac{b/2}{\cos \alpha} = \frac{4{,}15 \text{ m}}{\cos 50{,}9°} = 6{,}58 \text{ m}$$

Dachfläche $$A_D = 2 \cdot s \cdot l_F = 2 \cdot 6{,}58 \text{ m} \cdot 14{,}50 \text{ m} = 190{,}82 \text{ m}^2$$

Bedarf an Biberschwanzziegeln: $HÜ_{min} = 6$ cm bei DN = 50,9° (45° < DN < 60°)

Max. Lattweite $$DL = \frac{ZL - HÜ}{2} = \frac{38 - 6}{2} = 16 \text{ cm}$$

Ziegelbedarf: $$\frac{St}{m^2} = \frac{100}{DL} \cdot \frac{100}{DB} = \frac{100}{16} \cdot \frac{100}{18} = 34{,}72 \text{ St/m}^2$$

$$St = A_D \cdot St/m^2 = 190{,}82 \text{ m}^2 \cdot 34{,}72 \text{ St/m}^2 \cdot 1{,}05 \approx 6.957 \text{ Stück}$$

Anzahl der Traufplatten: $$St = 2 \cdot \frac{l_F}{DB} \cdot 1{,}05 = 2 \cdot \frac{14{,}50 \text{ m}}{0{,}18 \text{ m/St}} \cdot 1{,}05 \approx 170 \text{ Stück}$$

Anzahl der Firstanschlussziegel = Anzahl der Traufplatten ≈ 170 Stück

Anzahl der Firstziegel: $$St = l_F \cdot 2{,}5 \text{ St/m} \cdot 1{,}05 = 14{,}50 \text{ m} \cdot 2{,}5 \text{ St/m} \cdot 1{,}05 \approx 38 \text{ Stück}$$

Traglattung: $$\frac{La}{m^2} = \frac{100}{DL} = \frac{100}{16 \text{ cm}} = 6{,}25 \text{ m/m}^2$$

$$La = A_D \cdot La/m^2 \cdot 1{,}05 = 190{,}82 \text{ m}^2 \cdot 6{,}25 \text{ m/m}^2 \cdot 1{,}05 \approx 1253 \text{ m}$$

Bei der Berechnung von zusammengesetzten Dächern gibt es i. d. R. ein Hauptdach (Dach mit dem höchsten First) und daran angeschlossen ein oder mehrere Anbauten. Nachfolgend wird beispielhaft das Berechnungsschema für ein gleich geneigtes, zusammengesetztes Walmdach mit rechtwinkligem Anbau gezeigt. Hauptdach und Anbau haben demnach mittige Firste.

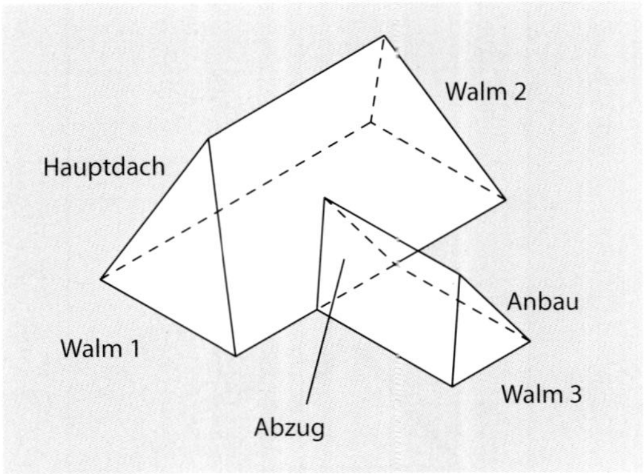

Abb. 8.93: Bezeichnungen beim Walmdach

Dachhöhe: $h_{\text{First-Hauptdach}} = \frac{b}{2} \cdot \tan \alpha$

α = Neigung der Sattelflächen des Hauptdaches

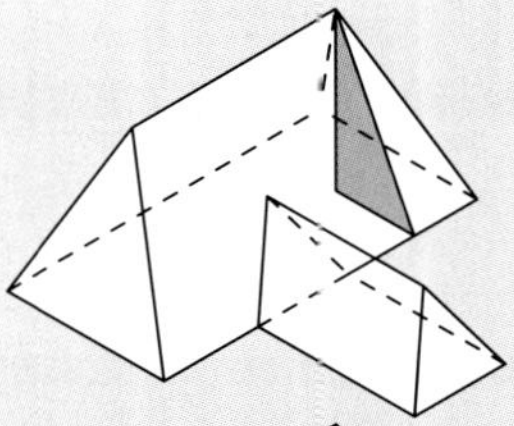

Sparrenlängen: $s_{\text{Sattel-Hauptdach}} = \frac{b/2}{\cos \alpha}$ bzw. $s_{\text{Sattel-Hauptdach}} = \frac{h_{\text{First}}}{\sin \alpha}$

α = Neigung der Walmfläche 1 und 2

$s_{\text{Walm-1}} = \frac{h_{\text{First}}}{\sin \alpha}$ $\quad s_{\text{Walm-2}} = \frac{h_{\text{First}}}{\sin \alpha}$

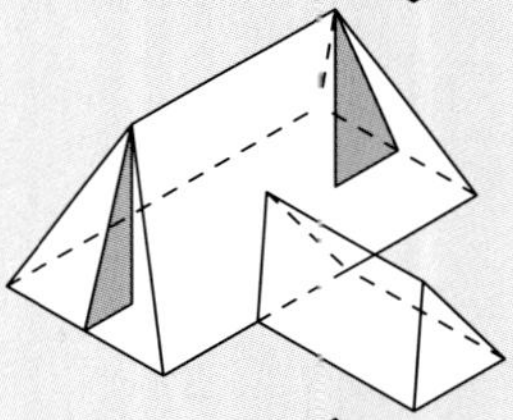

Grundmaße: $g_{\text{Walm-1}} = \frac{h_{\text{First}}}{\tan \alpha}$ $\quad g_{\text{Walm-2}} = \frac{h_{\text{First}}}{\tan \alpha}$

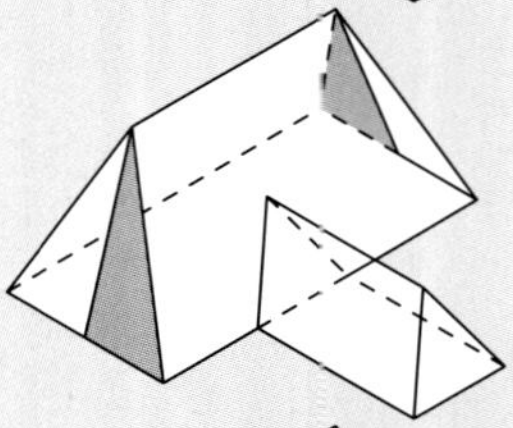

Firstlänge: $l_{\text{First-Hauptdach}} = l_{\text{Traufe}} - g_{\text{Walm-1}} - g_{\text{Walm-2}}$

Gratlängen: $l_{\text{Grat-Walm-1}} = \sqrt{\left(\frac{b}{2}\right)^2 + s_{\text{Walm-1}}^2}$

$l_{\text{Grat-Walm-2}} = \sqrt{\left(\frac{b}{2}\right)^2 + s_{\text{Walm-2}}^2}$

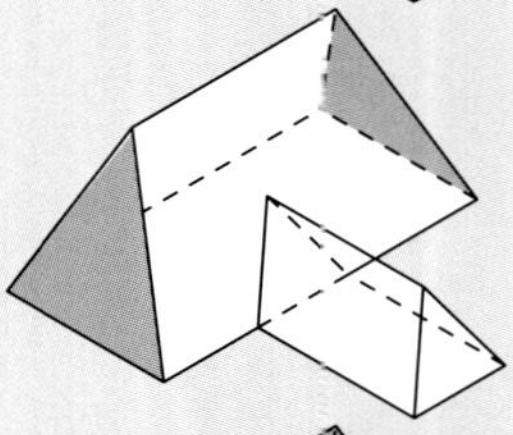

Dachflächen: $A_{\text{Walm-1}} = \frac{s_{\text{Walm-1}} \cdot b}{2}$

$A_{\text{Walm-2}} = \frac{s_{\text{Walm-2}} \cdot b}{2}$

$A_{\text{Sattel-Hauptdach}} = \frac{l_{\text{First}} + l_{\text{Traufe}}}{2} \cdot s_{\text{Sattel-Hauptdach}}$

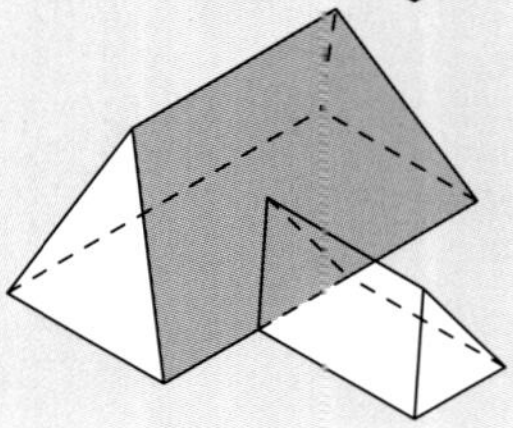

Abb. 8.94: Berechnungen am Hauptdach

Dachhöhe: $h_{\text{First-Nebendach}} = \frac{b}{2} \cdot \tan\alpha$

α = Neigung der Sattelflächen des Nebendaches

Sparrenlängen: $s_{\text{Sattel-Nebendach}} = \frac{b/2}{\cos\alpha}$ bzw. $s_{\text{Sattel-Nebendach}} = \frac{h_{\text{First}}}{\sin\alpha}$

α = Neigung der Walmfläche 3 = Neigung der Abzugsfläche = Neigung Sattel Hauptdach

$s_{\text{Walm-3}} = \frac{h_{\text{First}}}{\sin\alpha}$ $\quad s_{\text{Abzug}} = \frac{h_{\text{First}}}{\sin\alpha}$

Grundmaße: $g_{\text{Walm-3}} = \frac{h_{\text{First}}}{\tan\alpha}$ $\quad g_{\text{Abzug}} = \frac{h_{\text{First}}}{\tan\alpha}$

Firstlänge: $l_{\text{First-Nebendach}} = l_{\text{Traufe}} - g_{\text{Abzug}} - g_{\text{Walm-3}}$

Gratlänge: $l_{\text{Grat-Walm-3}} = \sqrt{\left(\frac{b}{2}\right)^2 + s_{\text{Walm-3}}^2}$

Kehllänge: $l_{\text{Kehle}} = \sqrt{\left(\frac{b}{2}\right)^2 - s_{\text{Abzug}}^2}$

Dachflächen: $A_{\text{Walm-3}} = \frac{s_{\text{Walm-3}} \cdot b}{2}$

$A_{\text{Abzug}} = \frac{s_{\text{Abzug}} \cdot b}{2}$

$A_{\text{Sattel-Nebendach}} = \frac{l_{\text{First}} + l_{\text{Traufe}}}{2} \cdot s_{\text{Sattel-Nebendach}}$

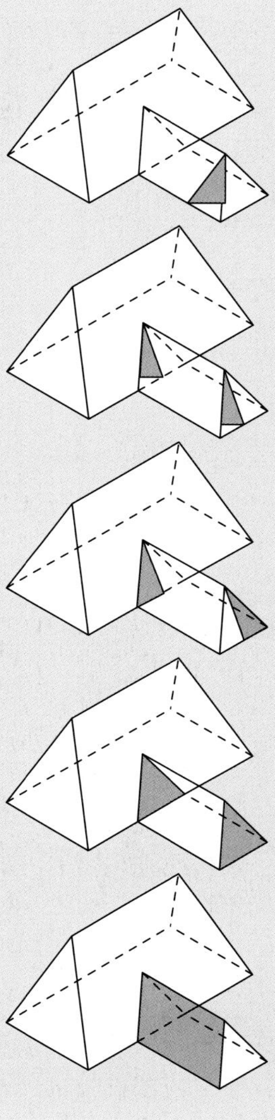

Abb. 8.95: Berechnungen am Nebendach

Wenn, wie hier in unserem Fall, alle Dachneigungen gleich sind, lässt sich die Dachfläche für das Hauptdach und den Anbau als Ganzes mit folgender Formel berechnen:

$$A_D = \frac{A_{\text{Grundfläche}}}{\cos\alpha}$$

Lernfeld 9: Dächer mit Schiefer, Faserzement-Dachplatten und Schindeln decken

Jochen Karsch, Josef Kreutzer

9.1 Schieferdeckungen

Projektaufgabe:

Ihr ehemaliger Schulfreund Thomas Wagner möchte ein neues Haus bauen und wünscht sich eine Eindeckung mit Schiefer. Da er nicht weiß, welche Schieferdeckung er auswählen soll, möchte er sich über die einzelnen Schieferdeckungen informieren lassen. Weiterhin interessiert er sich für die Geschichte und die Herstellung des Schiefers. Herr Wagner möchte nun von Ihnen umfassend zum Thema beraten werden.

Abb. 9.1: Altdeutsche Deckung

Arbeitsaufträge:

1. Beschreiben Sie die Entstehung des Schiefers.
2. Erläutern Sie den Abbau des Schiefers.
3. Führen Sie charakteristische Eigenschaften des Schiefers an.
4. Nennen Sie Hauptbestandteile des Schiefers.
5. Skizzieren und beschreiben Sie Schieferdeckungsarten.
6. Erläutern Sie, was bei der Eindeckung mit Schiefer zu berücksichtigen ist.
7. Führen Sie für Schiefer geeignete Deckunterlagen an.
8. Erläutern Sie die Bedeutung von Wartung und Pflege eines Schieferdaches.
9. Beschreiben Sie schädliche Bestandteile im Schiefer.
10. Beschreiben Sie, was bei der Eindeckung von Traufe, Ortgang und First bzgl. der Auswahl des Rohmaterials zu beachten ist.
11. Was ist bei der Montage einer vorgehängten Rinne bei Dachdeckungen aus Schiefer zu beachten?
12. Was ist bzgl. der Mindestbreite der Ortsteine bei der Rechteckdoppeldeckung zu beachten?

Schiefer wurde vor 2.000 Jahren schon in Deutschland von den Römern abgebaut, aber in Deutschland selbst werden seit dem Mittelalter Dächer mit Schiefer eingedeckt. Die älteste Deckungsart ist die Altdeutsche Deckung. Während diese Deckung vor allem in Deutschland bekannt ist, gibt es verschiedene Deckungsarten mit Schiefer, die in an-

■ Darum geht es

Hierzulande gibt es seit dem Mittelalter Dächer mit Schieferdeckungen. Die älteste Deckungsart ist die Altdeutsche Deckung, die nur in Deutschland bekannt ist. Andere Deckungsarten mit Schiefer werden auch in weiteren Regionen in der ganzen Welt eingesetzt.

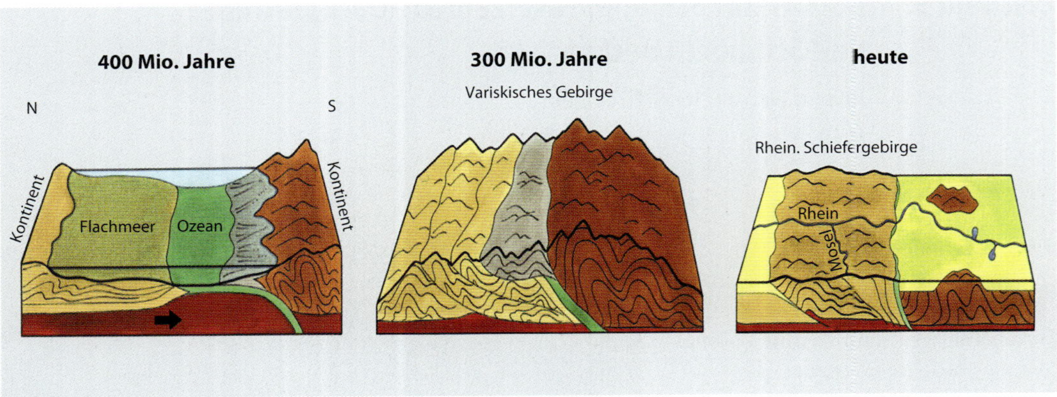

Abb. 9.2: Entstehung des Schiefers

deren Ländern Europas und der ganzen Welt angewandt werden.

9.1.1 Geschichte des Schiefers

Weite Gebiete Europas, so auch Deutschland, waren während des Erdaltertums (Paläozoikum) von einem großen Meer bedeckt. Das Erdaltertum umfasst den Zeitraum von vor ca. 542 Millionen Jahren bis ca. 251 Millionen Jahren. In dieser zweiten großen Zeitepoche (Devon) entstand der Schiefer.

Das Alter des Schiefers in Mitteleuropa beträgt etwa 400 Millionen Jahre.

Er entstand dadurch, dass gewaltige Flüsse aus den Bergen in die Meeresbecken strömten. Durch diese Wassermassen wurde Tonschlamm zugeführt, der sich auf dem Meeresgrund ablagerte. In dem Tonschlamm lagerten sich auch Verunreinigungen ab: Kalk aus Schalentieren, Kohlenstoff aus abgestorbenen Lebewesen, Eisen und Schwefel. Im Laufe der Jahrmillionen wurde der abgelagerte Tonschlamm durch den Druck der Wassermassen und des überlagerten Gerölls zusammengepresst. Es traten seitliche Drücke auf, die den zum Gestein verfestigten Tonschlamm nach oben drückten, sodass dieser sich auffaltete (variskische Faltungen). Die Tonschicht wurde weiter verfestigt und die Mineralkristalle wurden senkrecht zum Druck ausgerichtet. Durch diese Kristallisation wurde der Schiefer spaltbar.

9.1.2 Hauptbestandteile des Schiefers

Der Grundstoff des Schiefers besteht aus Feldspat. Kaliglimmer und Magnesiumglimmer sind Beimengungen, die in unterschiedlichen Größenordnungen enthalten sein können. Als weiterer Bestandteil ist Quarz zu nennen.

Die chemische Zusammensetzung des Schiefers gliedert sich in folgende Hauptbestandteile:

- 45 bis 75 % Siliciumdioxid (SiO_2), Bestandteil der Tonerde und des Glimmers,
- 12 bis 26 % Aluminiumoxid (Al_2O_3), Bestandteil der Tonerde und des Glimmers,
- bis 18 % Eisenverbindungen, oder kristallisiert mit Schwefel als Schwefelkies,
- 0,5 bis 4 % Magnesia, als Bestandteil des Glimmers (Serizit),
- 2 bis 6 % Kalium, als Bestandteil des Kaliglimmers (Muskovit),
- 0 bis 15 % kohlensaurer Kalk, als Kalkspat oder Dolomitkalk,
- Schwefel,
- Kohlenstoff, als organische Substanz,
- Wasser, gebunden oder als Bergfeuchtigkeit.

Schädliche Bestandteile und Proben

Kohlensaurer Kalk

In Verbindung mit der im Regenwasser enthaltenen Kohlensäure verbindet er sich zu doppelkohlensaurem Kalk oder mit im Regen enthaltener schwefliger Säure zu Gips. Diese Verbindung ist wasserlöslich. Bei Frost bewirkt die Zusammensetzung das Abblättern des Schiefers. Ein zu hoher Gehalt an kohlensaurem Kalk kann nachgewiesen werden, indem der Schiefer mit Salzsäure beträufelt wird. Ein starkes Aufbrausen der Säure zeigt den Gehalt von kohlensaurem Kalk an. Hierbei empfiehlt sich ein Vergleich mit einem Schiefer, von dem man weiß, dass er nicht zu viel kohlensauren Kalk enthält.

Schwefelkies

Schiefer bildet beim Verwittern mit kohlensaurem Kalk Gips und mit Kaliglimmer Alaun. Dieser Stoff wird ausgewaschen. Dadurch entstehen Löcher im Schiefer. Schwefelkies greift zusätzlich die Nagelung an. Der Gehalt an Schwefelkies kann nachgewiesen werden, indem der Stein z. B. mit einem Brenner erhitzt wird. Ein stechender Schwefelgeruch („faule Eier“) wäre die Folge.

Kohlenstoff

Er ist ein schädlicher Bestandteil, wenn er in zu großen Mengen auftritt. Kohlenstoffreicher Schiefer ist sehr weich und ist wenig witterungsbeständig. Ein zu hoher Kohlenstoffgehalt kann nachgewiesen werden, indem der Schiefer z. B. mit der Spitze des Schieferhammers angeritzt wird. Ist der Anriss weiß, ist der Kohlenstoffgehalt in Ordnung. Ist der Anriss schwarz, ist der Kohlenstoffgehalt zu hoch.

Eine weitere wichtige Probe, die mit jedem Stein unmittelbar vor der Montage durchgeführt werden sollte, ist die Klangprobe. Bei dieser hält man den Stein in einer Hand und tippt ihn mit dem Schieferhammer leicht an. Dabei werden zwar keine Bestandteile im Schiefer nachgewiesen, jedoch kann man hören, ob der Schiefer evtl. beschädigt ist. Ein heller, nachklingender Ton weist darauf hin, dass der Stein nicht beschädigt ist. Ist der Ton dumpf, kann der Stein Haarrisse oder sonstige Beschädigungen enthalten. Beschädigte Schiefer dürfen selbstverständlich nicht eingebaut werden.

9.1.3 Abbau des Schiefers

In Deutschland wird im Sauerland, Hunsrück und in der Eifel noch Schiefer abgebaut. Der Abbau erfolgt entweder unter Tage oder im Tagebau. Beide Methoden hängen von der jeweiligen Beschaffenheit des Geländes und des Lagerverhältnisses des Gesteins ab. Größter Schieferproduzent ist zurzeit Spanien. Dort wird der Schiefer überwiegend im Tagebau abgebaut. Doch Schiefer ist auf fast allen Kontinenten zu finden. Allerdings ist nicht jeder Schiefer als Dachschiefer zu gebrauchen. Wie oben bereits ausgeführt, können schädliche Bestandteile im Schiefer vorkommen, so etwa Eisen, das mit Wasser zu Rostbildung führen würde.

Traditionell wurden bzw. werden die Gesteinsblöcke mit Keilen und Hebeleisen, später auch mit Seilsägen aus der Schieferwand gelöst. Der heutige Abbau wird bestimmt durch den Einsatz moderner Maschinen. Die vollmechanische Gewinnung des Schiefers erleichtert die Arbeit der Bergleute. Der abbauwürdige Schiefer wird mit einer großen Diamantsäge entlang der geologischen Gegebenheiten in exakte Raster gesägt. Block für Block wird er so vorsichtig aus dem Berg herausgelöst. Mit Radladern werden die herausgebrochenen Blöcke in Loren verladen und

■ Begriffe

Schiefer besteht aus Feldspat. Hinzu kommen Beimengungen, die in unterschiedlichen Größenordnungen enthalten sind. Außerdem können schädliche Bestandteile wie z. B. Schwefelkies, enthalten sein. Entstanden ist der Schiefer im Erdaltertum (Paläozoikum).

■ Merke

Feldspat, Quarz und Glimmer vergess ich nimmer.

Dach Training
Deine App für die Prüfung
Android IOS

Abb. 9.3: Schieferabbau unter Tage

Abb. 9.4: Spalten des Schiefers

Abb. 9.5: Zurichten des Schiefers

durch den Schacht nach oben transportiert (siehe Abb. 9.3).

Dort werden die Blöcke mit Diamantsägen in Decksteingröße zerkleinert und anschließend mit Flachmeißeln in 4 bis 6 mm dicke Platten gespalten (siehe Abb. 9.4). Die Zurichter bringen die Schieferplatten in die endgültige Form. Dies erfolgt mithilfe moderner Zurichtmaschinen oder mechanisch betriebener Schieferscheren.

Bei der der Altdeutschen Deckung werden die Schiefer per Hand zugerichtet (siehe Abb. 9.5). Schablonenschiefer werden mittels einer Metallvorlage ausgestanzt oder in modernen roboterähnlichen Automaten hergestellt.

9.1.4 Werkzeuge und Geräte zum Zurichten des Schiefers

Für Schieferarbeiten üblicherweise erforderliche Werkzeuge, Geräte und Ausrüstungsgegenstände sind in Abbildung 9.6 dargestellt und erläutert.

9.1.5 Dachdeckungen mit Schiefer

9.1.5.1 Allgemeines zu Dachdeckungen mit Schiefer

Mit Schiefer können unterschiedliche Dachdeckungen ausgeführt werden. Dabei unterscheidet man zwischen **Altdeutschen Schieferdeckungen** und **Schablonendeckungen**. Deckungen aus Schiefer gehören zu den anspruchsvollsten Arbeiten im Dachdeckerhandwerk. Die Altdeutsche Deckung wird deshalb auch als Königsdisziplin bezeichnet, da hier der Dachdecker sein Können voll unter Beweis stel-

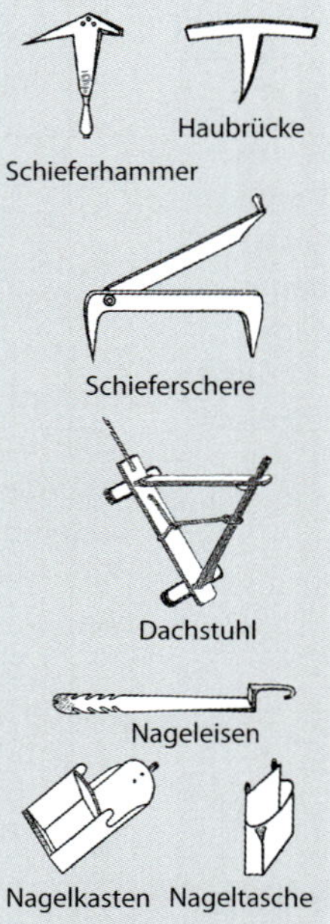

Schieferhammer
Der Schieferhammer ist aus Stahl geschmiedet und gehärtet. Der Schiefer wird mit dem Schieferhammer zugerichtet. Die Spitze des Hammers dient zum Lochen des Schiefers, der Hammerkopf zum Einschlagen der Schieferstifte oder Schiefernägel.

Haubrücke
Die Haubrücke dient dem Zurichten des Schiefers. Sie ist leicht gebogen, damit der Schiefer beim Zurichten immer Auflage auf der Haubrücke hat, selbst dann, wenn er leicht gewölbt ist.

Schieferschere
Die Schieferschere wird hauptsächlich zum Zurichten von Rechteckschiefer verwendet.

Dachstuhlbock
Der Dachstuhlbock dient als Auflage für die Bohlen des Arbeitsgerüstes. Er wird mit einem Seil an einem Sicherheitsdachhaken befestigt. Die Auflageholme sind mit Rollen oder Borsten ausgestattet, damit der Druck auf die Deckung gleichmäßig verteilt wird.

Nageleisen
Das Nageleisen wird für das Auswechseln defekter Schiefer verwendet.

Nageltasche und Nagelkiste
Nageltaschen und Nagelkisten werden für die Aufbewahrung und Sortierung der Schieferstifte benutzt.

Abb. 9.6: Werkzeuge und Geräte sowie Nageltasche und Nagelkiste zur Aufbewahrung der Befestigungsmittel

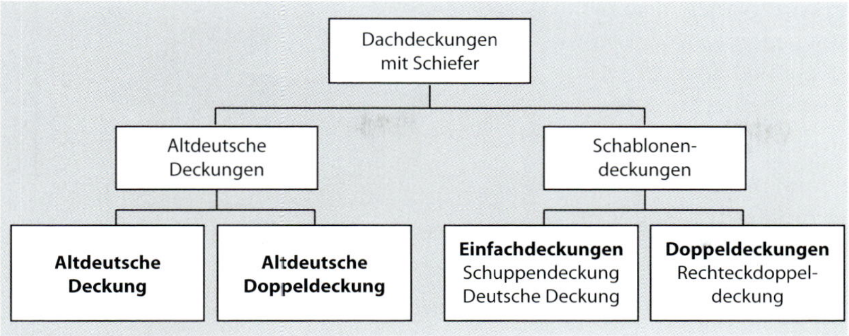

Abb. 9.7: Dachdeckungen mit Schiefer

len kann. Für Schieferdeckungen sind in der Fachregel des Deutschen Dachdeckerhandwerks **Regeldachneigungen** angegeben. Diese dürfen allerdings unterschritten werden, wenn als Zusatzmaßnahme ein wasserdichtes Unterdach angeordnet wird. Eine Unterschreitung der Regeldachneigung (RDN) um mehr als 10° ist allerdings unzulässig.

- Altdeutsche Deckung: RDN = 25°
- Altdeutsche Doppeldeckung: RDN = 22°
- Schuppendeckung: RDN = 25°
- Deutsche Deckung (Bogenschnittdeckung): RDN = 25°
- Rechteckdoppeldeckung: RDN = 22°
- Spitzwinkeldeckung: RDN = 30°

Die Regeldachneigungen müssen unbedingt für den Normalfall beachtet werden. In Abhängigkeit von besonderen klimatischen Verhältnissen, ungünstiger Lage des Gebäudes und großen Sparrenlängen können durchaus auch steilere Regeldachneigungen erforderlich sein.

Deckunterlage

Alle Schieferdachdeckungen können auf Schalungen aus Holz oder Holzwerkstoffen hergestellt werden. Holzwerkstoffe sollen allerdings nur in Ausnahmefällen verwendet werden. Eine Vollholzschalung soll mindestens 24 mm dick, die Bretter mindestens 12 cm breit sein. Eine Schalung aus Holzwerkstoffen soll mindestens 22 mm dick sein. Bei Auflagerabständen von mehr als 60 cm (lichter Abstand) sind jeweils dickere Schalungen zu wählen.

Alternativ können sowohl die Rechteckdoppeldeckung als auch die Spitzwinkeldeckung auf Lattung ausgeführt werden. Erfolgt hier eine Befestigung der Schiefer mit Schiefernägeln oder Schieferstiften, so beträgt der Mindestquerschnitt der Latten bei einem Achsabstand der Sparren bis 60 cm 60/40. Erfolgt die Befestigung mit Klammern (Rechteckdoppeldeckung), so beträgt der Mindestquerschnitt bei einem Achsabstand der Sparren bis 80 cm 30/50. Bei größeren Abständen sind größere Querschnitte zu verwenden. Erfolgt die Schieferdeckung auf Lattung, werden darunter (wie beim Ziegeldach) eine Unterdeckbahn (Unterspannbahn) und eine Konterlattung angeordnet. Allgemein müssen auch bei Schieferdeckungen die verwendeten Hölzer mindestens der Sortierklasse S10 entsprechen. Auch an Holzwerkstoffplatten werden entsprechende Anforderungen gestellt.

Schalungen müssen mit einer Vordeckung versehen werden. Bei einer Schalung aus Holzwerkstoffen muss dies unmittelbar nach der Verle-

■ Begriffe

Werkzeuge und Geräte zum Zurichten des Schiefers sind Schieferhammer, Schieferschere, Nageleisen, Dachstuhlbock und Haubrücke.

@ Links und Literatur

Zur Regeldachneigung siehe „Fachregel für Dachdeckungen mit Schiefer" im Regelwerk des Deutschen Dachdeckerhandwerks, erhältlich als Ordner und CD-ROM unter www.baufachmedien.de.

@ Links und Literatur

Die DIN 4074-1 und DIN 4074-5 regeln die **Sortierung von Holz** nach der Tragfähigkeit, Teil 1 bei Nadelhölzern, Teil 5 bei Laubhölzern. Siehe dazu: www.baunormenlexikon.de

→ Weiterführende Ausführungen zu Bitumenbahnen und ihren Bezeichnungen siehe Kapitel 10.5.2

→ Weiterführende Informationen zu Holz und Holzwerkstoffen siehe Kapitel 5

Abb. 9.8: Nagelbares Wärmedämmelement

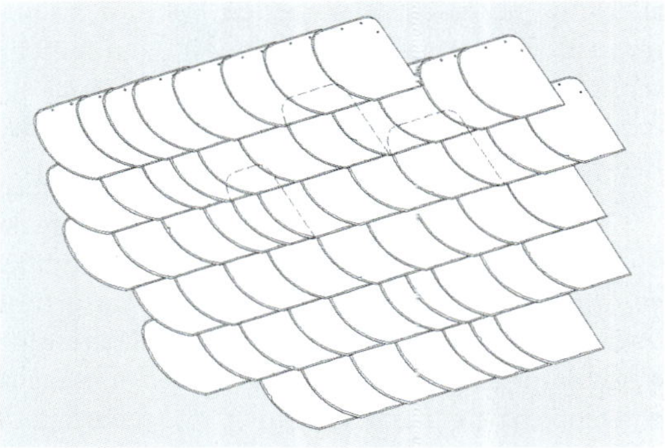

Abb. 9.9: Deckschema Altdeutsche Deckung

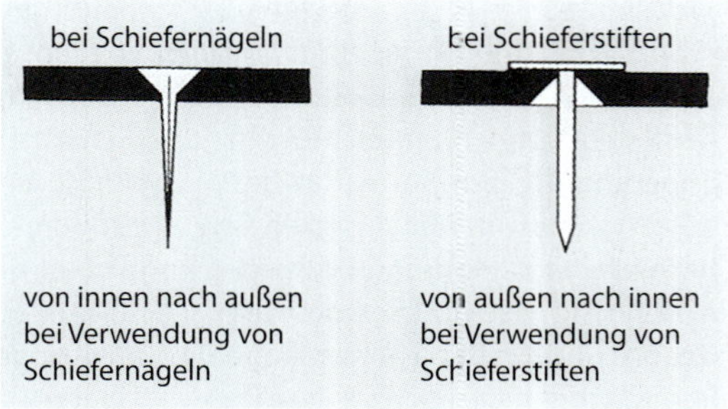

Abb. 9.10: Lochung der Schiefer

gung erfolgen, da Holzwerkstoffplatten ansonsten durch Niederschlag beschädigt werden können. Die Verlegung erfolgt parallel oder rechtwinklig zur Traufe. Die Überdeckung beträgt mindestens 80 mm.

Hierzu werden geeignete Bahnen eingesetzt. Bei Bitumenbahnen muss dies mindestens eine V13 besandet sein. Nagelbare Wärmedämmelemente können ebenfalls als Deckunterlage verwendet werden. Die Deckung wird direkt auf dem Aufsparrendämmelement verlegt (siehe Abb. 9.8).

Steinkanten

Bei allen Deckungen mit seitlicher Überdeckung (Altdeutsche Deckung, Altdeutsche Doppeldeckung, Schuppendeckung, Deutsche Deckung) muss die Brust (seitlich überdeckte Steinkante, siehe Abb. 9.13) eine gesägte Kante oder von der Vorderseite zur Rückseite behauen sein, damit auf der Vorderseite eine scharfe Kante entsteht. Dies ist wichtig, damit in die Seitenüberdeckung eingedrungenes Niederschlagswasser auf das darunter liegende Gebinde ablaufen kann. Somit wird die Regensicherheit der Deckung erhöht. Bei der Rechteckdoppeldeckung und der Spitzwinkeldeckung erfolgt die Bearbeitung der Steinkanten von hinten nach vorne. Somit ist an allen Kanten auf der Vorderseite eine Bruchkante zu sehen. Generell müssen alle sichtbaren Steinkanten eine Bruchkante erhalten.

Befestigung der Schiefer

Die Decksteine werden mit Schiefernägeln oder Schieferstiften befestigt. Schiefernägel haben einen konischen Schaft und einen konischen Kopf. Schieferstifte haben einen flachen Kopf und einen zylindrischen Schaft. Beide Befestigungsmittel sollten mindestens 10 mm Kopfdurchmesser haben.

Bei Befestigung mit Schiefernägeln wird der Stein von hinten gelocht (siehe Abb. 9.10).

Bei Befestigung mit Schieferstiften kann die Lochung von vorne oder von hinten vorgenommen werden.

Die Befestigungsmittel müssen mindestens feuerverzinkt sein. Es kann auch Kupfer oder nicht rostender Stahl verwendet werden. Schieferstifte aus Kupfer und nicht rostendem Stahl müssen einen aufgerauten Schaft haben, damit die Auszugsfestigkeit erreicht wird. Bei Verwendung von Schraubstiften ist dies nicht notwendig. Schieferstifte und -nägel müssen eine Länge von mindestens 32 mm haben.

Erfolgt die Befestigung der Steine mit Klammern (z. B. bei der Rechteckdoppeldeckung), müssen

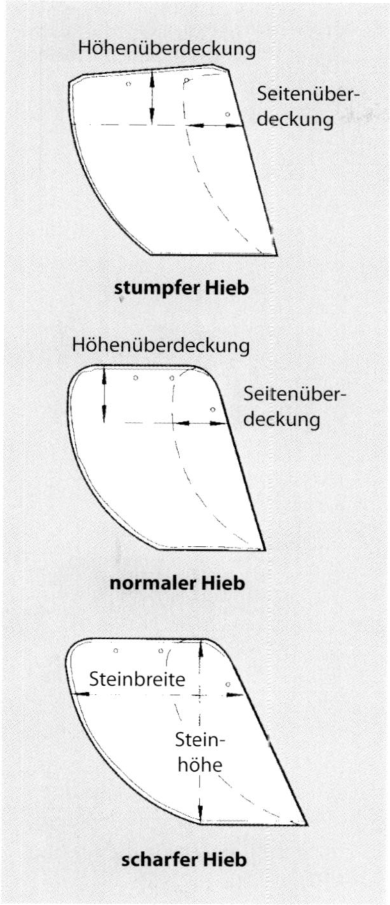

Abb. 9.11: Rechte Decksteine mit stumpfem, normalem und scharfem Hieb

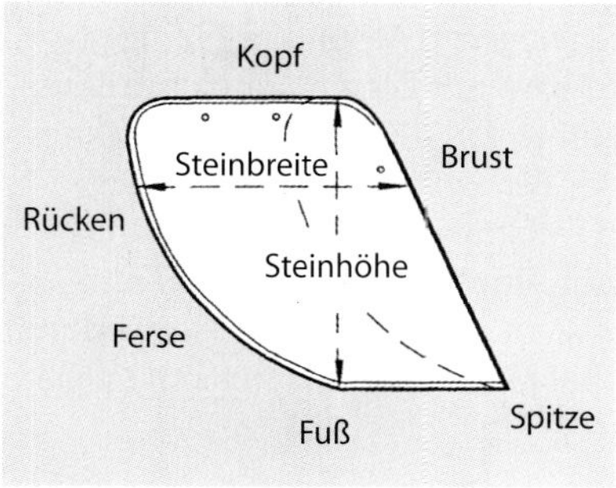

Abb. 9.12: Decksteinmodell für Rechtsdeckung

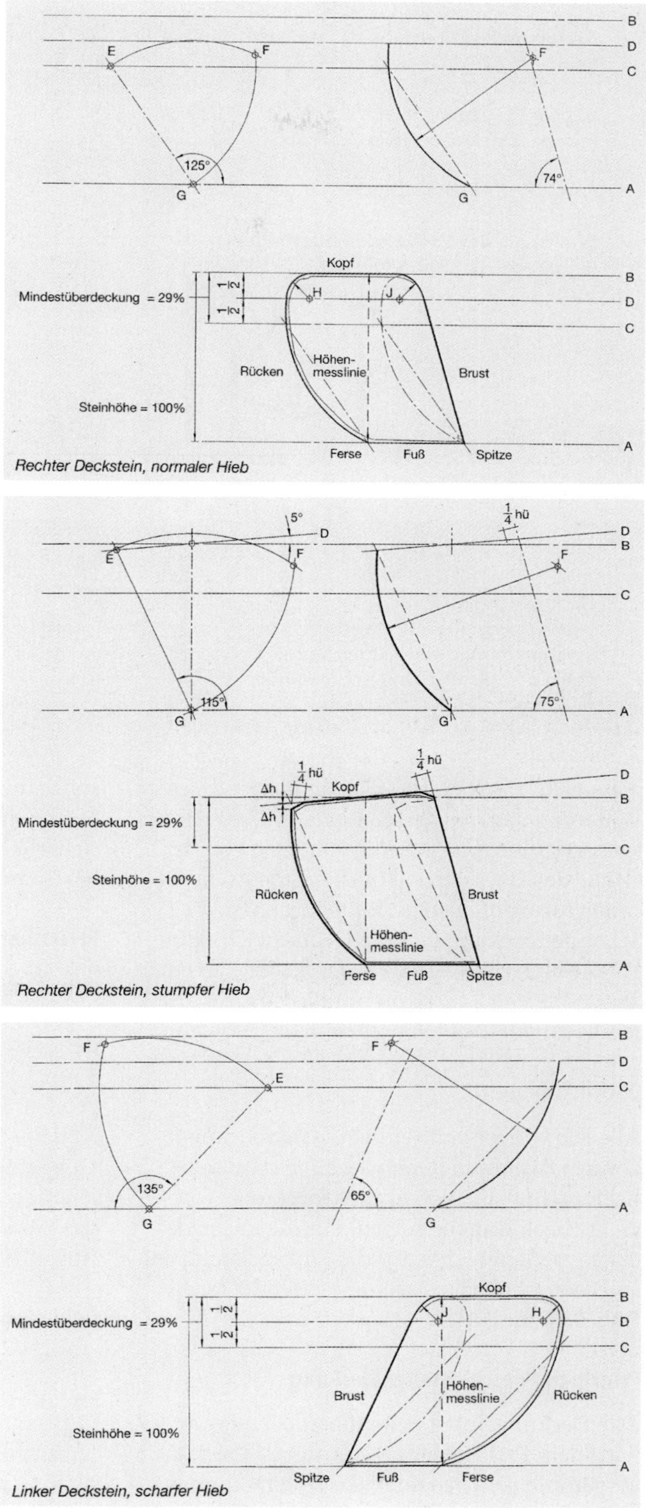

Abb. 9.13: Decksteinkonstruktionen

Rechnerische Ermittlung der Mindestgebindesteigung G_{min} (m/m)
Beispiel bei 30° Dachneigung:

G_{min} = **1 – sin a**
a = **Dachneigung in Grad**

$$G_{min} = 1 - \sin 30° = 1 - 0{,}5 = 0{,}50 \text{ m}$$

Also 0,50 m Gebindesteigung auf 1,00 m Trauflänge

Ermittlung der Mindestgebindesteigung
Beispiel bei 40° Dachneigung:

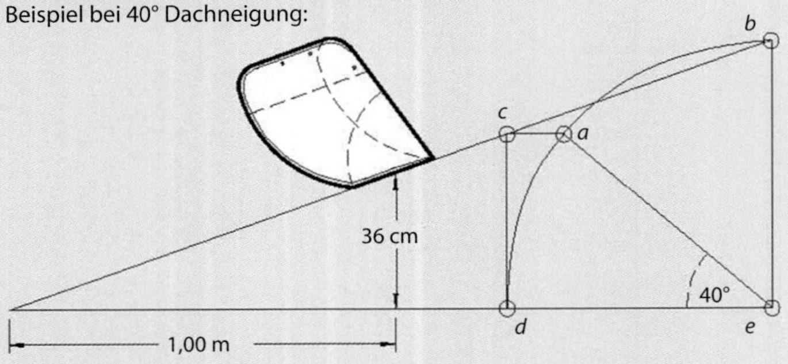

Dachneigung a – e,
beliebig großer Kreisschlag d – b,
Errichtung einer Senkrechten d – c;
Punkt a – c parallel zur Traufe verbinden:
c – b ergibt die Mindeststeigung

Abb. 9.14: Rechnerische und zeichnerische Ermittlung der Gebindesteigung

diese nicht rostend sein. (Schließlich sind sie der Witterung direkt ausgesetzt.) Die Anzahl der Befestigungsmittel ist generell abhängig von der Größe der Decksteine. Für die Altdeutsche Deckung, die Altdeutsche Doppeldeckung, die Schuppendeckung und die Deutsche Deckung gilt die einfache Regel, dass Decksteine ab einer Steinhöhe von 24 cm mit mindestens 3 Schiefernägeln oder Schieferstiften befestigt werden.

Deckrichtungen

Alle Deckungen mit seitlicher Überdeckung können sowohl in Rechtsdeckung (von links **nach rechts**) als auch in Linksdeckung (von rechts **nach links**) erfolgen. Für die Rechtsdeckung werden rechte, für die Linksdeckung entsprechend linke Decksteine verwendet (siehe Abb. 9.13 und 9.15).

Prinzip der geschlossenen Deckung

Alle Deckungen mit Seitenüberdeckung werden nach dem Prinzip der geschlossenen Deckung ausgeführt. Das bedeutet, dass die Decksteinspitze immer gegen den Rücken eines anderen Decksteins gedeckt wird. Dies trägt zur Regensicherheit und zur Stabilität der Dachdeckung bei (siehe Abb. 9.19).

Fersenhang und Fersenversatz

Alle Deckungen mit Seitenüberdeckung werden mit Fersenversatz (FV) und mit hängender Ferse (hF) bzw. mit Fersenhang (etwa 1 bis 3 mm) ausgeführt. Bei den Schablonendeckungen beträgt der Fersenversatz 1 cm. Bei der Altdeutschen Deckung und der Altdeutschen Doppeldeckung sind es in etwa 5 bis 20 mm. Hierdurch entsteht eine Art Tropfnase, wodurch das Wasser ungehindert abtropfen kann (siehe Abb. 9.19).

Gebindesteigung

Alle Schieferdachdeckungen, die in Einfachdeckung mit Seitenüberdeckung gedeckt werden, müssen mit Gebindesteigung ausgeführt werden. (Ausnahme: Bei Dachneigungen über 70° darf ohne Gebindesteigung gedeckt werden.) Die Ge-

Tabelle 9.1: Sortierung der Decksteingrößen für die Altdeutsche Deckung

Sortierung	Höhe* in cm	Breite* in cm
1/1	50–40	42–32
1/2	42–36	38–28
1/4	38–32	34–25
1/8	34–28	30–23
1/12	30–24	26–20
1/16	26–20	22–17
1/32	22–16	18–13
1/64	18–12	16–11
* Die Abmessungen einzelner Schiefer können geringfügig außerhalb einer Sortierung liegen.		

bindesteigung ist erforderlich, um die Regensicherheit zu erhöhen.

Bei flachen Dachneigungen fließt das Wasser langsamer ab als bei steileren Dächern. Durch den langsamen Wasserlauf fließt der größte Teil des Wassers an den Decksteinrücken ab. Durch die Gebindesteigung wird die Seitenüberdeckung entlastet.

Je flacher die Dachneigung, desto steiler muss die Mindestgebindesteigung sein. Je steiler die Dachneigung, desto flacher kann die Mindestgebindesteigung sein.

Vor dem Eindecken der Dachfläche muss erst die Mindestgebindesteigung ermittelt werden. Die zu wählende Gebindesteigung liegt zwischen der **Mindestgebindesteigung** und der **Höchstgebindesteigung**.

9.1.5.2 Altdeutsche Deckung

Die Altdeutsche Deckung zeichnet sich durch verschieden große und breite Decksteine aus. Dabei werden

Tabelle 9.2: Höhen- und Seitenüberdeckung der Decksteine

Decksteinhieb	Höhen-/Seitenüberdeckung	Seitenüberdeckung
stumpfer Hieb, normaler Hieb	29 %* der Steinhöhe, bei Steinhöhen ≤ 170 mm : 50 mm	29 %* der Steinhöhe, bei Steinhöhen ≤ 170 mm : 50 mm
scharfer Hieb		38 % der Steinhöhe
* bei Steinhöhen > 420 mm : 120 mm Höhenüberdeckung		

Tabelle 9.3: Abhängigkeit der Schiefergröße von der Dachneigung bei der Altdeutschen Deckung

Sortierung	untere Dachneigungsgrenze in Grad (°)	empfohlene obere Dachneigungsgrenze in Grad (°)
1/1	25 *	30
1/2	25 *	30
1/4	25 *	35
1/8	30	40
1/12	35	50
1/16	40	60
1/32	50	–
1/64	60	–
* zugleich Regeldachneigung		

in einem Gebinde Decksteine unterschiedlicher Breite (mindestens 40 mm) verwendet. Hiervon darf allerdings bei kleinen Flächen und steilen Turmdachflächen abgewichen werden. Dies belebt das Deckbild, stellt aber gleichzeitig eine große Herausforderung dar, da wegen dem Prinzip der geschlossenen Deckung und dem für die Seitenüberdeckung erforderlichen Fersenversatz die Decksteinbreite immer „einigermaßen passen" muss (siehe Abb. 9.9). Auch in der Höhe unterscheiden sich die Decksteine deutlich (siehe Tab. 9.1). Da die Mindesthöhenüberdeckung min-

■ Begriffe

Schiefergröße bei Altdeutscher Deckung: Je geringer die Dachneigung und je größer die Entfernung zwischen Traufe und First ist, desto größer muss der Schiefer gewählt werden. Je steiler die Dachneigung und je kleiner die Entfernung zwischen Traufe und First ist, desto kleiner sollte der Schiefer gewählt werden.

destens 29 % der Steinhöhe beträgt, ist die Größe der Überdeckung (in cm) abhängig von der Steingröße. Demnach werden große Steine mehr überdeckt als kleine Steine. Hieraus können 2 Regeln abgeleitet werden:

1. In einer Dachfläche werden die größten Steine im Bereich der Traufe verwendet, da hier das meiste Wasser anfällt. Bei der Eindeckung werden zum First hin kleinere Steine verwendet und die Gebindehöhen stufenlos reduziert (siehe Tab. 9.4). Wie groß der Unterschied zwischen den höchsten und den kleinsten Deckgebinden sein muss, ist ebenfalls vorgeschrieben (siehe Tab. 9.4).

2. Da bei flacheren Dachneigungen eine größere Überdeckung erforderlich ist, werden umso größere Steine verwendet, je flacher das Dach ist (siehe Tab. 9.3). Diese Tabelle zeigt zudem, wie die Altdeutschen Decksteine je nach ihrer Größe (Steinhöhe und Steinbreite) in 8 Gruppen, sog. Sortierungen oder Sortierklassen, eingeteilt werden.

Die Decksteine können normalen, scharfen oder stumpfen Hieb haben. Hierdurch ergeben sich unterschiedliche Deckbilder und unterschiedliche Seitenüberdeckungen (siehe Tab. 9.2).

Decksteine mit scharfem Hieb können breiter sein als in der Tabelle angegeben. Die Decksteinhiebe unterscheiden sich durch verschiedene Brust- und Rückenwinkel. Die verschiedenen Winkel haben Einfluss auf die Seitenüberdeckungen der Decksteine (siehe Abb. 9.15 und Tab. 9.2).

- Decksteine mit normalem Hieb haben einen Brustwinkel von 74° und einen Rückenwinkel von 125°.
- Decksteine mit scharfem Hieb haben einen Brustwinkel von 65° und einen Rückenwinkel von 135°.
- Decksteine mit stumpfem Hieb haben einen Brustwinkel von 75° und einen Rückenwinkel von 115° (siehe Abb. 9.13).

Sollte allein durch einen normalen Fersenversatz die erforderliche Seitenüberdeckung nicht erreicht werden, ist der Versatz entsprechend zu vergrößern.

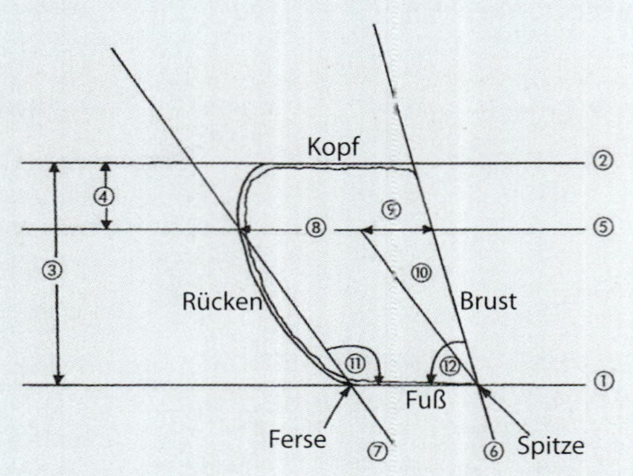

1. Fußlinie
2. Kopflinie
3. Steinhöhe
4. Höhenüberdeckung (mindestens 29 % der Steinhöhe)
5. Höhenüberdeckungslinie
6. Brustlinie
7. Rückenlinie
8. Steinbreite
9. Seitenüberdeckung (mindestens 29 % der Steinhöhe)
10. Seitenüberdeckungslinie
11. Rückenwinkel 125°
12. Brustwinkel 74°

Abb. 9.15: Altdeutscher Deckstein

Tabelle 9.4: Verringerung der Gebindehöhe bei der Altdeutschen Deckung und Anzahl der Sortierungen in Abhängigkeit von der Sparrenlänge

Sparrenlänge in m	Differenz zwischen der größten und kleinsten Gebindehöhe in mm	übliche Anzahl der zu verwendenden benachbarten Sortierungen
≤ 6	≥ 40	1
≤ 8	≥ 60	2
> 8	≥ 80	2–3

Zurichten von rechten und linken Decksteinen

In den Abbildungen 9.16 und 9.17 ist das Zurichten eines rechten bzw. linken Decksteines für Rechtshänder dargestellt.

! Praxistipp

Die Ermittlung der Höchstgebindesteigung erfolgt in folgenden Schritten:

Von der Spitze des Decksteines wird die gleiche Entfernung an Brust und Fuß abgezeichnet. Man erhält dadurch die Punkte *A* und *B*. Der Deckstein wird gedreht bis die Linie *AB* dem senkrechten Wasserlauf entspricht, also senkrecht zur Traufe verläuft.

Eine Besonderheit der Altdeutschen Deckungen ist, dass in der Fläche u. U. vom Prinzip der geschlossenen Deckung abgewichen werden darf. Sogenannte Übersetzungen können erforderlich sein, wenn ein Deckstein vom Format her nicht vorhanden ist. Übersetzungen dürfen auf einen breiten Deckstein mit 2 schmalen Decksteinen (siehe Abb. 9.20) oder mit einem breiten Deckstein auf 2 schmale Decksteine übersetzt werden (siehe Abb. 9.21). Allerdings sind diese in Flächendeckungen eher die Ausnahme. Die Befestigung der Schiefer erfolgt mit Schiefernägeln oder Schieferstiften ausschließlich innerhalb der Höhenüberdeckung.

9.1.5.3 Altdeutsche Doppeldeckung

Das Deckbild der **Altdeutschen Doppeldeckung** ist nahezu identisch mit dem der Altdeutschen Deckung. Der auffälligste Unterschied besteht in der Höhenüberdeckung. Bei der Altdeutschen Doppeldeckung überdeckt das dritte Deckgebinde das erste Deckgebinde noch um mindestens 20 mm (Überdoppelung). Dadurch wird eine größere Regensicherheit erreicht und eine geringere Regeldachneigung ist gegeben (22°, im Vergleich zur Altdeutschen Deckung: 25°).

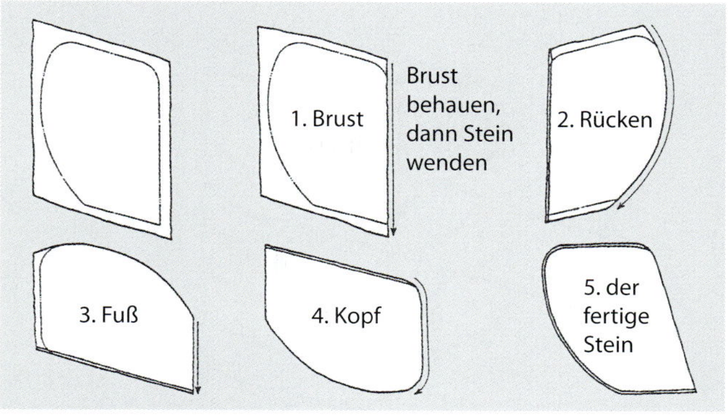

Abb. 9.16: Zurichten eines rechten Decksteines für Rechtshänder

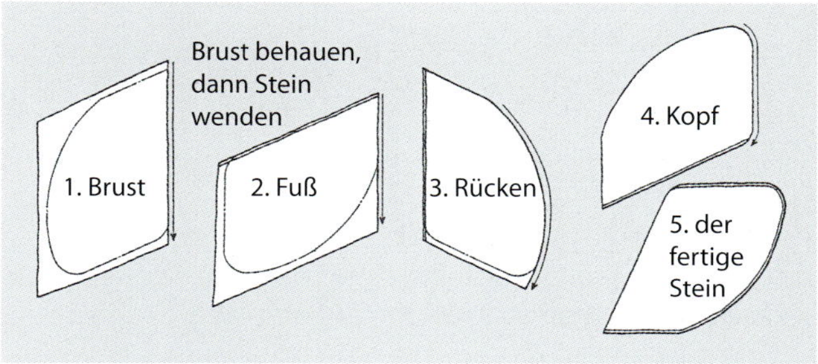

Abb. 9.17: Zurichten eines linken Decksteines für Rechtshänder

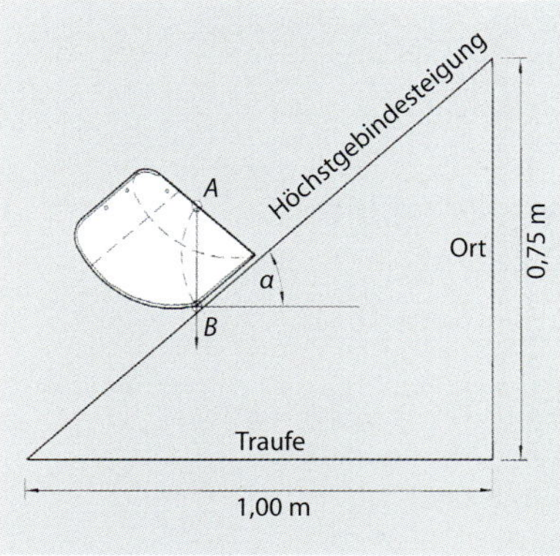

Abb. 9.18: Zeichnerische Höchstgebindesteigung

Bei der Altdeutschen Doppeldeckung werden Decksteine mit normalem oder stumpfem Hieb eingesetzt. Die Decksteine sind mit mindestens 3 Schieferstiften oder -nägeln innerhalb der Höhenüberdeckung zu befestigen, wobei das Brustloch ca. 50 mm über der Gebindelinie sein muss.

■ Darum geht es

- Bei der **Altdeutschen Deckung** gibt es 2 Deckrichtungen, nämlich von links nach rechts (Rechtsdeckung), und von rechts nach links (Linksdeckung).

@ Links und Literatur

Zum Materialbedarf der Altdeutschen Deckung siehe auch die Rubrik Schiefer unter: www.baunetzwissen.de.

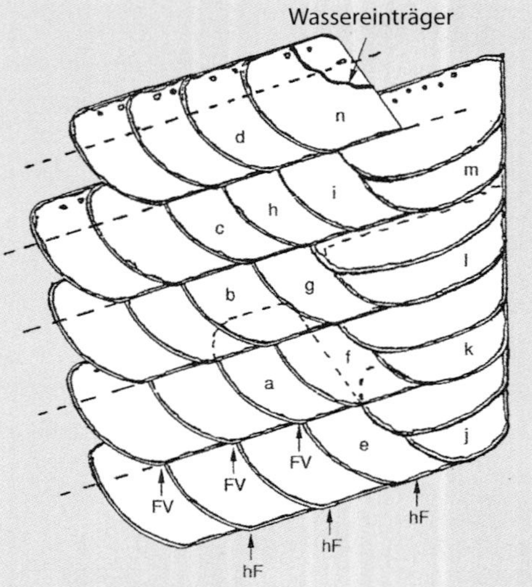

hF = hängende Ferse
FV = Fersenversatz

Die Decksteine a, b, c, d müssen eine dicke Spitze haben.

Die Decksteine e, f, g, h, i müssen eine dünne Spitze haben.

Der Deckstein n darf nicht eingedeckt werden, da es sich um einen Wasserträger handelt. Dieser Deckstein hat im oberen Brustbereich eine grobe Absplitterung, die in Richtung der Seitenüberdeckung verläuft.

Das ablaufende Wasser würde in die Seitenüberdeckung eingetrieben werden.

Die Endortsteine j, k, l müssen dünn sein (zur Endortdeckung siehe auch Kapitel 13a).

Abb. 9.19: Deckschema Altdeutsche Deckung

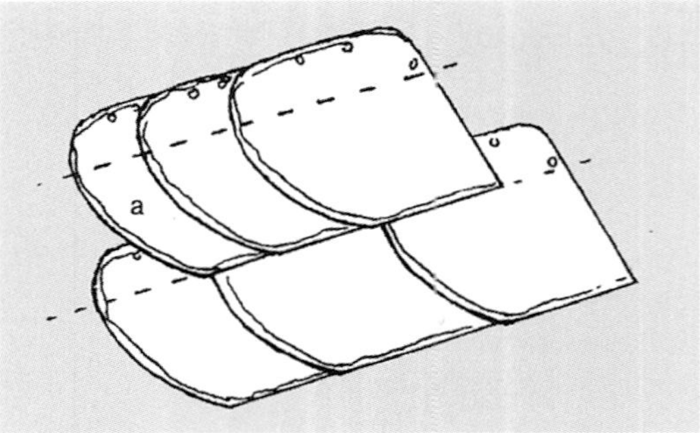

Abb. 9.20: Das Decken von 2 schmalen Decksteinen auf einen breiten Deckstein. Deckstein a muss dünn sein.

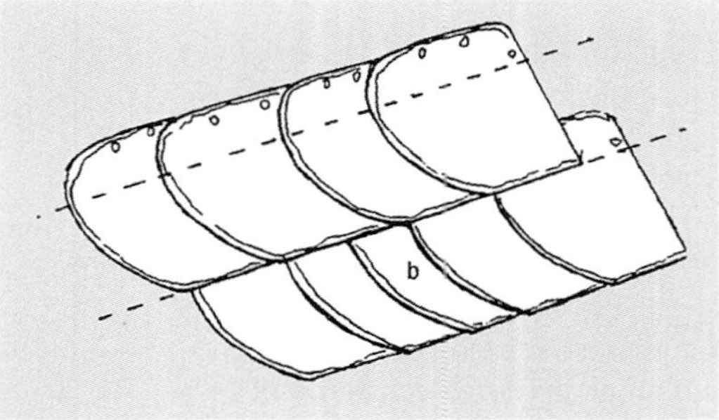

Abb. 9.21: Das Decken von einem breiten Deckstein auf 2 schmale Decksteine. Deckstein b muss dünn sein.

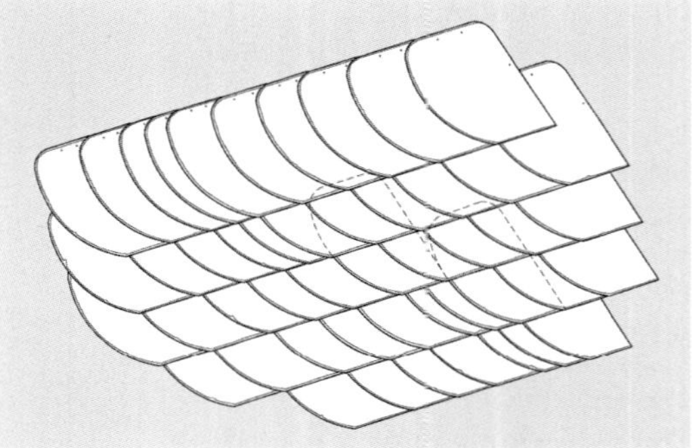

Abb. 9.22: Deckbild Altdeutsche Doppeldeckung

Abb. 9.23: Schuppendeckung in Linksdeckung

Um eine ausreichende Sichthöhe der Gebinde zu erreichen, werden in der Decksteinsortierung die größten Steine eingesetzt.

Decksteinsortierungen für die Altdeutsche Doppeldeckung sind: 1/1, 1/2, 1/4 und ggf. die Sortierung 1/8 (siehe Tab. 9.1).

Die Sichthöhe der Decksteingebinde wird wie folgt ermittelt:

$$S = \frac{H - \ddot{U}}{2}$$

S = Schnürabstand (Gebindehöhe)
H = Schieferhöhe
Ü = Maß der Überdeckung

Die Altdeutsche Doppeldeckung wird angewandt bei:

- Dachneigungen ≥ 22° bis 25°,
- Dachneigungen ≥ 25° und regionalen Besonderheiten sowie bei großen Sparrenlängen und/oder exponierter Gebäudelage.

9.1.5.4 Schuppendeckung

Die Schuppendeckung wird mit Schuppenschablonen gleicher Größe eingedeckt. Die Steinform entspricht der eines Altdeutschen Decksteins im normalen Hieb (siehe Kapitel 9.1.5.2). Schuppen sind Schablonen, die in festgelegten Maßen maschinell zugerichtet werden (siehe Tab. 9.5).

Tabelle 9.5: Schuppensortierung

Höhe in cm	Breite in cm	empfohlener Dachneigungsbereich Regeldachneigung 25°
42 cm	32 cm	25°–30°
40 cm	32 cm	25°–30°
40 cm	30 cm	25°–30°
38 cm	30 cm	25°–30°
36 cm	28 cm	25°–35°
34 cm	28 cm	25°–35°
32 cm	28 cm	30°–40°
30 cm	25 cm	30°–40°
28 cm	23 cm	35°–50°
26 cm	21 cm	35°–50°
24 cm	19 cm	40°–60°
22 cm	17 cm	40°–60°
20 cm	15 cm	ab 50°
18 cm	15 cm	ab 50°

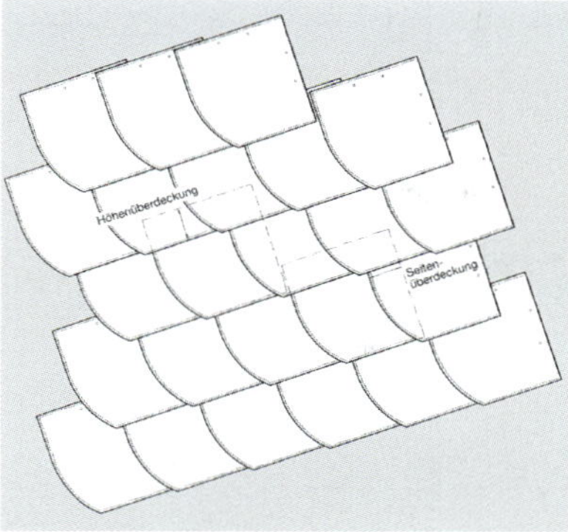

Abb. 9.24: Deckbild Deutsche Deckung

Die Steinbreite ist die Entfernung zwischen Brust und Rücken in der Mitte der Höhe gemessen.

Bezüglich der Befestigung, der Höhen- und Seitenüberdeckung etc. gelten für die Schuppenüberdeckung die gleichen Regeln wie bei der Altdeutschen Deckung. Lediglich eine Übersetzung ist nicht zulässig – und auch gar nicht erforderlich.

9.1.5.5 Deutsche Deckung (Bogenschnittdeckung)

Die Deutsche Deckung, oder auch Bogenschnittdeckung genannt, wird mit quadratischen Formaten der Größe 30/30 cm oder 25/25 cm verwendet. Die Auswahl der Steingröße (in Abhängigkeit von der Dachneigung) sowie die entsprechenden Überdeckungen können Tabelle 9.6 entnommen werden. Das Format 20/20 cm darf nur an Wandflächen eingesetzt werden. Die Deutsche Deckung gehört, wie die Schuppendeckung, zur Gruppe der Schablonendeckungen. Die Befestigung erfolgt mit mindestens 3 Schiefernägeln oder Schieferstiften auch unterhalb der Höhenüberdeckung, aber innerhalb der Seitenüberdeckung (siehe Abb. 9.24).

■ Darum geht es

- Der auffälligste Unterschied zwischen der Altdeutschen Schieferdeckung und der **Altdeutschen Doppeldeckung** besteht in der Höhenüberdeckung. Bei der Altdeutschen Doppeldeckung überdeckt das dritte Deckgebinde das erste Deckgebinde noch um mindestens 20 mm (Überdoppelung).
- Die **Schuppendeckung** ist eine Schablonendeckung. Im Gegensatz zur Altdeutschen Schieferdeckung ist die Schieferschuppe durch eine gleichmäßige Höhen- und Breitenangabe gekennzeichnet.
- Die **Deutsche Deckung**, oder auch Bogenschnittdeckung genannt, gehört ebenfalls zur Gruppe der Schablonendeckungen.

Tabelle 9.6: Mindestüberdeckungen in mm bei der Deutschen Deckung (Bogenschnittdeckung)

Dachneigung	Format			
	30/30		25/25	
Regeldachneigung 25°	Höhenüberdeckung	Seitenüberdeckung	Höhenüberdeckung	Seitenüberdeckung
≥ 25°	110	90	–	–
≥ 30°	100	90	–	–
≥ 35°	90	90	–	–
≥ 40°	90	90	90	80
≥ 50°	80	90	80	80
≥ 55°	70	90	70	80

9.1.5.6 Rechteckdoppeldeckung

Die Rechteckdoppeldeckung ist eine gängige Dacheindeckung in vielen Ländern der Erde. Sie wird mit quadratischen oder rechteckigen Schiefern gleicher Größe ausgeführt. Das dritte Schiefergebinde überdeckt das erste Schiefergebinde um die von der Dachneigung abhängige Mindesthöhenüberdeckung (Überdoppelung). Die Eindeckung der Fläche erfolgt im Halbverband mit einer 3 bis 6 mm breiten Fuge zwischen den Steinen. Um ein gleichmäßiges und ansprechendes Deckbild zu erzeugen, ist sowohl eine horizontale Schnürung (Kopflinien oder Schnürung für die Traglattung) als auch eine vertikale Schnürung vorzunehmen (siehe Abb. 9.28).

Die Schieferschablonen können vollkantig sein oder gestutzte Ecken (Octogones) bzw. halbkreisförmige Abrundungen (Coquettes) haben (siehe Abb. 9.26). Darüber hinaus gibt es auch Sonderformen.

Erfolgt eine Nagelbefestigung, so sind pro Stein mindestens 2 Schieferstifte oder Schiefernägel zu verwenden. Erfolgt die Befestigung mit Klammer- bzw. Einschlaghaken (siehe Abb. 9.27), so sind Haken zu verwenden, die 1 cm länger sind als die Höhenüberdeckung. Dadurch wird sichergestellt, dass die Klammer

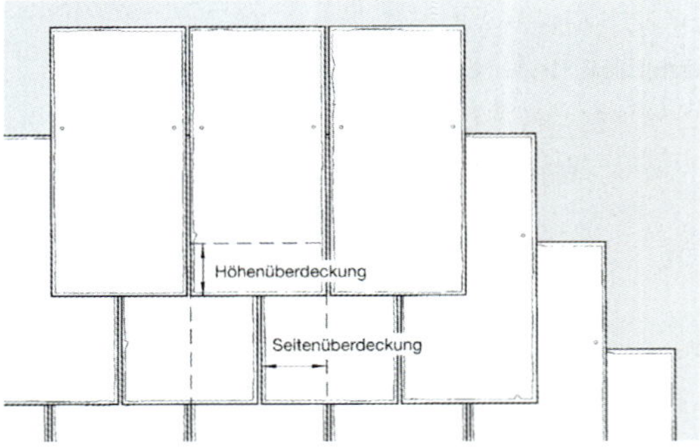

Abb. 9.25: Deckschema Rechteckdoppeldeckung

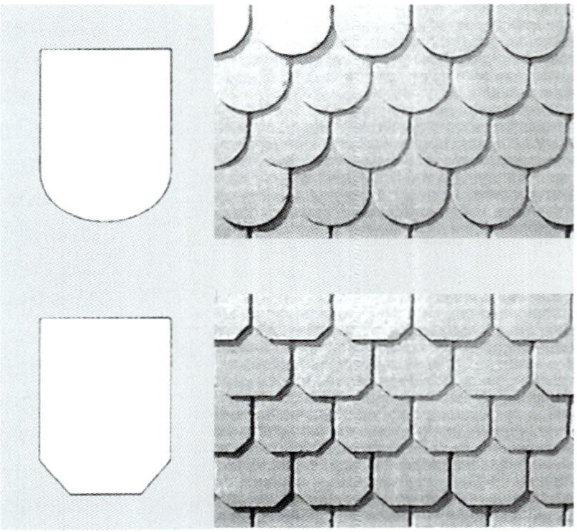
Abb. 9.26: Deckbilder Coquettes und Octogones

nicht auf dem Kopf des Steins aufsitzt und es ergibt sich ein zusätzlicher Nagelbereich, beispielsweise für die Befestigung der Ortsteine (siehe Kapitel 9.1.6.2).

Die senkrechten Schnürungen ergeben sich durch die Schieferbreite unter Berücksichtigung der jeweiligen Breite der Stoßfuge. Die waagerechte Schnürung wird wie folgt errechnet:

! Praxisbeispiel

$$S = \frac{H - Ü}{2}$$

S = Schnürabstand
H = Schieferhöhe
Ü = Überdeckung

Rechenbeispiel
Schieferhöhe: 400 mm
Mindestüberdeckung: 70 mm

$$\frac{400\ \text{mm} - 70\ \text{mm}}{2}$$

Ergebnis = 165 mm

Die Gebindehöhe ergibt von Oberkante Latte zu Oberkante Latte 165 mm Abstand.

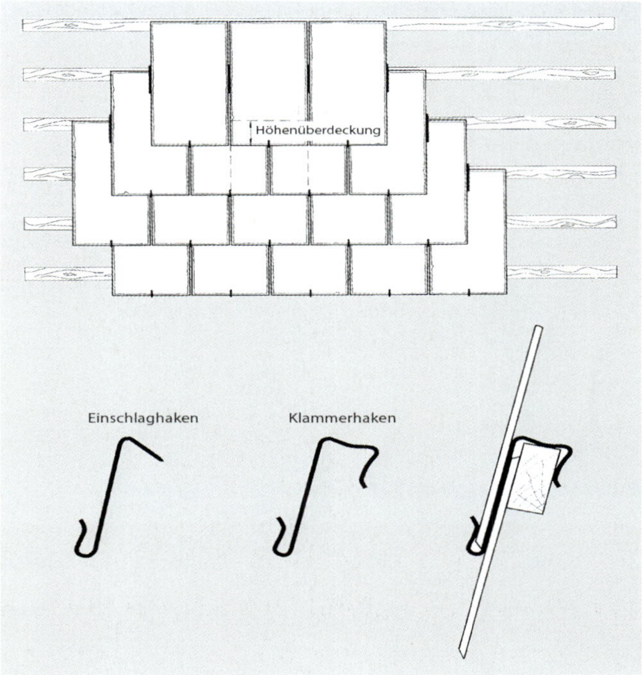

Abb. 9.27: Die Befestigung mit Klammer- und Einschlaghaken

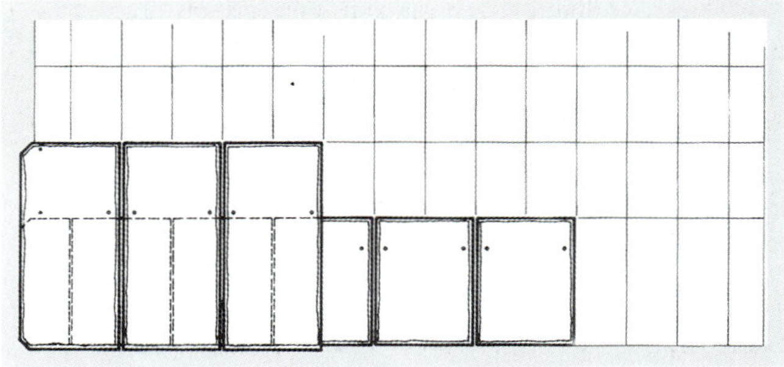

Abb. 9.28: Schnürschema Rechteckdoppeldeckung

9.1.5.7 Spitzwinkeldeckung

Die Spitzwinkeldeckung ist eine der ältesten Schieferdeckungen und wird auch heute noch sehr häufig angewandt. Schon vor 2.000 Jahren haben die Römer ihre Dächer mit Spitzwinkelschablonen in dieser Deckung eingedeckt. Die Deckung wird mit rautenförmigen Schiefern mit 2 gegenüberliegenden gestutzten Ecken in halbem Verband ausgeführt (siehe Abb. 9.29).

Als Deckunterlage kann eine Schalung oder eine Lattung eingesetzt werden. Die Befestigung erfolgt mit mindestens 2 Schieferstiften oder -nägeln.

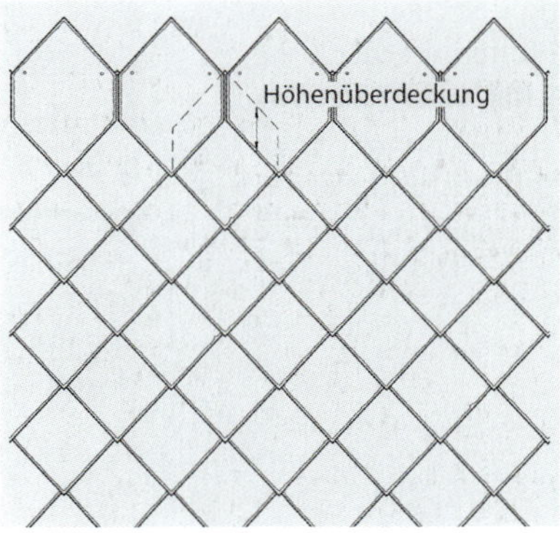

Abb. 9.29: Deckschema Spitzwinkeldeckung

■ Darum geht es

Bei der in vielen Ländern beliebten Rechteckdoppeldeckung werden quadratische oder rechteckige Schiefer gleicher Größe verwendet.

Tabelle 9.7: Mindestüberdeckungen in mm des dritten Gebindes über das erste bei der Rechteckdoppeldeckung

Dachneigung	**Format**			
	60/35 60/30 50/30 50/25	**40/40 40/25 40/20**	**35/35 35/20**	**30/30 30/20**
Regeldachneigung ≥ 22°	**Höhenüberdeckung**			
≥ 22°	120	-	-	-
≥ 30°	100	100	-	-
≥ 40°	80	80	80	-
≥ 50°	-	60	60	60

Tabelle 9.8: Spitzwinkel für Schiefer

Größe	**Höhe in cm**	**Breite in cm**	**Abschnittlänge in cm**	**Mindestdachneigung in Grad**	**ca. Stückzahl pro m²**
1	47	31	10,7	≥ 30°	19
2	43	29	10,7	≥ 30°	23
3	38	25	10,7	≥ 30°	32
4	36	24	9,5	≥ 45°	34
5	33	21	7,3	≥ 45°	40
6	30	20	7,3	≥ 60°	49
7	29	19	7,3	≥ 60°	54
8	26	18	7,3	≥ 60°	67

Wie bei der Rechteckdoppeldeckung ist auch hier eine exakte Einteilung der Dachfläche unbedingt notwendig. Die Höhenüberdeckung ergibt sich aus der Abschnittlänge des Steins zuzüglich der Hängespitze (mindestens 1 cm, siehe Abb. 9.29). Der Schnürabstand für die horizontale Schnürung erfolgt nach der Formel:

$$S = \frac{H - A}{2} - M$$

S = Schnürabstand
H = Schieferhöhe
A = Abschnittlänge
M = Maß der Hängespitze

Für die vertikale Schnürung ist wiederum eine geringe Fuge und der Halbverband zu berücksichtigen.

Für die Auswahl der richtigen Steingröße ist Tabelle 9.8 zu beachten.

Spitzwinkelschablonen der Größen 4 und 5 dürfen nur bei Dächern > 45° Dachneigung und der Größen 6, 7 und 8 bei Dächern > 60° verwendet werden.

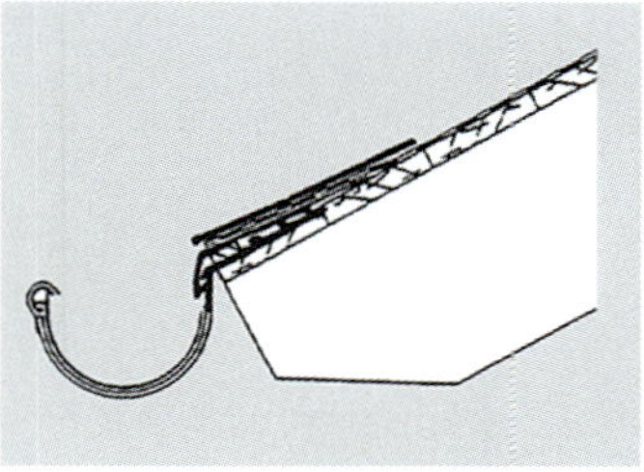

Abb. 9.30: Traufausbildung mit vorgehängter halbrunder Dachrinne und Traufstreifen

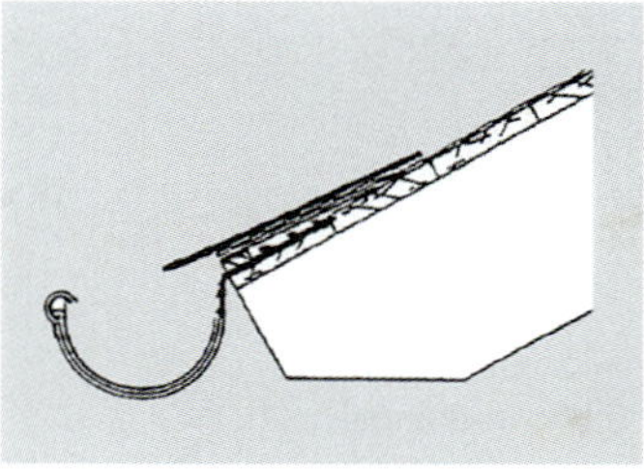

Abb. 9.31: Traufausbildung mit vorgehängter halbrunder Dachrinne ohne Traufstreifen. Der Überstand beträgt laut Fachregel maximal 1/3 des Rinnenquerschnitts.

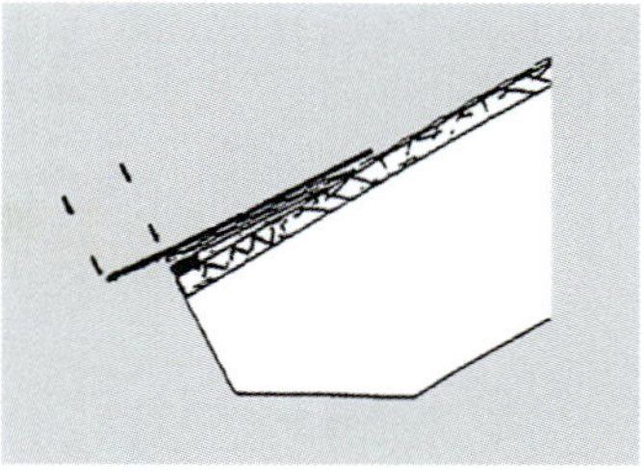

Abb. 9.32: Traufausbildung ohne Dachrinne und ohne Traufstreifen. Der Überstand der Schiefer an der Traufe beträgt ca. 5 cm.

9.1.6 Details Traufe, Ortgang, First

Zur fachgerechten Eindeckung der Schieferdeckungen an den Dachrändern Traufe, Ortgang und First wird i. d. R. Rohschiefer (Zubehörmaterial) verwendet. Damit keine unerwünschten Farbunterschiede bei der fertigen Deckung zu erkennen sind, ist darauf zu achten, dass dieser Rohschiefer aus der gleichen Grube bzw. dem gleichen Bruch stammt wie der Schiefer für die Flächendeckung.

9.1.6.1 Traufe

Bei der Ausbildung der Traufe wird ein Traufblech empfohlen. Wird an der Traufe eine vorgehängte Dachrinne montiert, empfiehlt es sich, die Rinnenhalter einzulassen. Erfolgt die Traufausbildung ohne Dachrinne, sind die Schiefer mit ca. 50 mm Überstand über die Traufkonstruktion zu decken (siehe Abb. 9.31 und Abb. 9.32). Bei der Ausführung mit Tropfblechen muss der Überstand ≤ 50 mm betragen (siehe Abb. 9.30). Die Traufgebinde sind laut Fachregel zu unterlegen, damit sie die gleiche Neigung wie die folgenden Gebinde haben. Hierzu eignen sich z. B. schmale Streifen aus Bitumenbahnen oder dünne Holzleisten (Spalierleisten).

Bei Dachdeckungen mit Schiefer kann grundsätzlich an der Traufe zuerst ein sog. Traufgebinde eingedeckt werden (siehe Abb. 9.36). Bei der Altdeutschen Doppeldeckung und bei der Rechteckdoppeldeckung ist dies nicht möglich. Beim Traufgebinde ist die Seitenüberdeckung um ein Drittel gegenüber der Seitenüberdeckung in der Fläche zu erhöhen. Traufgebinde werden meistens eingedeckt, wenn im Bereich der Traufe z. B. Schneefanggitter eingebaut werden sollen. Anschließend wird dann mit dem eigentlichen Fußgebinde begonnen (siehe Abb. 9.36).

Bei der **Altdeutschen Schieferdeckung** und bei der **Schuppendeckung** muss die Fußdeckung als eingebundene Fußdeckung ausgeführt werden (siehe Abb. 9.35). Auch bei der **Altdeutschen Doppeldeckung** erfolgt die Fußdeckung eingebunden. Allerdings wird die Fußdeckung bei der Altdeutschen Deckung einfach gedeckt und nicht, wie in der Flächendeckung, überdoppelt gedeckt (siehe Abb. 9.34). Die Höhenüberdeckung der Fuß- und Gebindesteine bei der Doppeldeckung muss mindestens die Hälfte der Sichthöhe des darüberliegenden Decksteingebindes plus 20 mm betragen (siehe Abb. 9.34).

Darum geht es

Die **Spitzwinkeldeckung** wurde bereits von den Römern angewendet und ist auch heute noch sehr beliebt. Die Deckung wird mit Quadratschiefer mit 2 gestutzten Ecken in halbem Verband ausgeführt.

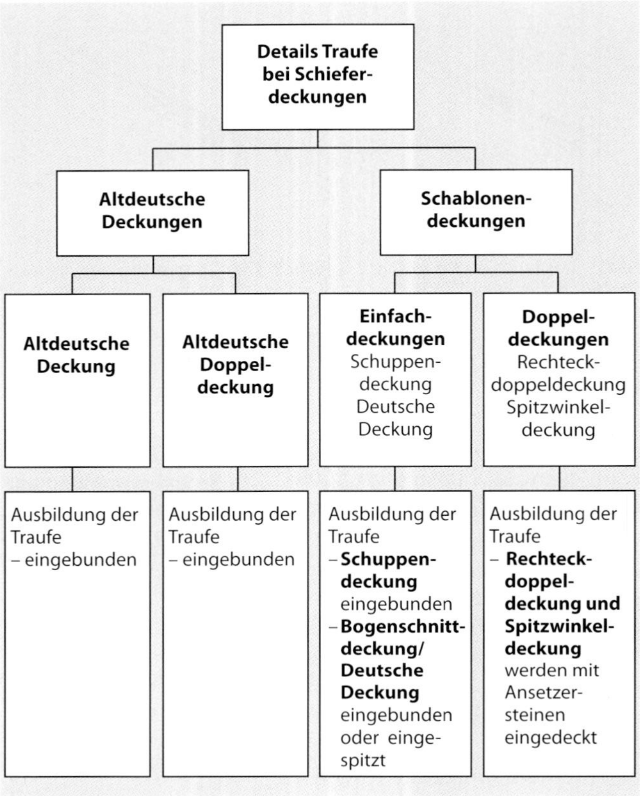

Abb. 9.33: Traufdetails bei Schieferdeckungen

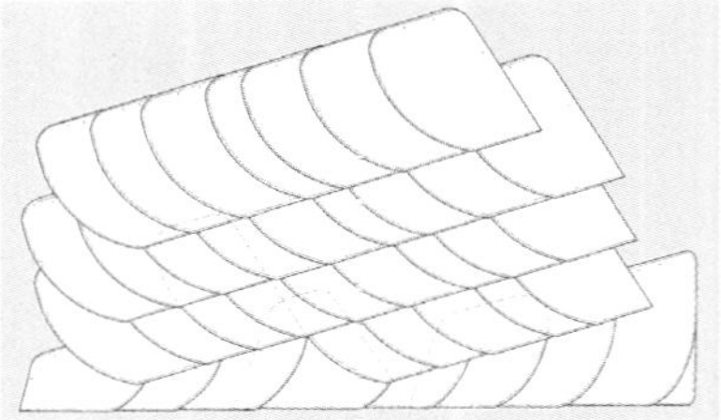

Abb. 9.34: Altdeutsche Doppeldeckung mit eingebundenem Fußgebinde, einfach gedeckt

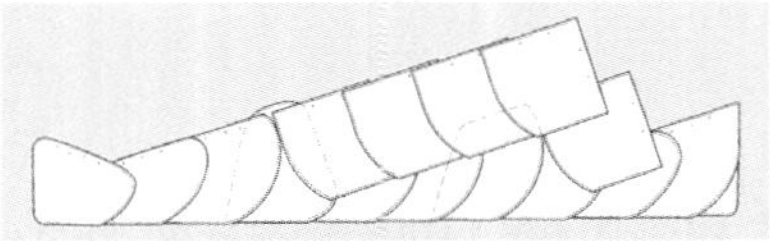

Abb. 9.35: Altdeutsche Deckung mit eingebundenem Fußgebinde

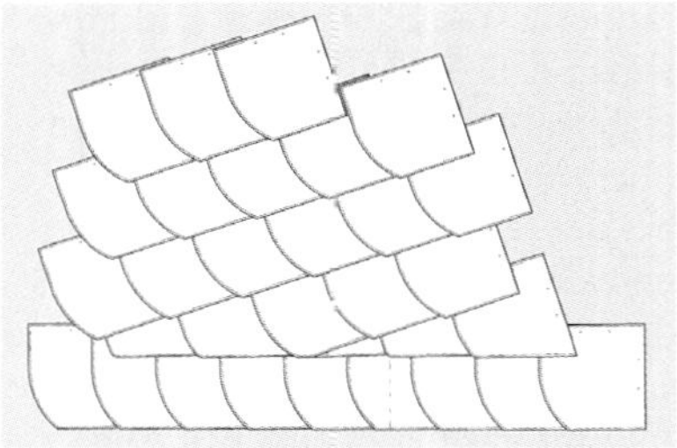

Abb. 9.36: Fußdeckung an der Traufe mit einem Traufgebinde und eingespitzter Fußdeckung bei Deutscher Deckung mit Bogenschnittschablonen

Die Deckung des Fußgebindes erfolgt aus Rohmaterial, das vor Ort zugerichtet werden muss. Die Steine für die Fußdeckung bestehen aus großen, mittleren und kleinen Fußsteinen. Weiterhin werden Gebindesteine in der eingebundenen Fußdeckung eingesetzt (siehe Abb. 9.35).

Bei der Deutschen Deckung kann der Fuß auch als eingespitzt ausgeführt werden (siehe Abb. 9.36).

Bei der eingebundenen Fußdeckung wird entgegengesetzt zur Deckrichtung die Flächendeckung eingedeckt. Wird also beispielsweise die Deckrichtung der Fläche als Rechtsdeckung ausgeführt, wird der Fuß in Linksdeckung gedeckt (siehe Abb. 9.35).

Die Fußsteine können mit rundem oder mit geradem Rücken ausgeführt werden. Die Zurichtung der Fußsteine mit rundem Rücken weist allerdings eine erhöhte Regensicherheit auf. Die Fußsteine sollten eine schärfere Rückenführung bekommen oder mit etwas mehr Fersenversatz gedeckt werden, damit die Seitenüberdeckung und somit die Regensicherheit im Traufbereich erhöht wird. Diese Empfehlung ist leicht nachzuvollziehen, da das Fußgebinde ohne Gebindesteigung gedeckt wird. Gebindesteigung bedeutet bzgl. der Seitenüberdeckung eine höhere Regensicherheit. Da besonders im Traufbereich mit höherem Wasseranfall gerechnet werden muss, sollte diese Seitenüberdeckung entsprechend erhöht werden.

Die Höhen- und Seitenüberdeckung der Fußsteine muss mindestens so groß sein wie bei der größten Sortierung der Decksteine, die beim Eindecken der Dachfläche verwendet wird. Der Gebindestein hat 2 Brustkanten und wird beidseitig von einem Fußstein und von einem

Deckstein seitlich überdeckt. Um die Regensicherheit zu gewährleisten, muss der Gebindestein exakt konstruiert werden (siehe folgendes Praxisbeispiel).

! Praxisbeispiel

Konstruktion des Gebindesteins

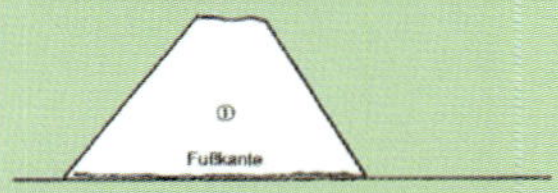

1. Die Fußkante wird von hinten behauen.

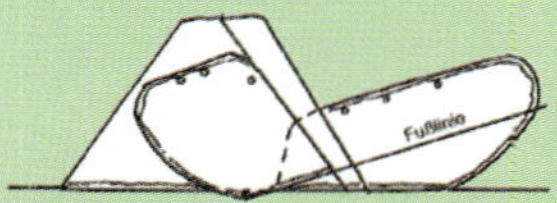

2. Legen Sie den Deckstein auf die Fußlinie auf. Die Spitze des Decksteins verschieben Sie so weit nach links, dass das Material optimal ausgenutzt wird. Zeichnen Sie die Brust des Decksteins auf dem Rohling an und behauen Sie ihn von vorne.

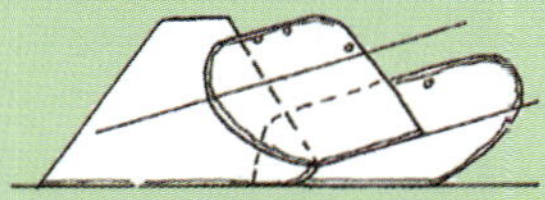

3. Legen Sie den Deckstein mit Fersenversatz auf den Rohling auf. Zeichnen Sie die Fußlinie des nächsten Deckgebindes an. Die Rückenführung des Decksteins zeichnen Sie ebenfalls auf dem Rohling an.

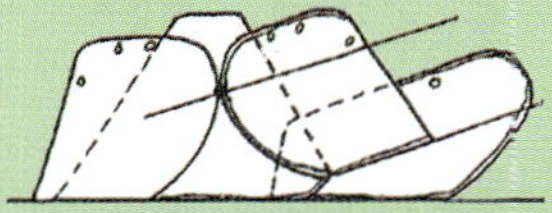

4. Wenden Sie den Deckstein. Die Rückenführung im Bereich der Fußlinie stoßen Sie an den Rücken des rechten Decksteins an. Zeichnen Sie die Rückenführung an und markieren Sie die Ferse des linken Decksteins.

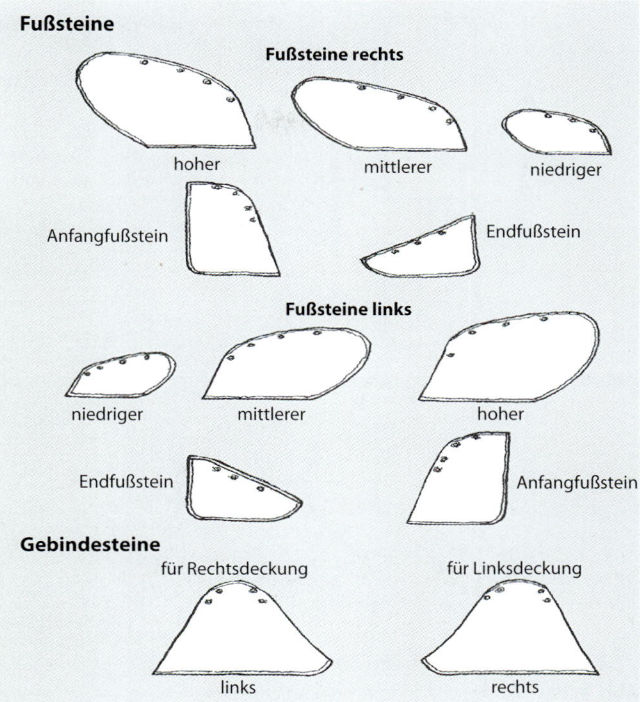

Abb. 9.37: Fuß- und Gebindesteine für die eingebundene Fußdeckung

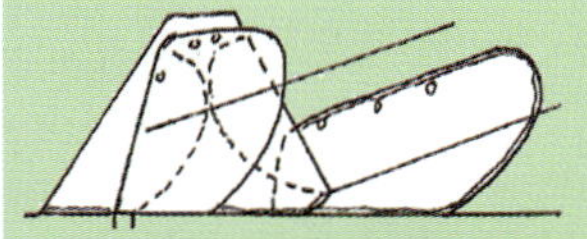

5. Schieben Sie den Deckstein so weit nach links, dass die Spitze des Decksteins 1 bis 2 cm links von der Ferse liegt. Die Brustkante des linken Decksteins zeichnen Sie an und behauen sie von vorne.

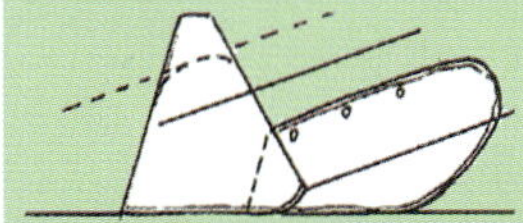

6. Behauen Sie den Kopf von hinten und lochen Sie ihn (insgesamt 4 Löcher).

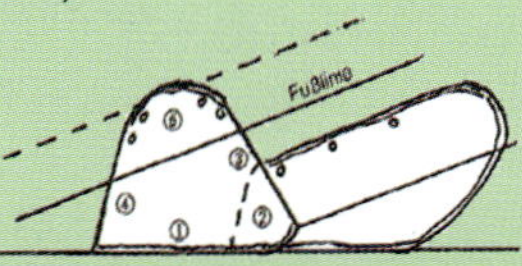

7. Der Gebindestein ist fertiggestellt.

■ Darum geht es

Bei Altdeutschen Deckungen und bei Schablonendeckungen gibt es unterschiedliche Traufausbildungen.

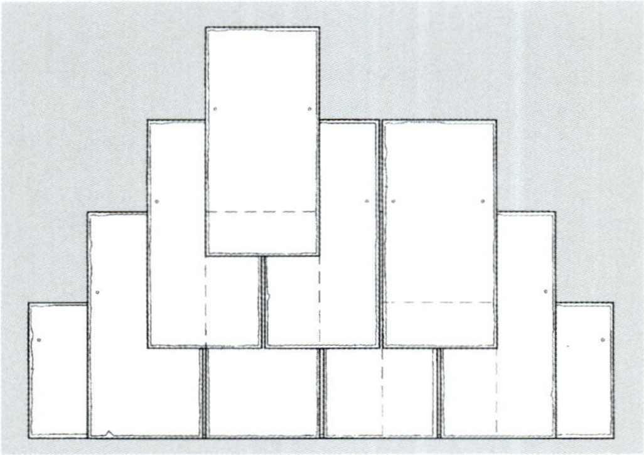

Abb. 9.38: Traufe: Rechteckdoppeldeckung

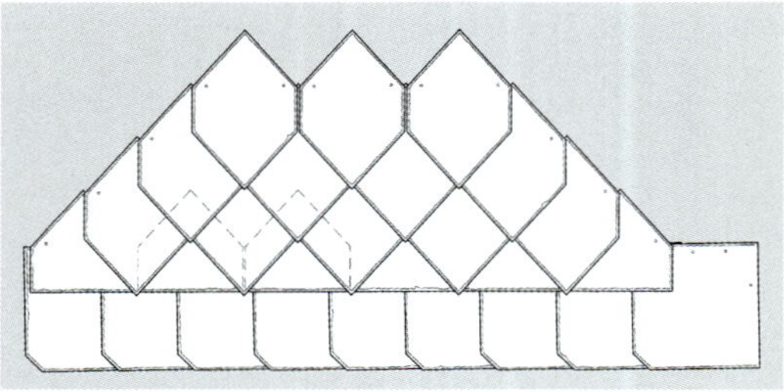

Abb. 9.39: Traufausbildung bei der Spitzwinkeldeckung mit Traufgebinde

Die Fuß- und Gebindesteine sind jeweils mit mindestens 3 Schiefernägeln oder -stiften innerhalb der Höhenüberdeckung zu befestigen.

Bei der Deutschen Deckung (Bogenschnittdeckung) kann die Fußdeckung in 2 Varianten ausgeführt werden. Es gibt die Ausführung mit der eingebundenen Fußdeckung, die analog zur Fußdeckung bei der Altdeutschen Deckung und der Schuppendeckung ist. Die zweite Variante ist die Ausführung mit eingespitzter Fußdeckung (Abb. 9.36).

Für die eingespitzte Fußdeckung gelten die gleichen Regeln und Vorgaben wie bei der Deutschen Deckung mit Faserzement-Dachplatten.

Bei der Rechteckdoppeldeckung muss das dritte Schiefergebinde das erste Schiefergebinde um die dachneigungsabhängige Mindestüberdeckung (Überdoppelung) überdecken. Dies wird erreicht, indem man als erstes Schiefergebinde Ansetzer eindeckt (Abb. 9.38).

! Praxisbeispiel

Ermittlung der Ansetzerhöhe

A = Ansetzerhöhe
S = Schnürabstand
Ü = Höhenüberdeckung

A = S + Ü

Beispiel

Schiefergröße 40/ 20 cm (werden hochkant eingedeckt)

Höhenüberdeckung 6 cm

$$S = \frac{40\ \text{cm} - 6\ \text{cm}}{2} = 17\ \text{cm Schnürabstand}$$

A = 17 cm + 6 cm = 23 cm Ansetzerhöhe

Eine weitere Möglichkeit, die Ansetzerhöhe A zu bestimmen, ist:

A = Steinhöhe (hier 40 cm) – Schnürabstand (hier 17 cm)
= 23 cm

Die Deckung der Traufe bei der Spitzwinkeldeckung erfolgt analog der Rechteckdoppeldeckung, evtl. mit einem Traufgebinde. Die Größe der Ansetzer ergibt sich durch das Abtrennen des sich unterhalb der gestutzten Ecken befindenden Teils.

Die Höhe der Ansetzer ist abhängig von der Höhenüberdeckung der Flächendeckung. Die Ansetzer werden mit mindestens 2 Schiefernägeln oder -stiften befestigt.

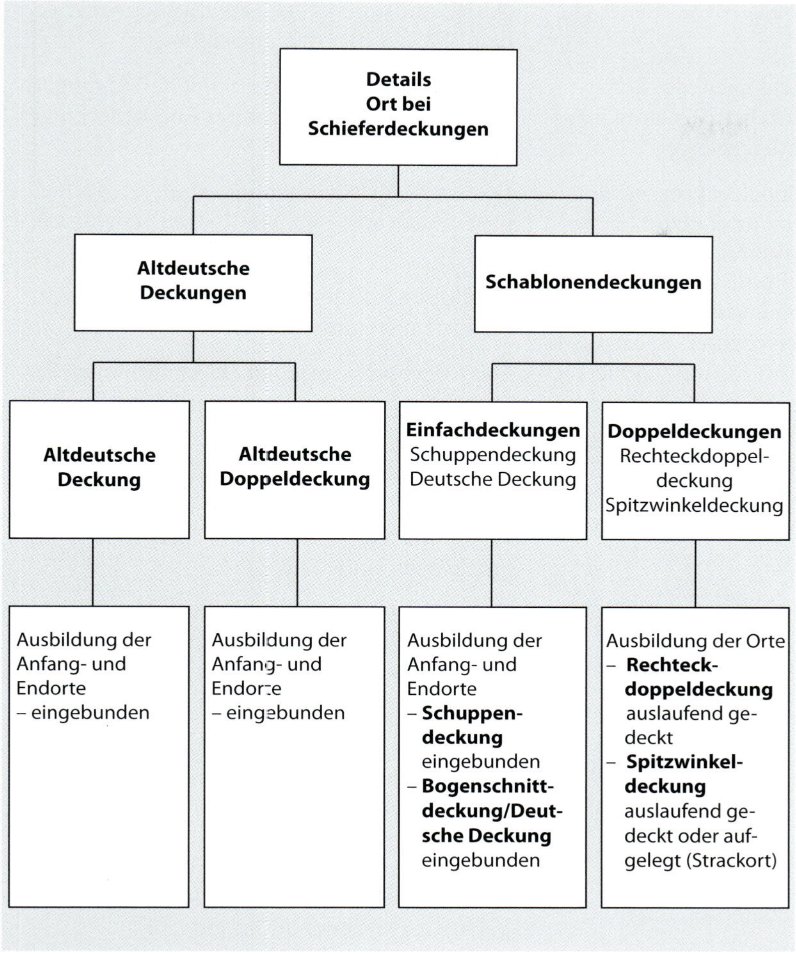

Abb. 9.40: Ortdetails bei Schieferdeckungen

■ **Begriffe**

Bei der **Ortdeckung** unterscheidet man zwischen **eingebundenen, auslaufenden** und **aufgelegten Orten. Aufgelegte Orte** werden auch als **Strackorte** bezeichnet.

■ **Merke**

- Bei Ortausbildungen ist die äußere obere Ecke immer zu runden oder zu stutzen.
- Durch eine entsprechende Kantenführung am Fuß der Ortsteine ist das Wasser immer in die Fläche zu leiten.

9.1.6.2 Ort

Für Schieferdeckungen bei der Ortdeckung gilt, dass die Höhen- und Seitenüberdeckung der Schiefer mindestens denen der jeweiligen Flächendeckung entsprechen müssen. Bei der Ortdeckung wird zwischen eingebundenen, auslaufenden und aufgelegten Orten unterschieden. Aufgelegte Orte werden auch als Strackorte bezeichnet. Die Steine am Ort sind mit einem freien Überstand von etwa 50 mm über die fertige Konstruktion zu decken. Hiervon abweichend können auch Ortgangkonstruktionen, z. B. mit gekanteten Blechprofilen ohne Überstand, ausgeführt werden.

Generell werden die Ortsteine mit mindestens 3 Schiefernägeln oder -stiften befestigt. Um Wassereintrieb im Kopfbereich der Ortsteine zu vermeiden, sind die äußeren oberen Kanten immer mit einem wasserabweisenden Schnitt zu versehen (Runden oder Stutzen) (siehe Abb. 9.41–9.43).

Bei den Altdeutschen Deckungen, der Schuppendeckung und der Deutschen Deckung muss die Ortdeckung eingebunden erfolgen.

Bei der Rechteckdoppeldeckung erfolgt die Deckung der Orte auslaufend (siehe Abb. 9.45). Dabei sind Steinbreiten kleiner als 125 mm unzulässig. Zuschnitte sind im Verband regelmäßig aufzuteilen, dabei darf der Drittelverband nicht unterschritten werden. Die Ecken der Steine am Ort sind so auszubilden, dass eine Wasserführung auf die Dachfläche gewährleistet ist (Runden oder Stutzen der Ecken). Bei Befestigung der Flächendeckung mit Klammer- und/oder Einschlaghaken sind die Steine am Ort mit 3 Schiefernägeln oder Schieferstiften zu befestigen.

Die Deckungen der Orte bei der Spitzwinkeldeckung (siehe Abb. 9.46) können auslaufend oder aufgelegt (Strackort) ausgeführt werden. Bei auslaufender Ortdeckung sind möglichst halbe Steinbreiten zu verwenden. Wie bei der Rechteckdoppeldeckung werden die Ecken der Steine am Ort gerundet oder gestutzt (siehe Abb. 9.45).

Bei aufgelegter Ortdeckung, welche im Dachbereich nur bei der Spitzwinkeldeckung zugelassen ist, sind die von der Ortdeckung überdeckten Steinkanten von oben nach unten zu behauen und mit einem wasserabweisenden Hieb zu versehen. Aufgelegte Orte (Strackorte) müssen die Flächendeckung mindestens um die Höhenüberdeckung der Spitzwinkelschablonen plus 20 mm überdecken. Die Überdeckung der Ortsteine der aufgelegten Ortdeckung (Strackorte) untereinander muss mindestens der Höhenüberdeckung der Flächendeckung entsprechen.

Bei der Altdeutschen Deckung, der Altdeutschen Doppeldeckung, der Deutschen Deckung und der Schuppendeckung können Endorte als Doppelendort (Abb. 9.41) oder als Endstichort (Abb. 9.42) ausgeführt werden.

Doppelendorte werden mit 2 Doppelendortsteinen ausgeführt. Endstichorte werden mit einem Stichstein und einem Endortstein ausgeführt. Endstichorte können, wie bei der Anfangortdeckung, mit rundem, geschwungenem oder geradem Rücken zugerichtet werden.

Die Deckgebinde beginnen mit der Anfangortdeckung und werden mit der Endortdeckung abgeschlossen.

Die Anfangorte können mit rundem, geschwungenem oder mit geradem Rücken gedeckt werden.

Abbildung 9.43 zeigt die Ausführung der Anfangorte mit rundem Rücken.

Die Anfangorte bestehen aus Stichsteinen, Zwischenortsteinen und Anfangortsteinen. Gegebenenfalls können auch mehrere Zwischensteine erforderlich werden.

Für die Deckung der Anfangorte werden Rohlinge eingesetzt, die der Größe der Decksteine anzupassen sind.

Die Anfang- und Endortdeckung bei der Schuppendeckung und bei der Deutschen Deckung wird analog zur Altdeutschen Deckung ausgeführt.

Im Sinne einer ausreichenden Befestigungsmöglichkeit, einer guten Materialausnutzung und einer guten Wasserführung (möglichst weit vom Dachrand weg) sollten Anfang- und Endortsteine möglichst groß gehalten werden. Über die mögliche Größe entscheidet letztlich das zur Verfügung stehende Rohmaterial.

Des Weiteren ist bei den eingebundenen Ortausbildungen darauf zu achten, dass die Flächendeckung (der 1. Deckstein) den Anfangortstein seitlich ausreichend überdeckt und dass das Endort die Flächendeckung (den letzten Deckstein) durch eine entsprechende Rückenführung seitlich ausreichend überdeckt. Eine seitlich ausreichende Überdeckung ist dann gegeben, wenn sie in der Fläche der Seitenüberdeckung entspricht.

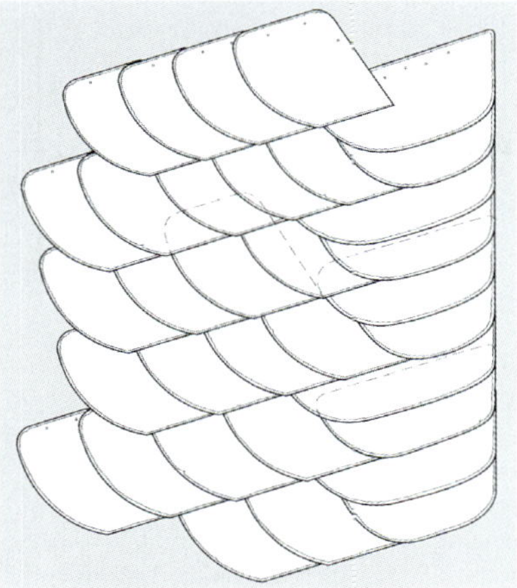

Abb. 9.41: Endortdeckung bei der Altdeutschen Deckung mit Doppelendort

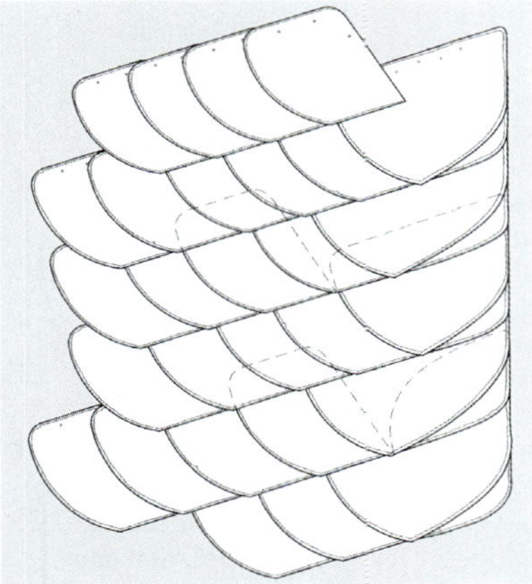

Abb. 9.42: Endortdeckung bei der Altdeutschen Deckung mit Endstichort

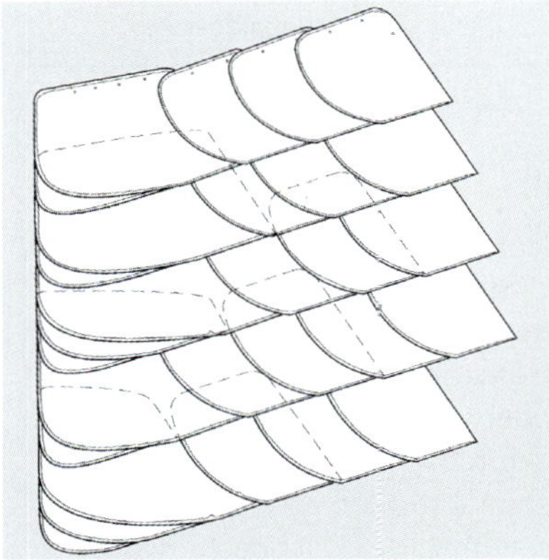

Abb. 9.43: Anfangortdeckung bei Altdeutscher Deckung

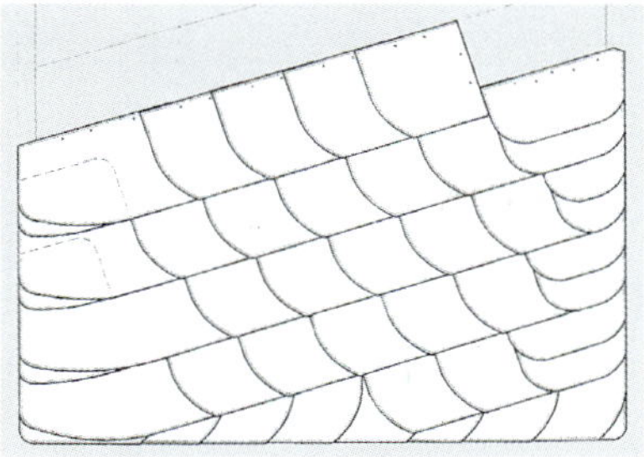

Abb. 9.44: Ortdeckung bei Deutscher Deckung

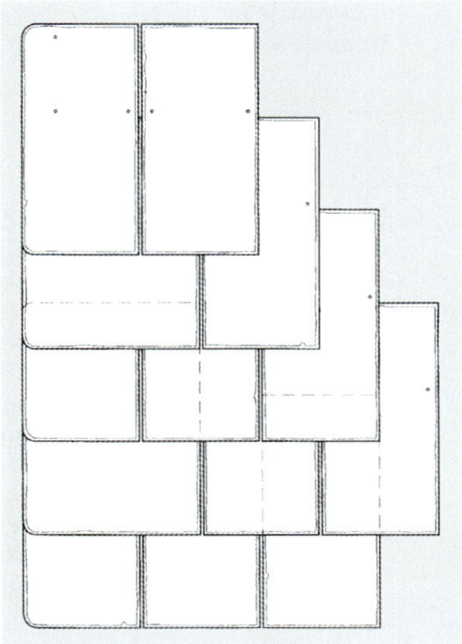

Abb. 9.45: Ortausbildung bei Rechteckdoppeldeckung mit breiteren Zubehörsteinen an der Ortdeckung

Abb. 9.46: Deckbild einer Spitzwinkeldeckung mit einer aufgelegten Gratdeckung

Begriffe

- Bei den **Altdeutschen Deckungen,** der **Schuppendeckung** und der **Deutschen Deckung** muss die Ortdeckung **eingebunden** erfolgen.
- Die Anfangorte bestehen aus Stichsteinen, Zwischenortsteinen und Anfangortsteinen.

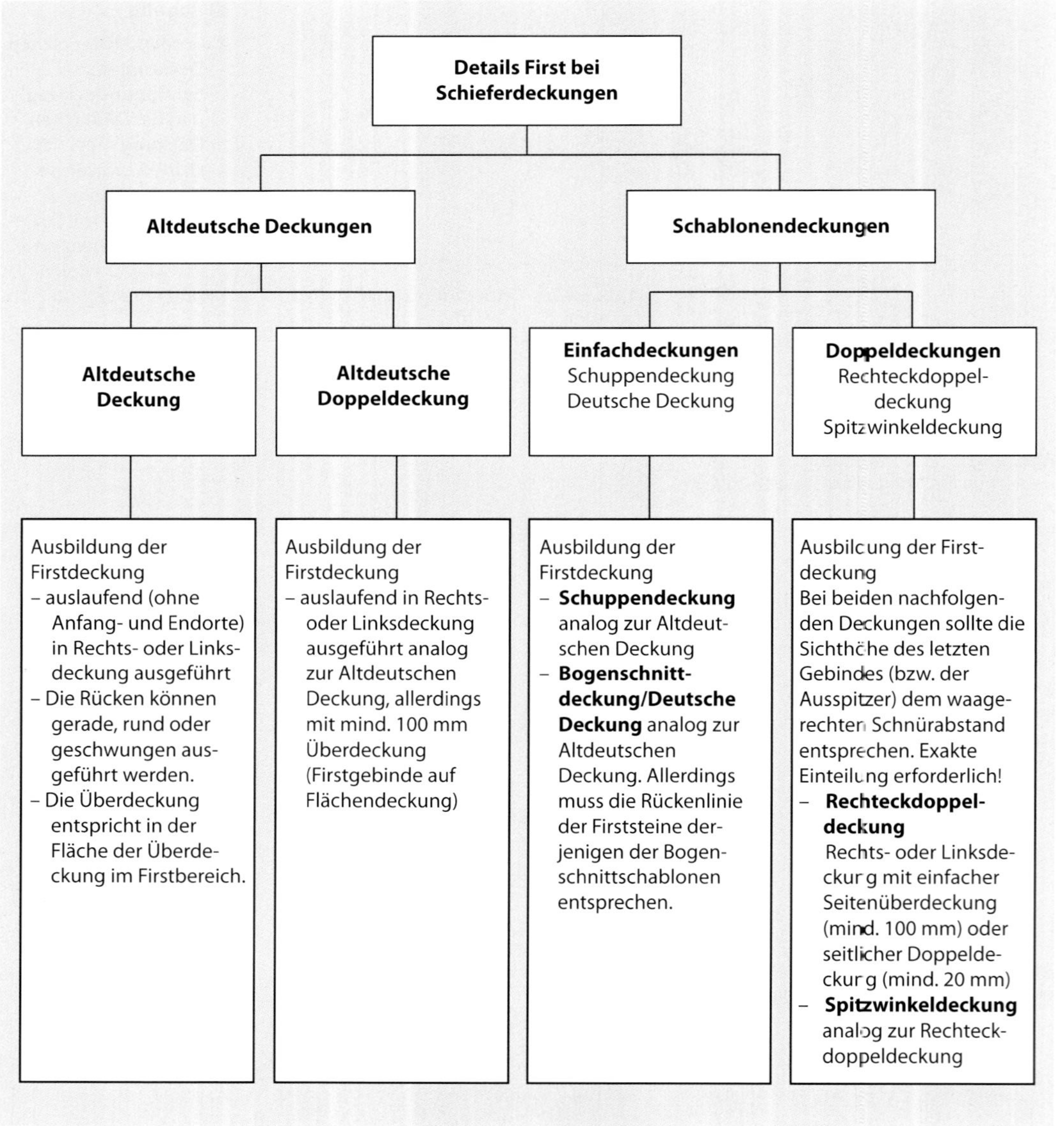

Abb. 9.47: Firstdetails bei Schieferdeckungen

9.1.6.3 First

Der First bildet den oberen Abschluss der Dachfläche. Die Firstdeckung wird unter Verwendung von Firststeinen ausgeführt.

Die Firststeine sind mit mindestens 4 Schiefernägeln oder -stiften zu befestigen, eine zusätzliche Befestigung mit Einschlaghaken wird empfohlen. Eine sichtbare Befestigung ist grundsätzlich nicht zulässig. Einzige Ausnahme ist der sog. Schlussstein, der sichtbar befestigt werden darf. Zu dessen Befestigung müssen nicht rostende Schiefernägel oder -stifte eingesetzt werden. Der Schlussstein darf nicht direkt an der Ort- oder Gratkante eingedeckt werden, damit er sich durch Windeinfluss nicht lösen kann. Firstegbinde werden grundsätzlich auf Schalung ausgeführt. Bei Dachdeckungen, die auf Lattung ausgeführt sind (z. B. Doppeldeckung oder Spitzwinkeldeckung), sind Bretter

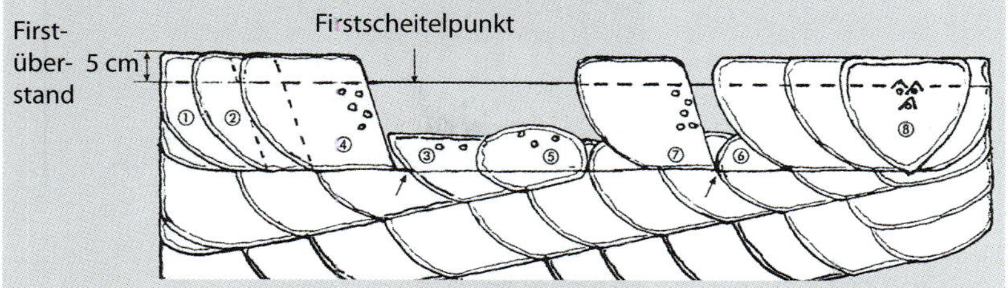

1)– 2) Übersetzen mit 2 schmalen Firststeinen auf einen Ausspitzer.
3) Der Ausspitzer ist falsch zugerichtet, muss ab der Firstlinie abgerundet werden.
4) Der Firststein kann deshalb nicht schließend gedeckt werden.
5) Der Ausspitzer ist an seiner Seite abgerundet (Hieb von unten nach oben), denn ein zusätzlicher gedeckter kleiner Ausspitzer würde zu Sperrungen führen.
6) Richtig zugerichteter Ausspitzer.
7) Der Firststein wird schließend gedeckt.
8) Der Schlussstein wird mit 3 nicht rostenden Schiefernägeln oder -stiften befestigt. Die Lochung erfolgt von oben nach unten und mit wasserabweisenden Einkerbungen.

Abb. 9.48: Firstdeckungen bei Altdeutscher Deckung

Abb. 9.49: Beispiel einer Firstdeckung bei einer Spitzwinkeldeckung

■ **Begriffe**

Der **First** bildet den oberen Abschluss der Dachfläche. Die Firstdeckung wird unter Verwendung von Firststeinen ausgeführt.

entsprechender Breite anzubringen. Um vorgegebene Lüftungsquerschnitte einhalten zu können, kann der First als Lüfterfirstkonstruktion ausgebildet werden. Alternativ können Einzellüfter eingebaut werden.

Das Firstgebinde der Dachfläche, die der vorherrschenden Windrichtung zugewandt ist, wird überstehend gedeckt. Der freie Überstand über der fertig gedeckten untergehenden Dachseite beträgt etwa 50 mm. Abweichend hiervon können Firste z. B. mit Firstblechen oder bei seitlicher Doppeldeckung der Firststeine mit Schichtstücken (Nocken) ohne Überstand ausgeführt werden. Damit die Schiefersteine des Firstgebindes die gleiche Neigung wie die Decksteine in der Fläche aufweisen, kann es erforderlich sein, sie zu hinterlegen.

Auf die entsprechende Höhenüberdeckung des Firstgebindes auf die Flächendeckung ist zu achten (siehe Abb. 9.48).

Die Seitenüberdeckung ist wegen der erforderlichen versetzten Nagelung zu vergrößern.

Bei der Rechteckdoppeldeckung und bei der Spitzwinkeldeckung ist die Firstdeckung ähnlich den anderen Schieferdeckungen. Auch hier wird das Gebinde unterhalb der Firstdeckung ausgespitzt. Bei der

Einteilung der Fläche soll das letzte Schiefergebinde die gleiche Sichthöhe wie die anderen Gebinde der Fläche haben.

! Praxisbeispiel

- Gewünschte Dachdeckung: Rechteckdoppeldeckung auf Schalung (Befestigung mit Nägeln) im Format 20/40.
- Die Höhenüberdeckung beträgt aufgrund der Dachneigung (50 °) mindestens 6 cm.
- Das Firstgebinde wird ohne Überstand und mit 30 cm hohen Steinen gedeckt.
- An der Traufe wird ein Überstand von 5 cm gedeckt.
- Die Konstruktionslänge beträgt 4,87 m.

Berechnung des Schnürabstands:

1. Der maximale Schnürabstand beträgt (40 cm – 6 cm) : 2 = 17 cm
2. Die Länge der Doppeldeckung (Flächendeckung) beträgt 487 cm (Konstruktionslänge) – 30 cm (First) + 5 cm (Traufüberstand) = 462 cm
3. Die Anzahl der Deckgebinde beträgt 462 cm : 17 cm (max. Schnürabstand) = 27,17 → wird auf 28 aufgerundet
4. Der Schnürabstand beträgt 462 cm : 28 = 16,5 cm
5. Die Ansetzerhöhe beträgt somit 40 cm (Steinhöhe) – 16,5 cm = 23,5 cm
6. Der 1. Schnurschlag (von Unterkante Schalung gemessen) liegt bei 23,5 cm (Ansetzerhöhe) – 5 cm (Traufüberstand) = 18,5 cm.
7. Alternativ kann zunächst die Position des 2. Schnurschlags (erster ganzer Stein) ermittelt werden: 40 cm (Steinhöhe) – 5 cm (Traufüberstand) = 35 cm. Im Anschluss ermittelt man die Position des 1. Schnurschlags mit 35 cm – 16,5 cm (Schnürabstand) = 18,5 cm.

9.2 Deckungen mit Faserzement-Dachplatten

Faserzement (FZ) ist ein künstlicher Verbundwerkstoff aus Zement und zugfesten Fasern, der u. a. zur Herstellung von Deckwerkstoffen verwendet wird. Es handelt sich um eine ausgehärtete Mischung von synthetischen oder natürlichen Fasern, Zement, Füll- und Farbstoffen sowie Wasser. Die Armierungsfasern verstärken die Druck- und Zugfestigkeit des Betons, andere Fasern leisten Prozesshilfe beim Abbinden

Abb. 9.50: Deckbild mit Faserzementplatten

und Aushärten der Mischung. Gesundheitsgefährdende Asbestfasern werden seit Mitte der 1980er-Jahre für die Produktion nicht mehr verwendet. Allerdings werden noch viele Jahrzehnte Entsorgungsarbeiten anfallen.

Faserzement ist korrosions-, fäulnis- und witterungsbeständig. Man unterscheidet kleinformatige Produkte von großformatigen.

Kleinformatige FZ-Produkte weisen höchstens 0,4 m^2 Fläche und maximal 5 kg Gewicht pro Platte auf.

Großformatige Platten sind profilierte Deckwerkstoffe aus Faserzement mit einem Wellenprofil (Wellplatten).

Dachplatten werden mit glatter oder strukturierter Oberfläche in vielen Farben hergestellt. Für die unterschiedlichen Dachdeckungen gibt es Standard-, Ergänzungs- und Sonderformate. Je geringer die Dachneigung und je größer die Entfernung zwischen Traufe und First ist, desto größer sollten die Dachplatten gewählt werden. Bei der Deckung von eingebundenen Kehlen, Fledermausgauben, runden Baukörpern oder Türmen müssen die speziellen Anforderungen, wie z. B. die Mindestkehlsparrenneigung, bereits bei der Planung beachtet werden. Dies gilt insbesondere für das Verhältnis der Fensterhöhe zur Fensterbreite bei Fledermausgauben oder geschweiften oder gerundeten Schleppgauben. Zur Erzielung einer geschlossenen Deckung kann es bei gebogenen Flächen erforderlich werden, die Formate zu wechseln. Dabei müssen die Mindestüberdeckungen eingehalten werden. Bei Nutzung des Dachgeschosses, insbesondere zu Wohnzwecken, und Ausführung der Dachplattendeckung auf Lattung ist mindestens eine Unterspannung als regensichernde Zusatzmaßnahme anzuordnen. Faserzement-Dachplattendeckungen, die auf Schalung mit Vordeckung erfolgen, erfüllen die Anforderung einer überdeckten Unterdeckung mit Bitumenbahnen.

Je geringer die Dachneigung und je größer die Entfernung zwischen Traufe und First, desto größer sollten die Dachplatten gewählt werden.

9.2.1 Dachneigungen

Besondere klimatische Verhältnisse, eine exponierte Lage des Gebäudes, konstruktive Besonderheiten und große Entfernungen zwischen First und Traufe erfordern zusätzliche regensichernde Maßnahmen oder steilere Dachneigungen. Die Regeldachneigung wird durch die Regeln des Dachdeckerhandwerks für die verschiedenen Deckungen vorgegeben und kann ohne zusätzliche Maßnahmen angewendet werden. Wird die Regeldachneigung bei Deckungen auf Schalung unterschritten, ist grundsätzlich ein wasserdichtes Unterdach anzuordnen. Eine Unterschreitung der Regeldachneigung um mehr als 10° ist auch mit wasserdichtem Unterdach nicht zulässig.

Die Regeldachneigung darf auch mit einem regensicheren Unterdach nicht mehr als 10° unterschritten werden.

9.2.2 Deckunterlagen

Faserzementplatten können auf Schalung oder auf Lattung verarbeitet werden. Beim Einbau der Konter- und Traglattung sowie der Schalbretter muss das Holz trocken sein und der Sortierklasse S10 nach DIN 4074-1 entsprechen. Um eine ausreichende Nagelbarkeit zu erreichen, ist bei Schalung aus Brettern darauf zu achten, dass eine Mindestbreite von 120 mm und eine Stärke von 24 mm nicht unterschritten werden. Bei Sparrenabständen über 60 cm sind die Brettstärken zu erhöhen. Am First müssen mindestens 2 Bretter voller Breite je Dachseite angebracht sein. Etwa erforderliche schmale und keilförmige Bretter sind unterhalb anzubringen.

Werden in Ausnahmefällen Holzwerkstoffe für die Unterlage der Dachdeckungen verwendet, müssen sie eine Mindestdicke von 22 mm aufweisen und für die Nutzungsklasse 2 geeignet sein. Bei einem lichten Sparrenabstand bis 60 cm ist eine Mindestmaterialstärke von 22 mm ausreichend. Bei größeren Sparrenabständen ist die Materialstärke zu erhöhen. Um eine Beschädigung der Holzwerkstoffe durch Witterungseinflüsse zu vermeiden, ist direkt nach der Verlegung eine Vordeckung aufzubringen.

Die Konterlattung muss über eine Mindestnenndicke von 24 mm verfügen. Der Querschnitt der Traglatten (Nennmaße) soll bei einem lichten Abstand der Sparren bis 0,60 m mindestens 30 × 50 mm, bis 0,80 m mindestens 40 × 60 mm betragen. Bei größeren Abständen sollen entsprechend größere Querschnitte gewählt werden.

Schalungen sind grundsätzlich mit einer **Vordeckung** zu versehen. Geeignet sind Schalungsbahnen

@ Links und Literatur

Zum Einsatz von Faserzementplatten am Dach siehe auch die Rubrik „geneigtes Dach“ auf www.baunetzwissen.de.

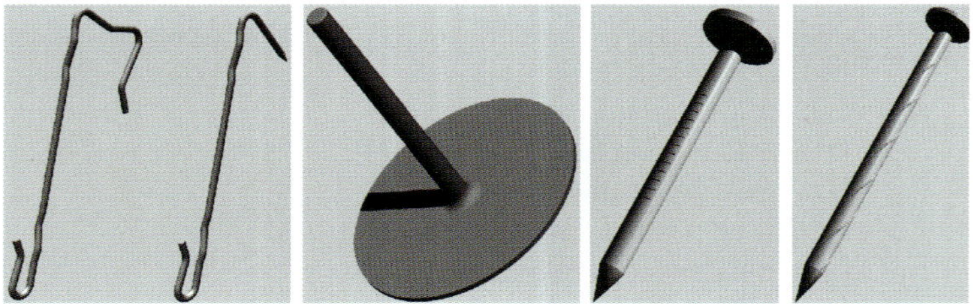

Abb. 9.51: Befestigungsmittel

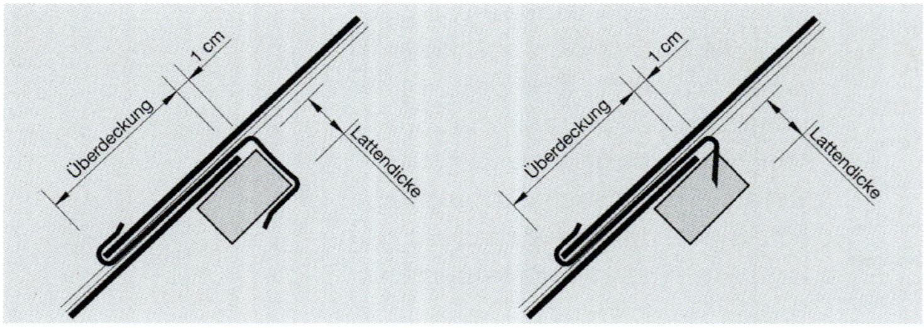

Abb. 9.52: Einhängehaken und Einschlaghaken

oder Bitumenbahnen (mindestens Dachbahn DIN 52143 V 13). Die einzelnen Bahnen können vom First zur Traufe oder parallel zur Traufe verlaufen. Die Überdeckung muss mindestens 80 mm betragen.

9.2.3 Befestigungsmittel

Die Befestigung der Dachplatten erfolgt mit Schieferstiften mindestens feuerverzinkt und mit einer Länge von 32 mm. Wird die Deckung auf Holzwerkstoffen ausgeführt, müssen die Schieferstifte aus nicht rostendem Stahl oder aus Kupfer sein und einen aufgerauten Schaft haben.

Plattenklammern und Plattenhaken müssen aus nicht rostendem Stahl nach DIN EN ISO 3506-1, -2 und -3er Stahlgruppe A4 oder aus Kupfer sein. Die Länge der Plattenklammern und Plattenhaken muss 10 mm mehr betragen als die Höhenüberdeckung.

Bei Holzwerkstoffen müssen auch die Schieferstifte korrosionsbeständig oder aus Kupfer sein.

9.2.4 Deckungsarten

Faserzementplatten werden in vielen verschiedenen Größen und Formen angeboten. Dies ermöglicht unterschiedliche Deckungsarten. Bei der Auswahl der Deckungsart stehen, neben der Dachneigung, auch häufig die architektonischen Gegebenheiten im Vordergrund.

Es werden z. B. folgende Deckungsarten unterschieden:

- Deutsche Deckung (Bogenschnittdeckung),
- Doppeldeckung,
- Rhombusdeckung,
- Spitzschablonendeckung,
- waagerechte Deckung.

9.2.4.1 Die Deutsche Deckung (Bogenschnittdeckung)

Die Regeldachneigung für die Deutsche Deckung beträgt ≥ 25°. Die Deutsche Deckung kann mit verschiedenen Plattenformaten ausgeführt werden, ist aber nur auf Schalung erlaubt. Die Platten haben rechts oder links einen Bogen, sodass eine Rechtsdeckung sowie eine Linksdeckung möglich ist. Die Deckrichtung erfolgt entgegen der Hauptwetterrichtung. Die Platten mit dem Bogen z. B. an der rechten Seite (Bogenschnitt rechts) werden für eine Linksdeckung von rechts nach links gedeckt. Die Platten müssen mit einer Mindestgebindesteigung in Abhängigkeit von der Dachneigung gedeckt werden. Je flacher die Dachneigung, desto steiler ist die Gebindesteigung Ausnahme sind Dächer > 70° Dachneigung: Diese dürfen ohne

Tabelle 9.9: Deutsche Deckung

Lieferformat cm	Dachneigung	Überdeckung		Gewicht*	Materialbedarf			Schnürabstand
		Höhe cm	Seite cm	kg/m²	Dachplatten St/m²	Schieferstifte St/m²	Plattenhaken St/m²	cm
40 × 40	> 25°	12	12	17,8	12,8	25,6	12,8	28,0
	> 30°	11	11	16,6	11,9	23,8	11,9	29,0
	> 35°	10	10	15,6	11,2	22,4	11,2	30,0
	> 45°	9	9	14,6	10,5	21,0	10,5	31,0
30 × 40	> 25°	12	9	18,3	17,1	34,2	–	28,0
	> 30°	11	9	17,7	16,5	33,0	–	29,0
	> 35°	10	9	17,1	15,9	31,8	–	30,0
	> 45°	9	9	16,5	15,4	30,8	–	31,0
30 × 30	> 25°	11	9	19,4	25,1	50,2	–	19,0
	> 30°	10	9	18,5	23,9	47,8	–	20,0
	> 35°	9	9	17,5	22,7	45,4	–	21,0
	> 45°	8	9	16,8	21,7	43,4	–	22,0
	> 55°	7	9	16,1	20,8	41,6	–	23,0
25 × 25	> 30°	10	9	23,4	41,7	83,4	–	15,0
	> 35°	9	9	21,9	39,1	78,2	–	16,0
	> 45°	8	9	20,7	36,8	73,6	–	17,0
	> 55°	7	9	19,5	34,8	69,6	–	18,0

* ohne Befestigungsmittel und ohne Unterkonstruktion

Gebindesteigung gedeckt werden. Es ist darauf zu achten, dass die Deckung geschlossen gedeckt wird, jede Spitze wird gegen einen Rücken geführt. Die Platten sind mit einem Fersendurchhang (Tropfkante) zu decken. Die Dachplatten sind mit mindestens 2 Schieferstiften, Platten > 30 × 30 cm zusätzlich mit einem Plattenhaken zu befestigen. Die Höhenüberdeckung ist abhängig von der Dachneigung. Die Seitenüberdeckung ist konstant, beim Plattenformat 40 × 40 cm ist die Seitenüberdeckung abhängig von der Dachneigung. Der Schnürabstand (Gebindehöhe) beträgt Plattenhöhe minus Höhenüberdeckung. Die Schnürung der Dachfläche erfolgt parallel zur Gebindesteigung. Es werden Kopflinien angezeichnet, zusätzlich im Bereich des Fußgebindes und Firstgebindes Hilfslinien (Fußlinien) geschnürt. Die Deckgebinde enden unter dem Firstgebinde mit Ausspitzern, die an der Kopflinie geschnitten werden.

Je flacher die Dachneigung, desto steiler die Mindestgebindesteigung. Je steiler die Dachneigung, desto flacher die Mindestgebindesteigung.

■ **Begriffe**

Deckungsarten: Für das Eindecken einer Dachfläche können verschiedene Plattenformate für unterschiedliche Deckungsarten zum Einsatz kommen.

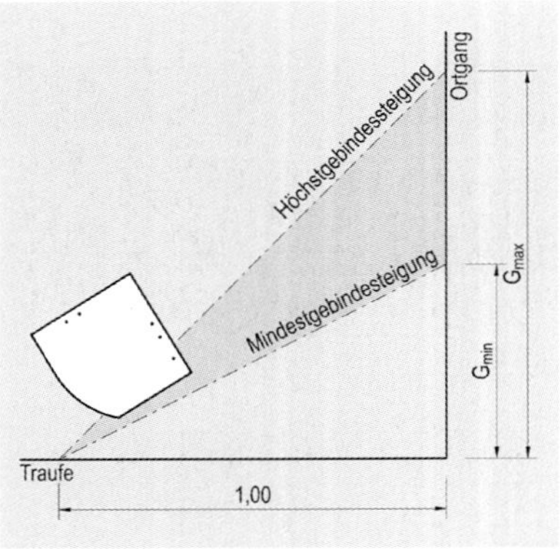

Abb.9.53: Darstellung der Mindestgebindesteigung und der Höchstgebindesteigung

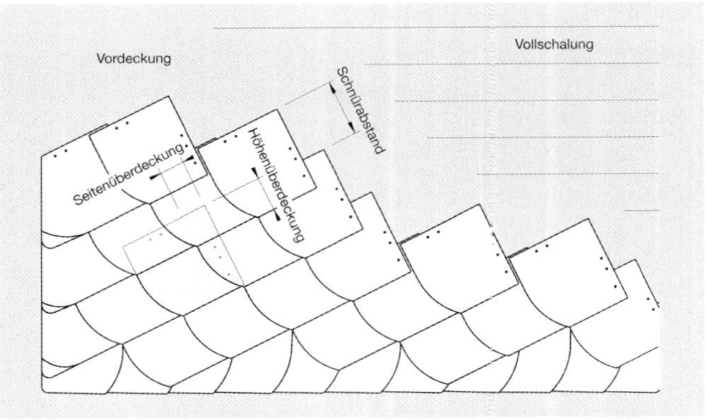

Abb.9.54: Deutsche Deckung mit eingebundenem Fußgebinde und Anfangort

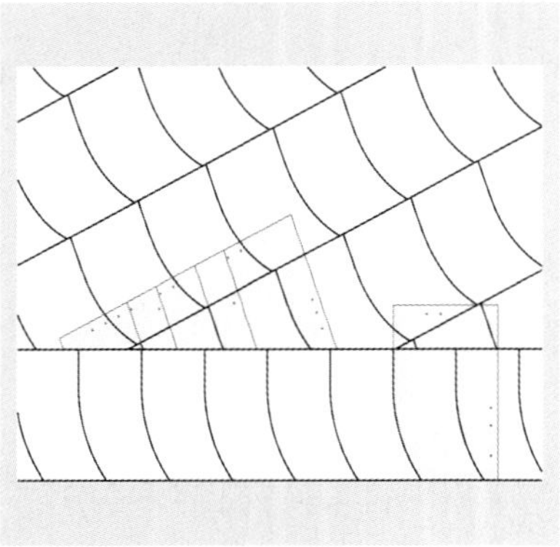

Abb. 9.55: Traufausbildung mit Darstellung der Einspitzer

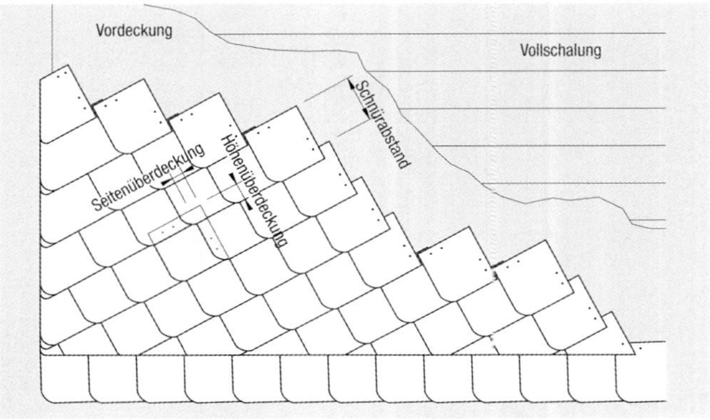

Abb. 9.56: Traufausbildung mit eingespitztem Fußgebinde

Traufausbildung

Bei der Deutschen Deckung kann die Traufe entweder eingebunden mit Fuß- und Gebindeplatten entgegen der Deckrichtung der Dachfläche gedeckt werden oder eingespitzt ausgeführt werden. Die eingespitzten Dachplatten werden auf ein parallel zur Traufe verlaufendes Traufgebinde gedeckt. Die Seitenüberdeckung der Traufplatten beträgt mindestens 12 cm. Platten an der Traufe, mit Ausnahme kleiner Fußplatten und Ausspitzer, sind mit mindestens 3 Schieferstiften zu befestigen. Die Traufplatten sind am Fuß mindestens um Plattenstärke zu unterlegen.

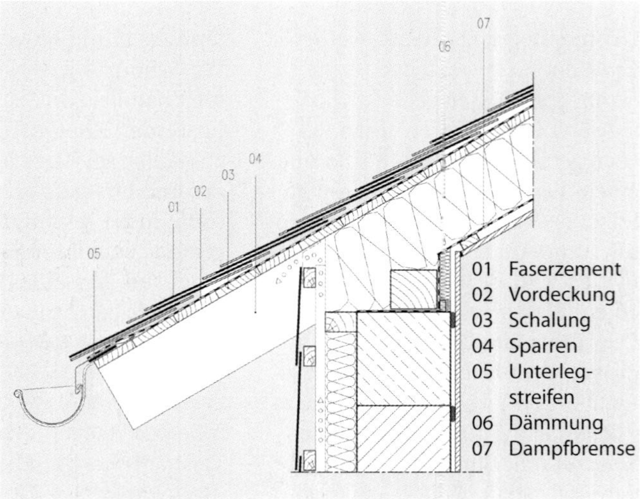

Abb. 9.57: Traufausbildung in Verbindung mit einer Rinne

Ortausbildung

Orte sollen bei der Deutschen Deckung eingebunden gedeckt werden. Zum Anfangort gehören Stichplatten, Zwischenstichplatten und Anfangortplatten, deren Rücken rund sein müssen. Eine andere Möglichkeit besteht darin, den Anfangort stehend auszuführen. Im Endortbereich können Doppelend- oder Stichendorte gedeckt werden. Das Plattenformat 40 × 40 cm darf am Anfangort auslaufend ausgeführt werden. Endstichortplatten sind zusätzlich mit einem Plattenhaken zu befestigen. Soweit die Dachplatten nur am Kopf befestigt werden, ist versetzt zu nageln. Die Ortausbildung wird mit einem Überstand von 40 bis 60 mm gedeckt.

Die Endortplatten müssen an den äußeren Ecken im Kopfbereich einen wasserabweisenden Schnitt haben. Die Ortplatten sind mit mindestens 3 Schieferstiften zu befestigen. Stichendortplatten sind zusätzlich mit einem Plattenhaken zu befestigen.

Die Endortplatten müssen an den äußeren Ecken im Kopfbereich einen wasserabweisenden Schnitt haben.

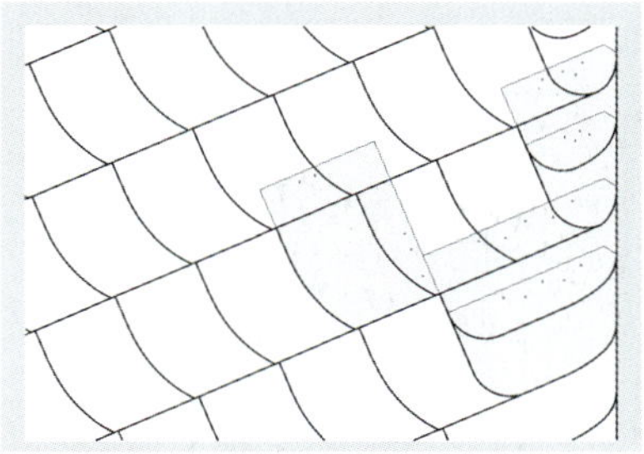

Abb. 9.58: Doppelendorte mit wasserabweisendem Eckenschnitt

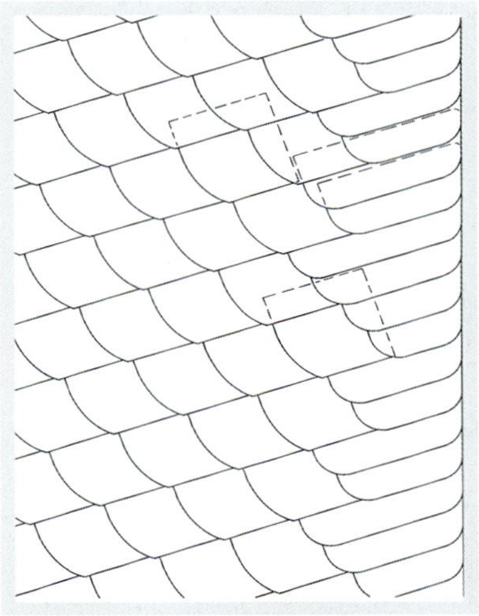

Abb. 9.59: Doppelendorte mit Stichplatte

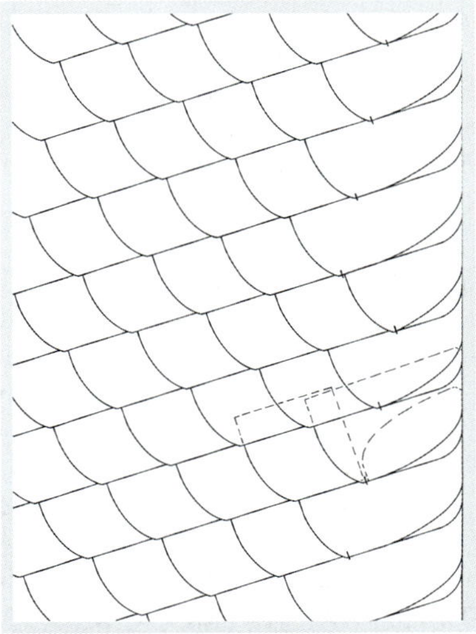

Abb. 9.60: Endort als Stichendorte ausgeführt mit zusätzlicher Klammerung

Firstausbildung

Das Firstgebinde wird parallel zur Firstlinie mit Bogenschnittplatten gedeckt. Dabei überdecken die Firstplatten die Flächendeckung um die Mindesthöhenüberdeckung. Die Firstplatten werden innerhalb der zu erhöhenden Seitenüberdeckung mit mindestens 4 Schieferstiften befestigt. Der Verlauf des Firstgebindes kann sowohl gleichlaufend als auch entgegengesetzt zur Deckrichtung gedeckt werden. Die Schluss-

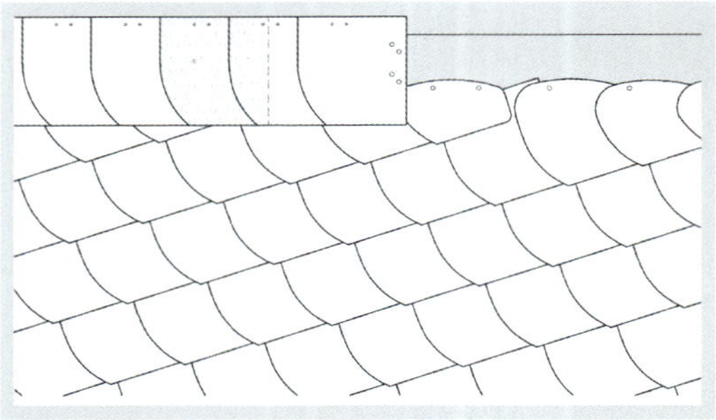

Abb. 9.61: Firstgebinde und Ausspitzer

Abb. 9.63: Doppeldeckung

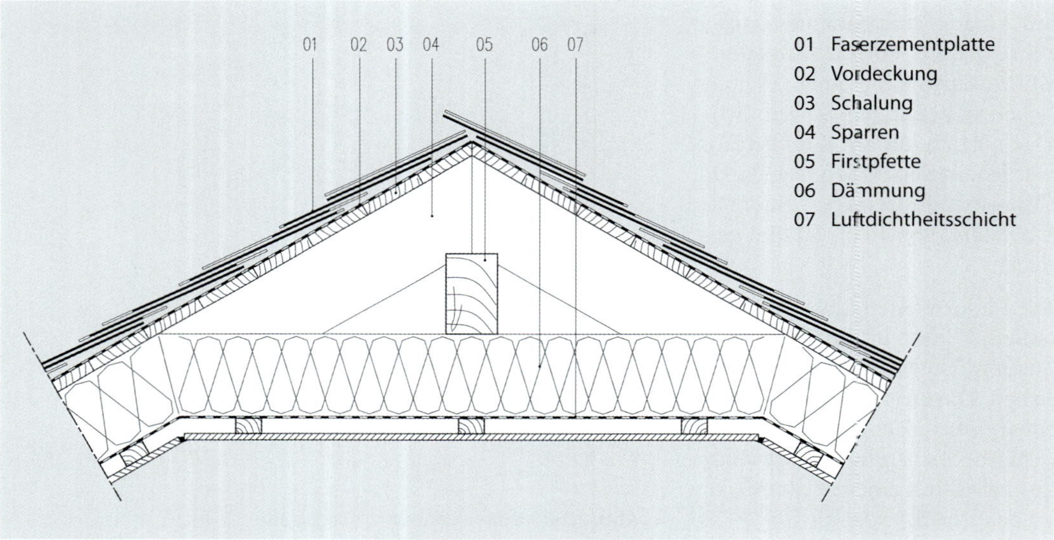

Abb. 9.62: Firstausbildung mit wetterseitigem Überstand von 40 bis 60 mm

platte wird sichtbar mit Schieferstiften aus nicht rostendem Stahl oder Kupfer befestigt und darf nicht an der Ort- oder Gratkante gedeckt werden. Es ist darauf zu achten, dass die Firstplatten der Dachfläche, die der Hauptwindrichtung zugewandt sind, mit einem Überstand von 40 bis 60 mm gedeckt werden. Die Firstplatten sind so zu unterlegen, dass sie zum Kopf hin nicht abfallen.

9.2.4.2 Die Doppeldeckung

Bei einer Regeldachneigung von mehr als 25° ist die Doppeldeckung mit Rechteckplatten oder mit Quadratplatten im halben Verband mit einer 3 bis 6 mm breiten Stoßfuge auszuführen. Die Faserzementplatten können gestutzte Ecken haben, vollkantig oder abgerundet sein. Bei Dachplatten im Doppelbiberformat ist für die Deckung im halben Verband eine Teilbreite maßgebend. Diese Deckungsart ist auf Schalung mit Vordeckung oder auf Lattung möglich. Die Dachplatten sind mit 2 Schieferstiften, Dachplatten 40 × 40 cm und 30 × 60 cm zusätzlich mit einem Plattenhaken zu befestigen. Bei der Doppeldeckung überdeckt das dritte Gebinde das erste Gebinde um die von der Dachneigung abhängige Höhenüberdeckung. Gebindehöhe = (Plattenhöhe – Höhenüberdeckung) : 2.

Bei der Doppeldeckung überdeckt das dritte Gebinde das erste Gebinde um die von der Dachneigung abhängige Höhenüberdeckung.

Flächeneinteilung auf Schalung

Praxisbeispiel

Das Satteldach eines Einfamilienhauses soll mit Faserzementplatten 30 × 30 cm in Doppeldeckung gedeckt werden. Die Dachfläche hat eine Traufenlänge von 12,5 m und eine Sparrenlänge von 8,25 m. Die Dachneigung beträgt 35°. Eine Regenrinne ist nicht vorgesehen. Die Deckung ist 4 bis 6 cm über ein Traufblech zu decken. Es ist ein Firstgebinde mit Bogenschnittplatten 30 × 30 cm vorgesehen. Die der Hauptwetterrichtung zugewandte Dachfläche wird mit einem Überstand von 4 bis 6 cm über die fertig gedeckte Fläche gedeckt. Die Ortkanten werden ebenfalls mit einem Überstand von 4 bis 6 cm ausgeführt.

Plattenformat	= 30 × 30 cm	Trauflänge	= 1.250 cm
Fugenbreite	= 3 bis 6 mm	Traufüberstand	= 4 bis 6 cm
Dachneigung	= 35°	Ortüberstand	= 4 bis 6 cm
Mindesthöhenüberdeckung	= 10 cm	Firstgebinde	= 30 cm
Sparrenlänge	= 825 cm	Firstüberstand	= 4 bis 6 cm

$$\text{maximale Gebindehöhe} = \frac{\text{Plattenhöhe} - \text{Mindesthöhenüberdeckung}}{2} = \frac{30\text{ cm} - 10\text{ cm}}{2} = \mathbf{10\ cm}$$

Die Fläche unterhalb des Firstgebindes ist gleichmäßig in Höhe und Breite einzuteilen.

Höheneinteilung

einzuteilende Höhe = Sparrenlänge + Traufüberstand + Firstüberstand – Firstgebinde =
= 825 cm + 5 cm + 6 cm – 30 cm = **806 cm**

$$\text{Anzahl der Deckgebinde} = \frac{\text{einzuteilende Höhe}}{\text{maximale Gebindehöhe}} = \frac{806\text{ cm}}{10\text{ cm}} = 80{,}6 \sim \mathbf{81\ Deckgebinde}$$

Da die Fläche in gleich große Gebindehöhen einzuteilen ist, wobei die maximale Gebindehöhe nicht überschritten werden darf, muss die sich ergebende Gebindeanzahl auf jeden Fall aufgerundet werden.

$$\text{tatsächliche Gebindehöhe} = \frac{\text{einzuteilende Höhe}}{\text{Anzahl Deckgebinde}} = \frac{806\text{ cm}}{81\text{ Deckgebinde}} = \mathbf{9{,}95\ cm}$$

Hieraus ergibt sich für diese Dachseite eine Gebindehöhe von 9,95 cm.

Breiteneinteilung

maximale Deckbreite = Plattenbreite + maximale Fuge = 30 cm + 0,6 cm = **30,6 cm**

einzuteilende Breite = Traufenlänge + (2 · Ortüberstand) = 1.250 cm + (2 · 5 cm) = **1.260 cm**

$$\text{Anzahl Platten} = \frac{\text{einzuteilende Breite}}{\text{maximale Deckbreite}} = \frac{1.260\text{ cm}}{30{,}6\text{ cm}} = 41{,}176 \sim \mathbf{42\ Platten}$$

$$\text{tatsächliche Breite} = \frac{\text{einzuteilende Breite}}{\text{Anzahl Platten}} = \frac{1.260\text{ cm}}{42\text{ Platten}} = \mathbf{30\ cm}$$

Bei diesem Ergebnis von 30 cm ist die erforderliche Fugenbreite von mindestens 3 mm nicht gegeben! Da die Doppeldeckung im Halbverband gedeckt wird, hat man die Möglichkeit, die Gebinde mit einer ganzen Platte zu beginnen und einer halben Platte abzuschließen. Da die Einteilung mit 42 Platten nicht funktioniert, rechnen wir mit einer halben Platte weniger.

$$\text{Anzahl Platten} = \frac{\text{einzuteilende Breite}}{\text{maximale Deckbreite}} = \frac{1.260\text{ cm}}{30{,}6\text{ cm}} = 41{,}176 \sim \mathbf{41{,}5\ Platten}$$

$$\text{tatsächliche Deckbreite} = \frac{\text{einzuteilende Breite}}{\text{Anzahl Platten}} = \frac{1.260\text{ cm}}{41{,}5\text{ Platten}} = \mathbf{30{,}36\ cm}$$

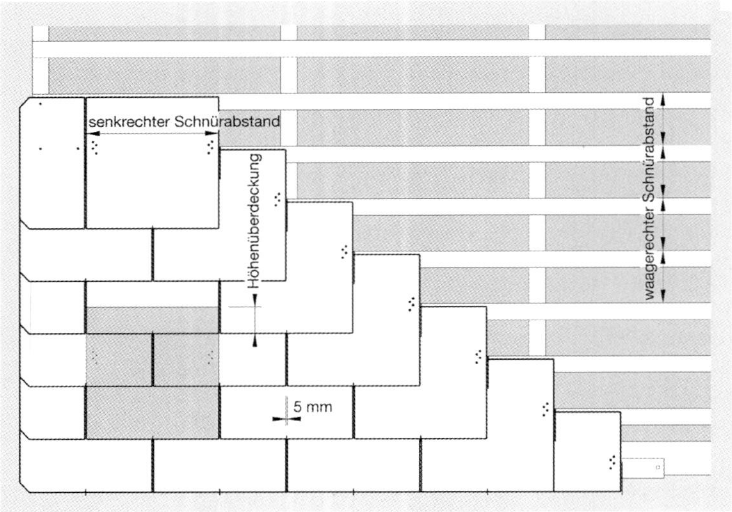

Abb. 9.64: Traufausbildung mit unterlegtem Ansetzer und Ortausbildung mit Eckenschnitt. Der Traufüberstand muss mindestens 50 mm betragen.

Traufausbildung

Als Erstes muss ein Gebinde mit Ansetzerplatten gedeckt werden. Die Ansetzerplatten werden mit dem gleichen Traufüberstand wie die Platten des ersten Deckgebindes gedeckt. Sie sind in der fertigen Bekleidung nicht zu sehen. Die Höhe der Ansetzerplatte berechnet sich wie folgt:

Ansetzerplatten =
Schnürabstand (Gebindehöhe) +
Höhenüberdeckung

Die Ansetzerplatten müssen mit mindestens 2 Schieferstiften befestigt werden. Auch die Ansetzer müssen im Fußbereich um Plattenstärke unterlegt werden.

Die Ansetzer müssen im Traufbereich mit Holzleiste oder Plattenmaterial um Plattenstärke unterlegt werden.

Ortausbildung

Die Orte werden auslaufend gedeckt. Es ist dabei eine **Mindestplattenbreite** von 125 mm zu berücksichtigen. Die sich ergebenden Plattenbreiten sind im Verband regelmäßig aufzuteilen, sie dürfen dabei einen Drittelverband nicht unterschreiten. Die Platten am Ort müssen mit mindestens 3 Schieferstiften befestigt werden und erhalten am Kopf einen wasserabweisenden Eckenschnitt.

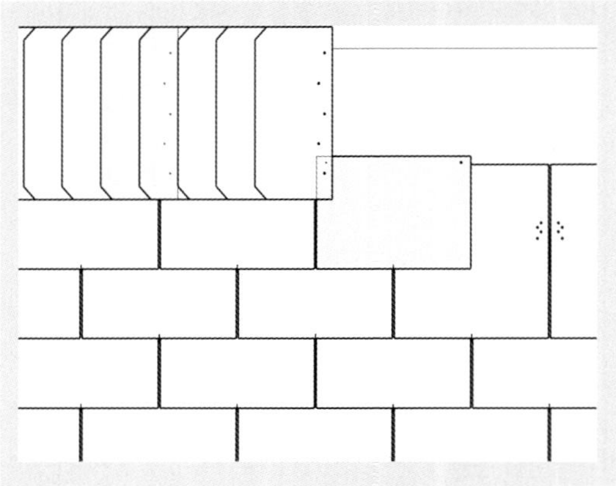

Abb. 9.65: Firstgebinde mit Ausspitzer

Firstausbildung

Die Dachfläche ist so einzuteilen, dass sich gleich hohe Gebinde von der Traufe bis zum First ergeben. Das Firstgebinde kann in Einfachdeckung mit mindestens 100 mm Seitenüberdeckung oder in Doppeldeckung mit 20 mm seitlicher Überdeckung gedeckt werden. Die sichtbare Kante im Fußbereich der Firstplatten kann gestutzt, gerundet oder vollkantig sein.

9.2.4.3 Die Rhombusdeckung

Die Regeldachneigung beträgt ≥ 30°. Die Rhombusdeckung ist mit rautenförmigen Dachplatten mit 2 gegenüberliegenden gestutzten Ecken im halben Verband mit einer 3 bis 6 mm

Abb. 9.66: Die Rhombusdeckung

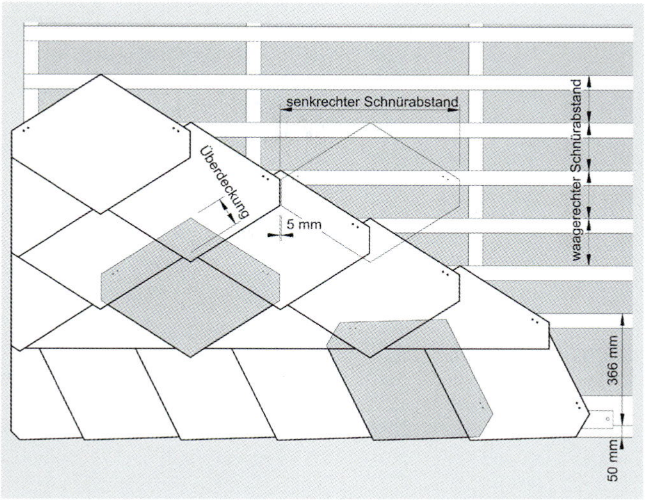

Abb. 9.67: Unterlegtes Fußgebinde mit aufgedeckten Ansetzerplatten

breiten Stoßfuge auszuführen. Die Deckung erfolgt mit mindestens 10 mm Hängespitze. Diese Deckungsart ist auf Schalung mit Vordeckung oder auf Lattung möglich. Die Dachplatten werden mit 2 Schieferstiften befestigt. Die Mindestüberdeckung und Schnürabstände sind abhängig von der Dachneigung.

Traufausbildung

Es wird ein parallel zur Traufe verlaufendes Fußgebinde gedeckt. Auf dieses Fußgebinde werden die Ansetzerplatten mit Überdeckung gedeckt und mit mindestens 2 Schieferstiften befestigt. Das Fußgebinde muss im Traufbereich um Plattenstärke unterlegt werden.

Ortausbildung

Orte können auslaufend oder eingebunden gedeckt werden. Werden auslaufende Orte gedeckt, ist möglichst darauf zu achten, dass sich halbe Dachplattenbreiten ergeben. Auch hier werden die Dachplatten am Ort mit mindestens 3 Schieferstiften befestigt. Die am Ortgang anlaufenden Platten bekommen im Kopfbereich einen wasserabweisenden Schnitt, damit das Eindringen von Wasser verhindert wird.

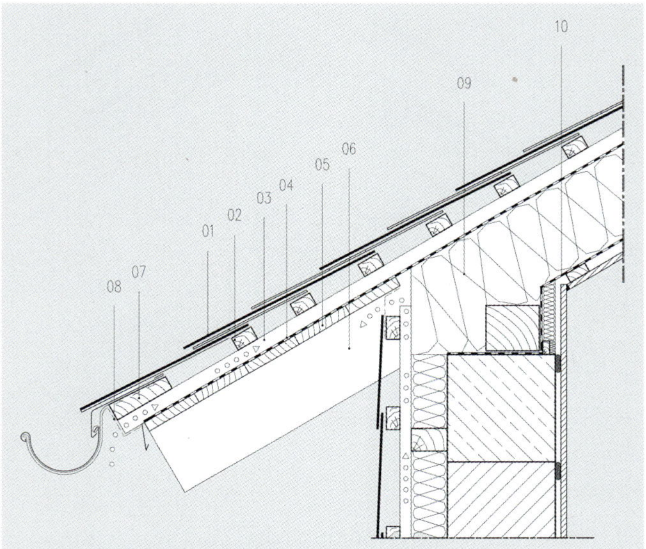

01 Faserzementplatten
02 Traglatte
03 Konterlatte
04 Unterspannbahn
05 Traufenschalung
06 Sparren
07 Traufenkeil
08 Lüftungsgitter
09 Dämmung
10 Dampfbremse

Abb. 9.68: Traufausbildung auf Lattung

■ **Begriffe**

Bei der **Firstausbildung** muss die Einteilung der Dachfläche bis zum Firstgebinde gleich große Deckgebinde ergeben.

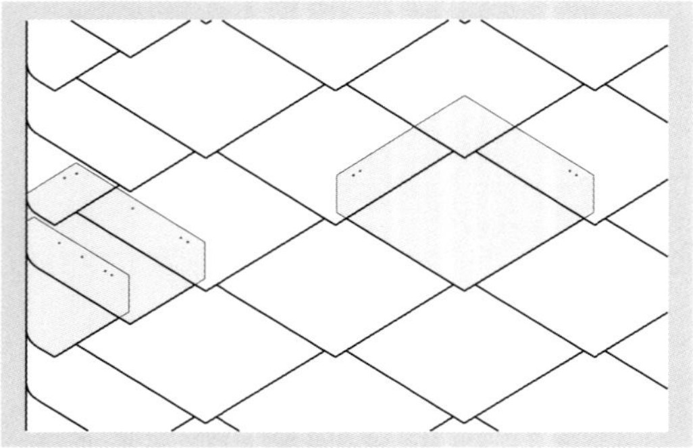

Abb. 9.69: Ortausbildung eingebunden

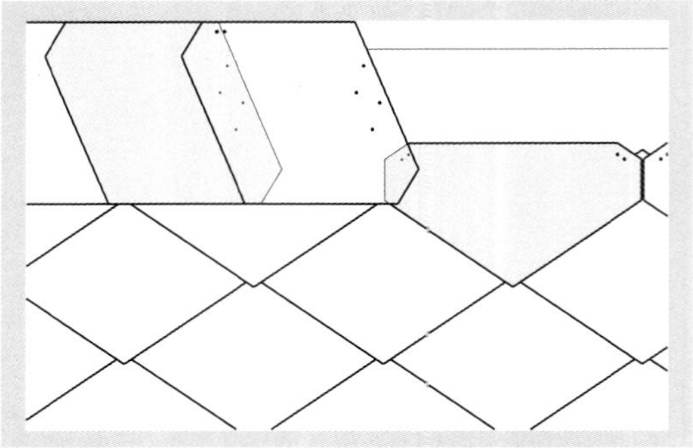

Abb. 9.70: Firstausbildung mit Ausspitzerplatten und Firstgebinde

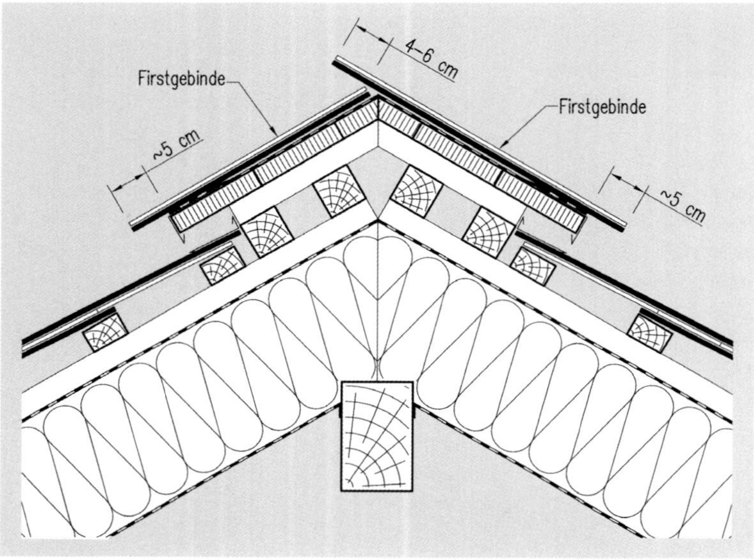

Abb. 9.71: Sattelfirst mit Lüftung auf Lattung

Firstausbildung

Die Firste sind als Firstgebinde zu decken. Die Überdeckung der Firstgebinde über die Flächendeckung muss mindestens der Höhenüberdeckung der Flächendeckung entsprechen. Die Seitenüberdeckung ist wegen der erforderlichen versetzten Nagelung zu vergrößern. Die Dachplatten sind mit mindestens 4 Schieferstiften innerhalb der Seitenüberdeckung zu befestigen. Eine zusätzliche Befestigung der Dachplatten am First mit Plattenhaken wird empfohlen. Schlussplatten sind sichtbar mit Schieferstiften aus nicht rostendem Stahl oder Kupfer zu befestigen und dürfen nicht unmittelbar an der Ort- oder Gratkante gedeckt werden. Das Firstgebinde der Dachfläche, die der Hauptwindrichtung zugewandt ist, wird überstehend gedeckt. Der freie Überstand über der fertig gedeckten untergehenden Dachseite beträgt 40 bis 60 mm. Damit die Dachplatten am First die gleiche Neigung haben wie die vorherigen, sollten diese unterlegt werden. Abweichend hiervon können Firste z. B. mit Firstblechen oder bei seitlicher Doppeldeckung der Dachplatten mit Schichtstücken (Nocken) ohne Überstand ausgeführt werden. Bei der Ausführung mit Firstblechen kann die Befestigung der Dachplatten am First auch im Kopfbereich erfolgen. Eine versetzte Nagelung ist dann nicht erforderlich. Bei Deckung auf Lattung sind Firstbretter entsprechender

Abb. 9.72: Spitzschablonendeckung

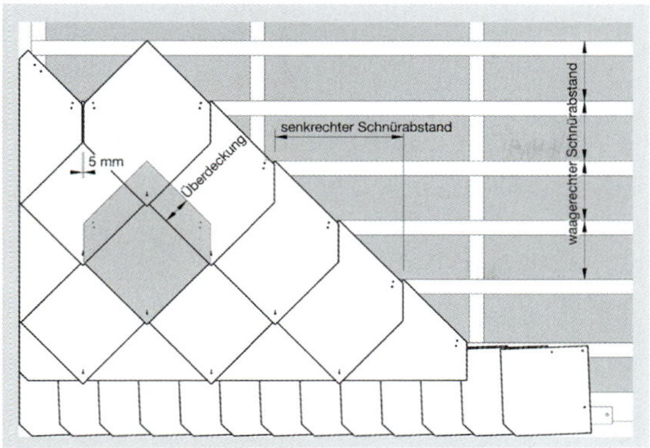

Abb. 9.73: Spitzschablonendeckung mit Traufgebinde, Format 30 × 30 cm

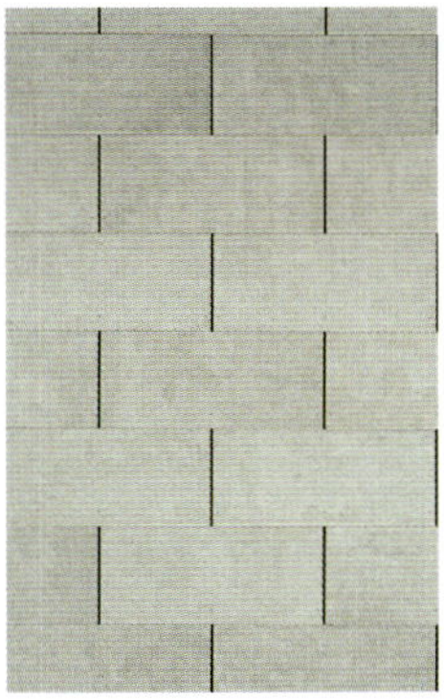

Abb. 9.74: Waagerechte Deckung

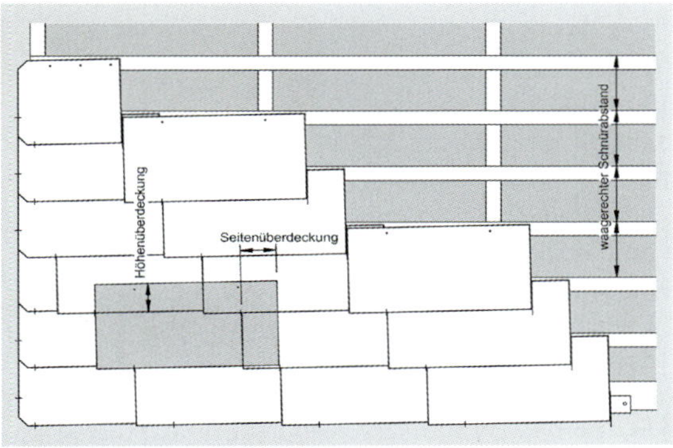

Abb. 9.75: Waagerechte Deckung Traufe

Breite anzubringen. Eventuell einzuhaltende Lüftungsquerschnitte sind durch den Einbau von Einzellüftern oder durch vor Ort herzustellende Lüfterfirstkonstruktionen auszubilden.

9.2.4.4 Spitzschablonendeckung

Die Regeldachneigung beträgt ≥ 30°. Die Spitzschablonendeckung ist mit Quadratplatten mit 2 gegenüberliegenden gestutzten Ecken im halben Verband mit einer 3 bis 6 mm breiten Stoßfuge auszuführen. Die Deckung erfolgt mit mindestens 10 mm Hängespitze. Diese Deckungsart ist auf Schalung mit Vordeckung oder auf Lattung möglich.

Die Dachplatten sind mit 2 Schieferstiften und einer Plattenklammer zu befestigen. Die Höhenüberdeckung ist abhängig von der Dachneigung und vom Plattenformat.

Auch bei der Spitzschablonendeckung sind die Platten mit einer Stoßfuge von 3 bis 6 mm zu decken.

9.2.4.5 Waagerechte Deckung

Die Regeldachneigung bei Schalung mit Vordeckung beträgt ≥ 30°. Die waagerechte Deckung ist mit den Dachplatten 60/30 cm auszuführen, wobei die Platten in der Höhe und seitlich überdeckt werden. Die Deckung erfolgt entgegengesetzt zur Hauptwindrichtung. Die Dachplatten sind mit hängender Ferse zu decken. Diese Deckungsart ist auf Schalung mit Vordeckung oder ≥ 35° auf Lattung möglich. Die Dachplatten sind innerhalb der Höhenüberdeckung mit 2 Schieferstiften und zusätzlich mit einem Plattenhaken zu befestigen.

Traufausbildung

Bei der waagerechten Deckung wird das erste Gebinde (Traufgebinde) gleich mit den Deckgebinden der Dachfläche gedeckt. Das erste Gebinde ist auch an der Traufe zu unterlegen.

Ortausbildung

Die Orte werden auslaufend gedeckt. Die Dachplatten am Ort werden mit mindestens 3 Schieferstiften und einem Plattenhaken befestigt. Platten am Endort mit mehr als halber Plattenbreite sind mit einem zusätzlichen Plattenhaken zu befestigen. Die Platten am Ortgang erhalten einen wasserabweisenden Schnitt.

Firstausbildung

Das Firstgebinde muss in gleicher Richtung wie die Deckgebinde der Dachfläche gedeckt werden. Die Dachfläche ist so einzuteilen, dass sich gleich hohe Gebinde von der Traufe bis zum First ergeben. Das Firstgebinde kann in Einfachdeckung mit mindestens 100 mm Seitenüberdeckung oder in Doppeldeckung mit 20 mm seitlicher Überdeckung gedeckt werden. Die sichtbare Kante im Fußbereich der Firstplatten kann gestutzt, gerundet oder vollkantig sein.

9.3 Deckungen mit Faserzement-Wellplatten

Faserzement-Wellplatten sind großformatige Deckwerkstoffe, die mit verschiedenen Profilen und in unterschiedlichen Längen hergestellt werden. Sie werden häufig auf Industriegebäuden und auf landwirtschaftlichen Bauten verarbeitet, kommen aber auch im Wohnungsbau zum Einsatz. Faserzement-Wellplatten kommen mit wenig Dachneigung aus. Die Wellplatten müssen auch statische Aufgaben übernehmen und unterliegen einer bauaufsichtlichen Zulassung. In der Zulassung sind u. a. Material, Einlagen für die

Tabelle 9.10: Regeldachneigung in Abhängigkeit von der Entfernung Traufe–First

Wellplatte	Entfernung Traufe–First in m	Regeldachneigung in °
Standardwellplatte	≤ 10	≥ 9
	> 10–20	≥ 10
	> 20–30	≥ 12
	> 30	≥ 14
Kurzwellplatte	≤ 10	≥ 15
	> 10–20	≥ 17
	> 20–30	≥ 19
	> 30	≥ 20

Stabilität, Form und Größe der Wellplatten vorgegeben. Auch das Durchbiege- und Brandverhalten ist in der Zulassung beschrieben. Wellplatten mit fertigem Eckenschnitt sind von rechts nach links zu decken.

Folgende Plattenformate kommen häufig zum Einsatz:

- Standardplatten mit oder ohne Eckenschnitt (ungelocht), Profil 177/51 (5 Wellen) und 130/30 (8 Wellen),
- Kurzwellplatten mit Eckenschnitt und gelocht, Profil 177/51 (5 Wellen),
- Ergänzungsplatten (ohne Eckenschnitt),
- Formstücke.

Standardlängen bei Faserzement-Wellplatten sind 1.250, 1.600, 2.000 und 2.500 mm. Die Breite beträgt bei 5 Wellen 920 mm und bei 8 Wellen 1.000 mm.

9.3.1 Standard-Faserzement-Wellplatten

Dachneigung und Überdeckungen

Die Regeldachneigung ist abhängig von dem Abstand Traufe zum First (siehe Tab. 9.10). Je größer der Abstand ist, desto steiler sollte die Dachneigung sein. Zusätzlich ist die Regeldachneigung von der Ausführung der Höhenüberde-

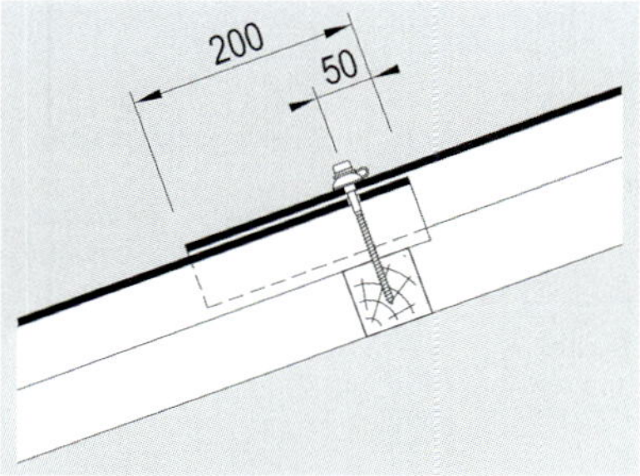

Abb. 9.76: Befestigung in Holzpfetten/-latten

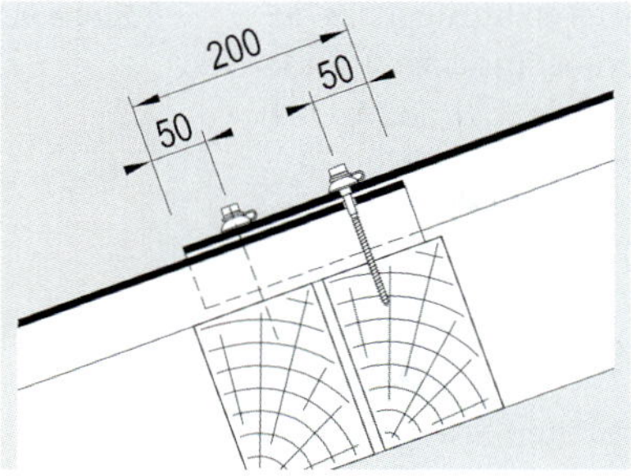

Abb. 9.77: Holz-Koppelpfetten

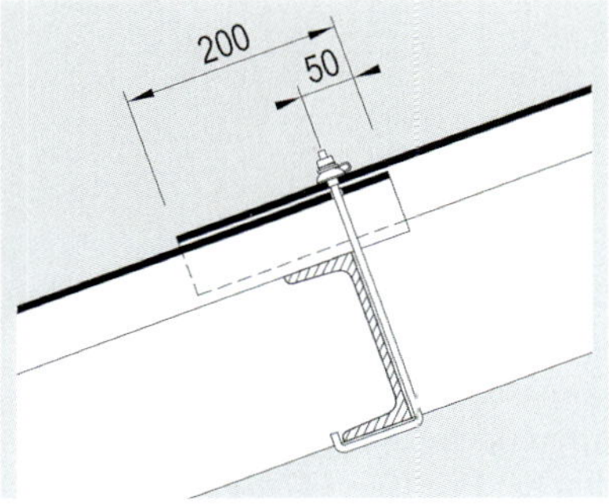

Abb. 9.78: Die Befestigung an einer Stahlpfette mit einem L-Haken

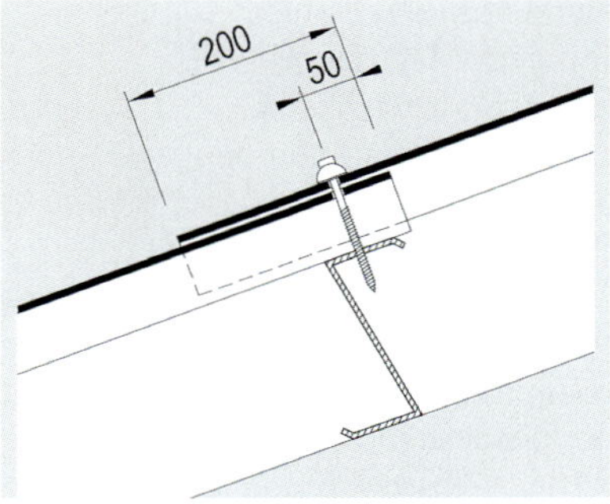

Abb. 9.79: Befestigung auf gekanteten Blechträgern mit gewindefurchenden Stahlschrauben

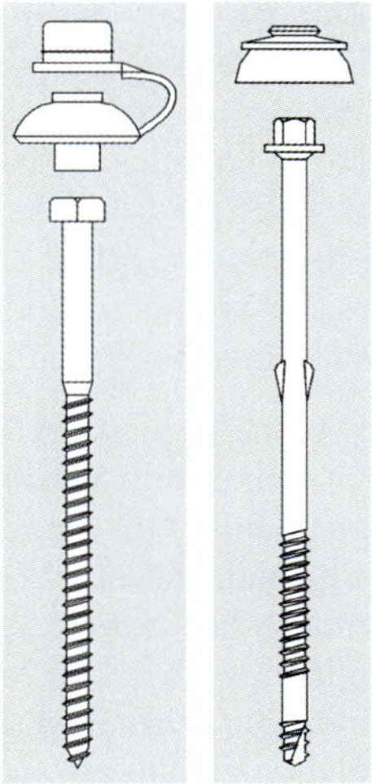

Abb. 9.80: Schrauben mit Dichtkappen

ckung abhängig. Es kann eine Kittschnur 30 mm vor den Befestigungsschrauben in die Höhenüberdeckung gelegt werden, wodurch die Regeldachneigung um 2° bei Standard-Wellplatten und 5° bei Kurzwellplatten unterschritten werden kann. Eine zusätzliche Unterschreitung ist nur mit einem wasserdichten Unterdach zulässig. Die Mindestdachneigung von 5° darf nicht unterschritten werden. Beim Decken der Wellplatten mit dem Profil 177/51 ist eine Seitenüberdeckung von 47 mm zu berücksichtigen. Bei dem Profil 130/30 beträgt die Seitenüberdeckung 90 mm. Die Höhenüberdeckung beträgt bei den Standard-Wellplatten einheitlich 200 mm. Faserzement-Wellplatten werden von rechts nach links gedeckt.

Unterkonstruktion und Befestigung

Die Unterkonstruktion kann aus Holzpfetten, Stahlpfetten oder Stahlbetonpfetten bestehen. Bei Pfetten und Latten aus Holz muss die Auflagebreite mindestens 60 mm, bei Stahl- und Stahlbetonpfetten 40 mm betragen. Stahlrohrpfetten müssen einen Mindestdurchmesser von 40 mm haben (siehe Abb. 9.81). Ohne besonderen Nachweis kann ein Querschnitt von 60 × 40 mm bis zu einem lichten Sparrenabstand von 0,8 m angenommen werden. Bei der Bemessung sind weiterhin die Mindesteindringtiefen der verwendeten Befestigungsmittel zu berücksichtigen. Die Traglatten müssen nach DIN 4074-1: Sortierung von Nadelholz mindestens der Sortierklasse S 10 entsprechen. Traglatten sind so anzubringen, dass 2 Kanten vollständig auf den Sparren,

■ Begriffe

Faserzement-Wellplatten sind großformatige Deckwerkstoffe mit verschiedenen Profilen und in unterschiedlichen Längen. Häufig auf Industriegebäuden und landwirtschaftlichen Bauten verarbeitet, kommen sie aber auch im Wohnungsbau zum Einsatz.

■ Darum geht es

Die **Unterkonstruktion** von **Standard-Faserzement-Wellplatten** kann aus Holzpfetten, Stahlpfetten oder Stahlbetonpfetten bestehen. Die Befestigungsmittel benötigen eine bauaufsichtliche Zulassung und müssen mindestens aus einem feuerverzinkten Stahl oder aus korrosionsbeständigem Material sein.

Bindern oder den Konterlatten aufliegen. Die höchstzulässigen Auflagerabstände für Standard-Wellplatten sind in der Tabelle 9.11 angegeben. Die maximal zulässigen Belastungen sind in Normen und Zulassungen festgelegt. Überschreiten die örtlichen Belastungen die Maximalbelastung, so sind die Auflageabstände nach statischen Vorgaben zu verringern.

Die Befestigung der Wellplatten erfolgt grundsätzlich mitten auf dem Wellenberg. Die Befestigungsmittel für Standard-Wellplatten benötigen eine bauaufsichtliche Zulassung und müssen mindestens aus einem feuerverzinkten Stahl oder aus korrosionsbeständigem Material bestehen. Die Schrauben dürfen nicht durch Wellplatten geschlagen werden. Die Wellplatten müssen für die Befestigungsmittel mit mindestens 50 mm Randabstand und einem Bohrdurchmesser von 11 mm auf dem Wellenberg vorgebohrt werden oder es kommen selbstbohrende Schrauben zum Einsatz. Bei Befestigungen in Holz mit Holzschrauben ist auf eine Mindesteindringtiefe von 36 mm zu achten. Werden selbstbohrende Schrauben verwendet, muss die Eindringtiefe mindestens 57 mm betragen. Für Metallpfetten werden L-Haken mit Gewinde und Sechskant-Muttern in ausreichender Länge verwendet. Zur Dichtung der Befestigungsmittel sind Pilzdichtungen aus Kunststoff mit Stahleinlage und Kappe zu verwenden (siehe Tab. 9.12). Die Befestigungen werden bei Profil 5 (177/51) auf dem 2. und 5. Wellenberg, bei Bedarf zusätzlich auf dem 3. Wellenberg angeordnet. Bei Profil 8 (130/30) wird auf dem 2. und 6. oder 7. Wellen-

Tabelle 9.11: Auflagerabstände für Standard-Wellplatten

Dachneigung	Profil	Wellplattenlänge	Auflagerabstände	
			Höchstzulässig	üblicher Abstand
< 20° (~ 36,4 %)	177/51 und 130/30	2500 2000 1600 1250	≤ 1150	1150 900 700 1050
≥ 20° (~ 36,4 %)	177/51	2500 2000 1600 1250	≤ 1450	1150 900 1400 1050
	130/30	2500 2000 1600 1250	≤ 1175	1150 900 700 1050

Tabelle 9.12: Befestigungsmittel für Faserzement-Wellplatten

Werkstoff der Unterkonstruktion	Befestigungsmittel				Lochung in	
	Art	Durchmesser	Eindringtiefe	Korrosionsschutz	Wellplatte	Unterkonstruktion
Holz	Holzschraube nach DIN 571 mit Pilzdichtung mit Stahleinlage	> 7 mm	> 36 mm	feuerverzinkt > 50 µm Zinkauflage oder Edelstahl	vorbohren Ø 11 mm	–
	Holzschraube selbstbohrend mit Bohrlochaufreibern	> 6,25 mm	> 57 mm*	feuerverzinkt > 50 µm Zinkauflage oder Edelstahl	selbstbohrend	selbstbohrend
Stahl	Stahlhaken S235 JR nach DIN EN 10025 mit Pilzdichtung mit Stahleinlage	> 6,25 mm	–	feuerverzinkt > 50 µm Zinkauflage oder Edelstahl	vorbohren Ø 11 mm	–
	Stahlschraube gewindefurchend mit Pilzdichtung mit Stahleinlage	> 6,25 mm	> Profildicke	Edelstahl	vorbohren Ø 11 mm	vorbohren
Beton	Holzschraube nach DIN 571 mit Pilzdichtung mit Stahleinlage und geeignetem Dübel	> 7 mm	abhängig von Dübelart und -länge	feuerverzinkt > 50 µm Zinkauflage oder Edelstahl	vorbohren Ø 11 mm	vorbohren

*) Durch diese Eindringtiefe wird eine Latten-/Plattenhöhe von 60 mm erforderlich.

Tabelle 9.13: Befestigungstabelle Profil 5

Platten-länge	Gebäude-höhe	Dach-neigung	Satteldach				Pultdach		
			F	G	H/I	J	F	G	H/I
3.100 mm	> 10 m	< 15°	9,3	6,3	6,3	6,3	8,4	12,3	6,3
		< 25°	6,3	6,3	6,3	6,3	8,4	12,3	6,3
		> 25°–45°	6,3	9,3	6,3	6,3	8,4	9,3	6,3
	< 25 m	< 15°	8,4	12,3	6,3	9,3	16,4	8,4	6,3
		< 25°	12,3	12,3	6,3	6,3	16,4	8,4	6,3
		> 25°–45°	9,3	12,3	6,3	6,3	16,4	8,4	9,3
2.500 mm	> 10 m	< 15°	9,3	6,3	4,2	6,3	12,3	9,3	4,2
		< 25°	6,3	6,3	4,2	6,3	9,3	9,3	6,3
		> 25°–45°	6,3	6,3	6,3	4,2	9,3	9,3	6,3
	< 25 m	< 15°	9,3	9,3	6,3	6,3	8,4	12,3	6,3
		< 25°	9,3	9,3	6,3	6,3	8,4	12,3	6,3
		> 25°–45°	9,3	9,3	6,3	6,3	12,3	9,3	6,3
2.000 mm	> 10 m	< 15°	6,3	4,2	42	4,2	6,3	6,3	4,2
		< 25°	42	6,3	4,2	4,2	6,3	6,3	4,2
		> 25°–45°	42	6,3	4,2	4,2	6,3	6,3	4,2
	< 25 m	< 15°	9,3	6,3	4,2	6,3	9,3	9,3	4,2
		< 25°	6,3	6,3	4,2	6,3	9,3	9,3	4,2
		> 25°–45°	6,3	6,3	4,2	4,2	9,3	6,3	6,3
1.600 mm	> 10 m	< 15°	42	42	4,2	4,2	6,3	42	4,2
		< 25°	42	42	4,2	4,2	6,3	42	4,2
		> 25°–45°	42	42	4,2	4,2	6,3	42	4,2
	< 25 m	< 15°	6,3	62	4,2	4,2	6,3	6,3	4,2
		< 25°	42	62	4,2	4,2	6,3	6,3	4,2
		> 25°–45°	42	62	4,2	4,2	6,3	6,3	4,2
1.250 mm	> 10 m	< 15°	42	42	4,2	4,2	42	42	4,2
		< 25°	42	42	4,2	4,2	42	42	4,2
		> 25°–45°	42	42	4,2	4,2	42	42	4,2
	< 25 m	< 15°	42	42	4,2	4,2	62	42	4,2
		< 25°	42	42	4,2	4,2	62	42	4,2
		> 25°–45°	42	42	4,2	4,2	62	42	4,2

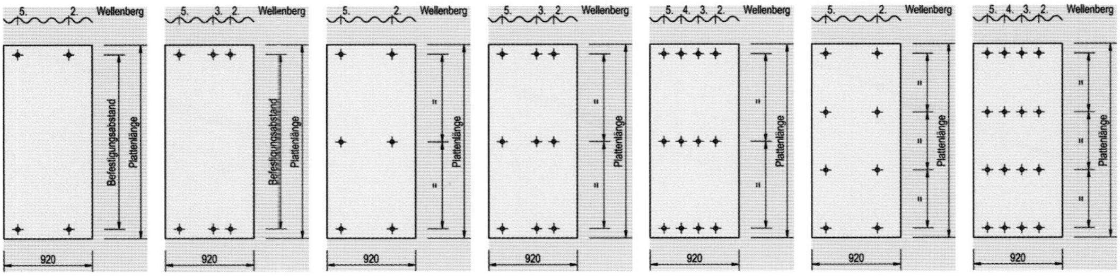

Tabelle 9.14: Befestigungstabelle Profil 8

Platten-länge	Gebäude-höhe	Dach-neigung	Satteldach				Pultdach		
			F	G	H/I	J	F	G	H/I
2.500 mm	> 10 m	< 15°	8,4	8,4	8,4	8,4	8,4	8,4	8,4
		< 25°	8,4	8,4	8,4	8,4	8,4	8,4	8,4
		> 25°–45°	8,4	8,4	8,4	8,4	8,4	8,4	8,4
	< 25 m	< 15°	12,4	8,4	8,4	8,4	12,4	12,4	8,4
		< 25°	8,4	8,4	8,4	8,4	12,4	12,4	8,4
		> 25°–45°	8,4	8,4	8,4	8,4	12,4	8,4	8,4
2.000 mm	> 10 m	< 15°	9,3	6,3	4,2	6,3	9,3	9,3	6,3
		< 25°	6,3	6,3	4,2	6,3	9,3	9,3	6,3
		> 25°–45°	6,3	6,3	6,3	4,2	9,3	6,3	6,3
	< 25 m	< 15°	9,3	9,3	6,3	6,3	8,4	9,3	6,3
		< 25°	9,3	9,3	6,3	6,3	8,4	9,3	6,3
		> 25°–45°	6,3	9,3	6,3	6,3	8,4	9,3	6,3
1.600 mm	> 10 m	< 15°	6,3	6,3	4,2	4,2	6,3	6,3	42
		< 25°	6,3	6,3	4,2	4,2	6,3	6,3	42
		> 25°–45°	42	6,3	4,2	4,2	6,3	6,3	42
	< 25 m	< 15°	9,3	6,3	4,2	6,3	9,3	9,3	42
		< 25°	6,3	6,3	4,2	6,3	9,3	9,3	6,3
		> 25°–45°	6,3	6,3	6,3	4,2	9,3	6,3	6,3
1.250 mm	> 10 m	< 15°	42	4,2	4,2	4,2	6,3	42	42
		< 25°	42	4,2	4,2	4,2	6,3	42	42
		> 25°–45°	42	4,2	4,2	4,2	6,3	42	42
	< 25 m	< 15°	6,3	6,2	4,2	4,2	6,3	6,3	42
		< 25°	62	6,2	4,2	4,2	6,3	6,3	42
		> 25°–45°	42	6,2	4,2	4,2	6,3	6,3	42

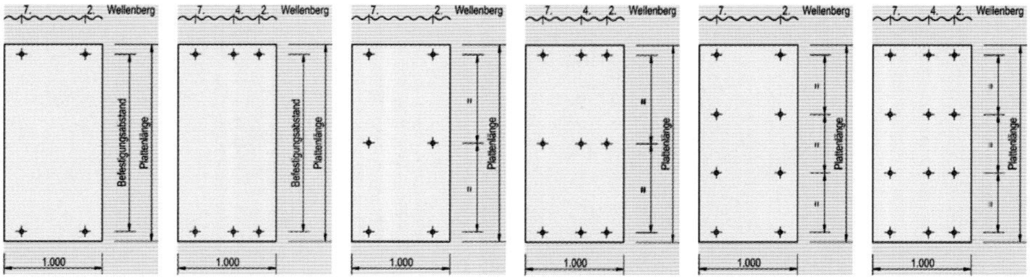

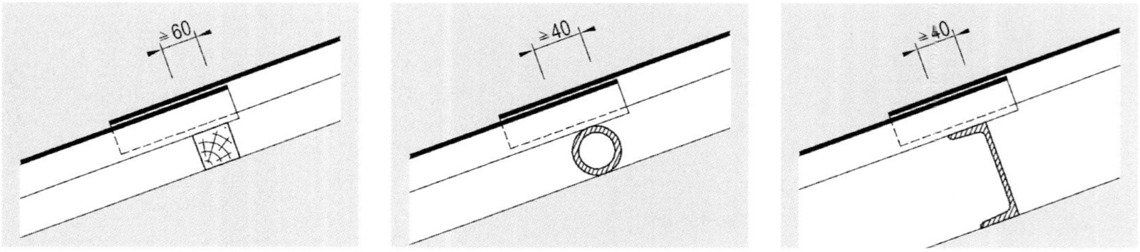

Abb. 9.81: Mindestquerschnitte der Auflagepunkte

berg oder auf dem 2., 4. und 7. Wellenberg befestigt. Die Platten werden so von mindestens 4 Schrauben gehalten. Je nach Lage des Gebäudes, Gebäudehöhe und Dachneigung können im Rand- und Eckbereich zusätzliche Befestigungen erforderlich werden.

Einteilung und Decken der Dachfläche

Beim Einteilen der Dachflächenbreite muss die Ausführung des Ortanschlusses berücksichtigt werden. Bei der Einteilung der Deckbreite wird von rechts mit einer Wellplattenbreite angefangen und die Restbreite gleichmäßig mit der Deckbreite eingeteilt. Werden Passplatten erforderlich, ist darauf zu achten, dass bei Profil 177/51 mindestens 2 Wellenberge und 2 Wellentäler und bei Profil 130/30 3 Wellenberge sowie 2 Wellentäler erhalten werden. Die Zuschnittplatten dürfen nicht im Randbereich verlegt werden. Beim Schnüren der Dachflächenbreite muss als Erstes der rechte Winkel gemessen werden (siehe Abb. 9.82). Bei der Einteilung der Dachtiefe muss die Ausführung des Firstes und der Traufe berücksichtigt werden. Kurze Wellplatten sind unterhalb des Firstes einzubauen. Bevor mit dem Verlegen der Platten begonnen werden kann, müssen Laufstege nach Vorgabe der Unfallverhütungsvorschriften vorbereitet werden.

Beim Verlegen der Wellplatten von rechts nach links ist darauf zu achten, dass bei den Eckenschnitten ein Abstand von 5 bis 10 mm eingehalten wird. Die Platten können grundsätzlich parallel zur Traufe oder aber von der Traufe in Richtung First verlegt werden. Wird Kittschnur in die Höhenüberdeckung gelegt, ist sie im Bereich der Eckenschnitte so hochzuführen, dass sie den Wasserfluss nicht behindert.

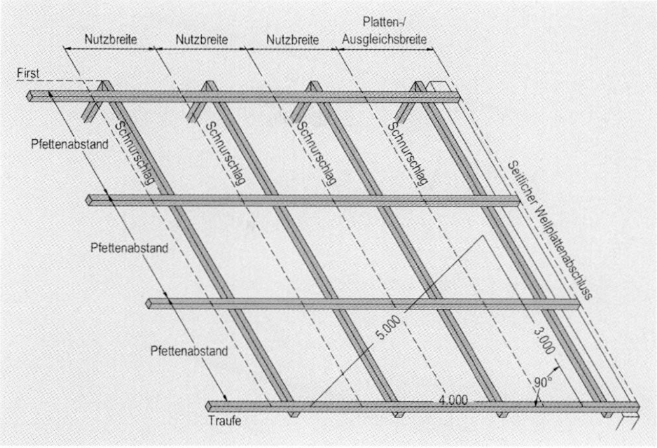

Abb. 9.82: Einteilung der Dachfläche

Abb. 9.83: Das Verlegen der Wellplatten

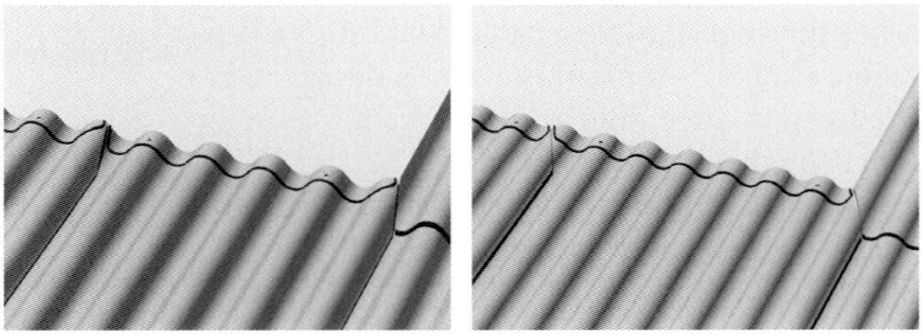

Abb. 9.84: Verlegung der Dichtschnur

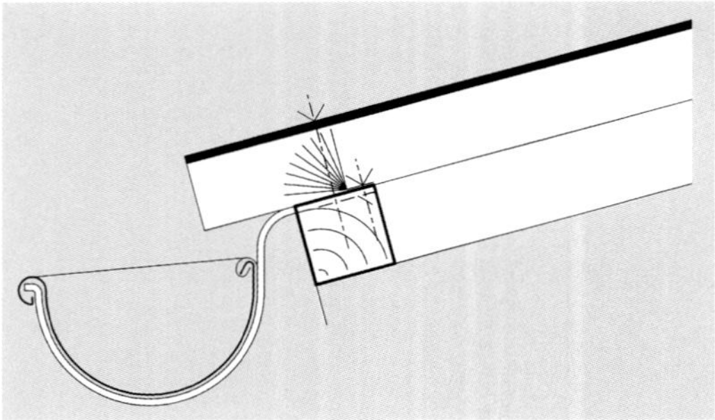

Abb. 9.85: Traufe mit Überstand, Traufenlüfterkamm und Rinne

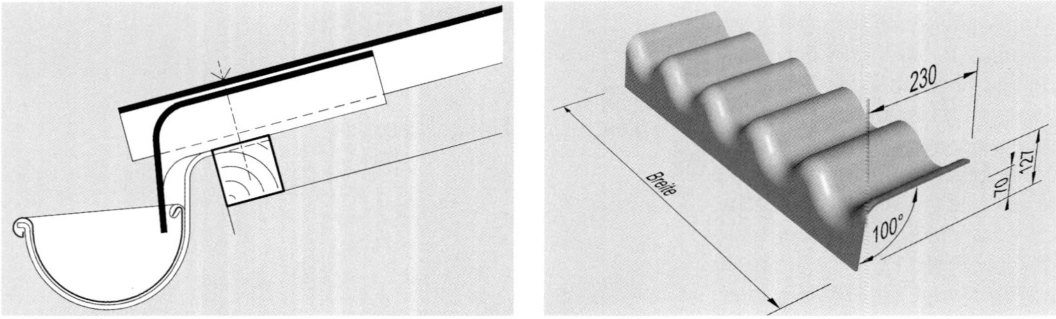

Abb. 9.86: Traufenformstück mit gewelltem Schenkel und Rinne

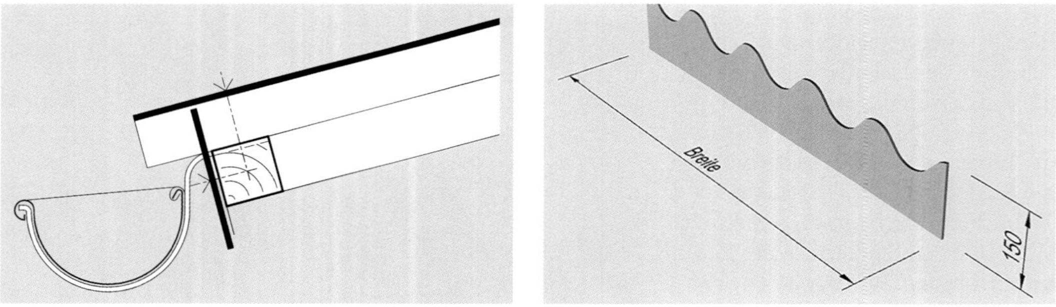

Abb. 9.87: Traufausbildung mit Rinne und Traufenzahnleiste

Traufausbildung

Die Traufausbildung kann in mehreren Varianten ausgeführt werden. Es besteht die Möglichkeit, mit einem ausreichenden Traufenüberstand zu arbeiten, wobei die Wellplatten dann im Traufenbereich keine Eckenschnitte haben dürfen. Des Weiteren können Traufenfußstücke mit gewelltem Schenkel – die Schenkellänge beträgt ≥ 200 mm – eingebaut werden. Die Traufenformstücke werden zusammen mit den Wellplatten befestigt. Es können auch profilierte Zahnleisten verwendet werden, die an der Unterkonstruktion befestigt werden. Beim Anbringen von Dachrinnen mit Traufenblechen ist darauf zu achten, dass diese an die Unterkonstruktion angebracht werden müssen. Dabei müssen die Rinnenhalter so eingebaut werden, dass sie die Deckung nicht beeinträchtigen (im Holz einlassen).

Ortausbildung

Die Ortausbildung kann mit geformten Winkelprofilen aus Faserzement, mit Profilen aus Metall, speziellen Ortkonstruktionen oder mit Überstand gedeckt werden. Beim Decken der Faserzementformstücke können diese im Bereich der Höhenüberdeckung der Flächendeckung unterhalb der Wellplatten gestoßen werden. Faserzementformstücke können auch

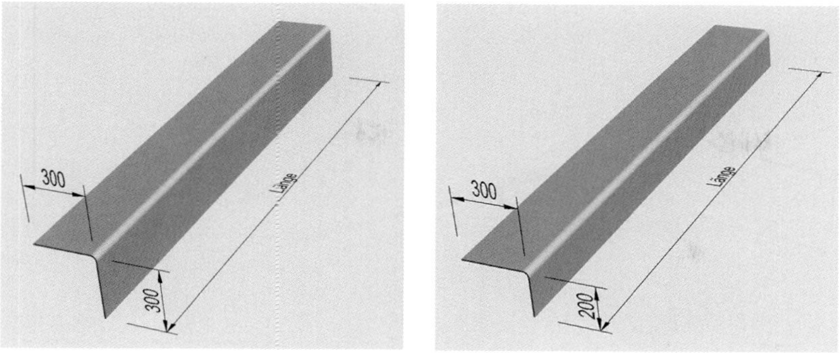

Abb. 9.88: Ebene Faserzementformwinkel

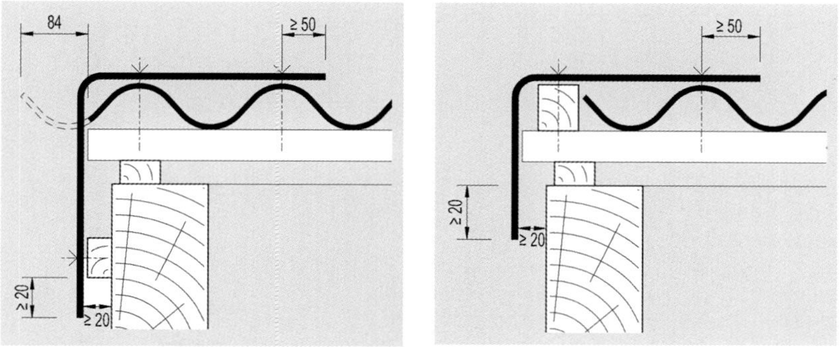

Abb. 9.89: Ortausführungen mit ebenem Formwinkel

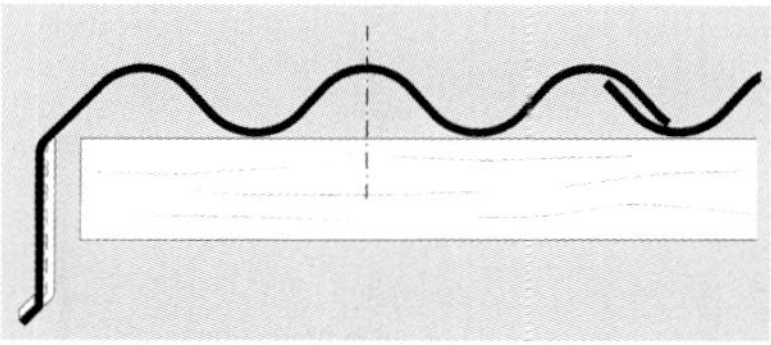

Abb. 9.90: Giebelwinkel mit geformten Wellen und Seitenüberdeckung

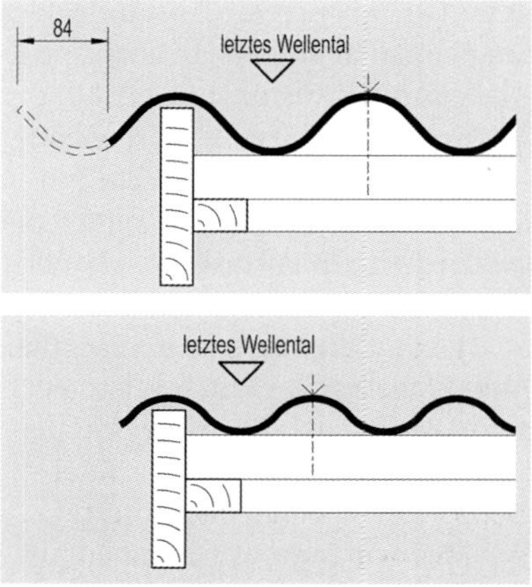

Abb. 9.91: Ortausbildung mit freiem Überstand

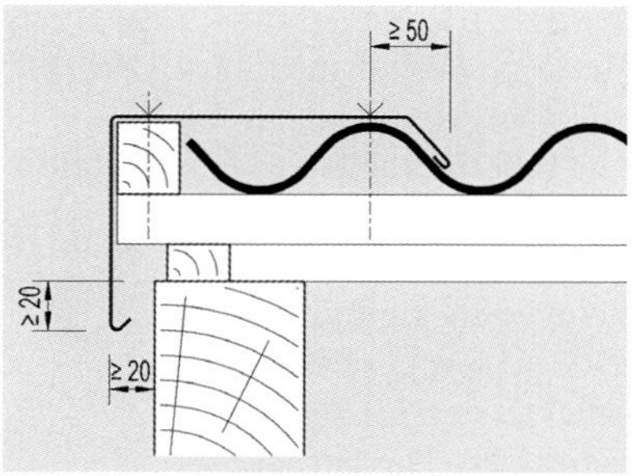

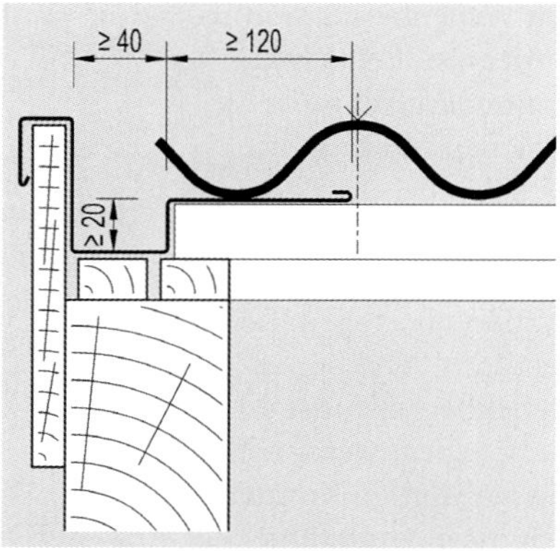

Abb. 9.92: Ortgangausbildung mit auf- und untergedeckten Metallblechen

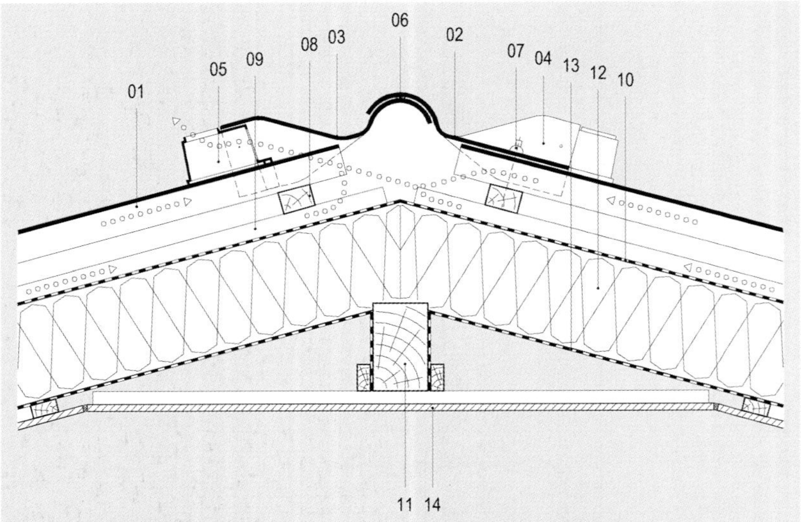

01 Wellplatten
02 Wellfirsthaube
03 Entlüfter-Wellfirsthaube, Unterteil
04 Entlüfter-Wellfirsthaube, Oberteil
05 Kunststoff-Siebkasten
06 Dichtungsprofil
07 Sechskant-Holzschraube
08 Traglattung
09 Konterlattung
10 Dachfolie
11 Firstpfette
12 Wärmedämmung
13 Dampfbremse/-sperre
14 Dachschrägenbekleidung

Abb. 9.93: Belüftete zweiteilige Firstausführung

mit Eckenschnitt gedeckt werden. Es ist darauf zu achten, dass die Überdeckung der Formstücke mindestens der Überdeckung der Flächendeckung entspricht. Für die Befestigung ist es notwendig, dass die Formstücke entweder auf 2 Wellenbergen aufliegen oder auf einem Wellenberg mit einer zusätzlichen Befestigung des Winkelformstückes im senkrechten Bereich. Die Formstücke sind parallel zu den Pfetten mindestens zweimal zu befestigen. Die Formstücke müssen den letzten Wellenberg um mindestens 5 cm seitlich überdecken. Bei Winkelformstücken mit angeformten Wellen muss die Seitenüberdeckung der Flächendeckung entsprechen. Der senkrechte Schenkel der Formstücke muss mit mindestens 20 mm Abstand zur Wand gedeckt werden und mindestens 20 mm die Unterkonstruktion überragen. Bei Ortausbildungen mit Metallprofilen können diese über den letzten Wellenberg geführt oder auch unter dem Wellenberg verlegt werden. Bei unterdeckenden Anschlüssen werden Konstruktionen wie bei Wandanschlüssen ausgeführt. Wird am Ort mit einem Überstand gedeckt, muss das erste und das letzte Wellental auf der Unterkonstruktion aufliegen.

Firstausbildung

Beim Decken des Firstes werden ein- oder zweiteilige Formstücke aus Faserzement mit Eckenschnitt verwendet. Die Höhen- und Seitenüberdeckung muss der Flächendeckung entsprechen. Bei der Befestigung sind auch die Abstände der Flächendeckung einzuhalten. Es gibt auch spezielle Formstücke für die Ausführung als Lüftungsfirst. Die Position der Firstpfette ist abhängig von der Schenkellänge der Formstücke. Für die Ermittlung des richtigen Abstandes halten die Hersteller Tabellen zu ihren Formstücken bereit. Bei zweiteiligen Wellfirstformteilen muss nicht nur in den seitlichen unteren und oberen Muffen eine Dichtschnur eingelegt werden, sondern auch in Firstrichtung zwischen den Formstücken. Bei der zweiteiligen Ausführung darf die Dachneigung nicht über 55° betragen. Bei Dachneigungen über 55° müssen Sonderkonstruktionen mit zusätzlichen Abdeckungen verwendet werden.

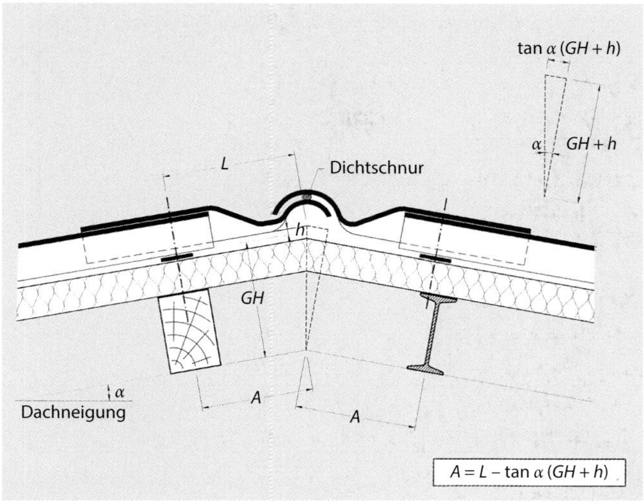

Abb. 9.94: Zweiteilige Firstausführung mit Formstücken

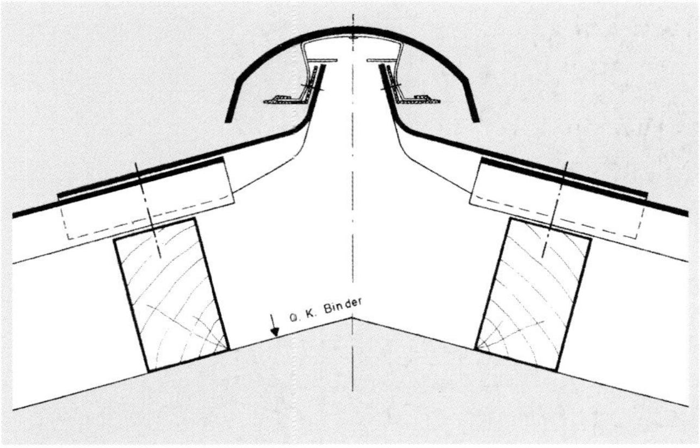

Abb. 9.95: Ausführung eines Lüftungsfirstes

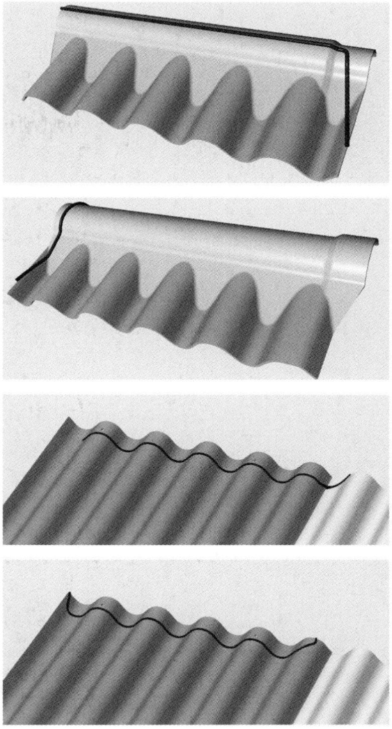

Abb. 9.96: Verlegung der Dichtschnur bei zweiteiliger Firstausführung

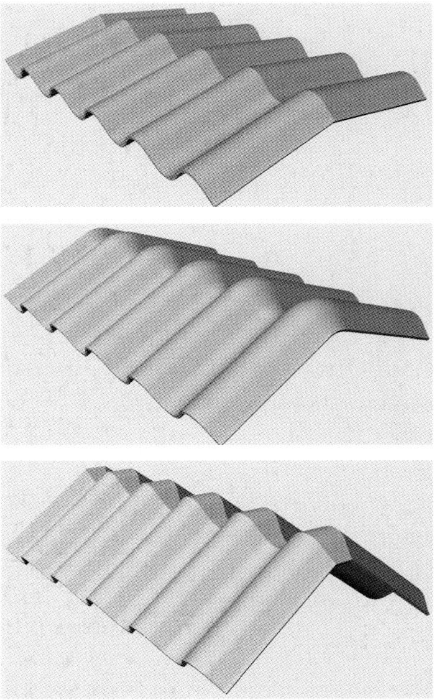

Abb. 9.97: Verschiedene Firstformteile

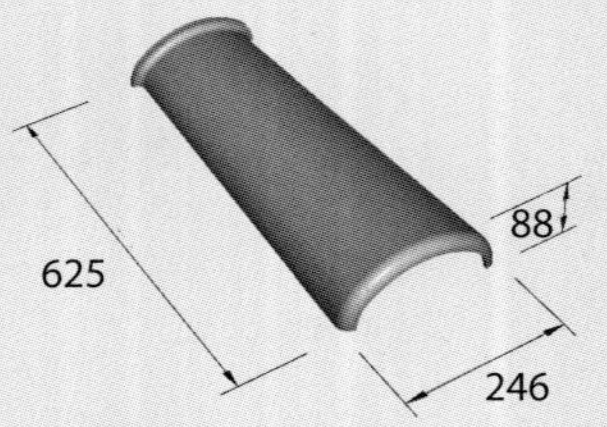

First-/Gratkappe GKK

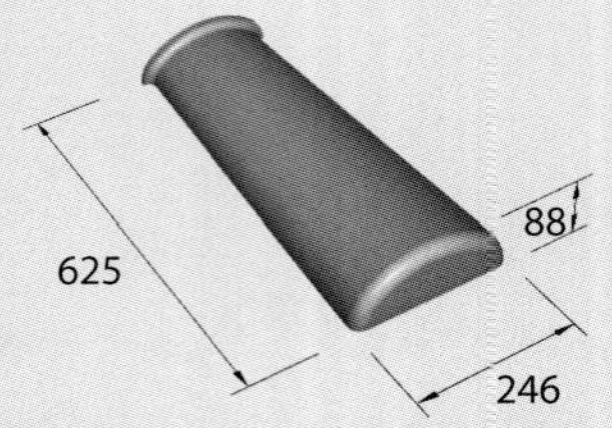

First-/Gratkappe GKK mit eingeformtem Schlussboden

	First-/Gratkappe GKK	GKK mit Schlussboden
Breite	246 mm	246 mm
Länge	625 mm	625 mm
Nutzlänge	525 mm	525 mm
Höhe	88 mm	88 mm
Gewicht	2,5 kg	2,6 kg

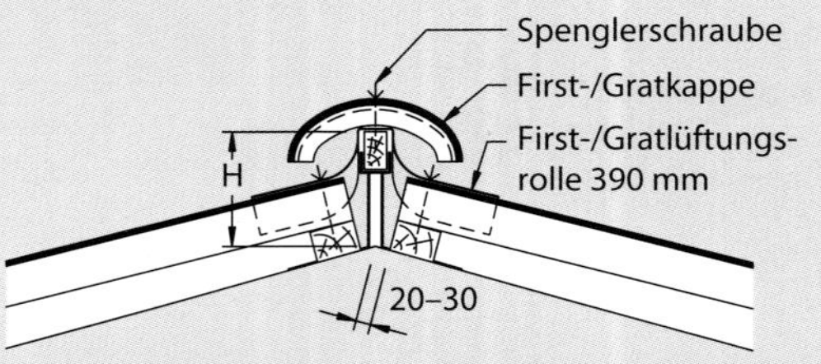

Firstausbildung mit First-/Gratkappe GKK

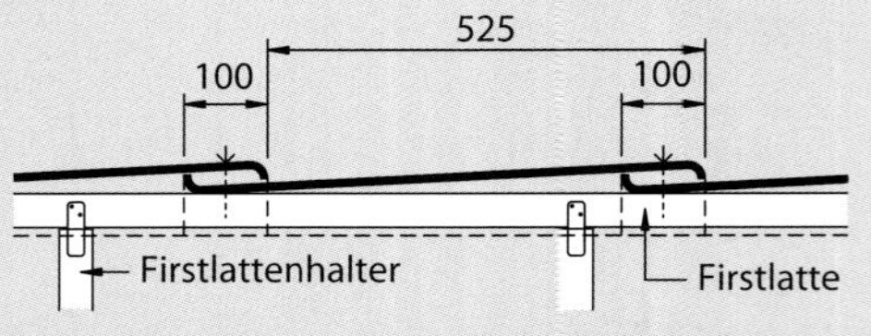

Verlege- und Befestigungsschema für First-/Gratkappe GKK

Abb. 9.98: Zusätzliche Firstausführung bei den Kurzwellplatten

9.3.2 Faserzement-Kurzwellplatten

Es gibt neben den Standard-Faserzement-Wellplatten auch Faserzement-Kurzwellplatten mit einer Länge von 625 mm und einer Breite von 920 mm. Sie haben das Profil 177/51, sprich 5er-Welle. Die Wellplatten sind bereits vorgebohrt und es ist ein Eckenschnitt vorhanden. Ausgenommen hiervon sind die entsprechenden Ausgleichplatten mit einer Länge von 830 mm.

Die Höhenüberdeckung beträgt 125 mm und die Seitenüberdeckung ergibt sich durch das Wellplattenprofil. Daraus resultiert eine gleichbleibende Decklänge von 500 mm. Für das Anpassen an ungünstige Sparrenlängen kommen die Ausgleichplatten zum Einsatz, die dann vor Ort gebohrt werden müssen. Befestigt werden die Kurzwellplatten mit feuerverzinkten Glockenschrauben durch die vorgebohrten Löcher auf dem 2. und 5. Wellenberg. Es können aber auch die Befestigungen der Standard-Wellplatten verwendet werden. Kurzwellplatten werden in der gleichen Weise verlegt wie Standard-Wellplatten. Die einzelnen Detailpunkte werden ebenfalls wie bei den Standard-Wellplatten ausgeführt.

9.4 Holzschindeldeckungen

Projektaufgabe:

Jemand aus Ihrem Bekanntenkreis interessiert sich für eine Dachdeckung aus Holzschindeln. Er beabsichtigt, ein neues Haus zu bauen, und findet Holzschindeln sehr ansprechend, ist allerdings besorgt bezüglich deren Haltbarkeit. Des Weiteren ist er interessiert an der Herstellung und der Geschichte von Holzschindeldeckungen. Da Ihr Bekannter weiß, dass Sie sich in der Ausbildung zum Dachdecker befinden, bittet er Sie um Hilfe. Versuchen Sie, ihn entsprechend zu beraten und zu informieren. Als Leitfaden können folgende Fragen zu Hilfe genommen werden:

- Was sind eigentlich Holzschindeln und wie werden sie hergestellt?
- Sind Holzschindeldeckungen in der heutigen Zeit noch zeitgemäß?
- Warum faulen Holzschindeldeckungen nicht in kürzester Zeit?
- Warum entscheiden sich Kunden für eine Dachdeckung aus Holz?
- Welche Vorteile bzw. Nachteile weisen Holzschindeln im Vergleich zu anderen Deckwerkstoffen auf?
- Welche Besonderheiten zeigt eine Holzschindeldeckung?
- Was sind entscheidende Faktoren für die Haltbarkeit einer Holzschindeldeckung im Dachbereich?
- Wozu dient die Hinterlüftung bei einer Holzschindeldeckung?
- Worin können Holzschutzmaßnahmen unterschieden werden? Welche Maßnahmen gibt es im Einzelnen?
- Welche Holzschindeldeckungsarten sind Ihnen bekannt? Beschreiben Sie diese kurz!

Abb. 9.99: Holzschindeldeckung

- Welche Deckunterlagen sind bei Deckungen aus Holzschindeln möglich und was ist zu beachten?
- Wie errechnet sich die benötigte Schindelmenge allgemein?
- Worauf ist bezüglich Pflege und Wartung bei einer Holzschindeldeckung zu achten?
- Was ist alles bei der Verlegung der Schindeln bezüglich der Fuge zwischen nebeneinanderliegenden Schindeln zu berücksichtigen?

Wie können folgende Details ausgeführt werden?

- Traufe
- First
- Ortgang

Verdeutlichen Sie die möglichen Ausführungen durch Skizzen.

9.4.1 Geschichte

Holzschindeldeckungen gehören zu den ältesten bekannten Deckungen. Sie waren in ganz Europa verbreitet. In Deutschland waren sie besonders in den Mittelgebirgen, in den Alpen sowie im Alpenvorland anzutreffen. Viele Stadtchroniken belegen, dass fast alle bürgerlichen

Begriffe

Neben Standard-Faserzement-Wellplatten gibt es auch **Faserzement-Kurzwellplatten** mit einer Länge von 625 mm und einer Breite von 920 mm.

Darum geht es

- **Holzschindeln** waren in Deutschland besonders in den Mittelgebirgen, in den Alpen sowie im Alpenvorland anzutreffen. Sie gehören zu den ältesten Deckungen und werden heute im Sinne ökologischen Bauens wieder vermehrt eingesetzt.
- Zur Herstellung von Holzschindeln verwendet man europäische Holzarten (u.a. Lärche, Kiefer, Buche) und überseeische Holzarten (u.a. Western Red Cedar, Yellow Cedar, Alerce).

und bäuerlichen Häuser des späten Mittelalters mit Holzschindeln gedeckt waren. Da es keine Nägel gab, wurden die Schindeln nur aufgelegt und mit Stangen und Steinen beschwert. Die im Alpenraum heute noch bekannte Legschindel (siehe Abb. 9.100) dürfte somit die älteste Schindelform sein. Im Alpenraum verwendete man hauptsächlich Fichten- und Lärchenholz, in den mittleren Regionen Deutschlands Eichen- und Buchenholz und im norddeutschen Küstengebiet Eichenholz.

Durch die Entwicklung anderer Dachbaustoffe und verbesserte Transportmöglichkeiten verringerte sich der Anteil an mit Schindeln gedeckten Häusern. Hinzu kam, dass das Nutzungsrecht der Wälder allein auf den Grundbesitzer überging und das benötigte Holz bezahlt werden musste.

Gerade in der heutigen Zeit findet ein Umdenken statt. Man setzt mehr und mehr auf die Verwendung natürlicher, individueller, exklusiver und biologischer Baustoffe, was dazu führt, dass Holzschindeln wieder vermehrt eingesetzt werden.

Genau wie andere Deckwerkstoffe sind Holzschindeln frostbeständig und hagelsicher.
Ein weiterer Vorzug ist das geringe Gewicht der Deckung. Je nach Verlegungsart liegt es bei nur ca. 250 N/m^2 (entspricht ca. 25 kg/m^2). Zum Vergleich: Betondachsteine wiegen ca. 500 N/m^2.

9.4.2 Holzarten und Eigenschaften

Zur Herstellung von Holzschindeln werden üblicherweise folgende Holzarten verwendet:

a) europäische Holzarten: Lärche, Fichte, Tanne, Kiefer, Eiche, Buche,
b) überseeische Holzarten: Western Red Cedar (Kanada), Eastern White Cedar, Yellow Cedar, Alerce (Chile).

Gerade durch die Möglichkeit, relativ kostengünstig Holzarten aus Übersee verwenden zu können, wurden Holzschindeldeckungen wieder attraktiv. Die o. g. überseeischen Arten zeichnen sich durch eine höhere Langlebigkeit als die europäischen Holzarten aus.

Abb. 9.100: Legschindeldeckung

Besonderheit

Generell gelten Holzschindeldeckungen als **weiche Bedachung** (Dächer ohne Nachweis bzgl. des Feuerschutzes). Bei nach DIN vorgegebenem Aufbau gilt eine Holzschindeldeckung aus Rot-Zeder als **harte Bedachung** (widerstandsfähig gegen Flugfeuer und strahlende Wärme), wenn die Schindeln gesägt und unbehandelt sind und eine dreilagige Verlegung erfolgt. Die 2 möglichen Aufbauten sind in den Abbildungen 9.107 und 9.108 dargestellt. Da bei einer Holzschindeldeckung grundsätzlich eine Hinterlüftung erforderlich ist und die Schindeln nicht direkt auf die Vordeckung gedeckt werden sollen, ist die zweite Variante (Abb. 9.108) nur in Sonderfällen zugelassen.

Des Weiteren weisen unterschiedliche Hölzer natürlicherweise unterschiedliche Eigenschaften z. B. in ihrer Rohdichte, ihrer Biege- und Druckfestigkeit, ihrer Härte und ihren Schwindmaßen auf.

Gerade die Fähigkeit von Holz, zu quellen (Volumenzunahme durch Wasseraufnahme) bzw. zu schwinden (Volumenabnahme durch Austrocknung), macht eine Holzschindeldeckung interessant, denn bei richtiger Verlegung wölben sich die Holzschindeln bei Regen durch Quellung, werden breiter und bilden ein dichtes Paket durch kleiner gewordene Fugen. Die Nässe kann nicht durch sie hindurchdringen.

Die verwendeten Holzarten und ihre typischen Eigenschaften im Einzelnen

Lärche

Dieser sommergrüne Nadelbaum wächst vor allem in den mittleren und hohen Lagen der Alpen und der europäischen Mittelgebirge. Das Holz ist eines der härtesten unter den Nadelhölzern und sehr elastisch. Das rötliche bis braune Kernholz ist stark harzhaltig. Das äußere, helle Splintholz wird zur Schindelherstellung entfernt. Gespaltene Lärchenschindeln werden in Europa seit Jahrhunderten zur Dacheindeckung verwendet und haben sich bestens bewährt.

Abb. 9.101: Lärche

Fichte

Dieser immergrüne, bis zu 40 m hohe Baum ist in ganz Europa verbreitet. Das sehr helle Kernholz lässt sich gut spalten. Schindeln aus diesem Holz werden vorwiegend in Gegenden eingesetzt, wo eine farbliche Behandlung der **Schindelfassade** Tradition hat. Dies ist auf jeden Fall empfehlenswert, da natürliche, schützende Inhaltsstoffe fehlen.

Abb. 9.102: Fichte

Eiche

Dieser weitverbreitete, sommergrüne Laubbaum zeichnet sich durch sein hartes, festes Kernholz aus. Das dunkelbraune Kernholz ist von einem hellen Splint umgeben, der zur Schindelherstellung entfernt wird. Durch seine vielen Gerbstoffe ist es sehr widerstandsfähig und fault nicht. Wind und Wetter nutzen Eichenholz nur langsam ab.

Abb. 9.103: Eiche

Buche

Dieser Laubbaum ist in ganz Europa außer in Spanien und Portugal verbreitet. Das gelbliche bis bräunliche kernlose Holz ist zäh und hart. Aus diesem Holz werden überwiegend gesägte Zierschindeln hergestellt. Aufgrund fehlender, schützender Inhaltsstoffe empfiehlt sich ein chemischer Holzschutz, um Pilzwidrigkeit zu erreichen.

Abb. 9.104: Buche

Rot-Zeder (Red Cedar)

Dieser immergrüne Nadelbaum ist an der Westküste Nordamerikas heimisch. Der schlanke, kegelförmige Baum wird bis zu 60 m hoch. Das hellbraune bis dunkelbraune Holz ist leicht und zäh. Die öligen Inhaltsstoffe verbreiten einen starken, aromatischen Geruch. Diese natürlichen Inhaltsstoffe bewirken auch die Widerstandsfähigkeit gegen Fäulnispilze. Schindeln aus diesem Holz eignen sich besonders für Gebiete, in denen die Haltbarkeit durch diese Fäulnispilze gefährdet ist.

Abb. 9.105: Rot-Zeder (Red Cedar)

Alaska-Zeder (Yellow Cedar)

Dieser Nadelbaum wächst nur an der Pazifikküste Nordamerikas. Am besten gedeiht er in den gebirgigen Küstenwäldern von British Columbia in Kanada.

Das Holz des etwa 25 m hohen Alaska-Zeder-Baumes hat eine auffallend helle Farbe. Dank der natürlichen, öligen Inhaltsstoffe ist es sehr widerstandsfähig gegen Fäulnis. Da das Holz auch beträchtlich härter ist als das anderer Nadelbäume, ist auch die mechanische Abnutzung gering. Die sehr helle, silbergraue Alterspatina macht diese Holzart auch optisch zu einem der am besten geeigneten Schindelhölzer.

Abb. 9.106: Alaska-Zeder (Yellow Cedar)

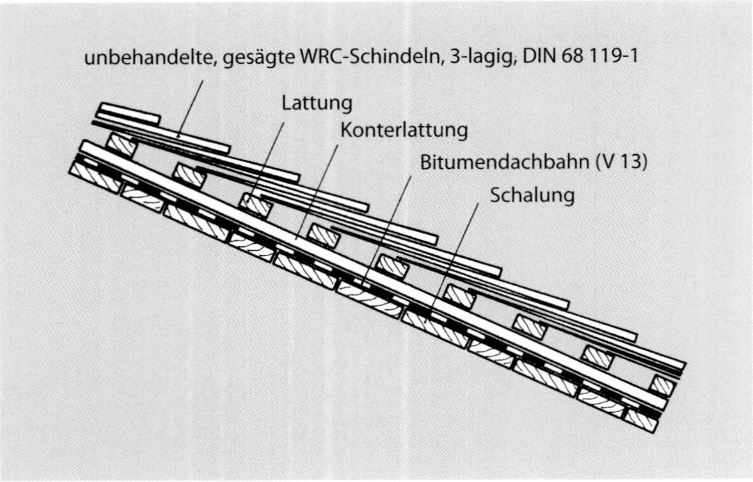

Abb. 9.107: Notwendiger konstruktiver Aufbau zum Nachweis der harten Bedachung im Sinne von DIN 4102-7 (dreilagige Schindeldeckung erforderlich)

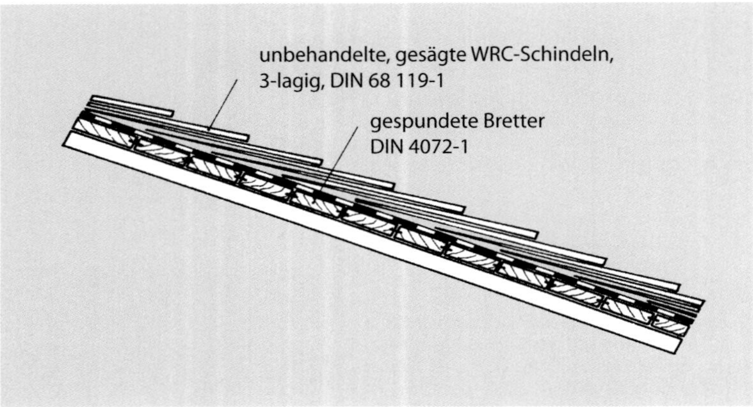

Abb. 9.108: Variante zum konstruktiven Aufbau einer dreilagigen Schindeldeckung für den Nachweis als harte Bedachung im Sinne von DIN 4102-7 (wegen fehlender Hinterlüftung nur für Sonderfälle geeignet)

Bei trockenem Wetter trocknet zunächst die Oberseite der Schindeln, wodurch die Schindeln schwinden. Sie ziehen sich also (zunächst auf der Oberseite) zusammen, die Fuge wird demzufolge größer und die Schindeln „schüsseln", wodurch eine schnelle Austrocknung gewährleistet wird.

Um dies zu erreichen, ist bei der Verlegung z. B. auf die Ausbildung einer entsprechenden Fuge zu achten.

9.4.3 Herstellung

Schindeln wurden in früheren Zeiten ausschließlich von Hand gespalten. Auch nach dem Aufkommen von Sägen behielt man das Handspalten bei. Während ein Sägeschnitt immer mehr oder weniger schräg zur Holzfaserrichtung verläuft und so die Längsfaser durchschnitten wird, wird beim Spalten das Holz entlang der Faser getrennt und bleibt in der ganzen Schindellänge unzerstört erhalten. Auch heutzutage bearbeiten die Schindelmacher das Holz wie schon Generationen vor ihnen mit Spaltbeil und Reifmesser (siehe Abb. 9.109). Zum Teil benutzen sie aber auch Maschinen zur Arbeitserleichterung. Jede Schindel wird einzeln vom Block abgespalten, keilig geschnitzt oder gerade gelassen (und, je nach Schindelart, mit einer Fase versehen). Am Fuß ist die fertige Schindel meist 8 bis 12 mm dick. Die Breiten variieren zwischen 6 und 35 cm, wodurch sich bei der Eindeckung ein individuelles Deckbild ergibt. Lediglich Zierschindeln werden zu gleichen Breiten zugerichtet.

Abb. 9.109: Zurichten einer Schindel mit dem Reifmesser

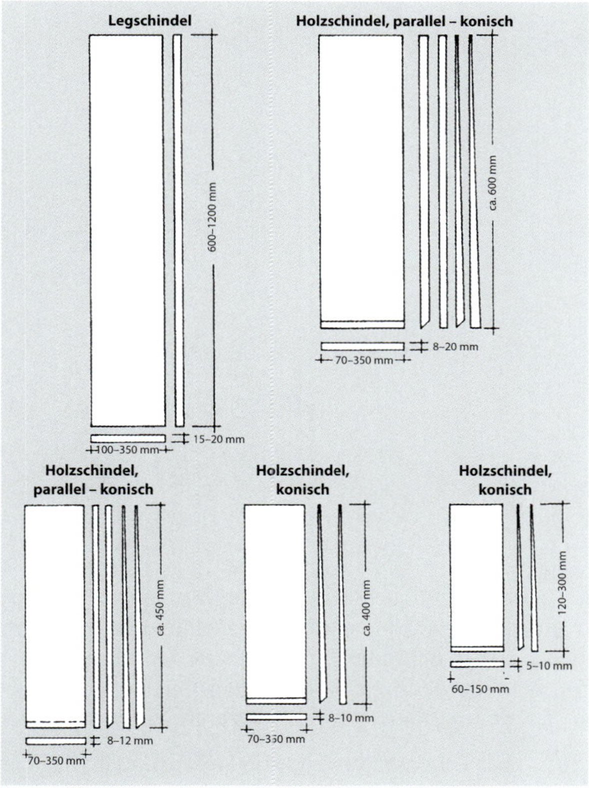

Abb. 9.110: Gebräuchliche Schindelformen

→ Weitere Informationen zu Holzarten und ihren Eigenschaften siehe auch Kapitel 5

→ Anforderungen an Dachwerkstoffe siehe Kapitel 2.6.1

→ Arbeiten des Holzes sowie Quellen und Schwinden siehe Kapitel 5.3.4

@ Literatur und Links

DIN 4107-7: Brandverhalten von Baustoffen und Bauteilen; Bedachungen

www.baunormen lexikon.de

9.4.4 Formen und Abmessungen

Abbildung 9.110 zeigt die heute gebräuchlichsten Schindeln und ihre Formen:

a) Scharschindel: in der Dicke keilförmig gespaltene Schindel,
b) Sägeschindel: in der Dicke keilförmig gesägte Schindel,
c) Spalt-/Sägeschindel: in der Dicke keilförmig gesägte Schindel (Vorderseite gespalten, Rückseite gesägt),
d) Legschindel: gleich dick gespaltene Schindel (bei über 700 mm Schindellänge).

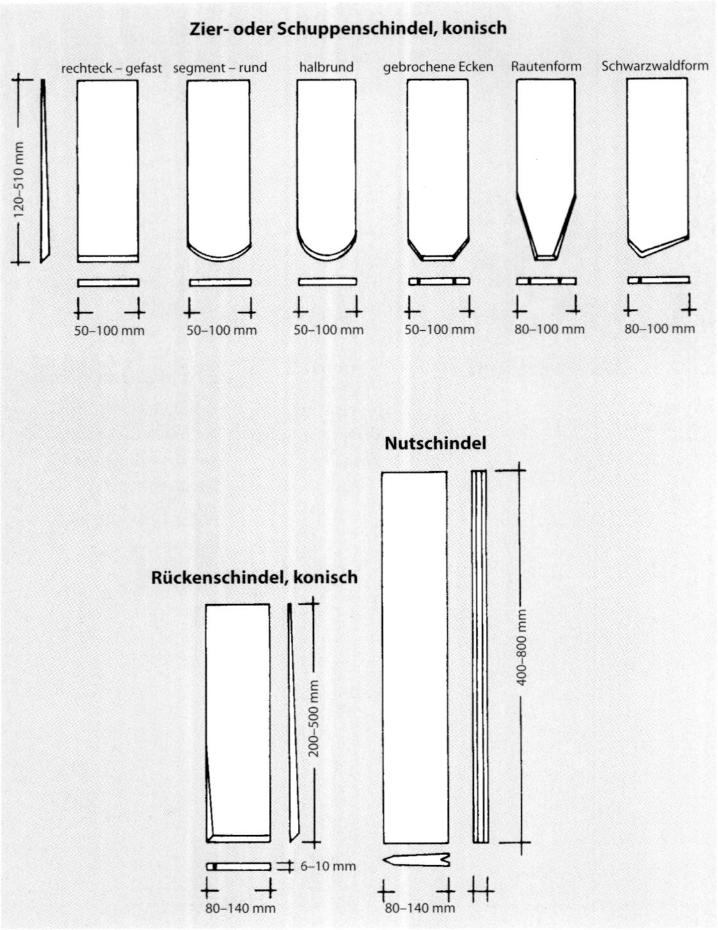

Abb. 9.111: Zierschindel

e) Zierschindel: Unter Zierschindeln versteht man gesägte oder gespaltene Schindeln, die gleich lang und gleich breit sind. Meist ist der Schindelfuß mit einer Verzierung versehen (siehe Abb. 9.111). Diese Schindeln werden überwiegend aus Fichte, Lärche, Eiche, Buche und Red Cedar hergestellt.

Historische Schindelformen sind:

a) Nutschindeln,
b) Rückenschindeln.

9.4.5 Beständigkeit und Haltbarkeit

Langjährige Erfahrungen haben gezeigt, dass Holzschindeln, die aus den für den jeweiligen Zweck empfohlenen Hölzern hergestellt sind, bei fachgerechter Montage keine Holzschutzbehandlung brauchen. Bei unbehandelten Schindeln tritt im Laufe der Jahre eine wetterbedingte Farbveränderung ein. Die Schindeln werden silbergrau bis anthrazitgrau.

Die Lebenserwartung von Holzschindeln liegt, je nach Beanspruchung und Dachneigung, zwischen 20 und 100 Jahren. Ihre Lebensdauer kann durch konstruktiven Holzschutz, also bauliche Maßnahmen (Dachneigung, Schindelabstand, Durchlüftung), und durch chemischen Holzschutz nach DIN 68800 verlängert werden. Aus ökologischen Gründen ist von einer chemischen Behandlung der Schindeln abzuraten. Wenn die natürliche Verfärbung nicht gewünscht wird, sollten Schindeln für Fassaden mit einem pigmentierten Holzschutzmittel behandelt werden. Lasuren auf Öl-Basis dringen tiefer ein und sind deshalb anderen Mitteln vorzuziehen. Wann nachbehandelt werden muss, hängt davon ab, wie stark die Schindeln durch Wetter und Luftschadstoffe beansprucht werden.

Trotz der in Kapitel 9.4.2 genannten Vorzüge der überseeischen Holzarten ist eine Holzschindeldeckung in Sachen Haltbarkeit selbstverständlich nicht mit einem Betondachstein, Tonziegel oder einem Schiefer zu vergleichen. Damit der Einsatz von Holzschindeln dennoch wirtschaftlich ist, sind unterschiedliche Holzschutzmaßnahmen zu treffen. Im Folgenden werden die konstruktiven und chemischen Holzschutzmaßnahmen erläutert.

9.4.6 Holzschutzmaßnahmen

Als **konstruktive Holzschutzmaßnahmen** bei Holzschindeldeckungen gelten:

- **Dachneigung:** Je steiler die Dachfläche, desto schneller läuft das Wasser ab und desto besser werden die Schindeln geschützt. Vorgeschrieben ist bei zweilagiger Deckung (Doppeldeckung) eine Dachneigung von mindestens 71° und bei dreilagiger Deckung (Dreifachdeckung) eine Dachneigung von 22°. Empfohlen wird die Verwendung längerer Schindeln (Möglichkeit einer größeren Überdeckung) bzw. die Verwendung qualitativ hochwertigerer Schindeln (Güteklasse I) bei einer Unterschreitung der Dachneigung von 30°.
- **Hinterlüftung:** Durch eine ständige Hinterlüftung der Deckung soll verhindert werden, dass sich durch anhaltende Feuchtigkeit der Schindeln Fäulnis entwickelt. Durch den Luftzug (für den Be- und Entlüftungsöffnungen unerlässlich sind) sollen die Schindeln schnell trocknen.
- **Schindelabstand (Fuge):** Bei der Verlegung ist, je nach Schindelbreite, auf eine ausreichende Fuge zu achten.

Je steiler das Dach und je besser die Hinterlüftung, desto höher die Lebensdauer der Holzschindeldeckung.

Weiterhin ist besondere Aufmerksamkeit erforderlich, wenn erhöhte Anforderungen hinzukommen. Diese können sich z. B. ergeben aus:

- ungünstigen klimatischen Verhältnissen,
- Gebäudelage,
- Verschattungslage,
- Umweltbelastung (Industrie etc.),
- hoher relativer Luftfeuchte,
- zu geringer Luftbewegung,
- Verwendung von Holzarten mit geringer Beständigkeit,
- ungewöhnlichen Abmessungen (z. B. sehr lange Sparren),
- wechselnden Dachneigungen,
- gedrehten oder geschwungenen Flächen,
- Durchdringungen.

Chemischer Holzschutz ist bei Beachtung der konstruktiven Holzschutzmaßnahmen i. d. R. nicht notwendig. Dennoch kann durch einen geeigneten vorbeugenden chemischen Holzschutz die Langlebigkeit der Schindeln erhöht werden. Betrachtet man allerdings, dass eine Holzschindeldeckung aus einem reinen Naturprodukt besteht, sollte aus ökologischen Gesichtspunkten von einer chemischen Behandlung der Schindeln möglichst abgesehen werden.

Begriffe

Die gängigsten **Schindelformen** sind Scharschindel, Sägeschindel, Spalt-/Sägeschindel, Legschindel, Zierschindel.

Darum geht es

Die Lebenserwartung von Holzschindeln kann zwischen 20 und 100 Jahren betragen. Unterstützt wird ihre Lebensdauer vor allem durch konstruktiven Holzschutz, also bauliche Maßnahmen (Dachneigung, Schindelabstand, Durchlüftung).

Neben den Holzschindeldeckungen, bei denen jede Schindel genagelt wird (siehe Kapitel 9.4.9), ist auch heute noch die sog. Legschindeldeckung von Interesse. Zur Befestigung der lose aufgelegten Schindeln werden Holzstangen parallel oder leicht schräg (besserer Wasserablauf) zu den Schindelreihen aufgelegt und diese mit eckigen (besserer Halt), etwa kopfgroßen Steinen beschwert. Damit sich die Schindelreihen auch bei Abständen der Stangen von 100 cm gegenseitig halten, sind hierbei Schindellängen von 60 bis 90 cm vorgegeben. Auch heute findet man noch Legschindeldächer im Alpenraum. Legschindeldeckungen sind nur für flachere Dächer (Dachneigung zwischen 17° und 22°) geeignet (siehe Abb. 9.100).

9.4.7 Hinterlüftung

Durch eine ständige und gleichmäßige Hinterlüftung soll gewährleistet werden, dass die Schindeln nach dem Niederschlag wieder schnell austrocknen können. Ist die Hinterlüftung fehlerhaft, unzureichend oder sogar nicht vorhanden, wird durch anhaltende Feuchtigkeit die Fäulnis der Schindeln begünstigt. Um eine fachgerechte Hinterlüftung herzustellen, sind entsprechende Konterlattenstärken vorzusehen. Bei Dachneigungen ab 40° und der Verwendung von gesägten Schindeln ist eine Konterlatte der Stärke 30/50 zu verwenden. Bei gespaltenen Schindeln, die nicht so eng aufeinanderliegen wie gesägte Schindeln, ist eine Konterlatte der Stärke 24/48 ausreichend. Bei Dachneigungen zwischen 26° und 40° wird empfohlen, die Konterlattendicke zu erhöhen. Bei Dachneigungen von 14° bis 26° oder in schneereichen Gebieten wird sogar zu einer Verdoppelung der Konterlattendicke geraten. Die Befestigung der Konterlatten erfolgt üblicherweise mit ausreichend langen Drahtstiften.

9.4.8 Deckunterlage

Als Deckunterlage kommen sowohl Dachlatten (Querlatten) als auch Schalung zum Einsatz. Die Stärke der Dachlatte wird in Abhängigkeit von den Auflagerabständen, also den Achsabständen der Konterlatten, nach Tabelle 9.15 gewählt.

Tabelle 9.15: Bewährte Stärke der Dachlatten in Abhängigkeit von den Auflagerabständen

Abstand der Konterlatten bzw. Sparren	≤ 700	≤ 900	≤ 1.000
Dachlattung (Querlattung)	24/48	30/50	40/60
Dachlattung direkt auf Sparren	30/50	40/60	40/60

Die Befestigung der Dachlatten erfolgt mit entsprechend langen Drahtstiften oder anderen geeigneten Verbindungsmitteln.

Ist eine Schalung statt einer Lattung vorgesehen, sollte diese als Sparschalung (Bretter nicht eng aneinander, sondern mit Abstand) ausgeführt werden. Je nach Auflagerabständen haben sich auch hier Schalungsdicken in Bezug auf Haltbarkeit und Durchfedern beim Nageln der Schindeln bewährt (siehe Tab. 9.16).

9.4.9 Befestigungsmittel und Ausführung

Die Befestigung von Holzschindeln erfolgt grundsätzlich mit Nägeln mit Flachkopf und rauem, gerautem oder gerilltem Schaft. Der Schaft ist zwischen 1,8 und 2,5 mm dick. Die Schindelnägel müssen feuerverzinkt oder aus nicht rostendem Stahl sein.

Befestigungsmittel aus nicht rostendem Stahl sind allerdings vorgeschrieben bei:

- Schindeln aus Western Red Cedar, Eastern White Cedar und Eiche,
- salzimprägnierten Schindeln,
- Klammern.

Hier sind also feuerverzinkte Befestigungsmittel unzureichend.

Klammern müssen einen Mindestdurchmesser von 1,5 mm und eine Rückenbreite zwischen 10 und 12 mm aufweisen. Damit die Befestigungsmittel für eine dauerhafte Befestigung der Schindeln sorgen können, ist zu beachten, dass sie so lang sind, dass sie ca. 18 bis 20 mm in die Schalung oder Lattung eingetrieben werden können. Aus der Lagigkeit, der Schindellänge sowie der Schindelherstellung ergeben sich die Längen der Befestigungsmittel nach Tabelle 9.17.

Tabelle 9.16: Bewährte Schalungsdicken in Abhängigkeit vom Sparrenabstand und der Schalungsart

handelsübliche Schalungsdicken (mm)		**18**	**19,5**	**22**	**24**	**28**	**30**
empfohlener Sparrenabstand maximal in mm	Rauspund-Bretter	500	600	800	1.000	1.250	1.500
	Sparschalung schmal 120–160 mm	–	500	600	700	800	1.000
	breit über 160 mm	–	600	800	1.000	1.250	1.500

Tabelle 9.17: Bewährte Nagellängen in mm in Abhängigkeit von den Schindellängen, der Herstellungsart und der Lagigkeit

Schindel-länge in mm	**gespaltene Schindeln**		**gesägte Schindeln**	
	zweilagig	**dreilagig**	**zweilagig**	**dreilagig**
bis 150 mm	30	30	30	30
bis 300 mm	30	40[1)]	30	30
bis 450 mm	40[1)]	50	30	40[1)]
> 450 mm	50	60	40	50
[1)] Bei gerillten Edelstahlnägel sind Nagellängen von 35 mm ausreichend.				

Jede Holzschindel ist mit 2 Schindelstiften zu befestigen. Beim Nageln der Schindeln ist darauf zu achten, dass die Schindelstifte zwar flächenbündig, aber nur so weit eingeschlagen werden, dass die Holzfaser nicht zerstört wird. Hierdurch soll vermieden werden, dass sich die Schindeln bei Quell- und Schwindbewegungen lockern werden oder gar reißen. Durch die Befestigung jeder einzelnen Schindel gelten Schindeldeckungen als sturmsicher.

In der heutigen Zeit werden aus wirtschaftlichen Gründen mehr und mehr automatische Eintreibgeräte (z. B. Druckluftnagler mit Einschlagtiefenbegrenzer, siehe Abb. 9.112) verwendet. Die Geräte müssen technisch geeignet sein, die fachgerechte Ausführung muss gewährleistet sein.

Bei der Ausführung der Befestigung ist neben der entsprechenden Länge der Schindelstifte deren Position zu beachten: Die Position muss so gewählt werden, dass sowohl eine dauerhafte Fixierung als auch die Regensicherheit gewährleistet werden können. Außerdem soll ein Reißen der Schindel verhindert werden. Es ist ein Randabstand (seitlich) von 10 (besser 15) bis 50 mm vorgeschrieben. Die Höhenüberdeckung der folgenden Schindelreihe über die Befestigungsmittel muss mindestens 30 bis 40 mm betragen.

Dauerhaft fester Halt ergibt sich durch die Verwendung der richtigen Befestigungsmittel, die richtige Arbeitsweise und die richtige Nagelposition.

Begriffe

Bei der Befestigung der Schindeln bleiben zwischen den Schindeln Abstände, die sog. **Bewegungsfugen**. Deren Breite richtet sich nach dem Quell- und Schwindmaß der verwendeten Schindeln, der Einbauholzfeuchte und der zu erwartenden durchschnittlichen Holzfeuchte während der Gebrauchszeit.

Abb. 9.112: Druckluftnagler

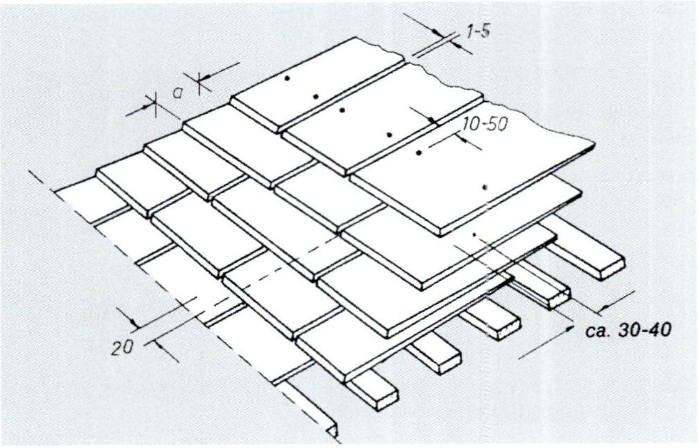

Abb. 9.113: Positionen der Befestigungsmittel

9.4.10 Ausführung der Deckungen und Zusatzmaßnahmen

Bei der fachgerechten Ausführung der Deckung in der Fläche ist zunächst auf eine ausreichende Höhenüberdeckung zu achten. Damit diese für die jeweilige Situation eingehalten wird, ist Tabelle 9.18 zu beachten. Aus der Tabelle sind die je nach Situation erforderlichen maximalen Reihenabstände *a* (sichtbare Länge der Schindeln, siehe Abb. 9.114) der Schindeln, also das maximale Schnürmaß, zu entnehmen.

Bei Dächern unter 22° Neigung ist ein wasserableitendes, dichtes Unterdach erforderlich. Der Grenzbereich für Holzschindeldeckungen liegt zwischen 14° und 18° Neigung der gesamten Dachfläche. Unterschreiten einzelne Dachflächen innerhalb der Gesamtfläche 14° Neigung, ist der Konstruktion und dem Holzschutz wegen der länger anhaltenden Durchfeuchtung der Holzschindeln besondere Beachtung zu schenken.

Für die maximalen Reihenabstände bei der Legschindeldeckung gilt Tabelle 9.19 entsprechend.

Bei der Befestigung der Schindel müssen zwischen den Schindeln Abstände vorgesehen werden, die sog. Bewegungsfugen. Die Breite richtet sich nach dem Quell- und Schwindmaß der verwendeten Schindeln, der Einbauholzfeuchte und der zu erwartenden durchschnittlichen Holzfeuchte während der Gebrauchszeit.

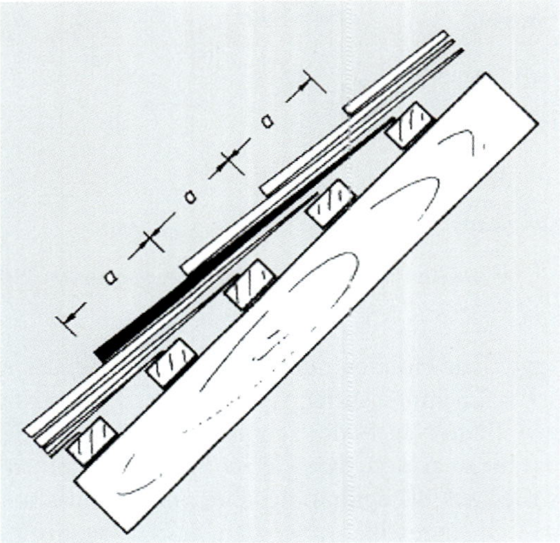

Abb. 9.114: Reihenabstand *a*

Je trockener die Schindeln bei der Montage sind, desto breiter sollte die Bewegungsfuge ausfallen.

Gebräuchlich sind Fugenbreiten zwischen 1 und 5 mm. (Im Einzelfall ist der Hersteller zu Rate zu ziehen.)

Die Schindelreihen sind mit Versatz zu decken. Das bedeutet, dass die Fugen von Reihe zu Reihe um ein vorgegebenes Maß versetzt sein müssen, also nicht in einer Linie gedeckt werden dürfen. Dieses Mindestmaß beträgt zur nächsten Reihe 30 mm und zur übernächsten Reihe 20 mm.

Tabelle 9.18: Maximal zulässige Reihenabstände *a* (mm) für gesägte und gespaltene Schindeln

Schindellänge[1] in mm etwa	dreilagig[2] (Dachneigung: 22°–90°)	zweilagig[3] (Dachneigung: 71°–90°)
	Reihenabstand *a* in mm	Reihenabstand *a* in mm
120	35	50
150	45	65
200	60	90
250	75	115
300	90	140
400	125	180
450	140	200
600	180	280
700	220	330
800	250	375

[1] Für Zwischenlängen können Reihenabstände geradlinig interpoliert werden.
[2] Bei Dächern unter 22° Neigung ist ein Wasser ableitendes, dichtes Unterdach erforderlich. Bei Dachneigung unter 14° ist der Konstruktion und dem Holzschutz besondere Beachtung zu schenken.
[3] Bei zweilagiger Dachdeckung dürfen nur Schindeln der Güteklasse 1 verwendet werden. Zweilagige Deckung wird nur in Ausnahmefällen angewendet, wenn geringe Anforderungen an die Dichtheit gestellt werden.

Tabelle 9.19: Maximal zulässige Reihenabstände für gesägte und gespaltene Legschindeln

Schindellänge in mm	dreilagig (Dachneigung: 17° bis 22°)
	Reihenabstand *a* in mm
600	180
700	220
800	250
900	280

! Praxisbeispiel

Es soll eine Dachdeckung mit Schindeln auf Lattung ausgeführt werden. Die Schindellänge beträgt 45 cm, die Dachneigung 52°.

Aus der Tabelle ergibt sich zunächst für die Dachneigung 52° eine dreilagige Verlegung (Dreifachdeckung), was bedeutet, dass die 4. Reihe die 1. noch überdeckt. Des Weiteren ergibt sich ein maximaler Reihenabstand – und entsprechend ein maximaler Lattenabstand – von 140 mm, also 14 cm.

Nehmen wir an, das Dach hat eine Mansarde, welche 73° geneigt ist. Bei gleicher Schindellänge entnimmt man der Tabelle, dass die Mansarde zweilagig gedeckt werden darf (Doppeldeckung, 3. Reihe überdeckt 1. Reihe). Der maximale Reihenabstand beträgt 20 cm.

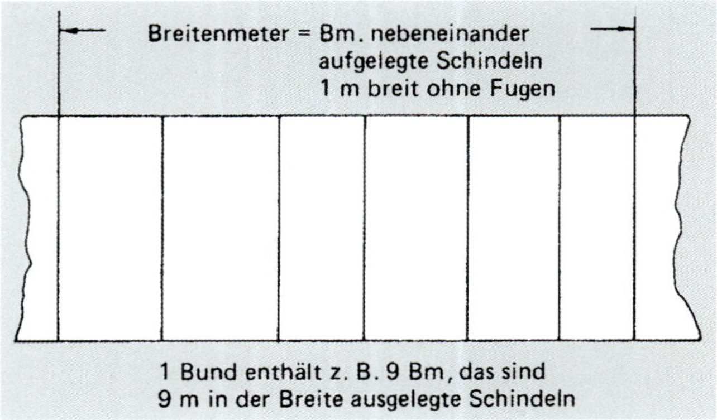

Abb. 9.115: Breitenmeter (Bm)

9.4.11 Bedarfsermittlung

Die benötigte Menge an Schindeln ist natürlich direkt abhängig von den tatsächlichen Reihenabständen *a*. Je kleiner also der Reihenabstand, desto mehr Schindeln werden benötigt. Bei Holzschindeln wird die benötigte Menge in Breitenmetern (Bm) angegeben (siehe Abb. 9.115). Das bedeutet, bildlich gesprochen, dass Schindeln unterschiedlicher Breiten (ohne Fuge) bei einer Holzfeuchtigkeit von etwa 20 % nebeneinandergelegt werden. Bei 1,0 Bm hat diese „Reihe" eine Breite von 1,0 m. Im Gegensatz zu vielen anderen Deckwerkstoffen wird also nicht die Anzahl der Deckelemente (Schindeln) gezählt.

Zunächst wird errechnet (oder aus Tabelle 9.20 entnommen), wie hoch der sog. Schindelgrundbedarf ist.

Sind für die Reihenabstände *a* keine Werte in der Tabelle enthalten, muss interpoliert werden.

Der Schindelgrundbedarf kann nach folgender Formel berechnet werden:

$$\text{Breitenmeter} = \frac{\text{Deckfläche (m}^2\text{)}}{\text{Reihenabstand (m)}} \text{ (Bm)}$$

! Praxisbeispiel

Überprüfen wir als Beispiel 2 angegebene Tabellenwerte und nehmen als Angaben die Daten aus dem Beispiel aus Kapitel 9.4.10 auf Seite 365

Dachfläche mit $a = 140$ mm, also 0,14 m,

$$\frac{1\ \text{m}^2}{0{,}14\ \text{m}} = 7{,}14\ \text{Bm (pro m}^2\text{ Deckfläche)}$$

Mansardfläche mit $a = 200$ mm, also 0,20 m,

$$\frac{1\ \text{m}^2}{0{,}20\ \text{m}} = 5{,}00\ \text{Bm (pro m}^2\text{ Deckfläche)}$$

Beide Angaben stimmen also.

Nehmen wir im Weiteren an, dass die Dachfläche 250 m² und die Mansardfläche 100 m² groß ist.

Der Schindelbedarf für das gesamte Projekt würde sich wie folgt berechnen lassen:

Dachfläche:
$250\ \text{m}^2 \cdot 7{,}14\ \text{Bm/m}^2 = 1.785\ \text{Bm}$

Mansardfläche:
$100\ \text{m}^2 \cdot 5{,}00\ \text{Bm/m}^2 = 500\ \text{Bm}$

Um von diesen Bedarfsmengen schließlich auf die zu liefernde Menge zu kommen ist, je nach den individuellen Eigenschaften des Projekts (einfache oder komplizierte Detailausführungen, einfache Dachflächen oder viele Durchdringungen und Unterbrechungen), ein prozentualer Aufschlag für den Verschnitt einzurechnen.

Tabelle 9.20: Maximal zulässige Reihenabstände *a* (mm) für gesägte und gespaltene Schindeln sowie Schindelgrundbedarf in Breitenmetern (Bm) je m^2 zu deckender Fläche (Bm/m^2)

Schindel-länge[1)] mm etwa	dreilagig[2)] (Dachneigung: 22°–90°)		zweilagig[3)] (Dachneigung: 71°–90°)	
	Reihenabstand *a* mm	Schindelgrundbedarf Bm/m^2	Reihenabstand *a* mm	Schindelgrundbedarf Bm/m^2
120	35	28,57	50	20,00
150	45	22,22	65	15,38
200	60	16,67	90	11,11
250	75	13,33	115	8,70
300	90	11,11	140	7,14
400	125	8,00	180	5,56
450	140	7,14	200	5,00
600	180	5,56	280	3,57
700	220	4,55	330	3,03
800	250	4,00	375	2,67

1) Für Zwischenlängen können Reihenabstände geradlinig interpoliert werden.
2) Bei Dächern unter 22° Neigung ist ein wasserableitendes, dichtes Unterdach erforderlich. Bei Dachneigung unter 14° ist der Konstruktion und dem Holzschutz besondere Beachtung zu schenken.
3) Bei zweilagiger Dachdeckung dürfen nur Schindeln der Güteklasse 1 verwendet werden. Zweilagige Deckung wird nur in Ausnahmefällen angewendet, wenn geringe Anforderungen an die Dichtheit gestellt werden.

! Praxisbeispiel

Auf die Bedarfsmenge der Dachfläche im vorangegangenen Beispiel sollen als Verschnitt 3 % addiert werden.

Verschnitt (Dachfläche) = 1.785 Bm · 0,03 = 53,55 Bm

Die Gesamtbestellmenge würde somit 1.785 Bm + 53,55 Bm = 1.838,55 Bm (aufgerundet 1.839 Bm) betragen.

Der Bedarf an Holzschindeln wird in Breitenmetern (Bm) angegeben.

Breitenmeter (Bm) =

$$\frac{\text{Fläche } A\ (m^2)}{\text{Reihenabstand } a\ (m)} + \text{Verschnitt } (\%)$$

Bei gleicher Schindelbreite (z. B. Zierschindeln) ist natürlich auch möglich, die Anzahl der Schindeln zu bestimmen:

Anzahl der Schindeln =

$$\frac{\text{Breitenmeter (Bm)}}{\text{Schindelbreite (m)}}$$

! Praxisbeispiel

Geht man davon aus, dass in den vorangegangenen Beispielen eine Schindelbreite gegeben ist, kann die Anzahl der benötigten Schindeln errechnet werden:

Schindelbreite 15 cm

$$\frac{1.839\ \text{Bm}}{0{,}15\ \text{m}} = 12.260\ \text{St.}$$

9.4.12 Pflege und Wartung

Bei entsprechend sorgfältiger Planung der Konstruktion (Hinterlüftung etc.) und einer sorgfältigen Ausführung der Deckung inkl. sämtlicher Details (siehe Kapitel 13.7) ist bei Schindeldächern generell kein besonderer Schutz und auch keine Nachbehandlung nötig. Die natürliche Bewitterung führt lediglich dazu, dass mit der Zeit die Holzschindeln einen silbergrauen Farbton annehmen, der architektonisch sehr ansprechend wirkt.

Durch ungünstige Umstände (Verschattung, hohe Bäume, hohe Luftverschmutzung, wenig Wind etc.) können sich Ansätze von Moos auf den Schindeln und vor allem in den Fugen bilden. Diese müssen von Zeit zu Zeit entfernt werden, da sie Fäulnis begünstigen und so die Deckung dadurch Schaden nehmen kann. Dies geschieht am besten durch Abfegen mit einem harten Besen oder/und Übersprühen der Dachfläche mit einer 10%igen Zink-Chlorid-Lösung. Beim Begehen des Daches ist ein Trittschutz (z. B. Bohlen) zu verwenden.

Sonderfall Legschindeldeckung

Da Legschindeldeckungen nur bei flachen Dächern zum Einsatz kommen, sind diese im Allgemeinen höher beansprucht. Je nach Situation (Holzart, Belüftung, Beanspruchung) werden diese alle 5 bis 10 Jahre umgedeckt. Dabei werden die Schindeln gewendet und die Fugenbereiche (durch Aneinanderklopfen) gereinigt.

9.4.13 Details Traufe, Ortgang, First

9.4.13.1 Traufe

In den Kapiteln 9.1 bis 9.3 wurde bereits dargestellt, dass es bei der Ausbildung von Traufen meist mehrere Lösungen für unterschiedliche Situationen gibt. Dies ist auch bei Holzschindeln nicht anders. Denkbar sind Ausführungen mit oder ohne Rinne, mit oder ohne Rinneneinlaufblech, mit oder ohne Zuluft (direkt an der Traufe) für die Hinterlüftung der Deckung. Wird auf eine Zuluft unterhalb der ersten Schindelreihe verzichtet, muss durch den Einbau von Lüftern für die fachgerechte Hinterlüftung gesorgt werden, was in schneereichen Gebieten jedoch nicht zu empfehlen ist.

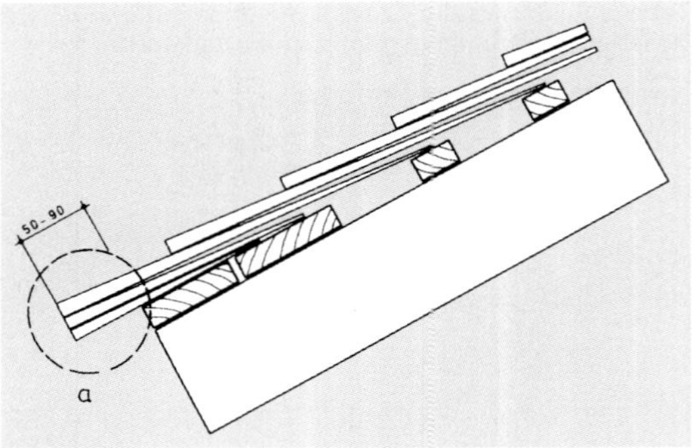

Abb. 9.116: Traufe ohne Traufblech mit Überstand (gekürzte Ansetzer)

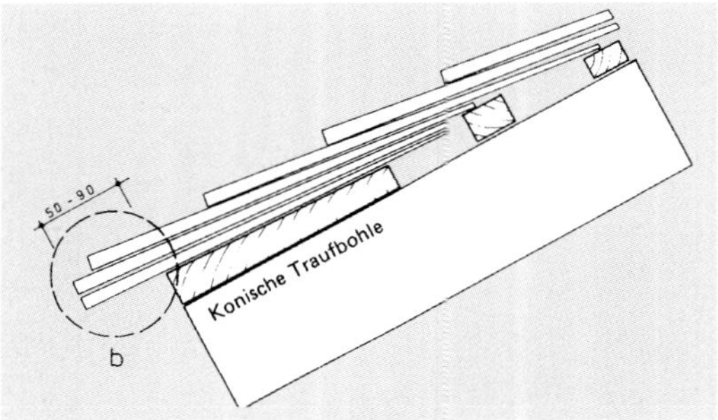

Abb. 9.117: Traufe ohne Traufblech mit Überstand (ungekürzte Ansetzer)

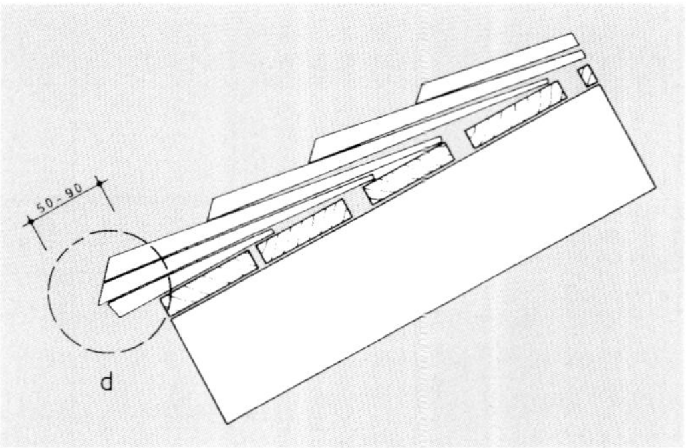

Abb. 9.118: Traufe ohne Traufblech mit Überstand (gekürzte Ansetzer), gefaste Schindeln

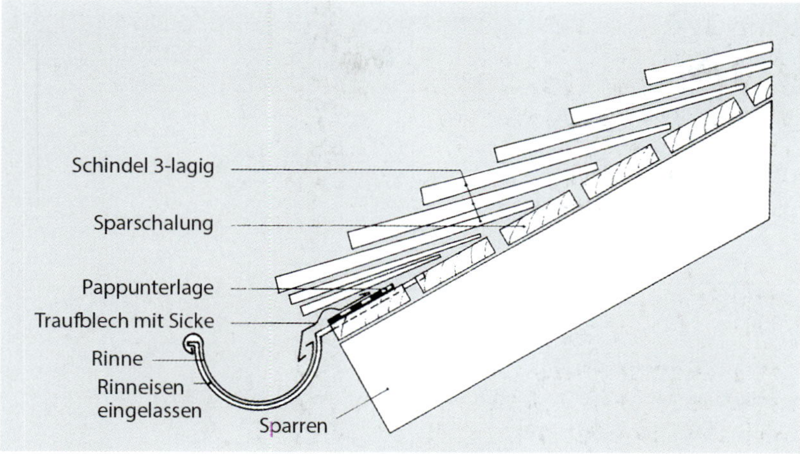

Abb. 9.119: Traufe mit Traufblech (mit Sicke) (gekürzte Ansetzer)

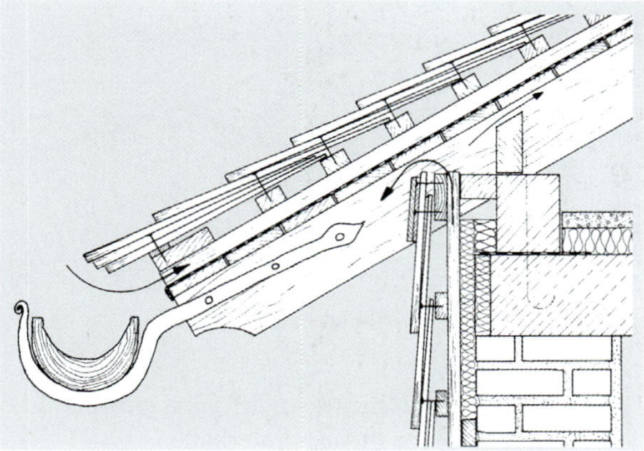

Abb. 9.120: Traufe ohne Traufblech mit Überstand und Zuluft an der Traufe (ungekürzte Ansetzer)

Darum geht es

- Bei Dachdeckungen generell, besonders jedoch bei Holzschindeldeckungen sind Pflege und Wartung entscheidend für die Langlebigkeit des Daches.
- Auch bei der **Ausbildung von Traufen** mit Holzschindeln gibt es meist mehrere Lösungen. Dabei können optische wie auch traditionelle Gründe für die Wahl der entsprechenden Lösung eine Rolle spielen.

Bei der Ausbildung können sowohl optische als auch traditionelle Gründe für die Auswahl der entsprechenden Lösung entscheidend sein. An der Traufe wird i. d. R. mit 2 (in der Länge gekürzten) Ansetzschindeln begonnen. Darauf wird die erste volle Schindelreihe gedeckt. An der Traufe soll zur Vorderkante des Taufbleches ein Überstand von 5 mm, bei der Traufausbildung ohne Traufblech ein Überstand von mindestens 5 cm eingehalten werden.

Um ein Sperren der Deckung zu verhindern, ist auch hier wie bei anderen Dachdeckungen darauf zu achten, dass die erste Reihe nicht abkippt. Gegebenenfalls muss hier mit konischen Traufbohlen, Spalierleisten oder Lüftungsprofilen gearbeitet werden.

Die 1. Reihe darf nicht abkippen!

Abbildungen 9.116 bis 9.120 zeigen anschaulich verschiedene Ausbildungen bei Traufen.

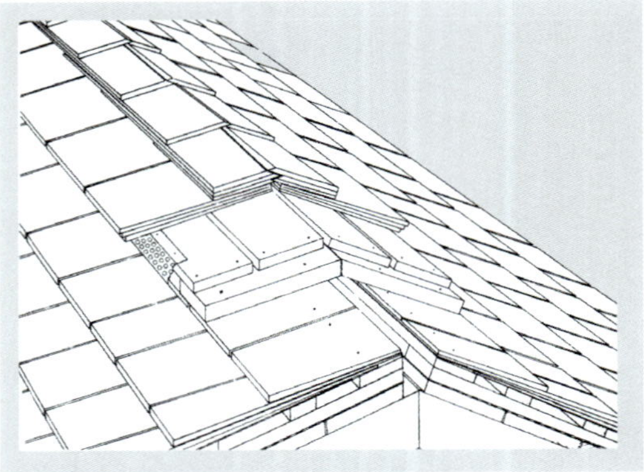

Abb. 9.121: First, beidseitige Entlüftung

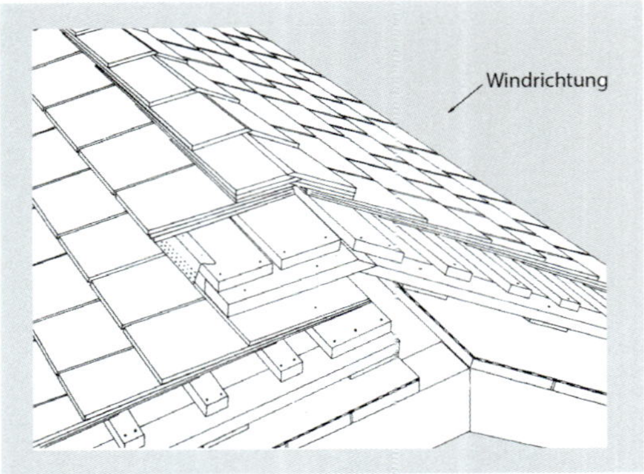

Abb. 9.122: First, einseitige Entlüftung

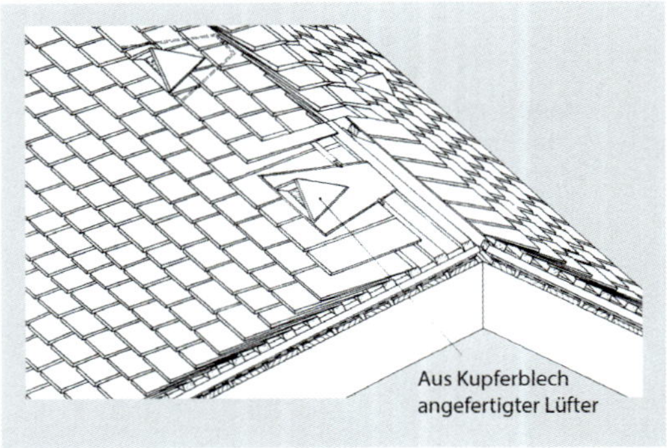

Abb. 9.123: First, Entlüftung mit eingebauten Lüftern

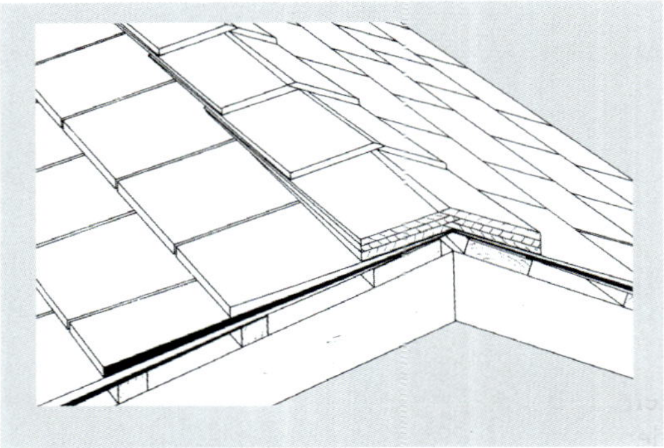

Abb. 9.124: First, ohne Entlüftung

9.4.13.2 First und Einteilung der Deckgebinde

Bei der Ausbildung des Firstes stehen verschiedene Lösungen für unterschiedliche Situationen zur Verfügung. Folgende Situationen können vorkommen:

1. Die Dachdeckung ist hinterlüftet, die Abluft soll beidseitig direkt am First erfolgen (siehe Abb. 9.121).
2. Die Dachdeckung ist hinterlüftet, die Abluft soll einseitig (asymmetrisch) am First erfolgen (siehe Abb. 9.122).
3. Die Dachdeckung ist hinterlüftet, die Abluft erfolgt unterhalb des Firstes mithilfe von Lüftern (siehe Abb. 9.123).
4. Die Dachdeckung ist nicht hinterlüftet. Also erfolgt auch am First keine Abluft (siehe Abb. 9.124).

Auch bei der Ausbildung des Firstes ist aus optischen Gründen auf eine gleichbleibende Neigung der Deckwerkstoffe zu achten. Gegebenenfalls kann es erforderlich sein, den First entsprechend mit Keilbohlen o. Ä. zu unterbauen.

Die Deckrichtung des Firstes erfolgt gegen die Hauptwetterrichtung. Verwendet werden annähernd gleich breite Schindeln, die an der Langseite (am Firstscheitelpunkt) abgeschrägt werden. Die Schindeln am First werden wechselseitig überlappt. Um am First eine höhere Festigkeit zu erzielen, sollte die Firstdeckung in Dreifachdeckung erfolgen.

Eine vor der Eindeckung des Holzschindeldaches vorzunehmende Einteilung (Sparreneinteilung, Ermittlung der Reihenabstände) ist bei Holzschindeldächern nur dann erforderlich, wenn aus optischen Gründen ein gleichmäßiger Reihenabstand zwischen Traufe und First erwünscht ist. Ansonsten gilt, dass eine Einteilung erst im Zuge der Eindeckung etwa 10 bis 15 Reihen unterhalb des Firstes vorgenommen wird.

Die Einlattung (Latten oder Sparschalung) wird somit an der Traufe (der Traufausbildung entsprechend) begonnen. Beim Einlatten (und später beim Eindecken) ist auf den maximalen Reihenabstand *a* zu achten (siehe auch Kapitel 9.4.10).

Beim Einlatten darf wegen der Regensicherheit der maximal zulässige Reihenabstand *a* an keiner Stelle überschritten werden.

Bei der Einteilung (der letzten 10 bis 15 Reihen oder der kompletten Seite) ist außerdem darauf zu achten, dass die Deckung (zumindest die letzte Schindelreihe) parallel zum First verläuft. Bei unterschiedlichen Sparrenlängen (z. B. im Sanierungsfall) ist somit mit (leicht) konisch verlaufenden Reihen einzudecken. Dies gilt selbstverständlich nicht bei geplanten und konstruierten geneigten Firstlinien. Hier muss dementsprechend mit zusätzlichen, zugeschnittenen Reihen beigearbeitet werden.

9.4.13.3 Ortgang und Quereinteilung

Ortgänge können nach nebenstehend beispielhaft aufgezeigten Zeichnungen ausgeführt werden.

Aus optischen Gründen sollten Ausführungen mit Schindeln am Ort vorrangig gewählt werden (siehe Abb. 9.125, 9.130, 9.131).

Ausbildungen mit Blendblechen oder Blenden aus Holz (Abschlussleiste) können u. a. gewählt werden, wenn kein Ortsparren vorhanden ist (z. B. Lattung mit freiem Überstand; siehe Abb. 9.127, 9.128).

Bei der Ausführung „mit Überstand der Deckung“ (siehe Abb. 9.126) ist darauf zu achten, dass die Deckung

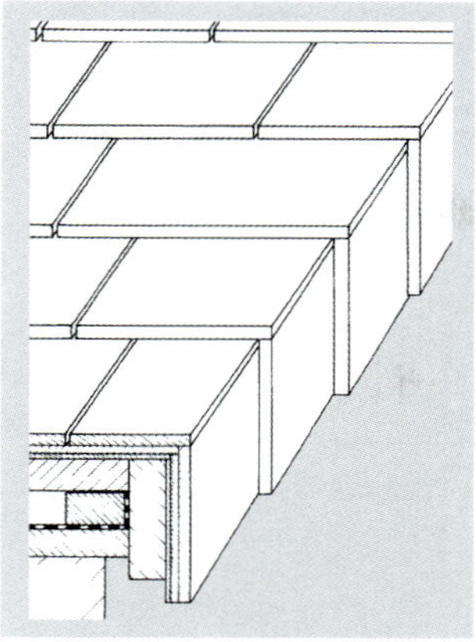

Abb. 9.125: Ortgangausbildung im Verband

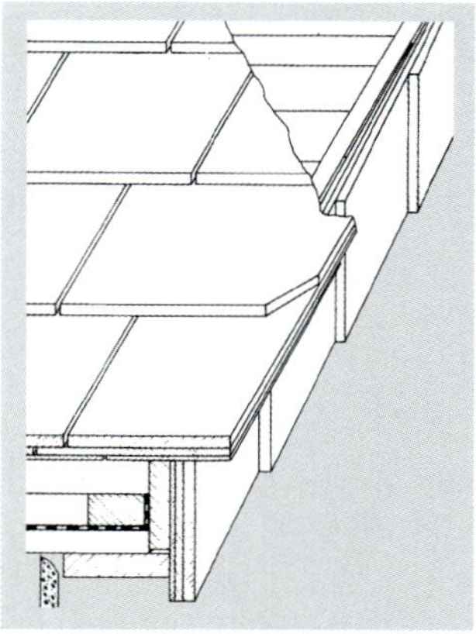

Abb. 9.126: Ortgangausbildung mit Überstand der Deckung

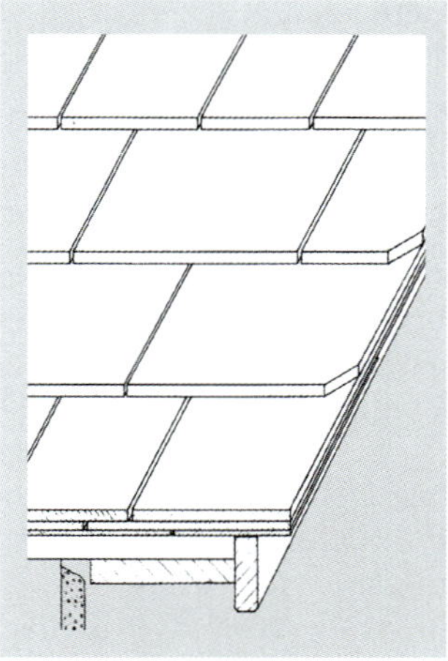

Abb. 9.127: Ortgangausbildung mit Abschlussleiste

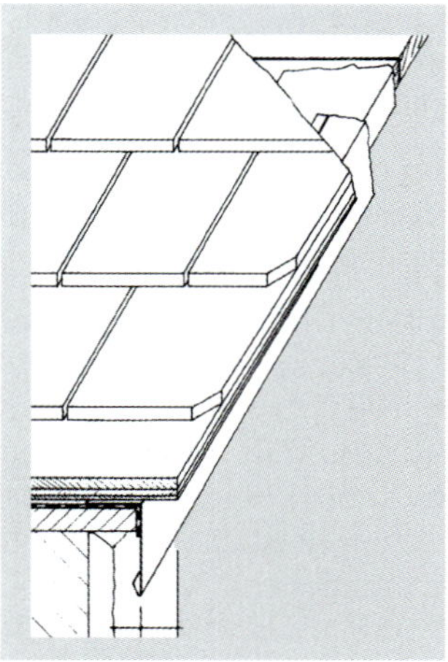

Abb. 9.128: Ortgangausbildung mit Blech als Blende

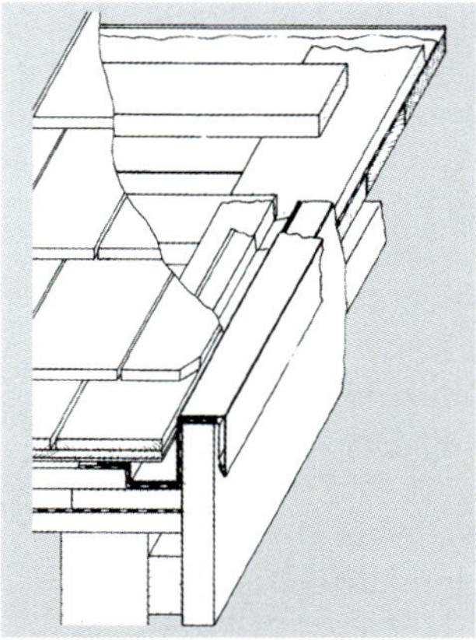

Abb. 9.129: Ortgangausbildung mit untergelegter Ortgangrinne

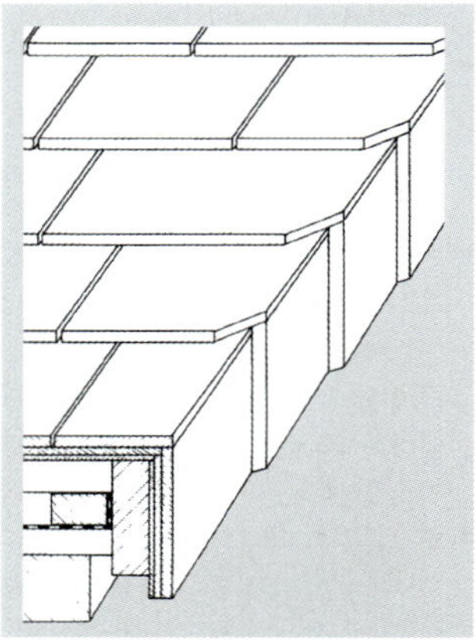

Abb. 9.130: Ortgangausbildung mit verschindelter Blende

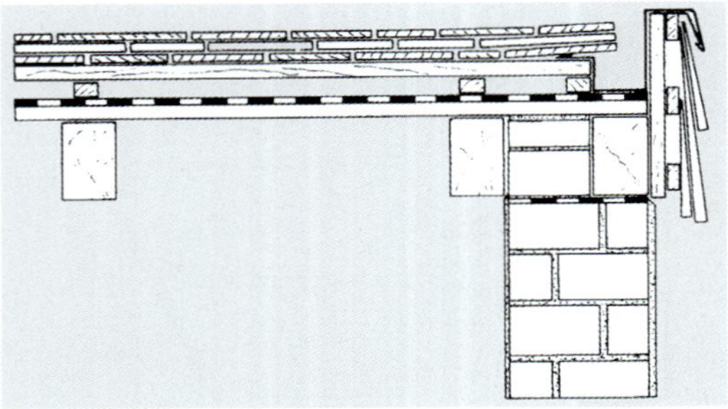

Abb. 9.131: Ortgangausbildung mit verschindelter Ortgangblende

über die Ortkante einen freien Überstand von mindestens 3 cm aufweist.

Die „Ortgangausbildung mit verschindelter Ortgangblende" (siehe Abb. 9.131) kann gewählt werden, wenn der zu bekleidende Ortgang für andere Lösungen zu breit ist.

Bei der Ausbildung mit „untergelegter Ortgangrinne" (siehe Abb. 9.129, 9.131) ist Folgendes zu beachten:

- Die Überdeckung der Deckwerkstoffe auf das Blech beträgt mindestens 10 cm.
- Die Ortgangrinne erhält dachseitig einen Wasserfalz von mindestens 1,5 cm.
- Außer bei geringen Niederschlagsbelastungen ist die Rinne mit einer Vertiefung von mindestens 2 cm Höhe und mindestens 4 cm Breite auszuführen. Die Deckung muss (für den freien Wasserlauf) einen Abstand zur Aufkantung (Ortgang) von 4 cm haben. (Bei der Ausführung mit Steg kann die Dachdeckung bis an diesen herangeführt werden.)
- Die Verlegung der Bleche erfolgt auf vollflächiger Unterlage oder auf Lattung mit einem Traglattenabstand von maximal 17 cm. (Eventuell sind Zwischenlatten erforderlich.)
- Bei Dachneigungen über 22° erfolgt die Verbindung der Bleche untereinander mit einer Überlappung von mindestens 10 cm (Dachneigung 15° bis 22°: Überlappung mindestens 15 cm oder Falzverbindung; beachten Sie dazu Kapitel 9.4.10).
- Um ein Aufsperren der Schindeln am Ort zu verhindern, kann das Ortblech in die Lattung eingelassen werden.
- Um das Wasser vom Detail wegzuleiten, ist (außer bei der Ausbildung im Verband; siehe Abb. 9.125) am Fuß der Schindel ein wasserabweisender Schnitt vorzusehen.

Wegen der unterschiedlichen Breiten der Schindeln ist eine Breiteneinteilung der Dachfläche vor der Eindeckung nicht möglich. Das Eindecken erfordert vom ausführenden Handwerker daher besondere Aufmerksamkeit, denn er hat stets auf die richtige Breite und den Versatz der Fugen untereinander zu achten. Beim Anlaufen an Details ist außerdem (wegen der Befestigungsmöglichkeiten) auf eine ausreichende Breite der Schindeln zu achten.

9.5 Bitumenschindeln

Bei der Eindeckung eines Wohnhauses mit Bitumenschindeln befragt Sie ein interessierter Kunde zu der von ihm gewählten Dacheindeckung. Er hätte gerne folgende Informationen von Ihnen:

- Woraus bestehen Bitumenschindeln und wie werden sie hergestellt?
- Welche unterschiedlichen Formen, Arten und Oberflächengestaltungen gibt es bei Bitumenschindeln?
- Welche Vor- und Nachteile ergeben sich bei einem Bitumenschindeldach?
- Was ist bei der Eindeckung von Bitumenschindeln alles zu beachten und auf welche Regeln muss geachtet werden, damit das Dach nach Fertigstellung dicht ist?
- Worauf ist bei der Befestigung von Bitumenschindeln (je nach Art) zu achten?

9.5.1 Aufbau, Formen und Farben der Bitumenschindeln

Der Aufbau von Bitumenschindeln ist vergleichbar mit dem von Bitumenbahnen. Sie besitzen als „Kern" eine Trägereinlage, welche meistens aus 120 bis 135 g schwerem Glasvlies pro Quadratmeter besteht. Durch die Trägereinlage sind die Schindeln – ihrem Einsatzgebiet entsprechend – reißfest (Flächenstabilität und Nagelausreißfestigkeit). Eine andere mögliche Trägereinlage ist ein Glas-Kunststoff-Gemisch.

Abb. 9.132: Bitumenschindel Stoßausbildung

Abb. 9.133: Bitumenschindel Lieferform

Abb. 9.134: Bitumenschindel Biberformat

Abb. 9.135: Bitumenschindel Rechteckformat

Die Trägereinlage ist „umhüllt" von der Tränk- bzw. der Deckmasse. Da im Vergleich zu Bitumenbahnen Schindeln nicht gerollt werden, können die Tränk- und Deckmassen aus relativ hartem Bitumen bestehen. Den Schindeln kann so eine hohe Steifigkeit gegeben werden. Bitumenarten für Tränk- und Deckmassen können sein:

- Oxidationsbitumen,
- mit Elastomeren modifiziertes Bitumen,
- mit Plastomeren modifiziertes Bitumen,
- Spezialbitumen (je nach Hersteller).

Auf der Unterseite der Schindeln wird zusätzlich feiner Quarzsand oder Glimmer aufgebracht. Dies soll verhindern, dass die Schindeln ungewollt mit der Vordeckung verkleben. Zum Schutz des Bitumens vor UV-Strahlung wird auf der Oberseite Natursteinsplitt (Schiefersplitt) oder -granulat aufgestreut oder es werden Metallfolien (z. B. Kupfer) aufgebracht.

Je nach Anforderungen und Einsatzgebiet kann eine Verklebung der Schindeln im Überdeckungsbereich sinnvoll oder sogar erforderlich sein. Hierzu können vom Hersteller auf der Ober- und Unterseite der Schindel Klebefelder von unterschiedlicher Größe im Überdeckungsbereich aufgebracht werden. Um die ungewollte Verklebung im Paket (durch Sonneneinstrahlung) zu verhindern, ist dann zumindest auf der Unterseite eine dünne Schutzfolie auf den Klebefeldern aufgebracht. Die fertige Schindel ist 3 bis 3,5 mm dick. Die Qualität der bei der Herstellung verwendeten Produkte hat entsprechende Auswirkungen auf die Haltbarkeit und die Beständigkeit einer Bitumenschindeldeckung.

Bitumenschindeln können in Form, Abmessungen und Farben sehr variieren. Als Oberfläche können

Darum geht es

- Bitumenschindeln sind kleinformatige, flächige Deckelemente, die man auf Vollschalung verlegt und befestigt. Ihr Aufbau ist mehrschichtig und vergleichbar mit dem von Bitumenbahnen.
- Bitumenschindeln sind kleinformatige, flächige Deckelemente, die man auf Vollschalung verlegt und befestigt werden. Ihr Aufbau ist mehrschichtig.

Begriffe

Bitumenarten für Tränk- und Deckmassen sind

- Oxidationsbitumen,
- mit Elastomeren modifiziertes Bitumen,
- mit Plastomeren modifiziertes Bitumen,
- Spezialbitumen.

verschiedene Metallfolien oder verschiedenfarbige Splitte oder Granulate verwendet werden. Für den Kunden bietet sich also eine breite Palette an Auswahlmöglichkeiten. Eine komplette Schindel ist 90 bis 100 cm lang und 33 bis 35 cm hoch. Durch 2 oder 3 gestanzte Teilfugen entstehen pro Schindel 3 oder 4 Schürzen, die in der Deckung als kleinformatige Deckelemente in Doppeldeckung erscheinen (vgl. Schiefer-, Faserzement- oder Biberschwanzdoppeldeckung). Übliche Formen der Schürzen sind Rechteck, Biberschwanz, Dreieck und Wabe.

Abb. 9.136: Bitumenschindeln Spezial

9.5.2 Regensicherheit, Regeldachneigung und Zusatzmaßnahmen

In Bezug auf die **Regensicherheit** gibt es **2 Arten** von Bitumenschindeln:

- Bitumenschindeln für Deckungen mit **neigungsabhängiger** Höhenüberdeckung,
- Bitumenschindeln für Deckungen mit vorgegebener, **neigungsunabhängiger** Höhenüberdeckung.

Schindeln für Deckungen mit neigungsabhängiger Höhenüberdeckung haben über den Schürzeneinschnitten einen schmalen unterbrochenen Selbstklebestreifen (siehe Abb. 9.137). Je nach Dachneigung ergeben sich unterschiedliche Überdeckungen und somit unterschiedliche Sichthöhen der Schürzen (siehe Tab. 9.21).

Tabelle 9.21: Mindestüberdeckung bei neigungsabhängiger Deckung

Dachneigung	Mindestüberdeckung
≥ 15°	≥ 100 mm
≥ 25°	≥ 80 mm
≥ 35°	≥ 60 mm
≥ 45°	≥ 50 mm

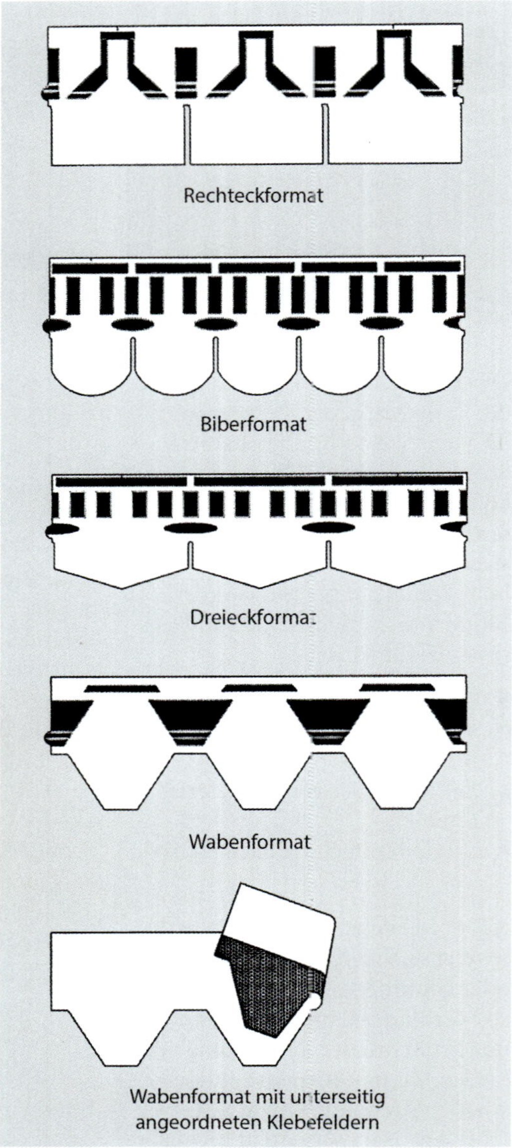

Abb. 9.137: Bitumenschindelformen

Bei der Verwendung von Schindeln mit neigungsunabhängiger Höhenüberdeckung beträgt diese **mindestens 45 mm**. Die Regensicherheit wird durch große Selbstklebefelder erzeugt.

Auch die beiden Schindelarten (neigungsabhängig oder -unabhängig) werden getrennt voneinander betrachtet. Ebenfalls haben die Schürzenform und die Sparrenlänge Einfluss auf die zu beachtenden Regeldachneigungen (siehe Tab. 9.22).

Anmerkungen zu Tabelle 9.22:

Bei einer Unterschreitung der Regeldachneigung sind regensichernde Zusatzmaßnahmen zu ergreifen. Diese können sein:

- wasserdichtes Unterdach,
- regensicheres Unterdach,
- zusätzliche Verklebung (auf Unterseite der Schürze im Sichtbereich mit den vom Hersteller angegebenen und gelieferten Stoffen. Hierbei ist auf einen freien Wasserlauf zu achten).

Eine Unterschreitung der Regeldachneigung um mehr als 10° ist nicht zulässig.

Die Mindestdachneigung beträgt 15°, d. h., dass auch mit evtl. Zusatzmaßnahmen eine Schindeldeckung bei Dachneigungen unter 15° als nicht fachgerecht gilt.

Eine Bitumenschindeldeckung ist wegen der zu geringen Auflage bei Neigungen über 85° nicht erlaubt.

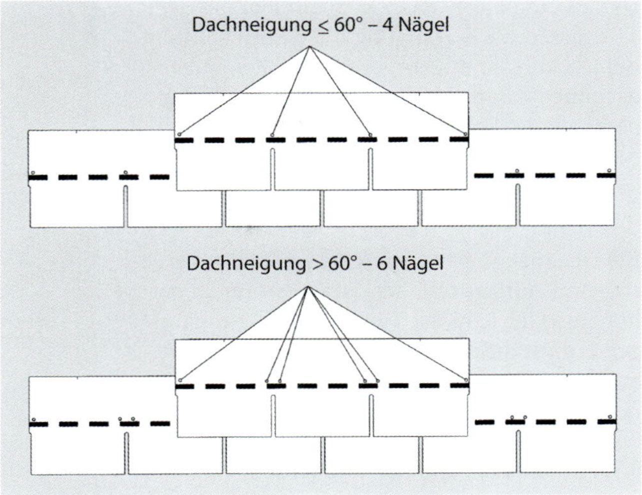

Abb. 9.138: Befestigung

9.5.3 Befestigung

Die Befestigung der Bitumenschindeln in der Fläche erfolgt mit Breitkopfstiften. In der Höhe sind die Nägel so anzubringen, dass sie mindestens 20 mm über den Schürzeneinschnitten liegen. Haben die Schindeln einen schmalen Klebestreifen (neigungsabhängige Höhenüberdeckung), ist oberhalb des Klebstreifens zu befestigen. Die Bitumenschindeln sind mit mindestens 4 Breitkopfstiften über jedem Schlitz und an den Seiten der Schindeln zu befestigen.

Tabelle 9.22: Regeldachneigungen

Sparrenlänge	Schindelform	Regeldachneigung bei Deckung mit neigungsabhängiger Höhenüberdeckung	Regeldachneigung bei Deckung mit vorgegebener Höhenüberdeckung
≤ 10 m	Rechteck	≥ 15° (26,8 %)	≥ 15° (26,8 %)
> 10 m	Rechteck	≥ 20° (36,4 %)	≥ 20° (36,4 %)
≤ 10 m	Biber u. Dreieck	≥ 20° (36,4 %)	≥ 15° (26,8 %)
> 10 m	Biber u. Dreieck	≥ 25° (46,6 %)	≥ 20° (36,4 %)
≤ 10 m	Wabe	≥ 25° (46,3 %)	≥ 15° (26,8 %)
> 10 m	Wabe	≥ 30° (57,7 %)	≥ 20° (36,4 %)

Daraus ergibt sich, dass bei Schindeln mit 4 Schürzen die Befestigung mit 5 Stiften erfolgt. Bei Deckungen mit vorgegebener Höhenüberdeckung ist mittig in den ersten Klebefeldern oberhalb der Schürzeneinschnitte zu nageln. Bei beiden Schindelarten ist darauf zu achten, dass die angebrachten Befestigungsmittel die Schindeln im vorangedeckten Gebinde mit erfassen.

Bei Dachneigungen über 60° sind wegen der geringeren Auflage und der damit verbundenen höheren Gewichtslast 2 zusätzliche Befestigungen erforderlich. Diese können in den oberen äußeren Ecken der Schindeln erfolgen oder auf der zuvor angesprochenen Nagellinie.

9.5.4 Unterkonstruktion und Vordeckung

Deckungen aus Bitumenschindeln werden ausschließlich auf geschlossenen Deckunterlagen ausgeführt. Dazu sind geeignet:

1. Schalungen aus Vollholz, mindestens 24 mm dick, mit Brettbreiten zwischen 80 und 150 mm,
2. Schalungen aus Holzwerkstoffen: Bau-Furniersperrholz nach DIN 68705-3, Typ BFU 100 G,
3. Leichtbetonplatten: Bei Leichtbeton-Unterkonstruktionen müssen offene Fugen abgedeckt oder vermörtelt werden. Die für die Befestigung auf Leichtbeton vorgesehenen Nägel müssen geeignet sein.

Unter Bitumenschindeldeckungen ist eine Vordeckung aufzubringen. Hierzu sind bitumenverträgliche Unterdeckbahnen und Dachbahnen mit Glasvlieseinlage geeignet. Die Bahnen sind mindestens 80 mm zu überlappen und gleichlaufend mit den Gebinden der Schindeldeckung zu verlegen. Die Stöße sind zu versetzen. Dennoch ist damit zu rechnen, dass sich die Nahtüberlappungen der Vordeckung in der Schindeldeckung abzeichnen. Dies ist bei Verwendung von dickeren Bahnen (z. B. Dachdichtungsbahnen) nicht zu vermeiden.

! Praxisbeispiel

Verlegt werden soll eine Schindel mit den Abmessungen 1.000 mm × 340 mm. Es handelt sich um eine Schindel mit großflächigen Klebefeldern, also für eine neigungsunabhängige Deckung. Die Mindestüberdeckung beträgt somit 45 mm.

Der maximal mögliche Schnürabstand errechnet sich aus:

$$S = \frac{34\text{ cm} - 4{,}5\text{ cm}}{2} = \frac{29{,}5\text{ cm}}{2}$$

$$= 14{,}75\text{ cm}$$

Der maximal mögliche Schnürabstand beträgt 14,75 cm.

9.5.5 Einteilung und Verlegung

Bitumenschindeln werden rechtwinklig zum Wasserlauf verlegt und sind in Höhe und Breite in gleichmäßigen Abständen zu verlegen. Damit die Sichthöhe der Schindeln gleichmäßig und geradlinig ist, wird auf der Dachfläche (auf der Vordeckung) eine horizontal verlaufende Schnürung vorgenommen. An diese Schnurschläge wird beim Eindecken der obere Rand (Kopf) der Schindeln gedeckt. In der Breite sind die Schindeln im Halbverband zu decken. Das bedeutet, dass die gestanzte Fuge zwischen 2 Schürzen mittig auf der Schürze im darüber gedeckten Gebinde liegt. Somit liegen die Fugen in jedem zweiten Gebinde in einer Linie übereinander. Um hier ein optisch sauberes Fugenbild zu erzielen, sollte auch eine vertikale Schnürung vorgenommen werden.

Die Verlegung der Schindeln erfolgt in Doppeldeckung mit variabler (neigungsabhängiger) oder vorgegebener (neigungsunabhängiger) Höhenüberdeckung. Die Abstände der horizontal verlaufenden Schnürung richten sich nach der vorgegebenen Höhenüberdeckung. Hierzu sind Erkenntnisse über die Ausbildung von Traufe und First erforderlich.

Um bei der **Breiteneinteilung** den regelmäßigen Halbverband einzuhalten, muss zunächst der entsprechende Versatz ermittelt werden.

! Praxisbeispiel

Die Schindel aus dem nebenstehenden Beispiel besteht aus 4 Schürzen, jeweils 24 cm breit, und 3 Fugen, jeweils 1 cm breit. Am einfachsten ist die Ermittlung des Versatzes, indem man sich überlegt, wie der Abstand zwischen den (z. B.) linken Kanten der Schürzen ist. In diesem Beispiel wäre der Abstand 24 cm (Schürzenbreite) + 1 cm (Fuge) = 25 cm. Teilt man nun diese Deckbreite der Schürzen durch 2, erhält man den gesuchten Versatz.

Um den Halbverband exakt einzuhalten, sind demnach diese Schindeln mit einem Versatz von 12,5 cm zu decken. Natürlich ist beim Schnüren auf einen rechtwinkligen Verlauf der vertikalen Schnürung zur horizontalen Schnürung zu achten.

In der Regel erfolgt die Verklebung der Schindeln untereinander (aufgebrachte Klebeflächen) durch Sonneneinstrahlung. Kann eine selbstständige Verklebung aufgrund niedriger Außentemperaturen, Verschattungslage, steiler Dachneigung etc. nicht gewährleistet werden, so sind in Absprache mit dem Hersteller zusätzliche Maßnahmen zu ergreifen. Diese zusätzlichen Maßnahmen können z. B. sein: Verklebung mit Kleber, Erwärmen der Klebeflächen usw.

Das Verkleben der Schindeln untereinander dient der Regensicherheit und der Befestigung.

Bei der Oberflächengestaltung (Bestreuung mit Granulat oder Schiefersplitt) können leichte Farbunterschiede und Unterschiede in der Körnung auftreten. Damit keine „Teilflächen" mit jeweils unterschiedlicher Optik entstehen, sollen die Schindeln beim Eindecken aus mehreren Paketen genommen, also gemischt werden.

9.5.6 Details Traufe, First und Ortgang

9.5.6.1 Traufe

Die Deckung der Bitumenschindeln beginnt an der Traufe. Sollte an der Traufe eine Rinne vorgesehen sein, ist zu beachten, dass die Rinneisen in die Schalung einzulassen sind, da sich diese sonst in der Bitumenschindeldeckung abzeichnen könnten. Zur fachgerechten Deckung an der Traufe ist in jedem Fall ein Traufblech vorgesehen. Der abgehende Schenkel wird ca. 5 cm (je nach Situation) nach unten gekantet und mit einem Umschlag versehen. Der dachseitige Schenkel soll glatt, also ohne Umschlag und ohne Verfalzung, sein. Ist eine Verklebung der Schindel mit dem Traufblech gewünscht, sind die Herstellervorschriften zu beachten. Die Schindeldeckung soll mit der Abkantung des Traufbleches bündig beginnen oder geringfügig (ca. 1 cm) überstehen. Bei einem größeren Überstand kann die Schindel durch Sonneneinstrahlung so weich werden, dass sie sich nach unten biegt. Damit das Traufgebinde die gleiche Neigung hat wie die folgenden Gebinde, kann es erforderlich sein, es zu unterlegen. Dies kann durch eine dünne Dreikantleiste unter dem Traufblech erfolgen (siehe Abb. 9.139).

Für die Traufeneinbindung ist ein Ansetzer erforderlich. Ansetzer sind Deckwerkstoffe, die im unteren Bereich um die Gebindehöhe gekürzt werden. Um die fertige Höhe der Ansetzer zu bestimmen, ist also zunächst die Einteilung der Fläche sowie die Bestimmung der Gebindehöhe erforderlich.

Ohne Ermittlung der Gebindehöhe kann jedoch bereits auf der Fläche mit einem 1. Schnurschlag (Kopf des 1. vollen Deckgebindes) begon-

■ Begriffe

Deckungen aus Bitumenschindeln werden ausschließlich auf **geschlossenen Deckunterlagen** ausgeführt.

■ Darum geht es

Wie die Schindeln verlegt und befestigt werden, ist abhängig von verschiedenen Faktoren. Dazu gehören Dachneigung, Schindelart, Schindelform, Sparrenlänge.

→ Weitere Informationen siehe auch Kapitel 13.8

■ Darum geht es

Die **Detailausbildung am First** kann mit überdeckenden Blechen oder mit Einzelschürzen erfolgen. Die Deckung des Firstes mit Bitumenschindeln ist als seitliche Doppeldeckung auszuführen.

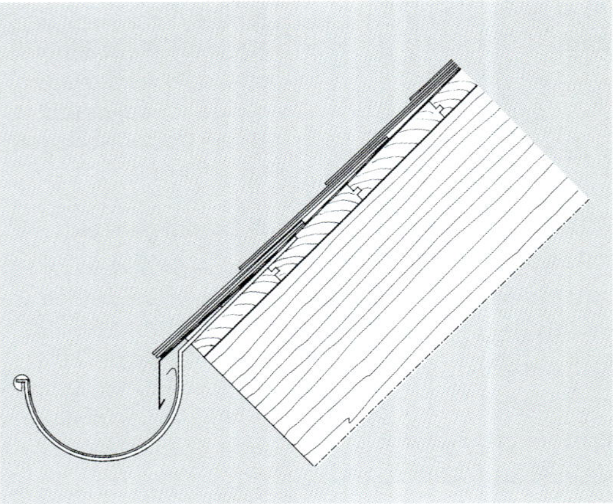

Abb. 9.139: Traufausbildung

nen werden. Hierzu kann einfach eine Schindel mit (geringem) oder ohne Überstand an der Traufe angehalten und eine Markierung am oberen Rand erstellt werden. Um den Kopf des Ansetzers festzulegen, wird später, wenn die Gebindehöhe ermittelt ist, einmal das Schnürmaß nach unten gemessen. Ebenfalls ergeben sich erst nach der Einteilung die Positionen der nach oben folgenden horizontalen Schnurschläge (siehe Praxisbeispiel).

Bestimmen Sie die Position des 1. Schnurschlags durch Anlegen einer Schindel, dann messen Sie einmal nach unten für den Ansetzer und viele Male nach oben für die Fläche.

9.5.6.2 First und Einteilung der Deckgebinde

Die Detailausbildung am First kann mit überdeckenden Blechen oder mit Einzelschürzen (mindestens 200 mm breit) erfolgen. Die Schindelschürzen werden dann mittig geknickt und können so auf den First aufgesetzt werden. Die Deckung des Firstes mit Bitumenschindeln ist als seitliche Doppeldeckung auszuführen. Dabei muss die dritte Firstschindel die erste noch um mindestens 45 mm überdecken. Jede Schindelschürze ist dann sinngemäß wie in der Fläche mit 2 Breitkopfstiften zu befestigen. Die Höhenüberdeckung des Firstes über die Flächendeckung ist die gleiche wie die Höhenüberdeckung in der Fläche. Somit ergibt sich für das letzte Deckgebinde die gleiche Sichthöhe wie

! Praxisbeispiel

Beispiel zur Ermittlung der Gebindehöhe (Einteilung der Fläche)

Der First soll mit Schürzen (Breite = 24 cm) gedeckt werden. Es werden Schindeln mit neigungsunabhängiger Höhenüberdeckung verwendet. Die Abmessungen betragen 100 cm × 33 cm. An der Traufe soll die Deckung an Unterkante Traufblech 1 cm überstehen. Die Konstruktionslänge (KL; Vorderkante Traufblech bis Firstscheitelpunkt) beträgt 5,30 m. Aus den zuvor gemachten Angaben ergibt sich eine Restlänge (RL; Länge der Flächendeckung) von

530 cm (KL) + 1 cm (Traufüberstand) – 12 cm (First) = 519 cm (RL)

Tipp: Um beim Rechnen ein „Einheitenchaos" zu vermeiden, immer von Anfang an in der Einheit rechnen, die man am Ende herausbekommen möchte! (In diesem Beispiel cm, da es üblich ist, Gebindehöhen in cm anzugeben.)

Achtung! Die Konstruktionslänge wurde in unserem Beispiel auf der Schalung gemessen. Somit entspricht die errechnete theoretische Restlänge evtl. nicht der tatsächlichen Restlänge. Durch Aufdickungen durch die Schindeldeckung kann sich eine längere Restlänge ergeben (Abweichung 0,5 bis 1 cm). Wenn dies nicht beachtet wird, ergibt sich evtl. beim letzten Deckgebinde eine größere Sichthöhe und somit ein Unterschreiten der Höhenüberdeckung.

Korrigieren wir in diesem Beispiel die Restlänge um 1 cm: Die einzuteilende Restlänge beträgt nun **520 cm**.

Beim Einteilen ist auf Abweichungen durch Materialaufdickung zu achten!

Laut Kapitel 9.5.2 beträgt die Höhenüberdeckung bei diesen Schindeln 45 mm. Es ergibt sich eine maximale Gebindehöhe von

$$\frac{33\text{ cm} - 4{,}5\text{ cm}}{2} = 14{,}25\text{ cm}$$

Als Nächstes soll die Anzahl der Gebinde, die gedeckt werden, ermittelt werden. Hierzu teilen wir die Restlänge durch die maximale Gebindehöhe:

$$\frac{520\text{ cm}}{14{,}25\text{ cm}} = 36{,}49$$

Um gleiche Sichthöhen zu erzielen, muss die Anzahl der Gebinde auf eine ganze Zahl gerundet werden. In diesem Fall (Ermittlung der Anzahl der Gebinde mithilfe der maximalen Gebindehöhe) ist immer aufzurunden (also 37 Gebinde)! Ein Abrunden würde unmittelbar zu einer Unterschreitung der Höhenüberdeckung führen.

Wird die Anzahl der Gebinde mithilfe der maximalen Gebindehöhe ermittelt, muss immer aufgerundet werden!

Sollen also nun auf 520 cm Restlänge 37 Deckgebinde gedeckt werden, ergibt sich eine Gebindehöhe von

$$\frac{520 \text{ cm}}{37 \text{ (Gebinde)}} = 14{,}05 \text{ cm}$$

Für den Ansetzer ergibt sich nun, dass von unten 14,1 cm (gerundet) abgeschnitten werden müssen.

Wie wird nun möglichst genau die Fläche eingeteilt, damit die Deckung exakt so erfolgen kann, wie sie geplant wurde?

Ausgehend von dem 1. Schnurschlag (Kopf der 1. vollen Schindel) können nun alle weiteren Schnürungen vorgenommen werden. Wir messen also einmal 14,1 cm nach unten ab, um an den Schnurschlag für das Ansetzergebinde (Kopf) zu gelangen. Würde man nun immer 14,1 cm nach oben abmessen, ergäben sich 2 Probleme:

1) Rein rechnerisch baut man in diesem Gebinde durch die Rundung pro Gebinde schon 0,5 mm als Fehler ein. Das hört sich nicht viel an, allerdings werden aus 0,5 mm nach 10 Gebinden 0,5 cm und nach 30 Gebinden entsprechend 1,5 cm usw. Bei der Gebindehöhe in diesem Beispiel erreicht man das 30. Gebinde immerhin schon nach nur ca. 4,20 m.
2) Wenn immer wieder einzeln gemessen wird, kann man sich auch immer wieder vermessen oder ungenau anzeichnen. Somit wird danach beim nächsten Anlegen des Maßstabs zwangsläufig von einer falschen Markierung ausgegangen. Fehler und Ungenauigkeiten sammeln sich an und addieren sich.

Die Lösung sieht so aus, dass einzelne Maße aufaddiert werden und somit der Maßstab oder das Maßband möglichst selten neu angelegt werden muss.

Beim Rechnen kann es sinnvoll sein, mit der zweiten Nachkommastelle zu rechnen. Verwendet man zum Addieren der Maße einen Taschenrechner (dies ist zu empfehlen, um Rechenfehler zu vermeiden), ist das Einbeziehen der zweiten Nachkommastelle nicht einmal mit einem höheren Aufwand verbunden.

Maßstab ausklappen, Maßband ausrollen und Einzelabmessungen aufaddieren.

Für unser Beispiel ergeben sich, ausgehend vom 1. Schnurschlag, nach oben hin folgende Abstände:

14,05 cm, 28,1 cm, 42,15 cm, 56,2 cm, 70,25 cm, 84,3 cm usw.

Tipp: Selbstverständlich wird vom Dachdecker hier nicht erwartet, dass er beim Schnüren auf 0,5 mm genau arbeitet, was beim Anzeichnen auf einer bituminösen Vordeckung und Abschlagen mit Schnurschlaggerät kaum möglich ist. Natürlich können z. B. 70,25 cm auf 70,3 cm angezeichnet werden. Dennoch hat man durch o. g. Merksatz wenigstens **theoretische** Fehler (bis auf Rechenfehler) ausgeschlossen.

für die anderen Gebinde in der Fläche (siehe Abb. 9.140).

Beim Abschnüren ist zu bedenken, dass für das letzte Gebinde, dessen Schindeln am oberen Ende abgeschnitten werden müssen, der Schnurschlag am Kopf nicht mehr möglich ist (Ende der Schalung). Demnach wird zur Deckung des letzten Gebindes (und der Deckung des Firstgebindes) auf der fertigen Deckung ein Schnurschlag am Fuß der Schindeln – der Gebindehöhe entsprechend – vorgenommen.

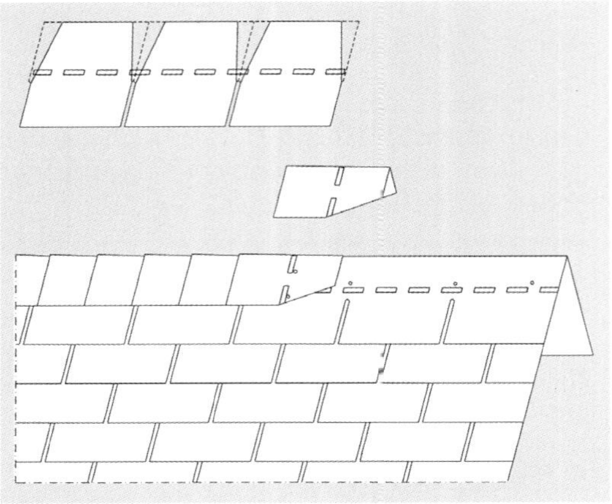

Abb. 9.140: First

9.5.6.3 Ortgang und Quereinteilung

Ortgänge können ausgeführt werden:

- **mit untergelegten Blechen**:
  Bei dieser Ausführung ist der dachseitige Schenkel mit einem Wasserfalz zu versehen. Die Schindeln sind an der oberen äußeren Ecke mit einem wasserabweisenden Schrägschnitt zu versehen. Dadurch soll verhindert werden, dass sich Wasser hinter die Schindel zieht. Empfohlen wird ebenfalls ein Schrägschnitt am unteren äußeren Rand der Schindel. Da dieser sichtbar ist, sollte er einheitlich sein (z. B. 5 cm × 5 cm).
- **mit Dreikantleiste und Abdeckblech** (siehe Abb. 9.141):
  Bei dieser Ausführung wird eine mindestens 3 cm dicke Dreikantleiste entlang der Ortgangkante montiert und sowohl die Vordeckung als auch die Schindeldeckung an ihr hochgeführt. Somit kann das Wasser immer vom Ortgang weg und in die Fläche laufen, wo es sicher abgeleitet werden kann. Anschließend wird eine Abdeckung (z. B. aus Metall), die dachseitig auf die Fläche zu führen ist, montiert.

Am Ort sind Schindeln zu decken, die breiter als eine Schürzenbreite sind. Beim Zuschneiden der Schindeln im Ortgangbereich ist darauf zu achten, dass eine Schürzenbreite von ¼ nicht unterschritten wird. Gegebenenfalls ist unmittelbar vor dem Ortgang eine entsprechende Aufteilung in der Fläche vorzunehmen. Dies gilt ebenfalls für die Ausführung seitlicher Anschlüsse.

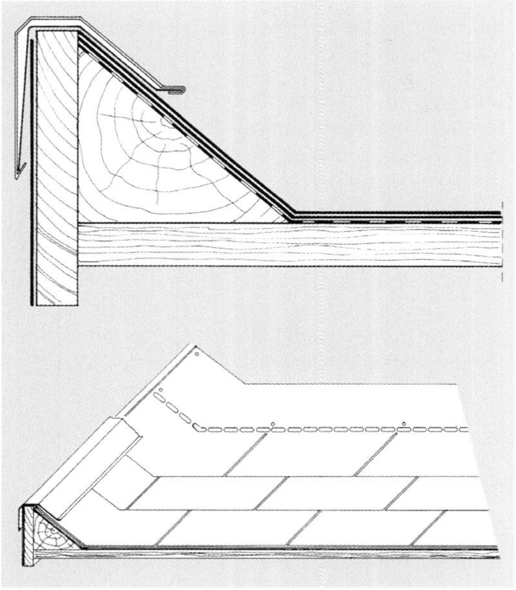

Abb. 9.141: Ortgang

Um nun die Quereinteilung vornehmen zu können, ist zunächst zu überlegen, wie an der Ortkante angelaufen werden soll. Erfolgt z. B. die Einteilung aus der Mitte der Dachfläche heraus, kann aus optischen Gründen an beiden Ortgängen gleich angelaufen werden. Um im Versatz (zumindest an einem Ortgang) mit ganzer und halber Schürze auszukommen, kann die Quereinteilung auch von einer Ortkante ausgehen. Hierzu sollte einfach eine Schindel wie gewünscht angelegt und die linke Kante markiert werden. Es ist sorgfältig darauf zu achten, dass der 1. vertikale Schnurschlag rechtwinklig zur horizontalen Schnürung verläuft.

Ausgehend von diesem Schnurschlag kann nun mittels Parallelverschiebung die Einteilung in der Fläche für das 1., 3., 5. (usw.) Gebinde erfolgen. Um an den erforderlichen Versatz zu gelangen, errechnet man die Deckbreite einer Schürze und teilt diese durch 2.

In unserem Beispiel ergibt sich für den Versatz bei 1 cm Fuge:

$$\frac{24\text{ cm} + 1\text{ cm}}{2} = 12{,}5\text{ cm}$$

Mit einem Abstand von 12,5 cm nach rechts oder links zum 1. vertikalen Schnurschlag kann die Einteilung für das 2., 4., 6. (usw.) Gebinde vorgenommen werden. Die Schindeln werden mit Stoßfuge verlegt, somit richten sich die Abstände der Schnurschläge nach der Länge der Schindeln, bei o. g. Beispiel also 100 cm.

! Praxistipp

Bei der vertikalen Schnürung sollte nicht am falschen Ende gespart werden. Auch wenn die Schindeln auf Stoß verlegt werden, ist es durchaus sinnvoll, jede Schindel (an der linken Kante) abzuschnüren. Dadurch sind das Einhalten eines regelmäßigen Halbverbandes und fluchtende Fugen garantiert.

Darum geht es

Ortgänge können ausgeführt werden mit **untergelegten Blechen** oder mit **Dreikantleiste und Abdeckblech.**

Lernfeld 10: Dachflächen abdichten

Michael Strauß, Hans Peter Eiserloh

Projektaufgabe:

Abdichtung einer nicht genutzten Dachfläche

Ein neu errichtetes Bürogebäude soll abgedichtet werden. Die Dachfläche ist nicht zur Nutzung gedacht. Als Unterkonstruktion ist eine Stahlbetondecke vorhanden. Die Attika ist 0,5 m erhöht und 150 mm stark. Es sind 5 Aussparungen für Lichtkuppeln (1,25 m × 1,25 m), 6 Aussparungen für Dachgullys (Ø 125 mm) und eine Aussparung für einen Entlüftungsschacht (0,25 m × 0,75 m) vorgesehen. Die Außenwände sollen mit einem Wärmedämmverbundsystem (120 mm dick) versehen werden.

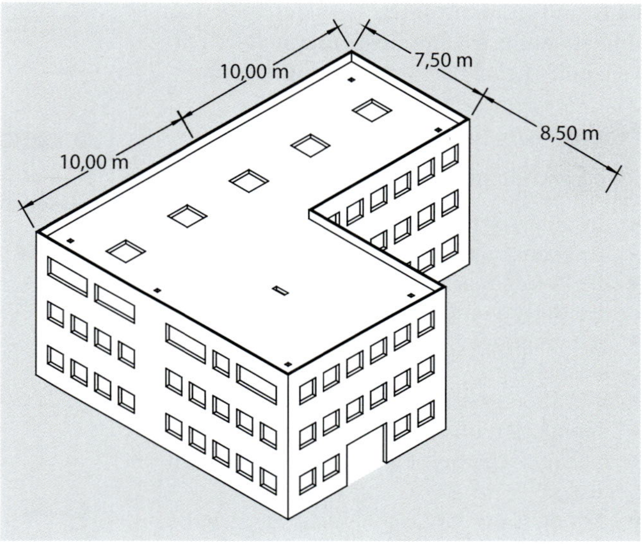

Abb. 10.1: Flachdachgebäude mit abzudichtender Dachfläche

Arbeitsaufträge:

1. Erläutern Sie, welchen Beanspruchungen der Dachaufbau ausgesetzt ist.
2. Erstellen Sie eine Skizze des Flachdachaufbaus mit allen Funktionsschichten unter Verwendung der genormten Zeichensymbole.
3. Erstellen Sie eine Liste der benötigten Materialien.
4. Errechnen Sie den benötigten Materialbedarf.
5. Begründen Sie Ihre Materialauswahl.
6. Erläutern Sie Ihre Vorgehensweise bei der Ausführung der einzelnen Funktionsschichten.

10.1 Beanspruchungen und Konstruktionsarten

Dächer haben in erster Linie die Aufgabe, Gebäude vor **Witterungseinflüssen** zu schützen. Hitze, Kälte und Niederschläge in jeglicher Form, ob als Regen, Schnee oder Hagel, stellen hohe Anforderungen an die Verarbeitung und an das Material. Flachdächer bzw. flach geneigte Dächer sind im Gegensatz zu Steildächern wesentlich höheren Beanspruchungen ausgesetzt, da durch ihr geringes Gefälle das Wasser wesentlich langsamer abfließt. Zudem kann es bedingt durch Unebenheiten und Durchbiegungen zu Pfützenbildungen kommen. Das bedeutet, dass ein Flachdach über seine gesamte Fläche **wasserdicht** sein muss.

Dach Training
Deine App für die Prüfung
Android IOS

Den folgenden Beanspruchungen muss eine Abdichtung standhalten:

Feuchtigkeit

Die Dachabdichtung muss der von außen einwirkenden Feuchtigkeit von Niederschlägen und vorübergehend stehendem Wasser standhalten. Die Funktionsschichten des Dachaufbaus sind so auszuführen, dass durch die Bau- und Nutzungsfeuchte aus dem Inneren des Gebäudes keine Beeinträchtigung entsteht.

Mechanische Beanspruchungen

Zu den mechanischen Beanspruchungen zählen:

- die zu erwartenden Formänderungen in der Tragkonstruktion,
- die Bewegungen und thermischen Längenänderungen von Dämmplatten,
- Schwingungen (besonders bei Stahltrapezblechen),
- Vibrationen der Unterkonstruktion,
- Windlasten und Hagelschlag,
- mechanische Befestigung der Dachabdichtung,
- Arbeiten auf der Dachabdichtung, z. B. Begehungen für Inspektionen oder Wartungen von technischen Anlagen.

Thermische Beanspruchungen

Dachabdichtungen sind enormen Temperaturschwankungen ausgesetzt. Sie müssen den üblichen Temperaturen von 80 °C auf der Abdichtungsoberfläche im Sommer bis hin zu –20 °C im Winter standhalten und funktionstüchtig bleiben.

Sonstige Beanspruchungen

Hierzu zählen Umwelteinflüsse wie Ozon und UV-Strahlung sowie chemische und biologische Beanspruchungen.

Konstruktionsarten von Flachdächern

Im Wesentlichen werden genutzte und nicht genutzte Flachdächer in 2 unterschiedliche Konstruktionsarten unterschieden:

- belüftete Dächer oder zweischalige Flachdächer,

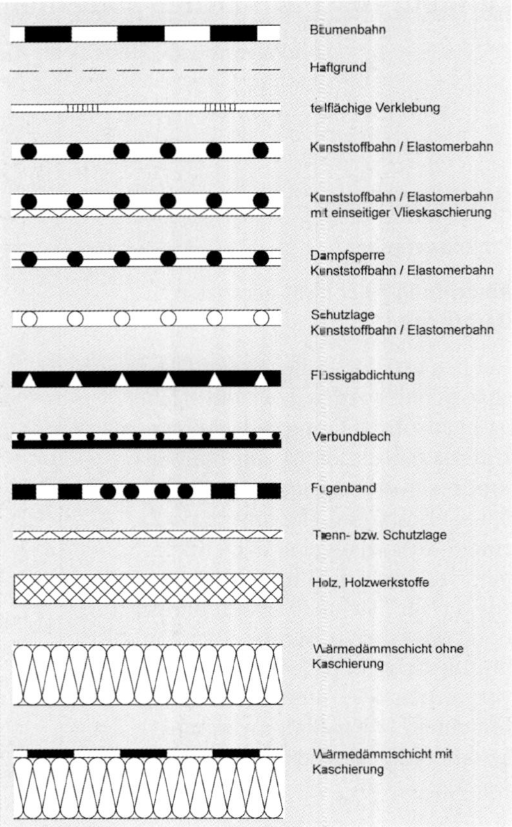

Abb. 10.2: Zeichensymbole (Quelle: Fachregel)

- nicht belüftete Dächer oder einschalige Flachdächer.

Bei jeglicher Konstruktionsart soll die Unterlage der Abdichtung mit einem Gefälle von mindestens 2 % geplant werden. Nur so ist eine Ableitung des Niederschlagwassers gesichert.

In begründeten Fällen ist eine gefällelose Ausführung möglich, z. B. bei

- reduzierten Anschlusshöhen,
- vorgegebener Lage der Entwässerungseinrichtungen,
- Intensivbegrünung oder erdüberschütteten Flächen,
- baurechtlichen Anforderungen.

Der Unterschied zwischen den Konstruktionsarten besteht hauptsächlich in der Art und Weise, wie Kondenswasserbildung vermindert oder vermieden bzw. wie das Kondenswasser abgebaut wird.

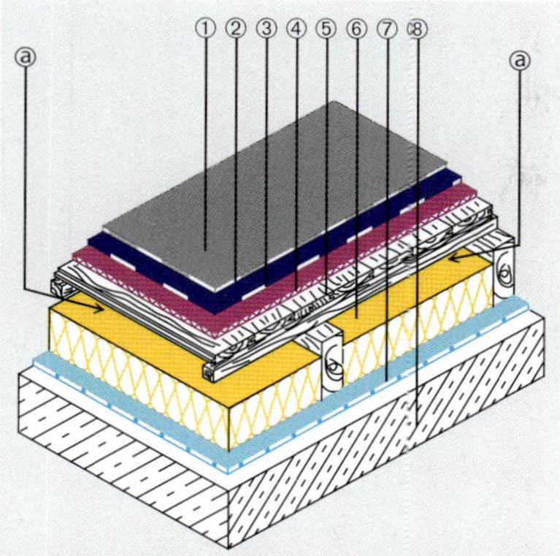

1 leichter Oberflächenschutz (Schiefersplitt)
2 Oberlage der Abdichtung (Poymerbitumenbahn)
3 erste Lage der Abdichtung
4 Trenn- und Ausgleichsschicht
5 Unterkonstruktion (obere Schale)
6 Wärmedämmung
7 Trenn- und Ausgleichsschicht
8 obere Geschossdecke, Beton (untere Schale)
a belüfteter Zwischenraum

Abb. 10.3: Das belüftete Flachdach

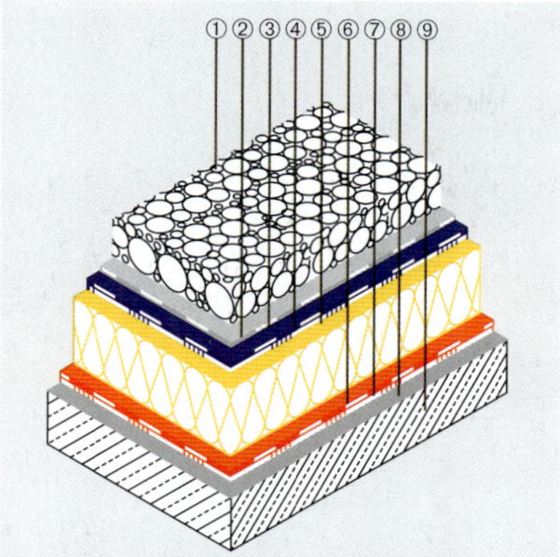

1 schwerer Oberflächenschutz (Kies)
2 Oberlage der Abdichtung (Poymerbitumenbahn)
3 erste Lage der Abdichtung (punkt- und streifenweise verklebt)
4 Dampfdruckausgleichsebene
5 Wärmedämmung
6 Dampfsperre (punkt- und streifenweise verklebt)
7 Trenn- und Ausgleichsschicht
8 Haftbrücke
9 Unterkonstruktion, Beton

Abb. 10.4: Das nicht belüftete Flachdach

10.1.1 Das belüftete Flachdach

Das belüftete Flachdach (Abb. 10.3) besteht aus 2 Schalen, wobei die erste, untere Schale von der Geschossdecke gebildet wird. Auf ihr wird die **Dämmung** verlegt. Über der Wärmedämmung ist ein **belüfteter Zwischenraum** angeordnet. Die zweite Schale besteht meist aus einer Schalung aus **Holz oder Holzwerkstoffen** und dient als Unterkonstruktion für die Dachabdichtung.

Die **Durchlüftung** dient dem Zweck, die anfallende Luftfeuchtigkeit aus der Bau- und Nutzungsfeuchte nach außen abzuführen. Um eine Durchlüftung zwischen Dämmung und oberer Schale zu gewährleisten, muss der Belüftungsraum ausreichend groß dimensioniert (mindestens 5 cm) und durch Be- und Entlüftungsöffnungen mit der Außenluft verbunden sein.

Die Luftbewegung wird lediglich durch den Wind verursacht, deshalb sollte die Belüftung durch eine **diffusionshemmende Unterkonstruktion** (Dampfbremse unter der Wärmedämmung) entlastet werden. Je geneigter das Dach ist, umso größer wird die Kaminwirkung in dem belüfteten Zwischenraum. Die **Luftzirkulation** nimmt zu und die Feuchtigkeit wird dementsprechend schneller abgeführt.

Bei ungünstigen Bedingungen, z. B. sehr flachen Dächern, großen Sparrenlängen oder Bäumen bzw. hohen Gebäuden in unmittelbarer Nähe, ist der Lüftungsquerschnitt zu erhöhen. Gegebenenfalls müssen zusätzliche Lüfter eingebaut werden, um die Funktionstüchtigkeit der Belüftungsschicht zu gewährleisten.

10.1.2 Das nicht belüftete Flachdach

Das nicht belüftete Flachdach (Abb. 10.4) ist der heutzutage üblichste Flachdachaufbau. Alle erforderlichen Schichten liegen dabei auf der Unterkonstruktion. Damit ein

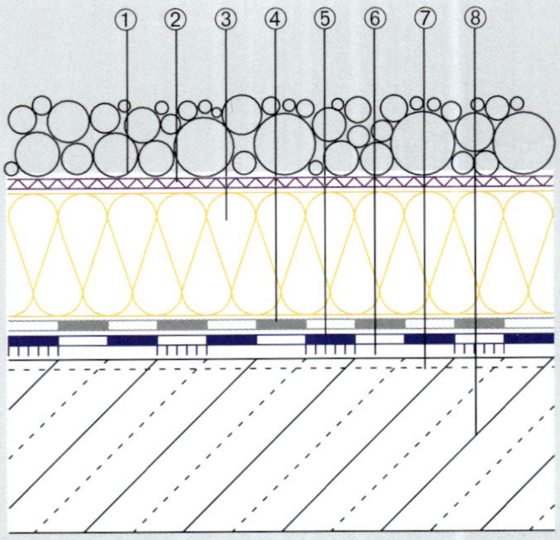

1 schwerer Oberflächenschutz (Kies)
2 Trenn- bzw. Schutzlage (Filtervlies)
3 Wärmedämmung
4 Oberlage der Abdichtung
5 erste Lage der Abdichtung
6 Trenn- und Ausgleichsschicht
7 Haftbrücke
8 Unterkonstruktion, Beton

Abb. 10.5: Das Umkehrdach

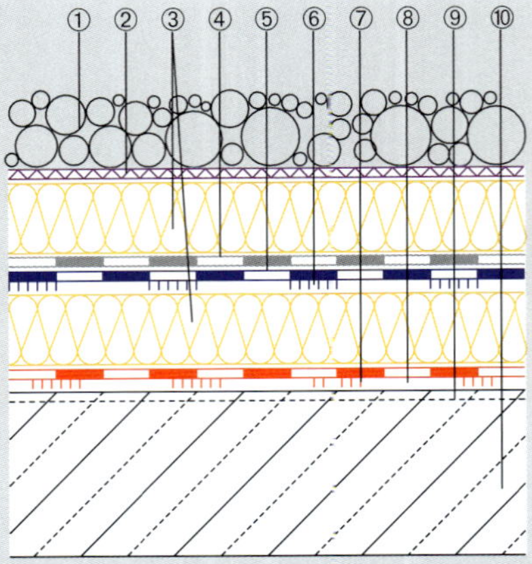

1 schwerer Oberflächenschutz (Kies)
2 Trenn- bzw. Schutzlage, Filtervlies
3 Wärmedämmung
4 Oberlage der Abdichtung
5 erste Lage der Abgdichtung (punkt- und streifenweise verklebt)
6 Dampfdruckausgleichsebene
7 Dampfsperre (punkt- und streifenweise verklebt)
8 Trenn- und Ausgleichsschicht
9 Haftbrücke
10 Unterkonstruktion, Beton

Abb. 10.6: Das Plusdach

nicht belüfteter Flachdachaufbau seine bauphysikalischen wie auch abdichtungstechnischen Aufgaben erfüllen kann, ist eine bestimmte Schichtenfolge zwingend einzuhalten:

- Tragkonstruktion z. B. Stahlbeton,
- Haftbrücke,
- Trenn- und Ausgleichsschicht,
- Dampfsperre,
- Wärmedämmung,
- Dampfdruckausgleichsebene,
- 1. Abdichtung,
- 2. Abdichtung,
- Oberflächenschutz.

Sonderformen des nicht belüfteten Flachdaches sind das **Umkehrdach, das Plus- oder Duodach** und das **Kompaktdach.**

10.1.3 Das Umkehrdach

Beim **Umkehrdach** (Abb. 10.5) liegt die einlagig verlegte Wärmedämmung lose auf der Abdichtung. Das bedeutet, dass i. d. R. ein schwerer Oberflächenschutz als Auflast erforderlich ist. Auf diese Weise wird die Abdichtung, außer an den Anschlüssen, sowohl vor **thermischer** als auch vor **mechanischer** Beanspruchung geschützt. Da die Wärmedämmung dauerhaft dem Niederschlagswasser ausgesetzt ist, sind an die Dämmstoffe besondere Anforderungen zu stellen. Derzeit ist nur extrudierter Polystyrol-Hartschaum diesen Anforderungen ohne Einschränkungen gewachsen.

10.1.4 Das Plus- oder Duodach

Das **Plusdach** (Abb. 10.6) ist eine nicht belüftete Flachdachkonstruktion, die wie das Umkehrdach eine zusätzliche Wärmedämmung oberhalb der Abdichtung besitzt. Diese Konstruktionsart wird vor allem eingesetzt, wenn der vorhandene, noch funktionstüchtige, nicht belüftete Flachdachaufbau nicht mehr den geltenden Wärmeschutzverordnungen entspricht. Dabei wird auf die noch intakte Abdichtung eine zusätzliche Lage Dämmstoff gelegt. Diese muss gegen Windsog und Aufschwimmen mit einer Auflast bzw. schwerem Oberflächenschutz gesichert werden. Bei Sanierungen dieser Art sind häufig Erhöhungen der Wandanschlüsse und Durchdringungen erforderlich, da diese dann im Regelfall zu niedrig sind. Wird diese Art des Aufbaus auf einem Neubau geplant und ausgeführt, spricht man von einem **Duodach**.

10.1.5 Das Kompaktdach

Das **Kompaktdach** zeichnet sich durch einen **hohlraumfrei** miteinander verklebten Schichtaufbau aus. Üblicherweise wird vollflächig in Heißbitumen eingeschwemmtes Schaumglas als Dämmung benutzt (Abb. 10.7). Da Schaumglas dank seiner wasser- und dampfdichten Struktur die Funktion der Dampfsperre übernehmen kann, kann sie direkt auf die tragende und entsprechend vorbereitete Betondecke geklebt werden.

Ein weiterer Vorteil dieser Konstruktion ist, bedingt durch die vollflächige Verklebung aller Schichten, die Sicherheit gegen Wasserunterläufigkeit.

Voraussetzung für eine wasserunterlaufsichere Verklebung auf Betondecken ist die abtragende Vorbereitung des Untergrundes. Dies geschieht z. B. durch Kugelstrahlen oder Feinfräsen der Betonoberfläche. Auf diese Weise wird die Haftfähigkeit des Voranstriches und damit auch des Bitumens erhöht. Diese Haftfähigkeit muss durch Abreißprüfungen festgestellt und gewährleistet sein. Dafür werden ab 500 m^2 abzudichtende Fläche mindestens 3 gleichmäßig über die Fläche verteilte Einzelmessungen durchgeführt, die einen bestimmten Wert nicht unterschreiten dürfen.

Abb. 10.7: Mit Heißbitumen verklebtes Schaumglas

Es gibt belüftete und nicht belüftete Flachdächer. Hauptsächlich werden nicht belüftete Flachdächer hergestellt. Diese unterscheiden sich wiederum aufgrund ihrer unterschiedlichen Schichtenaufbauten.

10.2 Funktionsschichten im Flachdachaufbau

Der gesamte Flachdachaufbau, von der Unterkonstruktion bis zum Oberflächenschutz, besteht aus verschiedenen Schichten. Jede dieser Schichten übernimmt eine Aufgabe, um den **bauphysikalischen** und **mechanischen** Beanspruchungen eines Flachdaches gerecht zu werden. Je nach Ausführungsart variieren Anordnung und Anzahl der Schichten (siehe Abb. 10.3 bis 10.6).

10.2.1 Unterkonstruktion und Untergrund

Der obere Abschluss eines Gebäudes ist die Unterkonstruktion eines Flachdaches. Sie dient als tragende Unterlage für alle nachfolgenden Schichten des Flachdachaufbaus. Je nach Bauweise besteht sie aus **Stahlbeton**, **Porenbeton**, **Holz** bzw. **Holzwerkstoffen** oder **Stahltrapezprofilen.** Bei nicht belüfteten Dächern, bei denen sie für die Aufnahme von Dachabdichtungen mit den dazugehörigen Schichten dient, muss der Untergrund stetig verlaufend, sauber und frei von Fremdkörpern (z. B. Kiesnestern bei Betondecken) sein. Nach Möglichkeit sollte bereits die Unterkonstruktion mit Gefälle ausgeführt werden.

Ortbeton, Zementestriche und Betonfertigteile

Ortbeton und Estriche müssen ausreichend erhärtet und oberflächentrocken sein. Die Oberfläche soll frei von Kiesnestern, klaffenden Rissen und Graten sein. Fugen zwischen Betonfertigteilen müssen geschlossen oder formstabil (z. B. mit Blechstreifen) abgedeckt sein. Bei großformatigen Betonplatten, bei denen Bewegungen auftreten können, sind die Kopf- und Längsfugen mit lose aufgelegten Schleppstreifen abzudecken. Die Schleppstreifen müssen mindestens 20 cm breit sein und sind einseitig zu fixieren. Sollen Dampfsperren oder Abdichtungen wasserunterlaufsicher ausgeführt werden, ist der Untergrund dementsprechend vorzubereiten.

Dachschalung

Die einzelnen Bretter der Holzschalung sollen 8 bis 16 cm breit sein und eine Dicke von 24 mm haben. Über Schalungen aus Holz oder Holzwerkstoffen soll eine Trennschicht angeordnet werden.

Stahltrapezprofile

Stahltrapezprofile gelten als leichte Unterkonstruktion und dürfen in der Feldmitte eine Durchbiegung von 1/300 nicht überschreiten. Sie müssen mit einer Dachneigung von mindestens 2 % verlegt werden.

10.2.2 Haftbrücken

Haftbrücken dienen zur Verbesserung der Klebefähigkeit nachfolgender Schichten auf dem Untergrund. Sie **müssen** aufgebracht werden, wenn die Windsogsicherung durch die Verklebung des Dachaufbaus erfolgt. Für bituminöse Dachaufbauten sind Voranstriche aus **Bitumenlösung** oder **Bitumenemulsion** geeignet. **Grundierungen** sind auf die nachfolgenden Schichten (Flüssigkunststoffe, Kunststoffbahnen) abzustimmen.

Abb. 10.8: Aufrollen von Bitumenvoranstrich

Haftbrücken werden durch Streichen, Rollen oder Spritzen auf den besenreinen, festen und oberflächentrockenen Untergrund aufgebracht. Sie binden den Staub und ermöglichen einen funktionierenden Verbund mit den nachfolgenden Schichten. Die Haftbrücken müssen vor der Verlegung weiterer Schichten durchgetrocknet sein. An aufgehenden Bauteilen (Wandanschluss, Lichtkuppel etc.) ist der Voranstrich bzw. die Grundierung bis auf die Höhe der fertigen Abdichtung aufzubringen.

Haftbrücken sind auf den geplanten Aufbau abzustimmen und grundsätzlich an aufgehenden Bauteilen bis zur Oberkante der fertigen Abdichtung hochzuführen.

10.2.3 Trenn- und Ausgleichsschicht

Die Aufgabe der **Trenn- und Ausgleichsschicht** besteht darin, die nachfolgenden Schichten bzw. den Untergrund zu schützen. Besteht der Untergrund aus Holz oder Holzwerkstoffen, wird eine Trennschicht aufgenagelt, um den Untergrund vor der offenen Brennerflamme zu schützen. Zudem gleicht die Trennschicht kleine Spannungs- und Schwundrisse aus und bewahrt die nachfolgenden Lagen vor Rauigkeit und chemischen Einflüssen aus dem Untergrund. Eine Trenn- und Ausgleichsschicht kann auch durch die teilflächige Verklebung der nachfolgenden Bitumen-Schweißbahn (ausgleichende Dampfsperre) hergestellt werden.

Als Trenn- und Ausgleichsschichten sind z. B. geeignet:

- Bitumen-Dachbahnen,
- Bitumen-Dachdichtungsbahnen,
- Rohglasvlies (120 g/m^2),
- Kunststoffvlies (300 g/m^2),
- Kaschierlagen der Abdichtungsbahnen,
- Schaumstoffmatten.

10.2.4 Dampfsperre

Die Dampfsperrschicht wird unter der Wärmedämmung angeordnet und soll die Wasserdampfdiffusion aus dem Gebäudeinneren in den Dachaufbau verhindern bzw. vermindern.

Die Dampfsperren können lose verlegt, punkt- oder streifenweise oder vollflächig auf der Unterlage verklebt werden. Die Überdeckungen sind zu verkleben. Sie sind an An- und Abschlüssen bis mindestens Oberkante Dämmung hochzuführen und anzuschließen. Auf Stahltrapezprofilen sind Dampfsperrbahnen grundsätzlich in Spannrichtung parallel zu den Obergurten zu verlegen. Die Längsnaht muss auf dem Obergurt liegen. Die Quernaht kann aus einem Hilfsauflager, z. B. einem Blechstreifen, hergestellt werden. Dampfsperren aus Bitumenbahnen können als vorübergehende behelfsmäßige Abdichtung während der Bauphase dienen. Dann müssen sie allerdings wie Abdichtungen geplant und ausgeführt werden. Schaumglasplatten sind dampfdiffusionsdicht. Sie können die Funktion einer Dampfsperrschicht übernehmen, wenn die Fugen mit Bitumenmasse geschlossen sind.

Als Dampfsperrbahnen sind z. B. geeignet:

- Bitumen-Dampfsperrbahn mit Metallbandeinlage,
- Bitumen-Dachbahnen,
- Bitumen-Dachdichtungsbahnen,
- Bitumen-Schweißbahnen,
- Polymerbitumenbahnen,
- Kunststoff-Dampfsperrbahnen,
- Kunststoff-Dachbahnen,
- Elastomer-Dachbahnen,
- Verbundfolien.

10.2.5 Wärmedämmung

Die Hauptaufgabe der Wärmedämmung besteht darin, **Wärmeverluste** zu begrenzen, Energie einzusparen und für ein behagliches Raumklima zu sorgen. Außerdem begrenzt sie temperaturbedingte Verformungen der Tragkonstruktion und verhindert Tauwasserbildung an der Deckenunterseite. Als Gefälledämmschicht ermöglicht sie zusätzlich eine einwandfreie Entwässerung der Dachfläche.

Als Wärmedämmstoffe sind z. B. geeignet:

- Polystyrol-Hartschaum EPS,
- Polystyrol-Extruderschaum XPS,
- Polyurethan-Hartschaum PUR/PIR,
- Phenolharz PF,
- Mineralwoll-Dämmstoff MW,
- Schaumglas CG,
- Platten aus expandiertem Perlite EPB,
- Schüttungen aus expandierten bituminierten Mineralien.

10.2.6 Dampfdruckausgleichsebene

Die Dampfdruckausgleichsebene ist eine zusammenhängende Luftschicht zwischen Wärmedämmung und Dachabdichtung. Eindiffundierte oder eingebaute Feuchtigkeit (z. B. Restfeuchte in der Dämmung, Luftfeuchtigkeit bei der Verlegung) erzeugt bei Erwärmung des Dachaufbaus durch Sonneneinstrahlung

Darum geht es

- Dampfsperrschichten verhindern die Kondenswasserbildung innerhalb des Dachaufbaus.
- Die Wärmedämmung schränkt Wärme- und Energieverluste ein.

einen gewissen **Dampfdruck**. Dieser Dampfdruck hat nun die Möglichkeit, sich über die **zusammenhängende Luftschicht** unter der Abdichtung über die gesamte Fläche zu verteilen. Auf diese Weise wird eine Blasenbildung vermieden.

Um eine Dampfdruckausgleichsebene herzustellen, kann die erste Lage der Dachabdichtung punkt- oder unterbrochen streifenweise aufgeklebt oder lose verlegt werden. Die Dampfdruckausgleichsebene ist demnach eine **Funktionsschicht**, die durch die Verlegeart hergestellt werden kann.

Eine weitere Aufgabe der Dampfdruckausgleichsebene besteht darin, sowohl die Eigenbeweglichkeit der Abdichtung bei Temperaturschwankungen zu ermöglichen als auch Bewegungen und Spannungen aus den darunterliegenden Schichten auszugleichen.

Die Dampfdruckausgleichsebene kann, ähnlich wie die Trenn- und Ausgleichsschicht, durch eine lose Verlegung oder teilflächige Verklebung der nachfolgenden Lage hergestellt werden.

Tabelle 10.1: Eigenschaftsklassen der Abdichtungsbahnen nach DIN 18531-2

Eigenschaftsklasse	hoher mechanischer Widerstand	mäßiger mechanischer Widerstand
Widerstand gegen hohe thermische Beanspruchung	E1	E3
Widerstand gegen mäßige thermische Beanspruchung	E2	E4

Tabelle 10.2: Anwendungstypen nach DIN V 20000-201

Anwendungstypen	Verwendung bei nicht genutzten Dachflächen
DE	Bahnen für einlagige Dachabdichtung
DO	Bahnen für die Oberlage einer mehrlagigen Dachabdichtung
DU	Bahnen für die untere Lage einer mehrlagigen Dachabdichtung
DZ	Bahnen für Zwischenlage bzw. zusätzliche Lage einer mehrlagigen Dachabdichtung

10.2.7 Abdichtung

Die Abdichtung ist die wohl wichtigste Schicht im gesamten Dachaufbau. Sie hat die Aufgabe, das Bauwerk vor Niederschlägen zu schützen. Aus diesem Grund muss sie über die gesamte Dachfläche **wasserdicht** sein. Hierzu gehören auch Dachrandabschlüsse, Gullys, Bewegungsfugen und Durchdringungen wie z. B. Entlüftungen.

Als oberste Lage des kompletten Funktionsschichtenpakets ist die Dachabdichtung die am stärksten beanspruchte Schicht. Sie muss über einen langen Zeitraum sowohl den auf sie einwirkenden **thermischen** und **mechanischen** Beanspruchungen als auch den Beanspruchungen durch **UV-Strahlung** standhalten.

Werden bahnenförmige Abdichtungen verwendet, müssen sie den genormten Anwendungstypen für die verschiedenen Verwendungsmöglichkeiten entsprechen.

Die Werkstoffe für Dachabdichtungen kann man in 3 große Gruppen einteilen:

- Dachabdichtungen aus Bitumen- und Polymerbitumenbahnen,
- Dachabdichtungen aus hochpolymeren Bahnen (Kunststoff- und Elastomerbahnen),
- Abdichtungen mit Flüssigkunststoffen.

Geeignet sind:
- Trägereinlagen aus Glasgewebe,
- Kombinationsträgereinlagen mit überwiegendem Glasanteil,
- Kombinationsträgereinlagen mit überwiegendem Polyesteranteil,
- Polyestervliese.

Kunststoffbahnen aus:
- Ethylencopolymerisat-Bitumen ECB,
- Ethylen-Vinylacetat Terpolymer EVA,
- flexiblen Polyolefinen FPO,
- Polyisobutylen PIB,
- Polyvinylchlorid PVC-P.

Elastomerbahnen aus:
- Ethylen-Propylen-Dien-Terpolymer EPDM,
- Isobutylen-Isopren-Kautschuk (Butylkautschuk IIR).

Flüssigkunststoffe können bestehen aus:
- flexiblen ungesättigten Polyesterharzen (UP),
- flexiblen Polyurethanharzen (PUR) 1K oder 2K,
- flexiblen reaktiven Polymethylmethacrylaten (PMMA).

10.2.8 Oberflächenschutz

Um die Abdichtung vor mechanischer Beschädigung und/oder vor direkter Sonneneinstrahlung zu schützen, wird häufig ein Oberflächenschutz aufgebracht. Man unterscheidet zwischen **leichtem** und **schwerem** Oberflächenschutz.

Der leichte Oberflächenschutz besteht zumeist aus fabrikmäßig mit Schiefersplitt bestreuten Bitumen-Dachbahnen. Bei Dachabdichtungen mit Bitumenbahnen muss die obere Lage aus einer Polymerbitumenbahn bestehen. Hierbei wird der Schiefersplitt dicht deckend in die Bitumenmasse eingestreut. Dachabdichtungen aus Elastomerbitumenbahnen (PYE) müssen einen Oberflächenschutz aufweisen, da diese nicht UV-beständig sind.

Plastomerbitumenbahnen (PYP) müssen aufgrund ihrer andersartigen Zusammensetzung nicht zwingend einen UV-Schutz aufweisen, werden aber häufig aus optischen Gründen mit einer Schieferbesplittung versehen.

Der schwere Oberflächenschutz dient ebenfalls als Auflast gegen ein Abheben durch Windsogkräfte. Er besteht bei nicht genutzten Dachflächen zumeist aus einer mindestens 5 cm dicken Kiesschicht, vorzugsweise mit einer Körnung 16/32 mm. Er schützt vor UV-Strahlung, mechanischer Beanspruchung und Flugfeuer. Bei genutzten Dachflächen kann der Oberflächenschutz aus einer Dachbegrünung oder begehbaren Belägen aus frostbeständigen Platten oder Holz bestehen.

Der **schwere Oberflächenschutz** sichert gleichzeitig den Dachaufbau gegen ein Abheben durch Windsogkräfte.

10.3 Wärmedämmung auf Flachdächern

So wie Tiere von ihrem Fell oder Federkleid vor Kälte und Hitze geschützt werden, so soll auch die Wärmedämmung das Gebäude schützen. Dabei gilt: Je dicker der Dämmstoff, umso besser ist die Dämmleistung und umso weniger Energie geht nach außen verloren. In unserer Klimazone spielt der winterliche Wärmeschutz gegenüber dem sommerlichen Hitzeschutz die größere Rolle. Aus Gründen der Energieeinsparung und des Umweltschutzes unterliegt die Dämmschicht besonderen Anforderungen und hat zudem eine Vielzahl von Aufgaben zu erfüllen. Die Wärmedämmung der obersten Geschossdecke ist ein wesentlicher Bestandteil des Wärmeschutzes für das Bauwerk.

10.3.1 Aufgaben der Wärmedämmung

Folgende Bedingungen muss eine Wärmedämmung gewährleisten:

- Wärmeverluste im Winter und Wärmezugänge im Sommer sowie Auswirkungen von Temperaturschwankungen einschränken,
- temperaturbedingte Verformungen, Spannungen und Rissbildungen in der Dachkonstruktion mindern.

Darum geht es

Abdichtungen aus Bitumenbahnen werden i. d. R. mehrlagig ausgeführt.

- die Dachkonstruktion in Verbindung mit der Dampfsperre vor einem unzulässigen Maß an Tauwasseranfall schützen,
- Energie einsparen und ein behagliches Raumklima erreichen,
- Wärmedämmungen können als konstruktive Maßnahme zur Gefällegebung geplant werden.

10.3.2 Wärme und Wärmeschutz

Der verpflichtende Wärmeschutz eines Daches wird von der Gebäudenutzung und den öffentlich-rechtlichen Baubestimmungen festgelegt. Zu beachten sind zudem auch die zivilrechtlichen Bestimmungen. Deshalb muss der erforderliche Wärmeschutz verbindlich vereinbart werden, nachträgliche Änderungen der Dämmstoffdicken sind nur bei Umkehrdächern möglich.

Festgestellte Mängel im Wärmeschutzkonzept betreffen oftmals die

- Dimensionierung der Dämmstoffdicken,
- Auswahl der Dämmstoffe,
- Nichtbeachtung von Wärmebrücken.

Wärme hat das Bestreben, bei Temperaturdifferenzen innerhalb eines Stoffes oder zwischen verschiedenen Stoffen einen Ausgleich herbeizuführen. Dabei fließt die Wärme so lange zur kalten Seite hin, bis eine Temperaturgleichheit erreicht ist. Das bedeutet für eine Außenwand oder die letzte Geschossdecke mit Abdichtung: Im Winter wandert die Wärme i. d. R. von innen nach außen. Wollen wir im Winter die Räumlichkeiten auf angenehmer Temperatur halten, muss entsprechender Heizaufwand betrieben werden, welcher die abwandernde Wärme ergänzt. Im Sommer ergibt sich der umgekehrte Fall. Dann wandert die Wärme von außen nach innen und erhöht so die Innentemperatur der Räume.

Alle Maßnahmen, die den Wärmeaustausch zwischen Gebäuden und deren Umgebung verringern, werden als Wärmeschutz bezeichnet. Der Wärmeschutz beruht auf der Fähigkeit von Werkstoffen, möglichst viele kleine Zwischenräume mit eingeschlossener Luft oder einem anderen gasförmigen Stoff zu bilden. Wärmedämmstoffe erfüllen diese Anforderungen mit unterschiedlicher Dämmleistung.

Je mehr Luftanteile und je leichter der Dämmstoff, desto besser ist seine Dämmleistung – und umgekehrt. Zudem ist auch die Dicke des Dämmstoffes für den Wärmeschutz von großer Bedeutung.

10.3.3 Formbeständigkeit

Fast alle Stoffe dehnen sich bei Temperaturanstieg aus und ziehen sich bei Temperaturabnahme wieder zusammen. Wasser bildet zwischen ± 0 und +4 °C eine Ausnahme, was sich im Winter durch Platzen von Wasserleitungen, Gefäßen und Autokühlern zeigen kann. Auch Putz wird beim Gefrieren der in Putzrisse eingedrungenen Niederschläge zum Abplatzen gebracht.

Auch die verschiedenen Dämmstoffe unterliegen werkstoffspezifisch unterschiedlichen thermischen Längenänderungen. Aus diesen Längenänderungen der Dämmstoffe können sich im Schichtenaufbau, und hier insbesondere bei der Dachabdichtung, Schäden ergeben. Dies trifft für Formänderungen des Dämmstoffes jeglicher Art zu, wie z. B. durch herstellungsbedingte Schrumpfung (Polystyrol) oder gleichzeitiges Einwirken von Wärme und Feuchtigkeit (Schüsseln und Nachschäumen bei Polyurethan).

Deshalb sind Maßnahmen zu ergreifen, die Schäden durch Formänderungen vermeiden oder vermindern:

- Hartschaumplatten mit extrem stabilen Kanten (z. B. Extruderschaum) sind vollflächig durch eine Trennlage (z. B. Polyestervliese, Glasvliese) von der Dachabdichtung zu trennen.
- Bei einer verklebten Verlegung sind idealerweise kleinformatige Hartschaumplatten zu verwenden, deren thermische Längenänderungen geringer ausfallen. Dabei ist darauf zu achten, dass die Hartschäume ausreichend abgelagert sind und die herstellungsbedingte Anfangsschrumpfung weitgehend vollzogen ist.

- Verformungs- und spannungsfreie Dämmstoffe sind einzusetzen und vor, während und nach der Verarbeitung vor Feuchtigkeit zu schützen.

10.3.4 Temperaturbeständigkeit der Wärmedämmung

Sollen Dämmstoffe mit Heißbitumen (ca. 200 °C) verklebt werden, müssen sie zumindest dieser Kurzzeitbeanspruchung der Temperatur standhalten. Wegen der geringen Kurzzeitbeanspruchungstemperatur ist es nicht zu empfehlen, unkaschierte Polystyrol-Hartschäume mit Heißbitumen zu verkleben. Die in der Praxis angewendete Technik, das Heißbitumen aufzubringen, etwas abzuwarten und dann die Platte in die abkühlende Bitumenmasse zu verlegen, bringt nicht die notwendige Klebefestigkeit. Entweder ist das Bitumen noch zu heiß und die PS-Platte schmilzt unterseitig oder das Bitumen ist schon zu kalt und bringt nicht mehr die nötige Verklebung.

Hier ist es ratsam, entsprechende Kaltkleber oder kaschierte PS-Platten zu verwenden. Bei der Verklebung von Faser- und Perlite-Dämmstoffen kann zusätzlich eine mechanische Befestigung notwendig werden, wenn die Festigkeit des Dämmstoffgefüges zur Aufnahme hoher Windlasten alleine nicht ausreicht. Wird die Wärmedämmung mit Heißbitumen unmittelbar auf die Obergurte von Trapezblechen verklebt, so ist die Temperatur des Bitumens etwas zu erhöhen, um eine zu schnelle Abkühlung durch das Aufbringen auf die kalten Trapezbleche auszugleichen. Bei der Verklebung von Dämmstoffen mit Kaltklebern auf Trapezblechen sollten Klebstoffe (Adhäsiv- oder Polyurethankleber) mit sog. **Nachklebeeffekt** verwendet werden. Hiermit wird erreicht, dass der Klebstoff nach Entlastung des Trapezbleches (z. B. werden durch das Gewicht des Verlegers einzelne Profilrippen vorübergehend abgesenkt) noch mit dem Dämmstoff verklebt.

Für Kaltkleber (Adhäsivkleber) oder Polyurethankleber sind insbesondere die Angaben der Hersteller wie Haltbarkeitsdatum, Anwendungs- und Klimarandbedingungen, Angaben zur aufzubringenden Menge und Vorbehandlung des Untergrunds zu beachten.

10.3.5 Materialverträglichkeiten untereinander

Da die Dämmstoffe mit den angrenzenden Schichten in direktem Kontakt stehen, dürfen sie diese Schichten weder schädigen noch von diesen geschädigt werden. Schädigungen können durch thermische oder chemische Einflüsse entstehen. So sind Trennlagen zwischen Dämmung und Dachabdichtung anzuordnen, wenn diese miteinander unverträglich sind. Durch eine Trennlage wird eine schädliche Wechselwirkung zwischen Polystyrol-Hartschaum und Dachbahnen aus PVC weich, nicht bitumenbeständig, vermieden. Gleiches gilt für Lösungsmittel und ölhaltige Produkte, welche die Dämmstoffe schädigen können.

Problematisch sind auch Gussasphalte, die mit hoher Temperatur auf die Dachabdichtung aufgebracht werden und darunterliegende Polystyrol-Dämmstoffe durch die langzeitige Hitzebelastung schädigen können. Dies gilt im Übrigen nicht nur für den o. g. Dämmstoff, sondern je nach Wahl der Abdichtungs-

■ Darum geht es

Beobachten Sie ein Thermometer. Bei Erwärmung „steigt" und bei Kälte „sinkt es", so der allgemeine Sprachgebrauch. In Wirklichkeit ist es aber die im Thermometer enthaltene Flüssigkeit, nämlich Quecksilber oder Weingeist, die sich bei Erwärmung ausdehnt und bei Kälte zusammenzieht.

materialien und deren Trägereinlagen können auch diese durch die länger anhaltende Temperatur Schaden nehmen (beispielsweise Schrumpfen der Trägereinlage, hier insbesondere bei Polyestervlies).

10.3.6 Dämmstoffarten

Wärmedämmstoffe sind unterteilt in organische und anorganische Dämmstoffe.

Die organische Chemie ist die Chemie der Kohlenstoffverbindungen. Sie besitzen die Fähigkeit, sich mit sich selbst und mit anderen Elementen zu verbinden. Kohlenstoff ist der wesentliche Bestandteil aller lebenden Materie. Organische Dämmstoffe bestehen z. B. aus pflanzlichen oder tierischen, nachwachsenden Rohstoffen wie Schilfrohr, Schafwolle und Zellulose oder werden aus Mineralölen gewonnen wie Polystyrol- oder Polyurethan-Hartschaum. Für aufgeschäumte Mineralien hat sich im allgemeinen Sprachgebrauch der Begriff Hartschaum eingebürgert.

Anorganisch sind Stoffe, die nicht zur lebenden Chemie gehören, wie Mineralien, Gesteine usw. Sie enthalten keine Kohlenstoffe. Anorganische Dämmstoffe bestehen im Regelfall aus mineralischen Stoffen, die entweder natürlich vorkommen, wie z. B. Perlite, oder synthetisch hergestellt werden, wie etwa Mineralwolle. In diese sind bedingt durch die rasche Abkühlung feinste Wassertröpfchen eingeschlossen. Das gewonnene Perlitegestein wird gebrochen, gemahlen und schlagartig Temperaturen von bis zu 1.200 °C ausgesetzt. Hierdurch bläht die eingeschlossene Feuchtigkeit das schmelzende Gestein auf das 15- bis 20-fache seines Volumens auf.

10.3.7 Kriterien für die Dämmstoffauswahl

Für Dächer mit Abdichtungen steht eine Vielzahl von Dämmstoffen zur Verfügung. Einen für alle Anwendungszwecke gleichermaßen gut geeigneten Dämmstoff gibt es jedoch nicht. Die unterschiedliche Rohstoffbasis und die verschiedenen Strukturen der Dämmstoffe bieten Voraussetzungen, die für die Auswahl des Dämmstoffes von entscheidender Bedeutung sind.

Tabelle 10.3: Dämmstoffe und ihre Kurzzeichen

Norm	Dämmstoff	Kurzzeichen
DIN EN 13162	Mineralwolle	MW
DIN EN 13163	Polystyrol-Hartschaum	EPS
DIN EN 13164	Polystyrol-Extruderschaum	XPS
DIN EN 13165	Polyurethan-Hartschaum	PUR
DIN EN 13166	Phenolharz-Hartschaum	PF
DIN EN 13167	Schaumglas	CG
DIN EN 13168	Holzwolle	WW
DIN EN 13169	expandierte Perlite	EPB
DIN EN 13170	expandierter Kork	ICB
DIN EN 13171	Holzfaser	WF

Wichtige Auswahlkriterien für Dämmstoffe sind:

- Wärmeleitfähigkeit,
- Verhalten gegenüber Feuchtigkeit, Nässe und Wasserdampf,
- Formbeständigkeit, Dauerhaftigkeit,
- Temperaturbeständigkeit,
- Verträglichkeit mit anderen Stoffen,
- Druckfestigkeit,
- Brandverhalten,
- Schalldämmeigenschaften,
- Umweltverträglichkeit (beispielsweise nachwachsende Rohstoffe, Entsorgung, Recycling).

Da keiner der Dämmstoffe alle geforderten Eigenschaften aufweist, müssen die entsprechenden nachteiligen Eigenschaften durch spezielle Verlegetechniken oder besondere Maßnahmen ausgeglichen werden.

Festigkeitseigenschaften sind wichtige Gesichtspunkte für die Auswahl des Dämmstoffes bei nicht belüfteten Konstruktionen. Dies gilt insbesondere bei Parkdecks, wo der Dämmstoff hohe Lasten auf die Unterkonstruktion übertragen muss. Aber auch für Dachflächen, die als Terrasse genutzt oder nur zu Wartungszwecken begangen werden, ist die Festigkeit des Dämmstoffes entscheidend. Besonders bei Stahltrapezprofilen, wo der Dämmstoff nur auf den Obergurten aufliegt und die Sicken überbrücken muss, kann er beim Begehen oder Befahren, beispielsweise mit der Schubkarre, zerbrechen. Hier ist es ratsam, Bohlengänge o. Ä. auszulegen, die beim Befahren die auftretende Punktlast des Rades großflächiger verteilen.

10.3.8 Anforderungen an Dämmstoffe

- Für die Wärmedämmung von Dächern mit Abdichtungen dürfen nur solche Dämmstoffe zum Einsatz kommen, die bauaufsichtlich eingeführten Normen, allgemeinen bauaufsichtlichen oder europäischen technischen Zulassungen entsprechen.
- Platten- oder bahnenförmige Dämmstoffe sollen möglichst eng aneinander verlegt werden.
- Dämmplatten und Bahnen sind im Verband zu verlegen.
- Dämmstoffe sind aus trittfesten Wärmedämmstoffen herzustellen.
- Wärmedämmungen müssen ausreichend temperaturbeständig, formbeständig, unverrottbar und als Unterlage für die Dachabdichtung trittfest und maßhaltig sein.

Druckbelastbarkeit

- Beim Einsatz von Dämmstoffplatten in nicht belüfteten Dächern müssen **druckbelastbare Dämmplatten** verwendet werden.
- Wärmedämmstoffe mit geringer Druckbelastbarkeit sind nur bei durchlüfteten Dächern zulässig.
- Wärmedämmstoffe für belüftete Dachkonstruktionen sollen möglichst **dampfdurchlässig** sein, damit die eindiffundierende Feuchtigkeit schnellstmöglich über den Belüftungsraum wieder nach außen transportiert werden kann.
- Wenn Dämmplatten mechanisch befestigt werden, müssen Druckbelastbarkeit und Oberflächenbeschaffenheit der Dämmung und das Befestigungssystem aufeinander abgestimmt werden. Bei Mineralfaser-Dämmstoffen ist das Verhalten unter Punktlast bei Deformationen zusätzlich zu berücksichtigen.

Falz

- Dämmplatten mit Falz vermindern den Wärmeverlust im Fugenbereich. **Falzungen** müssen so ausgebildet (z. B. Stufenfalze) sein, dass sich Bewegungen nicht großflächig auswirken können.
- Bei Dämmstoffen mit Hakenfalz können diese ungewünschten großflächigen Bewegungen entstehen.

Thermische Längenänderungen

- Werden Dämmplatten eingebaut, deren temperaturbedingte **Längenänderungen** sich nachteilig auf die Abdichtung auswirken können, ist eine Trennung (z. B. Glasvlies-Bitumendachbahn, Glasvliese, Flächengewicht mindestens 120 g/m^2, Vliese aus synthetischen Fasern, Flächengewicht mindestens 150 g/m^2) zwischen Wärmedämmung und Abdichtung erforderlich.
- Die **Seitenlängen** von Hartschaum-Dämmplatten sollten wegen ihrer hohen thermischen Längenänderung und damit verbundenen möglichen negativen Auswirkungen auf die Dachhaut nicht größer als 1,25 m sein.

Darum geht es

Auch die Umweltverträglichkeit spielt bei der Dämmstoffauswahl eine große Rolle. Als Beispiele seien hier die z. T. umweltschädlichen Treibgase zum Aufschäumen der Dämmstoffe genannt oder die Recyclingfähigkeit bzw. Altlast des Dämmstoffes nach dem Abriss.

Fugen

- **Fugen** aus zulässigen Maßabweichungen und temperaturbedingte Längenänderungen lassen sich nicht vermeiden. An Fugen von Wärmedämmungen oder im Bereich von Randhölzern, Zargen u. Ä. ergibt sich ein von den Werten der Fläche geringfügig abweichender Wärmedurchlasswiderstand. Dadurch können bei Reif, dünner Schneedecke oder Feuchtigkeit auf der Dachfläche Abzeichnungen erkennbar werden, welche die Funktionsfähigkeit nicht beeinträchtigen.

Wasserunterläufigkeit

- Soll bei Dämmstoffen aus Schaumglas die **Wasserunterläufigkeit** verhindert werden, sind diese auf geschlossenen Unterlagen wie Beton vollflächig in Bitumen oder mit einem anderen geeigneten Klebstoff zu verlegen. In diesem Fall sind gemäß Herstellervorschriften an die Ebenheit und die Haftfähigkeit des Untergrunds besondere Anforderungen zu stellen (siehe Kapitel 10.1.5).

Roll- und Klappdämmbahnen

- Roll- und Klappdämmbahnen sind auf Trapezprofilen generell in **Spannrichtung** (gleichlaufend zu den Obergurten) zu verlegen.
- Dämmplatten und rollbare oder klappbare Wärmedämmbahnen können lose verlegt oder werkstoffspezifisch unter Berücksichtigung der Sicherung von Dachabdichtungen gegen Abheben durch Windkräfte vollflächig oder teilflächig verklebt oder mechanisch befestigt werden.

Hartschaum-Dämmplatten

- Dämmplatten aus Polystyrol-Hartschaum, auf welche die erste Lage der Dachabdichtung geschweißt oder mit Heißbitumen aufgeklebt wird, sollen oberseitig mit Überlappungen kaschiert sein. Die Überlappungen müssen nicht verklebt werden.
- Polyurethan-Hartschaumplatten sind gemäß Herstellerverlegerichtlinien voll- oder teilflächig gleichmäßig verteilt zu verkleben oder mechanisch zu befestigen, um beispielsweise die Gefahr einer **Schüsselung** zu vermeiden.

Details

- Besonders an **Details** wie Dachrand, Wandanschluss oder Durchdringungen ist die Wärmedämmung sorgfältig und sauber anzupassen. An aufgehendem Mauerwerk ist es daher meistens erforderlich, die untere Dämmstoffkante abzuschrägen, um bündig und möglichst fugenfrei an dem aufgehenden Baukörper anschließen zu können.
- Bitumenbahnen, die als **Kaschierung** von rollbaren oder klappbaren Wärmdämmungen verwendet werden, sind als erste Abdichtung nur dann zulässig, wenn sie aus genormten Bitumenbahnen bestehen oder sich entsprechend zuordnen lassen und wenn sie eine Lieferlänge von mindestens 2,50 m haben. Dabei sollen die Überlappungen der Kaschierung mindestens 8 cm breit sein und müssen wasserdicht verklebt sein.
- Bei kleinformatigen, kaschierten Platten zählt die Kaschierung wegen des hohen Nahtanteils nicht als Abdichtung.
- Dämmplatten, auf denen Dachabdichtungen unmittelbar (d. h. ohne Trennlage) aufgebracht werden, dürfen auf der Oberseite keine **Ausgleichskanäle** haben. In diese Ausgleichskanäle kann die Dachabdichtung bei hoher Temperaturbelastung einsinken und die Eigenbeweglichkeit der Abdichtung wird eingeschränkt. Sind zwischen Dämmstoffen und Abdichtungsbahnen aus Kunststoffen Unverträglichkeiten zu befürchten, können anstelle von separat verlegten Trennlagen auch Dämmstoffe mit aufkaschierten Trennlagen wie beispielsweise Glasvliesen oder Polyestervliesen verwendet werden.
- Werden Dämmplatten verwendet, deren temperaturbedingte Längenänderungen sich nachteilig auf die Dachabdichtung auswirken können, wie z. B. Polystyrol Automatenplatten, Polystyrol-Extruderschaumplatten oder Polyurethan-Hartschaumplatten, ist eine vollflächige Trennung zwischen Dämmschicht und Dachabdichtung vorzusehen.
- Dämmplatten können werkstoffspezifisch vollflächig oder teilweise aufgeklebt, mechanisch befestigt oder lose verlegt werden. Die Verklebung kann sowohl mit heißflüssigem

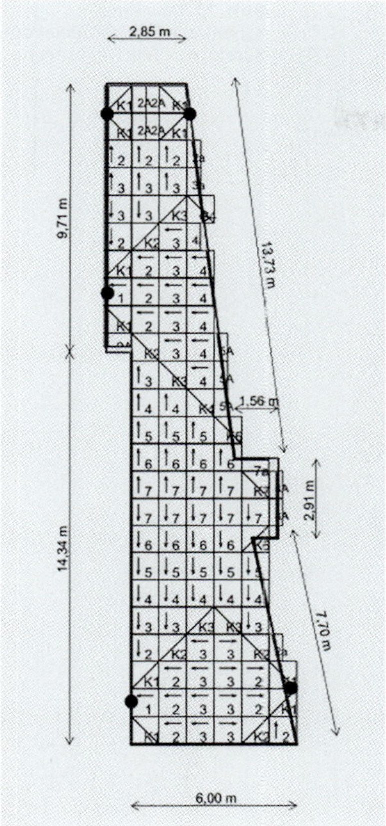

Abb. 10.9: Gefälledämmplan

Art	Name	Stk	Höhe 1 mm	Höhe 2 mm	Größe (L*B) mm*mm	Volumen m³
Gefälle	1	2	20	40	1000 * 1000	0,060
	2	14	40	60	1000 * 1000	0,700
	3	22	60	80	1000 * 1000	1,540
	4	12	80	100	1000 * 1000	1,080
	5	8	100	120	1000 * 1000	0,880
	6	8	120	140	1000 * 1000	1,040
	7	9	140	160	1000 * 1000	1,350
Gefälle			**mittl. Dicke:**	**88,7**		**6,650**

Art	Name	Stk	Höhe 1 mm	Höhe 2 mm	Größe (L*B) mm*mm	Volumen m³
Gefälle (A)	2A	5	40	50	500 * 1000	0,113
	4A	1	80	90	500 * 1000	0,043
	5A	3	100	110	500 * 1000	0,158
	8A	2	160	170	500 * 1000	0,165
Gefälle (A)			**mittl. Dicke:**	**87,1**		**0,479**

Art	Name	Stk	Höhe 1 mm	Höhe 2 mm	Größe (L*B) mm*mm	Volumen m³
Gefälle (a)	2a	2	40	60	1000 * 500	0,050
	3a	1	60	80	1000 * 500	0,035
	7a	1	140	160	1000 * 500	0,075
Gefälle (a)			**mittl. Dicke:**	**80,0**		**0,160**

Abb. 10.10: Schnittliste der Gefälledämmplatten

Bitumen wie auch mit geeigneten Kaltklebern erfolgen. Bei Trapezblechen muss die notwendige Überbrückung der lichten Weite zwischen den Obergurten bei der Dickenwahl des Dämmstoffes berücksichtigt werden.

Gefälledämmungen

Gefälledämmungen (Dämmstoffe mit entsprechendem werkseitigem Zuschnitt) oder gebundene Schüttungen aus expandierten Mineralien eignen sich zur Herstellung von Gefällekeilen oder flächigem Gefälle oberhalb der Dampfsperre.

Die gebräuchlichste Art, ein Gefälle mit Dämmung herzustellen, ist der Gebrauch von Gefälledämmplatten.

Gefälledämmplatten können

- mechanisch befestigt,
- lose mit Auflast verlegt,
- mit zugelassenen Klebern kalt verklebt oder
- mit Bitumen heiß verklebt

werden.

Für die passgenaue Herstellung der Dämmplatten misst der Dachdecker zunächst die Dachfläche auf, markiert die Entwässerungen und gibt die gewünschte Dämmleistung (U-Wert) an. Diese Werte werden an den Hersteller übermittelt. Der Hersteller produziert die Gefälleplatten sowie Grat- und Kehlplatten und liefert sie inkl. eines Gefälledämmplans und einer Stückliste aus. Mithilfe eines Beschriftungssystems mit Positionsnummer und Verlegerichtung können dann alle Gefälledämmplatten planmäßig verlegt werden. Bei größeren Aufbauhöhen sollte eine mehrlagige, stoßversetzte Verlegung der Dämmplatten erfolgen, sodass die Stoßfugen überdeckt werden.

■ Begriffe

Der U-Wert beschreibt die energetische Qualität eines Bauteils. Dabei gilt: Je kleiner desto besser.

→ Siehe auch Kapitel „Bauphysik" im Anhang

Abb. 10.11: Windzonenkarte für das Gebiet der Bundesrepublik Deutschland

10.4 Sicherungsmaßnahmen

Sicherungsmaßnahmen sind zu ergreifen

- gegen horizontale Kräfte,
- gegen vertikale Kräfte,
- bei einem Gefälle über 3°.

10.4.1 Maßnahmen zur Aufnahme horizontaler Kräfte

Bei Dächern mit Abdichtungen treten **Horizontalkräfte** in der Abdichtungsebene auf. Diese sind abhängig von Unterkonstruktion, Wärmedämmung, Auflast und Abdichtungsart. Insbesondere bei **Leichtdachkonstruktionen** aus Stahltrapezprofilen treten hauptsächlich durch Windeinwirkung Schwingungen auf. Diese Schwingungen bewirken eine sog. **Dämmstoffwanderung**. Sie sind vergleichbar mit einer Rüttelplatte und verschieben die Dämmplatten in Richtung des Dachmittelpunkts, sodass an den Dachrändern Dämmstoff-Fehlstellen entstehen.

Zur Vermeidung nachteiliger Auswirkungen auf den Dachaufbau sind Maßnahmen zur Aufnahme horizontaler Kräfte erforderlich:

- bei lose verlegten, einlagigen Abdichtungen,
- bei Unterkonstruktionen aus Stahltrapezprofilen (außer bei vollflächig verklebtem Schichtenaufbau mit Schaumglas) sowie
- bei Dachaufbauten mit leichtem Oberflächenschutz und Wärmedämmstoffen aus Hartschaum, die mit Kaltkleber mit Nachklebeeffekt verklebt sind.

In den genannten Fällen ist die Dachabdichtung an Dachrändern, Anschlüssen an aufgehenden Bauteilen, Bewegungsfugen, Lichtbändern, Lichtkuppeln etc. mechanisch zu befestigen. Diese Befestigungen sind nur dann voll wirksam, wenn sie in oder unmittelbar über der Abdichtungsebene oder am Übergang zu senkrechten oder geneigten Flächen angeordnet und ausgeführt werden. Einbinden oder Einklemmen in höher liegende Randprofile oder unter Randabdeckungen sowie Verklebungen sind keine Befestigungen in diesem Sinne.

Maßnahmen zur Aufnahme horizontaler Kräftesind von der Gebäudehöhe unabhängig. Die Befestigung der Abdichtung mit der Unterkonstruktion erfolgt durch Linienbefestigung oder durch lineare Befestigung.

Maßnahmen zur Aufnahme horizontaler Kräfte werden grundsätzlich mit mechanischen Befestigungen ausgeführt.

10.4.2 Maßnahmen zur Aufnahme vertikaler Kräfte (Windsogsicherung)

Die auf die Dachabdichtung einwirkende Windbelastung ist hauptsächlich abhängig von der Gebäudehöhe, der Dachform, der Dachneigung, der Dachbereiche (Eck-, Rand- oder Innenbereich), der Attikahöhe und -form sowie von der Lage des Gebäudes (Deutschland ist in 4 Windzonen eingeteilt, siehe Abb. 10.11).

Bei geschlossenen Gebäuden bis zu einer Höhe von 25 m kann ohne statischen Nachweis die Dachabdichtung vor einem Abheben durch Windkräfte mit folgenden Möglichkeiten gesichert werden:

- Sicherung durch Auflast (schwerer Oberflächenschutz),
- bei lose verlegten Dachabdichtungen auf Dachflächen bis 3° Dachneigung,
- Kiesschüttungen mit einer Körnung 16/32 mm und einer Mindestdicke von 50 mm gelten als ausreichende Sicherung gegen Abheben durch Windkräfte. An Rand- und Eckbereichen können Verwehungen auftreten. Es empfiehlt sich in diesen Bereichen eine höhere Schüttdicke oder die Verwendung von Plattenbelägen, Rasengittersteinen oder Betonformsteinen.
- Betonplattenbeläge mit Plattengrößen von mindestens 40 cm × 40 cm × 4 cm,
- Betonplatten mit einer Größe bis maximal 2,5 m × 2,5 m,
- Betonformsteine, auf Kies und/oder Schutzlage verlegt,
- Dachbegrünung, wenn ihr Flächengewicht im Trockenzustand genügend groß und das Substrat ausreichend verweh- und lagesicher ist.

Sicherung durch Kleben

Der Untergrund muss für eine gute **Klebehaftung** geeignet sein, ggf. ist eine Haftbrücke notwendig. Erfahrungsgemäß können für geschlossene Gebäude bis 25 m Höhe bei Verlegung ohne Auflast die Ausführungen nach Tabelle 10.4 als ausreichende Sicherung gegen Abheben durch Windkräfte angesehen werden.

Die **Abreißfestigkeit** jeder zu klebenden Lage oder Schicht und die Eigenfestigkeit der Klebstoffverbindungen müssen so groß sein, dass die angesetzten Windlasten lagesicher abgeleitet werden können. Wenn eine der zu klebenden Lagen oder Schichten keine ausreichende Abreißfestigkeit aufweist, sind mechanische Befestigungen oder Auflast anzuwenden.

Kaltselbstklebende Bahnen sind mit unterseitiger Selbstklebeschicht ver-

Begriffe

- **Linienbefestigungen** können mit Metallbändern, Profilen aus Metall oder Verbundblech ausgeführt werden. Diese sollten mit mindestens 3 Befestigungen pro Meter mit der tragenden Unterkonstruktion verbunden werden.
- **Lineare Befestigungen** sind in Reihe angeordnete, punktweise Einzelbefestigungen. Diese sollten mit mindestens 3 Befestigungselementen pro Meter ausgeführt werden.

Tabelle 10.4: Verklebung bis 25 m Höhe bei geschlossenen Gebäuden

Bereiche	Heißbitumen	Kaltbitumen[1] ca. 100 g/m und Streifen	PUR-Kleber ca. 40 g/m und Streifen
Innenbereich (I)	10 % der Fläche	2 Streifen/m²	4 Streifen/m²
Innenbereich (H)	20 % der Fläche	3 Streifen/m²	5 Streifen/m²
Randbereich (G)	30 % der Fläche	3 Streifen/m²	6 Streifen/m²
Eckbereich (F)	40 % der Fläche	4 Streifen/m²	8 Streifen/m²

1) Bei Kaltverklebung sind die entsprechenden Angaben der Hersteller zu beachten. Für Kaltbitumenkleber und PUR-Kleber sind insbesondere folgende Herstellerangaben erforderlich:
- Haltbarkeitsdatum,
- Anwendungs- und Klimarandbedingungen,
- Verarbeitungsvorschriften, z. B. Angaben zur Menge, Verteilung, Untergrundvorbehandlung.

sehen. Diese müssen den Anforderungen der jeweiligen **Produktdatenblätter** entsprechen. Der Untergrund muss für eine Kaltselbstklebung geeignet und vorbereitet sein. Nach Abziehen des Trennpapiers oder der Trennfolie wird die Selbstklebebahn unter Druck teil- oder vollflächig aufgeklebt. Für die Klebung von Dampfsperren oder Dämmstoffen unmittelbar auf Trapezprofilen oder Dämmstoffen auf Dampfsperren über Trapezprofilen sollten kalt verarbeitbare Klebemassen verwendet werden. Durch Belastung während der Ausführung können sich die einzelnen Profilrippen vorübergehend durchbiegen. Heißklebemassen aus Oxidationsbitumen sind bei Wärmedämmungen aus Hartschaum nicht geeignet. Bei Kaltbitumenklebern kann der notwendige Klebekontakt erst nach der Entlastung eintreten (Nachklebeeffekt). Bei der Verklebung von Kunststoff- und Elastomerbahnen sind **produktbezogene Systemklebstoffe** zu verwenden.

Sicherung durch mechanische Befestigung

Sicherungsmaßnahmen mit mechanischen Befestigungen werden auf Unterkonstruktionen aus **Holzschalungen und Stahltrapezprofilen** angewendet. Dächer mit einer Unterkonstruktion aus Holz oder Stahltrapezprofilen werden aufgrund des Gewichts i. d. R. ohne Auflast hergestellt. Eine Verklebung des Dachaufbaus auf diesen Untergründen ist erfahrungsgemäß nicht sinnvoll. Die Schwingungen und thermischen Längenänderungen der Stahltrapezprofile können langfristig nicht von den Verklebungen bewältigt werden. Ebenso wirkt sich die **Eigenbeweglichkeit** von Holzschalungen nachteilig auf die Verklebungen aus.

Die mechanische Befestigung kann als lineare Befestigung (punktweise mit Einzelbefestigungen) oder Linienbefestigung (mit durchlaufenden Metallprofilen oder -bändern, auch Verbundbleche) erfolgen.

Bei Befestigung in der **Überlappung** wird die lineare punktweise Einzelbefestigung im überdeckten Bahnenrand angeordnet. Hierbei werden die Bahnen i. d. R. quer zur Spannrichtung des Trapezblechs bzw. der Holzschalung verlegt. Bei der Ausführung ist darauf zu achten, dass der Abstand von mindestens 10 mm zwischen Lastverteilteller und Bahnenkante eingehalten wird. Für die Klemmwirkung ist ein ausreichend druckfester Untergrund erforderlich.

Bei **nahtunabhängiger Befestigung** werden die Linienbefestigungen oder linearen Befestigungen in erforderlichen Abständen angeordnet und mit zusätzlichen Dachbahnstreifen überdeckt.

Bei **unterseitiger Befestigung** von Kunststoff- oder Elastomerbahnen können Streifen oder Teller, z. B. aus Bahnenmaterial mit Einzelbefestigungen in der Unterkonstruktion befestigt werden. Darauf wird die Dachabdichtung systemspezifisch befestigt.

Mechanische Befestigungen müssen im jeweiligen Bereich auf die Fläche bezogen gleichmäßig verteilt angeordnet werden. Die Anzahl der Befestigungen ergibt sich aus den zu berücksichtigenden Windlasten, der Ausführungsart und den Bemessungslasten der Befestigungsmittel. Als Befestigungsmittel gelten Befestigungselemente oder Nagelbefestigungen. Diese müssen auf Ausführungsart und Werkstoffe des Dachaufbaus abgestimmt sein.

10.4.3 Zusätzliche Maßnahmen bei Gefälle über 3°

Bei Flächen mit einem Gefälle über 3° (~ 5 %) können zusätzliche Maßnahmen notwendig werden, die, insbesondere bei Erwärmung durch Sonneneinstrahlung, ein Abgleiten der Dachaufbau-Schichten in Richtung des Gefälles verhindern. Folgende konstruktive Maßnahmen können bei bahnenförmigen Abdichtungen, einzeln oder kombiniert, erforderlich werden:

- Sicherung der Dachbahnen am oberen Rand durch versetzte Nagelung mit höchstens 0,10 m Nagelabstand,
- Befestigung unter Verwendung von Metallbändern bzw. Verbundblechen,
- Durchziehen der Bahnen über den First und kopfseitige Befestigung,
- Einbauen von Stützkonstruktionen zur Fixierung von Dämmschichten und Abdichtungen,
- Einbauen von zusätzlichen Nagelleisten bei nicht nagelbarem Untergrund,
- mechanische Befestigung in der Fläche, z. B. mit Befestigern mit Halteteller.

In Bezug auf die Abdichtungsbahnen können zusätzlich folgende Maßnahmen erforderlich werden:

- Verwendung von Bahnen mit hoher Wärmestandfestigkeit,
- für Klebeschichten Verwendung von standfester Klebemasse oder anderer geeigneter Kleber,
- Verwendung von Dachbahnen mit hoher Zugfestigkeit,
- Verlegung der Bahnen in Gefällerichtung,
- Unterteilen der Bahnenlängen.

Bei mehrlagiger Dachabdichtung über 3° Neigung kann die Oberlage im Überlappungsbereich durch verdeckte Nagelung befestigt werden. Dabei wird die untere Lage durch Befestiger bzw. Nagelung durchdrungen.

10.5 Dachabdichtungen mit Bitumen

10.5.1 Bitumen

Bitumen ist ein schwarzes, klebfähiges, halbfestes bis sprödhartes Kohlenwasserstoffgemisch, das industriell durch die Destillation von Erdöl gewonnen wird. In der Destillationsanlage wird das Rohöl erhitzt. Als Erstes verdampfen Petroleum und Benzin, die getrennt voneinander an den Glockenböden kondensieren und abgezogen werden. Das restliche Rohöl kommt in einen zweiten Destillationsturm und der Vorgang wird wiederholt. In dieser Phase entstehen schwere Öle und das Bitumen. Das so gewonnene Bitumen wird nach seiner Herstellung **Destillationsbitumen** genannt.

Da das Wärme- und Kälteverhalten des Destillationsbitumens relativ schlecht ist (Brechpunkt ca. –2 °C, Erweichungspunkt ca. 70 °C), werden die Eigenschaften des Destillationsbitumens in den Raffinerien durch Einblasen von Sauerstoff wesentlich verbessert. Das auf diese Weise aufgearbeitete Bitumen bezeichnet man als **Oxydations**- oder **geblasenes Bitumen**.

Darum geht es

Sicherungsmaßnahmen werden sowohl gegen ein Abgleiten und ein Abheben des Dachaufbaus ergriffen als auch, um Bewegungen im Untergrund entgegenzuwirken.

Gefüllte Bitumenmassen

Zur weiteren Verbesserung des Wärme- und Kälteverhaltens des Bitumens können dem Bitumen Gesteinsmehle und/oder Mineralfasern zugesetzt werden. Der Zusatz von Füllstoffen kann bis zu 50 % betragen. Die so veränderten Bitumensorten bezeichnet man als **gefüllte Bitumenmassen.**

Polymerbitumen

Für die Herstellung von Bitumenbahnen ist die Zugabe von **Polymeren** (Kunststoffen) von großer Bedeutung. Das mit Polymeren modifizierte Oxydationsbitumen ist das qualitativ hochwertige Bitumen. Es weist gegenüber anderen Bitumensorten eine höhere Wärmestandfestigkeit und eine längere Lebensdauer auf. Je nach Zugabe von Elastomeren oder thermoplastischen Kunststoffen entsteht entweder **Elastomerbitumen (PYE),** das auch bei niedrigen Temperaturen elastisch und flexibel bleibt, oder **Plastomerbitumen (PYP),** welches ein thermoplastisches, geschmeidiges Verhalten aufweist.

Kalt zu verarbeitende bituminöse Produkte

Aus Bitumen werden zudem kalt zu verarbeitende Voranstriche hergestellt. Hier unterscheidet man zwischen **Bitumenemulsion**, bestehend aus Bitumen und Wasser in Verbindung mit einem Emulgator, und **Bitumenvoranstrich**. Dieser besteht zu 40 bis 60 % aus Bitumen, der restliche Anteil ist ein leichtflüssiges Lösemittel.

Bitumen in Verbindung mit Lösemitteln und Zusätzen wie Steinmehl oder Mineralfasern finden ebenfalls als Spachtel-, Klebe- und Beschichtungsmasse Anwendung.

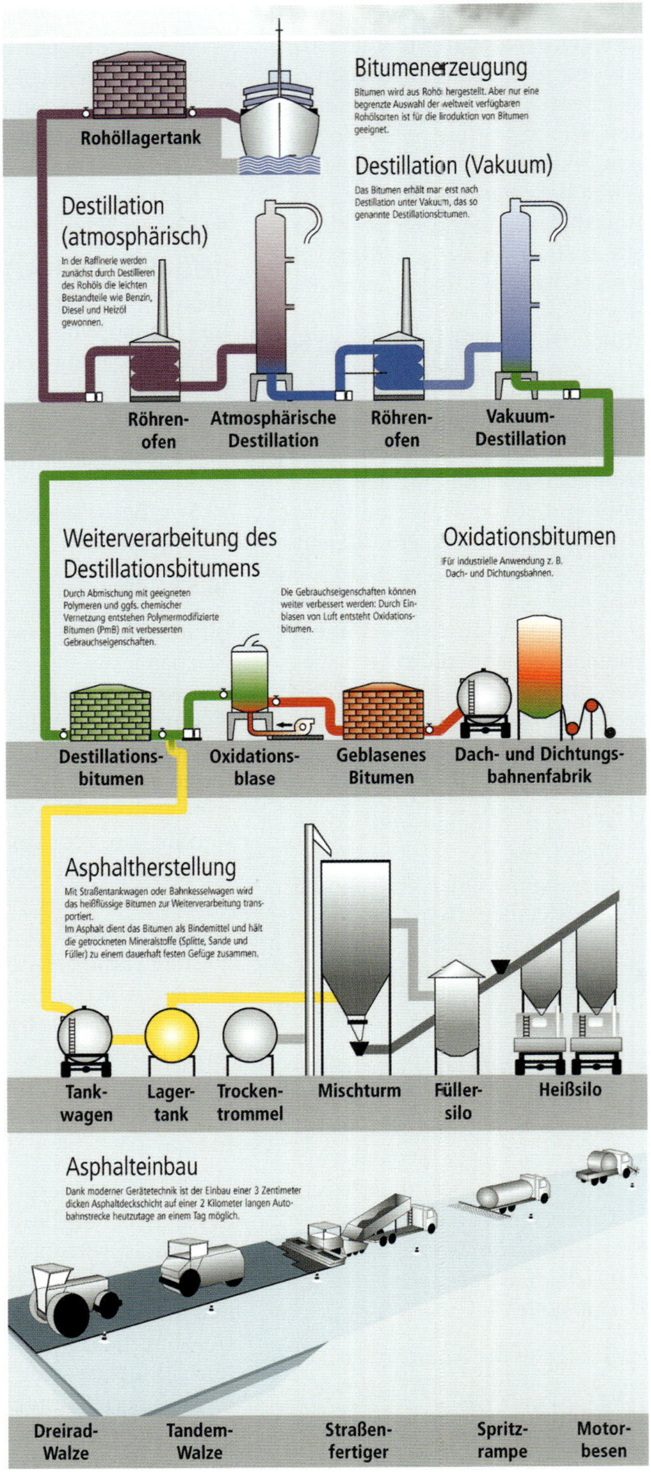

Abb. 10.12: Darstellung der Erdöldestillation

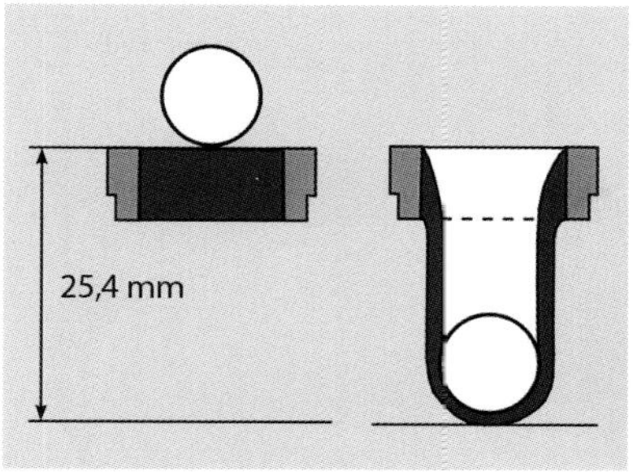

Abb. 10.13: Darstellung des Ring-und-Kugel-Versuchs

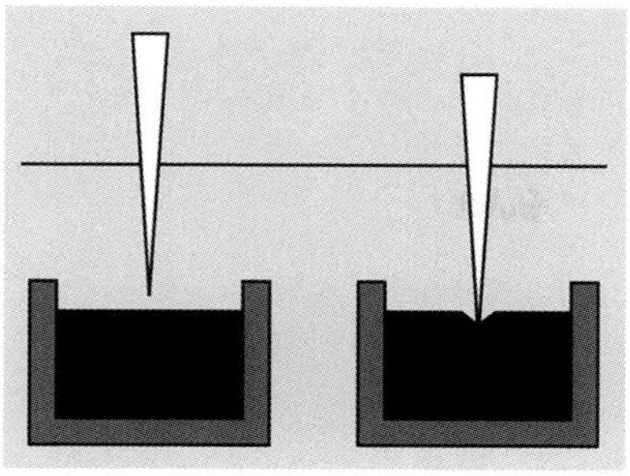

Abb. 10.14: Bestimmung der Eindringtiefe

Eigenschaften

Die wesentlichen Eigenschaften des Bitumens sind:

- wasserdicht,
- diffusionshemmend,
- große Beständigkeit gegenüber den meisten Chemikalien,
- gute Klebefähigkeit,
- thermoplastisch (wärmeverformbar),
- nicht lösemittelbeständig.

Im flüssigen Zustand benetzt Bitumen andere Stoffe sehr gut und haftet beim Erkalten an diesen. Die einzelnen Bitumensorten weisen unterschiedliche Eigenschaften bei Wärmeeinwirkung auf. Während es im kalten Zustand glashart sein kann, wird es im erwärmten Zustand weich bis dünnflüssig. Um die einzelnen Bitumensorten klassifizieren zu können, werden sie nach folgenden Kriterien auf **Härte** und **Temperaturverhalten** unter genormten Bedingungen getestet und klassifiziert:

- Erweichungspunkt,
- Eindringtiefe,
- Brechpunkt.

Prüfverfahren für Bitumen Erweichungspunkt

Die Bestimmung des Erweichungspunktes wird meistens mit der Methode „Ring und Kugel“ ermittelt.

Für dieses Verfahren wird das zu untersuchende Bitumen in einen Stahlring (Durchmesser ca. 20 mm) gegossen. Die Bitumenprobe wird mittig mit einer Stahlkugel (ca. 3,5 g) beschwert. Nun wird das Bitumen in einem Wasserbad erwärmt. Durch die zugeführte Wärme und die Belastung durch die Kugel verformt sich das Bitumen. Erreicht die Kugel die Bodenplatte (ca. 25 mm), wird die Temperatur des Wassers gemessen und die Erweichungstemperatur ist ermittelt. Bei der Ermittlung dieser Temperatur gibt es festgelegte Streuwerte (von/bis). Der Erweichungspunkt gibt darüber Auskunft, ob es sich um ein hartes, standfestes oder um ein weiches, nicht standfestes Bitumen handelt.

Eindringtiefe (Penetration)

Zur Ermittlung der Eindringtiefe wird eine Bitumenprobe auf 25 °C temperiert. Auf diese Probe wird für 5 s eine mit 100 g beschwerte Prüfnadel aufgesetzt. Die gemessene Eindringtiefe wird in 1/10 mm angegeben. Hier gibt es ebenfalls festgelegte Streuwerte (von/bis). Auch diese Prüfung gibt Auskunft über die Härte des Bitumens. Je tiefer die Nadel bei einer Belastungszeit von 5 s in das Bitumen eindringt, umso weicher ist das Bitumen.

Brechpunkt

Durch den Brechpunkt wird das Kälteverhalten von Bitumen ausgedrückt. Bei dieser Prüfung wird das Bitumen auf ein dünnes Blech aufgeschmolzen. Im Kälteschrank wird die Temperatur gleichmäßig so weit herabgesetzt, bis beim Biegen des Bleches die dünne Bitumenbeschichtung bricht oder vom Blech abplatzt.

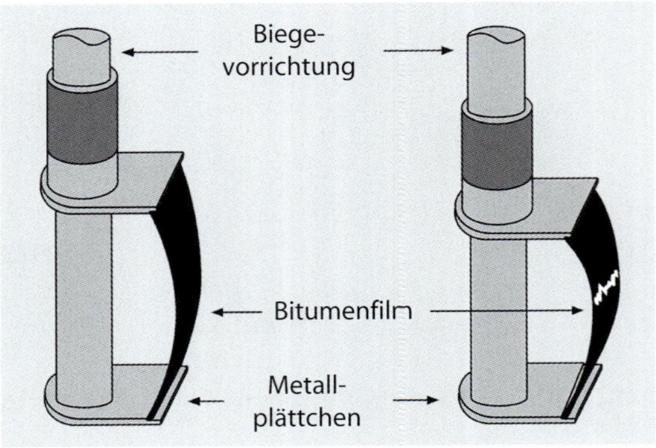

Abb. 10.15: Bestimmung des Brechpunktes

10.5.2 Bitumenbahnen

Bitumen eignet sich aufgrund seiner wasserdichten Eigenschaften hervorragend als Grundstoff für Abdichtungen. Allerdings nimmt Bitumen wegen seiner thermoplastischen Eigenschaften nur Kräfte auf, die rechtwinklig zur Bitumenbeschichtung auftreten. Unter Zugbelastung fließt Bitumen, d. h., die Bitumenschicht verdünnt sich, bis sie schließlich reißt. Zur Stabilisierung der Bitumenabdichtung sind aus diesem Grund zusätzliche Maßnahmen erforderlich, die es ermöglichen, dass geringe, parallel zur Abdichtung auftretende Kräfte aufgenommen werden können.

Zur Aufnahme dieser parallelen Kräfte werden als zusätzliche Maßnahme Trägereinlagen in die Abdichtung eingebaut. Diese können aus Geweben, Vliesen, Gelegen oder Kombinationen davon sowie aus Metallbändern bestehen. Bitumenbahnen bestehen aus **Trägereinlagen** und beidseitigen **Bitumendeckschichten** sowie ober- und unterseitigen **Beschichtungen** bzw. **Bestreuungen**.

Die **Trägereinlagen** haben die Aufgabe, die Bitumenschichten zu armieren. Sie bestimmen das mechanische Verhalten wie Festigkeit, Dehnfähigkeit, Einreiß- und Weiterreißfestigkeit, Nagelausreißfestigkeit, Maßhaltigkeit und die Verarbeitungsfähigkeit der Bahnen.

Gebräuchlich sind folgende Trägereinlagen:

- Polyestervlies PV,
- Glasgewebe G,
- Glasvlies V,
- Gelege und Gewebe aus Glas und/oder Polyester,
- Kombinationsträgereinlage mit überwiegendem Glasanteil KTG,

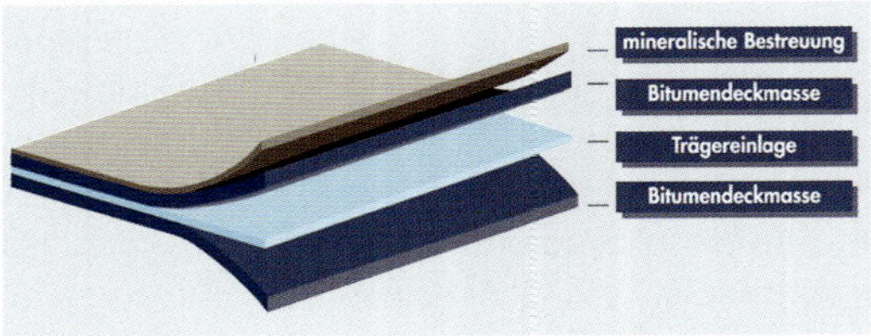

Abb. 10.16: Aufbau einer Bitumenbahn

- Kombinationsträgereinlage mit überwiegendem Polyesteranteil KTP,
- Metallband (z. B. Kupfer Cu, Aluminium Al).

Bitumendeckschichten bestehen aus Oxydations- oder Polymerbitumen. Sie bestimmen die Wasserdichtheit, das Witterungs- und Temperaturverhalten sowie die Alterungsbeständigkeit. Sie bestimmen weiterhin in Verbindung mit der Trägereinlage die Flexibilität, Verarbeitbarkeit und das Langzeitverhalten der Bitumenbahnen.

Polymerbitumen hat im Vergleich zu Oxydationsbitumen u. a. folgende besondere Leistungseigenschaften:

- hervorragendes Langzeitverhalten und Alterungsbeständigkeit,
- erhöhte Wärmestandfestigkeit,
- erhöhtes Kaltbiegeverhalten sowie erhöhte Kälteflexibilität – in Kombination mit Polyestervlies- und Kombinationsträgereinlagen ergeben sich sowohl bei Elastomer- als auch bei Plastomer-Bitumenbahnen ausgezeichnete mechanische Eigenschaften (Zugverhalten, Dehnfähigkeit).

Beschichtungen oder **Bestreuungen** verhindern in erster Linie das Zusammenkleben der aufgerollten Bahnen. Neben den mineralischen

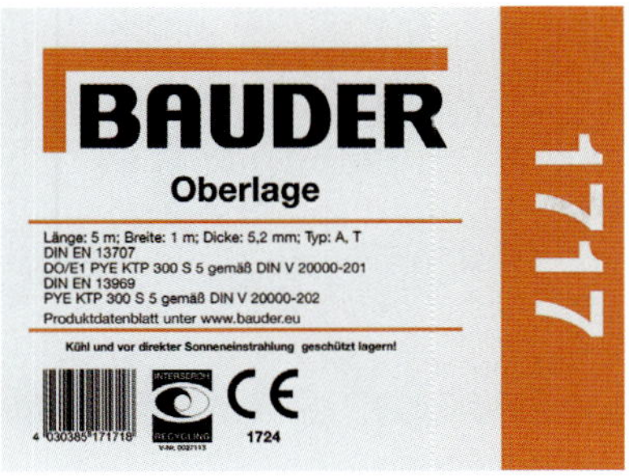

Abb. 10.17: Banderole einer Bitumenbahn

Stoffen Quarzsand, Talkum oder Schiefersplitt werden auch Kunststofffolien verwendet. Schiefersplitt als oberseitige Bestreuung dient auch als leichter Oberflächenschutz. Diese Beschichtungen oder Bestreuungen werden bereits werkseitig auf die Bitumenbahnen aufgebracht.

! Praxistipp

Kennzeichnung von Bitumenbahnen für Abdichtungen

Die Kurzzeichen für Bitumenbahnen werden in folgender Reihenfolge angegeben:

- Anwendungstyp und Eigenschaftsklasse, z. B. **DO/E1**
- Polymerbitumenart, z. B. **PYE** oder **PYP**
- Kaltselbstklebende Polymerbitumenbahnen werden mit KSP, kaltselbstklebende Bitumen-Dichtungsbahnen mit **KSK** bezeichnet.
- Art der Trägereinlage. In der Regel mit Angabe des Gewichtes der Trägereinlage pro m². Ausnahme bildet die V 13, hier gibt die 13 den Bitumengehalt in 100 g/m² an. Bei Metallbandeinlagen wird die Dicke der Einlage in mm angegeben (**G 200, V 13, V 60 + Al 0,1**).
- Anwendungsart der Bitumenbahn, z. B. **DD** oder **S**
- Dickenangabe, nur bei Schweißbahnen üblich, z. B. **S4** oder **S5**

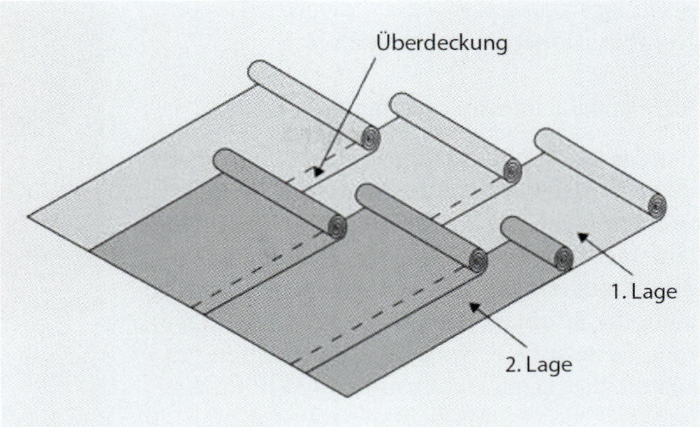

Abb. 10.18: Lagenversatz bei zweilagiger Abdichtung

10.5.3 Verarbeitung von Bitumenbahnen

In der Regel werden bituminöse Dachabdichtungen mehrlagig ausgeführt. Die einzelnen Lagen der Abdichtung werden mit Nahtversatz verlegt. Die Überdeckung an Längs- und Quernähten beträgt mindestens 80 mm. Einlagige Abdichtungen und Überdeckungen im beschieferten Bereich der Dachbahnen müssen mindestens 100 mm überdeckt werden.

Mechanische Befestigung

Die erste Lage einer Abdichtung kann mechanisch befestigt werden. Alle weiteren Lagen werden vollflächig verklebt. Bei einlagigen Dachabdichtungen mit dafür geeigneten Polymerbitumenbahnen wird die Abdichtung selbst mechanisch befestigt. Die Befestigung wird, je nach Untergrund, mit z. B. Breitkopfstiften, Tellerdübeln, Schrauben, Laschen oder Metallbändern ausgeführt.

Voraussetzung für eine mechanische Befestigung ist eine genügend große Ausreißfestigkeit der zur Anwendung kommenden Bahnen. Dies können Bahnen mit einer Trägereinlage aus **Glasgewebe, Polyestervlies** oder **Kombinationsträgereinlagen** sein.

Gieß- und Bürstenstreichverfahren

Für das Gieß- und Bürstenstreichverfahren werden Bitumenklebemassen verwendet. Diese werden in einem Bitumenofen erhitzt und mittels einer Gießkanne bzw. Bürste auf den Untergrund aufgetragen. In diese Bitumenmasse wird dann die Bitumen-Dachdichtungsbahn eingerollt. Es ist auf eine vollflächige Verklebung zu achten, dies erreicht man am besten mithilfe eines Wickelkerns. Als Sichtkontrolle sollte an den Nähten und Stößen Bitumenmasse austreten.

Schmelz- oder Schweißverfahren

Beim Schmelzverfahren werden die Bitumendeckschichten der Bitumen-Schweißbahnen mit einer Brennerflamme oder einem Warmgasgerät (Föhn) aufgeschmolzen und unter leichtem Druck so eingerollt, dass sie sich vollflächig mit dem Untergrund verbinden. Um eine **homogene Verbindung** der Bitumenschichten zu erreichen, müssen sowohl die erste als auch die zweite Lage Bitumenbahnen erhitzt werden. Auch hier ist die Verwendung eines Wickelkerns zu empfehlen.

Kaltselbstklebeverfahren

Wegen evtl. Brandgefahr bei Arbeiten mit offener Flamme werden immer häufiger **kaltselbstklebende Bitumen-Dichtungsbahnen (KSK)** oder **kaltselbstklebende Polymerbitumenbahnen (KSP)** verwendet. Die selbstklebenden Bitumenbahnen sind auf den Unterseiten mit selbstklebendem Bitumen ausgestattet. Voraussetzung für diese Art der Ausführung ist ein geeigneter Untergrund. Hier sind auf jeden Fall die Hersteller-Verlegevorschriften zu beachten. Durch Abziehen der unterseitigen Trennfolie wird die Bahn unter Druck teilweise oder vollflächig aufgeklebt. Zur Vermeidung von Kapillaren sind am T-Stoß Schrägschnitte (Kapillarschnitte) an der mittleren Bahn vorzunehmen. Kaltselbstklebende Bitumen-Dichtungsbahnen kommen vorzugsweise als erste Abdichtung auf der Dämmschicht zum Einsatz.

Abb. 10.19: Gießverfahren

Abb. 10.20: Schmelzverfahren

Abb. 10.21: Kaltselbstklebeverfahren

Bitumenbahnen können mechanisch befestigt oder im Gieß-, Bürstenstreich-, Schmelz- (Schweiß-) oder Kaltselbstklebeverfahren verklebt werden.

10.6 Dachabdichtungen mit Kunststoff- und Elastomerbahnen

Kunststoff- und Elastomerbahnen werden seit Mitte des vorigen Jahrhunderts zur Dachabdichtung eingesetzt. Abdichtungen mit Kunststoff- und Elastomerbahnen erfolgen ohne offene Flamme. Daher besteht gerade bei Anschlüssen an Türen etc. keine Gefahr von Brand- oder Schmauchspuren an den Türrahmen. Ein weiterer Vorteil ist die grundsätzlich einlagige Verlegung, durch die gerade bei begehbaren Flächen ein weniger dicker Schichtaufbau erreicht wird.

10.6.1 Kunststoffe

Kunststoffe **(Polymere)** sind chemische Verbindungen, die auf synthetischem Weg aus **organischen Molekülen** hergestellt werden. Erdöl, Erdgas und Kohle sind die häufigsten Rohstofflieferanten für Kunststoffe. Das wichtigste Element der organischen Verbindungen ist der **Kohlenstoff**.

Die Besonderheit der Kunststoffe besteht darin, dass sie aus Makromolekülen gebildet werden. Ein Makromolekül (makro = groß) setzt sich aus Einzelmolekülen (teilweise über 10.000) zusammen, die wiederum aus Atomen bestehen. Durch besondere chemische Verfahren gelingt es, die einfachen Kohlenstoffverbindungen der organischen Ausgangsstoffe zu ungewöhnlich langen Molekülketten umzubilden und zu verknüpfen.

Kunststoffe lassen sich im Wesentlichen in 3 große Gruppen unterteilen:

- Duromere oder Duroplaste,
- Plastomere oder Thermoplaste,
- Elastomere.

Duromere/Duroplaste

Duromere oder Duroplaste sind Kunststoffe, die sich bei Erwärmung nicht mehr verformen lassen. Bei hohen Temperaturen zersetzen sie sich ohne vorherige Erweichung.

Durch das Herstellungsverfahren setzt die Verfestigung von Duromeren erst nach der Formgebung ein und ist dann nicht mehr veränderbar. Daher werden sie auch als härtbare Kunststoffe bezeichnet. Das Endprodukt lässt sich nur noch durch spanende Verfahren (z. B. Bohren, Sägen) sowie durch Kleben verändern. Duroplaste lassen sich nicht schweißen und sind nur noch sehr schwer bis gar nicht löslich.

Plastomere/Thermoplaste

Plastomere zeichnen sich vor allem dadurch aus, dass sie unter Wärmezufuhr verformbar sind. Ein bei Zimmertemperatur fester, harter Thermoplast (z. B. PVC) wird bei Erwärmung zunächst weich und formbar. Beim Erkalten hält er diese neue Form bei. Wird die Wärmezufuhr erhöht, wird der Thermoplast fast flüssig, bis er sich schließlich zersetzt.

Für die Verwendung als Dachbahnen müssen die Plastomere in einen elastischen Zustand, auch bei Raumtemperatur, versetzt werden. Dies gelingt durch Zugabe von **nicht flüchtigen Lösungsmitteln (Weichmacher).** Mit diesen nicht flüchtigen Lösungsmitteln ist es möglich, Plastomere auf fast jeden Plastifizierungswert einzustellen.

Mit flüchtigen Lösungsmitteln wie z. B. **Tetrahydrofuran (THF)** lassen sich Plastomere bis zu einem lackähnlichen Zustand aufweichen. Bei dosierter Anwendung von THF werden nur die Oberflächen zweier Bahnen angelöst und ermöglichen so eine **homogene Nahtverbindung (Quellverschweißung).**

Elastomere

Elastomere Kunststoffe sind aufgrund ihrer molekularen Zusammensetzung auch ohne Zusatz von Weichmachern gummielastisch. Neben den Dachbahnen aus plastomeren Kunststoffen kommen auch **Elastomerbahnen** zum Einsatz. Diese lassen sich nicht schweißen und sind nur schwer löslich. Sie können mit Kontaktklebern, Dichtungsbändern oder auch mit Warmgas miteinander verbunden werden. Elastomere sind bei Normaltemperatur elastisch, bei tiefen Temperaturen hart und spröde, bei hohen Temperaturen zersetzen sie sich.

Darum geht es

- Für die Dachabdichtung sind Duromere nicht geeignet. Auf dem Dach finden sie allerdings Anwendung als Kunststofffertigteile, wie z. B. als Lichtkuppelaufsetzkranz.
- Plastomere lassen sich durch Wärme und durch Lösungsmittel lösen und ermöglichen so eine homogene Verbindung.

Begriffe

Kunststoffe sind in 3 große Gruppen unterteilt: Duromere, Plastomere und Elastomere. Für die Anwendung als Dachbahn sind jedoch nur Plastomere und Elastomere geeignet.

Herstellung von Kunststoff- und Elastomerbahnen

Bei der Herstellung von Kunststoffprodukten werden 3 Verfahren unterschieden:

- Kalandrieren,
- Extrudieren und
- Spritzgießen.

Beim **Kalandrieren** werden die Rohstoffe vorgemischt und plastifiziert. Von der Plastifizieranlage kommt die Rohmasse in den Kalander, wo sie auf Folien- bzw. auf Bahnendicke ausgewalzt wird. Die Plastifizierung und das Auswalzen geschehen bei ca. 200 °C. Danach muss die ausgewalzte Folie oder Bahn in einer Kühlanlage so weit abgekühlt werden, dass sie aufgewickelt werden kann.

Auf diese Weise lassen sich Bahnen bis ca. 1,2 mm Dicke herstellen. Um dickere Bahnen oder Bahnen mit Einlagen oder Verstärkungen aus Gewebe oder Vlies herzustellen, müssen Dubletten kalandriert werden. Das bedeutet, dass 2 Kalander übereinander gefahren werden, die anschließend mit oder ohne Einlage zu einer Bahn zusammengefügt werden. Bahnen mit Einlagen können keine Wickelspannung aufnehmen und haben deshalb auch keine herstellungsbedingten Rückstellspannungen.

Im **Extrusionsverfahren** werden Kunststoffbahnen mit kontinuierlich arbeitenden Schneckenstrangpressen hergestellt. Auch hier liegt die Verarbeitungstemperatur der Rohstoffe bei 150 bis 200 °C. Über Kugeldüsen wird zunächst ein Schlauch geformt, der aufgeschnitten und ausgebreitet über Kalibriervorrichtungen unter Abkühlung zum Fertigprodukt geformt wird.

Das **Spritzgießverfahren** dient in erster Linie der Herstellung von Zubehörteilen und Formstücken für die hochpolymere Dachabdichtung. Im Spritzguss können Fertigecken, Manschetten o. Ä. aus homogenem Material (ohne Einlagen) ohne eingebaute Spannungen geformt werden.

10.6.2 Kunststoff- und Elastomerbahnen

Neben den **homogenen** Hochpolymerbahnen ohne jegliche Einlage, Verstärkung oder Kaschierung werden auch Bahnen mit **Gewebestärkung, Vlieseinlagen** oder **Kaschierung** verarbeitet.

Dachabdichtungen mit Kunststoff- und Elastomerbahnen werden i. d. R. einlagig ausgeführt. Ein Oberflächenschutz ist im Allgemeinen nicht nötig, da durch die chemischen Zusammensetzungen der Kunststoff- und Elastomerbahnen eine Witterungsbeständigkeit gewährleistet ist. Sie können lose verlegt (mit Auflast), verklebt oder mechanisch befestigt werden. Die Einteilung der Abdichtungsbahnen in bestimmte Anwendungskategorien und Eigenschaftsklassen richtet sich nach den verwendeten Polymeren, der Bahnendicke und den ggf. verwendeten Einlagen und/oder Kaschierungen.

Einige der Hochpolymerbahnen lassen sich nach genauen Plänen und unter Berücksichtigung aller Durchdringungen werkseitig zu **großen Planen** (bis 800 m^2) schweißen. Hier werden die Nahtfügungen auf der Baustelle auf ein Minimum reduziert.

Die Nahtverbindungen werden bauseits durch **Kleben, Quellschweißen** oder **Warmgas- bzw. Heißluftschweißen** ausgeführt. Das bedeutet, dass für die Verarbeitung von Hochpolymerbahnen keine offene Flamme benötigt wird.

Bei der Vielzahl zur Anwendung kommender Kunststoff- und Elastomerbahnen sind aufgrund der unterschiedlichen Materialzusammensetzungen auf jeden Fall die **Hersteller-Verlegevorschriften** zu beachten. Die verschiedenen Bahnen besitzen unterschiedliche Eigenschaften. So ist z. B. nicht jede Bahn bitumenverträglich. Die Bezeichnungen der Bahnen leiten sich von der chemischen Zusammensetzung ab. Die gebräuchlichsten Kunststoff- und Elastomerbahnen sind im Einzelnen:

Plastomere Kunststoffbahnen

Polyvinylchlorid (PVC-P)

Auf dem Dach wird hauptsächlich PVC-P-NB (nicht bitumenverträglich) eingesetzt. Als Trennlage gegen Fremdkörpereinwirkung aus der Unterlage wird eine **Rohglasvlies**- oder **Rohfilzbahn** lose verlegt. Der direkte Kontakt mit Bitumen oder einigen aus Kunststoffschäumen bestehenden Wärmedämmungen ist zu vermeiden.

Bei Kontakt mit diesen Stoffen besteht die Gefahr der „**Weichmacherwanderung**". Darunter versteht man das Auswandern der bei der Herstellung zugesetzten Lösemittel aus der Dichtungsbahn. Durch das Auswandern der Weichmacher und die herstellungsbedingten Spannungen können die Bahnen **sehr stark schrumpfen**.

Die Verlegung der Bahnen erfolgt lose mit Auflast oder mit mechanischer Befestigung. Da sich Bahnen ohne Gewebeeinlage zum einen durch die Weichmacherwanderung als auch durch den Kalandereffekt zusammenziehen können, müssen sie an allen **Dachrändern, Dachdurchdringungen** und **Anschlüssen mechanisch** fixiert werden. Dazu eignen sich z. B. mechanisch befestigte **Metallbänder**, **Halteteller** oder **PVC-Verbundbleche**. Anschlüsse an andere Bauteile werden mit **Kontaktkleber** hergestellt.

Die Verschweißung der Nähte erfolgt auf der Baustelle zumeist durch Quellverschweißung mithilfe eines Lösungsmittels (THF = Tetrahydrofuran) oder durch Heißluftverschweißung. Die zusätzliche Absicherung der Nähte erfolgt mit dem gleichen, in dem schnell flüchtigen Lösungsmittel THF gelösten Werkstoff. **PVC-P-B** sind PVC-Bahnen, die durch eine spezielle Rezeptur **bitumenverträglich** sind. Diese Bahnen werden überwiegend in der Bauwerksabdichtung verwendet. Durch die fehlende Sonneneinstrahlung kommt es hier nicht zu der gefürchteten Weichmacherwanderung. Die Verklebung erfolgt mit Heißbitumen oder einer werkseitig aufgebrachten Selbstklebeschicht.

Polyisobutylen (PIB)

Die Verarbeitungsmöglichkeiten sind ähnlich wie bei PVC. PIB ist jedoch **immer bitumenverträglich**.

Die **halogen- und weichmacherfreien** PIB-Dachbahnen sind einseitig mit einem Vlies kaschiert und können mit einem geeigneten Kontaktkleber mit dem Untergrund verklebt werden. Eine weitere Möglichkeit der mechanischen Befestigung ist das Aufbringen von **Klettbändern** auf den Untergrund, in das sich die Kaschierung der Bahnen verhakt. Anschlüsse an andere Bauteile werden mit Kontaktkleber hergestellt. Nähte und Stöße werden **homogen** (materialgleich) durch **Quellverschweißung oder durch Klebebänder** mit speziell eingestelltem PIB abgedichtet. Zusätzlich gibt es unkaschierte PIB-Bahnen mit Glasvlieseinlage. Hier erfolgt die Nahtfügung durch Heißluftschweißen.

Ethylencopolymerisat-Bitumen (ECB)

Diese Kunststoff-Dachbahnen aus einer Verbindung von Polyethylen und Bitumen sind durch ihre weichmacher- und halogenfreie Zusammensetzung sowohl bitumen- als auch polystyrolverträglich. Sie werden mit verstärkenden Einlagen (z. B. Glasvlies) und mit unterseitigen Vlieskaschierungen extrudiert.

ECB-Kunststoff-Dachbahnen können mit Heißbitumen in der Fläche verklebt werden. Anschlüsse an aufgehende Bauteile können mit Bitumen-Klebemasse ausgeführt werden.

Wegen der Flächenverklebung mit Heißbitumen wird auf der Deckunterlage meistens eine zusätzliche Lage mit Glasvlies-Bitumen-Dachbahnen aufgebracht.
Bei ECB-Bahnen erfolgt die homogene Nahtfügung durch Heißluftverschweißung.

Ethylen-Vinylacetat (EVA oder VAE)

Das Bahnenangebot dieser bitumenverträglichen Bahnen beinhaltet homogene, kaschierte, verstärkte, selbstklebende und mit Photovoltaikmodulen ausgestattete Dichtungsbahnen. Die Nahtfügungen können durch Quellschweißen oder durch Heißluftschweißen hergestellt werden. Eine zusätzliche Absicherung durch EVA-Lösung ist notwendig. EVA-Dichtungsbahnen sind für alle Verlegearten geeignet.

Flexible Polyolefine (FPO)

Bahnen aus flexiblem Polyolefin FPO sind **vergleichbar mit PVC-P**. Sie sind allerdings härter eingestellt, was bei der Verlegung und Nahtfügetechnik besonders berücksichtigt werden muss. Nähte und Stöße werden ebenfalls durch **Quellschweißen** oder durch **Warmgasschweißen** abgedichtet. Wegen der größeren Sorgfalt bei der Nahtfügung wird der Einsatz von Warmgasschweißautomaten empfohlen. Diese Bahnen sind mit und ohne Einlage erhältlich.

Elastomere Kunststoffbahnen

Ethylen-Propylen-Terpolymer-Kautschuk (EPDM)

EPDM ist die international gebräuchliche Abkürzung für einen **Synthese-Kautschuktyp**. Dieses Copolymer kann mit Schwefel oder Peroxyden vernetzt werden. Bei der Umwandlung der plastischen Rohmischung in elastischen, thermisch nicht mehr verformbaren Gummi bildet der beigemischte Schwefel Brücken zwischen den Molekülketten. Den unter Hitze und Druck stattfindenden Vorgang nennt man **Vulkanisation**. Der EPDM-Gummi verfügt über eine sehr gute Sauerstoff-, Ozon-, UV- und Temperaturbeständigkeit und weist eine überdurchschnittliche **Chemikalienbeständigkeit** auf. Das Niveau der mechanischen Eigenschaften hängt von der Elastomermischung ab, also von der Polymerbasis und den verwendeten Füllstoffen. Mithilfe von Zusatzstoffen lassen sich bestimmte Eigenschaften variieren und verbessern, wie etwa die **Härte**, die **Kälteflexibilität, Reißfestigkeit, Stoßelastizität** oder die **Hitze- und Quellbeständigkeit**. Weichmacher bleiben in der Mischung eingebunden und gewährleisten dadurch eine lebenslange Elastizität und Flexibilität des Endproduktes. Ein Ausdiffundieren von Weichmachern, das üblicherweise zum Hartwerden und Verspröden des Materials führt, findet bei EPDM nicht statt.

10.6.3 Fügetechniken

Die **homogene Verbindung** der Überdeckungen bei Kunststoff- und Elastomerbahnen nennt man **Fügen**. Es gibt verschiedene Fügetechniken, die von der jeweiligen Art der zu verarbeitenden Bahn abhängen. Einige Fügetechniken, wie z. B. das **Heizkeilschweißen**, werden vornehmlich **industriell** bei der Verarbeitung von großflächigen Planen angewandt. Baustellengerechte Nahtverbindungen müssen in erster Linie sicher, einfach durchführbar und unmittelbar nach Fertigstellung funktionstüchtig sein. Die Überdeckungen betragen i. d. R. 50 mm. Die Überdeckung der Bahnen kann auch ggf. (z. B. bei An- und Abschlüssen, Einbauteilen) gegen den Wasserlauf ausgeführt werden. **Kreuzstöße** sind durch **versetzt angeordnete Bahnen** zu vermeiden. An T-Stößen sind wegen möglicher Kapillarbildung der Werkstoffe entsprechende Maßnahmen zu ergreifen (Abschrägen der Bahnenkante, Absichern mit Pasten oder Lösungen). Einige Hersteller schreiben eine Nachbehandlung der Nähte mit speziellen Pasten oder Lösungen vor, um mögliche Dochtwirkungen an den Schnittkanten der Bahnen zu verhindern.

Das Quellschweißverfahren

Beim Quellschweißverfahren wird im Nahtbereich zwischen den sich überdeckenden Bahnen ein Quellschweißmittel (Lösungsmittel) aufgepinselt. Es ist ein vom Bahnenhersteller empfohlenes, für die Bahn geeignetes Lösungsmittel zu verwenden. Das leichtflüchtige Lösemittel löst die Oberflächen der Dichtungsbahnen an, unter Druck verhaken sich die gelösten Kettenmoleküle und nachdem das Lösemittel verdunstet ist, hat sich die Fügestelle homogen verbunden.

Das Quellschweißmittel wird mit einem 5 cm breiten Pinsel (bzw. Pinselflasche) aufgetragen. Der Druck auf die Naht wird in der Waagerechten mit einem „Sandsack“ (mit Sand gefüllter PE-Schlauch) sichergestellt. In der Senkrechten oder bei Formteilen werden die zu fügenden

Teile mit einer Silikon- oder Metall-Andrückrolle angedrückt. Die Nähte sind bei einer Überdeckung von 4 cm mindestens 3 cm breit ab dem oberen Bahnenrand homogen zu fügen. T-Stöße sind im Heißluftschweißverfahren auszuführen.

Bei großen Flächen kommen auch Quellschweißgeräte zum Einsatz. Bei diesen läuft das Quellschweißmittel aus einem Vorratsbehälter in den Flachpinsel und benetzt die Kontaktflächen. Eine nachfolgende Metallrolle fügt den Nahtbereich durch sein Eigengewicht.

Bei der Verarbeitung von Quellschweißmittel sind die **äußeren Bedingungen** (Temperatur, Luftfeuchtigkeit) zu beachten. Um eine sichere Nahtverbindung zu erzielen, kann es notwendig sein, die Nahtbereiche mit Heißluft anzuwärmen. Grundsätzlich müssen die Nahtbereiche **trocken und sauber** sein sowie **spannungs- und faltenfrei** aufliegen. Es wird empfohlen, Probeschweißungen auszuführen.

! Praxistipp

Quellschweißmittel ist ein Gefahrstoff! Es ist leicht entzündlich, die Dämpfe sind reizend und schwerer als Luft und können explosionsgefährliche Dampf-Luft-Gemische bilden. Aus diesem Grund dürfen Lösungsmittel nur im Freien oder in gut durchlüfteten Räumen eingesetzt werden. Hautkontakte sind zu vermeiden. Die üblichen Vorsichtsmaßnahmen beim Umgang mit Chemikalien sind zu beachten. Bei der Arbeit nicht essen, trinken oder rauchen. Vor den Pausen und bei Arbeitsende Hände waschen. Beschmutzte und getränkte Kleidung ist sofort zu wechseln. Grundsätzlich ist das Sicherheitsdatenblatt zu beachten.

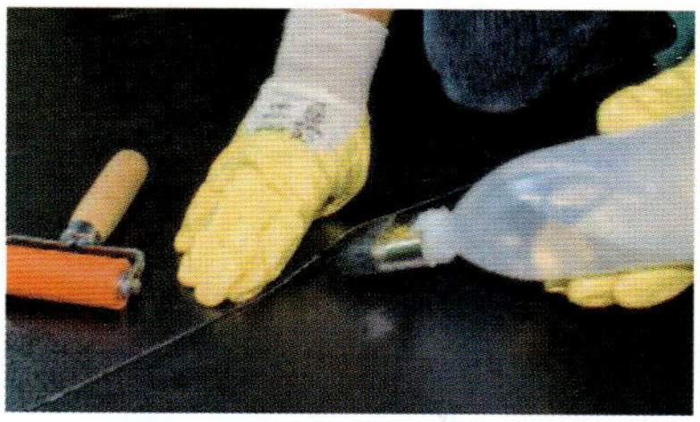

Abb. 10.22: Die Quellverschweißung

Heißluftschweißen bzw. Warmgasschweißen

Das Heißluftschweißen ist weitgehend **witterungsunabhängig**. Die meisten Bahnenhersteller empfehlen eine Umgebungstemperatur von mindestens 5 °C ohne zusätzliche Maßnahmen.

Die überlappenden Flächen müssen trocken und frei von Verunreinigungen sein. Die Kontaktflächen werden mit Heißluft bis zum plastischen (Erweichung durch Wärmezufuhr) Zustand erwärmt und unter mäßigem Druck (Andrückrolle aus Silikon oder Metall) miteinander verbunden. Die Nähte sind bei einer Überdeckung von 4 cm mindestens 2 cm breit ab dem oberen Bahnenrand homogen dicht zu verschweißen.

Flächennähte können mit einem Heißluft-Handgerät (Föhn) oder mit einem Schweißautomaten verschweißt werden. Im Detailbereich (Innen-, Außenecke, Formteile, T-Stöße etc.) wird generell mit einem Handschweißgerät gearbeitet.

Die Handschweißgeräte sollten mit einer abgewinkelten, ca. **40 mm breiten Düse** ausgestattet sein. Die Arbeitstemperatur beträgt je nach zu verarbeitendem Werkstoff 300 bis 700 °C. Die Bahnen werden rückwärtsgehend in einem Arbeitsgang dichtgeschweißt, während schmale Zuschnitte zunächst geheftet und dann dichtgeschweißt werden.

Darum geht es

- Abdichtungen aus Kunststoffbahnen sind flexible Dichtungsschichten, die auf der Baustelle zu fertigen Dachabdichtungen zusammengefügt werden. Aufgrund ihrer guten Materialeigenschaften können sie einlagig verlegt werden.
- Jeder Bahnentyp fordert seine eigene Verlege- und Fügetechnik. Zudem hat jeder Hersteller seine eigenen aufeinander abgestimmten Materialien. Die Hersteller-Verlegeanweisungen sind unbedingt zu beachten!

Beim Dichtschweißen ist die Düse nur so tief zwischen den Bahnen zu führen, dass auch die obere Bahnenkante angeblasen und somit plastifiziert wird. Mit einer parallel zur Düsenöffnung geführten Silikon- oder Metall-Andrückrolle werden die plastifizierten Überlappungsbereiche durch mäßigen Druck gefügt. Durch das Schweißen im Rückwärtsgang bläst die Düse immer gegen bereits dichtgeschweißte Nahtbereiche. Die Düsen werden auf das Gerät aufgesteckt und können situationsbedingt ausgetauscht werden.

Die Schweißautomaten sind in Abhängigkeit von der Umgebungstemperatur und der Temperatur der Unterlage bzw. der Dachbahnen in der Fahrgeschwindigkeit und der Heißlufttemperatur so auszuregeln, dass eine gleichmäßige homogene Materialfügung im Nahtbereich gesichert ist.

Nahtverbindungen mit Dichtungsbändern

Kunststoff- und Elastomerbahnen können werkseitig mit einem Dichtungsband ausgerüstet werden. Dieses ist im Nahtbereich aufgebracht und mit einem Schutzstreifen abgedeckt. An der Baustelle wird nach dem Ausrichten und Reinigen der Bahnen im Überdeckungsbereich das Schutzband abgezogen und die Naht unter Druck zusammengefügt. Dabei entsteht eine selbsttätige Verklebung. Die gleiche Verbindung kann auch auf der Baustelle durch Einlegen eines Dichtungsbandes ausgeführt werden. Die Klebeflächen sind vorher zu reinigen. Die Breite des Dichtungsbandes und die Mindestfügebreite sollen mindestens 4 cm betragen.

Heißvulkanisieren

Nahtverbindung durch Heißvulkanisieren wird vorzugsweise zur werkseitigen Vorfertigung von Planen angewendet. Durch Heißvulkanisieren hergestellte Nähte weisen keinen Unterschied im Materialgefüge auf und haben deshalb die gleichen Eigenschaften wie das Material in der Fläche.

Hochfrequenz- und Heizkeilschweißverfahren

Diese Verfahren werden vorzugsweise zur Vorfertigung von Nahtverbindungen der Bahnen in Werkstätten angewendet. Wegen der aufwendigen Geräte werden sie auf Baustellen nicht eingesetzt.

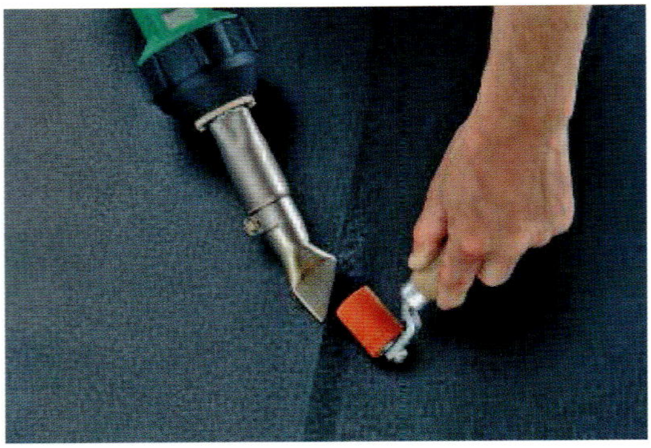

Abb. 10.23: Die Heißluftverschweißung

10.6.4 Baustellengerechte Nahtprüfung

Eine Dachabdichtung muss über die gesamte Fläche wasserdicht sein. Egal wie hochwertig eine Kunststoff- oder Elastomerbahn ist: Wenn eine Naht nicht dicht ist, funktioniert die gesamte Abdichtung nicht. Aus diesem Grund ist eine gewissenhafte Nahtüberprüfung unumgänglich. Besonders die Nahtverbindungen im Bereich von T-Stößen, Durchdringungen, Anschlüssen, Nähten an Formteilen und Übergängen von Automaten- zur Handschweißung bedürfen sorgfältiger Kontrollen. Neben der eher aufwendigen **Druckluft- und Vakuumprüfung** werden hier die auf jeden Fall durchzuführenden Kontrollen angesprochen.

Optische Nahtkontrolle

Die einfachste Möglichkeit, eine Naht zu überprüfen, ist die augenscheinliche Begutachtung nach Abschluss der Arbeiten. Insbesondere beim **Heißluftschweißverfahren** tritt i. d. R. eine **kleine Schweißraupe** aus der Naht. Sie ist als ein sichtbares Zeichen für eine ordnungsgemäße Nahtfügung anzusehen. Klebefehlstellen und offen stehende Nahtkanten sind ein sichtbares Zeichen für eine notwendige Nachbearbeitung.

Reißnadelprüfung

Bei dieser Prüfmethode wird mit einer **Prüfnadel** – zur Not tut es auch ein Schraubenzieher mit gerundeten Ecken, ein halb eingeschlagener

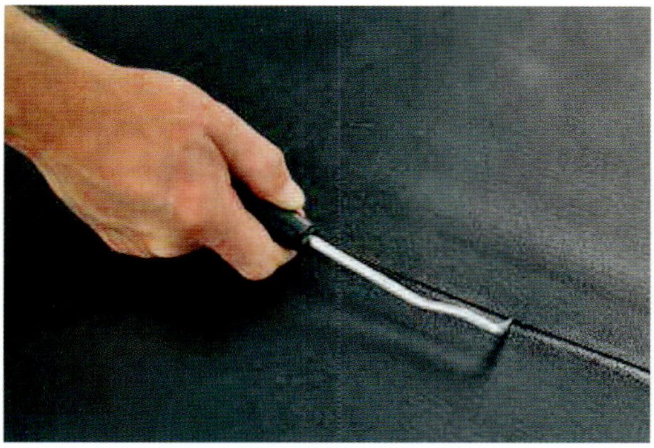

Abb. 10.24: Reißnadelprüfung

Abb. 10.25: Detailausbildungen mit Flüssigabdichtung

Pappstift (Nagelkopf) im Andrückrollengriff oder eine Scherenspitze – an der erkalteten Nahtkante entlang **gegen die Naht** gefahren, wobei sich Klebefehlstellen leicht feststellen lassen. Dabei soll auf die Naht ein leichter Druck ausgeübt, die Bahn aber auf keinen Fall verletzt werden. Spitze Gegenstände eignen sich wegen der Perforationsgefahr nicht für eine Nahtprüfung. An offenen Nahtstellen bleibt man mit der Nadel hängen, da durch das Eindringen der Nadel in die Klebefehlstelle ein zügiges Weiterziehen nicht möglich ist. Die mechanische Nahtkontrolle ist keine Dichtigkeitsprüfung, sondern zeigt nur nicht durchgeschweißte Nahtbereiche auf.

Anblasprüfung

Die Prüfung erfolgt mit einem Handgerät für die Heißluftverschweißung, bei der die Schweißnahtkante mit einer **schmalen Düse** (20 mm) oder einer **Spitzdüse** angeblasen wird. Je breiter die Düse ist, umso weniger Blasdruck wirkt gegen die zu prüfende Naht. Die Temperatur sollte **nicht zu hoch** (etwa 150 °C) eingestellt sein. Ist ein Teilbereich der Naht nicht einwandfrei geschlossen, wird sich diese Stelle etwas **aufstellen** oder je nach Werkstoff etwas **flattern**.

10.7 Flüssigkunststoffe

Flüssigkunststoffe haben sich insbesondere bei komplizierten Details, wie z. B. mehreren Durchdringungen auf engem Raum, vor allem im Bereich der Sanierung bewährt.

10.7.1 Flüssigkunststoffe

Flüssigkunststoffe gelten als **einlagige Abdichtung** (Anwendungstyp DE). Sie müssen mindestens zweischichtig mit Einlage ausgeführt werden.

Als Einlage müssen **Kunststofffaservliese**, mindestens 110 g/m^2, eingesetzt werden. Die geforderte Schichtdicke inkl. Trägereinlage beträgt mindestens 2,1 mm.

Flüssigkunststoffe für die Dachabdichtung sind ein- oder mehrkomponentige Kunstharze, die in flüssiger Form auf die Dachfläche gerollt, gestrichen oder gespritzt werden. Nach dem Abbinden erhärten sie zu einer naht- und fugenlosen Abdichtung.

Bei einkomponentigen Werkstoffen sind alle Bestandteile bereits im erforderlichen Verhältnis gemischt. Bei mehrkomponentigen Flüssigkunststoffen werden mindestens 2 Materialien vor Ort gemischt. Bei einigen Herstellern ist durch das

Mischungsverhältnis die Abbindezeit zu beeinflussen.

Die am häufigsten eingesetzten Flüssigkunststoffe sind:

- flexible ungesättigte Polyesterharze (FUP),
- flexible Polyurethanharze (PU),
- flexible Polymethylmethacrylate (PMM).

Die Kennzeichnung und die Sicherheitsratschläge auf den Gebinden, die Gefahrenhinweise sowie die Sicherheitsdatenblätter sind bei Transport, Lagerung und Verarbeitung zu beachten.

10.7.2 Verarbeitung von Flüssigkunststoffen

Der Untergrund soll trocken, fest und frei von losen oder haftmindernden Bestandteilen sein. Werden Flüssigkunststoffe auf unkaschierte Dämmstoffe oder Unterlagen aus Holz aufgebracht, sollen Trennlagen angeordnet werden. Bei besplitteten Bahnenoberflächen ist ggf. ein Porenverschluss vor den Beschichtungsarbeiten erforderlich, da es u. U. zu Blasenbildung innerhalb der Abdichtung kommen kann.

Bei der Verarbeitung auf Kunststoffbahnen ist die Materialverträglichkeit zu prüfen, da sich die Kunststoffbahn anlösen kann. Bei der Sanierung von Bitumendächern ist ein Aufschneiden und Ankleben bzw. ein Abstoßen von Blasen und Falten notwendig. Natürlich wird die Fläche scharf abgefegt.

Grundierung

Grundierungen haben die Aufgabe, eine **haftvermittelnde Schicht** zwischen Untergrund und der aufzubringenden Abdichtung herzustellen. Abhängig vom Untergrund, ggf. nach Rücksprache mit dem Materialhersteller, wird eine geeignete Grundierung aufgebracht. Diese Grundierungsarbeiten müssen i. d. R. mehrere Stunden (temperaturabhängig) vor den Abdichtungsarbeiten erfolgen, damit die Grundierung durchtrocknet.

Abdichtung

Bei **mehrkomponentigen** Materialien werden die Einzelbestandteile unmittelbar vor der Verarbeitung auf der Baustelle **homogen** miteinander vermischt. Hier kann man mit entsprechenden Regulatoren auf die Außentemperatur eingehen und die Abbindezeit beeinflussen. Bei niedrigen Außentemperaturen werden Abbindebeschleuniger eingesetzt, während bei Temperaturen über ca. 25 °C Abbindeverzögerer beigemischt werden.

Das Auftragen des mehr oder weniger flüssigen Materials kann durch **Streichen, Rollen** oder **Spritzen** erfolgen. Die Einlage ist in eine vorgelegte Menge Flüssigkunststoff einzuarbeiten und frisch in frisch abzudecken, sodass die Einlage vollständig abgedeckt ist und keine sichtbaren Lufteinschlüsse vorhanden sind. Die einzelnen Bahnen sollen mindestens 50 mm überlappen.

Alle **An- und Abschlüsse** sowie Dachdurchdringungen wie Lüfter, Lichtkuppeln oder Rohrleitungen werden i. d. R. vor der Flächenabdichtung ausgeführt und anschließend mit dieser in einem Guss abgedichtet. Die fertige Abdichtung ist nach einigen Stunden Trocknungszeit begehbar.

Flüssigkunststoffe sind **UV-beständig** und benötigen keinen gesonderten Oberflächenschutz. Durch ihren niedrigen **Dampfdiffusionswiderstand** sind sie hervorragend bei **Dachsanierungen** einsetzbar, wodurch die Restfeuchte im vorhandenen Dachaufbau, z. B. in der Dämmung, nach einiger Zeit vollkommen ausdiffundiert.

10.8 Materialbedarfsrechnung

Der Bedarf der verschiedenen Materialien wird immer auf eine bestimmte Einheit berechnet.

Bei **Flächen** wird der Bedarf **pro m²** berechnet, bei **Längen** (z. B. Dachrandabschlüssen, Rinnen etc.) der Bedarf **pro m**.

10.8.1 Bedarf an Dachbahnen

Dachbahnen werden überdeckt verarbeitet. Es werden mehr m² Dachbahnen pro m² Dachfläche benötigt.

Praxisbeispiel

Ein Garagendach mit einer Grundfläche von 3 m × 5 m soll mit einer beschieferten Bitumen-Schweißbahn saniert werden. Benötigt wird das Material, um 15 m^2 (3 m × 5 m) Dachfläche abzudichten.

Bitumen-Schweißbahn, beschiefert
Länge 5 m × Breite 1 m = 5 m^2

Überdeckungen:
Längsnaht 0,08 m
Kopfnaht 0,1 m

Sichtbare Fläche
= (5 m – 0,1 m) · (1 m – 0,08 m)
= 4,9 m × 0,92 m = **4,508 m^2**

Die 5 m^2 große Bitumenbahn deckt nur eine Dachfläche von 4,508 m^2 ab. **1 m^2** Bitumenbahn deckt folglich **0,901 m^2** (4,508 m^2 : 5) Dachfläche.

Im Umkehrschluss bedeutet das, dass **1,109 m^2 Bitumenbahn** (1 m^2 Dachfläche : 0,901 m^2 Bitumenbahn) benötigt werden, um **1 m^2 Dachfläche** abzudichten.

In der Regel wird noch ein Zuschlag für Verschnitt hinzugerechnet. Dieser Wert ist abhängig von der Grundform der Dachfläche. Bei zeltförmigen oder kuppelförmigen Dächern ist der Verschnitt wesentlich höher als bei einfachen rechteckigen oder quadratischen Flachdächern. Im Normalfall liegt der Zuschlag für Verschnitt bei 3 bis 5 %.

Auch hier kann ein Zuschlag für Verschnitt von z. B. 3 % zugerechnet werden.

1,109 + (1,109 : 100 · 3) = **1,142 m^2/m^2**

Formel: $$\frac{\text{Deckfläche } (m^2)}{\text{Sichtfläche } (m^2)} = \frac{\text{Länge} \cdot \text{Breite}}{(\text{Länge} - \text{Überd.}) \cdot (\text{Breite} - \text{Überd.})}$$

Bahnenlänge = 5 m
Bahnenbreite = 1 m
Nahtüberdeckung = 0,08 m
Stoßüberdeckung = 0,1 m

$$\text{Bahnenbedarf} = \frac{5{,}00 \cdot 1{,}00}{(5{,}00 - 0{,}1) \cdot (1{,}00 - 0{,}8)} = \frac{5}{4{,}508} = 1{,}109\ m^2/m^2$$

Für unser Garagendach bedeutet das: 1,109 m^2 · 15 m^2 = 16,635 m^2

Hinzu kommen 3 % Verschnitt:

16,635 + (16,635 : 100 · 3) = **17,134 m^2**

Darum geht es

Die vom Hersteller angegebenen Mischungsverhältnisse müssen exakt eingehalten werden. Ansonsten besteht die Gefahr, dass die zur Bildung einer funktionstüchtigen Abdichtung notwendigen Reaktionen nicht vollständig erfolgen.

Der Bedarf an Bahnen bezieht sich auf die Einheit „m^2/m^2“ und ist im Wesentlichen abhängig von

- Bahnenlänge,
- Bahnenbreite,
- den erforderlichen Naht- und Stoßüberdeckungen.

10.8.2 Bedarf an Anschlussbahnen für Dachrandan- und -abschlüsse

Der Bedarf an diesen Bahnen berechnet sich in m/m bzw. in m^2/m. Der effektive Bedarf ist von der Verarbeitungslänge der Anschlussbahnen abhängig. Es besteht hier folgendes Verhältnis: Je größer die Verarbeitungslänge, umso kleiner ist der Überdeckungsanteil und damit der Bedarf an Bahnen.

! Praxisbeispiel

Bitumen-Schweißbahn, beschiefert

Verarbeitungslänge 1,00 m
Überdeckung 0,08 m

$$\text{Bahnenbedarf} = \frac{1{,}00}{(1{,}00 - 0{,}08)} = \mathbf{1{,}109\ m/m}$$

Verarbeitungslänge 2,50 m
Überdeckung 0,10 m

$$\text{Bahnenbedarf} = \frac{2{,}50}{(2{,}50 - 0{,}10)} = \mathbf{1{,}04\ m/m}$$

In der Regel wird es erforderlich sein, den Bedarf der Anschlussbahnen in m^2/m umzurechnen. Dies erfolgt nach der Formel:

$m / m \cdot \text{Zuschnittbreite} = m^2/m$

10.9 Einteilung von Baustoffen nach Kriterien des Brandschutzes

Die Landesbauordnungen der einzelnen Bundesländer enthalten die wesentlichen Vorschriften über den Brandschutz baulicher Anlagen. So müssen Dächer mit Abdichtungen entsprechend den Bestimmungen der Landesbauordnungen widerstandsfähig gegen Flugfeuer und strahlende Wärme sein (harte Bedachung). Nicht brennbare Baustoffe der Klasse A werden in die Gruppen A1 und A2 unterteilt, wobei Baustoffe der Gruppe A2 geringe Mengen brennbarer Bestandteile enthalten dürfen.

- **Nicht brennbar** sind danach alle Baustoffe, die überhaupt nicht zur Entzündung gebracht werden können. Hierzu zählen alle natürlichen und künstlichen Steine, Beton, Mörtel, Baumetalle, Glas und einige Kunststoffe.
- **Schwer entflammbar** sind Stoffe, die nur schwer zur Entzündung gebracht werden können und nach der Entfernung der Flamme schnell wieder verlöschen. Ebenso werden Stoffe, die ohne eigene Entflammung verkohlen, als schwer entflammbar bezeichnet.
- Als **normal entflammbar** gelten Baustoffe wie Holz und Dachabdichtungen aus Bitumenbahnen, die eine bestimmte Entzündungstemperatur und -dauer benötigen, dann allerdings weiterbrennen.
- **Leicht entflammbar** sind Papiere, Pappen sowie alle Treibstoffgemische, Lösungsmittel und die meisten Klebstoffe, die schon bei geringer Zündtemperatur Feuer fangen.

Leicht entflammbare Dämmstoffe dürfen nicht verwendet werden.

Werden Dämmstoffe der Baustoffklasse A1 oder B1 wegen besserer Verarbeitbarkeit mit einer Bitumenbahn kaschiert oder mit einem Bitumendeckabstrich auf der Oberseite versehen, so werden diese Dämmstoffe in die Baustoffklasse B2 zurückgestuft, da Bitumen und Bitumenbahnen als normal entflammbar eingestuft sind.

Lernfeld 11: Außenwandflächen bekleiden

Annett Pelikan

Projektaufgabe:

Neueindeckung einer Außenwandbekleidung

Die Außenwand des rechts abgebildeten Gebäudes soll saniert werden. Der Eigentümer hat sich für eine hinterlüftete Außenwandbekleidung entschieden. Im Zuge dieser Sanierung sind Fragen der Energieeinsparverordnung (EnEV), des Materialeinsatzes und der Deckungsart zu betrachten.

Arbeitsaufträge:

1. Helfen Sie dem Bauherrn bei seiner Entscheidung und schlagen Sie ihm mehrere kleinformatige Eindeckungen vor. Fertigen Sie dazu:
   a) Ausschnitte für Ihre gewählten Deckschemen im Maß 1 : 10,
   b) eine Zusammenstellung aller benötigten Werkstoffe inkl. des Materialbedarfs für die Außenwand der gewählten Deckschemen an.
   c) Weisen Sie nach, dass die Dämmstoffdicke ausreichend ist (einfache Berechnung).
2. Erläutern Sie Außenwandbekleidungen mit großformatigen Platten.
3. Skizzieren und beschreiben Sie den wärmegedämmten hinterlüfteten Aufbau einer Außenwandbekleidung.

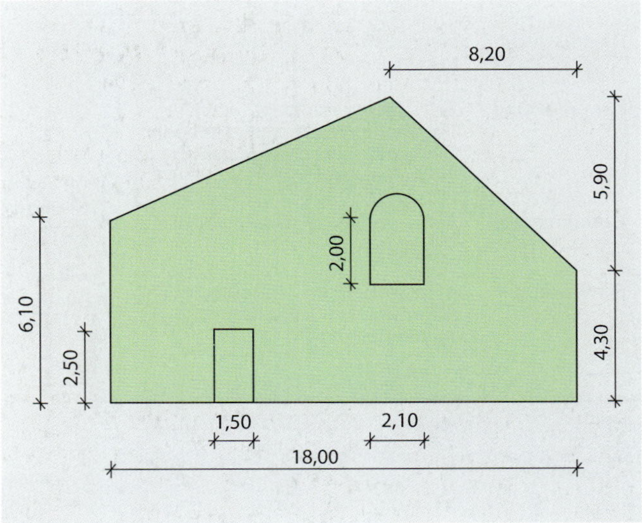

Abb. 11.1: Gebäudeansicht

11.1 Bekleidungen mit kleinformatigen Platten

11.1.1 Aufbau

Außenwandbekleidungen sollen die Konstruktionen gegen Witterungseinflüsse schützen und dienen zur Gestaltung von Gebäuden. Gleichzeitig können nach der Energieeinsparverordnung (EnEV) nachträglich Außenwandkonstruktionen gedämmt werden. Dies reduziert größere Temperaturschwankungen und ermöglicht dadurch ein behagliches Wohnraumklima bei gesenkten Heizkosten. Zu beachten ist dabei, dass die Diffusionsfähigkeit der Wand nicht beeinträchtigt wird und es nicht zu Folgeschäden kommt. Der Dachdecker stellt vorwiegend hinterlüftete Außenwandbekleidungen her.

Darum geht es

Eine nicht fachgerechte Außenwandbekleidung kann Schimmelbildung in den Räumen verursachen.

Dach Training
Deine App für die Prüfung
Android IOS

Tabelle 11.1: Aufgaben und Funktionen einer Außenwandbekleidung

Schichten	Aufgaben und Funktion
Deckunterlage, z. B. Mauerwerk	tragende Unterkonstruktion und Befestigungsgrundlage für die Dämmung und Konterlattung
Dämmschicht	verhindert, dass Wärme schnell nach außen dringen kann
Konterlattung	Befestigungsgrundlage für die Traglattung/Schalung und ermöglicht gleichzeitig die Hinterlüftung der Außenwand
Deckunterlage	Auf ihr werden die Deckmaterialien befestigt.
Eindeckung	ist der Witterungsschutz für die Außenwand und gleichzeitig Gestaltungselement

Mögliche Deckunterlagen sind z. B. Traglattung/Schalung oder nagelbare Platten.

Deckunterlage

Die Deckunterlage kann aus Mauersteinen, Porenbeton, Leichtbeton oder Holz hergestellt werden. Dies ist von Bedeutung, wenn die Befestigung der tragenden Unterkonstruktion berechnet wird. Für die Deckunterlage einschließlich der Unterkonstruktion sind die „Hinweise für hinterlüftete Außenwandbekleidungen" des Regelwerks zu beachten. Im Zuge der Energieeinsparung ist eine nachträgliche Dämmung in Betracht zu ziehen.

Dämmschicht

Die Dämmschicht verhindert, dass Temperaturschwankungen sich negativ auf das Gebäude auswirken. Sie ermöglicht ein behagliches Wohn- und Arbeitsklima und schützt die Gebäudekonstruktion vor zu starkem Auskühlen bzw. Erwärmen. Die Dämmstoffe sollten eine geringe Wärmeleitfähigkeit haben, witterungs- und fäulnisbeständig sein und über eine geringe Wasseraufnahmefähigkeit verfügen.

Die Befestigung kann durch Kleben, Dübeln oder beides erfolgen. Dabei sind die Herstellervorschriften und die Berechnungen zur Windsogsicherung zu beachten. Die Verlegung erfolgt im Verband mit dicht aneinandergesetzten Platten. Das Anbringen der Dämmung kann nach 3 verschiedenen Varianten (Tab. 11.2) erfolgen.

Tabelle: 11.2: Anbringen der Dämmung

Die Dämmung wird auf den Untergrund befestigt, danach kommt die Konterlatte, die Traglattung/Schalung und die Eindeckung	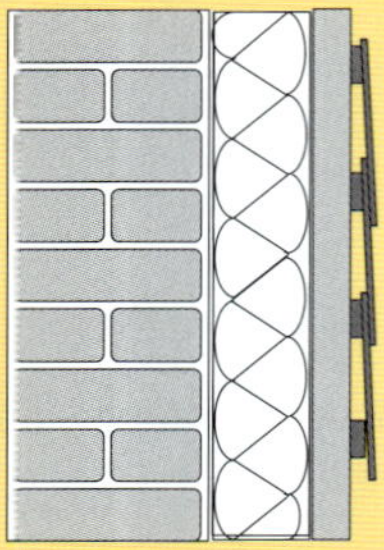
Es werden senkrechte Kanthölzer angebracht. Die Dämmung ist wegen der Hinterlüftung 2 cm kleiner als die senkrechte Tragkonstruktion. Anschließend wird die Traglattung bzw. Schalung angebracht.	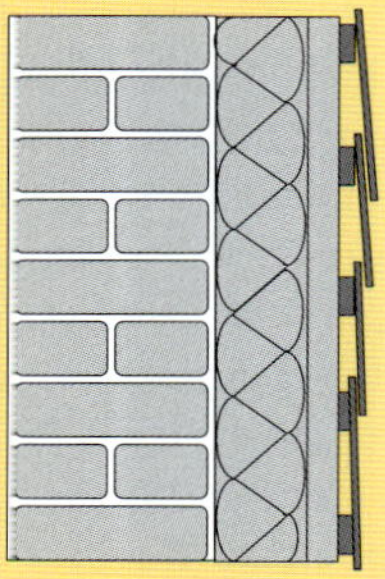
Es werden waagerechte Kanthölzer angebracht, dann erfolgt die Dämmung zwischen den Kanthölzern. Anschließend werden Konterlattung und Traglattung bzw. Schalung angebracht.	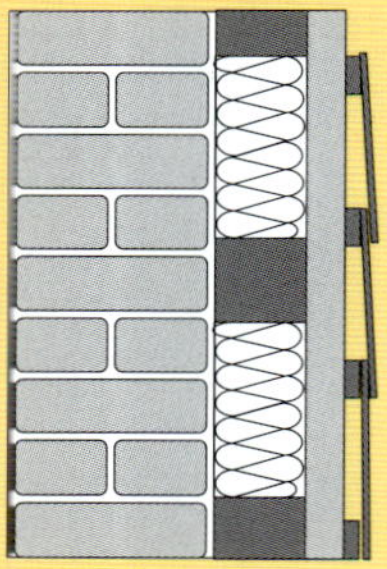

Konterlattung

Die Konterlattung wird für die Hinterlüftung benötigt. Ihr Querschnitt sollte mindestens 11 cm^2 betragen. Der Mindestquerschnitt der Öffnung ist 2 cm Höhe auf 1,00 m laufende Traufe (entspricht 200 cm^2/laufende m Traufe). Der Lüftungsquerschnitt darf an keiner Stelle der Außenwand eingeengt werden. Die Be- und Entlüftung muss an Durchdringungen, z. B. Fenstern, garantiert werden. Die Befestigung der Konterlattung muss so erfolgen, dass sie dem Windangriff standhält und die Deckunterlage mit der Eindeckung trägt. Je nach Befestigungssystem ist die bauaufsichtliche Zulassung der Befestigungsmittel zu beachten. Der senkrechte Abstand der Konterlatten beträgt ohne rechnerischen Nachweis 40 cm. Bei größeren Abständen ist ein rechnerischer Nachweis durchzuführen.

Deckunterlage

Die tragende Unterkonstruktion, auf der die Eindeckungen befestigt werden, heißt Deckunterlage. Dies können nagelbare Platten, Schalung, Dachlatten oder Metallprofile sein. Holzunterkonstruktionen müssen trocken und imprägniert sein und mindestens S 10 entsprechen. Der Querschnitt der Traglattung richtet sich nach dem Gewicht des Eindeckmaterials und der zu erwartenden Belastung durch Wind. Die Dicke der Schalung beträgt mindestens 24 mm. Bei gespundeten Brettern (Nut und Feder) und nagelbaren Platten mindestens 22 mm.

Eindeckung

Die Eindeckungen können mit Schiefer, Faserzementdachplatten, Holzschindeln, Dachziegeln und Dachsteinen oder aus Metall hergestellt werden.

11.1.2 Eindeckungen mit kleinformatigen Platten

Bei der Eindeckung mit kleinformatigen Platten müssen die zu bekleidenden Wandflächen gleichmäßig eingeteilt werden. Die Überdeckungen dürfen an keiner Stelle der Eindeckung unterschritten werden. Die Befestigung erfolgt mit feuerverzinkten Schiefernägeln oder Schieferstiften, Klammern oder Einschlaghaken, bei Holzwerkstoffen mit nicht rostendem Stahl. An der Außenwand sind die Überdeckungen laut Tabelle 11.3 einzuhalten.

Tabelle: 11.3: Überdeckungen an der Außenwand

Überdeckungen		Schiefer		Faserzement	
Mindestüberdeckungen		**Seite**	**Höhe**	**Seite**	**Höhe**
Altdeutsche Deckung		29 % der Decksteinhöhe	40 mm		
Schuppenschablonen			40 mm		
Bogenschnittdeckung	20 × 20	40 mm	40 mm	40 mm	40 mm
	25 × 25	80 mm	40 mm	90 mm	40 mm
	30 × 30			90 mm	40 mm
Waagerechte Deckung		40 mm	40 mm	40 mm	40 mm
Geschlaufte Deckung				40 mm	40 mm
Rechteckdoppeldeckung			20 mm		30 mm
	geklammert		60 mm		50 mm
Gezogene Deckung		40 mm	40 mm	50 mm	40 mm
	geklammert	40 mm	60 mm	50 mm	50 mm
Wabendeckung		40 mm		40 mm	

Darum geht es

- **Schichten:** Aufgaben und Funktionen.
- **Deckunterlagen:** Mauersteine, Porenbeton, Leichtbeton, Holz.
- Die **Hinterlüftung** dient zum Abtransport von Feuchtigkeit aus dem Bauwerk. Dies geschieht mittels einer Konterlattung.
- Die **Überdeckungen** an der Außenwand dürfen an keiner Stelle der Eindeckung unterschritten werden.

@ Links und Literatur

Siehe auch Deutsches Dachdeckerhandwerk – Regelwerk

www.dachdecker-regelwerk.de

www.baufachmedien.de

Begriff

Deckunterlage: tragende Unterkonstruktion, auf der die Eindeckungen befestigt werden.

Tabelle: 11.4: Eindeckungsarten

Altdeutsche Deckung Die Altdeutsche Deckung mit Schiefer wird auf einer flächigen Unterlage mit Decksteinen unterschiedlicher Höhe und Breite und mit Fersenversatz gedeckt. Sie erfolgt i. d. R. ohne Gebindesteigung. Die Deckgebinde werden von der Traufe zum First hin kleiner. Die Decksteinhöhe beträgt maximal 26 cm. Ab einer Decksteinhöhe von > 20 cm sind diese mit 3 Nägeln oder Stiften zu befestigen. Der waagerechte Schnürabstand errechnet sich aus der Decksteinhöhe minus Höhenüberdeckung. Die Orte können eingebunden oder aufgelegt gedeckt werden.	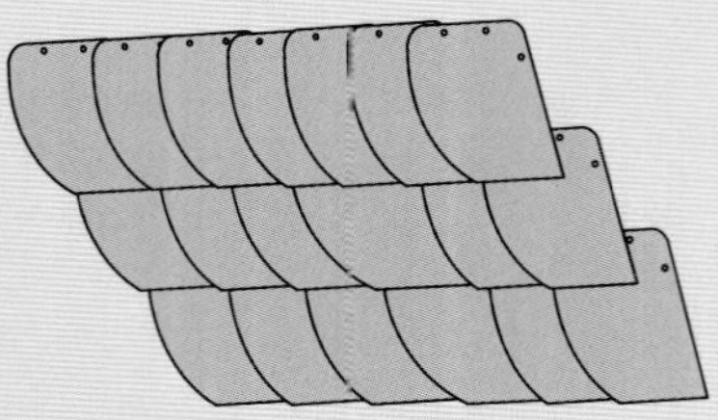
Schuppendeckung Die Schuppendeckung kann aus Schiefer oder Faserzementplatten hergestellt werden. Die Decksteine haben die gleiche Decksteinhöhe und -breite in normalem Hieb und werden auf einer flächigen Deckunterlage gedeckt. Die Decksteinhöhe beträgt ebenfalls maximal 26 cm. Die Eindeckung erfolgt mit Fersenversatz und i. d. R. ohne Gebindesteigung. Die Gebinde sind von der Traufe bis zum First gleich groß. Der waagerechte Schnürabstand errechnet sich aus der Decksteinhöhe minus Höhenüberdeckung. Die Orte können eingebunden oder aufgelegt gedeckt werden.	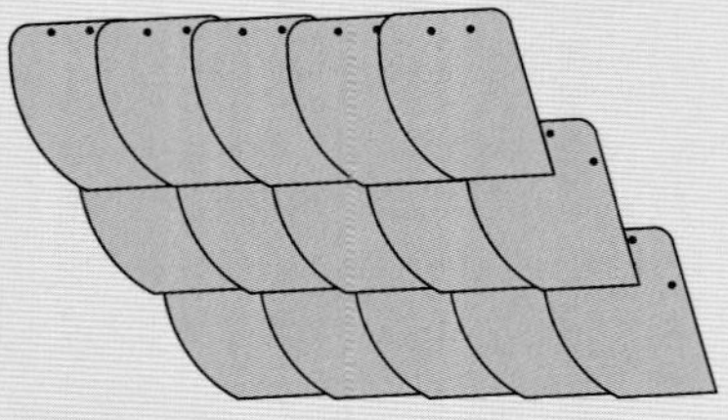
Deutsche Deckung Die Deutsche Deckung kann auf Lattung oder flächiger Unterlage erfolgen. Entsprechend dem Eindeckmaterial sind verschiedene Höhen- und Seitenüberdeckungen einzuhalten. Die Eindeckung erfolgt mit Fersenversatz und i. d. R. ohne Gebindesteigung. Die Orte können ebenfalls eingebunden oder aufgelegt gedeckt werden.	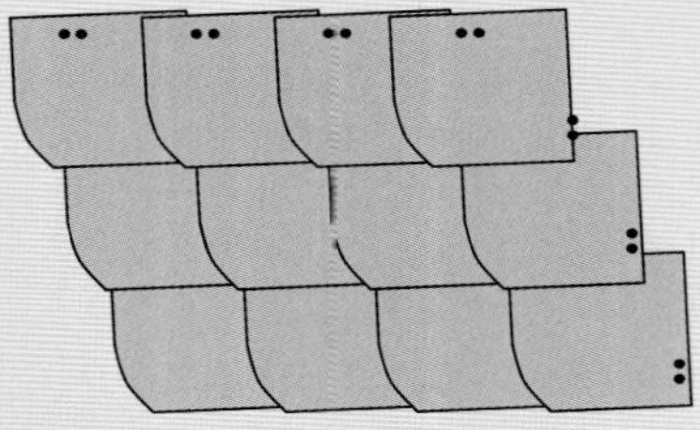
Wabendeckung Die Wabendeckung wird aus quadratischen Platten mit einer gestutzten Ecke ausgeführt. Die gestutzten Ecken werden bei der Eindeckung nach unten gedeckt. Die Eindeckung erfolgt im Verband, d. h., die Platten der einzelnen Gebinde sind jeweils um ein halbes Maß der Diagonale versetzt. Sie können auf Lattung oder flächiger Unterlage gedeckt werden.	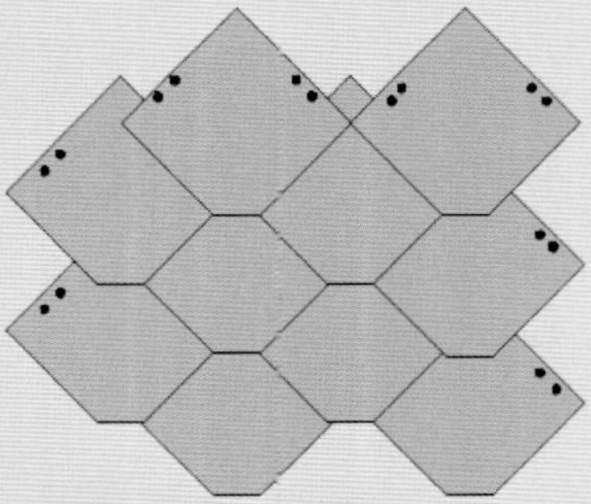
Spitzwinkeldeckung Die Spitzwinkeldeckung wird mit rautenförmigen Schiefern mit 2 gestutzten Ecken im Verband gedeckt. Die Hängespitze muss die vorhergehende Deckung um mindestens 1 cm überdecken. Die Spitzwinkelschablonen werden mit einer Stoßfuge gedeckt. Sie können auf Lattung oder flächiger Unterlage gedeckt werden.	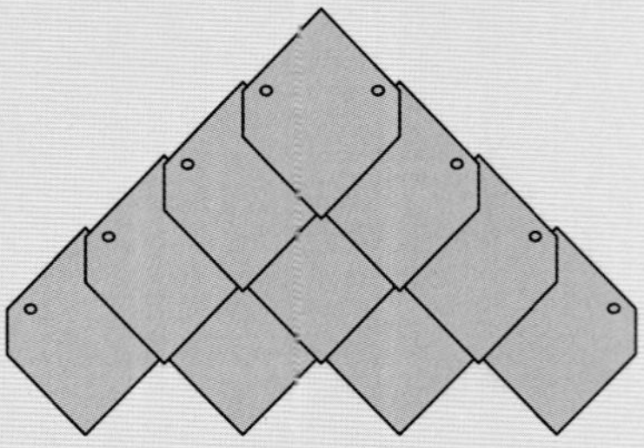

Tabelle: 11.4: Eindeckungsarten (Fortsetzung)

Waagerechte Deckung Die Waagerechte Deckung wird mit quadratischen oder rechteckigen Schablonen gedeckt. Die Schablonen werden in der Höhe und Seite überdeckt. Sie können auf Lattung oder flächiger Unterlage gedeckt werden.	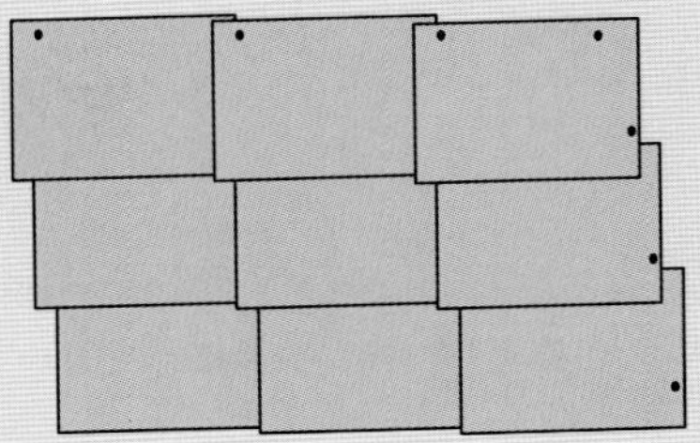
Rechteckdoppeldeckung Die Rechteckdoppeldeckung wird mit quadratischen oder rechteckigen Platten im Verband gedeckt. Die Ecken können vollkantig, gestutzt oder gerundet sein. Die Stoßfuge ist 3 bis 6 mm, je nach Plattengröße und ob sie genagelt oder geklammert werden. Sie können auf Lattung oder flächiger Unterlage gedeckt werden. Die Befestigung erfolgt mit mindestens 2 Schiefernägeln oder -stiften. Ein Nagel kann durch einen Plattenhaken ersetzt werden.	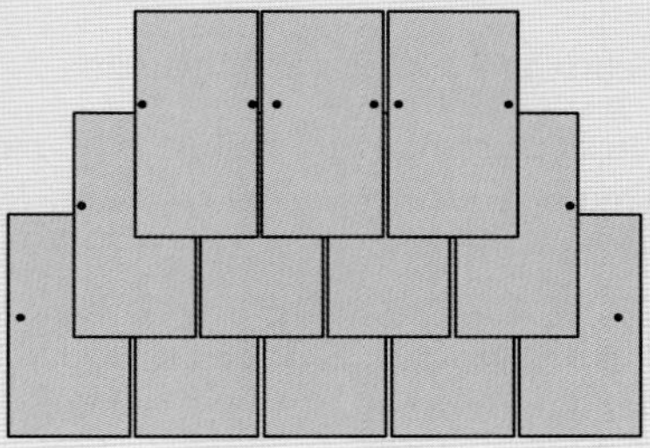
Gezogene Rechteckdoppeldeckung Die Gezogene Rechteckdoppeldeckung wird mit quadratischen oder rechteckigen Platten gedeckt. Die Ecken können vollkantig, gestutzt oder gerundet sein. Die Befestigung erfolgt mit mindestens 2 oder 3 Schiefernägeln oder -stiften, je nach Plattengröße und Deckmaterial. 1 bis 2 Nägel können durch 2 Plattenhaken ersetzt werden. Die Orte werden mit mindestens 3 Nägeln befestigt.	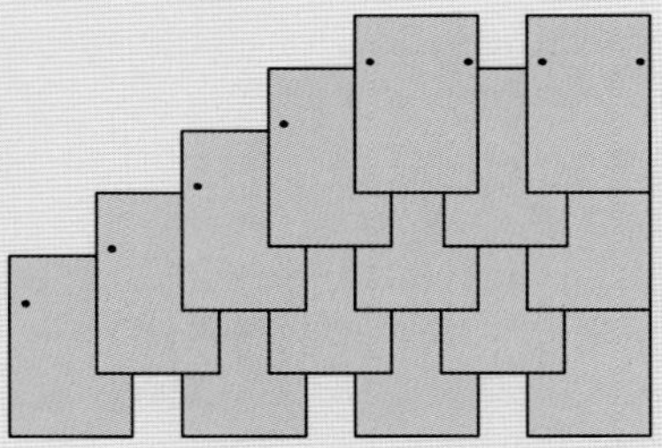
Dynamische Deckung Diese Eindeckung wird mit unterschiedlich breiten Rechteckschablonen gedeckt. Sie kann als Doppeldeckung oder Einfachdeckung gedeckt werden. Bei der Einfachdeckung werden die Fugen mit Metallstreifen unterlegt, um die Regensicherheit zu gewährleisten.	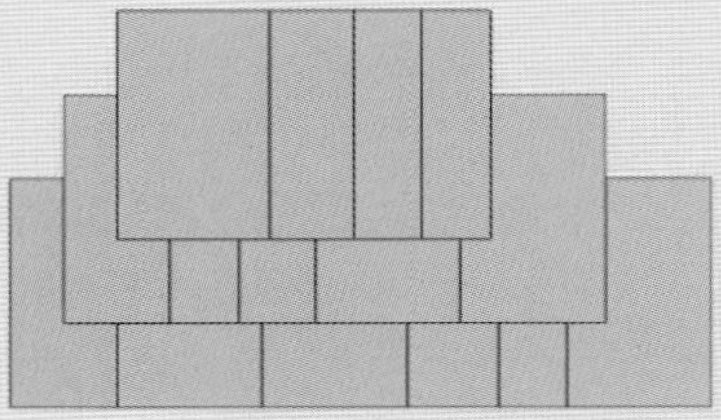 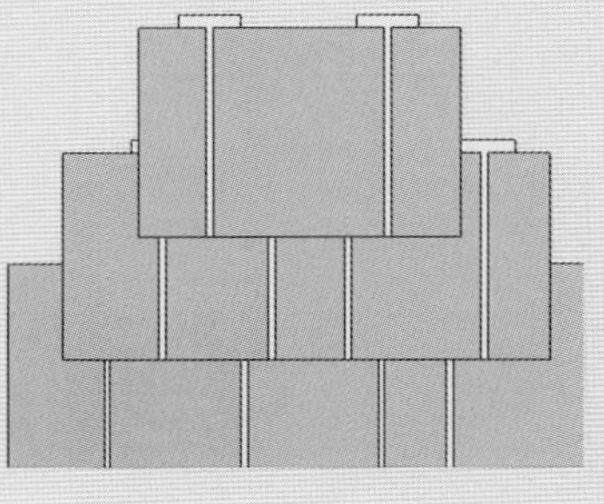

Abb. 11.2: Deutsche Deckung mit Bogenschnitt und aufgelegtem Ort

11.1.3 Deckschemen

Deutsche Deckung mit Bogenschnitt

Diese Deckung wird waagerecht, parallel zur Traufe gedeckt. Die Deckrichtung kann als Rechts- oder Linksdeckung erfolgen. Die Deckplatten sind mit hängender Ferse zu decken und mit mindestens 2 Stiften zu befestigen. Die Höhenüberdeckung ist vom Eindeckmaterial (Schiefer oder Faserzement) abhängig. Um ein optisch ansprechendes Bild zu erreichen, wird die Fläche in der Höhe aufgeteilt, damit alle Gebinde gleich groß sind.

! Praxisbeispiel

Die Wandhöhe beträgt 3,20 m und der untere Überstand 4 cm. Die Eindeckplatten sollen aus Faserzement bestehen und das Format 20 × 20 [cm] betragen.

Lösung

Maximaler waagerechter Schnürabstand
= Plattenhöhe – HÜ = 16 cm

Gesamthöhe = Wandhöhe + Überstand
= 3,20 m + 0,04 m
= 3,24 m

Anzahl der Reihen

$$= \frac{\text{Wandhöhe}}{\text{maximaler Schnürabstand}}$$

Anzahl der Reihen
= 20,25 → aufrunden auf 21

tatsächlicher waagerechter Schnürabstand

$$= \frac{\text{Wandhöhe}}{\text{gerundetem Wert}}$$

tatsächlicher Schnürabstand = 15,4 cm

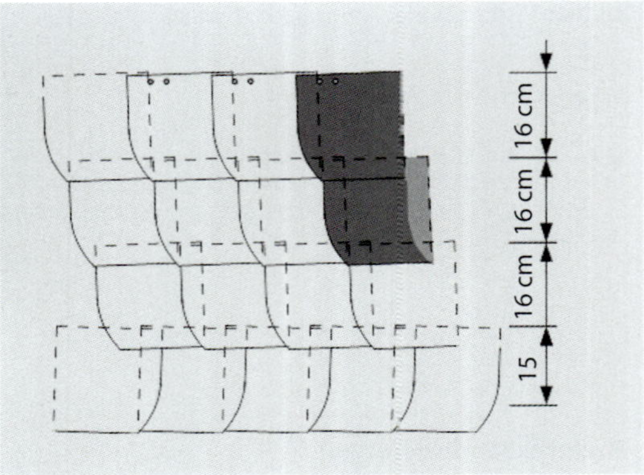

Abb. 11.3: Einteilung Deutsche Deckung mit Bogenschnitt

Wabendeckung

Die Eindeckung wird von der Mitte aus geschnürt. Der senkrechte Schnürabstand ist die Hälfte der Diagonale von einer Platte. Der waagerechte Schnürabstand ergibt sich aus der Hälfte der Plattenlänge minus der Höhenüberdeckung mal Wurzel 2.

! Praxisbeispiel

Platten mit Eckschnitt 20 × 20 [cm]

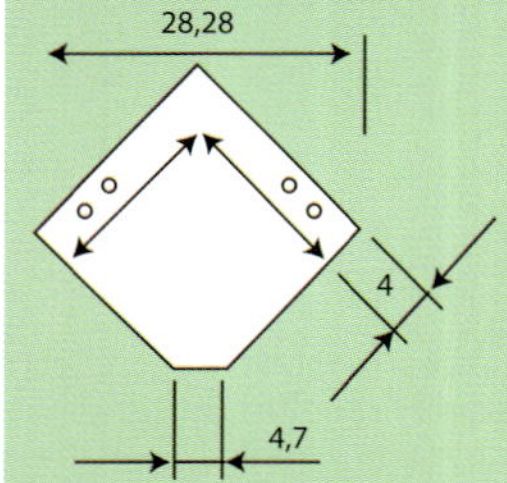

Plattendiagonale =

$$\text{Diagonale} = \sqrt{(20\ \text{cm})^2 \times (20\ \text{cm})^2} = 28{,}28\ \text{cm}$$

$$\text{vertikaler Schnürabstand} = \frac{\text{Plattendiagonale}}{2}$$

$= 14{,}14\ \text{cm} \approx 14{,}2\ \text{cm}$

$$\text{horizontaler Schnürabstand} = \frac{\text{Plattenlänge}}{2}$$

$- \text{Überdeckung} \times \sqrt{\ }$

$$= \frac{20\ \text{cm}}{2} - 4\ \text{cm} \times \sqrt{\ }$$

$= 8{,}48\ \text{cm} \approx 8{,}5\ \text{cm}$

Abb. 11.4: Wabendeckung mit eingebundenem Ort

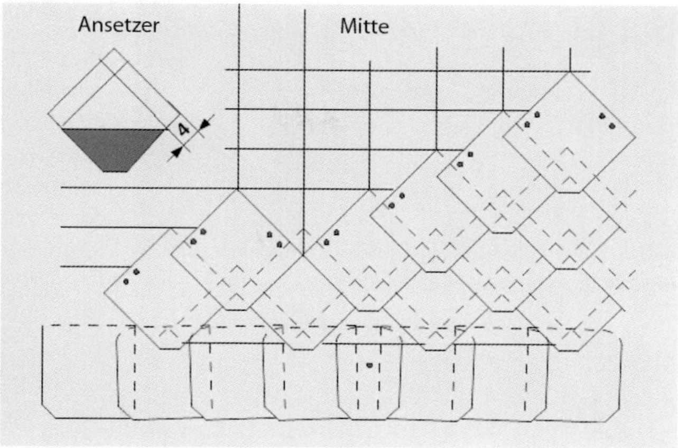

Abb. 11.5: Schnürbild Wabendeckung

Rechteckdoppeldeckung

Bei der Gezogenen Rechteckdoppeldeckung beginnt die Schnürung von der linken oder rechten Ortkante jeweils mit einer vollen Plattenbreite. Dadurch erreicht man, dass die Aufteilung am Ort gleichmäßig wird. Die Breite der Ortplatte von 10 cm darf nicht unterschritten werden.

Der obere Abschluss kann auslaufend oder mit einem Firstgebinde gedeckt werden. Bei dem auslaufenden First sollte die Fläche in der Höhe aufgeteilt werden, um ein gleichmäßiges Deckbild zu erhalten.

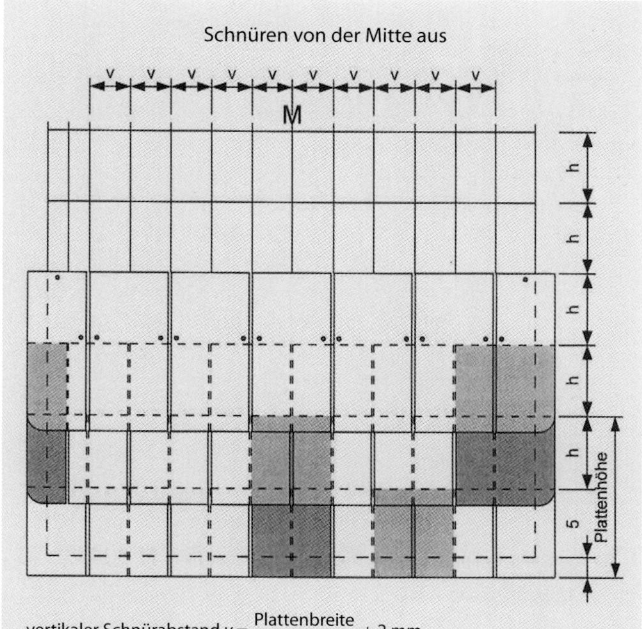

$$\text{vertikaler Schnürabstand } v = \frac{\text{Plattenbreite}}{2} + 2\text{ mm}$$

$$\text{maximaler horizontaler Schnürabstand} = \frac{\text{Plattenlänge} - \text{Höhenüberdeckung}}{2}$$

$$\text{Anzahl der Gebinde} = \frac{\text{Wandhöhe} + \text{Vorsprung (5 cm)} - \text{Firstreihe/Firstblech}}{\text{maximaler Schnürabstand}}$$

$$\text{optimaler horizontaler Schnürabstand } h = \frac{\text{Wandhöhe} + \text{Vorsprung} - \text{First}}{\text{Anzahl der Gebinde (aufgerundet)}}$$

Abb. 11.6: Schnürbild Rechteckdoppeldeckung

Abb. 11.7: Spitzwinkelschablonendeckung

Spitzwinkelschablonendeckung

Befestigung mit mindestens 2 Schieferstiften innerhalb der Überdeckung. Die aufgelegten Orte erhalten mindestens 1 Spannnagel. Die Seitenüberdeckung auf die Flächendeckung beträgt mindestens 5 cm. Die Höhenüberdeckung der Spitzorte beträgt 5 cm, gemessen an der Außenkante der Flächendeckung.

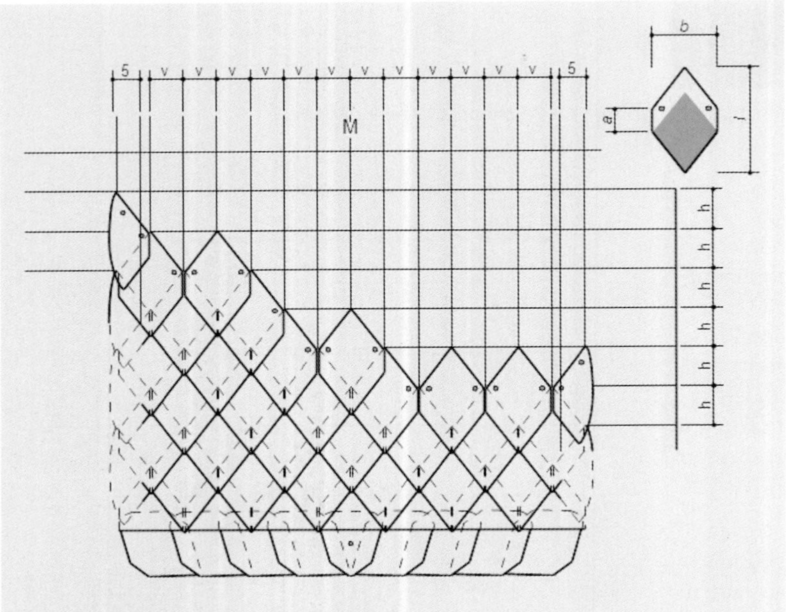

$$\text{vertikaler Schnürabstand } v = \frac{\text{Schablonenbreite } b}{2} \cdot 2 \text{ mm}$$

$$\text{horizontaler Schnürabstand } h = \frac{\text{Schablonenlänge } l - \text{Abschnitt } a}{2} - 1 \text{ cm Hängespitze}$$

Abb. 11.8: Schnürbild Spitzwinkelschablonendeckung

Dynamische Deckung

Die Eindeckungsart wird mit verschieden breiten und großen Rechteckplatten gedeckt.

Dadurch können verschiedene Gestaltungseffekte erreicht werden.

Bei der Doppeldeckung überdeckt die 3. Platte noch die 1. Platte. Bei der Einfachdeckung werden die Fugen durch Metallstreifen unterlegt. Durch diese verschiedenfarbigen Metallstreifen (i. d. R. 10 cm breit) erhält die Eindeckung noch einen optischen Gesichtspunkt.

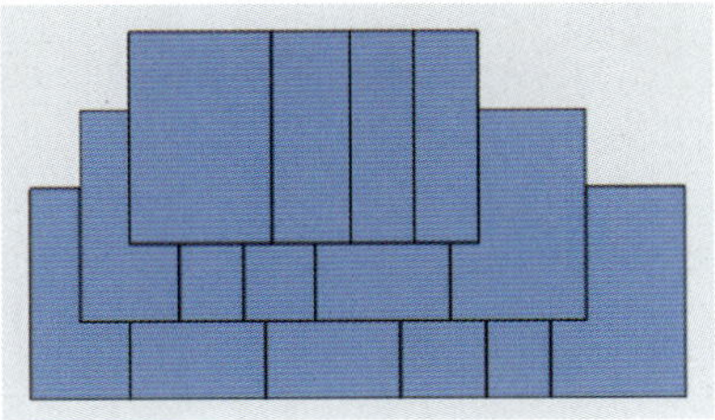

Abb. 11.9: Dynamische Deckung ohne unterlegte Metallstreifen

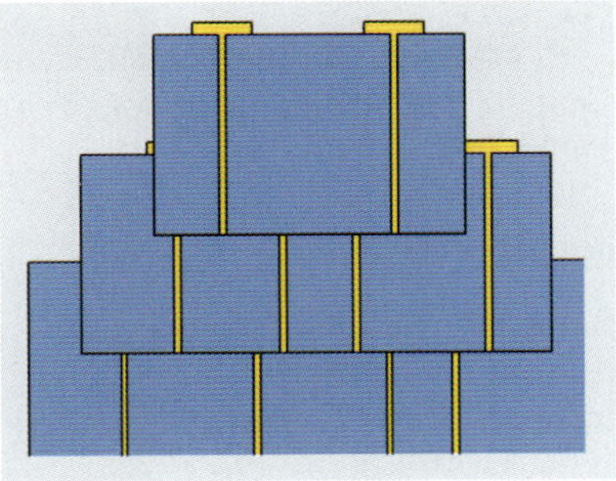

Abb. 11.10: Dynamische Deckung mit untergelegten Metallstreifen

■ **Darum geht es**

Zu beachten ist, dass der Fugenversatz einzuhalten ist, um die Regensicherheit zu gewährleisten.

11.1.4 Befestigungen

Die Platten der verschiedenen Deckungsarten können mit Stiften, Nägeln oder Plattenhaken befestigt werden. Die Anzahl der Befestigungen ist unterschiedlich. In der Fläche i. d. R. 2 Nägel oder Stifte.

Bei der Befestigung mit Plattenhaken ist zu beachten, dass sich die Höhenüberdeckung entsprechend den Vorgaben erhöht.

11.2 Bekleidungen mit großformatigen Platten

Außenwände, vor allem von Hallenkonstruktionen, können auch mit großformatigen Platten verschiedener Werkstoffe bekleidet werden. Diese schützen die Unterkonstruktion, die meist aus Beton oder Stahl ist, vor Witterungseinflüssen und geben der Konstruktion eine Gestaltung. Da solche Gebäude 20 m und höher sein können, muss dafür eine entsprechende Berechnung der Statik und der Windbelastung (Windsogberechnung) erfolgen. Für die Befestigung großformatiger Platten sind die jeweiligen Herstellervorschriften zu beachten.

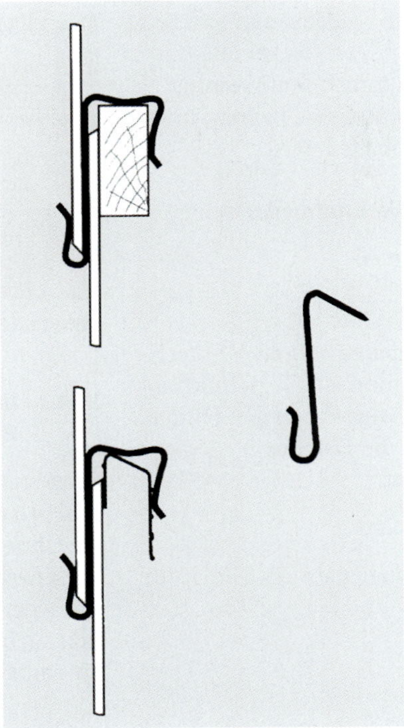

Abb. 11.11: Klammer- und Einschlaghaken

Abb. 11.12: Wellplatten aus Metall

Abb. 11.13: Faserzementplatten

Abb. 11.14: Gestaltung mit Schiefer

Abb. 11.15: Gestaltung mit Schiefer

Abb. 11.16: Gestaltung mit keramischem Material

11.3 Weitere Bekleidungsmöglichkeiten

Außenwandbekleidungen dienen nicht nur zum Schutz vor Witterung, sondern auch als Gestaltungselement. Viele Bauherren lassen sich künstlerische Elemente in die Fassade einbauen und geben so der Außenwand eine besondere Note. Die Materialvielfalt ist für die Dachdecker sehr nützlich: Keramische Elemente, Metall oder Holzschindeln sowie auch Schiefer und Faserzementplatten lassen dem Dachdecker alle Möglichkeiten der Gestaltung offen. Wichtig ist dabei, dass immer die jeweilige Höhen- und Seitenüberdeckung eingehalten wird.

11.4 Berechnung des Werkstoffbedarfs

11.4.1 Unterkonstruktion

Konterlattung

Der maximale Abstand der einzelnen senkrechten Latten beträgt 40 cm und ist querschnittsabhängig. Der Querschnitt wird durch den Hinterlüftungsquerschnitt und die Last der Eindeckungsart bestimmt.

lfd. m/m^2 = 1/Lattenabstand

Beispiel mit maximalem Lattenabstand: lfd. m/m^2
= 1/0,40 m
= 2,25 lfd. m/m^2

Traglattung

lfd. m/m^2 = 1/maximale oder tatsächliche Lattweite

11.4.2 Berechnung des Materialverbrauchs für die Fläche

Die Berechnung erfolgt i. d. R. über die Stückzahl pro m^2 und wird dann auf die Fläche hochgerechnet. Der Zusatz für Bruch/Verhau und Verschnitt für die einzelnen Materialien wird von jedem Betrieb selbst festgelegt und richtet sich auch nach den Flächengrößen und deren Einbauteilen.

Tabelle 11.5 stellt die wichtigsten Berechnungsgrundlagen für die Außenwandbekleidungen dar. Dabei haben die Abkürzungen in Tabelle 11.6 eine Bedeutung:

Tabelle 11.5: Wichtigste Berechnungsgrundlagen für Außenwandbekleidungen

Deckart	Berechnung pro m^2
Altdeutsche Deckung	Diese Deckung wird in kg angegeben. Beim normalen/stumpfen Hieb werden 28 kg/m^2 und beim scharfen Hieb 32 kg angenommen.
Schuppenschablonendeckung	$\text{St./m}^2 = \frac{1\ \text{m}^2}{\text{Sichtfläche einer Platte}}$ Sichtfläche = Deckbreite × Deckhöhe Deckbreite = B – SÜ Deckhöhe = H – HÜ
Deutsche Deckung mit Bogenschnitt	$\text{St./m}^2 = \frac{1\ \text{m}^2}{\text{Sichtfläche einer Platte}}$
Wabendeckung	$\text{St./m}^2 = \frac{1\ \text{m}^2}{\text{Sichtfläche einer Platte}}$ Sichtfläche = (B – SÜ) × (H – SÜ) – (SÜ × SÜ)
Spitzwinkeldeckung	$\text{St./m}^2 = \frac{1\ \text{m}^2}{\text{Sichtfläche einer Platte}}$ $\text{Sichtfläche} = \frac{(\text{H} - \text{Abschnitt}) \times \text{B}}{2}$
Waagerechte Deckung	$\text{St./m}^2 = \frac{1\ \text{m}^2}{\text{Sichtfläche einer Platte}}$ Sichtfläche = (B – SÜ) × (H – HÜ)
Rechteckdoppeldeckung	$\text{St./m}^2 = \frac{1\ \text{m}^2}{\text{Sichtfläche einer Platte}}$ Sichtfläche = max. oder tats. LW · B
Gezogene Rechteckdoppeldeckung	$\text{St./m}^2 = \frac{1\ \text{m}^2}{\frac{(\text{H} - \text{HÜ})}{2} \times \text{B} + \frac{(\text{H} - \text{HÜ})}{2} \times (\text{B} - 2 \cdot \text{SÜ})}$

Tabelle 11.6: Abkürzungen

S	Schnürabstand
HÜ	Höhenüberdeckung
SÜ	Seitenüberdeckung
B	Breite der Platte
H	Höhe der Platte
HS	Hängespitze

Darum geht es

- Großformatige Platten bestehen z. B. aus Metall oder Faserzement.
- Für Außenwandbekleidungen eignen sich keramische Elemente, Metall, Holzschindeln, Schiefer und Faserzementplatten.
- Außenwandbekleidungen ermöglichen individuelle Fassadengestaltung. Wichtig: Höhen- und Seitenüberdeckung einhalten.

Begriffe

- **maximale Lattweite** = Decksteinhöhe – HÜ.
- **Anzahl der Lattabstände** = Höhe/maximale Lattweite (aufrunden).
- **optimale Lattweite** = Höhe/Anzahl der Lattabstände.

! Praxisbeispiel

Waagerechte Deckung mit Bogenschnittplatte 20 × 20 [cm]
HÜ: 4 cm
Wandhöhe: 2,30 m

maximale Lattweite = 20 cm – 4 cm = 16 cm
lfd. m/m^2 = 1/0,16 m = 6,25 lfd. m/m^2

optimale Lattweite = 2,30 m/0,16 m = 14,375 → 15 Lattabstände
= 2,30/15 = 15,3 cm Lattweite

lfd. m/m^2 = 1/0,153 m = 6,54 lfd. m/m^2

Praxisbeispiel

Aufgabe

1. Helfen Sie dem Bauherrn bei seiner Entscheidung und schlagen Sie ihm mehrere kleinformatige Eindeckungen vor. Fertigen Sie dazu
   a) Ausschnitte für Ihre gewählten Deckschemen im M 1 : 10 sowie
   b) eine Zusammenstellung aller benötigten Werkstoffe inkl. des Materialbedarfs für die Außenwand der gewählten Deckschemen an. Für Verschnitt werden 4 % angenommen.
   c) Weisen Sie nach, dass die Dämmstoffdicke ausreichend ist (einfache Berechnung).

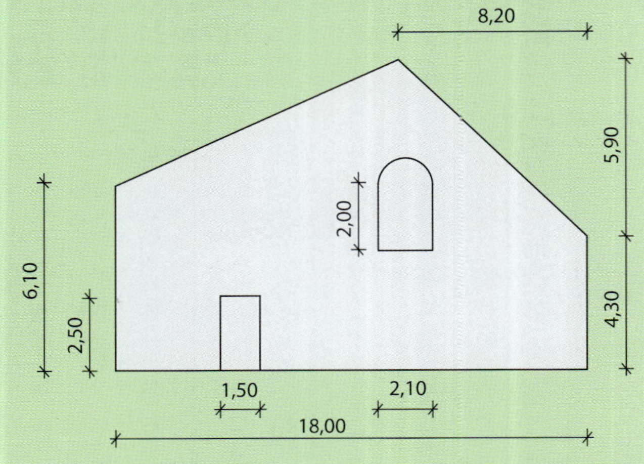

2. Erläutern Sie Außenwandbekleidungen mit großformatigen Platten.
3. Skizzieren und beschreiben Sie den wärmegedämmten hinterlüfteten Aufbau einer Außenwandbekleidung.

Lösung

a) Als Beispiel wird eine Bogenschnittschablone 20 × 20 (cm) gewählt.

b) Die Fläche beträgt 139,32 m².

Die Abzugsflächen für das Fenster und die Tür beträgt 9,68 m².

$A_{ges} = 139{,}32\ m^2 - 9{,}68\ m^2 = 129{,}64\ m^2$.

Sichtfläche eine Platte = (20 cm – 4 cm) × (20 cm – 4 cm) – (4 cm × 4 cm) = 240 cm²

$St/m^2 = 10.000 cm^2 / 240\ cm^2 = 41{,}33\ St./m^2$

Gesamtstückzahl = $St/m^2 \times A_{ges} = 41{,}33\ St./m^2 \times 129{,}64\ m^2 \times$ Verschnitt

$= 5.786{,}66\ St/m^2 \rightarrow$ aufrunden auf ganze Platten = 5.787 St.

c) 8 cm Dämmung gewählt.

$U = 0{,}22\ W/(m^2 \cdot K)$, Wärmeleitzahl für Dämmstoff $0{,}030\ W/(m^2 \cdot K)$

R_{se} und R_{si} werden vernachlässigt.

$R_{WD} = 1 / U = 4{,}54\ W/(m^2 \cdot K)$

d_{WD} = Wärmeleitzahl Dämmstoff $\times R_{WD} = 0{,}030\ W/(m^2 \cdot K) \times 4{,}54\ (m^2 \cdot K)/W = 13{,}6$ cm

Die Dämmung reicht nicht aus.

11.5 Werkstoffentsorgung

11.5.1 Sicherheitsvorschriften für den Abbau von Asbestzement

- Unbeschichtete Asbestzementprodukte an der bewitterten Oberfläche mit Staub bindenden Mitteln besprühen oder mit Wasser feucht halten.
- Bei Arbeiten an Außenwandbekleidungen Planen oder Folien zum Auffangen und Sammeln herabfallender Bruchstücke auslegen.
- Befestigungen sorgfältig lösen, Bauteile möglichst zerstörungsfrei ausbauen und nicht aus Überdeckungen oder über Kanten ziehen.
- Keine Schuttrutschen verwenden.
- Material nicht werfen, sondern von Hand oder mit Hebezug transportieren.
- Nach dem Entfernen der Asbestzementprodukte Untergrund gründlich absaugen oder feucht reinigen.
- Ausgebaute Asbestzementprodukte nicht wiederverwenden.
- Der Ersatz von asbesthaltigen Platten darf nur mit asbestfreien Produkten erfolgen; asbestfreie Faserzementplatten enthalten Fasern aus Zellulose oder Kunststoff.

Entsorgung

Ausgebaute Asbestzementprodukte sind in gekennzeichneten Behältern, z. B. dicken Plastiksäcken oder Containern, einzulagern, abzudecken oder feucht zu halten. Die Behälter müssen vor dem Zugriff Unbefugter gesichert werden. Die Platten dürfen nicht zerkleinert werden. Asbestzementabfälle sind nur auf den dafür zugelassenen Deponien zu entsorgen. Es ist verboten, Asbestzementprodukte nach ihrem Ausbau wiederzuverwerten, zu veräußern oder zu verschenken. Sie sind in jedem Fall aus dem Verkehr zu ziehen und zu entsorgen, da es sich um besonders überwachungswürdige Abfälle handelt. Beauftragen Sie zur Durchführung von Sanierungs- und Rückbauarbeiten ausschließlich Fachfirmen, die den erforderlichen Sachkundenachweis nach der TRGS 519 vorlegen können.

11.5.2 Holz und Eindeckmaterialien

Holz und andere Eindeckmaterialien werden möglichst sortenrein sortiert und entsorgt.

Imprägniertes Holz gehört in die Kategorie Sondermüll und muss von Fachfirmen entsorgt werden. Alle anderen Eindeckmaterialien können sortiert als Bauschutt entsorgt oder dem Recycling zugeführt werden. Eine sortenreine Sortierung spart den Firmen auch zusätzliche Kosten und schützt die Umwelt.

■ Darum geht es

Berechnung des Materialverbrauchs: Stückzahl pro m^2 und dann auf die Fläche hochrechnen.

■ Begriffe

TRGS 519 = Technische Regeln für Gefahrstoffe, Band 519: „Asbest Abbruch-, Sanierungs- oder Instandhaltungsarbeiten".

➜ Weitere Informationen siehe Kapitel Bauphysik im Anhang.

Lernfeld 12: Geneigte Dächer mit Metallen decken

Berthold Schauerte

Projektaufgabe:

Das Wohnhaus der Familie Schuster soll eine Metalldeckung aus Scharen erhalten. Die Eindeckung soll aus Titanzink in einer Banddeckung mit einer Bandbreite von 600 mm erfolgen. Familie Schuster wohnt auf dem Land in der Windzone 1. Bei dem Wohnhaus handelt es sich um ein Gebäude mit Pultdach mit den Maßen 12,50 × 9,50 m (Länge × Breite) und einer Dachneigung von 32°. Die höchste Gebäudekante beträgt 9 m.

Arbeitsaufträge:

1. Ermitteln Sie die Anzahl der Schare und der Passschare.
2. Welche Länge müssen die Fertigschare aufweisen, um den Firstabschluss (unbelüftet mit Abdeckung) und den Traufanschluss fachgerecht zu erstellen?
3. Berechnen Sie die Haftanzahl der Fertighafte, Schiebehafte und den Haftabstand für die einzelnen Teilbereiche.
4. Wählen Sie eine Ortgangausführung mit einer 40 × 40 mm Leiste.
5. Erläutern Sie mögliche Unterkonstruktionen für Metalldeckungen.

12.1 Materialeigenschaften und Werkzeuge

Die traditionellen Werkstoffe für eine Dacheindeckung sind Kupfer, Blei und Zink.

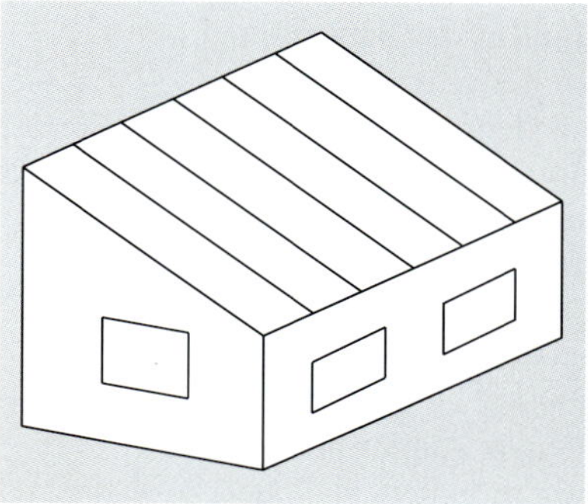

Abb. 12.1: Pultdach

Zu den modernen Metalleindeckungen zählen heute neben den traditionellen Werkstoffen auch Aluminium, Stahl und Edelstahl. Dacheindeckungen und Außenwandbekleidungen werden in steigendem Maße aufgrund der nahezu unbegrenzten gestalterischen Möglichkeiten mit Metall ausgeführt. Durch den Einsatz von Maschinen lassen sich Metalleindeckungen schnell und wirtschaftlich verlegen. Detailausbildungen erfordern aber auch heutzutage noch hohes handwerkliches Können.

12.1.1 Materialeigenschaften und Handelsformen der Werkstoffe

Heute ist jedes Metall mit unterschiedlichen Sonderoberflächen als Band- oder Tafelmaterial erhältlich, aus dem die Metalldeckungen hergestellt werden. Aus Gründen der Produkthaftung sind alle Materialien zu kennzeichnen. Diese Kennzeichnung beinhaltet die Dicke,

Dach Training
Deine App für die Prüfung
Android IOS

Norm, Materialkennung, den Festigkeitsgrad und den Hersteller mit Herstellerland. Es empfiehlt sich, insbesondere bei nicht genormten oder zugelassenen Stoffen und Bauteilen die Eignung für den jeweiligen Verwendungszweck durch den Hersteller und Lieferer schriftlich bestätigen zu lassen.

- **Kupfer** zeichnet sich durch eine hohe Lebensdauer besonders gut für das Bauwesen aus. Es ist gegen atmosphärische Einflüsse und gegen Einflüsse aus dem Gebäudeinneren korrosionsbeständig. Durch die gute Verarbeitbarkeit an schwierigen Dachdetails und auch bei niedrigen Temperaturen zeichnet sich dieses Material für das Bauwesen besonders aus. Bei Kupfer entstehen auf der Oberfläche unter Einwirkung der Umgebungsluft beständige Schutzschichten. Kupfer besitzt eine gute Korrosionsbeständigkeit, auch gegen Kalk, Gips und Zement. Die Abschwemmung von im Wasser gelösten Kupferoxiden kann im Bereich benachbarter Baustoffe zu Grünfärbungen führen, der Patina.

Kennzeichnung/Eigenschaften
Die DIN EN 1172: Kupfer und Kupferlegierungen, Bleche und Bänder für das Bauwesen nennt als Werkstoff für den Anwendungsbereich Bauwesen Cu-DHP-sauerstofffreies desoxidiertes Kupfer mit einem Reinheitsgrad von 99,9 %. Neben walzblankem Material werden Bänder und Bleche mit werkseitig grün patinierter, dunkel oxidierter oder verzinnter (grauer) Oberfläche angeboten. Es empfiehlt sich, die gewünschte bzw. erforderliche Materialqualität und Materialdicke bereits bei der Bestellung eindeutig festzulegen und deren Lieferung bestätigen zu lassen. Die Verarbeitung dieses Materials erfordert die Beachtung weiter gehender Herstellerinformationen und setzt entsprechende Erfahrung voraus. Die Herstellerangaben und die des Deutschen Kupferinstituts sind zu berücksichtigen.

Handelsformen
Kupferbandrollen (Coil): Breite bis 1.000 mm, Dicke von 0,1 bis 2,0 mm
Kupfertafeln (Normaltafeln): Breite 1.000 × 2.000 mm, Dicke 0,2 bis 2,0 mm

- **Blei** besitzt eine gute Korrosionsbeständigkeit gegen die heute in der Atmosphäre vorkommenden negativen Einflüsse. Es bildet eine natürliche Schutzschicht (Patina) aus fast unlösbarem Bleikarbonat oder Bleisulfat. Es ist zudem UV-beständig, verrottungsfest, bruchsicher und wiederverwendbar. Des Weiteren zeichnet sich Blei durch die gute Verarbeitbarkeit aus, da es auch im kalten Zustand sehr gut verformt werden kann.

Kennzeichnung/Eigenschaften
Die Kennzeichnung erfolgt durch selbstklebende Banderolen in verschiedenen Farben:

Tabelle 12.1: Walzblei: Nenndicke mit Farbkodierung

Nenndicke in mm	Farbe
1,25	Grün
1,50	Gelb
1,75	Blau
2,00	Rot
2,50	Schwarz
3,00	Weiß
3,50	Orange

Hinweis: Die angegebenen Dicken entsprechen der üblichen Verwendung.

Für Anwendungen im Bauwesen werden keine Dicken (siehe Tab. 12.1) unter 1,25 mm empfohlen. Eine geeignete Verpackung ist vorzusehen, denn Bleiprodukte müssen vor Feuchtigkeit und Kondensat geschützt versandt und gelagert werden. Die Lagerung muss so erfolgen, dass keine bleibenden Verformungen entstehen. Das blanke Blei bildet bei normaler Bewitterung eine schützende Patina. Bei häufiger Einwirkung von Feuchtigkeit an der Unterseite von Bleiblechen ohne Luftzufuhr können Korrosionserscheinungen auftreten. Blei ist nicht gegen Korrosion durch Bitumenablaufprodukte beständig. Weitere Hinweise sind den Technischen Regeln für die Verarbeitung von Saturnblei im Bauwesen zu entnehmen.

Handelsformen
Rollenware von 100 bis 1.300 mm

- **Titanzink** zeichnet sich auch durch Korrosionsbeständigkeit aus, da bei freier Bewitterung eine natürliche wasserunlösliche Schutzschicht (Patina) aus basischem Zinkkarbonat entsteht. Eine Optimierung der Werkstoffeigenschaften wurde über die Zulegierung von Titan erreicht.

Kennzeichnung/Eigenschaften
Durch die unterschiedlichen Verfahren zur Herstellung von vorbewittertem Titanzink treten, je nach Hersteller, Farbabweichungen auf. Zur Vermeidung von Farbabweichungen an fertiggestellten Klempnerarbeiten sollte das Material nur eines Herstellers an einem Objekt verwendet werden. Titanzink wird in folgenden Material- und Oberflächenqualitäten angeboten:
Die Materialqualität nach DIN EN 988 ist eine Legierung auf der Basis Feinzink mit einem Reinheitsgrad von 99,95 %. Die Legierungszusätze bestehen aus Titan 0,06 bis 0,2 % und Kupfer 0,08 bis 0,1 %. Bei der Oberflächenbeschaffenheit gibt es walzblank oder „vorbewittert". Auch Farbbeschichtungen oberseitig oder unterseitige Korrosionsschutzbeschichtungen sind möglich.
Bei Titanzink entstehen unter Einwirkung der Umgebungsluft auf der Oberfläche beständige Schutzschichten. Bei sich dauerhaft wiederholender Einwirkung von Feuchtigkeit ohne Luftzufuhr können Korrosionserscheinungen bzw. Korrosionsschäden auftreten.
Bei tiefen Temperaturen neigt der Werkstoff Titanzink zur Kaltsprödigkeit. Daher ist das Material bei Metalltemperaturen unter 10 °C vor schlagartiger Verformung z. B. mit einem geeigneten Heißluftföhn anzuwärmen.

Handelsformen
Zinkbandrollen (Coil):
Breite bis 1.000 mm,
Dicke von 0,6 bis 2,0 mm
Zinktafeln (Normaltafel):
1.000 × 2.000 mm und
1.000 × 3.000 mm und
Dicken von 0,6 bis 2,0 mm

Titanzink neigt zu Kaltsprödigkeit. Daher muss man das Material bei Metalltemperaturen unter 10 °C vor schlagartiger Verformung anwärmen. Dazu kommt z. B. ein geeigneter Heißluftföhn infrage.

- **Aluminium** im Einsatz an Dach und Wand ist gekennzeichnet durch:
  - leichte Verarbeitbarkeit,
  - geringes Gewicht,
  - günstige mechanische Festigkeit,
  - chemische Beständigkeit und Langlebigkeit.

Sehr positiv wirken sich auch sein hohes Reflexionsvermögen von Wärme und Licht sowie die Unbrennbarkeit und Funkenfreiheit aus.

Kennzeichnung/Eigenschaften
Die Kennzeichnung der Bleche und Bänder ist nach DIN EN 485 nicht vorgeschrieben, sollte aber erfolgen, wenn dies zwischen dem Lieferer und dem Kunden vereinbart und in der Bestellung festgelegt wurde. Die Kennzeichnung darf die Endverwendung des Erzeugnisses nicht beeinträchtigen. Da zahlreiche Hersteller eine Vielzahl unterschiedlicher Qualitäten anbieten, empfiehlt es sich, den Hersteller

Darum geht es
Welche Materialien gibt es bei Metalldeckungen? Welche Kennzeichnungen und Eigenschaften haben diese?

@ Links und Literatur
Informationen zur DIN EN 1172:2012-02: Kupfer und Kupferlegierungen, Bleche und Bänder für das Bauwesen unter www.beuth.de.

Weiter gehende Informationen zu Blei sind den Technischen Regeln für die Verarbeitung von Saturnblei im Bauwesen zu entnehmen, Herausgeber „Gütegemeinschaft Bleihalbzeuge e.V." unter www.saturnblei.de

Zur DIN EN 988: Zink und Zinklegierungen – Anforderungen an gewalzte Flacherzeugnisse für das Bauwesen siehe www.baunormen lexikon.de

Begriffe
Saturnblei steht für nach RAL gesichertes Walzblei, das durch seinen Reinheitsgrad und ganz spezielle Zulegierungen einen außergewöhnlich hohen Qualitätsstandard erreicht hat. Siehe dazu auch: www.saturnblei.de

und die Materialqualität bei der Bestellung eindeutig festzulegen. Für Falzarbeiten sind Aluminiumlegierungen mit einem Grat der Kaltverfestigung von ⅛ oder ¼ hart bei einer Mindestdicke von 0,7 mm erforderlich. Es werden für die „Falzqualität" bestimmte Legierungen verwendet.

Handelsformen
Aluminium für Dach und Fassade ist in Blechen, Platten und Bändern unterschiedlicher Abmessungen verfügbar. Für Falzdächer werden üblicherweise Coils von ca. 100, 500 und 1.000 kg mit einer Zuschnittsbreite von 600 mm und einer Blechdicke von 0,7 mm verwendet.

- Die Produktpalette **Stahl** reicht bei der Verarbeitung von Rinnenhaltern und Sturmblechen bis hin zu Trapezprofilen, Kassetten und Sandwich-Elementen für Dach und Wand. Durch die guten Verarbeitungs- und Gebrauchseigenschaften zählt Stahl zu einem wichtigen Werkstoff in der Konstruktion. Nachteilig wirkt sich Stahl durch seine Eigenschaft aus, im ungeschützten Zustand zu korrodieren. Daher wird Stahl vor dem Einbau mit einem metallischen Überzug (z. B. Zink) als Korrosionsschutz versehen.

Kennzeichnung/Eigenschaften
Nach DIN EN 10142 bestehen Bleche und Bänder aus feuerverzinktem Stahl aus einem weichen unlegierten Stahl. Dieser Stahl lässt sich trotz seiner hohen Festigkeit gut biegen, falzen und kanten. Werden bei der Verarbeitung farbig beschichtete feuerverzinkte Bleche und Bänder verwendet, so sind der Eignungsnachweis und die Gewährleistung des Herstellers maßgebend. In der Praxis werden heute verschiedene industriell hergestellte Profilbleche und Profilbänder für Dächer und Fassaden eingesetzt. Die Grundwerkstoffe und deren metallische Überzüge und/oder organische Beschichtungen werden vom Hersteller durch Etiketten an den Paketen und Coils gekennzeichnet; eine darüber hinausgehende Kennzeichnung ist nicht vorgeschrieben. Es empfiehlt sich, bei der Bestellung die gewünschte Materialqualität eindeutig festzulegen und deren Lieferung ausdrücklich bestätigen zu lassen. Die Kennzeichnung enthält Namen oder Zeichen des Stahlherstellers, Bestellangaben gemäß Norm/S-I-Z, Nennmaße des Erzeugnisses, Identifikationsnummer, Auftragsnummer und Gewicht.

Handelsformen
Verschiedene Längen und Breiten und Stähle mit unterschiedlichen Beschichtungen.

- **Edelstahl** (Chrom-Nickelstahl) wird in der Bauklempnerei immer häufiger eingesetzt. Ein Vorteil für die Verarbeitung von Edelstahl liegt darin, dass die Verarbeitungsdicke nur 0,4 oder 0,5 mm beträgt und Edelstahl somit eine geringere Dichte aufweist. Bei einer Beschädigung bildet sich unter Einfluss der Luft oder Wasser und dem darin enthaltenen Sauerstoff eine neue Oxidschicht zum Schutz der Bleche und Bänder. Positiv wirken sich die Legierungsbestandteile Chrom und Nickel auch auf die mechanischen Eigenschaften aus. Die heute im Dachbereich verwendeten Stahlsorten zeichnen sich durch Weichheit und geringe Ausdehnung aus. Sie lassen sich gut falzen, kanten und runden.

Kennzeichnung/Eigenschaften
Eine bestimmte Kennzeichnung der Bänder und Bleche ist nicht verbindlich vorgeschrieben. Einige Hersteller verwenden fortlaufende Produktkennzeichnungen, andere nur Werkstoffnummern oder nur Marken- oder Werksbezeichnungen. Es empfiehlt sich, die gewünschte Materialqualität und Dicke eindeutig festzulegen und deren Lieferung durch Herstellerbescheinigung bestätigen zu lassen. Die Legierungsbestandteile, das Herstellungs- und Glühverfahren und die Blechdicke beeinflussen die Verarbeitbarkeit entscheidend. Nicht rostende Stähle können bei etwa gleicher Werkstoffzusammensetzung unterschiedliche Festigkeiten und Verarbeitungsdaten aufweisen. Bei Edelstählen mit bestimmten Oberflächenbehandlungen empfiehlt es sich, im Sichtbereich von Dächern und Fassaden nur Material eines Herstellers zu verwenden.

Des Weiteren sind nicht rostende Stähle:
- alterungsbeständig,
- hygienisch,
- UV-beständig,
- verrottungsfest,
- bruchsicher.

Die Beständigkeit besteht sowohl gegen Baumaterialien wie Zement, Mörtel, Beton und Bitumen als auch gegen Holzimprägnierungsmittel und schwefelsaure Rückstände.

Handelsformen
Bänder (Coils) und Tafelware in verschiedenen Abmessungen.

12.1.2 Werkzeuge

Für das Umformen und Bearbeiten von Blechen im Bauwesen benötigen Dachdecker unterschiedliche Arten von Werkzeugen für die verschiedensten Anwendungstechniken.

Folgende Werkzeuge werden in der Falztechnik eingesetzt:

- Blechscheren,
- Deckhammer,
- Deckzange,
- Schaleisen,
- Faltenzieher,
- Doppelfalzeisen,
- Rundzange,
- Falzzange.

Neben den üblichen Handwerkzeugen gibt es auch eine Reihe neuerer Handwerkzeuge, die die Falzarbeit erleichtern:

- Traufenkanter,
- Traufenschließer,
- Winkelfalzschließer,
- Doppelfalzschließer,
- Pfanneneckkanter.

Aus wirtschaftlichen Gründen werden heute auch spezielle Maschinen für Falzarbeiten auf großflächigen Metalldächern und Außenwandbekleidungen eingesetzt. Diese Maschinen erledigen mit Leichtigkeit das Aufstellen der Falzborde an den Scharenseiten. Des Weiteren kann man mit Maschinen auch die Winkel- und Doppelstehfalze schließen.

Für eine maßgenaue Vorfertigung von Scharen für die Stehfalztechnik werden heute Maschinen eingesetzt. So können auch komplexe Metallarbeiten durchgeführt werden. Die gebräuchlichsten Maschinen sind:

- Profiliermaschine (zum Erstellen von Scharen),

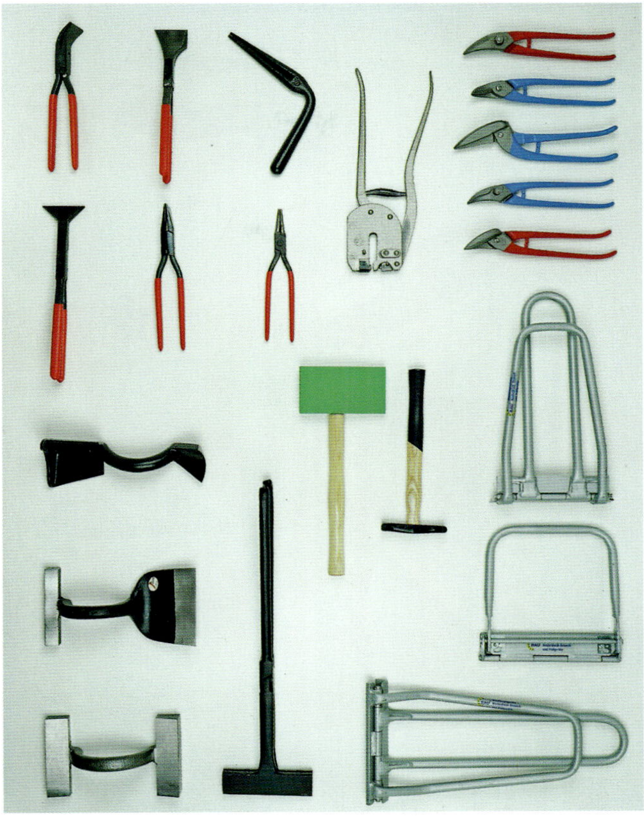

Abb. 12.2: Handwerkzeuge

@ Links und Literatur
DIN EN 10142: Kontinuierlich feuerverzinktes Band und Blech aus weichen Stählen zum Kaltumformen – Technische Lieferbedingungen; siehe auch www.beuth.de

■ Darum geht es
Welche Werkzeuge und Maschinen setzen Dachdecker heutzutage für die Falztechnik ein?

Traufenkanter

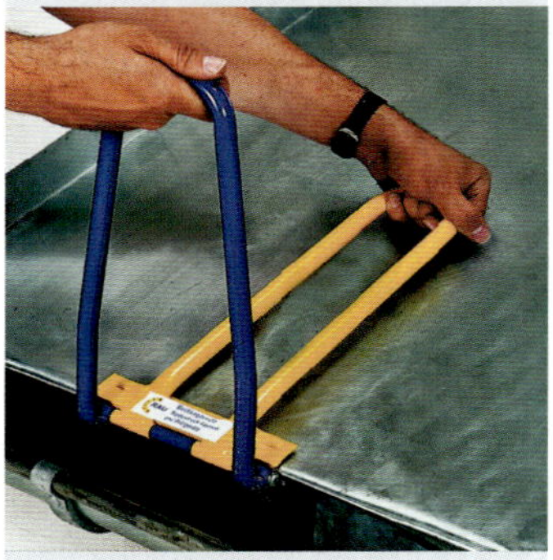

Traufenschließer

Pfanneneckkanter

Abb. 12.3: Handwerkzeuge für die Falztechnik

Abb. 12.4: Falzmaschine

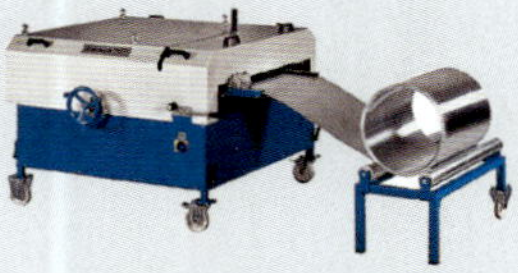

Profiliermaschine

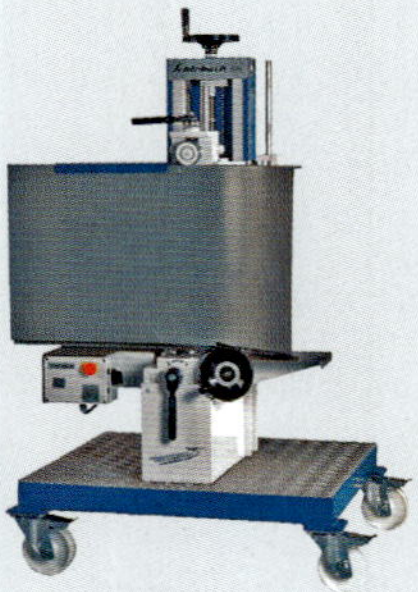

Rundbogenmaschine

Schwenkbiegemaschine

Tafelschere

Segmentkantbank

Abb. 12.5: Metallbearbeitungsmaschinen

- Rundbogenmaschine (zum Biegen von fertigen Scharen),
- Tafelscheren (zum Schneiden von Blechen),
- Kantbank/Segmentkantbank (zum Kanten von Blechen),
- Rundmaschine (zum Drehen von Rundungen),
- Sickenmaschine (zum Formen von Sicken).

12.2 Bauphysikalische Zusammenhänge

Metalldächer und -fassaden sind mit ihren Unterkonstruktionen mechanischen und bauphysikalischen Beanspruchungen ausgesetzt. Bedingt durch die Entstehung und Beseitigung von innerer Feuchtigkeit bei Temperaturschwankungen sind diese Einflüsse von sehr hoher Bedeutung. Dies hat zur Folge, dass bei Temperaturunterschieden i. d. R. ein Dampfdruckgefälle von der warmen zur kalten Seite entsteht. Innere Feuchtigkeit entsteht je nach Ausführung und Luftdichtigkeit der Unterkonstruktion sowie auch durch die nutzungsbedingte Luftfeuchtigkeit durch angrenzende Räume. Durch diese Einwirkung von innerer Feuchtigkeit auf die funktionsbedingten Schichten von Dächern und Fassaden können Schwierigkeiten entstehen. Daher ist der bauliche Feuchtigkeitsschutz ebenso wichtig wie der gesetzlich vorgeschriebene Wärmeschutz. Sind Maßnahmen zu treffen, so sind diese gemäß DIN 4108 und der Energieeinsparverordnung (EnEV) bei der Ausführung zu beachten.

Mechanische Beanspruchungen und bauphysikalische Einflüsse sind bei der Planung von Metalldächern und Metallfassaden zu berücksichtigen.

1. Metalldeckung
2. Trennlage (bis 15° Neigung: strukturierte Trennlage als zweite Ablaufebene bei Titanzink)
3. 24 mm Holzschalung, Regelbreiten 100 bis 160 mm, zur Vermeidung von Aufschüsselungen mit 5 mm Abstand verlegt
4. Belüftungsebene
5. Unterspannbahn
6. Wärmedämmung
7. Dampfsperre
8. Innere Bekleidung

Abb. 12.6: Querschnitt einer belüfteten Konstruktion

1. Metalldeckung
2. Diffusionsoffene Trennlage
3. Wärmedämmung
4. Dampfsperre wind- und luftdicht verlegt, s_d-Wert mindestens 100 m oder rechnerischer Nachweis nach DIN 4108
5. Mehrschichtholzplatte und Holzbalken als sekundäre und primäre Tragkonstruktion

Abb. 12.7: Querschnitt einer nicht belüfteten Konstruktion

12.3 Unterkonstruktionen

Bei der Art der Unterkonstruktionen wird zwischen **belüfteten** und **nicht belüfteten** wärmegedämmten Unterkonstruktionen unterschieden.

Durch einen be- und entlüfteten Zwischenraum werden die Metalleindeckung und Unterkonstruktion von der Baukonstruktion getrennt. Dabei ist darauf zu achten, dass Belüftungsöffnungen am tiefsten und Entlüftungsöffnungen am höchsten Punkt der Dach- und Wandkonstruktion vorgesehen werden (siehe Tab. 12.2). Bei der nicht belüfteten Konstruktion muss die Trag- und Unterkonstruktion unterhalb der Wärmedämmung durch wasserdampfdichte Verbindungen, An- und Abschlüsse sowie Durchdringungen luftdicht hergestellt werden.

Tabelle 12.2: Belüftung und Entlüftung bei Dächern

Dachneigung	freie Lüftungsöffnung
< 3°	60 mm
≥ 3°–≤15°	40 mm
> 15°	30 mm
90° Fassade	20 mm
Sonderfall Querlüftung (Traufe zu Traufe) 60 mm Lüftungsöffnung	

Darum geht es

Um Bauschäden zu vermeiden, muss die Ausführung in Sachen Feuchtigkeitsschutz und Wärmeschutz gemäß **DIN 4108** und **Energieeinsparverordnung (EnEV)** erfolgen.

@ Links und Literatur

Einen Kurzüberblick über die wichtigsten Inhalte der DIN 4108: Wärmeschutz im Hochbau findet man in der Rubrik „Dämmstoffe" der Website www.baunetzwissen.de.

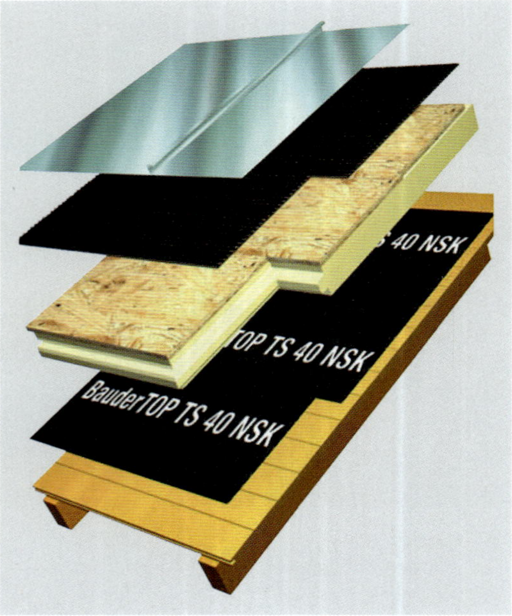

Abb. 12.8: Holzschalung mit Aufdachdämmung

Kuppeln und Paraboloide werden als unterschiedlich geneigte durchlüftete Konstruktionen ausgeführt, bei denen die Bauwerksteile und Unterkonstruktionen im Allgemeinen parallel verlaufen. Für die Bemessung der Luftschichthöhe sind folgende Faustregeln zu beachten:

1 m Sparrenlänge = 1 cm durchströmte Luftraumhöhe

Der durchströmte Luftraum, senkrecht zur Dachneigung gemessen, sollte mindestens 6 cm betragen.

Als Unterkonstruktion für Metalldächer und Metallfassaden aus Tafeln oder Bändern werden üblicherweise Holzschalungen verwendet, die eine bewährte Befestigung der Metallhaut ermöglichen.

Lochblech-Abdeckungen, die häufig als sog. Flugschneebremse oder Vogel- und Kleintierschutz eingesetzt werden, sollten nur verwendet werden, wenn sie:

- einen freien Belüftungsanteil von ≥ 45 % sowie
- einen Lochdurchmesser von ≥ 5 mm aufweisen.

12.3.1 Holzschalung

Die Schalung muss bei der Ausführung mindestens eine Nenndicke von 24 mm sowie eine Holzfeuchte ≤ 20 % aufweisen und mindestens der Sortierklasse S10 nach DIN 4074-1 entsprechen. Die Breite der Bretter oder Bohlen soll zwischen 100 und 160 mm betragen, wobei bei gekrümmten Dachflächen schmalere Bretter oder Bohlen erforderlich sein können. Die Schalung ist rechtwinklig oder diagonal zum Scharenverlauf anzubringen, um zu gewährleisten, dass die Befestigung mit Haften in verschiedenen Brettern ausgeführt wird. Ausnahmen sind z. B. Mauerabdeckungen oder Schornsteinbekleidungen. Holzschutzmittel und Verleimungen von Holz dürfen nicht schädigend auf die verwendeten Metalle einwirken. Dies kann durch geeignete Trennlagen vermieden werden.

12.3.2 Holzwerkstoffe

Schalungen aus Holzwerkstoffen, auf denen eine Dachdeckung direkt befestigt wird, müssen mindestens 22 mm dick sein und die Kantenlängen dürfen nicht länger als 2,50 m sein. Es dürfen nur Holzwerkstoffe mit vollständiger PMDI-Verklebung verwendet werden. Fugen zwischen den einzelnen Platten sind anzuordnen, da es sonst durch feuchte- und temperaturbedingte Längenänderungen der Platten zu Verwerfungen in der Metalldeckung kommen kann. Die Platten müssen im Verband verlegt werden.

Die Verwendung der nachfolgend aufgeführten Holzwerkstoffplatten im Bauwesen, entsprechend der Nutzungsklasse NKL 2 nach DIN EN 1995. Die Nutzung im Feuchtebereich wird in der DIN EN 13986 geregelt:

- Massivholzplatten,
- Sperrholz und Furniersperrholz,
- OSB/3 und OSB/4,
- zementgebundene Spanplatten.

Holzwerkstoffplatten müssen vor dem Einbau trocken gelagert werden und sind während der Bauphase vor Witterungseinflüssen zu schützen.

12.3.3 Nicht brennbare Unterkonstruktionen

Bei Brandschutzanforderungen können nicht brennbare Deckunterlagen erforderlich werden und bestehen aus folgendem Material:

- Beton, Estrich und Mauerwerk,
- mineralisch gebundene, nicht brennbare Spanplatten,
- druckfeste, nicht brennbare Wärmedämmung,
- Stahltrapezprofile, verzinkt und mit zusätzlich aufgebrachtem Korrosionsschutz.

Bei Oberflächen von Beton, Estrich und Mauerwerk dürfen sich alkalische Einflüsse durch Restfeuchte nicht schädigend auf die Metalle auswirken. Gegebenenfalls sind Trennschichten zu verwenden.

12.3.4 Trennlagen

Trennlagen werden zwischen der Metalldeckung und einer vollflächigen Deckunterlage eingebaut. Sie schützen vor schädigenden Einflüssen aus dem Untergrund (z. B. Zement, Holzschutzmittel), verbessern die Gleitfähigkeit der Metallprofile bei thermischen Längenänderungen, vermindern Prall- und Trommelgeräusche und dienen als Notabdichtung während der Bauphase. Trennlagen dürfen wegen der Korrosionsgefahr nicht aus wasserspeichernden Materialien bestehen. Müssen Trennlagen brandschutztechnische Aufgaben erfüllen, so ist deren Eignung zu prüfen.

Als Trennschichten können verwendet werden:

- Bitumenbahnen, fein besandet, auch in Kombination mit einer strukturierten Trennlage,
- Kunststoffbahnen, mit/ohne Struktur,
- geeignete Unterdeckbahnen,

Abb. 12.9: Bauteile im Metallbereich

- strukturierte Trennlagen mit Dränagefunktion (bei Titanzink, Dachneigung 3° bis 15°),
- vollflächige Verklebungen.

→ Siehe Kapitel 5.4.4

Metalldeckungen aus Bändern oder Tafeln werden auf Schalung mit Trennlage verlegt, um so die Metalleindeckung vor schädigenden Einflüssen aus dem Untergrund zu schützen.

12.4 Allgemeine Metallarbeiten

Ausbildung von Anschlüssen

Der Übergang von der Dachfläche zum aufgehenden Bauteil wird als **Verwahrung** bezeichnet. Eine Ausführung aus Metall bietet sich hier an, da auf diese Weise der Anschluss individuell geformt und dem Eindeckmaterial angepasst werden kann. Im Bauhandwerk können mit Metall die schwierigsten Anschlüsse regensicher verwahrt werden. Hierbei werden unterschieden: **traufseitige Anschlüsse**, **seitliche Anschlüsse**, **firstseitige Anschlüsse** an Dachdeckungen und Anschlüsse an Abdichtungen. Bei Anschlüssen, die sich nicht direkt einem traufseiti-

@ Links und Literatur

DIN EN 13986: Holzwerkstoffe zur Verwendung im Bauwesen unter www.baunormenlexikon.de

NKL 2 nach DIN EN 1995. Die Nutzung im Feuchtebereich, wird in der DIN EN 13986 geregelt.

gen, seitlichen oder firstseitigen Anschluss zuordnen lassen, weil sie schräg verlaufen, muss vor Ort entschieden werden, wie die Ausführung durchgeführt werden soll. Anschlüsse dürfen durch Bauteilbewegungen (Setzungen, Durchbiegungen) nicht beeinträchtigt werden oder dadurch ihre Funktion verlieren. Metallanschlüsse bestehen aus einem dachseitigen Schenkel und einem am aufgehenden Bauteil hochgeführten Schenkel. Die Ausführung erfolgt meist zweiteilig und muss entweder selbsttragend oder unterlegt sein. Die zweiteilige Ausführung besteht aus einem Anschlusswinkel und einem oberhalb angebrachten Überhangstreifen, der gegen hinterlaufendes Wasser gesichert werden muss.

Kommen auch aufliegende Anschlüsse zur Ausführung, so kann in Ausnahmefällen der Anschluss einteilig mit einer Einzellänge bis 3,00 m ausgeführt werden. Aus bauphysikalischen Gründen können Entlüftungen als wandseitige Entlüftungsöffnung in Form von durchgehenden Öffnungen hinter dem wandseitigen Schenkel ausgebildet werden.

Die Anschlusshöhen bei Verwahrungen sind laut Tabelle 12.3 einzuhalten.

Traufseitige Anschlüsse

Traufseitige Anschlüsse überdecken den Deckwerkstoff und werden am aufgehenden Bauteil hochgeführt. Dabei sollten die aufliegenden Bleche der Profilierung der Deckung (z. B. Blei) entsprechend angeformt oder durch Ausschnitte (Zahnung) an die Deckung angepasst oder mit einem Umschlag versehen werden. Die Bleche sind gegen Abrutschen und Windsog zu sichern und am aufgehenden Bauteil zu befestigen. Die Verbindungen der Bleche werden entsprechend ausgeführt oder die Bleche werden untereinander mindestens 100 mm einfach überdeckt.

Die Anschlussbleche sollen die Deckwerkstoffe bei folgenden Dachneigungen mindestens überdecken:

Seitliche Anschlüsse

Seitliche Anschlüsse werden in **unterliegende** und **aufliegende Metallanschlüsse** unterschieden.

Tabelle 12.3: Anschlusshöhen

Dachneigung Anschluss	S in mm	T in mm	F in mm
< 5°	150	150[2]	150
< 22°	100	100	150
≥ 22°	80[1]	80	150

[1] Bei abgetreppten Anschlüssen und konturierten Deckwerkstoffen beträgt S über Deckwerkstoff mindestens 65 mm.

[2] Bei Terrassen mit Abdichtungen und Metallanschlüssen im Türbereich ist in Ausnahmefällen eine geringere Anschlusshöhe möglich, wenn im Türbereich jederzeit ein einwandfreier Wasserablauf sichergestellt ist. Dies ist dann der Fall, wenn sich im unmittelbaren Türbereich Terrassenabläufe oder andere Entwässerungsmöglichkeiten befinden. In solchen Fällen sollte die Anschlusshöhe jedoch mindestens 50 mm (oberes Ende des Anschlussbleches unter der Hebeschiene) über Oberfläche Belag betragen.

Tabelle 12.4: Anschlussbleche

Dachneigung	Mindestüberdeckung
< 15°	200 mm
< 22°	150 mm
≥ 22°	100 mm

Unterliegende Metallanschlüsse

Metallanschlüsse können unterhalb der Eindeckung auf einer vollflächigen Deckunterlage oder auf einer Lattung mit einem lichten Abstand der Traglattung von maximal 170 mm liegen. Anschlüsse aus Blei oder Schichtstücken (Nockenanschlüsse) kommen nur bei vollflächiger Deckunterlage oder bei Doppeldeckungen zur Anwendung. Durch die Ausführung der Metallanschlüsse unterscheidet man zwischen Schichtstücken (Nocken) und durchgehend unterliegenden Metallblechen. Bei der Einfassung mit Schichtstücken wird unter jedem einzelnen Anschluss am anlaufenden Deckwerkstoff ein Metallstück gedeckt. Bei der Biberschwanz-Kronendeckung wird jede einzelne Nocke zwischen Lager- und Deckschicht angeordnet. Die Zuschnittslänge richtet sich nach dem Deckwerkstoff. Die Nocken werden im Überdeckungsbereich befestigt oder eingehängt. Anschlüsse mit durchgehend unterliegenden Blechen können ausgeführt werden als:

- einfache Anschlüsse mit Wasserfalz (nur bei geringer Wasserbelastung anzuwenden),
- vertiefte Anschlüsse,
- Sonderkonstruktionen (z. B. mit Steg).

Die untergelegten Bleche werden im oberen Bereich der Höhenüberdeckung genagelt und an der Längsseite mit Haften befestigt. Dies geschieht unter Berücksichtigung der dachseitigen Längsseite, die mit einem mindestens 15 mm breiten Wasserfalz zu versehen ist. Der freie Wasserlauf zwischen wandseitiger Aufkantung und Deckwerkstoff oder Steg muss mindestens 40 mm betragen. Bei der Anschlussausführung mit Steg wird die Deckung bis an den Steg angearbeitet. Beim unterliegend vertieften Anschluss muss die Vertiefung eine Mindesttiefe von 20 mm und eine Mindestbreite von 40 mm aufweisen. Die Verbindung durchgehender unterliegender Bleche untereinander erfolgt dachneigungsabhängig:

- > 22° mindestens 100 mm und
- ≥ 15° bis ≤ 22° mindestens 150 mm als einfache Überdeckung oder Falzverbindung,
- < 15° als wasserdichte Verbindung (Löten o. a.).

Die Überdeckung der Deckwerkstoffe über unterliegende Metallanschlüsse soll bei konturierten und ebenen Deckwerkstoffen 100 mm betragen.

Aufliegende Metallanschlüsse

Bei dem aufliegenden und überdeckenden Anschluss liegt das Metall direkt auf der Deckung und ist teilweise oder überwiegend sichtbar. Bei dieser Art der Ausführung sollte der Anschluss besonders sorgfältig bearbeitet werden. Aufliegende Anschlüsse werden entweder mit Schichtstücken (Nocken) bei profilierten Deckwerkstoffen oder bei ebenen Deckwerkstoffen durchgehend aufliegend ausgeführt. Jede Deckreihe wird mit einem Schichtstück versehen und gegen Abrutschen gesichert. Maßgebend für die

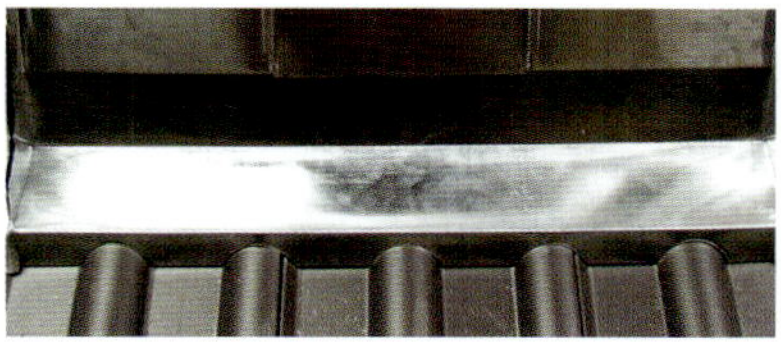

Abb. 12.10: Traufseitige Anschlüsse

Abb. 12.11: Seitliche unterliegende Anschlüsse

Abb. 12.12: Seitliche aufliegende Anschlüsse

■ **Begriffe**

Anschlüsse: Bei Anschlüssen an Dachdeckungen aus Metall unterscheidet man **traufseitige Anschlüsse, seitliche Anschlüsse, firstseitige Anschlüsse.**

Zuschnittslänge des Anschlussblechs und die Zuschnittsbreite ist die Form des Deckwerkstoffes. Durchgehende aufliegende Anschlüsse aus Blei sollen nur bei konturierten Deckwerkstoffen zur Anwendung kommen. Bei überdeckenden Anschlüssen werden geeignete Bleche selbsttragend und durchgehend über dem Deckwerkstoff angeordnet. Die überdeckenden Bleche enden dachseitig entweder mit einem Umschlag oder mit der Deckung angepassten Ausschnitten (Zahnung). Die Verbindung durchgehender unterliegender Bleche untereinander erfolgt auch hier dachneigungsabhängig:

- > 22° mindestens 100 mm und
- ≥ 15° bis ≤ 22° mindestens 150 mm als einfache Überdeckung oder Falzverbindung,
- < 15° als wasserdichte Verbindung (Löten o. a.).

Durchgehende Anschlüsse aus Metall müssen ebene Deckwerkstoffe (z. B. Biberschwanz) seitlich mindestens 120 mm überdecken. Bei der Ausführung mit Schichtstücken beträgt die Überdeckung mindestens 80 mm. Bei profilierten Deckwerkstoffen reicht es aus, wenn der nächste Hochpunkt ausreichend überdeckt wird. Bleianschlüsse werden bei einer Dachneigung unter 15° durch eine einfache Überdeckung von mindestens 250 mm verbunden.

Firstseitige Anschlüsse

Firstseitige Anschlüsse werden als unterliegende Anschlüsse je nach Dachneigung und Deckungsart flächig oder vertieft ausgeführt. Der firstseitige Anschluss sollte sehr sorgfältig geplant und ausgeführt werden, weil in diesem Bereich durch Starkregen eine große Menge an Wasser sicher abgeführt werden muss. Zur sicheren Ableitung des Regenwassers sollte zwischen Unterkante Deckwerkstoff und Anschlussaufkantung ein Abstand von mindestens 100 mm (waagerecht gemessen) eingehalten werden.

Die Anschlussbleche erhalten im firstseitigen Überdeckungsbereich einen Wasserfalz von mindestens 15 mm und werden mit Haften befestigt. Hierbei sind folgende Überdeckungen der Deckwerkstoffe über die untergelegten Bleche – in Abhängigkeit von der Dachneigung – zu berücksichtigen:

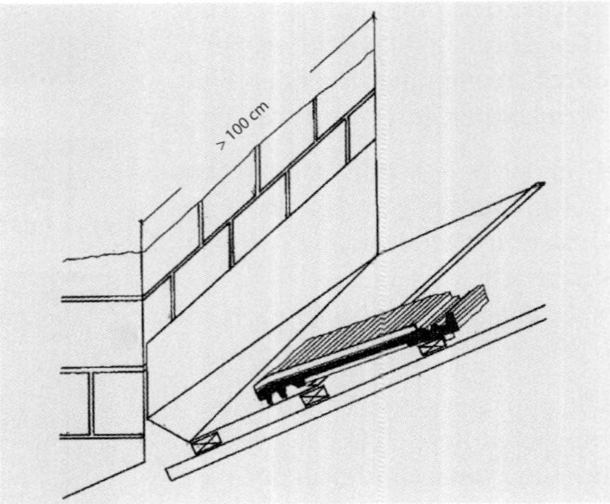

Abb. 12.13: Firstseitiger Anschluss

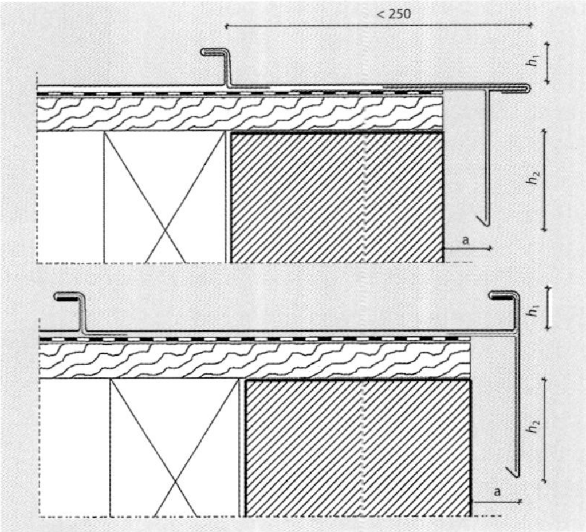

Abb. 12.14: Dachrandabschlüsse

- ≥ 22° mindestens 100 mm,
- < 22° mindestens 150 mm,
- < 15° mindestens 200 mm.

Bei Längen ab etwa 1,00 m sollte die Ausführung mit Gefälle bzw. Sattel oder Keil erfolgen, damit das Wasser zu einer Seite sicher abgeleitet werden kann. Die Anschlusshöhe erfolgt gemäß Tabelle 12.3 (vom Tiefpunkt der Kehle gemessen).

Dachrandabschlüsse

Unter diesem Begriff wird die Ausbildung des Dachrandabschlusses bei Dachdeckungen oder Dachabdichtungen verstanden. Unter diesen Dachrandabschluss fällt auch der Ortgang, der den Abschluss von der Dachfläche zum Giebel

Tabelle 12.5: Dachrandabschlüsse

Maße Ortgang-Abschluss Gebäudehöhe (m)	Abstand Tropfkante zum Bauwerk		
	h_1 [1) 2)] (mm)	h_2 (mm)	a (mindestens 20 mm)
< 8	≥ 25	≥ 50	≥ 20
8–20	≥ 25	≥ 80	a bei allen Gebäudehöhen ≥ 20
> 20	≥ 25	≥ 100	

1) Ortgang Metallabschluss h_1 25 mm über wasserführender Ebene
2) Beim Ortgang Flachdachabdichtung mit Metallabschluss:
Dachneigung > 5° h_1 = 50 mm über wasserführender Ebene
Dachneigung ≤ 5° h_1 = 100 mm über wasserführender Ebene

■ Darum geht es

Bauwerksteile, so z. B. Mauern oder Sockel, müssen fachgerecht durch **Abdeckungen** verwahrt werden. Bei der Montage von Abdeckungen an Dachrandabschlüssen müssen diese ein ausreichendes Gefälle zur Dachseite aufweisen.

bildet und mit oder ohne Holzleiste ausgeführt werden kann. Um ein Gebäude vor Witterungseinflüssen (z. B. Sturm) zu schützen, aber auch aus optischen Gründen werden heute Dachrandabschlüsse mit Metallprofilen verwahrt. Durch diese Art der Verwahrung hat man viele Gestaltungsmöglichkeiten. Auf eine sichere Befestigung der Metallprofile ist zu achten, da gerade an Ortkanten mit erhöhten Windlasten zu rechnen ist. Ebenso ist die temperaturbedingte Längenänderung zu gewährleisten. Deshalb sollten die Dachrandabschlüsse und Abdeckungen auf beweglichen Haltekonstruktionen befestigt werden.

Stütz- oder Hilfskonstruktionen sind aus Holz (geschützt mit Holzschutzmitteln) als vollflächige Unterlage, aus korrosionsgeschütztem Profilstahl oder entsprechenden Aluminiumprofilen auszuführen. Abschlussbleche im Randbereich können mit selbsttragenden gekanteten Blechen oder mit Industrieprofilen auf korrosionsgeschützten Haltebügeln bzw. Haltern befestigt werden. Unzulässig sind sichtbare direkte Befestigungen. Die Ausführung von Dachrandabschlüssen ist abhängig von der Gebäudehöhe, dem verwendeten Werkstoff, der Überdeckung der Unterkonstruktion und dem Abstand zum Mauerwerk (siehe Tab. 12.5). Damit soll eine Verschmutzung des Mauerwerks durch ablaufendes Wasser vermieden werden.

Bei Verwendung von Kupfer wird ein größerer Abstand empfohlen. Verunreinigungen durch abtropfendes Wasser sind hier nicht zu vermeiden.

Abdeckungen

Bauwerksteile wie Gesimse, Mauern oder Sockel müssen fachgerecht durch Abdeckungen verwahrt werden. Durch die bauseitigen Vorgaben können Zuschnitt und Form der Abdeckungen mehrteilig mit Abkantung oder mit Auf- und Abkantung ausgeführt werden.

Bei der Montage der Abdeckungen an Dachrandabschlüssen sollte darauf geachtet werden, dass diese ein ausreichendes Gefälle zur Dachseite aufweisen. Kann man die Abdeckungen nicht mit einem Gefälle versehen, besteht die Möglichkeit, eine Aufkantung zum Schutz der Wandseite auszubilden, um anfallendes Niederschlagswasser sicher auf die Dachfläche abzuleiten. Richtwerte für Abdeckungen sind in der **Tabelle 12.5** bereits beschrieben. Abdeckungen werden in

Tabelle 12.6: Werkstoffdicke selbsttragender Bauteile

Werkstoff	Mindestdicke gekanteter Metallteile, Dachrandabschlüsse (mm)	Mauerabdeckungen (mm)	Anschlüsse (mm)
Aluminium	1,0[1)]	1,0[1)]	0,7
Kupfer (halbhart)	1,0	1,0	0,6
verzinkter Stahl	0,8	0,8	0,6
Titanzink	1,0	1,0	0,7
Edelstahl	0,8	0,8	0,4

[1)] Bei vorgefertigten Aluminium-Strangpressprofilen soll die Mindestdicke 1,5 mm betragen

selbsttragende und **nicht selbsttragende** Profile unterschieden.

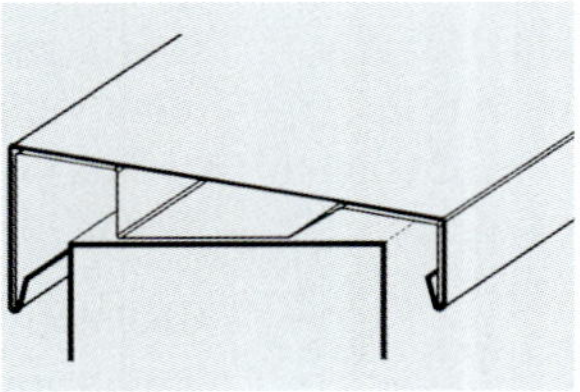

Abb. 12.15: Selbsttragende Abdeckungen

Die erforderliche Werkstoffdicke von **selbsttragenden Bauteilen** ist abhängig von der Größe, der Zuschnittsbreite, der Formgebung, der Art der Ausführung und dem Abstand der Stütz- bzw. Haltebügel untereinander sowie von den örtlichen Verhältnissen und dem verwendeten Werkstoff. Selbsttragende Dachrandabschlüsse, Mauerabdeckungen und Abschlüsse sind mit korrosionsgeschützten Befestigungselementen (Haltebügel) verdeckt in der Unterkonstruktion zu befestigen, wobei die temperaturbedingte Längenänderung zu berücksichtigen ist.

Für den Dehnungsausgleich gelten die Richtwerte der maximalen Abstände von Bewegungsausgleichern und die dazugehörige Tabelle (siehe Tab. 12.8).

Abb. 12.16: Nicht selbsttragende Abdeckungen

Nicht selbsttragende Abdeckungen werden auf Unterkonstruktionen wie Mauerwerk, Holzbohlen, Beton usw. verlegt und montiert. Damit die thermische Längenänderung gewährleistet ist, werden korrosionsgeschützte Hafte, Vorstoßbleche, Flachprofile oder Haftstreifen indirekt mit geeigneten Schrauben und Nägeln auf der Unterkonstruktion befestigt. Der Abstand der einzelnen Befestigungsmittel richtet sich nach der Konstruktion, den örtlichen Verhältnissen und den Windsogkräften, damit eine sichere Befestigung gewährleistet ist. Die Blechdicke von nicht selbsttragenden Anschlüssen und Abdeckungen richtet sich nach der Zuschnittsbreite und der

Tabelle 12.7: Werkstoffdicke nicht selbsttragender Bauteile

Werkstoff	Mindestdicke gekanteter Metallteile, Dachrandabschlüsse (mm)	Mauerabdeckungen (mm)	Anschlüsse (mm)
Aluminium	0,7	0,7	0,7
Kupfer (halbhart)	0,6	0,6	0,6
verzinkter Stahl	0,6	0,6	0,6
Titanzink	0,7	0,7	0,7
Edelstahl	0,4	0,4	0,4

Begriffe

Als **Verwahrung** bezeichnet man den Anschluss vom Übergang von der Dachfläche zum aufgehenden Bauteil. Man unterscheidet zwischen **traufseitigen, seitlichen** und **firstseitigen** Anschlüssen.

Formgebung, die Ausbildung der Tropfkanten und deren Wandabstände nach den örtlichen Verhältnissen und klimatischen Bedingungen. In der heutigen Zeit werden Abdeckungen auch mit Spezialklebern auf dem Untergrund befestigt. Für die fachgerechte Anwendung sollten die Herstellerangaben beachtet werden. Durch die vollflächige Verklebung der Abdeckung mit Metallklebern werden auch die Trommelgeräusche (Fensterbank) durch Starkregen oder Hagel gemindert. Für den Dehnungsausgleich gelten die Richtwerte der maximalen Abstände von Bewegungsausgleichern und die dazugehörige Tabelle 12.7.

12.5 Detailausbildung bei Deckungen

Traufausbildungen bei Deckungen

Traufbleche dienen als Rinneneinlaufblech oder als Tropfblech bei Dacheindeckungen und sind nicht zwingend erforderlich. Bei einer Traufausbildung mit Dachrinne, aber ohne Rinneneinlaufblech soll der Überstand der Deckung (Abtropfpunkt), von der Rückfalz der Rinne waagerecht gemessen, ⅓ der oberen Öffnungsbreite von der Dachrinne betragen. Rinneneinhangbleche sind erforderlich, wenn bei einer Traufausbildung mit Dachrinne der Überstand des Deckwerkstoffes (Einhang) weniger als 50 mm beträgt. Bei der Montage der Traufbleche sollte darauf geachtet werden, dass durch hohe Windsogkräfte im Traufbereich die Bleche an der Vorderkante zusätzlich befestigt werden müssen. Die Befestigung kann durch Einhängen an der Rückfalz der Rinne oder durch ein zusätzliches Vorstoßblech erfolgen. Die seitliche Überdeckung bzw. Verbindung der Traufbleche ist abhängig von der Dachneigung und Einbausituation des Deckwerkstoffes.

Über 22° Dachneigung und eine Dacheindeckung

- bis Vorderkante Traufblech: einfache Überdeckung von mindestens 50 mm,
- 50 mm zurückspringend: einfache Überdeckung von mindestens 100 mm,
- 400 mm zurückspringend: mindestens einfacher Liegefalz,
- über 400 mm zurückspringend: mit Stehfalz.

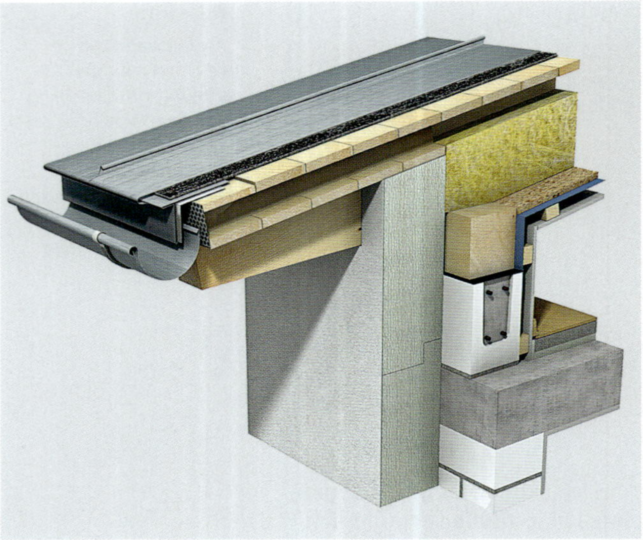

Abb. 12.17: Traufausbildung bei Metalldeckung

Abb. 12.18: Unbelüftete Firstausbildung

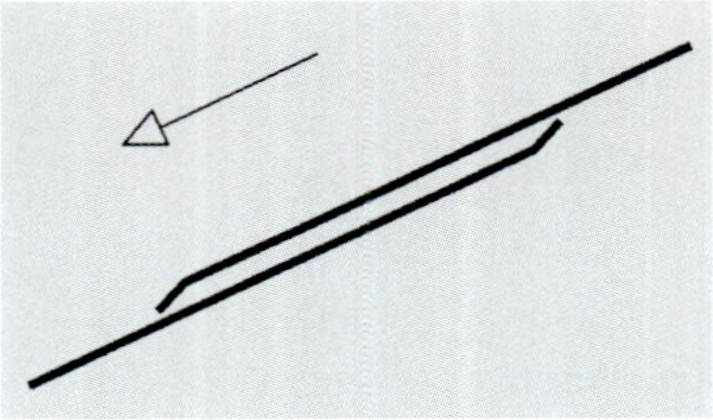

Abb. 12.19: Angereifte Kanten

Bei Dachneigungen < 22° können zusätzliche Maßnahmen erforderlich werden. Deckwerkstoffe überdecken die Traufbleche in Abhängigkeit von der Dachneigung von:

- größer 22° DN: mindestens 100 mm,
- ab 15° bis 22° DN: mindestens 150 mm,
- unter 15°: mindestens 200 mm.

Rinneneinlaufbleche dienen zur sicheren Ableitung des Regenwassers in die Dachrinne, Tropfbleche hingegen zum Ableiten des Regenwassers bei nicht vorhandener Dachrinne über die Traufe, um die darunterliegende Holzkonstruktion zu schützen. Die Zuschnittsbreiten der Tropfbleche unterliegen den folgenden Faktoren wie Dachneigung, Eindeckungsart, Überdeckung, Dachrinnenlage und Einbausituation. Sonderkonstruktionen können bei einer unteren Schenkellänge von mehr als 120 mm erforderlich werden.

Firstausbildung bei Deckungen

Die Überdeckung der Bleche über den Deckwerkstoff richtet sich nach den Maßen des traufseitigen Anschlusses. Die Ausbildung der First erfolgt, je nach Werkstoff, indirekt selbsttragend mit Haltebügeln oder mit Haften auf einer vollflächigen Deckunterlage und unter Berücksichtigung der anfallenden Windsogkräfte. Beim Einbau von selbsttragenden vorgefertigten Strangprofilen muss die Mindestdicke von 1,5 mm eingehalten werden. Der Eintrieb von Flugschnee, Regenwasser usw. in die Konstruktion kann durch den Einbau von Profilfüllern, Aufkantungen, zusätzlichen Wind- oder Wasserleitblechen gemindert werden.

Kehlen bei Deckungen

Die Ausführung der Kehlen richtet sich nach der Dachdeckung, der Deckungsart, der Kehlneigung und der Größe der Dachfläche. Bei einer Kehlneigung von < 15° sind die Verbindungen (Quernähte) wasserdicht auszuführen. Ab einer Kehlneigung von > 15° können einfache Überdeckungen mit angereiften Kanten ausgeführt werden.

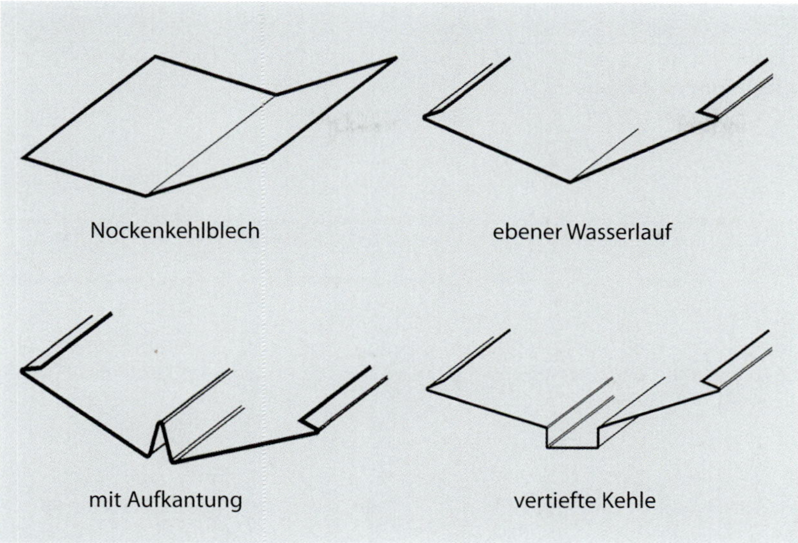

Abb. 12.20: Kehlausführungen

■ **Darum geht es**

Fachgerechte **Detailausbildungen** von Traufe, First und Kehle sind Grundvoraussetzungen für eine insgesamt fachgerechte Eindeckung.

Die Überdeckungen der Kehlbleche untereinander betragen:

- bei Kehlneigung > 22° mindestens 100 mm,
- bei Kehlneigung ≥ 15° bis ≤ 22° mindestens 150 mm,
- bei Kehlneigung < 15° wasserdichte Verbindung.

Kehlen mit ebenem Wasserlauf kommen bei Kehlneigungen ≥ 15° zur Anwendung. Durchgehende Kehlen erhalten einen seitlichen Wasserfalz von mindestens 15 mm und werden ausgeführt mit ebenem Wasserlauf, vertieften Wasserlauf und Wasserlauf mit Steg.

Die Anbringung der Kehlen erfolgt auf vollflächiger Deckunterlage oder auf einer Lattung mit einem lichten Abstand der Traglatten von < 130 mm. Werden Kehlen mit Bleiblechen angewandt, so ist darauf zu achten, dass diese immer eine vollflächige Deckunterlage erhalten. Die Überdeckung der Deckwerkstoffe über die untergelegten Bleche wird rechtwinklig zum Kehlverlauf gemessen:

- größer 22° DN: mindestens 100 mm,
- ab 15° bis 22° DN: mindestens 150 mm,
- unter 15°: mindestens 200 mm.

Die Zuschnittsbreite sollte 400 mm nicht unterschreiten und richtet sich nach den Dachflächen. Ist mit einseitig erhöhtem Wasseranfall z. B. bei zusammengesetzten Flächen unterschiedlicher Neigung zu rechnen, sollte die Kehle mit Steg oder vertieft ausgeführt werden. Bei der vertieften Kehle muss die Vertiefung mindestens 20 mm und die Breite etwa 80 mm aufweisen. Ab 25° Kehlneigung können auch Kehlen mit Schichtstücken (Nocken) zur Anwendung kommen. Länge und Breite der Schichtstücke ergeben sich aus den Deckungsvorgaben der Deckwerkstoffe. Dachneigungsabhängig ist die Überdeckung der Schichtstücke (Nocken) untereinander und beträgt bei einer Dachneigung größer 45° mindestens 140 mm und bei einer Dachneigung von kleiner 45° mindestens 160 mm.

Praxisbeispiel

Grafische Anleitung für eine Rinnenmontage

Beispiel Arbeitsablauf:

1. Waagerechte Lage der Traufbohle oder Dachlatte überprüfen und darauf achten, dass die Traufbohle geradlinig montiert wurde.

2. Rinnenhalteraussparungen einsägen und ausstemmen, um eine genaue Auflage des Eindeckmaterials zu gewähren.

3. Das Gefälle planen (Position Regenfallrohre) und 2 Rinnenhalter für den Rinnenhochpunkt und Rinnentiefpunkt anzeichnen (Höhe der Rückfalz von der Dachrinne beachten) und abbiegen.

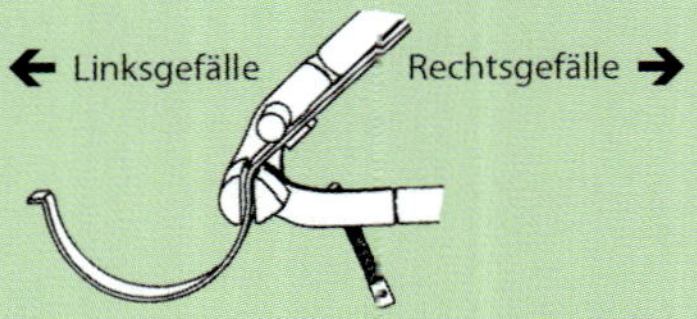

4. Den ersten Rinnenhalter am höchsten Punkt (Rinnenhochpunkt) und den zweiten Rinnenhalter am tiefsten Punkt (Rinnentiefpunkt) anbringen. Dabei ist darauf zu achten, dass die Rinnenhalter ein Gefälle von 4 bis 3 mm/lfd. m aufweisen. Die beiden Rinnenhalter (Rinnenhochpunkt und Rinnentiefpunkt) so montieren und ausrichten, dass die Rinnenwulst nach vorne ein Gefälle von mindestens 8 mm aufweist.

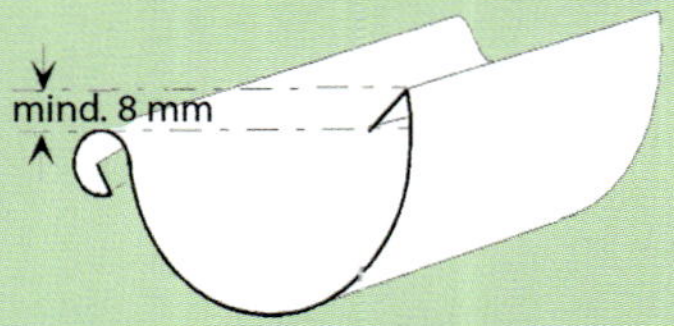

5. Die beiden Rinnenhalter werden mit 2 Schnüren einmal im Rinnengrund und einmal im Bereich der Wulst (Vorfeder) verbunden. Dabei ist darauf zu achten, dass die Richtschnur gespannt ist.

   Achtung: Gefälle noch einmal prüfen!

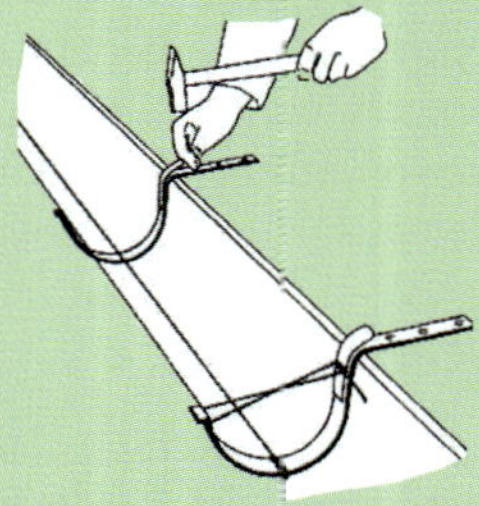

6. Die übrigen Rinnenhalter werden nach der Schnur angezeichnet, abgebogen, ausgerichtet und auf den Sparren befestigt (Abstand von maximal 70 cm einhalten).

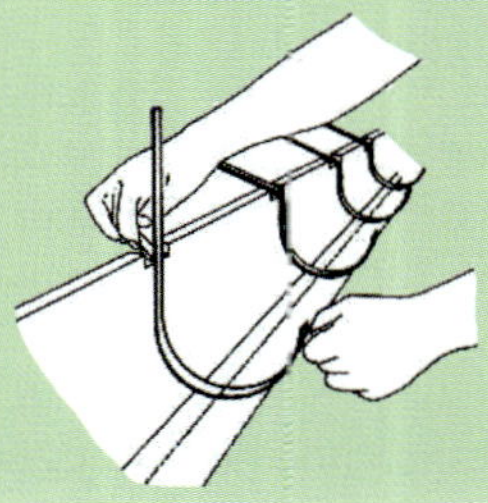

12.6 Längenänderung bei Scharen

Verbindungen und Befestigungen von Metalldächern und Metallfassaden sind so auszuführen, dass sich die Bauteile den jeweiligen Temperaturverhältnissen entsprechend ungehindert ausdehnen, zusammenziehen oder verschieben können, ohne Undichtigkeiten hervorzurufen.

Bei der Scharendeckung geht man von einer Temperaturdifferenz von 100 Kelvin (–20 °C bis +80 °C) aus. Die Längenänderung ist abhängig vom werkstoffbezogenen Ausdehnungskoeffizienten, der Temperaturdifferenz und der Bauteillänge.

Berechnungsformel für die Längenänderung:

$\Delta L = L \cdot a \cdot (t2 - t1)$

ΔL = Längenänderung (mm),
L = Bauteillänge (m),
a = Ausdehnungskoeffizient (mm/mK),
$t2 - t1$ = Temperaturdifferenz (K)

Für die Trennung zu großer Scharlängen und aus gestalterischen Gesichtspunkten können Quernähte ausgebildet werden. Die Ausbildung der Quernähte ist abhängig von der Dachneigung. Zur Aufnahme der Längenänderung der Schare können Bewegungsausgleicher gemäß Tabelle 12.8 zur Anwendung kommen.

Diese Richtwerte gelten für die gestreckte Länge von Bauteilen. Für die Abstände von Ecken oder Festpunkten gelten jeweils die halben Längen. Die vorgegebenen Richtwerte können geringfügig überschritten werden.

Tabelle 12.8: Maximale Abstände der Bewegungsausgleicher

Formteil		maximaler Abstand
eingeklebte Einfassungen; Winkelanschlüsse; Traufbleche; Dachrandeinfassungen und eingeklebte Shedrinnen in der Wasserebene		6 m
Mauerabdeckungen; Dachrandabschlüsse außerhalb der Wasserebene; innen liegende, nicht eingeklebte Dachrinnen mit Zuschnitt > 500 mm		8 m
bei verzinktem Stahl und nicht rostendem Stahl		14 m
bei Scharen für Dachdeckungen und Außenwandbekleidungen • aus Cu, Al und Zn • aus S.S und VSt		 10 m 14 m
innen liegende, nicht eingeklebte Rinnen	< 500 mm Zuschnitt	10 m
vorgehängte Dachrinnen	> 500 mm Zuschnitt	
vorgehängte Dachrinnen	≤ 500 mm Zuschnitt	15 m

Tabelle 12.9: Ausdehnungskoeffizient *Lt* (mm/mK) für verschiedene Werkstoffe

Material	Ausdehnungskoeffizient *a* (mm/mK)	Material	Ausdehnungskoeffizient *a* (mm/mK)
Aluminium	0,024	Titanzink	0,022
Blei	0,029	Stahl verzinkt	0,012
Edelstahl	0,016		
Kupfer	0,017		

Ausführung von Bewegungsausgleichern

Metalle müssen sich bei der temperaturbedingten Längenänderung bewegen können. Deshalb ist es wichtig, in bestimmten Abständen sog. Bewegungsausgleicher einzubauen. Die Ausführung der Bewegungsausgleicher kann mit industriell oder handwerklich hergestellten Formteilen gestaltet werden.

Tabelle 12.10: Beispiele für Bewegungsausgleicher

Verwendungszweck	Ausführung
halbrunde und kastenförmige Dachrinnen	Rinnenelemente mit und ohne Blende
Mauer- und Brüstungsabdeckungen, Shedrinnen, eingelegte Kastenrinnen usw.	Bewegungsausgleicherband in verschiedenen Breiten und Längen
Wandanschlüsse, Ortgänge, Traufbleche, Dachrand-An- und -Abschlüsse usw.	Einkopfelemente[1] in verschiedenen Breiten und Längen
eingeklebte innen liegende Rinne, Gebäudeabstufungen usw.	Zweikopfelemente[1] in verschiedenen Breiten und Längen

[1] Ein- und Zweikopfbewegungsausgleicher müssen ca. 500 bzw. 1.000 mm länger sein als der Zuschnitt der Blechteile, in die der Einbau erfolgen soll.

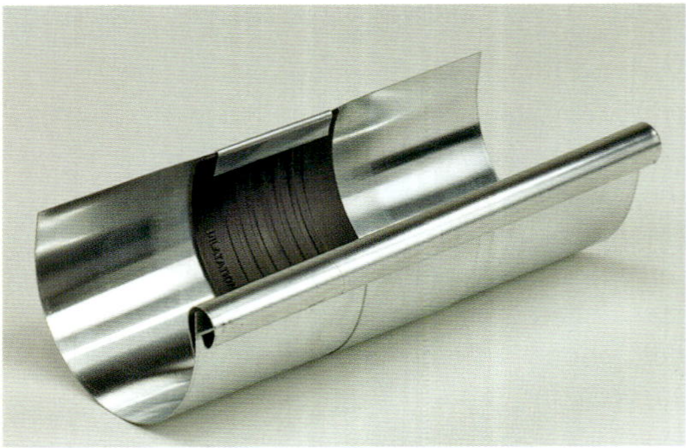

Abb. 12.21: Bewegungsausgleicher

Abb. 12.22: Befestigungsvarianten

Eine indirekte Befestigung ist Voraussetzung für eine fachgerechte Funktion der Bewegungsausgleicher.

Ausführung von Befestigungen

Es wird unterschieden in **direkte** und **indirekte** Befestigungen.

Eine unmittelbare Befestigung des Metalls mit der Unterkonstruktion wird als **direkte Befestigung** bezeichnet und ist in Einzelbereichen bis zu einer Länge von 3 m möglich. Bei der direkten Befestigung müssen die Befestigungen mit sog. Hauerbuckeln zugelötet werden. Bohrlöcher werden größer gebohrt, als der eigentliche Schaft der Schraube ist, um im Befestigungsbereich die thermische Längenänderung zu gewährleisten. Sogenannte Spenglerschrauben oder andere Befestigungsmittel müssen korrosionsbeständig sein und dürfen nur bei wandseitigen Anschlüssen eingesetzt werden.

Bei der **indirekten Befestigung** werden korrosionsgeschützte Halter, Hafte, Haftstreifen oder Vorstoßbleche mit der Unterkonstruktion so verbunden, dass die temperaturbedingte Längenänderung aufgenommen wird und mit dem Untergrund ein sicherer Verbund eingegangen wird.

Aufgrund der großen Wärmeausdehnung müssen Metalleindeckungen und deren Befestigung thermische Längenänderungen gewährleisten.

12.7 Anschlüsse an Abdichtungen

Bei dachseitigen Anschlüssen werden die Bleche an den Abdichtungen und Nähten wasserdicht hergestellt. Die wandseitigen Anschlüsse werden hierbei regensicher verwahrt. Bei Abdichtungen aus Bitumenbahnen beträgt der dachseitige Blechschenkel für eine fachgerechte Verbindung mindestens 150 mm. Bei einer Abdichtung aus Kunststoffbahnen werden passende Verbundbleche zum Abdichtungssystem gewählt. Damit thermisch bedingte Längenänderungen ohne Zwänge aufgenommen werden können, sind Bewegungsausgleicher einzubauen, die der Tabelle 12.8 zu entnehmen sind. Um die unterschiedlichen Bewegungen zwischen den Metallteilen und der Abdichtung spannungsfrei auszugleichen, ist der Übergang vom Metall zur unteren Lage der Abdichtung mit einem mindestens 100 mm breiten, lose verlegten Schleppstreifen auszuführen. Damit Korrosion vorgebeugt wird, sollte bei den Anschlüssen an Abdichtungen aus bitumenhaltigen Stoffen und bei Kunststoffen im frei bewitterten Übergangsbereich zum Metall ein Korrosionsschutzanstrich angebracht werden. Bei Blechlängen über 3,00 m erfolgt eine indirekte (gleitende) Befestigung mithilfe von Haften, Zahnhaften oder Haftleisten. Werden Bleche mit einer Länge von unter 3,00 m eingebaut, so kann die Befestigung direkt erfolgen. Traufbleche können auch als Stützkonstruktion für aufzuklebende Abdichtungsschichten verwendet werden. Bei nicht nagelbaren Untergründen sind Nagelleisten (Randbohlen) oder andere geeignete Lösungen zur Befestigung erforderlich. Dabei ist darauf zu achten, dass die Klebeflansche nicht über die Randbohlen überstehen.

Abb. 12.23: Anschluss bei Dachabdichtung

Anschlüsse an Abdichtungen müssen besonders sorgfältig geplant und ausgeführt werden.

12.8 Aufgehende Teile mit Metallanschlüssen

Metallanschlüsse an aufgehende Bauteile werden i. d. R. zweiteilig ausgeführt, wobei auch Einzellängen bis 3,00 m einteilig ausgeführt werden können. Die Höhe der Anschlüsse werden der Tabelle 12.3 entnommen. Ist im Bereich des Anschlusses mit hohem Wasseranfall zu rechnen, so ist ein Wasserfalz von mindestens 15 mm vorzusehen. Beim Vorsatzmauerwerk (Klinkermauerwerk) muss der Anschluss hinter dem vorgesetzten Mauerwerk bis an die tragende Wand hochgeführt und fachgerecht verwahrt werden. Bei einer nachträglichen Ausführung und Sanierung können Sonderlösungen erforderlich werden. Kappleisten oder auch

■ **Begriffe**

Bei **Befestigungen** unterscheidet man zwischen einer **direkten Befestigung** und einer **indirekten Befestigung.** Die **direkte Befestigung** ist eine unmittelbare Befestigung des Metalls mit der Unterkonstruktion. Bei einer **indirekten Befestigung** werden korrosionsgeschützte Halter, Hafte, Haftstreifen oder Vorstoßbleche mit der Unterkonstruktion so verbunden, dass trotz temperaturbedingter Längenänderungen mit dem Untergrund ein sicherer Verbund eingegangen wird.

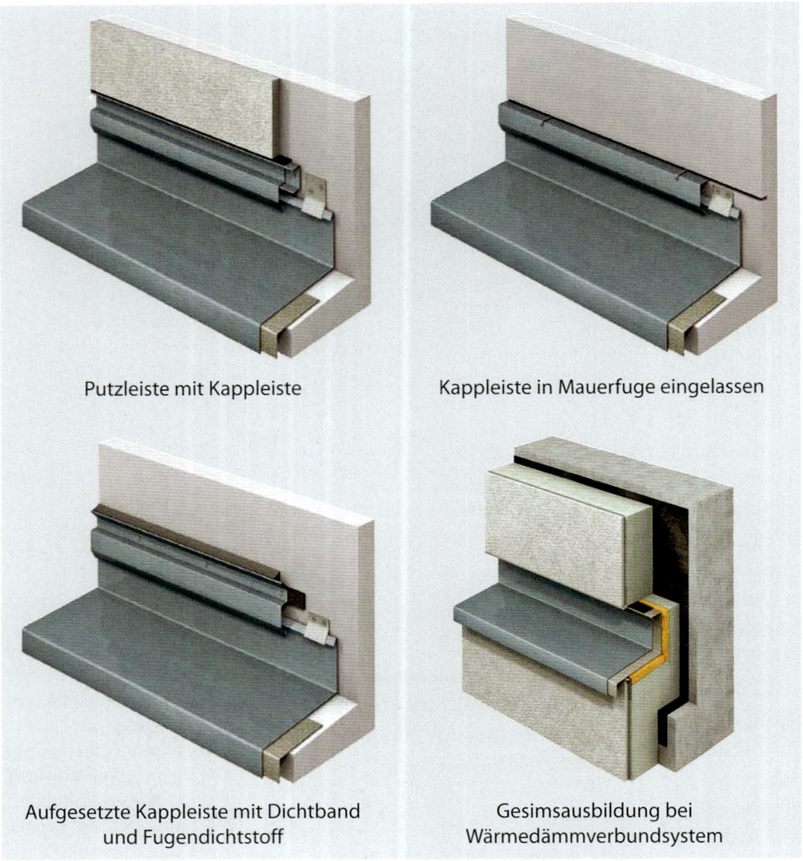

Abb. 12.24: Anschlussverwahrungen

sog. Überhangstreifen überdecken den Anschluss am senkrechten Bauteil um mindestens 40 mm. Die Überhangstreifen können in vorher geschlitzte Fugen eingelassen und abgedichtet werden oder in Einhangschienen eingehängt werden, die ins Mauerwerk eingelassen sind. Die Einlasstiefe sollte bei dieser Ausführung mindestens 20 mm betragen und eine Rückkantung aufweisen. Die Dichtung der Überhangstreifen an aufgehenden Bauteilen erfolgt z. B. mit Mörtel, Bleiwolle, Bleiverguss oder Dichtungsstoffen.

Metallanschlüsse können auch in regelmäßigen Abständen mit Dübeln, verschraubten Blechprofilen und offener Abdichtung mit Fugendichtmassen ausgeführt werden. Bei rauen Untergründen und aufgesetzten Kappleisten sollte zusätzlich ein vorkomprimiertes Dichtungsband verwendet werden. Eine Ausführung mit Flachprofilen und zusätzlicher Abdichtung ist zulässig. Die Befestigung von Überhangstreifen erfolgt im Abstand von maximal 250 mm. Profilschienen, auch Wandanschlussschienen genannt, können zur Fixierung im oberen Bereich des Anschlusses zur Anwendung kommen und werden unterschieden in:

- vorgefertigte Metallprofile (Pressschienen) und
- Flachprofile, Mindestquerschnitt 30 × 4 mm.

Vorgefertigte Metallprofile mit Dichtungsstreifen können gleichzeitig die Funktion der Regensicherheit übernehmen. Flachprofile müssen mit einem zusätzlichen Überhangstreifen abgedeckt werden. Die Befestigung der Schienen erfolgt im Abstand von maximal 200 mm.

Werden bei genutzten Dachflächen Schutz- und Abdeckbleche erforderlich, so können diese gleichzeitig die Funktion eines Überhangstreifens übernehmen. Eine Kappleiste oder Wandanschlussschiene entfällt, wenn der obere Abschluss der wandseitigen Anschlussteile durch eine Außenwandbekleidung oder eine Abdeckung erfolgt.

Metallanschlüsse an aufgehenden Bauteilen werden meist zweiteilig ausgeführt. Anschlüsse bis 3 m Länge können auch einteilig ausgeführt werden.

12.9 Metalldeckungen

Bei der Planung und Ausführung von Dachdeckungen, Dachabdichtungen und Außenwandbekleidungen in Verbindung mit Bändern, Tafeln und Bauteilen aus Metall ist auf werkstoffgerechte Anwendung zu achten. Temperaturbedingte Längenänderungen der Metall- bzw. Kunststoffteile sind zu berücksichtigen, da Metalle eine relativ hohe Wärmeausdehnung haben. Es muss bei allen Metalldeckungen daher auf die Wärmedehnung der Metalldeckung geachtet werden. Dieses gilt insbesondere auch für die Befestigung der Eindeckung, damit die Bewegung der Metalle bei Wärme und Kälte nicht behindert wird. Die Befestigungsmittel müssen korrosionsgeschützt sein.

Metalle sind diffusionsdicht (dampfundurchlässig) und die daraus resultierenden bauphysikalischen Gegebenheiten sind durch geeignete Maßnahmen zu berücksichtigen. Daher sollten Dachkonstruktionen immer als belüftete Konstruktion mit ausreichenden Be- und Entlüftungsöffnungen ausgebildet werden. Bei allen mit Metall gedeckten Flächen können Knackgeräusche durch Temperaturunterschiede entstehen. In Abhängigkeit vom verwendeten Metall und der Materialstärke treten diese Geräusche in unterschiedlicher Intensität auf. Um Trommel-, Wind- und Knackgeräusche zu mindern, sind bereits bei der Planung geeignete Sondermaßnahmen vorzusehen.

Bei der Verwendung von verschiedenen Metallen ist aufgrund von Kontaktkorrosion und Korrosion in Fließrichtung des Wassers auf die Verträglichkeit zu achten. Baustoffe wie Gips, Kalk, Bitumen oder Beton sowie auch Holzschutzmittel können Metalle angreifen und müssen aus diesem Grund auf Verträglichkeit überprüft werden. Gegebenenfalls sind Trennungen, Schutzschichten oder Schutz-/Korrosionsschutzanstriche nötig.

Durch atmosphärische Einflüsse entsteht im Laufe der Zeit eine natürliche Deckschicht (Patina) auf den Metallen Kupfer, Zink und Blei. Diese schützt es so vor Korrosion.

Architektonische Gestaltung und Formgebung von Dächern und Fassaden und die damit verbundenen klimatischen und konstruktiven Beanspruchungen bestimmen die Wahl des Werkstoffes. Die Art der Unterkonstruktion, Be- und Entlüftung, behördliche Anforderungen und Auflagen (z. B. die EnEV und der Denkmalschutz) sind zu beachten. Metalleindeckungen werden in **nicht selbsttragende, selbsttragende** Deckungsarten oder **Sonderausführungen** unterschieden, die nachfolgend beschrieben werden.

Nicht selbsttragende Metalldeckungen

Nicht selbsttragende Metalldeckungen werden aus Bändern und Tafeln sowie industriell vorgefertigten profilierten Scharen hergestellt

■ Darum geht es

Werkstoffgerechte Anwendung ist wichtig bei Planung und Ausführung von Dachdeckungen, Dachabdichtungen und Außenwandbekleidungen in Verbindung mit Bändern, Tafeln und Bauteilen aus Metall.

■ Begriffe

Metalleindeckungen unterscheidet man in **nicht selbsttragende** und **selbsttragende** Deckungsarten oder **Sonderausführungen**.

Tabelle 12.11: Regeldachneigungen bei nicht selbsttragenden Metalldeckungen

Dachneigung	Ausführungsart
7°	Doppelstehfalzdeckung • Im Dachneigungsbereich ≥ 3° bis 7° sind Sondermaßnahmen erforderlich (z. B. Dichtbandeinlage, Falzerhöhung bzw. Unterdach). • bis 15° zusätzliche Maßnahmen bei Titanzink, z. B. Trennlage mit Dränagefunktion
25°	Winkelstehfalzdeckung • 35° bei erhöhten Anforderungen. Erhöhte Anforderungen können sich aus klimatischen Verhältnissen oder exponierten Lagen ergeben, z. B. bei starkem Wind, in schneereichen Gebieten.
7°	Deutsche Leistendeckung • bis 15° zusätzliche Maßnahmen bei Titanzink, z. B. Trennlage mit Dränagefunktion
ab 0°	rollennahtgeschweißte Edelstahldeckung
10°	Bleideckung mit Hohl- oder Holzwulst • Holzwulst mit sichtbaren Haften zulässig bis 30°

und auf einer tragfähigen vollflächigen Deckunterlage verlegt. Bei nicht selbsttragenden Metalldeckungen müssen die Bleche in Längs- und Querrichtung miteinander verbunden werden und werden daher auch als Scharen bezeichnet. Diese Scharen werden durch **Stehfalzdeckung** oder **Leistendeckung** auf der Unterkonstruktion so befestigt, dass Wärmedehnung und Windsogsicherung gewährleistet sind. Dabei sind unterschiedliche Regeldachneigungen zu berücksichtigen.

Banddeckung

Bei Deckungen und Bekleidungen aus Bändern werden Schare aus Bändern (Coils) bis zu maximal möglichen Längen verwendet. Die maximale Länge beträgt normalerweise 10 m. Je nach Herstellerangaben können auch längere Scharen montiert werden, die eine Überschreitung der maximalen Scharenlängen bei Verwendung von Spezialschiebehaften ermöglichen. Die Schare werden nach dem Stehfalz- oder Leistensystem verbunden (siehe auch Tab. 12.12 und Abb. 12.25).

Tabelle 12.12: Richtwerte der Scharenlänge

Werkstoff	maximal zulässige Scharenlänge (m)
Aluminium	10
Kupfer	10
Edelstahl	14
Stahl, verzinkt	14
Titanzink	10

Tafeldeckung

Die Tafeldeckung stellt eine weitere Möglichkeit dar. Durch sie lässt sich, je nach Tafelgröße (z. B. 1.000 × 2.000 mm) und gewählter Verbindungstechnik, eine stärkere Gliederung der Fläche erreichen. Bei Aluminium, Kupfer, Edelstahl, verzinktem Stahl und Titanzink werden die Tafeln i. d. R. nach dem Doppelstehfalzsystem miteinander verbunden. Die Querfalze werden entsprechend der Dachneigung ausgeführt. Bei Blei werden die Tafeln entsprechend den Technischen Regeln zur Verarbeitung von Blei im Bauwesen verbunden. Bleischare dürfen aufgrund der großen Wärmeausdehnung nur bis zu einer Länge von 1,50 m verlegt werden.

Es wird zwischen folgenden Falzausführungen unterschieden:

Der **Einfachfalz** kann als einfachste Falzverbindung bei Dachneigungen > 45°, bei Abdeckungen, Einfassungen und Leibungen sowie bei der Fassade als Einfachliegefalz verwendet werden.

Der **Winkelstehfalz** ist ein nicht geschlossener Doppelstehfalz, der eine markantere Strukturierung der Oberfläche ermöglicht. Darüber hinaus wird eine hohe Planebenheit erzielt, weswegen der Winkelstehfalz überwiegend bei Außenwandbekleidungen sowie senkrechten und geneigten Attikaflächen zur Anwendung kommt.

Grundsätzlich ist zu beachten:
In normal beanspruchten Gegenden ist eine Mindestdachneigung von 25° und in schneereichen Gegenden eine Mindestdachneigung von 35° einzuhalten.

Beim **Doppelstehfalz** werden 2 nebeneinanderliegende Schare durch doppeltes Umlegen von 2 unterschiedlich hohen Aufkantungen miteinander verbunden. Im Gegensatz zum Einfachstehfalz, der die Schnittkante der höheren Aufkantung sichtbar lässt, ist beim Doppelstehfalz keine Schnittkante mehr sichtbar.

Schnappfalzsystem

Beim Schnappfalzsystem werden Bänder oder Bleche so profiliert, dass im Falzbereich, durch Übereinanderschieben unter Belastung von oben, eine kraftschlüssige Verbindung entsteht, die einem Stehfalz ähnlich sieht.

Für diese Deckung kommen spezielle Hafte für die Profilhöhen zum Einsatz. Bei der Verlegung dieses Systems entstehen keine Spannungen in den einzelnen Metallscharen, weil hier keine weitere Verfalzung erfolgt. Der Schnappfalz eignet sich auch gut für die Metalleindeckung von Fassaden. Er kann horizontal und vertikal verwendet werden.

Nicht selbsttragende Metalldeckungen werden aus Bändern oder Tafeln hergestellt und bestehen aus Kupfer, Titanzink, Edelstahl, Aluminium oder verzinktem Stahl. Bei der Banddeckung wird noch einmal unterschieden zwischen Stehfalzdeckung und Leistendeckung.

12.10 Stehfalzdeckung

Bei der Stehfalzdeckung erfolgt die Befestigung indirekt auf der Schalung, damit die zu erwartenden temperaturbedingten Längenänderungen ohne Zwänge (Beulenbildung) aufgenommen werden können.

Je nach Dachneigung und Scharenlänge sind die Festhafte und Schiebehafte anzuordnen, die nicht sichtbar befestigt sind. Durch das doppelte Verfalzen sind diese Bestandteil des Systems. Durch dieses System wird eine kraftschlüssige Befestigung auf der Schalung erreicht. Die Befestigungselemente müssen mindestens korrosionsgeschützt sein.

Die Hafte werden mit gerauten Stiften oder Schrauben befestigt. Der Abstand der Hafte sowie Anzahl und Art der Befestigung richten sich nach dem Bauteil, der Gebäudehöhe und den Windsoglasten.

Wird eine Stehfalzdeckung auf einer strukturierten Trennlage montiert, so kommen hier Wirrgelegehafte zum Einsatz, die die Strukturierung der Trennlage ausgleichen, aber die Gleitfähigkeit gewährleisten.

Abb. 12.25: Stehfalz- und Leistendeckung

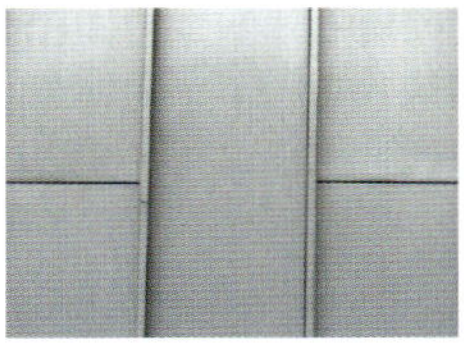

Abb. 12.26: Tafeldeckung

Abb. 12.27: Einfachstehfalz

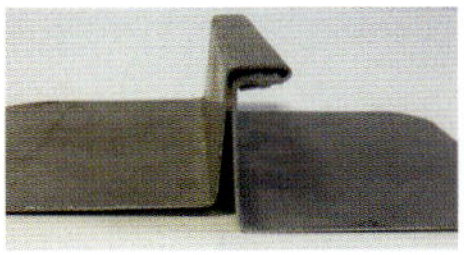

Abb. 12.28: Winkelstehfalz

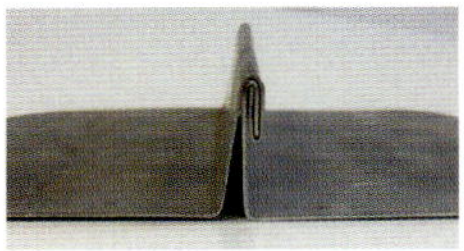

Abb. 12.29: Doppelstehfalz

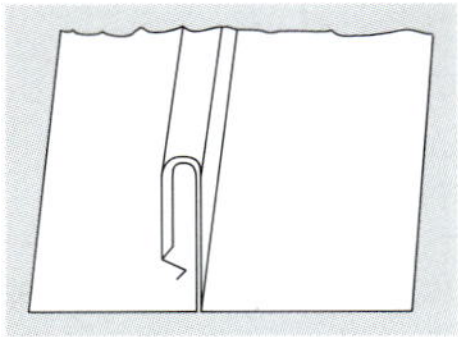

Abb. 12.30: Schnappfalzsystem

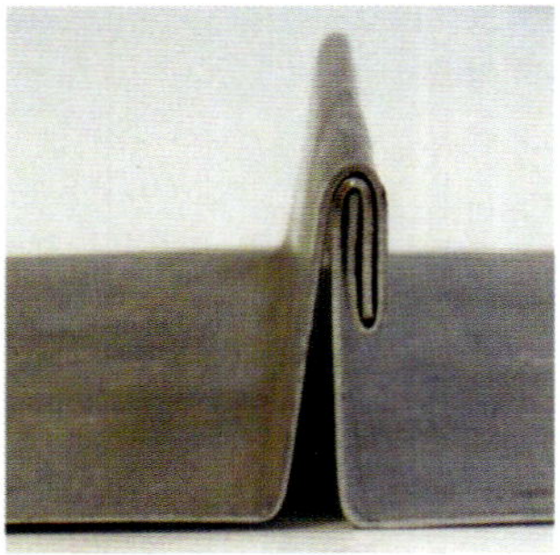

Abb. 12.31: Querdehnung

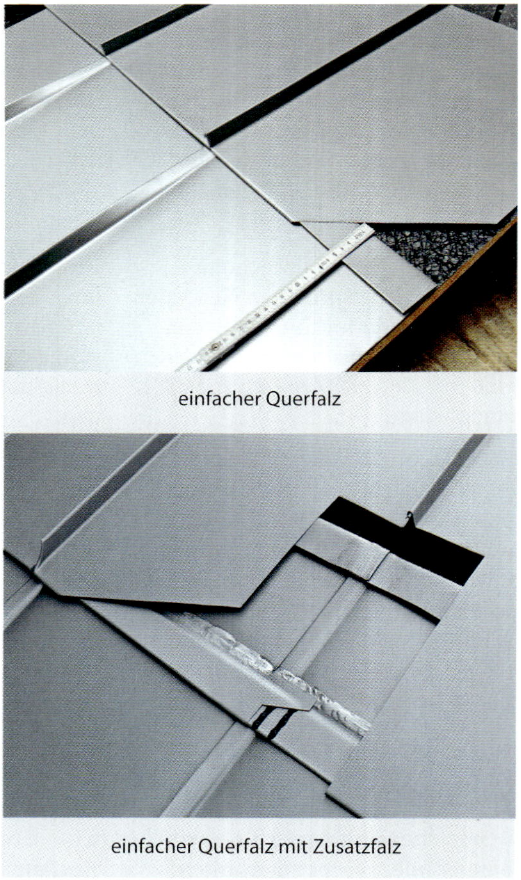

Abb. 12.32: Querfalzausbildungen

Längsfalzausführungen bei Stehfalzdeckungen

Bewegungen quer zur Falzrichtung werden von den Stehfalzen durch eine nicht rechtwinklige Aufkantung aufgenommen. Hierzu werden die aufgekanteten Schare bis auf einen Abstand von 3 bis 5 mm aneinandergeschoben. Die Aufkantungshöhe der Oberfalz beträgt 45 mm und der Unterfalz 35 mm bei einer Fertigfalzhöhe von 25 mm. Eine Fertigfalzhöhe muss mindestens 23 mm betragen. Werden höhere Falzhöhen gefordert, dann müssen die Aufkantungen entsprechend erhöht werden. Empfehlenswert ist, zur Vermeidung von Aufwölbungen in der Scharenfläche die Aufkantungen des Doppelstehfalzes mit einem Winkel von 90° am Unterdecker und 88° am Überdecker aufzukanten. Längsfalze sollten möglichst zur wetterabgewandten Seite geschlossen werden.

Querverbindungen/Querfalze

Bei Dachdurchdringungen, Formteilen oder als Dehnnaht bei langen Scharlängen treten Querfalze in Falzdächern auf. Je nach Dachneigung sind regendichte Querfalzausführungen in Metalldächern unterschiedlich auszuführen. Ab einer Dachneigung von > 25° und bei Fassaden können Querfalze als einfacher Falz ausgeführt werden. Bei einer Dachneigung > 10° kann ein einfacher Falz mit Zusatzfalz ausgebildet werden. Ansonsten werden die Querfalze ab einer Dachneigung von > 7° als Doppelfalz ausgeführt. Unter 7° Dachneigung müssen die Querfalze wasserdicht ausgeführt werden. Bei der Ausführung werden die Querfalze in die stehenden Längsfalze mit eingearbeitet. Dabei ist darauf zu achten, dass die Querfalze in Gefällerichtung hergestellt werden, damit das anfallende Regenwasser über die Falzverbindung läuft und nicht dagegen. Das heißt, der obere Falz geht über den unteren Falz, sodass kein Wasser eindringen kann. Kommen Querfalze zur Anwendung, so ist darauf zu achten, dass diese Falze versetzt angeordnet werden, damit keine 3 Falze in einen Knotenpunkt zusammenlaufen. Dabei sind verschiedene Ausführungen üblich (siehe Tab. 12.13).

Beim **einfachen Querfalz** wird das untere und das obere Blech durch einen mindestens 40 mm breiten entgegengesetzten Umschlag der Blechenden verbunden. Hierbei ist jedoch darauf zu achten, dass die Umkantung der zu überdeckenden Schar ca. 5 mm schmaler ausgeführt wird, um eine Kapillarwirkung zu vermeiden. Der **einfache Querfalz mit Zusatzfalz** wird ausgebildet wie der einfache Querfalz und mit einem Zusatzfalz (Haftstreifen) ergänzt unter Berück-

Tabelle 12.13: Querfalzausbildungen

Dachneigung	Art der Querverbindung
≥ 25°	einfacher Querfalz
≥ 10°	einfacher Querfalz mit Zusatzfalz
≥ 7°	doppelter Querfalz (ohne Dichtband)
< 7°	wasserdichte Ausführung je nach verwendetem Werkstoff

Tabelle 12.14: Quernahtausbildungen

Werkstoff	Mindestüberdeckung (mm)	Verbindung
AL	≥ 30	versetzt Nieten mit Dichteinlage Schweißen, Kleben
CU	≥ 30	versetzt Nieten mit Dichtstreifen, einreihig Nieten und Weichlöten Schweißen, Hartlöten, Kleben
St	≥ 30	wie oben, jedoch ohne Hartlöten und Schweißen, Kleben
Zn	≥ 30	Weichlöten, Kleben
S.S.	≥ 30	versetzt Nieten mit Dichteinlagen, einreihig Nieten und Weichlöten Schweißen, Kleben

sichtigung von 100 bis 120 mm Überdeckung. Dieser Zusatzfalz wird entweder aufgelötet oder aufgenietet (siehe Tab. 12.14). Der **doppelte Querfalz** findet Anwendung bei Dachdurchdringungen und optischen Aspekten.

Praxisbeispiel

Praxisbeispiel doppelte Querfalzausführung

Zeichnerische Lösung:

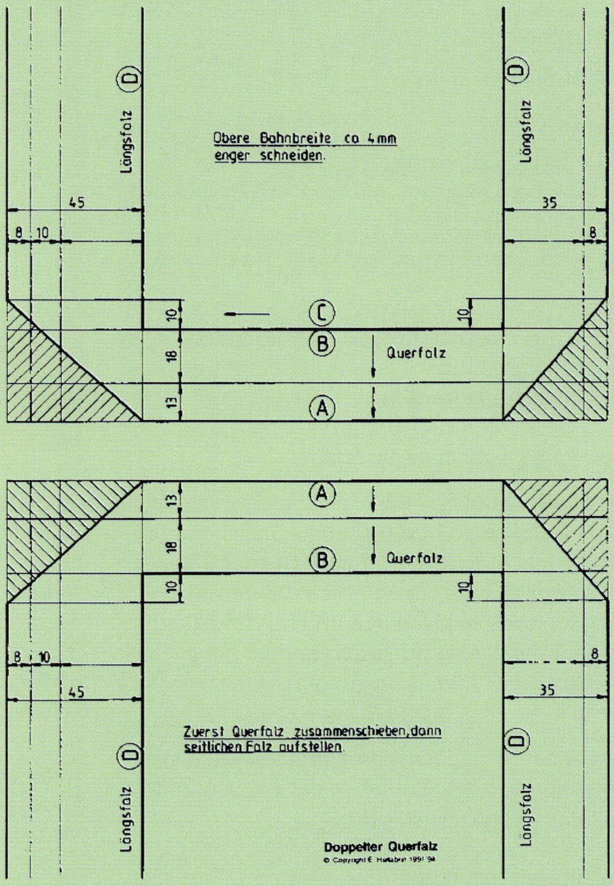

Wasserdichte Quernähte und Verbindungen

Weitgehend unabhängig von der Dachneigung können gelötete bzw. genietete, abgedichtete, doppelt gefalzte und geschweißte Quernähte eingesetzt werden.

Tabelle 12.15: Aufnahme der Längenbewegung

Ausführungsart	**erforderliche Dachneigung**
Schiebenaht mit einfachem Falz	≥ 25°
Schiebenaht mit Zusatzfalz	≥ 10°
Gefällestufe[1]	≥ 3°
Aufschiebling[2]	≥ 7°

[1] – Höhe der Gefällestufe: ≥ 60 mm
– bei Dachneigungen zwischen 3° und 7°: Überstand der Gefällestufe ≥ 100 m
[2] Bauseitige Ergänzung der Unterkonstruktion unter Beachtung der kleinsten zulässigen Dachneigung

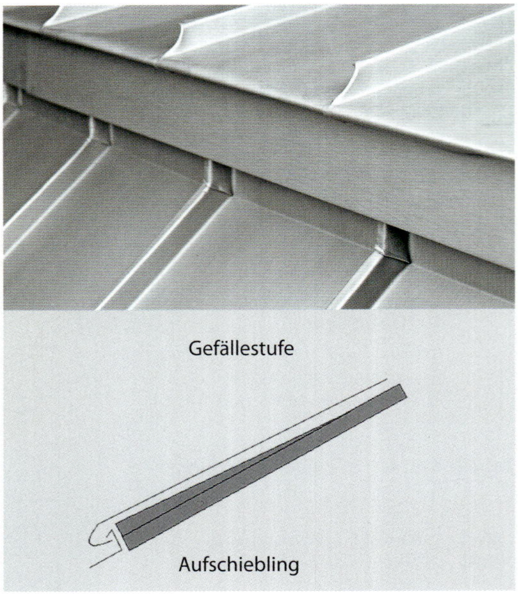

Abb. 12.33: Aufnahme der Längenbewegung

Je nach verwendetem Werkstoff können wasserdichte Quernähte wie in Tabelle 12.14 beschrieben ausgeführt werden.

Bewegungsaufnahme der Schare

Ist die Dachtiefe größer als der Richtwert der Scharenlänge, so ist der Einbau einer Unterbrechung zur Aufnahme der auftretenden Längenänderungen erforderlich. Bei größeren Abständen zwischen Traufe und First sind zur Aufnahme der thermisch bedingten Längenänderung der Schare Bewegungsausgleicher erforderlich.

Die Ausführung der Bewegungsausgleicher ist abhängig von den Vorgaben des Planers und der Art der Unterkonstruktion.

Ausführung von Traufanschlüssen

Der Anschluss der Scharen an der Traufe muss so stabil sein, dass dieser die besonders starken Windsogkräfte und gleichzeitig die Längenänderung der Schare bei Wärme aufnehmen kann. Hierzu wird das untere Scharende um das Trauf- oder Vorstoßblech herumgefalzt. Die zusätzliche Vorkantung zum Einhängen der Schar bis zu 10 m Länge sollte mindestens 25 mm betragen, damit sich der Umschlag des Scharendes bei Wärmedehnung nicht aus dem Vorstoß des Traufbleches aushängen kann. Umgekehrt muss genügend Spiel beim Schrumpfen der Schare vorhanden sein. Die Vorstoß- bzw. Traufbleche sind wie Haftstreifen auf der Traufbohle oder Schalung mit einer Auflage von mindestens 10 cm durch versetzte Nagelung zu befestigen. Sie werden überdeckt verlegt. Die Traufbohle sollte bei Dachneigungen ≤ 7° zum Ausgleich der werkstoffbedingten Verdickungen der Traufe etwa 5 mm tiefer als die Dachfläche angeordnet werden, um so eine Pfützenbildung am Scharenende zu vermeiden. Die Haftstreifenfunktion der Traufbleche kann verstärkt werden, wenn ein Vorstoßblech von mindestens 0,8 mm Dicke aufgenagelt wird, welches tief genug in die Vorkantung des Traufbleches hineinragt.

Traufausbildung bei Stehfalzen

Die Ausbildung des Stehfalzes an der Traufkante kann als Stehfalz in gerader, schräger, runder Ausführung, als „schwäbische Traufe“ oder als umgelegter Doppelstehfalz erfolgen. Bei der Ausbildung der Traufabschlüsse als umgelegter Doppelstehfalz sind die Querdehnung der Schare und die Auswirkungen der Kapillarität zu beachten.

Doppelstehfalz-T-Punkt

Die Verbindung von sich kreuzenden Längs- und Querfalzen im Dachbereich wird immer wieder erforderlich, z. B. bei Durchdringungen,

Abb. 12.34: Traufausbildung

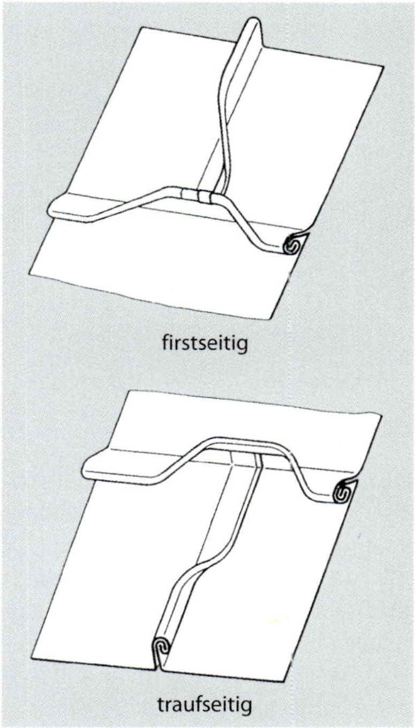

Abb. 12.36: T-Punkt-Ausbildungen

Gauben usw. Die Kreuzpunkte von Längs- und Querfalzen des Doppelstehfalzsystems müssen entsprechend vorbereitet und ausgeführt werden, weil die wesentlichen Eigenschaften des stehenden bzw. umgelegten Doppelstehfalzes erhalten bleiben müssen.

Das Umlegen der Stehfalze ist von der Fließrichtung des darüber abfließenden Wassers abhängig, welches möglichst über die glatte Längsfalzseite abfließen sollte.

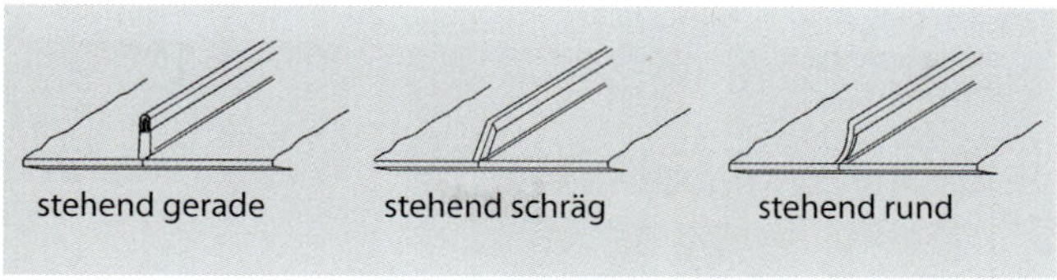

Abb. 12.35: Traufabschlüsse

Praxisbeispiel

Praxisbeispiel Traufabschluss

Zeichnerische Lösung:

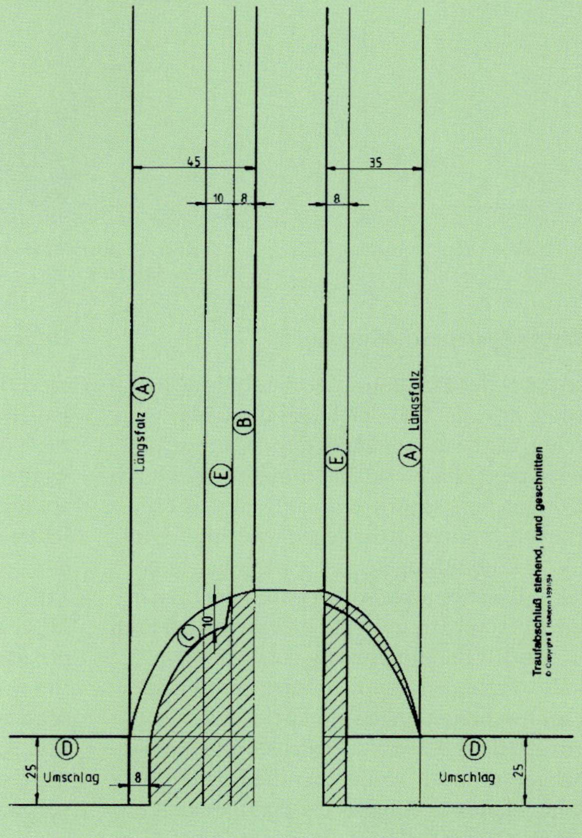

Der Längsfalz sollte so ausgeführt und umgelegt werden, dass das darüber abfließende Wasser nicht in den Falz eindringen kann.

Abb. 12.37: Ausbildung von Durchdringungen

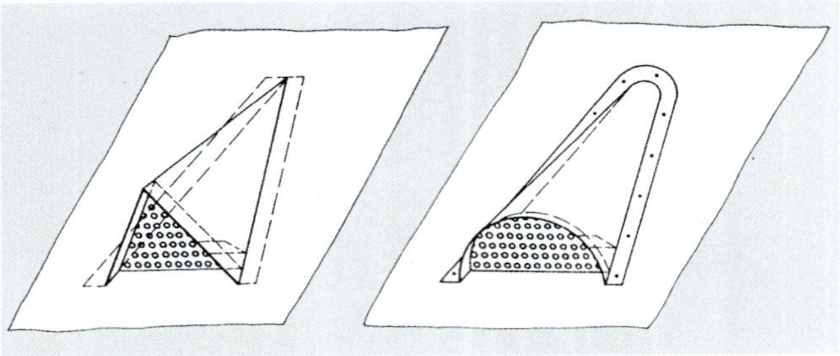

Abb. 12.38: Lüftungsgauben

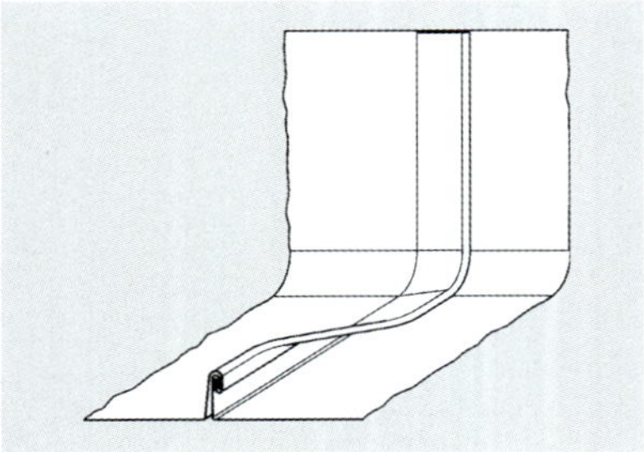

Abb. 12.39: Umgelegter Doppelfalz

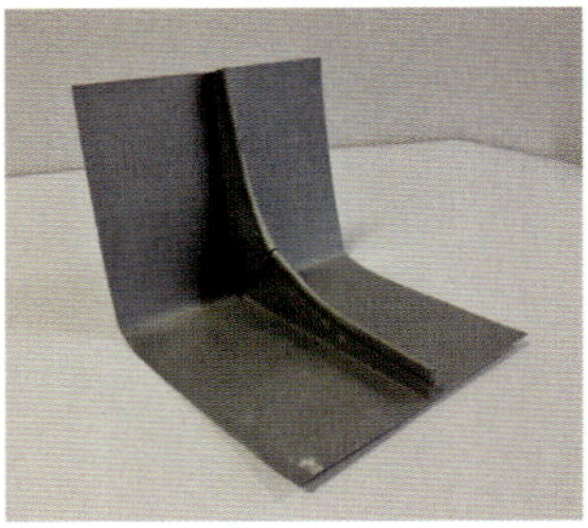

Abb. 12.40: Rund ausgefalzte Quetschfalte

Abb.12.41: Bündnerfalz

Einfassung von Durchdringungen

Bereits bei der Planung sollte darauf geachtet werden, dass der Mindestabstand der Dachdurchbrüche von den Längs- und Querverbindungen der Scharen ca. 200 mm beträgt. Durchführungen von Schornsteinen, Dachfenstern, Entlüftungsrohren, Ausstiegen usw. sind erforderliche Einbindungen, die, je nach Dachneigung und verwendetem Werkstoff, regendicht ausgeführt werden müssen. Im Normalfall kommen hier für die Einbindung von größeren Durchdringungen doppelte Falze zum Einsatz. Diese Durchdringungen sind bei Kehllängen > 1 m auf der Firstseite möglichst mit einem Sattel auszuführen, wobei hier die Dachschalung bauseits entsprechend aufgesattelt wird. Durch die Schrägstellung der Querfalze lässt sich insbesondere bei flach geneigten Dächern eine bessere Wasserabführung erreichen. Werden die Längsfalze umgelegt wie bei der T-Punkt-Ausbildung, so ist der obige Abschnitt zu beachten. Zylindrische konische Rohrdurchführungen sind mindestens 150 mm über die Oberkante des Dachbelages hochzuführen und regensicher zu verwahren.

Lüftungsgauben

Sind Be- und Entlüftungskonstruktionen durchlaufend nicht möglich, können Lüftungsgauben nach entsprechender Berechnung eingebaut werden. Die Be- und Entlüftung der Unterkonstruktionen (im Bereich der einzelnen Sparrenfelder von Dächern bzw. der Fassaden-Schalungen) erfordert als gezielte Maßnahme u.a. das Einsetzen von Lüftungsgauben in die Scharen. Diese mit Lochblenden ausgeführten Aufsätze erhalten Aufkantungen bzw. Aufbördelungen, um das Eindringen von Regenwasser bzw. Flugschnee weitgehend zu vermeiden. Ausführung und Anordnung der Lüftungsgauben sind an die Dachneigung und den erforderlichen Lüftungsquerschnitt anzupassen.

Traufseitige senkrechte Scharenanschlüsse

Diese Anschlüsse kommen zur Anwendung, wenn die Metalldacheindeckung an aufgehenden Bauteilen wie Gefällesprung, Aufschiebling, Fassade, First sowie Firstfalz bzw. Gratfalz hochgeführt werden muss. Hierbei wird am oberen Ende der Schar i. d. R. eine Aufkantung

Praxisbeispiel

Praxisbeispiel Bündnerfalz

Zeichnerische Lösung:

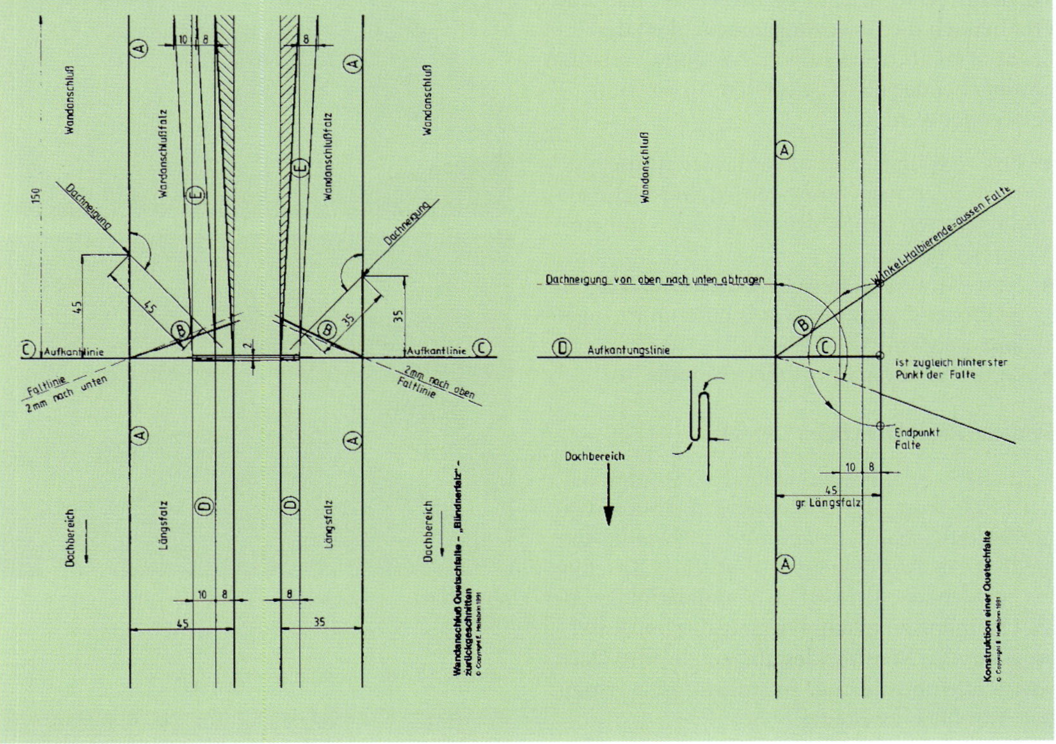

benötigt, die am Ende einen Wasserfalz enthält.

Für die Längsfalzverbindung im Bereich der Scharaufkantung kommen, je nach den örtlichen Verhältnissen, folgende Möglichkeiten infrage:

- Der Anschluss mit aufgekantetem umgelegtem Doppelfalz ist regensicher, erfordert aber bestimmte räumliche Voraussetzungen bei der Herstellung.
- Der Anschluss mit rund ausgefalzter Quetschfalte ist regensicher, erfordert aber eine ausreichende Falzaufkantung.
- Der Anschluss mit eingeschnittener gefalzter Quetschfalte ist nur bis zur Stehfalzhöhe regendicht. Im Bereich der Quetschfalten-Oberkante entsteht eine durchgehende Öffnung nach innen.

First- und Gratausbildung

Bei der First- und Gratausbildung wird unterschieden zwischen einer **nicht belüfteten** und einer **belüfteten** Ausführung.

Bei der Metalldacheindeckung ist im First- und Gratbereich die Bewegungsmöglichkeit der Scharen zu berücksichtigen. Folgende Varianten können bei der nicht belüfteten Ausführung verwendet werden:

- First-/Gratfalze, die etwas höher als die Längsfalze ausgeführt werden, in welche die umgelegten Längsfalze der Scharen mit eingefalzt werden,
- First-/Gratfalze, in welche die stehend herangeführten Längsfalze der Scharen mit eingefalzt werden,
- Gratausbildung mit Abdeckkappe.

Seitliche Anschlüsse beim Stehfalz

Seitliche Anschlüsse bei Stehfalzen werden bei der Eindeckung in Form einer Aufkantung von der letzten Schar her zwei- oder mehrteilig ausgeführt. Die Ausführung des seitlichen Anschlusses bei Stehfalzen erfolgt als Wandanschluss oder als Übergang zu einem Ortgangabschluss. Bei aufgehenden Wandbekleidungen gleicher Deckwerkstoffe und gleicher Ausführungsart erfolgt der Anschluss zweiteilig.

Ausführung und Anschluss von Kehlen

Die Ausführung der Kehlen ist abhängig von ihrer Neigung und Länge. Die Kehlneigung ist grundsätzlich geringer als die dazugehörige Dachneigung. Aus diesem Grunde müssen bereits bei der Planung die konstruktiven Voraussetzungen für die verschiedenen Ausführungsarten beachtet werden.

Für die Ausführung und den Anschluss der Kehlen sind die oben stehenden Tabellenwerte der Fachregeln zu berücksichtigen. Zu den Quernähten bei Kehlen siehe Querverbindungen.

Abb. 12.42: First- und Gratausbildung unbelüftet

Tabelle 12.16: Anschluss von Kehlen

Ausführungs-Nr.	Kehlneigung	Kehlausbildung
1	≥ 3°	vertieft angeordnete Kehle mit Einhangblech
2	≥ 7°	beidseitig mit doppeltem Kehlfalz eingefalzt in Dachscharen. Keine Ausdehnung möglich. Deshalb ist die Kehllänge auf ca. 6 m zu begrenzen.
3	≥ 10°	Verbindung mit Kehlschar durch einfachen Falz mit Zusatzfalz (gute Ausdehnung)
4	≥ 25°	Kehlschar mit einfachem Falz (gute Ausdehnung)

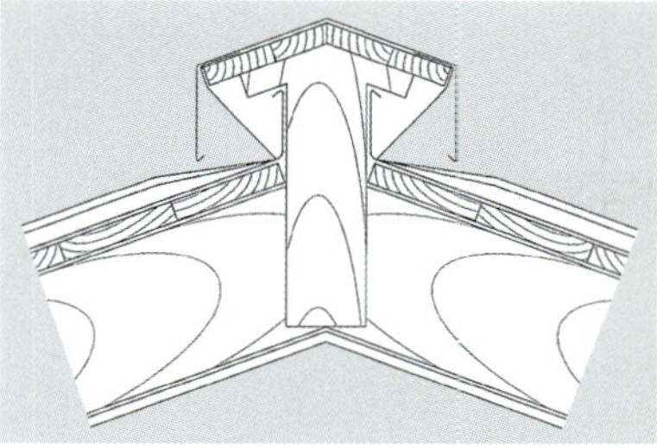

Abb. 12.43: First- und Gratausbildung belüftet

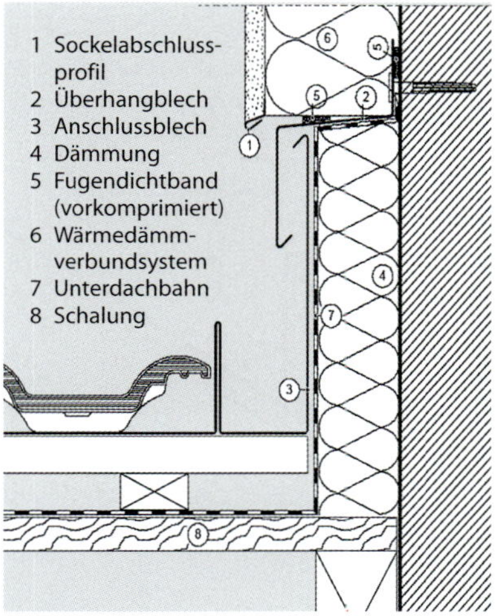

Abb. 12.44: Wandanschluss

Bei der Stehfalzdeckung wird für Dacheindeckungen überwiegend das Doppelstehfalzsystem angewendet, im Fassadenbereich aufgrund der großen Planebenheit die Winkelstehfalzdeckung.

Die Befestigung erfolgt bei beiden Systemen indirekt durch Haften auf der Schalung.

! Praxisbeispiel

Praxisbeispiel Längsfalz in Firstfalz

Zeichnerische Lösung:

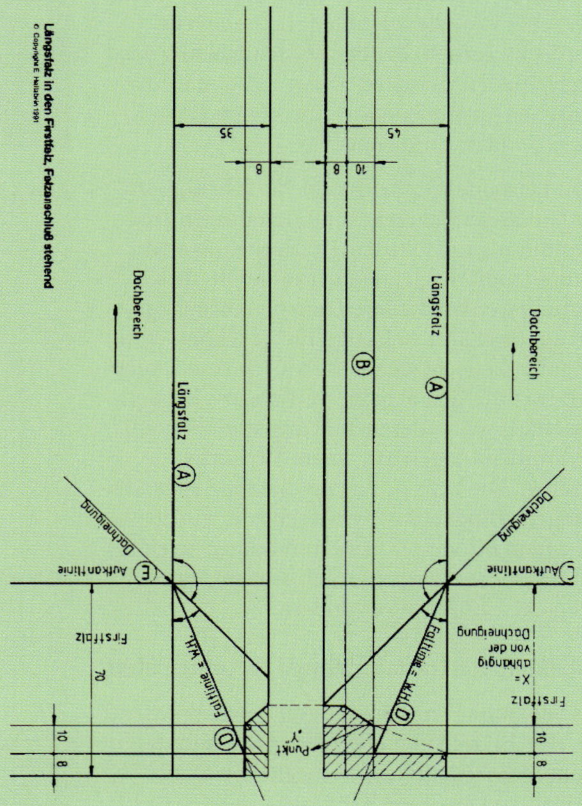

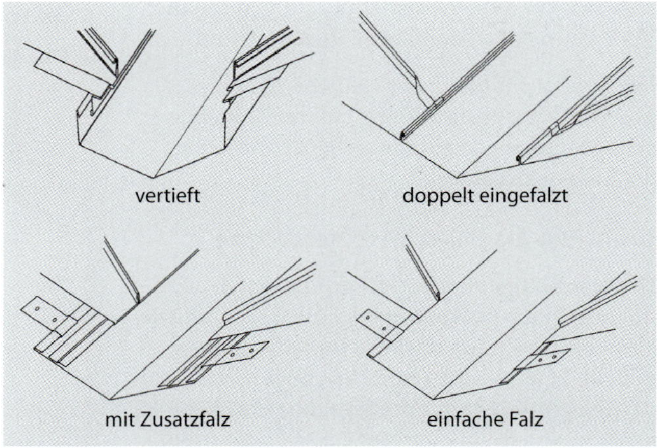

Abb. 12.45: Kehlausführungen

12.11 Leistenfalzsystem

Längsfalz bei Leistenfalz

Beim Leistenfalz wird eine Holzleiste mit einer Mindestabmessung von 40/40 mm verwendet, um die seitlichen Aufkantungen der Scharen anzuschließen, die mit einem Leistendeckel überdeckt werden. Bei der Leistendeckung wird unterschieden zwischen einem Leistenfalz in deutscher Ausführungsart und einem Leistenfalz in Sonderausführung.

Beim Leistenfalz in deutscher Ausführungsart werden die seitlichen Scharaufkantungen am oberen Ende in Höhe der Holzleiste um etwa 15 mm ca. 90° nach außen gekantet. In dieser Kantung werden die Streifenhafte eingehängt und auf der Leiste befestigt. Im Anschluss wird der aufgesetzte Leistendeckel durch einen einfachen Falz mit den Scharen verbunden. Bei dem Leistenfalz in Sonderausführung sind die seitlichen Aufkantungen mit einem Wasserfalz zu versehen. Die Befestigung der beiden Leistendeckungen erfolgt auf der Oberseite der Holzleiste mit einem mindestens 100 mm breiten Streifenhaft unter dem Leistendeckel, um ein Abrutschen der Haften zu verhindern.

Abb. 12.46: Leistenfalz in deutscher Ausführungsart

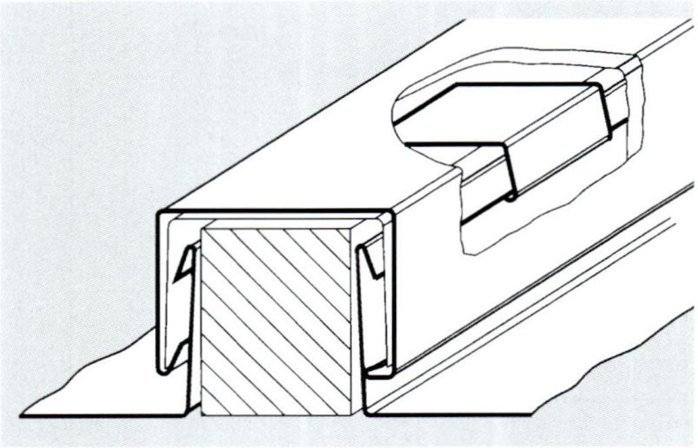

Abb. 12.47: Leistenfalz in Sonderausführung

Ausführung von Traufanschlüssen bei Leistenfalzen

Das Scharende wird an der Traufe entsprechend den Regeln des Doppelstehfalzsystems in den Vorstoß des Traufbleches eingehängt. Dabei werden die Leisten an der Traufe abgeschrägt, die seitlichen Aufkantungen an die Schrägung angepasst und die Leistenabdeckungen um die Vorkantung des Traufbleches herumgeführt.

Die Traufausbildung, der seitliche Anschluss und die Ortgangausbildung bei der Leistendeckung werden genauso ausgebildet wie bei der Stehfalzdeckung.

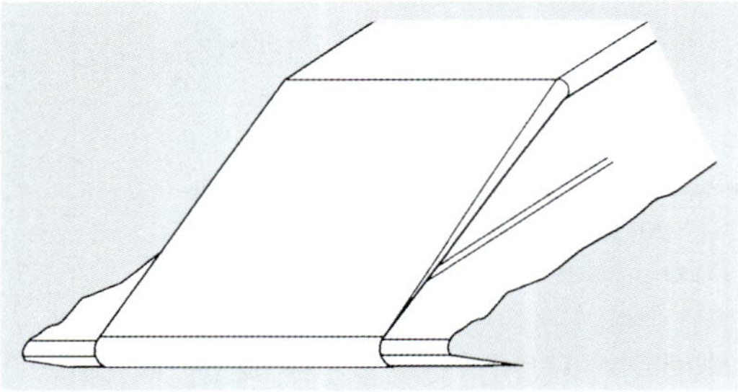

Abb. 12.48: Traufanschluss Leistenfalz

Traufseitige Anschlüsse bei Leistendeckung

Der traufseitige Anschluss der Leistenfalz wird in Form einer Aufkantung der Deckscharen wie ein Wandanschluss oder ein Pultabschluss hergestellt. Hierbei ist zu berücksichtigen, dass eine dachneigungsgerechte Aufkantung des oberen Scharendes erfolgt. Die Holzleiste endet stumpf vor der Wand, bei der die Leistenabdeckung mit einer Aufkantung von ca. 5 cm versehen wird.

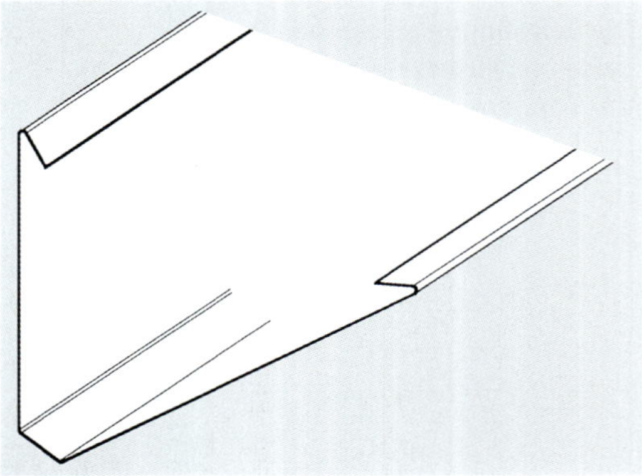

Abb. 12.49: Firstanschluss

First- und Gratausbildung bei Leistenfalzen

Bei der Firstausbildung erhalten die Aufkantungen der Scharenden Quetschfalten, wobei auch die Leistenabdeckungen der Längsverbindungen mit einer entsprechenden Aufkantung auszuführen sind.

Die Verbindung der aufgekanteten Scharenden erfolgt wie bei der Firstausbildung bei Stehfalzen mit Firstkappe oder Firstabdeckung.

Bei der belüfteten First- und Gratausbildung können folgende Ausführungen unter Berücksichtigung der örtlichen Verhältnisse bzw. der klimatischen Bedingungen Anwendung finden.

Kehlausbildung bei Leistenfalzen

Die Kehlausbildung bei Leistenfalzen können wie folgt ausgebildet werden:

- einfacher Liegefalz,
- einfacher Falz mit Haftstreifen.

Der Anschluss der Scharaufkantungen und Leistendeckel im Bereich der Kehle muss sorgfältig unter Berücksichtigung der Leiste angearbeitet werden.

12.12 Selbsttragende Metalldeckungen

Selbsttragende Metalldeckungen bestehen aus maschinell vorgeformten Blechbahnen unterschiedlicher Länge und Breite, die aufgrund ihrer Profilierung oder Verfalzung in der Lage sind, auftretende Beanspruchungen in Form von Wind-, Schnee-, Verkehrslasten aufzunehmen und zu übertragen (z. B. Trapezbleche). Sie erfordern daher keine vollflächigen Deckunterlagen. Der Abstand der Auflager muss entsprechend den Werkstoffdicken, der Biegefestigkeit des verwendeten

Abb. 12.50: Sandwich-Element/Wellprofil

Metalls und der Form und Höhe des Profils oder der Verfalzung ausgeführt werden. Unterschieden werden selbsttragende Metalldeckungen in **großformatige Elemente** und **kleinformatige Elemente**.

Zu den **großformatigen Deckelementen** zählen u. a. **Trapezprofile**. Trapezbleche bestehen aus trapezförmig gekanteten Seiten mit einem Obergurt und einem Untergurt. Die angekanteten Seiten bilden die Stege dieser Bleche und dienen, genau wie die längs laufenden Sicken, zur Aussteifung des Bleches. Diese Trapezbleche gibt es heute in unterschiedlichen Profilen in verschiedenen Abmessungen. Ebenso gehören die **industriell vorgefertigten Stehfalzsysteme** zu den großformatigen Deckelementen. Diese Deckelemente bestehen aus den Profiltafeln und den dazugehörigen Haltekonstruktionen, womit die Befestigung der Elemente in der Unterkonstruktion erfolgt. Die Haltekonstruktionen werden in die Profiltafeln

■ **Begriffe**

- Bei der **Leistendeckung** werden die Schare an vorher montierten Holzleisten befestigt. In den Fachregeln wird zwischen dem deutschen Leistensystem und dem **Leistensystem in Sonderausführung** mit Leistenabdeckungen, die aufgedrückt werden, unterschieden.
- Bei **selbsttragenden Metalldeckungen** unterscheidet man zwischen **großformatigen** und **kleinformatigen** Deckelementen.

eingehängt, geklemmt, gedreht, gekippt usw. Daher ist die Befestigung in der Deckung nicht sichtbar. Es dürfen nur bauaufsichtlich zugelassene Profilsysteme verwendet werden. Weitere großformatige Deckelemente sind die **Sandwich-Elemente**. Sandwich-Elemente sind Deckelemente, die oberseitig aussehen wie Trapezprofile, aber aus 2 metallischen Deckschichten mit innen liegender Wärmedämmung bestehen. Die Tragfähigkeit beruht auf dem kraftschlüssigen Zusammenwirken der 2 Deckschichten und dem inneren Kern aus der Wärmedämmung. Zu den großformatigen Deckelementen zählen auch die **Wellprofile**. Wellprofile sind Profiltafeln mit aneinandergereihten runden Wellenbergen und runden Wellentälern. Diese Profile werden heute in den unterschiedlichsten Wellprofilen auf dem Markt vertrieben. Sonderprofile, die auch zu diesen großformatigen Deckelementen zählen, sind Profile, die keiner der o. g. Kategorien entsprechen. Sie müssen deshalb bauaufsichtlich zugelassen sein. Beim Einbau dieser Elemente sind für die Verbindung der Profiltafeln untereinander und Durchdringungen sowie auch für Einbauteile die Verlegerichtlinien der Hersteller zu beachten.

Für alle selbsttragenden Metalldeckungen muss ein Nachweis der Standsicherheit erbracht werden. Die äußeren Belastungen wie Windsogkräfte und Schnee sind sicher an die tragende Konstruktion abzuleiten.

Traufseitige Anschlüsse

Die Traufen bei selbsttragenden Metalldeckungen werden durch handwerkliche oder industriell hergestellte Anschlussbleche, je nach System der Deckungsart und dem Verwendungszweck, als aufliegende Anschlussbleche ausgeführt. Beim Anschluss der Bleche dachseitig gesehen können diese eine Abkantung mit Aussparungen entsprechend der Profilierung erhalten. Die Befestigung erfolgt nach der Art der Unterkonstruktion durch genormte und zugelassene Schrauben und Nieten.

Abb. 12.51: Kleinformatige Metalldeckungen

Seitliche Anschlüsse

Als eigenständiges Bauteil mit aufliegenden Anschlussblechen, je nach Art der Deckung und des Dachsystems, werden die seitlichen Anschlüsse bei selbsttragenden Metalldeckungen hergestellt. Die Herstellerangaben sind zu beachten. Werden Anschlussbleche handwerklich selbst hergestellt, so muss der letzte volle Obergurt der anlaufenden Schar des Dachsystems um mindestens 25 mm überdeckt werden. Die Verbindung der Anschlussbleche untereinander erfolgt bei einer Dachneigung größer 22° von mindestens 100 mm als einfache Überdeckung und bei einer Dachneigung von 15° bis 22° von mindestens 150 mm als einfache Überdeckung. Unter 15° muss eine wasserdichte Verbindung hergestellt werden.

Firstseitige Anschlüsse

Die firstseitigen Anschlussbleche, aufgehende Wände oder Durchdringungen werden in Form von Kehlen als untergelegte Bleche hergestellt. Hierbei kommen gekantete oder vertiefte untergelegte Kehlbleche mit Wasserfalz zum Einsatz. Alle Anschlüsse müssen fachgerecht und regensicher verwahrt werden.

Traufausbildung bei selbsttragenden Metalldeckungen

Die Wasserleitbleche als Abschluss an der Traufe können industriell oder handwerklich hergestellt sein.

Kehle, First- und Gratausbildung bei selbsttragenden Metalldeckungen werden ausgeführt wie bei der Stehfalzdeckung.

Kleinformatige Metalldeckungen sind Eindeckungen mit kleinformatigen Elementen aus Pfannenblechen, Metallschindeln oder Paneelblechen. Die Deckelemente bestehen aus:
Aluminium, Aluminiumlegierungen, verzinktem Stahl, Kupfer, Kupferlegierungen mit einer Dicke ≥ 0,5 mm, nicht rostendem Stahl mit einer Dicke ≥ 0,4 mm.

Die kleinformatigen Metalldeckungen können auf folgende Unterkonstruktionen gedeckt werden:

- nicht brennbare Halteprofile,
- Schalung aus Holz und Holzwerkstoffen mit oder ohne beliebige Trennlage,
- Holzlattung mindestens 40/60 mm und Schalung aus Holz oder Holzwerkstoffen,
- Holzlattung mindestens 40/60 mm und Wärmedämmstoffe aus Mineralwolle,
- Schaumglas, Baustoffklasse A, PUR- oder PIR-Hartschaum, jeweils mit oder ohne Trennlage.

12.13 Einbauteile

Werden bei der Eindeckung Einbauteile verwendet, so müssen diese für den vorgesehenen Verwendungszweck geeignet sein. Sie müssen regensicher bzw. wasserdicht eingebaut werden.

Einbauteile, Formteile und Einfassungen können industriell oder

Abb. 12.52: Dachhaken

handwerklich hergestellt sein. Für Durchdringungen wie z. B. Dachausstiege oder Dachfenster können industriell vorgefertigte Systemblechteile des Herstellers verwendet werden. Sicherheitsdachhaken, Stützen für Schneefangvorrichtungen, Solaranlagen, Laufstege usw. sollen unter Verwendung von genügend breiten Blechen eingebaut und eingedeckt werden. Sie müssen für den Verwendungszweck geeignet und zugelassen sein. Die Einbauteile und Einfassungen müssen mit der Deckunterlage und der Deckung abgestimmt werden, dabei können lastverteilende Unterlagen erforderlich werden.

In der heutigen Zeit können Einbauteile und Zubehörteile unter geringem Aufwand durch vorgefertigte Profile und Teile in eine Metalleindeckung mit eingebaut werden.

12.14 Berücksichtigung von Windlasten bei Metalldächern und -fassaden

Um zu gewährleisten, dass Metalldeckungen durch die Windsogkräfte nicht beschädigt oder abgerissen werden, sind diese gegen Abheben zu sichern. Die Sicherung auf der

@ Links und Literatur

DIN 1055-4: Einwirkungen auf Traglasten; Windlasten und DIN EN 1991-1-4: Einwirkungen auf Tragwerke, Allgemeine Einwirkungen; Windlasten siehe www.beuth.de

→ Siehe dazu auch Kapitel 2

Unterkonstruktion kann durch folgende Maßnahmen getroffen werden:

- mechanische Befestigung,
- Auflast,
- Verklebung.

Voraussetzung hierbei ist, dass die Unterkonstruktion dafür geeignet ist. Die verwendeten Hafte- und Befestigungsmittel sind auf die vorhandene Unterkonstruktion und den gewählten Scharenwerkstoff abzustimmen.

Erforderliche Befestigungen zur Windsogsicherung

Der Nachweis der Windsogsicherung gilt für nicht selbsttragende Dachdeckungen und Außenwandbekleidungen aus Metall. Dieser wird in der DIN 1055-4 und der DIN EN 1991-1 bis -4 beschrieben. Vorrangig zu bewerten sind immer Einzelnachweise, die durch Programme der Metallhersteller errechnet werden.

Windlasten auf Dachdeckungen und Außenwandbekleidungen aus Metall sind abhängig von:

- Gebäudestandort,
- geografischer Lage des Gebäudes,
- Gelände (z. B. Höhe des Gebäudestandortes über NN),
- Gebäudehöhe über Oberkante des Geländes,
- Gebäudeform (z. B. Neigung der Flächen, Vorsprünge und Einbauteile).

Um die notwendige Standsicherheit der Dacheindeckung oder Wandbekleidung zu erreichen, sind die einwirkenden Windsogkräfte der einzelnen Windzonen bereits in der Planung zu berücksichtigen. Die einzelnen anfallenden Windlasten sind als Tabellen in den Fachregeln erläutert. Da bei einer Bemessung zur Abtragung der Windlasten nach Norm eine große Anzahl von Variationen berücksichtigt werden muss, wurde für die Festlegung der Haftabstände bei den verschiedenen Dachformen die maximale Windsoglast für vereinfachte, auf der sicheren Seite liegende Flächeneinteilungen zugrunde gelegt. Als Gebäudehöhe ist dabei der höchste Teil des Gebäudes angesetzt, also der First.

Die Daten (Haftabstände und Anzahl der Hafte pro Quadratmeter) für die jeweiligen Dach- und Wandteilflächen können den Tabellen im Anhang II der Fachregel für Metallarbeiten entnommen werden.

Darüber hinausgehende differenziertere Betrachtungsweisen (andere Dachformen und/oder Objekte in Windzone 4) bedürfen eines rechnerischen Nachweises.

Art und Anzahl der Befestigungen, Profilbreiten und Werkstoffdicken werden entsprechend der Einteilung in den Tabellenwerken der Fachregeln oder durch die Angaben der Hersteller festgelegt.

Ausführungen der Hafte

Für die indirekte Befestigung der Bleche und Bänder auf der Unterkonstruktion sind Hafte in den verschiedensten Ausführungen erforderlich. Die Ausführung der Hafte, deren Anordnung und deren Befestigung auf der Unterkonstruktion sind für die Aufnahme der Windsogkräfte und der temperaturbedingten Längenänderung von entscheidender Bedeutung. Bei Verwendung einer strukturierten Trennlage sind geeignete Hafte oder sog. Wirrgelegehafte zu verwenden.

Diese Hafte müssen sorgfältig und verwindungsfrei aufliegend auf dem Wirrgelege (strukturierte Trennlage) befestigt werden. Schiebehafte dürfen sich im Gleitbereich nicht verformen.

Wir unterscheiden Festhafte für den Festhaftbereich, Schiebehafte für den Bereich der Längendehnung, Wirrgelegehafte bei Verwendung einer strukturierten Trennlage und Hosenhafte für den Bereich von Graten bzw. höher liegenden Aufkantungen. Hafte aus Edelstahl sind bei allen Deckmaterialien einsetzbar.

Befestigungsmittel

Für die Befestigung werden keine glatten Stifte verwendet, da sie einen zu kleinen Kopf haben und die geforderten Auszugswerte nicht erreichen. Je Haft müssen mindestens **2** Befestigungsmittel mit einer Einbindetiefe von min-

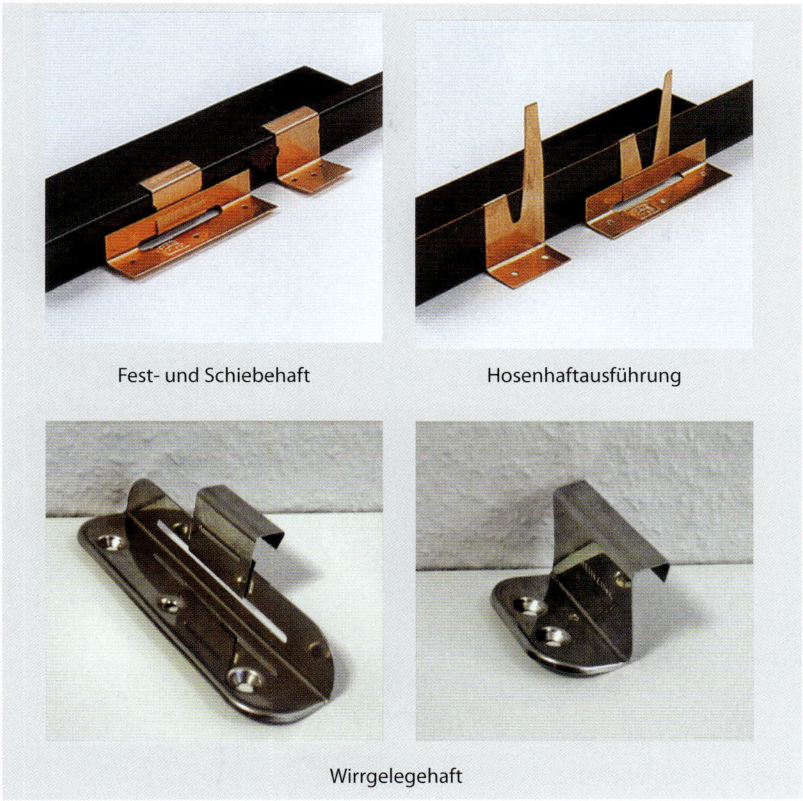

Abb. 12.53: Hafte

Zuordnung der Windzonen nach DIN 1055-4 bzw. DIN EN 1991-1-4

@ Links und Literatur

Weitere Informationen zur Windsogsicherung: Friedhelm Maßong: Windsogsicherung am geneigten Dach. Grundlagen – Berechnungen – Projekte; Verlagsgesellschaft Rudolf Müller, Köln 2012

www.baufachmedien.de

destens 20 mm zur Anwendung kommen. Mit 2 Nägeln befestigte Hafte müssen unter dynamischer Belastung eine zulässige Haftbelastung von 400 N nachweisen. Die Werte gelten für industriell hergestellte Hafte.

Als **Nagel- und Schraubenbefestigung** sind laut Tabelle der Fachregeln zugelassen:

- gerillte Nägel aus Edelstahl nach DIN 1052 gemäß Tragfähigkeitsklasse 3/C $\geq 2{,}5 \times 25$ mm,
- gerillte Nägel aus feuerverzinktem Stahl nach DIN 1052 gemäß Tragfähigkeitsklasse 3/C $\geq 2{,}5 \times 25$ mm,
- geraute feuerverzinkte Deckstifte $2{,}8 \times 25$ mm,
- geraute Kupferstifte $2{,}8 \times 25$ mm,
- Senkkopfschrauben aus Edelstahl $4{,}0 \times 25$ oder $4{,}0 \times 30$ mm.

Werden andere Nageltypen als die o. g. Haftnägel verwendet, so sind nur solche mit gerautem Schaft, einem Schaftdurchmesser > 2,8 mm und einer Einbindetiefe von mindestens 20 mm einzusetzen. Nach den Auszugswerten zu beurteilen, erreicht man durch Rillennägel und Schrauben höhere Werte.

Anordnung der Fest- und Schiebehafte

Beim Doppelstehfalz- und Leistensystem müssen die Scharen so befestigt werden, dass die auftretenden Längenänderungen am First

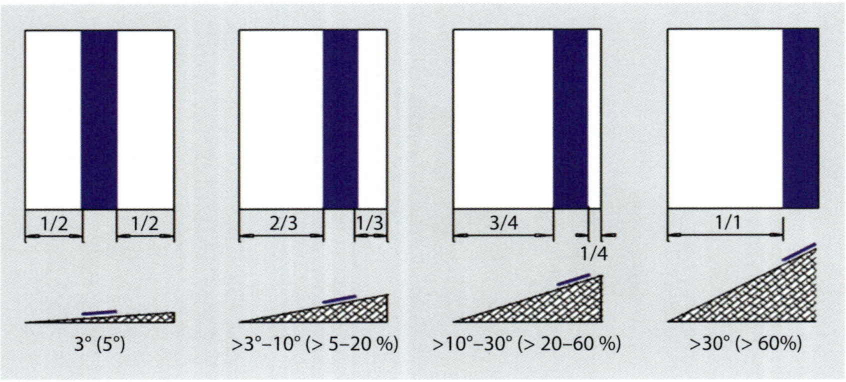

Abb. 12.54: Anordnung der Festhafte

und an der Traufe gefahrlos aufgenommen werden.

Die Anordnung der Fest- und Schiebehafte richtet sich nach der Scharenlänge, der Lage von Durchdringungen und der Dachneigung. Die Anzahl der Festhafte ist von den aufzunehmenden Lasten, der Dachneigung, den Ausdehnungsmöglichkeiten an First und Traufe abhängig. Die Festhafte werden auf einer Länge von 1 bis 3 m angeordnet, wodurch ein Rutschen der Scharen verhindert wird. In dem übrigen Bereich der Scharen kommen Schiebehafte zum Einsatz. Der Ort des Festhaftbereiches ist bei flachen Neigungen in der Mitte, wodurch die Bleche sich nach oben und unten dehnen können. Mit zunehmender Dachneigung verschiebt sich der Festhaftbereich zur First hin.

Werden bei Stehfalzen Schneefang- und Solarsysteme vorgesehen, so ist in diesem Bereich die Anzahl der Festhafte den zu erwartenden Belastungen anzupassen. Bei Fassadenbekleidungen ist die Fixierung bzw. die Anordnung der Festhafte im Bereich der Querfalze oder im oberen Bereich der Scharen vorzusehen. Die Anordnung der Festhafte wird im Schema verdeutlicht.

Wir unterscheiden Festhafte und Schiebehafte, die den einzelnen Dachneigungsbereichen zugeordnet werden.

12.15 Verbindungstechniken/Fügetechniken

Metalle müssen bei der Herstellung von Rohren, Einfassungen, Metalldächern sowie auch bei der Montage von Abdeckungen und Dachrinnen

Abb. 12.55: Weichlöten

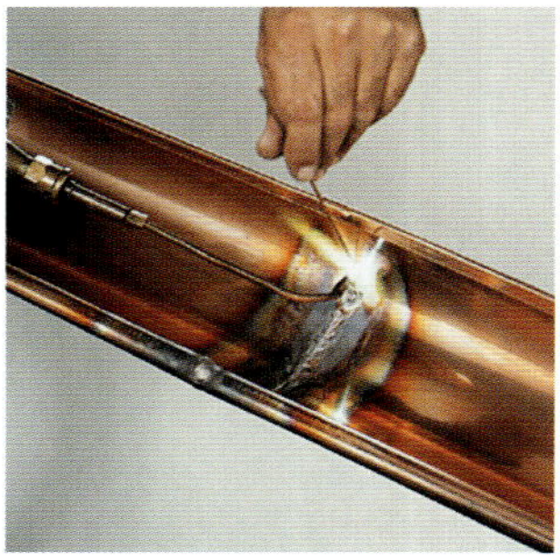

Abb. 12.56: Hartlöten

verbunden werden. Hierbei kommen folgende Techniken zum Einsatz:

Löten

Unter Löten versteht man ein dichtes und festes Verbinden von metallischen Werkstoffen durch Einsatz eines Lotes. Die Schmelztemperatur des Lotes liegt unterhalb der Schmelztemperatur des Metalls. Bei der Fügetechnik Löten wird unterschieden zwischen: **Weichlöten** (Temperatur < 450 °C) und **Hartlöten** (Temperatur > 450 ° C).

Durch das **Weichlöten** wird bei Metallblechen eine kraftschlüssige und wasserdichte Verbin-

Praxisbeispiel

Arbeitsschritte Weichlöten

Lösungsdarstellung in 5 Schritten:

1) Metallisch blanke, oxidfreie Oberfläche wenn nötig mechanisch herstellen.

2) Der Lötspalt darf zur Erzielung hoher Nahtfestigkeit 0,5 mm nicht überschreiten. Größere Lötspalte sind durch geeignete Maßnahmen, z. B. Nachspannen, Heftnieten, zu verringern.

3) Flussmittel auftragen, um die Verbindungsstelle für die Dauer des Lötvorgangs oxidfrei zu erhalten.

4) Bei Rinnen sollte man von der Wulst aus starten und in einem durchlöten.

Bei Zuschnittsbreiten > 400 mm sollten Heftpunkte gesetzt werden.

5) Im Anschluss an den Lötvorgang ist die Lötnaht zu reinigen.

Dies ist sehr wichtig, da es sonst zu Verfärbungen oder Zerstörungen kommen kann.

Beim **Hartlöten** wird eine kraftschlüssige, wasserdichte Verbindung unter Einsetzung von Wärme (Hartlötgerät) und Lot erstellt. Die Wärmeübertragung erfolgt unter Anwendung von Gas-Sauerstoff-Gemischen (offene Flamme). Die Metalle bleiben in einem festen Zustand, wobei das Lot in flüssigem Zustand den Lötspalt füllt. In der Naht kommt es in den Berührungsflächen zur Legierungsbildung, die die Festigkeit der Nahtstelle wesentlich mitbestimmt. Verfärbungen im Nahtbereich sind unvermeidbar. Folgende Werkstoffe können hartgelötet werden:

- Kupfer,
- Aluminium,
- nicht rostender Stahl,
- verzinkter Stahl.

! Praxisbeispiel

Arbeitsschritte Hartlöten

Lösungsdarstellung in 3 Schritten:

1) Der Lötspalt darf zur Erzielung hoher Nahtfestigkeit 0,5 mm nicht überschreiten. Größere Lötspalte sind durch geeignete Maßnahmen, z. B. Nachspannen, Heftnieten, zu verringern.

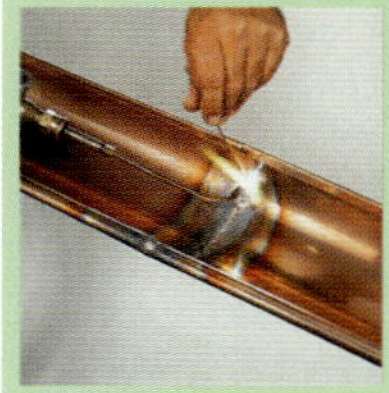

2) Bei Rinnen sollte man von der Wulst aus starten und in einem durchlöten.

Bei Zuschnittsbreiten > 400 mm sollten Heftpunkte gesetzt werden.

3) Beim Hartlöten sind Verfärbungen der Kupferoberfläche im Bereich der Lötnaht nicht zu vermeiden. Durch die natürliche Bewitterung stellt sich jedoch bald eine einheitlich oxidierende Oberfläche dar.

dung hergestellt. Im Bereich der Nahtverbindung findet keine Gefügeänderung des Metalls statt (Grobkornbildung = Versprödung). Bei dieser Art der Verbindung müssen noch sog. Hilfsstoffe wie Flussmittel und Lot verwendet werden. Beim Lötvorgang muss das Lot im Nahtbereich durchfließen. Titanzink hat einen Schmelzpunkt von 418 °C und kann daher nur weichgelötet werden. Die zu lötenden Metallbleche müssen fettfrei und metallisch blank sein. Die Bleche werden im Nahtbereich mit Lötwasser vorbereitet.

Nur wo das Lötwasser fließt, fließt auch das Lot.

Die Bleche müssen so aufeinandergelegt werden, dass der Lötspalt < 0,5 mm ist. Durch das flächige Aufliegen der Bleche entsteht ein Kapillareffekt, der das Lötzinn in den Nahtbereich einfließen lässt.

Je enger der Lötspalt, desto besser fließt das Lot im Nahtbereich.

Nach der VOB Teil C, DIN 18339 soll die Lötnahtüberdeckung > 10 mm betragen.

Die gebundene Lötnahtbreite muss bei der Flachnaht > 10 mm und bei der Steilnaht > 5 mm betragen. Durchgelötete Nähte ergeben eine hohe Festigkeit. Bei zu großer Überdeckung kann nicht durchgelötet werden und die Naht verliert dadurch an Festigkeit.

Beim Hartlöten ist die Brandgefahr aufgrund der hohen Temperatur sehr groß. Bei brennbaren Untergründen stets einen Feuerlöscher bereitstellen.

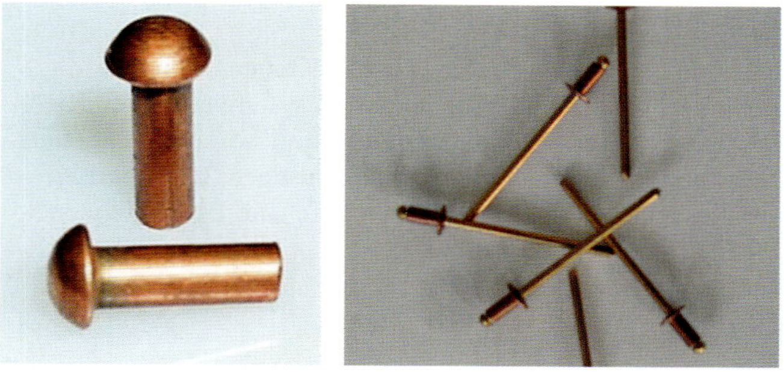

Abb. 12.57: Voll- und Bechernieten

Abb. 12.58: Schweißen

Falzen

Die Falztechnik ist bei den Klempnerarbeiten die häufigste angewendete Art, um Bleche fachgerecht zu verbinden. Falzverbindungen sind formschlüssige Verbindungen und stellen eine regensichere, aber keine wasserdichte Verbindung dar. Je nach Ausführungsart ermöglichen Falzungen die Aufnahme temperaturbedingter Längenänderungen. Metalldeckungen, Wandbekleidungen, Rohre, Abdeckungen und Verwahrungen (Einfassungen) werden i. d. R. gefalzt. Zum Verbinden von Blechen können verschiedene Falztechniken zur Anwendung kommen. Man unterscheidet:

- einfacher Liegefalz,
- einfacher Liegefalz mit durchgehendem Haftstreifen,
- doppelter Liegefalz,
- einfacher Stehfalz,
- Winkelstehfalz,
- Doppelstehfalz.

Bördeln

Bördeln ist eine Umform- und Verbindungstechnik in der Blechverarbeitung und wird beim Herstellen schmaler Ränder an Blechböden in jeder beliebigen Form angewandt. Sie werden hergestellt, um den Blechkörper durch Falzen, Löten, Schweißen oder Nieten zu verbinden. Beim Bördeln wird der Blechrand meist im rechten Winkel aufgestellt. Muss der Werkstoff gestreckt werden, spricht man vom Ausbördeln (Schweifen). Wird er gestaucht, nennt man dies Einbördeln.

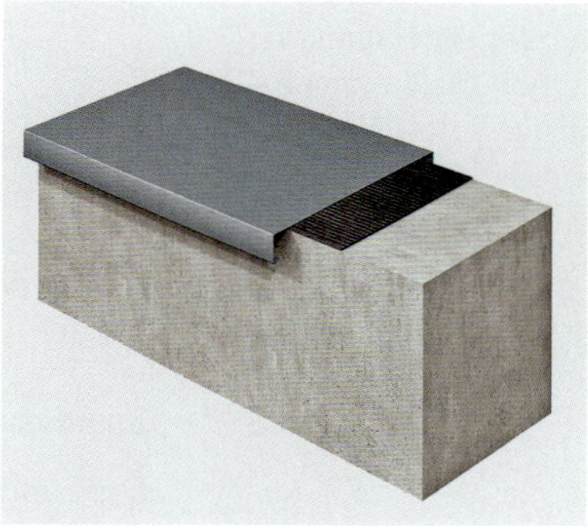

Abb. 12.59 Kleben von Blechen

Kanten

Kanten ist eine Form des Biegens von Blechen längs einer geraden Linie. Der Biegeradius ist sehr klein und richtet sich nach dem Material und der Materialstärke. Kurze und einfache Kantungen können von Hand hergestellt werden. Mit einem Holz- oder Gummihammer wird das Blech über eine gerade Kante geschlagen. Eine Blechbiegung mit einem Biegewinkel von 180° zur Herstellung eines Falzes wird als Umschlag bezeichnet.

@ Links und Literatur

Zur VOB/C Allgemeine Technische Vertragsbedingungen für Bauleistungen siehe VOB-Gesamtausgabe unter www.baufachmedien.de

Schweifen

Schweifen ist eine Form der Blechbearbeitung, bei der der Rand eines Bleches maschinell oder manuell durch gleichmäßige Hammerschläge gestreckt wird. Das Blech wird dadurch dünner und härter. Zum Schweifen von Hand wird ein Schweifhammer und als Unterlage eine Arbeits- oder Richtplatte, ein Schweif- oder Polierstock benutzt.

Nieten

Nietverbindungen sind eine kraftschlüssige Verbindung von gleichen oder unterschiedlichen Metallen mit einem maximalen Nietabstand von 30 mm. Der Abstand der Nieten vom Blechrand darf nicht mehr als 10 mm betragen. Man unterscheidet folgende Verbindungen mit Voll- und Bechernieten:

- einreihige Nietung mit zusätzlicher Lötung,
- doppelreihige, versetzte Nietung mit Dichteinlage.

Schweißen

Schweißen ist ein technisches Verfahren, bei dem Metallteile unter Anwendung von Wärme oder Druck oder beidem zusammengefügt werden. In unseren bauhandwerklichen Ausführungen findet das Schmelzschweißen die gebräuchlichste Anwendung. Bei der Anwendung der verschiedensten Schweißtechniken sind die zurzeit gültigen Normen und Verarbeitungsrichtlinien zu beachten. Man unterscheidet folgende Techniken:

- Autogenschweißung (Gas-Sauerstoff-Gemische),
- Lichtbogenschweißung (Elektrodenschweißen),
- Schutzgasschweißung (Lichtbogen plus Schutzgas).

Leistenverbindung

Bei der **Leistenverbindung** erfolgt die Verbindung mit Leistenfalzen durch die Verwendung einer Holzleiste und einer Leistenabdeckung, die unter dem Punkt **Leistendeckung** bereits beschrieben ist.

Kleben

Die Verbindung durch **Kleben** kann nur mit werkstoffgerechten und systemgerechten Klebern erfolgen. Hierbei sind immer die Herstellerangaben zu berücksichtigen. Dichtmassen wie Acryle, oder Silikone sind dafür nicht geeignet.

12.16 Schutzmaßnahmen

Schnee- und Eisschutz

Laut den Landesbauordnungen der Länder können für Dächer an allgemein zugänglichen Wegen und über Eingängen Vorrichtungen zum Schutz gegen das Abrutschen von Schnee und Eis gefordert werden. Bei der Ausführung können Schneefangsysteme, die im Traufbereich angeordnet werden, oder sog. Schneestopper, die auf der gesamten Dachfläche angeordnet werden, zur Ausführung kommen.

Brandschutz

Die Landesbauordnungen fordern, dass Bedachungen gegen Flugfeuer und strahlende Wärme widerstandsfähig sein müssen, also eine sog. harte Bedachung. Metalldächer fallen allgemein unter eine harte Bedachung (siehe Kapitel 2). Die Beständigkeit von Metalldeckungen gegen Flugfeuer und strahlende Wärme unterliegen Normen oder müssen ein allgemeines bauaufsichtliches Prüfzeugnis aufweisen.

Pflege und Wartung

Zur Pflege und Wartung einer Metalldeckung gehört auch die Sichtprüfung aller Dachdetails, insbesondere Dachentwässerungseinrichtungen, Abdeckungen, Einfassungen, An- und Abschlüsse.

Durch die rechtzeitige Pflege und evtl. Erneuerungen von defekten Metallbauteilen können die Lebensdauer der Metalle verlängert und größere Schäden ausgeschlossen werden.

12.17 Einteilung der Dachflächen

12.17.1 Werkstoffbedarf Dachfläche

! Praxisbeispiel

Ein Satteldach einer Doppelgarage soll in Stehfalztechnik mit Metallscharen aus einer 700 mm Bandbreite eingedeckt werden. Die Gebäudelänge beträgt 14,60 m und eine Ortganglänge beträgt 8,80 m. Folgende Details sind zu berücksichtigen: Traufausbildung mit Dachrinne (ohne Fallleitung), Ortgang mit einer Ortgangabdeckung (Höhe 145 mm) und First (unbelüftet mit Abdeckkappe).

Lösung

1. Dachflächendeckung
   $A = 2 \cdot (a \cdot b)$
   $A = 2 \cdot (14{,}60\ \text{m} \cdot 8{,}80\ \text{m})$
   $A = 256{,}96\ \text{m}^2$
2. Flächenschareinteilung
   Scharbreite = Bandbreite – Oberfalz (OF) 45 mm und Unterfalz UF 35 mm
   Scharbreite = 700 mm – 80 mm
   Scharbreite = 620 mm

   Achsmaß = Scharbreite + Querdehnung
   Achsmaß = 620 mm + 4 mm
   Achsmaß = 624 mm

   Anzahl der benötigten Scharen:
   14,60 m : 0,624 m = 23,40 St.

   Wir benötigen pro Dachseite 22 Scharen mit einem Achsmaß von 0,624 m und 2 Passscharen von 0,435 m.

   Scharbedarf gesamt:
   2 · (22 Scharen mit einem Achsmaß von 0,624 m und 2 Passscharen von 0,435 m) = 44 Scharen mit Achsmaß 0,624 m und 4 Passscharen von 0,435 m Breite

   Die Länge der Scharen und Passscharen bei einer Firstaufkantung von 80 mm und eine Vorkantung der Vorstoßbleche von 25 mm (Längendehnung beachten!) ergibt:

   Ortganglänge 8,80 m + Firstaufkantung 0,08 m + Rückfalz 0,02 m + Vorstoßblech an der Traufe 0,025 m + Dehnung 0,015 m + Traufumschlag 0,04 m = 8,98 m
3. Traufausbildung
   Dachrinne: 2 · 14,60 m = 29,20 m
   Vorstoßblech/Zuschnitt 250 mm = 29,20 m
   Scharumschlag: 40 mm
4. Ortgangausbildung
   Ortgang: 4 · 8,80 m = 35,20 m
   Vorstoßblech/Zuschnitt 210 mm = 35,20 m
   Ortgangabdeckung/Zuschnitt 185 mm = 35,20 m
5. Firstausbildung
   First: 14,60 m
   Abdeckkappe/Zuschnitt 80 mm = 14,60 m

@ Links und Literatur

Zu Bundesgesetzen und Landesbauordnungen siehe www.bauordnungen.de

12.17.2 Werkstoffbedarf Haftanzahl

! Praxisbeispiel

Ein Wohnhaus mit Pultdach in der Windzone 1 und einer Dachneigung von 32° soll in Stehfalzdeckung eingedeckt werden. Die Scharbreite beträgt 520 mm und die Gebäudehöhe beträgt 11 m. Das Wohnhaus hat die Maße von 18 m Länge und 12 m Breite. Berechnet werden soll die Haftanzahl der einzelnen Teilbereiche.

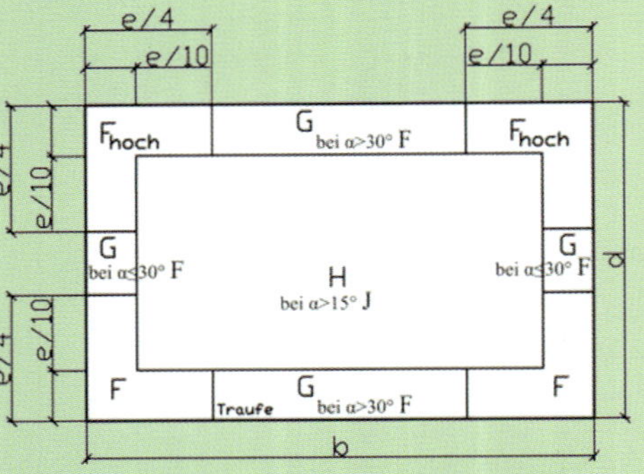

Lösung

Einteilung der Dachflächen bei Pultdächern

e $= b$ oder $2h$ (der kleinere Wert ist maßgebend)

b = größte Gebäudelänge

Berechnung:

$e = b$

e = **18 m**

oder

h = 7,50 m (Gebäudebreite · tan. Dachneigung)

$2h$ = **15 m**

Der kleinere Wert ist maßgebend

$e/4$ = **3,75 m**

$e/10$ = **1,50 m**

Flächenaufteilung

Eckbereich $F = ((e/4 + e/10) : 2) \cdot 2{,}25\ m = 5{,}91\ m^2$

$5{,}91\ m^2 \cdot 2$ Seiten $= 11{,}82\ m^2$

$11{,}82\ m^2 \cdot 2$ Eckbereiche $= 23{,}64\ m^2$

$23{,}64\ m^2 : \cos 32° = \mathbf{27{,}88\ m^2}$

Eckbereich $F_{hoch} = F = \mathbf{27{,}88\ m^2}$

$G_{Traufe} = 18{,}00\ m - (2 \cdot e/4) \cdot 2{,}25\ m = 23{,}63\ m^2$

$23{,}63\ m^2 : \cos 32° = \mathbf{27{,}86\ m^2}$

$G_{First} = G_{Traufe} = \mathbf{27{,}86\ m^2}$

$G_{Ort} = 12{,}00\ m - (2 \cdot e/4) \cdot 2{,}25\ m = 10{,}13\ m^2$

$10{,}13\ m^2 : \cos 32° = 11{,}95\ m^2 \cdot 2$ Seiten $= \mathbf{23{,}90\ m^2}$

$H = J = 18{,}00\ m - (2 \cdot 2{,}25\ m) \cdot 12{,}00\ m - (2 \cdot 2{,}25\ m)$

$= 13{,}50\ m \cdot 7{,}50\ m = 101{,}25\ m^2$

$101{,}25\ m^2 : \cos 32° = \mathbf{119{,}39\ m^2}$

Alle addiert ergeben **254,77 m²**.

Probe: (Gebäudelänge · Gebäudebreite) : cos Dachneigung = Fläche

$(18{,}00\ m \cdot 12{,}00\ m) : \cos 32° = \mathbf{254{,}70\ m^2}$

Erforderliche Hafte laut Fachregel

F_{hoch} = 7,6 St./m² mit einem Haftabstand von 250 mm

F = 6,6 S./m² mit einem Haftabstand von 290 mm

G = 5,3 St./m² mit einem Haftabstand von 360 mm

H = 3,8 St./m² mit einem Haftabstand von 500 mm

J = 4,0 S./m² mit einem Haftabstand von 480 mm

Berechnung der Haftanzahl gesamt

F_{hoch} = 27,88 m² · 7,6 St./m² = 211,89 St. ~ 212 St.

F = 27,88 m² · 6,6 St./m² = 184,00 St. ~ 184 St.

G_{Traufe} = 27,86 m² · 5,3 St./m² = 147,66 St. ~ 148 St.

G_{First} = G_{Traufe} = 147,66 St. ~ 148 St.

G_{Ort} = 23,90 m² · 6,6 St./m² = 157,74 St. ~ 158 St.

$H = J$ = 119,39 m² · 4,0 St./m² = 477,56 St. ~ 478 St.

1.328 St.

Haftanzahl Festhafte im oberen Bereich des Pultdachs auf einer Länge von 3 m

Flächenbereich F_{hoch} =

= (2,25 m · 3,00 m) + (1,50 m · 2,65 m) =

= 10,73 m² · 2 Seiten =

= 21,46 m² · 7,6 St./m² =

= 163,09 St. ~ 164 St.

Flächenbereich G_{First} =

= 18,00 m – (2 · $e/4$) =

= 10,50 m · 2,65 m =

= 27,83 m² · 5,3 St./m²

= 147,47 St. ~ 148 St.

Flächenbereich J =

= 18,00 m – (2 · 2,25 m) · (3,00 m – 2,65 m) =

= 4,73 m² · 4,0 St./m²

= 18,92 St. ~ 19 St.

331 St.

Für das Pultdach werden 331 St. Festhafte und 997 St. Schiebehafte inkl. jeweils mindestens 2 Befestigungen benötigt.

Erläuterung

1,91 m = $e/4 - e/10$

2,65 m = 2,25 m : cos 32°

12.18 Arbeitssicherheit und Gesundheitsschutz

Auf Absturzsicherungen, Laufstege, Leitern und Auffangnetze wurde in den vorhergehenden Kapiteln eingegangen. Wir beziehen uns hier nur auf die Metallbearbeitungsmaschinen, speziell auf deren richtige Handhabung.

Richtiger Umgang mit Tafelscheren/Schlagscheren

Gefahren für Finger und Hände durch die Maschine:

- Quetschen zwischen bewegten und festen Teilen (kraftbetriebene Anschläge, Werkstückauflagen …),
- Quetschen zwischen Niederhalter (Klemmeinrichtung) und Werkstück bzw. Maschinentisch,
- Abscheren zwischen bewegtem und festem Messer bzw. dem Werkstück.

Gefahren durch das Werkstück:

- Schneiden an Blechkanten beim Einlegen oder Entnehmen,
- Schneiden an Blechkanten durch Bewegung des Werkstücks beim Schneiden (Hochschnellen langer Bleche),
- Quetschen zwischen Werkstück und Arbeitstisch,
- Quetschen beim Herabfallen des Werkstücks oder Auswerfen auf der Rückseite.

Gefahr durch Lärm beim Schneiden bzw. beim Herabfallen des Werkstücks auf den Stapel oder in den Behälter

Gefahren durch Zusatzgeräte auf der Rückseite:

- Quetschen oder Schneiden an der Blechabführeinrichtung,
- Quetschen oder Schneiden an der Blechstapeleinrichtung.

Schutzmaßnahmen

- An der Tafelschere dürfen nur hierzu beauftragte und speziell unterwiesene Personen arbeiten.
- Die Schutzeinrichtungen (vorne, auf den Seiten und auf der Rückseite) müssen wirksam sein; sie dürfen nicht entfernt oder umgangen werden.
- Beim Einstellen der Zuführöffnung ist auch der wirksame Sicherheitsabstand der Schutzeinrichtung herzustellen.
- Sicherheitseinrichtungen (z. B. Not-Aus) täglich auf Wirksamkeit prüfen.
- Auf sicherheitsgerechte Funktion der Nachschlagsicherung achten.
- Nur abgedeckte Fußschalter verwenden.
- Bereitgestellte Hilfsmittel (Hebehilfe, Transportmittel, Ablage …) benutzen.
- Anderen den Aufenthalt im Arbeitsbereich verwehren, auf Gefahren hinweisen.
- Mithilfe von anderen nur bei wirksamen Schutzmaßnahmen zulassen.
- Beim Schneiden langer Bleche Auflagen benutzen.
- Beim Messerwechsel Hilfswerkzeuge des Herstellers benutzen und Betriebsanweisung „Messerwechsel an der Tafelschere" beachten.
- Persönliche Schutzausrüstung benutzen, z. B.:
  - schnittfeste Schutzhandschuhe,
  - Schutzschuhe,
  - Gehörschutz.

@ Links und Literatur

Umfassende Informationen in Sachen Arbeits- und Gesundheitsschutz bekommt man bei der Berufsgenossenschaft, siehe auch www.bgbau.de.

■ Darum geht es

Richtiger Umgang mit **Tafelscheren/Schlagscheren.**

Folgen falschen Umgangs mit Abkantmaschinen

- Schnitt- und Stichverletzungen durch scharfkantige Bleche,
- Finger- und Handverletzungen beim Bewegen der Ober- und Biegewange,
- Fußverletzungen durch herabfallende Teile,
- elektrischer Strom/Spannung bei geöffnetem Schaltschrank bzw. bei beschädigtem Kabel.

Schutzmaßnahmen

- Bedienungsanleitung, insbesondere die Sicherheitshinweise der Maschine lesen und beachten!
- Arbeitsaufnahme an der Maschine nur nach erfolgter Einweisung und Freigabe durch das Werkstattpersonal.
- Vor Arbeitsbeginn Maschine und Arbeitsplatz auf Mängel kontrollieren.
- Vor Ingangsetzung der motorischen Schwenkbiegemaschine aus dem Gefahrenbereich heraustreten.
- Hände/Finger während der Betätigung mit dem Fußschalter nicht in den Wirkbereich von Ober- bzw. Biegewange halten.
- Eine Zweimannbedienung ist nur unter Verwendung des Zustimmungsfußschalters gestattet.
- Zur Aktivierung ist der Schlüsselschalter an der Steuerung auf die entsprechende Betriebsart umzustellen.
- Die zulässige Blechstärke (siehe Angabe an der Maschine) darf nicht überschritten werden.
- Transport und Bearbeitung der Bleche nur mit den dafür geeigneten Mitteln vornehmen (Handschuhe, Blechtransportklemmen).
- Geeignete Schutzschuhe verwenden.

Folgen falschen Umgangs mit Werkzeugen für die Blechbearbeitung

Gefahren ergeben sich beim Benutzen von Werkzeug durch Quetschen, Stoßen, Prellen, Stechen, Reißen, Schneiden, Klemmen.

Schutzmaßnahmen

- Für die zu bearbeitenden Werkstoffe bzw. Werkstücke geeignete Werkzeuge bereithalten.
- Auf Ordnung, Sauberkeit, Werkzeugpflege achten und sich um die geeignete Auswahl eines Handwerkzeugs für die Bearbeitung kümmern.
- Vor der Benutzung des Werkzeugs muss eine Sichtkontrolle hinsichtlich des ordnungsgemäßen Zustands des Werkzeugs durchgeführt werden.
- Eine Zweckentfremdung des Werkzeugs ist nicht zulässig (z. B.: Ein Schraubenzieher ist kein Stecheisen oder Treibgerät).
- Werkzeuge mit scharfen Kanten oder Spitzen nicht ungeschützt in Kleidungstaschen tragen.
- Werkzeuge immer so ablegen, dass niemand darüber stolpern kann oder dass Werkzeuge auf Personen herabfallen können.

Allgemein

- Das Einrichten, Bedienen und Instandhalten von Maschinen ist nur Personen gestattet, die mindestens 18 Jahre alt, zuverlässig sowie körperlich geeignet sind. Sie müssen vorher durch eine befähigte Person in der Handhabung und Bedienung der Maschinen unterwiesen worden sein.
- Unter Anleitung und Aufsicht eines Fachkundigen dürfen Auszubildende zum Zweck ihrer Ausbildung Maschinen bedienen.
- Jeder hat darauf zu achten, dass niemand gefährdet wird, wenn mit einer Maschine gearbeitet oder diese eingeschaltet wird.
- Maschinen, die abgestellt werden, dürfen nicht mehr laufen und sind abzuschalten.
- Werden Werkstücke von Hand den laufenden Maschinen zugeführt, so sind die beteiligten Personen nicht zu stören oder anzusprechen.
- Maschinen und deren Zubehör sind vor Inbetriebnahme auf Mängel und Schäden zu kontrollieren. Dabei ist das Arbeiten an Maschinen ohne die vorgeschriebenen Schutzvorrichtungen verboten. Bei einer Feststellung von Mängeln sind diese sofort zu melden und abzustellen. Defekte Maschinen sind durch Anbringen eines Schildes zu kennzeichnen, um Verletzungen zu vermeiden.
- Vor dem Beseitigen von Störungen ist die Maschine stillzulegen.

Besondere Beachtung bei Handmaschinen

- Vor Feuchtigkeit müssen elektrisch betriebene Handmaschinen geschützt werden.
- Stecker, Kabel sind vor Inbetriebnahme auf Schäden zu überprüfen. Beim Verlegen von Kabeln für Handmaschinen ist darauf zu achten, dass keine Stolperstellen entstehen und die verlegten Kabel nicht beschädigt werden können.
- Nach dem Arbeiten mit Handkreissägen muss die Schutzvorrichtung des Sägeblattes selbstständig zurückfahren.
- Maschinenschlüssel sind vor dem Anstellen der Maschinen zu entfernen.
- Werden kleinere Werkstücke bearbeitet, so sind diese vorher festzuspannen.

Alle Maschinen müssen standsicher aufgestellt werden. An kraftbetriebenen Maschinen dürfen nur Personen arbeiten, die vorher unterwiesen wurden. Um Unfälle zu vermeiden, müssen beim Umgang mit Geräten und Maschinen besondere Sicherheitsregeln beachtet werden.

Darum geht es

- Richtiger Umgang mit **Abkantmaschinen.**
- Richtiger Umgang mit **Werkzeugen für die Blechbearbeitung.**

Lernfeld 13a: Details an geneigten Dächern herstellen

Christian Geschke, Jochen Karsch, Josef Kreutzer

Projektaufgabe:

Dachsanierung eines Mehrfamilienhauses mit Graten, Kehlen und Gauben

Das Dach eines Mehrfamilienhauses soll im Zuge einer energetischen Sanierung eine Neueindeckung mit Biberschwanzziegeln erhalten. Bei der Dachform handelt es sich um ein zusammengesetztes Walmdach mit rechtwinkliger Wiederkehr (siehe Abb. 13.1). Zum Gesamtumfang gehören auch die Planung und Neueindeckung mehrerer Grate, Kehlen, Einbauteile und Durchdringungen.

Der Bauherr erwägt auch den Einbau einer Sattelgaube in die Hauptdachfläche des Hauses. Hierbei möchte er andere Materialien einsetzen, um die Architektur des Gebäudes zu verändern. Das Dachgeschoss war bislang nur teilweise ausgebaut und diente mitunter als Speicher. Die vorhandene Dachziegeldeckung muss, ebenso wie die Unterkonstruktion, erneuert werden.

Der Bauherr plant, das Dachgeschoss künftig als Wohnraum zu nutzen. Somit muss bei der Planung auch der Einbau von bauphysikalisch erforderlichen Schichten berücksichtigt werden. Durch Einbauteile und Durchdringungen, die durch den Dachausbau hinzukommen, müssen Anschlüsse bei der Planung berücksichtigt und abgestimmt werden.

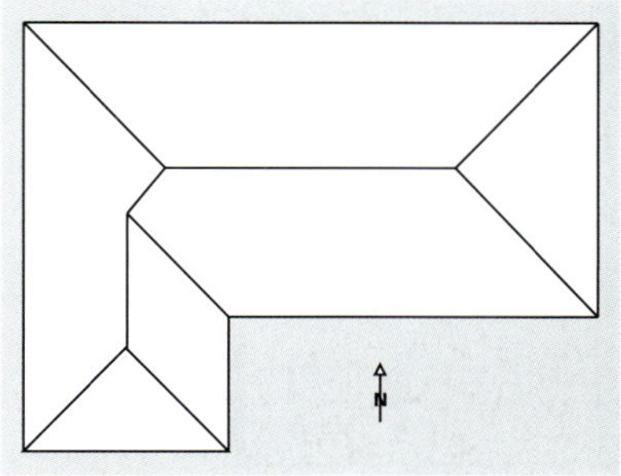

Abb. 13.1: Grundriss des Sanierungshauses

Der Kunde hat von unterschiedlichen Möglichkeiten zur Ausführung von Kehlen erfahren und möchte vom Dachdecker kompetent beraten werden. Besonderen Wert legt er auch auf die sorgfältige Ausführung von Anschlüssen, da diese beim alten Dachaufbau in den vergangenen Jahren immer wieder Probleme bereitet hatten.

Als Auszubildender im Dachdeckerhandwerk sollen Sie Ihren Chef bei der Beratung unterstützen können und ebenfalls einen Überblick über die wesentlichen Möglichkeiten der Grat- und Kehlausbildung bei den Dachziegel- und Dachsteindeckungen haben. Auch die wesentlichen Möglichkeiten zur Ausführung von Anschlüssen müssen erarbeitet werden. Die nachfolgenden Arbeitsaufträge sollen Ihnen dabei helfen, Probleme zu erkennen und die erforderlichen Inhalte kennenzulernen.

Dach Training
Deine App für die Prüfung
Android IOS

Arbeitsaufträge:

1. Welche Aufgaben haben Grate und Kehlen bei einem Dach und welche Besonderheiten ergeben sich an diesen Stellen?
2. Welche Möglichkeiten der Gratausbildung werden bei den Dachziegel- und Dachsteindeckungen unterschieden?
3. Unterscheiden Sie 3 Kehlausführungen und beschreiben Sie diese.
4. Welche unterschiedlichen Kehlausführungen sind bei den einzelnen Deckungsarten möglich? Erarbeiten Sie deren Ausführungsbestimmungen.
5. Welche Anschlussarten sind bei Dachdurchdringungen möglich?
6. Wie nennt man den freien Raum zwischen den Sparren?
7. Beschreiben Sie 2 unterschiedliche Arten von Dachgauben.
8. Welche konstruktiven Besonderheiten ergeben sich durch den Einbau von Einbauteilen und Dachdurchdringungen?
9. Erstellen Sie einen Arbeitsablaufplan, auch im Hinblick auf den Arbeits- und Gesundheitsschutz.

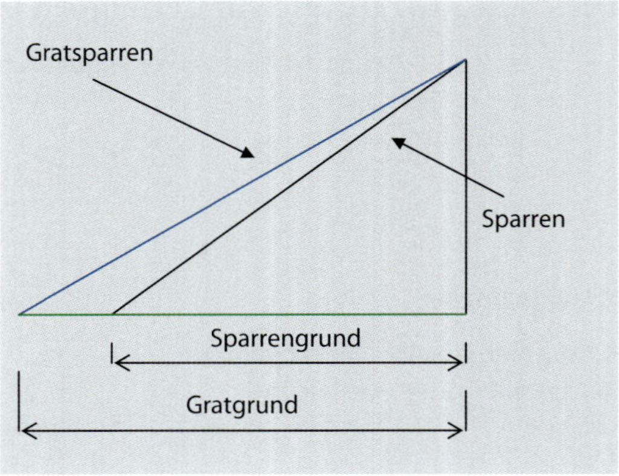

Abb. 13.2: Verhältnis zwischen Sparren- und Gratlänge

13.1 Grat

Der **Grat** des Daches entsteht an den Außenecken von Walmdächern und er bildet die Verschneidungslinie zwischen der Walm- und der Hauptdachfläche beim Walmdach. Die Neigung des Grates, die sog. Gratlinie, ist immer flacher geneigt als die Dachsparren. Auch ist bei einem Walmdach der Grat länger als die Sparrenlänge in der Dachfläche (siehe Abb. 13.2).

Die Eindeckung der Grate kann mit Sonderziegeln oder mit anderen Materialien, wie z. B. Schiefer, Faserzement oder Blech, erfolgen. Die Sonderziegel sind mit Ausnahme der Anfangs- und Endziegel mit den Firstziegeln identisch. Am unteren Ende des Grates werden Gratanfänger, am oberen Übergang zum First die sog. Walmhauben verwendet.

Unterkonstruktion

Zur Montage der Gratziegel/-steine ist eine aufwendige Unterkonstruktion erforderlich. Anders als beim First läuft unterhalb der Gratlinie ein gesonderter Sparren, der sog. Gratsparren. Dieser wird beidseitig „abgegratet", d. h. an die jeweils benachbarte Dachfläche angepasst. Bei gleich geneigten Dachflächen verläuft die Gratlinie nach dem Abgraten in der Mitte des Gratsparrens. Beim Zusammentreffen von 2 unterschiedlich geneigten Dachflächen kann sie außermittig liegen.

In Abhängigkeit von den erforderlichen Zusatzmaßnahmen zur Regensicherheit (siehe Kapitel 8.2.2) können als nachfolgende Schichten Unterdeckplatten, Unterdeckbahnen oder Unterspannungen eingesetzt werden.

Bei nicht unterlüfteten Konstruktionen werden die Bahnen oder Platten an der Verschneidungslinie zwischen Walm- und Hauptdachfläche gestoßen bzw. überdeckt und werkstoffgerecht verklebt. Beim Einsatz von Unterspannungen muss die Lüftungsebene unterhalb der Unterspannung ausreichend entlüftet werden.

Vergleichbar mit der Entlüftung am First ist am Grat ebenfalls eine Hinterlüftungsöffnung von 0,5 ‰ der zugehörigen Dachfläche bzw. 50 cm^2/m Gratlänge sicherzustellen. Wenn durch die Unterkonstruktion die Hinterlüftung eingeschränkt oder nicht vorhanden ist, muss diese mit Lüftungsziegeln hergestellt werden (siehe Kapitel 8.4).

Auf der Ebene der Unterdeckung werden im nächsten Schritt rechts und links der Gratlinie Konterlatten montiert zur Sicherung der Hin-

Abb. 13.3: Grat- und Firstlattenhalter

Abb. 13.4: Konterlatten, Traglatten und Gratlatte

Abb. 13.5: Mörtelgrat

terlüftung des Daches und als Auflager für die anschließende Traglattung.

Zur Befestigung der Gratziegel/-steine über der Gratlinie ist die Montage einer Gratlatte (siehe Firstlatte am First) erforderlich. Um eine ausreichende Luftzirkulation zu gewährleisten, ist hierbei der Einsatz von Grat-/Firstlattenhaltern zu empfehlen (siehe Abb. 13.3).

Zur Ausführung der Deckung werden im Anschluss die Traglatten auf der Konterlattung befestigt und an den zur Gratlinie parallel montierten Konterlatten bündig abgeschnitten (siehe Abb. 13.4).

Grateindeckung

Die Dachfläche wird, soweit möglich, mit ganzen Dachziegeln/-steinen bis zum Grat eingedeckt. Die entstehenden Lücken müssen mit geschnittenen Ziegeln geschlossen werden. Der Einsatz von vorgefertigten halben Ziegeln/Dachsteinen hilft oftmals kleine Schnittstücke zu vermeiden. Die Schnittstücke sind mit korrosionsbeständigem Draht und einem Schieferstift zu befestigen. Hierfür muss ein Loch in das Deckmaterial gebohrt werden. Es können auch spezielle Klammern verwendet werden. Auf die Schnittstücke wird anschließend ein Gratband aufgebracht, das mit Pappstiften oder Klammern auf der Gratlatte befestigt und mit der Deckung verklebt wird. Dabei ist darauf zu achten, dass der Untergrund staubfrei und trocken ist.

Die Eindeckung des Grates mit den Grat-/Firstziegeln kann dann abschließend erfolgen.

Dabei wird zwischen 2 Ausführungsarten unterschieden. Grate können entweder als **Trockengrat** oder als **Mörtelgrat** ausgeführt werden. Bei der Trockengratausführung werden auf das verlegte Gratband (siehe oben) die Gratziegel mit verschraubten Gratklammern auf der Unterkonstruktion befestigt. Beim **Mörtelgrat** werden ohne Einsatz eines Gratbandes die Gratziegel mit korrosionsbeständigem Draht gegen Abrutschen gesichert und mit Mörtel regensicher vermörtelt (siehe Abb. 13.5).

Diese Verlegung ist die traditionelle Vorgehensweise, die heute noch meist bei denkmalgeschützten Gebäuden oder bei Reparaturen zum Einsatz kommt. Der verwendete Mörtel ist i. d. R. ein Fertiggemisch, auch bekannt unter dem Namen Dachdeckermörtel.

Bei der Grateindeckung wird, unabhängig von der Gratausführung, traufseitig mit einem **Gratanfänger** begonnen, der als Sonderziegel speziell für diesen Einsatzort gefertigt wird. Dieser kann halbrund ge-

Darum geht es

Der **Grat** ist eine Kante an einem geneigten Dach, die eine Außenecke bildet. Er entsteht, wenn 2 Dachflächen aneinanderstoßen. Die Kehle bildet hingegen den inneren Übergang zwischen gleich oder unterschiedlich geneigten Dachflächen.

→ Weitere Informationen zu Zusatzmaßnahmen siehe Kapitel 8.2.2

→ Weitere Informationen zur Unterkonstruktion siehe Kapitel 8.5

Begriffe

Man unterscheidet zwischen **Trockengrat und Mörtelgrat.** Beim Trockengrat werden auf das verlegte Gratband die Gratziegel mit verschraubten Gratklammern auf der Unterkonstruktion befestigt. Beim **Mörtelgrat** werden die Gratziegel (ohne Gratband) mit korrosionsbeständigem Draht gegen Abrutschen gesichert und regensicher vermörtelt.

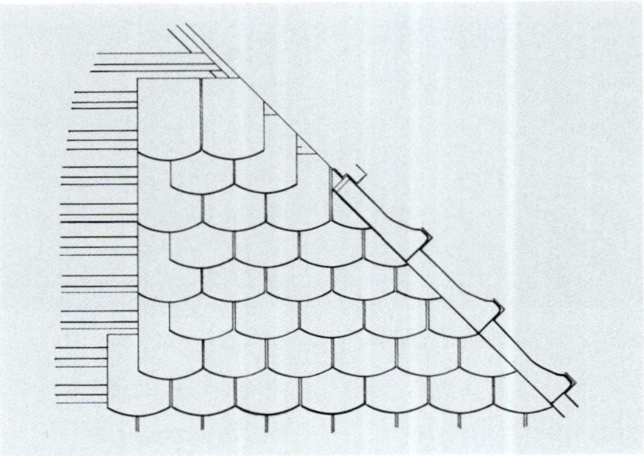

Abb. 13.6: Grateindeckung Biberschwanz

schlossen sein oder mit Verzierungen versehen als Schmuckstück des Grates dienen.

Der Mörtel braucht verschiedene Bedingungen, um richtig auszuhärten. Eine davon ist die Verarbeitungstemperatur, die auf keinen Fall unter 5 °C liegen sollte. In der Regel sind die Verarbeitungshinweise auf der Verpackung zu finden und zu beachten. Bei großer Hitze wird ein Vornässen der Ziegel empfohlen, damit der Wasseranteil, der für das Abbinden des Zements gebraucht wird, nicht vorher verdunstet. Im Sommer kann man den Grat nach dem Vermörteln zusätzlich mit feuchten Tüchern oder Jutesäcken abdecken, um den richtigen Verbund zwischen Gratziegel und Mörtel sicherzustellen.

13.2 Kehle

Die Kehle am Dach entsteht, wenn sich 2 Dachflächen bei einer Gebäudeinnenecke treffen. Sie bilden dort eine Rinne, in der der Niederschlag abgeleitet wird. Bei der Bearbeitung und Eindeckung der Kehle muss besonders auf deren Regensicherheit geachtet werden.

Eine Kehle kann im Vergleich zur Dachfläche mit dem gleichen oder mit anderen Materialien gedeckt werden. Unterschieden wird zudem zwischen **gleichhüftigen** und **ungleichhüftigen** Kehlen. Eine gleichhüftige Kehle entsteht, wenn sich 2 Dachflächen schneiden, die gleich geneigt sind. Bei ungleichhüftigen Kehlen sind die Dachneigungen der Dachflächen unterschiedlich groß.

Die Konstruktion der Kehle baut auf dem Kehlsparren bzw. der Kehlbohle auf. Die sog. Schifter, also die Dachsparren, die mit ihrem unteren Ende auf den Kehlsparren treffen, schließen rechts und links an die Konstruktion an.

Unterkonstruktion

Auf der Sparrenoberseite dient eine Unterdeckung/Unterspannung der geforderten Regensicherheit. Diese wird durch eine Kehlbahn, die mittig mit dem Kehlsparren verlegt wird, zusätzlich erhöht.

Auch bei Unterdeckplatten ist eine solche Kehlbahn empfehlenswert, weil ansonsten bei längeren Regenperioden Klebebänder oder Klebestreifen über dem Plattenstoß ihre kraftschlüssige Verbindung verlieren können. Ein Wassereinbruch in der Kehle wäre dann die Folge.

Ähnlich der Gratausbildung wird auch bei der Kehle rechts und links der Kehllinie eine Konterlatte montiert, sodass noch eine ausreichend breite Auflage für die anschließende Traglattung oder ein Kehlbrett vorhanden ist.

Wenn die Unterkonstruktion in der Kehle ohne Kehlbrett ausgeführt wird, sind die Traglatten in Kehlmitte einzuspitzen. Um ein besseres und durchgehendes Auflager der Kehleindeckung zu bilden, müssen zwischen den Traglatten noch weitere Zusatzlatten montiert werden. Bei der Biberschwanz-Doppeldeckung entfallen diese wegen des bereits geringen Traglattenabstands.

Kehlausführung

Die Ausführung einer Kehle wird von zahlreichen Faktoren beeinflusst, die in erster Linie von den anzuschließenden Dächern bzw. Gebäudeteilen abhängen. Die Auswahl der späteren Kehleindeckung wird u. a. beeinflusst durch:

- die Kehlsparrenneigung (abhängig von der Dachneigung),
- das Deckmaterial der anzuschließenden Dachflächen,
- die Länge der Kehle,

Tabelle 13.1: Kehlausführungen mit Neigungsgrenzen

Kehlart	Dachneigung
überdeckte Metallkehlen	≥ 10°
Kehlart	**Kehlsparrenneigung**
eingebundene Nockenkehlen	≥ 25°
eingebundene Biberkehlen	≥ 25°
überdeckte Biberkehle	≥ 30°
überdeckte Dreipfannenkehlen	≥ 35°
Formziegelkehlen	≥ 35°
Schwenkziegelkehlen	≥ 35°

- die Größe der anzuschließenden Dachflächen (Wasseranfall),
- die Architektur des Gebäudes,
- den Winkel zwischen den anzuschließenden Gebäudeteilen (Traufwinkel),
- die Bestimmungen des Denkmalschutzes, Gemeindesatzungen, örtliche Bestimmungen und Bebauungspläne,
- die Kundenwünsche.

Der Kunde bestimmt, welche Kehlausführung letztendlich an seinem Dach das Wasser regensicher ableiten soll. Der Fachmann muss ihm jedoch die nötigen Vor- und Nachteile der einzelnen Ausführungsarten erläutern und erklären können.

Kehlarten am Ziegeldach

Kehleindeckungen werden entweder von der Flächendeckung überdeckt oder in diese eingebunden. In diesem Zusammenhang spricht man von **eingebundenen** oder **überdeckten** bzw. auch von **untergelegten** Kehlen. Es gibt auch die Möglichkeit, spezielle Formziegel für die Kehlen fertigen zu lassen.

Bei Dachziegeln werden folgende Kehlausführungen unterschieden:

- überdeckte Metallkehlen,
- eingebundene Nockenkehlen,
- eingebundene Biberkehlen,
- überdeckte Biberkehlen,
- überdeckte Dreipfannenkehlen,
- Formziegelkehlen,
- Schwenkziegelkehlen.

Um bei den Kehldeckungen die Regensicherheit zu gewährleisten, sind die **Mindestdach-** bzw. **Mindest-Kehlsparrenneigungen** aus Tabelle 13.1 einzuhalten.

In den Fachregeln für Dachziegel- und Dachsteindeckungen werden auch überdeckte Schiefer- und überdeckte Faserzement-Plattenkehlen erwähnt, auf die aber an dieser Stelle nicht näher eingegangen werden soll. Im Anwendungsfall sind die entsprechenden Regeln für Deckungen mit Schiefer und Faserzement zu beachten.

Begriffe

- Eine **gleichhüftige** Kehle entsteht, wenn sich 2 gleich geneigte Dachflächen schneiden.
- Bei **ungleichhüftigen** Kehlen sind die Dachneigungen der Dachflächen unterschiedlich.
- **Schifter** sind Dachsparren, die mit ihrem unteren Ende auf den Kehlsparren treffen. Sie schließen rechts und links an die Konstruktion an.
- Eine **eingebundene Kehle** wird mit dem gleichen Ziegelformat (Biberschwanzziegel) von der Kehle in die Fläche eingebunden ohne dabei ein Fremdmaterial einzusetzen.
- Bei einer **überdeckten Kehle** überdeckt die Flächendeckung die Kehldeckung. Dabei kann die Kehldeckung mit Biberschwanzziegeln und die Flächendeckung mit einer Hohlpfanne eingedeckt werden. Also 2 verschiedene Ziegelformate.
- Die **unterlegte Kehle** ist eine Metallkehle, die unter eine Ziegeldeckung gedeckt wird. In diesem Fall 2 Werkstoffe.

@ Links und Literatur

Aktuelle weiterführende Informationen siehe Deutsches Dachdeckerhandwerk – Regelwerk

www.dachdecker-regelwerk.de

www.baufachmedien.de

13.2.1 Überdeckte Metallkehlen

Bei den überdeckten Metallkehlen handelt es sich um ein in der Kehle montiertes Metallblech, welches rechts und links vom jeweiligen Deckwerkstoff der benachbarten Dachflächen überdeckt wird. Man unterscheidet dabei:

- durchgehende Kehlen mit seitlichem Wasserfalz,
- Kehlen in vertiefter Ausführung,
- Kehlen mit Steg im Wasserlauf,
- Dachgräben mit oder ohne Gefällestufen (siehe Abb. 13.7).

Die Kehlbleche der Metallkehlen werden entweder auf einer Kehlschalung oder auf der Traglattung indirekt über Hafte befestigt. Der lichte Abstand der Lattung unterhalb des Kehlbleches darf höchstens 13 cm betragen, um eine ausreichende Auflage zu gewährleisten. Bei einem größeren Traglattenabstand sind entsprechende Zwischenlatten zu montieren.

Die Kehlbleche werden am Wasserfalz parallel zum Kehlsparren über Hafte, die mit Stiften genagelt werden, befestigt. Gegen Abrutschen werden die Kehlbleche am oberen Rand der Höhenüberdeckung direkt mit Stiften fixiert.

Bei den überdeckten Metallkehlen gelten die Überdeckungsmaße gemäß Tabelle 13.2.

Abbildung 13.8 zeigt die möglichen einfachen Überdeckungen der Kehlbleche untereinander ab einer Kehlneigung von 15°.

Durchgehende Kehlbleche sind mit einem seitlichen Wasserfalz von mindestens 15 mm zu versehen. Ihre Mindestzuschnittbreite muss 400 mm betragen.

Die Höhe der Stege richtet sich nach dem Wasseranfall. Eine Höhe von 5 bis 7 cm hat sich in der Praxis bewährt. Die geforderten Abmessungen der vertieften Kehlbleche liegen bei einer Vertiefung von mindestens 20 mm und einer Breite des Wasserlaufes von etwa 80 mm.

Bei einseitig erhöhtem Wasseranfall oder unterschiedlich hoher Fließgeschwindigkeit, z. B. bei ungleichhüftigen Kehlen oder unterschiedlich großen Dachflächen, sollten Kehlbleche mit Steg oder in vertiefter Ausführung verwendet werden.

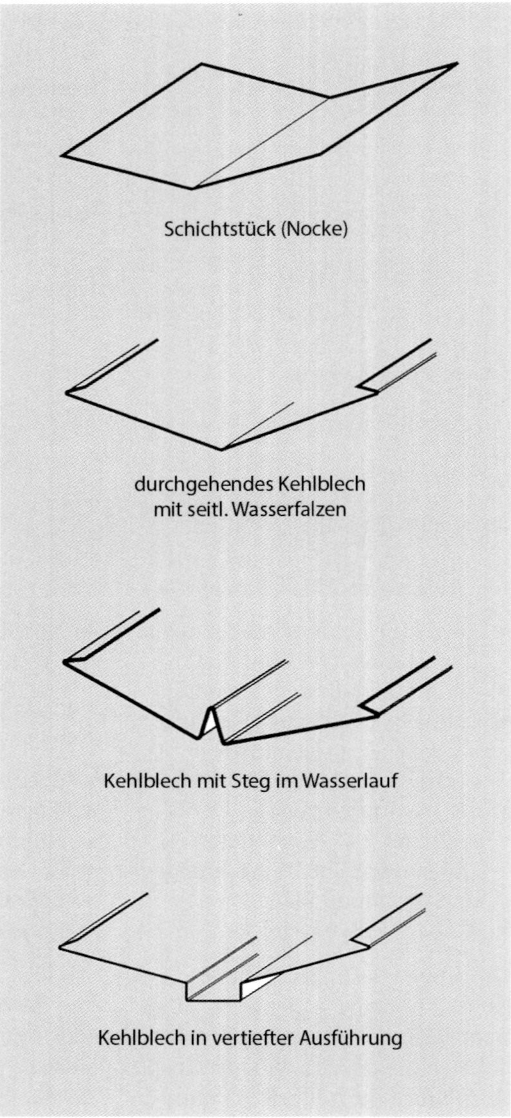

Abb. 13.7: Kehlblechformen

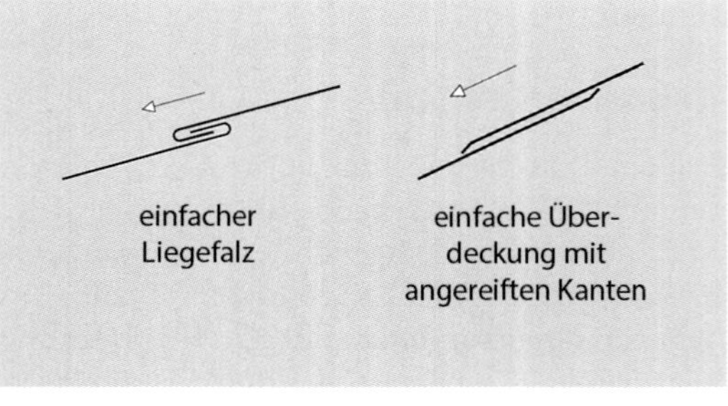

Abb. 13.8: Kehlblechverbindungen

Tabelle 13.2: Überdeckungsmaße bei überdeckten Metallkehlen

Höhenüberdeckung der Kehlbleche untereinander	
Kehlneigung	**Überdeckung**
> 22°	≥ 100 mm
≥ 15°–≤ 22°	≥ 150 mm
< 15°	wasserdichte Verbindung
seitliche Überdeckung des Deckmaterials auf das Kehlblech[1]	
Dachneigung	**Überdeckung**
> 22°	≥ 100 mm
≥ 15°–≤ 22°	≥ 150 mm
< 15°	≥ 200 mm
1) rechtwinklig zum Kehlverlauf gemessen	

Begriffe

- Der **lichte Abstand** meint den freien Raum zwischen den Sparren.
- **Nocken** sind abgekantete Blechstücke, die zwischen den einzelnen Dachziegelreihen in Kehlmitte eingebaut werden. Sie leiten von dort das anfallende Niederschlagswasser nach unten ab. Dabei unterscheidet man 2 Arten: Schwalbenschwanznocken, Rechtecknocken.
- **Einspitzer** nennt man die Biber, die in Richtung des Kehlsparrens zugeschnitten werden (rechte und linke Ausspitzer).

13.2.2 Eingebundene Nockenkehlen

Eingebundene Nockenkehlen werden mit einzelnen Schichtstücken, den Nocken, gedeckt. Die Nocken sind abgekantete Blechstücke, die zwischen den einzelnen Dachziegelreihen in Kehlmitte eingebaut werden. Diese leiten von dort das anfallende Niederschlagswasser nach unten ab.

Die Dachziegel/-steine werden in jeder Reihe bis zur Kehlmitte geführt und eingespitzt. Jedes Deckgebinde muss zur Gewährleistung der Regensicherheit der Kehle für sich mit einer Nocke eingebunden werden.

Bei den Nocken werden 2 Arten unterschieden:

- Schwalbenschwanznocken,
- Rechtecknocken.

Bei gleichhüftigen Kehlen werden Rechtecknocken verwendet, bei ungleichhüftigen Kehlen kommen die Schwalbenschwanznocken zur Anwendung. Beide Nockenarten werden so im oberen Bereich in der Höhenüberdeckung befestigt, dass sie im Fußbereich der Dachziegel/-steine nicht sichtbar sind.

Die Höhenüberdeckung der Nocken untereinander hängt von der Dachneigung ab.

Tabelle 13.3: Überdeckungsmaße bei Nockenkehlen

Dachneigung	**Seitenüberdeckung in cm**	**Höhenüberdeckung in cm**
≤ 45°	15	16
> 45°	15	14

Nocken haben immer eine Zuschnittbreite von mindestens 30 cm, sodass die Seitenüberdeckung der Dachziegel auf die Nocken (siehe Tab. 13.3) eingehalten wird. Die Höhe der Schichtstücke ist materialsparend zu errechnen.

Die Abbildungen 13.9 bis 13.13 zeigen die Eindeckung einer Nockenkehle bei einer gleichhüftigen Biberkehle. Der Kehlanfang beginnt dabei mit einer längeren Schwalbenschwanznocke, die 2 Gebinde überbrücken muss. In der Praxis hat sich dafür eine Nockenlänge von 50 cm bewährt. Die Arbeitsabfolge ist bei den einzelnen Fotos zu erkennen. Unter dem Kronengebinde am oberen Kehlabschluss muss ebenfalls wieder eine längere Schwalbenschwanznocke eingebaut werden.

Abb. 13.9: Kehlanfang mit langer Schwalbenschwanznocke

13.2.3 Eingebundene Biberkehlen

Die eingebundene Biberkehle ist die aufwendigste Form der Kehlausführung bei den Biberschwanzdeckungen und erfordert höchste Handwerkskunst. Sie ist sowohl bei der Biberschwanz-Doppeldeckung als auch bei der Biberschwanz-Kronendeckung möglich.

Eingebundene Kehlen können bei gleichen und ungleichen Dachneigungen (gleichhüftige und ungleichhüftige Kehlen) ausgeführt werden. Bei der eingebundenen Biberkehle ist eine Mindest-Kehlsparrenneigung von 25° zwingend einzuhalten. Bei einem gleich geneigten Dach würde sich diese Kehlneigung bei einer Dachneigung von ca. 34° ergeben.

Die Berechnung der Kehlsparrenneigung bei gegebener Dachneigung erfolgt über:

$$\tan \alpha_{\text{Kehle}} = \frac{\tan \alpha_{\text{Dach}}}{\sqrt{2}}$$

Abb. 13.10: Kehlanfang mit Traufgebinde

Abb. 13.11: Kehleindeckung – erste Rechtecknocke

Die Art des Kehlanfangs ist abhängig von der Traufausbildung der Deckung. Dabei kann bei den Biberschwanzdeckungen, je nach Deckungsart, die Traufe mit Traufplatten oder in Kronendeckung ausgeführt sein (siehe Kapitel 8). Am Kehlbeginn kann eine Nocke unterlegt werden, um die Regensicherheit zu verbessern.

Bei der Ausführung wird zwischen der 2 und der 3 Biber breiten eingebundenen Kehle unterschieden. Die Wahl der Deckbreite richtet sich dabei nach der anfallenden Niederschlagsmenge und der Länge der Kehle. Je länger die Kehle und je größer der Wasseranfall ist, desto breiter muss die eingebundene Kehle sein. Bei kurzen Kehllängen und kleinen anzuschließenden Dachflächen (z. B. Gaubendächern) ist die 2 Biber breite Ausführung ausreichend. Um ein optisch möglichst ansprechendes Deckbild der Kehle zu erreichen, ist neben der Einteilung der Deckbreite auch die richtige Einteilung in Kehlsparrenrichtung notwendig. Diese Höhenteilung bestimmt, wie viele Kehlgebinde an die Flächendeckung anschließen. Man unterscheidet hier die „2:3er-Teilung“ und die „2:4er-Teilung“. Hier werden, bezogen auf die sichtbare Kehlgebindehöhe, entweder 3 Kehlgebinde an 2 Flä-

Abb. 13.12: Kehleindeckung – Rechtecknocke eingehängt

Abb. 13.13: Kehleindeckung mit oberem Abschluss

Abb. 13.14: Einteilung der Kehlreihen

Abb. 13.15: Eingebundene ungleichhüftige Biberkehle mit Winkelhalbierenden und Ausspitzern

chengebinde oder 4 Kehlgebinde an 2 Flächengebinde angeschlossen.

Die Einteilung der Kehlgebinde in Kehlsparrenrichtung richtet sich nach der sichtbaren Höhe der Flächendeckung und muss, mit Ausnahme des Kehlanfangs, so eingeteilt werden, dass die sichtbaren Kehlgebindehöhen gleichmäßig sind. Der Abstand der Kehlreihen wird in der Praxis konstruiert (siehe Abb. 13.14), kann aber auch errechnet werden. Bei beiden Methoden muss die vierte Kehlreihe die erste um mindestens 1 cm überdecken (Dreifachdeckung), um die Regensicherheit in der Kehle zu gewährleisten.

Die Kehlreihen liegen rechtwinklig zum Kehlsparren. Sie werden als Ausspitzer, als Unterläufer oder durch sog. Winkelhalbierende (siehe Abb. 13.15) angeschlossen. Diese Anschlussziegel sind Biberstücke, die an die Winkelhalbierende zwischen der Kehllinie und der Linie rechtwinklig zur Traufe angepasst werden. Ausspitzer werden die Biber genannt, die in Richtung des Dachsparrens zugeschnitten werden (rechte und linke Ausspitzer). Unterläufer sind die Ziegel, die rechts oder links von der Flächendeckung überdeckt werden.

Die Kehlziegel können trocken auf einer Kehlschalung oder im Mörtelbett verlegt werden. Bei der Eindeckung mit Mörtel ist die Kehlschalung durch eine Trennlage abzudecken, um die Lage des Mörtels zu sichern. Bei beiden Ausführungsarten sind die Kehlziegel, mit Ausnahme der Ausspitzer, mit korrosionsbeständigem Bindedraht gegen Abrutschen zu sichern.

Begriffe

- Die **eingebundene Biberkehle** ist eine Kehlausführung bei der Biberschwanzdeckung. Hierbei wird die Kehldeckung in die Flächendeckung eingebunden.
- **Ausspitzer** nennt man die Biber, die in Richtung des Dachsparrens zugeschnitten werden (rechte und linke Ausspitzer).
- **Unterläufer** werden rechts oder links von der Flächendeckung überdeckt.

Als Unterkonstruktion dient ein Kehlbrett, das aus einem Brett oder mehreren Brettern bestehen kann. Bei gleichhüftigen Kehlen liegt dieses genau über der Mitte der Kehllinie. Seine Breite richtet sich nach der Größe des wahren Kehlwinkels und nach der Dachneigung. Die Mindestbreite beträgt 25 cm.

Je breiter die Kehle (2 Ziegel oder 3 Ziegel breit) ist, desto breiter sollte das Kehlbrett gewählt werden.

Bei ungleichhüftigen Kehlen muss das Kehlbrett außermittig zur steileren Dachseite hin montiert werden. Auch hier hat sich in der Praxis eine Mindestbreite von 25 cm bewährt.

13.2.4 Überdeckte Biberkehlen

Überdeckte Biberkehlen gehören wie die überdeckte Metallkehle zu den überdeckten Kehlen bei Dachziegel- und Dachsteindeckungen. Bei allen überdeckten Kehlen müssen die anzupassenden Dachziegel/-steine parallel zur Kehllinie geschnitten werden. Kleine Einspitzer sind gegen Abrutschen zu sichern. Die Verwendung von halben Dachziegeln/-steinen führt zu größeren Schnittstücken.

Die Flächendeckung soll die Kehldeckung um mindestens 10 cm, rechtwinklig zur Kehllinie gemessen, überdecken.

Überdeckte Biberkehlen als Sonderform der überdeckten Kehlen dürfen nur bei annähernd gleichen Dachneigungen und gleichem Wasseranfall der benachbarten Dachflächen gedeckt werden. Die Höhenüberdeckung der Biberreihen in der Kehle richtet sich nach der Einteilung der Kehle.

Als Mindestforderung muss die erste Reihe die vierte Reihe um mindestens 1 cm überdecken (Dreifachdeckung).

Als Unterkonstruktion für die überdeckte Biberkehle ist eine Kehlschalung erforderlich, die auch aus mehreren Brettern und Dreikantleisten bestehen kann. Die Breite der Kehlschalung hängt vom Kehlwinkel und vom Biberformat

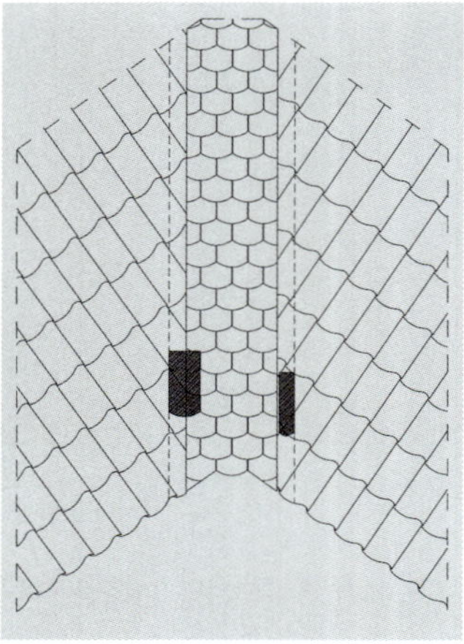

Abb. 13.16: Deckbild einer überdeckten Biberkehle

ab. Beim Format A liegt die Mindestbreite der Kehle bei 5 Bibern, beim Format B sind mindestens 4 Biber in der Breite vorgeschrieben.

Vergleichbar mit der eingebundenen Biberkehle kann die überdeckte Biberkehle ebenso in Mörtel oder trocken verlegt werden. Wird die Kehlen trocken gedeckt, sind alle Biber mit korrosionsbeständigem Draht und korrosionsbeständigen Nägeln oder Schrauben zu befestigen. Bei der Verlegung in Mörtel muss die Kehlschalung mit einer Vordeckung geschützt werden. Die Ziegel werden mit einem Längs- und Querschlag oder zusätzlich noch mit einem Längsfugenanstrich gedeckt. Die geschmälerten äußeren Biber sind mit einem wasserabweisenden Schnitt zu versehen (siehe Abb. 13.6).

13.2.5 Überdeckte Dreipfannenkehlen

Die überdeckte Dreipfannenkehle kommt lediglich bei Hauptkehlen von Hohlpfannendeckungen zur Anwendung. Hier bilden 3 Hohlpfannen mit einer Gesamtbreite von ca. 63 cm die Kehleindeckung. Dreipfannenkehlen können mit einer Unterkonstruktion aus Latten oder auf einer Kehlschalung gedeckt werden. Die Breite eines Kehlmittelbrettes sollte mindestens 16 cm betragen. Wird die Kehle ohne Kehlschalung auf Lattung gedeckt, so sind die Latten, die nicht auf den Schiftern enden, zu unterstützen. Dies kann mit Brettern, die parallel zum Kehlsparren montiert werden müssen, erfolgen. Um einen gleichmäßigen Übergang zu den Traglatten zu ermöglichen, sind beidseitig in Kehlrichtung Dreikantleisten anzubringen.

Die Deckung der Hohlpfannen kann vermörtelt oder trocken mit Deckunterlage erfolgen. Bei der trockenen Verlegung sind die Einhängenasen der Pfannen zu entfernen und jede einzelne muss mit korrosionsbeständigem Draht befestigt werden.

Die Höhenüberdeckung der Kehlgebinde beträgt 10 cm, die Seitenüberdeckung liegt bei mindestens 4 cm.

Die Eindeckung der Kehle beginnt mit dem Wasserziegel in der Mitte der Kehle. Links daneben wird eine zweite Hohlpfanne als Kehlziegel verlegt. Die rechte Hohlpfanne muss umgedreht werden, sodass sie von rechts den mittig liegenden Wasserziegel überdeckt. Um die sichere Auflage der nächsten Kehlreihe zu gewährleisten, muss die ansonsten nach oben zeigende Nase entfernt werden.

13.2.6 Formziegelkehlen

Die Formziegelkehle ist eine überdeckte Ziegelkehle, bei der gesonderte Formkehlziegel in der Kehlmitte entlang der Kehllinie verlegt sind. Diese können sowohl mit Rinne oder auch mit mittigem Steg hergestellt sein. Die Höhenüberdeckung der Kehlziegel untereinander richtet sich nach der Dachneigung und wird vom Hersteller vorgegeben. Die Kehlziegelreihe wird dann rechts und links jeweils von der Eindeckung der angrenzenden Dachflächen überdeckt.

13.2.7 Schwenkziegelkehlen

Schwenkziegelkehlen kommen nur bei der Biberschwanz-Kronendeckung zur Anwendung. Hier werden speziell gefertigte, konisch geformte Kehlbiber verwendet, die dann über geschmälerte Flächenbiber in die angrenzenden Dach-

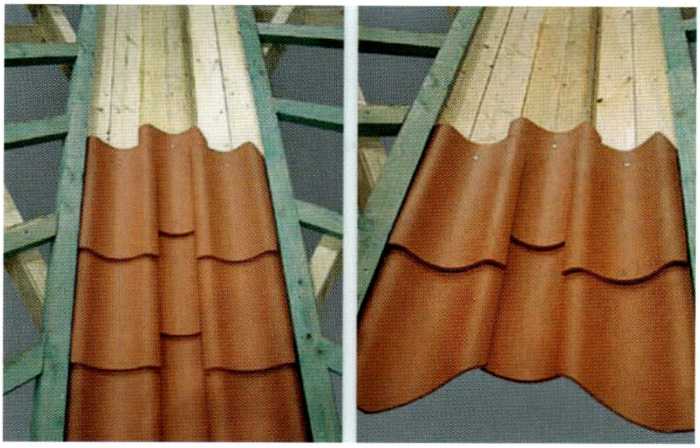

Abb. 13.17: Deckbild einer Dreipfannenkehle

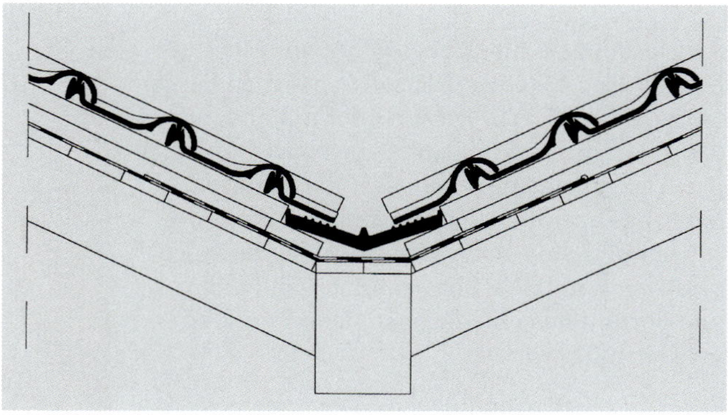

Abb. 13.18: Deckbild einer überdeckten Formziegelkehle

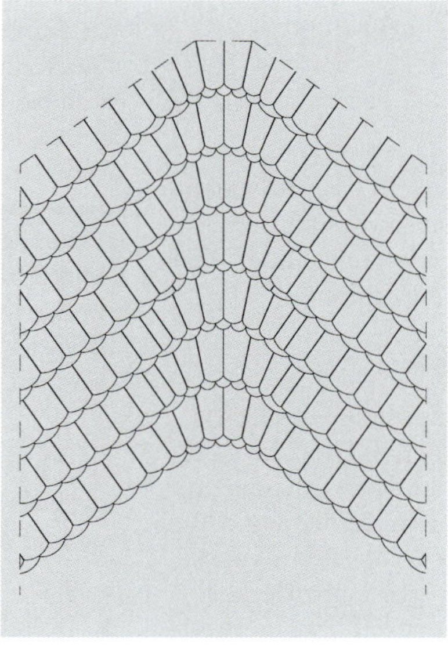

Abb. 13.19: Deckbild einer Schwenkziegelkehle

Darum geht es

Dreifachdeckung ist die Mindestanforderung bei der Kehleindeckung. Hierbei muss die erste Reihe die vierte Reihe um mindestens 1 cm überdecken.

Tipp

Die seitliche Überdeckung sollte mindestens 10 cm betragen, wenn die Verlegeanleitung des Herstellers nicht etwas anderes vorschreibt.

flächen eingebunden werden. Dadurch wird von Reihe zu Reihe ein gleichmäßiger Übergang zwischen den Flächendeckungen und der Kehleindeckung erreicht.

13.3 Anschlüsse

Bei aufgehenden Bauteilen in Dachflächen sind Anschlüsse der Dacheindeckung an Dachdurchdringungen wie z. B. an Schornstein- und Gaubenwangen oder an Brandwände erforderlich. Diese werden, je nach Lage, wie folgt unterteilt in:

- traufseitige,
- firstseitige,
- seitliche Anschlüsse.

Bei Deckungen mit Dachziegeln und Dachsteinen können Anschlüsse aus dem gleichen Deckwerkstoff mit Metallblechen oder mit anderen dafür geeigneten Werkstoffen gefertigt werden. Die Anschlüsse müssen an das Bedachungsmaterial, an die örtlichen und baulichen Anforderungen und die Architektur des Gebäudes angepasst werden. Dabei können Material, Farbe und Form unterschiedlich auf den Charakter des Gebäudes wirken.

Für Anschlüsse sind folgende Materialien geeignet:

- Schiefer,
- Faserzementplatten,
- Metall,
- Holz,
- Kunststoffe o. Ä.

Die dachneigungsabhängigen Anschlusshöhen bei trauf- und firstseitigen sowie seitlichen Anschlüssen an aufgehenden Bauteilen oder Wänden sind Tabelle 13.4 zu entnehmen.

13.3.1 Traufseitige Anschlüsse

Traufseitige Anschlüsse werden in der Praxis überwiegend aus Metall hergestellt. Dies sind dann Bleche, die für die jeweilige Dachneigung abgekantet werden und am aufgehenden Bauteil so montiert werden, dass sie das Bedachungsmaterial in Richtung zur Traufe überdecken. Am Bauteil werden sie hochgeführt und regensicher befestigt. Das aufliegende Blech sollte an

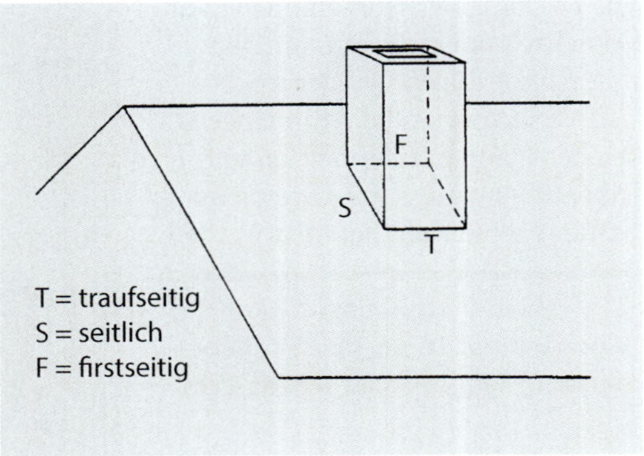

Abb. 13.20: Bezeichnung der Anschlüsse bei Durchdringungen

Abb. 13.21: Ein angeschlossener Schornstein mit angeformten Zinkblechen

die Konturen der Deckung angepasst werden (siehe Abb. 13.23). Dies gelingt durch Anformen bei Bleiblechen oder durch Ausschneiden bei aufliegenden Anschlussblechen aus anderen Metallen.

Wenn sich Bleche seitlich überdecken, ist eine Mindestüberdeckung von 10 cm einzuhalten. Besser ist es, die Bleche bei einer waagerechten Überdeckung von 1 cm mit einer Lötnaht wasserdicht zu verbinden.

Die Überdeckung der Anschlussbleche auf die Deckwerkstoffe ist von der Dachneigung abhängig und darf folgende Maße nicht unterschreiten:

- DN ≥ 22° mindestens 100 mm,
- DN < 22° mindestens 150 mm,
- DN < 15° mindestens 200 mm.

Tabelle 13.4: Anschlusshöhen an aufgehenden Bauteilen über Oberkante des Deckwerkstoffes

Dachneigung	Anschluss		
	seitlich	traufseitig	firstseitig [1]
	Anschlusshöhe in mm		
< 5°	150	150	150
< 22°	100	100	150
≥ 22°	80[2]	80	150

1) Bei steilen Dachneigungen, großen Sparrenlängen oder erhöhten Anforderungen (siehe Grundregel) können größere Anschlusshöhen erforderlich werden.
2) Bei abgetreppten Anschlüssen und konturierten Deckwerkstoffen beträgt die Anschlusshöhe über Oberkante Deckwerkstoff mindestens 65 mm.

Abb. 13.22: Anschlusshöhen bei konturierten und ebenen Deckwerkstoffen

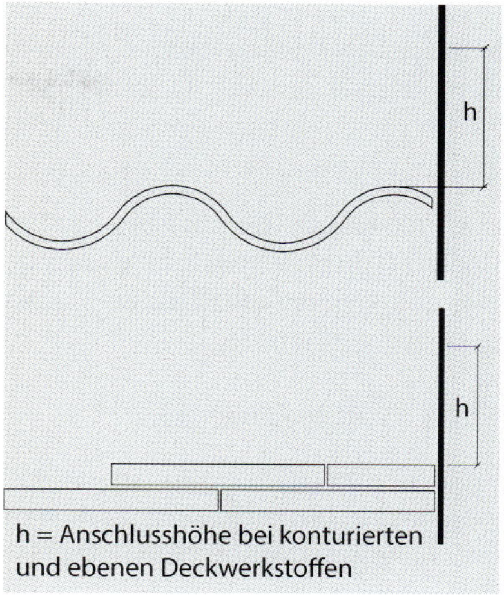

Die traufseitige Anschlusshöhe am aufgehenden Bauteil richtet sich ebenfalls nach der Dachneigung. Die einzuhaltenden Maße sind Tabelle 13.4 zu entnehmen.

13.3.2 Firstseitige Anschlüsse

Firstseitige Anschlüsse werden auf der Baustelle überwiegend aus Blechen hergestellt. Vergleichbar mit den traufseitigen Anschlüssen müssen auch hier die Bleche an die Dachneigung angepasst und entsprechend gekantet oder angeformt werden. Sie werden als unterliegende Anschlüsse ausgeführt, d. h. oberseitig unter das Bedachungsmaterial geführt. Das Anschlussblech muss immer auf einer flächigen Unterlage aufgelegt werden. An der Oberseite des untergelegten Anschlussbleches sorgt ein mindestens 15 mm breiter Wasserfalz für die nötige Regensicherheit und ermöglicht gleichzeitig das Einhängen der Hafte zur indirekten Befestigung.

Die Überdeckungsmaße des Deckwerkstoffes auf das untergelegte Blech sind wie bei den traufseitigen Anschlüssen nach der Dachneigung

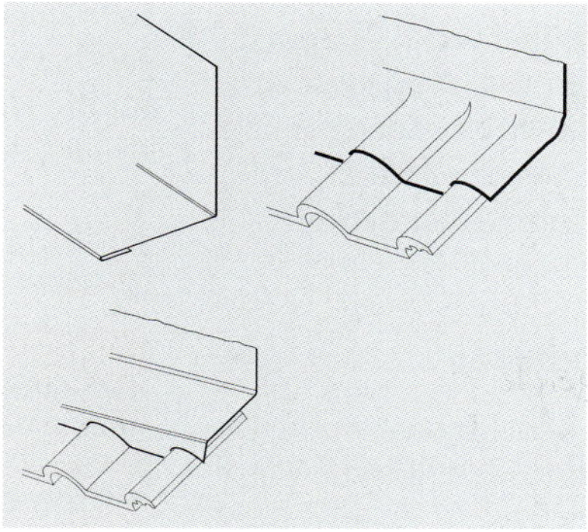

Abb. 13.23: Traufseitige Anschlüsse

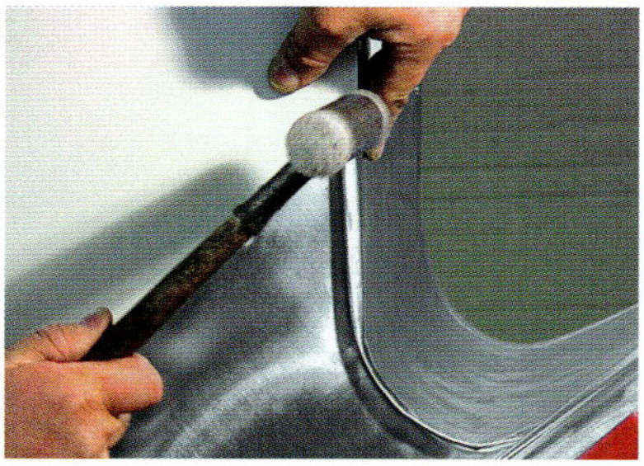

Abb. 13.24: Firstseitiger Anschluss

gestaffelt. Sie dürfen folgende Maße nicht unterschreiten:

- DN ≥ 22° mindestens 100 mm,
- DN < 22° mindestens 150 mm,
- DN < 15° mindestens 200 mm.

Begriffe

- Man unterscheidet zwischen traufseitigen, firstseitigen und seitlichen **Anschlüssen**. Als Materialien für Anschlüsse eignen sich u. a. Schiefer, Faserzementplatten, Metall, Holz, Kunststoffe.
- Als Ausführungsarten bei den unterliegenden durchgehenden Metallblechen unterscheidet man **einfache Anschlüsse** mit Wasserfalz, **vertiefte Anschlüsse** sowie **Sonderkonstruktionen**.

@ Links und Literatur

„Regeln für Metallarbeiten im Dachdeckerhandwerk" in Deutsches Dachdeckerhandwerk – Regelwerk

www.dachdecker-regelwerk.de

www.baufachmedien.de

Bei den firstseitlichen Anschlüssen soll zwischen Bauteil und Bedachungsmaterial ein Abstand von mindestens 10 cm zur Wasserableitung eingehalten werden. Wenn der firstseitige Anschluss breiter ist als 1 m, empfiehlt die Fachregel, das Anschlussblech zur gefahrlosen Wasserableitung mit Gefälle zu verlegen.

Die firstseitige Anschlusshöhe am aufgehenden Bauteil richtet sich ebenfalls nach der Dachneigung. Die einzuhaltenden Maße sind Tabelle 13.4 zu entnehmen.

13.3.3 Seitliche Anschlüsse

Seitliche Anschlüsse, z. B. an die seitlichen Wangen eines Schornsteins oder einer Gaube, können als unterliegende, überdeckende oder aufliegende Anschlüsse ausgeführt werden.

Bei seitlichen Anschlüssen aus Metall können diese vom Deckwerkstoff überdeckt, in diesen eingebunden oder auf dem Deckwerkstoff aufliegend hergestellt werden. Wie bei den trauf- und firstseitigen Anschlüssen sind dabei die „Regeln für Metallarbeiten im Dachdeckerhandwerk" zu beachten.

Unterliegende seitliche Anschlüsse

Bei den **unterliegenden** Anschlüssen werden überwiegend durchgehende Metallbleche verwendet, die von den Dachziegeln/-steinen überdeckt werden. Die gekanteten Bleche müssen entweder vollflächig oder auf einer Lattung mit einem Traglattenabstand < 17 cm aufliegen. Kann dieser Abstand nicht gewährleistet werden, sind Zwischenlatten zu montieren.

Bei Anschlüssen aus Bleiblech müssen diese immer vollflächig aufliegen.

Bei den unterliegenden durchgehenden Metallblechen werden folgende Ausführungsarten unterschieden (siehe Abb. 13.25):

- einfache Anschlüsse mit Wasserfalz (≥ 15 mm) – nur bei geringem Wasseranfall verwendbar,
- vertiefte Anschlüsse (Mindesttiefe 20 mm, Mindestbreite 40 mm),
- Sonderkonstruktionen (z. B. mit Steg).

Abbildung 13.26 zeigt den Schnitt durch einen seitlichen Wandanschluss bei Verwendung eines unten liegenden Anschlussbleches mit Steg an einer Außenwand mit Wärmedämmverbundsystem.

Die Anschlussbleche werden im oberen Bereich der Höhenüberdeckung genagelt und an der Längsseite über den Wasserfalz mit Haften befestigt. Zwischen dem angearbeiteten Deckmaterial und der wandseitigen Aufkantung am aufgehenden Bauteil oder an dem Steg eines Anschlussbleches soll ein mindestens 4 cm breiter Abstand gewährleisten, dass bei hohem Wasseranfall der Niederschlag schnellstmöglich abgeleitet wird. Bei geringer Niederschlagsbelastung kann bis an die Aufkantung bzw. den Steg gedeckt werden.

Müssen die seitlichen Anschlussbleche, z. B. bei sehr langen Wandanschlüssen, mehrteilig ausgeführt werden, gelten, je nach Dachneigung, für die Höhenüberdeckung der Bleche untereinander folgende Abmessungen:

Tabelle 13.5: Höhenüberdeckung der Seitenbleche untereinander

Höhenüberdeckung der seitlichen Bleche untereinander	
Dachneigung	**Überdeckung in cm**
> 22°	≥ 10 cm
≥ 15°–≤ 22°	≥ 15 cm
< 15°	wasserdichte Verbindung (z. B. Löten)

Das nächste Maß, das eingehalten werden soll, ist die Überdeckung der Dachziegel/-steine auf das untergelegte Blech. Hier gilt sowohl bei profilierten als auch bei ebenen Deckwerkstoffen ein dachneigungsunabhängiges Maß von mindestens 10 cm Überdeckung auf den untergelegten Anschluss.

Die seitliche Anschlusshöhe am aufgehenden Bauteil richtet sich wieder nach der Dachneigung. Die einzuhaltenden Maße sind der Tabelle 13.4 zu entnehmen.

Unterliegende Metallanschlüsse können aber nicht nur mit durchgehenden unterliegenden Metallblechen hergestellt, sondern auch über **eingebundene Schichtstücke** (Nocken) regensicher angeschlossen werden.

Aufliegende und überdeckende seitliche Anschlüsse

Im Gegensatz zu den unterliegenden Anschlüssen befindet sich bei den aufliegenden und überdeckenden Anschlüssen das Metallblech oder das Kunststoffformteil auf bzw. über der Deckung.

Aufliegende Anschlussbleche oder -formteile liegen direkt auf dem Deckwerkstoff auf. Diese sind dann teilweise oder überwiegend sicht-

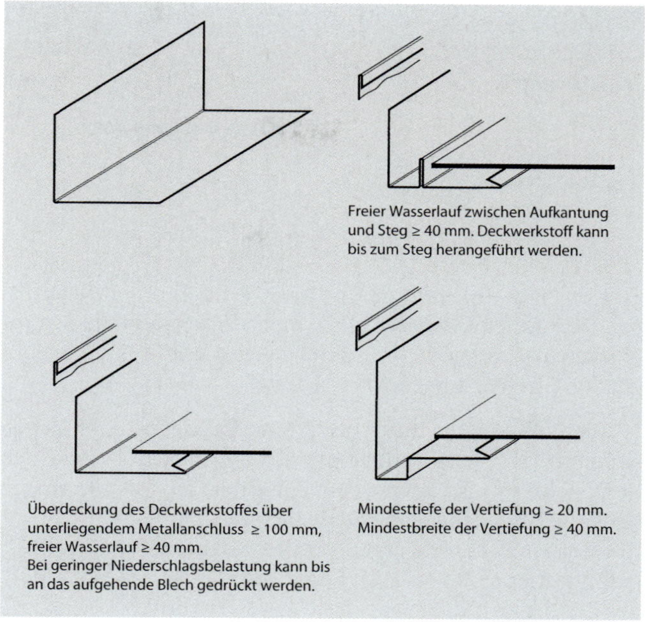

Abb. 13.25: Anschlussbleche für seitliche unterliegende Anschlüsse

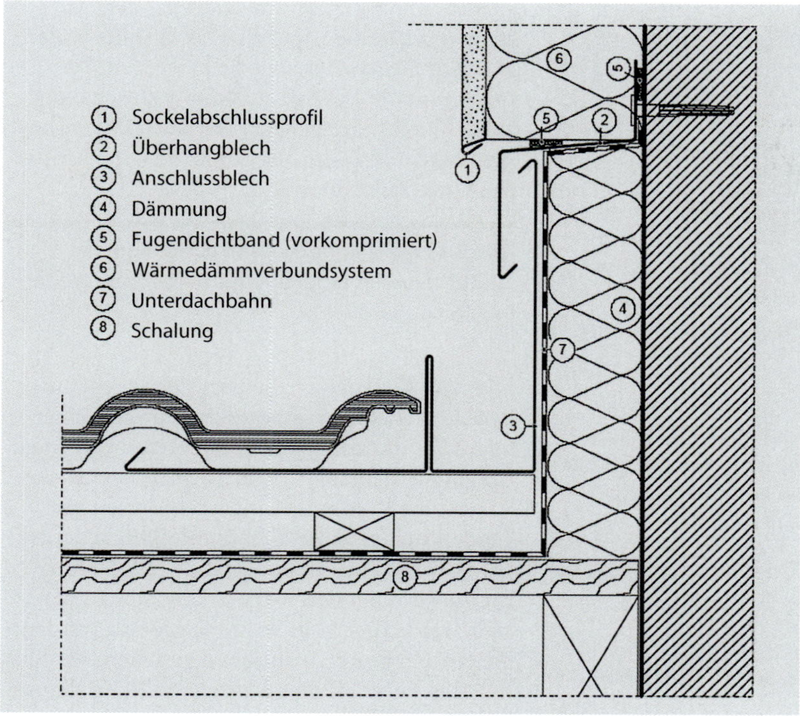

Abb. 13.26: Anschlussbleche für seitliche unterliegende Anschlüsse

■ **Begriffe**

Nocken sind Schichtstücke aus Metall und kommen bei seitlichen Anschlüssen zum Einsatz.

■ **Darum geht es**

Aufliegende Anschlussbleche oder -formteile liegen direkt auf dem Deckwerkstoff auf.

→ Weitere Informationen zu **Nocken** siehe Kapitel 13.3.7

Tabelle 13.6: Seitliche Überdeckung über die Deckwerkstoffe bei überdeckenden und aufliegenden Anschlüssen

Anschlussart	seitliche Überdeckung	
	ebene Deckwerkstoffe	profilierte Deckwerkstoffe
überdeckende und aufliegende Metallanschlüsse	120 mm	ausreichende Überdeckung des nächsten Hochpunktes, um das Wasser vom Anschluss wegzuleiten
Anschluss mit Schichtstücken	80 mm	

bar. Sie können entweder mit Schichtstücken als Nockenanschluss oder mit durchgehend aufliegenden Blechen ausgeführt werden.

Werden Deckungen mit profilierten Deckwerkstoffen als Nockenanschluss mit Schichtstücken hergestellt, so wird auf jede am Anschluss anlaufende Deckreihe ein Schichtstück gedeckt. Auf dessen Sicherung gegen Abrutschen muss gesondert geachtet werden. Länge und Breite des Zuschnitts richten sich nach der Form des Deckwerkstoffes.

Aufliegende Anschlüsse mit durchgehenden Bleiblechen sollten nur bei profilierten Deckwerkstoffen Anwendung finden.

Bei überdeckenden Anschlüssen handelt es sich um selbsttragende, durchgehende Bleche, die nicht auf, sondern über dem Deckwerkstoff angeordnet werden. Dabei werden überwiegend überdeckende Bleche verwendet, die dachseitig entweder mit einem Umschlag oder mit an die Deckung angepassten Ausschnitten (Zahnung) enden.

Die Verbindung von durchgehenden, aufliegenden Blechen erfolgt analog zu den unten liegenden Anschlussblechen mit dachneigungsabhängigen Höhenüberdeckungen gemäß Tabelle 13.5.

Die Maße der seitlichen Überdeckung dieser genannten Metallanschlüsse auf die entsprechenden Deckwerkstoffe zeigt Tabelle 13.6.

Bei den Deckungen mit Biberschwanzziegeln bzw. Dachsteinen im Biberformat können – im Gegensatz zu allen anderen Dachziegel- und Dachsteinarten – die seitlichen Anschlüsse an aufgehende Bauteile oder Wände auch mit dem gleichen Deckmaterial ausgeführt werden. Dabei werden folgende Möglichkeiten unterschieden:

- Wandkehlen,
- eingebundene oder durchgedeckte Wangenkehle,
- eingebundener Nockenanschluss.

Die nachfolgenden Kapitel 13.3.4 bis 13.3.7 beschreiben die einzelnen Ausführungsvarianten.

13.3.4 Wandkehlen

An aufgehenden Bauteilen können seitliche Anschlüsse mit Biberschwanzziegeln oder Dachsteinen im Biberformat als Wandkehle mit dem gleichen Deckmaterial gedeckt werden. Sie müssen in diesem Fall auf einer Kehlschalung als Deckunterlage gedeckt werden. Diese Schalung wird 1 bis 2 cm aus der Mitte zur Dachfläche hin versetzt montiert.

Die Breite der Kehlschalung hängt von der Deckbreite der Biber ab und sollte nicht breiter als 25 cm sein.

Die erste Kehlziegelreihe liegt noch nicht auf der Kehlschalung auf, sondern wird mit einer hochkant montierten Latte unterlegt. Um einen besseren Übergang zu bilden, liegt diese Reihe so um eine Ziegelstärke tiefer als die nachfolgenden Kehlgebinde. Erst am Kopfende des ersten Gebindes beginnt dann die Kehlschalung für die kommenden Reihen. Die Wandkehle sollte mit 3 Bibern in ¾-Breite gedeckt werden, die einzeln gegen Abrutschen gesichert werden müssen. Diese 3 Biber werden in Deckrichtung jeweils zum Nachbarziegel um ca. 2 cm nach oben versetzt. Die Kehlziegel werden nur mit einfacher Überdeckung gedeckt, wobei ein gleichmäßiger Verband eingehalten werden

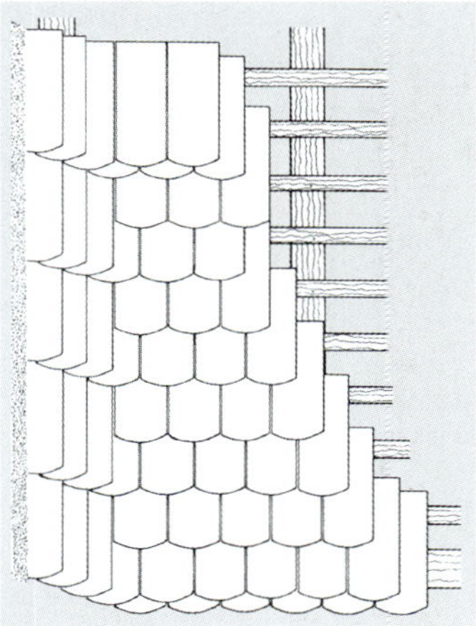

Abb. 13.27: Wandkehle links bei der Biberschwanz-Doppeldeckung

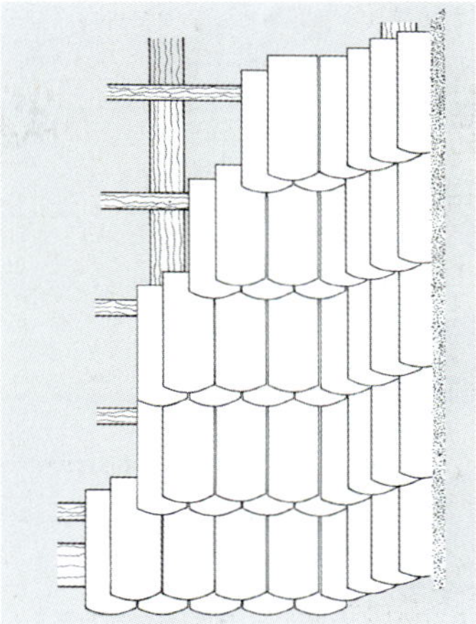

Abb. 13.28: Wandkehle rechts bei der Biberschwanz-Kronendeckung

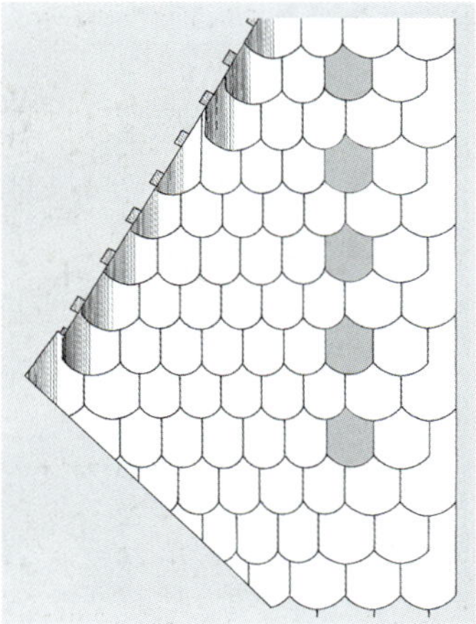

Abb. 13.29: Durchgedeckte Wangenkehle bei der Biberschwanz-Doppeldeckung

muss. Daraus ergibt sich, dass bei der Biberschwanz-Doppeldeckung 2 Deckgebinde der Dachfläche an ein Kehlgebinde der Wandkehle anschließen.

Der obere Abschluss der Kehlreihen zur aufgehenden Wand ist mit einem Überhangstreifen aus Metall zu versehen oder mit Mörtel zu verschließen.

13.3.5 Durchgedeckte Wangenkehlen

Bei Gauben können die seitlichen Anschlüsse an die Wangen nicht nur über Wandkehlen erfolgen, sondern auch über durchgedeckte oder eingebundene Wangenkehlen. Der Unterschied zur Wandkehle liegt darin, dass die Wange ebenfalls mit demselben Deckwerkstoff (i. d. R. Biberschwanz-Doppeldeckung) eingedeckt wird.

Bei der durchgedeckten Kehle werden die Deckgebinde der Dachfläche und deren Unterkonstruktion parallel verlaufend in die Wange fortgesetzt.

Die Traglattung der Dachfläche muss dafür mit biegsamen Latten an der Wange hochgeführt und mit

Abb. 13.30: Eingebundene Wangenkehle bei der Biberschwanz-Doppeldeckung

einer Unterkonstruktion verschraubt werden. Diese Unterkonstruktion besteht aus einem Kehlbrett und 2 Dachlatten, um einen weicheren Übergang zu erreichen. Um ein Sperren der Ziegel zu vermeiden, sollten ¾-breite Biber verwendet werden.

Die Befestigung der Biber im Bereich von Kehle und Wange muss mit korrosionsgeschützten Schrauben erfolgen.

13.3.6 Eingebundene Wangenkehlen

Mit Biber bekleidete Gaubenwangen können nicht nur über durchgehende, sondern auch mittels eingebundener Wangenkehlen angeschlossen werden.

■ **Begriffe**

Wandkehlen sind seitliche Anschlüsse an aufgehenden Bauteilen.

Abb. 13.31: Eingebundener Nockenanschluss bei der Biberschwanz-Doppeldeckung

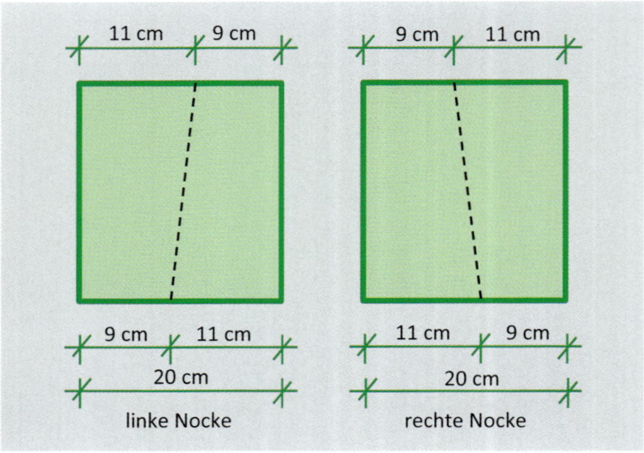

Abb. 13.32: Kantung der Nocken

Bei der eingebundenen Wangenkehle wird die Flächendeckung nicht scheinbar unverändert in die Wange fortgesetzt, sondern mit speziell zugeschnittenen Kehlbibern eingebunden.

Man beginnt mit der Einteilung der Traglattung an der Wange immer von oben nach unten. Bei der Einteilung sollte ein geringerer Lattenabstand gewählt werden, um Kreuzfugen zu vermeiden.

Die ersten 3 bis 4 Deckgebinde am Beginn der Wangenkehle werden, vergleichbar mit der durchgedeckten Wangenkehle, von der Fläche in die Wange hochgeführt. Erst oberhalb dieser ersten Gebinde wird, wie bei der eingebundenen Hauptkehle, eine Kehlschalung montiert. Wie bei der durchgedeckten Kehle wird auf der Kehlschalung mit ¾-breiten Bibern die Deckung bis an die Traglattung der Wange fortgesetzt. Der Wasserlauf der Kehle wird dann unregelmäßig mit Unterläufern oder Ausspitzern in die Deckschichten der Wange eingebunden.

Die Befestigung der Kehlziegel muss mit korrosionsbeständigem Bindedraht und Nägeln erfolgen. Zur Befestigung der Ziegel im Wangenbereich sind korrosionsgeschützte Schrauben zu verwenden.

13.3.7 Eingebundener Nockenanschluss

Bei der Biberdoppeldeckung oder bei der Kronendeckung können bei aufgehenden Bauteilen oder bei Durchdringungen und bei seitlichen Anschlüssen Nocken zum Einsatz kommen.

Die Nockenhöhe errechnet sich aus dem Lattenabstand zuzüglich der erforderlichen Höhenüberdeckung. Die Nocken werden üblicherweise bündig mit der Oberkante der Traglatten mit Nägeln befestigt. Sollen die Nocken eingehängt werden, muss für die oberseitige Kantung ein Zuschlag beim Zuschnitt berücksichtigt werden.

Die Breite des Zuschnittes beträgt mindestens 20 cm. Beim Kanten der Nocke sollte darauf geachtet werden, die Nocken konisch zu kanten, damit an der Wand eine geradlinige Flucht der Nockenoberkanten erreicht wird.

Abbildung 13.32 zeigt, mit welchen Maßen die Nocken für die rechte (linke Nocke) bzw. linke (rechte Nocke) Wange mit den Maßen 9 und 11 cm zu kanten sind.

Beim Eindecken des Anschlusses ist darauf zu achten, dass jedes Deckgebinde mit einer Nocke einzubinden ist. Der obere Abschluss der Nocken zur aufgehenden Wand ist mit einem Überhangstreifen aus Metall zu verwahren.

13.4 Dachdurchdringungen

Dachdurchdringungen, wie z. B. Antennen, Entlüftungs- oder Belüftungsrohre, Dachfenster und Schornsteine, durchdringen den gesamten Dachaufbau. Alle Funktionsschichten müssen sorgfältig angeschlossen werden und dauerhaft funktionsfähig sein.

Industriell vorgefertigte Formteile erhöhen die Sicherheit, wenn sie produktspezifisch und nach den Herstellerangaben eingebaut werden. In Sonderfällen müssen Formteile handwerklich hergestellt werden. Dabei sind die einzelnen Funktionsschichten nach den anerkannten Regeln der Technik dauerhaft anzuschließen.

Bei wärmegedämmten Dächern ist weiter zu beachten, dass keine Wärmebrücken entstehen und es somit nicht zu Feuchteschäden kommen kann.

13.5 Gauben

Der Einbau einer Dachgaube bestimmt im Wesentlichen das äußere Erscheinungsbild eines Gebäudes. Bei nachträglich eingebauten Gauben muss deren Dacheindeckung auf die bestehende Flächendeckung abgestimmt werden. Für die Eindeckung von Dachgauben gelten die gleichen Regeldachneigungen wie für Flächendeckungen. Bei der Wahl der Gaubenform ist dieser Punkt ebenso zu berücksichtigen wie die Ausführung der erforderlichen Anschlusspunkte an die bestehende Dachfläche.

Gaubendachflächen sind gesondert nach deren Dachneigung und Gesamtdecklänge einzuteilen.

Da Gauben bei ausgebauten Dächern zum Einsatz kommen, liegen dort immer erhöhte Anforderungen an die Regensicherheit vor.

Für die Wahl von Zusatzmaßnahmen hat dies eine wesentliche Bedeutung.

Bei der Ausführung sind nach Prüfung der Materialverträglichkeit diese Schichten immer funktionsgerecht anzuschließen.

13.5.1 Die Traufe an der Gaube

Die Traufe ist der Punkt des Daches mit dem höchsten Wasseraufkommen. Aus diesem Grund sollte hier die Konstruktion so geplant und ausgeführt werden, dass das Niederschlagswasser möglichst schnell abgeleitet wird. Die Traufreihe bei Dachziegel- und Dachsteindeckungen überdeckt in den meisten Fällen die Traufe und entwässert in eine vorgehängte Dachrinne. Der Mindestüberstand der Eindeckung in die Dachrinne beträgt 5 cm. Ist an dieser Stelle keine Überdeckung vorgesehen, muss mit einem Traufblech das Wasser in die Rinne geleitet werden.

Auch die klimatischen Verhältnisse spielen eine große Rolle: In schneereichen Gebieten wird die Rinne tiefer montiert. So bewahrt man sie vor einem Abreisen durch Schneemassen.

13.5.2 Ortgangkonstruktion an der Gaube

Bei vielen Gaubenformen bildet der Ortgang die Abschlusskante der Gaubendachflächen. Die Ausführung der Ortgangkanten erfolgt analog zu den Hauptdachflächen mit Ortgangziegeln/-steinen oder Sonderkonstruktionen. Ihre Ver-

Begriffe

- Eine **Gaubenwange** ist der seitliche Abschluss einer Dachgaube.
- Die **Wangenkehle** bildet den Übergang zwischen Gaubenwange und Hauptdachfläche.

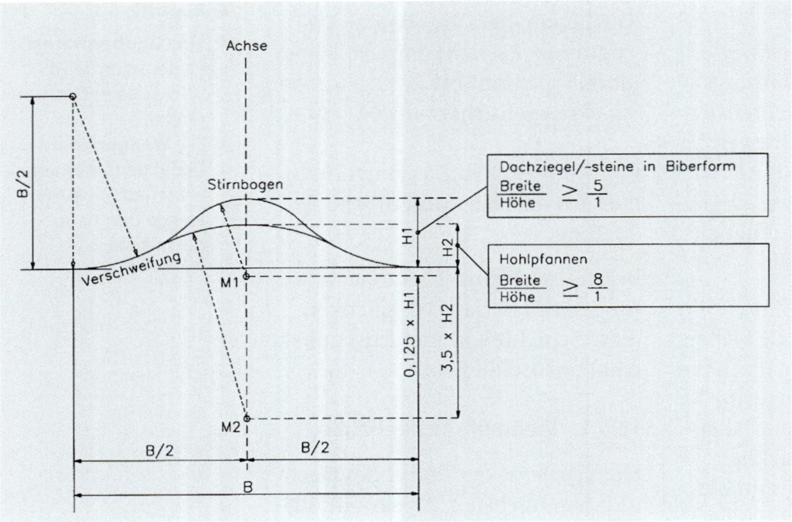

Abb. 13.33: Fledermausgaube, Konstruktion des Gaubenstirnbogens

wendung ist bei der Einteilung der Gaubendachbreite zu berücksichtigen.

Bei der Eindeckung mit Biberschwanzziegeln ist es auch möglich, den Ortgang mit Flächenbibern einzudecken. In diesem Falle müssen sie aber ortseitig mit einer Zahnleiste unterdeckt werden, die von den Flächenbibern mit einem Überstand von mindestens 3 cm überdeckt wird.

Bei Ortausführungen mit Formziegeln/-steinen sollte zwischen Ortbrett und Ziegel ein Abstand von mindestens 1 cm verbleiben. Jeder Ortgangziegel/-stein muss mit wenigstens einer Holzschraube befestigt werden, die bei einem Mindestdurchmesser von 4,5 mm eine Einschraubtiefe von 24 mm gewährleistet.

Der freie Überstand von Traglatten mit einem Lattenquerschnitt von 30/50 mm beträgt 30 cm, vom letzten Auflagepunkt gerechnet. Ist ein größerer Überstand gewünscht, müssen Zusatzmaßnahmen getroffen werden.

13.5.3 Schleppdachgaube

Eine Schleppdachgaube hat 2 Ortgänge und eine Traufe.

Bei der Dacheinteilung von Schleppdachgauben ist zu beachten, dass die oberste Ziegelreihe vom Gaubendach zu den Hauptdachflächen durchgedeckt werden kann. Ist dies nicht möglich, müssen handwerkliche Lösungen aus Metall Verwendung finden.

Bei der Einteilung der Dachbreite des Schleppdaches kann es bei schmalen Gauben vorkommen, dass die Orte nur mit Fremdwerkstoffen gedeckt werden können.

13.5.4 Fledermausgaube

Fledermausgauben können nicht mit allen Dachziegel- oder Dachsteinarten eingedeckt werden. Bevorzugt werden Biberschwanzziegel verwendet, aber auch die Eindeckung mit Hohlpfannen ist möglich. Alle anderen Dachziegelarten benötigen vor der Ausführung eine Machbarkeitserklärung des Herstellers.

Bei der Konstruktion und Ausführung einer Fledermausgaube ist das Verhältnis von Gaubenstirnwandbreite zu dessen Höhe zu beachten. Für die genannten Deckungsarten sind folgende Mindestverhältnisse einzuhalten, um die Deckung ausführen zu können (siehe Abb. 13.33):

Biberformat ≥ 5 : 1 (Breite zu Höhe), Hohlpfanne ≥ 8 : 1.

Der Neigungsunterschied bei der Fledermausgaube sollte zwischen Gaube und Hauptdachfläche nicht mehr als 12° betragen. Um eine ausreichende Hinterlüftung zu gewährleisten, sind auch bei der Fledermausgaube Konterlatten vorzusehen. Beim Einlatten müssen sich die Traglatten an die Schweifung der Gaube anpassen lassen. Durch eine Wasserlagerung der Latten lassen sich die Latten besser verformen. Denkbar und praktikabel ist auch die Verwendung von mehreren dünnen Holzleisten oder von Leisten aus anderen biegsamen Materialien. Die sich ergebenden verschiedenen Deckbreiten können bei den Hohlpfannen durch Drücken und Ziehen der Ziegel ausgeglichen werden. Bei den Biberschwanzdeckungen müssen die Ziegel geschmälert werden oder es werden Sonderziegel verwendet.

Besonders im geschwungenen Bereich der Gaube sind die Ziegel so zu befestigen, dass ein Verrutschen verhindert wird.

13.6 Details bei Schieferdeckungen

Projektaufgabe:

Ihr Schulfreund Dennis interessiert sich für Detailarbeiten bei Schieferdeckungen, die er bei einer Besichtigung der Villa Gericke in Potsdam bewundert hat.

Abb. 13.34: Verschiedene Schieferdachformen

Arbeitsaufträge:

Verdeutlichen Sie die Eindeckung eines Grates bei der Altdeutschen Deckung, sowohl am Anfangort als auch am Endort.

1. Bei welchen Deckungen darf alternativ der Grat auch als Strackort ausgeführt werden?
2. Konstruieren Sie einen Gebindestein und erläutern Sie die einzelnen Schritte.
3. Beschreiben Sie, was bei der Ausbildung von Firsten und Graten mit Überstand bzgl. der Hauptwetterrichtung zu beachten ist.
4. Welche Möglichkeiten für die Ausführung von seitlichen Anschlüssen sind Ihnen bekannt? Was ist dabei bzgl. der Mindestüberdeckungen zu beachten?
5. Was ist eine Wandkehle und wie wird allgemein die erforderliche Unterkonstruktion hergestellt?
6. Was ist bzgl. der Anschlusshöhe bei einem traufseitigen Anschluss zu beachten?
7. Wie groß ist die Mindesthöhenüberdeckung der Schichtstücke untereinander bei Nockenanschlüssen?

Praxisbeispiel

Konstruktion des Gebindesteins

1. Die Fußkante wird von hinten behauen.

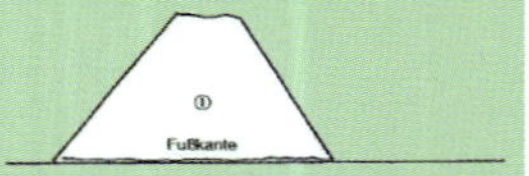

2. Legen Sie den Deckstein auf die Fußlinie auf. Die Spitze des Decksteins verschieben Sie so weit nach links, dass das Material optimal ausgenutzt wird. Zeichnen Sie die Brust des Decksteins auf dem Rohling an und behauen Sie ihn von vorne.

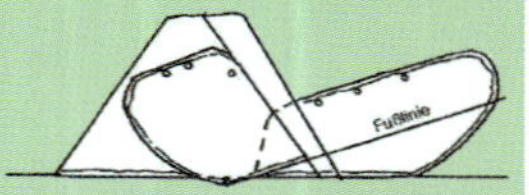

3. Legen Sie den Deckstein mit Fersenversatz auf den Rohling auf. Zeichnen Sie die Fußlinie des nächsten Deckgebindes an. Die Rückenführung des Decksteins zeichnen Sie ebenfalls auf dem Rohling an.

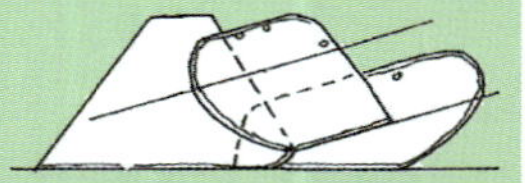

4. Wenden Sie den Deckstein. Die Rückenführung im Bereich der Fußlinie stoßen Sie an den Rücken des rechten Decksteins an. Zeichnen Sie die Rückenführung an und markieren Sie die Ferse des linken Decksteins.

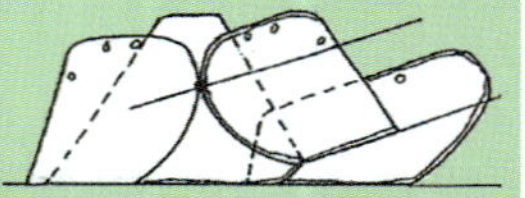

5. Schieben Sie den Deckstein so weit nach links, dass die Spitze des Decksteins 1 bis 2 cm links von der Ferse liegt. Die Brustkante des linken Decksteins zeichnen Sie an und behauen sie von vorne.

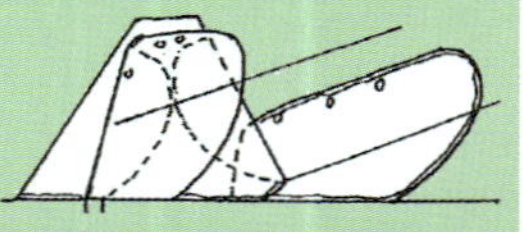

6. Behauen Sie den Kopf von hinten und lochen Sie ihn (insgesamt 4 Löcher).

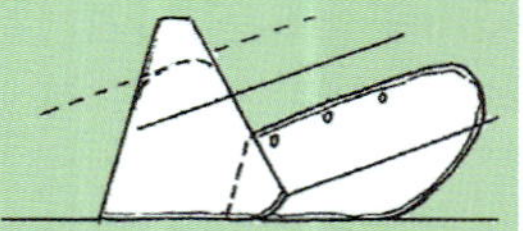

7. Der Gebindestein ist fertiggestellt.

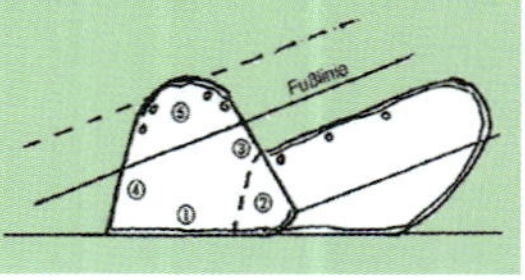

Praxisbeispiel

Ermittlung der Ansetzerhöhe

A = Ansetzerhöhe
S = Schnürabstand
Ü = Höhenüberdeckung

A = S + Ü

Beispiel
Schiefergröße 40/ 20 cm (werden hochkant eingedeckt)

Höhenüberdeckung 6 cm

$$S = \frac{40\text{ cm} - 6\text{ cm}}{2} = 17\text{ cm Schnürabstand}$$

A = 17 cm + 6 cm = 23 cm Ansetzerhöhe

Eine weitere Möglichkeit, die Ansetzerhöhe A zu bestimmen, ist:

A = Steinhöhe (hier 40 cm) –
Schnürabstand (hier 17 cm)
= 23 cm

Die Deckung der Traufe bei der Spitzwinkeldeckung erfolgt analog der Rechteckdoppeldeckung, evtl. mit einem Traufgebinde. Die Größe der Ansetzer ergibt sich durch das Abtrennen des sich unterhalb der gestutzten Ecken befindenden Teils.

13.6.1 Grat

Die Gratdeckung der Dachfläche, die der vorherrschenden Windrichtung (Hauptwetterrichtung) zugewandt ist, wird überstehend gedeckt (ca. 5 cm).

Auch bei verschiedenen Dachneigungen kann es erforderlich sein, die flacher geneigte Dachfläche überstehend zu decken. Von beiden Regeln kann jedoch in Ausnahmefällen bei kleineren Gratlängen aus optischen Gründen abgewichen werden. Alternativ kann, wie bei der Firstdeckung, auch mit Gratblechen oder Nocken (bei der Rechteckdoppeldeckung) gearbeitet werden.

Für die Altdeutsche Deckung und die Altdeutsche Doppeldeckung sind die Grate generell

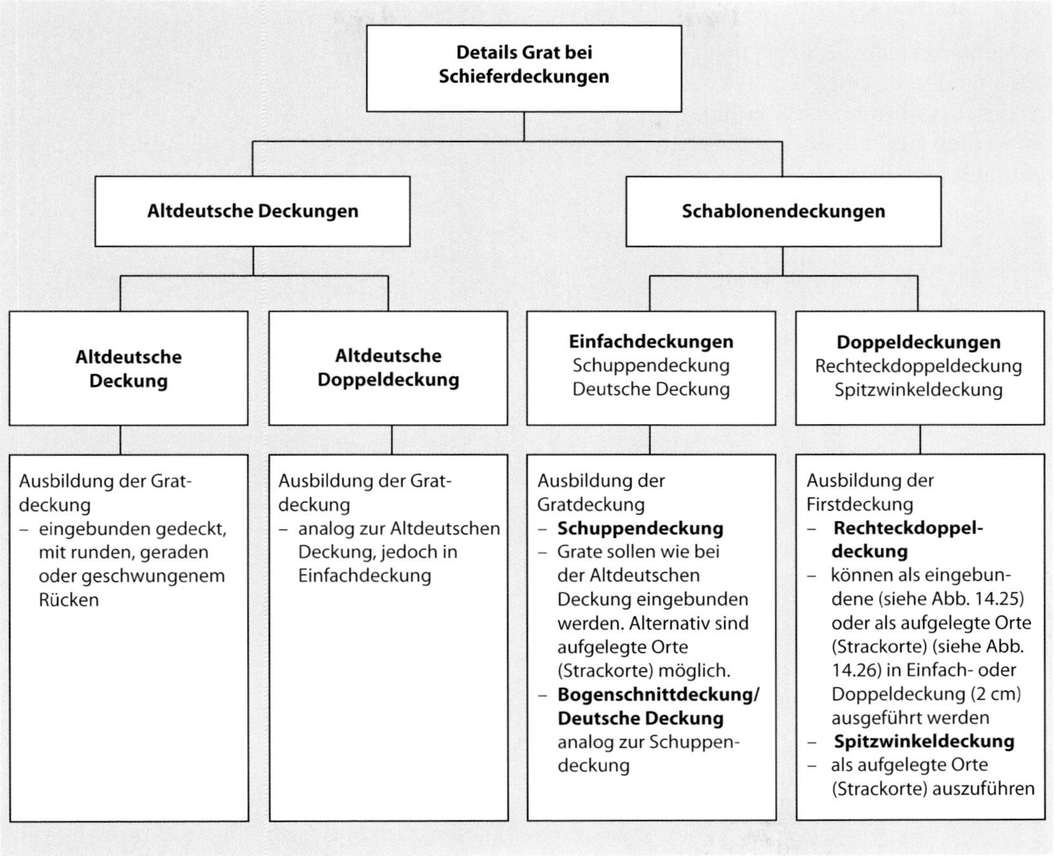

Abb. 13.35: Gratdetails bei Schieferdeckungen

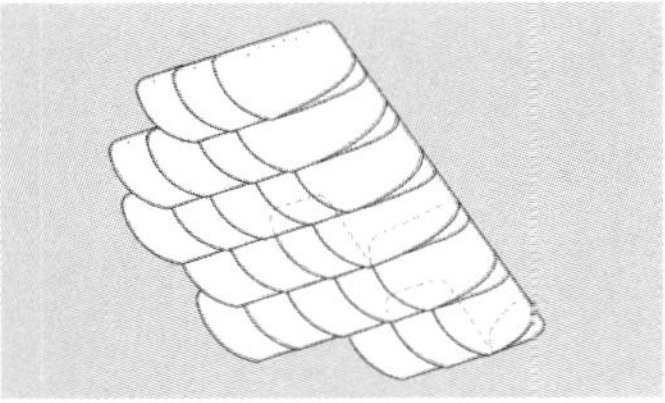

Abb. 13.36: Endortdeckung am Grat, gestaffelt mit Stichendorten bei Altdeutscher Deckung

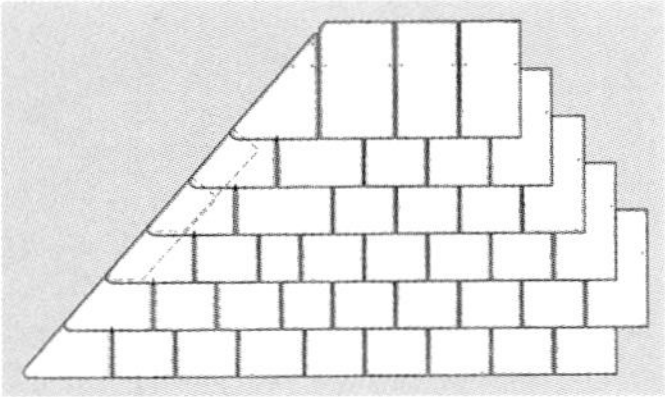

Abb. 13.37: Rechteckdoppeldeckung mit eingebundener Gratdeckung mit Metallnocken

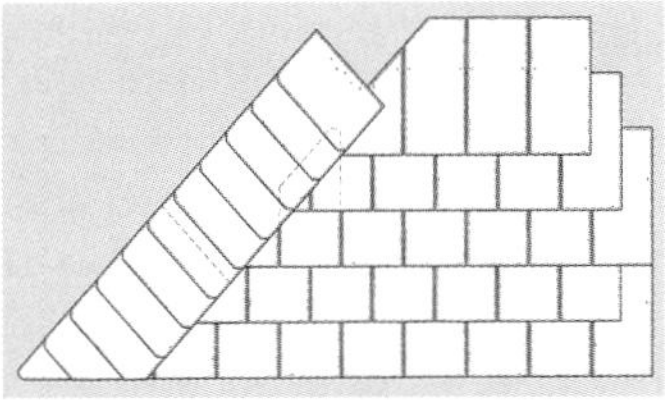

Abb. 13.38: Rechteckdoppeldeckung mit aufgelegter Ortdeckung (Strackorte)

eingebunden zu decken. Die Ausführung erfolgt wie bei der Eindeckung der Ortkanten. Allerdings können bei der Anfangortdeckung am Grat mehrere Zwischensteine notwendig werden.

Die Steine am Grat sind mit mindestens 3 Schiefernägeln oder -stiften zu befestigen. Die äußeren oberen Ecken der Steine am Grat müssen über einen wasserabweisenden Schnitt (Runden oder Stutzen der Ecke) verfügen.

Bei Deckung auf Lattung sind Bretter in entsprechender Breite anzubringen. Stattdessen können im Bereich der Gratschifter aber auch Teilflächen geschalt werden.

13.6.2 Anschlüsse

Man unterscheidet seitliche, firstseitige und traufseitige Anschlüsse. Bei der Ausführung von Anschlüssen werden ausschließlich Schiefer und/oder Metalle eingesetzt.

Seitliche Anschlüsse können als Wandkehlen (siehe Abb. 13.41 und Abb. 13.42), als Wangenkehle oder mit Anschlussblechen und Nocken ausgebildet werden. Seitliche Anschlüsse mit Metall können als unterliegende Metallanschlüsse durchgehend oder mit Schichtstücken (Nockenanschluss) (siehe Abb. 13.39 und 13.41) ausgeführt werden. Unterliegende durchgehende Metallanschlüsse erfordern entweder eine vollflächige Auflage oder einen Traglattenabstand von maximal 17 cm. Gegebenenfalls ist hierzu eine Zwischenlattung erforderlich. Die durchgehenden Metallanschlüsse können sogar vertieft ausgebildet werden, was bei hohem Wasseranfall sehr zu empfehlen ist. Sie werden grundsätzlich mit einem Wasserfalz von mindestens 15 mm Breite ausgeführt (siehe Abb. 13.40).

Am aufgehenden Bauteil werden die Anschlussbleche beim seitlichen und traufseitigen Anschluss bei Dachneigungen ab 22° mindestens 8 cm und bei firstseitigen Anschlüssen mindestens 18 cm hochgeführt und, der jeweiligen Situation entsprechend, regensicher ausgebildet.

Die Mindestüberdeckung bei Schiefer bei untergelegten unterliegenden und vertieften seitlichen Anschlussblechen beträgt mindestens 10 cm.

Ähnlich ist es bei den firstseitigen und traufseitigen Anschlüssen. Auch hier beträgt die Überdeckung (Deckwerkstoff auf unterliegendes Blech beim firstseitigen bzw. Blech

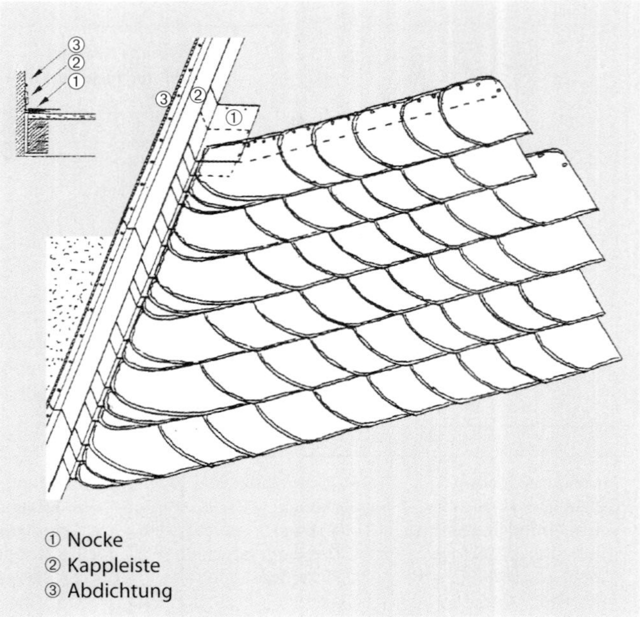

Abb.13.39: Seitlicher Anschluss mit Schichtstücken (Nocken), Kappleiste und Spritzwasserfuge an der Wand

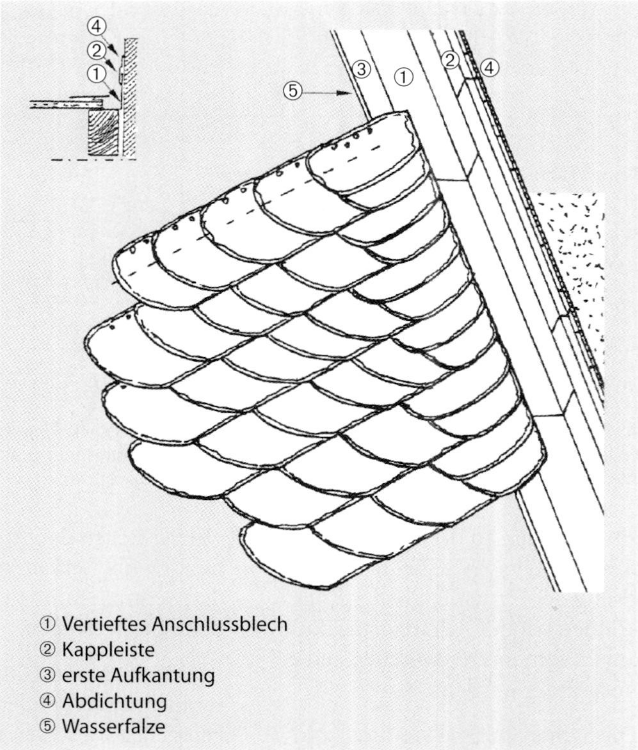

Abb. 13.40: Seitlicher Anschluss mit vertieften Anschlussblechen, Kappleiste und Spritzwasserfuge an der Wand

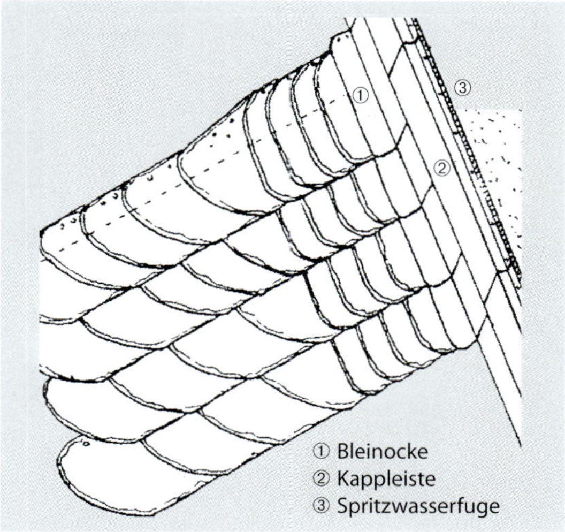

Abb. 13.41: Rechte Wandkehle

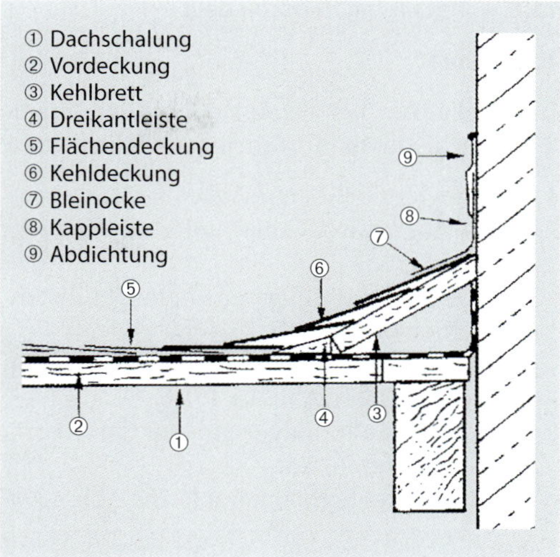

Abb. 13.42: Schnittzeichnung Unterkonstruktion Wandkehle

auf Deckwerkstoff beim traufseitigen Anschluss) mindestens 10 cm. Sollte jedoch die Höhenüberdeckung der Fläche größer als 10 cm sein, gilt diese als Maßstab. Die Überdeckung der durchgehenden Bleche bei seitlichen Anschlüssen untereinander muss (bei Dachneigungen über 22°) mindestens 10 cm betragen.

Bei der Verwendung von Schichtstücken (Nocken) beträgt die Mindestüberdeckung der Schiefer auf die Schichtstücke:

- ≤ 35° DN 15 cm,
- > 35° DN 12 cm.

Unter jeden am Anschluss anlaufenden Schiefer ein Schichtstück gedeckt (siehe Abb. 13.39). Diese werden im oberen Bereich der Höhenüberdeckung befestigt.

Die Mindesthöhenüberdeckung entspricht der Mindesthöhenüberdeckung der Flächendeckung bzw. ⅓ mehr bei Dachdeckungen mit Gebindesteigung.

Seitliche Anschlüsse können auch als Wandkehlen ausgeführt werden (Abb. 13.41).

Wandkehlen werden mit Kehlsteinen (3 bis 5 pro Kehlgebinde, Kehlsteinbreite mindestens 13 cm) hergestellt. Der Übergang zum aufgehenden Bauteil erfolgt mit Schichtstücken. Wandkehlen gelten als sehr regensicher, da sie aus der wasserführenden Ebene herausgehoben werden.

Hierzu ist ein ca. 16 cm breites Kehlbrett und eine Dreikantleiste erforderlich (siehe Abb. 13.42).

Sicherheitsdachhaken und Stützen für Schneefangvorrichtungen oder Laufstege müssen unter Verwendung von genügend breiten Blechen mit seitlichem Umschlag eingebaut und eingedeckt werden. Dabei sind die Mindesthöhen- und Seitenüberdeckungen der Flächendeckung einzuhalten. Jedoch muss die seitliche Überdeckung mindestens 10 cm betragen.

Die Einbauteile dürfen bei Belastung die Deckung nicht beschädigen. Hierzu können lastverteilende Unterlagen erforderlich sein.

13.7 Details bei Holzschindeln

13.7.1 Grat

Generell gibt es bei der Ausbildung von Graten 2 unterschiedliche Ausführungsmöglichkeiten:

1. aufgelegter Grat (siehe Abb. 13.43),
2. Schwenkgrat, wobei hier unterschieden wird in:
   - Schwenkgrat mit gerade herangeführten Reihen (siehe Abb. 13.44),
   - Schwenkgrat in rund herangeführten Reihen (siehe Abb. 13.45),
   - Schwenkgrat mit gerundeten Gratsparren (siehe Abb. 13.46),
   - aufgelegter Schwenkgrat (siehe Abb. 13.47).

Die einfachste Form der Ausführung ist der aufgelegte Grat. Sinngemäß kann er wie ein First (siehe Kapitel 9.4.13.2) gedeckt werden. Also gibt es hier auch entsprechend viele unterschiedliche Ausführungsmöglichkeiten. Geeignet ist der aufgelegte Grat für flachere Dachneigungen (≤ 30°), weil in diesen Bereichen die Ausführungen von Schwenkgraten (wegen Aufsperrungen etc.) ein hohes Maß an fachlichem Können erfordern.

Schwenkgrate hingegen sind die traditionelle Form der Gratausbildung und werden aus optischen Gründen bevorzugt verwendet. Sie eignen sich für steilere Dachneigungen (siehe oben), erfordern aber höheres fachliches Können als der aufgelegte Grat. Gerade der Schwenkgrat mit gerundeten Gratsparren oder mit gerundeter Unterkonstruktion (siehe Abb. 13.46) ist nur dann ausführbar, wenn dies schon bei der Planung des Dachstuhls bzw. der Unterkonstruktion berücksichtigt wurde. Bei den Ausführungen als Schwenkgrat wird generell zunächst der Schwenkbereich festgelegt. Dieser muss ausreichend bemessen sein und genug Raum bieten, um die Schindeln problemlos nach und nach der Gratlinie anpassen zu können. Der Schwenkbereich wird ermittelt aus der doppelten Schindellänge zuzüglich des Reihenabstandes *a*. Das Zuschneiden der Schindel erfolgt hauptsächlich auf der dem Grat zugewandten Seite, damit der Faserverlauf der Schindel dem Verlauf des Grates entspricht. Gegebenenfalls sind die Füße der Schindeln anzupassen. Um die (aus der Fläche) vorgegebene Überdeckung einzuhalten, sind ggf. längere Schindeln als in der übrigen Fläche zu verwenden.

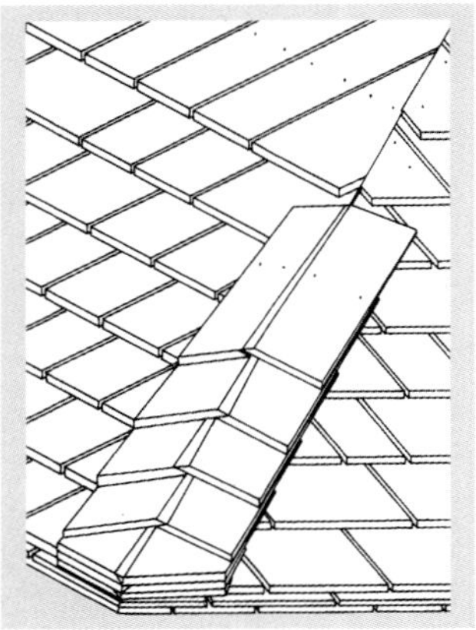

Abb. 13.43: Aufgelegter Grat

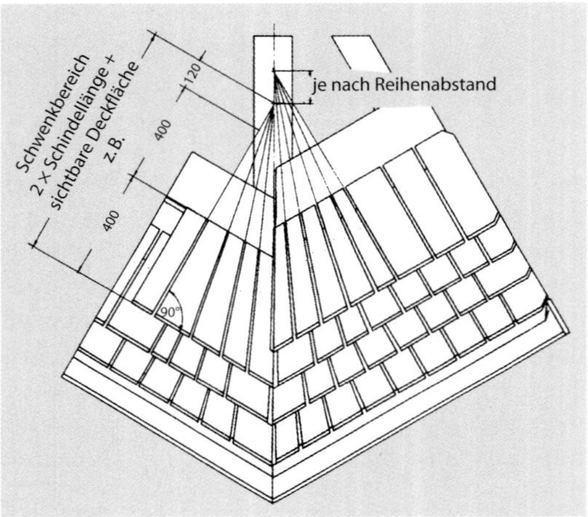

Abb. 13.44: Schwenkgrat mit gerade herangeführten Reihen

Als „Mischform" steht der aufgelegte Schwenkgrat (siehe Abb. 13.47) zur Verfügung. Hier werden die im Schwenkbereich liegenden Schindeln ebenfalls dem Gratverlauf angepasst. Hiervon ausgenommen sind die Holzschindelkanten, die im Bereich der Gratbreite liegen. Der aufgelegte Schwenkgrat wird Zug um Zug in die Flächendeckung eingebunden (man beachte das Zusammenschneiden der Gratschindeln mit den Schindeln in der Fläche!). Hierbei ist die erforderliche exakte Position der dem Grat zugewandten Fußecken der Schindeln in der Fläche zu bedenken. Diese ergibt sich aus dem Schnittpunkt der Fußlinien und der Gratbreite (siehe Abb. 13.47).

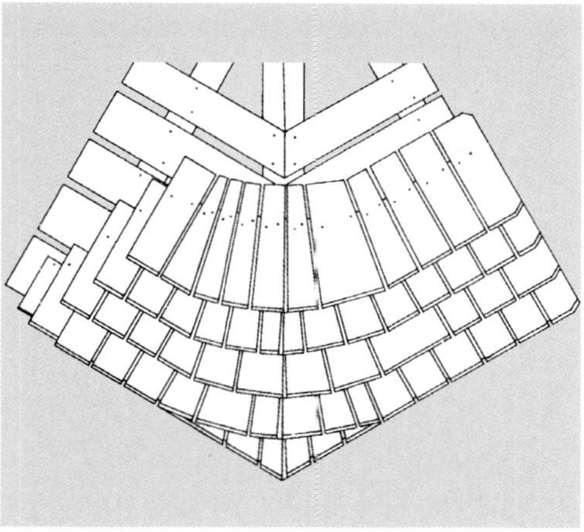

Abb. 13.45: Schwenkgrat in rund herangeführten Reihen

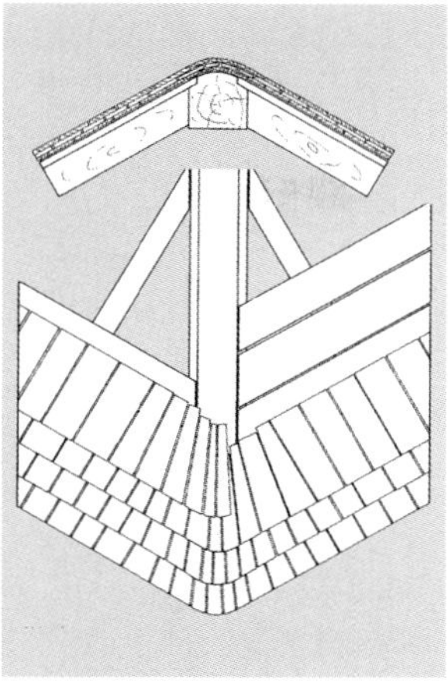

Abb. 13.46: Schwenkgrat mit gerundeten Gratsparren

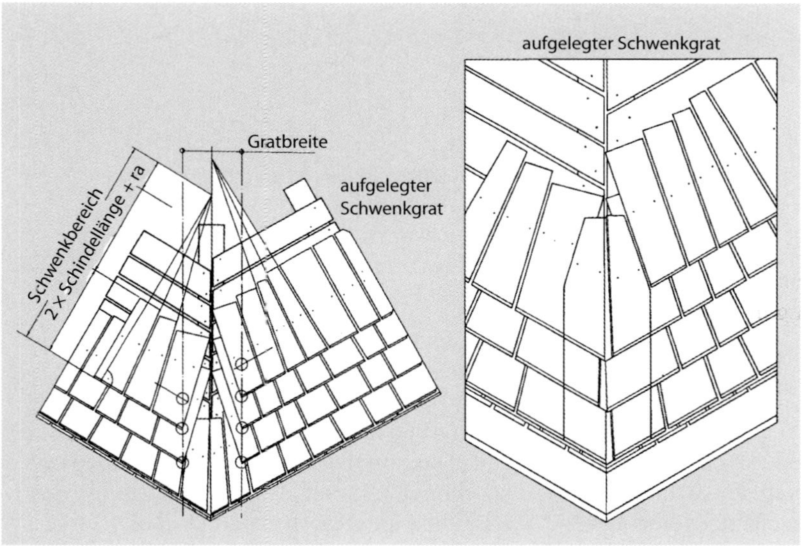

Abb. 13.47: Aufgelegter Schwenkgrat

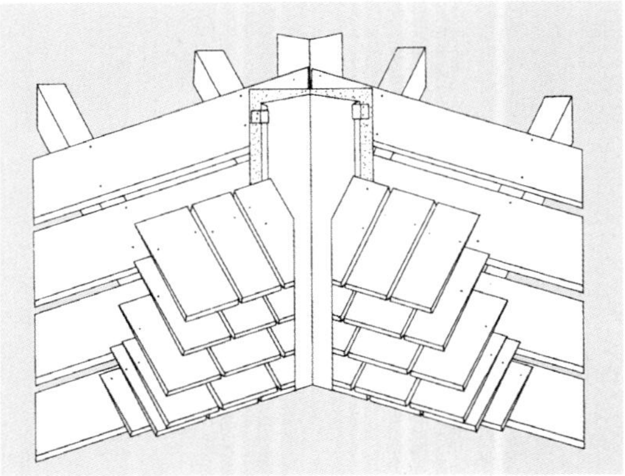

Abb. 13.48: Überdeckte Metallkehle

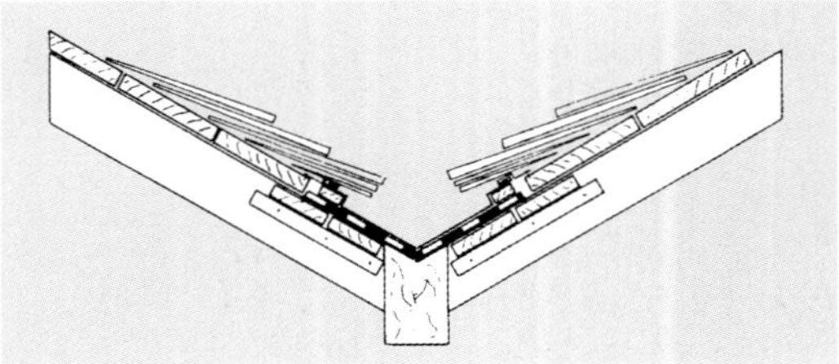

Abb. 13.49: Überdeckte Metallkehle (vertieft)

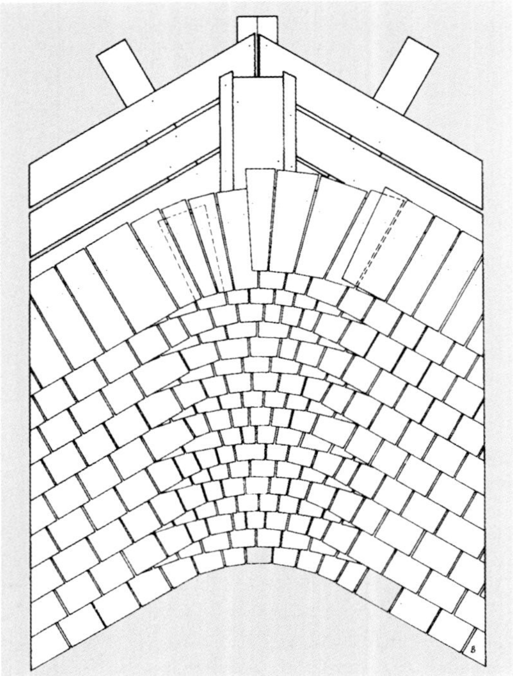

Abb. 13.50: Schwenkkehle mit Einlaufschichten

13.7.2 Kehle

Holzschindelkehlen können ausgeführt werden als

- Metallkehle (siehe Abb. 13.48, 13.49),
- Schwenkkehle (siehe Abb. 13.50, 13.51),
- eingebundene Kehle (siehe Abb. 13.52).

Die überdeckte Metallkehle ist optisch weniger ansprechend als die Schwenkkehle oder die eingebundene Kehle. Wegen der zügigeren Ableitung des Niederschlagswassers über das Blech und des damit verbundenen besseren Schutzes der Holzschindeldeckung wird sie vorzugsweise bei Kehlneigungen unter 25° (das entspricht ca. 35° Dachneigung) ausgeführt. Die (überdeckte) Metallkehle, auch Blechkehle genannt, wird auf vollflächiger Unterlage (Schalung), welche mit einer besandeten Bitumenbahn zu belegen ist, ausgeführt.

Bei erhöhtem Wasseranfall wird empfohlen, die Kehle vertieft auszuführen. Die Vertiefung ist ca. 20 bis 24 mm (Schalungsdicke) tief und in jede Richtung (gemessen von der Kehllinie) ca. 200 mm breit. Die Überdeckung der Holzschindel über die Vertiefung beträgt 5 bis 8 cm. Bei der nicht vertieften Ausführung beträgt die Überdeckung der Holzschindel über das Blech 10 bis 12 cm.

Die Zuschnittbreite beträgt (im Gegensatz zu Kehlausbildungen mit anderen Deckwerkstoffen) bei der nicht vertieften Ausführung mindestens 500 mm und bei der vertieften Ausführung 666 mm. Diese Vorgaben gewährleisten zusammen, dass die Kehle „offen" (freier Wasserabfluss und Selbstreinigungseffekt) ausgeführt werden kann und sich so weniger verstopfungsgefährdender Schmutz ansammelt.

Dachseitig erhalten Blechkehlen bei Holzschindeln einen mindestens 20 mm breiten Wasserfalz, welcher durch die Deckung nicht zusammengedrückt werden darf. Dies wird durch das Anbringen einer ebenso dicken Leiste unmittelbar neben dem Kehlblech erreicht.

Die Verbindung der Kehlbleche untereinander beträgt bei Kehlneigungen bis 22° mindestens 150 mm und über 22° mindestens 100 mm. Um einen kapillaren Wassereinzug zu verhindern, sind die Kopf- und Fußenden der Kehlbleche anzureifen.

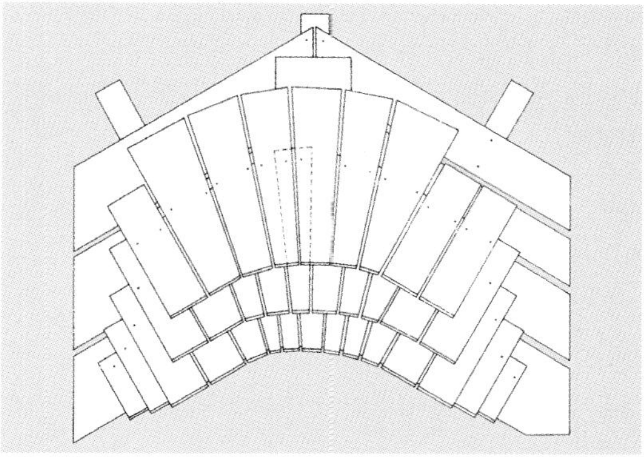

Abb. 13.51: Schwenkkehle mit längeren Schindeln im Kehlbereich

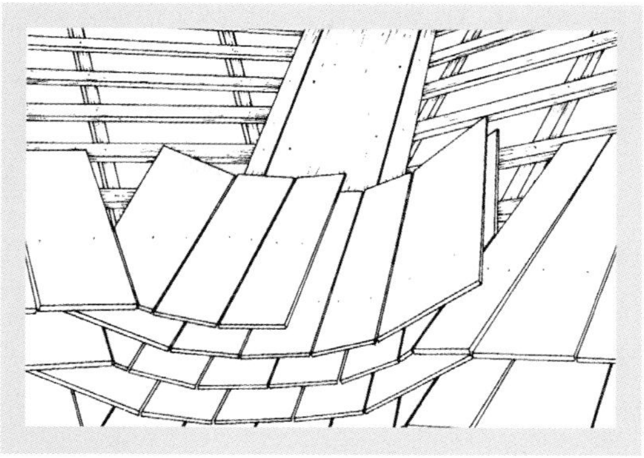

Abb. 13.52: Eingebundene Kehle

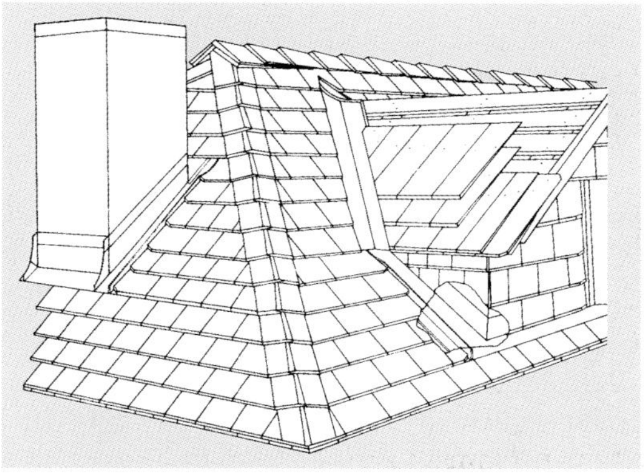

Abb. 13.53: Seitlicher Wandanschluss Blech

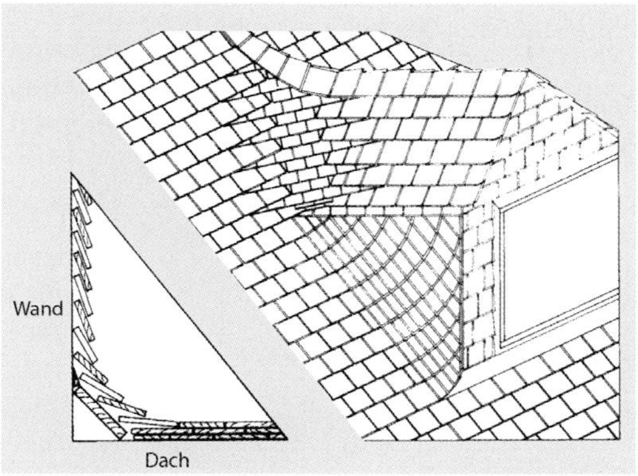

Abb. 13.54: Seitlicher Wandanschluss Wangenkehle

Metallkehlen werden bei unter 25° Kehlneigung ausgeführt und sind äußerst sorgfältig herzustellen (z. B. im Hinblick auf freien Wasserablauf).

Bei steileren Dachflächen sind Schwenkkehlen und eingebundene Kehlen problemlos auszuführen und werden aus optischen Gründen vorrangig gewählt. Wegen ihrer hohen Anforderungen werden diese besonderen Kehlausführungen hier nur kurz angesprochen.

Sowohl eingebundene Kehlen als auch Schwenkkehlen sind im Kehlbereich mindestens vierlagig (Dreifachdeckung) auszuführen. Die Kehldeckung erfolgt auf einem Kehlbrett mit ggf. seitlich angebrachten Dreikantleisten. Bei Schwenkkehlen kann dies erreicht werden durch die Verwendung längerer Schindeln (ca. ⅓ länger; siehe Abb. 13.51) oder durch das Verlegen von sog. Einlaufschichten (zusätzliche Reihen; siehe Abb. 13.50). Bei Schwenkkehlen werden die Holzschindeln dem Kehlverlauf entsprechend konisch zugerichtet.

Eingebundene Kehlen und Schwenkkehlen sind optisch ansprechender, kommen aber aus fachlichen Gründen erst ab Kehlneigungen über 25° infrage.

Tabelle 13.7: Verträglichkeit verschiedener Materialien mit nicht imprägnierten Holzschindeln (aus praktischen Erfahrungswerten)

Materialien	Lärche	Fichte/ Tanne	Kiefer	Eiche	Western Red Cedar	Alerce	Eastern White Cedar	Yellow Cedar
Kupfer	V	G	G	V	V/U	V	V/U	V/U
Aluminium beschichtet	G	G	G	V	G/V	V	G/V	G/V
Zink	V	G	G	U	U	U	U	U
nicht rostende Stähle nach DIN 17 440	G	G	G	G	G	G	G	G
Blei plus	G	G	G	V	G/V	G	V/U	G/V
Bleche verzinkt	U	V	V	U	U	U	U	U
Bleche gestrichen	V	V	V	V	V	V	V	V

G = gut geeignet; V = Verfärbungen/Korrosion möglich; U = ungeschützt ungeeignet; mit geeigneten Schutzanstrichen (gemäß Empfehlungen der Hersteller) versehen, sind diese Materialien auch einsetzbar.

13.7.3 Anschlüsse

Anschlüsse (firstseitige, traufseitige und seitliche) können bei Holzschindeln sinngemäß wie bei einer Rechteckdoppeldeckung aus Schiefer oder Faserzementdachplatten ausgeführt werden. Möglichkeiten für seitliche Anschlüsse sind demnach Ausbildungen mit untergelegten Blechen, mit Schichtstücken, als Wand- oder Wangenkehle. Grundsätzlich ist auf einen rückstaufreien, ungehinderten Wasserabfluss zu achten.

13.7.4 Dachfenster, Dachausstiege, Einbauteile und Dachdurchdringungen

Dachfenster, Dachausstiege, Einbauteile und Dachdurchdringungen müssen regensicher eingefasst werden. Dies kann sinngemäß wie bei Anschlüssen erfolgen. Bei Holzschindeln können bei geeigneten Abmessungen fertige Einbauteile verwendet werden oder handwerklich hergestellte Lösungen zum Einsatz kommen. Um einen Wasserrückstau durch Verschmutzungen zu verhindern, ist grundsätzlich im Nackenbereich (Kehlbereich) darauf zu achten, dass die Deckung einen ausreichenden Abstand (10 cm) zur Durchdringung aufweist. Die Mindestüberdeckung der Deckung auf das Blech beträgt hier bei Dachneigungen unter 22° 15 cm und bei Dachneigungen ab 22° 10 cm. Beachten Sie hierbei die zwei- bzw. dreilagige Verlegung der Holzschindeln!

Um seitlich einen ungehinderten Wasserablauf zu gewährleisten können diese Bereiche mit Stehfalz ausgeführt werden. Ein Wasserfalz von 15 mm ist in jedem Fall vorzusehen.

Holzschindeldeckungen sind an Details wie Einbauteilen und Durchdringungen äußerst sorgfältig anzuarbeiten.

Um eine Beschädigung der Deckung bei nachträglichem Einbau zu vermeiden, sollten Blitzschutzanlagen, Schneefangvorrichtungen (Stützen, Halter) etc. während der Eindeckung montiert und eingefasst werden.

13.7.5 Verträglichkeit

Bei der Bearbeitung von Details in einem Holzschindeldach ist besonders auf die Verträglichkeit der i. d. R. verwendeten Metalle mit den unterschiedlichen Holzarten bei imprägnierten Schindeln zu achten. Tabelle 13.7 soll hierzu Hilfestellung geben.

13.8 Details bei Bitumenschindeln

Projektaufgabe:

Sie erhalten den Auftrag, ein Dach (siehe Abb. 13.55) mit Bitumenschindeln einzudecken. Die Fläche ist fertig verschalt. Ihre Aufgaben bestehen somit darin, die fachgerechte Ausbildung der Details Traufe, First, Ortgang, Grat und

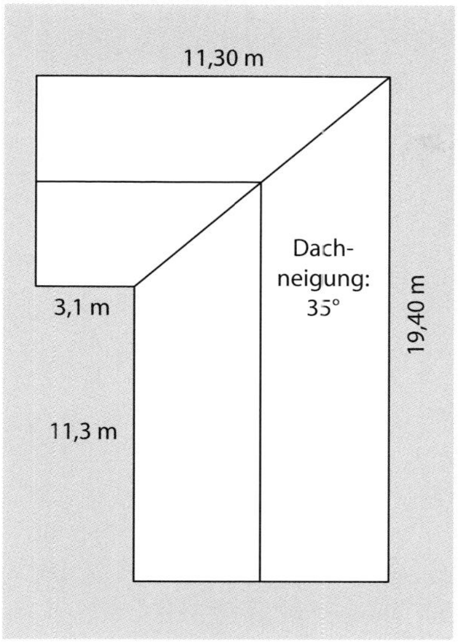

Abb. 13.55: Draufsicht L-Bau

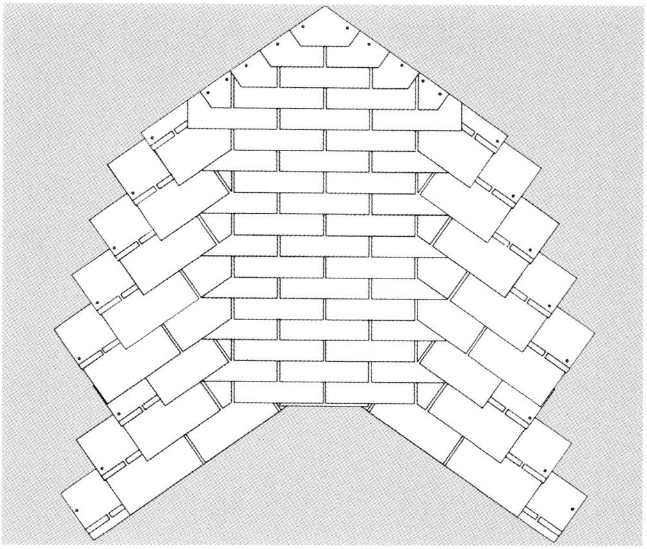

Abb. 13.56: Eingebundene Bitumenschindelkehle, 2 Schürzen breit

Kehle zu planen. Zur Planung der Detailausbildungen gehören das Erstellen eines Ablaufplans sowie das Anfertigen von Skizzen möglicher Detailausführungen. Ebenfalls ist das Schnürschema (horizontal und vertikal, siehe Kapitel 9.4) zu planen und per Skizze darzustellen. Bestimmen Sie ebenfalls überschlägig die erforderliche Anzahl an Bitumenschindeln.

Der Kunde hat folgende Wünsche geäußert:

- Entwässerung an der Traufe ohne Rinne,
- Flächendeckung mit Bitumenschindeln im Rechteckformat (Schindel: 1.000 mm × 34 mm, Schürzenbreite 240 mm, Fuge 10 mm, neigungsabhängige Höhenüberdeckung),
- Firstdeckung mit Schürzen,
- Kehle als wechselseitig gedeckte Bitumenschindelkehle,
- Ortausführung mit Dreikantleiste und Abdeckblech.

13.8.1 Grat

Der Grat wird sinngemäß wie der First gedeckt. Die am Grat anlaufenden Schindeln werden parallel zur Gratkante abgeschnitten und am Fuß mit einem (nach der Gratdeckung nicht sichtbaren) wasserabweisenden Schnitt versehen.

13.8.2 Kehle

Bitumenschindelkehlen können ausgeführt werden als:

- **eingebundene Bitumenschindelkehle** (siehe Abb. 13.56),
- **untergelegte Bitumenschindelkehle mit Metall, Bitumenbahnen oder Bitumenschindeln.** Bei untergelegten Bitumenschindelkehlen aus Metall gilt für die Überdeckung der Bleche untereinander, dass sie bei einer Kehlneigung unter 15° wasserdicht verbunden werden müssen. Bei Kehlneigungen von 15° bis 22° ist eine einfache Überlappung von 150 mm, bei einer Kehlneigung über 22° eine einfache Überlappung von 100 mm aus-

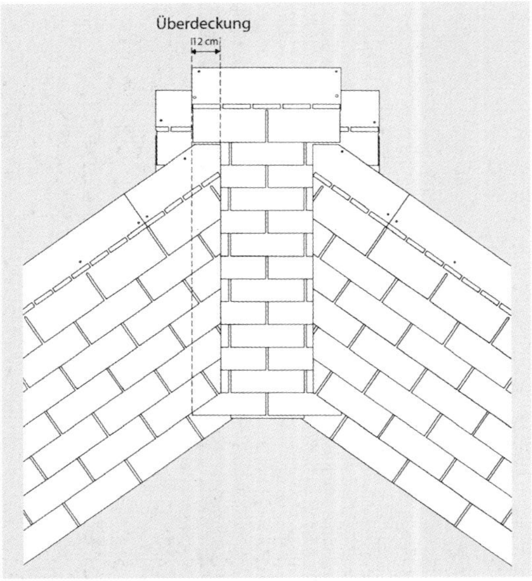

Abb. 13.57: Untergelegte Kehle aus Bitumenschindeln

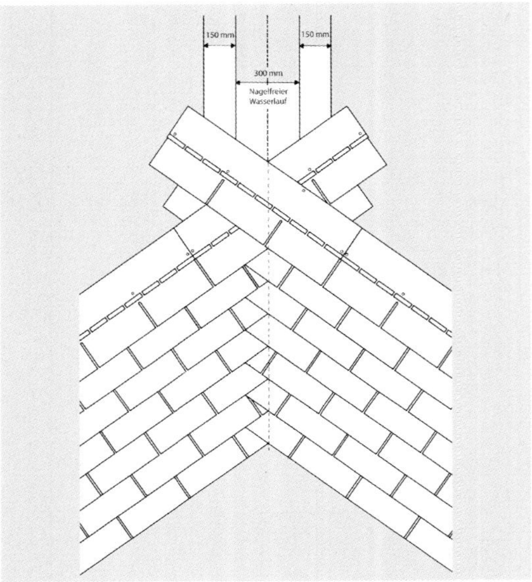

Abb. 13.58: Wechselseitig gedeckte Bitumenschindelkehle

reichend. Bei der einfachen Überlappung sind die Kanten anzureifen. Die Kehlbleche haben einen Mindestzuschnitt von 40 cm und erhalten dachseitig einen Umschlag von mindestens 1,5 cm. Die Überdeckung der Schindel auf das Kehlblech erfolgt (winklig zur Kehllinie gemessen) analog zu den Mindestüberdeckungen beim seitlichen Anschluss. Bei der untergelegten Kehle aus Bitumenschindeln (siehe Abb. 13.57) wird zunächst die Kehle im Halbverband in Dreifachdeckung mit mindestens 1 cm Höhenüberdeckung gedeckt. Das heißt, dass das vierte Gebinde das erste um mindestens 1 cm überdeckt. Bei der überdeckten Kehle aus Bitumenbahnen wird eine längs halbierte Bitumenbahn (andere Ausführungen sind möglich) mittig in die Kehle gelegt und entsprechend befestigt. Bei untergelegten Kehlen aus Bitumenbahnen und Schindeln beträgt die Überdeckung der Dachfläche auf die Kehle neigungsunabhängig mindestens 12 cm. Beide können mit oder ohne Kehlbrett ausgeführt werden. Bei allen untergelegten Kehlen ist die letzte Schindel der anlaufenden Gebinde am Kopf mit einem wasserabweisenden Schnitt zu versehen.

- **wechselseitig gedeckte Bitumenschindelkehle** (siehe Abb. 13.58): Diese Art der Kehlausführung ist einfach und gängig. Sie kann mit und ohne zusätzliches Kehlbrett erfolgen. Zur Ausführung sind zunächst 2 Schnürungen erforderlich:
  1. aus der Kehlmitte gemessen jeweils 30 cm nach rechts und nach links
  Im Zuge der Deckung sind ganze Bitumenschindeln wechselseitig bis über den gegenüberliegenden Schnurschlag zu decken.
  2. aus der Kehlmitte gemessen jeweils 15 cm nach rechts und nach links
  Der so entstehende Bereich von 30 cm Breite muss nagelfrei bleiben. Beim Eindecken werden nun einfach die Deckgebinde der Fläche wechselseitig in die Kehle geführt, also z. B.: erstes Gebinde linke Seite, erstes Gebinde rechte Seite, zweites Gebinde linke Seite, zweites Gebinde rechte Seite usw. Zu beachten ist lediglich, dass in der Kehle ganze Schindeln gedeckt werden und diese bis mindestens zur jeweils gegenüberliegenden 30-cm-Markierung reichen. Außerdem ist der nagelfreie Bereich von 30 cm Breite einzuhalten.

13.8.3 Anschlüsse

Anschlüsse werden unterschieden in firstseitige, traufseitige und seitliche Anschlüsse. Firstseitige (z. B. Kaminkehle) werden mit Metall ausgeführt. Traufseitige Anschlüsse (z. B. Brustblech bei Gauben oder Kaminen) können mit Metall oder mit Schindeln gedeckt werden. Die Deckung mit Schindeln bietet sich z. B. an, wenn an einem Kamin oder einer Gaube die seitlichen Anschlüsse ebenfalls mit Schindeln (Wandkehle) gedeckt werden. Die Überdeckung Bitumenschindel auf Metall (firstseitig) bzw. Metall auf Bitumenschindel (traufseitig) muss bei Dachneigungen über 22° mindestens 100 mm und von 15° bis 22° mindestens 150 mm betragen. Bitumenschindeldeckungen bei Dachneigungen unter 15° sind unzulässig!

Seitliche Anschlüsse können ausgeführt werden:

- **als Wandkehle mit Dreikantleiste:**
  Die Anschlusshöhe unter 22° beträgt mindestens 100 mm und ab 22° mindestens 80 mm.
- **mit untergelegten Anschlussblechen (siehe Abb. 13.59):**
  Diese erhalten dachseitig einen Umschlag und werden von den Bitumenschindeln mindestens 100 mm überdeckt. Die Verbindung der Anschlussbleche als einfache Überlappung beträgt über 22° Dachneigung mindestens 100 mm und bis 22° mindestens 150 mm. Bis 22° Dachneigung ist ebenfalls eine verfalzte Ausführung möglich.
- **mit Schichtstücken (Nocken):**
  Dabei wird unter jede am Anschluss anlaufende Schindel am Fuß bündig ein Schichtstück gedeckt. Die Zuschnittlänge der Schichtstücke entspricht der Sichthöhe der Schindel zuzüglich der Höhenüberdeckung in der Fläche. Die Zuschnittbreite ergibt sich aus der o. g. Mindestanschlusshöhe und der seitlichen Überdeckung von mindestens 100 mm (siehe untergelegte Anschlussbleche).

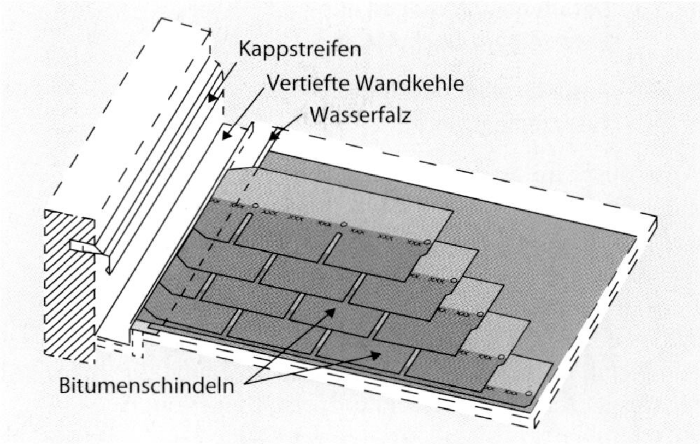

Abb. 13.59: Wandanschluss Bitumenschindel, vertieft

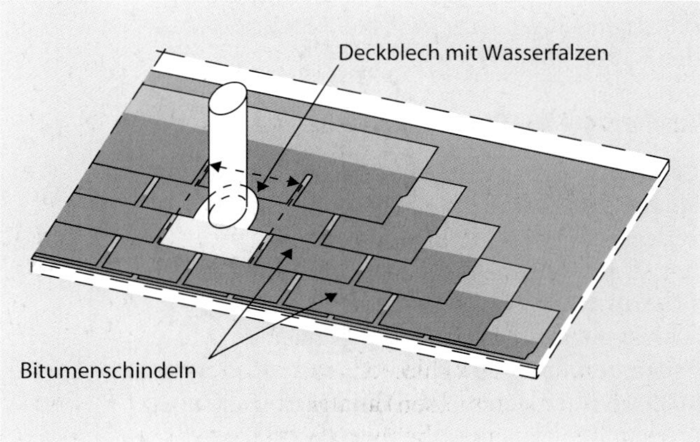

Abb. 13.60: Rohrdurchführung mit Bitumenschindeln

13.8.4 Dachfenster, Dachausstiege, Einbauteile und Dachdurchdringungen

Dachfenster, Dachausstiege, Einbauteile und Dachdurchdringungen (siehe Abb. 13.60) müssen regensicher eingefasst werden. Dies kann sinngemäß wie bei Anschlüssen erfolgen. In der Regel werden für Bitumenschindeln geeignete Formteile verwendet. Handwerkliche Ausführungen sind allerdings ebenfalls möglich. Bei Sicherheitsdachhaken, Stützen für Schneefangvorrichtungen, Blitzableitern oder Laufstegen kann eine zusätzliche Metallunterlage erforderlich sein.

13.9 Details bei Deckungen mit Faserzement-Dachplatten

13.9.1 Anschlüsse im Dachbereich für Faserzementplatten

Anschlüsse im Dachbereich müssen überall da ausgeführt werden, wo die Dachfläche, z. B. durch Wand, Schornstein oder Dachgaube, unterbrochen wird. Wir unterscheiden seitliche, firstseitige und traufseitige Anschlüsse. Die Anschlüsse können mit Metall, einer Kombination aus Metall und Dachplatten oder mit Dachplatten ausgeführt werden. Bei der Herstellung von Anschlüssen aus Metall können Kupferbleche, Zinkbleche, verzinktes Stahlblech, korrosionsbeständiges Stahlblech, Alublech, kunststoffbeschichtetes Blech oder Walzblei verwendet werden.

Traufseitiger Metallanschluss

Bei traufseitigen Anschlüssen wird ein gekantetes Anschlussblech auf die Dachplattendeckung verlegt und am aufgehenden Bauteil so befestigt, dass es gegen Abrutschen und Windsog gesichert ist. Das Anschlussblech muss als Abschluss auf der Plattendeckung einen Umschlag haben und die Flächendeckung um mindestens 100 mm überdecken. Die Anschlussbleche untereinander können gelötet werden. Bei einer einfachen seitlichen Überdeckung muss diese Überdeckung mindestens 100 mm betragen. Unterhalb des Anschlusses sind die Platten auszuspitzen und evtl. ein Firstgebinde zu decken.

Traufseitige Anschlüsse mit Dachplatten

Traufseitige Anschlüsse an aufgehenden Bauteilen können auch mit schräg gestellten Deckgebinden oder ähnlich einer Kehle gedeckt werden. Die Deckunterlage ist hierfür aus einer Kombination von Dreikantleisten und Brettern herzustellen.

Seitliche Anschlüsse aus Metall

Seitliche Anschlüsse aus Metall können mit untergelegten oder vertieften Anschlussblechen oder mit Schichtstücken als Nockenanschluss ausgeführt werden. Die Dachdeckung liegt auf den Anschlussblechen auf. Bei Anschlüssen an

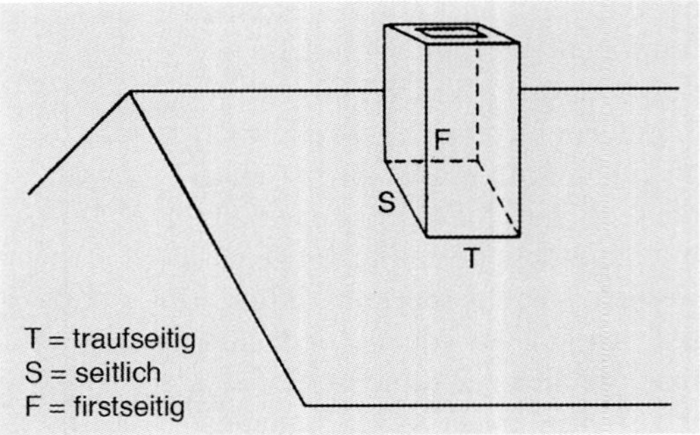

Abb. 13.61: Zuweisung von Anschlüssen

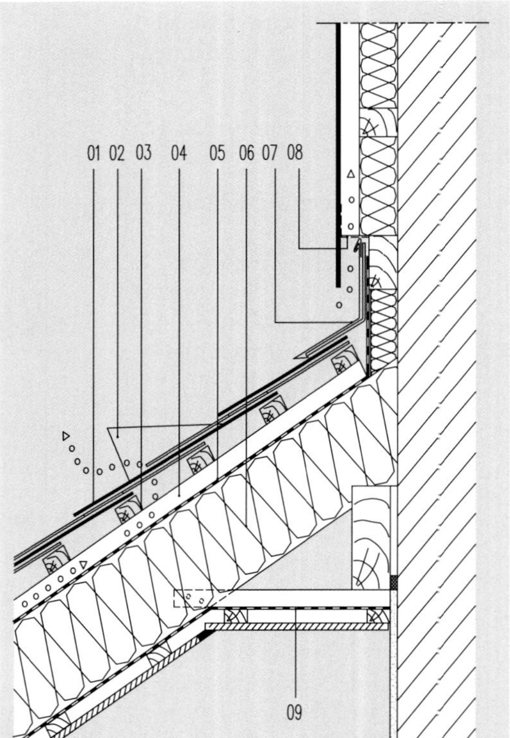

Abb. 13.62: Traufseitiger Metallanschluss

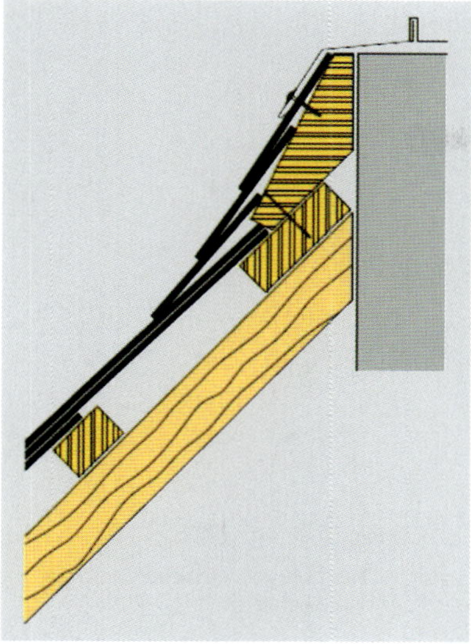

Abb. 13.63: Brustkehle

Abb. 13.64: Traufseitiger Anschluss

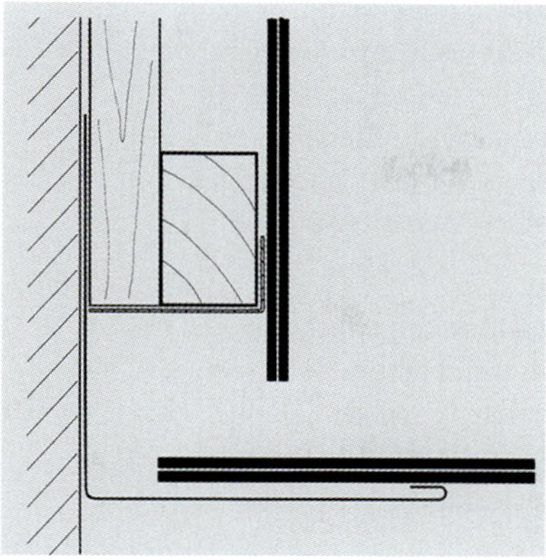

Abb. 13.65: Seitlicher Anschluss aus Metall mit vertieftem Anschlussblech

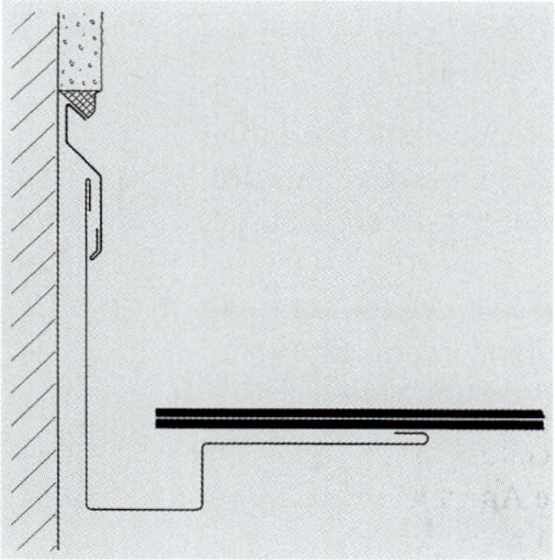

Abb. 13.66: Seitlicher Anschluss aus Metall mit unterlegtem Anschlussblech

Darum geht es

- Anschlüsse für Faserzementplatten können mit Metall, einer Kombination aus Metall und Dachplatten oder mit Dachplatten ausgeführt werden. Sie können traufseitig, seitlich oder firstseitig sein.
- Seitliche Anschlüsse können als **Wandkehlen** oder mit **Anschlussblechen** und **Nocken** ausgebildet werden. Dabei dürfen nur Schiefer und Metalle verwendet werden. Die Ausbildung als Wangenkehle (auf welche hier nicht näher eingegangen wird) ist auch möglich.

aufgehenden Bauteilen, die mit einer Wandbekleidung versehen werden, kann man einteilige Bleche verwenden. Seitliche Anschlüsse an z. B. Mauerwerk oder Putz müssen zweiteilig mit einem Überhangstreifen angeschlossen werden. Durchgehend untergelegte Anschlussbleche werden auf vollflächiger Deckunterlage mit Vordeckung oder auf Lattung mit einem Traglattenabstand < 170 mm angebracht. Bei Anschlüssen aus Blei muss immer eine vollflächige Deckunterlage vorhanden sein. Untereinander müssen die Bleche eine Überdeckung von mindestens 100 mm haben.

Die Befestigung der Anschlussbleche erfolgt mit Nägeln im oberen Bereich der Höhenüberdeckung und mit Haften an der dachseitigen Längsseite. Die Anschlussbleche sind an der dachseitigen Längsseite mit einem mindestens 15 mm breiten Wasserfalz zu versehen. Die Metallanschlüsse können bei geringer Wasserbelastung nur mit einem Wasserfalz verwendet werden oder aber vertieft mit einem Wasserlauf von mindestens 40 mm Breite und 20 mm Vertiefung. Auch der Einbau von Sonderkonstruktionen (z. B. mit Steg) ist möglich. Es ist darauf zu achten, dass der freie Wasserlauf zwischen wandseitiger Aufkantung und Deckwerkstoff oder Steg mindestens 40 mm beträgt. Bei geringer Niederschlagsbelastung können die Dachplatten bis an das aufgehende Blech gedeckt werden. Die Überdeckung der Deckwerkstoffe über die untergelegten Anschlussbleche beträgt ≥ 100 mm.

Bei Anschlüssen mit Metallnocken muss die Überdeckung der Nocken untereinander mindestens die Höhenüberdeckung der Dachdeckung betragen. Bei Deckungen mit Gebindesteigung ist die Überdeckung um mindestens ⅓ zu erhöhen.

Abhängig von der Dachneigung beträgt die Überdeckung der Nocken:

- bei ≤ 35° mindestens 150 mm,
- bei > 35° mindestens 120 mm.

Jede den Anschluss anlaufende Platte wird mit einer Nocke unterlegt. Jedes Deckgebinde wird auf dem Metallanschluss als Ortdeckung ausgeführt.

Bei Anschlüssen aus Blei muss immer eine vollflächige Deckunterlage vorhanden sein.

Seitliche Anschlüsse als Wandkehle

Bei der Deutschen Deckung können Anschlüsse an aufgehenden Bauteilen als rechte oder linke eingehende Wandkehle gedeckt werden. Jedes Deckgebinde erhält ein Kehlgebinde und ist, je nach Deckrichtung der Flächendeckung, mit einer Wasserplatte oder Einfällerplatte einzubinden. Die Kehlgebinde sind aus mindestens 3 und maximal 5 Kehlplatten ansteigend zu decken. Für die Kehldeckung werden Faserzementplatten 13/40 cm verwendet, die einen geraden Rücken mit kurzem Bruch haben. Befestigt werden die Kehlplatten mit mindestens 3 Schieferstiften. Die Höhenüberdeckung der Dachdeckung ist im Kehlbereich um mindestens ⅓ zu erhöhen und die Seitenüberdeckung beträgt mindestens 65 mm. Als Deckunterlage sind eine 160 mm bis 200 mm breite Kehlschalung aus Brettern und eine Dreikantleiste erforderlich. Die Kehlschalung wird am aufgehenden Bauteil mit mindestens einer Dachlatte 40/60 mm un-

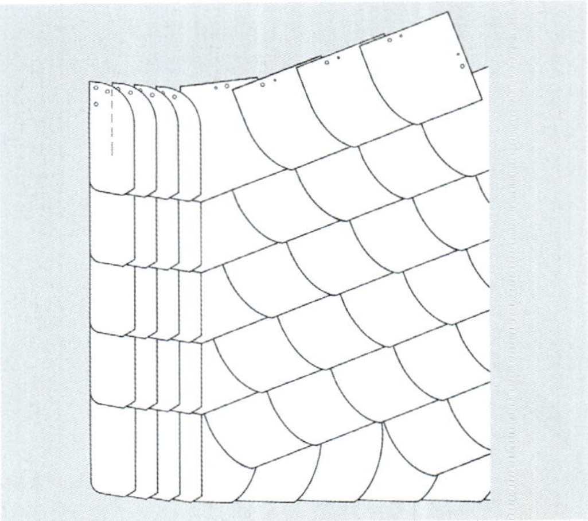

Abb. 13.67: Seitlicher Anschluss: Deutsche Deckung mit linker eingehender Wandkehle

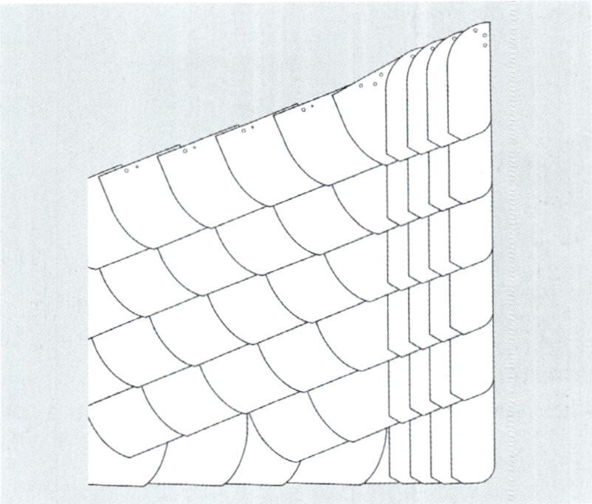

Abb. 13.68: Seitlicher Anschluss: Deutsche Deckung mit rechter eingehender Wandkehle

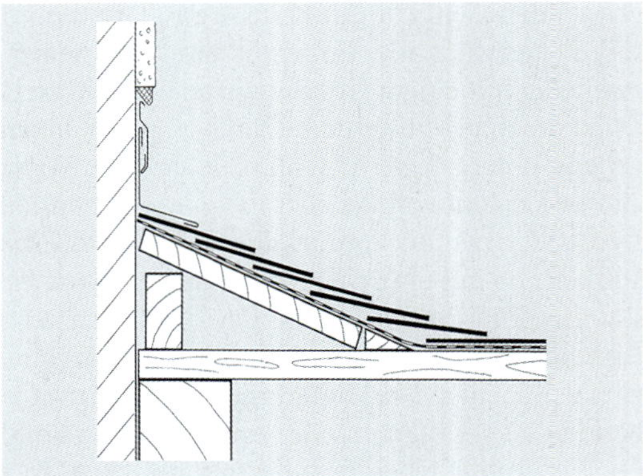

Abb. 13.69: Querschnitt einer Wandkehle

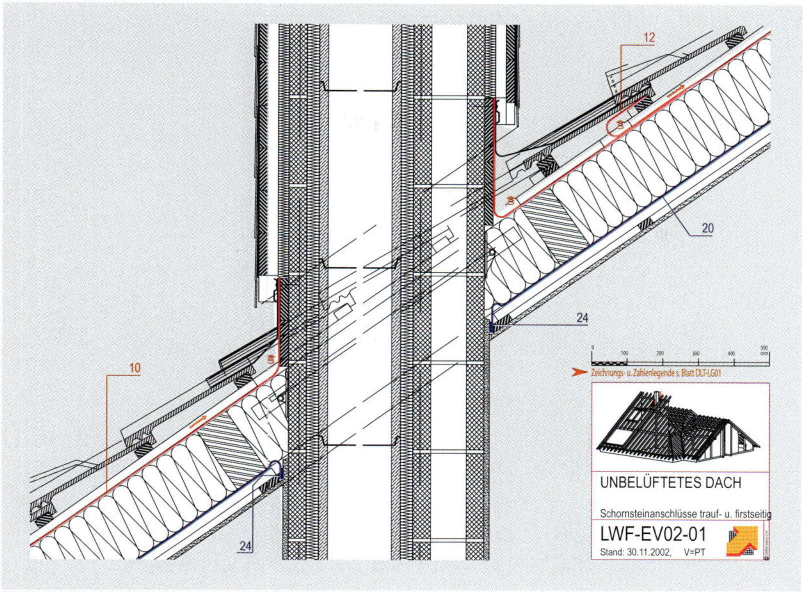

Abb. 13.70: Trauf- und firstseitiger Anschluss

Begriffe

Metallkehlen können aus Kupferblech, Zinkblech, verzinktem Stahlblech, korrosionsbeständigem Stahlblech, Alublech, kunststoffbeschichtetem Blech oder Walzblei hergestellt werden.

terlegt und die Dreikantleiste bildet einen Übergang zur Flächenschalung. Die Kehlschalung ist mit einer Vordeckung zu versehen.

Die Höhenüberdeckung der Dachdeckung ist im Kehlbereich um mindestens 1/3 zu erhöhen.

Firstseitige Anschlüsse

Bei der Herstellung der firstseitigen Anschlüsse können Zinkbleche, verzinktes Stahlblech, korrosionsbeständiges Stahlblech, Alublech, kunststoffbeschichtetes Blech oder Walzblei verwendet werden. Die Anschlüsse werden als Kehle ausgeführt und brauchen eine vollflächige Auflage. Am aufgehenden Bauteil ist eine Schenkellänge von mindestens 180 mm und firstseitig von 280 mm auszuführen. Die Metallkehlen sind bauteilseitig und firstseitig mit einem Falz von mindestens 15 mm zu versehen. Die Überdeckung muss der Flächendeckung entsprechen, aber mindestens 100 mm betragen.

Die Metallkehlen sind bauteilseitig und firstseitig mit einem 15-mm-Falz zu versehen.

13.9.2 Hauptkehlen

Metallkehlen

Metallkehlen können aus Kupferblech, Zinkblech, verzinktem Stahlblech, korrosionsbeständigem Stahlblech, Alublech, kunststoffbeschichtetem Blech oder Walzblei hergestellt werden. Die Kehlen können als durchgehende Blechkehlen oder als Nockenkehlen ausgeführt werden. Metallkehlen sind für alle Deckungen geeignet.

Durchgehende Kehlen können ausgeführt werden mit:

- ebenem Wasserlauf,
- vertieftem Wasserlauf,
- Wasserlauf mit Steg.

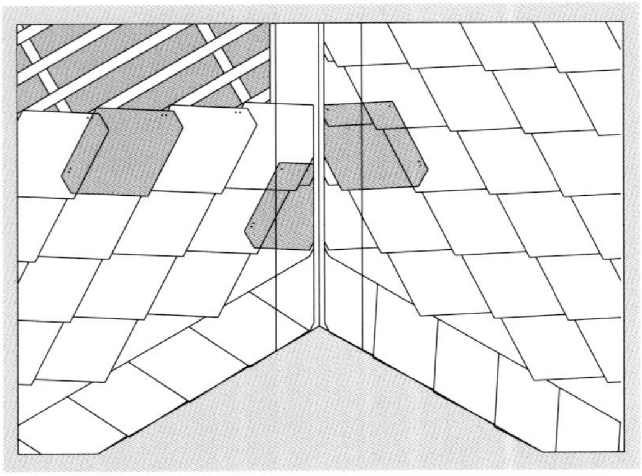

Abb. 13.71: Blechkehle bei Rhombusdeckung

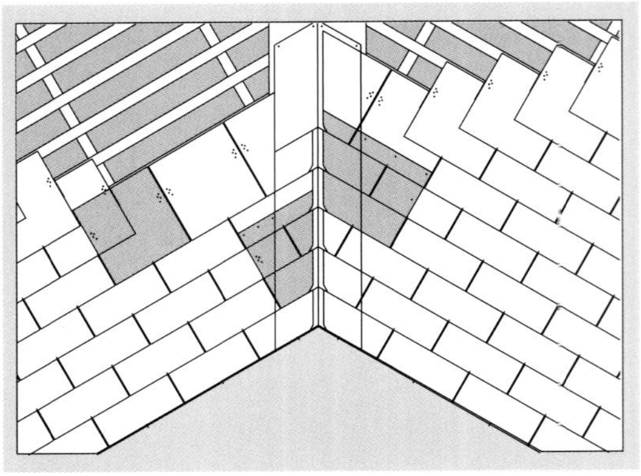

Abb. 13.72: Nockenkehle

Wenn durch unterschiedliche Dachneigungen einseitig mit erhöhtem Wasseranfall zu rechnen ist, sollte die Kehle mit Steg oder vertieft ausgeführt werden. Wird eine vertiefte Kehlausführung gewählt, muss die Vertiefung mindestens 20 mm und die Breite der Vertiefung mindestens 80 mm betragen. Seitlich müssen die durchgehenden Kehlbleche einen Falz ≥ 15 mm haben. Die Zuschnittbreite sollte mindestens 400 mm betragen. Als Deckunterlage werden vollflächige Unterlagen mit einer Vordeckung versehen oder Traglattungen mit einem lichten Abstand von < 130 mm verwendet. Bei Kehlen aus Blei werden immer vollflächige Deckunterlagen verwendet. Die Kehlbleche müssen sich untereinander bei einer Kehlneigung < 22° mindestens 150 mm und bei einer Kehlneigung ≥ 22° 100 mm überdecken. Die Dachplatten müssen die Metallkehlen, rechtwinklig zur Kehle gemessen, bei Dachneigungen bis 50° 120 mm und bei Dachneigungen ≥ 50° mindestens 100 mm überdecken. Die Befestigung der Kehlbleche erfolgt wie bei den seitlichen Metallanschlüssen. Die auf den Kehlblechen auslaufenden Gebinde können im Bereich der Kehle nach Bedarf mit größeren Plattenformaten gedeckt werden. Die Platten sind auslaufend mit Rundung oder gestutzter Ecke zu versehen.

Nockenkehlen

Bei der Rhombusdeckung und Spitzschablonendeckung darf keine Nockenkehle gedeckt werden. Nockenkehlen können nur bei gleicher Dachneigung der anzuschließenden Dachflächen gedeckt werden. Die Kehlneigung muss mindestens 25° betragen. Die Länge und Breite der Nocken ist abhängig von der Dachdeckung und vom Plattenformat. Die Überdeckung der Schichtstücke untereinander beträgt bei einer Dachneigung von

- > 45° mindestens 140 mm,
- < 45° mindestens 160 mm.

Seitlich werden die Nocken mindestens 150 mm von den Dachplatten überdeckt. Zur Befestigung der Nocken werden mindestens 2 Nägel im oberen Bereich der Höhenüberdeckung angebracht. Die Fußlinien der Deckgebinde müssen auf einer Linie auslaufen. Die Dachdeckung muss parallel beidseitig 1 cm aus der Kehlmitte enden, damit ein freier Wasserablauf gegeben ist. Die auslaufenden Dachplatten werden zur Kehle hin gerundet oder erhalten einen Eckenschnitt. Die Gebinde können auch mit gleich großen Deckplatten auf den Kehlblechen enden. Die anderen Deckplatten, die dabei erforderlich werden, sind regelmäßig im Verband zu decken, wobei der Drittelverband nicht unterschritten werden darf.

Untergelegte Plattenkehle

Untergelegte Plattenkehlen dürfen nur bei gleicher Dachneigung gedeckt werden. Die Dachflächen sollten in etwa gleich groß sein. Es können die Plattenformate 13/40 cm und 20/40 cm verwendet werden. Als Auflage der Platten muss eine Kehlschalung vorhanden sein. Für die Breite der Kehlschalung müssen der Kehlwinkel, die

Abb. 13.73: Untergelegte Plattenkehle

Tipp

- Ist mit erhöhtem Wasseranfall zu rechnen, sollte das Kehlblech mit Steg oder vertieft ausgeführt werden.
- Bei der Nockenkehle darf die Kehlneigung 25° nicht unterschreiten.

Kehlbreite und das Plattenformat berücksichtigt werden. Da die untergedeckte Plattenkehle von der Dacheindeckung überdeckt wird, muss die Kehlschalung tiefer angebracht werden als die Traglatten oder Schalung der Dachfläche. Außerdem können bei einer Dachdeckung auf Schalung in der Kehle Bretter und Dreikantbretter so angebracht werden, dass dadurch die Flächendeckung angehoben wird.

Die erforderliche Mindestkehlbreite beträgt:

- bei Format 13/40 die Breite von 5 Kehlplatten,
- bei Format 20/40 die Breite von 4 Kehlplatten.

Bei der Kehle muss das vierte Kehlgebinde das erste Gebinde um mindestens 10 mm überdecken. Die Kehlplatten werden im Halbverband mit einer Stoßfuge von 3 bis 6 mm gedeckt und mindestens mit 2 Schieferstiften befestigt. Bei den Außenkanten der äußeren Kehlplatten müssen die Ecken gerundet oder gestutzt werden. Die Deckung der Dachflächen muss die untergelegte Plattenkehle bei ≥ 40° Dachneigung mindestens 120 mm, rechtwinklig zur Kehllinie gemessen, überdecken. Die Deckgebinde der Dachflächendeckung sind auslaufend auf die untergelegte Kehldeckung zu decken. Dabei ist es zulässig, größere Plattenformate zu verwenden. Die letzte Deckplatte ist mit einer Rundung oder einem Eckenschnitt zu versehen. Der obere Abschluss der Kehle wird als Kragengebinde gedeckt. Die Kehlplatten unterhalb des Kragengebindes sind auszuspitzen.

Untergelegte Plattenkehlen dürfen nur bei gleicher Dachneigung gedeckt werden.

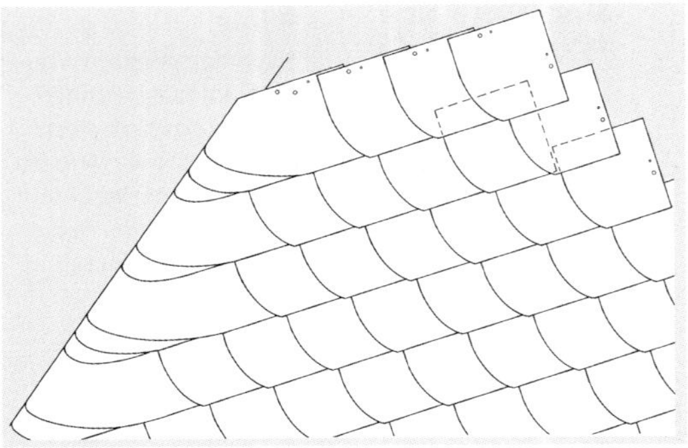

Abb. 13.74: Grat: Deutsche Deckung (Bogenschnittdeckung) mit Anfangort (Stichort)

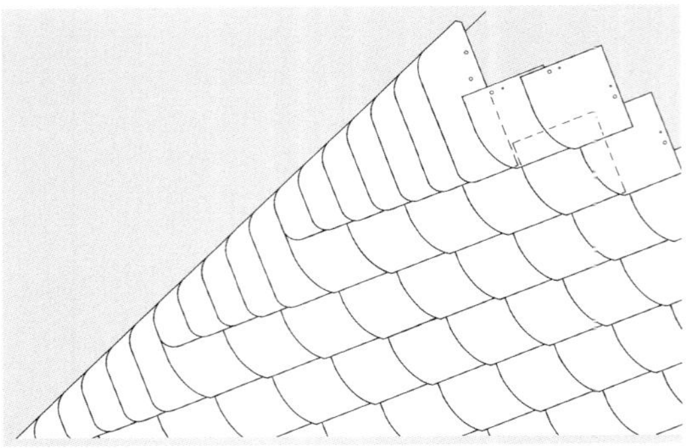

Abb. 13.75: Grat: Deutsche Deckung (Bogenschnittdeckung) mit Anfangort (stehend)

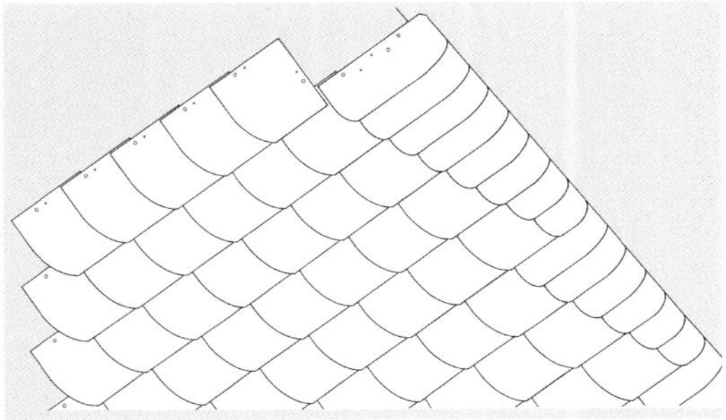

Abb. 13.76: Grat: Deutsche Deckung (Bogenschnittdeckung) mit Doppelendort

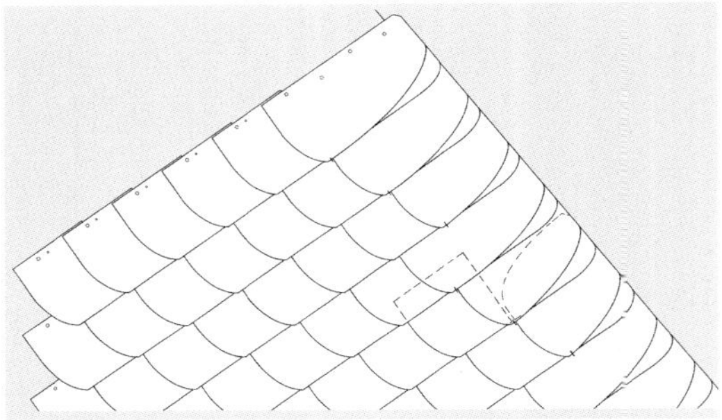

Abb. 13.77: Grat: Deutsche Deckung (Bogenschnittdeckung) mit Endstichort

13.9.3 Gratausbildung

Deutsche Deckung

Bei der Deutschen Deckung (Bogenschnittdeckung) sollen Anfang- und Endorte an der Gratkante eingebunden gedeckt werden. Eine andere Möglichkeit besteht darin, den Anfangort stehend auszuführen. Es kann erforderlich sein, die Gebindesteigung anzupassen, dass die Brustkanten der Dachplatten am Endort in etwa parallel zur Gratkante verlaufen. Dabei darf allerdings die höchstzulässige Gebindesteigung nicht überschritten werden. Auch kann es erforderlich sein, den Endort als Strackort zu decken. Beim Strackort müssen alle sichtbaren Kanten gestutzt oder gerundet sein. Der Strackort sollte so unterlegt werden, dass er in gleicher Ebene mit der Flächendeckung zu liegen kommt.

Endorte können gestaffelt als Doppelendorte oder mit Stichendorten gedeckt werden. Die Dachplatten am Grat werden bei eingebundener oder aufgelegter Deckung mit mindestens 3 Schieferstiften befestigt. Endstichortplatten muss man zusätzlich mit einem Plattenhaken befestigen. Wenn die Dachplatten nur am Kopf befestigt werden, ist versetzt zu nageln. Die Gratausbildung wird auf der dem Wetter zugewandten Dachseite mit einem Überstand von 40 bis 60 mm über die fertige Deckung ausgebildet.

Doppeldeckung

Grate bei der Doppeldeckung können als eingebundene oder aufgelegte Gratdeckung in Einfach- oder Doppeldeckung gedeckt werden. Bei einer Doppeldeckung mit den Formaten 20 cm × 40 cm, 30 cm × 30 cm oder 40 cm × 40 cm kann der Grat unter eventueller Verwendung von größeren Formaten eingebunden gedeckt werden, wenn die beiden Dachflächen beiderseits des Grates gleiche Dachneigungen von mindestens 45° haben. Hierbei sind die Dachplatten auf Gratmitte unter Verwendung einer Metallnocke stumpf stoßend zu verlegen.

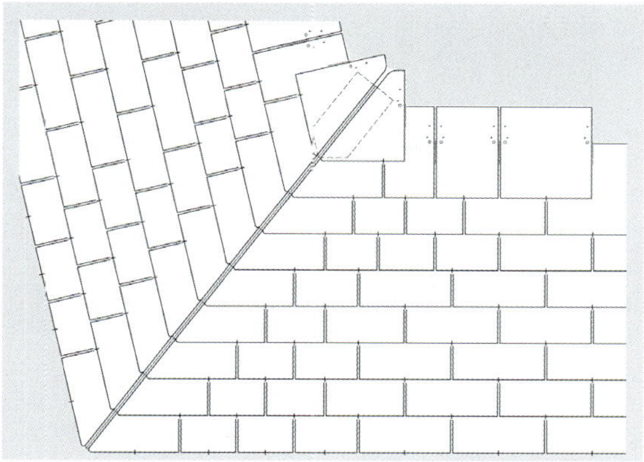

Abb. 13.78: Grat mit Nocken: Doppeldeckung, eingebunden

■ **Darum geht es**

Beim Anpassen der Gebindesteigung ist darauf zu achten, dass die maximale Gebindesteigung nicht überschritten wird.

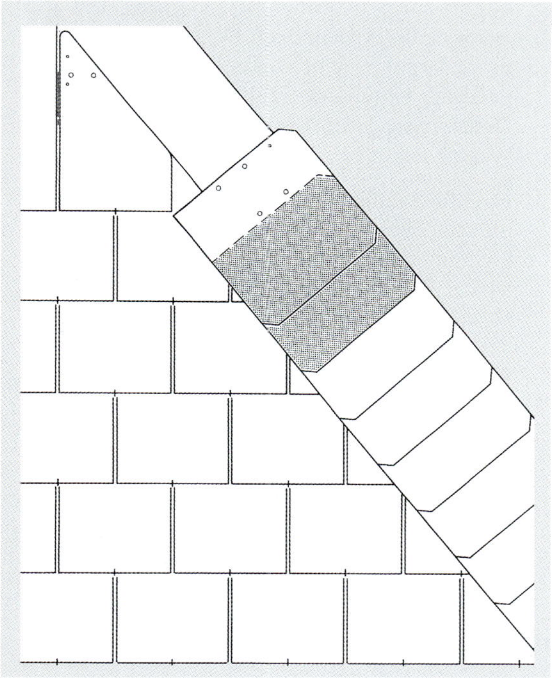

Abb. 13.79: Grat: Doppeldeckung, Strackort

Die Zuschnittbreite der Nocken beträgt mindestens 200 mm. Die Zuschnittlänge der Nocken muss mindestens dem Plattenhöhenmaß entsprechen. Die sichtbaren Ecken der Dachplatten entlang der Gratkante sind abzurunden. Zuschnitte der Dachplatten sind im Verband regelmäßig aufzuteilen, dabei darf der Drittelverband nicht unterschritten werden. Die Platten am Grat sind bei aufgelegten Orten mit mindestens 3 Schieferstiften, bei eingebunden gedecktem Grat mit mindestens 2 Schieferstiften und einem Plattenhaken zu befestigen.

Rhombusdeckung, Spitzschablonendeckung und Waagerechte Deckung

Bei den Grateindeckungen müssen die Höhen- und Seitenüberdeckungen mindestens der der Flächendeckung entsprechen. Strackorte sind

Abb. 13.80: Dachflächenfenster in der Doppeldeckung

Abb. 13.81: Einsatz und Montage

aufgelegte Orte, die mit mindestens 10 cm Überdeckung über die Flächendeckung gedeckt werden. Wird der Strackort in Doppeldeckung ausgeführt, muss die erste Platte von der dritten Platte mindestens 2 cm überdeckt werden. Die Gratdeckung der Dachfläche, die der Hauptwindrichtung zugewandt ist, wird überstehend gedeckt. In Ausnahmefällen (z. B. kleinere Gratlängen) kann hiervon abgewichen werden. Außerdem kann bei verschiedenen Dachneigungen die flacher geneigte Dachfläche überstehend gedeckt werden. Der freie Überstand über der fertig gedeckten untergehenden Dachseite beträgt 40 bis 60 mm. Abweichend hiervon können Grate mit Gratblechen ausgeführt werden. Die äußeren oberen Ecken der Dachplatten am Grat müssen einen Wasser abweisenden Schnitt (Runden oder Stutzen der Ecke) haben. Bei Deckung auf Lattung sind Bretter entsprechender Breite anzubringen. Hiervon abweichend können im Bereich der Gratschifter auch Teilflächen geschalt werden und sind dann mit Vordeckung zu versehen.

Die äußeren oberen Ecken der Dachplatten am Grat müssen einen Wasser abweisenden Schnitt (Runden oder Stutzen der Ecke) haben.

13.9.4 Einbauteile

Dachfenster, Dachflächenfenster und Ausstiegsfenster

Bei Dachfenstern handelt es sich um regensichere, ungedämmte Fenster. Heute werden Dachfenster bei Wohnhäusern nur noch sehr selten eingebaut, da sie den bauphysikalischen Anforderungen nicht mehr entsprechen. Verwendet werden sie jedoch bei nicht ausgebauten Dachgeschossen oder Nebengebäuden, als Maßnahme zur Belichtung und Belüftung bzw. als Ausstieg für Arbeiten am Dach oder Kaminen. Es ist darauf zu achten, dass die Unterspannbahnen oder Unterdeckbahnen firstseitig auf die Dachfenster geführt werden und das anfallende Wasser seitlich am Fenster vorbeigeleitet wird.

Dachflächenfenster sind wärmegedämmte und mehrfachverglaste Fenster, die für ausreichenden Lichteinfall und Belüftung sorgen. Ausstiegsfenster sind ebenfalls wärmegedämmt und mit Mehrfachverglasung versehen. Sie dienen zum einen dem Ausstieg für Wartungsarbeiten im Dachbereich, können aber auch als Notausstieg von der Landesbauverordnung gefordert sein. Die Unterspannbahnen oder Unterdeckbahnen müssen fachgerecht angeschlossen werden. Es ist darauf zu achten, dass die Wärmedämmung an die Dachflächenfenster und Ausstiegsfenster herangeführt wird. Die Dachflächenfenster und Ausstiegsfenster werden i. d. R. mit unterschiedlichen Eindeckrahmen für die jeweiligen Deckungen geliefert. Die Deckung des seitlichen Anschlusses erfolgt als Ortdeckung.

Sicherheitsdachhaken, Stützen für Sicherheitsvorrichtungen

Beim Eindecken von Sicherheitsdachhaken und Stützen für Schneefangvorrichtungen oder Laufstege müssen Bleche mit ausreichender Länge und Breite verwendet werden. Die Bleche müssen von den Dachplatten mindestens so weit überdeckt sein, wie es in der Dachfläche vorgeschrieben ist. Seitlich und im Kopfbereich sind die Bleche mit einem Falz zu versehen. Die Sicherheitsdachhaken und Stützen für Laufstege

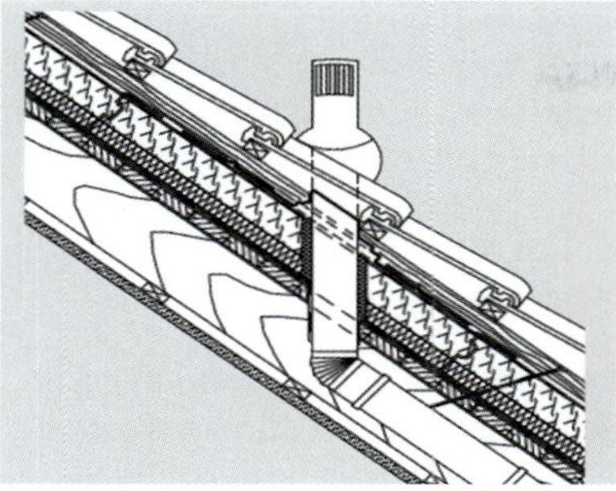

Abb. 13.82: Überdachentlüfter

Abb. 13.83: Überdachentlüfter im Ziegeldach

müssen über eine bauaufsichtliche Zulassung für den Verwendungszweck verfügen. Die Haken und Stützen sind so einzubauen, dass durch Belastung kein Druck auf die Platten der Eindeckung entsteht. Es kann erforderlich sein, eine lastverteilende Unterlage zu schaffen. Beim Einbau sind die Herstellerangaben zu berücksichtigen und die mitgelieferten Befestigungsmittel zu verwenden.

Die Sicherheitsdachhaken und Stützen für Laufstege müssen eine bauaufsichtliche Zulassung für den Verwendungszweck haben.

13.9.5 Dachdurchdringungen

Bei Dachdurchdringungen handelt es sich z. B. um Rohrdurchführungen, Kanallüftungen und Tragkonstruktionen für Sat-Anlagen. Deren Abdichtung zur Dacheindeckung erfolgt mittels handwerklich hergestellter oder vorgefertigter Formteile. Die Durchdringungen müssen dicht an die Unterspannbahn oder Unterdeckbahn angeschlossen werden.

Dachgauben

Eine Dachgaube ist ein Dachaufbau im geneigten Dach eines Gebäudes. Dachgauben können unterschiedliche Formen haben, z. B. Walmgauben, Sattelgauben, Schleppgauben, Rundgauben, Spitzgauben und Fledermausgauben. Die Dachgaube dient zur Belichtung und Belüftung der Dachräume. Zu diesem Zweck befinden sich normalerweise Fenster in Gauben von Wohngebäuden. Gleichzeitig vergrößert eine Gaube den nutzbaren Raum im Dachgeschoss. Die Stirnseite der Dachgaube kann in der Flucht (der Verlängerung) der darunterliegenden Außenwand liegen, ist jedoch meist von der Dachtraufe des Hauptdaches in Richtung des Dachfirstes zurückgesetzt. Während in historischen Dachgauben nur die parallel zu First und Dachtraufe liegende Stirnseite verglast war, werden heute vereinzelt auch die seitlichen Flächen der Gaube, die beiden (i. d. R. senkrechten) Gaubenwangen, verglast. Dachgauben können entsprechend der Hauptdachfläche oder mit anderen Deckwerkstoffen eingedeckt werden. Durch die unterschiedlichen Formen können sich als Anschluss an die Dachflächen Kehlen, seitliche, traufseitige und firstseitige Anschlüsse ergeben. Bei der Herstellung von Anschlüssen sind dieselben Regeln wie bei der Hauptdachfläche zu beachten. Bei Dachgauben mit Dachneigungen unterhalb der Regeldachneigung können zusätzliche Maßnahmen bis hin zur Dachabdichtung erforderlich werden.

Begriffe

- **Fenster im Dachbereich:** Man unterscheidet **Dachfenster, Dachflächenfenster** und **Ausstiegsfenster.** Dachfenster sind regensicher und ungedämmt. Dachflächenfenster sind wärmegedämmt und mehrfachverglast. Sie sorgen für Licht und Belüftung. Ausstiegsfenster sind wärmegedämmt und haben Mehrfachverglasung. Sie dienen dem Ausstieg für Wartungsarbeiten, können aber auch als Notausstieg gefordert sein.
- Unter **Dachgaube** versteht man den Dachaufbau im geneigten Dach eines Gebäudes, der zur Belichtung und Belüftung der Dachräume dient. Es gibt z. B. Walmgauben, Sattelgauben, Schleppgauben, Rundgauben, Spitzgauben und Fledermausgauben.

→ Nähere Informationen zu Gauben siehe auch Kapitel 8

13.10 Details bei Deckungen mit Faserzement-Wellplatten

13.10.1 Anschlüsse

Bei der Herstellung von Anschlüssen sind Metallprofile oder Faserzementformteile zu verwenden. Einteilige Anschlüsse können bei weiterführenden Wandbekleidungen eingebaut werden. An aufgehenden Bauteilen wird der Anschluss mit Kappleiste zweiteilig ausgeführt.

Seitliche untergelegte Metallanschlüsse

Bei den seitlichen Anschlüssen an aufgehende Bauteile können Metallbleche unterdeckend oder überdeckend verarbeitet werden. Bei unterdeckenden Anschlüsse aus Metall müssen vollflächige Deckunterlagen oder Traglatten mit einem maximalen Abstand von 170 mm vorhanden sein. Werden Anschlüsse aus Blei hergestellt, muss immer eine vollflächige Deckunterlage vorhanden sein. Untergelegte durchgehende Metallanschlüsse können, je nach Wasserbelastung, unterschiedlich ausgeführt werden:

- einfache Anschlüsse mit Wasserfalz (nur bei geringer Wasserbelastung anzuwenden),
- vertiefte Anschlüsse,
- Sonderkonstruktionen (z. B. mit Steg).

Die untergelegten Bleche werden im oberen Bereich der Höhenüberdeckung genagelt und an der Längsseite mit Haften befestigt. Die dachseitige Längsseite ist mit einem mindestens 15 mm breiten Wasserfalz zu versehen. Der freie Wasserlauf zwischen wandseitiger Aufkantung und Deckwerkstoff oder Steg sollte mindestens 40 mm betragen. Bei geringer Niederschlagsbelastung kann bis an das aufgehende Blech gedeckt werden. Bei Ausführungen der Anschlüsse mit Steg kann die Deckung bis zum Steg herangeführt werden. Beim unterliegend vertieften Anschluss muss die Vertiefung eine Mindesttiefe von 20 mm und eine Mindestbreite von 40 mm aufweisen.

Die Überdeckung durchgehend untergelegter Metallanschlüsse untereinander beträgt bei Dachneigungen

- $> 22°$ mindestens 100 mm,
- $\geq 15°$ bis $\leq 22°$ mindestens 150 mm als einfache Überdeckung oder Falzverbindung,
- $< 15°$ als wasserdichte Verbindung (Löten o. Ä.).

Seitliche überdeckende Metallanschlüsse

Bei überdeckenden Anschlüssen werden geeignete Bleche selbsttragend und durchgehend über dem Deckwerkstoff angeordnet. Die überdeckenden Bleche enden dachseitig mit einem Umschlag. Bei profilierten Deckwerkstoffen muss das Blech den nächsten Hochpunkt ausreichend überdecken. Somit wird gewährleistet, dass das Wasser vom Anschluss weggeleitet wird.

Die Verbindung durchgehender Bleche untereinander erfolgt bei Dachneigungen

- $> 22°$ mindestens 100 mm,
- $\geq 15°$ bis $\leq 22°$ mindestens 150 mm als einfache Überdeckung oder Falzverbindung,
- $< 15°$ als wasserdichte Verbindung (Löten o. Ä.).

Seitliche überdeckende Formstücke aus Faserzement

Bei der Ausführung eines seitlichen Anschlusses mit Formstücken aus Faserzement ist darauf zu achten, dass diese mindestens 50 mm über den ersten Wellenberg geführt werden. Die Befestigung ist im Bereich der Pfetten auf den Wellenbergen, auf einer Hilfskonstruktion oder am aufgehenden Bauteil anzubringen.

Traufseitige Anschlüsse

Für traufseitige Anschlüsse gibt es Maueranschlussstücke aus Faserzement. Bei der Verlegung der Formstücke müssen der Flächendeckung entsprechend Eckenschnitte, Höhen- und Seitenüberdeckung und eventuelle Kitteinlagen berücksichtigt werden. Der Abstand zwischen Pfette und aufgehendem Bauteil ist abhängig von Dachneigung, Pfettenhöhe und Form der Maueranschlussstücke. Für die Ermittlung des Abstandes geben die Hersteller üblicherweise Werte in Tabellen an. Bei Kurzwellplattendeckungen müssen Maueranschlussstücke zusätzlich unterstützt werden. Traufseitig aufliegende Metallanschlüsse sollen an den Plattenprofilen angeformt (z. B. Blei) oder durch Ausschneiden der Metallprofile angepasst werden. Die Bleche müssen gegen Abrutschen und Windsog gesichert werden und sind am aufgehenden Bauteil zu befestigen. Die Wellplatten müssen abhängig von der Dachneigung wie folgt überdeckt werden:

- 22° mindestens 100 mm,
- < 22° mindestens 150 mm,
- < 15° mindestens 200 mm.

Die Anschlussbleche untereinander sind zu löten oder mindestens 100 mm seitlich zu überdecken.

Firstseitige Anschlüsse

Das Herstellen firstseitiger Anschlüsse wird ausschließlich mit Metallkehlen ausgeführt. Die Metallkehlen sind am aufgehenden Bauteil mindestens 200 mm hochzuführen.

Abhängig von der Dachneigung ist der Abstand der nächsten Höhenüberdeckung einzuhalten:

- > 15° mindestens 300 mm,
- < 15° mindestens 450 mm.

Die Metallkehle muss mit einer Wellplatte unterlegt werden. Sie wird firstseitig bis zur Oberkante der Höhenüberdeckung geführt. Damit das Wasser hinter den aufgehenden Bauteilen seitlich abgeleitet wird, sind die Wellentäler unterhalb der Metallkehle aufzufüllen.

Das Herstellen firstseitiger Anschlüsse wird ausschließlich mit Metallkehlen ausgeführt.

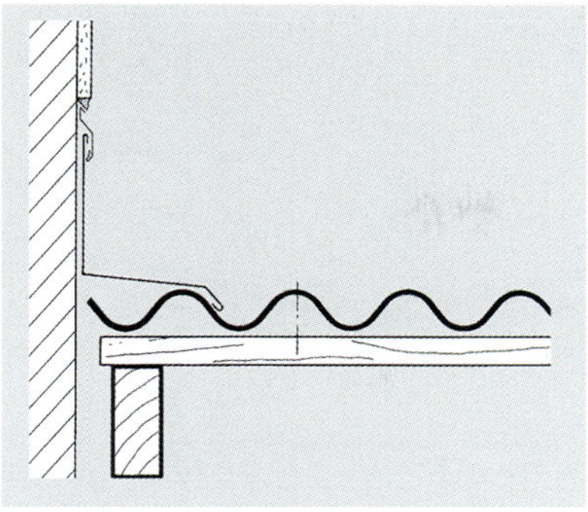

Abb. 13.84: Aufgelegter Metallanschluss

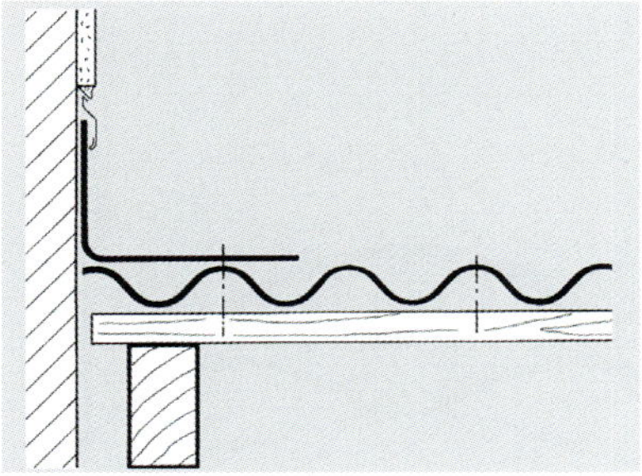

Abb. 13.85: Seitliche überdeckende Formstücke aus Faserzement

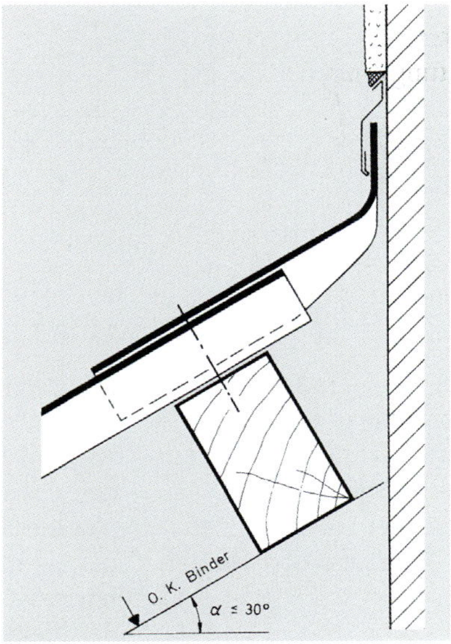

Abb. 13.86: Traufseitiger Anschluss

Darum geht es

Bei der Herstellung von Anschlüssen sind Metallprofile oder Faserzementformteile zu verwenden. Man unterscheidet auch bei Deckungen mit Faserzementwellplatten seitliche, traufseitige und firstseitige Anschlüsse.

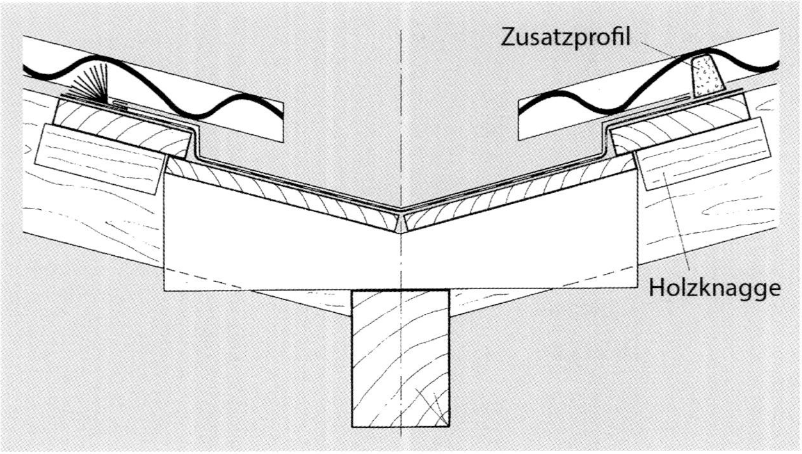

Abb. 13.87: Kehlkonstruktion (z. B. Profil 177/51)

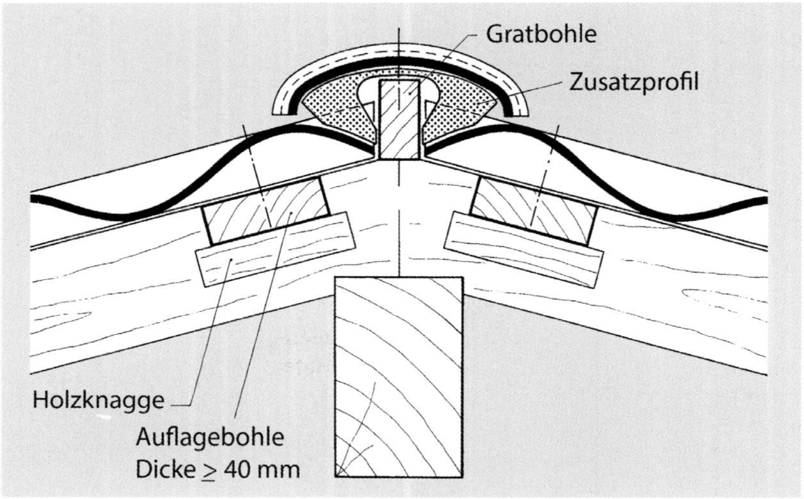

Abb. 13.88 Schnitt durch Grat mit Gratkappe (z. B. Profil 177/51) Dachfenster und Dachausstiege

13.10.2 Kehle

Üblicherweise werden untergelegte Metallkehlen eingebaut. Damit die schräg geschnittenen Wellplatten befestigt werden können, muss man im Kehlbereich auf Höhe der Pfetten eine Unterkonstruktion herstellen. Am Übergang von der Kehle zum First sind Sonderkonstruktionen erforderlich.

Die Überdeckung der Deckwerkstoffe über die Metallkehle, rechtwinklig zum Kehlverlauf gemessen, beträgt:

- > 22° mindestens 100 mm,
- ≥ 15° bis ≤ 22° mindestens 150 mm,
- < 15° mindestens 200 mm.

13.10.3 Gratausbildung

Zur Befestigung der Gradkappen muss eine Gradlatte/-bohle von mindestens 4 cm Breite angebracht werden. Die Höhe der Bohle muss eine spannungsfreie Montage der Gradkappen gewährleisten. Zur Auflage und Befestigung der bis zur Gradlinie geschnittenen Wellplatten muss eine Unterkonstruktion auf Höhe der Pfetten hergestellt werden. Eventuell erforderliche Lüftungsöffnungen sind zu berücksichtigen.

Werden kurze Gradkappen verwendet, so sind diese mindestens 70 mm zu überdecken und innerhalb der Überdeckung zu befestigen. Lange Gratkappen haben Muffenanschlüsse oder werden ≥ 200 mm überdeckt und mit mindestens 2 Schrauben verschraubt. Am Übergang vom Grat zur Traufe bzw. Grat zum First sind Sonderlösungen erforderlich, z. B. mit Sonderformstücken oder handwerklichen Lösungen.

Es kann erforderlich sein, zusätzliche Unterkonstruktionen anzufertigen, damit es möglich ist, die Dachfenster oder Dachausstiege fachgerecht einzubauen.

13.10.4 Einbauteile

Es ist darauf zu achten, dass die einzubauenden Sicherheitsdachhaken, Stützen für Schneefangvorrichtungen oder Laufstege für den jeweiligen Verwendungszweck zugelassen sind. Beim Einbau werden grundsätzlich die Herstellerangaben berücksichtigt. Bei der Auswahl der Einbauteile muss man die Deckunterlage und das Wellenprofil berücksichtigen. Die Einbauteile sollen an vorhandenen Pfetten oder Sparren befestigt werden. Ist dies nicht möglich, dann sind zusätzliche Unterstützungen erforderlich. Es ist darauf zu achten, dass die Einbauteile bei Belastung die Flächendeckung nicht beschädigen. Deshalb kann es erforderlich sein, eine lastverteilende Unterlage zu schaffen.

13.10.5 Dachdurchdringungen

Beim Anschließen von Lüftungsrohren, Antennen o. Ä. werden profilierte vorgefertigte Formteile verwendet. Es können aber auch handwerklich hergestellte Dachdurchdringungen angefertigt werden.

13.10.6 Pflege und Wartung

Es wird leicht übersehen, dass Dächer die mit am stärksten beanspruchten Bauteile sind. Dies kann nach recht kurzer Zeit die Funktionssicherheit einer Dachdeckung negativ beeinflussen. Dächer sind in erster Linie Witterungseinflüssen ausgesetzt. Chemische und biologische Umwelteinflüsse begünstigen Schmutzablagerungen, die wiederum Moosbildung und sonstige schädliche Ablagerungen zur Folge haben. Diese Einwirkungen beschleunigen den natürlichen Alterungsprozess. Aber auch bauphysikalische Beanspruchungen, die sich aus der Gebäudenutzung ergeben, belasten die Dachdeckung. Es kann u. U. recht kostenträchtig sein, wenn wir das Dach nach der Fertigstellung „vergessen". Bei geneigten Dächern kann es durch Windlasten, Erschütterungen und Bewegungen z. B. zu Lockerungen der Deckwerkstoffe (Schiefer, Faserzementplatten, Dachziegel und Wellplatten) kommen. Durch ständigen Temperaturwechsel im Lauf der Jahreszeiten wird besonders die Oberfläche, aber auch die Substanz der Materialien in Mitleidenschaft gezogen, wodurch das Material brüchig werden kann. Durch diese Beeinträchtigungen kann Wasser eindringen, was je nach Befestigungsmittel wiederum Metallkorrosion zur Folge hat. Zudem kann Laub Verstopfungen verursachen. All diese Einflüsse machen es nötig, die Dachfläche in regelmäßigen Abständen zu begehen und die Flächen von Schmutz, Laub und Moos zu reinigen. Es ist darauf zu achten, dass angegriffene Deckwerkstoffe repariert oder ersetzt werden. Sinnvoll ist auch, Metallanschlüsse und Kehlen mit einem Schutzanstrich zu versehen. Wenn diese Wartungsarbeiten regelmäßig durchgeführt werden, kann die Lebensdauer erheblich verlängert werden.

Darum geht es

- Regelmäßige Wartungsarbeiten können Beeinträchtigungen der Dachdeckungen abwehren und deren Lebensdauer erhöhen.
- Auch bei der **Ausbildung von Traufen** mit Holzschindeln gibt es meist mehrere Lösungen. Dabei können optische wie auch traditionelle Gründe für die Wahl der entsprechenden Lösung eine Rolle spielen.

Lernfeld 13b: Geneigte Dächer mit Reet decken

Volker Hollwedel

Projektaufgabe:

Ein Bauherr möchte die Eindeckung seines freistehenden Ferienhauses an der Ostsee mit dem Bedachungsmaterial Reet ausführen lassen. Der Neubau wird ein gleichhüftiges Satteldach mit einer Dachneigung von 62° erhalten und das Dachgeschoss soll als Wohnraum genutzt werden. Die Trauflänge des Daches beträgt 12,00 m, die Dachbreite 8,00 m. Der maximale Sparrenabstand ist mit 80 cm vorgegeben.

Arbeitsaufträge:

1. Verschaffen Sie sich einen Überblick über die Besonderheiten, Eigenschaften und Qualitätsanforderungen des Deckmaterials.
2. Wählen Sie einen Dachaufbau aus, der den Anforderungen des Kundenauftrags gerecht wird.
3. Erarbeiten Sie Regeln zur Eindeckung von Flächen und die Techniken der Befestigung.
4. Informieren Sie sich über geeignete Trauf-, Ortgang- und Firstausbildungen und wählen Sie für jedes Detail eine geeignete aus.
5. Ermitteln Sie den erforderlichen Materialbedarf für die Eindeckung.
6. Welche speziellen Unfallverhütungsmaßnahmen müssen bei der Eindeckung mit Reet berücksichtigt werden?
7. Präsentieren Sie dem Bauherrn nach abschließender Prüfung Ihre Planung.

Abb. 13.89: Ausführung einer Reetdeckung

13.11 Dachdeckungen mit Reet

Reet ist das in der heutigen Zeit fast ausschließlich im norddeutschen Raum verwendete weiche Dachdeckungsmaterial. Seine Geschichte reicht zurück bis in die Steinzeit und im Laufe der Jahrhunderte haben sich regional unterschiedliche Bezeichnungen, Werkzeuge und Decktechniken herausgebildet. „Pharagmites communis" lautet der lateinische Name für Reet, es sind aber auch die Bezeichnungen Ried, Reith, Schilfrohr oder Schilf üblich. Reetgedeckte Häuser finden sich in Deutschland vorwiegend im Norden, denn dort war das Material früher im Überfluss vorhanden. Heute werden etwa 90 % dieses Werkstoffs aus Dänemark, Estland, Polen, Ungarn, Rumänien oder der Türkei eingeführt. Mit einer Lebensdauer von 40 bis 50 Jahren und der besonderen Optik ist Reet auch in der modernen Zeit ein beliebtes Deckmaterial.

■ **Darum geht es**

Reet ist ein organisches Material. Wenn die beschriebenen Anforderungen an die Reetqualität nicht eingehalten werden, wird die Lebensdauer der Eindeckung wesentlich verkürzt.

13.11.1 Deckwerkstoff und Anforderungen

In der Zeit vom Frühjahr bis zum Herbst wächst das Reet von 1 m bis auf über 3 m Länge. Im Winter sterben die Reethalme vollständig ab und verlieren ihre Blätter. Dies ist die Zeit der Ernte. Die gut elastischen Halme werden über der Wurzel zwischen dem ersten und dritten Wachstumswirbel abgeschnitten und zum Trocknen aufgestellt.

Nach dem Trocknen werden die harten gelben bis braunen Halme von Gras, Alt- und Krummrohr befreit. Bevor das Reet gebündelt wird, erfolgt eine Sortierung nach Dicke und Länge gemäß folgender Tabelle:

Tabelle 13.8: Sortierung von Reetbunden

Typ	Kurzes Reet	Mittellanges Reet	Langes Reet
Länge	bis ca. 1,50 m	bis ca. 1,80 m	bis ca. 2,30 m
höchstens 5 % der Halme kürzer als	0,80 m	1,10 m	1,40 m
⅔ der Halme	1,00 bis 1,50 m	1,60 bis 1,80 m	1,90 bis 2,30 m
Durchmesser	≤ 6 mm	3 bis 9 mm	4 bis 12 mm

90 % der Halme in einem Bund müssen den Anforderungen der Tabelle entsprechen. Jedes Bund hat einen Umfang von mindestens 60 cm, ist schimmelfrei, weist nur einen geringen Befall von Insekten und Larven aus und die Materialfeuchte liegt nicht über 18 %. Die Bunde einer Sortierung werden zu Paketen (Kolli, Rollen) mit 25, 50, 60 oder ähnlicher Bundzahl zusammengebunden.

13.11.2 Dachaufbau

Vereinfacht gesagt entspricht der Dachaufbau eines belüfteten Daches mit Reet dem einer harten Bedachung. Die Hinterlüftung des Deckmaterials wird allerdings auf mindestens 6 cm erhöht, empfehlenswert sind sogar 8 cm.

Bei Sparrenabständen bis 1,0 m ist ein Dachlattenquerschnitt von 40/60 mm als Traglattung ausreichend, die Latten dürfen abgerundet sein oder es werden Rundhölzer gleichen Querschnitts verbaut. Größere Sparrenabstände erfordern Einzelnachweise. Der Abstand der Traglattung ist von der Dachneigung, der Länge des Reets und der Windsoggefährdung abhängig. Dabei gilt: Je größer die Dachneigung, je kürzer das Reet und je größer die Windsoggefährdung, desto kürzer der Lattenabstand. Weiterhin ist zu beachten, dass das Reet mindestens zweimal an der Dachlattung befestigt wird. Folgende maximale Lattenabstände sind einzuhalten:

Tabelle 13.9: Maximaler Lattenabstand

Dachneigung	Maximaler Lattenabstand
≤ 60°	≤ 35 cm
> 60°	≤ 30 cm
> 75°	≤ 25 cm

13.11.3 Befestigungstechniken

Es werden grundsätzlich 3 verschiedene Befestigungstechniken unterschieden: das Binden, das Nähen und das Schrauben.

Das gebundene Reetdach

Das Decken beginnt an der Traufe. Lage für Lage werden die Reetbunde an den Dachlatten befestigt. Im ersten Arbeitsschritt werden die Bunde auf den Latten ausgelegt. Dann wird parallel zur Lattung der mindestens 4,5 mm dicke korrosionsgeschützte Vorlegedraht (Stangendraht, Schachtdraht) gezogen. Nun wird mit einem Bindedraht, der aus mindestens 1 mm dickem, nicht rostenden Stahl besteht, im Abstand von 20 bis 25 cm der Vorlegedraht lose an den Latten befestigt. Die Bunde werden geöffnet und die Halmenden werden entsprechend der Neigung in Form geklopft. Schließlich wird der Bindedraht angezogen und das Reet drückt fest gegen die Lattung.

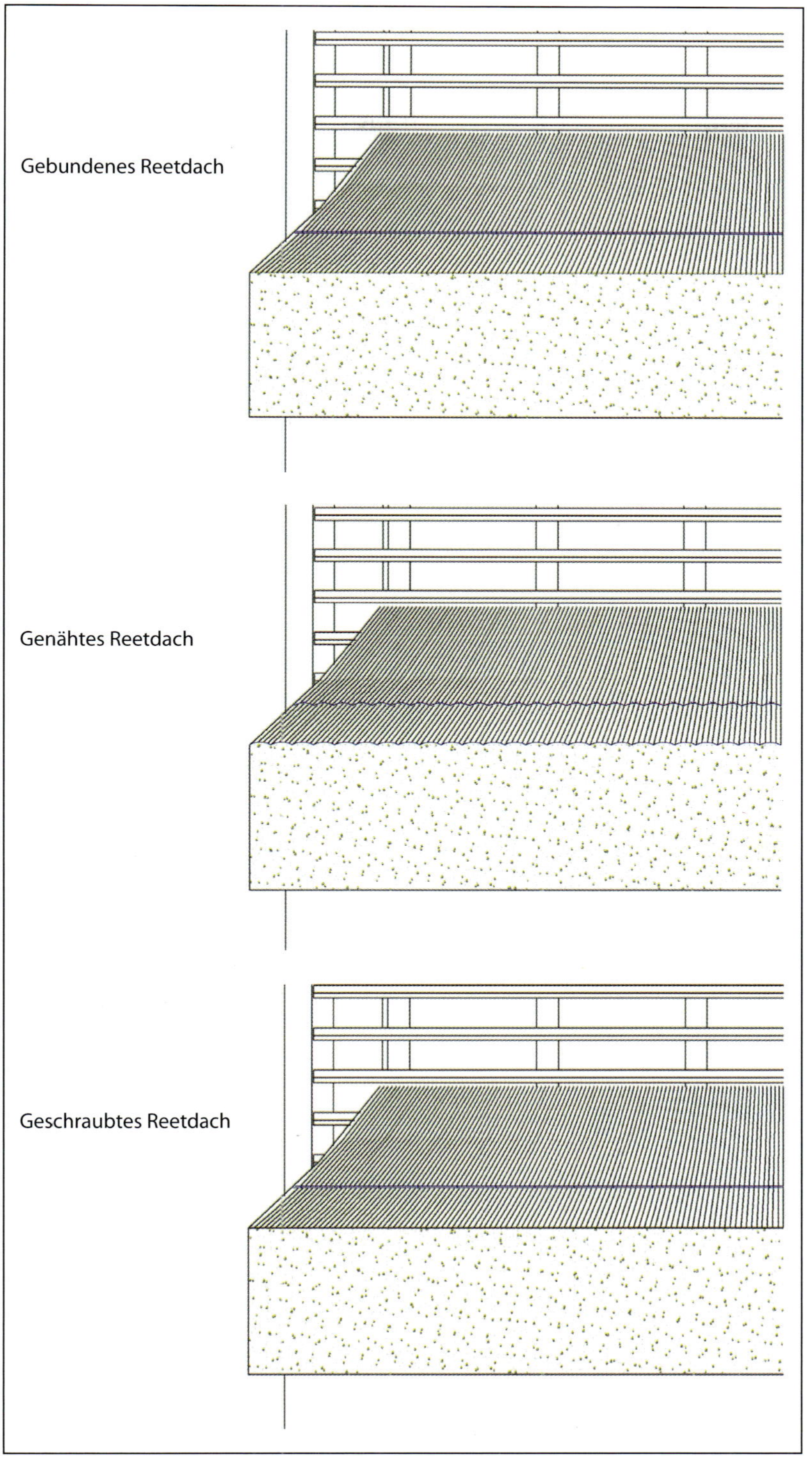

Abb. 13.90: Deckarten der Reetdeckung

■ Darum geht es

Reet ist ein organisches Material. Wenn die beschriebenen Anforderungen an die Reetqualität nicht eingehalten werden, wird die Lebensdauer der Eindeckung wesentlich verkürzt.

Das genähte Dach

Die Befestigung ähnelt der des gebundenen Daches, es fehlt jedoch der Vorlagedraht. Stattdessen wird das Reet mit einem mindestens 1,4 mm dicken, kunststoffummantelten Draht an die Latten genäht. Als Nadeln dienen große Ahlen. Die Bindungen sind in den Lagen versetzt anzubringen und die Stichweite darf 25 cm nicht überschreiten. Früher gab es einen Gegennäher, der für die Befestigung sorgte. Er wird i. d. R. durch spezielle Haken ersetzt, die ein Gegennähen von außen ermöglichen. Dennoch ist diese Technik etwas arbeitsaufwendiger als die anderen.

Das geschraubte Dach

Das geschraubte Dach verzichtet auf das Binden um die Lattung und verwendet stattdessen nicht rostende Schrauben von mindestens 4,5 × 35,0 mm, um die mittig ein Bindedraht gewickelt ist. Die Befestigung der Schraube durch das ausgelegte Reet erfolgt mit einem Akkuschrauber mit Bitverlängerung. Im Folgenden kann nun der Vorlagedraht befestigt werden. Die Schrauben müssen einen maximalen Abstand von 20 cm einhalten. Sie dürfen nicht in den Randbereich der Lattung eingedreht oder die Lattung durch die Schraube gespalten werden.

13.11.4 Werkzeuge

Tabelle 13.10: Werkzeuge für die Arbeit an Reetdächern

	Das **Klopfbrett** treibt oder klopft das Deckmaterial in die gewünschte Form. Es ist ein etwa 3 cm dickes und etwa 22/25 cm bis 22/40 cm großes Eichenholz, auf der Oberseite mit Handgriff und Dorn versehen.
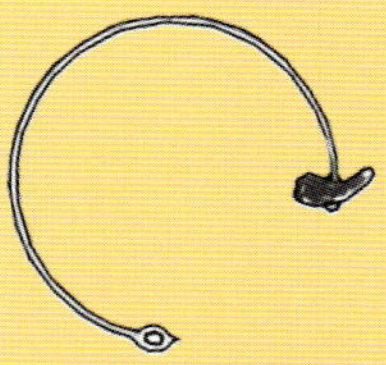	Die **krumme Nadel** wird zum Befestigen des Reets beim gebundenen, aber auch beim genähten Dach gebraucht. Sie wird dort verwendet, wo für die gerade Nadel nicht ausreichend Platz vorhanden ist. Die krumme Nadel ist aus Rundstahl mit einem Durchmesser von 10 mm geschmiedet, an einem Ende abgeflacht und mit einer Öhre für die Aufnahme des Bindedrahtes versehen, an dem anderen Ende ist ein Griff aus Kuhhorn.
	Die **gebogene Nadel** wird aus Rundstahl mit einem Durchmesser von 10 mm geschmiedet. Das untere Ende der Nadel ist leicht gebogen, abgeflacht und mit einer Öhre versehen, durch die der Bindedraht gefädelt wird. Auch hier dient die traditionelle Kuhhornspitze als Griff.
	Die **gerade Nadel** ist bis zum Griff etwa 60 bis 65 cm lang und mit einer Maßeinteilung versehen. Sie wird aus einem 5 x 30 mm Stahlband geschmiedet und erhält an der unteren Spitze eine Öhre, durch die der Bindedraht gefädelt wird.
	Die **Nadel mit Widerhaken** wird genau wie die Bindenadel mit Öhre hergestellt, jedoch wird am unteren Ende ein Widerhaken geschmiedet, welcher bei dem Nähvorgang den Bindedraht nach oben ziehen soll
	Der **Rödler** ist ein etwa 30 cm langer Apparat mit einem Kunststoffgriff, in dem sich eine gefräste Spindel mit automatischem Rücklauf befindet. Am Ende des Apparats ist eine gebogene Spitze. Beim geschraubten Reetdach wird mithilfe dieses Werkzeugs die Bindung festgedreht.
Reetmesser werden aus einem Sensenblatt gefertigt und sollen eine Schneide von mindestens 25 cm erhalten.	
Der **Reißhaken** ist eine gebogene Schneide und wird aus 8 x 40 mm Schmiedeeisen hergestellt. Er wird für den Abriss benötigt.	

13.11.5 Deckung der Fläche

Die Regeldachneigung für Reetdeckungen beträgt 45°, die Neigung der Halme zwischen Stoppelende und Bindung mindestens 25°. Die Regeldachneigung darf auch bei Anordnung regensichernder Zusatzmaßnahmen nicht unterschritten werden. Die Reetlagen sind waagerecht durchgehend aufzubringen und das Reetdach ist in glatter Fläche zu fertigen. Um zu verhindern, dass Halmspitzen unter die Latten getrieben werden, wird grundsätzlich eine 3 cm dicke Vorlage aus Reet gelegt. Die Bindung erfolgt möglichst in der Mitte der Halme und mit einem maximalen Abstand von 25 cm. In der Fläche beträgt die Dicke der Deckung rechtwinklig gemessen mindestens 30 cm. Die Stoppelenden zeigen in der Fläche stets zur Traufe.

13.11.6 Deckung der Traufe

Die sichtbare Traufdicke soll mindestens 30 cm betragen. An der ersten Latte muss die Dicke der Eindeckung 35 bis 40 cm rechtwinklig zur Lattung sein. An der Traufe ist ein Überstand von 15 bis 30 cm, gemessen vom Mauerwerk oder Gesims, zu fertigen. Die Traufe besteht aus 2 Lagen. Der Abstand vom Auflagepunkt zur ersten Latte und der Abstand von der ersten zur zweiten Latte sollte jeweils 20 cm betragen. Die Traufe kann waagerecht oder mit einem Winkel bis 85° zur Fläche ausgeführt werden. Die Auflagekante an der Traufe ist als Kniep auszuführen. Das bedeutet, dass die Kante 5 bis 7 cm höher als die Lattung liegt. Dadurch ist gewährleistet, dass die Reethalme Lage für Lage die erforderliche Durchbiegung und Spannung aufweisen.

13.11.7 Detail Ortgang

Am Ort soll das Reet 15 bis 25 cm überstehen. Das Ort wird mit Kniep ohne Ortgangbrett, mit Kniep und schmalem Ortgangbrett oder ohne Kniep mit einem breiten Ortgangbrett ausgebildet. Bei Ausführungen mit Kniep darf die Lage der Halme nicht mehr als 45° zum Ort geneigt sein. Ohne Kniep sollen die Halme 5° zum Ort geneigt sein.

13.11.8 Detail First

Die Gestaltung des Firstes ist bei Reetdächern sehr vielfältig und regional unterschiedlich. Am häufigsten sind die Ausführungen Reetfirst, Heidefirst oder als Sodenfirst.

Der Reetfirst

Reetfirste bzw. Strohfirste sind sowohl auf Reetdächern als auch auf Strohdächern vorhanden. Für die Deckung der letzten normalen Decklagen wird junges und besonders biegsames Rohr bzw. Langstroh verwendet. Die Firstlatte der Wetterseite hat i. d. R. einen kürzeren Abstand zum Sparrenende (5 cm) als die Firstlatte der wetterabgewandten Seite (15 cm). Die an der Luv- und Leeseite überstehenden Ähren- oder Blütenenden der letzten Lagen werden nicht abgeschnitten, sondern abwechselnd über die jeweils oberste Firstlatte gebogen und auf der gegenüberliegenden Dachhälfte durch Einstopfen befestigt. Jetzt wird die Firstschicht an der dem Wetter abgewandten Dachseite (Leeseite) angebracht. Im Gegensatz zu den übrigen Decklagen der Fläche zeigen bei der Firstschicht die Stoppelenden zur Firstlinie. Erst jetzt wird auf der Luvseite eine Reetschicht an die beiden letzten Dachlatten genäht, sodass die Halmenden über die

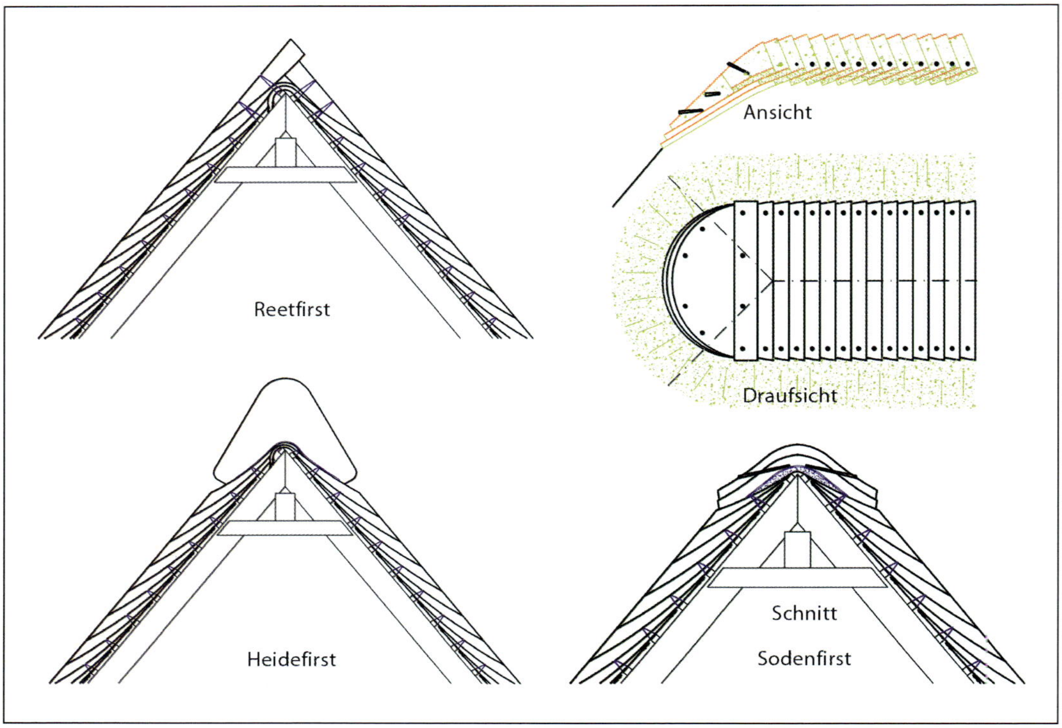

Abb. 13.91: Arten der Firstdeckung

Reetschicht der Leeseite hinausragen. Wichtig ist, dass die Firstschicht der Leeseite hoch genug angebracht wird und stramm gegen die Firstschicht der Luvseite stößt, sodass bei einem späteren Sacken der Deckung keine Fuge entstehen kann.

Der Heidefirst

Der Heidefirst besteht i. d. R. aus gemähtem Heidekraut, in manchen Regionen wird allerdings Wirrstroh, Seegras oder Quecken verwendet. Im Gegensatz zu früher, wo Heidekraut aus den Wäldern und Heideflächen genutzt wurde, ist heute gepresste Ballenheide erhältlich. Die beiden Firstlatten stoßen beim Heidefirst an der Sparrenspitze zusammen. Die Flächen werden beim Heidefirst wie üblich gedeckt. Anstelle der Firstlagen wird beim Heidefirst jedoch zuerst eine bituminöse Unterlage und dann eine ca. 30 cm breite Schicht aus Heidekraut auf die gebogene und gestopfte letzte Decklage aufgebracht. Die Heideballen werden lagenweise im Verband und unter Berücksichtigung der Wetterrichtung überlappend gesetzt. Zur Befestigung des Heidekrautfirsts existieren 2 Methoden:

Abb. 13.92: Heidefirst und Schornstein. Schornstein steht mittig im First. Firstseitige Anschlüsse werden vermieden.

Entweder erfolgt die Eindeckung mit reiterähnlichen Hängehölzern, Spalt-, Vierkant- oder Rundhölzern, die in einem Abstand von ca. 0,5 m über die Firstspitze gesetzt werden, oder mit Holzsticken, deren Länge bei etwa 0,3 bis 0,6 m liegt und deren Durchmesser 15 bis 20 mm beträgt. Auf einen laufenden Meter des Heidefirstes werden etwa 100 bis 200 solcher Sticke benötigt. Zum Schutz gegen Wind und Vögel wird der Heidefirst meist mit einem engmaschigen Drahtgeflecht abgedeckt und zugsicher verspannt.

Der Sodenfirst

Im Allgemeinen unterscheidet man 2 Arten von Sodenfirsten: Grassodenfirste oder Heideplaggenfirste. Die Flächen werden bei einem Sodenfirst wie üblich gedeckt. Der flache Grassodenfirst besteht aus gewachsenen Rasenstücken, die 5 bis 10 cm dick sein sollten, eine Länge von etwa 1,40 m und eine Breite zwischen 30 und 40 cm vorweisen sollten. Unter die Sodenschicht sollte zum Schutz des Reetfirstes Bitumendachbahnen gelegt werden. Die Grassoden sollten gut durchwurzelt sein und werden mit den Wurzelenden nach unten verlegt, sodass sie den First in einer Breite von mindestens 1,10 m abdecken. Weder im Äußeren noch im Inneren dürfen die Stoßfugen der beiden aufeinandergelegten Soden zusammenfallen. Die Überbindung sollte mindestens eine halbe Sodenbreite betragen. Zur Sicherung der Soden werden in jede zweite Sode Sticken von etwa 50 bis 60 cm Länge waagerecht in die Dachhaut eingetrieben. Eine Variante des Grassodenfirsts ist die überlappende Deckung. In der Richtung des Firstes überdecken sich die Grassoden dabei zur Hälfte.

Der Sodenfirst aus Heideplaggen wird aus erdfeuchtem Heidekraut geformt. Die Heideplaggen sollten gut durchwurzelt sein, circa 8 bis 10 cm dick, ca. 30 bis 60 cm lang und etwa 30 cm breit sein. Die Soden werden sowohl in schräger als auch seitlicher Richtung im Verband verlegt. Der First verläuft i. d. R. mit einer seitlichen Höhe von 90 cm und einer Stärke von etwa 20 cm. Zum Schutz gegen Wind und Vögel wird der Sodenfirst meist mit einem engmaschigen Drahtgeflecht abgedeckt und zugsicher verspannt.

13.11.9 Deckmaterialbedarf

Berechnung der Bundzahl des Deckmaterials für 1 m² Dachfläche:

Im ersten Rechenschritt ist die Querschnittsfläche (A_q) der Deckung für einen Quadratmeter Dachfläche zu ermitteln. Dazu multipliziert man die Dicke der Deckschicht (D_d) mit einem Meter Dachbreite (B).

Formel

$$A_q = D_d \cdot B$$

Im zweiten Schritt wird die Querschnittsfläche eines Reetbundes berechnet. Aus dem vorgegebenen Umfang (U) ergibt sich der Durchmesser eines Reetbundes (d).

Formel

$$d = \frac{U}{\pi}$$

Mit dem Durchmesser lässt sich nun die Querschnittsfläche (F) eines Reetbundes berechnen:

Formel

$$F = d^2 \cdot \frac{\pi}{4}$$

Teilt man im letzten Schritt die Querschnittsfläche (A_q) des Daches durch die Querschnittfläche (F) eines Reetbundes, ergibt sich die Anzahl der Bunde (B_d) pro Quadratmeter.

Formel

$$B_d = \frac{A_q}{F}$$

Beispiel: Ein Reetdach soll in der Fläche 30 cm dick gedeckt werden. Die Bunde haben einen Durchmesser von 60 cm. Wie viele Bunde werden pro Quadratmeter benötigt?

Gegeben:

$D_d = 30$ cm

$U = 60$ cm

Rechnung:

$A_q = D_d \cdot B$

$A_q = 30 \text{ cm} \cdot 100 \text{ cm} = 3.000 \text{ cm}^2$

$$d = \frac{U}{\pi}$$

$$d = \frac{60 \text{ cm}}{\pi} = 19{,}11 \text{ cm}$$

$$F = d^2 \cdot \frac{\pi}{4}$$

$$F = 19{,}11^2 \cdot \frac{\pi}{4} = 286{,}68 \text{ cm}^2$$

$$\text{Bundzahl} = \frac{A_q}{F}$$

$$\text{Bundzahl} = \frac{3.000 \text{ cm}^2}{286{,}68 \text{ cm}^2} = 10{,}46 \text{ St./m}^2$$

13.11.10 Unfallverhütung

Es gelten die Unfallverhütungsvorschriften für Dacheindeckungen. Bei der Verwendung von Deckstühlen und Deckleitern ist insbesondere zu beachten, dass diese jeweils mindestens 2 Einstechdorne haben und die Einstechdorne ausschließlich über den Dachlatten hängen. Ein Einhängen am Deckdraht ist unzulässig.

Der Arbeitsplatz eines Gegennähers im Gebäudeinnern erfordert eine Mindestbreite von 50 cm und ab 2 m Absturzhöhe einen dreiteiligen Seitenschutz.

Bei der Arbeit mit imprägniertem Reet sind Hautschutzmittel zu verwenden.

Lernfeld 14: Details an Dächern mit Abdichtungen herstellen und Bauwerke abdichten

Michael Strauß

Projektaufgabe:

Abdichtung auf einer Sauberkeitsschicht gegen Bodenfeuchtigkeit

Herr Haben möchte seinen teilweise ausgebauten Keller u. a. als Wohn-, Sauna- und Fitnessraum nutzen. Für dieses Vorhaben wird Ihre Firma mit den Abdichtungsarbeiten beauftragt. Führen Sie die notwendigen planerischen Arbeiten gemäß den Bauplänen durch.

Situation 1

Für den in Abbildung 14.1 abgebildeten Gebäudegrundriss soll die Magerbetonschicht unterhalb der später aufgebrachten Bodenplatte abgedichtet werden. Die etwa 10 cm dicke unbewehrte Sauberkeitsschicht wurde eben auf dem gewachsenen Boden aufgebracht und oberseitig glatt abgezogen. Sie besteht aus Magerbeton B 10. Auf dieser Magerbetonschicht, die umlaufend 25 cm breiter betoniert wurde als die Maßangaben im Bauplan, soll zunächst eine Wärmedämmung aus druckfestem XPS, 100 mm dick verlegt werden. Sie wird mit einer Lage V 13 gegen die Brennerflamme der darauf aufzubringenden einlagigen Bitumen-Schweißbahn-Abdichtung geschützt. Darüber wird anschließend die Fundament-Bodenplatte aus Stahlbeton betoniert. Der Gasverbrauch ist mit ca. 11 kg auf 125 m² Flächenabdichtung veranschlagt.

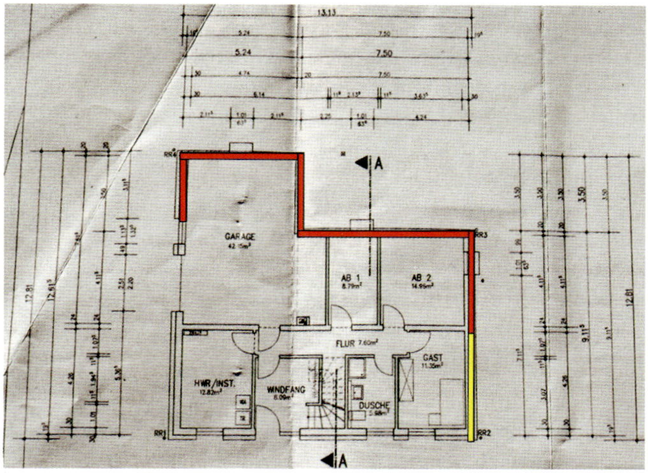

Abb. 14.1: Bauplan des abzudichtenden Kellers

Arbeitsaufträge:

1. Ordnen Sie die Bauwerksabdichtung der Wasserbeanspruchung zu und begründen Sie Ihre Antwort.
2. Wählen Sie eine geeignete Bitumen-Schweißbahn aus, an die auch die spätere Abdichtung der Kelleraußenwände angeschlossen werden kann.
3. Fertigen Sie eine Aufstellung der von Ihnen benötigten Materialien an.
4. Ermitteln Sie die benötigten Materialmengen für dieses Projekt.
5. Erklären Sie Ihre Vorgehensweise bei der Ausführung o. g. Abdichtung.

Dach Training
Deine App für die Prüfung
Android IOS

14.1 Detailausbildungen

14.1.1 Anschlüsse an aufgehende Bauteile

Anschlusshöhen

Zur Gewährleistung eines ausreichenden Schutzes vor Überflutung und Spritzwasser, insbesondere bei Starkregen, ist die Höhe der Abdichtung bei Dachneigungen **bis 5° mindestens 15 cm** über Oberfläche Belag zu führen. Bei Dachneigungen **über 5° muss die Abdichtung mindestens 10 cm** über Oberkante Belag geführt werden. In schneereichen Gebieten ist ggf. eine höhere Anschlusshöhe erforderlich. Befestigungsmittel für Anschlussschienen oder -profile bleiben unberücksichtigt. Ab einer Anschlusshöhe von mehr als 50 cm sind die Anschlussbahnen in der senkrechten Fläche aufzukleben oder mechanisch zu befestigen.

Anschlüsse mit Abdichtungsbahnen

Anschlussbahnen müssen dauerhaft gegen Abrutschen oder Loslösen gesichert werden, z. B. mit mechanisch befestigten Wandanschlussprofilen. Eine Verklebung alleine reicht hier oft nicht aus, da diese den sommerlichen hohen Temperaturen in der Senkrechten nicht standhält. Bei Abdichtungen mit Flüssigkunststoffen mit ausreichender Haftung am Untergrund kann auf eine mechanische Befestigung am oberen Rand verzichtet werden.

Das obere Ende von Anschlüssen muss vor hinterlaufendem Wasser durch Regen geschützt werden. Dies kann durch

- eingelassene Überhangstreifen,
- Überdeckung durch die Bekleidung der Außenwand,
- Anpressung der Abdichtung mit Klemmschienen,
- Klemmprofile mit Dichtstoffverfugungen

erfolgen.

Dichtstoffverfugungen sind aufgrund ihrer begrenzten Nutzungsdauer jährlich zu überprüfen und ggf. zu erneuern.

Bei Dachabdichtungen aus Bitumenbahnen wird der Anschlussbereich mit einer Haftbrücke (Bitumenvoranstrich) versehen. Im Übergangsbereich vom Dach zum aufgehenden Bauteil soll ein Keil (z. B. aus Dämmstoff) angeordnet werden. Dieser Keil teilt den Anschlusswinkel und vermeidet eine scharfe Aufkantung der Bitumenbahnen, die diese beschädigen könnten.

Anschlüsse aus **Bitumenbahnen sind mindestens zweilagig** auszuführen. Die Lagen der Flächenabdichtung werden im Bereich des Keils bzw. des Übergangs abgesetzt. Die Wandanschlussbahnen werden in die Flächenabdichtung eingebunden und bis zur erforderlichen Höhe hochgeführt. Die Verlegung der Wandanschlussbahnen erfolgt senkrecht zur Fläche und sollte die Rollenbreite nicht überschreiten.

Bei genutzten oder befahrenen Flächen ist die Abdichtung im Anschlussbereich mit Schutz- bzw. Abdeckblechen o. Ä. gegen mechanische Beschädigung zu schützen.

Bei Dächern mit einer Unterlage aus Stahltrapezprofilen ist es u. U. nötig, einen beweglichen Anschluss an das aufgehende Bauteil herzustellen. Durch die unterschiedlichen Bewegungen aufgrund der Zug-, Schub- oder Scherkräfte statisch voneinander getrennter Bauteile wird die Dachabdichtung stark belastet, wenn nicht sogar zerstört. Um eine übermäßige Beanspruchung im Übergangsbereich zu vermeiden, wird bei beweglichen Anschlüssen eine mit der Tragkonstruktion fest verbundene Hilfskonstruktion angebracht. An dieser wird die Dachabdichtung hochgeführt und befestigt.

14.1.2 Dachrandabschlüsse

An Dachkanten von Dachabdichtungen ist, ausgenommen im Bereich von Dachrinnen, ein Randabschluss erforderlich. Die Höhe der Dachrandabschlüsse beträgt bei einer Dachneigung **bis 5° mindestens 10 cm** und bei einer Dachneigung **über 5° mindestens 5 cm** über Oberkante Belag.

Als Dachrandabschluss sind geeignet:

- Randaufkantungen mit Dachrandabdeckungen,
- Randaufkantungen mit Dachrandabschlussprofil,
- Dachrandabschlussprofile.

Es ist darauf zu achten, dass der **Dachrandabschluss niedriger** ist als evtl. vorhandene Anschlüsse an aufgehende Bauteile. So wird, bei

Annahme des ungünstigsten Falles (z. B. Verstopfung der Abläufe), ein Überlaufen des aufgestauten Niederschlagwassers in das Gebäudeinnere ausgeschlossen.

Die Dachrandabschlüsse müssen ein Gefälle zur Dachseite aufweisen. Zweckmäßig sind Randaufkantungen aus Holz, Beton oder Mauerwerk. Die Abdichtungsbahnen werden bis zur Außenkante der Aufkantung geführt und dort verklebt oder mechanisch befestigt.

Dachrandabschlüsse mit bituminösen Abdichtungsbahnen werden, ebenso wie bei den Anschlüssen, zweilagig und zweiteilig mit Keil ausgeführt.

Anstelle von Dachrandaufkantungen können mehrteilige Dachrandabschlussprofile verwendet werden. Der Anschluss vom Dachrandprofil zur Dachabdichtung ist mit einer Polymerbitumenbahn herzustellen. Im Dachrandbereich muss der Anschluss der Abdichtung winddicht hergestellt werden.

14.1.3 An- und Abschlüsse mit Blechen

Lassen sich eingeklebte Winkelblechanschlüsse nicht vermeiden, werden sie aus abgekanteten Metallstreifen hergestellt. Je nach Materialart sind Blechanschlüsse an Nähten und Stößen durch Löten oder Nieten wasserdicht zu verbinden. Falzverbindungen sind nicht zulässig.

Dachrandabschlussprofile, die wie Blechverwahrungen direkt in die Dachabdichtung eingebunden oder eingeklebt werden, sind ungeeignet, weil die an den Stoßstellen auftretenden temperaturbedingten Bewegungen zu Rissen in der Dachabdichtung führen können. Unter und hinter Blechanschlüssen, die mit Beton oder Mörtel in direkten Kon-

Abb. 14.2: Zweiteiliges Dachrandabschlussprofil

takt kommen, muss eine Bitumenbahn als Schutz- oder Trennlage verlegt werden.

Die Einklebefläche von Blechanschlüssen muss mindestens 16 cm breit sein. Die Abdichtungslagen müssen vollflächig im Lagenrückversatz (also ca. 8 cm + 8 cm) werden. Die aufgeklebte Abdichtung sollte mindestens 1 cm vor der Aufkantung enden. Sind Scherbewegungen zwischen Dachbewegungen und Anschlussblech zu erwarten, was meistens der Fall ist, ist zusätzlich am Übergang zwischen Blech und Abdichtung ein 10 cm breiter, lose zu verlegender Schleppstreifen anzuordnen.

Dies bedeutet, dass der Einklebeflansch baupraktisch gesehen 20 cm breit sein sollte:
3 cm Überdeckung Schleppstreifen
+ (2 × 8 cm) Abdichtungslagen
+ 1 cm Abstand von der Aufkantung.

Die Einklebefläche muss sauber und fettfrei sein und sollte mit einem Voranstrich versehen werden. Bei Abdichtungen aus Kunststoffbahnen erfolgt der Anschluss vorzugsweise unter Verwendung von Verbundblechen, wobei der Zuschnitt so zu wählen ist, dass die Fügetechnik nach Herstellervorschriften der jeweiligen Bahn möglich ist.

14.1.4 Anschlüsse an Türen

Grundsätzlich gelten auch hier die Anschlusshöhen für aufgehende Bauteile. Da aber eine Barriere von 15 cm im Türbereich kaum zumutbar ist, ist eine Verringerung der Anschlusshöhe unter bestimmten Voraussetzungen möglich.

Wird jederzeit ein einwandfreier Wasserablauf im Türbereich sichergestellt und die Spritzwasserbelastung minimiert, kann man die Anschlusshöhe bis auf 5 cm herabsenken. Dies ist der Fall, wenn im unmittelbaren Türbereich ein rinnenförmiger Entwässerungsrost (oder eine vergleichbare Konstruktion) mit unmittelbarem Anschluss an die Entwässerung eingebaut wird. Wird die Spritzwasserbelastung nicht durch eine Überdachung minimiert, sollten Gitterroste mit einer Breite von mindestens 15 cm Breite verwendet werden.

14.1.5 Durchdringungen

Durchdringungen wie z. B. Gullys, Dunstrohre, Lüfter, Antennenmasten oder Aufständerungen für technische Geräte sind mit Anschlüssen wasserdicht auszuführen. Sie können mit Klebeflanschen, Anschweißflanschen, Dichtungsmanschetten, Klemmflanschen oder Flüssigabdichtungen ausgeführt werden. Klebeflansche und Dichtungsmanschetten müssen mindestens 12 cm breit, mit einer Haftbrücke versehen oder vorgestrichen (Metallformteile) sein.

Durch Windeinwirkungen können an Durchdringungen, die fest im Untergrund verankert sind (wie z. B. Sekuranten, Antennenmaste, Stützen etc.), Bewegungen auftreten, die die Abdichtung stark beanspruchen. Aus diesem Grund müssen sie beweglich, d. h. zweiteilig ausgeführt werden.

Der Abstand von Dachdurchdringungen untereinander als auch zu anderen Bauteilen soll mindestens 30 cm, von Außenkante Flansch, betragen.

Viele Hersteller bieten vorgefertigte Formstücke aus Metall oder Kunststoff und Anschlussmanschetten an. Der Einbau hat nach Herstellerangaben zu erfolgen. Die Anschlusshöhe der Durchdringungen beträgt, wie bei den Anschlüssen, bis 5° mindestens 15 cm und über 5° mindestens 10 cm über Oberkante Belag. Die Klebeflansche sind in die Dachabdichtung einzubinden. Das obere Ende der Dachabdichtung und der Formstücke muss gegen hinterlaufendes Wasser gesichert sein.

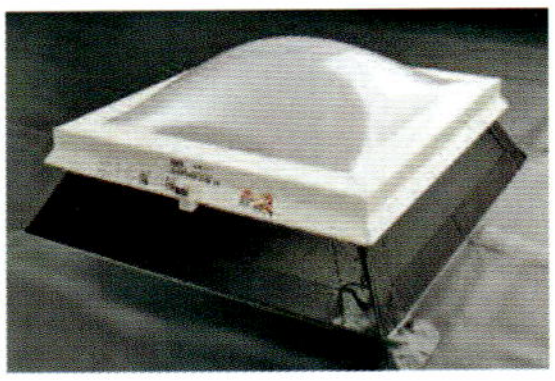

Abb. 14.3: Lichtkuppelanschluss mit Verbundblechen

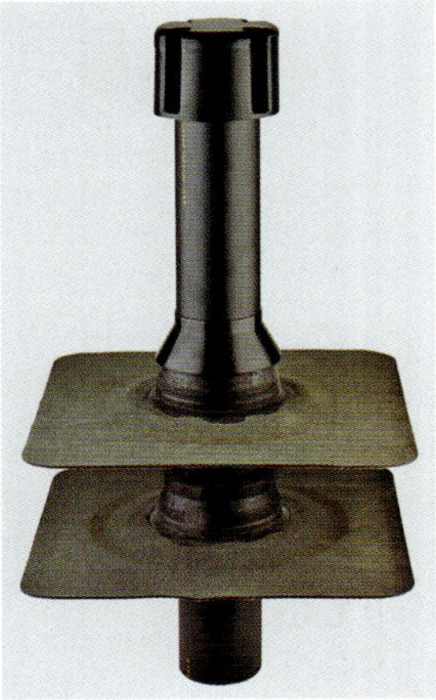

Abb. 14.4: Zweiteiliger Lüfter für bituminöse, nicht belüftete Dachaufbauten

14.1.6 Bewegungsfugen

Eine Bewegungsfuge ist der Raum zwischen 2 Bauteilen bzw. Baukörpern, um unabhängige Bewegungen infolge von Temperaturänderungen, Setzungen oder Schwinden zu ermöglichen. Es gibt materialbedingte und konstruktiv bedingte Fugen wie Arbeitsfugen, Setzfugen, Dehnfugen und Bewegungsfugen.

Bewegungsfugen können sich unterschiedlich zueinander bewegen. Diese Bewegungen können

- senkrecht zu der Abdichtungsebene, z. B. durch Setzungen,
- parallel zur Abdichtungsebene, z. B. durch Dehnungen,
- als Scherung, schräg zueinander laufend,
- sowie in der Kombination dieser Einzelbewegungen auftreten.

Sie können langsam oder schnell, einmalig, selten oder häufig wiederholt auftreten, unterschiedlich groß sein und unterschiedliche Auswirkungen haben.

An Bewegungsfugen dürfen sich Bewegungen aus Gebäudeteilen nicht so auswirken, dass die Funktionsfähigkeit einzelner Schichten beeinträchtigt wird. Dazu muss die Ausführung der Bewegungsfugen auf die jeweilige Art der Dachabdichtung sowie auf die Art, Richtung, Größe und Häufigkeit der zu erwartenden Bewegungen abgestimmt sein. Es wird unterschieden zwischen Bewegungsfugen des Typs l und des Typs ll. Bewegungsfugen sollen auch im Bereich der Dampfsperre entsprechend berücksichtigt werden.

Bewegungsfuge Typ I

Fugentyp I sind Fugen für langsam ablaufende und einmalige oder selten wiederholte Bewegungen, z. B. Setzungsbewegungen, Schwindverkürzungen oder Längenänderungen durch jahreszeitliche Temperaturschwankungen (Dehnungen) in oberseitig wärmegedämmten Dachflächen. Dabei sollten die Bewegungen der Fugenflanken sowohl für Einzelbewegungen als auch für kombinierte Bewegungen folgende Maße nicht überschreiten:

- 5 mm bei verklebten Abdichtungen aus Bitumen-, Kunststoff- und Elastomerbahnen sowie bei Flüssigkunststoffen,
- 10 mm bei lose verlegten Abdichtungen aus Kunststoff-, Elastomer- und Bitumenbahnen.

Bei Überschreitung dieser Maße ist die Abdichtung über der Fuge nach Fugentyp II auszuführen.

Über der Fuge des Typs I kann die Abdichtung vereinfacht in ebener Ausführung durchlaufen. Die Abdichtung ist über der Fuge erforderlichenfalls durch geeignete Maßnahmen, z. B. durch Stützbleche, so zu unterlegen, dass ein Einsinken in den Fugenspalt verhindert wird.

Bei Abdichtungen aus verklebten Bitumenbahnen, Kunststoff- oder Elastomerbahnen sowie Flüssigkunststoffen sind Schleppstreifen von mindestens 0,20 m Breite unter der Abdichtung anzuordnen.

Bei lose verlegten Kunststoff- oder Elastomerbahnen und Bitumenbahnen kann die Dachabdichtung über Fugen mit Bewegungen bis 10 mm über den Fugen durchgezogen werden, wenn die Bahnen im Fugenbereich unterstützt sind.

Bewegungsfuge Typ II

Fugentyp II sind Fugen für schnell ablaufende oder häufig wiederholte Bewegungen, beispielsweise Längenänderungen durch tageszeitliche Temperaturschwankungen z. B. bei oberseitig ungedämmten Dachflächen.

Die Art der Ausführung ist unter Berücksichtigung der Größe und Häufigkeit der Fugenbewegungen im Einzelfall festzulegen, z. B. durch:

- Unterbrechen der Flächenabdichtung und schlaufenartige Anordnung geeigneter Abdichtungsstoffe,
- Anordnung von Fugenbändern mit Einklebeflansch,
- vorgefertigte Fugenkonstruktionen mit integrierten Kunststoff- oder Elastomer-Dichtungsprofilen,
- Los- und Festflanschkonstruktionen und Einbau von Fugenbändern.

Fugenausbildungen mit schlaufenartiger Anordnung der Abdichtung können aus der Abdichtungsebene herausgehoben werden, z. B. durch Anordnung von Dämmstoffkeilen oder durch Aufkantungen. Teilflächen von Dächern, die durch Heraushebungen getrennt werden, sind unabhängig voneinander zu entwässern.

Darum geht es

- Barrierefreie Übergänge erfordern Sonderlösungen, die zwischen Planer, Türhersteller und Ausführendem abzustimmen sind. Allein durch die Abdichtung kann die Dichtheit am Türanschluss nicht sichergestellt werden.
- Grundsätzlich sollten Aufsetzkränze, die mit Bitumenahnen auf Klebeflanschen abgedichtet werden, mindestens 5 cm aus der Fläche gehoben werden.

Hilfreiche Fachbegriffe

- Eine **Abdichtungslage** ist ein Flächengebilde aus Abdichtungswerkstoffen. Eine oder mehrere vollflächig untereinander verklebte oder im Verbund hergestellte Abdichtungslagen bilden die Abdichtung.
- Als **Abdichtungsrücklage** wird ein festes Bauteil bezeichnet, auf das eine Abdichtung für stark geneigte oder senkrechte Flächen aufgebracht wird, wenn die Abdichtung zeitlich vor dem zu schützenden Bauwerk hergestellt wird (z. B. Bodenplattenabdichtung im Lagenversatz, an die nach dem Mauern der Außenwand deren Abdichtung angeschlossen wird).
- Als **Abschluss** bezeichnet man das gesicherte Ende oder den gesicherten Rand einer Bauwerksabdichtung.
- Ein **Anschluss** ist die Verbindung von Teilbereichen einer Abdichtungslage oder mehrerer Abdichtungslagen miteinander, die zu verschiedenen Zeitabschnitten hergestellt werden, z. B. bei Arbeitsunterbrechung.

  Ein Anschluss ist auch die wasserdichte Verbindung einer Abdichtungslage oder mehrerer Abdichtungslagen an Einbauteile.
- Die **Bauteiltemperatur** ist die Temperatur der Bauteiloberfläche, mit der die Abdichtung bei ihrem Einbau direkt in Berührung kommt.
- Der **Bemessungswasserstand** ist der höchste, nach Möglichkeit aus langjähriger Beobachtung ermittelte Grundwasserstand/Hochwasserstand. Bei von innen drückendem Wasser: der höchste, planmäßige Wasserstand.
- Eine **Bewegungsfuge** ist ein geplanter Zwischenraum zwischen 2 Bauwerksteilen oder Bauteilen, der unterschiedliche Bewegungen ermöglicht.
- Als **Deckaufstrich** wird ein in sich geschlossener Aufstrich aus Deckaufstrichmitteln wie beispielsweise Heißbitumen bezeichnet.
- Eine **Durchdringung** ist ein Bauteil, welches die Bauwerksabdichtung durchdringt, z. B. Rohrleitung, Geländerstütze, Ablauf, Brunnentopf, Telleranker usw.
- **Einbauteile** sind Hilfsmittel zur Herstellung von wasserdichten Anschlüssen an Durchdringungen, bei Übergängen oder bei Abschlüssen, wie z. B. Klebeflansch, Anschweißflansch, Manschette, Klemmschiene, Los- oder Festflanschkonstruktion.
- Als **Einbettung der Abdichtung** wird die hohlraumfreie Lage der Abdichtung zwischen Abdichtungsuntergrund und Schutzschicht, ohne dass die Abdichtung dabei einen nennenswerten Flächendruck erfährt, verstanden.
- Die **Einpressung der Abdichtung** ist die hohlraumfreie Lage der Abdichtung zwischen 2 festen Bauteilen, wobei die Abdichtung einem ständig wirkenden Flächendruck ausgesetzt ist.
- Eine **Los- und Festflanschkonstruktion** ist eine im Regelfall aus Stahl bestehende Konstruktion zum Einklemmen einer Abdichtung, um durch Anpressen eine wasserdichte Verbindung herzustellen.
- Der **Nassraum** ist ein Innenraum, in dem nutzungsbedingt Wasser in solcher Menge anfällt, dass zu seiner Ableitung eine Fußbodenentwässerung erforderlich ist. Bäder im Wohnungsbau ohne Bodenablauf zählen nicht zu den Nassräumen.
- Die **Schutzlage** ist ein zusätzlicher Schutz einer Abdichtung, die jedoch keine Schutzschicht ersetzen kann. Eine Schutzlage zählt nicht als Abdichtungslage und verbleibt am Bauwerk. Sie kann bei geringer mechanischer Belastung aus einem bahnenförmigen Material bestehen.
- Die **Schutzschicht** ist ein am Bauwerk verbleibendes Bauteil (Estrich, Beton, Gussasphalt) zum dauerhaften Schutz der Bauwerksabdichtung gegen mechanische und thermische Beanspruchung.
- Die **Schutzmaßnahme** ist eine bauliche Maßnahme zum vorübergehenden Schutz einer Bauwerksabdichtung während der Bauarbeiten.
- Als **aufstauendes Sickerwasser** wird unter Einwirkung der Schwerkraft frei abfließendes Niederschlags- und/oder Brauchwasser bezeichnet, das auf wenig durchlässigen Bodenschichten zeitweise aufstauen kann.
- Eine **Verwahrung** ist die Sicherung der Ränder von Abdichtungen gegen Abgleiten und das Hinterlaufen von Wasser.

Die Fugen sollten nicht durch Bauwerksecken führen und nicht in einer Kehle oder Kante verlaufen. Ihr Abstand zu parallel verlaufenden Kehlen oder Kanten muss im Regelfall mindestens 0,50 m betragen. Ist dieses Maß nicht einzuhalten, muss die Fuge mit einer Hilfskonstruktion verlagert oder eine Sonderkonstruktion eingesetzt werden.

14.2 Definition Bauwerksabdichtung

Bauwerksabdichtungen sind Abdichtungen gegen Wasser in jeglicher Form, also gegen Bodenfeuchtigkeit, nicht drückendes Wasser oder von außen bzw. innen drückendes Wasser. Die Abdichtung eines flächigen Bauteils ist von der Waagerechten bis hin zur Senkrechten in allen Neigungsbereichen ausführbar. Hierzu gehören auch Anschlüsse, Abschlüsse, Durchdringungen und Abdichtungen über Bauwerksfugen.

Abdichtungen können außerhalb des Bauwerks wie z. B. bei erdberührten Kelleraußenwänden, Tiefgeschossen sowie auch im Innern des Bauwerks, z. B. bei Nassräumen (Duschen, Bädern, Saunen) oder Schwimmbädern, Wasserbehältern erforderlich werden.

Aufgrund unterschiedlicher Anforderungen und Beanspruchungen, wie z. B. nicht genutzte oder genutzte Dächer, nicht drückendes oder drückendes Wasser, sind **Dachabdichtungen** und **Bauwerksabdichtungen** zu unterscheiden. Bauwerksabdichtungen im Wohnungs-, Gesellschafts- und Industriebau sind im Gegensatz zu üblichen Dachabdichtungen keinen UV-Strahlen und keinen oder nur geringen Witterungs- und Temperaturbeanspruchungen ausgesetzt, da diese zwischen Bauteil- oder Schutzschichten eingebaut sind. Die Temperaturschwankungen sind relativ gering, daher sind klimatische Beanspruchungen für erdberührte Abdichtungsflächen von untergeordneter Bedeutung. Beanspruchungen durch Niederschläge wie Regen oder Schnee sind nicht gegeben.

Im Gegensatz zu den Dachabdichtungen gehören bei Bauwerksabdichtungen klimatische Beanspruchungen nicht zu den wesentlichen Faktoren für die Bemessung und Ausführung, wie beispielsweise große Temperaturunterschiede oder starke Beanspruchung durch Niederschläge.

14.2.1 Merkmale und Aufgaben von Bauwerksabdichtungen

Da eine Reparatur oder Wartung von Bauwerksabdichtungen i. d. R. nicht möglich und auch nicht vorgesehen ist, sind Reparaturen meist mit einem großen Zeit- und Kostenaufwand verbunden. Die Funktionsfähigkeit der Bauwerksabdichtung sollte daher für die Lebensdauer des abzudichtenden Bauwerks bemessen sein.

Darum geht es

Für die Dauer der Funktionsfähigkeit einer Abdichtung wird mindestens die Lebensdauer des Bauwerks vorausgesetzt.

Die **Hauptaufgabe** von Bauwerken ist es, die Bewohner vor Witterungseinflüssen wie Kälte, Wärme, Wind und Feuchtigkeit zu schützen. Das Eindringen von Feuchtigkeit in ein Bauwerk über die erdberührten Gebäudeteile führt einerseits zu optischen Beeinträchtigungen wie Feuchtigkeitsflecken, ggf. Salzausblühungen, physiologischen Auswirkungen wie Schimmel, Stockflecken usw. Andererseits verursacht es technologische Auswirkungen wie beispielsweise Einbußen der Dämmleistung. Daraus ergibt sich für Planer und Ausführende das Gebot, durch geeignete Maßnahmen das Auftreten von Feuchtigkeit zu verhindern sowie bei Planung und Ausführung höchste Sorgfalt walten zu lassen.

Die Aufgabe von Bauwerksabdichtungen ist es, Bauwerke oder Bauteile gegen Grundwasser, Sicker- und Stauwasser, Bodenfeuchtigkeit, Oberflächenwasser und Niederschläge dauerhaft zu sichern und somit zu deren langfristigen Werterhaltung beizutragen.

Die professionelle Abdichtung von erdberührten Bodenplatten, Kelleraußenwänden, Nassräumen und genutzten Dachflächen gewährleistet den Schutz der Bausubstanz vor

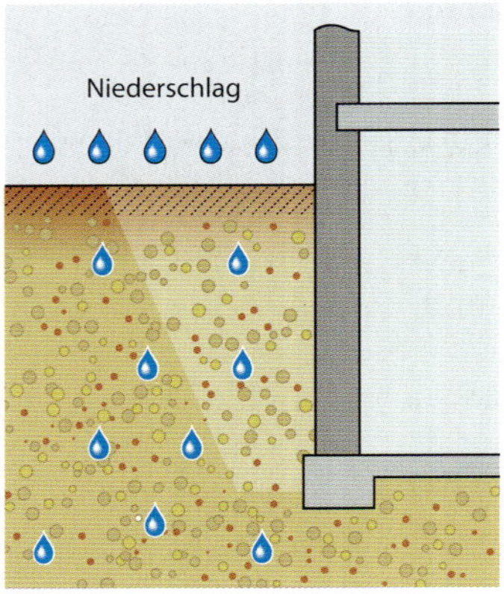

Abb. 14.5: Lastfall Bodenfeuchte an Bodenplatten und Wänden

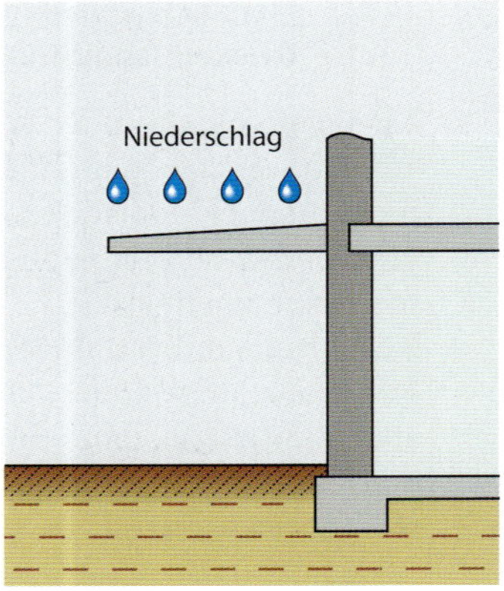

Abb. 14.6: Lastfall nicht drückendes Wasser auf Deckenflächen und in Nassräumen

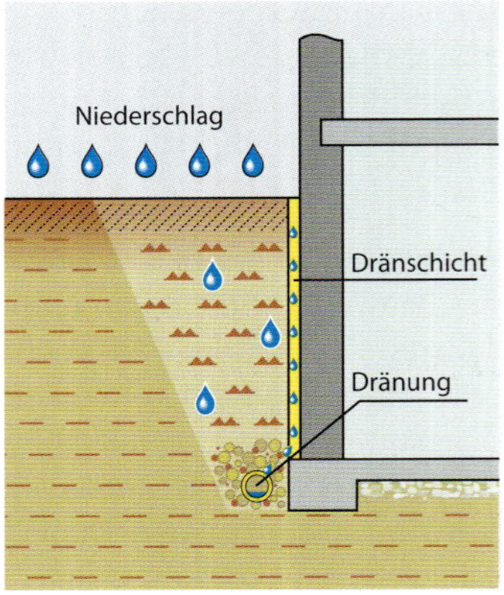

Abb. 14.7: Lastfall nicht stauendes Sickerwasser an Bodenplatten und Wänden

Zerstörung durch Feuchte, Nässe, Niederschlag, Korrosion, verringerten Wärmeschutz oder Schimmelbildung. Im Gegensatz zu den Abdichtungen genutzter Dachflächen, die im Regelfall auf oberster Bauwerksebene zu finden sind, werden Bauwerksabdichtungen zwischen Bauteilen oder Schutzschichten eingebaut und sind somit vor großen Temperaturbelastungen geschützt.

14.2.2 Beanspruchungsarten und Einwirkungen von Wasser

Das in verschiedenen Niederschlagsformen (Regen, Schnee, Hagel) anfallende Wasser wird auf wasserundurchlässigen Belägen an der Erdoberfläche, wie beispielsweise befestigten Straßen- oder Hofflächen, als Oberflächenwasser abgeführt oder versickert im Erdreich.

Im **wasserdurchlässigen** Erdreich (**nicht bindigem** Boden) versickert der Niederschlag bis auf **wasserundurchlässige** Schichten (**bindiger** Boden), wo er sich staut und sich Grundwasser bildet.

Versickert der Niederschlag zügig und ohne Stockungen, entsteht kein Wasserdruck am Bauwerk. Dies stellt den Idealfall dar, der in der Praxis nicht allzu oft gegeben ist.

Ausgelöst durch Erwärmung der Erdoberfläche und die damit einhergehende Verdunstung der vorhandenen Erdfeuchtigkeit entwickelt sich in nicht bindigen Böden eine konstante Feuchtigkeitswanderung vom Grundwasserspiegel zur Erdoberfläche hin. Im nicht bindigen Erdreich existiert, bedingt durch diesen andauernden kapillaren Feuchtigkeitstransport, in Abhängigkeit von der Bodenart eine unterschiedliche Speicherung an **Bodenfeuchtigkeit**.

Versickert das Niederschlagswasser aber nur langsam, entsteht – solange der Niederschlag anhält – ein auf das Bauwerk wirkender Wasserdruck. Ähnliches gilt, wenn versickerndes Niederschlagswasser unterirdisch in durchlässigen Erdschichten, z. B. bei Hanglagen, zum Bauwerk geleitet wird. Der „Extremfall" ist dann vorzufinden, wenn der Boden undurchlässig ist und das Niederschlagswasser nicht versickern kann. Dann wirkt ein permanenter Wasserdruck auf das Bauwerk. Diese 3 Arten der äußeren Wassereinwirkung, die sog. **Lastfälle**, sind entscheidend für die Planung und Ausführung der Abdichtungs-, Drän- und Schutzmaßnahmen.

Eine einfach geplante und ausgeführte Abdichtungsmaßnahme ist weniger sensibel für Fehler und somit deutlich zuverlässiger.

14.2.3 Dränungen

Erdberührte senkrechte Flächen stehen immer dann unter hydrostatischem Druck (drückendes Wasser), wenn Wasser nicht unmittelbar abfließen kann. Eine Dränung verhindert den Wasserdruck und ermöglicht eine kostengünstigere

Abdichtung, da keine aufwendige Wannenausbildung vorgenommen werden muss.

Eine funktionierende Dränung kann somit den Lastfall von von außen drückendem Wasser in eine Abdichtung gegen Bodenfeuchtigkeit und nicht stauendes Sickerwasser an Bodenplatten und Wänden reduzieren. Damit vereinfacht sie den Aufwand der Abdichtungsmaßnahmen, weil sie dauerhaft verhindert, dass drückendes Wasser entstehen kann.

DIN 4095 regelt die Ausführung und Bemessung von Dränanlagen. Sie unterscheidet den nicht nachweispflichtigen, im Wohnungsbau normalerweise anzutreffenden Regelfall und den nachweispflichtigen Sonderfall, der z. B. im Tiefbau gilt. DIN 4095 gibt die Wassermengen an, die durch Dränanlagen abzuführen sind. Zur normgerechten Ausführung gehört dabei neben der Sickerschicht auch die Filterschicht, da die Dränanlage nicht verschlammen oder versanden darf. Dazu ist eine Dränanlage in regelmäßigen Abständen, mindestens aber einmal jährlich zu spülen (Wartung).

Eine **Dränanlage** besteht aus einer Sickerschicht, z. B. Kies (rund um die Kellerwände), einer mit Gefälle verlegten Dränleitung, Kontroll- und Spüleinrichtungen und Ableitungen zum Sickerschacht bzw. Vorfluter. Die geeigneten Stoffe für die Herstellung von Sicker-, Filter- und Dränschichten sowie die Mindestdicken mineralischer Schichten sind in DIN 4095 zu finden. Zu guter Letzt kommt keine Abdichtung ohne wirksamen **Schutz vor mechanischer Beanspruchung** aus. Auch die hochwertigste Abdichtung kann ihre Funktion nicht ausüben, wenn diese beispielsweise bei der Verfüllung der Baugrube durch scharfkantige Steine beschädigt wird.

14.2.4 Auswahl der Abdichtungsarten

Als entscheidende Kriterien für die Bemessung von Bauwerksabdichtungen gelten die Bodenart und deren Wasserdurchlässigkeit, die Erscheinungsform des Wassers im Boden und ggf. klimatische Beanspruchungen. Da Bauwerksabdichtungen den verschiedensten Beanspruchungen unterliegen, ist die Wahl der Abdichtungsart generell abhängig von

- Bodenart,
- Angriffsart des Wassers,
- Nutzung des Bauwerks bzw. Bauteils,
- Geländeform,
- Bemessungswasserstand (höchstanzunehmender Grundwasserspiegel),
- mechanischer und thermischer Beanspruchung,
- ggf. dem gewünschten Abdichtungsmaterial.

Die Erscheinungsformen des Wassers wie **Grundwasser, Sicker- und Stauwasser, Bodenfeuchtigkeit, Oberflächenwasser** und **Niederschläge** wirken von außen entweder nicht drückend oder drückend auf die Bauwerke ein. Je nach Einwirkungsart werden auch die Abdichtungsarten ausgewählt. Dabei müssen ökologische Gesichtspunkte, rationeller Einsatz der Arbeitsgeräte, die Unfallverhütungsvorschriften im Bereich von Dächern sowie von Baugruben und Gräben beachtet werden.

Wasser übt auf ein Bauwerk auf zweierlei Weise einen hydrostatischen Druck aus: als Grundwasser von außen drückend oder als Behälterwasser von innen drückend. Die

Größe des Druckes ist abhängig von der Höhe der vorhandenen Wassersäule bzw. von der **Eintauchtiefe** des Bauwerks in das Grundwasser. Die Abdichtung muss folglich gegen drückendes Wasser geeignet sein.

Sickerwasser/Stauwasser übt keinen oder nur einen geringen hydrostatischen Druck aus. Als Niederschlagswasser, Sickerwasser oder Brauchwasser läuft es über Bauwerke oder Bauteile hinweg, die in nicht bindigen Böden erstellt wurden (Druck einer nicht bewegten Flüssigkeit).

Gegen **Bodenfeuchtigkeit** sind alle in nicht bindigen Böden errichtete Bauwerke oder Bauteile mit einer Abdichtung zu schützen. Bodenfeuchtigkeit ist im Erdreich vorhandenes Kapillarwasser.

Wirken **Niederschläge** oder andere **Oberflächenwasser** auf das Bauwerk ein, wird das Bauwerk (z. B. Terrasse oder Hofkellerdecke) durch Dachabdichtungen oder Abdichtungen geschützt.

Außer den bisher genannten Abdichtungen gegen von außen angreifendes Wasser werden auch Abdichtungen ausgeführt, die vor Schäden durch Nutzwasser schützen sollen. Hierbei handelt es sich insbesondere um Abdichtungen von Feuchträumen (beispielsweise Küchen und Bädern) oder Behältern (beispielsweise Wasserbehältern oder Schwimmbecken).

Unverzichtbare Kriterien für die Bemessung von Bauwerksabdichtungen sind Bodenart und deren Wasserdurchlässigkeit, Erscheinungsform des Wassers im Boden, ggf. klimatische Beanspruchungen.

14.2.5 Unverzichtbare Planungs- und Ausführungsgrundsätze

- Die Planung der Baukonstruktion muss einschließlich der Durchdringungen und Anschlussdetails auf die Abdichtung abgestimmt sein.
- Die Unterkonstruktionen für die Bauwerksabdichtungen müssen abdichtungsgerecht hergestellt und vorbereitet sein. Dazu gehört, dass Kanten gefast (abgeschrägt) und Kehlen in einem Radius von 40 bis 60 mm (als Flaschenkehle, nach der Rundung der Flasche benannt) gerundet werden müssen.
- Als Abdichtungswerkstoffe dürfen nur praxisbewährte Produkte nach DIN 18195-2 verwendet werden. Bahnenförmige Werkstoffe müssen den Anforderungen der DIN EN 13967 oder DIN EN 13969 sowie der nationalen Anwendungsnorm DIN V 20000-202 für Abdichtungsbahnen zur Verwendung in Bauwerksabdichtungen mit den Anwendungskürzeln BA für Bauwerksabdichtungen und MSB bei Mauersperrbahnen entsprechen.
- Die Art der Bauwerksabdichtung und die Anzahl der Lagen müssen auf die jeweiligen Beanspruchungen wie Angriffsart des Wassers, Wasserstand, Fließrichtung, Bodenfeuchtigkeit, Bodenart, Nutzung des Gebäudes bzw. Bauteils, mechanische, thermische und chemische Beanspruchung der Abdichtung im waagerechten oder senkrechten Bereich und Geländeform abgestimmt sein. Bei Bedarf ist ein Bodengutachten zu erstellen, das die Grundwasserverhältnisse auf dem Baugrundstück klärt.
- Ob eine Bauwerksabdichtung von Bodenfeuchtigkeit, nicht drückendem oder drückendem Wasser beansprucht wird, muss vor Beginn der Ausführung ggf. auf der Grundlage eines Bodengutachtens unter Berücksichtigung der Bodenart feststehen bzw. vom Planer festgelegt werden, sodass die erforderliche Abdichtung je nach Anforderung der Normenteile 4 bis 7 zur Ausführung kommen kann.
- Nach der Ausführung der Bauwerksabdichtung ist eine Überprüfung der Funktionsfähigkeit erforderlich, ggf. durch Flutung, Nahtprüfungen mit Druckluft oder Vakuumprüfung.
- Die Bauwerksabdichtung muss sorgfältig und gewissenhaft ausgeführt werden. Sie ist unmittelbar nach der Prüfung auf Funktion und der Abnahme vor mechanischer Beschädigung durch geeignete Schutzlagen, Schutzschichten oder anderen Schutzmaßnahmen zu schützen. Eine Gleitebene zwischen der Abdichtung und der Verfüllung ist sinnvoll, damit die Abdichtung nicht mit dem Verfüllmaterial nach unten gezogen werden kann.

Abb. 14.8: Im Eckbereich zwischen Bodenplatte und Wandbereich wird eine Hohlkehle erstellt.

- Bei Abdichtungen in Nassräumen ist zu empfehlen, zunächst nur die Wandanschlüsse herzustellen. Die Bodenabdichtung erfolgt erst nach der Fertigstellung der Wandfliesenarbeiten.

14.3 Werkstoffe für Bauwerksabdichtungen

Bauwerksabdichtungen können mit den unterschiedlichsten Abdichtungs- und Hilfsstoffen wie z. B. Bitumen- und Polymerbitumenbahnen, kaltselbstklebenden Bitumendichtungsbahnen, kunststoffmodifizierten Bitumen-Dickbeschichtungen, Kunststoff- und Elastomer-Dichtungsbahnen, Metallbändern in Verbindung mit Bitumenwerkstoffen und Asphaltmastix hergestellt werden.

Dichtungsschlämme, Flüssigabdichtungen und zementgebundene Schlämme sind zwar in DIN 18195-2 aufgenommen, dürfen aber einstweilen nur in Teil 7 „Abdichtungen gegen von innen drückendes Wasser, Bemessung und Ausführung“ Anwendung finden.

Die Art der Beanspruchung (z. B. einlagige oder zweilagige Ausführung, Dicke der Bahnen), die jeweilige Einbausituation (z. B. geschlossene Räume, Baugrube unter Erdgleiche) und die Verarbeitungsweise (z. B. mit Flamme im Schweißverfahren, selbstklebende Bahnentypen, Heißluftverschweißung, gespachteltes Aufbringen) bestimmen die Auswahl geeigneter Abdichtungsstoffe.

Bei der Verarbeitung der Abdichtungsstoffe sind neben den Verarbeitungstemperaturen auch die vorgegebenen Überdeckungen einzuhalten.

14.3.1 Nationale Bezeichnungen und Kurzzeichen

Produkte, die für den Einsatz bei Bauwerksabdichtungen vorgesehen werden, müssen klar mit den Mindestinformationen nach DIN EN 13967 oder DIN EN 13969, der nationalen Anwendungsnorm DIN V 20000-202 sowie der CE-Kennzeichnung auf der Verpackung gekennzeichnet sein und dem geforderten Leistungsprofil entsprechen. Als deutliches Erkennungszeichen ist neben den oben aufgeführten Normen das Kürzel für den Anwendungstyp **MSB für Mauersperrbahn** oder **BA für Bauwerksabdichtungen** anzubringen.

Das Anforderungsprofil von Abdichtungswerkstoffen für Bauwerksabdichtungen kann wegen der zu erwartenden geringeren Temperaturbelastungen niedriger ausfallen. Jedoch produzieren die meisten Hersteller die gleiche Bahnenqualität wie für den Einsatz bei Dachabdichtungen nach DIN V 20000-201 (siehe Abb. 14.9 BA G 200 DD). Hintergrund sind die geringere Verwechslungsgefahr sowie die bequemere Lagerhaltung bei Herstellern, Händlern und Dachdeckerbetrieben.

! Praxisbeispiele

MSB G200 DD
MSB = Mauersperrbahn
G = Einlage aus Glasgewebe
200 = 200 g/m² Gewicht der Glasgewebeeinlage

BA G 200 DD
BA = Bauwerksabdichtungen
G = Einlage aus Glasgewebe
200 = 200 g/m² Gewicht der Glasgewebeeinlage

BA PYE-PV 200 S5
BA = Bauwerksabdichtung
PYE = Polymerbitumen mit thermoplastischen Kunststoffen
PV = Einlage aus Polyesterfaservlies
200 = 200 g/m² Gewicht der Polyesterfaservlies-einlage
S5 = Schweißbahn mit 5 mm Dicke

BA EVA-BV-V-GG-1,5
BA = Bauwerksabdichtung
EVA = Ethylen-Vinylacetat-Terpolymer
BV = bitumenverträglich
V = verstärkt
GG = Einlage aus Glasgittergelege/-gewebe
1,5 = Dicke 1,5 mm

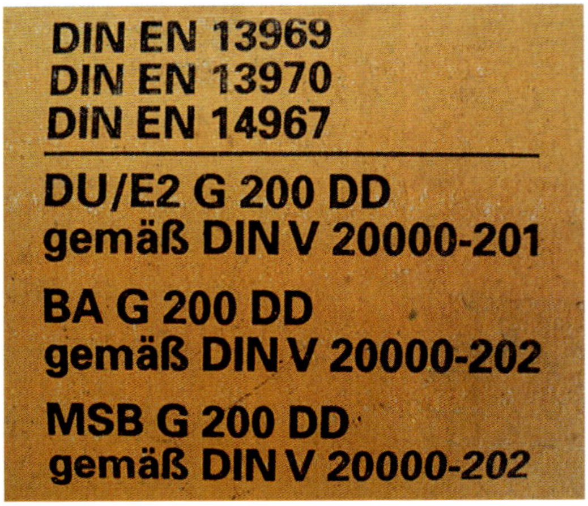

Abb. 14.9: Kennzeichnungsbeispiel für eine **G**lasgewebe-**D**ach**d**ichtungsbahn (Gewicht der Trägereinlage 200 g/m²) nach DIN V 20000-201 und DIN V 20000-202 für den Einsatz bei einer **D**achabdichtung in der **U**nterlage (**E**igenschaftsklasse **2**), als Dachdichtungsbahn für **B**auwerks**a**bdichtungen nach DIN V 20000-202 sowie als **M**auer**s**perr**b**ahn

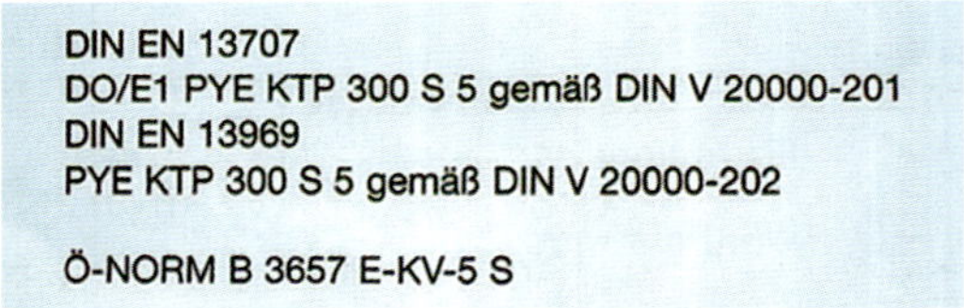

Abb. 14.10: Kennzeichnungsetikett einer Polymerbitumen-Schweißbahn für Dachabdichtungen nach DIN V 20000-201 und für Bauwerksabdichtungen nach DIN V 20000-202

DIN EN 13969 legt Definitionen und Eigenschaften von Abdichtungsbahnen aus Bitumen mit Feuchtigkeitssperren fest, die in erster Linie zur Abdichtung von Bauwerken und Bauwerksgründungen dienen. Sie enthält Festlegungen hinsichtlich der Anforderungen, Prüfungen und Bewertung der Konformität der entsprechenden Produkte.

Materialverträglichkeiten überprüfen

Vor der Ausführung von Außenwand- und Bodenabdichtungen muss die Materialverträglichkeit kontrolliert werden. Handelsübliche Mauersperren aus PVC-P sind i. d. R. nicht bitumenverträglich. Bitumenverträgliche Mauersperren aus Kunststoffen sind aber im Handel erhältlich, wie beispielsweise EVA, PIB, PEC, FPO, TPE und PVC-P bitumenverträglich. Die allgemeine Oberflächenbeschaffenheit der über das Mauerwerk hinausstehenden Anschlussbereiche von Mauersperren ist nach dem harten Baustellenalltag (Verletzungen durch herabfallende Gegenstände) ebenso auf die Gebrauchsfähigkeit zu überprüfen. Sie dürfen keine mechanischen Beschädigungen aufweisen und müssen von Mörtel- oder Putzresten gereinigt werden. Verschmutzte Anschlussflächen können Feuchtebrücken bilden, im Mauerwerk aufsteigen und dieses nachhaltig schädigen.

14.3.2 Persönliche Schutzmaßnahmen

An der Baustelle ist grundsätzlich Sicherheitskleidung zu tragen. Dazu gehören Sicherheitsschuhe und Schutz- bzw. Bauhelm. Es gilt das grundsätzliche **Vermeidungsprinzip**, welches bedeutet, dass durch das Tragen von persönlicher Schutzausrüstung (PSA) Unfälle oder gar Todesfälle vermieden werden.

Abb. 14.11: Vorstehende Mauerreste, Grate etc. sind zu beseitigen.

Abb. 14.12: Risse werden mit geeignetem Mörtel geschlossen.

Bei Voranstricharbeiten oder Nahtverbindungen mit lösungsmittelhaltigen Stoffen, wie beispielsweise Bitumenvoranstrich, Kontaktklebern, Quellschweißmitteln und Arbeiten mit KMB, können insbesondere in Räumen und Baugruben unter Erdgleiche persönliche Schutzmaßnahmen erforderlich werden. Dabei sind die Empfehlungen der GISBAU (Gefahrstoff-Informationssystem der Berufsgenossenschaften der Bauwirtschaft) und die berufsgenossenschaftlichen Arbeitsschutzmaßnahmen zu beachten. Informationen zu den möglichen Gesundheitsgefahren und den geforderten Schutzmaßnahmen stehen sowohl auf den Gebinden der Produkte als auch in den Sicherheitsdatenblättern der Hersteller. Weiterhin sind die Unfallverhütungsvorschriften im Bereich von Dächern, Baugruben und Gräben zu beachten.

14.3.3 Konstruktionsaufbau und Anforderungen an den Untergrund

Abdichtungsarbeiten beginnen stets mit der Begutachtung des Untergrunds. Je nach dessen Art und Beschaffenheit sind Vorbereitungsarbeiten durchzuführen. Gemeint sind neben den allgemeinen Vorarbeiten, wie beispielsweise dem ebenen Verschluss von Ausbruchstellen, offenen Stoßfugen und Profilierungen an Oberflächen im Mauerwerk o. Ä., die Ausrundungen von Innenecken und Kehlbereichen sowie das Fasen bzw. Anschrägen von Außenecken und ähnlichen Kanten unter 45°. Diese Maßnahmen haben die Aufgabe, Lufteinschlüsse und damit ggf. eine spätere Blasenbildung abzuwenden bzw. Risse, Fugen und Eckbereiche dauerhaft abzudichten. Die Vorbereitungen sind ebenso gewissenhaft auszuführen wie die nachfolgende Abdichtung.

Für eine dauerhafte Abdichtung von Bauwerken jeglicher Art sind neben der gewissenhaften Planung und Ausführung einige wichtige Details zu beachten. Die Wechselwirkungen zwischen Bauwerk und Abdichtung, z. B. thermische Längenänderungen, unterschiedliche Bewegungen etc., sind zu berücksichtigen. Bauwerksflächen, auf die eine Bauwerksabdichtung aufgebracht werden soll, müssen frostfrei, fest, eben, frei von Kiesnestern, klaffenden Rissen, Graten und schädlichen Verunreinigungen sein. Bei aufgeklebten Abdichtungen muss die zu beklebende Fläche oberflächentrocken sein. Bei Untergründen aus Putz oder Mauerwerk sind vorhandene Mörtel- und Putz-

Abb. 14.13: Messen, dokumentieren und Referenzprobe der aufgetragenen Schichtdicke

reste zu entfernen. Die Oberflächen von Putzschichten sind auf haftungsreduzierende Bestandteile zu prüfen und bei Bedarf zu reinigen.

Nicht tragfähige Putzschichten sind zu erneuern. Ausbesserungen am Mauerwerk sind z. B. mit Putz oder Füll- und Reparaturspachtel auszuführen.

Bei **Betonuntergründen** sind die Betongrate zu beseitigen, Kiesnester und Risse mit geeignetem Mörtel zu schließen. Diese Mängel würden unweigerlich zu mechanischen Beschädigungen der Abdichtung führen. Speziell ist darauf zu achten, dass bei tragenden Wänden die Rödeldrähte oder Rundeisen, die zum Verspannen der Schalung erforderlich sind, herausgezogen oder entfernt werden. Sich dabei zeigende Öffnungen sind unbedingt zu schließen.

Alte, lose Bitumenbahnen oder Beschichtungen sind zu entfernen, Blasen in den bituminösen Untergründen aufzuschneiden, beizuschweißen oder zu entfernen. Zur besseren Haftung der nachfolgenden Abdichtung ist materialspezifisch eine Haftbrücke aufzubringen.

Nicht verschlossene Vertiefungen > 5 mm, wie Mörteltaschen, offene Stoß- und Lagerfugen oder Abplatzungen, sind mit geeignetem Mörtel zu schließen. Oberflächen von Mauerwerk oder von Baustoffen, offene Fugen bis 5 mm und Oberflächenprofilierungen bzw. Unebenheiten von Steinen (z. B. Putzrillen bei Ziegeln oder Schwerbetonsteinen) müssen, sofern keine Abdichtungen mit überbrückenden Werkstoffen (z. B. Bitumen- oder Kunststoff-Dichtungsbahnen) verwendet werden, entweder durch Verputzen (Dünn- oder Ausgleichsputz), Vermörtelung, durch Dichtungsschlämme oder durch eine Kratzspachtelung verschlossen und egalisiert werden.

Eine **Kratzspachtelung** ist das großflächige Aufbringen einer mit Sand abgemagerten, im Regelfall lösungsmittelfreien Bindemittelmasse in einer Schichtdicke von etwa 1 mm. Diese dient der großflächigen Höhengleichheit, der Verbesserung der Lastverteilung auf den Untergrund und der Beseitigung kleinerer Unebenheiten. Sie muss auf der Grundierung einwandfrei haften sowie gleichzeitig Haftung von nachfolgenden Schichten gewährleisten und selbst ausreichend fest sein. Bei kunststoffmodifizierten Bitumen-Dickbeschichtungen kann die Ausrundung mit dem Werkstoff selbst erfolgen, wenn der Hersteller dies zulässt. Kanten müssen gefast und Kehlen sollten gerundet sein.

Die Betonsohle (Bodenplattenüberstand) muss gründlich gereinigt werden, dabei sind festhaftende Verunreinigungen mechanisch zu entfernen. Vor- und Rücksprünge der abzudichtenden Flächen sind auf das notwendige Minimum zu reduzieren.

In geschlossenen Räumen oder ähnlichen Anlagen sowie in rundum geschlossenen Baugruben unter Erdgleiche sind lösungsmittelfreie Voranstriche zu verwenden. Vorhandene Abdichtungen können nur dann als Untergrund verwendet werden, wenn diese fest am Untergrund haften und tragfähig sind. Auf die Materialverträglichkeit zwischen der alten und neuen Abdichtung ist zu achten.

Vor Beginn der Abdichtungsarbeiten ist der Arbeitsbereich sorgfältig zu reinigen und abzufegen.

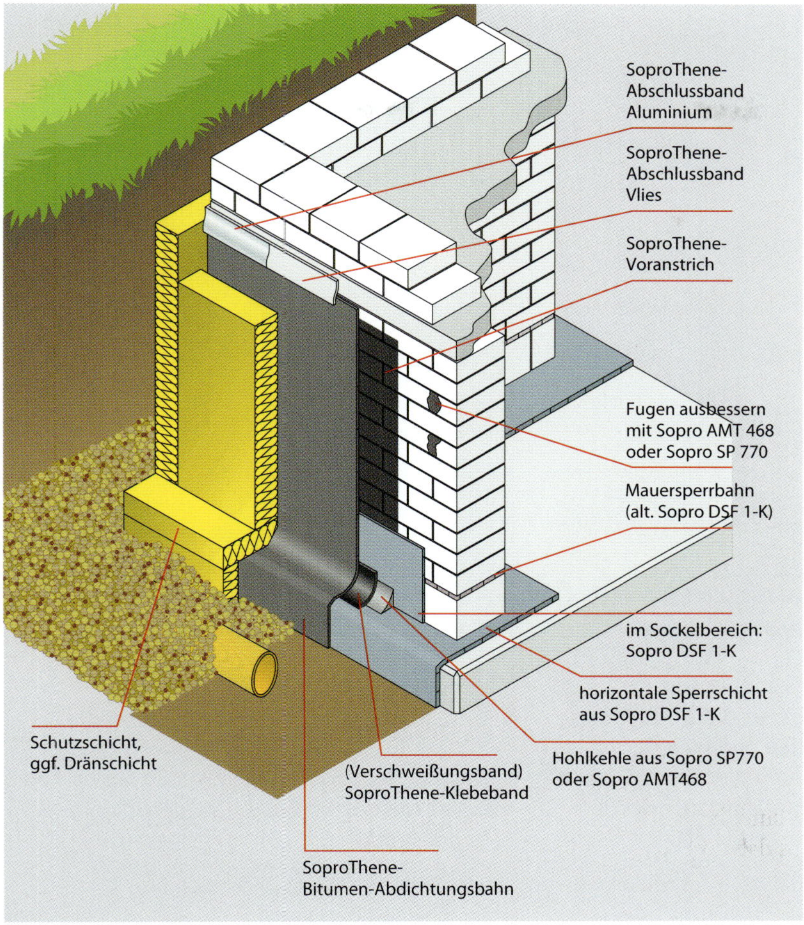

Abb. 14.14: Ausführung einer Kellerabdichtung mit Bitumenbahnen

14.3.4 Abdichtungen von Bauwerken und Bauwerksteilen

Die Wahl der Abdichtungsart und die Festlegung der Lagenanzahl sind insbesondere abhängig von Wasserbeanspruchung und Bodenart. Es ist weiterhin zu unterscheiden, ob die an das Bauteil angrenzenden Erdschichten oder das Verfüllmaterial aus **stark** oder **wenig durchlässigem Boden** bestehen.

Stark durchlässige Böden sind für in tropfbar-flüssiger Form anfallendes Wasser so durchlässig, dass es ständig von der Oberfläche des Geländes bis zum freien Grundwasserstand absickern und sich auch nicht vorübergehend, z. B. bei starken Niederschlägen, aufstauen kann.

Bei **wenig durchlässigen** Böden muss damit gerechnet werden, dass in den Arbeitsraum eindringendes Oberflächen- und Sickerwasser vor den Bauteilen zeitweise aufstaut und diese als Druckwasser beansprucht.

Feuchte ist im Boden immer vorhanden. Alle vom Boden berührten Außenflächen sind daher gegen

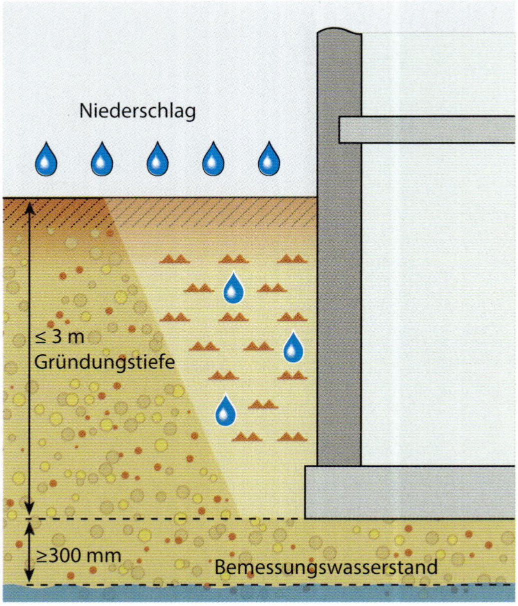

Abb. 14.15: Lastfall aufstauendes Sickerwasser

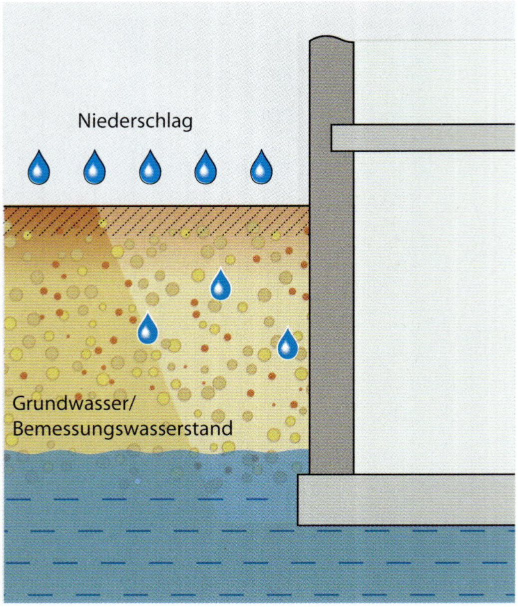

Abb. 14.16: Lastfall von außen drückendes Wasser (Grundwasser)

Feuchtigkeit abzudichten. Für die Abdichtung von erdberührten Bauteilen oberhalb des Grundwasserspiegels differenziert man die Lastfälle Bodenfeuchtigkeit und aufstauendes Sickerwasser.

Abdichtungen gegen aufstauendes Sickerwasser müssen eine geschlossene Wanne bilden bzw. das Bauwerk allseitig umschließen.

Abdichtungen gegen drückendes Wasser sind eigenständige Fachgebiete. Bei diesen Abdichtungen wird dringend empfohlen, bereits in der Vorplanungsphase spezialisierte Fachingenieurbüros einzubeziehen.

Sperrputze und einfache **Bitumenanstriche** eignen sich nur für minimalste Beanspruchungen, wenn keine Risse im abzudichtenden Bauteil auftreten können. Werden Bauwerksabdichtungen aus Bitumenbahnen hergestellt, so sind die Wandflächen vorher immer mit einer möglichst lösungsmittelfreien Haftbrücke (Voranstrich) zu versehen, die vor dem Anbringen der Abdichtung durchgetrocknet bzw. abgelüftet sein muss. Die Haftbrücke kann durch Streichen, Rollen oder Spritzen aufgebracht werden. Die bituminösen Haftbrücken sind so auf-

! Praxistipp

Bei Bitumenbahnen steht eine große Auswahl an Bahnentypen zur Verfügung. Zu den gängigsten Typen gehören:

- einfache Bitumen-Dachbahnen (wie R 500, R 500 nackt oder V 13),
- Dichtungsbahnen (wie Al 0,1; Cu 0,1),
- Dachdichtungsbahnen (wie G 200 DD, PV 200 DD),
- Bitumen-Schweißbahnen (wie G 200 S4, PV 200 S5),
- Polymerbitumen-Schweißbahnen (wie PYP-G 200 S5, PYE PV 200 S5),
- Polymerbitumen-Dachdichtungsbahnen (wie PYE-G 200 DD, PYE- PV 200 DD),
- kaltselbstklebende Polymerbitumenbahnen mit Kombinationsträgereinlagen (wie PYE- KTG KSP - 3,5; PYE-KTP KSP - 3,5; PYP-KTG KSP - 3,5; PYP-KTP KSP - 3,5),
- Polymerbitumen-Schweißbahnen mit Kupferverbund- oder Kupferbandeinlage (wie PYE-VCu S5, PYE-Cu01 S5).

zubringen, dass eine Menge von etwa 200 bis 300 g/m² gleichmäßig aufgetragen ist. Die Temperatur der Bauteiloberfläche und der Umgebung muss mehr als +5 °C betragen.

Bei Bitumenabdichtungen mit Bahnen, deren Trägereinlagen meist nur aus mit Bitumen getränkten Rohfilzpappen bestehen (z. B. R 500 nackt), sind deren starke hygroskopische (wassersaugende) Eigenschaften zu bedenken. Durch die Wasseraufnahme quellen diese Bahnen auf, verlieren an Festigkeit und verrotten schließlich. Um das Aufquellen der Bahnen mit Trägereinlagen aus Rohfilz zu vermeiden, können diese nur in eingespanntem Zustand verwendet werden. Der Mindesteinpressdruck, bei dem die Wasseraufnahme der Rohfilzeinlage ausgeschlossen werden kann, beträgt etwa 0,01 MN/m² = 1.000 kg/m² (1 Meganewton = 100.000 kg).

Abdichtungen bestehend aus Bitumenbahnen mit Rohfilzträgereinlagen müssen abschließend immer einen Heißbitumen-Deckabstrich erhalten.

Die Abdichtung muss am oberen Ende gegen Abklappen oder Abrutschen mechanisch befestigt werden, sodass sie nicht wasserhinterläufig werden kann. Es wird empfohlen, die Abdichtung im oberen Bereich durch das Vorstellen von Betonplatten o. Ä. gegen mechanische Beschädigungen zu schützen. Die Abdichtungen sind nur bei Witterungsverhältnissen auszuführen, die sich nicht nachteilig auf diese auswirken können.

Lose verlegte Abdichtungen sind immer wasserunterläufig, was bedeutet, dass im Schadensfall, z. B. durch eine mechanische Beschädigung, eine Lokalisierung der Undichtigkeit schwierig wird. Insbesondere bei Abdichtungen mit weiteren hochwertigen Nutzschichten oberhalb der Abdichtung, wie z. B. bei Parkdecks oder Hofkellerdecken, die abgeräumt werden müssen, kann die Schadenssuche und -beseitigung kostenintensiv werden und einen Nutzungsausfall nach sich ziehen. Bei Kunststoff- oder Elastomer-Dichtungsbahnen wird i. d. R. unterhalb der Abdichtung ein Polyestervlies als Schutzlage verlegt. Durch die vorhandene Dochtwirkung des Polyestervlieses wird im Schadensfall Wasser großflächig unterhalb der Abdichtung verteilt. Soll aus Kostengründen eine Abdichtung lose verlegt werden, sollte die Abdichtungsfläche durch Abschottungen (ähnlich wie im Schiffsbau) in übersichtliche Abschnitte unterteilt und dokumentiert werden.

! Praxistipp

Möchte man das Risiko der Wasserunterläufigkeit ausschließen und im Falle von Undichtigkeiten die schadhafte Stelle ohne allzu großen Aufwand orten, sind vollflächig verklebte Abdichtungspakete – Dampfsperre, Wärmedämmung und Abdichtung – die Alternative.

Die Verklebung mit Bitumenklebemassen (heiß oder kalt) stellt die klassische Verklebung von Bitumenbahnen in der Bauwerksabdichtung dar. Bitumenverträgliche Kunststoff- oder Elastomer-Dichtungsbahnen können ebenfalls vollflächig mit Bitumenklebemassen aufgeklebt oder auf eine Bitumen-Schweißbahn aufgeflämmt werden. Kaltselbstklebebahnen auf Bitumen- oder Kunststoffbasis dürften nur unter erheblichem Arbeitsaufwand zu einem vergleichbaren Ergebnis führen wie o. g. Beispiele.

Quellschweißen ist in geschlossenen Räumen nur möglich, wenn eine ausreichende Lüftung gegeben ist. Ist dies nicht der Fall, muss die Naht mit Heißluft geschlossen werden. Nach der Ausführung der Nahtverbindungen ist eine sorgfältige Nahtkontrolle durchzuführen.

Die Überdeckungen von Bitumenbahnen betragen an Längsnähten 80 mm, an Quernähten und Anschlüssen 100 mm. Die Überdeckungen bei Kunststoff- und Elastomer-Dichtungsbahnen betragen i. d. R. 50 mm. Davon sind bei Nahtverbindungen mit Quellschweißmittel mindestens 30 mm und bei Nahtverbindungen mit Heißluft mindestens 20 mm zu schließen.

Die Abdichtung muss sofort nach der Prüfung auf Funktionsfähigkeit und der Abnahme durch Schutzlagen bzw. Schutzschichten geschützt werden. Im erdberührten Abdichtungsbereich ist ein Schutz vor thermischen, dynamischen und mechanischen Belastungen erforderlich.

Beim Verfüllen der Baugrube ist darauf zu achten, dass die Abdichtung nicht durch grobe Schüttgüter, wie z. B. Bruch von Mauersteinen, Dachsteinreste oder sonstige Baustellenabfälle, beschädigt wird. Es wird empfohlen, die Abdichtung durch vorgestellte Dämmplatten (Perimeterdämmung), Drän-, Schutzplatten u. Ä. zu schützen.

14.4 Schutzlagen

Eine Schutzlage ist eine über eine Abdichtung verlegte flächige Lage mit hoher Perforationsfestigkeit zum Schutz vor mechanischen Einwirkungen. Als Schutzlagen sind geeignet:

- Vliese aus synthetischen Fasern mit einem Flächengewicht von mindestens 300 g/m^2 und mindestens 2 mm dick,
- Schutzbahnen aus PVC, Nenndicke mindestens 1 mm,
- Bahnen aus PVC-P, Nenndicke mindestens 1,2 mm,
- Bautenschutzmatten und -platten aus Gummigranulat, Nenndicke mindestens 6 mm, oder aus Kunststoffgranulat, Nenndicke mindestens 4 mm, Dränagematten und -platten,
- Platten aus Polystyrol-Extruderschaum (XPS),
- Schutzlagen gegen Durchwurzelung; Kunststoffbahnen, Elastomerbahnen oder Bitumenbahnen, deren Eignung als Durchwurzelungsschutz nachgewiesen ist (z. B. DIN EN 13948; Untersuchung nach dem FLL-Prüfverfahren).

Lernfeld 15: An- und Abschlüsse an Wänden herstellen

Annett Pelikan

Projektaufgabe:

Neueindeckung einer Außenwandbekleidung

Die Außenwand eines Gebäudes (Abb. 15.1) soll mit einer hinterlüfteten Außenwandbekleidung eingedeckt werden. Im Zuge dieser Neueindeckung sind Fragen der Gestaltung, des Materialeinsatzes und der Deckungsart zu betrachten.

Arbeitsaufträge:

1. Helfen Sie dem Bauherrn bei seiner Entscheidung und schlagen Sie ihm mehrere kleinformatige Eindeckungen vor. Fertigen Sie dazu:
   a) Modelle für Ihre gewählten Deckschemen im Maß 1 : 10, inkl. der An- und Abschlüsse
   b) eine Zusammenstellung aller benötigten Werkstoffe inkl. des Materialbedarfs für diese Außenwand an.

15.1 Wanddetails

Die Gestaltung der Wanddetails kann mit verschiedenen Formaten bzw. Rohschiefer hergestellt werden. Diese müssen vor Ort zugerichtet und den Maßen angepasst werden. Dabei ist die Stärke der Platten vor allem bei Eindeckungen mit Schiefer zu beachten.

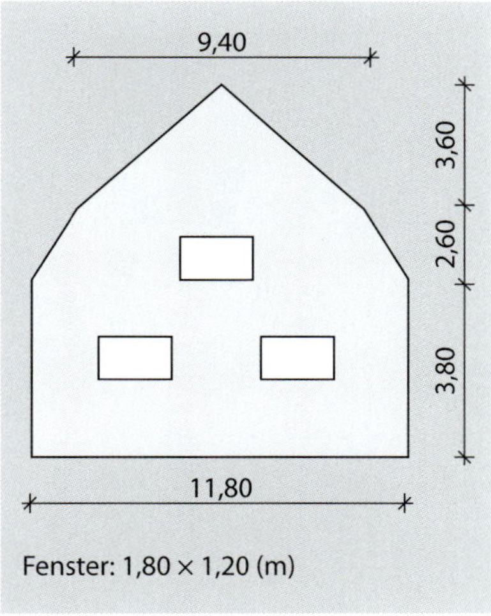

Abb. 15.1: Giebelwandansicht

15.1.1 Seitliche Abschlüsse

→ Siehe Kapitel 9

Die Seitenabschlussdeckungen umfassen die Anfangs- und Endgestaltung der Deckgebinde bzw. das Decken von Ortgebinden mit dem Ausspitzen der an- oder abschließenden Deckgebinde.

Der seitliche Überstand z. B. bei Schiefer muss mindestens 20 mm und bei Deckungen mit Profilen 50 mm betragen.

Bei Eindeckungen mit Schichtstücken müssen die Platten stumpf zusammenstoßen. Zur besseren Lage der Dachplatten können diese unterlegt werden.

Nach der Gestaltung der Orte wird unterschieden in:

- eingebundene Orte,
- auslaufende Orte,
- aufgelegte Orte.

Dach Training
Deine App für die Prüfung
Android IOS

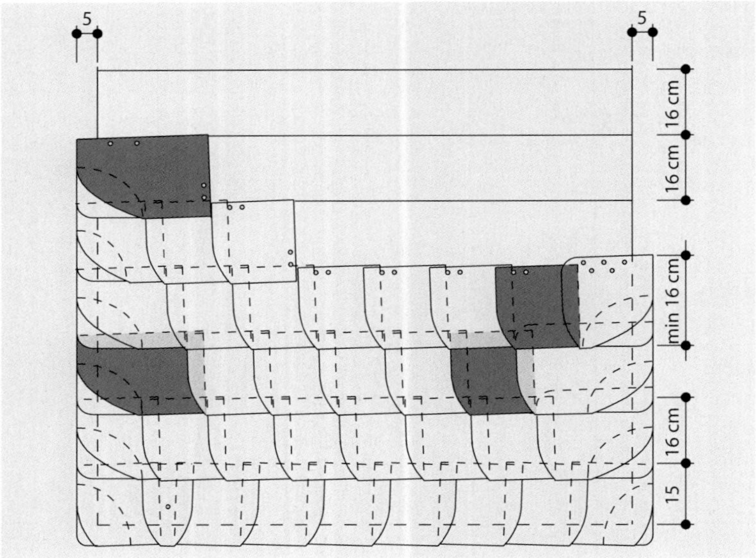

Abb. 15.2: Bogenschnittdeckung mit eingebundenem Ort (Endort als Stichort)

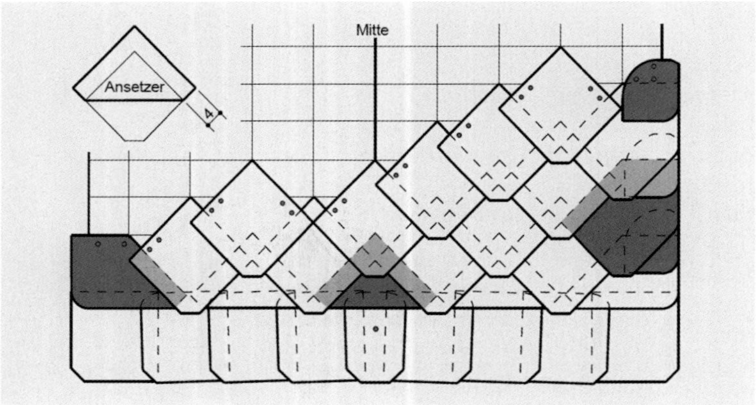

Abb. 15.3: Wabendeckung mit eingebundenem Ort

Eingebundene Orte

Die Form der Ortsteine wird der Eindeckungsart angepasst und über die gesamte Deckung beibehalten.

Orteindeckung bei Bogenschnittschablonen 20 × 20 cm mit Anfang- und Endort als Stichort.

Die Ortplatten können aus den Formaten 20 × 40 cm oder 20 × 30 cm hergestellt werden.

Auslaufende Orte

Diese Eindeckungsart wird vor allem bei kleineren Flächen angewendet, z. B. bei Schornsteinbekleidungen. Die Eckausbildung erfolgt i. d. R. mit Eckprofilen.

Aufgelegte Orte

Diese Eindeckungsart kann bei allen Schablonendeckungen angewendet werden.

Die Ortsgebinde überdecken die Flächengebinde um mindestens 50 mm.

Damit die Lage der Ortplatten verbessert wird, kann an der Ortkante untergelegt werden. Die Form und Größe der Ortplatten sollte der Eindeckungsart angepasst werden. Die Höhenüberdeckung der Ortplatten, in der Mitte gemessen, muss mindestens 50 mm betragen.

Die Ausspitzer müssen das evtl. eintretende Wasser durch einen wasserabweisenden Hieb in die Fläche transportieren. Die Befestigung (Na-

Abb. 15.4: Spitzwinkeldeckung mit eingebundenem Ort

Abb. 15.5: Auslaufende Orte

Abb. 15.6: Rechteckdoppeldeckung

Abb. 15.7: Ausspitzen bei einer Spitzwinkel-Schablonendeckung

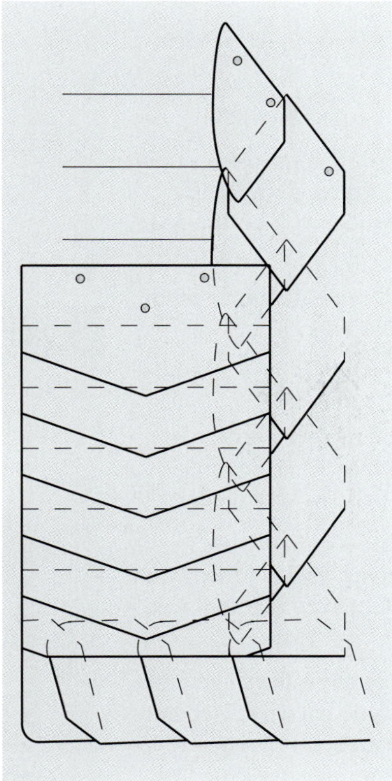

Abb. 15.8: Einteilung des aufgelegten Ortes

■ **Merke**

- Um ein optisch einheitliches Bild bei den Ortplatten zu erhalten, sollten diese gleiche Abstände untereinander haben (siehe auch Materialberechnung).
- Die Plattengrößen am Ort können von den Maßen in der Fläche abweichen.

→ Siehe Tabelle 11.4 in Kapitel 11.

→ Befestigungen an Orten siehe Kapitel 9

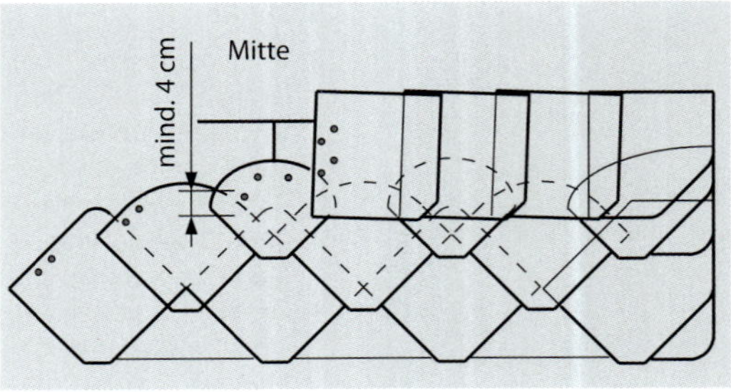

Abb. 15.9: Ausspitzen am Firstgebinde

gelung) darf ebenfalls nicht im Wasserlauf erfolgen.

15.1.2 Anschlüsse

Anschlüsse erfolgen an Öffnungen, Durchdringungen und Einbauteilen.

Der Überstand wird z. T. vernachlässigt.

Wichtig ist, dass bei hinterlüfteten Außenwandbekleidungen die Hinterlüftung gewährleistet bleibt. Dies kann durch Einbau von Lüftungselementen erfolgen.

Der obere Abschluss wird mit einem Firstgebinde oder auslaufend gedeckt.

15.2 Befestigungen

Entsprechend der Eindeckungsart werden die Schablonen oder Decksteine (je Größe und Form) mit mindestens 2 Schieferstiften oder Schiefernägeln befestigt.

Rechteckige oder quadratische Schablonen können auch mit einem Plattenhaken befestigt werden.

Die Befestigung der Ortplatten sollte so gestaltet sein, dass ein Sperren vermieden wird. Dementsprechend sind die Ortplatten, z. B. bei auslaufenden Orten, so groß zu wählen, dass die Befestigung möglich ist.

Die Anzahl der Befestigungen beträgt mindestens 3 Stifte oder Nägel. Bei auflegten Orten sollte ein Nagel oder Stift als Spannnagel dienen.

15.3 Berechnung des Materialbedarfs

Die Berechnung der Schablonen erfolgt wie in Kapitel 11.

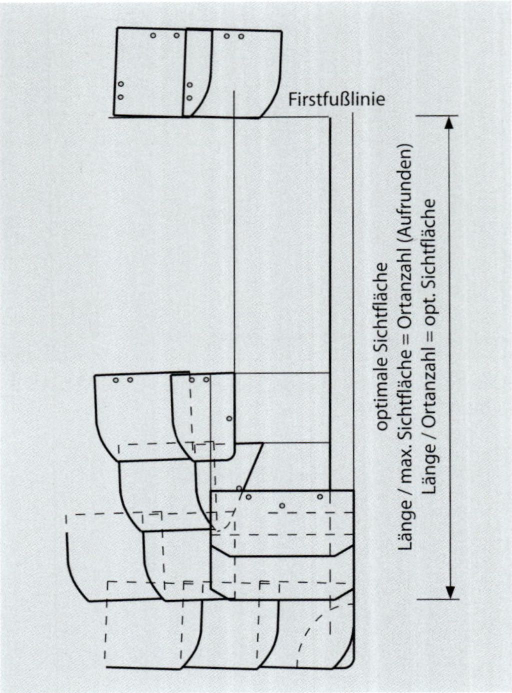

Abb. 15.10

Praxisbeispiel

Ortlänge = 2,40 m

Format 20 × 20 cm, Ortplatte 30 × 20 cm

SÜ/HÜ = 5 cm

Waagerechte Deckung mit quadratischen Platten mit Eckschnitt

Restlänge
= Ortlänge – 15 cm – 1 Platte
= 2,40 m – 0,15 m – 0,20 m
= 2,05 m

max. Schnürabstand Ortplatte
= Plattenhöhe – HÜ = 20 cm – 5 cm
= 15 cm

opt. Schnürabstand
= Restlänge/max. Schnürabstand
= 2,05 m / 0,15 m
= 13,66 → auf 14 aufrunden

tats. Schnürabstand = Restlänge/gerundeten Wert
= 2,05 m / 14
= 14,60 cm

Praxisbeispiel

Aufgabe

Die Giebelwand eines Gebäudes soll neu eingedeckt werden. Der Eigentümer möchte eine Wabendeckung mit aufgelegtem Ort haben. Berechnen Sie folgende Materialien für diese Außenwand.

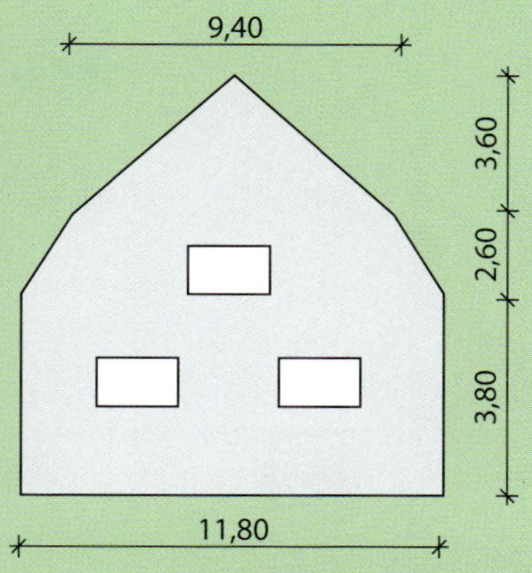

Fenster : 1,80 x 1,20 (m)

Aufgabenstellung:

Material:

1. Gesamtstückzahl/m² an 20 × 20 FZP mit Eckschnitt, HÜ = 4 cm und 8 % für Bruch und Verschnitt
2. Die Anzahl an Paletten FZP, wenn 1 Palette 25 Pakete à 20 Platten enthält
3. Wie viel Prozent wurden mehr bestellt?
4. Die Stückzahl an Ortplatten 30 × 20, HÜ/SÜ = 5 cm bei 7 % für Verschnitt
5. Anzahl an Schalungsbrettern, wenn 1 Brett 4,00 m lang, 2 dm breit und 24 mm stark ist und für Verschnitt 13 % angenommen werden

Lösung

1. Die Fläche ist 87,32 m² groß. Die Abzugsfläche für die Fenster beträgt 6,48 m².
   $A_{ges} = 87{,}32 \text{ m}^2 - 6{,}48 \text{ m}^2 = 80{,}84 \text{ m}^2$
   Sichtfläche einer Platte = (20 cm – 4 cm) × (20 cm – 4 cm) – (4 cm × 4 cm) = 240 cm²
   $$\text{St./m}^2 = \frac{10.000 \text{ cm}^2}{240 \text{ cm}^2} = 41{,}33 \text{ St./m}^2$$
   Gesamtstückzahl = St./m² × A_{ges} = 41,33 St./m² × 80,84 m² × Verschnitt
   = 3.608,4 St./m² → aufrunden auf ganze Platten = 3.609 St.

2. $$\text{Anzahl an Paletten} = \frac{\text{Gesamtstückzahl}}{25 \text{ Pakete} \times 20 \text{ Platten}} = 7{,}218 \text{ Paletten}$$ → aufrunden auf 8 Paletten

3. 8 Paletten haben 4.000 Platten.
   % = 4.000 Platten/3.609 Platten × 100 % = 90,2 %
   Es wurden 9,8 % zu viel bestellt.

4. Sichthöhe einer Ortplatte = H – HÜ = 20 cm – 5 cm = 15 cm
   St./m = 1 m/Sichthöhe = 6,67 St./m
   Gesamtstückzahl = Ortlänge × St./m + Verschnitt
   = 25,16 m × 6,67 St./m + Verschnitt
   = 180 St.

5. Sichtfläche eines Brettes = 4,00 m × 0,20 m = 0,8 m²
   Gesamtstückzahl = (A_{ges}/Sichtfläche eines Brettes) + Verschnitt
   = (80,84 m² × 0,80 m²) + Verschnitt = 108,12 St. → 109 St.

Abb. 15.11: Giebelwand mit Fischschuppe und Schmuckbändern

Abb. 15.12: Giebelwand

Lernfeld 16: Energiesammler, Blitzschutzanlagen und Einbauteile montieren

Michael Strauß, Christoph Aufderbeck

Projektaufgabe:

Familie Böse möchte ihr frei stehendes Einfamilienhaus im nördlichen Saarland mit einer Blitzschutzanlage versehen. Die Zimmer der beiden Kinder liegen im Dachgeschoss. Herr Böse arbeitet freiberuflich als Finanzdienstleister, seine Frau ist Lehrerin. Beide besitzen ein Arbeitszimmer und sind auf ihre Computer angewiesen. Ein Ausfall der Telekommunikationsanlage würde einen enormen wirtschaftlichen Schaden bedeuten.

Arbeitsaufträge:

1. Erläutern Sie, aus welchen Gründen die Installation einer Blitzschutzanlage notwendig ist.
2. Welche Blitzschutzklasse ist Familie Böse zu empfehlen?
3. Zeichnen Sie die Fangleitungen, Ableitungen und Anschlüsse ein.
4. Erstellen Sie eine Materialaufstellung und Massenermittlung.

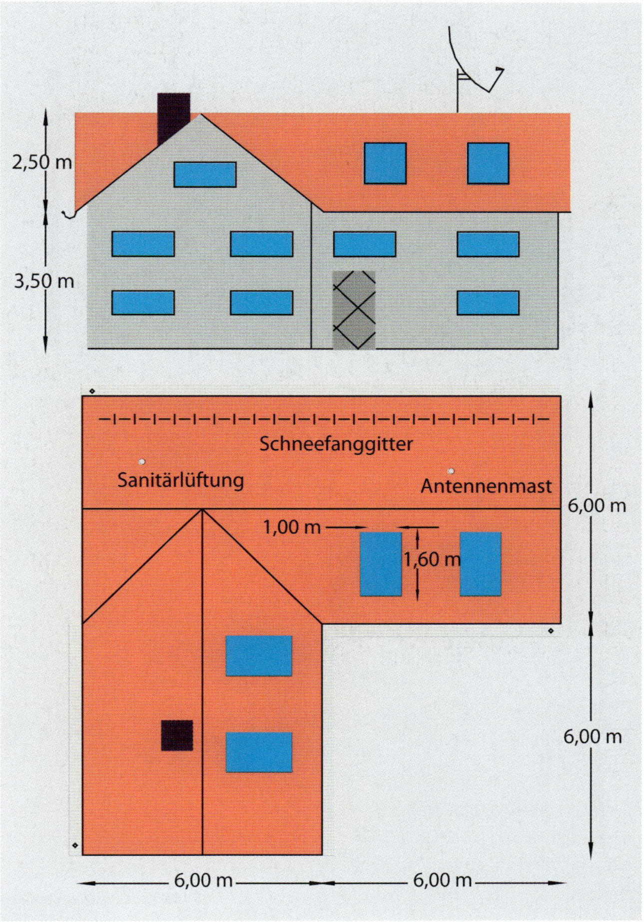

Abb. 16.1: Einfamilienhaus

16.1 Blitzschutz

Über Deutschland entladen sich jährlich etwa 1,5 Millionen Blitze. Das entspricht einer mittleren Blitzdichte von 4,2 Entladungen pro Quadratkilometer. Die tatsächliche Blitzdichte ist jedoch weitgehend von geografischen Gegebenheiten abhängig. Im Westen der Republik ist sie wesentlich höher als im Norden.

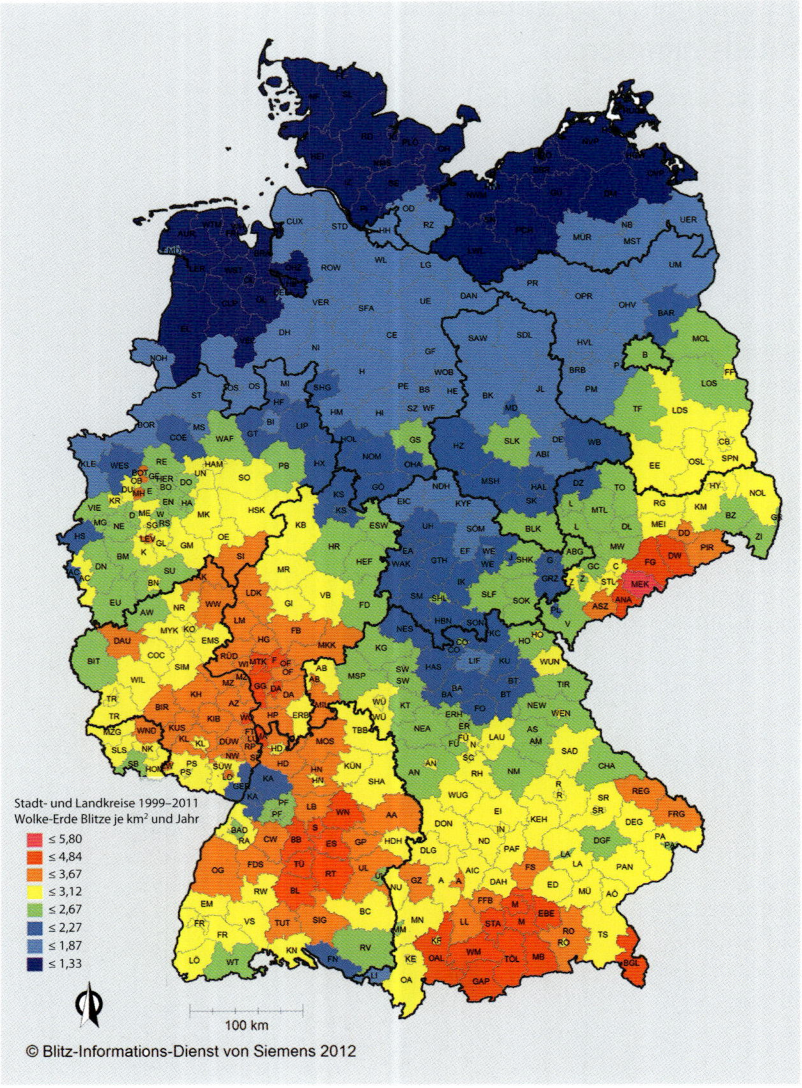

Abb. 16.2: Blitzdichte in Deutschland

Schäden, die ein **direkter Blitzeinschlag** an einem Gebäude hervorrufen kann, sind offensichtlich. Die **mechanische Wirkung** eines Blitzeinschlages wird an zerstörten Bauteilen sichtbar, während die enorme **thermische Wirkung** sehr häufig eine Brandentfachung zur Folge hat. Durch die immer breiter werdende Einführung elektronischer Geräte und Systeme sowie die fortschreitende großflächige Vernetzung (z. B. von Telekommunikationsanlagen) steigen auch die Hardwareschäden an den vorhandenen elektronischen Systemen.

Durch Blitzeinschläge können mechanische, thermische und elektrische Schäden an baulichen Anlagen entstehen.

16.1.1 Entstehung eines Blitzes

Voraussetzung für die Entstehung von Gewittern ist der Transport warmer Luftmassen mit hoher Feuchtigkeit in große Höhen. Durch die Reibung von warmen aufstrebenden Wassertröpfchen mit kalten abwärtsgerichteten Eispar-

Abb. 16.3: Blitzeinschlag

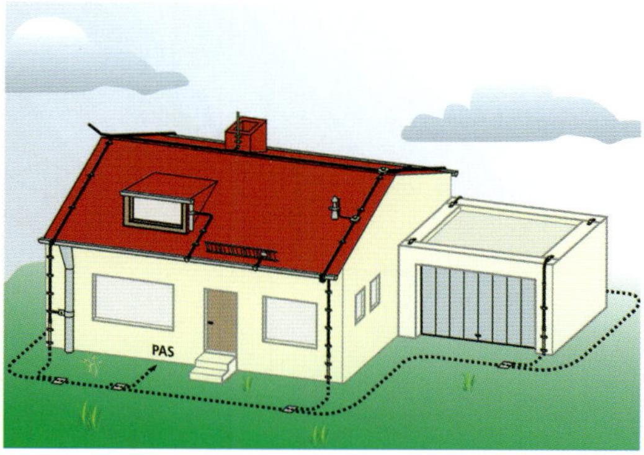

Abb. 16.4: Blitzschutzanlage

tikeln entsteht ein elektrostatischer Ladungstrennungsprozess. Im oberen Teil der Gewitterwolke werden Partikel mit positiver Ladung, im unteren Teil Partikel mit negativer Ladung angehäuft. Werden die Spannungsunterschiede zu groß (mehrere Hundert Millionen Volt), folgt eine elektrische Entladung – der Blitz. Es entstehen Stromstärken von vielen Tausend Ampere und Temperaturen von mehreren Zehntausend Kelvin. Dabei können sich die elektrischen Spannungen zwischen Wolke-Wolke, Wolke-Erde und Erde-Wolke entladen. Die direkte Gefahr eines Blitzeinschlages besteht nur bei Wolke-Erde-Blitzen.

16.1.2 Prinzip des äußeren Blitzschutzsystems

Der englische Physiker Michael Faraday hat bereits 1831 erkannt, dass in das Innere eines allseitig geschlossenen Metallkäfigs von außen kein elektrisches Feld, wie es auch eine Blitzentladung darstellt, einwirken kann. Es sind nur an den Außenflächen des Käfigs Entladungen möglich. So ist man z. B. im Inneren eines geschlossenen Fahrzeugs mit Stahlkarosserie vor Blitzeinschlägen sicher.

Die äußere Blitzschutzanlage funktioniert nach genau diesem Prinzip. Um die bauliche Anlage wird ein metallener Käfig gebaut, der den Blitzstrom ungehindert in die Erde ableitet.

Es ist darauf zu achten, dass dieser **Faraday'sche Käfig** so vollkommen wie möglich gestaltet wird und dass keine Bauteile (wie z. B. Schornsteine) aus diesem Käfig herausragen. Auch im Inneren des Gebäudes müssen alle installierten größeren Metallteile wie Wasser- und Gasleitungen, Heizungsanlagen u. Ä. an die Potenzialausgleichsschiene angeschlossen sein.

Eine Blitzschutzanlage funktioniert nach dem Prinzip des Faraday'schen Käfigs.

16.1.3 Blitzschutzanlagen

Eine Blitzschutzanlage soll größere Schäden durch Blitzschlag an den zu schützenden baulichen Anlagen weitgehend verhindern. Die Art der Blitzschutzanlage sowie auch deren Anordnung hängen sowohl von den Eigenschaften des zu schützenden Gebäudes als auch von der Blitzschutzklasse ab. Es werden 4 Blitzschutzklassen unterschieden, wovon

■ Darum geht es

Da die Verbreitung und Vernetzung von elektronischen Anlagen immer mehr zunimmt, kommt dem Blitzschutz eine wachsende Bedeutung zu.

■ Begriffe

Ein **Faraday'scher Käfig** ist ein nach allen Seiten geschlossener Behälter bzw. Gegenstand mit metallenen Außenwänden.

Dach Training
Deine App für die Prüfung
Android IOS

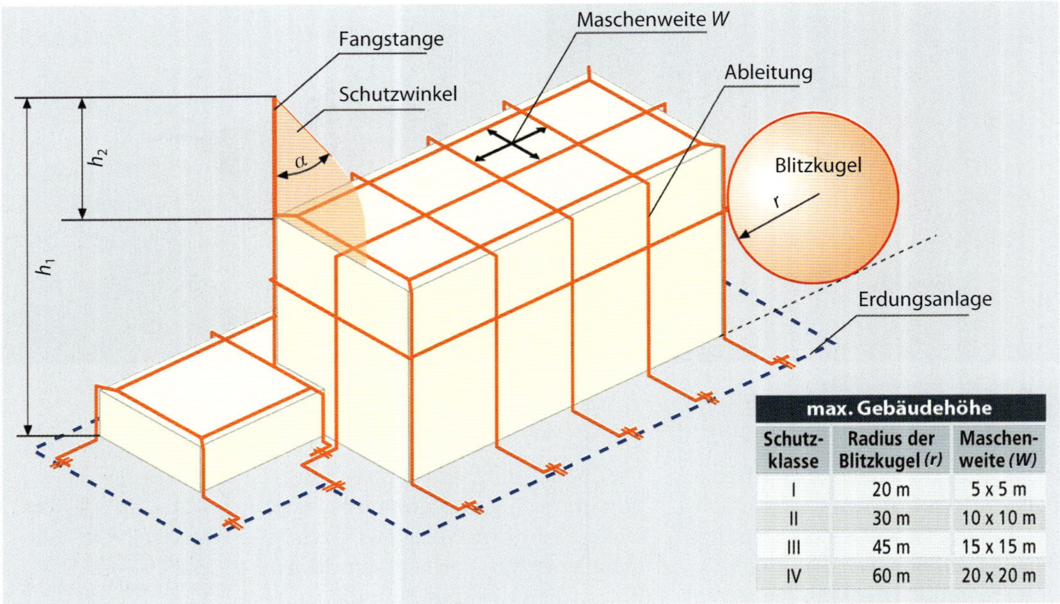

max. Gebäudehöhe		
Schutz-klasse	Radius der Blitzkugel (r)	Maschen-weite (W)
I	20 m	5 x 5 m
II	30 m	10 x 10 m
III	45 m	15 x 15 m
IV	60 m	20 x 20 m

Abb. 16.5: Verfahren für die Auslegung von Fangeinrichtungen

die Blitzschutzklasse I den höchsten und die Blitzschutzklasse IV den niedrigsten Schutz bietet.

Eine geeignete Blitzschutzklasse wird durch eine **Risikoabschätzung** ausgewählt. Faktoren, die in diese Abschätzung einfließen, sind z. B.:

- die zu erwartenden jährlichen Direkteinschläge,
- die Gebäudegröße,
- die Umgebung des Gebäudes,
- die Gebäudekonstruktion,
- die Gebäudenutzung,
- der Gebäudeinhalt,
- Folgeschäden durch einen möglichen Blitzeinschlag.

Der äußere Blitzschutz hat die Aufgabe, den Blitzstrom von der Einschlagstelle zur Erde abzuleiten und in der Erde zu verteilen, ohne dass durch thermische oder mechanische Wirkungen Schäden an der zu schützenden baulichen Anlage oder für Personen gefährliche Überspannungen auftreten.

Die äußere Blitzschutzanlage besteht im Wesentlichen aus **4 Anlagenteilen**:

- Fangeinrichtung,
- Ableitung,
- Erdungsanlage,
- Potenzialausgleichsschiene.

16.1.4 Fangeinrichtung

Fangeinrichtungen sind Leitungen, die den Blitzstrom auffangen und über die **Ableitungen** gefahrlos in die **Erdungsanlage** weiterleiten. Sie können aus **Fangstangen**, **Fangleitungen** oder **Fangmaschen** bestehen.

Für die Festlegung von Lage und Anordnung der Fangeinrichtungen werden 3 Methoden genutzt:

- Blitzkugel-Methode,
- Schutzwinkel-Methode,
- Maschen-Methode.

Die **Blitzkugel-Methode** setzt einen **Blitzkugelradius** je nach Schutzklasse von 20 bis 60 m voraus. Alle Gebäude, die beim Überrollen mit einer Blitzkugel mit entsprechendem Radius

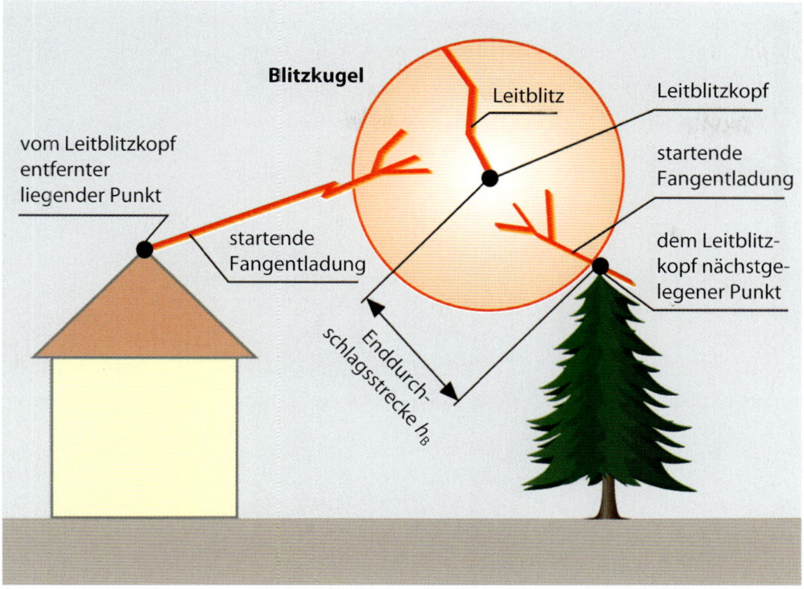

Abb. 16.6: Startende Fangentladung, die den Einschlagpunkt festlegt

Darum geht es

- Die Art der Blitzschutzanlage richtet sich u. a. nach der Art des zu schützenden Gebäudes.
- Eine Blitzschutzanlage leitet den Blitzstrom in die Erde ab und macht ihn so unschädlich.

Begriffe

- **Fangeinrichtungen** sind Leitungen, die den Blitzstrom auffangen und über die **Ableitungen** gefahrlos in die **Erdungsanlage** weiterleiten.
- **Blitzkugel-Methode, Schutzwinkel-Methode** und **Maschen-Methode** sind Methoden zur Installation von Fangeinrichtungen.

von dieser berührt werden, müssen mit Fangeinrichtungen geschützt werden.

Bei Wolke-Erde-Blitzen wächst ein Blitz schrittweise von der Wolke in Richtung Erde. Nähert sich der Blitz der Erde, wird die elektrische Isolationsfähigkeit der Luft überschritten. Von der Erde wächst dem Leitblitzkopf eine ähnliche elektrische Entladung entgegen, die sog. **Fangentladung**. Der Startpunkt dieser Fangentladung ist somit die Einschlagstelle des Blitzes.

Der kleinste Abstand zwischen Leitblitzkopf und dem Startpunkt der Fangentladung wird **Enddurchschlagstrecke** genannt. Die Enddurchschlagstrecke entspricht dem Radius der Blitzkugel. Überall dort, wo die **Blitzkugel das Gebäude berührt,** sind Einschläge möglich. An diesen Stellen müssen Fangeinrichtungen vorgesehen werden.

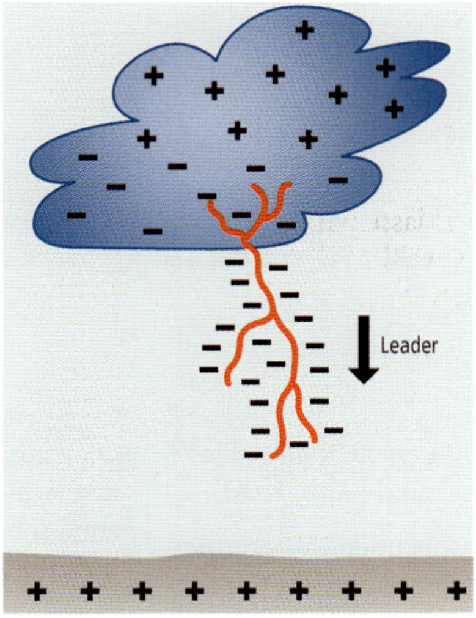

Abb. 16.7: Entstehung einer Blitzentladung

Die **Schutzwinkel-Methode** basiert auf der Tatsache, dass der Schutzwinkel vom **Radius der Blitzkugel** bestimmt wird. Der vergleichbare Schutzwinkel mit dem Radius der Blitzkugel ergibt sich, wenn eine Schräge die Blitzkugel so

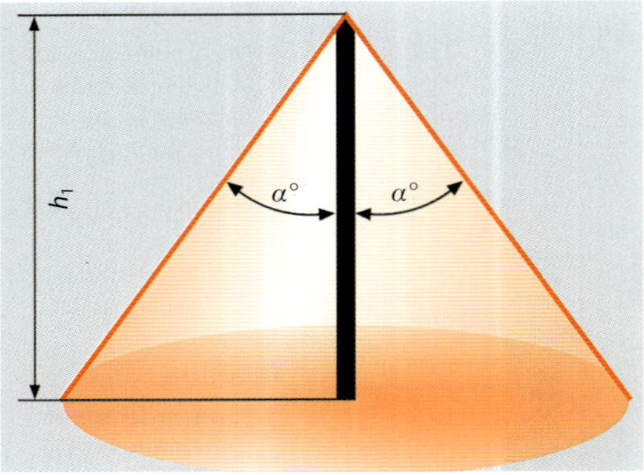

Abb. 16.8: Schutzwinkel und vergleichbarer Radius der Blitzkugel

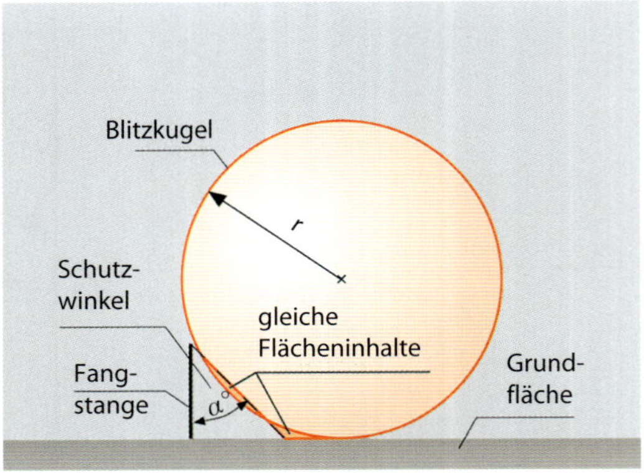

Abb. 16.9: Durch eine Fangstange geschützter Raum

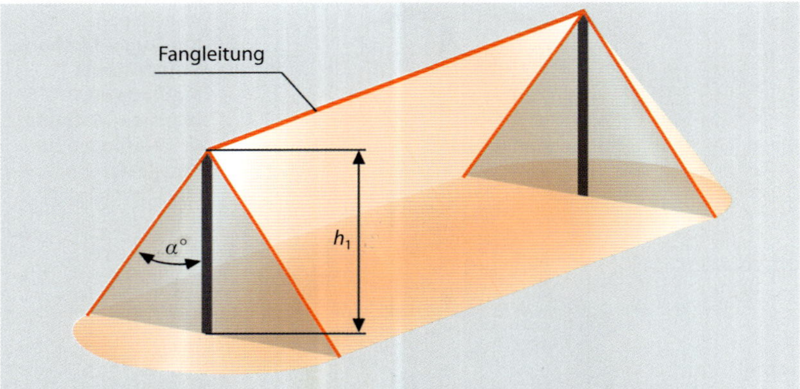

Der Winkel α ist abhängig von der Schutzklasse und der Höhe der Fangleitung über dem Erdboden.

Abb. 16.10: Durch eine Fangleitung geschützter Raum

schneidet, dass die dadurch entstehenden Flächen inhaltlich gleich groß sind (Abb. 16.8).

Dieses Verfahren ist bei Gebäuden mit symmetrischen Abmessungen (z. B. Steildach) oder für Dachaufbauten anzuwenden. Der Schutzwinkel ist abhängig von der **Schutzklasse** und der Höhe der Fangeinrichtung über der Bezugsebene.

Die Fangeinrichtung „Masche" bei der **Maschen-Methode** ist universell und **unabhängig von Gebäudehöhe** und Dachform anwendbar. Auf der Dachfläche wird dazu ein maschenförmiges Fangnetz mit einer der Blitzschutzklasse entsprechenden Maschenweite angeordnet.

Die Fangleitungen müssen möglichst nah an den **Außenkanten** der baulichen Anlage verlaufen (Abb. 16.5). Eine metallene Attika kann als Fang- oder Ableitung verwendet werden, vorausgesetzt die erforderlichen Mindestmaße für **natürliche Bestandteile** der Blitzschutzanlage werden erfüllt.

Als Fangeinrichtung bezeichnet man alle Dachleitungen, die sich vom First bis zur Traufkante erstrecken. Aus dem Dach herausragende Teile müssen mit Fangstangen versehen werden.

Vom Blitz **bevorzugte Einschlagstellen** wie Giebelspitzen, Schornsteine, Firste und Grate,

Tabelle 16.1: Schutzwinkel α in Abhängigkeit von der Schutzklasse (SK)

Höhe der Fangstange h in m	SK I		SK II		SK III		SK IV	
	Winkel α	Abstand a in m	Winkel α	Abstand a in m	Winkel α	Abstand a in m	Winkel α	Abstand a in m
1	71	2,90	74	3,49	77	4,33	79	5,14
2	71	5,81	74	6,97	77	8,66	79	10,29
3	66	6,74	71	8,71	74	10,46	76	12,03
4	62	7,52	68	9,90	72	12,31	74	13,95
5	59	8,32	65	10,72	70	13,74	72	15,39
6	56	8,90	62	11,28	68	14,85	71	17,43
7	53	9,29	60	12,12	66	15,72	69	18,24
8	50	9,53	58	12,40	64	16,40	68	19,80
9	48	10,00	56	13,34	62	16,93	66	20,21
10	45	10,00	54	13,76	61	18,04	65	21,45
11	43	10,26	52	14,08	59	18,31	64	22,55
12	40	10,07	50	14,30	58	19,20	62	22,57
13	38	10,16	49	14,95	57	20,02	61	23,45
14	36	10,17	47	15,01	55	19,99	60	24,25
15	34	10,12	45	15,00	54	20,65	59	24,96
16	32	10,00	44	15,45	53	21,23	58	25,61
17	30	9,81	42	15,31	51	20,99	57	26,18
18	27	9,17	40	15,10	50	21,45	56	26,69
19	25	8,86	39	15,39	49	21,86	55	27,13
20	23	8,49	37	15,07	48	22,21	54	27,53
21			36	15,26	47	22,52	53	27,87
22			35	15,40	46	22,78	52	28,16
23			36	16,71	47	24,66	53	30,52
24			32	15,00	44	23,18	50	28,60
25			30	14,43	43	23,31	49	28,76
26			29	14,41	41	22,60	49	29,91
27			27	13,76	40	22,66	48	29,99
28			26	13,66	39	22,67	47	30,03
29			25	13,52	38	22,66	46	30,03
30			23	12,73	37	22,61	45	30,00

Tabelle 16.1: Schutzwinkel α in Abhängigkeit von der Schutzklasse (SK) (Fortsetzung)

Höhe der Fangstange h in m	SK I		SK II		SK III		SK IV	
	Winkel α	Abstand a in m	Winkel α	Abstand a in m	Winkel α	Abstand a in m	Winkel α	Abstand a in m
31					36	22,52	44	29,94
32					35	22,41	44	30,90
33					35	23,11	43	30,77
34					34	22,93	42	30,61
35					33	22,73	41	30,43
36					32	22,50	40	30,21
37					31	22,23	40	31,05
38					30	21,94	39	30,77
39					29	21,62	38	30,47
40					28	21,27	37	30,14
41					27	20,89	37	30,90
42					26	20,48	36	30,51
43					25	20,05	35	30,11
44					24	19,59	35	30,81
45					23	19,10	34	30,35
46							33	29,87
47							32	29,37
48							32	29,99
49							31	29,44
50							30	28,87
51							30	29,44
52							29	28,82
53							28	28,18
54							27	27,51
55							27	28,02
56							26	27,31
57							25	26,58
58							25	27,05
59							24	26,27
60							23	25,47

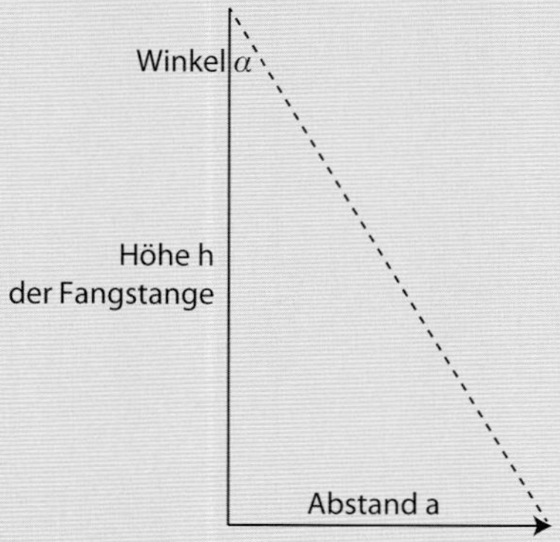

Giebel- und Traufenkanten, Brüstungen, Antennen und sonstige herausragende Dachaufbauten sind mit Fangeinrichtungen zu versehen. Im Regelfall wird auf Satteldächern auf der Dachfläche ein maschenförmiges Fangnetz entsprechend der Schutzklasse errichtet.

Um die Fangeinrichtung „Masche“ auf der Dachfläche zu schließen, wird i. d. R. die **metallene Regenrinne** verwendet.

Dachaufbauten aus elektrisch nicht leitendem Material (z. B. Lüftungsrohre aus PVC) gelten als ausreichend geschützt, wenn sie **nicht mehr als 0,3 m** aus der Maschenebene herausragen. Anderenfalls müssen sie mit einer Fangspitze versehen und mit der nächstgelegenen Fangleitung verbunden werden.

16.1.5 Ableitung

Ableitungen sind die **elektrisch leitenden Verbindungen** zwischen den Fangeinrichtungen und der Erdungsanlage. Sie sollen den eingefangenen Blitzstrom auf **kürzestem** Weg zur Erdungsanlage weiterleiten. Daher müssen die Ableitungen möglichst **gerade und senkrecht** verlegt werden. Wenn möglich, sollte **an jeder Ecke** der baulichen Anlage eine Ableitung angebracht sein.

Es müssen **mindestens 2 Ableitungen** vorhanden sein. Bei größeren Gebäuden sind mehrere Ableitungen anzuordnen. Die Abstände der einzelnen Ableitungen untereinander sind, unter Beachtung der nach der entsprechenden Blitzschutzklasse geforderten Mindestabstände, **gleichmäßig auf den Umfang des Gebäudes** zu verteilen. Auch bei den Ableitungen können unter gewissen Voraussetzungen natürliche Bestandteile verwendet werden.

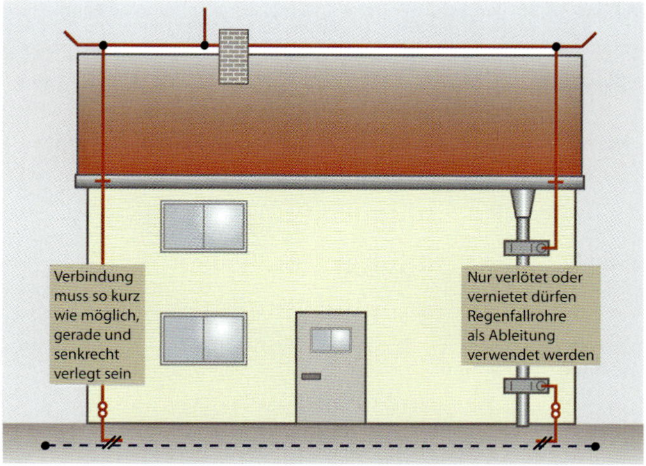

Abb. 16.11: Ableitungen

Tabelle 16.2: Abstände zwischen Ableitungen

Schutzklasse	typischer Abstand
I	10 m
II	10 m
III	15 m
IV	20 m

Zu den natürlichen Bestandteilen zählen:

- metallene Installationen mit elektrisch leitenden Verbindungen,
- durchverbundene Bewehrungen der Anlage,
- durchgehende Metallgerüste,
- durchverbundene metallene Außenwandbekleidungen,
- Profilschienen und Unterkonstruktionen von Außenwandbekleidungen.

Metallene Regenfallrohre und andere an der Gebäudeaußenseite angebrachte Metallkonstruktionen kön-

Darum geht es

Besonderen Blitzschutzbedarf haben herausstehende Gebäudeteile wie z. B. Giebelspitzen, Schornsteine, Brüstungen, Antennen.

Begriffe

Ableitungen sind die elektrisch leitenden Verbindungen zwischen den Fangeinrichtungen und der Erdungsanlage.

Tabelle 16.3: Werkstoff, Form und Mindestquerschnitt von Fangleitungen, Fangstangen und Ableitungen

Werkstoff	Form	Querschnitt	Anmerkung
Kupfer	Band	50 mm²	Dicke 2 mm
	Rund	50 mm²	8 mm ∅
	Seil	50 mm²	je Draht 1,7 mm ∅
	Rund[1) 2)]	200 mm²	16 mm ∅
Kupfer verzinnt (Zinnüberzug > 2 µm)	Band	50 mm²	Dicke 2 mm
	Rund	50 mm²	8 mm ∅
	Seil	50 mm²	je Draht 1,7 mm ∅
Aluminium	Band	70 mm²	Dicke 3 mm
	Rund	50 mm²	8 mm ∅
	Seil	50 mm²	je Draht 1,7 mm ∅
Aluminiumlegierung	Band	50 mm²	Dicke 2,5 mm
	Rund	50 mm²	8 mm ∅
	Seil	50 mm²	je Draht 1,7 mm ∅
	Rund[1)]	200 mm²	16 mm ∅
Stahl feuerverzinkt (Zinküberzug > 50 µm)	Band	50 mm²	Dicke 2,5 mm
	Rund	50 mm²	8 mm ∅
	Seil	50 mm²	je Draht 1,7 mm ∅
	Rund[1) 2)]	200 mm²	16 mm ∅
Nicht rostender Stahl (Cr ≥ 16 %; Ni ≥ 8 %; C ≤ 0,07 %)	Band[3)]	50 mm²	Dicke 2 mm
	Rund[3)]	50 mm²	8 mm ∅
	Seil	70 mm²	je Draht 1,7 mm ∅
	Rund[1) 2)]	200 mm²	16 mm ∅

1) Für Fangstangen
2) Für Erdeinführungen
3) Bei nicht rostendem Stahl in Beton und/oder in direktem Kontakt mit entflammbarem Werkstoff ist der Mindestquerschnitt für Rund-Material auf 78 mm² (10 mm Durchmesser) und für Flachmaterial auf 75 mm² (3 mm Dicke) zu erhöhen.

Tabelle 16.4: Mindestdicke von Metallblechen natürlicher Bestandteile

Schutzklasse des LPS	Werkstoff	Dicke[a] t mm	Dicke[b] t' mm
I bis IV	Blei	–	2,0
	Stahl (rostfrei, verzinkt)	4	0,5
	Titan	4	0,5
	Kupfer	5	0,5
	Aluminium	7	0,65
	Zink	–	0,7

[a]t verhindert Durchlöchern, Überhitzung und Entzündung
[b]t' nur für Metallbleche, wenn die Verhinderung von Durchlöchern, Überhitzung und Entzündung nicht wichtig ist

Abb. 16.12: Trennstelle

Abb. 16.13: Eintreiben eines Tiefenerders

nen als Ableitungen verwendet werden, wenn sie an den Stoßstellen einwandfrei gelötet sind oder mit geeigneten Laschen überbrückt werden. Eine Verlegung der Ableitung innerhalb der Regenfallrohre ist nicht statthaft. Bei jedem Anschluss der Ableitungen zur Erdungsanlage sollte eine **Trennstelle** vorhanden sein, um zu Messzwecken die oberirdische Anlage von der Erdungsanlage trennen zu können.

16.1.6 Erdungsanlagen

Die Erdungsanlage beginnt an den Trennstellen. Die Aufgabe der Erdungsanlage besteht darin, einen **gut leitenden Kontakt mit dem Erdreich** herzustellen. Hierdurch soll ein Ausgleich des Blitzstromes mit der Erde möglichst ungehindert stattfinden.

Grundsätzlich werden **2 Erdertypen** unterschieden: Erder Typ A und Erder Typ B.

Erder Typ A

Erderanordnungen nach Typ A sind **einzeln angeordnete Erder**, die jeweils an einer Ableitung angeschlossen sind. Diese Erder können entweder als **Tiefenerder** vertikal in das Erdreich getrieben werden oder horizontal als **Oberflächenerder** in mindestens 0,5 m Tiefe verlegt sein. Die Länge der Erder ist von der **Blitzschutzklasse** und von der **Leitfähigkeit des Erdreichs** abhängig.

Erder Typ B

Erder Typ B unterteilen sich in **Ringerder** und **Fundamenterder**. Der Ringerder ist ein im Erdreich verlegter, geschlossener Ring um das Gebäude in mindestens 0,5 m Tiefe und 1 m Abstand. Er muss mit mehr als 80 % seiner Länge Kontakt mit dem Erdreich haben. Die erforderliche Gesamtlänge des Ringerders ist auch hier abhängig von der Schutzklasse bzw. von dem spezifischen Bodenwiderstand.

Darum geht es

Je nach Art ihrer Anordnung und Konstruktion wird unterschieden zwischen Erdern des Typ A und Erdern des Typs B.

Abb. 16.14: Ringerder um ein Wohnhaus

Der **Fundamenterder** (Abb. 16.15) ist ein Erder, der als geschlossener Ring in das Fundament der Außenmauern und ggf. auch der Innenmauern eingebettet und mit der Armierung leitend verbunden wird. Bei Neubauten ist es zweckmäßig, den für den Potenzialausgleich eingebauten Fundamenterder auch als Blitzschutzerder zu verwenden. Dazu müssen die notwendigen Anschlussfahnen für die Ableitungen vorhanden sein. Der Erdungswiderstand eines Fundamenterders ist nach erfolgter Austrocknung der Betonschichten etwas schlechter als der eines Ringerders gleicher Länge in gut leitenden Böden. Aufgrund der geringeren Herstellungskosten und des hohen Korrosionsschutzes ist er dennoch anderen Erdern vorzuziehen.

Abb. 16.15: Fundamenterder

16.1.7 Potenzialausgleichsschiene

Die **Potenzialausgleichsschiene** (Abb. 16.16) ist eine metallene Sammelschiene, an der alle größeren Metallteile innerhalb und außerhalb des Gebäudes zusammengefasst und mit der Erdungsanlage verbunden werden. Der Blitzschutz-Potenzialausgleich muss für äußere leitende Teile im Kellergeschoss oder auf Erdniveau hergestellt werden.

Abb. 16.16: Potenzialausgleichsschiene

Tabelle 16.5: Werkstoff, Form und Mindestquerschnitte von Erdern

Werkstoff	Form	Mindestmaße			Anmerkungen
		Staberder Ø mm	Erdleiter	Plattenerder mm	
Kupfer	Seil[3]		50 mm^2		Mindestdurchmesser jedes Seils 1,7 mm
	massives Rundmaterial[3]		50 mm^2		8 mm Durchmesser
	massives Flachmaterial[3]		50 mm^2		Mindestdicke 2 mm
	massives Rundmaterial	15[8]			
	Rohr	20			Mindestwandstärke 2 mm
	massive Platte			500 × 500	Mindestdicke 2 mm
	Gitterplatte			600 × 600	Abschnitt 25 × 2 mm, Mindestlänge der Gitterkonstruktion: 4,8 m
Stahl	verzinktes massives Rundmaterial[1) 2)]	16[9]	Durchm. 10 mm		
	verzinktes Rohr[1) 2)]	25			Mindestwandstärke 2 mm
	verzinktes massives Flachmaterial[1]		90 mm^2		Mindestdicke 3 mm
	verzinkte massive Platte[1]			500 × 500	Mindestdicke 3 mm
	verzinktes Gitterblech[1]			600 × 600	Abschnitt 30 × 3 mm
	kuperferbeschichtetes massives Rundmaterial[4]	14			mindestens 250 µm Kupferauflage mit 99,9 % Kupfergehalt
	blankes massives Rundmaterial[5]		Durchm. 10 mm		
	blankes oder verzinktes massives Flachmaterial[5) 6)]		75 mm^2		Mindestdicke 3 mm
	Verzinktes Seil[5 6)]		70 mm^2		Mindestdurchmesser jedes Drahts 1,7 mm
Nicht rostender Stahl[7]	massives Rundmaterial	15	Durchm. 10 mm		
	massives Flachmaterial		100 mm^2		Mindestdicke 2 mm

1) Der Überzug muss glatt, durchgehend und frei von Flussmittelresten sein, mit einer Mindestdicke von 50 µm für Rundmaterial und 70 µm für Flachmaterial.
2) Gewinde müssen vor der Verzinkung geschnitten werden.
3) Darf auch verzinnt sein.
4) Das Kupfer sollte mit dem Stahl unlösbar verbunden sein.
5) Nur zulässig, wenn vollständig in Beton eingebettet.
6) In dem erdberührenden Teil des Fundaments nur erlaubt, wenn wenigstens alle 5 m eine sichere Verbindung mit der Bewehrung besteht.
7) Chrom ≥ 16 %, Nickel ≥ 5 %, Molybdän ≥ 2 %, Kohlenstoff ≤ 0,08 %.
8) In einigen Ländern sind 12 mm erlaubt.
9) Erdeinführungsstangen werden in einigen Ländern gebraucht, um die Ableitung mit dem Erder zu verbinden.

16.2 Solarthermische Anlagen und PV-Anlagen

Projektaufgabe:

Planung einer solarthermischen Anlage

Familie Becker überlegt sich, an ihrer Hausinstallation eine solarthermische Anlage zu ergänzen. Herr Becker ist sich jedoch nicht schlüssig, was beim Erwerb einer solchen zu beachten ist und ob sich die Investition lohnt. Das Gebäude verfügt über ein Satteldach mit einer Firstausrichtung in Süd-West-Richtung.

Darüber hinaus hat Herr Becker ein Angebot von seinem Elektriker erhalten, zusätzlich noch Photovoltaikmodule anzubringen.

Arbeitsaufträge:

1. Ist die Ausrichtung sowohl von der Firstrichtung sowie der Nachneigung des Daches für den Betrieb einer solarthermischen Anlage und einer PV-Anlage geeignet?
2. Wie viel Platz benötigt die solarthermische Anlage mindestens, wenn Herr Becker auch die Unterstützung der Heizung erwägt?
3. Was ist bei der Montage zu beachten?
4. Wie groß könnten die Ersparnisse für Herrn Becker sein, wenn seine Kosten für Gas sich jährlich auf etwa 1.250 € + MwSt. belaufen?

Strom und Wärme aus Sonnenenergie

Durch die Verschmutzung der Luft aus Industrie, Gewerbe, Haushalten, Kfz etc. ist der ökologische Aspekt in den vergangenen Jahren immer mehr in das Bewusstsein der Menschen gerückt. Noch viel mehr Anteil hieran hat jedoch der steigende Energiepreis.

Die Sonne spendet uns unter idealen Bedingungen etwa 1.000 Watt pro Quadratmeter und Stunde. Diese Energie kann sich der Mensch zur Gewinnung von Strom und von Wärme nutzbar machen. Bedenkt man, dass der Gebäudeenergieverbrauch eines Wohnhauses zu knapp 80 % aus der Heizlast besteht, sieht man das enorme Einsparpotenzial.

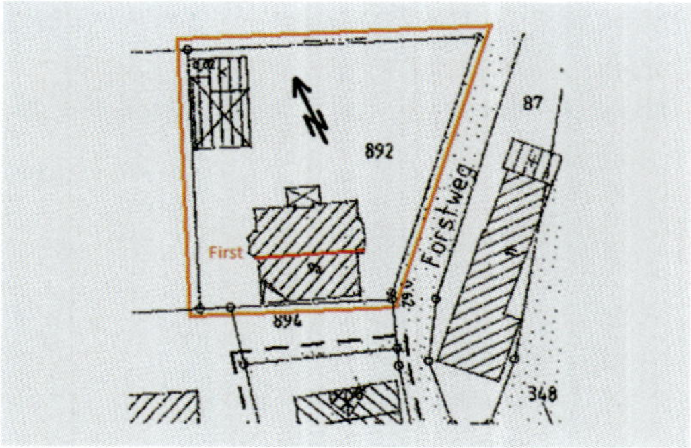

Abb. 16.17: Lageplan Wohnhaus Becker

Abb. 16.18: Ansicht Wohnhaus

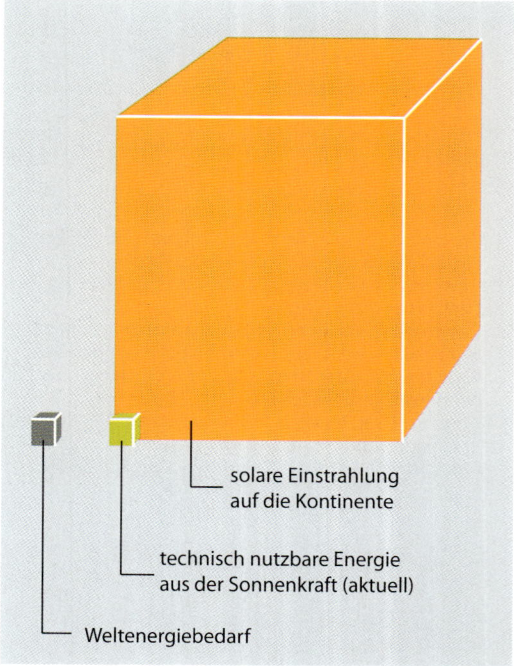

Abb. 16.19: Energieverhältnismäßigkeit verfügbar zur Nutzung

16.2.1 Solarthermische Anlagen

Solarthermische Anlagen wandeln die Energie der Sonnenstrahlen durch Kollektoren, oder sog. Absorber, in Wärme um. Bei idealer Ausrichtung und guter Witterung kann das im Kreislauf der Solarthermie-Anlage zu Temperaturen um 200 °C führen. Diese Wärme muss dann lediglich durch eine Ableitung der Gebäudetechnik bzw. Heizungsanlage zugeführt werden. Dazu muss die Trägerflüssigkeit ihre Wärme im Speicher abgeben.

Hier gibt es 2 Arten von Systemen:

- die Erwärmung von Trinkwasser,
- die Erwärmung von Trinkwasser und Heizung.

Je nach technischer Ausführung kann so ein Speicher bedient werden und sowohl zur Beheizung als auch zur Erwärmung von Trinkwasser genutzt werden. Wichtig bei der Installation ist eine Schwerkraftbremse, die den gegenteiligen Effekt (Abkühlung des Speichers) in der Nacht oder bei Kühle verhindert.

Man spricht bei einer Anlage zur Trinkwassererwärmung von einer ca. 20%igen Reduzierung des Energieverbrauchs aus den z. B. fossilen Brennstoffen Gas und Öl. Eine Anlage mit Heizungsunterstützung kann Ersparnisse von bis zu 30 % liefern.

Die Kosten einer derartigen Anlage sind je nach Ausführung und Größe unterschiedlich.

16.2.2 Trinkwassererwärmung

Systemdarstellung Solaranlage Trinkwassererwärmung:	
einfacher Wärmekreislauf, bestehend aus Kollektor, Pumpengruppe, bivalentem Speicher, zusätzlicher Heizung und Verbraucher	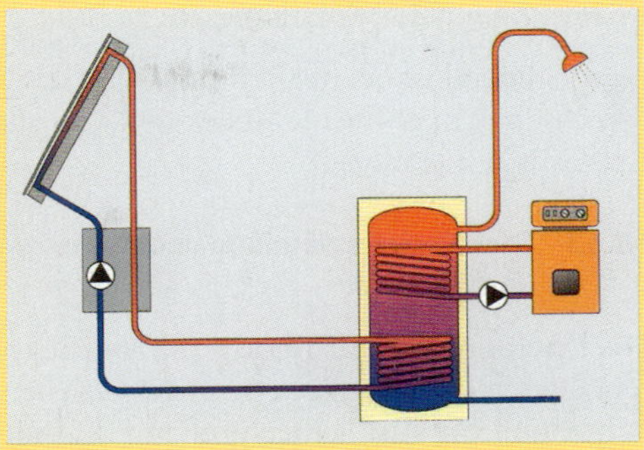
Pumpengruppe ohne Verkleidung	

Als Energieträger wird ein Frostschutzmittel eingesetzt, welches zum einen ein Einfrieren in den Wintermonaten verhindert und zum anderen den Siedepunkt in der Anlage auf jenseits der 100-°C-Grenze heraufsetzt. Dies ist erforderlich, da in den Kollektoren Temperaturen bis zu ca. 200 °C keine Seltenheit sind. Die Trägerflüssigkeit fließt durch den Wärmetauscher eines beispielsweise bivalenten Speichers und gibt seine Wärme an das im Speicher befindliche Wasser ab. Hier sollte das Wasser jedoch nicht auf viel mehr als 60 °C erwärmt werden, da sich ansonsten Kalke aus dem Wasser lösen, an der Heizspirale (Wärmetauscher) abla-

Darum geht es

- Die Sonne spendet etwa 1.000 Watt pro Quadratmeter und Stunde und ist damit ein enormer Energielieferant.
- Bei solarthermischen Anlagen gibt es 2 Systeme:
  a) Erwärmung von Trinkwasser,
  b) Erwärmung von Trinkwasser und Heizung.
- Je nach System sorgt eine solarthermische Anlage für 20 bis 30 % Einsparung fossiler Brennstoffe.
- Faustformel: ca. 50 Liter Trinkwasserspeicher pro Quadratmeter Kollektorfläche.

gern und somit den Speicher langfristig zerstören. Nachdem sich das Medium im Solarkreislauf abgekühlt hat, fließt es zur erneuten Erwärmung in den Solarkollektor zurück.

Sinnvoll ist bei der Trinkwassererwärmung in etwa eine Kollektorfläche von ca. 1,5 m²/Einwohner.

16.2.3 Trinkwassererwärmung und Heizungsunterstützung

Die Erweiterung einer Anlage zur Heizungsunterstützung setzt andere technische Gegebenheiten und vor allem einen großen Pufferspeicher voraus.

Ein Richtwert empfiehlt ca. 50 bis 60 l je Quadratmeter Kollektorfläche, wobei man von mindestens 12 bis 14 m² Kollektorfläche ausgeht.

Der zusätzliche Speicher hat hier die Aufgabe, die am Tag gesammelte Wärme vorzuhalten und so lange wie möglich die Heizkörper oder Fußbodenheizung hiermit zu versorgen. Je nach Heizung, sprich Flächenheizung oder Heizkörper, liegen hier Temperaturen von ca. 35 bis 55 °C an. Die Flächenheizung ist hier günstiger, da ihre Fläche größer ist und die daraus erforderliche Wärme an der Heizfläche geringer sein kann.

Praxistipp

Es ist unbedingt erforderlich, bei Erreichen der Wassertemperatur von 60 °C den Zufluss von Wärme zu stoppen, da sich ansonsten die Kalke aus dem Wasser lösen und – ähnlich wie bei einer Waschmaschine der Wärmeüberträger – sich an der Spirale im Speicher absetzen und diese langfristig zerstören.

16.2.4 Kollektoren

Man unterscheidet grundsätzlich 2 Arten von Kollektoren. Zum einen **Flachkollektoren**, zum anderen **Röhrenkollektoren**, welche zwar teurer, aber ergiebiger und wartungsfreundlicher sind. Denn hier können einzelne Röhren nachträglich ausgetauscht werden, wenn sie undicht geworden sind und Luft in den Kollektor eindringt, was den Wirkungsgrad verringert.

Abb. 16.20: Vakuum-Röhrenkollektor

Abb. 16.21: Flachkollektor

Der Flachkollektor ist die eher übliche Variante bei der Installation von Trinkwasseranlagen, da er weniger leistungsfähig ist, aber in den Sommermonaten ausreichend Energie sammelt, um Trinkwasser in entsprechenden Mengen zu erwärmen.

Röhrenkollektoren sollen vor allem auch bei diffusen Lichtverhältnissen Sonnenlicht in Wärme umwandeln, um Räume bei niedrigen Temperaturen zu erwärmen und zusätzlich Trinkwasser zu erhitzen, da sie auch bei größeren Temperaturunterschieden (Kollektortemperatur zur Außenluft) hinreichend leistungsfähig sind.

Montage und Anordnung von Kollektoren

Die meisten Kollektoren werden i. d. R. aufdach montiert, d. h., einzelne Pfannen werden abgedeckt, um Dachhaken auf den Sparren zu installieren. Hierauf wird dann ein Schienensystem befestigt, welches als Tragkonstruktion für die Kollektoren dient. Abbildung 16.22 zeigt die Montage im Hochformat oder Querformat mit Flachkollektoren. Bei der Montage muss darauf geachtet werden, dass die Module entsprechend dem Verlege- oder Anschlussplan montiert werden. In der Regel erfolgt eine Anordnung so, dass die Module ideal in Reihe durchströmt werden können.

Röhrenkollektoren werden i. d. R. senkrecht montiert, da nur wenige Systeme ein waagerechtes Arbeiten der Kollektorröhren gewährleisten.

Flachkollektoren können sowohl indach als auch aufdach eingebaut werden. Röhrenkollektoren können nur aufdach installiert werden, wobei dies von der Dachhaut unbeachtet bleibt.

Bei der Aufdachmontage ist lediglich bei der Auswahl der Dachhaken (Abb. 16.24 und 16.25) die Dachhaut zu berücksichtigen, da für Schiefer andere Systembauteile erforderlich sind als für Dachpfannen oder Biberschwanzeindeckungen.

16.2.5 Ausrichtung von Solaranlagen

Damit eine Solaranlage wirtschaftlich arbeitet, muss sie bestmöglich ausgerichtet sein.

Hierfür ist zum einen die Ausrichtung der Dachfläche nach Süden, zum anderen der Auf-

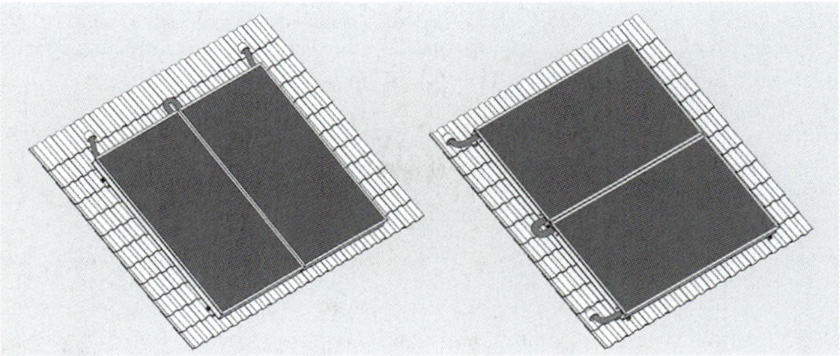

Abb. 16.22: Aufdachmontage

Abb. 16.23: Installation von Indachmodulen (nur bei Flachkollektoren möglich)

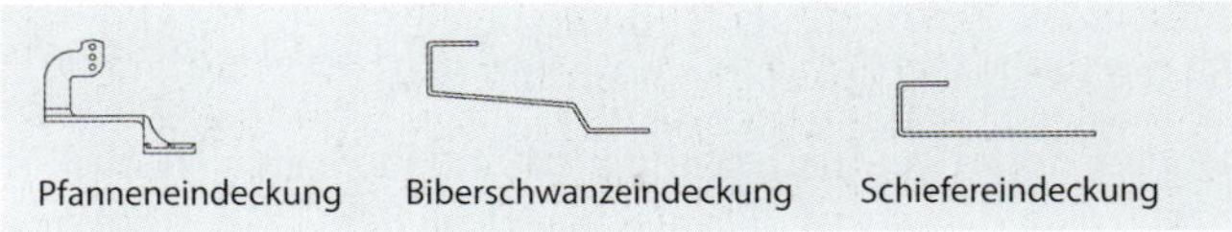

Abb. 16.24: Verschiedene Dachhaken

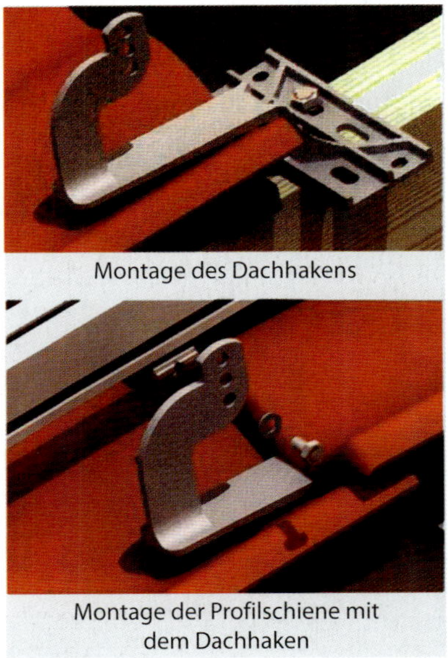

Abb. 16.25: Darstellung der Installation verschiedener Dachhaken

Darum geht es

- Bei den **Kollektoren** sind sowohl Flachkollektoren als auch Röhrenkollektoren handelsüblich.
- **Flachkollektoren** können sowohl indach als auch aufdach eingebaut werden. **Röhrenkollektoren** können nur aufdach installiert werden.

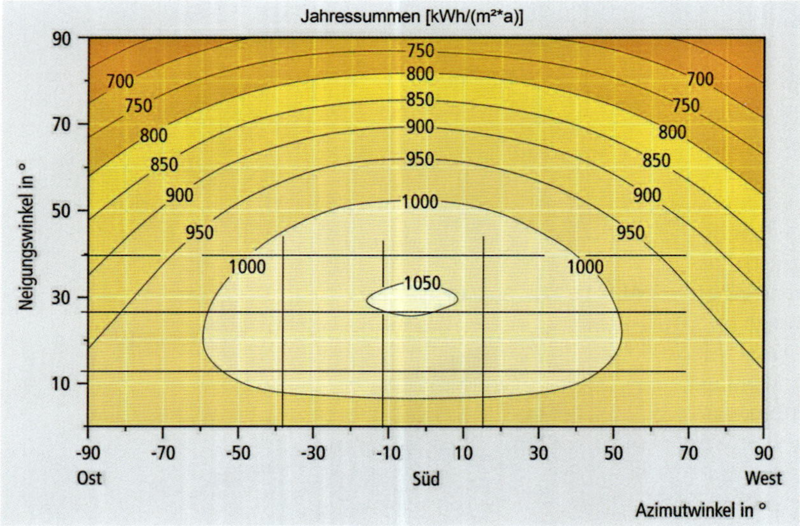

Abb. 16.26: Energieauslese in Abhängigkeit von Ausrichtung und Dachneigung

stellwinkel der Module maßgebend. Der Längenwinkel, sprich Azimutwinkel, legt die horizontale Ausrichtung der Anlage, sprich ihre Ausrichtung gemäß Nord-Süd-Achse fest. Eine ideale Ausrichtung der Solaranlage auf Süden verspricht dabei den höchsten Ertrag.

Ist eine derartige Ausrichtung nicht möglich, ergeben sich Ertragsminderungen, welche dem Diagramm (Abb. 16.26) entsprechen. Es ist noch zu beachten, dass im Allgemeinen wetterbedingt eine Ausrichtung nach Westen besser ist als eine Ausrichtung nach Osten, da zum einen der morgendliche Dunst und zum anderen die eher niedrigeren Außentemperaturen die Leistungsfähigkeit einer Anlage herabsetzen.

Ein weiterer maßgeblicher Faktor ist der **Aufstellwinkel**. Auch dessen Einfluss ist Abbildung 16.26 zu entnehmen. Hier ist ein aufgrund des über den Jahresverlauf veränderlichen Sonneneinstrahlungswinkels eine Mittelstellung, sprich ca. 45°, zu empfehlen, um im Sommer und Winter gleichermaßen von der Anlage mit Wärme versorgt zu werden.

Wenn eine Solaranlage gut ausgerichtet ist, kann durch ihre Erzeugung von Warmwasser eine Einsparung von etwa 20 % des Jahresverbrauchs an z. B. Erdgas erreicht werden.

Dies ist dann aus wirtschaftlichen Gründen mit den Anschaffungskosten von etwa 5.000 € ins Verhältnis zu setzen.

16.2.6 Photovoltaikanlagen

Im Gegensatz zu solarthermischen Anlagen wandeln Photovoltaikanlagen das Sonnenlicht mittels Siliziumkristallen oder aufgedampften Siliziumschichten in elektrischen Strom um. Bei dem produzierten Strom handelt es sich zunächst um Gleichstrom. Dieser wird mittels eines Wechselrichters in Wechselstrom umgewandelt und kann dadurch in das öffentliche Netz eingespeist werden.

Wechselstrom wurde von Nicolai Tesla entdeckt und eingesetzt, da er im Gegensatz zum Gleichstrom über längere Distanzen nahezu verlustfrei über Leitungen transportiert werden kann.

Bei der Montage von Solarmodulen sind die Herstellerangaben der Module und des Wechselrichters zwingend zu beachten. Hierzu wird i. d. R. vom Elektroinstallateur ein **Verlege- und Anschlussplan** beigelegt, da sich Spannung und Stromstärke einer Schaltung entsprechend der Reihen- oder Parallelschaltung addieren.

Bei der Montage von Solarmodulen sind die Herstellerangaben der Module und des Wechselrichters zwingend zu beachten.

16.2.7 Anschluss und Montage von Photovoltaikanlagen

In der Regel werden Photovoltaikmodule wie Solarthermiemodule installiert. Jedoch nehmen die Anlagen wesentlich mehr Platz in Anspruch, um wirtschaftlich zu sein. In der Regel haben kristalline Module eine Leistung von nunmehr ca. 250 Watt auf einer Fläche von etwa $0{,}80\ \text{m} \times 1{,}60\ \text{m} \approx 1{,}30\ \text{m}^2$.

Die Anlagen werden meist aufdach montiert, um einen unterseitigen Luftstrom zu gewährleisten, welcher die Module nicht so heiß werden lässt, da steigende Modultemperaturen den Wirkungsgrad einer Anlage schrumpfen lassen. Außerdem ist bei der Installation auf etwaige Beschädigungen oder Kurzschlussstellen zu achten, da dadurch der Ertrag gemindert wird (Abb. 16.27).

Ein wesentlicher Unterschied einer derartigen Anlage besteht in der Belichtung des Gesamtsystems. Es ist darauf zu achten, dass ein gesamter Strang einer Anlage in etwa gleich belichtet wird, da das schwächste Glied in der Kette die Gesamtleistung für alle PV-Module vorgibt, während bei solarthermischen Modulen in Reihe angeschlossen die Temperatur der Trägerflüssigkeit einfach angehoben wird.

! Praxisbeispiel

Ein Wechselrichter hat einen zulässigen Anschlussstrom von 21 Ampere und eine zulässige Spannung von 400 Volt. Die beigelieferten Module leisten 10 Ampere und 50 Volt.

Es wäre somit möglich, 2 Stränge, sog. **Strings**, also 2 × 10 A = 20 A < 21 A mit je 8 Modulen: 8 × 50 V = 400 V = < 400 V anzuschließen. Die Anlage wäre damit optimal ausgelastet.

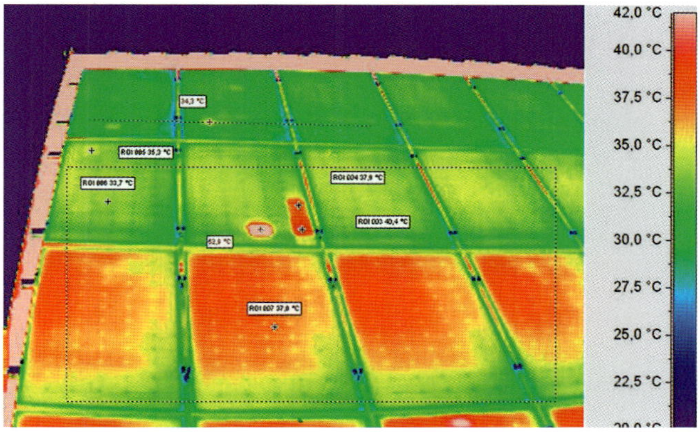

Abb. 16.27: Aufnahme einer Wärmebildkamera zur Identifikation defekter Moduleinheiten oder einzelner Zellen

Abb. 16.28: E3DC Solarspeicher

Begriffe

Der **Azimutwinkel** (Längenwinkel) legt die Ausrichtung der Anlage gemäß Nord-Süd-Achse fest.

Darum geht es

- Idealerweise wird die Anlage nach Süden ausgerichtet.
- Photovoltaikanlagen wandeln das Sonnenlicht mittels Siliziumkristallen oder aufgedampften Siliziumschichten in elektrischen Strom um.
- Bei Solarthermieanlagen ist darauf zu achten, dass die Belichtung gleichmäßig ist.

16.2.8 Energiespeicherung

Durch die sinkende Vergütung und die nicht mehr vorgeschriebene Komplettabnahme des Solarstroms von PV-Anlagen durch den Energieversorger (technisch durch EEG: Kappung von Leistungsspitzen auf bis zu 70 %) ist sowohl der Eigenverbrauch als auch die Energiespeicherung trotz derzeit noch hoher Kosten immer stärker auf dem Vormarsch, um den Eigenstromverbrauch zu decken.

Auch hierzu sind mittlerweile Speicher verschiedener Hersteller verfügbar. Neben der Grundlastabdeckung durch permanente Geringverbräuche an Strom können dadurch auch Spitzen mehr oder weniger ganz oder teilweise aufgefangen werden.

Lernfeld 17: Dach- und Wandflächen instand halten

Christian Geschke

Projektaufgabe:

Reparatur eines Wasserschadens bei einer Garage mit angrenzendem Wohnhaus und Auswechseln von fehlenden Schieferplatten an der Fassade

Das Dach einer Garage muss wegen eines Wasserschadens repariert werden. Es handelt sich um ein Flachdach, welches an einer Seite an das Wohnhaus grenzt. Der Bauherr erwägt auch eine Komplettsanierung der Garage, sofern der Schaden bereits zu Bauschäden am Mauerwerk geführt haben sollte. Die Garage dient dem Bauherrn nicht nur zum Unterstellen eines Kraftfahrzeugs, sondern wird auch für kleinere Werkstattarbeiten genutzt.

Auf den folgenden Abbildungen (siehe Abb. 17.2 bis 17.4) ist zu sehen, dass die Anschlüsse nicht fachgerecht ausgeführt wurden und nun erneuert werden müssen. Auch der Regenablauf, das Fallrohr und die Mauerabdeckung sind undicht. Die Abdichtung ist 11 Jahre alt und wurde zweilagig mit Bitumenbahnen auf einer Stahlbetondecke aufgeschweißt. Die vorhandene Dachabdichtung muss ebenso wie das Mauerwerk und die Betondecke auf Feuchtschäden überprüft werden.

Der Bauherr plant, die Garage und die Werkstatt künftig zu beheizen. Somit muss bei der Planung auch der Einbau von bauphysikalisch erforderlichen Schichten berücksichtigt werden. Er hat zudem von unterschiedlichen Möglichkeiten der

Abb. 17.1: Grundriss des Sanierungshauses

Abb. 17.2: Regenablauf des Flachdaches

Abb. 17.3: Undichter Stoß und zu kurze Bahn

Abb. 17.4: Ablauf des Flachdaches

Dach Training
Deine App für die Prüfung
Android IOS

Tabelle 17.1: Inspektion und Wartung

Inspektion **augenscheinliche Kontrolle von:**	**Wartung** **vertraglich festzulegende Wartungsarbeiten, wie z. B.:**
Dachdeckungen	Austausch beschädigter oder fehlender Ziegel
Windsogsicherung der Dachdeckung	Austausch und Ergänzung von Klammern, Befestigungsmitteln
An- und Abschlüssen	Entfernen loser Verunreinigungen bei An- und Abschlüssen
Dacheinbau- und Systemteilen	Ersetzen von schadhaften Vermörtelungen
Sicherheitseinrichtungen	Austausch schadhafter Dacheinbau- und Systemteile
Entwässerungsanlagen	Reinigen von Rinnen und Fallrohren
Witterungs- und Korrosionsschutz	Erneuerung von Korrosionsschutz an Metallen Erneuerung von Schutzanstrichen, z. B. bei Holzoberflächen

Abdichtung erfahren und möchte diesbezüglich vom Dachdecker kompetent beraten werden. Besonderen Wert legt er auch auf die sorgfältige Ausführung der Dachentwässerung, da diese in den vergangenen Jahren immer wieder zu Problemen geführt hat. Um künftige Schäden zu vermeiden, wünscht der Bauherr einen Wartungsvertrag für sein Steildach und die angrenzende Garage.

Arbeitsaufträge:

1. Welcher Unterschied besteht zwischen einer Wartung und einer Reparatur?
2. Was ist ein Wartungsvertrag und welche Arbeiten werden darin geregelt?
3. Welche Elemente sind bei Wartungsarbeiten an Steil- oder Flachdächern zu kontrollieren?
4. Wie wirkt sich die Lage des Gebäudes auf den Befall durch Moose und Flechten aus?
5. Was ist eine Inspektion und welche augenscheinliche Kontrolle ist vorgesehen?
6. Nennen Sie die einzelnen Arbeitsabläufe bei Flüssigkunststoff.
7. Welche Dachabdichtung kommt bei Reparaturen zum Einsatz?
8. Welche Regeln gelten bei der Verarbeitung von Flüssigkunststoff bezüglich des Untergrundes?
9. Welche Maßnahmen werden zur Verkehrssicherheit getroffen?

17.1 Inspektion, Wartung und Reparatur

Der Dachdecker ist nicht nur für die Herstellung und Eindeckung von neuen Dächern zuständig, sondern er muss auch Inspektionen und Wartungen an Dächern durchführen. Unter dem Begriff **Inspektion** versteht man eine augenscheinliche Kontrolle des Zustands und der Funktionsweise einer Bedachung, die i. d. R. schriftlich dokumentiert werden sollte. Dabei sind Angaben zu Schäden und zur Dringlichkeit der notwendigen Maßnahmen festzuhalten.

Wartungen hingegen können z. B. regelmäßige Kontrollen von Sicherheitseinrichtungen wie Dachtritten oder Dachwegen sein, die für eine Dachbegehung vorgesehen sind. Auch Anschlüsse und Dachentwässerungssysteme sind bei Flach- und Steildächern Bestandteile von Wartungsaufträgen.

Da diese Einrichtungen dem persönlichen Schutz dienen, sollten sie in regelmäßigen Intervallen auf ihre Funktionsfähigkeit kontrolliert werden. Bei vorhandenen Schäden müssen diese umgehend instand gesetzt werden. Beachten Sie hierzu auch Tabelle 17.1.

Checkliste für eine Inspektion

Da bei einer Inspektion eine schriftliche Dokumentation erfolgen soll, kann eine Checkliste hilfreich sein, die dann nur noch abgearbeitet werden muss. Tabelle 17.2 ist ein Beispiel, wie eine solche Checkliste aussehen kann.

Reparaturen können durch Alterung des Materials, durch die Einwirkung von Wetterereignissen (z. B. Sturm) oder durch Fehler eines Verarbeiters entstehen. Bemerkt der Kunde den Schaden, ist es meist bereits zu spät und Schäden am Mauerwerk oder an der Dachkonstruktion können bereits entstanden sein. Aus diesem Grund werden regelmäßige Inspektionen und Wartungen empfohlen, sodass die fest-

Darum geht es

Zu den täglichen Aufgaben von Dachdeckern gehören auch Inspektionen, Wartungen und Reparaturen an Dächern.

Tabelle 17.2: Muster-Checkliste für Inspektionen

Baustelle

Name:
Straße:
Ort:

Inspektion	**Dachteile**	**ja**	**nein**
1. Dacheindeckung	1.1 Sind Ziegel/Dachsteine in der Dachfläche beschädigt?	☐	☐
	1.2 Sind Formziegel beschädigt?	☐	☐
	1.3 Fehlen Formteile oder Dachziegel bzw. Dachsteine?	☐	☐
	1.4 Ist die Befestigung der Dacheindeckung und Formteile (Windsogsicherung) intakt?	☐	☐
2. Dachentwässerung	2.1 Reinigung der Rinne erforderlich?	☐	☐
	2.2 Reinigung der Fallrohre erforderlich?	☐	☐
3. An- und Abschlüsse	3.1 Müssen Metallanschlüsse und Abschlüsse aus Metall erneuert werden?	☐	☐
	3.2 Müssen Vermörtelungen erneuert werden?	☐	☐
	3.3 Müssen sonstige Verunreinigungen entfernt werden?	☐	☐
4. Dacheinbauteile, Dachsystemteile	4.1 Sind schadhafte Dacheinbauteile/Dachsystemteile zu ersetzen?	☐	☐
	☐ Durchgangsziegel		
	☐ Lichtpfanne, Lichtbiber		
	☐ Firstabschlusselement		
	☐ Firstlüftungselement		
	☐ Gratlüftungselement		
	☐ Trauflüftungselement		
	☐ Kehlelement		
	☐ Ortgangelement		
	☐ Dachausstiegsfenster/Wohnraumdachfenster		
5. Solaranlagen	5.1 Solarthermie	☐	☐
	5.2 Photovoltaik	☐	☐
6. Sicherheitseinrichtung Verkehrssicherheit	6.1 Sicherheitsdachhaken schadhaft?	☐	☐
	6.2 Schneefangvorrichtungen schadhaft?	☐	☐
	Inspektion durchgeführt am ________ Unterschrift des Facharbeiters ____________		

gestellten Mängel behoben werden können, bevor ein größerer Schaden entstanden ist. In den meisten Fällen werden solche Schäden im Rahmen eines **Wartungsvertrages** unmittelbar gemeldet und repariert. In jedem Fall sollte aber bei größeren Schäden Rücksprache mit dem Kunden, dem Bauherrn oder dem zuständigen Architekten gehalten werden.

Reparaturen von Versicherungsschäden

Bei der Reparatur eines Versicherungsschadens muss eine Dokumentation des Schadens durch die Versicherung oder im Notfall auch durch den Versicherungsnehmer erfolgen. Auch der mit der Reparatur beauftragte Handwerker kann dabei behilflich sein. Wichtig bei solchen schnellen Notreparaturen, die oft noch während des einen oder anderen Unwetters durchgeführt werden, ist die absolute Vermeidung von Gefahren und die Einhaltung der geltenden Arbeitssicherheitsbestimmungen. Bei der **Dokumentation von Schäden** ist das Anfertigen von digitalen Fotos unumgänglich. Wichtig ist dabei die gleichzeitige Aufnahme von Referenzobjekten, z. B. eines Metermaßes zur Feststellung der tatsächlichen Größe des Schadensumfangs. Wenn eine Detailaufnahme gemacht wird, sollte immer zuerst eine Aufnahme des Bauteils gemacht werden, zu dem das Detail gehört, damit die spätere Zuordnung leichter wird.

Der Wartungsvertrag

Wartungen an Dächern sind meistens in zuvor abgeschlossenen **Wartungsverträgen** geregelt. In diesen werden alle Details zu Art und Umfang der Wartungsarbeiten geregelt, so etwa die vereinbarten Wartungsintervalle, also die Zeiträume, in denen eine Wartung erfolgen muss, und der Umfang und die Art der Leistungen, die dann erbracht werden müssen.

Der Gebäudeeigentümer ist verantwortlich für die Verkehrssicherheit gegenüber Fußgängern oder anderen Verkehrsteilnehmern und muss daher regelmäßige Wartungen in Auftrag geben. Nur durch eine regelmäßige Wartung kann die Gefahr von herabfallenden Teilen (z.B Schieferplatten, Ziegelstücken) verringert werden.

Tabelle 17.3: Unterschiedliche Wartungsarbeiten

Reinigen von Bauteilen	Prüfen von Standsicherheit, Befestigung und Funktion
Dachrinne	Sicherheitseinbauten
Kaminverwahrung	Sicherheitswege
Dachfenster/ Eindeckrahmen	Ziegel und Dachsteindeckungen
seitliche Metallanschlüsse	Traufbleche
Dunstrohre	RWA-Anlagen
Dachbegrünung	Wärmedämmung (Warmdach)
	Unterdeck-Unterspannbahn

Die Elemente laut Tabelle 17.3 sind Bestandteile von Wartungsarbeiten.

Steildächer und Flachdächer werden unterschiedlich beansprucht. Zudem sind die Lage, der Standort und die Position des Gebäudes zu den Himmelsrichtungen mitunter für einen stärkeren Befall durch z. B. Moose und Flechten verantwortlich.

Dies erhöht ggf. den Wartungsbedarf. In der Nähe von Wäldern oder Parkanlagen ist es wahrscheinlicher, dass Laub und Blütenknospen in die Dachrinnen oder auf das Flachdach geweht werden. Diese können dann zu Verstopfungen der Fallleitungen führen. Gerade bei stark vermoosten Flächen bleibt das Wasser lange im Ton gespeichert und kann bei plötzlichem Frost-Tau-Wechsel zu Abplatzungen und somit zu einer Schädigung des Materials führen.

17.2 Warten und Reparieren von Steildächern

Besonders die Dacheindeckungen von Steildächern müssen Inspektionen oder Wartungsmaßnahmen unterzogen werden. Die Durchführung muss regelmäßig und in Intervallen stattfinden (siehe Tab. 17.4) und im Rahmen einer Begehung und Besichtigung des Daches erfolgen. Dabei müssen alle Vorschriften der Berufsgenossenschaft, wie z. B. die Verwendung eines Anseilschutzes, von Dachleitern, Arbeitsgerüsten oder Arbeitsbühnen zum Ausführen von Wartungs- und Reparaturarbeiten, eingehalten werden. Regelmäßige Wartungen

Tabelle 17.4: Wartungsintervalle bei Steildächern

Alter des Daches	Bereich des Daches	Wartungsintervall
bis 5 Jahre	Deckung	1 × in 5 Jahren
ab dem 6. Jahr	Deckung + Stichprobe Befestigung	alle 3 Jahre
ab dem 15. Jahr	Deckung + Stichprobe Befestigung und Lattung	alle 2 Jahre
nach außergewöhnlichem Ereignis (Sturm oberhalb Windstärke 8)	Deckung + Stichprobe Befestigung und Lattung: Auswirkungen auf die Tragkonstruktion	schnellstmöglich, nach Zugang der Mitteilung

bestimmt der Auftraggeber nach Empfehlung des Handwerkers. Die Verantwortung dafür liegt aber beim Eigentümer des Gebäudes. Durch die Vereinbarung von regelmäßigen Wartungen werden Schäden vermieden, der Eigentümer kommt der Obliegenheitspflicht gegenüber seiner Sachversicherung nach und es werden unbeteiligte Personen, wie z. B. Fußgänger, vor Schäden durch herabfallende Teile von Bedachungselementen geschützt.

Bei der Reparatur von Steildächern muss zudem für Verkehrssicherheit gesorgt werden.

Dafür sind Fußgängerüberwege zu sperren und mit Warnschildern „Vorsicht Dacharbeiten" zu versehen. Parkende Pkw dürfen nicht durch herabfallende Teile beschädigt werden. Deshalb sollte die Parkzone in der Nähe von Dachflächen, auf denen gearbeitet wird, frühzeitig gesperrt werden.

Auch der vorbeifahrende Verkehr darf nicht behindert werden. Wird von der Leiter aus gearbeitet, muss diese auf einem festen Untergrund standsicher stehen. Die Leiter sollte gegen seitliches Wegrutschen an der Dachrinne gesichert werden.

Tabelle 17.4 beschreibt die Arten von Wartungsarbeiten in Abhängigkeit vom Alter der Dacheindeckung und nach besonderen Wetterereignissen.

Reparatur einer Schiefer- bzw. Faserzementdeckung

Reparaturen von Schiefer- bzw. Faserzementdeckungen am Dach sind in den meisten Fällen nur mit einer Sicherheitsdachleiter auszuführen. Generell kommen bei Deckungen auf steilen oder schlecht begehbaren Dachflächen Sicherheitsdachhaken zum Einsatz. Diese werden im Vorfeld in die Dachfläche eingebaut.

Bei der Nutzung solcher Dachleiterhaken sind der Zustand und das Alter der Haken zu berücksichtigen. Leider können diese Faktoren nur durch eine Zug- bzw. Druckkontrolle der Haken geprüft werden. Wenn der Sicherheitshaken einen instabilen oder beschädigten Eindruck macht, sollte er nicht mehr verwendet werden. Beschädigte oder instabile Dachhaken müssen ausgebaut und zur sicheren Begehung bzw. Nutzung durch neue Si-

Begriffe

- Eine **Inspektion** ist eine augenscheinliche Kontrolle des Zustands bestimmter baulicher Elemente. Eine **Wartung** ist deren regelmäßige Kontrolle durch Pflege bzw. Funktionssicherung.
- Ein **Wartungsvertrag** regelt Art, Umfang und Intervalle der Wartungsarbeiten.

Darum geht es

- Sorgfältige, lückenlose Inspektionen und Wartungen können den **Reparaturbedarf** verringern.
- Ist ein **Versicherungsschaden** aufgetreten, muss vor Beginn der Reparatur der Schaden detailliert fotografiert werden.
- Der Wartungsbedarf ist je nach Lage, Standort und Position eines Gebäudes zu den Himmelsrichtungen unterschiedlich.

cherheitsdachhaken nach Herstellerangaben ersetzt werden. Bei Ziegeldeckungen ist es einfacher als bei Schiefer- bzw. Faserzementdeckungen, Auswechslungen in der Fläche durchzuführen. Um eine Auswechslung einer Schiefer- oder Faserzementplatte an Dach oder Fassade durchzuführen, gibt es einiges zu beachten. Die folgenden Abbildungen (siehe Abb. 17.6 bis 17.14) zeigen die notwendigen Schritte zum Auswechseln einer Schieferplatte.

17.3 Warten und Reparieren von Flachdächern

Auch bei Flachdächern sind Pflege- und Wartungsarbeiten erforderlich. Es sollten rechtzeitig und regelmäßig Überprüfungen der Dachabdichtung und deren Dachabläufe stattfinden. Bei einer Begehung des Daches werden die Flächenabdichtung, Anschlüsse und Abläufe in Augenschein genommen. Dies muss durch einen Fachmann geschehen. Der Standort des Gebäudes und die Qualität des Materials geben ein grobes Wartungsintervall vor. Durch einen zusätzlichen schweren Oberflächenschutz kann die Kontrolle im Rahmen der Wartung arbeitsintensiver werden, z. B. dann, wenn Kies beiseitezuschaufeln ist.

Bei allen Dachsanierungen oder der Neuentstehung von Gebäuden und deren Dächern wird empfohlen, einen Inspektions- und/oder Wartungsvertrag abzuschließen.

Müssen Reparaturen durchgeführt werden, ist das grundsätzliche Ziel die Wiederherstellung einer funktionierenden Dachabdichtung nach den anerkannten Regeln der Technik.

Die Arbeiten sind immer auf den Zustand der Abdichtung und der ermittelten Mängel und Schäden abzustimmen. Bei Leichtbaukonstruktionen muss im Vorfeld geklärt werden, in welchen Bereichen sich die Laufwege und wo sich die Anschlagpunkte für das Sicherheitsgeschirr befinden. Es müssen Absperrungen an Fußgängerüberwegen und Parkbuchten erfolgen, sodass keine Personen oder Pkw durch herabfallende Teile zu Schaden kommen können.

Abb. 17.5: Sicherheitsdachhaken bei der Altdeutschen Schieferdeckung

Abb. 17.6: Die beschädigte Platte

Abb. 17.7: Lose Teile entfernen

Abb. 17.8: Mit Nageleisen Nägel suchen, in Schlitz einhängen und nach unten ziehen oder schlagen

Abb. 17.9: Nagel der Seitenüberdeckung durch Einhängen des Nageleisens und Rausschlagen entfernen

Abb. 17.10: Schieferplatte einlegen und anzeichnen

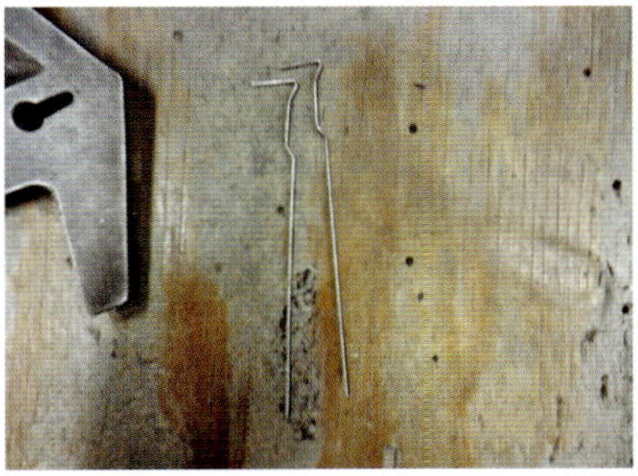

Abb. 17.11: Einschlaghaken für die Schieferdeckung auf Vollschalung

Abb. 17.12: Einschlagen der Haken

Abb. 17.13: Einschieben der Platte und Umbiegen der Haken

Abb. 17.14: Reparatur mit Flüssigkunststoff

Reparatur mit Flüssigkunststoffen

Bei Reparaturarbeiten an Flachdächern kommt heute immer mehr Flüssigkunststoff zum Einsatz.

Flüssigabdichtungen können bestehen aus:

- flexiblen ungesättigten Polyesterharzen (UP),
- flexiblen Polyurethanharzen (PUR) 1K oder 2K (1- oder 2-komponentig),
- flexiblen reaktiven Polymethylmethacrylaten (PMMA).

Darum geht es

Bei der Art und Ausführung von Reparaturen an Schiefer- oder Faserzementplatten gibt es auch regionale Unterschiede.

→ Zum Thema Schieferdächer siehe auch Kapitel 9.1 und 13.6

→ Zum Thema Flachdächer siehe auch Kapitel 10

@ Links und Literatur

Bei Dachbegrünungen ist die regelmäßige Pflege durch die FLL Dachbegrünungsrichtlinie vorgeschrieben.

www.fll.de

Wichtige Informationen zum verarbeiteten Produkt enthalten auch die Verlegeanleitungen der Hersteller.

Für die Abdichtung mit Flüssigkunststoffen dürfen nur Produkte verwendet werden, die der Bauregelliste entsprechen. Das Produkt muss eine europaweite Technische Zulassung auf der Basis der Zulassungsleitlinie ETAG 005 haben. Die Verträglichkeit mit dem Untergrund ist vom Verarbeiter zu prüfen.

Für die Verarbeitung von Flüssigabdichtungen sind immer die Verarbeitungshinweise des Herstellers zu beachten. In fast allen Beschreibungen ist die nachfolgende Vorgehensweise beschrieben:

Die zu beschichtende Oberfläche muss trocken, sauber, öl- und fettfrei sein. Lose und mürbe Teile sowie ggf. Altanstriche oder abblätternde Abdichtungen müssen entfernt werden. Glatte Oberflächen, wie z. B. Fliesen, müssen zur Verbesserung der Haftung matt angeschliffen werden.

Es ist zu prüfen, ob der Untergrund mit einem Haftgrund oder Voranstrich vorbereitet werden muss. Dabei sind die Aushärtezeiten und die Verarbeitungstemperatur zu beachten. In den meisten Fällen kommen Vlieseinlagen zum Einsatz. Diese können eine Ober- bzw. Unterseite haben. Innen- und Außenecken können mit Vliesformteilen oder mit eigenen Vlieszuschnitten gefertigt werden. Die Vliesüberdeckung in der Fläche beträgt meistens 5 cm. Dies ist den Verlegeanleitungen der Hersteller zu entnehmen.

Arbeitsablauf:

- Säubern und Reinigen des Untergrunds,
- Vorstreichen des Untergrunds,
- Vlieszuschnitte vorbereiten,
- Flüssigkunststoff ggf. mit Katalysator im angegebenen Verhältnis mischen,
- Einstreichen des Untergrunds mit Flüssigkunststoff,
- Einlegen des Vlieses,
- oberseitig das Vlies abdichten und die Ränder überstreichen (1 cm).

Anhang I
Bauphysik und Brandschutz

Jochen Karsch

Projektaufgabe:

Ihr Betrieb wurde mit der Sanierung des Flachdaches einer Schule beauftragt. Zu Beginn der Arbeiten fragt Sie ein Passant nach den nun anstehenden Arbeiten und interessiert sich insbesondere auch für Fragen der Bauphysik. Sie nehmen sich im Gespräch Zeit für den Passanten und beantworten seine Fragen.

1. Wie funktioniert eine Dämmung prinzipiell und wie errechnet sich der sog. *U*-Wert?
2. Warum wird unter der verlegten Flachdachdämmung von Ihrem Dachdeckerunternehmen eine „Dampfsperre" aufgebracht?
3. Was sagt die Bezeichnung „30 dB" auf Ihrem Gehörschutz aus?
4. Eine Kellertür, die der Kunde sich vor Kurzem neu gekauft hat, ist eine „T-90-Tür". Der Kunde kann mit dieser Aussage überhaupt nichts anfangen und bittet Sie um Ihre Mithilfe.

I.1 Die Bauphysik und ihre Bedeutung für das Dachdeckerhandwerk

Hauptsächlich aus Gründen des Wärmeschutzes spielt heutzutage die Bauphysik in allen Bereichen des Handwerks, die sich mit Sanierung und dem energiesparenden Bauen beschäftigen, eine wichtige Rolle. Da sich Dachdecker mit nahezu der kompletten Gebäudehülle (Dach, Wand, Kellerabdichtung, Dachfenster) beschäftigen, sind die Grundlagen der Bauphysik für Auszubildende des Dachdeckerhandwerks unablässig. Bei seinen Arbeiten trifft der Dachdecker heutzutage auf folgende Teilbereiche der Bauphysik:

Wärme- und Feuchteschutz: Gesetzliche Vorgaben fordern immer höhere Energieeinsparungen. Gleichzeitig muss eine Konstruktion erstellt werden, die nicht zu Schäden führt.

Statik: Bei Arbeiten an tragenden Bauteilen (z. B. Auswechslung von Sparren zum Einbau eines Dachflächenfensters) sind Grundkenntnisse der Statik erforderlich.

Schallschutz: Ruhe ist ein menschliches Bedürfnis. Teilweise sind Schallschutzmaßnahmen vorgeschrieben. Dies kann sowohl Bauteile als auch Gegenstände der persönlichen Schutzausrüstung betreffen.

Brandschutz: Je nach Projekt sind Brandschutzmaßnahmen vorgeschrieben. Damit der Dachdecker weiß, worauf es dabei ankommt, sind auch in diesem Bereich Grundkenntnisse erforderlich.

I.2 Wärmelehre

I.2.1 Temperatur

Temperatur ist keine Wärme, sondern eine Möglichkeit, den wärmegenetischen Zustand eines Stoffes zu beschreiben. Temperaturen werden in Deutschland in °C (Grad Celsius), Temperaturunterschiede in K

Darum geht es

- Durch mangelhafte Planung oder Ausführung beim Wärme- und Feuchteschutz kann **Kondensat** entstehen. Dadurch kann es zu Schäden in der Konstruktion kommen.
- Weitere Teilbereiche der Bauphysik, in denen sich Dachdecker heute auskennen müssen, sind Statik, Schallschutz und Brandschutz.

Dach Training
Deine App für die Prüfung
Android IOS

(Kelvin) angegeben. Das Zeichen für die Temperatur ist θ (Theta).

I.2.2 Energie und Wärme

Wärme ist eine Form von Energie. Energie kann nicht erzeugt oder verbraucht werden. Sie kann nur von einer Energieform in eine andere umgewandelt werden.

Die Einheit von Energie ist J (Joule). In der Bauphysik wird häufiger von Wärme und Wärmeenergie gesprochen und die Einheit W · s oder Ws (Wattsekunde) benutzt.

Wärme ist eine Form von Energie und Energie ist die Fähigkeit, Arbeit zu verrichten.

I.2.3 Wärmetransportwege

In der Bauphysik werden 3 Wege unterschieden, auf denen Wärmeenergie transportiert werden kann.

- **Transmission (Wärmeleitung)**
  Mit Transmission ist der Durchgang der Wärme durch z. B. ein Bauteil gemeint. Besitzt ein Stoff eine hohe Wärmeenergie, bewegen sich die Teilchen im Stoff schnell. Diese Bewegung wird von Teilchen zu Teilchen übertragen. Die Wärme wird also im (festen) Stoff „weitergeleitet".
- **Konvektion (Wärmemitführung, Wärmeströmung)**
  Bei der Konvektion bewegt sich der Stoff (Flüssigkeit oder Gas) und nimmt dabei seine Wärmeenergie mit, z. B. zirkulierendes Wasser in einem Heizkörper: Das Wasser wird im Heizkessel erwärmt und strömt durch die Heizkörper, um diese wiederum durch die mitgeführte Wärme zu erwärmen.
- **Wärmestrahlung**
  Wärmestrahlung ist Wärmeübertragung ohne Medium (Stoff). Ein Beispiel ist die Sonneneinstrahlung: Selbst wenn es an einem schönen Wintertag draußen sehr kalt ist, bemerken wir, dass die Sonne unsere Kleidung oder die Haut deutlich erwärmt. Dieser Effekt ist mit Strahlung zu erklären.

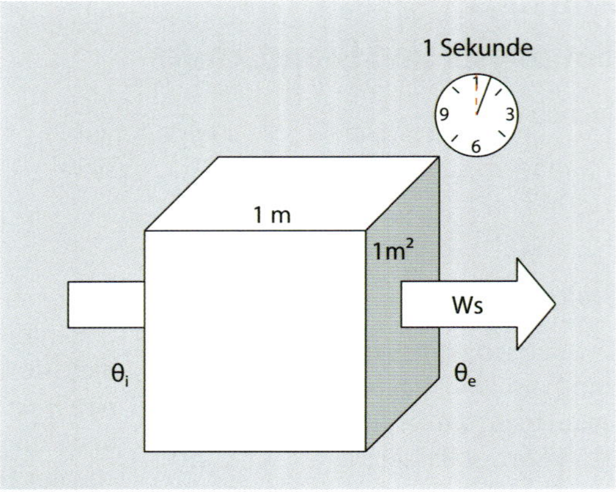

Abb. I.1: Wärmeleitfähigkeit

  Selbst durch einen luftleeren Raum hindurch können Körper mit Wärmestrahlung erwärmt werden. Damit sich allerdings eine Raumluft erwärmen kann, bedarf es aufgewärmter Körper, die wiederum die Raumluft erwärmen.

Wärmetransport kann durch Transmission, Konvektion oder Strahlung stattfinden.

I.2.4 Wärmeleitfähigkeit

Die Wärmeleitfähigkeit λ (Lambda) ist eine stoffliche Eigenschaft. Ein Stoff, aus dem unser betrachtetes Bauteil (z. B. eine Außenwand) bzw. eine Bauteilschicht (z. B. ein Mauerwerk aus Kalksandsteinen) besteht, leitet aufgrund der Wärmeleitfähigkeit die Wärme gut oder schlecht. Im Sinne einer guten Wärmedämmung ist also eine schlechte Wärmeleitfähigkeit wünschenswert.

Wärmedämmstoffe zeichnen sich durch eine niedrige Wärmeleitfähigkeit aus.

λ drückt aus, welche Wärmemenge in Ws durch einen Stoff der Dicke 1 Meter (m) pro Sekunde (s) und pro Kelvin (K) Temperaturunterschied d ($\theta_i - \theta_e$) und pro Quadratmeter (m^2) Fläche des betrachteten Stoffes durchgeht. Die Einheit von λ setzt sich somit zusammen zu (Ws · m)/(s · m^2 · K). Nach mathematischen Kürzungen ergibt sich für λ die Einheit W/m · K (siehe Abb. I.1).

I.2.5 Wärmedurchlasswiderstand

Beim Durchgang von Wärme (Transmission) durch ein Bauteil wird durch die einzelnen Schichten des Bauteils dem Wärmetransport ein bestimmter Widerstand entgegengesetzt. Dieser Widerstand wird als **Wärmedurchlasswiderstand** (***R***$_i$) bezeichnet. Seine Größe ist abhängig von der Wärmeleitfähigkeit des Stoffes, aus dem die Schicht besteht, und der Dicke der Schicht. Wünschenswert im Sinne einer guten Dämmung ist ein hoher Widerstand.

Demnach ergibt sich als Formel:

$$R_i = \frac{d_i}{\lambda_i}$$

Als Einheit für den Widerstand ergibt sich:

$$\frac{\mathrm{m}}{\mathrm{W}/(\mathrm{m} \cdot \mathrm{K})} = \frac{\mathrm{m}^2 \cdot \mathrm{K}}{\mathrm{W}}$$

Beachte: Der Index „i" in der Formel steht jeweils für die Schichtennummer. In der Bauphysik werden die Schichten von innen nach außen „gezählt". Diese Betrachtung entspricht der Richtung des Wärmestroms in der sog. Heizperiode. Der Wärmestrom erfolgt dann von innen (warm) nach außen (kalt). Steht man an einem Wintertag an einem gekippten Fenster und es „zieht", wird schnell die Aussage getroffen, dass es „kalt reinzieht". Diese Aussage ist falsch, denn es ist nicht die Kälte, die „reinkommt", sondern die Wärme, die „rausgeht". Dieser Vorgang ist völlig natürlich und tritt in der Bauphysik an zahlreichen Stellen auf. Er basiert auf dem Bestreben nach Ausgleich.

I.2.6 Wärmeübergangswiderstand

Bereits beim Eintritt der Wärmeenergie in das Bauteil hinein wird dem Wärmetransport ein unsichtbarer Widerstand entgegengesetzt.

! Praxisbeispiel

Misst man in einem Raum eine Innentemperatur von 20 °C und misst dann die Temperatur an der Innenseite der Außenwand, wird man feststellen, dass (je nach Qualität der Wärmedämmung der Wand und je nach dem wie groß der Unterschied zwischen der Raum- und der Außentemperatur ist) eine Temperaturdifferenz von ca. 0,5 bis 2 K vorliegt. Sowohl höhere als auch niedrigere Unterschiede sind je nach Situation durchaus möglich.

Dieses Phänomen ist durch die Wärmeabstrahlung der inneren Bauteilschicht zur Rauminnenseite zu erklären. Also trifft die Wärme bereits beim **Übergang** der Wärme in das Bauteil auf eine Art Widerstand. Ähnliches passiert beim Austritt der Wärme aus dem Bauteil heraus auf der Außenseite des Bauteils.

Diese Abstrahlungen werden in bauphysikalischen Berechnungen durch die **Wärmeübergangswiderstände** R_{si} (Wärmeübergang innen) und R_{se} (Wärmeübergang außen) berücksichtigt.

Die Einheit der Wärmeübergangswiderstände ist die gleiche wie bei den Wärmedurchlasswiderständen, also

$$\frac{\mathrm{m}^2 \cdot \mathrm{K}}{\mathrm{W}}$$

Die Wärmeübergangswiderstände sind abhängig von der Richtung des Wärmestroms (siehe Tab. I.1).

Beispiel

- Wenn eine Heizung **Wärme** erzeugt, wird eigentlich nur der Energiegehalt des Heizöls in Wärmeenergie umgewandelt.
- **Transmission**: Erhitzt man einen Metallstab an einem Ende, wird am anderen Ende die Wärme spürbar.
- Ein Beispiel für **Konvektion** ist die Luftströmung durch Leckagen in Bauteile hinein oder durch sie hindurch.
- Ein Beispiel für **Wärmestrahlung** ist der Toaster, dessen Heizdrähte das Brot toasten, ohne es zu berühren.
- Die Wärmeleitfähigkeit eines Stoffes ist eine Kennzahl, die aussagt, wie gut (oder schlecht) der Stoff Wärme(energie) leitet. Je niedriger die Wärmeleitfähigkeit, desto mehr trägt der Baustoff zur Energieeinsparung bei.

Darum geht es

- **Wärmedurchlasswiderstand**: Je dicker das Bauteil ist, desto größer ist der Widerstand. Je größer die Wärmeleitfähigkeit ist, desto kleiner ist der Widerstand.
- Warme Luft auf der Rauminnenseite enthält mehr Energie als kalte Luft auf der Außenseite. Das **Bestreben nach Ausgleich** gleicht diese Differenz aus.
- **Wärmedurchlasswiderstände** sind die Widerstände, die die Schichten eines Bauteils der Transmission entgegensetzen.

Tabelle I.1: Wärmeübergangswiderstände (nach DIN EN ISO 6946)

	Richtung des Wärmestroms		
	Aufwärts	**Horizontal**[1)]	**Abwärts**
R_{si}	0,10	0,13	0,17
R_{se}	0,04	0,04	0,04

1) Die Werte für „Horizontal" gelten bis zu einer Abweichung von ± 30° zur Horizontalen.

I.2.7 Wärmedurchgangswiderstand

Nachdem die einzelnen Wärmedurchlasswiderstände für jede einzelne Bauteilschicht errechnet und die entsprechenden Wärmeübergangswiderstände der Tabelle I.1 entnommen worden sind, werden nun alle genannten Widerstände addiert. Dieser Gesamtwiderstand wird als der **Wärmedurchgangswiderstand** (R_T) bezeichnet.

$$R_T = R_{si} + (R_1 + R_2 + R_3 \ldots + R_n) + R_{se}$$

I.2.8 Wärmedurchgangskoeffizient (*U*-Wert)

In der Bauphysik wird die Qualität der Wärmeisolierung eines Bauteils nicht mit dem Wärmedurchgangswiderstand ausgedrückt, sondern mit dessen Kehrwert. Der **Wärmedurchgangskoeffizient** errechnet sich aus

$$U = \frac{1}{R_T}$$

Die Einheit des *U*-Wertes ergibt sich aus dem Kehrwert der Einheit aller bisher bekannten Widerstände zu

$$\frac{1}{(m^2 \cdot K)/W} = \frac{W}{m^2 \cdot K}$$

Der *U*-Wert ist der Kehrwert des Wärmedurchgangswiderstands.

Erweitern wir diese Einheit mit dem Faktor Sekunde (s), ist verständlich, was mit dem *U*-Wert ausgedrückt wird:

$$\frac{W \cdot s}{m^2 \cdot K \cdot s}$$

W · s ist die Einheit für eine Energie, also eine Wärmemenge.

Das nebenstehende Praxisbeispiel soll vereinfacht die Aussage des *U*-Wertes darstellen. Der tatsächliche Wärmedurchgang durch ein Bauteil ist zusätzlich noch von zahlreichen anderen Randbedingungen abhängig, die an dieser Stelle nicht genauer ausgeführt werden.

I.2.9 Wärmestrom bzw. Wärmefluss

Stellt man eine verrichtete Arbeit (J bzw. W · s) in Relation zu einer verstrichenen Zeit, spricht man allgemein von **Leistung**, also Arbeit pro Zeit. In der Bauphysik betrachten wir die Wärmemenge als die Energie oder Arbeit und bezeichnen die angesprochene Leistung als **Wärmestrom** oder als **Wärmefluss**.

$$\Phi = \frac{Q}{t} \quad \left[\frac{W \cdot s}{s} = W\right]$$

Die **Einheit Watt** ist beispielsweise bekannt als Wert der Leistung eines Autos (kW, Kilowatt).

I.2.10 Wärmestromdichte

Setzt man den Wärmestrom in Relation zur betrachteten Bauteilfläche, wird in der Bauphysik von **Wärmestromdichte** gesprochen:

$$q = \frac{\Phi}{A} \quad \left[\frac{W}{m^2}\right]$$

Erweitert man die Wärmestromdichte um den Faktor Zeit, erhält man eine verständliche Aussage darüber, welche Wärmemenge pro Quadratmeter Bauteilfläche pro Sekunde „verloren" geht:

$$\frac{W \cdot s}{m^2 \cdot s}$$

! Praxisbeispiel

Hat ein **betrachtetes Bauteil** (z. B. eine Wand) einen *U*-Wert von 0,3 W/(m² · K) bzw. 0,3 W · s/(m² · K · s), bedeutet dies, dass – bedingt durch den Wärmedurchgang – durch dieses Bauteil pro Quadratmeter Fläche und pro Kelvin Temperaturunterschied (Innentemperatur zur Außentemperatur) pro Sekunde eine Energie von 0,3 Ws „verloren" geht.

Nehmen wir weiter an, dass im Winter an einem Tag eine Innentemperatur von 20 °C und eine Außentemperatur von –10 °C herrschen. Der Temperaturunterschied beträgt nun 30 K.

Betrachten wir diese Bedingungen für einen Tag:

Ein Tag hat 24 Stunden,
jede Stunde hat 60 Minuten,
jede Minute hat 60 Sekunden.
Ein Tag hat demnach
$24 \cdot 60 \cdot 60 = 86.400$ Sekunden.

Nehmen wir an, dass die Außenwand mit einem *U*-Wert von 0,3 W/(m² · K) 100 m² Fläche hat:

Für die **Wärmemenge**, die an diesem Tag unter den angegebenen Randbedingungen durch die komplette Wand entweichen würde, ergibt sich der Wert:

$$Q = 0{,}3\ W/(m^2 \cdot K) \cdot 30\ K \cdot 86.400\ s \cdot 100\ m^2$$
$$= 77.760.000\ Ws$$

Eine bekanntere **Einheit für Energie** ist nicht die Ws, sondern die kWh (Kilowattstunde, vgl. z. B. eine Stromrechnung). Die Umrechnung von Ws in Kilowattstunde ergibt:

77.760.000 Ws
= 77.760 kWs
= 21,6 kWh

(1 kW = 1.000 W;
1 Stunde = 3.600 Sekunden)

■ **Begriffe**

Der **Wärmedurchgangswiderstand** ist der gesamte Widerstand, der dem Wärmetransport entgegengesetzt wird. Er errechnet sich aus der Summe aller Widerstände.

■ **Merke**

Es kann hilfreich sein, Einheiten zu erweitern. So z.B. bei dem U-Wert oder bei der Wärmestromdichte.

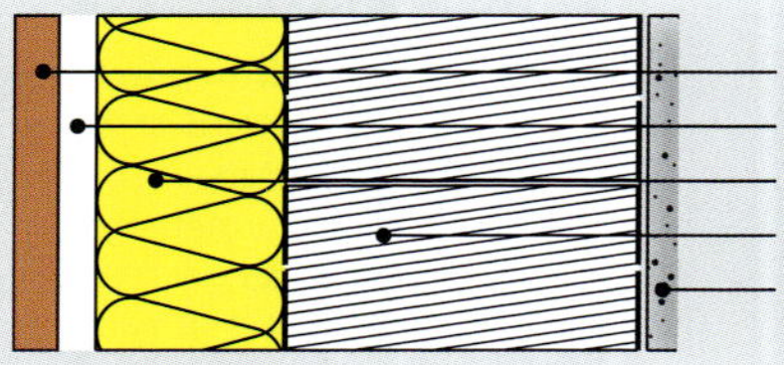

Abb. I.2: Schichtenaufbau

I.2.11 Ermittlung des *U*-Wertes eines homogen gedämmten Bauteils

! Praxisbeispiel

Aufgabe
Betrachten wir als Bauteil eine homogen gedämmte Außenwand mit folgendem Schichtenaufbau (Abb. I.2):

Die Werte der Wärmeleitfähigkeiten der Stoffe werden entsprechenden Tabellen entnommen und an dieser Stelle vorgegeben.

Schicht 1: Innenputz (Gipsputz ohne Zuschlag);
$\lambda_1 = 0{,}51$ W/(m · K);
$d_1 = 1{,}5$ cm (= 0,015 m)

Schicht 2: Mauerwerk aus Kalksandsteinen (1.800 kg/m³);
$\lambda_2 = 0{,}99$ W/(m · K); $d_2 = 24$ cm

Schicht 3: Wärmedämmung aus Mineralwolle mit $\lambda_3 = 0{,}035$ W/(m · K); $d_3 = 10$ cm

Schicht 4: Belüftungsebene;
$d_4 = 2$ cm

Schicht 5: Schalung aus Vollholz;
$\lambda_5 = 0{,}13$ W/(m · K); $d_5 = 2{,}4$ cm

Schicht 6: Außenwandbekleidung aus Schiefer

Lösung
Beachte: Bei der Berechnung des *U*-Wertes dieses Wandaufbaus ist zu beachten, dass ab einer Belüftungsebene die nachfolgenden Schichten keinen Beitrag zur Wärmedämmung liefern. Die Berechnung beginnt demnach mit Schicht 1 und endet mit Schicht 3.

Berechnung der Wärmedurchlasswiderstände und Festlegung der Wärmeübergangswiderstände (Betrachtung von innen nach außen):

$$R_{si} = 0{,}13\ (\text{m}^2 \cdot \text{K})/\text{W}$$

$$R_1 = \frac{d_1}{\lambda_1} = \frac{0{,}015\ \text{m}}{0{,}51\ \text{W}/(\text{m}\cdot\text{K})} = 0{,}029\ (\text{m}^2\cdot\text{K})/\text{W}$$

$$R_2 = \frac{0{,}24\ \text{m}}{0{,}99\ \text{W}/(\text{m}\cdot\text{K})} = 0{,}242\ (\text{m}^2\cdot\text{K})/\text{W}$$

$$R_3 = \frac{0{,}10\ \text{m}}{0{,}035\ \text{W}/(\text{m}\cdot\text{K})} = 2{,}857\ (\text{m}^2\cdot\text{K})/\text{W}$$

$$R_{se} = 0{,}08\ (\text{m}^2 \cdot \text{K})/\text{W}$$
(siehe Tab. I.1, Zeile 2)

Somit ergibt sich für den Wärmedurchgangswiderstand:

$$R_T = R_{si} + R_1 + R_2 + R_3 + R_{se} = (0{,}13 + 0{,}029 + 0{,}242 + 2{,}857 + 0{,}08)\ (\text{m}^2\cdot\text{K})/\text{W} = 3{,}338\ (\text{m}^2\cdot\text{K})/\text{W}$$

Der Kehrwert des Wärmedurchgangswiderstands ergibt den Wärmedurchgangskoeffizienten, den *U*-Wert:

$$U = \frac{1}{R_T} = \frac{1}{3{,}338\ (\text{m}^2\cdot\text{K})/\text{W}} = 0{,}3\ \text{W}/(\text{m}^2\cdot\text{K})$$

I.2.12 Optimierung des *U*-Wertes eines homogen gedämmten Bauteils

Praxisbeispiel

Aufgabe

Aufgrund eines Kundenwunsches bzw. gesetzlicher Vorgaben soll ein *U*-Wert von 0,2 W/(m² · K) erreicht werden. Welche Umsetzungsmöglichkeiten stehen zum Erreichen dieses Ziels zur Verfügung und wie sehen diese konkret aus?

Lösung

Wenn $U = 1/R_T$ ist, ergibt sich durch einfache Umformung, dass $R_T = 1/U$ ist. Der neue (erforderliche) Wärmedurchgangswiderstand R_T' ergibt sich somit zu:

$$R_T' = \frac{1}{0{,}2\ \text{W/(m}^2 \cdot \text{K)}} = 5{,}0\ (\text{m}^2 \cdot \text{K})/\text{W}$$

Um diesen Wärmedurchgangswiderstand zu erreichen, muss also ein zusätzlicher Wärmedurchlasswiderstand von

$$R_{zus} = 5{,}0 - 3{,}338\ (\text{m}^2 \cdot \text{K})/\text{W} = 1{,}662\ (\text{m}^2 \cdot \text{K})/\text{W}$$

erzeugt werden.

Möglichkeiten der Umsetzung

1. Anbringen einer zusätzlichen Dämmschicht auf der Rauminnenseite
2. Ersetzen der 10 cm dicken Dämmschicht durch eine dickere Dämmschicht
3. Ersetzen der Außendämmung durch eine Dämmung mit höherem „Dämmwert" (geringere Wärmeleitfähigkeit)
4. Kombination aus den genannten Möglichkeiten

Eine zusätzliche Dämmschicht (innen oder als Aufdickung auf der Außenseite) hätte bei gleicher Wärmeleitfähigkeit folgende Dicke:

$$R_{zus} = \frac{d_{zus}}{\lambda_3} \rightarrow d_{zus} = R_{zus} \cdot \lambda_3$$
$$= 1{,}662\ (\text{m}^2 \cdot \text{K})/\text{W} \cdot 0{,}035\ \text{W/(m} \cdot \text{K)}$$
$$= 0{,}058\ \text{m}$$

Beim Einbau der nächstdickeren handelsüblichen Wärmedämmung (6 cm) ergibt sich entsprechend ein noch besserer *U*-Wert als der geforderte.

Soll nun die Dicke der Dämmung beibehalten werden und der *U*-Wert über die Veränderung der Wärmeleitfähigkeit der Dämmung erreicht werden, sieht die Rechnung wie folgt aus:

$$R_{neu} = \frac{d_3}{\lambda_{neu}} \rightarrow \lambda_{neu} = \frac{d_3}{R_{neu}}$$

Die neue Wärmedämmung muss einen Wärmedurchlasswiderstand von 2,857 (m² · K)/W zuzüglich des zusätzlichen Wärmedurchlasswiderstands von 1,662 (m² · K)/W, also 4,519 (m² · K)/W erbringen.

$$\lambda_{neu} = \frac{0{,}1\ \text{m}}{4{,}519\ (\text{m}^2 \cdot \text{K})/\text{W}} = 0{,}022\ \text{W/(m}^2 \cdot \text{K)}$$

In Form einer Mineralwolle ist eine solche Wärmeleitfähigkeit nicht verfügbar, in Form von z. B. Polyuretan-Hartschaum allerdings schon.

Begriffe

homogen = theoretisch überall gleichmäßig gedämmt. Konstruktionsbedingte Verschlechterungen des Dämmwertes werden an dieser Stelle nicht betrachtet.

Darum geht es

Um den U-Wert eines Bauteils zu senken (zu „verbessern") muss der Wärmedurchgangswiderstand R_T erhöht werden. Es gibt in der Regel mehrere Möglichkeiten, dies zu erreichen.

→ An Belüftungsschichten enden bauphysikalische Berechnungen

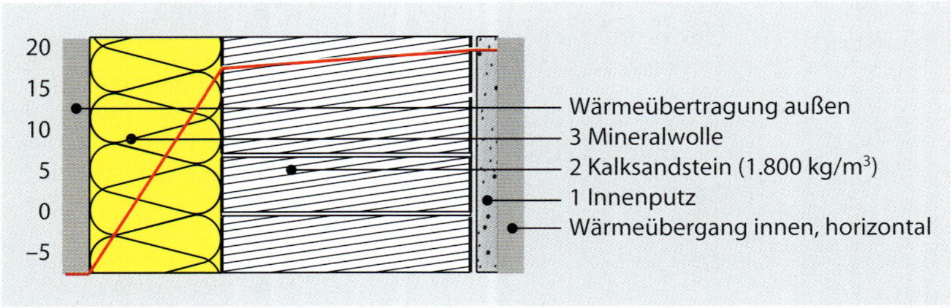

Abb. I.3: Temperaturverlauf im Bauteil

I.2.13 Zeichnerische Darstellung des Wärmedurchgangs

Zeichnet man den Temperaturverlauf durch das Bauteil in die Schichten ein, so ergibt sich die oben stehende Grafik (Abb. I.3).

Betrachtet wird an dieser Stelle wiederum die Situation in der Heizperiode mit den vorgegebenen Standardwerten der Temperaturen

innen θ_i = 20 °C und

außen θ_e = –10 °C

Da weder die Belüftungsebene noch die Schalung und die Bekleidung einen Beitrag zur Wärmedämmung liefern, sind diese hier nicht mehr dargestellt.

Um in der Lage zu sein, diese Grafik selbst zu erstellen, müssen zunächst die sog. Grenzflächentemperaturen, also die Temperaturen zwischen den Schichten, berechnet werden. Der Temperaturverlauf durch die homogen gedämmten Schichten selbst verläuft linear.

I.2.14 Ermittlung der Grenzflächentemperaturen

Zur Ermittlung der Grenzflächentemperaturen ist zunächst die Wärmestromdichte zu ermitteln. Diese ist abhängig von dem aus dem Schichtenaufbau resultierenden U-Wert und den gegebenen Randbedingungen.

Vergleicht man die sich sehr ähnelnden Einheiten des U-Wertes (W/(m² · K)) und der Wärmestromdichte q (W/m²), ergibt sich für die Wärmestromdichte des betrachteten Bauteils folgende Formel:

$$q = U \cdot \Delta\theta$$

Für nachstehende Beispielrechnungen sind die Ergebnisse aus dem Praxisbeispiel in Kapitel I.2.12 Grundlage.

! Praxisbeispiel

$$q = 0{,}3\ \text{W/(m}^2\cdot\text{K)} \cdot (20\ °\text{C} - (-10\ °\text{C})) = 0{,}3\ \text{W/(m}^2\cdot\text{K)} \cdot 30\ \text{K} = 9{,}0\ \text{W/m}^2$$

Für die Wärmestromdichte in einem Bauteil ist also immer auch die Temperaturdifferenz zwischen Innen- und Außenseite relevant. Je größer diese Differenz, desto stärker der Wärmefluss und desto größer die Wärmestromdichte. Dieser Zusammenhang wird verständlicher, wenn man sich an das Bestreben nach Ausgleich zurückerinnert. Je größer der Unterschied, desto heftiger ist dieser Ausgleichsprozess.

Nach Umstellung ergibt sich für $\Delta\theta$ folgende Formel:

$$\Delta\theta = \frac{q}{U} = \frac{q}{1/R_T} = q \cdot R_T$$

Der gesamte Temperaturunterschied (innen und außen) ergibt sich aus der errechneten Wärmestromdichte und dem (gesamten) Wärmedurchlasswiderstand.

Nun kann an diese Überlegung angeknüpft werden:

Für die **einzelnen Temperaturunterschiede**, die durch die **Wärmedurchlasswiderstände** der einzelnen Schichten und durch die **Wärmeübergangswiderstände** entstehen, gelten folgende Formeln:

$$\Delta\theta_{si} = q \cdot R_{si} = 9{,}0\ \text{W/m}^2 \cdot 0{,}13\ (\text{m}^2\cdot\text{K})/\text{W} = 1{,}17\ \text{K}$$

(Temperaturunterschied bedingt durch Wärmeübergangswiderstand innen)

$\Delta\theta_1 = q \cdot R_1$
$= 9{,}0 \text{ W/m}^2 \cdot 0{,}029 \text{ (m}^2 \cdot \text{K)/W}$
$= 0{,}26 \text{ K}$

(Temperaturunterschied bedingt durch Schicht 1)

$\Delta\theta_2 = q \cdot R_2$
$= 9{,}0 \text{ W/m}^2 \cdot 0{,}242 \text{ (m}^2 \cdot \text{K)/W}$
$= 2{,}18 \text{ K}$

(Temperaturunterschied bedingt durch Schicht 2)

$\Delta\theta_3 = q \cdot R_3$
$= 9{,}0 \text{ W/m}^2 \cdot 2{,}857 \text{ (m}^2 \cdot \text{K)/W}$
$= 25{,}71 \text{ K}$

(Temperaturunterschied bedingt durch Schicht 3)

$\Delta\theta_{se} = q \cdot R_{se}$
$= 9{,}0 \text{ W/m}^2 \cdot 0{,}08 \text{ (m}^2 \cdot \text{K)/W}$
$= 0{,}72 \text{ K}$

(Temperaturunterschied bedingt durch Wärmeübergangswiderstand außen)

Ausgehend von der angenommenen Temperatur auf der Rauminnenseite ergeben sich folgende Grenzflächentemperaturen:

Innenfläche Putzschicht:

$\theta_{i;1} = \theta_i - \Delta\theta_{si}$
$= (20 - 1{,}17)\ °C$
$= 18{,}83\ °C$

Temperatur zwischen Putz und Mauerwerk:

$\theta_{1;2} = (18{,}83 - 0{,}26)\ °C$
$= 18{,}57\ °C$

Temperatur zwischen Mauerwerk und Dämmung:

$\theta_{2;3} = (18{,}57 - 2{,}18)\ °C$
$= 16{,}39\ °C$

Außenseite Dämmung:

$\theta_{3;e} = (16{,}39 - 25{,}71)\ °C$
$= -9{,}32\ °C$

Zur eigenen Kontrolle, Außentemperatur:

$\theta_e = (-9{,}32 - 0{,}72)\ °C$
$= -10{,}04\ °C$

Mit geringfügigen Abweichungen (zu –10,0 °C) muss aufgrund von Rundungen an dieser Stelle immer gerechnet werden.

Auswertung der Rechenergebnisse

Der größte Temperaturabfall liegt immer in der Dämmstoffebene. Eine außen angeordnete Dämmung sorgt dafür, dass das tragende Mauerwerk keinen großen Temperaturschwankungen ausgesetzt ist. Im Mauerwerk herrschen mehr oder weniger die gleichen Temperaturbedingungen wie auf der Rauminnenseite. Anders sähe es aus, wenn die Dämmstoffebene auf der Rauminnenseite angeordnet wäre. Das außen liegende Mauerwerk müsste dann sämtliche Temperaturschwankungen und Temperaturwechsel (Tag–Nacht, Sommer–Winter, Sonneneinstrahlung-Verschattung) „ertragen". Hohe Temperaturschwankungen können sich nachteilig auf eine Konstruktion auswirken.

Begriffe

Grenzflächentemperaturen = Temperaturen zwischen den Schichten.

Darum geht es

- Im Vergleich zum *U*-Wert ist bei der Wärmestromdichte *q* ein angenommener oder tatsächlich vorhandener Temperaturunterschied zwischen Innen- und Außenseite berücksichtigt.
- Hohe **Temperaturschwankungen** können sich nachteilig auf eine Konstruktion auswirken. Eine außen angebrachte Dämmung schafft Abhilfe.

→ Siehe auch Praxisbeispiel in Kapitel I.2.12

I.2.15 Wärmespeicherfähigkeit und speicherbare Wärmemenge

Neben einer guten Dämmung gibt es weitere Faktoren, die für ein angenehmes Wohnklima sorgen. Einer dieser Faktoren ist die Wärmespeicherfähigkeit *C*. Ein Körper kann – je nachdem, woraus er besteht, wie schwer er ist und welche Temperaturdifferenz zwischen ihm und der Umgebung herrscht – mehr oder weniger Wärmeenergie speichern.

! Praxisbeispiel

Wasser besitzt eine spezifische Wärmekapazität *c* von 4.200 J/(kg · K). Betrachtet man einen Liter 35 °C warmen Wassers (also 1 kg schwer) und befindet sich dieser Liter Wasser in einem Raum mit einer Temperatur von 20 °C, können folgende Aussagen getroffen werden:

Die Wärmespeicherfähigkeit *C* dieses Liter Wassers beträgt

$$C = 4.200 \text{ J/(kg} \cdot \text{K)} \cdot 1 \text{ kg} = 4.200 \text{ J/K}$$

Bei einem Temperaturunterschied $\Delta\theta$ von 15 K ergibt sich für die speicherbare Wärmemenge *Q*:

$$Q = 4.200 \text{ J/K} \cdot 15 \text{ K} = 63.000 \text{ Ws} = 17{,}5 \text{ Wh} = 0{,}0175 \text{ kWh}$$

Wir erinnern uns an die Aussage, dass Energie nicht erzeugt oder verbraucht werden, sondern lediglich umgewandelt werden kann. Demzufolge kann man für die speicherbare Wärmemenge auch folgende Aussage treffen: Das Beispiel zeigt, dass eine Energie von 0,0175 kWh erforderlich ist, um Wasser mit einer Temperatur von 20 °C auf eine Temperatur von 35 °C zu erwärmen.

Für eine hohe Wärmespeicherfähigkeit ist in der Bauphysik hauptsächlich die Masse eines Bauteils verantwortlich. Demnach müssen schwere Bauteile lange und mit viel Energieaufwand aufgeheizt werden, bevor die Temperatur im Raum merklich steigt. Dafür erwärmen sie den Raum allerdings noch weiter, nachdem die Heizung abgeschaltet wurde. Ein ausgekühlter Raum, der durch Bauteile begrenzt wird, die eine Außendämmung und ein schweres Mauerwerk besitzen, muss länger aufgeheizt werden als ein Raum mit einer Innendämmung.

Ferienhäuser haben häufig Innendämmungen, da sie schnell aufgeheizt werden müssen, nach der Nutzung aber auch wieder schnell abkühlen dürfen.

Die Vorteile einer hohen Wärmespeicherfähigkeit können ebenfalls an einem heißen Sommertag beobachtet werden. Betritt man ein Gebäude mit schweren Wänden (z. B. Bruchsteinwände), bemerkt man sofort, dass der Raum angenehm kühl ist. Die massiven Außenwände speichern die durch Sonneneinstrahlung erzeugte Wärme und geben sie in der Nacht langsam und gleichmäßig wieder ab. Die Temperatur im Raum schwankt demnach kaum.

Die Wärmemenge (oder Energie), die erforderlich ist, um einen Körper um eine bestimmte Temperaturdifferenz zu erwärmen, ist die gleiche, die er bei der gleichen Temperaturdifferenz speichern kann.

I.3 Feuchteschutz

I.3.1 Konvektion und Diffusion

Beim Feuchteschutz spielen 2 Vorgänge eine entscheidende Rolle:

Zum einen ist hier die **Diffusion** zu nennen. Sie beschreibt in der Bauphysik den Wasserdampftransport durch Bauteilschichten.

Der zweite wichtige Vorgang ist die **Konvektion**. Bereits bei den Wärmetransportwegen (siehe Kapitel I.2.3) wurde die Konvektion behandelt. Beim Feuchteschutz treffen wir erneut auf die Konvektion, da Wasserdampf nicht nur durch Diffusion in das Bauteil gelangen kann, sondern beispielsweise auch über Leckagen eingetragen wird. Konvektion an dieser Stelle bedeutet also Luftströmung in das Bauteil hinein oder durch das Bauteil hindurch (siehe Kapitel I.3.7).

I.3.2 Wasserdampfdiffusionswiderstandszahl (μ-Wert)

Der Diffusion wird durch die einzelnen Bauteilschichten ein Widerstand entgegengesetzt. Die Fähigkeit eines Baustoffes, die Diffusion zu „bremsen", wird verglichen mit der entsprechenden Fähigkeit von Luft. Als sog. μ-Wert (Wasserdampfdiffusionswiderstandszahl) ergibt sich somit ein dimensionsloser „Vergleichsfaktor". Der μ-Wert der Ausgangsbasis Luft ist = 1. Der μ-Wert von Metallen ist generell unendlich, da Diffusion im bauphysikalischen Sinne durch Metalle nicht stattfinden kann.

Der μ-Wert eines Stoffes drückt aus, wie viel Mal besser dieser die Diffusion hemmt im Vergleich zu Luft.

I.3.3 Äquivalente Luftschichtdicke (s_d-Wert)

Wie groß der Widerstand ist, den eine Bauteilschicht der Diffusion entgegensetzt, ist letztlich abhängig von dem μ-Wert des Stoffes, aus dem die Schicht besteht, und ihrer Dicke. Je dicker die Schicht und je größer der μ-Wert, desto größer die **äquivalente Luftschichtdicke** (s_d-Wert). Bei einer nur 5 mm dicken Abdichtungsbahn aus Bitumen ergibt die Rechnung

$$s_d = \mu \cdot d = 50.000 \cdot 0{,}005 \text{ m} = 250 \text{ m}$$

Ein s_d-Wert von 250 m bedeutet, dass die 5 mm dicke Bitumenbahn die Diffusion genauso (also gleichwertig oder äquivalent) bremst wie eine 250 m dicke Luftschicht.

In der Bauphysik hat man folgende Begriffe festgelegt:

- Eine Bauteilschicht ist **diffusionsoffen**, wenn ihr s_d-Wert $\leq 0{,}5$ m beträgt.

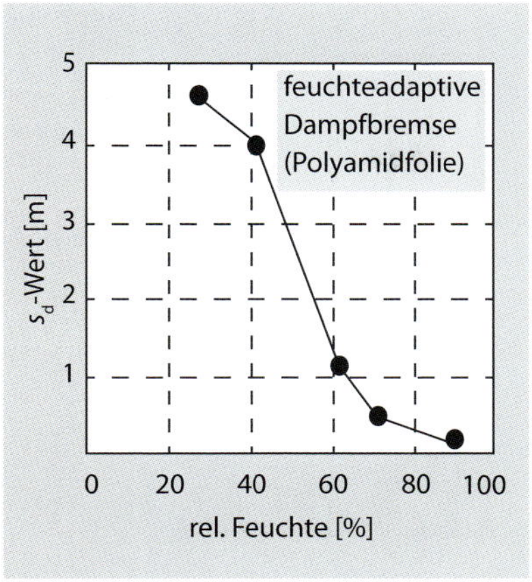

Abb. I.4: Feuchteadaptive Dampfbremse

- Eine Bauteilschicht ist **diffusionshemmend**, wenn ihr s_d-Wert $> 0{,}5$ m, aber < 1.500 m ist.
- Eine Bauteilschicht ist **diffusionsdicht**, wenn ihr s_d-Wert ≥ 1.500 m ist.

Dampfsperrbahnen sind diffusionsdichte und diffusionshemmende Bahnen, die bezüglich ihres Diffusionsverhaltens feuchtevariabel sein können. Dies bedeutet, dass diese Bahnen keinen festen, sondern einen variablen s_d-Wert haben. Der s_d-Wert wird geringer bei zunehmender Luftfeuchte und nimmt bei abnehmender Luftfeuchte zu. Diese besonderen Dampfsperren werden häufig auch als feuchteadaptive oder „intelligente" Dampfbremsen bezeichnet. Der von der Feuchte abhängige s_d-Wert einer „intelligenten" Dampfsperre ist in Abb. I.4 dargestellt.

Der s_d-Wert einer Bauteilschicht zeigt, wie dick eine Luftschicht sein müsste, um die Diffusion genauso zu hemmen wie die betrachtete Bauteilschicht.

Darum geht es

- Auch die **Wärmespeicherfähigkeit** ist entscheidend für ein gutes Wohnklima.
- **Wasserdampf** kann durch Diffusion und Konvektion in Bauteilschichten gelangen.
- **Bitumen** hat z. B. einen μ-Wert von 50.000. Das heißt, die Fähigkeit von Bitumen, die Diffusion zu bremsen, ist 50.000 Mal so groß wie die von Luft.
- Die **äquivalente Luftschichtdicke** beschreibt anschaulich wie stark eine Bauteilschicht die Diffusion hemmt.

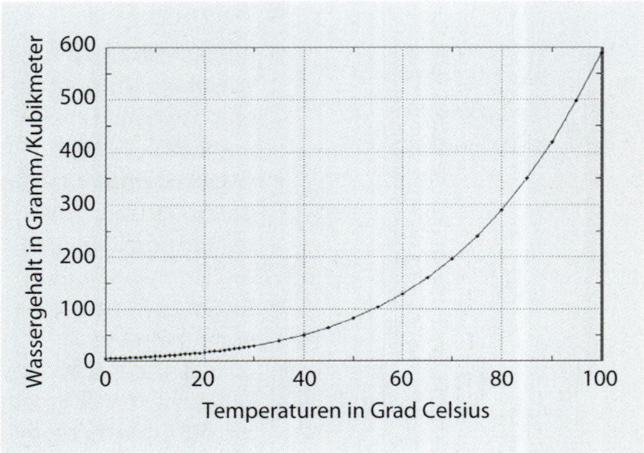

Abb. I.5: Sättigungsmengen/maximaler Feuchtegehalt von Luft

I.3.4 Maximaler Feuchtegehalt von Luft (f_{max})

Luft ist in der Lage, Wasserdampf aufzunehmen. Wie viel Wasserdampf sie aufnehmen kann, ist abhängig von ihrer Temperatur. Der von der Temperatur abhängige maximale Feuchtegehalt f_{max} in g/m³ kann als Grafik dargestellt und aus entsprechenden Tabellen entnommen werden (siehe Abb. I.5 und Tab. I.2).

Warme Luft kann deutlich mehr Wasserdampf aufnehmen als kalte Luft. Ein Kubikmeter Luft (15 °C) kann z. B. maximal 12,8 g Wasserdampf aufnehmen.

I.3.5 Absoluter Feuchtegehalt von Luft (f_{abs})

Unter dem absoluten Feuchtegehalt f_{abs} wird der tatsächlich vorhandene Wasserdampfgehalt der Luft verstanden, wiederum in g/m³.

I.3.6 Relative Luftfeuchte (φ)

Unter relativer Luftfeuchte versteht man den absoluten Feuchtegehalt bezogen auf den maximalen Feuchtegehalt, ausgedrückt in Prozent, also:

$$\varphi = \frac{f_{abs}}{f_{max}} \cdot 100\ \%$$

Nehmen wir an, ein Kubikmeter Luft enthält 9 g Wasser in Wasserdampfform und die Lufttemperatur beträgt 15 °C (siehe hierfür Tabelle I.2):

$$\varphi = \frac{9\ (\text{g/m}^3)}{12{,}8\ (\text{g/m}^2)} \cdot 100\ \% = 70{,}3\ \%$$

Tabelle I.2: Sättigungsmengen/maximaler Feuchtegehalt von Luft

Temperatur ϑ in °C	Sättigungsmenge in g/m³	Temperatur ϑ in °C	Sättigungsmenge in g/m³
20	17,3	4	6,4
19	16,3	3	5,9
18	15,3	2	5,6
17	14,5	1	5,2
16	13,6	0	4,8
15	12,8	-1	4,5
14	12,0	-2	4,1
13	11,3	-3	3,8
12	10,6	-4	3,5
11	10,0	-5	3,2
10	9,4	-6	3,0
9	8,8	-7	2,7
8	8,3	-8	2,5
7	7,7	-9	2,3
6	7,3	-10	2,1
5	6,8		

Die relative Luftfeuchte beträgt 70,3 % bzw. die Luft ist zu 70,3 % gesättigt.

Da wir ständig Wasserdampf ausatmen (ca. 0,05 Liter/Stunde), erhöht sich bei geschlossenen Fenstern und Türen auch über Nacht im Schlafzimmer die relative Luftfeuchte ebenfalls auf 60 oder 70 %. Um Feuchteschäden durch zu hohe Luftfeuchten (siehe Kapitel I.3.7) zu vermeiden, muss regelmäßig für Frischluft gesorgt werden.

Durch regelmäßiges Lüften wird verbrauchter Sauerstoff ersetzt und der Wasserdampfgehalt der Innenluft ausgeglichen.

In heutigen Neubauten kommt es vermehrt zum Einsatz von Lüftungsanlagen, die automatisch dafür sorgen, dass ein ausreichender Luftaustausch stattfindet. Dies verhindert gleichzeitig unnötige Energieverluste durch falsches Lüften.

I.3.7 Entstehung von Tauwasser/Kondensat

Der unter normalen Umständen in der Luft enthaltene Wasserdampf ist für eine Bauteilkonstruktion zunächst unbedenklich. Problematisch kann die Situation werden, wenn der Feuchtegehalt der Innenluft in die Konstruktion gelangt und dabei die Temperatur sinkt. Beim Wärmetransport durch das Bauteil sinkt im Winter die Temperatur nach außen hin immer weiter ab. Mit sinkender Temperatur kann weniger Wasserdampf aufgenommen werden und die relative Luftfeuchte steigt. Ab einer Luftfeuchte von 100 % entsteht Kondensat und Feuchteschäden können die Folge sein. Die Gefahr einer Schimmelpilzbildung besteht sogar schon bei einer relativen Luftfeuchte von 80 %.

Betrachtet man hierbei als Wärmetransportweg nur die **Transmission**, kann davon ausgegangen werden, dass durch entsprechende diffusionshemmende oder -sperrende Schichten auf der Rauminnenseite der Eintrag des Wasserdampfes in die Konstruktion gebremst oder verhindert wird. Somit entsteht trotz des Absinkens der Temperatur kein Kondensat.

Entstehen durch Diffusion nun doch **geringe Mengen Tauwasser** im Bauteil, bedeutet das noch nicht, dass das Bauteil Schäden davonträgt. Diffusionsoffene Schichten auf der Außenseite des Bauteils sorgen dafür, dass entstandenes Kondensat wieder nach außen ausdiffundieren kann.

Das größere „Tauwasserproblem" ist allerdings die **Konvektion**. Durch Fehlstellen (fehlerhaft ausgeführte Anschlüsse und Übergänge etc.) kann die Rauminnenluft inkl. ihres Feuchtegehalts ungehindert in das Bauteil einströmen.

Bei 20 °C können 17,3 g Wasser/m³ aufgenommen werden. Bei einer relativen Luftfeuchte von $\varphi = 50$ % reicht ein Absinken der Temperatur auf 9,4 °C aus, um Kondensat entstehen zu lassen.

Tauwassermassen, die durch Konvektion entstehen, sind, je nach Größe der Fehlstelle, um ein Hundert- bis Tausendfaches größer als Tauwassermassen, die durch Diffusion entstehen.

Fehlstellen an Dampfsperr- und/oder Luftdichtheitsschichten führen zu Konvektion. Durch Konvektion sind Feuchteschäden vorprogrammiert.

Hieraus ergibt sich die Anforderung, bei der Ausführung von Dampfbremsen/-sperren und bei Luftdichtheitsschichten äußerst sorgfältig zu arbeiten.

I.4 Statik

I.4.1 Einleitung

Da der Dachdecker in den unterschiedlichsten Bereichen mit Lasten im statischen Sinne zu tun hat, sollen an dieser Stelle **Grundlagen** zur Statik erarbeitet werden.

Begriffe

- Relative Luftfeuchten können mit einem sog. **Hygrometer** gemessen werden.
- **diffusionsoffen:** s_d-Wert ≤ 0,5 m
- **diffusionshemmend:** s_d-Wert > 0,5 m, aber < 1.500 m
- **diffusionsdicht:** s_d-Wert ≥ 1.500 m

Beispiel

Die ideale **relative Luftfeuchte** in Wohnräumen beträgt 40 bis 60 %. In Badezimmern kann vorübergehend eine Luftfeuchte von 65 bis 90 % herrschen.

Darum geht es

- Bei Schneelasten, wirkenden Kräften bei Dachstuhlkonstruktionen und Dachfenstereinbau, Verankerung von hinterlüfteten Fassaden und Windsog sind Kenntnisse der Statik erforderlich.
- Die Erdanziehung bewirkt eine Beschleunigung von 9,81 m/s².

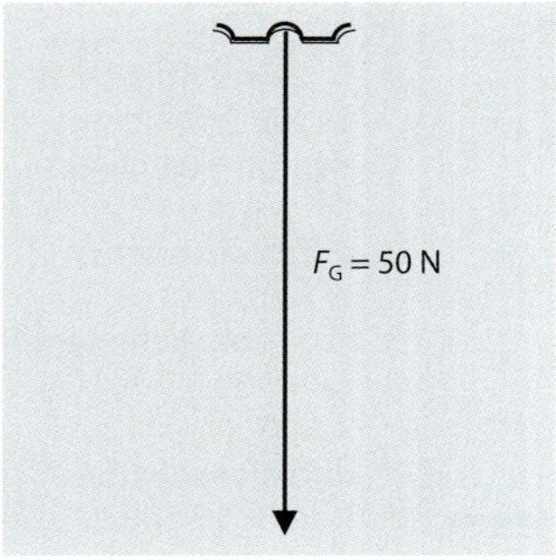

Abb. I.6: Gewichtkraft durch Masse und Erdanziehung

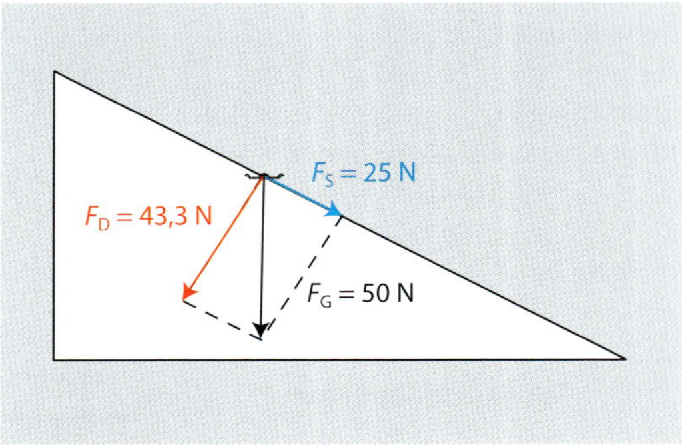

Abb. I.7: Resultierende Kräfte

I.4.2 Kräfte

Kräfte resultieren z. B. aus einer Masse und deren Beschleunigung. Hält man z. B. einen 5 kg schweren Betondachstein in der Hand, wird dieser durch die Erdanziehung zum Erdmittelpunkt hin beschleunigt.

! Praxisbeispiel

Lässt man einen Gegenstand aus großer Höhe fallen, nimmt seine Geschwindigkeit auf dem Weg nach unten pro Sekunde um 9,81 m/s zu. Also beträgt die Beschleunigung a durch die Erdanziehung g = 9,81 m/s². Der Betondachstein besitzt nach der Formel $F = m \cdot a$ (Kraft = Masse · Beschleunigung) eine Gewichtskraft von 5 kg · 9,81 m/s² = 49,05 N ≈ 50 N (1 Newton = 1 kg · m/s²).

Überschlägig errechnet man eine Gewichtskraft (in Newton) mit der Masse (in Kilogramm) · 10.

I.4.3 Lasten und resultierende Lasten

Lasten entstehen im Dachdeckerhandwerk einerseits aus Gewichtskräften (siehe Kapitel I.4.2) und andererseits aus Windlasten. Die Richtung einer Last kann mithilfe von Pfeilen, die Größe der Last anschaulich mit der entsprechenden Pfeillänge dargestellt werden (Abb. I.6).

Was aber sind die tatsächlich resultierenden Kräfte, wenn der Körper mit der Gewichtskraft F_G durch z. B. eine Steildachkonstruktion „gestützt" wird (Abb. I.7)?

Bei der Aufteilung der Gewichtskraft F_G in die Druckkraft F_D und die Schubkraft F_S kann zeichnerisch die Richtung entlang der Konstruktion bzw. rechtwinklig zu ihr ermittelt werden. Die zu zeichnende Länge ergibt sich durch ein rechtwinkliges Dreieck, da die Teilkräfte rechtwinklig zueinander stehen. Die Größen der Kräfte können aus der Zeichnung (Maßstab!) abgemessen oder errechnet werden.

! Praxibeispiel

In der Zeichnung (Abb. I.7) ist eine 30° geneigte Konstruktion dargestellt.

$F_D = 50\ \text{N} \cdot \cos 30° = 43{,}3\ \text{N}$
$F_S = 50\ \text{N} \cdot \sin 30° = 25\ \text{N}$

→ resultierende Kraft (Gewichtskraft)

$F_G = \sqrt{(43{,}3\ \text{N})^2 + (25\ \text{N})^2} = 50\ \text{N}$

I.4.4 Tragwerke bei Dachkonstruktionen

Um Träger (z. B. Sparren) ausreichend dimensionieren zu können, sind zunächst folgende Unterscheidungen zu treffen:

Einfeldträger sind Träger, die nur auf 2 Auflagern aufliegen (Abb. I.8).

Zweifeldträger sind Träger, die auf 3 Auflagern aufliegen (Abb. I.9).

Durchlaufträger bzw. Mehrfeldträger sind Träger, die auf mehr als 3 Auflagern aufliegen (Abb. I.10).

Grundsätzlich gilt, dass Durchlaufträger geringere Querschnitte erfordern oder größere

Stützweiten zulassen als Zweifeldträger. Am „ungünstigsten" im statischen Sinne sind in dieser Betrachtung die Einfeldträger.

Betrachtet man nun ein Sparrendach oder ein Pfettendach, können mithilfe der bisherigen Erkenntnisse deutliche statische Unterschiede festgehalten werden.

Beim Sparren- und Kehlbalkendach sind die Sparren prinzipiell Einfeldträger. Das heißt, aus wirtschaftlicher Sicht ist die Länge der Sparren limitiert, da sonst die Querschnitte zu dick sein müssen. Hinzu kommt eine weitere Kraft, die durch die Konstruktion aufgefangen werden muss (Abb. I.11 und I.12).

Ausgehend von der Annahme, dass die Gewichtskraft (Eigengewichtslast, Schneelast etc.) F_G bei beiden Dächern gleich ist, ist klar zu erkennen, dass mit flacher werdender Dachneigung die für das Durchbiegen der Sparren sorgende Druckkraft F_D und die Zugkraft F_Z, die die Konstruktion an der Traufe auseinanderdrückt, immer weiter zunehmen. Beide Kräfte fallen bei Pfettendächern deutlich geringer aus.

I.4.5 Auswechslungen

Beim Einbau von Dachfenstern sind ggf. Auswechslungen der Sparren erforderlich. Durch die Wechselhölzer werden diejenigen Kräfte, die der durchtrennte Sparren aufgefangen hat, an die beiden benachbarten Sparren übertragen. Generell ist das kein Problem, solange sowohl die Wechselhölzer als auch die benachbarten Sparren ausreichend dimensioniert sind. Die Tragfähigkeit einer Auswechslung kann mithilfe des statischen Nachweises belegt werden. Das bedeutet nicht, dass bei jedem Fenstereinbau ein solcher Nachweis erforderlich ist. Ohne diesen stati-

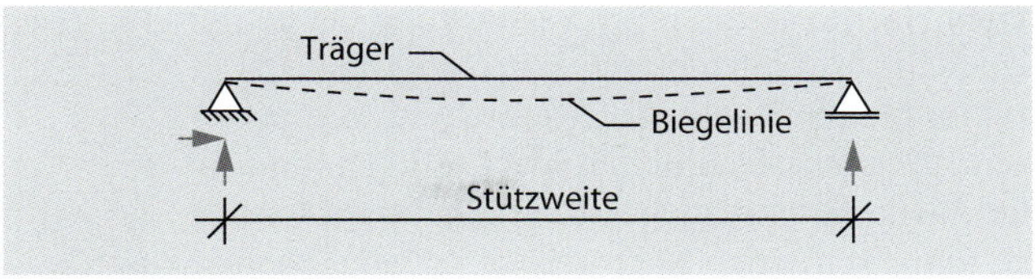

Abb. I.8: Einfeldträger

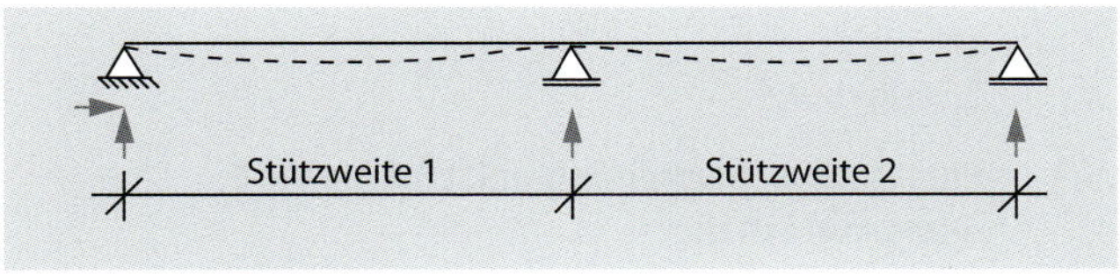

Abb. I.9: Zweifeldträger

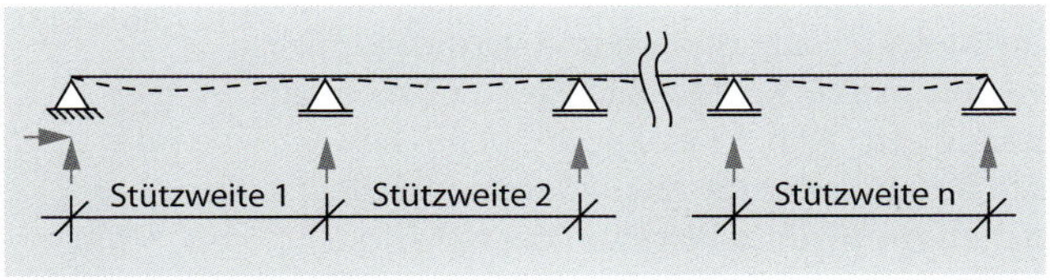

Abb. I.10: Durchlaufträger

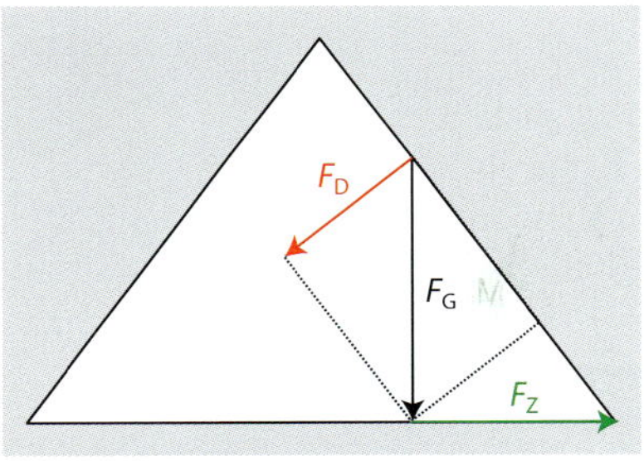

Abb. I.11: Druckkraft und Zugkraft bei steilem Dach

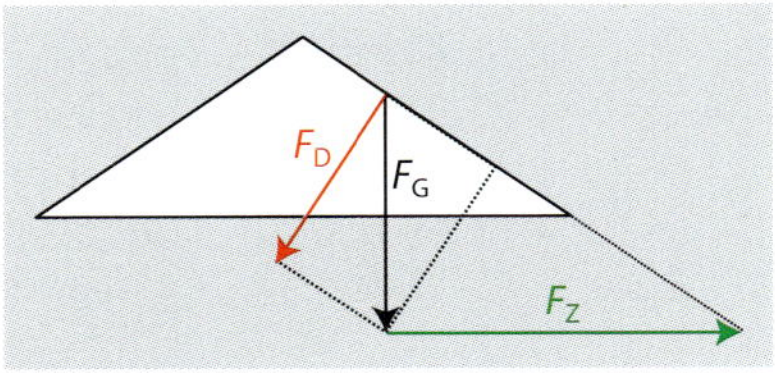

Abb. I.12: Druckkraft und Zugkraft bei flachem Dach

schen Nachweis und ohne Verstärkung der an den Seiten durchlaufenden Sparren (Abb. I.13) soll im Pfettendach nur ausgewechselt werden, wenn der Achsabstand der Sparren 70 cm und der Abstand der Auflager 4 m nicht überschreitet. Ohne statischen Nachweis sollen generell die Wechselhölzer mindestens den gleichen Querschnitt haben wie die Sparren.

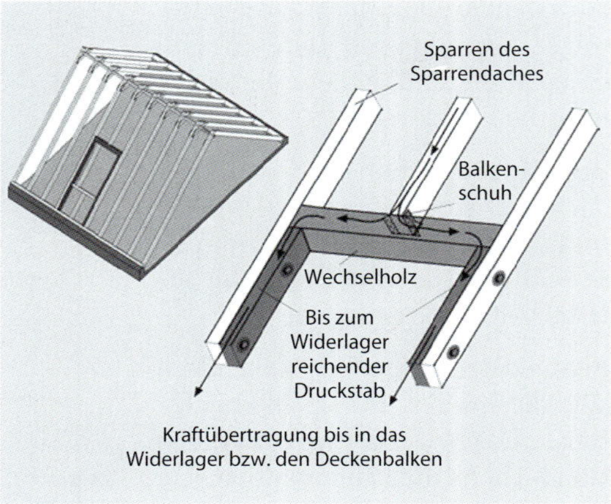

Abb. I.13: Verstärkung der seitlichen Sparren

I.5 Schallschutz

I.5.1 Entstehung, Ausbreitung und Wahrnehmung von Schall

Durch das Schwingen einer Membran, z. B. in einem Lautsprecher, werden die umliegenden Luftmoleküle angestoßen und verdichtet. Diese wiederum drücken die nächsten Luftmoleküle zusammen (Abb. I.14). Diese „Welle" bewegt sich mit einer bestimmten Geschwindigkeit (Schallgeschwindigkeit) von der Schallquelle weg. Trifft der Schall auf unser Ohr, wird das Trommelfell ebenfalls zum Schwingen angeregt und wir hören einen Ton.

Die Schallgeschwindigkeit ist abhängig von dem Stoff, in dem sich der Schall ausbreitet. In trockener Luft beträgt sie z. B. bei 20 °C Lufttemperatur 343 m/s = 1.235 km/h. In anderen Stoffen im Bauwesen kann die Schallgeschwindigkeit deutlich höher sein.

Schallgeschwindigkeit in verschiedenen Stoffen:

Beton:	**3.655–3.845 m/s**
Glas:	**4.430–5.900 m/s**
Kupfer:	**4.700 m/s**
Zink:	**3.800 m/s**
Stahl:	**5.920 m/s**
Wasser:	**1.484 m/s**
Fichtenholz:	**5.500 m/s**

Die Ausbreitung von Schall in Luft wird als **Luftschall**, die Ausbreitung von Schall in Körpern als **Körperschall** bezeichnet. Beide können miteinander in Wechselwirkung treten (vgl. Trittschall).

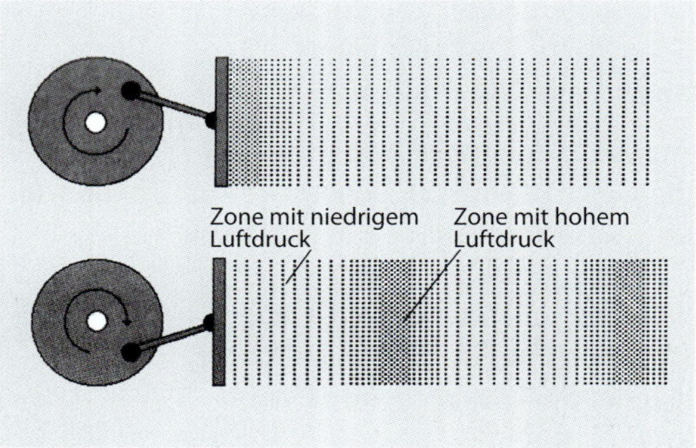

Abb. I.14: Entstehung und Ausbreitung von Schall

I.5.2 Frequenz und Lautstärke

Das „Verdichten" der Luft erfolgt gleichmäßig. Somit kann der Schall als gleichmäßige Sinuskurve dargestellt werden (Abb. I.15). Schwingt die Membran nun schneller, ist die Folge, dass mehr Wellen (in kürzeren Abständen) sich von der Quelle wegbewegen. Die Anzahl der wiederkehrenden Wellen pro Sekunde ist die **Frequenz**. Die Einheit der Frequenz ist Hz (Hertz). Je mehr Wellen sich pro Sekunde wiederholen, desto höher ist die Frequenz und desto höher nehmen wir den Ton wahr.

Der Mensch ist in der Lage, Frequenzen zwischen 16 und 20.000 Hz (bzw. 20 kHz) wahrzunehmen. Die Fähigkeit, hohe Frequenzen zu hören, nimmt mit zunehmendem Alter ab. Kleinkinder sind sogar in der Lage, Frequenzen bis 25 kHz wahrzunehmen. Zum Vergleich: Hunde sind in der Lage, Frequenzen bis 65 kHz wahrzunehmen.

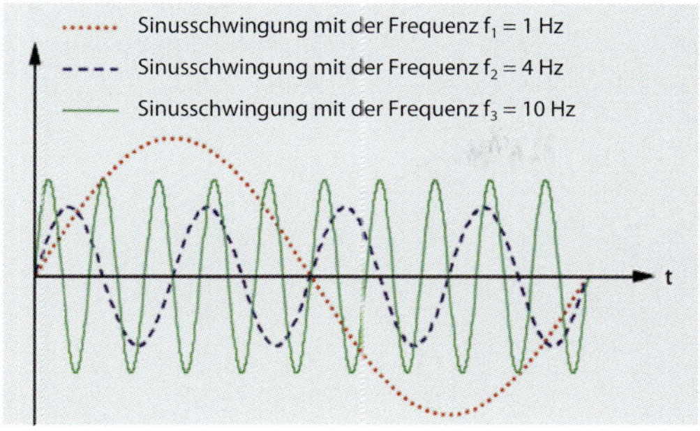

Abb. I.15: Frequenz

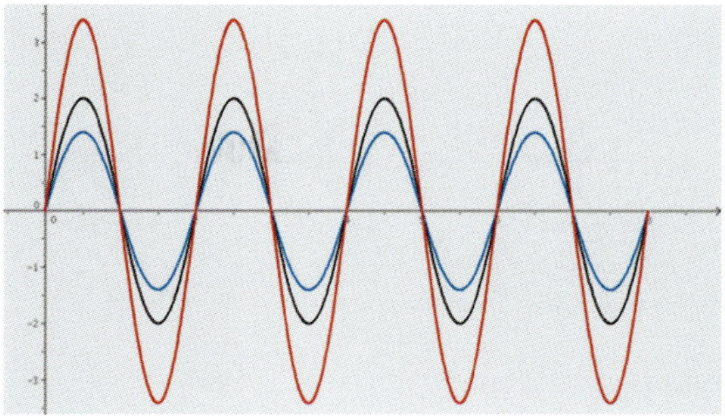

Abb. I.16: Lautstärke

Abb. I.17: Ausbreitung von Wellen in Wasser

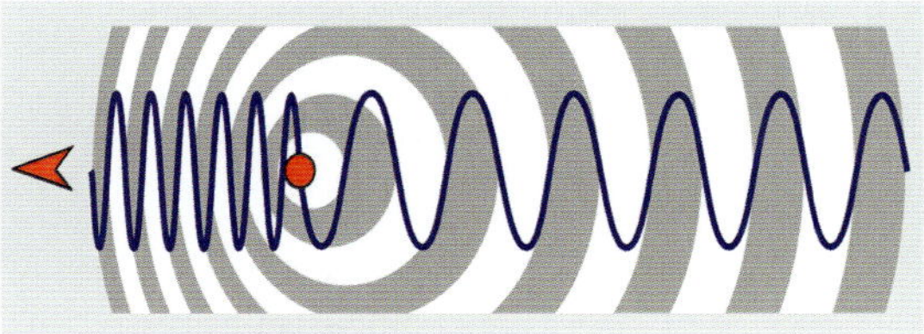

Abb. I.18: Doppler- Effekt

Je stärker die Membran ausschlägt, desto mehr werden die Moleküle zusammengedrückt bzw. verdichtet und es entsteht ein höherer Druck (Schalldruck). Die sog. Amplitude (der maximale Ausschlag der Wellen) ist u. a. verantwortlich für die Lautstärke des Tons. Je höher der Schalldruck, desto lauter der Ton (Abb. I.16).

Druck (auch Schalldruck) wird üblicherweise in Pa (Pascal) (1 Pa = 1 N/m^2) ausgedrückt. Unsere Hörschwelle liegt bei 0,00002 Pa, unsere Schmerzgrenze bei 20 Pa Schalldruck. Um die Bandbreite etwas zu verkleinern, wird die Lautstärke als Pegel in dB (Dezibel) ausgedrückt. Die Umrechnung von Pa in dB erfolgt über den Logarithmus. Danach entspricht die Hörschwelle 0 dB und die Schmerzgrenze 120 dB.

Während die Frequenz und die Geschwindigkeit bei der Ausbreitung des Schalls gleich bleiben, nimmt die Lautstärke immer weiter ab, da beim Anstoßen der Moleküle Energieverluste auftreten. Zusätzlich breitet sich der Schall dreidimensional (also in alle Richtungen) aus. Somit wird der Raum, in dem die Verdichtung stattfindet, immer größer. Zur Verdeutlichung kann man sich die zweidimensionale Ausbreitung einer Welle im Wasser vor Augen führen (Abb. I.17).

I.5.3 Doppler-Effekt

Manchmal werden wir bzgl. der tatsächlichen Höhe eines Tons, den eine Quelle aussendet, getäuscht.

Fährt ein Krankenwagen mit eingeschaltetem Martinshorn auf uns zu, hören wir eine deutlich höhere Frequenz, als wenn er sich von uns fortbewegt. Dieser Effekt wird als „Doppler-Effekt" bezeichnet.

Nach den bisherigen Ausführungen ist dieser Effekt leicht zu verstehen. Die Schallquelle (roter Punkt in Abb. I.18) sendet nach wie vor eine bestimmte und gleichbleibende Frequenz aus. Durch die Bewegung in eine Richtung (roter Pfeil in Abb. I.18) des Empfängers wer-

Begriffe

- Die **Frequenz** gibt die Anzahl der wiederkehrenden Wellen pro Sekunde an.
- Frequenzen über 20 kHz bezeichnen wir als **Ultraschall**.
- Die **Amplitude** ist der maximale Ausschlag der Schallwellen.

Beispiel

Weitere Lautstärken:

- Düsenflugzeug: 110–140 dB
- normale Unterhaltung: 40–50 dB
- Pkw in 10 m Entfernung: 60–80 dB
- Presslufthammer: 100 dB

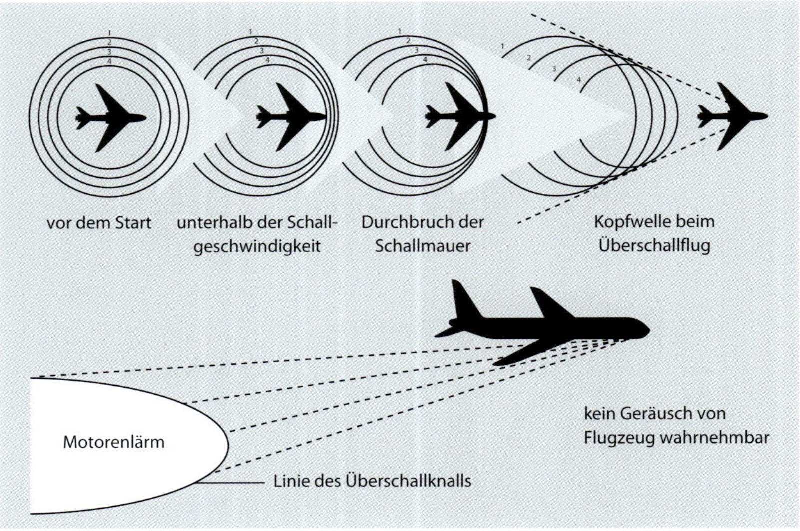

Abb. I.19: Schall- und Überschallgeschwindigkeit

den die Wellen beim Aussenden enger zusammengedrückt. Engere Wellen bedeuten eine höhere Frequenz. Im Umkehrschluss kommt beim Empfänger eine niedere Frequenz an, wenn sich Sender und Empfänger voneinander entfernen. Bewegt sich die Quelle sogar schneller als die mögliche Schallgeschwindigkeit (Überschallgeschwindigkeit), ist für den Betrachter hinter der Schallquelle nichts und für den Betrachter vor der Schallquelle verspätet etwas zu hören. Für den seitlich stehenden Betrachter „überschlagen“ sich die Schallwellen und er nimmt den sog. Überschallknall wahr (Abb. I.19).

I.5.4 Prinzip des Schallschutzes

Beim Schallschutz gibt es generell 2 Vorgänge, die dazu beitragen sollen, dass Schall gedämpft bzw. die Ausbreitung und Übertragung minimiert wird:

1. Schallreflexion
2. Schallabsorption

Bei der **Schallreflexion** prallt der Schall an einem Bauteil ab und wird zurückgeworfen. Bei der **Schallabsorption** (Schallschluckung) dringt die Schallenergie in das Bauteil ein und wird dort durch die Umwandlung in Wärme- und Bewegungsenergie (Schwingungen) aufgenommen.

Für Bauteile kann ein sog. Absorptionsgrad α ermittelt werden, welcher allerdings frequenzabhängig ist:

$$\alpha = \frac{\text{absorbierte Energie}}{\text{auftreffende Energie}}$$

Ein Absorptionsgrad von 0 bedeutet, dass keine Energie absorbiert, sondern sie komplett reflektiert wird. Ein Absorptionsgrad von 1 bedeutet eine totale Schallschluckung (z. B. geöffnetes Fenster).

Reflektierende Bauteile sorgen dafür, dass der Schalldurchgang in benachbarte Räume minimiert wird. Durch absorptionsfähige Bauteile wird der Schallpegel in einem Raum gedämpft. Allerdings wird der Durchgang in angrenzende Räume nur wenig gedämpft.

Die Dämpfung des Schalls beim Durchgang durch ein Bauteil wird als **bewertetes Schalldämmmaß** R_W in dB angegeben. Je größer dieses Schalldämmmaß ist, desto höher ist die Reduzierung des durchdringenden Schalls. Dabei verhalten sich unterschiedliche Werkstoffe natürlich unterschiedlich, was die Schallabsorption und die Schalldämpfung betrifft. Hierbei gelten (wegen der logarithmischen Umrechnung) folgende Faustregeln, die auch für den Schutz des Gehörs von Bedeutung sind:

- Eine Schalldämmung um 10 dB entspricht in etwa der Halbierung der Lautstärke.
- Bei einer Schalldämmung um 20 dB verbleit noch etwa ein Viertel (2 x Halbierung) der ursprünglichen Lautstärke.
- Eine Reduzierung des Schalldruckpegels um 3 dB reduziert die Gefährdung des Gehörs um die Hälfte.

Bei der Erhöhung der Lautstärke gelten ähnliche Gegebenheiten:

- Eine Erhöhung des Schallpegels um 10 dB entspricht einer Verdopplung der Lautstärke.
- Eine Erhöhung um 20 dB entspricht einer Vervierfachung der Lautstärke.
- Eine Erhöhung des Schalldruckpegels um nur 3 dB bedeutet eine Verdopplung der Gefährd0ung für das Gehör.
- Ausgehend von einem Abstand von beispielsweise einem Meter zur Schallquelle reduziert sich der Schalldruckpegel für das Gehör um 6 dB mit jeder Verdopplung des Abstandes.
- Werden zwei identische Schallquellen zeitgleich betrieben, erhöht sich der Schallpegel insgesamt um 3 dB.

Beispiele:

- 20 mm dicke Holzplatte: $\alpha \approx 0{,}03$; $R_W \approx 22$ dB
- 20 mm dicke Steinwollplatte: $\alpha \approx 0{,}7$; $R_W \approx 3$ dB

Die Holzplatte absorbiert also nur ca. 3 % der auftreffenden Schallenergie, verringert aber deutlich den Schalldurchgang, da mehr Energie reflektiert als z. B. bei der Steinwollplatte.

Um eine ideale Schalldämmung, z. B. im Fußbodenbereich, zu erzielen, macht man sich das „Masse-Feder-Prinzip“ zunutze. Hier werden verschiedene Werkstoffe (schallreflektierende und schallabsorbierende) kombiniert. Beispielsweise bei der **Trittschalldämmung** wird oben ein schwimmender (und somit auch mitschwingender) Estrich verlegt. Dieser leitet den Trittschall weiter an die darunter angeordnete Trittschalldämmung, welche den Schall absorbiert und somit die Lautstärke abfedert. Die darunterliegende schwere Stahlbetondecke reflektiert den verbleibenden Schall zurück in die Trittschalldämmung. Im Idealfall tritt dann der Schall weder auf der Ober- noch auf der Unterseite aus der Decke aus.

I.6 Brandschutz

I.6.1 Sinn und Zweck

Während der **abwehrende** Brandschutz alle Maßnahmen **nach** der Brandentstehung bezeichnet (z. B. Feuerwehr), beschäftigt sich der **vorbeugende** Brandschutz mit den Maßnahmen **vor** der Brandentstehung. Dieser vorbeugende Brandschutz kann unterschieden werden in

- organisatorischen Brandschutz (Fluchtpläne, Fluchtwege, Feuerübungen, Probealarm etc.)
- anlagentechnischen Brandschutz (Rauch- und Wärmeabzuganlage (RWA), Brandmeldeanlage (BMA) etc.)
- baulichen Brandschutz

In diesem Kapitel wird im Folgenden ausschließlich der bauliche Brandschutz behandelt.

@ Links und Literatur

Schallschutzmaßnahmen sind in unterschiedlichen Vorschriften geregelt:

- Landesbauordnung
- DIN 4109: Schallschutz im Hochbau
- Berufsgenossenschaftliche Vorschriften

Beispiel

Liegt der **Absorptionsgrad** ***α*** über 0,1, gilt der Werkstoff als absorptionsfähig. Liegt er darunter, gilt er als reflektierender Werkstoff.

Tabelle I.3: Europäisches Klassifizierungssystem (Baustoffe/Bauprodukte)

bauaufsichtliche Benennung	Zusatzanforderungen		europäische Klasse nach DIN EN 13501-1	Klasse nach DIN 4102-1
	kein Rauch	kein brennb. Abfallen/Abtropfen		
nicht brennbar	●	●	A1	A1
	●	●	A2 – s1 d0	A2
schwer entflammbar	●	●	B, C – s1 d0	B1[1)]
		●	B, C – s3 d0	
	●		B, C – s1 d2	
			B, C – s3 d2	
normal entflammbar		●	D – s3 d0	B2[2)]
			D – s3 d2	
			E – d2	
leicht entflammbar			F	B3

1) Angaben über hohe Rauchentwicklung und brennendes Abtropfen/Abfallen im Verwendbarkeitsnachweis und in der Kennzeichnung

I.6.2 Entstehung eines Brandes

Damit ein Brand überhaupt erst entsteht, sind 3 Dinge nötig:

1. Sauerstoff

2. brennbarer Stoff

3. Erreichen der Entzündungstemperatur des brennbaren Stoffes

Fehlt nur eine dieser 3 Komponenten, kann ein Brand nicht entstehen. Beim baulichen Brandschutz konzentriert man sich auf die Komponente „brennbarer Stoff". Durch gezielte Vorschriften sollen die Entstehung und die Weiterleitung von Bränden eingedämmt werden.

I.6.3 Brandverhalten

Beim baulichen Brandschutz wird bzgl. des Brandverhaltens unterschieden in

- Bau**stoff**verhalten und
- Bau**teil**verhalten.

Beim **Baustoffverhalten** wird die Brennbarkeit bzw. das Brandverhalten der verwendeten oder verbauten **Stoffe** betrachtet und klassifiziert. Beim **Bauteilverhalten** wird das Verhalten des **kompletten Bauteils** (z. B. Fenster, Tür, Brandschutzwände etc.) während eines Brandes klassifiziert.

I.6.4 Baustoffklassen

Baustoffe werden nach der (noch) geltenden deutschen Klassifizierung (DIN 4102) wie folgt unterteilt: A1, A2, B1, B2, B3.

Es dürfen nur Baustoffe verbaut werden, die mindestens der Baustoffklasse B2 entsprechen.

Die noch geltende Einteilung nach DIN 4102 wird durch ein europäisches System abgelöst. Die Klassifizierung erfolgt nach Tabelle I.3.

Zusätzlich werden im europäischen System die Baustoffe untersucht auf ihr Verhalten bzgl. Rauchentwicklung (smoke, s1 bis s3) und nach dem Abtropfen oder Abfallen von brennenden Teilen (drop, d0 bis d2) unterschieden. Dabei bedeutet:

s1: keine bzw. kaum Rauchentwicklung
s2: begrenzte Rauchentwicklung
s3: unbeschränkte Rauchentwicklung
d0: kein Abtropfen oder Abfallen
d1: begrenztes Abtropfen oder Abfallen
d2: starkes Abtropfen oder Abfallen

I.6.5 Bauteilklassen

Deutsches System: Feuerwiderstandsklassen nach DIN 4102

Tabelle I.4: Feuerwiderstandsklassen

Feuerwiderstandsklasse Kurzbezeichnung	Funktionserhalt über	deutsche bauaufsichtliche Benennung
F30	30 Minuten	feuerhemmend
F60	60 Minuten	hochfeuerhemmend
F90	90 Minuten	feuerbeständig
F120	120 Minuten	hochfeuerbeständig
F180	180 Minuten	höchstfeuerbeständig

Erläuterungen:

Die Feuerwiderstandsklasse beginnt mit einem Kürzel, welches für das betrachtete Bauteil steht. Beispiele:

F: Verglasung, Fenster, Decken, Wände
T: Feuerschutztüren
R: Rohrabschottung
W: tragende Brandwände

Die Zahl (30, 60 usw.) bezeichnet die Dauer in Minuten, für die die gegebene Funktion des Bauteils im Brandfall mindestens erhalten bleibt (z. B. Verhinderung des Übertragens von Feuer auf benachbarte Räume bei einer Tür oder die Tragfähigkeit einer Wand).

Dieser Dauer entsprechend kann eine deutsche bauaufsichtliche Benennung von „feuerhemmend" bis „höchstfeuerbeständig" erfolgen.

Europäisches System: Klassifizierung nach DIN EN 13501

Die Klassifizierung nach dem europäischen System erfolgt ähnlich wie bei den deutschen Feuerwiderstandsklassen. Das Kürzel steht hier allerdings für eine Leistungseigenschaft des Bauteils:

R: Tragfähigkeit (Durchbiegung, Dehnung, Stauchung)

E: Raumabschluss (Spalte, Öffnungen, Entzündung eines Wattebauschs auf der brandabgewandten Seite)

I: Wärmedämmung unter Brandeinwirkung (Temperaturerhöhung auf der brandabgewandten Seite)

W: Begrenzung des Strahlungsdurchtritts

zusätzliche Bezeichnung:

M: Widerstand gegen mechanische Einflüsse (z. B. Stoßbeanspruchung, wenn ein anderes Bauteil im Brand seine Tragfähigkeit verliert)

Durch dieses System können die wichtigen Leistungseigenschaften entsprechend den Anforderungen kombiniert und aufgezeigt werden:

Die Widerstandsdauer wird gegenüber der deutschen Unterteilung bei der europäischen detaillierter vorgenommen:

15, 20, 30, 45, 60, 90, 120, 180, 240, 360

Darum geht es

Aufgaben des **Brandschutzes**: Vermeiden von Bränden, Eingrenzen von Bränden, Schutz von Menschen, Tieren, Sachgütern und Objekten.

Begriffe

- Eine Brandwand muss mindestens „**feuerbeständig**" sein.
- Eine Brandwand mit der **Bezeichnung REI-M 90** behält im Brandfall für mindestens 90 Minuten ihre Funktionen bzgl. Tragfähigkeit, Raumabschluss und Wärmedämmung bei. Sie ist beständig gegen mechanische Einflüsse.

→ Die Übersetzung der neuen, europäischen Klassifizierung in das deutsche System kann Tabelle I.3 entnommen werden

So behält zum Beispiel eine Brandwand mit der europäischen Bezeichnung REI-M 90 im Brandfall ihre Funktionen bzgl. Tragfähigkeit (R), Raumabschluss (E) und Wärmedämmung (I) für 90 Minuten bei. Außerdem ist sie für diese Dauer resistent gegen mechanische Einwirkungen (M).

I.6.6 Anforderungen an Bedachungen

Bedachungen müssen (bis auf bestimmte Ausnahmen) gegen Brandbeanspruchungen von außen (Flugfeuer, strahlende Wärme) ausreichend lang resistent sein. Bedachungen, die den Anforderungen genügen, werden als **harte Bedachung** bezeichnet.

Beispiele für harte Bedachungen:

- Bedachungen mit Natursteinen, Betondachsteinen, Ziegeln
- Bedachungen aus Metall
- bituminöse Abdichtungen mit entsprechendem Schichtenaufbau, ansonsten
- mit 5 cm dicker Schüttung aus Kies 16/32 oder Belag aus 4 cm dicken Betonplatten
- andere Bedachungen mit der Herstellerangabe „Harte Bedachung“

Anhang II
Stichwortverzeichnis

Anhang II
Quellennachweis

Bildnachweis

AG Ziegeldach, Bonn
Abb. 8.4 und 8.5

ALFIX GmbH, Groß-schirma
Abb. 6.41

Arbeitsgemeinschaft der Bitumenindustrie e.V., Hamburg
Abb. 10.12 bis 10.15

Böcker Maschinenwerke GmbH, Werne
Abb. 1.7

CREATON AG, Wertingen
Abb. 8.36 bis 8.45, 8.55, 8.56 und 8.71

DDM Jörg Roscher, Wilthen
Abb. 9.135

Dachkeramik Meyer-Holsen GmbH, Hüllhorst
Abb. 13.17

Dachziegelwerke Nelskamp GmbH, Schermbeck
Abb. 2.33

Daniel von Bergen, Utzendorf, Schweiz
Abb. 12.57 und 12.58

DEHN + SÖHNE GmbH + Co.KG, Neumarkt
Abb. 16.4 bis 16.15, Tab. 16.1, 16.3 bis 16.5

Dörken GmbH & Co. KG, Herdecke
Abb. 8.9, 8.11, 13.70

DWS Pohl GmbH, Düren
Abb. 14.2

Dyckerhoff AG, Wiesbaden
Abb. 4.14 bis 4.16, 4.19

E3/DC GmbH, Osnabrück
Abb. 16.28

Enke-Werk, Johannes Enke GmbH & Co. KG, Düsseldorf
Abb. 10.25

ERLUS AG, Neufahrn
Abb. 8.54

ESDA Gerätetechnik GmbH, Bergisch Gladbach
Abb. 1.8

ESSMANN GmbH, Bad Salzuflen
Abb. 14.4

Eternit AG, Heidelberg
Abb. 2.3, 2.21, 2.37, 9.50 bis 9.98, 13.62 13.63, 13.71, 13.72, Tab. 9.9 bis 9.12

Expresshome GmbH & Co. KG, Langenwedel
Abb. 12.50

FELDHAUS-Gruppe, Schmallenberg
Abb. 1.19

Friedrich-Ossenberg-Schule GmbH & Co. KG, Hemer
Abb. 8.14, 8.15, 8.20 bis 8.25

GC Carstensen Verlag, München
Abb. I.14

Gebr. Laumanns GmbH & Co. KG, Brüggen
Abb. 8.50

Hans Hundegger Maschinenbau GmbH, Hawangen
Abb. 5.54

Heinz Patzig, Magstadt
Abb. 5.67

Herbst Bedachungen GmbH & Co. KG, Arnsberg-Müschede
Abb. 8.27

Hiss Reet Schilfrohr-handel GmbH, Bad Oldeslohe
Abb. 13.89, Tab. 13.10

Icopal GmbH, Werne
Abb. 9.137

Industriegesellschaft Bauen-Agrar-Umwelt, Frankfurt a. M.
Tab. 1.2

Ingenieurbüro Burges + Döhring, Bayreuth
Abb. 5.74

Isola GmbH, Düren
Abb. 9.133 und 9.134

Johannes Zwickel, Schrems/Österreich
Abb. 8.29

Karl Dahm & Partner, Seebruck
Tab. 6.10

Karl Gotsch, Beiers-bronn
Abb. 5.72

Karl-Heinz Schneider, Köln
Abb. 16.3

Klöber GmbH, Ennepetal
Abb. 13.83

KME AG, Osnabrück
Abb. 12.53, 12.55, 12.56 und Praxisbeispiele

LBS Wals, Martin Ahammer/Österreich
Abb. 5.70 und 5.71

Markus Friedrich Daten-technik , Eichwalde
Abb. I.2 und I.3

Michael Haardt, Titz
Abb. 16.16

Monier Braas GmbH, Oberursel
Abb. 2.31, 8.3, 8.58, 8.62 bis 8.65, 8.70, 8.72 bis 8.76, 8.80, 8.81, 8.83

Oventrop GmbH & Co. KG, Karlsberg
Abb. 16.17 bis 16.27

Paul Bauder GmbH & Co. KG, Stuttgart
Abb. 7.11, 7.12, 9.8, 10.5, 10.17 bis 10.19, 11.13, 12.8, 13.82

Peter Kübler, Unterkirnach
Abb. 5.58 bis 5.60

Pfalhbaumuseum Unteruhldingen, A. Mende, Uhldingen
Abb. 2.3

P.F. Freund & CIE GmbH, Wuppertal
Abb. 8.33

PREFA GmbH, Köln
Abb. 2.40

RAKU GmbH, Veitsrod
Abb. 12.21

Rathscheck Schiefer und Dach-Systeme, Mayen
Abb. 9.1 bis 9.5, 9.9, 9.16, 9.17, 9.22, 9.23, 9.25, 9.29, 13.34

Rheinzink GmbH & Co. KG, Datteln
Abb. 13.21, 13.24, 13.31, 12.2, 12.6, 12.7, 12.16, 12.17, 12.23, 12.32, 12.33, 12.37, 12.42, 12.50 bis 12.52, 12.54, 12.59

Roto Dach- und Solartechnologie GmbH, Bad Mergentheim
Abb. 13.80

Schechtl Maschinenbau GmbH, Edling
Abb. 12.5

Schindeln KREIDL-TAXER GmbH, Aurach/Österreich
Abb. 9.100

Schlebach Maschinen GmbH, Friedewald
Abb. 12.4 und 12.5

SCHOLZ-Bau GmbH, Bad Tennstedt
Abb. 5.79

Siemens AG, München
Abb. 16.2

Soba Inter AG, Bad Dättwil/Schweiz
Abb. 13.81

Sopro Bauchemie GmbH, Wiesbaden
Abb. 14.5 bis 14.8, 14.11, 14.13 bis 14.16

Spenglerei Stefan Bott, Güntersleben
Abb. 7.10

Spenglertechnik.net, Utzendorf/Schweiz,
Abb. 12.57

Sto AG, Stühlingen
Abb. 6.17, 6.18, 6.27 bis 6.31

Stuber & Cie AG, Schüpfen/Zaugg AG, Rohrbach/ Schweiz
Abb. 5.76

System RAU GmbH, Herbertshofen
Abb. 12.3

Theo Ott GmbH, Hammerau
Abb. 9.89, 9.99, 9.101 bis 9.106, 9.109

vdd Industrieverband Bitumen-, Dach- und Dichtungsbahnen e.V., Frankfurt a.M.
Abb. 10.12 bis 10.16, 13.59 und 13.60

VELUX Deutschland GmbH, Hamburg
Abb. 2.20, Tab. 2.10

Verband Holzfaser-Dämmstoffe e.V. (VHD), Wuppertal
Abb. 8.28

Weitzer Ges. m.b.H & Co.KG, Pöllau/Österreich
Ab. 10.8

Wienerberger GmbH, Hannover
Abb. 8.48, 8.52, 8.78, 8.79 und 8.82

Wilhelm Layher GmbH & Co. KG, Güglingen-Eibensbach
Tab. 1.6

WOLFIN Bautechnik GmbH, Wächtersbach
Abb. 10.22 bis 10.24

Zentralverband des Deutschen Dachdeckerhandwerks – Fachverband für Dach-, Wand- und Abdichtungstechnik - e.V., Köln
Abb. 1.2, 7.1 bis 7.5, 8.8, 8.10, 8.12, 8.13, 8.16, 8.19, 8.28, 8.30 bis 8.32, 8.35, 8.46, 8.47, 8.49, 8.51, 8.53, 8.57, 8.59, 8.66, 8.68, 8.69, 8.77, 9.29, 9.30 bis 9.43, 9.107, 9.108, 9.111, 9.114, 9.138, 10.11, 12.3, 12.4, 12.14.12.15, 12.18 bis 12.20, 12.24, 12.35, 12.36, 12.38, 12.39, 12.45, 12.47, 12.48, 13.7, 13.8, 13.20, 13.22, 13.23, 13.61, 13.73 bis 13.79, 14.1 sowie Tabellen 9.1 bis 9.4, 9.6, 9.7, 9.11, 9.13 bis 9.20, 12.3 und 12.4

Literaturhinweis

Eiserloh, Hans Peter: Handbuch Dachabdichtung, 4. Auflage. Köln: Verlagsgesellschaft Rudolf Müller, 2017.

Halama, Gerard; Tornow, Sven Eric: Handbuch geneigtes Dach. Köln: Verlagsgesellschaft Rudolf Müller, 2009.

Maßong, Friedhelm: Dachtabellen, 4. Auflage. Köln: Verlagsgesellschaft Rudolf Müller, 2017.

Siepenkort, Klaus: Metallarbeiten an Dach und Fassade, 3. Auflage. Köln: Verlagsgesellschaft Rudolf Müller, 2017.

Wartmann, Herbert: Die Technik der Biberschwanzdeckung im Bild, 2. Auflage. Köln: Verlagsgesellschaft Rudolf Müller, 2001.

Zentralverband des Deutschen Dachdeckerhandwerks e.V. (Hrsg.): Deutsches Dachdeckerhandwerk Regelwerk. Köln: Verlagsgesellschaft Rudolf Müller, 2017. www.dachdecker-regelwerk.de

Zentralverband des Deutschen Dachdeckerhandwerks e.V. (Hrsg.): Dach-, Wand- und Abdichtungstechnik, 11. Auflage. Köln: Verlagsgesellschaft Rudolf Müller, 2017.

Metallarbeiten an Dach und Fassade

nach aktueller Fachregel 2017

Der Werkstoff Metall bietet vielfältige Gestaltungsmöglichkeiten und wird in vielen Bereichen an Dach und Fassade eingesetzt: So zahlreich die Einsatzgebiete, so unterschiedlich sind die Arbeitstechniken.

In der 3. Neuauflage „Metallarbeiten an Dach und Fassade" finden Sie umfassende Anleitungen, wie Sie diese Metallarbeiten fachgerecht ausführen: Regenfallleitungen • An- und Abschlüsse • Abdeckungen • Komplexe Metalldeckungen wie Doppelstehfalz-, Leisten- und Bleideckung

Die aktuelle 3. Auflage berücksichtigt die Neufassung der Fachregel für Metallarbeiten (Juni 2017). Sie finden Ausführungshinweise und Arbeitsschritte in Text und Bild erläutert. Außerdem Sie erhalten eine Empfehlung zur Erstellung des Angebots, z.B. durch Werkstoffangaben, Abmessungen und Befestigungen. Wertvolle Tipps zu möglichen Ausführungsfehlern helfen bei Nachbesserungsansprüchen.

Klempner- und Dachdeckermeister sowie Architekten, Bauleiter und Bausachverständige finden in dieser Neuauflage zahlreiche Hilfestellungen für ihre tägliche Arbeitspraxis. Für Meisterschüler ist der Titel als begleitendes Lehrbuch ebenfalls optimal geeignet.

Der Autor Klaus Siepenkort, Klempnermeister, leitet als öffentlich bestellter und vereidigter Sachverständiger für das Klempnerhandwerk ein Planungsbüro für Klempnertechnik in Münster und ist verantwortlicher Redakteur der Zeitschrift klempner magazin.

Metallarbeiten an Dach und Fassade.
3. Auflage 2017 ▪ Best.-Nr. 03562 ▪ € 59,–

Wir beraten Sie gerne!
Weitere Informationen unter:
Telefon 06123 9238-258 oder per E-Mail an rudolf-mueller@vuservice.de

Rudolf Müller

Direkt bestellen! Per Fax: 06123 9238-244
oder online unter www.baufachmedien.de

Das Grundlagenwerk für jeden Dachdecker

Dach-, Wand- und Abdichtungstechnik

„Dach-, Wand- und Abdichtungstechnik" ist **das offizielle Ausbildungswerk des Zentralverbandes des Deutschen Dachdeckerhandwerks**. Auszubildenden vermittelt es wichtige Grundlagen und Fachkenntnisse. Gesellen und Meisterschülern dient es als Nachschlagewerk in der Praxis.

Schritt für Schritt erläutert ein kompetentes Redaktionsteam praxisnah und leicht verständlich die Anforderungen aus dem Regelwerk des Deutschen Dachdeckerhandwerkes. Die Inhalte entsprechen dem Rahmenlehrplan im Dachdeckerhandwerk.

Damit einzelne Themenbereiche immer wieder aufgefrischt werden können, gibt es am Ende jedes Kapitels Zusammenfassungen und Aufgaben zum Selbststudium.

Aktuelle Änderungen in der 11. Auflage:
Die vorliegende Auflage berücksichtigt sämtliche Änderungen im aktuellen Regelwerk, insbesondere die neue Flachdachrichtlinie und die Neufassung der Fachregel für Metallarbeiten.

Ihre Vorteile:

- Zahlreiche Abbildungen und Tabellen machen die Inhalte leicht verständlich.
- „Dach-, Wand- und Abdichtungstechnik" ist fundiertes Lehrbuch und hervorragendes Nachschlagewerk zugleich – für Auszubildende, Dachdeckerfachschulen und -betriebe.

Dach-,Wand- und Abdichtungstechnik
11. Auflage 2017 ▪ Best.-Nr. 03544 ▪ € 46,–
Vorzugspreis für ZVDH-Mitgliedsbetriebe € 36,–

Wir beraten Sie gerne!
Weitere Informationen unter:
Telefon 06123 9238-258 oder per E-Mail an rudolf-mueller@vuservice.de

Rudolf Müller

Direkt bestellen! Per Fax: 06123 9238-244
oder online unter www.baufachmedien.de

Mathe gehört zum Handwerkszeug

Fachrechnen für die Ausbildung im Dachdeckerhandwerk

Mit dem Lehrbuch „Fachrechnen für die Ausbildung im Dachdeckerhandwerk" verstehen Sie schnell die notwendigen mathematischen Grundlagen von den Grundrechenarten über die Flächenberechnung bis zur Werkstoffbedarfsermittlung.

Sie können jeden Rechenschritt in anschaulichen und praxisnahen Arbeitsbeispielen bis zur Lösung nachvollziehen. Dabei helfen viele Praxistipps für die Baustelle und Merksätze mit wichtigen Fakten, die ständig präsent sein sollten. In einem weiteren Lernschritt überprüfen Sie Ihr Wissen, indem Sie Aufgaben eigenständig lösen. Zu jedem Themenbereich gibt es eine umfangreiche Aufgabensammlung, mit der Sie die Rechenverfahren intensiv trainieren können.

Ihre Vorteile:

- Zahlreiche Beispiele, Merksätze und Hinweise – „Wozu brauche ich das in der Praxis?" – machen das Werk zu einem wertvollen Begleiter für den Unterricht.
- Eingabetipps für den Taschenrechner werden immer auch als Screenshot abgebildet.
- „Fachrechnen" ist eine ideale Ergänzung zum umfangreichen Schulbuch „Die Ausbildung im Dachdeckerhandwerk".

Fachrechnen für die Ausbildung im Dachdeckerhandwerk
2014 ▪ Best.-Nr. 03132 ▪ € 39,–

Wir beraten Sie gerne!
Weitere Informationen unter:
Telefon 06123 9238-258 oder per E-Mail an rudolf-mueller@vuservice.de

Rudolf Müller

Direkt bestellen! Per Fax: 06123 9238-244
oder online unter www.baufachmedien.de